新思历史
Book

探索世界 | 发现自己

二战新史

THE GREAT IMPERIAL WAR
1931—1945

鲜血与废墟中的世界

1931—1945

[英] 理查德·奥弗里 著
谭星 译

RICHARD OVERY

上册 Vol. 1

BLOOD AND RUINS

中信出版集团 | 北京

图书在版编目（CIP）数据

二战新史：鲜血与废墟中的世界，1931—1945：全2册 /（英）理查德·奥弗里著；谭星译 . -- 北京：中信出版社，2024.7（2025.10重印）

书名原文：Blood and Ruins: The Great Imperial War, 1931–1945

ISBN 978-7-5217-6373-7

Ⅰ.①二… Ⅱ.①理…②谭… Ⅲ.①第二次世界大战—历史—1931—1945 Ⅳ.①K152

中国国家版本馆 CIP 数据核字（2024）第 046165 号

Copyright © Richard Overy, 2021
First published as BLOOD AND RUINS in 2021 by Allen Lane, an imprint of Penguin Press.
Penguin Press is part of the Penguin Random House group of companies.
Simplified Chinese translation copyright © 2024 by CITIC Press Corporation
ALL RIGHTS RESERVED
封底凡无企鹅防伪标识者均属未经授权之非法版本
本书仅限中国大陆地区发行销售
本书插附地图系原文插附地图

二战新史：鲜血与废墟中的世界，1931—1945
著者：　［英］理查德·奥弗里
译者：　谭星
出版发行：中信出版集团股份有限公司
　　　　（北京市朝阳区东三环北路 27 号嘉铭中心　邮编 100020）
承印者：　北京通州皇家印刷厂

开本：880mm×1230 mm　1/32　　印张：38.5　　字数：1 168 千字
版次：2024 年 7 月第 1 版　　　　印次：2025 年 10 月第 3 次印刷
京权图字：01-2021-4545　　　　　审图号：GS（2024）0903 号
书号：ISBN 978-7-5217-6373-7

定价：188.00 元（全二册）

版权所有·侵权必究
如有印刷、装订问题，本公司负责调换。
服务热线：400-600-8099
投稿邮箱：author@citicpub.com

目 录

前言 *1*

致谢 *8*

用例说明 *10*

序　章　"鲜血与废墟"：帝国战争的时代　*14*

第一章　**民族－帝国与全球危机，1931—1940**　*50*
　　　　　新的帝国时代　*53*
　　　　　通往世界大战的曲折道路　*93*
　　　　　帝国之战：西线战争　*108*
　　　　　"满眼灾难"　*132*

第二章　**帝国的幻想与现实，1940—1943**　*158*
　　　　　英国问题　*160*
　　　　　麦金德时刻　*185*

种族与空间：战时帝国的统治　　**230**

"清除了犹太人"的帝国　　**267**

第三章　　民族-帝国的灭亡，1942—1945　　**290**

帝国的尽头：阿拉曼、斯大林格勒、瓜达尔卡纳尔岛　　**293**

"战争就是赌博"　　**325**

不惜代价打败敌人　　**388**

最后一举：无条件投降　　**435**

第四章　　动员一场总体战　　**456**

军事动员　　**462**

经济动员　　**481**

男工女工加油干　　**503**

反抗和生存　　**519**

第五章　　打一场战争　　**528**

装甲兵与航空兵　　**532**

两栖战的兴起　　**555**

力量倍增器：无线电与雷达　　**576**

力量倍增器？情报和欺骗　　**599**

胜与败：战时学习曲线　　**626**

第六章　战争经济　*632*

　　武器的规模化生产　*635*

　　民主国家的兵工厂：《租借法案》　*657*

　　资源拒止：封锁与轰炸　*678*

第七章　正义战争？非正义战争？　*712*

　　为战争找理由　*714*

　　都不是好东西　*730*

　　人民战争：打造"道义共同体"　*753*

　　反战：和平主义的两难处境　*768*

第八章　全民战争　*788*

　　民防　*792*

　　抵抗运动的方方面面　*807*

　　抵抗与盟国　*823*

　　"我们输了，但我们必须打下去"：犹太人的抵抗　*845*

第九章　战争中人们的心理、精神和情绪　*858*

　　"战争神经症源于战争"　*861*

　　维持"士气"　*876*

　　大后方的情绪　*887*

第十章　罪行和暴行　*902*

　　违背"战争的法规与惯例"　*906*

　　种族罪行　*933*

　　性暴力与战争　*945*

　　罪与罚　*958*

第十一章　从帝国到民族国家：一个不同的全球时代　*968*

　　帝国的终结　*970*

　　用鲜血换独立　*979*

　　一个民族国家的世界　*1001*

　　新帝国是不是老一套？　*1018*

注释　*1029*

地图　*1208*

我们已经以最大的规模走进了战争的经典时代，一个得到民众支持的科学战争的时代——地球上从未发生过的战争，即将发生。

——弗里德里希·尼采，1881 年

1940年9月27日,德国国会大厦,德国外交部长约阿希姆·冯·里宾特洛甫在《德意日三国同盟条约》签订现场宣读声明。这份条约明确了三国分别在欧洲、非洲和亚洲的帝国野心,它们想要建立一套新的全球政治秩序。
图片来源:INTERFOTO/Alamy。

前言

1945年12月，美国前国务卿科德尔·赫尔获得诺贝尔和平奖。当时他重病缠身，无法出席颁奖仪式，于是写了一段话以支持在经历了"有史以来最广泛、最残酷的战争所带来的可怕苦难"之后寻求和平。[1] 人们都知道赫尔一贯用词夸张，但他的这一表述十分贴切，无论是在今天还是在当时都一样。赫尔的那个时代见证了规模大到史无前例的全球战争，而在"世界大战"这个大概念下的众多战事则带来了几乎无边无际的痛苦、贫穷和死亡。这样大规模的战争无论之前还是之后都没有发生过，就连第一次世界大战也不及。未来也许还会有更多的世界大战，就像赫尔在1945年时说的能够"毁灭我们的文明"的那种，但它们迄今都还没有发生。

如此广泛而残酷的战争在许多方面给历史学家带来了挑战。自从20世纪40年代以来，随着时间的推移，人们越来越难以想象这个世界上会有超过1亿男人（还有数量少得多的女人）穿上军装，下场厮杀，他们手中的武器在"一战"中得到磨砺，其破坏力在随后的年月里大幅提升。同样难以想象的是，世界上主要的大国竟然能令民众接受把2/3的国家产值投入战争之中，接受让数亿人陷于战争带来的贫困和饥饿之中，或者接受让他们在和平年代辛苦积累的财富被战争的无底洞吞噬一空。轰炸、驱逐、强征和掠夺竟会带来如此大规模的贫穷、匮乏和损失，这是一件多么令人难以理解的事情！最重要的是，这场战争还挑战了现代人的良知，人们无法理解为什么数十万人会实施如此众多的暴行、恐怖行径和罪行，而这些人通常都是历史学家克里斯托弗·布朗宁（Christopher Browning）笔下的"普通人"，而不是施虐狂或者疯子。[2] 虽然暴行在今天的内战和叛乱中也时有发生，但暴力胁迫、关押、折磨、驱逐和大规模种族屠杀在第二次世界大战中成了主流，而举起屠刀的既有穿着军装的士兵、安全部队和警察，也有游击队和平民，不分男女。

曾经，人们满足于将这场战争解释为爱好和平的国家与欧洲的希特勒和墨索里尼，以及东亚的日本军部这些帝国主义野心家之间的对抗。无论是西方的标准口径，还是苏联的官方战史，都在着力讲述盟国和轴心国之间的军事交锋。军事交锋的历史早已被梳理清楚，优秀的相关著作已是汗牛充栋，因此这里就不再赘述了。[3] 对战争结果的关注固然重要，但也有很多其他疑问有待解决，包括引发战争的大危机、各个战场的性质差异，以及战争的政治、经济、社会和文化背景，最后还有在 1945 年战争正式结束后仍然久久不熄的暴力。最重要的是，传统的"二战"历史观将希特勒、墨索里尼和日本军部视为危机的原因，但其实他们正是危机造成的结果。若要正确认识战争的起源、过程和结果，就需要了解 20 世纪头几十年里导致世界范围内社会、政治和国际关系连年动荡，并最终促使轴心国采取领土扩张政策来应对的宏观历史潮流。而这些野心家的失败也反过来为全球的相对稳定和领土帝国主义的最终倒台渐渐铺平了道路。

这部关于第二次世界大战的历史新著将基于四个主要前提。第一，这场战争的传统时间边界不再适用。战争始于 20 世纪 30 年代初期的中国，并于 1945 年之后的 10 年里在中国、东南亚、东欧和中东逐渐平息。1939—1945 年的战事或许能够成为叙事的中心，但战争的历史至少要追溯到1931年日本侵占中国东北之时，并延续到由大战导致的起义和内战最终结束之时，到1945年时这一切都还没有结束。不仅如此，第一次世界大战及其前后的战事，给20世纪20年代和30年代的世界带来了深远的影响，由此我们可以得出一个观点，把两次世界大战分开看待并无益处。它们可以被视为"第二次三十年战争"的不同阶段，这一战争在帝国主义的危机阶段重新构建了世界体系。本书的结构就反映了这一反传统的视角。关于20世纪20年代和30年代的内容很多，如果没有这些内容，就无法合理解释世界大战的特点、打法，以及当时人们的理解。

第二，这场战争应当被理解为一场全球性事件，而非轴心国在欧洲被击败是重头戏，太平洋战争只是个陪衬。中欧、地中海地区和中东，以及东亚的区域性不稳定都促成了更大范围的全球稳定性危机，并解释了战争为什么不是仅仅发生于几大列强之间，而是蔓延到了诸如北太平洋的阿留申群岛、南印度洋的马达加斯加，以及加勒比海的岛屿之类的偏远之地。亚洲的战事及其结果对于塑造战后世界的重要性并不亚于在欧洲击败德国，甚至尤甚。在这方面，与世界大战同步而来的，是中华人民共和国的建立和殖民帝国的崩溃。

第三，这场战争包含了多种不同的战争形式，它们应该被区别对待。首要的形态还是人们熟悉的国家之间的战争，包括侵略和自卫，因为只有国家才能动员起足够的资源来支撑大规模的战争。然而和主要战事一同燃起的还有内战——发生在中国、乌克兰、意大利和希腊——这种"全民战争"可以是对抗占领军（包括盟军）的解放战争，也可以是民众自我保护的努力，主要是应对轰炸的影响。有时候这些不同形式的战争会与国家之间的战争重叠或融合，例如苏联的游击战争和法国的抵抗运动——但是游击战、内战和起义大多属于与大战同时进行的小型战事，其主角主要是平民，为的是自卫或者解放。

而民众的动员也使得第二次世界大战具有了"总体战"属性，这种属性也在后来发挥了重要作用。

第四，所有这三项——时间、地域以及定义——都基于这一主张：漫长的第二次世界大战是一场规模空前的帝国战争。大部分关于这场战争的通史聚焦于"大国"之间的冲突以及意识形态所扮演的角色，但忽略或掩盖了"领土帝国"在定义这场长期战争的性质方面所发挥的重要作用，这漫长的战争始于1931年，终于1945年之后的乱局。这并非要通过单纯的列宁主义视角来观察这场战争，而只是想要承认，将所有不同地域、不同形态的战争连接到一起的，正是当时存在的帝国主义全球秩序，这种秩序由英国和法国主导，日本、意大利和德国的野心正是在这种秩序下形成的，其模仿的也正是这种秩序，这些所谓的"无产"国家想要通过征服更多的土地来保障其国家的生存，并表达其民族认同。直到最近，才开始有历史学家主张，轴心帝国想要的其实是建立自己的全球"关系"以仿效那些它们想要取代的老牌帝国。[4]第一次世界大战以来甚至是之前的帝国主义架构和危机为第二次世界大战的起因和过程设定了框架，而这场战争的最终结果则宣告了500年来殖民主义的终结并支持了民族国家的形成。[5]欧洲几个世纪以来的无情扩张让位于收缩。在1945年之后的几十年里，残存的旧殖民规则迅速崩塌，而两个超级大国，美国和苏联，则主导了全球新秩序的建立。

后文的叙述将围绕这四条主轴展开。本书包括5个综述章节（序章、第一至三章、第十一章）和7个专题章节。头几个章节将探讨导致20世纪30年代危机和战争爆发的长期因素，这些因素根源于19世纪后期和第一次世界大战期间的帝国竞争与国家竞争。第二次世界大战原本并非不可避免，但是20世纪20年代全球贸易和经济体系的崩溃刚好遇到帝国主义世界体系越发不稳定，加之民族主义在民众中的兴起,这就导致了国际关系的紧张,并产生了难以通过国际合作来解决的野心。极端民族主义意识形态、经济危机和机缘巧合,三者相结合,促使日本、意大利和德国开始寻求帝国主义"新秩序",老牌帝国——英国、法国、荷兰,甚至还有比利时——则在1940—1942年那一连串令人猝不及防的败退后遭遇了巨大的灾难。虽然这些"新秩序"国家原本是想搞自己的区域霸权而不是去招惹苏联和美国,但它们发现若不能打败或压制这两支力量,它们的野心便无法最终实现,结果便是"巴巴罗萨行动"和太平洋战争的爆发。针对犹太人的种族灭绝战争也是一个特例,希特勒政权说是这些人密谋发动了全球战争,并挫败了德国人的民族自信。这一部分内容描述了一个国际关系和政治都充满不确定性的世界,在这样的环境下,新帝国似乎有望在美国和苏联的潜在力量被动员起来之前赢得胜利。

随后的章节描述了一场世界范围的战争,这场战争将新帝国的领土野心打翻在地,也为建立一个不同的、更加稳定的世界秩序创造了条件,这一新秩序以民族原则为基础,以帝国主义的消亡和20世纪30年代崩溃的全球贸易与经济体系的重建为前提。苏联和美国的经济和军事力量解释了这样的转变。值得一提的是,基于共产主义或自由主义意识形态,两国都对传统殖民帝国的存续持敌对态度——事实上,另一个主要盟友中国也是如此——它们在20世纪40年代末和50年代塑造了一个以民族国家为主的新世界,在许多情况下,这个世界为冷战中的超级大国所主导,而非被领土帝国统治。德国和日本由于担心自己的国家灭亡而选择了死战到底,但也在国内的帝国主义势力被打败后重获新生。在这一部分,新帝国的失败显而易见,却也并非完全命中注定。参战各方在战争的最后两年里付出了最大的人员牺牲和资源耗费的代价,才最终决出了胜负。1945年之后,随着战争中残留的政治和意识形态冲突在帝国和超级大国的野心消退的背景下逐渐被解决——虽然不是全部解决——后续战争的规模便小了很多。这就是本书最后一章的主题，传统帝国最终崩塌，由民族国家组成的今日世界横空出世。

"帝国战争"这一理念为一些专题章节提供了框架，以在更大范围内探讨战争经历中的关键问题，这些问题既涉及数以百万计的参战军人，也涉及承受着总体战的平民社会。[6]一个国家怎样才能动员起所需要的巨量人力和物力资源？结果如何？参战军队如何组织并利用这些资源？效果如何？国家、政党和个人如何证明他们所参与的战争是正当的？怎样承受那些被迫卷入甚至要面对失败的代价高昂、常常非常残酷的战役？与主战场平行的那些全民战争或内战是如何发展的，且带来了什么样的社会和政治影响？最后，还有一些章节讨论了战争给所有身陷其中的人带来的伤害。"战争中人们的心理、精神和情绪"试图发掘战争给所有被迫卷入者带来的情感和精神上的影响，尤其是对超过1亿被动员参战的男男女女的影响。战争改变了人们的行为和期望，这是由人类的多种不同情感驱动的：一方面是恐惧、仇恨、埋怨或愤怒，另一方面则是勇气、自我牺牲、焦虑与热忱。这正是一项很难从历史角度描述，却又是解释战争对个人的影响时不可或缺的战争经历，无论是否身处战场，这些人都会发现自己承受着战时特殊环境的持续压力。最后一个主题旨在探讨战争带来的过度暴力和罪行，它们导致了广泛的暴行和数千万人的死亡，死者中很大一部分是平民。这里会有两个核心问题：为什么军人和平民的死亡人数都如此之多——大约是第一次世界大战死亡人数的5倍，以及为什么所有战区的作恶者愿意实施而且能够醉心于各种堪称残忍的暴行？这两个问题显然相互关联，但并不相同；死亡形式多样，原因不同，无情地与战争相伴产生。

现如今，关于第二次世界大战的史料已经足以让任何新的史学作品对这一切做出公正判断了。40年前，当我第一次提笔撰写关于这场战争的文字时，读完大部分关于这场战争的言之有物的作品还是有可能的。在过去的40年里，关于第二次世界大战及其前后年月方方面面的历史著作在全世界范围内呈爆炸式增加。这让我只能汲取现有文献的一小部分，因此，我只专注于能够支持本书核心论点的史料，而不打算写一本百科全书式的作品。想在单卷本里写出权威的"二战"史是不可能的了，多卷本也不行。新近出版的《剑桥第二次世界大战史》写了三大本，即便如此也没法包罗万象。我遵循的大致原则是，使用过去几年里新出版的材料，因为它们通常都包含了某一领域内的大部分既有知识，虽然许多关键性研究是在很久之前进行的，而我也尽量不去忽略它们。我十分幸运，尤其获益于大量关于帝国主义和亚洲战争史的新研究，它们都是在历史学研究中被长期忽略的方向。我会使用一切能拿到的与我研究领域密切相关的档案论据。历史学家们现在可以获得丰富的个人收藏，这些收藏以书本或口述档案的形式出现，它们能够解释，有时是反驳历史学家关于战争经历的描述，我也会用到这些材料，虽然用得比近期许多关于这场战争的历史叙述要少。读者们将会发现，许多内容不可避免地被放弃或者被草草简述；他们还将发现，有些熟悉的话题会被拆散放到不同的专题章节中——明显的例子是轰炸、大屠杀、战斗力——但是我相信战争的历史意义的核心已经足够清楚，无须赘言。本书旨在通过探讨战争年代的重大问题，来帮助读者更好地理解当时人们被迫卷入的框架，从而让读者对个人的经历更加感同身受。这还是一部关于死亡、恐惧、毁灭和贫困的历史，也是科德尔·赫尔所言的"可怕苦难"的历史。鲜血与废墟正是它的痛苦代价。

理查德·奥弗里，2020年11月

致谢

有众多同僚、学友和学生在连续数年的讨论和提议中为本书的完成做出了这样那样的贡献。在此提名致谢的只是一小部分，但我也要对其他那些以有用而关键的方式参与到我围绕这场战争所做工作中的人致以诚挚的感谢。我要特别感谢我在埃克塞特大学的同事马丁·托马斯，他比任何其他人都更强烈地鼓励我坚持从帝国的视角看待战争史。对于任何想要将战争历史及其过度暴力和帝国主义历史结合起来的人而言，埃克塞特大学的这个系都是个幸福的家。

我要感谢下列各位在本书写作中给予的协助、建议和探讨：伊万·莫德斯利、马修·希斯利普、劳拉·罗、理查德·托伊、罗伊·艾恩斯、理查德·哈蒙德、奥利维尔·维维奥尔卡、已故的迈克尔·霍华德爵士、方德万、拉纳·米特、保罗·克莱门丝、露西·诺克斯、佐耶·韦克斯曼、安德鲁·布坎南、斯蒂芬·李、乔·马约洛、克劳斯·施密德、桑科·奈策尔，以及罗伯特·格沃斯。所有这些作者的著作都为我的作品提供了无价的贡献，我要对他们致以感谢。我也已经尽力让他们的贡献体现在注释中。企鹅出版社的优秀编辑西蒙·温德尔耐心地等候这本书面世，他本来没有义务等我那么久的，此外他仔细审阅了我写的所有内容，为此我像以往那样欠了他巨大的人情。我还十分感谢我之前的经纪人吉尔·科尔里奇、现在的经纪人卡拉·琼斯，他们在这部历史作品的漫长酝酿期里给予了我慷慨的支持。最后还要感谢出版这本书的团队：理查德·杜吉德、埃娃·霍奇金、夏洛特·赖丁斯、杰夫·爱德华兹、桑德拉·富勒，以及马修·哈钦森。

用例说明

我在全书中使用了"盟国"和"轴心国"这两个词，因为这两个词太常用了，不用反而会带来麻烦。尽管如此，有必要指出的是，三个主要盟国从未正式结盟，除了英国和苏联在1942年签署了协议。"轴心国"也不是协作密切的联盟，这个词是墨索里尼发明的，起初被用于指德国和意大利两国的关系。日本在1940年9月与德意两国结盟，加入了三方协议，从而成了轴心国成员，一些加入对苏作战的欧洲国家也是轴心国成员，不过芬兰除外，它只是共同作战国。但在1940年9月之前，日本与欧洲的轴心国之间都没有任何正式关系。而自那之后，全世界几乎都在不约而同地谈论"轴心国"，包括日本，这个名称也被用在了几乎所有现代历史著作中，虽然我知道它并不完全准确，但我也根据约定俗成的那样使用了这个词。

书中有大量统计结果和数字，其中的问题也是很重要的。人们永远也搞不清楚大大小小战役中参战人员及其所用武器的数量，关于人员损失和武器损失的统计也是一样麻烦，这取决于不同国家对战役时间长度和地域范围的不同定义。我尽量使用最新、最可靠的统计数据，但我也知道这些资料中的估算数据常常相互矛盾。我在其他方面就没有这么追求精确了。在用"吨"来统计航运吨位、投下的炸弹，或者生产出来的物资时，我没有刻意区分英吨、标准吨和美吨。它们表达的实际重量各不相同，但每次都解释是很烦人的，而且它们之间的差别也不大，统一用"吨"也不是不可接受的。1美制短吨大概相当于 2 000 磅，1 英制长吨大概相当于 2 240 磅，1 标准吨（1 000 千克）大概相当于 2 204 磅。我通常使用世界通用的"千米"，而不是"英里"。1 英里大概相当于 1.6 千米。

1925年，在里夫战争中，法国炮兵在摩洛哥向柏柏尔人起义军开火。这是20世纪主要的殖民战争之一，当地部族为了保持独立，与西班牙及法国军队从1921年一直打到1927年。

图片来源：Photo 12 Collection /Alamy。

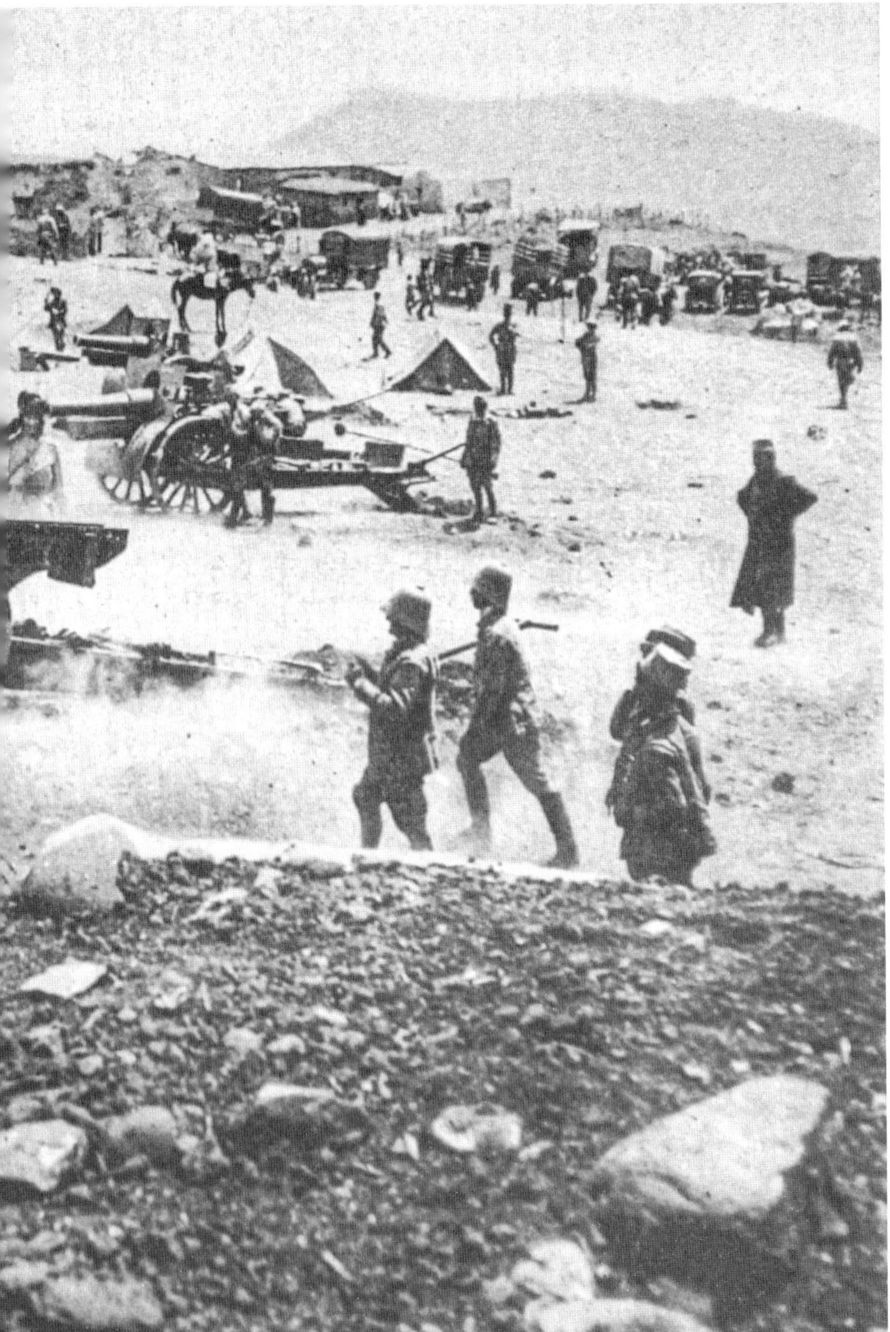

序　章

"鲜血与废墟"：帝国战争的时代

> 19世纪兴盛起来的帝国主义已经走不下去了,唯一的问题是,它将被和平地埋葬,还是埋在鲜血与废墟之下。
>
> ——伦纳德·伍尔夫[1]

这本关于第二次世界大战历史的书的名字就取自这句名人名言,它出自政治经济学家伦纳德·伍尔夫所著《帝国主义与文明》(*Imperialism and Civilization*)一书,这本书揭示了20世纪初期现代帝国主义对于现代文明形成的重要性。伍尔夫指出,西方世界在20世纪20年代之前的100年中经历了工业化、平民参政以及贵族衰落等重要变化,社会发生剧变。正是这种转变促成了现代民族国家观念的兴起,但变革的初期伴随着一轮惊人的帝国征服浪潮,浪潮一直延续到伍尔夫写作这部书之时。他认为新的文明是"一种好战的、相互打压的、征服的、充满压迫的、强迫他人改变信仰的文明",近年来许多关于帝国时代的历史著作进一步强化了这一判断。由少数几个殖民国家统治全球,这是世界历史上前所未有的阶段。[2] 在伍尔夫看来,帝国的扩张是一种危险的、难以控制的力量,当帝国崩溃时,这会变得尤其暴烈。正是在这样的背景之下,爆发了第一次世界大战,以及20年之后更具全球性和毁灭性的第二次世界大战。

伍尔夫的这一主张当然是正确的:止于20世纪40年代和50年代,并带动了领土帝国崩溃的全球战事,其根源在于19世纪的最后几十年,当时世界的快速发展加速了经济和政治现代化的步伐。欧洲、北美和日本的大规模工业化与城市化,和民族意识的增强同时发生,并进一步强化了这种意识。两个现代化强国,意大利与德国,都是新兴国家,前者仅仅诞生于1861年,后者更是晚10年才诞生。至于亚洲唯一以欧洲方式开始现代化进程的国家——日本,则也是个真正意义上的"新"国家,它通过1868年的"明治维新"得到重建,这场改革推翻了传统的德川幕府统治,将政权交给了明治天皇领导下一群新锐的经济和军事改革精英。经济的现代化、教育的提升、快速的社会变革,以及中央集权国家机器的出现,都成为将国家团结在一起的手段。而这些进程也产生了一种新的民族认同和真正的民族政治,即便是在那些渊源久远得多的国家也是如此。社会的变革带来了大规模的政治重构,并要求进行自由主义改革,赋予更多的民众选举权。除了俄罗斯帝国外,1900年时所有的现代化国家都建立了议会(具有有限特权),并对所有公民实施法治。对于原来的政治和社会精英阶层而言,这些变革摧毁了社会权力和政治权威的传统分配方式。正是在这种快速而且无法预测的变革之中,发展中的工业化国家开启了新一轮领土帝国主义的浪潮,以瓜分或统治那些尚未被原有殖民帝国收入网中的地区,只有透过这个帝国原始驱动力的视角,我们才能更好地理解第二次世界大战的长期根源。

在伍尔夫眼中,1914年战争爆发前40年里的"新帝国主义"在很多方面都是原有帝国架构的延伸。在所谓"新"帝国主义出现之前,英国、法国、西班牙、葡萄牙和荷兰早就拥有了遍布全球的一堆各种各样的土地——殖民地、保护国、势力范围、贸易中转站、特许权区。但这新一轮帝国主义浪潮又不一样。它源于新兴国家越发强烈的竞争意识,这部分是由于它们要寻找新的原材料和粮食来源以及新市场;部分也是由于"帝国"已被视为定义19世纪末的民族国家身份的一种方式,标志着一个国家是世界其余部分"文明开化"的积极引路人;还有部分则是由于帝国已成为国家声望的象征。最后一点对于新兴国家尤其明显,因为它们的统一很脆弱,地区割裂和社会冲突都让国家面临分裂的危险。1894年12月,德国宰相克洛德维希·祖·霍恩洛厄-希灵斯菲斯特宣称:"拥有我们自己的殖民地是国家荣誉的需要,也是我们国家声望的象征。"[3] 1885年,意大利外交大臣宣称,在这场"在世界所有角落夺取殖民地的真正的障碍赛中",意大利不得不通过获得自己的殖民地来实现"成为强大国家的天命"。[4] 对于掌控着明治时代新日本的改革者们而言,某种形式的帝国主义被认为是新"国体"的重要体现,而在19世纪70年代占领千岛群岛、琉球群岛和小笠原群岛则是他们建立后来所谓"大日本帝国"的第一步。[5] 在随后的半个世纪里,正是这三个国家建立大帝国的愿望导致了20世纪40年代的世界大战。

塑造现代民族认同和建立或扩大帝国二者之间的关联,在1914年之前的年月里已是众所周知,就连东欧的老式王朝帝国——罗曼诺夫王朝和哈布斯堡王朝——也不例外,两个王朝在巴尔干半岛的帝国野心最终引发了战争。对于那些想要巩固或建立海外帝国领地的国家而言,民族国家建构和帝国主义扩张之间的关联是不言而喻的。"民族-帝国"(而不是"民族国家")这个词,便是对那些热衷于抢地盘的国家的准确定义。被称为"帝国主义民族国家化"的趋势直到20世纪30年代最后一轮激烈的地盘争夺开始时都至关重要。[6] 帝国通过凸显公民与奴仆、文明与原始、现代与落后之间的所谓差别,将"宗主国"这一概念更加清晰地定义了出来——正是这些对立决定了帝国主义国家看待被征服人民和领土的方式,这一状况一直持续到40年代。所有帝国主义国家都拥有共同的世界观,这种世界观几乎完全无视了被占领地区原有的文化和价值观。但是,在大部分情况下,人们所期望的帝国主义能给国家带来的好处,从新的消费者到新的宗教皈依,都被夸大了。伯思·孔德鲁斯(Birthe Kundrus)所谓的"帝国幻想"在刺激国家间竞争方面扮演了重要角色,即便在帝国扩张的代价明显会超过扩张带来的有限好处时也是如此。[7]这些强烈的幻想要么和开拓蛮荒之地有关,要么和对巨大财富的憧憬、崇高的"文明使命",或实现民族复兴的天定命运有关。正是它们塑造了随后50年里人们对"帝国"的看法。

推动了新一轮帝国主义浪潮的这些"帝国幻想"并非凭空而来。它们来自许多帝国中都有的在思想和科学层面对帝国进行的探究,这反过来又刺激了相关思想和科学的发展。国家竞争的观念则主要来自达尔文主义中的"适者生存"理论,也来自现代国家之间天然存在的竞争。有一个思潮曾在1914年之前的年月里受到广泛争议,但一直未被动摇,而且还得到了一些达尔文最优秀继承者的支持,那就是:"健康"的民族天定是要统治低等人的。英国统计学家卡尔·皮尔森(Karl Pearson)在1900年发表的一个题为《从科学立场看国家生命》的演讲中告诉听众,一个国家必须"主要通过与低等种族进行战争,与同等种族争夺贸易路线、原材料来源和粮食供应"来保持高效率,"这就是人类的自然史观"。[8]德国将军弗里德里希·冯·伯恩哈迪(Friedrich von Bernhardi)在1912年出版并被译成多国文字的《德国与下一场战争》(*Germany and the Next War*)一书中对国家竞争的解释被许多人视为理所应当:"只有能让自己赢得最好生活条件,并在自然的普遍经济中发挥作用的个体才能生存下来。弱者只能任人欺凌。"[9]运用达尔文理论的关键因素是资源争夺,为此,人们普遍认为最终需要的还是更多的帝国领土。1897年,德国地理学家弗里德里希·拉采尔提出了如今已是声名狼藉的"生存空间"(Lebensraum)一词,他主张现代高等文明需要扩大领土以为越来越多的人口提供粮食和原材料,这只能通过牺牲"低等"文明来实现。拉采尔写出《政治地理学》(*Political Geography*)的结论时,年幼的阿道夫·希特勒还只是奥地利的一个学童,而这一理论将在20世纪20年代成为这个未来独裁者与他的亲密伙伴鲁道夫·赫斯谈论的重要话题。[10]

这种文明优越感告诉我们,欧洲帝国主义也来源于当时关于种族之间存在天然等级差异的科学理论,这种理论所依赖并主张的一个观念便是基因差异。虽然没有什么可信的科学依据,但是人们都说被殖民国家原始落后且粗暴野蛮,这意味着如果没有更先进国家来接管,这里的物产和土地就会被浪费,而先进国家的职责就是要把文明的成果带给那些怪异而落后的人。这一差别被视为理所当然,而且被用于解释种族歧视政策和永久性的臣服状态。1900年,英国的印度总督寇松勋爵敢说:"我不得不去统治的那几百万人都不如学童。"在德国,这一观点甚至被推广运用到了帝国东部的欧洲邻国身上,如《莱比锡人民报》(*Leipziger Volkszeitung*)在1914年所说,那些国家可以被认为是"野蛮之地"。[11]更危险的是,这种生物学和伦理上的优越感被用来为极端的暴力背书,从而为新的帝国主义浪潮打下了基础。

这些土地几乎都是从当地原有政权手里抢来的,而非无主之地,这么做多多少少要用到暴力和威胁。甚至早在1914年之前,美洲原住民和澳大利亚原住民的命运就已被认为是白人征服扩张中一个令人遗憾却又无法避免的后果。19世纪70年代之后白人在非洲和亚洲的扩张造成的大规模暴力事件也是一样，被视为文明输出中不可避免的暴力，而承受者也被认为会从这种输出中获益，因而这些暴力在当时并不会引起良心不安。1904年，德属西南非洲的一名医生写道："原住民问题的最终解决方案（Endlösung）是彻底地永远剥夺原住民的权力。"和"生存空间"一样，"最终解决方案"一词也不是纳粹的发明；然而，多疑的历史学家也许对这两个时代之间存在任何因果关系的可能性都持怀疑态度。[12]这样的词语并非1914年之前的德国所独有。主导了20世纪30年代和40年代帝国主义的"种族"和"空间"两个词语植根于第一次世界大战之前那个处处体现着帝国影响和意图的时代。[13]与此同时，对待本土人民和被征服人民的道德体系也迥然不同，前者是有特权的帝国代表，而后者则会受到与宗主国人民完全不同的一定程度的压迫与专制统治。

这种关于现代民族国家与其领土帝国之间关系的"心智地图"并不符合新时期帝国扩张的历史事实。这些国家都认为要通过"民族－帝国"来寻找它们的现代认同，但实际上，在1945年后领土帝国瓦解之前，这种实际上需要承受很大代价和风险的民族国家统一体与作为"想象的共同体"的帝国之间存在巨大鸿沟。这即使对于两个主要帝国，英国和法国，也同样适用，它们都不得不投入大量资源以征服并防守越来越大的领土。1911年，英帝国掌控着3 100万平方千米的疆域和4亿人口；法帝国则控制着1 250万平方千米的疆域和1亿人口，比本土大20倍。[14]对于第一次踏上帝国之路的新兴国家而言，要激发公众对海外殖民地的热情是比较困难的，因为它们的海外殖民地比那些老牌帝国的要小，也没那么富饶，更吸引不到移民和投资者。1895年入侵阿比西尼亚（今埃塞俄比亚）的失败，只给意大利留下了部分索马里和厄立特里亚的土地作为它的新帝国，以及国内对进一步征服冒险的反对。这些小小的殖民地里只有几千意大利人，而移民他处的意大利人却有1 600万。1911年，意大利与奥斯曼帝国开战以夺取的黎波里和昔兰尼加（两者加在一起就是现在的利比亚）。在此之前，年轻的激进记者贝尼托·墨索里尼警告说，任何想要用鲜血和金钱为征服加油的政府都会遇到全国总罢工。"国家间的战争因而将会成为阶级间的战争。"他如此宣称，当他后来将像意大利这样的"无产"国家和富裕强国划分开来时，这一观点也激发了他自己的帝国主义想法。[15] 1914年之前，德国对海外殖民地的态度也一样充满矛盾。由商人、教士和教育家组成的主流精英圈子对海外殖民地满怀热情，1914年，德国殖民地协会（DKG）拥有大约4万名成员——这个数字却2倍于移民海外领土的德国人数。[16] 1914年之前德国的大众教育和文化有助于引起人们对海外殖民的异国情调和浪漫方面的兴趣，但是他们对想象中的"东方"大陆的兴趣却大得多。这被证明是德国对殖民地一以贯之的核心态度，直至20世纪30年代和40年代积极追求建立欧洲帝国时都是如此，这一点值得我们进一步深入探讨。

1871年，德国刚刚建立时包括了拥有大量波兰人口的东普鲁士，这是18世纪早期俄国和奥地利瓜分波兰的结果。这片区域后来被视为抵御东部大规模斯拉夫人威胁的关键护堤。1886年，德国宰相奥托·冯·俾斯麦创立了"皇家普鲁士移民委员会"，其目的在于尽可能地将波兰人赶回俄属波兰，让德国移民定居在该地区，他们将根除那种被认为原始的农业方式（被贬称为"波兰经济"），并为应对未来的任何威胁提供一条稳固的防线。这种后来被称为"内向殖民"的做法得到了广泛宣扬。1894年，德国成立了一个专司东迁的组织"东部边疆协会"（Ostmarkverein），以鼓励这种殖民进程。关于"种族和空间"的想法很容易被用在东方，在1914年之前，就有人幻想德国可以将帝国主义进一步向东散播到其认为适合殖民的土地上，认为现代文明可以把秩序和文化带入那块当前"深陷野蛮和贫困"的土地上。[17]一种被称为"东部小说"（Ostromanen）的边疆文学应运而生，这让德国人沉醉于对东部边疆的殖民，而忘却了在海外的殖民扩张。这些小说将波兰人误导性地描述为"深色人种"——深色皮肤、深色眼睛、深色头发——通过将波兰人定义为与文明的德国人差异巨大的"异族"而强化那里的殖民地色彩。在一部最著名的东部小说，即克拉拉·菲比希（Clara Viebig）的《沉睡的军队》（The Sleeping Army, 1904）中，一名古铜色皮肤的波兰农夫强烈敌视"黄头发的白人入侵者"。[18]就在1914年战争爆发前，德国出现了一个致力于"内向殖民"的协会，其会刊将非洲殖民帝国与波兰东部相提并论，并主张健全的德意志种族需要向这两个方向进行空间扩张。[19]

这种"新帝国主义"发展中的一个主要特征是其内部的不稳定和广泛的暴力，这些成了从19世纪70年代到20世纪40年代帝国主义扩张的标志。19世纪后半叶和第一次世界大战前的10年里，对帝国扩张的追求主要是出于各民族－帝国之间天然而不稳定的竞争带来的战略需要；但在势力范围或经济利益区的安全需要也是原因之一，帝国的压力会在当地社群中引发暴力回应。将欧洲的战前年月视为美好年代的观点其实是一种欧洲中心论。正是在这个时期，暴力从欧洲输出到了全球。现代化国家的支配地位缘于其交通运输和现代武器的突飞猛进，这与资金、训练结合起来，常常会让帝国主义强国获得军事优势。日本自1868年起迅速引入了欧洲的现代军队组织方式，并采用了最先进的技术，但它是亚洲和非洲唯一有效做到这一点的国家。对传统社会的征服常常很彻底，英国人在南非对祖鲁人和马塔贝勒人的征服，荷兰人在荷属东印度对亚齐苏丹国的暴力打击，以及法国人在今天越南对安南和北部湾沿岸的征服，都是如此。暴力清晰明了地贯穿了帝国的方方面面，直至1945年后帝国时代的终结。

在后来的世界大战历史中,更突出的特点则是实力更平等的对手之间和更发达的国家之间争夺帝国的冲突。强调1914年是和平终结之年,是极具误导性的。大战爆发前,世界的全球化程度越来越高,而这种环境常常被大规模的战争(以及严重的危机)撼动,战争也深刻影响了欧洲和未来亚洲主要强国之间的关系。最重要的是日本发动的一系列战争,它先于1894年开始入侵中国的藩属国朝鲜从而与中国开战。日本新打造的陆军和海军打赢了这场大规模战争,朝鲜沦为日本的保护国,巨大的台湾岛也成了其殖民地,这让日本一夜之间成了殖民竞赛中的主要玩家。日本第二场战争的矛头则指向了俄罗斯帝国,因为俄国统治者阻止了日本在打败清政府后吞并中国东北的部分领土*,并推动在当地确立俄国的利益。在1904—1905年的战争中,一支大规模的俄国陆军,和从波罗的海愚蠢地远征3万千米来到日本海的几乎整个俄国海军,都被彻底击败,日本将俄国在中国东北的广泛经济利益尽数收入囊中。日本在战争中动员了约200万人,其中8.15万人战死,38.1万人受伤,因此这场战争成了日本到当时为止发动过的最大规模的境外战争,也改变了日本在这一地区的角色。[20]

1898—1899年的美西战争原本并不是一场帝国战争,但是西班牙的战败让美国立刻获得了菲律宾、波多黎各、关岛和太平洋上的一众小岛。建立"大美利坚"的想法一度甚嚣尘上,但是当美国最高法院裁定这些新土地不是美国的一部分之后,就再也没人提美利坚"帝国"的事了。太平洋基地的战略价值毋庸置疑,但从西班牙手中夺来的土地处于一种悬而未决的状态,不是任何正式的帝国领土,而是完全依附于美国占领者。[21] 此外,1899年,英国和非洲南部两个独立的

---

* 这里指辽东半岛。——译者注

序　章　"鲜血与废墟":帝国战争的时代　23

布尔人国家（德兰士瓦共和国和奥兰治自由邦）之间还爆发了大规模战争。1899—1902年的布尔战争是英国半个世纪以来发动的最大规模的战争。英国动员了75万人参战，其中2.2万人伤亡。英国此番打的是欧洲来的白人移民，因而遭到了其他欧洲国家的广泛谴责，但最终的胜利还是让英国的非洲帝国获得了相当多的土地和资源，进一步强化了新达尔文主义中关于更多帝国领土只能靠战斗来赢取的观点。[22]

殖民地问题正是促成了1914年战争的关键性决定的重要催化剂。各个国家联盟于19世纪80年代成立，其原因主要在于对那些正在迅速现代化而政治上却不稳定的国家的实力和军力增长的战略焦虑，但帝国竞争也是一个因素。来自日本的羞辱使得俄国把眼光转回南欧、东欧，以及与奥斯曼帝国的关系上。法国与英国在帝国冲突中站在一起，这导致了1904年英法结盟，同样的不确定性也促使英国在三年后又与俄国结盟，这样的联盟塑造了欧洲战争的最终格局。对全球利益而不仅是欧洲利益的保护也进一步强化了愈演愈烈的军备竞赛，特别是英德两国之间的海军竞赛，这与它们广泛的全球利益脱不开干系。德国的帝国野心植根于其关于"新兴国家需要一个帝国来作为自己世界强国地位的象征"的信条，正是这种野心使得德国在1914年之前就制造了严重的国际事端，尤其是1905年和1908年的摩洛哥危机，当时德国试图挑战英国、法国、西班牙三国业已达成的保护国权力分配。

然而，与摩洛哥危机同等重要的，是1911年意大利的乔瓦尼·焦利蒂政府在国内民族主义舆论的压力下做出的决定：向奥斯曼帝国宣战，占领奥斯曼帝国在北非遗留的地盘。民族主义者和殖民势力主张，在遭受了阿比西尼亚的羞辱之后，要团结新生的意大利，就需要进行帝国扩张以证明自己的大国地位。意大利顶级演说家之一恩里科·科拉迪尼（Enrico Corradini）提出，没有帝国领地的意大利仅仅是个"无产"国家，20世纪30年代墨索里尼正是用这个词来形容新的意大利帝国主义的。[23]战争的主要目的除了争夺贸易和地盘，还有获取声望，因为这场战争恰逢新意大利建立50周年。和德国对摩洛哥的态度一样，意大利人也很担心法国和英国可能会封堵他们在非洲建立帝国的进一步尝试，于是意大利政府冒了相当大的风险，虽然那两个大帝国最终也没有出手阻挠。其结果并非意大利领导人想要的那种短期的殖民战争，相反，和1904年的俄国一样，意大利人发现自己打的是一个强国。[24]战争持续了一年，从1911年10月打到1912年10月，土耳其人之所以最终放弃的黎波里和昔兰尼加，也仅仅是因为北非战事促使独立的巴尔干半岛国家利用土耳其人分身乏术之际向其仅存的欧洲领土发动了攻击。意大利称这块新殖民地为"利比亚"——这里在罗马帝国时代就叫这个名字——并开始向英法提出新的要求，以迫使它们在东非做出让步。[25]在爱琴海地区，意大利占领了奥斯曼帝国的多德卡尼斯群岛作为战利品，这里已经被欧洲人视为半殖民地了。与日本击败中俄两国一样，意大利对利比亚的征服让人们更加确信，新生帝国的领土扩张只能通过发动战争来实现，甚至是和强敌开战。

还有一件事能够更好地表明是意大利在北非的扩张诱发了世界大战，这一点并没有太多争议。巴尔干诸国的胜利将土耳其逐出了其大部分欧洲领土，这让塞尔维亚有机会成为这一地区的主要力量。而与这一地区利益相关的两个王朝帝国，俄罗斯帝国和奥匈帝国，虽然都面对着日益深重的国内政治危机，却并不打算放弃它们在这里的战略利益。既然意大利从1882年起就成了德国和奥地利的盟友，那么意大利在1912年对多德卡尼斯群岛的占领也就让俄国在开辟通往地中海的温水通道时可能遇到更多的障碍，俄国人原本只要积极干涉巴尔干半岛就能做到这一点。虽然在1914年7月底和8月初爆发的欧洲全面战争通常被归因于由强烈民族主义以及主要参与者的傲慢和不安全感导致的大国角力，但是对于帝国地位的追逐和认为只有民族-帝国才是现代国家的想法，也在很大程度上解释了为什么那些摇摇欲坠的国家都将欧洲战争视为不可避免。然而，如果塞尔维亚在1914年7月真的接受了奥匈的最后通牒，那么这段历史就会被作为19世纪90年代以来的一长串帝国危机中的一个小插曲一笔带过。[26]

显而易见，第一次世界大战是一场帝国战争——在1914—1915年参战的所有国家都是帝国，既有传统的王朝帝国，也有坐拥海外帝国领土的民族-帝国。而当战争演变成一场漫长的消耗战时，参战的赌注大增，于是只有民族-帝国从这场战争中幸存下来，这就定义了这场战争的属性。历史学家们对第一次世界大战欧洲西线漫长而血腥的僵局的关注，使得人们常从狭隘的民族主义视角来看待这场战争，但这场战争是在全世界进行的，而且带着明显的帝国扩张野心。[27]一方面，俄国希望能打败奥斯曼帝国，而把自己的影响力扩张到东地中海地区和中东；另一方面，正处于民族主义革命撕扯下的奥斯曼帝国则于1914年10月向协约国——英国、法国和俄国——宣战，以期扭转自身在中东和北非的领土萎缩。意大利虽然在1882年的三国同盟中正式与所谓的"同盟国"——德国和奥匈帝国——结盟，但它看起来并不打算在1914年参战。相反，1915年春季在伦敦谈了一个关于意大利可在巴尔干和地中海南部得到领土补偿的措辞含糊的协议后，意大利政府转过头来加入了协约国。虽然意大利的主要愿望是打败奥匈帝国，以解放亚平宁半岛东北部被意大利人认为是本国领土的土地，但它的野心也是帝国式的。在利比亚的意大利军队从1912年起就到处面临着奥斯曼帝国挑动的起义。意大利在为是否参战争论不休时，在利比亚的两场大败仗已经导致3 000人丢掉了性命。意大利还在殖民地部署了4万军人以抵御君士坦丁堡方面于1914年11月宣布发动的"圣战"。到1918年，意大利成功地在利比亚沿海站稳了脚跟，但首府的黎波里实质上仍处于被围攻之中。[28]

从规模上看，英法两国的战争行动也是全球性的。欧洲战事刚一开始，协约国就进攻并占领了德国在非洲和太平洋上的殖民地。多哥于1914年8月陷落，西南非洲于1915年5月陷落，喀麦隆则在1916年2月陷落；德属东非虽然从没有被德国完全征服，却也在1916年大部分落入协约国之手。在太平洋上，英国要1902年与自己结盟的日本去占领太平洋南部的德占诸岛（日本人称之为"南洋"，德国于30年前从西班牙手中买来了这些岛屿），并夺占德国占领下的中国山东半岛。日本随即对德宣战，并在1914年底时占领了这些殖民地，进一步扩大了日本在中国的帝国影响力，并第一次开辟了广阔的太平洋边疆。[29] 1915年，日本政府向中国提出了所谓的"二十一条"，在1914年之前帝国主义势力与中国签订的不平等条约基础上，进一步要求在内蒙古、福建和东北获得特权。[30] 日本人知道，其他列强此时正深陷欧战泥潭，无暇干涉日本的扩张。"二十一条"中还要求中国同意不再将任何港口或岛屿交给欧洲帝国主义国家，日本在随后几十年里对中国的帝国主义渗透就是在此基础上进行的。

在欧洲以外，最重要的帝国争夺发生在整个中东。以埃及为基地（英国在1884年占领埃及，1914年宣布埃及为其保护国），英国与奥斯曼帝国打了一场漫长而复杂的战争，以控制从东地中海到波斯（今伊朗）的广大区域。英国的帝国战略开始关注其全球帝国面临的危险，因为其他强国也想要控制这些地区。在整个战争中，英国决心用尽手段来控制从南亚到阿拉伯世界、从巴勒斯坦到阿富汗的弧形地带。[31] 英国的最初计划经由1915年1月的《赛克斯-皮科协定》得到了确认,这一计划想要将奥斯曼帝国划入不同国家的势力范围:沙皇俄国将控制奥斯曼帝国的核心地区,即伊斯坦布尔和安纳托利亚;法国的势力范围以大致的大叙利亚地区为基础;英国的势力范围则是从巴勒斯坦到波斯。但在这一切成为现实之前,英国必须先击退奥斯曼帝国对苏伊士运河的进攻,这里被认为是英帝国的大动脉。此时,英帝国的军队已经将土耳其人赶回叙利亚和伊拉克北部,俄国也在布尔什维克革命后退出了战争,这样整个中东便完全由英法两国来瓜分。奥斯曼帝国的盟友德国提供的援助不仅有武器装备和军官顾问,还有在英法两国的帝国领地和势力范围里四处煽动部族或民族起义,尤其是在印度、阿富汗、北非和伊朗。[32] 但所有这些努力都失败了。到1918年,事情已经很明显了,整个中东都将由英法两国控制,或许还会被它们瓜分,这让它们获得了又一个关键区域,以扩大和巩固它们的帝国霸权。[33]

对于德国而言,所有殖民地的丢失和协约国对本土的海上封锁迫使德国的帝国主义者不得不转而打起了建立一个更大的欧洲帝国的主意,尤其是在东方占据更大的势力范围。这绝不是又一个帝国幻想。到1915年,德国军队已经深入俄属波兰,并占领了俄国的波罗的海沿岸各省。他们秉承在战前就已经渲染了的有必要在东方殖民的观念,将"斯拉夫民族"的边界推了回去。在东方的德军占领区,各种管理模式与欧洲国家对海外殖民地的管理如出一辙,尤其是对本国公民和被奴役人民的差异化对待。占领区的当地人接受的是不同的法律条款,他们被迫向路过的德国官员敬礼和鞠躬,并且被强制服劳役。[34] 1917年德国祖国党成立之后,在东方扩大殖民地以供移民的想法开始越发普遍起来。"我看见我的祖国作为欧洲的帝国正如日中天。"一部德国儿童爱国主义故事里的英雄如此说。[35] 德国士兵踏上了俄罗斯帝国的土地,这进一步强化了德国人对于俄国的歧视,他们认为那是个原始的国家，应当成为殖民地，而占领军在当地的言行也和在海外殖民地的差不多。1914年东线发回的一份报告称，无法用语言来描述战线俄国一侧人民的"粗野和兽性"。[36]

第一次世界大战期间，德国帝国野心的顶峰是在签署《布列斯特－里托夫斯克和约》时，1918年3月，俄国的布尔什维克革命政府在压力之下签署了这一和约，这使得德国占领了俄罗斯帝国的整个西半部区域，包括白俄罗斯、波罗的海沿岸各省、俄属波兰、乌克兰，以及黑海沿岸的高加索地区，这比25年后希特勒的军队想要得到的地盘还要多。这一和约给英国带来的前景却是帝国的噩梦：德国－奥斯曼帝国－哈布斯堡王朝连成一片，统治了欧亚大陆的中心地带和中东。当1918年3月德国在西线发动最后一次军事赌博时，情况又进一步恶化，协约国被击退，而且到了灾难性失败的边缘。"我们快要完蛋了。"英国政府的军事顾问亨利·威尔逊爵士警告说。英国的一个所谓"帝国总督"米尔纳勋爵对英国首相戴维·劳合·乔治说，同盟国看起来已经"成了整个欧洲和亚洲北部、中部的霸主"。英国大众也对出现一个从大西洋横跨到印度洋的德属非洲，以及比属刚果被德国吞并的图景感到恐惧。[37]这样的危机清楚地显示出战争的帝国性和全球性，这样的战争既关乎帝国的未来，也关乎民族的生存。

但英帝国的噩梦并未成真，1918年3月德军的攻势失败后，德国那些脆弱的盟友便随之崩溃。一年前的1917年4月，美国向同盟国宣战，在美军的协助下，西线盟军最终成功将德国军队打回了德国境内。11月11日，欧洲战争终于结束，三大帝国，德意志帝国、奥匈帝国和奥斯曼帝国，随之崩溃，而俄罗斯帝国则在1917年就已终结。英法两国都将第一次世界大战视为帝国的胜利。英国的帝国领地贡献了大量的人力，以及宗主国在全球战场上所需的资金和物资。白人殖民地贡献了130万人，印度动员了120万人，非洲殖民地提供了数十万劳工，其中约有20万人丧生。[38] 法帝国的殖民地则提供了50万士兵（大部分来自法属西非和北非）和超过20万征召劳工，外加贡献了16亿法郎和550万吨物资。[39] 帝国的团结成了战时宣传的中心主题，英法两大强国都预计这场战争会让民主国家更安全，但自相矛盾的是，战争也会让那些毫无民主可言的殖民地留存下去。这一矛盾是理解1918年之后所有帝国所面临的问题的关键，也有助于解释帝国主义在20年后在第二场世界大战中扮演的角色。

第一次世界大战后幸存下来的国家面临着一个关键难题，那就是民族自决原则与帝国观念难以调和，这一挑战常常与美国民主党总统伍德罗·威尔逊提出的"十四点"原则联系到一起，1918年1月18日，他在美国国会的演讲中将这一原则作为新型国际主义世界秩序的框架。这次讲话在一夜之间便传遍全球，因为威尔逊的第十四点提出"国家无论大小，都拥有政治独立和领土完整的权利"；在演讲的最后，他又重申了他的观点，即所有人民和民族都"有权生活在彼此平等的自由与安全之中"。虽然他从未用过"自决"一词，但他演讲中的模棱两可却为各种解读提供了空间，威尔逊也因此被来自殖民地人民的各种请愿、游说和代表团淹没，他们误认为威尔逊的声明是自己寻求解放的机会。[40] 实际上，因威尔逊声明而出名的"自决"主张源于1917年的俄国革命，当时俄国刚刚于当年3月推翻了沙皇的统治。革命临时政府仍然希望把战争打下去，他们在1917年4月9日宣布自己主要的战争目的在于"在人民自决的基础上建立永久的和平"。一年后，也就是布尔什维克于1917年11月掌权之后，俄国社会主义运动的领导人、新政府主席列宁呼吁解放所有殖民地，解放所有被占领、被压迫、被奴役的人民。[41] 布尔什维克的呼吁很快在1919年由于共产国际的成立而得以制度化，这让帝国主义列强警觉了起来，它们于1918—1919年派出了干涉军队以支持反布尔什维克的俄国"白军"。不久前刚和俄国打过仗的日本也在1918年向西伯利亚派出了7万名士兵，并一度尝试建立独立的西伯利亚省，依靠25万军队让日本帝国向北扩张。但布尔什维克的军事胜利和日本国内的不稳定最终让日本在1920年撤军。[42]

在和平到来之际，日益迫近的帝国危机的最初征兆出现了，这种危机是由自决理念引发的。当时一些被占地区的民族期望他们为协约国的胜利做出的贡献能换来宗主国的政治让步，另一些人则希望威尔逊的豪言壮语能帮他们摆脱可恶的帝国主义枷锁，其中一部分人是刚刚被套上这种枷锁的。1919年春，参加巴黎和会的威尔逊及其随员受到了请愿者和请愿信的"轮番轰炸"，这些请愿者和请愿信要求获得完整主权，并且废除帝国主义者关于被占领区人民无力自治的主张。请愿的地区包括波斯、也门、黎巴嫩、叙利亚、突尼斯、法属印度支那（今越南、老挝和柬埔寨）、埃及和朝鲜。印度民族主义者、印度自治联盟（设在美国）的联合创始人拉拉·拉奇普特·雷伊（Lala Lajpat Rai）还向威尔逊发去电报，感谢他为"全世界所有弱小、被占领、被压迫的民族"开启了新的自由篇章。雷伊坚持认为，美国的出手让"欧洲的帝国势力陷入了阴影之中"。[43]这些请愿从来没有成功过，在战争结束后的一年里，对帝国统治的反抗（常常是暴力反抗）风起云涌。在朝鲜，1919年3月的示威游行遭到了残酷镇压；在印度，阿姆利则城的骚乱引来了成排的子弹，造成379人死亡；在埃及，民族主义领袖遭到流放，800人在随之而来的反英暴动中丧生。"这不是最丑恶的背叛吗？"一名埃及代表在写给巴黎的信中说，"这不是对道德原则最严重的践踏吗？"[44]只有爱尔兰例外，那里的民族主义者成功赶走了驻扎在那里的11万英军，并在1922年赢得了正式独立，成立了爱尔兰自由邦。

最终，巴黎和会的首要任务是在东欧和中欧建立一批主权国家以替代业已崩溃的王朝帝国，其结果便是波兰、南斯拉夫、捷克斯洛伐克、芬兰、爱沙尼亚、拉脱维亚、立陶宛和奥匈帝国灭亡后残留下来的奥地利的建立。但"自决"原则的使用仅限于此。英法两国代表成功说服威尔逊将"自决"一词从国际联盟的公约草案中删除，这个组织将会是国际秩序的主要执行者，以实际行动保障现有国家的领土完整和政治独立。[45] 这还只是1919年一连串政治手腕的开头，在这一过程中，英法两国成功地施加压力，有效压制了威尔逊和英法内部帝国反对者寻求解放的愿望。根据《凡尔赛和约》的条款，战败的德意志帝国遭到了惩罚，失去了所有的海外领地、阿尔萨斯－洛林地区，以及穿过东普鲁士和一部分西里西亚的波兰"走廊"，还将几小块土地割让给了比利时和丹麦，之后德国又被迫几乎完全解除了武装，并同意支付1 320亿金马克的赔款，作为据说是主动挑起战争的代价。德国被指控发动战争，这是德国社会无论持什么政治立场的人都普遍对和约感到失望的一大原因。同时，剥夺德国殖民地的条款也是一个重要因素。和约中有这一条款，是因为德国殖民主义据说剥削过于残酷，不配肩负所谓的"文明开化使命"，而德国人认为这只是一种虚伪的说辞。

不出所料，巴黎和会的受益者主要是那些帝国主义大国。1919年1月，协约国在巴黎会谈时首批达成一致的条款之一就是认可英法两国对德国的帝国领地与奥斯曼帝国的领地的占领。不过它们并没有立刻吞并这些地区，而是同意建立一套"托管"体系，让大国成为在"现代世界的紧张环境中尚无法自立"的人民的依靠。1921年，国际联盟下辖的永久托管委员会成立，托管体系正式形成，委员会成员以瑞士学者威廉·拉帕德（William Rappard）为首，他们应当监督托管国的行为，确保它们确实在为被托管区域的人们最终实现自治而努力，但是实际上，托管国只是将这些地方视为其帝国版图的新收获而已，或者，按照英国保守党政客内维尔·张伯伦的话说："说白了就是帝国领土。"英法两国进行了激烈的争论才把中东的托管安排定下来，但整个中东都是这两家的——黎巴嫩和叙利亚归法国，约旦河流域、伊拉克和巴勒斯坦则归英国——至于那些曾支援英法与奥斯曼帝国作战的阿拉伯领袖得到过的承诺则无人提及。对德属非洲殖民地的托管也是由英法两个帝国瓜分的，它们只是把刚果盆地东部的卢旺达和布隆迪让给了比利时。[46] 日本拿到了德占太平洋岛屿中北部几个岛的托管权；澳大利亚和新西兰则托管了德占新几内亚和西萨摩亚。但当地人反对自己受到的待遇。1919年10月，约瑟夫·贝尔（Joseph Bell）在前德属喀麦隆写道："法国政府强迫我们接受其统治，但我们国家不想要法国政府。"于是，托管委员会的驻地日内瓦再次出现了大量请愿者，但是把持了国际联盟的新托管国对此未予理会。委员会的9名成员中，大部分是外交官或者殖民地官员——这当中8人代表帝国主义国家，其中4人来自托管国。[47]

在第一次世界大战后的几年里，帝国主义国家顶住了国际主义和民族主义的双重压力，因为它们决心用暴力来解决威胁。实际上，所有帝国主义国家在面对一个不稳定的、存在政治风险的世界时，帝国领地的重要性不仅没有降低，反而日益增加，因为它们既有助于巩固和强化民族-帝国，同时也能压制非洲和亚洲的民族获得彻底独立的权利。伍德罗·威尔逊虽然一度受到全世界的欢迎，但他从来没有打算把毁灭帝国主义世界作为自己的目标。在他看来，帝国主义列强应当担负起支柱的职责，把文明的好处带给那些过于原始、无法自立的国家的人民，就像美国对菲律宾和其他取自西班牙的地盘所做的那样。他于1919年在巴黎消极对待欧洲以外请愿者的做法就证明了他的态度，但是许多美国公众把对欧洲和日本帝国主义的放纵仅仅解读为一种虚伪。1919年，美国参议院拒绝了在巴黎达成的协议，不同意国际联盟作为维持这一协议的执行机构。[48] 虽然这一决定并没有像字面上那样让美国完全退出国际事务，但让国际联盟被牢牢掌握在那些致力于维系帝国以获取利益的列强手中。

留存下来的帝国领土中，最重要的是英法两国的那些。第一次世界大战后，法国的帝国领土在宗主国的文化中发挥了更加重要的影响，也做出了更多的经济贡献。得到了托管地之后，法帝国的地理面积达到了巅峰，它也因此被称为"大法国"。殖民地在战争期间的贡献激发了这样一种观点，即帝国需要中央集权和团结一致，才能最大限度地榨取资源，这种观点的出现主要归因于法国的殖民地部长阿尔贝·萨罗（Albert Sarraut）。1923年，他写的畅销书《法国殖民地的发展》（*La mise en valeur des colonies françaises*）陈述了建立帝国的宏观目的："法国海外领土的整体实力和财富的增长"将会保障"其母国未来的权力和繁荣"。据一位商人的观点，拥有殖民帝国的法国才是"世界上的重要国家"。[49] 历届法国政府建立了一个与宗主国经济联系更加紧密的殖民帝国，1928年之后，这一联系由于一套以共同货币为基础的新规则（科切尔关税制）而更加稳固。到1939年，帝国殖民地吸收了法国40%的出口并提供了37%的进口；同年，法国40%的海外投资投向了自己的殖民帝国。[50]

当然，真实的情况并不完全是大众想象的那样，因为20世纪20年代和30年代的法帝国历史充满了暴力冲突。其中最为暴力的是1925—1926年的摩洛哥里夫战争（Rif War）和镇压叙利亚起义，以及1930—1931年对中南半岛起义的残酷打击。在中南半岛，当时人们估计有约1 000名示威者被枪杀或炸死，1 300个村庄被毁，6 000人被关押、折磨或处决。那些参加起义的种植园工人被关在自己的村子里，在武装警卫的看管下每天要工作15—16个小时。[51] 和整个法帝国一样，法国政府和这里的殖民当局对于向殖民地民族主义者做出哪怕只是表面的政治让步的意愿，也一点都不比英国人强。但在本土，帝国领地却吸引了公众的大量关注。20世纪20年代后半期，有超过70份杂志和报纸关注了殖民地事务。1931年，在世界经济衰退的高峰时，巴黎的樊尚举行了一场大规模的殖民地博览会，展会在专门建造的巨大的殖民地宫里进行，里面满是异国情调的壁画和各个不同地区的象征物。展会在5个月的时间里卖出了约3 550万张票。这次展会虽然是为了帝国团结而举办，但把殖民地世界视为"异域"反而强化了帝国中真实存在的等级差别。[52]

英帝国仍然是遥遥领先的世界最大帝国。毫无疑问，殖民帝国对英国作为全球性经济力量的地位贡献颇大。从1910年到1938年，当其他市场萎缩甚至消亡时，英国向殖民帝国的出口从总贸易额的1/3增长到了几乎一半，1938年时殖民帝国也贡献了42%的进口；到1930年时，英国几乎60%的海外投资投向了帝国区域。帝国不仅是个可以内循环的贸易体，其内部还实施了贸易特惠。和法国一样，英国工业各方面的相对衰退被向帝国领地溢价销售产品的能力掩盖，而英国在锡、橡胶、原油、铜和其他各种主要原材料供给方面的海外投资，也使得英国的商贸和工业在世界市场上举足轻重。广大的帝国已经融入了英国人的文化，即便对于许多英国人来说帝国还是远在天边的存在，是从关于团结与家长式作风的宣传中想象出来的共同体，就像法国人那样，这没有考虑到殖民帝国里年复一年到处都是紧急事件和武力强迫。帝国日历中有一个重要的日子，帝国日，这是维多利亚女王的生日，1903年成为节日，到20世纪20年代，英国几乎所有的学校都要庆祝这个节日。1924—1925年，伦敦的温伯利举行了一场大规模的帝国博览会，216英亩（约合87公顷）的展馆吸引了2 700万观众，人们就像在动物园里看动物那样观看展会上展示的

"各个种族"。[53]

19世纪下半叶加入帝国行列的三个新来者——意大利、日本和德国——未能享受到帝国经济的好处。因此，20世纪30年代，当全球经济连同国际主义一同崩溃时，正是这三个国家发动了新一轮领土帝国主义（在战前的"民族－帝国"观念上发展而来）战争，这并非偶然。虽然原因不同，但它们对于1919年之后世界秩序的看法都充满了对第一次世界大战的结果以及西方主要强国统治地位的仇恨，正是这些西方强国主导了战后事务以及其后的国际政治舞台。即便是协约国这一边的意大利和日本也是如此，与德国不同，这两个国家都是1919年的战胜国，在战争结束后仍然拥有殖民帝国。所有这三个国家的民族主义者圈子都明白，第一次世界大战让主要的全球帝国，英国和法国，其领地面积达到了巅峰。它们的全球势力背靠国际联盟和所谓的"国际主义"幌子，阻止其他国家向帝国主义发展，同时将两国作为"民族－帝国"的状态利用到了极致。实际上，英法两国关于"团结的帝国是民族力量和繁荣之源"的宣传越积极，那些没占到便宜的国家就越是觉得获取更多领地是提高它们的地位、保护其人民免于经济风险的不二之途。而要获得更多领地，唯一的途径理所当然只有战争。当时的历史也证明了这一点：美西战争、布尔战争、日俄战争、延续20年的意大利征服利比亚之战，以及20世纪20年代主要帝国在摩洛哥、叙利亚和伊拉克的冲突，都证明了这一显而易见的事实。这三个国家被认为无力决定本国的未来，仇恨由此而来，这让这三个国家更加排斥那些以和平协作和民主政治为基础的"西方"价值观或"自由"价值观。这样就不难理解为什么这三个国家的民族主义思潮会倾向于选择领土解决方案，这或许能够结束在它们看来对地域广大和资源丰富的英法帝国以及美国的永久从属地位。

日本的仇恨根源于它的扩张史，正是这段历史让日本一跃成为东亚地区强权政治中的主要玩家，到第一次世界大战结束时则成了太平洋上的主要玩家——而协约国却没能充分认识到这个状况。虽然日本也作为十国委员会（由协约国主要国家的代表组成）成员之一受邀参加了巴黎和会，但西方列强在商讨关键性决定时并没有带上日本。日本提出的在国际联盟章程中增加一条关于"种族平等"的条款的要求被列强拒绝，列强并不打算践行这一原则。在日本人看来，国际联盟仍然是西方人的玩物，并不是"民族自救方式"；20世纪20年代中期，"种族平等"原则被再次提出但仍未获成功，于是日本拉起了一个亚洲版国际联盟以更好地代表日本的利益。日本参战时的期望，如日本外相本野一郎所言的"在东方占据重要地位"，逐渐落空了。[54] 西方列强重新拿回了中国市场的份额。日本不得不同意把1914年从德国手里抢来的山东半岛归还给中国政府，当初日本的民族主义者还为夺取了这个半岛大肆庆贺了一番；美国原本在1917年的《蓝辛－石井协定》中认可了日本在中国的特殊利益，但这一协定在1922年被否决了；1902年签署的《英日同盟条约》也在1923年终止。据巴黎和会上的日本代表观察："所谓的美国主义正在世界各地抬头……"[55] 在1922—1923年的华盛顿裁军会议上，日本被迫接受了对英美有利的5∶5∶3的主力舰总吨位比例，并在1930年的伦敦海军会议上再次接受。[56] 更要命的是，一个新的民族主义中国正在1912年清朝崩溃后的军阀混战中渐渐成形，而西方对中国的支持让日本人备感失落，日本觉得自己在中国的地位对其未来民族－帝国的利益至关重要。1922年在华盛顿讨论出来的《九国公约》坚持对华贸易中的"门户开放"原则，日本也在公约上签了字，但这显然否决了日本想要在亚洲享有特权的想法。日本的国际体系批评家们谈论着要在"东方思维"基础上建立亚洲新秩序，他们拒绝了西方式的和平维持、资本主义和民主自由，认为这与日本的战略和政治利益格格不入。[57]

日本民族主义者的核心问题是，在与中国和俄国的战争中付出的"流血牺牲"有何意义？——意大利也是一样。20世纪20年代初期，意大利民族主义者宣传的主题是"以牺牲之名"建设一个新意大利，但他们宣扬的这些牺牲，却在1919年和平到来之时沦为笑柄。虽然意大利在战争中有190万人伤亡，但意大利代表团在整个和会上受到的待遇却如同贡献不值一提的"小兄弟"。战争期间，意大利的民族主义者希望能在战后吞并达尔马提亚，甚至吞并整个奥斯曼帝国；殖民地部的意大利官员们甚至谈论要建立一个从利比亚延伸到几内亚湾的意属非洲。[58] 1919年1月，在意大利殖民机构召集的商讨和平协议的会议上，有一位代表坚持意大利"必须得到与英法相当的海外领地"。[59] 而意大利政府至少也希望英法两国能够尊重1915年《伦敦条约》中秘密许诺给意大利的土地，英法当时签这个条约正是为了劝说意大利参战。许诺的有达尔马提亚的领土、对阿尔巴尼亚的控制权、对意大利在地中海地区利益的承认，还有可能让意大利参与分享从德国与奥斯曼帝国获得的战利品"作为补偿"。[60]

对于意大利代表团来说，不幸的是，威尔逊反对《伦敦条约》，拒绝遵守，而英法两国则把威尔逊的坚决反对用作对意大利爽约的借口。意大利政界内部围绕怎样获得和平这一问题存在分歧，也使得他们很难协调一致拿出要求执行《伦敦条约》的计划来。[61] 1919年4月，意大利首相维托里奥·奥兰多愤而离开了巴黎和会，当他于5月回到国内时，事情已经比任何时候都更清楚，除了亚平宁半岛东北部的前奥地利领土外，意大利不会得到更多的领地，甚至连托管地都搞不到。这一结果产生了所谓"残缺的胜利"的说法。奥兰多在回忆录里说："在这样的怨气和仇恨之后绝不会有和平，不仅是战败国对战胜国的仇恨，还有战胜国对胜利盟友的仇恨。"[62] 正是这种怨恨的后遗症塑造了1922年10月上台的激进民族主义政府的野心，而领导这个政府的正是贝尼托·墨索里尼和他成立不久的意大利法西斯党。虽然意大利人对他所言的英、法、美"富豪和资本家联盟"怀有深深的敌意，但当时的意大利严重依赖国外贷款，还要拼命控制在利比亚和东非拥有的为数不多的殖民地，这使得即便是法西斯政府也受限重重，难有收获。在20世纪20年代的大部分时间里，意大利也和日本一样在国际事务中没有主动权，它希望列强能够允许自己在巴尔干半岛、地中海地区和非洲实施更冒进的政策，但又害怕沿着在凡尔赛已然受挫的帝国主义幻想的老路走下去会重蹈覆辙，因而犹豫不决。[63]

德国和意大利、日本都不一样。它是战败国，失去了海外殖民地和内陆殖民的波兰领地。在这里，战败引发的仇恨比在意大利或日本拥有更广泛的社会基础，而且还有更危险的政治和文化表达。第一次世界大战刚结束的那几年里，大面积的饥荒、失业、恶性通货膨胀和政治暴力（包括东边与波兰的边境冲突）给整整一代人留下了深刻印记，给德国带来的苦难和屈辱是20世纪20年代其他帝国势力没有遭受过的。而在战争中付出的民族牺牲也导致德国人民自发产生了共同的受害感。[64]对这一现实危机的指责主要指向了那些强加给德国人和平方案的西方战胜国。而德国整个政治圈子仇恨的则是要德国独自承担战争罪责的指控，这种指控认为德国的领土应该受到限制，德国应该解除武装，并认为德国人不是仁慈和合适的殖民者。最后一种判断来源于巴黎和会，这在20世纪20年代形成了所谓"殖民谎言"的说法，这对德国人是一种彻底的冒犯，也成了接管德国殖民地、使德国未来在欧洲处于从属地位的依据。当1919年3月的魏玛国民议会商讨协约国给出的条约条款时，以社会主义者和开明人士为主的代表团以414∶7的投票结果否决了殖民地解决方案，他们还要求"重建德国的殖民权"。[65] 10年后，阿道夫·希特勒已是快速发展中的纳粹党的党首,他在竞选发言中说:"说德国人民缺乏管理殖民地的能力,这是虚假的、野蛮的妄断,是对我们国家荣誉的无礼攻击。"正是在20世纪20年代,民族主义者们将对德国的种种约束解读为一种"逆殖民",在这个过程中,德国的未来被当成了列强经济利益和政治利益的抵押品,如希特勒所说,德国就此沦为了"被剥削的纳贡殖民地"。[66] 由于无力挑战西方对权力的垄断,激进的民族主义者只能将怒火转向国内,指向德国的犹太人和马克思主义者,认为他们在1918年"从背后捅了德国一刀",为西方向德国核心地带的殖民打开了通道。

德国在20世纪20年代反复提出,自己理应被视为"文明国家",能够与其他帝国共担文明化和现代化的使命。1926年,德国外交部资助了一部纪录电影,名为《殖民的世界史》,片中不仅讲述了殖民地能带来的经济帮助,还对关于德国无力管控被统治人民的说法发起了挑战。[67] 虽然现在已经是"后殖民国家"了,但德国与前殖民地之间仍然通过各种组织和宣传保持着千丝万缕的联系,而这些组织和宣传旨在从某种程度上重建德国的海外帝国。德国殖民地协会成了一众为了殖民事业而奋斗的小社团的保护伞。这个协会拥有3万人,在德国各地设有260个分支,办有多份不同的殖民地杂志。关于前殖民地和其他各大帝国的消息被广泛传播。给在前殖民地营业的德国公司的补贴和投资越来越多,从1914年的73笔增加到1933年的85笔。战前的殖民地学校仍在运转,1926年还成立了第一所殖民地女子学校,这些学校都旨在为期待中的未来帝国培养管理人员和专业人才。1925年,柏林举办了一场殖民地博览会,这很不协调。外交部长古斯塔夫·施特雷泽曼利用这个机会凸显了所有其他欧洲帝国(包括西班牙、葡萄牙和丹麦)与德国的反差,德国是个"没有空间"的欧洲国家。[68]

据施特雷泽曼的理解，1919年之后德国的仇恨最主要来源于这样一种观点：强大、进步而且文明的德国人民却没有足够的领地来显示自己的能力并养育逐渐增长的人口。在德国的民族主义群体以及范围更广的社会中，一种观点普遍存在：领土扩张在某种程度上代表了一个现代国家的特征，并使其有资格统治臣属阶层。在人们思考德国的帝国主义过去以及未来重建帝国的可能性时，这种观点反复出现。这里的关键词是"空间"。20世纪20年代，由拉采尔以"生存空间"的自然需要为基础首创的这一概念在德国广为流传，其原因无他，正是《凡尔赛和约》对德国领土的限制——"这是对我们生存空间的不公正、无依据以及不明智的切割。"1931年一名德国地理学家如此说。[69] 一门叫"地缘政治学"的新科学在20世纪20年代的德国大行其道，其首创人物之一是卡尔·豪斯霍费尔（Karl Haushofer），这门学科与对大部分人而言过于深奥的科学关联不大，却与"生存空间"一词以及该词在德国处境下的运用关系甚密。由前殖民地官员汉斯·格里姆（Hans Grimm）撰写的畅销小说《没有空间的民族》（*Volk ohne Raum*）在1926年出版后销售了31.5万册，靠的就是其标题，出版商之所以选了这个标题，是因为这正是德国人长期的诉求。德语中"Raum"（空间）一词的含义比英语中的"space"更加丰富，在它所指的区域，德国人民会让其独特的文化品质和生物-种族层面的特性扎下根来，付出代价的则是其臣属民族或外族，尤其是犹太人，他们在激进的民族主义者眼中是全世界范围内的"反民族"代表。[70]

让一个以种族纯洁性和文化优越性为特征的民族统治或支配额外的领土，以豪斯霍费尔的话来说，这是对其在战争中"沉重而血腥的牺牲"的一种补偿。[71] 但是德国社会中普遍存在的这些抱负却面临着一个问题，即德国所受的不公正待遇的补偿从何而来？人员众多、组织良好的殖民地游说团明白，在20世纪20年代的环境下想要获得海外殖民地无异于痴人说梦，虽然他们也指望着西方列强未来或许会允许德国共同参与殖民。大部分民族主义者以战前未能实现的帝国思维来看待"种族与空间"问题，1918年对乌克兰的短暂占领更是强化了这种看法，这是德国唯一真正可能通过向东扩张来占据的空间。如德国法律哲学家卡尔·施米特在20世纪30年代末提出的那样，德国或许能在中东欧建立一个由自己统治而且其他列强鞭长莫及的"大块空间"（Grossraum）。所谓"东方"虽然从未被明确定义过，但常常出现在关于"空间"的讨论中。地理政治学家们格外关注一个事实，那就是在此时德国大为缩小的国土之外，还有许多历史上受德国影响的区域——无论是语言、耕作方式还是法律传统，甚至是房屋的建筑方式，都是德国式的——这就使将东方视为"德国的空间"有了合理性。这种德国"种族和文化区"的概念出现在了小学课本和政治宣传品中的众多地图上。在阿尔布雷希特·彭克与汉斯·费舍尔在1925年制作的一份德国文化和民族区域地图上，德国的空间延伸远达苏联，从北方的拉多加湖直到远在南方乌克兰的赫尔松，还延伸到了所谓"伏尔加德裔人口"居住的地区，这些人是18世纪的德国移民，其后裔如今处于苏联的统治之下——这份地图被广泛仿效和传播。[72] 1921年，年轻的海因里希·希姆莱（他后来成了党卫队头目，是德国在波兰和苏联所做出的残暴帝国主义行径的首要责任人）在日记中写道，听了一场关于德国未来领土目标的演讲后，他觉得"东方对我们是最重要的。西方很容易灭亡。我们必须在东方战斗和定居"。[73] 这还是在20世纪20年代，还没有纳粹党来专门宣传这些观点。

德国想要推翻"一战"的结果和《凡尔赛和约》的裁决，这就像意大利人对地中海帝国的幻想，或日本人独霸亚洲的野心一样，在20世纪20年代仍只是个愿望而已，但这种愿望维系了在"一战"

前的几十年就已产生的民族野心。但这并没有让第二次全球战争不可避免。事实上，在这三个国家中，滋养了这些幻想的仇恨并不十分普遍，随着20世纪20年代中期美国引领的经济复苏带来了世界秩序的稳定，以及欧洲以外民族主义的低迷，这三个国家在主流国际政治结构和经济协作中找到自己的生存之道被证明是可能的，虽然有些勉强。在德国和日本，对更多领地的追求对于大部分民众来说并不像民族主义者们认为的那般重要。在意大利，民主政治在激进民族主义者与中间派、左派的恶斗中轰然解体，墨索里尼面临的最优先的政治任务是稳固他的统治，并督促意大利的经济复苏。在20世纪20年代，这三个国家都依赖于西方大国为逐渐恢复世界贸易和经济投资而付出的努力，同时也都在口头上支持国际联盟所体现的国际合作精神。1925年，所有的战胜国与战败国共同签署了《洛迦诺公约》，再次确定了在凡尔赛划定的西欧各国边界。1926年，德国获准加入国际联盟。1927年，德国甚至在法国和比利时的强烈反对之下仍然加入了永久托管委员会，负责监管它的前殖民地，它推荐的委员是德国工业联合会主席路德维希·卡斯特尔（Ludwig Kastl），而不是某个吵吵嚷嚷的殖民地游说团领袖。德国坚持要尊重托管条款，包括致力于做好各种准备措施让前殖民地最终独立。1932年，正是德国首先提出了"去殖民化"一词来描述这个看起来已经处于进行中的过程。[74]

第一次世界大战后，稳定被认为可能只是暂时的，未来必定难以预计，这样的和解终究只会是短暂的。古斯塔夫·施特雷泽曼为德国筹划了"顺从"的外交政策，希望德国表达出的善意能成为挣脱和平协定束缚的更好方式，但他也没有排除实现更为根本性改变的可能性。再来看日本，在20世纪20年代后半期的大部分时间里，掌握着政权的立宪政友会一直致力于裁军和与西方合作，以此作为实现日本目标和激励经济发展的更合理的途径。[75]日本甚至在20世纪20年代中期一度奉行过对华友好战略,而放弃了几十年的对抗。在意大利,即便墨索里尼明确地将"新意大利"的想法概括为对西方价值观和利益的挑战,但至少用"口头的和平主义"来说事而不去冒发生冲突的危险也被证明是必要的,他自己也这么说。他认为,意大利新帝国野心的实施还要等候"欧洲生乱"。[76]而且,意大利现有殖民地里的麻烦已经够多了。索马里和厄立特里亚有待平定,那里的驻军已经从2 500人增加到了1.2万人,但意大利还是花了10年时间才将当地起义镇压下去。在利比亚付出的代价更为巨大。早在墨索里尼上台前的1922年,意大利就开始和阿拉伯部落为了该国大部分内陆沙漠的控制权而大打出手,经过多年的野蛮镇压后,战事才在1931年结束。在现有帝国安定下来之前,追逐新领地的风险太大了,但放弃是不可能的,这场战役突出了帝国领地唯有靠征服才能得来的理念。[77]

这段和谐的时光随着1928—1929年全球经济危机的到来戛然而止,这场危机给接下来的10年带来了灾难性的影响。历史学家们普遍认同这样的观点,即主要是这场经济危机摧毁了1919年之后重建全球秩序的努力,并阻止了国际主义的任何有效实现。从许多方面看,世界经济的崩溃比1914年或1919年更应当被视为导致经济危机的转折点,正是这一危机导致了20世纪40年代的全球战争。[78]经济危机的故事大家都知道了,但值得记住的是这场灾难的规模,受其所害的世界经济的弱点在整个20世纪20年代一直暴露无遗,虽然在20年代中期曾有过一段短暂的贸易和投资的爆发期。到1932年,工业经济体中已有超过4 000万登记失业人口,另有数千万人由于价格和产出急剧下降而只能做短工或失业。在1929—1932年的大衰退中,世界贸易的下滑达到了惊人的2/3。世界上那些依靠一两种物产出口来维持的贫穷地区更是陷入了极度贫困。信贷紧缩导致了大规模的破产，在1932年几乎导致了德国的国家破产。人们普遍感到恐慌，认为大危机将足以导致资本主义的灭亡，正如共产主义者预言的那样。德国的民族主义们也同样乐于将大萧条视为"世界经济的黄昏"，而这正要由他们痛恨的西方体系来承受。[79]

这种所谓的西方经济模式崩溃、国际主义终结的感觉成了10年间各色未来预言家笔下的一大主题，其中最著名的是奥斯瓦尔德·斯宾格勒的《西方的没落》(*Der Untergang des Abendlandes*)。国际联盟大会主席在1932年夏劝说成员国协调一致，做好最坏的准备："整个世界正陷于可怕的危机而且失去了信心。世界最后的希望现在只掌握在我们手中。"[80] 国际联盟虽然在努力寻找缓解危机的措施，但无力阻止经济民族主义的出现。随着危机的加深，相互协作看起来比把本国经济保护起来要危险得多。1930年6月，美国通过了《斯穆特－霍利关税法》，切断了美国市场从国外的进口。1931年11月，经过了长时间的政治辩论，英国放弃了自由贸易，也拿出了一系列关税政策；1932年8月，英国又推出了帝国特惠制，给予来自帝国领地的进口商品关税优待。在法国，科切尔关税制降低了来自其殖民地的产品的税率，却把世界其他地方的产品拒于门外。[81] 危机导致了特别贸易和货币联盟的出现，包括以美元、英镑、法郎为核心的联盟。世界上最强的那些经济体原本能够为了保护令它们长期获益的体系而发挥作用，但是它们选择不去这么做，结果便是互相伤害。

对于那些发现自己在新的经济民族主义计划中受损的国家而言，危机的政治后果十分深远。在日本，衰退成了一场灾难：出口（尤其是生丝）下降了53%，进口下降了55%；日本庞大的农业产业在20世纪20年代的大部分时间里本已陷入停滞，现在更是遭受了灾难性下滑，农产品收入腰斩，令数百万农民陷入可怕的贫困之中。[82] 与西方体系协作的努力被证明无效，一轮反西方思潮导致了脆弱的民主政府垮台。而反对全球体系的民族主义浪潮使得军部在日本政府中占据了更为主导性的地位，20世纪20年代的民主试验随之告终。[83] 比起其他经济体，大衰退对意大利的冲击没有那么严重，当权者把这场危机当成了在国外采取更积极的帝国政策，从而在本国重新发动法西斯革命的机会，因为列强纷纷缩回了保护壳中。在德国，大衰退被许多民众认为是战胜国的进一步打压。1931年，当德国试图与奥地利达成关税协定时，法国跳出来把事情搅黄了。在整个大衰退中，每五个德国人中就有两人失业，工业产值下降了40%，出口减少了一半多，而德国此时却还要继续支付战争赔款，并偿还20世纪20年代获得的大笔国际贷款。一片萧条之中，关于德国只不过是一个殖民地的哀叹引来了越来越多的共鸣。1930年，希特勒的纳粹党成为一支真正的政治力量，这是最激进的民族主义政党，对全球化经济和西方的说教怀有深深的敌意。1932年，纳粹党成了德国第一大党，1933年1月，它成为执政党，希特勒成了总理。在这里，就像在意大利、日本一样，那些在20世纪20年代利用牢固的"种族与空间"帝国幻想的民族主义者可以声称他们是正确的了。整个世界正在危险地朝着有利于他们的方向倾斜。

正是在这样的背景下，先是日本，然后是意大利，随后是希特勒的德国，在20世纪30年代将自己郁积的仇恨转变为了新一轮领土帝国主义浪潮。在经济危机的刺激下，关于全球经济和政治秩序需要变革的观点变得不可动摇，新秩序将不再基于已经失灵的几十年前的国际主义，而是要以由强大宗主国主导的关系紧密的帝国经济集团为基础——就像英国和法国的帝国圈子一样。[84] 对于国家的生存而言，帝国力量比以往任何时候都显得不可或缺，19世纪后半叶出现的帝国模式随之复苏。如日本外相有田八郎所言，这一选择不可避免:"小国家别无选择,唯有竭尽全力组建自己的经济集团,或者找强国合作,以免自己的生存受到威胁。"[85] 这些以获得更多领地和稳定的资源为目标、必要时会诉诸战争的努力,将时钟拨回到了帝国时代早期。苏联的领导人约瑟夫·斯大林,坐在那个经济发展基本未受全球大萧条影响的国家里旁观着这场资本主义的危机,他认识到,贸易战、货币战、"对市场的激烈争夺",以及极端的经济民族主义,"已经让即将到来的战争成了重新瓜分世界和势力范围的手段"。历史学家们对斯大林判断力的评价并不总是很高,但这一次,历史证实了他的判断。[86]

淞沪会战中，日军士兵隐蔽在沙袋后，他们上方是可口可乐的广告牌。上海是中国最富国际性的顶级港口城市，也是日本侵略者的一个主要目标。1937年11月，日军在与中国军队恶战后拿下了这里。

图片来源：CPA Media Pte Ltd /Alamy。

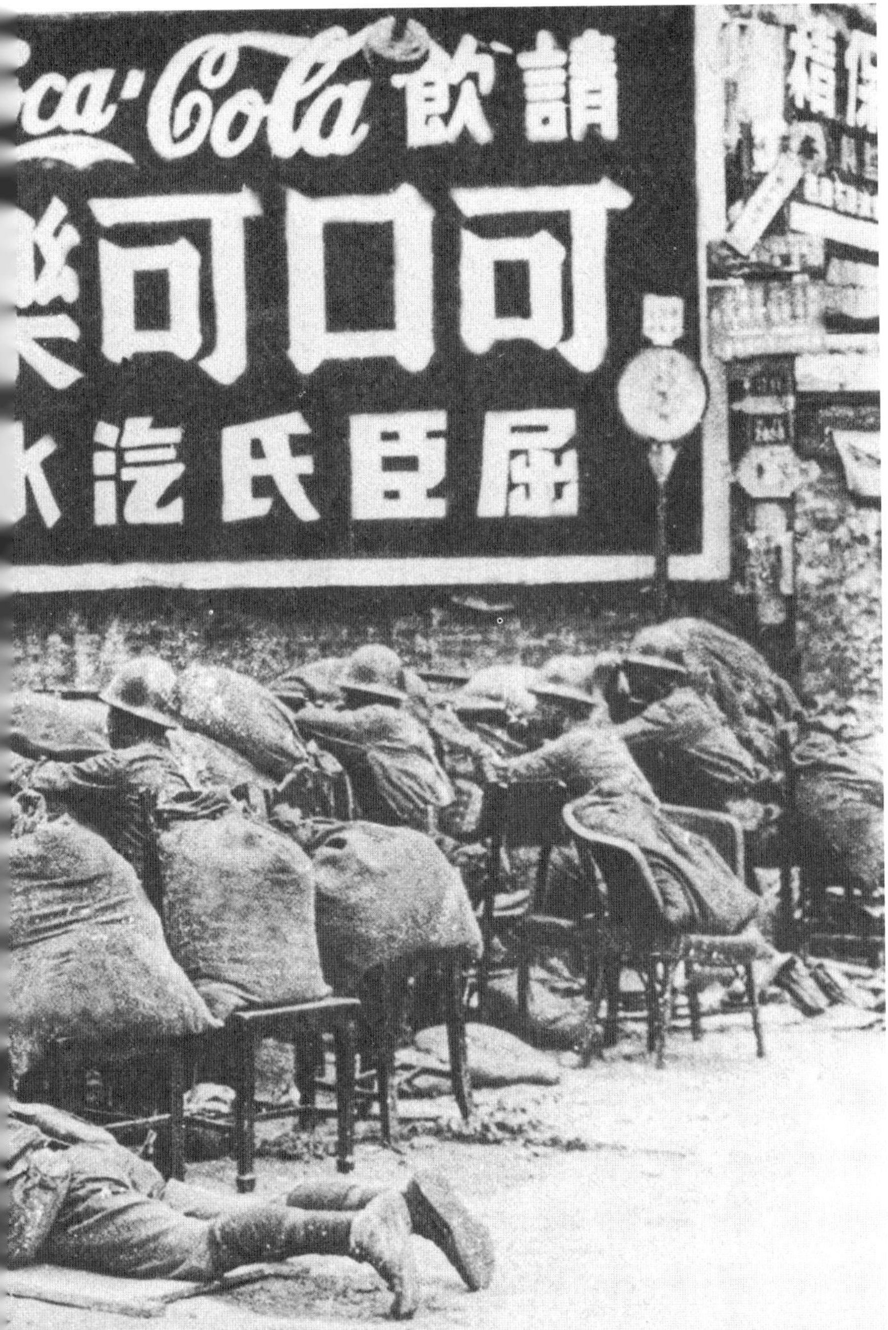
請飲
ca·Cola
可口可
屈臣氏汽

第一章

民族-帝国与全球危机，1931—1940

……在一次过分的暴力行动中，中国士兵炸掉了满铁在北大营（军事基地）西北的一段铁轨，并攻击了我们的铁路守卫。我们的守卫立刻还击，并用大炮轰击了北大营。我军现已占领营区一部……

——《朝日新闻》，大阪，1931年9月19日[1]

　　《朝日新闻》是日本畅销的新闻日报，报纸头版的这篇文章告诉日本公众是中国人背信弃义，让他们误以为日军随后发动的对中国东北三省的侵略和占领应当由中国人负责。这完全是胡说八道。实际上，在1931年9月18日清晨，布设炸药的是日本关东军的一队工兵，关东军驻扎在中国东北，任务是维护日本帝国在这里的经济利益，他们此举成了发动向中国军事扩张计划的拙劣借口，这场侵略直到1945年才终止。从全球视角看，这只是个小事件，但它的影响大得多。正是在世界经济危机深重之时，用暴力创造新帝国秩序和新经济秩序的第一步由此迈出。北大营的枪声标志着20世纪30年代成为一个新的帝国时代的开端。

日本政府所谓"满洲事件"*所处的环境，是由更大范围的全球危机和日本急于找到方法摆脱贫困和经济上被孤立的窘迫决定的。"关东军"的名称来自日本在中国东北沿海的占领区，即所谓"关东租界"，他们已谋划了多年，想要把日本帝国扩张到中国大陆。由于经济危机规模之大，加之对中国民族主义的顾虑，关东军领导人最终决定不理会东京，自行其是。日本士兵在炸毁了南满铁路的一小段铁轨之后，便突袭了奉天（今沈阳）入口的中国守军。他们夺取了整个奉天城区，然后按照精心制订的进攻计划，从租界四面出击，先拿下主要铁路线周围的区域，之后将中国军阀张学良的33万装备低劣的军队赶出了中国东北地区的南部和中部，在1932年初占领东北全境。虽然这是公然抗命，但日本昭和天皇裕仁还是在两天后批准了这次行动。日本帝国的幅员和财富几乎在一夜之间发生了惊人的转变。[2]

　　"满洲事件"并非8年后爆发的世界大战的直接原因，但它继承了1914年之前的"新帝国主义"和第一次世界大战后的帝国殖民，开启了一个帝国扩张的新10年。意大利、德国和日本这三个最终定义了新帝国主义的国家，并非从一开始就有明确的扩张计划或蓝图，而是在既定的势力范围内伺机而动。它们也没有协调彼此的帝国主义扩张行动，尽管它们密切关注着各自的收获，并从中备受鼓舞。尽管这三个国家的领导人都希望在其帝国计划实现之前暂时避免更大规模的战争，但这三个国家单独实施的扩张计划给1939—1941年爆发的全球大战增添了动力。

---

* 即"九一八"事变。"满洲事件"是日本政府的称谓。下同。——译者注

新的帝国时代

日本、意大利和德国想要的关键是地盘。用各种正式和非正式的方法占据地盘，这是帝国的核心诉求。这种"领土原则"的模型是20世纪30年代之前40年暴力的领土扩张和治安战，而且这些领土扩张和治安战在有些地方还在延续。实际上只有在这种大的背景下，才能看出东京、罗马或柏林发动的地区性侵略战争的历史意义。对于在30年代掌权的这一代人来说，从19世纪后期便支撑了这个帝国的关于"种族与空间"的故事仍具有毫不减弱的说服力。虽然这种帝国主义形式看上去过时落伍，甚至是痴心妄想，但当时成功的帝国榜样看起来也是这个样子。1919—1923年对领地的重新瓜分，或者是1929年之后经济灾难的影响，其结果只是增强而非削弱了这样一种信念：夺取更多土地和资源是拯救国家、打造强大经济体系、满足优等文化需求的不二法门。

绝不只有日本、意大利和德国的领导人相信帝国纪元尚未结束，即便种种迹象都显示，民族主义的雄心、经济代价的高企，以及持续的不安全都渐渐侵蚀着他们全球帝国的计划。他们非但没有从传统帝国主义已经日暮途穷这一显而易见的事实中吸取教训，反而声称要进一步推行帝国主义，并且是带有其自身特征的帝国主义。其他一些因素常常受到关于第二次世界大战起因的分析的关注，如军备竞赛、外交危机、意识形态冲突，但它们是新一轮帝国崛起的结果，而非原因。如果仅仅是意识形态差异或者军事开支增长，那么国际联盟的主要成员或许还能忍受，虽然有些勉强；帝国主义列强无法接受的是，以原始的领土扩张形式打造新一批帝国，已经与它们对帝国的看法以及它们围绕这种看法编织的国际合作新话语体系不相容了。

问题是，鉴于保有帝国领地带来的显而易见的难题以及其中相当大的安全风险，再加上被占地区民族主义情绪的高涨，那么这三个国家为什么还决定把"追求领地"作为在 20 世纪 30 年代挑战原有秩序的基本理念呢？这些抉择看起来十分值得关注，因为此时已经不同于 1914 年之前，当时列强能够通过大规模战争征服领地而不会受到外部干涉——布尔战争和意土战争就是好例子——而在 20 世纪 30 年代，所有主权国家和国际联盟成员都会反对帝国扩张，共同安全的理念也会阻挡扩张，至少明面上会阻挡。这个问题的答案并不简单，而且这三个国家所处区域的具体环境又各不相同，但它们给出的关于争夺地盘的理由和解释惊人地相似。有一点可能是，在 20 世纪 30 年代成为军政领袖的这一代人，是在帝国主义幻想的世界中成长起来的。他们所处的文化一直宣扬"现代化"和"先进"国家的优越性，认为这些国家是文明进程的领导者，而其征服的则是"落后"或"原始"的民族。这一代人还深受战争经历和现代民族主义粗暴主张的影响。曾于 1936 年短暂担任过埃塞俄比亚首都亚的斯亚贝巴总督的意大利法西斯党领袖朱塞佩·博塔伊（Giuseppe Bottai）声称："帝国的梦想让我内心深处渴望战争……我一生中的 20 年都是在战争中度过的。"[3]

诡异的是，想要解释对领土帝国的追求，起点竟是民族。这三个国家对帝国的追求与实现民族自治的目标是密不可分的，它们的发展似乎受到了现存国际秩序的限制和束缚——如一本日本小册子所言，"强权的干涉和压迫"，而自治则意味着将民族从这一处境下有效解脱出来。[4] 日本的一个民族主义者兼满铁官员说，他将中国东北视为"生命线……我们的民族想要生存，这里绝不能丢"。[5] 这些观点形成了所谓的"灾难性民族主义"，他们期待改变民族原来的面貌，并急切地想要重设民族的使命。[6] 墨索里尼常常提出这样一种观点，即英国在地中海的领地如同一条绞索卡住了意大利的发展，让英国人得以"包围、监禁意大利"。[7] 捍卫国家利益被认为是保护本国人民的必要途径，因为这可以保障他们的经济前景和人口发展，同时也能使本国作为一个重要的民族-帝国而非一个附属国，获得更加牢固的民族认同感。1937年，赫尔曼·戈林在一次关于是什么约束了德国未来的讨论中对一个英国熟人说："我们想要一个帝国。"[8]

无论何种情况，在民族主义者的讲述中，他们的民族从来都天命不凡，注定要统治和领导其周边的地区。"欧洲必须由一个民族向其他民族施加权威，"德国的政治评论员威廉·施塔佩尔（Wilhelm Stapel）写道，"成为这种新帝国主义代表的只能是德国。"[9]另一方面，德国国民则觉得自己要去证明自己在这次民族重生中的价值。"我们即将成为而且正在成为更加军事化的国家。"墨索里尼在1933年宣布道。[10]在德国，1933年纳粹党上台后的"民族觉醒"，使得人们认为这个民族现在能够拿出自己的真正力量了，这种力量将不再受到所谓国际主义者的危害和来自犹太人、马克思主义者和自由主义者的威胁，这些人会让德国如同希特勒害怕的那样成为"第二个瑞士"。[11]在日本，军队首脑从1931年之后便掌控了国家政治，随即开启了一场旨在提升国民对领土扩张的意识和热情的大范围行动——所谓的"国防"行动——其中心思想是国家荣誉和为国牺牲。和意大利、德国一样，对新方向的指责都被秘密警察和密探压制了。一如欧洲，在日本，对民族自治的追求令新帝国主义有了理由，这又让创造新秩序成了联结国家和人民的纽带。[12]帝国被视为民族雄起和种族价值的关键象征，在这方面，所有的传统道德标准都可以被弃置一旁，就像在19世纪时那样。

第二个因素则更加实际。新帝国主义与更广泛的经济野心是密不可分的。建立帝国是为了获得更多的"生存空间"以打破现有的全球经济和领土结构的束缚，解决人口压力和土地不足问题，获取原材料和粮食来源，并建立起经济集团，集团内的贸易和投资能够由帝国中心而非商业团体控制。这三个国家都越发致力于国家计划，而且敌

第一章　民族-帝国与全球危机，1931—1940

视西方的自由资本主义模式及其背后的西方价值观。在纳粹党早期的一次集会上，希特勒告诉听众，资本主义"应当成为国家的仆人，而不是它的主人"，社会需要"人民的经济"而不是国际商业利益。[13]经济帝国主义也同样要服务于人民的需要。经济利益的诱惑在这三个国家都体现得十分明显。对于意大利来说，征服利比亚和埃塞俄比亚能够带来可供150万到650万意大利农民耕种的农田，这些人可以留在帝国内而无须移民到新世界。1939年吞并的阿尔巴尼亚据说人口稀少，能够容纳200万意大利人。[14]这就是"生存空间"，意大利也用上了德国人的这个词。埃塞俄比亚被说成是遍地机会的乐土，一个满是矿产资源、等着人们去开采的黄金国。关于阿尔巴尼亚的报告也说这里拥有尚待开发的石油资源。[15]日本对中国东北充满野心，是因为日本希望到20世纪50年代时能让500万极端贫困的日本农民移居此地，那里丰富的工业和物产资源（在入侵之前，这些资源的开发就已严重依赖日本的投资）也被认为对日本的未来至关重要，毕竟在这个世界上贸易的发展和原材料的获取似乎已越来越不安全。1926—1931年，日本约90%的海外投资都投向了中国东北。因此有人主张，若不能获得对这些资产的控制权，日本就无法继续实现经济现代化，也无法建立起防守帝国所需的军队。[16]

德国的情况也是一样。在这里，获得更多生存空间是希特勒本人关于德国发展的核心观点，德国在20世纪20年代和30年代的经济衰败被视为资源匮乏和市场不畅所致，因此这一观点大行其道。欧洲其他帝国的大众宣传彰显了母国本身与整个帝国在地域面积上的巨大差异——法国扩大了22倍，荷兰扩大了60倍，比利时扩大了80倍。英帝国的领地面积则高达其本土的105倍。而反观德国，在1919年失去了一些国土和殖民地之后，它反而比之前更小了。[17]于是，在中东欧建立并统治一个经济集团，实现贸易可控，以及关键资源和粮食的自给自足，这不仅成了希特勒政府经济政策的核心，也得到了德国社会的广泛认同。同样在1937年的那次对话中，戈林说："经济空间必须和我们的政治空间相一致。"[18] 希特勒本人则秉持着朴素的帝国经济观。1928年，他在未出版的第二本著作中对英帝国主义总结道，在输出文化和文明的幌子之下，"英国要的是为其产品获得市场和原材料来源。它通过强权-政治手段得到了这些市场"。最终，国家繁荣意味着征服，"在战争的艰辛中获得自由的果实"。[19]

第三个因素则是机会。20世纪20年代的犹豫和挫败让位于一种新的想法，那就是30年代第一次世界大战后秩序的危机或许可能会自动形成新秩序，而不会引发更大的危机。这一事实对于解释新一波帝国主义浪潮到来的时机具有关键性作用。国际社会未能解决全球性大萧条的影响，这加快了各国采取民族主义手段解决危机，也加快了全球协作的崩塌，1933年6月，伦敦世界经济会议的失败最清楚地显示了这一点。[20] 全球危机的一个后果便是，国际联盟主要成员由于无法承担充当国际警察的代价而不愿去冒险。国际联盟在阻止日本占领中国东北时毫无作为，这被解读为一个清楚的信号，集体安全体系在面对国际联盟中的大国时是不起作用的。日本领导人后来自吹说，日本是"国际联盟崩溃的预兆"，若不是日本主动暴露了国际联盟的"无能和无用"，德国和意大利或许不会有机会去实施自己的激进政策。[21] 事实确实如此，4年后意大利对埃塞俄比亚的入侵没有遭到强有力的反对，德国在1935年违反《凡尔赛和约》公开宣布重新武装，在1936年3月进军莱茵兰非军事区，也没有被制止。这每一次胜利都让人相信，作为帝国强国和国际联盟主要成员的英法不会阻碍进一步的帝国扩张。"我们认为日内瓦只有一群老太太，"一名意大利记者于1936年在亚的斯亚贝巴如此告诉一位英国同僚，"我们都这么觉得，而且一直这么觉得。"[22] 这三个国家都退出了国际联盟：日本在1933年3月,德国在1933年9月,意大利在1937年12月。

英法始终无所作为,它们没能阻止德意两国在1936—1939年武装支持西班牙弗朗西斯科·佛朗哥将军的民族主义叛军,没能顶住德国在1938年占领奥地利以及次年吞并捷克斯洛伐克,这进一步强化了这种信念,这一切让希特勒相信,英法对于德国入侵波兰将会"做足面子文章",但仍然不会进行军事干预。[23]然而,对于这三个国家来说,关键问题在于要赶在苏联或者美国能够或者愿意在国际事务中发挥更大作用之前采取行动。日本和德国都清楚地意识到,在20世纪30年代的一系列五年计划中建立起强大的工业和军事力量的苏联,对于未来的任何帝国都是个潜在威胁。让日本决定占领中国东北的因素之一就是,日本需要建立稳固的防御以阻挡苏联对日本帝国采取任何风险行动并保护其战略资源,哪怕占领中国东北会带来一条漫长的与苏联的边界线也在所不惜。[24]希特勒在独裁统治期间曾撰写过一份重要的战略文件,即1936年8月起草的所谓的"四年计划备忘录",他在文中强调了苏联红军在未来15年里带来的威胁,以及德国需要在此之前解决生存空间问题。[25]美国的体量还不为人所知。美国在经济萧条的灾难性影响下被迫退回到相对孤立状态,而且主要依靠海军来保卫西半球,很显然它只是个未来的威胁——但毕竟是威胁。无论如何,美国与各大帝国都保持着距离,即便美国公众还不打算支持武装干预帝国扩张的想法。[26]对于帝国世界而言,无论是新帝国还是老帝国,列宁和威尔逊的阴影都阻碍着它们的野心:帝国扩张宜早不宜迟。

虽然觉得在新一轮领土帝国主义浪潮中建立新秩序是可行的,但这并没有让下决心变得容易。在占领中国东北、攻打埃塞俄比亚、入侵捷克斯洛伐克和波兰的幕后,所有三个国家的政治领导层都充满了犹豫和畏缩,虽然战后人们认为这些行动都是他们统治世界的庞大计划的一部分。但无论他们喜欢与否，国际联盟主要成员的"许可"都是个影响因素。墨索里尼最后是靠声称自己得到了英法做出的不会出来阻挡的口头同意（事实证明并非如此），才打消了他的军队领导人和一部分法西斯党同僚对入侵埃塞俄比亚的担心。在占领阿尔巴尼亚之前，他也琢磨了其他强国会怎么做（这一次，国际联盟只是把阿尔巴尼亚的抗议记录在案，却没有采取任何措施）。[27]德国在1938年9月30日签订《慕尼黑协定》后占领了捷克斯洛伐克的德语地区，这常被视为希特勒大胆外交的一场胜利，但让这位德国独裁者恼火的是，在西方强国的坚持下，他快速打败捷克斯洛伐克的计划未能实现。在一年后对波兰开战前，他坚定地告诉他的随从们，不会再有第二个慕尼黑了。[28]

还有一个让侵略者不得不小心翼翼的因素，那就是在20世纪30年代，帝国之间（包括那些老牌帝国）的冲突变得高度透明。这主要是由于现代媒体的发展——报纸报道、新闻纪录片和广播在全世界已流行开来——但国际联盟也起到了一定作用，国际联盟虽然据说很怯懦，但提供了一个辩论侵犯国家主权事件的平台，包括对日本非法侵占中国东北和墨索里尼入侵埃塞俄比亚的非常公开的讨论。[29]这种国际辩论迫使这三个实施侵略的国家都去为它们的行为找理由，它们似是而非地声称，入侵是为了保护它们的利益不受战败国家的侵犯。在国际联盟关于中国东北的辩论中，日本代表狡辩说，中国作为"单一组织的国家"是"不存在的"。他们还辩称中国东北并非任何正式意义上的殖民地，而是成立了以清废帝溥仪为首的"独立"的"满洲国"。[30]墨索里尼为进攻埃塞俄比亚找的借口是，这个国家只不过是"一群野蛮部落"，而"非国家"。[31]希特勒对于德国在捷克斯洛伐克的波希米亚和摩拉维亚建立保护国的借口则是，这个民族国家已经无法有效运转，事实上捷克斯洛伐克从所有方面看都是个现代欧洲国家,而非潜在的殖民地。这里他用了"保护国"一词,这个词长期被欧洲帝国主义者用来掩盖他们的实际控制,让被保护国听起来似乎还有一点政治独立性。[32] 1939年9月1日早晨,希特勒对波兰宣战,理由还是波兰人不会组织国家,若没有德国人的统治,它"就会沦为最蛮荒之地",这无意间应和了墨索里尼1935年对埃塞俄比亚的指责。[33]

侵略者之所以小心谨慎不仅是因为国际环境,还是因为其国内的政治和军事精英们在未来政策路线方面难以达成共识。日本显然就是这种情况,它的国内政治是由各种矛盾塑造的,包括文官政党和军部的矛盾,陆军和海军的矛盾,以及军队内部各派别之间的矛盾。1931年9月,辽东半岛日军指挥官发动的侵略是违背了文官政府的意愿的。随后日本军部和政党之间的僵持导致了民政党内阁的全体辞职,军方的帝国主义行径也实际上失去了文官的制约,而军队内部的派系之争则一直持续到20世纪30年代中期。[34] 日本海军和陆军之间的争执围绕着"北进"和"南进"展开:海军想要优先在太平洋上设防,或许还能夺取东南亚那些资源丰富的欧洲殖民地,这将被证明是个灾难性选择;陆军则关注北方的苏联威胁,想要首先在中国北部巩固其大陆战略,建立一个强大的、自给自足的工业和贸易集团,为日军的进一步扩军提供可能,并守卫其帝国领地。1936年8月7日发布的《基本国策纲要》既要求在亚洲大陆建立一支强大的帝国守备部队,也要求海军做好让帝国向南扩张的准备,这与其说是解决了,不如说是搁置了陆军和海军之间的矛盾。[35]

无论怎样主张战略谨慎,日本在20世纪30年代向中国大陆的扩张从未停止。日本已牢牢侵占了中国东北,这里也成了日本进一步扩张领土的跳板,这部分是为了稳定与国民党军队的战线,部分是为了占领更多的资源和交通枢纽,还有部分则是因为日本军部及其在东京的政治靠山对进一步帝国扩张的胃口已经大到难以想象。20世纪30年代，日本还进行了许多领土扩张，尽管这些行动都未能像侵占中国东北那样吸引到如此多的国际关注（或者吸引今日历史学家如此多的关注）。1933年2月，2万日军入侵并占领了东三省南面的热河省，将北平（即今天中国的首都北京）纳入了关东军的攻击范围。1933年3—5月，日军打了所谓的"长城战役"，将地盘向南扩大到了长城。1935年，日军侵入中国的其他省份，在6月要求罢免河北省主席及其他指定官吏。对内蒙古更多区域的占领使得日本扶持起了"独立"的"蒙古国"，这片草原名义上由蒙古亲王德穆楚克栋鲁普（常被称为"德王"）管辖，但实际上和"满洲国"一样，也是由日本军部统治的。1936年1月，东京政府最终批准了控制整个华北的战略，从这里出发的日军将能够把国民党军队赶出中国最富庶的地区和主要税收来源地。在占领中国东北后的4年里，日本侵占了亚洲大陆的广大地区，并在此过程中改变了日本帝国经济的面貌。[36]

占领中国东北和华北其余地区令日本对亚洲原有经济秩序的挑战有了一些胜算。日本的目标是削弱其他主要贸易强国对整个东亚地区的影响，并将这里的资源转而用来支撑日本工业。其关键在于中国东北和华北资源生产的发展。东北是中国工业的心脏，供应了中国90%的原油、70%的铁、55%的黄金等。[37] 1932—1938年，日本向这里投资了19亿日元。而日本军部和政府则一直坚持对国家经济做出计划和指导以确保达到其目的。1933年3月，日本发布了《"满洲国"经济建设计划》，并最终在此建立了26家专司生产某种产品的大型企业。中国的银行要么被接管，要么与日本银行合作，日元货币区已然成形，铁路网的里程也增加了一倍。1937年，日本成立了华北开发株式会社，以确保这一地区能按计划为日本利益服务。华北也同样被并入了日元区。[38] 得益于从新占领地区掠夺的资源，日本的钢产量从1930年的200万吨增长到1938年的560万吨；同期煤产量从3 100万吨增长到4 900万吨。这些经济的增长都被军队的需求吃掉了。日本陆军在1937年的总体计划中胃口大开，要求在20世纪40年代初期拥有55个师团；1934年日本国防开支占国家总开支的14%，到1938年则达到41%。1934年，日本宣布这一新的经济集团只能服务于日本利益，也就是所谓的"天羽声明"；1938年，日本首相近卫文麿公爵发布了一份警告，称新的经济秩序已经在东亚诞生，第三国不得插足。根据日本陆军的整体计划，到1941年时，急速增长的工业要为帝国国防提供所有的必需资源，并"增强我们领导东亚的能力"。[39]

然而，日本在中国的军事战略却十分模糊。日本与蒋介石国民党及其北方军阀战友们之间的前线一直在变化，这导致日军持续处于缓慢推进之中，而越来越多的地盘也很难用少量兵力加以控制，日本人无法解决为压榨到手的地盘建立稳定环境的问题。他们最优先的事项是从政治和军事上控制华北，而不是与南方的国民党打一场大规模战争，更没有为最终于1937年7—8月全面爆发的侵华战争制订计划。中国甚至还一度占据了主动。蒋介石"攘外必先安内"——也就是要打垮共产党——的策略到了1936年已经越来越不得人心。于是，当他造访北方陕西省西安市时，前地方军阀张学良将军发动兵谏，要蒋介石与共产党联手，领导一场全民族抗战。在来自国内外的广泛压力，尤其是来自斯大林的压力之下，蒋介石还是回到了当时的中央政府所在地南京，在那里，他宣布自己在短暂被困期间意识到，他的使命是从日本手中拯救中国。[40]

日军在北平周边地区制造的事端，使中国采取新路线的契机不期而至。这就是卢沟桥事变（卢沟桥是北平郊区的一座古桥，西方称其为"马可·波罗桥"），当时日本中国驻屯军的一个中队正在这座桥附近进行夜间演习。他们称一名士兵失踪,于是以找人为由要求搜查小小的宛平城。遭到拒绝后,日军便炮袭了小城,战斗中有200名中国士兵战死。[41] 危机迅速升级,这充分反映了20世纪30年代的中国与日本积怨已深。在东京,陆相杉山元直接越过了持谨慎态度的近卫内阁,下令调三个师团过去彻底拿下这一地区。1937年7月16日,北平城也被包围了;7月26日,日军开始进攻,两天内就拿下了这座中国故都。近旁的天津港则于7月30日陷落。日军的计划现在胃口大开,他们对"华北事变"的最终解决方案居然是摧毁蒋介石的军队主力,如果可能,还要推翻他的政府。这仍然不算是一场全面战争,但是蒋介石选择将卢沟桥事变加以"民族化",将其视为对中华民族生存的威胁。他在7月7日后不久的一篇日记中写道:"决心应战,此其时乎?"几天后,他又写道:"此为存亡关头。"[42] 北平沦陷后的8月7日,他召集国民党的所有军政要员召开"国防最高会议",要求他们支持对日本的大规模战争。结果是一致同意。于是蒋介石播发了他的决心——"中国为日本无止境之侵略所逼迫,兹已不得不实行自卫,抵抗暴力。"他还把他最好的部队派往了上海,他判定,最初的关键性战斗将在那里打响。[43]

日本军队想要来一场闪电战,"速战速决",先摧毁蒋介石的主要军事力量,然后日本人就能向南占领远达长江下游的中国领土。日本陆军的头头们希望在一个月内就达到目的,其他人则觉得最多只要三个月。日军的计划与后来德国的"巴巴罗萨行动"有很多相同之处,也是军事上的狂妄压倒了军事和地理的现实。相对于对手中国而言,日军数量上处于劣势,但装备更好,训练更好,机动性也更强,不过他们的进攻计划对于目标地域巨大的空间和繁复多样的地形地貌却缺乏考虑。进攻很快慢了下来。面对着能够退回广阔的中国内地重整旗鼓的对手,日军无法取得决定性胜利。1937年夏,日本陆军只有区区几个师团，到了当年年底就扩充到了21个师团，一年后达到34个师团，到1941年则达到51个师团。[44]得寸进尺的日军又深入了华中，他们的后勤供应变得越发困难；日军控制的地盘越大，他们的部队就越分散。随着所谓"持久战"战略的推行，蒋介石的声望也越来越高。日本在中国罪行累累，包括使用毒气和细菌战（炭疽、鼠疫和霍乱），这反而让中国人民同仇敌忾，团结一心，蒋介石在30年代初就希望做到这一点，但一直没能见效。蒋介石的决心越发坚定，日本人却反而希望他会面对现实的军事压力而放弃抵抗。仅仅1938年，日本就11次试图让他接受停战条款，但全部被拒绝。

然而，中国军队的抵抗无论在哪里都算不上顽强。侵华日军从1937年8月起更名为"华北方面军"，占领北平后，他们开始沿着主要铁路线向西和向南推进，依靠掳获的物资来保持机动性和补给。这些日军与东北的关东军部分部队一起，向西面的察哈尔省和山西省进发，并很快从汤恩伯将军（他刚刚于8月初被蒋介石派来防守此地）的国民党军队手中夺取了关键性的铁路枢纽南口。[45]由于国民政府在北方战线上需要依赖当地的军阀盟友，包括宋哲元（他的军队于7月很快弃守京津两地），蒋介石认为，更有利的策略应当是在离他的嫡系部队国民党中央军更近的、日军防守更薄弱的地域进攻日军。他把主战场选在了上海，这将会消除日军对其主要税收来源地的威胁，并对日军占领北平做出适当的回应；这或许还能招来外部力量的支援，但他的主要目的，如他对军队统帅们所说，是要打一场持久的消耗战以对抗日本的意图。当蒋介石的部队向上海集结时，日本陆海军在当地的实力也加强到了5个师团，还在港内驻泊了32艘军舰。8月14日，规模很小的中国空军向日军旗舰发动空袭，拉开了战役的序幕，这场空袭成了一场灾难，因为他们未能摧毁日军旗舰，而是炸毁了当地的几间旅馆和一间娱乐设施，造成超过1 300名平民死伤。庞大的中国地面部队起初一度把日军逼退到了海边,但他们的进攻随即被阻止。日本投入了更多部队,日本海军封锁了中国海岸,日本海军航空兵则从 8 月 15 日开始了对中国军事基地、港口和城市的长期轰炸。

8 月的最后一周,日军在舰炮火力的强大支援下发动了一场大胆的两栖作战,几个师团在上海附近登陆。到 9 月 13 日,日军已经做好准备,即将向河道纵横、遍布中国军队临时防线的难行地段发动进攻。日军一直打到 11 月 12 日才打赢,双方都死了很多人:4.03 万日军,18.7 万中国军人(蒋介石年轻的军官团伤亡了 3/4)。[46] 日本帝国大本营想要拿下整个地区,包括当时中国的中央政府所在地南京,希望能决定性地结束战争。拿下上海的日军一边沿着通往南京的道路一路追击毫无斗志的国民党溃军,一边烧毁村庄,屠杀村民。蒋介石此时已经命令政府撤往西部的重庆,他的军队司令部也迁往南方的武汉。南京只剩下了象征性的防御力量,日军轻易打败了他们,向中国军人和平民无差别地施加暴行。南京于 12 月 13 日落入松井石根将军及其副手朝香宫鸠彦王的军队之手,日军在这里进行了连续多日的劫掠、强暴和屠杀。[47] 到 1937 年底,日本侵略军拿下了华中和华东的大片地区,付出了沉重的代价,但远未实现 7 月时希望的速胜。1938 年 1 月 16 日,近卫公爵宣布,日本将不再与蒋介石政府做任何接触——实际上这就是正式宣战,虽然此时日本早已不宣而战。

虽然军队损失格外沉重,而且武器装备严重不足,但蒋介石和他的将领们还是在来自遥远南方的桂系军阀部队支持下开始准备后续的大型战役。第一仗,也是抗战中最大规模的战役之一,发生在南京以北的主要铁路枢纽徐州附近,有超过 60 万人的部队参战。日军从南北两面向这里发动钳形攻势。原先占领上海的日军现在被改编为"华中派遣军",他们与华北方面军联手,于 1938 年 5 月占领了徐州,但未能合围中国军队参战的 40 个师,后者化整为零,在暴雨和浓雾的掩护下撤走了。4月,日军逼近徐州时,中国军队赢得了为数不多的几场战术胜利之一,在徐州以北的台儿庄,一支数量居于劣势的日军被桂系将领李宗仁和白崇禧指挥的部队击退,但此战不足以扭转战役全局。徐州的陷落是一场大败仗,为日军打开了通往武汉的通道并使得日军可以控制整个长江中下游平原。日本的决策者期望夺取武汉并巩固对华北和华中的控制以"结束战争"并让日本扶持一个亲日的中国政府,还可以使日本"控制中国"成为可能。侵华战争的胜利也将使日本得以腾出手来对付遥远北方被认为对日本威胁更加严重的苏联。苏联此时正以自己仅有的现代化武器支援蒋介石的陆军和空军。[48]对于日本的威胁,蒋介石的反应毫无人性。他下令炸开黄河堤坝,制造了大面积的黄泛区以阻止日军接近武汉和中国南方。此举相当粗暴,是"以水代兵",当地中国民众为此付出的代价却是灾难性的,就像国民党为了防止日本获取资源而实行的"焦土政策"一样。国民党在没有发出任何警告的情况下放水淹没了5.4万平方千米的低洼地带的农田;据战后评估,有80万到90万人死亡(最近的研究显示这一数字更接近50万)。黄泛区有超过400万人沦为难民。[49]

黄河的泛滥自然能阻止日军迅速夺取武汉,但各条河流的水势暴涨也使得日本海军得以用船把人员运往内陆并提供火力掩护。8月,侵华日军第十一军接到命令向武汉推进,于是,日军士兵顶着酷暑,忍受着疟疾和痢疾的折磨,跋山涉水向这座城市推进。这场战役有几乎200万人参加,以1938年10月25日日军占领武汉而告终;蒋介石于是把自己的权力中心迁往重庆,此地与日占区之间有群山相隔。在南方远处,日军以一场成功的两栖登陆于10月21日占领了大型港口城市广州,日本海军则于1939年2月夺占了南方的海南岛,由此掌控了北部湾和中南半岛的法国殖民地。1938年的侵略狂潮让日本拿下了中国最富庶的工业区——东北、北平、上海、武汉和广州——

让蒋介石失去了全国大约87%的产能。[50]日军侵占了华中和华东的广大地区,他们进攻的节奏也不可避免地慢了下来。1939年,战争的压力到达了湖北和湖南两省的新战线上,但是经过了2年的大规模战争,日本虽然占领了中国的富庶地区,击败了一支又一支中国军队,但距离结束侵华战争、巩固在亚洲大陆的帝国占领区的目标越来越远。

日本侵华战争的与众不同之处在于,双方谁都没有胜算,而且战争拖得越久,就越看不到取胜的希望。蒋介石决定要打一场通过消耗把敌人拖垮的战争,这只有让日本军部和政府认定必须放弃在中国的地盘才能实现,但当时看不到这样的前景。中国军队是在巨大的劣势下作战:缺乏现代化武器,训练设施差,有经验的一线军官不足,弱小的空军完全依赖外国援助,几乎没有海军。虽然日本拥有一支按20世纪30年代标准堪称现代化的陆军、一支实力强大的陆海军航空兵、一支世界最强大海军、一个庞大的国内军事生产基地,以及一个拥有切实战场经验的军官团,但事实证明,这些力量只不过能让他们赢得局部胜利而已。仅仅是日占区的巨大面积和多样的地理环境就能让胜利遥不可及。那些刚刚拿下的乡村,只要日军一离开,就会再次丢掉。由于后勤方面的根本性困难,日本军队原本期望能就地取食,但村民们很快就学会把粮食藏到地下,这就让食品供应本身成了一场战斗。只要能在日军到来前得到足够的预警,整个村子就会带着他们的口粮转移到附近的丛林里或山上:如日军战报中写的那样,"坚壁清野"。[51]后方区域难以警戒,这让游击队有大量机会去建立根据地,并依托这些根据地打击日本鬼子,蒋介石通过双方漏洞百出的战线派往敌后的游击部队以及在西北的共产党都会这么干。1939年,日军的大部分军事力量被用来对付游击队,而非打败中国正规军,而在整个夏季,他们在中国东北方向还要投入部队在诺门罕高地与苏军打一场大规模对决,战斗直到9月才停火。12月,蒋介石集结了70个不满员的师,在北方、长江流域和广州附近出人意料地发动反攻,但战斗再次未能决出胜负。1940年,双方陷入了僵持。为了制造"蒋介石能够被替代"的假象,1940年3月,日本人在南京扶持起了以国民党叛徒汪精卫为首的伪国民政府,汪精卫不愿坚持抗战而想要和日本媾和,但他也无法拿出日本人想要的全面停战协议,而只能确认日本人已经得到的东西。[52] 日本也在经济和人员上付出了格外沉重的代价,其政府并不想也没有准备好要打一场持久战,但这场战争是以重塑亚洲秩序为目的的,其内在推动力使得日本人不可能承认这一战略失败了。到1941年,在中国的战争已经让18万日本人丧命,32.4万人受伤。中国损失的人数则高得多,很难精确统计出来。

墨索里尼统治的意大利的帝国野心没日本这么大,但也是要征服领地的。早在1919年,墨索里尼就宣称帝国主义是"生命永恒不变的法则",在他的整个独裁统治期间,他从来没有放弃将新意大利变成一个地跨地中海和非洲的大帝国的核心,也就是把意大利变成一个现代版的古罗马。[53] 他起初想要在欧洲扩大意大利的地盘,拿到那些当时属于南斯拉夫、原本在1915年《伦敦条约》中许给了意大利却又在巴黎和会上未兑现的地区,但是得到国王维托里奥·埃马努埃莱三世支持的军队领导人却把墨索里尼拉了回来,因为这么做要冒发生大规模战争的巨大风险。20世纪30年代初,当国际秩序坠入危机之时,墨索里尼和法西斯党激进派决定不顾反对,采取积极帝国主义路线。扩张的方向显而易见是东非,多年以来意大利一直试图将自己的势力从厄立特里亚和索马里的殖民地扩张到仍然是独立国家的埃塞俄比亚(阿比西尼亚)——虽然墨索里尼也曾一度有过从法国手里夺取科西嘉岛的危险主意。对埃塞俄比亚的进攻很难见容于持谨慎态度的人，包括某些法西斯党重要领袖、军队和王室，连墨索里尼自己也因为不愿拿政治地位冒险而为此感到焦虑。但一想到日本在中国东北问题上成功拒绝了国际联盟的干涉，他最终还是越过了所有对相关风险的反对，下令制订在1935年秋征服埃塞俄比亚的计划。大量的准备工作提前展开，厄立特里亚和索马里挤满了部队和补给物资；英国人则小心地看着满载部队和车辆的意大利船只排着长队从苏伊士运河川流而过。[54] 对于墨索里尼而言，埃塞俄比亚将只是个开始。1934年，他私下里提出意大利必须征服当时处于英国统治下的埃及（"我们只有拿下了埃及才会伟大"），之后在1935年3月又把征服苏丹列入了未来日程；他要求2家广播电台，巴里电台和罗马电台，开始向整个阿拉伯世界广播反英宣传，还与也门签订了为期10年的贸易与友好协定，以此恶心邻近的英国保护国亚丁的英国人。[55] 在马耳他，当地的意大利法西斯党徒们叫嚷着说马耳他实际上是被英国殖民者踩在脚下的意大利岛屿，迟早有一天要回归祖国意大利，而意大利海军也制订了夺取这座岛屿的应急计划。[56] 按照墨索里尼的帝国观，东地中海和东北非是建立新罗马帝国的基石。

入侵埃塞俄比亚之战是被当作一场短期战争来准备的，一场意大利的闪电战，但意大利没有为征服之后的事情做打算，也没花工夫去了解那些墨索里尼想要纳入意大利统治的人民是什么样的。与此同时，他还受到了英法两国的压力，它们拿出了各种方案让意大利在埃塞俄比亚事务上有更大发言权，甚至提出按国际联盟的规则将埃塞俄比亚部分地区交给意大利有限托管，以此让战争不再必要。然而，墨索里尼的帝国扩张为的正是让意大利摆脱只能靠国际联盟强国的同意来获得利益补偿的局面，1935年9月22日，虽然意大利国王和殖民地部持保留意见，但墨索里尼还是拒绝了国际联盟的提案。此时再想选择某种有限解决方案为时已晚，因为非洲之角上拥挤的意大利殖民

第一章　民族－帝国与全球危机，1931—1940　　69

地已经集合了56万人和300万吨补给物资。[57] 10月3日，意大利军队宣称埃塞俄比亚人前来挑衅，于是意大利的陆军和空军在埃米利奥·德博诺（Emilio de Bono）将军的统一指挥下，从南北两线发动进攻。埃塞俄比亚皇帝海尔·塞拉西下令在首都亚的斯亚贝巴他的皇宫前擂响传统的战鼓，召集人民参加战斗。这是一场不对等的战争，墨索里尼想要迅速结束战事以避免国际局势进一步复杂化或者国际联盟前来干涉，但战斗很快陷入停滞。海尔·塞拉西清楚双方实力悬殊，于是命令他的军队利用有利地形和意大利军队的混乱发动游击战："躲起来，突然袭击，打一场游牧战争，一个一个地偷袭、狙杀和消灭敌人。"[58]

这是35年前布尔战争以来规模最大的殖民战争。结果不难想见，但德博诺手下的意军进展缓慢。到12月，墨索里尼已经不得不考虑向不大的新占领土上移民的可能性了。英法政客们以牺牲埃塞俄比亚主权来向墨索里尼施压，要他接受既成事实，直到所谓的《霍尔－赖伐尔协定》（以提出这一方案的两位部长的名字命名）被公之于众，并在随后的抗议中流产。11月，德博诺被解职，由彼得罗·巴多利奥（Pietro Badoglio）将军取而代之；12月，从北方索马里攻过来的鲁道夫·格拉齐亚尼（Rodolfo Graziani）将军在墨索里尼的直接命令下首次使用毒气，打赢了多洛之战。埃塞俄比亚指挥官没有重视其皇帝的建议，选择发起战斗。在坦宾的2次战斗以及5万人的埃塞俄比亚军队在阿姆巴·阿拉达姆战败之后，埃塞俄比亚军队的抵抗被"杀人炸弹"和毒气（主要是芥子气和光气）摧毁，这些失败让埃塞俄比亚军队的战线支离破碎，并导致了大面积的士气低落。[59] 墨索里尼原本还在考虑接受托管，或者扶持一个以海尔·塞拉西为首的傀儡政府（就像伪满洲国一样）的可能性，但是随着埃塞俄比亚首都在1936年5月陷落，他立刻决定吞并埃塞俄比亚。5月9日，他在罗马的威尼斯广场向欣喜若狂的人群宣布："意大利终于有了自己的帝国。"[60]

这话说得太早了。埃塞俄比亚还没有被完全征服，激烈的治安战还要再打上一年。意大利军队付出了高昂的代价：1.5万人战死，20万人受伤。超过80万意大利士兵和飞行员参与到建立所谓的意属东非的战争中。而埃塞俄比亚的小股部队和陷入交火的平民估计有27.5万人死亡。[61] 意大利胜利后，死亡仍然接连不断。墨索里尼下令处决所有拒绝承认和配合意大利统治的埃塞俄比亚贵族，同时还要消灭宗教领袖、有影响的巫师和巫婆，以及当地的"游方艺人"，这些艺人一直在全国云游，传播消息和流言。1937年2月，在一起针对意大利人总督格拉齐亚尼的刺杀失败之后，意大利军队在亚的斯亚贝巴肆意报复，3 000名埃塞俄比亚人被害，妇女遭到强暴，房屋被劫掠一空。[62] 新政府很快采取了种族歧视政策。埃塞俄比亚人不能成为公民，只能是奴仆；从1937年12月起，意大利人和埃塞俄比亚被禁止通婚；电影院、商店和公共交通工具也实施了种族隔离。1939年，意大利发布一条法令，要求惩罚所有违背种族歧视原则的人，理由是"处罚是为了在意属非洲的原住民面前维护种族声望"[63]。

墨索里尼原本期望的速决战变成了耗尽资源的持久战。他必须保持一支庞大的守军并承担其费用：1939年他在东非部署了28万人的军队。随着当地埃塞俄比亚人不断反抗意大利的宗主权，意大利军队的伤亡与日俱增；三年艰苦的治安战让9 555名意大利人丧生，14万人伤病，难以计数的埃塞俄比亚人也沦为牺牲品。[64] 1932—1933年的意大利国防开支是50亿里拉（占政府开支总额的22%），到了1936—1937年就达到了131亿里拉（占政府开支总额的33%），1939—1940年更是达到247亿里拉（占政府开支总额的45%）。埃塞俄比亚战争的开支估计为570亿里拉，这些都要由贷款和赋税来承担；后来干涉西班牙内战又花费了80亿里拉。[65] 意大利还费力建设了2 000千米现代道路以便警戒新殖民地，这几乎让殖民地财政崩溃。[66]

军事开支的不断增加是帝国扩张带来的经济利益所无法弥补的。与日本人在中国东北的经验不同，意大利与埃塞俄比亚的贸易是单向的。它向这一占领区的输出从1931年的2.48亿里拉增长到1937年的25亿里拉，但这主要是为了满足广泛的军事需要。所谓埃塞俄比亚能提供粮食供养帝国占领地中的意大利人，还能有盈余向意大利本土出口的想法被证明纯属幻想：1939年，由于粮食歉收，意大利需要向埃塞俄比亚运入10万吨小麦，1940年，当地的农产品产量只能满足自身需求的35%。虽然当局想要引入数百万意大利移民来实现埃塞俄比亚的农业现代化，但到了1940年只有400名农民来到此地，其中只有150个大胆的人带来了自己的家人。[67]意大利工人的数量比农民多得多，但在东非营业的4 000家意大利公司大部分只是服务于庞大的驻军，或者一门心思想着短期挣快钱，而非对非洲这片新帝国进行经济改造。意大利还努力寻找原油和矿产，但未能成功。埃塞俄比亚哈拉尔省（Harrar）的意大利总督对于"淘金热"带来的腐败和追逐私利深恶痛绝，但实际上这片新帝国的腹地几乎没有什么财富可以让意大利人来享受。[68]为意大利人口寻找更多粮食来源的问题没能通过征服得到解决，于是只能靠严格的国内自给自足政策来弥补。1930—1940年，意大利的小麦进口下跌了2/3，而国内的小麦产量则增长了几乎1/3。维持新殖民地的投入和国防工业投资大幅增长，但这几乎全部要从国内资源中搜刮，而且和日本一样，这也需要国家对工业发展计划进行越来越多的干预。[69]

最终，新帝国带来了一轮短暂的民族主义者的热烈拥护，仅此而已。但这并没有阻止墨索里尼去利用他自认为拥有的新地位，他认为自己现在是独立民族-帝国的领袖了。他逆着西方列强的意愿，投入空军和地面部队支持佛朗哥的民族主义叛军打了几乎三年的西班牙内战。到 1937 年 8 月，在西班牙的意大利法西斯志愿军已有 3 万人，最终超过 7.6 万意大利士兵、飞行员和法西斯民兵为西班牙国民军效力，他们有时会与支持西班牙共和军的意大利反法西斯流亡者作战。西班牙内战中有 3 266 名意大利人死亡，使得从 20 世纪 30 年代以来战争中的总死亡人数超过了 2.5 万人。[70] 在西班牙与德国"志愿军"的协作令墨索里尼与希特勒的德国比以往任何时候走得都近，虽然意大利领袖急于确保意大利对帝国扩张的看法不受来自德国的任何影响。特别是墨索里尼还很快盯上了新的可能的扩张目标。在 1938 年的一次私人谈话中，他概述了这样的企望，他想要统治巴尔干南部直至伊斯坦布尔的广大地区，想要从法国手里夺取突尼斯和科西嘉，还想吞并英法在非洲之角索马里的殖民地。1939 年 2 月，他还设想通过夺取苏伊士运河、直布罗陀、马耳他和塞浦路斯，从而将英帝国赶出地中海地区。[71] 这些野心在今天看来纯属妄想，但由于在埃塞俄比亚还算成功，墨索里尼也越发相信自己能取代老牌帝国的"衰朽势力"，这样的野心在当时看上去并没有那么异想天开。正如意大利反犹主义者泰莱西奥·因泰兰迪（Telesio Interlandi）在 1938 年所言，法西斯主义的发展阶段是由"对建立帝国的愿望"来定义的。[72]

意大利人对阿尔巴尼亚的占领再一次体现了这一愿望。和埃塞俄比亚一样，阿尔巴尼亚也被普遍认为天然就是被吞并的对象。意大利曾于 1917—1920 年短暂托管过这里，但后来在国际压力下不得不放弃，阿尔巴尼亚也成了国际联盟的成员。1926 年的防卫联盟让意大利实际上承担起了阿尔巴尼亚的防务，紧密的经济联系也被强压在了阿尔巴尼亚统治者艾哈迈德·索古（他常被称为"索古王"）头上。然而，索古和他的政治盟友们想要保持独立，意大利虽然希望在 20 世纪 30 年代恢复某种形式的托管，但未能如愿。[73] 到 30 年代末意大利的新帝国主义成形之后，墨索里尼和他的外交大臣（兼女婿）加莱亚佐·齐亚诺（Galeazzo Ciano）开始着手将这种非正式的影响转化为直接统治。此举的战略收益不言而喻，控制阿尔巴尼亚意味着能掌控亚得里亚海两岸。这还是意大利创建欧洲帝国的一个潜在立足点，墨索里尼自从20世纪20年代起就对此念念不忘。意大利还控制着遥远的多德卡尼斯群岛，它于1912年从奥斯曼帝国手中夺得此地，并在1923年的《洛桑条约》中确认了所有权。这个群岛上有一支陆军守备队，还有一座机场，其攻击范围覆盖苏伊士运河，由一名军管总督全权管辖，这是意大利在欧洲和黎凡特建立更大帝国的第一小步，也是接管阿尔巴尼亚的预演。[74]

将阿尔巴尼亚变成意大利帝国的一部分带来了诱人的前景，即将意大利从亚得里亚海到爱琴海的统治地盘最终连成一片。吞并阿尔巴尼亚的计划于1938年5月开始制订，此时还有人假称该国蕴藏着丰富的石油和铬矿，可以供养意大利的战争经济。1939年初，万事俱备。同年3月，德国占领布拉格而没有招来西方干涉，齐亚诺随即想要立刻动手。但墨索里尼又一次犹豫了。国王和军队对这份计划都没什么感觉，他们还担心身陷埃塞俄比亚和西班牙的意大利军队是否还有能力再投身一个新战场。3月，意大利"利托里奥师"攻陷了共和军在阿利坎特省的最后一个据点，西班牙内战结束，资源也随之被释放出来。4月5日，意大利向索古王提交了最后通牒，要求将阿尔巴尼亚交给意大利托管，遭到预料之中的拒绝后，2.2万意军在400架飞机和300辆小型坦克的支援下，于4月7日清晨发动了入侵。这场作战是仓促发起的，组织混乱。不会骑车的士兵拿到了摩托车；不认识莫尔斯电码的参谋人员被补充进了通信部队；登陆海滩的照片上能看到步兵们骑自行车前去战斗，这与德军穿过布拉格的场面有着天壤之别。[75]

意大利的宣传把这场入侵包装成现代化军队的大捷，这掩盖了许多缺陷，但意军的胜利仅仅是因为几乎没有遇到武装抵抗。意军的伤亡数字仍充满争议。官方报道的人员损失是12人，但阿尔巴尼亚人的评估认为，意军死亡人数无论如何都在200至700人。4月13日，索古撤离他的首都，意大利国王宣布成为阿尔巴尼亚国王。虽然和伪满洲国一样，阿尔巴尼亚在形式上只是傀儡国家而非殖民地，但这个国家实际上是被当作殖民地来剥削的。阿尔巴尼亚的行政管理被意大利顾问掌控，一名陆军中将获任负责这个顾问团；其经济被意大利利益方控制或接管；阿尔巴尼亚人成了意大利国王的奴仆；公共场合强制要求阿尔巴尼亚人使用意大利语而非阿尔巴尼亚语；所有反抗都被军警野蛮镇压。甚至是利用在阿尔巴尼亚的角色大捞特捞的齐亚诺，也抱怨说，新的意大利主管当局"恶劣对待本地人"，"有着殖民地思维"，但对于一个用野蛮方法进行领土扩张的集权国家而言，这样的后果是不可避免的。[76]

日本和意大利的帝国主义最终使得这两个国家在20世纪30年代的大部分时间里都在进行大规模的军事动员和发动战争。数十万日本和意大利的年轻人在大战爆发多年前就身陷战火：日本军队从1931年开始投入战争，意大利陆军和空军则几乎从1930—1931年的利比亚治安战一直不停地打到1939年入侵阿尔巴尼亚。与此相反，希特勒德国的扩张计划开始得更晚，在30年代的大部分时间里，德国都在通过一系列不流血行动获得更多地盘。直到1939年入侵波兰，德国士兵才打了一场与中国或东非战事规模相当的帝国之战。所谓民族自立对于一个被解除了武装、陷入贫困的德国来说是遥不可及的。希特勒政府当政的第一年一直在致力于推翻自从20世纪20年代以来一直采取的对《凡尔赛和约》的"顺从"策略。1933

年 10 月，由于其他国家未裁军，德国代表团退出了日内瓦的裁军会议以示抗议。同年，德国政府不承认大部分国际债务，并正式停止偿还战争赔款。1936 年，德国撕毁 1925 年的《洛迦诺公约》，将莱茵兰地区重新军事化。但是，虽然宣传上叫嚷着要挑战《凡尔赛和约》与《洛迦诺公约》，但德国领导人在军力仍然弱小之时采取谨慎的战略。1936 年 3 月 7 日，德军重占莱茵兰时，人们发现希特勒处于高度焦虑之中，担心自己最初的野心是不是太大了。这天，年轻的建筑师阿尔伯特·施佩尔（Albert Speer）发现自己与希特勒同在一列开往慕尼黑的列车上，他后来回忆道："元首的隔间里传出紧张的气氛。"他还说，希特勒后来总是把这次重新武装视为自己"最大胆"的一次作为。[77]

在考虑构建帝国的生存空间之前，希特勒要先面对另外两件事：从大萧条带来的灾难性局面中恢复经济，以及将德国重新军事化，使其恢复强国地位，无论将来选择什么道路都有足够的运作空间。德国的重新武装始于 1933 年，它在 1934 年在此基础上制订了一个五年计划来扩充军备，并在 1935 年 3 月公开宣布退出《凡尔赛和约》扩军备战。其国防开支从 1933/1934 年度的 12 亿帝国马克增加到 1936/1937 年度的 102 亿，至此其大部分军事基础设施已恢复。武器生产和征召兵员的训练是个长期工程。和日本、意大利一样，高额的国防开支要求国家对经济其余部分进行密切监管，以避免经济危机，并控制消费性支出，德国人民已经经历了多年的贫困和失业，现在想要重新享受生活。政府拿出了计划，让德国在粮食和原材料方面更加自给自足，减少对潜在敌对国市场的依赖，同时还要在中欧和东南欧打造一个由德国主导的贸易集团，作为发生国际性危机时的安全网。1934—1939 年，德国与罗马尼亚、南斯拉夫和匈牙利签订了贸易协定，这让东欧的贸易平衡大大向德国倾斜。从 1933 年到 1938

年，德国的原油和粮食采购占罗马尼亚贸易额的比例从18%增加到37%。[78]西班牙内战爆发后，德国以援助佛朗哥为手段，获得了有利的贸易条件，从而进一步扩大了德国的"非正式"经济帝国。德国从西班牙的进口在西班牙出口贸易中的占比从1936年底的11%提高到两年后的几乎40%，为德国军工业提供了急需的金属。[79]希特勒对封锁在第一次世界大战中扮演的角色念念不忘，对未来的任何冲突都深感焦虑，因此德国要在欧洲贸易圈里控制足够多的资源，就像日元区那样，以保护德国免遭外来的经济压力。

到了1936年，高额的国防开支压力和国际贸易复苏过于缓慢带来了危机。主持了大部分经济复苏的德国军事经济总办兼经济部长亚尔马·沙赫特（Hjalmar Schacht）想要限制进一步的军事开支，并鼓励贸易。希特勒此时终于对采取更积极的帝国扩张政策产生了信心，在这个节骨眼上，他对限制德国军力增长的想法十分反感，1936年8月，他在一份战略备忘录里写下了他对未来经济和军事的观点。由于意识到苏联日益增长的威胁，希特勒想要让德国军事准备的规模尽可能大，同时要加快经济自足计划。希特勒声称，不能击败布尔什维克的威胁将导致"最终的毁灭，甚至是德国人民的末日"。他的结论是，要想养活人民和为未来的搏斗提供必需的原材料，只能依靠"扩大德国人民的生存空间，尤其是原材料和粮食的来源"。[80]这份备忘录的直接结果便是于同年10月公开发布的第二个"四年计划"（第一个"四年计划"是恢复就业的计划），由纳粹党头领兼德国空军总司令戈林负责。这份计划标志着德国政策的急转弯。国家现在控制了价格、工资水平、进出口贸易、外币交易，以及投资。与日本和意大利的国家经济计划一样，这种所谓的"管控经济"对于平衡加速重新武装和稳定国内经济这两方面的需求至关重要。[81]在此计划之下，原材料的人工合成替代品（原油、纺织、化工、橡胶）产业获得了大规模

第一章 民族-帝国与全球危机，1931—1940

的投资，以为大规模军工生产提供经济基础。1939年，全部工业投资的2/3都被投向了战略原材料方面，而军事开支占去了国民总产值的17%（1914年时只有3%）和政府开支的50%。[82]不过，将德国的"生存空间"扩张到一个新的欧洲帝国也能带来更多资源。

然而，当1933年2月希特勒第一次把"在东方建立生存空间并将其无情地德国化"作为一项长期目标向军队领导人提出时，人们并不太确定他到底打算做些什么。[83]虽然历史学家们努力想要从希特勒在《我的奋斗》以来的各种零散表述中挖掘他的意图，但除了想要向欧亚大陆扩张未来德国的生存空间之外，他们并没有找到他有任何详细计划的迹象。希特勒本人显然受到了他早在20世纪20年代初期就接触到的关于"生存空间"说法的影响，他后来的思维大多是在此框架下发展的。希特勒关于要在概念上的"东方"进行征服的想法来自延续了40年的德国帝国主义思想，但是除了强烈的反共产主义态度和关于德国人民的未来"在东方"的常见表述外，30年代以来并没有什么东西能表明希特勒的具体目标或者他脑子里的"东方"到底是什么。关于他想要最终"统治世界"的观点仍然只是个推测，虽然他明确想要德国进行扩张，为建立一个堪比英法甚至美国的全球大帝国提供基础。[84]就希特勒而言，关于哪些事情在现实中可行的想法更多地来自对现实的回应，而不是原本的计划，他的战略是机会主义的、短期的，只有对获得生存空间的痴迷从未变过。

到30年代中期，谁是希特勒的朋友已经比较明显了，谁是敌人却还不太清楚——除了犹太人，在希特勒眼里他们始终是德国人民为国家诉求而奋斗时的主要敌人。在整个1936年里，日本和意大利这两大帝国主义侵略国家与德国越走越近。1936年11月，日本与德国签订了《反共产国际协定》，以协调对国际共产主义运动的打击（一年后意大利也加入进来）。1938年，德国和意大利双双承认了日本的傀儡政权伪满洲国。1936年10月，意大利与德国达成了一项非正式条约，由于墨索里尼宣称欧洲现在将要以罗马和柏林为"轴心"旋转，这一条约后来也被俗称为"轴心条约"。在会上，希特勒同意认可地中海是"意大利的海"，还向意大利领袖保证说，德国的野心现在"指向东方和波罗的海"。[85] 意大利在国际联盟强国的反对之下征服了埃塞俄比亚，这给德国公众留下了深刻印象。1937年，德国出版的许多图书赞许了意大利向利比亚和埃塞俄比亚的殖民，其关键论调都指向了英帝国——"一个海盗国家""掠夺了半个世界"。在汉斯·鲍尔（Hans Bauer）写的《殖民地与第三帝国》（*Colonies and the Third Reich*）一书中，意大利对埃塞俄比亚的征服被捧为德国的榜样，德国要仿效意大利，撕毁《凡尔赛和约》，夺取自己的殖民地生存空间。[86]

在德国国内，呼吁海外殖民的声势再次高涨，这体现了人们对希特勒战略方向的猜测。随着《凡尔赛和约》迅速失效，曾在20世纪20年代闹腾个不停的一小群殖民主义拥趸开始希望希特勒或许能找到办法收复在非洲和太平洋失去的领地，或者找到新地盘。1934年，纳粹党成立了一个殖民地政治处，由前殖民地长官（兼纳粹党头目）弗朗茨·里特尔·冯·埃普（Franz Ritter von Epp）将军负责，1936年，现有的殖民地组织被"整合"进了冯·埃普领导的新的"帝国殖民地联盟"。1933年，殖民主义游说团体只有3万名支持者，但到了1938年，新的联盟成员多达100万人，到1943年超过了200万人。[87] 关于殖民地的宣传品数量也在激增，从20世纪30年代初期的区区几本出版物增长到同年代后半期的每年45—50本。德国年轻人被英雄式的殖民地冒险故事和电影鼓动。德国还出版了一本《在校希特勒青年团殖民地手册》，让年轻人做好未来接管殖民地的准备。[88] 沙赫特还鼓动了许多关于非洲无论如何都能缓解稀有金属的匮乏并能提供大量异域美食的议论。这位经济部长在莱比锡的一次演讲中说："现在比以往任何时候都清楚，对于一个工业国家来说，拥有殖民地以获取原材料并扩大国内经济是必不可少的。"[89] 尽管希特勒政权在 1936—1937 年利用了人们对海外殖民的热情，试图在英法之间制造矛盾，但实际上这种殖民主义呼声对新的德国领导层来说并没有多大吸引力，德国领导层对领土的胃口在大陆，而不在传统的殖民地。"我们想要在东欧放手干。"戈林在 1937 年 2 月对来访的英国人士说。作为回报，德国将会尊重英国的帝国利益。[90] 至于非洲帝国的想法，则要到 1940 年夏季老牌帝国被打翻在地后才被重新提起。

直到 1937 年 11 月 5 日，希特勒才在帝国总理府的一次会议上首次提出了明确的扩张计划，这次会议后来因他的陆军副官弗里茨·霍斯巴赫（Fritz Hossbach）的评论而臭名昭著。当时他召来军队的各位司令和外交部长康斯坦丁·冯·诺伊拉特（Konstantin von Neurath）伯爵，向他们阐明了自己关于解决德国的"空间"问题和族群未来问题的已有战略构想。德国人民的数量和种族稳定性令他们"有权获得更大的生存空间"。国家的未来"完全取决于空间需求的解决"。他认为海外殖民地并不足以解决问题："在欧洲找到的原材料产地更有用，离帝国更近。"英帝国已经衰落，不太可能插手，离了英国，法国也会袖手旁观。希特勒告诉他的听众，奥地利和捷克斯洛伐克能够养活 500 万至 600 万德国人，如果国际环境允许，它们早晚会在 1938 年的某个时间成为德国的生存空间。但军队和外交部对此并不热心，他们担心这会危及德国经济和军事复苏的成果。[91] 军队司令们和冯·诺伊拉特的冷淡态度引发了一场政治大地震。1938 年 2 月，军队指挥机构更替，战争部长被解职。希特勒自任武装部队最高统帅一职，并成立了一个特别部门，国防军最高统帅部（OKW），来服务他的新职务。外交部长冯·诺伊拉特被解职，由纳粹党外事发言人约阿希姆·冯·里宾特洛甫（Joachim von Ribbentrop）取而代之。沙赫特仍然在批评未来重新武装的风险，也不愿放弃围绕非洲利益的努力，结果被纳粹党新闻官瓦尔特·冯克（Walter Funk）取代，这是个奢侈而无能的人，此时唯戈林马首是瞻。[92]

即便是这一新的战略路线也充满了不确定性。希特勒明白，德国启动扩张的时机有赖于其他列强的态度，以及它们会在多大程度上因担忧日本和意大利的威胁，或者是苏联日益增长的潜在威胁而分心。但是最终，1938年作为可能的启动日期是定下来了的。"霍斯巴赫"会议一个月后，军队被告知要为占领奥地利和捷克斯洛伐克准备应急计划。1938年3月，希特勒判定，情势已经足够有利，能够采取第一步行动了。此举的后果无法预料，希特勒就像在莱茵兰采取行动时一样再度犹豫。最后，戈林牵头强迫奥地利人屈服，并同意德军于3月12日开进该国。此事并未引发严重的国际抗议，这为下一个决定铺平了道路。5月28日，希特勒召集军队领导层开会，确认了"绿色行动"作战计划，下一步是对捷克斯洛伐克的入侵和征服。陆军参谋长路德维希·贝克（Ludwig Beck）上将记录了希特勒对动手机会的评估："俄国：不会参与此事，没有准备好主动进攻。波兰和罗马尼亚：担心俄国人突袭，不会采取行动对抗德国。东亚：英国主要关注的是这里。"希特勒的结论是，动手的时机到了："必须抓住有利时机……闪电式开进捷克斯洛伐克。"就和意大利入侵埃塞俄比亚一样，在中欧的决定性武力行动同样标志着德国此时已不再顾虑旧的国际秩序，想要单方面建立一个新秩序。

之后的英法干涉，以及9月30日签订《慕尼黑协定》允许德国占领捷克斯洛伐克德语地区的事情就是耳熟能详的了。虽然希特勒想要的是一场短促的帝国战争——至少不能像日本和意大利打的那种仗一样——但发生在欧洲的危机比发生在遥远的中国东北和埃塞俄比亚的危机引来了更多的国际关注。9月28日，希特勒在戈林和冯·诺伊拉特的劝说下勉强同意分步骤拿下捷克斯洛伐克，此前一天，他刚刚会见了英国特使霍勒斯·威尔逊爵士（Sir Horace Wilson），首相内维尔·张伯伦派他来告诉德国人，入侵捷克斯洛伐克将导致战争。有些高级军官开始担心起希特勒的冒险来，他们开始考虑在1938年秋发动政变推翻这位独裁者，但这场政变还要再等6年，并经历几次大败仗之后才成为现实。最终，希特勒放弃了他的小规模战争，接受了妥协，这让德国几乎立刻进入了捷克斯洛伐克的苏台德区，10月1日，德国占领了这里。捷克人不得不接受自己国家斯洛伐克半边事实上的自治，并接受不利的对德经济协定。6个月后，即1939年3月15日，捷克斯洛伐克总统埃米尔·哈赫（Emil Hácha）被召到柏林，被迫屈服于德国领导人施加的沉重的、无法抵抗的压力，随后，德军开进了布拉格。第二天，希特勒宣布对波希米亚和摩拉维亚两省实施托管。斯洛伐克傀儡政府成立。

这些吞并行动的帝国特征显而易见，虽然这种帝国主义与仅仅20年前还统治着这片区域的传统王朝帝国的帝国主义并不相同，更像是欧洲之外常见的帝国模式。尽管奥地利是在全民公投几乎一致通过的情况下并入大德意志的，但这仍属于德国帝国扩张过程的一部分。奥地利人发现自己要遵守的法律体系是之前煽动他们加入德国的那群人没有告诉过他们的，而为这一地区取的名字，奥斯特马克（Ostmark），也很像是1914年前这里内部殖民地的称呼。为了强调这里属于德国，奥地利人的历史遭到了抹除。作为《慕尼黑协定》的结果，苏台德区也以相似的方法被并入了大德意志，这也终结了当地德语民族主义者关于建立独立苏台德国的野心。捷克斯洛伐克境内的"托管"很像是中国东北的境遇：德国的保护官是这一地区的总督，负责对外事务和防务，一套地方政府体系则管理着警察、地方行政和执法，所有法律条文最终都是来自柏林政府。捷克斯洛伐克那一套以哈赫为首的行政管理体系得到保留，以组织托管工作的日常运转，但是根据1939年3月16日的法令，其工作开展必须"与德国的政治、军事和经济需要相协调"。约1万名德国官员监督着40万捷克人的工作。[93] 德国军方还对关键性战略资源、民防、出版和宣传，以及对捷克斯洛伐克德裔居民的征兵实施了专门的军管。在所有被吞并地区和托管区，"公民权"成了按种族区分公民（citizen）和奴仆（subject）的关键因素，就和在埃塞俄比亚一样。在奥地利和苏台德区，公民权只留给那些经过认证的纯种德国人，犹太人和非德裔则只是奴仆；在托管区，捷克斯洛伐克的德裔能够享受德国公民权（虽然许多人实际上享受不到），但捷克人仍然只是德国保护官的奴仆，犹太人则连这点可怜的权利都没有。与捷克人通婚的德裔将失去公民权，这就在托管区形成了种族隔离。公民和奴仆适用的法律框架是不同的：公民受德国法律的约束，捷克人则受总督制定的规章和条文的约束。捷克斯洛伐克的反抗者遭到了不受任何约束的镇压，就像意大利在埃塞俄比亚、日本在中国所做的那样。[94]

在整个奥地利、苏台德区和托管地，关键的经济资源都被德国国有企业和银行霸占，而黄金和外汇，无论是属于国家还是当地犹太人的私产，都被抢走送进德国中央银行。[95] 其中的关键机构是"赫尔曼·戈林"帝国工厂，这家1937年6月成立的公司具有国家背景，旨在由国家掌控德国的铁矿石供应。通过逼迫个人投资者把他们的股份卖给国家，帝国工厂很快获得了奥地利主要铁矿和机械制造部门的控股权。在苏台德区，德国的"四年计划"机构早在吞并之前就已经梳理出一系列重要的矿产资源，现在，帝国工厂立刻采取行动，控制了褐煤的供应，并借此在当地的布鲁克斯（Brüx）发展石油合成工业。[96] 托管地带来的不仅是更多矿产和大量炼铁厂、炼钢厂，还有欧洲最大的军火制造商斯柯达和捷克斯洛伐克兵工厂。到1939年底，帝国工厂组织已经拥有了所有这些企业的控股权。那些奥地利或捷克斯洛伐克的犹太人拥有或部分拥有的企业都依照"雅利安化"犹太人商业利益的法规被掠夺，这一进程从希特勒刚刚在德国建立独裁统治之时就开始了。路易斯·罗斯柴尔德也被德国占领军扣下来当作人质，直到把罗斯柴尔德家族在托管地的大量资产全部交给德国才被释放。帝国工厂的资本最终超过了50亿帝国马克，是最接近它的德国企业化工巨头法本公司的5倍。和落入日本之手的中国东北的物产一样，这些资源也帮助德国维持住了高水平的军工生产，在这个完全由柏林掌控的紧密的经济体里，这些举动还为殖民地开发提供了所需的资本。[97]

　　希特勒表现出来的对"生存空间"的理解并不完全是这个样子。虽然他在霍斯巴赫会议上放言要从奥地利驱逐100万人，从捷克斯洛伐克驱逐200万人，但实际上人口迁移主要涉及的是大约50万德国、奥地利和捷克的犹太人，他们试图到国外寻求避难所，以逃避德国对这些领土进行种族重构的明确计划。负责新占领土的德国官员们常常为了未来政策是应当基于种族同化还是种族隔离而进行探讨。直到后来的战争中，德国政府才开始探索将托管地作为德国移民区对待，并驱逐所有无法"德国化"的捷克人——预期占捷克人口的一半。[98] 一项剥夺捷克农民财产，并将其田地分给德国人的计划开始小规模实施，但扩大化还要到后来开始：到1945年，占地55万公顷的1.6万个农场被没收。[99]

　　尚不清楚希特勒是何时决定"东方生存空间"这一概念更适合波兰的。直到1938年底，波兰人都被认为是德国主导的反苏联盟的潜在盟友，人们觉得他们会把在凡尔赛拿到的德国土地归还给德国，并自愿成为德国的卫星国。直到波兰政府一次次拒绝德国关于建设横跨波兰走廊但归德国管理的铁路和公路，以及将国际联盟直管的自由市但泽归还给德国的要求后，希特勒才决定向波兰发动曾在1938年未能实现的小规模战争，并武力掠夺波兰的资源。波兰此时占据了原本属于德国的西里西亚煤钢产区的大部分，但也提供了大片区域给德国移民，并输出了丰富的农产品以满足德国人民所需。在1939年5月23日的会议上，当希特勒向军队领导人提出他进攻波兰的意图时，他宣称："这次的目标不限于但泽。对我们来说，这次要全部拿下我们在东方的生存空间，得到我们的粮食供应。"希特勒继续说，粮食供应只能来自东方，因为那里人口稀疏。德国成熟的农业技术将会把这一地区的农业产量提高数倍。[100]

然而，向波兰发动的帝国战争会与一年前的捷克斯洛伐克危机一样面临欧洲其他强国干涉的风险。只要波兰能够默许德国的威胁，希特勒或许就会第二次接受托管解决方案，但是出乎希特勒的预料，1939年3月底，英国公开宣布保证波兰主权不受侵犯，法国也紧随其后。在整个夏季，德国军队都在精心进行战争准备，德国外交机构试图离间波兰和担保国之间以及两个担保国之间的关系，但未能成功。宣传机器开动起来，以保护波兰德侨免遭所谓波兰人的暴行为由，在国内煽动起了对发动战争的支持，并制造波兰即将进攻的假象。既然英国和法国对波兰的支持无法动摇，于是希特勒寻求与苏联达成共识以保证苏－英－法联盟不会阻碍他的小规模战争。1939年8月23日签订的《苏德互不侵犯条约》被希特勒拿来向周围的人证明西方国家将不再敢前来干预。虽然人们常认为，希特勒之所以在1939年想要发动一场全面战争，是因为重新武装给他脆弱而不堪重负的经济带来的代价迫使他必须赶在为时过晚之前向西方发动战争，但是几乎所有证据都显示，希特勒要的是一场能让他向东扩张生存空间的局部战争，而不是向英法帝国发动大规模战争——这是十年帝国扩张的完结，而非世界大战的序幕。[101] 夺取更多土地和资源的经济动机自然是有的，但这并不是要发动世界大战，如果大战真的打起来，这些额外的资源最后也会被用掉。在希特勒看来，只要做好在1942—1943年爆发大战的准备就行了，到时候扩军计划就会完成。[102] 1939年8月21日，希特勒仅仅授权进行有限的经济动员，为的只是区域性和短时间的冲突；启动全面经济动员的命令要到英法对德宣战后才下达。[103]

然而，随着计划进攻日期的临近，风险开始倍增。希特勒再一次犹豫了。入侵原定在8月26日，当英国与波兰结盟的消息传来，意大利又说它不会遵照5月签订的钢铁协议在更大范围的战争中加入德国一边时，这个时间被推迟了。来自伦敦的情报显示，这回英国要动真格了。[104] 但希特勒克服了自己的疑虑，下令8月28日军队开拔，9月1日早晨发起战役。他始终认为，英法帝国已经衰朽，因害怕意大利在地中海、日本在东亚的野心而畏缩不前，他确信一旦波兰确定在军事上无法挽救，西方国家就会想办法丢掉波兰。他的一名军事助手发现，他明确地表达了他想要和波兰人打仗，但"完全不想和其他国家开战"。戈林后来在战后审讯中坚持，希特勒确信他能与西方就波兰达成一致，就像捷克斯洛伐克的情况那样。"如我们所见，"戈林声称，"他对此十分确定。"[105] 希特勒拒绝了所有不同的意见，因为他不想在他的第一场帝国战争中就因为领导层的意见不统一和不恰当的焦虑而受到欺骗。"我决心已下，"他告诉他的外交部长冯·里宾特洛甫，"不再听那些人的意见，他们已经误导了我十几次，我要依赖我自己的判断，这对我的帮助每一次（从莱茵兰到布拉格）都比优秀专家更大。"[106]

这个突然而大胆的决定，和1935年墨索里尼断然拒绝关于不要为了入侵埃塞俄比亚的计划而冒战争风险的怯懦建议颇为相似，只不过这一次他不再动摇。就和意大利的非洲冒险一样,战前的扩军备战令放弃战役成为一件难以想象的事。德军许多指挥官欢迎这场进攻波兰的新战争,认为它重启了其中很多人在第一次世界大战中参与过的东线战斗,也延续了1919—1920年沿着新的德波边界发生的一系列战后冲突,当时许多退伍士兵加入了自愿组建的自由军团,去与波兰军队作战。波兰被认为只是个"季节性国家",是《凡尔赛和约》的私生子,十分适合德国人移民过去。[107] 德军参谋长弗朗茨·哈尔德(Franz Halder)在1939年春季向军事学院的听众说,对波兰开战被纳入议事日程让他"如释重负"。"波兰,"他继续说,"不仅必须被打倒,还要尽快进行清算。"[108] 1939年夏季,德国士兵们被告知,他们面对的敌人"残忍而狡诈";一份关于波兰武装部队的报告给当地农业人口打上的标签是"残暴、野蛮、无信义、满口谎言"。哈尔德觉得波兰士兵是"欧洲最蠢的"。德国军官们很容易就接纳了这种反波兰的偏见,并觉得波兰是咎由自取,因为它阻挡了德国向"自古以来的德意志土地"扩张,正如一位步兵师师长在入侵前夜向他的部下说的那样:"这是德国人民的生存空间。"[109] 希特勒并未把即将到来的战争视为一场传统的强国间的冲突,而是视为对野蛮人和危险敌人的打击,因此在作战时不应表现出任何同情,他在8月22日告诉他的指挥官们,他们应当拿出"最大限度的残酷,毫不留情"。当天晚些时候,希特勒又说要在一块应"消灭其人口以供德国移民"的土地上从肉体上消灭波兰人。[110]

8月31日下午4点,希特勒下令第二天早晨开始进攻。他向哈尔德保证说"法国和英国不会来"。希特勒的宣传部长约瑟夫·戈培尔在他的日记里写道:"元首不相信英国会介入。"[111] 当晚,德国发动了代号为"希姆莱"的行动,伪造了波兰人进攻德国前哨阵地的假象:党卫队在霍希林登(Hochlinden)海关丢下了6具穿着波兰军服的集中营囚犯的尸体，在格莱维茨（Gleiwitz）广播电台用波兰语播出了一段无礼的消息，还在地上丢下了一具波兰囚犯的尸体，作为波兰人侵犯边境的证据和发动战争的理由。这和1931年日军在中国东北破坏铁路的做法一样拙劣。9月1日凌晨5点前不久，第一架德国飞机空袭了波兰小镇韦伦（Wieluń），同时，正在访问但泽港的德国训练舰"石勒苏益格－荷尔施泰因号"向港内的波兰堡垒开炮。接下来的战役应当迅速结束，西方列强只能接受既成事实。"白色计划"从1939年4月就开始制订，到9月1日已有150万德国士兵进驻东普鲁士、德国东部和斯洛伐克，支援他们作战的有1 929架飞机和3 600辆装甲车辆，大部分装甲车辆被编入10个摩托化师和5个新组建的装甲师。这些都是高度机动的多兵种军团，拥有大量坦克，在一批批水平轰炸机和俯冲轰炸机的支援下深入波兰领土，他们将为普通部队担任进攻矛头，那些靠步行和骡马的普通部队将紧跟其后，扩大装甲铁拳的打击成果。

波兰军队要到当天晚些时候才完全行动起来，他们怕激怒德国人。从表面上看，这支军队的实力并不比德国人弱多少，各军种共有130万人，但支援其作战的只有900架大多已过时的飞机和750辆装甲车辆。[112] 波兰的战争准备依据的是更传统的作战经验。波兰人的希望是，波兰军队能够在边境附近顶住进攻，同时国内完成动员，之后部队有序撤退，在预设的坚固支撑点周围固守。波兰空军很快被打垮，半数飞机在第一周的战斗中被摧毁，100架残余的飞机被命令飞往罗马尼亚的基地以免被全歼。[113] 推进的德军面对着各地的顽强抵抗，但仅仅一个星期后他们就打到了距离华沙仅仅65千米处。正如人们常提到的，这并不完全是一场不对称的战争；9月13—16日，双方沿着波兰首都前的布楚拉河爆发了一场恶战。德军装甲部队的飞机损失不断增加。之后，9月17日，在德国的催促下，100万苏联军队从东边发动进攻，按照《苏德互不侵犯条约》中的秘密条款占领了划给苏联的一片波兰领土。波兰人在两线进行着实力悬殊的战斗，失败只是时间问题。由于波兰人拒绝宣布华沙为不设防城市，这里从9月22日起便遭到了炮击和轰炸的严重摧残。5天后，华沙陷落，波军最后的堡垒莫德林也于29日失陷。小规模的战斗一直持续到10月初。约有69.4万波兰军人走进了德国的战俘营，23万人落入苏军之手，还有估计8.5万到10万人逃往罗马尼亚和匈牙利。波兰军队总共战死6.63万人，受伤13.37万人；德军损失是13 981人战死或失踪，30 322人受伤，几乎与意大利人在埃塞俄比亚的损失相同，苏军面对着弱小而士气低落的防御波军，最后也有996人死亡和2 000人受伤。[114] 虽然在数量和质量上都大大领先于对手，德军飞机的损失仍十分严重：285架飞机被摧毁，279架受损，总共占参战飞机的29%。[115] 9月28日，苏联和德国的代表会面，签署了第二份协议，划定了双方的占领区边界。四个星期内，波兰作为一个现代国家便不复存在。

这场短暂的战役几乎未受9月3日英法两国信守对波兰的承诺而对德宣战的消息的影响，但是当天德国大街上展现出来的却是一片紧张和泄气的氛围，而非1914年时那种爆发的爱国热情。在几个星期里，希特勒仍然确信英法两国的宣战只是做做样子，一旦波兰被瓜分，它们就会想办法抽身。西方列强几乎没有向波兰提供任何军事或物质上的援助，它们只是私下里将波兰从战争胜利后需要收复的地区名单中勾销了。

在希特勒担心的大规模战争的阴影之下，已经在捷克斯洛伐克实施的帝国计划被更野蛮地用在了波兰，1914年之前常用的殖民化语言被重新拿出来定义和明确被占领区人民的奴仆地位。虽然西方对德宣战后战争的面貌发生了改变，但德国的计划人员、安全部队和经济官员还是在解决战时应急需求的同时开始在这一地区采取长期的帝国移民措施。这一措施的目标，正如在东普鲁士的一名德国规划师在入侵当天所言，就是"全面的殖民行为"。[116] 汉斯·弗兰克（Hans Frank）是纳粹党律师协会会长，也是波兰人保留区（即所谓"波兰总督府"）的总督，他将自己的封地视为"殖民地管理的实验室"，虽然柏林方面不想称它们为"殖民地"，但弗兰克的经济负责人沃尔特·艾默里奇（Walter Emmerich）觉得德国的统治事实上就是"殖民政策的欧洲特别版"。[117]

被占区最终的宪制安排饱受争议。德占区被人为划分成若干不同的行政区：波兰根据1919年和约接管的波森省，被改为德国的新行政区瓦尔特兰（Wartheland）；更北方的波罗的海沿岸的前普鲁士地区成了但泽-西普鲁士行政区；波兰的其余地区，包括华沙，成了"波兰总督府"，首府设在克拉科夫。在1920年的全民投票中脱离德国的上西里西亚重新并入德国。这里的工业资源被德国托管部门接管，其中许多被交给"赫尔曼·戈林"帝国工厂监管。总共20.6万家波兰工商企业被接管后交给了德国企业主或国有企业。[118] 瓦尔特兰和但泽大区成了"东部并入区"，一道"边境特别警戒线"将它们与德国其余部分区分开来，以防波兰人随意进入德国。在瓦尔特兰，占据多达85%压倒性多数的人口是波兰人，德国人只占6.6%，在其新首府波森市德国人更是只占2%。[119] 然而，所有不同地区的新的统治阶级都是德国人。纯血统德国人都被要求戴上特别徽章（因为肤色无法说明其血统纯正）。波兰人被当作殖民地居民对待，他们要在大大小小的道路上向任何德国人脱帽敬礼并让路，而且被禁止进入仅供德国人使用的剧院和公共建筑。在德国北部小镇伦茨堡的殖民学校接受过培训、原本准备在未来的海外殖民地承担工作的一批德国女性，现在被转而分配到了东方，把原本打算用在非洲人身上的手段用到了这里。[120]波兰人只是奴仆,不是公民。他们受当地总督的统治,这些总督负责各地区的行政管理,并成为当地政府和柏林各部门之间的桥梁,安全机构则由海因里希·希姆莱操盘。

德国帝国政策的首要目标是消灭波兰民族与文化生活的任何遗留,并激进地重构整个区域。发动入侵之前,希姆莱的副指挥赖因哈德·海德里希(Reinhard Heydrich)就建立了5支特别行动队。这些队伍由4 250名警察和安全部队成员组成,他们的任务不仅是警戒前线的后方区域,还要抓捕和处决波兰政治、文化和民族主义精英,就像意大利军警在埃塞俄比亚做的那样。[121]此举意在消灭波兰的精英阶层,让波兰社会退化到符合德国人对"东方"殖民想象的地步,这与8月希特勒向军队领导层发出的"消灭波兰"的命令有着相同的用意。[122]在所谓"坦能堡"行动中被杀害的男男女女的准确数量永远也无法搞清楚,但一定有数万人,可能多达6万人。遇害者中有些是犹太人,但这项政策针对的主要是波兰的精英阶层。弗朗茨·哈尔德在与海德里希的会议后记录道:"空间净化:犹太人、知识分子、神职人员、贵族。"[123]然而,犹太人受害的方式更多:殴打、羞辱,有时还会被杀害,他们的财产被德国官员夺走,或者被德国士兵洗劫。到1939年10月,许多人都被赶进了首个大型聚居区,或者被从被占区驱逐到了波兰总督府辖区,好在还没有遭到系统性屠杀。[124]

帝国主义者的理想是要最终"净化"整个殖民地区的犹太人和无法"德国化"的波兰人,以德国移民取而代之,而与此同时,这些以"文明载体"自居的新的帝国统治者也带来了激进的种族隔离和奴役。[125]1939年10月7日,希姆莱被希特勒任命为帝国政委(Reich Commissar for the Strengthening of Germandom),负责强化德占区的管理,他得到的指示是:"以人口替换的方式组织新的殖民化地区。"[126]希姆莱长期以来都支持建立一个可供德国移民定居的东方帝国。他给自己的新办公室起了名，然后立刻启动了筹划已久的安置德国人移民和将波兰人驱逐出东方农田的计划。他们采取了一项激进的人口登记政策，以将那些体貌特征显示出德国血统的波兰人区分出来。同年12月，希姆莱宣布，他想要一个"金发国家"，其中"蒙古人种在东方新殖民地的发展"将被强力禁止。[127]帝国主义者利用了一些对立的概念，如"文明／野蛮""熟悉／异域""文明／未开化"等，来强调不同民族之间的差异和"他者"的地位，这种做法在1914年之前就已经存在了。

传统观点认为进攻波兰的战争是第二次世界大战的揭幕战，但将其视为20世纪30年代各国分别建立新领土帝国的行动的最后阶段，可以更好地理解这场战争。从这个长远视角来看，德意日三国建立新帝国秩序的努力，在其选中的地区将其命运联系在了一起。经过多年的民众不满和国家受挫后，这三个国家都出现了支持建立帝国的民族共识，国家领导层体现了这种共识，但他们并非形成此共识的唯一原因。通过缩小战略选择范围，打压乃至强行消除国内反对或批评新帝国主义的声音，这三个新帝国开始冒险去实现目标，而它们越是成功，实现其长期目标的可能性似乎就越大，这样的目标将瓦解全球秩序，使意大利建立新的罗马帝国，确立日本在亚洲的领导地位，以及在东欧建立德意志化的帝国。但结果是个战略死胡同。具有讽刺意味的是，帝国扩张计划原本打算要进一步保障安全，保护国家利益，并最终让宗主国人民更富有，结果却导致不安全感日益增加，开支高涨，大部分帝国主义都是如此。它们之所以认为值得冒这个险，是因为旧的国际秩序看上去正处于崩溃的边缘。情况很可能是这样的，如果它们选择止步于中国东北、埃塞俄比亚和捷克斯洛伐克，并让其他强国的担忧仅限于此，它们最终就能改变现实并坐收其利。

难题在于所有帝国扩张都存在的动态特性。新一轮的征服被证明只是无可挽回的心血来潮，就像1914年之前的诸多帝国扩张行为一样，而且它们还引发了后续的战火。日本侵占中国东北后，便陷入了对华北战略利益的争夺当中，并最终与蒋介石的国民政府打起了大规模战争；意大利占领埃塞俄比亚让墨索里尼胃口大开，如果真的用相对不大的代价就能拿下大片殖民地的话；希特勒对生存空间的追求显然贪得无厌，一有机会就得寸进尺，结果在波兰引发了一场他并不想打的大规模国际战争。日本和德国虽然都极度担忧未来的苏联威胁，却都出乎意料地和后者有了漫长的边界。对日本而言，其结果便是与苏联红军的两次大规模边境冲突，1938年一次，1939年夏季一次。虽然日军在1939年被打败，但双方还是在1939年9月15日签署了停火协议，因为欧洲局势动荡不明，双方都不想冒与对方全面开战的风险。[128] 希特勒以一纸《苏德互不侵犯条约》推迟了与苏联的潜在冲突，但他很清楚，在波兰被占领土上的新的苏德边界不太可能永久保持下去。背景是美国眼看着各个新帝国扩张而又一言不发。意大利、德国和日本之间的共同纽带是，决心不把吃进嘴里的东西吐出来；而对这三个国家而言，"吃进嘴里"的都是通过征服而获得的土地，它们为此付出了"流血牺牲"，因而不能放弃，不能像第一次世界大战后那样得而复失。其他强国若想把这些新的帝国主义者从它们的新占领土上赶走，除了大规模战争外别无他法。领土问题是把双刃剑。

通往世界大战的曲折道路

　　引爆第二次世界大战的决定来自伦敦和巴黎，而非柏林。希特勒要的是巩固他对波兰的征服并实现德国对中欧和东欧的控制，而不是与这两个西方帝国发生大战。但事情并未如此发展，这大部分是因为1939年时英法的自信渐长，相信自己的军事和经济实力从长远看足以打败德国，而且法国和英国的部分公众也逐渐下定决心，认定若要解决压抑了自己近10年的重大国际危机，唯有重新捡起1918年的枪，再打败德国一次。英法两国的宣战远比三个侵略国发动小规模战争重大得多，因为它们明白，这种战争一旦打起来就是全球战争，它们在各大洲所有的帝国利益都会卷入其中，而受到威胁的不是一个地区，而是三个。选择首先对抗德国，部分是由波兰危机的偶然情况所决定的，但主要原因还是第一次世界大战的两大战胜国开始认为，1919年和约遗留的问题使得第二次欧洲大战不可避免，它们希望在第二次大战后能够建立更有弹性的国际秩序，这样，欧洲的和平与帝国的和平诉求或许就能得到永久保证。

这是在数年动荡之后做出的决定，但也是在第一次世界大战的毁灭性经历之后做出的关乎命运的艰难决定。虽然德国、意大利和日本的领导层都想过会在某个时间点面临其他国家对它们新领土帝国的挑战，并与这些国家爆发大规模战争，但他们并不希望也没想到战争会在20世纪30年代到来。另一方面，对于英国和法国的政治家而言，新的战争一旦到来，就将是新一轮的"总体战"，新型武器的出现会令这场战争更加血腥，代价更加高昂，而这场战争也会给经济稳定性带来深刻影响，这些是不言自明的。只有在对帝国安全和国家存亡的威胁确实足够严重而且不可逆转的情况之下，它们才会接受战争。英法两国认为，三个轴心国政权的越发好战和军力增长主要针对的是自己，认为这只是从1914年以来列强争霸的延续，而德国、意大利和日本的领导层则持有更功利的观点，认为战争是获取对帝国领地统治权的必要手段。在这三个国家中，德国是最令人恐惧的，这不仅是因为德国潜在的军事和经济实力，还因为希特勒似乎是敌视西方文明及其价值观的代言人。整个20世纪30年代，西方主要民主国家一直希望自己对危机的判断是错误的,希望自己面对的新一代独裁者能够像自己一样厌恶再来一次血流成河的世界大战,而不会像英国政客常形容的那样做出"疯狗行为"。[129] 这些是它们的主要考量,解释了英法两国在面临30年代国际危机时的小心谨慎,也解释了它们在1939年时无论结果如何都要直面灾难的最终决定。

英法两国政府不愿意在一代人的时间里考虑第二次世界大战,这是有广泛群众基础的。在战间期,两国公众中都存在一股强有力的反战情绪,他们反对以战争来解决未来的任何危机,并对战争可能带来的后果感到恐惧。民众的各种担忧源于那些经历过堑壕战的军人,他们不想在20世纪30年代与年轻的社会主义者和共产主义者打仗,对他们而言,和平是一种政治承诺。如果说绝对的和平主义(或者像法国人说的"全面"和平)只局限于反战运动的一小群人,那么对新一场战争的敌意则适用于大部分人。大型反战组织,英国国际团结联盟,拥有名义会员100万人,他们在全国各处大力宣扬和平的价值,反对战争的威胁。1936年,布鲁塞尔一个大型的和平主义者代表大会发起了一项国际和平行动,旨在将整个西欧的反战与和平主义团体联合起来;其英国分会主席是国际团结联盟首脑兼主要创始人塞西尔勋爵。[130] 直到1939年,反战团体始终致力于实现和平。英国国家和平委员会在1938年末组织了一次要求召开"新和平会议"的请愿,就在张伯伦首相向波兰做出那个历史性保证的几天前,他们收集了100万人的签名,并把请愿书提交给了首相。[131] 人们普遍相信未来的任何战争都必然会导致平民遭到各种大规模杀伤性武器的攻击——炸弹、毒气,甚至是细菌战,这又助长了反战运动的声势。对轰炸的恐惧如此之深,使得英法两国的政客们相信,要用尽办法避免爆发总体战,尤其是与德国之间的战争,因为这种战争的后果是立即让自己脆弱的城市遭到毁灭性空袭。[132] 1938年4月起担任法国总理的爱德华·达拉第认为轰炸是"对文明自身的攻击",而他持和平主义的外交部长乔治·博内(Georges Bonnet)则在1938年慕尼黑会议前认为"有轰炸的战争"将会导致革命。[133] 就在捷克斯洛伐克危机前夕,张伯伦告诉内阁他是如何从德国飞回伦敦的,并想象着德国高爆炸弹的火舌和烟雾笼罩着首都的样子:"我们不能忽视这样一个事实,即今天的战争是对这个国家每个家庭的直接威胁。"[134]

在法国和英国的全球帝国中还有一些剪不断理还乱的安全因素,令它们很难接受再次发动一场代价巨大而且危险的战争。牢记这一点十分重要:英法虽然直到20世纪30年代中期都是国际联盟体系的领导者,而且是军力最强的主要强国,但它们并不像20世纪90年代的美国:它们虽是强国但处于相对衰落之中,负担着沉重的全球义务,关键是选民不会轻易接受战争,而且其受大萧条影响的经济也尚未完全恢复,这令进行大规模军事投入的决定不得不与民主社会的社会需求和经济期待相平衡。在这种环境下,维护现有国际秩序的完整和帝国安全,同时避免大规模战争,这些都是要经过复杂权衡的。和那些蠢蠢欲动的国家不同,英法两国从自己的世界地位中获益颇丰,这么一来,它们若早早就与新一轮帝国主义浪潮开战,那将是令人惊讶的,不过当时和今天的许多批评者或许希望它们如此行事。对这两个全球帝国而言,世界由和平转向战争带来的剧变将令它们的太多利益面临危险。"我们已经拿下了世界的大部分,或者是最好的部分,"英国第一海务大臣在1934年说,"我们只想保住我们已经得到的,阻止其他人把它们夺走。"[135] 当1936年英国议会提出要把坦噶尼喀托管地归还给德国时,时任殖民地大臣的安东尼·艾登提出了反对,认为"任何领土转让都有重大的道德和法律障碍"。[136] 1938年,英国和法国进行了一项关于让出任意一处海外领地的民意调查,结果绝大多数人投票反对。约有78%的英国受调查者宁愿打仗也不愿放弃任何一处交给英国托管的前德国殖民地。作为对意大利声索突尼斯和科西嘉的回应，达拉第在1938年11月公开声称法国不会放弃"一厘米土地"。[137]直到1940年5月，两大帝国才开始考虑让出领土，当时它们在法国战役中拼命想要换取意大利保持中立。但是当英国战时内阁就把马耳他交给墨索里尼进行辩论时，多数意见仍然是反对，虽然只领先一票。[138]

尽管英法两国在20世纪30年代花了很大力气来强调帝国团结以及帝国带来的诸多形式的好处，但海外领土仍然始终是不安全的来源——既有来自内部的不安全，也有来自外部的不安全。中东托管地和法属北非的阿拉伯人起义连绵不断。英国在1932年给予伊拉克托管地自治权（虽然英国的非正式控制继续存在），1936年与埃及签订《英埃条约》，同意埃及实际独立，并同意埃及参与对苏伊士运河的联合控制。英国还在巴勒斯坦驻扎了2个师以对付阿拉伯游击队以及阿拉伯和犹太居民之间的冲突。巴勒斯坦冲突是英军在两次大战之间参与的最大的军事行动，对游击队的野蛮镇压导致至少5 700名阿拉伯人死亡，2.17万人重伤，有些人未经审判就被下狱，而英国对安全部队实施的严刑拷打也是睁一只眼闭一只眼。[139]在印度，经历了一轮骚乱和刺杀之后，英国拿出"民事戒严法"，以便在高压期内关押民族主义和共产主义反抗者——1930—1934年有8万人成为政治犯。罢工和反抗总是遇到成排的子弹。1931年在坎普尔，141人被打死；1935年3月在卡拉奇，又有47人死亡。[140]印度最终在1935年得到了一些有限的自治，但只有15%的印度人口得到了选举权，而且这没能满足国民大会党关于完全独立的要求。在遭受经济衰退严重影响的非洲和加勒比海殖民地，包括坦噶尼喀、北罗得西亚、黄金海岸和特立尼达，罢工活动和劳工反抗此起彼伏；在非洲铜矿带，工人们在20世纪30年代中期的袭击浪潮中被射杀；1937年在巴巴多斯，抗议

第一章 民族-帝国与全球危机，1931—1940

经济困难的民众中有 14 人死于子弹和刺刀之下。[141]

这些贫困的工人和农民发动的反抗大多被算到了当地共产主义运动的头上，对此，所有帝国主义势力都报以残酷的驱逐、关押和镇压，但也有部分政治运动代表的是 1919 年以来出现的民族主义抱负，其中有些运动成功获得了有限的国家权力——例如在伊拉克和埃及——也有一些遭到了挑战，其参与者被当场逮捕，反帝组织和出版物被取缔，比如 1939 年法国在帝国全境宣布戒严。[142] 国际共产主义运动在意识形态上就是要致力于消灭帝国主义的殖民运动，这就解释了英法两国的焦虑。当英国空军部在 20 世纪 30 年代中期开始规划设计"理想"远程轰炸机时，其航程并不是为了对付德国的威胁，而是为了应对与苏联之间可能的战争，飞机要能够从英国帝国领地的空军基地出发去攻击苏联城市和工业中心。这种远航程也能为对抗苏联时的所谓"帝国增援"发挥作用。[143] 对共产主义的恐惧也解释了它们对西班牙内战的矛盾态度，当时英法在形式上采取了不干涉政策，没有去支援民主的共和国政府。英法此时面临着双重困境，一方面是对全面战争的普遍恐惧，另一方面其全球帝国也很难应对外部的威胁和内部的政治抗议，维持团结困难重重，因此，降低风险成了 20 世纪 30 年代英法两国战略的核心。

这种风险规避常常被称为"绥靖主义"，但正如其倡导者之一、英国首相内维尔·张伯伦后来所说，这是个不幸的词语。西方面对独裁统治时的表现长期遭到大量抨击，"绥靖主义"成了众矢之的，就连今天西方没能强硬面对安全威胁时，人们都会用它来形容。[144] 然而，作为对 20 世纪 30 年代英法两国战略的描述，这个词却又是高度错误的。首先，这个词意味着两国之间以及负责做出战略判断的官员、政治家和军人之间存在着共同的利益。实际上，政策从来都不是非黑即白的，而是反映了多种假设、愿望和期望，这些都会根据环境随时变化，政策制定者们要考虑广泛的可选项以维护英法战略中的关键元素：帝国安全、经济力量，以及国内和平。其实，20年后冷战时代的一组常用词更适合用来在许多方面描述这一战略——遏制和威慑。[145]两国在应对20世纪30年代国际问题时的凡此种种，从来都不是简单的软弱和不负责任，而是一种在日益加剧的国际不稳定和保护自己帝国现状的需求之间寻求妥协的长期努力，即便这种努力有时候会前后不一。

遏制作为今天所谓的"软实力"的一种表现形式体现在很多地方，从法国努力在东欧维护盟友体系到1935年的《英德海军协定》都是如此，后者就德国可以在多大程度上重建海军达成了一致。经济上的妥协和协定也是这一战略的重要组成部分，人们普遍认为贸易协定或贷款能够缓和潜在敌国的战争愿望，或者赢得新的盟友。尤其是在英国，人们认为只要让列强一起坐下来重新评估《凡尔赛和约》及其后续事务，或许就能实现总体协定——也就是张伯伦所说的"大协定"，这一想法虽然从未被认真尝试过，但展示了一种在洽谈和相互理解基础上灵活面对战后秩序的愿望。在美国，罗斯福总统的"世界新政"也与此相互映衬，他认为，一旦侵略国被孤立，和平谈判就能进行了。遏制20世纪30年代危机的想法最终被证明是虚幻的，但是西方列强一直在试图限制日、德、意三国可能造成的破坏，令三国备感憎恨，这也说明各国之间关系的恶化很难用"绥靖主义"来形容。[146]

罗斯福领导下的美国政府也倾向于对新帝国主义者采取遏制战略，但更为优先的则是制止对西半球的任何威胁。罗斯福对于日本和德国可能会借道中美洲和南美洲"曲线"威胁美国给予了过多关注。西半球防御战略由于无须在国外主动发动战争并迎合了孤立主义思潮而受到欢迎。孤立主义政客们在1935年和1937年先后推动国会通过了两个《中立法案》，这束缚住了总统的手脚，但未能阻止1938年的《文森法案》将美国海军扩充到1930年《伦敦海军条约》规定的上限以遏制对西半球的任何威胁。[147]由于担心巴拿马运河可能会被从南美洲起飞的德国飞机炸毁，或者被日本人夺占，美国人花了很大力气扩建了那里的美军基地，最终建起了134处陆军、海军和航空兵设施。[148]美国同时还通过资助亲美报刊和对侵略国家所需的稀有关键性原材料进行"清空式"买断来应对日本和德国的宣传，以及它们在西半球更大范围内的经济利益。在巴西，关于德国要来吞并当地德语地区的流言四起，于是华盛顿政府拿出了一套武装解决方案，随后又在1941年保证保护巴西免遭任何外来威胁。[149]但这些无一是要介入更大范围内的世界战事，罗斯福也没能拿到开战授权。1936年进行的最初一次民意调查发现，95%的受访人希望美国远离所有战争；1939年9月，只有5%的受访者愿意帮助英国和法国。[150]

遏制的另一面便是威慑。这个词在核威胁时代之前的20世纪30年代就已被广泛使用。张伯伦在1939年波兰危机最终爆发前向他的妹妹说的话很好地总结了威慑的目的："你并不需要一支强大到足以赢得压倒性胜利的进攻部队。你需要的只是一支实力足以让其他人不可能取得胜利的防御部队，除非他们愿意付出让胜利变得不值得的代价。"[151]在整个30年代，英法两国都选择把限制军事开支转为进行大规模而且昂贵的扩军备战。英法的重新武装并非对德国入侵捷克斯洛伐克和波兰做出的突然回应，而是至少从1934年起就一直在执行的政策（这遭到了国内相当强烈的反对），只是其节奏在1936年之后更快了而已。英国政府在30年代中期就已意识到，各种潜在威胁迫使自己不得不进行大规模的重新军事化计划。1933年后期成立的国防需求委员会在1936年提出了一份为帝国国防而大幅增加军事开支的计划，该计划优先考虑皇家海军和建设一支强大的攻防兼备的空军。一份"四年计划"草案预计国防开支将从1936年的1.85亿英镑增长到1939年的7.19亿英镑。据英国情报机构评估,可能爆发的对德战争将不会早于30年代末,这样英国与德国的军事支出都踩上了相同的节奏,唯一的区别是,1934年时英国已经武装起来,而德国没有。[152]

海外的防御准备是英国本土列岛防御的有力补充。英军驻扎在整个中东,包括伊拉克、约旦、埃及、塞浦路斯和巴勒斯坦。埃及被认为尤其重要,苏伊士运河被认为是"帝国的中心",因为它是连接欧亚两大战区的重要海上通道。1936年与埃及签订的条约允许英国在运河驻扎1万人的守军,亚历山大港仍然是英军的重要海军基地。为了防守苏伊士运河以东的英帝国的领地——约占英帝国领地的5/7——英国于1933年批准在新加坡建立一个大型海军基地,花费了6 000万英镑后,这一基地在5年后竣工。[153]随着日本侵略的深入,中国的局势更加棘手,想要在坚决进攻的日军面前守住香港被认为是不现实的,但英国人给中国军队提供的贷款和物资援助使得他们能够打一场所谓的"代理人战争",同时保卫英国和中国的利益。[154]这些措施无助于缓解澳大利亚和新西兰此时面对日本威胁时产生的孤立无援的焦虑,但英国也别无他法,由于需要照管的范围太大了,它只能把自己日益增长的防务更稀疏地摊到整个帝国中。

20世纪30年代的法国也是在原来的基础上开始扩军的,其陆军比英国陆军庞大得多,海军也颇具实力。30年代中期的经济危机拉低了军事开支的水平,但到了1936年,受到德军重占莱茵兰的刺激,新当选的人民阵线政府联合了左翼和中左翼政党,采取了大规模的重整军备计划,与英国和德国的同类计划一样,法国的计划也是打算在1940年达到顶峰。军事开支将从1936年的1 510万法郎增加到1939年的9 360万法郎。法国的优先项目是建造马其诺防线,并为其配备武器和装备:由于德法两国在人口方面的差异,此举被认为是必不可少的。这里的军队主力不必驻守边境，法军高层在1918年击败德国的一系列战役基础上发展出了一套战术理论。这套理论以猛烈火力为核心，将其作为支援进攻和消灭来袭敌军的手段，这令步兵（仍被视为"战场王后"）得以一步步占领地盘，虽然他们的机动性有限。对火力的运用需要一种高度集中和协调的"有条不紊的作战"，诸如坦克和飞机这类辅助武器在战斗中将扮演支援角色，而非为机动作战打开通路。火炮和机枪是关键，步兵只能随着支援"弹幕"的步伐行动。[155] 对法国本土预设战场的重视，意味着法国的规划者们对帝国领地的关注没那么多。殖民地要担负它们自己的防务开支：阿尔及利亚要找出2.89亿法郎来满足米尔斯克比尔法国海军基地的现代化改造之需；自从法国海军总司令达尔朗海军元帅否决了在金兰湾建立一支潜艇部队的计划后，中南半岛就再未建造过大型海军基地，达尔朗明确提出，一旦战争爆发，法国的亚洲帝国是守不住的。[156]

威慑政策的框架在1938年9月的慕尼黑危机时就已展现得很明显了，一年后尤甚。正是遏制与威慑这对孪生策略支持了英法的战略，这些战略旨在避免战争并维持足以保护其全球经济和领土利益的力量。不要忘记，甚至在1939年9月战争爆发之前，这些主要民主国家就已经到了与新帝国主义国家开战的边缘。在南海，日军和英军之间陷入了一触即发的武装对峙状态，双方随时可能擦枪走火。在1935—1936年的埃塞俄比亚危机期间，英国当然做好了对意大利开战的准备，以此制约其对中东和非洲英国殖民地利益的威胁。1935年8月，28艘军舰和航空母舰"勇敢号"被派往亚历山大港，作为对意大利的警告；中东的英国皇家空军得到了加强，陆军援军也已出发。当地的海军司令急于发动先发制人的进攻，但英军参谋长会议和法国政府都希望避免战争，这场战争实际上可能会瓦解整个地区的帝国利益。[157] 1938—1939年，轮到法国海军迫不及待想要寻机突然击败意大利舰队了,这次是英国制止了他们,英国希望墨索里尼仍然能够采取谨慎的外交政策,与希特勒保持距离。

"边缘政策"最清楚的例子出现在1938年捷克斯洛伐克危机时。关于在慕尼黑会议上德国一再威胁、英法背信弃义、捷克斯洛伐克政府则被迫同意德国占领苏台德德语区的故事,常常被作为软弱且具有欺骗性的绥靖政策的高潮。但实际上,慕尼黑会议时希特勒正是考虑到与英法大规模开战的风险(认为这在当时过于冒险)而被迫放弃了他孜孜以求的生存空间之战。从当时的角度看,是希特勒被迫接受了英法本已打算同意的领土变化,这是卓有成效的遏制,即便这无法令捷克斯洛伐克满意。在慕尼黑会议前的一个星期,英法两国军队都进入了戒备状态。英国皇家海军收到了动员令,人们在伦敦的公园里草草挖掘了堑壕以作为临时防空掩体。法国也于1938年9月24日下达了动员令,100万人枕戈待旦,虽然此时法国和英国的参谋长们并没有信心通过战争阻止德国,因为重新武装计划尚在进行中,马其诺防线也没有完工。[158]

然而,战争动员正是1914年让欧洲陷入战火的导火索。希特勒并不希望如此,在计划中入侵捷克斯洛伐克日期的几天前,他还向他焦急的将领们坚持说英法不会干预。虽然英法担心会引发一场它们打不赢的战争,但两国政府谁也没打算允许德国最终放手入侵并征服捷克斯洛伐克。1938年9月25日,柏林有目击者看见希特勒"在张伯伦的坚定立场前退缩了",这与人们对这位英国领导人的通常印象大不相同。[159]两天后,当希特勒想要下令动员时,张伯伦的私人代表霍勒斯·威尔逊爵士发来了一封电报——他两次要求译电员确保希特勒明白,称如果德国进攻捷克斯洛伐克,法国将遵照条约与德国开战。威尔逊继续说,这一次"协助法国是英格兰的荣誉之所系"。[160]希特勒愤怒地回答说,若如此,欧洲战争将在一周内爆发,但是这次商谈也令他胆战心惊。第二天上午,法国大使确认,法国会反击德国的入侵。以赫尔曼·戈林为首的一个代表团很快来到希特勒面前,问他是不是无论如何都想要打一场全面战争,对此,希特勒答道:"你什么意思?无论如何?显然不是!"[161] 他气鼓鼓地同意了墨索里尼在英国怂恿下提出的建议,与英法会谈。他的陆军副官在日记中写道:"元首不想要战争","元首最重要的是不想与英国开战"。柏林的让步显而易见。"元首放弃了,彻底放弃。"另一个人在9月27日的日记中写道。两天后,"元首做出重大让步"。[162]

一场欧洲大战在1938年得以避免,这不仅是简单地因为英法政府的畏惧,也是因为希特勒在威慑之下未能跨过那道门槛。值得一提的是,当会后张伯伦乘车穿过慕尼黑的大街时,他受到了德国民众的欢呼,他们由于避免了战争而真心放松了下来。英国和法国的反应也是发自内心地松了一口气,和平保住了。法国女人们缝制了手套送给张伯伦,供他在往返德国的飞机上御寒;巴黎的一条街道被连忙改名为"9月30日大街";一种新的舞蹈——"张伯伦舞"——也被发明出来,虽然其用意或许有些讽刺。[163] 慕尼黑会议次日,法国《时报》(Le Temps)评论说,承担着全球帝国义务的法国对和平的追求是"深刻而绝对的"。[164] 此时,英法是否真的打算在1938年开战仍然值得怀疑,但最后结果是没有,因为这次希特勒认定风险太大。一年后,当德国威胁波兰主权的危机降临时,两国都接受了战争的可能性,虽然它们仍希望希特勒会再次被吓住。直到德国在9月1日入侵波兰前的最后一刻,英法仍然认为如果自己格外明确地表达出开战的意图,希特勒就会再次放弃冒险。

从1938年9月到1939年9月,许多事情都发生了变化,这让英法政府有更充分的自信在面对德国对波兰的威胁时采取强硬路线。虽然张伯伦和达拉第都对捷克斯洛伐克危机没有导致战争感到释然,但他们并没有抱什么幻想,如果希特勒继续向东欧扩张,他们就会使用武力来挡住他。这并没有排除通过外交手段或经济妥协来阻止德国进一步扩张的可能性。1939年这些手段都被用上了。但是当德军占领了捷克斯洛伐克,并在1939年3月15日将捷克斯洛伐克变为保护国时,各民主国家都很清楚,下一次就是战争。不久后,情报部门告诉张伯伦,德国即将进攻波兰,他便心血来潮地于3月30日在英国下议院为波兰的主权做了担保。几天后,法国也做了同样的担保,但是担保名单里加上了罗马尼亚和希腊。波兰本身对于英国和法国并不是那么重要,但几乎是出于偶然,它成了对阵双方最终摊牌的契机,而非诱因。西方列强不知道的是,由于1939年初波兰拒绝在但泽自由市地位以及穿过前普鲁士领土的波兰"走廊"问题上向德国让步,希特勒便于同年4月下令准备在当年8月末发动旨在摧毁波兰的战役。如果德国对波兰的威胁成为现实,那么英法就被绑在了战车上,无法逃避。从捷克斯洛伐克危机到波兰危机之间的这一年里,英法两国最终同意采取一致行动。整个20世纪30年代,法国一直受制于不能确定英国在欧洲战争爆发后是否会在军事上支援法国军队。1939年2月,双方同意进行参谋部对话,一个月后,一套"战争计划"被制订出来,它复刻了曾在1918年带来胜利的战略:法国的筑垒地域将在为期三年的战役中耗尽德国的力量,经济封锁和空中作战将持续到希特勒崩溃或者无力抵抗英法的进攻为止。该计划最后总结道:"一旦我们能够调动英法帝国的全部作战力量,我们就将对战争的结果充满信心。"[165]

对两国而言,最优先的事都是确保如果战争在1939年到来,自己的帝国能够切实团结起来。对英国来说,这远远谈不上确定,它的各个主要自治领不久前都决定不支持在捷克斯洛伐克危机时开战。但是在1939年春,加拿大总理麦肯齐·金争取到了国内的支持——他可以在任何可能的欧洲战争中加入英国一方，澳大利亚和新西兰政府也在新加坡海军基地于1938年完工后和长期以来英联邦"一个声音"的主张下紧随其后。在南非，非裔族群对于发动战争的强烈抵触导致了白人族群的分裂，分裂一直持续到战争爆发之时，直至新任首相扬·史末资说服国会相信宣战也是为了保护南非自身利益免遭德国新殖民主义威胁为止。当战争到来时，印度的英国总督林利思戈勋爵（Lord Linlithgow）直接宣布印度将加入，不考虑印度人的意见。[166]

对于急于巩固其大陆战略的法国而言，其帝国在1939年欧洲战争的准备中甚至更加重要。这部分反映在关于"le salut par l'empire"（拯救整个帝国）这样的官方宣传中，这在战争前的几个月里显而易见。达拉第下令严控整个殖民帝国中的政治反对派时，却对公众打出了"1亿精兵，我们不可战胜"的大旗。他们拿出计划要征召相当数量的殖民地士兵前往法国服役，或者把海外执勤的法国士兵替换下来，到1939年，法国组建了5个西非师、1个东南亚师，以及6个北非师，总共52万军人。[167]集中帝国经济能力生产更多军需物资的努力基本失败，但是对法国的原材料和粮食供给确实扩大了。无论做得好不好，在与敌人的对抗中，对帝国的依赖都被视为一个不错的优势，因为英国和法国的海军可以随意切断敌人的海外物资供应渠道。

《慕尼黑协定》带来的轻松感导致的民众态度的变化，与军事和战略形势的变化相辅相成。民意调查发现，《慕尼黑协定》的墨迹未干，绝大部分人就已倾向于不再向德国妥协。1938年10月，法国的一次民意调查发现，70%的人反对再放弃任何东西；1939年的几次民意调查显示，76%的法国受访者和75%的英国受访者支持用军队保护但泽港的地位。[168]最重要的是两国反战团体态度的重大变化。民众对欧洲危机的反应迥异于1914年时的那种民族主义热情。他们此时的态度更多是源于他们相信国际主义计划的崩溃和军国主义独裁统治的兴起对西方文明构成了深刻的挑战，而这种挑战已经无法再被忽视了。这种态度是一种无奈，战争当然不会广受欢迎，但是人们越发感受到自己对于维护民主价值观和阻止黑暗时代（今日许多作者戏剧化地视其为黑暗时代）到来的责任。1939年，伦纳德·伍尔夫写出了《门外的野蛮人》(*Barbarians at the Gate*)一书，意在警告世人，被他们视为理所当然的现代世界是多么脆弱。[169]

战争并未因1939年的这些变化而成为必然，但在波兰成为德国侵略目标时变得难以避免。法国政府希望达成这样一种局面，即一边与苏联达成某种协议包围德国，一边从美国那里获得更多支援。1938—1939年法国向美国发出了大批飞机和航空引擎订单。虽然保守派对苏联的动机怀有深深的不信任，但双方还是在1939年夏末试图达成一项军事协议，但该协议由于无法让波兰军政高层允许苏军踏上波兰土地而被搁置。英法两国的军队高层都没有把红军视为有价值的盟军，他们都夸大了波兰军队的潜力，这样的误判缘于波兰早先在1920年打赢过苏联红军。当1939年8月24日《苏德互不侵犯条约》公布时（23日签订），张伯伦对"苏联的背叛"大发雷霆，但他对和苏联的军事协同从未热心过，而且这份条约也没有让英法政府对波兰（在遭受德国入侵时）的承诺发生什么变化。[170]关于斯大林是否会真诚地加入联盟，这仍然是个猜想，而非事实。与德国的条约更切合斯大林和苏联的利益，也更符合苏联的意识形态，这种意识形态希望看到资本主义帝国之间爆发战争，这样共产主义苏联就能最终拿下一地瓦砾的欧洲。

认为希特勒见到英法帝国迅速重新武装或是各个民主国家涌起的反法西斯思潮时就将被吓阻，这样的盘算并非完全错误。1938年，一支不算强大的力量就曾迫使希特勒走下战车。情报显示德国处于严重的经济危机中，甚至还有发生反希特勒政变的可能性。即便在

1939年9月1日德国入侵波兰之后，张伯伦还是给他机会撤出军队以免面对一场世界大战。9月2日，意大利领导人一度提出过会谈的主张，这和墨索里尼在1938年9月的介入遥相呼应，但是英国开出的条件，正如英国外交大臣哈利法克斯勋爵对他的意大利同行齐亚诺所说的，是"德国军队撤出波兰领土"，这终结了和平的一切可能。[171] 历史学家们想要寻找可信证据来证明张伯伦即便在这为时已晚之时也想要逃避他的义务，但这样的证据并不存在。只有德国完全遵从英法的要求停止使用武力，才能避免世界大战，而到了1939年9月1日，这已是最不可能的结果。这一回，遏制与威慑都不再奏效。9月3日上午11点15分，张伯伦通过无线电宣布进入战争状态，达拉第则于当天下午5点宣战。帝国精英和民主反法西斯人士的短暂联盟让一场新的世界大战成了可能。"我们不能输。"英国陆军参谋长在他的日记中评论道。[172]

帝国之战：西线战争

1939年9月的宣战使20世纪30年代的对峙局面骤然间天翻地覆。希特勒将波兰之战视作为了德国的生存空间而进行的有限战争，在他看来，原来那些欧洲大帝国也是不久之前用剑建立起来的，因此自己的做法并无不当之处。波兰投降一个星期后的10月6日，希特勒在向民主国家提出"和平提议"时，嘲笑那些骂他拿了几十万平方千米土地想要称霸世界的国家，自己却统治着遍布全球的4 000万平方千米的土地。[173] 另一方面，英法则将这场战争视为与新一轮帝国暴力扩张的一次搏斗，即便还没有与意大利、日本开战，它们对于这场危机的观点也本能地带有全球性。它们一度指望与德国的战争不会刺激另外两个国家利用它们被牵制在欧洲的机会，就像它们也曾一度指望苏联不会利用与德国的条约来向它们已经不堪重负的帝国施加红色影响一样。与此同时，英法还转向美国寻求道义支持，并着手从帝国领地获取人员、资金和物资。决定未来第二次世界大战形态的，并非引发了战争的德国对东欧的野心，而是英法在 9 月 3 日的宣战。在德国人看来，战争是外部力量强加给德国的。在英法宣战次日对德国人民的广播中，希特勒将此时面对的战争状态不仅归罪于民主国家，还归罪于推动它们加入战争的"犹太－民主主义国际敌人"。[174] 对希特勒来说，这是两场战争：一场是与德国的帝国主义敌人的战争，另一场是与犹太人的战争。

英法宣战之后发生的事情却与 1914 年时截然不同，当时从开战之日起就有数百万人提枪上阵，死伤无数。英法知道德国深陷波兰战役，无法在西线发动进攻，但两国谁都没兴趣主动去支援波兰的抵抗。两个盟国已经私下里认同波兰无法挽救，法军总司令莫里斯·甘末林将军向波兰人做出有限承诺：法国将进行动员，并在 15 天后发动进攻。1939 年 9 月 10 日，甘末林告诉波兰驻法武官，他的一半军队已经在攻击德国萨尔区。但这并非事实。几支法军部队向前推进了 8 千米，打死了 196 名德国人，然后退回了原地。[175] 甘末林对作家安德烈·莫洛亚说，他不会"用一场凡尔登战役来开战"，不会用步兵去砸德国堡垒。他计划按照法国军队的教条打一场他所谓的"科学战争"。[176] 西线的几乎完全平静（第一名战死的英军士兵是在 12 月 9 日踩上了一枚法军的地雷后牺牲的）更坚定了希特勒战前的期望，即盟军的宣战"只是虚假的"，西方国家确实如阿尔伯特·施佩尔在他的回忆录中所言，"太虚弱，太疲惫，太颓废"，打不了仗了。[177] 在波兰之战的最初几周里，他下令在西线严守不出，他相信自己能迅速解决波兰，给英法一个既成事实。

希特勒也有他的忧虑，一旦打败波兰，西线德军就不应当继续静坐防御了。9月8日，他第一次提出在西线发动秋季攻势的想法。在波兰投降前夕的9月26日，他召集陆军和空军高层开会，会上他强调时间是站在盟军一边的，认为盟军到1940年夏就会在法国完成部队集结，而抢先通过低地国家进攻法国将会让准备不足的敌人措手不及，确保能够通过空军和海军基地去打击英伦三岛，并保护脆弱的鲁尔工业区免遭盟军的袭击和轰炸。1939年10月9日，这套计划作为第6号战争指令"黄色计划"被签发，但在此之前，希特勒也为了让盟国接受波兰被德国和苏联瓜分这一无望现状而进行了数次尝试。[178]他于10月6日的讲话在西方引发了不同的反应，那里仍有一些倾向于向现实妥协的团体。达拉第要张伯伦无视它——"对希特勒先生不闻不问"——但英国还是花了几天时间拿出了一份回应。时任海军大臣的温斯顿·丘吉尔想要一份向"任何真诚的提议"敞开大门的草案，而最终的版本却拒绝了任何可以宽恕侵略的想法，让希特勒不可能选择通过放弃征服成果而免遭惩罚。[179]这一驳斥的效果便是让英国在德国人眼中成了"想要灭亡德国"的头号敌人——如希特勒对海军总司令所言。戈培尔令德国媒体不许再把张伯伦描述为无助而可笑的形象，而要改成"邪恶的老东西"。[180]

希特勒认定在西线发动快速进攻是最安全的选项，而军队领导人则想尽办法说服他放弃这个想法。波兰战役显示，若要冒险对抗法军，除了必要的休整和整编外，军队还必须进行更多训练，升级装备，并认真思考战场战术问题。德军首席参谋次长卡尔－海因里希·冯·施蒂尔普纳格尔（Carl-Heinrich von Stülpnagel）进行的一项研究建议将大规模战役推迟到1942年。[181]但希特勒仍旧顽固，他将进攻日期定为1939年10月20—25日。但天气帮了军队领导人的忙。1939—1940年的冬天将会是20世纪以来最严酷的寒冬。于是，进攻日期被推迟到11月12日，继而又是12月12日，然后又是1940年1月1日，最后被改成了1940年春季，具体日期未定。与此同时，作战计划也发生了翻天覆地的变化。1939年10月，希特勒再次思考了直接穿过平坦的欧洲北部平原进行突击的方案；他在想能不能改为集中装甲师从更南面进攻，但新的计划并未定下来，这也反映了希特勒自己的犹疑。A集团军群参谋长埃里希·冯·曼施坦因（Erich von Manstein）中将也相信可以集中德军装甲部队从更南面发动决定性一击，这支力量将突破敌人防线，包围进入比利时的敌军——这就是所谓的"镰刀计划"。但他的上级并不认同他的想法，于是冯·曼施坦因本人被调到东线担任一个正在组建的军的军长，好让他闭嘴。1940年1月10日，一架德国联络飞机在比利时迫降，初版"黄色计划"的机密细节落入盟军手中，希特勒和军队高层的进攻方针面临的不确定性随之大增。一个偶然的机会，冯·曼施坦因的观点经由希特勒的军事副官传递给了希特勒，2月17日，这位中将被请到柏林面呈他的计划。希特勒被深深地吸引住了，随即下令制定新的指导方针；当5月战役准备完成时，"镰刀计划"也已就位。[182]

在盟军这一边，唯一可以确定的事情是已经宣战了。其余所有的盘算都处于不确定之中。对于波兰能抵抗数月而非几个星期的期望破灭了，但是既然英法战争计划的基础是长期战——就像1918年时一样，德国最终将会被经济困难、民众反对，以及最后的军事对决打败，那么它们也就不急于采取行动，即便德军现在可以腾出手来转向西线也没关系。盟军的情报和思维定式都显示，德国最早也要到1940年才能做好进攻准备，甚至可能更晚，尽管到秋末时对德军进攻的恐慌已经开始出现。法国高层基本上是根据德军的初版计划来看待这场进攻的。马其诺防线将迫使敌人从比利时某处狭窄而且易于防守的战线上进攻，在这里，他们的军队将要么被击败，要么被消灭。盟军缓慢地集结必需的军力和经济资源，并相信时间站在自己这一边。[183] 1939年9月上旬，英法两国成立了由军队和文官高层组成的最高战争委员会，它将像1918年时那样让两国的协同正规化。第一次世界大战的经验显然影响了盟军对于怎样最好地打一场新的战争的思考。1939年11月，"充分利用了从1914—1918年战争中获得的经验"，盟军宣布自己将综合运用宣传、军需、原油供应、粮食和经济战来对抗德国。[184]

军事协作被证明是个更加复杂的问题，但是经历了几个月的摇摆后，甘末林开始坚持要求法国境内的英军部队应归属法国东北战线总司令阿方斯·乔治（Alphonse Georges）将军指挥。1939年11月，甘末林制订了盟军作战计划，要部队开进比利时，沿埃斯考特河或戴尔河一线布防。甘末林最终选择了戴尔河计划，因为这将能保护法国东北部的主要工业区，尽管盟军要花8天才能抵达河边并构筑起坚固防线。规模不大的英国远征军也将和其他部队一同进入比利时。障碍在于比利时的中立地位，1936年，比利时政府回绝了签署一个法比防卫条约，而且顽固地拒绝组织联合参谋部对话，还不允许盟军进入比利时领土，以免危及其中立地位，直至德军士兵越过边界为止。[185] 结果，戴尔河计划即便能够实施，其实施也将十分匆忙。但是甘末林对此并未动摇，他确信在中立的比利时建立有章法的攻防战线仍然是法国的最佳选择。1940年1月落入盟军手中的德国计划不但没有让盟军改弦易辙，反而强化了关于建立比利时防线是正确选择的观点。[186]

长时间的相对平静，也就是今天人们所知的"奇怪战争"（Phoney War），当然不会是真的风平浪静。民意方面，那些支持坚决宣战的国内临时政治联盟自然需要军事胜利的消息来维系。但这并非全部，法国刊物《两个世界评论》（*Revue des Deux Mondes*）抱怨说，"战争的和平"就这么变成了"和平的战争"；《纽约时报》1939年10

月的一期的头版头条是"38名战争记者前去寻找战争"。[187]波兰的战败和希特勒在1939年10月的议和进一步加强了希望通过妥协换和平的反战力量,这些力量主要是法西斯主义右翼和和平主义左翼,但是更多人对于战争的幻灭感也已显而易见。英国盖洛普公司在1939年10月和1940年2月的民意调查发现,想要和平谈判的受访者比例增加了:从17%增加到29%。[188] 1939—1940年的严冬,大批征召来的盟军部队坐在法国边境的凛冽寒风中,这些人也发现自己很难对战争保持热情,因为它看起来和自己乏味消沉的日常工作相距甚远。当时是一名前线士兵的法国哲学家让－保罗·萨特抱怨说,他和战友们每天所做的只有吃、睡和御寒,"也就是说……人简直就像是动物"。一名被困在寒冷的简易营房里的英国征召兵觉得"戏剧已经变成了闹剧"。[189]

虽然两国努力想要恢复前一次大战中的良好协同,但双方之间仍然存在不信任,这不仅仅是因为法国政府和军队高层怀疑英国是否会大力投入一场旨在保卫法国的陆地战争。英国关于在帝国领地的关键地区保留部队和装备的决定,与法国征召大量殖民地部队来本土服役的意图背道而驰。从英法开始商讨联合作战之初,人们就明白英国远征军的组建速度太慢,难以赶上将在1940年的某一刻到来的德军进攻。法国动员了84个师,其中23个是驻守马其诺防线的筑垒师。由于法国情报部门(错误地)估算德国人将能投入175个师,所以还有很大的差距需要弥补。[190]由于20世纪30年代英国军事建设的优先方向是空军和海军,陆军受到了相对忽视,英国对战争的贡献是不理想的。宣战几乎4个月后,英国陆军只向法国派遣了5个师;到德国入侵之前又增派了8个装备不足的本土防卫义勇师。英国第一个也是唯一的一个装甲师直到战争开始后才参加战斗。英军参谋长会议最早也要到1941年底才能提供最多32个陆军师。[191]对法国战役的空中支

第一章 民族－帝国与全球危机,1931—1940

援也非常有限。20世纪30年代后期战斗机和轰炸机发展的目标是保卫英伦三岛并建立一支轰炸机部队以报复德军的空袭。英国皇家空军不愿放弃这一战略构想，结果导致绝大部分英军飞机留在了英国。到1940年5月，皇家空军在法国只有约250架飞机可用，只比比利时空军的184架飞机略多一点。[192]

虽然实战准备工作或多或少地将德国视为首要敌人，但谁也不确定在战乱四起的世界上还会发生些别的什么。当人们意识到墨索里尼在1939年9月做出的"非战"（选择这个词是因为它对于轴心国盟友的伤害比"中立"这个词弱）声明是认真的，意大利的立场就很难判断了。法国海军在开战时摆出了要封锁意大利贸易的阵势，但是他们9月15日就拔锚返航了，因为双方签订了经济协定，意大利将向法国军队供应飞机、航空引擎和菲亚特卡车，法国则以海外贸易和原材料予以回报（不过墨索里尼拒绝向英国提供飞机）。齐亚诺伯爵告诉法国大使，"打赢几仗，我们就会站在你们这边"。[193]英国也加强了苏伊士运河的守军，并为可能的第二个战场储备物资。盟国将墨索里尼视为投机主义者，对他来说，现在的机会还不够诱人。[194]日本的立场也尚未确定。1939年夏，日军在中国南方向英法帝国施加了与日俱增的压力，想要封锁华南的所有贸易，欧战爆发后，日本的绞索又进一步收紧了。英法军队撤出了天津的租界，英国皇家海军的中国分舰队也转移到了新加坡。中国香港被日军封锁，往来此地的中国内地船只会时不时遭到日本海军的炮击，甚至被击沉。英国并不想与日本全面开战，但盟国还是由于中国的顽强抵抗而在1939—1940年冬保住了在中国的利益。[195]

最危险的不确定性在于苏联的态度。自从1939年8月《苏德互不侵犯条约》签订之时起，两个西方盟国就开始将苏联视为潜在敌人，将这份条约视为事实上的结盟。现在人们知道，斯大林是想通过这份条约在欧洲建立围绕"苏德轴心"的新"平衡"。他对里宾特洛甫说:"这次协作代表着一股足以让其他所有联合体让道的力量。"[196]在苏联占领波兰东部,接着迫使波罗的海沿岸国家接受苏军入驻其领土并接受自己的保护之后,盟国做了最坏的设想。张伯伦和达拉第对共产主义怀有很深的敌意,担心与德国开战可能会让苏联向中东或者英法的亚洲帝国推进。10月,英国驻莫斯科大使发回了一份长篇报告,分析了与苏联开战的可能性,虽然英军参谋长会议仍然反对任何可能扩大战争的冒险,但此事一直被放在盟国的不确定事项中。[197] 11月30日,苏联由于芬兰政府拒绝把基地交给苏军而向芬兰发动了进攻,英法两国立即响起了一片愤怒的抗议声。它们召回了在莫斯科的驻苏联大使,并在12月14日挑头将苏联排除出了国际联盟。在伦敦,被凶猛的反苏宣传激怒的苏联大使伊万·麦斯基(Ivan Maisky)问了自己一个问题:"谁才是1号敌人?德国还是苏联?"[198]

苏芬战争出人意料地把斯堪的纳维亚半岛拖入了第二次世界大战。此战为盟国敲响了警钟,如果苏联或德国控制或占领了这一地区,该地区的战略地位就会变得非常重要。斯堪的纳维亚半岛是重要的战略性原材料——尤其是高品质铁矿石——的产地,挪威沿岸也能为攻击不列颠提供潜在的航空兵基地和海军基地。虽然送给芬兰人的军事援助不算多(约175架英法飞机、500门火炮),但英国的规划师还制订出了两套可能的作战计划,代号分别为"埃文茅斯"和"斯特拉特福",它们双双在1940年2月获得最高战争委员会的批准。前一套计划要派出一支小规模的英法联军前往挪威港口纳尔维克(Narvik),随后进入瑞典领土夺取铁矿的控制权;第二套计划则要另派出3个师在瑞典南部建立防线。但是挪威和瑞典对此都不同意,3月,尽管法国人强烈施压想要出兵,但英国战时内阁还是否决了这一整套想法。[199] 3月13日,芬兰终于求和,此时盟军还没有任何一项计划可以付诸实施,但芬兰的战败还是引发了第一次关于要盟国关注斯堪的纳维亚事务的重要政治呼吁——这样的呼吁共出现了两次。当年春季,达拉第的政敌越来越多,反共分子指责他没有对苏联采取更积极的行动,中左翼则对他未能认真对付德国感到不满。他优柔寡断的名声不胫而走。3月20日,达拉第被赶下总理宝座,但仍然是国防部长。总理之位由前经济部长保罗·雷诺(Paul Reynaud)接掌,他的名声与达拉第截然相反——冲动、主动、好斗。他几乎立刻给张伯伦写信,称现在需要"大胆而果断"的行动来应对芬兰战败给精神和士气带来的影响。[200]

然而,雷诺想要的却不是在前线直面德国,而是沿着达拉第的老路向前走。他要求英国在斯堪的纳维亚打头阵,在向德国运输铁矿石的航线上布雷,他还想把一支英法联合空军部署到伊拉克和叙利亚去轰炸高加索的苏联油田,以切断德国的部分石油供应。高加索计划受到了认真对待,但并无价值。英国的一份报告提出,3支轰炸机中队足以摧毁油田并"使苏联的战争机器瘫痪",但这一说法没有一丝一毫的证据。最后还是英国战时内阁担心此举无法避免与苏联全面开战的风险而加以反对,才阻止了这一行动。[201] 在挪威问题上,雷诺更加坚持己见,但英国人希望通过在莱茵河上布雷以延缓德军的部署,从而专注于西线的威胁。这次轮到法国内阁拒绝英国的提案了,他们担心法国的河流也会遭到报复性布雷。这对死结最终被解开了,英国同意在挪威水域布雷,条件是法国同意当年晚些时候在莱茵河上布雷。在挪威海岸布雷的作战,代号为"威尔弗雷德"行动,日期被定为1940年4月8日。[202]

一个月后,挪威作战随着张伯伦的辞职而告终,和达拉第一样,他也是盟国在斯堪的纳维亚战略不力的牺牲品。4月9日上午,德军开始入侵丹麦和挪威,而英法两国的情报部门都没能给出任何认真的预警。4月8日傍晚,路透社传来德军舰队穿越北海的消息。德军已经为可能的斯堪的纳维亚作战做了为期数月的计划。12月12日,希特勒就下令研究以德国有限的海军力量是否可能占领挪威,并保障铁矿石的供应。他担心挪威被英国人占领,也担心苏联可能利用其在这一地区的进攻态势占领挪威北部。1941年1月,尼古拉斯·冯·法尔肯霍斯特(Nikolaus von Falkenhorst)将军被任命为代号"威悉演习"行动的总司令,统一指挥海军、空军和陆军的联合作战。[203] 德国领导层曾指望挪威民族社会主义者维德昆·吉斯林(Vidkun Quisling)制造的政治动荡或许能让德国不必动武,但是吉斯林的影响力被大大高估了。随着盟军在斯堪的纳维亚的利益日渐增长,希特勒在3月1日下达了"威悉演习"行动指示。[204] 由于德军战争准备的主轴指向的是西线,这一作战显得烦冗而且冒险,但是希特勒判定盟军北翼带来的危险十分严重,必须消除。

4月2日,希特勒下令一个星期后发起行动。4月8日,当英国人布下第一枚水雷时,德军潜艇、运输船和军舰已经出海,前去支援在特隆海姆和纳尔维克的登陆,德国伞兵则已准备好向挪威首都奥斯陆发动第一次伞降作战。4月9日早晨,德军部队越过丹麦边界,经过短暂的交火,在16名丹麦士兵阵亡后,丹麦政府投降。德军伞兵和机降步兵夺取了挪威南部的主要机场,运输船也开始沿着挪威南部海岸卸载部队和补给物资。随后两个月间,空海两路运送来了10.7万人的部队、20 339辆车辆和10.1万吨补给物资,以保障这场进攻。到5月上旬,支援德军作战的飞机达到了700架。[205] 虽然挪威人进行了出乎意料的猛烈抵抗,但德军还是很快控制了挪威南部和中部的大部分地区。4月15—19日,一支英国、法国和波兰联军在三处海岸登陆,并短暂控制了德军兵力不足的纳尔维克。虽然德国海军的损失比例非常高(3艘巡洋舰、10艘驱逐舰、4艘潜艇和18艘运输船),

第一章 民族-帝国与全球危机,1931—1940　　117

但德军还是在这唯一的一场大规模多军种联合作战中打出了自己的威风。近距离空中支援，对步炮协同的有效运用，有效的通信，这些都大大增强了德军的战斗力，令盟军士兵意志消沉，后者大部分从未见过崎岖的山地，更别说在里面战斗了。4月26日，英军放弃特隆海姆；盟军士兵在纳尔维克一直坚守到6月8日最后2.45万人撤回英国为止，但德军早在5月初就已奠定了在挪威的胜局，德军付出了3 692人死亡或失踪的代价，盟军则有3 761人战死。[206]

挪威的失败让雷诺大为光火，他已经把自己的总理生涯赌在了对胜利的承诺上。他在4月下旬抱怨说，英国人"都是一帮不懂得冒险的老家伙"。当挪威大败的消息传来，英国的民意也走向了张伯伦的对立面。虽然盟军在挪威战役中准备不足、作战不利的责任大部分应当算到时任海军大臣的丘吉尔头上，但媒体在5月初还是把矛头指向了首相。这场政治危机在5月8日达到了高潮，当时英国下议院就挪威一战进行了辩论。据现场一位人士所说，张伯伦在愤怒的唇枪舌剑中为自己的行为辩护时显得"心碎而畏缩"，当对手工党要求进行分组表决时，大量原本支持他的人也投了反对票，第二天，他决定辞职。[207]能够得到反对党同意的保守党政治家只有温斯顿·丘吉尔，5月10日，他成了新一届政府的首脑。在短短六个星期内，斯堪的纳维亚战事在两个民主大国中都引发了严重的政治危机。但是比所有一切都更值得一提的是，对英法终将取得胜利的信念仍然维系着两个盟国的团结，因此，虽然斯堪的纳维亚的失败十分严重，但它们仍然预期对德国的军事遏制战略能够奏效。没有任何迹象能表明两国政府预见到了两个月后到来的那场大惨败。

就在丘吉尔被任命为首相的当天早上，德军发动了西线战役。盟军情报部门对可能发生的事情的准备比挪威战役时更充分，因为盟军的策略是基于抵抗德国的进攻而非自己先下手，但是情报部门完全没有预判到德军的战役方案，这很快就拖了盟军战备的后腿。德军的重大胜利给德军高层带来的惊讶一点也不比给盟军带来的惊讶少。许多德军高层和他们的盟军同行一样，想象着如果行动失败，战役最后就会沦为第一次世界大战西线战事的某种重演。但实际结果是，在付出了损失2.7万人的代价后，整个荷兰、比利时和法国尽数被德军控制。对于双方那些秉持着25年前战争经验的高级将领来说，没有什么能比这个变化更大了。无论在战时还是战后很久，被击败的盟国都努力想要把自己耻辱的惨败解释为德国的压倒性实力，这种实力的形成是由德国多年狂热的重新武装所推动的，与盟国在西线战役中迟缓且不协调的行动形成了鲜明对比。现在，历史学家们已经摈弃了这一观点，他们已经表明，双方手中的资源总量对比其实是有利于盟军的，有些方面盟军的优势还十分大。法国、比利时、荷兰与英国在法国东北部前线有151个师，德国陆军则有135个师，其中42个是预备役师；盟军火炮数量达到1.4万门，德国只有7 378门；盟军拥有坦克3 874辆，德军有2 439辆，许多盟军坦克的火力和装甲都优于其对手德国。即便是在空军领域（德国常被认为在20世纪30年代末遥遥领先），军力的平衡也是倾向于盟军这边；盟军飞机数量估计在4 400—5 400架（包括相当数量留作预备的飞机），而德国空军第2和第3航空队在5月10日则只有3 578架飞机。[208]

虽然这些数字都没错，但它们还是会在一些重要方面给人以误导。陆军和空军的人数包含了比利时与荷兰军队，但这两国的小规模的陆军都没有与法国协调过作战计划，这两国的小规模空军也没有与英法协同的防御计划，并且在战役第一天就在空军基地几乎全军覆没。英法两国在空军方面的旗鼓相当也只是数据上的。5月10日当天法军最高统帅部在面对德军的方向仅有879架飞机可用，在英军部队中，皇家空军1 702架可用的前线作战飞机中有416架被留下来保卫英国本土列岛。其余法军飞机（相当大一部分在1940年时已经过时）大部分在仓库中或法国本土其他地方的基地上，465架被部署在北非以防止意大利进攻。那些关键战线上的飞机都被分给了各个集团军，而没能集中起来，这使得它们与被集中指挥、集中运用的德国空军的差距进一步拉大。实际上，西线的两个盟国只有约1 300架飞机来应对德军的3 578架飞机。

在炮兵方面，双方差距也比从纯数字上看小很多。法军需要依赖大量1918年时的火炮，他们新型的47mm反坦克炮以及受过训练的炮手在1940年5月时还太少，许多师不得不使用上一次大战遗留下来的37mm炮，它们对于现代化的坦克已很难奏效。高炮数量也不足：3 800门对德国的9 300门。[209]虽然最好的法国坦克和英国坦克比最好的德国坦克拥有更大口径的火炮和更厚的装甲，但它们只占整个坦克部队的很小一部分，而且法国坦克还速度慢而且耗油。更重要的是坦克的组织方式。德军将所有坦克编入了10个多兵种联合的装甲师和6个摩托化师，这些被集中编组的部队旨在为大规模的步兵和骡马部队充当矛头，以砸穿并瓦解敌人的防线；法国坦克则被用在步兵作战中，旨在协助阻止敌军突破，而非作为独立的进攻部队，即便是那些被编入3个轻型机械化师或3个预备役装甲师中的坦克也是一样。法军参战的2 900辆坦克中，只有960辆被编入上述机械化部队中，其余都分散到了普通师中。当然，与德国陆军不同，法军没有一支部队见过或经历过现代坦克战。[210]双方军力对比的重要结论是，德军在战斗的关键时刻拥有局部优势。

双方的战略选择扩大了这些差异。既然法国的战败是战争的关键转折点，那么这场战役的某些细节便值得考察。德军关于"黄色计划"具体方案的争议在3月最终得到解决。德国军队被编组为3个集团军群：B集团军群，拥有3个装甲师，将要穿过荷兰和比利时进入法国，其任务是引诱法军和英军主力进入比利时后发动反击；C集团军群驻扎在德国的西墙防线后面，任务是看住防守马其诺防线的36个法国师；决定胜负的将是格尔德·冯·伦德施泰特（Gerd von Rundstedt）将军麾下的A集团军群，他们拥有7个装甲师，面对的是比利时南部的阿登森林和卢森堡。这个集团军群将迅速穿越森林，在战役第3天渡过默兹河，随后转向西北向英吉利海峡岸边突击，沿暴露的左翼组织防御，同时包围盟军部队，消灭其抵抗。计划的成败取决于法军是否会吞下穿过比利时北部发动进攻的诱饵，这就要实施精妙的欺敌计划，让诱饵看起来像是真的德军进攻主轴线。

德军的诱骗最后并不必要，因为甘末林和法军高层早就认定德军将从比利时进攻。3月，甘末林选择了所谓的"布雷达变体"方案，进一步加重了盟军的风险，这一计划要求法军精锐第7集团军（原本是一支预备役部队）在英国远征军的支援下迅速跨过比利时，与荷兰军队会合，以建立一条绵亘防线。布雷达距离法国边境比戴尔河更远，但是甘末林赌这30个盟军师能够及时赶到荷兰前线以阻止德军突破。北部战线的总兵力对比是60个盟军师对阵29个德军师；而在战线南部，双方对比逆反了过来，18对45。法军多年来一直认为现代军队实际上无法穿越阿登森林，因此这里只有一支比利时的轻装掩护部队和7个装备不足的预备役师驻守。[211]双方都面临着巨大的风险，但他们用了不同的方式对待1918年的战争遗产：甘末林在英军指挥官的支持下想要重建绵亘防线，打一场曾经把德军耗竭的有条不紊的战争，他们相信这次的结果还会一样；德军指挥官则担心这会成为现实，于是将一切赌注押在了1914年未能实现的迅速突破和合围上。

西线德军的进攻开始了。他们向敌人机场发动了毁灭性空袭，以大胆的伞兵突袭拿下了关键性的比利时艾本－艾玛尔要塞，甘末林随即报告，这正是"他期待已久的机会"。[212]法军第1和第7集团军以及英国远征军终于获准进入比利时领土,向戴尔河防线和布雷达进发。法军第9和第2集团军则分别防守色当北面和南面,如果德军从南面杀进来,这就是他们仅有的障碍。这一次,几乎没有任何事情是按计划进行的。开往布雷达的盟军部队发现荷兰军队已经放弃了这一地区向南转移。5月14日,德国空军轰炸了鹿特丹以支援向这里进攻的德国陆军;次日,荷兰总司令宣布"这场不对等的搏斗必须停下来",随即迅速投降。比利时军队沿东部阿尔贝特运河一线的防御在德军进攻的重压之下很快崩溃,比利时军队开始向法军前进的道路撤退。面对着数量占优的德军师,盟军总算在戴尔河勉强建立起了防线,但那里的防线并未筑牢,盟军的部署受到了潮水般难民(后来估计有800万到1 000万法国和比利时平民)的拖累,他们堵塞了军队前进和撤退所需的关键高速公路。[213] 5月16日,戴尔河防线的守军收到总司令乔治将军的通知,要他们尽快撤回法国边境,因为在南边,整个法军防线在据说是无法通行的阿登地区被彻底击穿。

正如德军指挥官期待的那样,盟军"依照"德军作战计划进入了比利时陷阱。希特勒在明斯特艾弗尔一处改造后的防空洞里建起了指挥部。他觉得法国将在6周内被打败,这将打开与英国议和的大门,因为英国的领导人不会愿意"冒丢掉帝国的风险"。[214] 5月10日,关于A集团军群穿越卢森堡和阿登地区进攻的消息传到这里。德军装甲部队被组成3把板斧,其中一支由德国顶尖装甲战大师海因茨·古德里安中将指挥,进攻色当;第二支由汉斯·赖因哈德中将指挥,进攻色当北面的蒙泰梅(Monthermé);赫尔曼·霍特将军指挥的第三支则攻向比利时小镇迪南,这是为了给另两路突击提供侧翼保护。他们的推进很快受阻,因为装甲师在狭窄的道路上甩开步兵师太远了。41 140辆车和14万人导致了250千米的大堵车,指挥官拼命想要解决这个难题。精心的后勤安排在一定程度上缓解了这一危机。

德军在沿途都设置了加油站，3个卡车运输营则为前进中的装甲师提供燃油、弹药和补给。一旦最终开始行动，这一后勤力量便成了实现迅速机动的关键。油桶被递送给行驶中的坦克，就像马拉松运动员一边跑步一边喝水一样。[215]

战役的最关键时刻在5月11—13日到来，德军的装甲矛头实际上停了下来，成了盟军空中力量的死靶子。但飞到德军这一薄弱环节的盟军飞机寥寥无几，因为德国空军在进攻路线上方撑起了保护伞，而盟国空军主力正在对付更北方的进攻，少数法国飞行员报告发现了无穷无尽的车辆和坦克长龙，但无人相信。德军纵队穿越卢森堡和阿登南部时与比利时边防部队和法国骑兵进行了战斗，但没有人向乔治或甘末林报告说这可能是德军的主要进攻，因为法军计划是按照在更北面的佛兰德斯平原进行决战的思路制订的。到5月13日，虽然穿越阿登宛如噩梦，但所有三个德军装甲矛头还是抵达了默兹河。渡河之战极富戏剧性。法军炸毁了桥梁，并在河对岸掘壕固守。此时，德国空军主力被调来轰炸敌人阵地，850架水平轰炸机和俯冲轰炸机将河堤炸成了一片浓烟和碎片。在色当对阵古德里安的法军第55师只有一门反坦克炮。虽然后来人们发现空袭造成的破坏远低于预期，但持续轰炸带来的精神打击令法国守军心惊胆战、士气尽失。[216]古德里安的3个装甲师要迎着猛烈的大炮和机枪火力杀出一条血路了，但是到当晚11点，他们还是取得了足够的成绩，建起了第一座桥，让第一辆坦克过了河。在北面，埃尔温·隆美尔将军亲自率领他的第7装甲师在迪南附近的胡尔（Houx）渡河，顶着法军的激烈抵抗在当晚拿下了3千米纵深的桥头堡；赖因哈德的两个装甲师在蒙泰梅由于地形复杂而遭遇顽强抵抗，他们花了两天才击败守军，突破重围，杀过默兹河西岸。然而，德军渡过默兹河在虚弱的法军预备役师中引起了恐慌，也最终让法军高层对局势的严重性警觉起来,他们原本认为这是不可能发生的。

5月13—14日的午夜,乔治将军的司令部终于拿到了详细消息。著名的一幕出现了,乔治泪流满面:"我们的防线在色当被突破!要崩溃了。"[217] 接下来便是对甘末林计划中有条不紊作战的彻底逆转。夏尔·安齐热(Charles Huntziger)将军的第2集团军的预备役师拼光了,北面安德烈·科拉普(André Corap)将军的第9集团军也面临着相似的危局。反击的努力失败了,因为法军高层从未预料到这种高度机动的运动战。通信状况很差,法军坦克和卡车的燃料补给也难以组织,因此数以百计的法军车辆发现自己在德军装甲师的前进路线上动弹不得。那些被迫远距离快速行军的部队到达时已是筋疲力尽或者赤手空拳。在比利时,进攻变成了边打边撤,宝贵的补给和燃料库只得被丢弃。战斗对于德军而言也并非如人们有时所说的那样宛如郊游,因为各处都有常常很激烈的抵抗,但法军的还击孤立且没有章法,即兴发挥,完全走向了"有条不紊"的计划的反面。5月16日,丘吉尔还在伦敦宣称,"认为法国会被160辆坦克征服是荒谬的",但是当他次日飞往巴黎到法国外交部会见甘末林时,他发现工作人员已经在焚烧文件了。当他问甘末林法军预备队在何处时,他得到了一个简洁的回答:"没有预备队。"[218]

随着法国的将领和政治家们逐渐意识到发生了什么,危机的严重性开始缓缓展现出来,而不确定性和糟糕的通信又加快了事情恶化的速度。虽然人们觉得一旦法军发动反击,德军在默兹河上的突破就会被拖住甚至制止,但法军的反应却是如此混乱而无力,以至于全部3个德军装甲师此时都已按曼施坦因计划要求的那样调转方向,直奔海峡港口加来、布洛涅和敦刻尔克而去。这在德军指挥部里引发了一阵短暂的恐慌。在一个星期的惊人胜利之后,希特勒此时开始担心各进攻装甲师那漫长而暴露的侧翼将会引来法军强有力的反击。5月

17日,他和他的将领们围绕着是否应当令整个行动慢下来而发生了争执。"元首紧张极了,"弗朗茨·哈尔德发现,"他被自己的成功吓住了,不想冒任何险,为此宁愿让我们停下来。"[219] 5月18日,C集团军群获准向马其诺防线发动进攻,以确保那里的36个法国师留在原地。盟军发动了两次昙花一现的反击,一次是5月18日英国远征军的坦克从北面向阿拉斯发动的进攻,一次是新组建的法军第4装甲师在夏尔·戴高乐上校率领下于17日向蒙科尔内(Moncornet)的反击,这些战斗让希特勒更加担忧。但事实恰恰相反。德军进攻带来的震惊以及盟军反击的完全混乱刚好体现了德军机动作战的威力。虽然这些装甲师被希特勒两次恐慌的干预叫停(一次在蒙科尔内反击之后,一次在阿拉斯之战后),但他们还是在一周里拿下了面积惊人的地盘,装甲师指挥官们正急于奔向海岸边,将法军第7和第1集团军、英国远征军和比利时军队全军合围进佛兰德斯的包围圈。这决定性一击的延误并非如人们常认为的那样源于希特勒的"停车令",而是来自A集团军群那位紧张的指挥官冯·伦德施泰特,他下令各装甲师重新集结、休整,将一部分装甲师调往南面执行第二阶段的作战——旨在击败法国其他地区敌军的"红色计划",同时命令另一些向敦刻尔克推进。希特勒批准了冯·伦德施泰特的命令,并授权他决定何时恢复进攻。5月28日,比利时国王宣布投降,21个被包围的比利时师被从双方兵力对比表中删掉。在此两天之前,德军最终获准去歼灭留在包围圈里薄弱防线后面的25个法国师和10个英国师。

希特勒指挥部短暂的精神崩溃并无助于解决已令盟军崩溃的危机。随着消息不断传来,法国政府面临着一个他们曾认为不可能的现实。5月15日早晨7点30分,雷诺给丘吉尔打电话,悲伤地说:"我们被打败了,我们输掉了这一仗。"[220] 20日,与雷诺关系一直不怎么好的甘末林被解除职务,由叙利亚法军司令、第一次世界大战老将、雷诺的好友马克西姆·魏刚将军取而代之。曾在1916年打赢了凡尔登战役的菲利普·贝当元帅也被从驻西班牙大使任上召回,被任命为副总理,以稳固法国军民即将崩溃的士气。这些任命一度重新振奋了伦敦和巴黎的信心:魏刚制订了(或者说是从甘末林那里沿袭了)一份从南北两翼进攻德军漫长侧翼的计划,但这份计划完全不切实际;更实际的是,他准备撤退到索姆河与埃纳河一线,并要求被打得支离破碎的部队在撤退时表现出"一以贯之的进攻精神"。[221] 但灾难之大已难以掩饰。法军在新战线上只有40个师外加3个摩托化预备大队来封堵德军打开的突破口。对此,英国战时内阁和英军参谋长会议得出了显而易见的结论。5月25日,以前内阁秘书大臣莫里斯·汉基为首的一个委员会就"定局后的英国战略"做了报告。他们的结论是,一场全球大战的结局将不会取决于法国发生的事情,而是取决于来自美国与帝国领地的支援,以及空军和海军的保护,英国能够独自打下去。[222]

5月18日,战役打响刚刚一周后,英法就开始考虑撤退的事情了。德军的暂停让盟军获得了短暂的喘息机会,令英国远征军指挥官约翰·戈特少将得以在包围圈南北两面建立了阵地,阵地主要由法军第7和第1集团军残部防守。5月26日,"发电机行动"在从加来到布洛涅的海岸上开始。被围困的士兵们最终还是得到了从英格兰南部基地起飞的更多英国皇家空军"喷火式"和"飓风式"战斗机的空中保护。当突破包围圈的战斗在四面打响时,338 682名士兵在敦刻尔克登上了861艘各种各样的船只,这些士兵中有24.7万英军和12.3万法军。法军也组织了撤退,只不过常常被英国的敦刻尔克大撤退掩盖而不为人所知。法国海军将4.5万名士兵运到了英国,4 000人运到勒阿弗尔,还有10万人运到了法国北部的港口瑟堡和布雷斯特,这10万人打算从这里出发再次加入索姆河沿线的战斗。[223] 英军的行动于 6 月 4 日结束，他们损失了 272 艘船，包括 13 艘驱逐舰，而且丢弃了所有的重装备——6.3 万辆车辆、2 万辆摩托车、475 辆坦克和其他装甲车辆，以及 2 400 门火炮。[224] 如其中一人后来所写，士兵们留在身后的是"无尽的毁灭……满是一片狼藉的军事装备"。英军在 1940 年 6 月没有投降，但是在比利时和法国的战斗必须被视为一场大败仗，而非英雄的撤退。当月，不列颠岛守军只剩下 54 门反坦克炮和 583 门火炮。这支正规军在这个时刻已不再是一支战斗力量了。[225]

随着法国东北部前线的抵抗在 5 月下旬继续崩溃，两大盟国开始认真对待这场可怕的惨败，这在两周前还是不可想象的。即便是适应力和精力明显优秀的魏刚，也在 5 月 25 日要法国内阁考虑放弃作战，雷诺则第一个提出了"停战"（armistice），这是个模棱两可的词，就像德国在 1918 年使用这个词时一样。根据 1940 年 3 月 25 日签订的协议，任一盟国都不得单独媾和，因此此举必须经过英国同意。5 月 26 日，雷诺飞往伦敦，向丘吉尔解释法国可能不得不考虑放弃了。雷诺不知道的是，就在当天上午，英国战时内阁开始讨论一份外交大臣哈利法克斯拿来的照会，那是意大利大使交给他的，说墨索里尼可能协调双方进行一场会谈。意大利人的动机至今仍不清楚，因为这时候墨索里尼也在准备宣战，在意大利领导层看来，这是从即将到来的法国战败中获益的绝佳机会。经过 3 天的辩论，英国人决定不做任何回应。虽然绥靖派在一些转折点上几乎就要赢得辩论，但关于全面战败的后果的讨论却是不可避免的，即便是哈利法克斯也不愿意让出英国的主要利益来求和。最终，在赢得了张伯伦的支持后（他仍在战时内阁中保留了一个位置），丘吉尔赢得了辩论，拒绝了与墨索里尼的任何接触。英国领导人已经在考虑一场没有法国的战争了。"如果法国不能保卫自己，"丘吉尔对他的同僚们说，"那它最好退出战争。"[226]

法国在迅速恶化的局势中又打了三个星期。停战始终是最有可能的最终选择，但它也尝试了其他选项。"布雷顿堡垒"的想法在5月下旬被提出，法军（或许能得到一支新的英军支队的增援）能在这里建立一条防线守住布列塔尼和瑟堡港，他们还专门研究了此举的可行性。[227] 被寄予更多希望的是法国从其北非帝国继续抵抗的想法，那里已经有一支为了抵御意大利可能从利比亚发动的先发制人的进攻而建立的庞大部队，还有数以千计的士兵可以被从法国本土运到那里。雷诺在6月上旬启动了一项将8万人撤往法属摩洛哥的计划。因蒙科尔内的胜利而成为战争部副部长的戴高乐，则于6月12日要求法国海军部在3周内将87万人运往北非。只有英国海军有这个能力，而他们此时正忙于将法国西部的其余英军部队（以及1.9万名波兰士兵）运回去，让这些部队和从敦刻尔克救出的部队一起防御本土。旨在放弃法国的"天线行动"于6月14日被下令执行，10天后完成。又有18.5万人撤回英国，这次只损失了6艘驱逐舰和3%的运输船只。[228] 6月22日，魏刚向北非法军总司令夏尔·诺盖斯（Charles Nogues）将军询问以现有部队在北非继续抵抗的前景。这一时期，法国的很大一部分舰队和约850架飞机都在北非领地上，但14个师中只有7个师具有战斗力，现代化坦克只有169辆。虽然诺盖斯拥有一支足以击退任何进攻的力量，但魏刚并不认为选择在帝国领地上防御比在法国本土建立堡垒更易于实现。6月26日，诺盖斯"心灰意冷地"接受了帝国抵抗已经终结的现实。[229]

实际上，法国的命运早已被德国的完胜决定。6月5日，德军已经做好了执行战役第二阶段计划"红色计划"的准备，他们要击败残余的法军，迫使法国投降。法军在匆匆构筑的位于索姆河、埃纳河和瓦兹河的防线上只部署了40个师，他们要应对德军的118个师。此时，跟随在后的大批德军步兵已经追上了装甲矛头，为德军新的战线提供了相对新锐的力量。乔治将军告诉魏刚，他们只能为荣誉而战，因为自己已经一无所有："没有预备队，没有救援部队，没有增援……没有骑兵，没有坦克。境遇悲惨……战斗毫无希望，困境无法摆脱。"[230] 虽然实力悬殊较大，但法军部队表现出了比崩溃开始后的前几周更好的组织性和决心，但结果已经失去悬念。6月9日，德军A集团军群抵达鲁昂，12日德军逼近巴黎，将法军向南北两个方向击退。6月10日，魏刚告诉雷诺，前线的"决定性崩溃"已迫在眉睫。

法国政府于是放弃了首都，他们首先来到卢瓦尔河谷，后来又迁到波尔多。巴黎在其空军基地6月3日遭到轰炸后被宣布为不设防城市，14日，德军胜利开进巴黎。在6月12日的一次部长会议上，魏刚向听众说，停战的时机已到。雷诺仍然未做决定，但是当乔治在15日召集法军指挥官开会时，他们都认为战斗必须结束了。[231] 筋疲力尽、垂头丧气的雷诺只得向现实低头，第二天，雷诺辞职，总理之位由停战的主要鼓吹者贝当元帅继任。即便到了这个时候，事情还是没能定下来，魏刚还认为停战只是"缓兵之计"，能让法军重新整编。另一方面，贝当在6月17日中午通过无线电广播宣布了这一决定，他告诉法国人民，"我们必须停止战斗"。而魏刚却要乔治宣布，他只是决定"试图停止战斗"，并命令所有指挥官继续打下去。[232] 于是，法国战役并未在贝当的声明后立即告终，而是又拖了8天。虽然已经没什么仗可打了，数以千计的士兵也脱离队伍回了家，但法国西部和中部那些仍然完整的部队还在坚持战斗，即便已经疲惫不堪，装备不足。弗雷尔将军第7集团军的12万军人沿卢瓦尔河河谷两岸布防，想要在德军进攻时守住每一条水系。但他们也在6月25日停止了战斗。[233]

1940年5月，意大利独裁者决意加入希特勒一边向民主国家开战，这令停战的共识变得复杂了。墨索里尼并不喜欢他在1939年9

月时被迫声明的"非战"地位,当时,打了10年仗的意大利无论在经济上还是军事上都没有做好与英法对抗的准备。12月,他向希特勒做出了一个模糊的承诺,说自己最终还是会尊重对轴心国的义务。1940年3月时他称,意大利无法既在整个战争中保持中立又不变成"大十倍的瑞士"。[234] 但由于意大利王室和军队领导层都反对冒险加入一场显然没有准备好的战争,墨索里尼还是得保持谨慎。意大利军队总司令巴多利奥元帅告诉墨索里尼,战争准备最早也要到1942年才能完成,这还是最乐观的估计。很难判断出墨索里尼是否尊重这一建议,因为他已经深陷在自己对意大利军事潜力虚夸的想象中了,但他也搞不清德国是否会真的攻打西线,而且,即便真的打了,这场战役能多快决出胜负。[235] 当希特勒来问意大利能否提供20—30个师前往罗讷河河谷与德军并肩作战时,意大利军队指挥官当即拒绝了这个主意。墨索里尼与他的决策圈子想要的是他们所说的"同时进行"的战争,"不是'为了德国而战',也不是'与德国一起作战'",如代理战争大臣乌巴尔多·索杜(Ubaldo Soddu)所言,"而是我们自己的战争"。[236] 然而,当德国获胜的消息开始滚滚而来时,墨索里尼决定意大利再也不能置身事外了。1940年5月13日,他宣布自己将在一个月内宣战。5月28日,听闻比利时投降后,他将宣战日期定在了6月5日,以免错过这班车后被说是"师出无名"。宣战最后还是被推迟到了6月10日,当天,墨索里尼在罗马威尼斯宫的阳台上向人群宣布参战,热情的人群很快就安静了下来。[237]

宣战并不意味着意大利已经准备好参战,反而招来了英法轰炸机的迅速反应,它们两天后空袭了都灵和热那亚。实际上墨索里尼直到贝当求和的消息传来才采取行动。他命令西部边境的意大利军队三天后开始进攻法军。之后他就匆匆赶往慕尼黑去会见希特勒,讨论可能的停战条款了;在前往德国的火车上,他还想要寻求最大利益——占领整个法国，夺取法军舰队，占领突尼斯、法属索马里和科西嘉——但是，据他对齐亚诺所言，他刚一抵达就感觉到"他成了二流角色"。[238] 希特勒要的停战条件并不多，以免让德国的手脚被未来的任何和平条约束缚，并防止将法国再次推向英国的怀抱。据冯·里宾特洛甫说，停战也带来了一个机会，既然法国已经战败，那就可以把欧洲的犹太人驱赶到法国殖民地马达加斯加去了。[239] 希特勒不愿意就这么平平淡淡地签订和平协议。6月19日，法国高层通过德国驻西班牙大使获悉，希特勒已经准备考虑和平条件，次日，法国代表团驱车穿越前线来到贡比涅，22年前，德国曾在此地被迫签订和平条约。6月22日，双方就在1918年双方签订停战协议的那一节火车车厢里举行了简短的签字仪式，但条约只有等到意大利同意停火才能生效。[240]

既然意大利军队6月20日才刚刚加入战斗，墨索里尼便不得不多打几天，让一些多少有点决定性的战斗先打完。大约22个实力不足、装备低劣的师向法国东南边境发动了进攻，他们在工事坚固、决心坚定的法军阵地前几乎毫无进展。意大利军队打下了芒东镇，但在仅仅3天的战斗中就有1 258人战死和2 151人冻伤，这也充分显示了他们的无能。[241] 于是，意大利只能不情愿地同意停战。6月23日，一个法国代表团来到罗马，在因奇萨别墅（Villa Incisa）签订了和约。虽然法国代表团明白自己也别无选择，但他们不愿意将停战视为自己在军事上败于意大利之手。墨索里尼守住了他对希特勒的承诺，停战条款也比他曾经怀有的极端野心宽松许多，但对于德国人和意大利人而言，有一点却并无二致，那就是停战条款与曾经强压在德国人身上的《凡尔赛和约》并无二致——有些地方还更加严苛。法国的北部和西部领土被占领，这使得法国实际上丧失了主权；法国军队被压缩到了无足轻重的10万人，虽然他们还能保留一支规模不大的殖民地部队以确保英国无法轻易占领法国的帝国领地；海军基地和陆地堡垒都要非军事化，武器要上交，舰队也要被软禁在港内。意大利谈判代表还坚持要让意大利停战委员会拥有对科西嘉、法属北非、法属索马里和叙利亚的管辖权。[242] 而贝当的法国，其首府现已迁到了温泉小镇维希，只能在国家中部和南部未被占领的地区实行有限的独立统治。

盟军在 1940 年的战败改变了战争的局势。这刺激了意大利人和日本人利用逐渐扩大的机会窗口向欧洲帝国打出致命一击的野心。英法的失败也震惊了斯大林，他原本希望这一仗能打得更持久，但是正如他在 1940 年 7 月向英国大使斯塔福德·克里普斯（Stafford Cripps）说的那样，这一结果意味着"旧的平衡"再也回不去了。[243] 为了强调他的主张，苏联开始干预东欧，吞并了波罗的海沿岸国家和罗马尼亚的北布科维纳、摩尔多瓦两省。盟军的失败也加速了美国的整军计划，并让美国的民意充分警觉到了轴心国的威胁。而对希特勒来说，最重要的后果就是他意识到欧洲轴心国现在能够在整个欧洲建立"新秩序"了，就像日本领导层此时准备抓住机会在亚洲所做的事情一样，欧洲盟国的失败把这个机会突然送到了他们面前。这并不是 20 世纪 30 年代时计划的样子，这只是英法宣战的决定带来的出乎意料的后果，但给轴心国的领导层提供了千载难逢的战略机遇。而英国的抵抗则是任何"新秩序"想要安然立足的主要障碍。在 6 月 18 日与墨索里尼会面时，希特勒坚持说自己无意摧毁英帝国，他仍视其为"世界平衡的重要因素"，但如果 1940 年内无法在西线达成和约，那么接下来的战争就会是"全面的、绝对的、无情的"。[244]

"满眼灾难"

1940 年 8 月 20 日，丘吉尔在英国下议院发表演讲时，也就是他用金句评价皇家空军战斗机司令部的"少数人"那次，他缓缓叙述的大部分篇幅总结了这场西方列强刚刚在 1940 年夏季遭遇的灾难。"这是怎样的满眼灾难，"他对议员同僚们说，"可信的荷兰被压垮了……比利时被入侵并打垮；我们自己的精锐远征军被包围，几乎被俘虏……我们的盟友，法国，完了；意大利也与我们为敌……"丘吉尔总结说，这样的情形仅仅在 3 个月前"还是不可思议的"。[245] 他的演讲虽然也包含了抵抗到底的热情宣言，但没有得到大厅里听众的热情回应。丘吉尔的秘书乔克·科尔维尔在下议院的走廊里旁听，发现整个会场充斥着懒散的气息。他后来甚至不记得自己听到过那句关于"少数人"的著名金句。[246] 苏联驻英国大使伊万·麦斯基也在会场里。虽然他觉得这场演讲听起来不太好——"不是他今天的最佳状态"——但他还是发现议会大厅里充满了"新的信心"，哪怕是"满眼灾难"。[247] 就在几个星期前，丘吉尔的儿子伦道夫还向麦斯基解释说，英国在法国崩溃后坚持战斗，对于保住帝国领地至关重要："如果失去了帝国领地，我们就将成为不是二流而是十流的国家。我们一无所有。我们都将死于饥饿。因此我们别无选择，只能战斗到底。"有其父必有其子，麦斯基或许会这么觉得。[248]

正如丘吉尔坚持认为的那样，当初对德宣战时并没有预计到竟会有这么多灾难。丘吉尔的军事秘书黑斯廷斯·伊斯梅（Hastings Ismay）后来称，如果英军参谋长会议在 1939 年 8 月时能预想到这样的结果，"他们将会毫不犹豫地警告内阁，加入战争将招致灭顶之灾"。他的结论是，当时他们应该提议做一些"不光彩的妥协"。[249] 现在，英帝国面临着独自打一场世界大战的前景。随着法国的战败以及英军被赶出欧洲大陆，英帝国的未来突然成了国际投机的对象。鉴于失败的规模，以及英国在本土列岛尚且面临威胁时显然很难守住帝国的外围据点，这一点毫不令人意外。"现在，我们的未来会如何？我很担心,"英国议员、绰号"薯条"的亨利·钱农在 1940 年 7 月的一篇日记中写道,"一团糟……我们的统治正在渐渐瓦解;我会为它的结束而遗憾的。"[250] 在印度,据对当地民意的报道,英法战败的消息引发了"困惑"与"压抑",不过反帝国主义者将此视为英国殖民统治即将灭亡的预兆。"它将会被砸得粉碎,"国民大会党领袖贾瓦哈拉尔·尼赫鲁写道,"国王所有的马和国王所有的臣子再也不会全部团结到一起了。"[251] 在帝国之外,英国可能的崩溃已被视为理所当然。苏联的评论员认为,德国将会相对容易地入侵并占领英国,而美国的民意,即便仍然同情英国,也突然开始怀疑英国能否幸存。即便是英国的前盟友法国,也由于英国在法国战役中的拙劣表现和英国世界秩序的崩溃而发生了一波仇英浪潮。在维希,法国新政府的部长们对英国也充满了敌意,包括新总理皮埃尔·赖伐尔和他的继任者达尔朗海军元帅,他们都认为英国的帝国主张只是对过去时代的空洞回响。"英国的时代已经过去了,"赖伐尔在 1940 年 7 月写道,"无论现在发生什么,它都会丢掉它的帝国领地。"[252]

丘吉尔的新政府并未能改变英国的弱势地位。丘吉尔在想要鼓舞英国人民为了帝国和帝国所代表的理想而继续战斗的同时,私下里却也痛惜"我们的虚弱、迟钝,缺乏把握力和动力"。[253] 然而,法国的战败很快给英帝国带来了比实际危局更正面的结果。张伯伦认为法国"只不过是个累赘",英国最好能甩掉它单独行动,丘吉尔在海军部任职时也曾私下表达过这一观点。[254] 在关于"是否要独自打这一仗"的民意测试中,3/4 的受访者希望继续打下去,虽然对最终结局有信心的人少得多,只有 50%。[255] "独自"战斗的想法成了这个国家的"集结号",它已将自己视为只身与法西斯巨人对决的现代版大卫,但是对于丘吉尔和他的政治支持者而言,"独立"作战的不仅仅是本土列岛,而是整个英帝国。丘吉尔对帝国充满感情,也把这种感情灌输给了他的内阁，正如当时的历史学家刘易斯·内米尔（Lewis Namier）看到的那样，那是一群拥有共同情感的"吉卜林帝国主义者"。[256] 对丘吉尔来说，帝国的生存是核心的优先事项，他在1938年声称："我的理想狭窄而有限。我想要看到英帝国的力量和荣耀再多延续几代人。"[257]

然而，英国在法国失败后的战略选择所剩无几。首要的事情是生存，这意味着要避免被德国消灭或打败，德国的地盘现已从挪威北部延伸到了法国的大西洋沿岸。在1940年夏季，承认没有办法有效打败轴心国，从而与敌人妥协求和仍然是一个选择。这只是少数人的观点，到底有多少人持这样的观点，我们很难估算，但这少数人有着自己的政治代言人。议和派最突出的代言人是曾在第一次世界大战中担任首相的戴维·劳合·乔治。虽然他一直主张这个国家应当比在张伯伦治下时更有效地作战，但他已在媒体和议会表达出他的倾向，就是与德国达成某种协议。张伯伦认为，劳合·乔治是个潜在的贝当元帅，坐在旁边等着政府崩溃，然后取而代之。1941年5月，丘吉尔在议会发言反击劳合·乔治时也是这么讽刺他的，这是劳合·乔治的最后一次主要演讲。[258] 这一类比刺激了劳合·乔治，但他确实可能和贝当一样，被前一次大战的可怕代价击垮了，希望和平能让英国摆脱战前脱离正轨的状态，在德国虎视眈眈的注视下重振民族认同。但这一观点在1940年并不能代表英国。丘吉尔决心不让自己在5月就任首相的几个星期后就可耻地结束战争，而处处挨骂的张伯伦也在6月底向全世界进行广播，坚持说英国"宁愿在废墟中倒下，也不会承认纳粹的统治"。[259]

虽然在敦刻尔克大撤退之后整个英国陆军一度跌到了微不足道的水平，但英国在1940年夏季也并非无法防守。皇家海军仍然是世界头等的，即便它的力量被分散到了四个战区：本土、大西洋、地中海和亚洲帝国。皇家空军的防御力量也在日渐加强,无论是飞机的数量还是集成控制和通信系统(确保战斗机在省油的情况下有效对付任何来袭敌机)都是如此。英国的全球贸易与金融经济,以及庞大的商船队,意味着它可以吸取远处的资源以供养其战争经济,它的许多武器的产量已经超过了德国。到1940年8月,下给美国的大批订单已经让美国工业开始为英国提供2万架飞机、4.2万台航空发动机(尽管美国在20世纪30年代通过了《中立法案》),并常态化供应100辛烷值燃料,这使得英国战斗机的性能超越了对手德国。[260] 1940年7月,英国确定了对德国和意大利战争的三管齐下战略,这与其现有能力是相一致的。首先是封锁和经济战,这是1939年英法战争计划中的关键环节;其次是对轴心国占领的欧洲发动政治战,具体说来就是将政治宣传与敌后破坏相结合(丘吉尔称其为"在欧洲点火");再次则是对德国和意大利进行远程"战略"轰炸,主要打击轰炸机作战范围内的工业中心。

但这些行动无一真的有希望成功。封锁会被挫败,因为德国和意大利此时已出人意料地控制了大半个欧洲大陆,能够获得广泛的原材料和粮食资源,而且德国工商业和德军几乎立刻就开始相互配合,支持这场战争。政治战和敌后破坏最多只能算是一种投机。广播和传单宣传很难与众多相互竞争、各自为政的抵抗组织配合起来。虽然情报显示欧洲沦陷区确实有人在收听英国的宣传,但是促成广泛抵抗或者局部起义的前景几乎不存在,而特别行动处(SOE,这个处很奇怪地被交给经济战争大臣休·多尔顿管辖)组织的各个小分队还需花时间参加训练,然后才有可能执行哪怕是小规模的渗透作战。1940年夏季的大部分希望被寄托在了对德轰炸上。7月,在写给飞机制造大臣比弗布鲁克勋爵(Lord Beaverbrook)的一封广为人知的信中,丘吉尔提出只有"一场绝对的灾难,用超重型轰炸机进行的毁灭性打击"才能打倒希特勒政权。轰炸始于1940年5月11—12日夜间，炸弹被投向了鲁尔－莱茵兰工业区的目标，在这一年余下的时间里，只要条件允许，轰炸几乎每晚都会进行。这些空袭对德国的影响微乎其微，虽然它们迫使数以千计的德国人躲进防空洞熬过夏夜，并促使德国民意普遍要求德国空军发动反击。情报资料起初对于空袭给德国工业设施和民众士气带来的打击给出了乐观的判断，但是辉煌的图景很快就黯淡下来，人们发现只有很少一部分飞机找到了目标区，真正命中的炸弹更是少之又少。[261] 虽然后来有人强调轰炸给英国人士气带来的鼓舞，但早期的空袭确实没能引起什么关注。

除了这些努力，英国领导层还将目光放在了海外支援上。在美国，人们不仅就英国的生存前景意见不一，而且围绕美国是否应当以更积极的方式介入欧洲战争产生了分歧。讨好美国是丘吉尔的核心目的，但他也小心翼翼不敢承诺太多。1940年夏季，在讨论遭遇入侵危机时英国舰队开往新大陆的问题时，他要求英国大使洛西恩勋爵"消除美国人任何他们能坐收英帝国的废墟的自负想法……"[262] 而在美国这边，只要有人反复拿帝国理念出来说事，政治家们便无法下手，因为帝国理念在美国的所有政治派别中都不受待见。美国参议员阿瑟·范登堡（Arthur Vandenberg）告诉哈利法克斯勋爵："如果你们英国不要再说英帝国的事，我们的事情就会顺利得多。"[263] 另一方面，来自帝国的支援被视为理所当然，虽然在1940年夏季，帝国在盟军失败后所能扮演的角色还不如伦敦那些令人上头的花言巧语更清楚。帝国的人力和工业资源的充分动员需要时间，而且许多这种资源要被用于本地防御而无法被送到英国。在战争的头15个月里，英帝国军事需求的90%来自英国本土。[264]

各处帝国领地对人力的动员是天差地别的。白人自治领的本能反应首先是拒绝再像第一次世界大战时那样派兵到海外参战，而是用自己的军队防守本国。澳大利亚政府最终很勉强地同意派兵前往中东；加拿大靠着向法裔国民承诺不征召他们参军、不把他们派往海外才得以进行动员。在南非，英裔和非裔族群之间也出现了相似的紧张局面，那些准备出国参战的志愿者都佩戴上了醒目的橙色标识，这是曾经统治了此地的荷兰的遗产。虽然在整个1940年夏季，各处自治领都在支持这场战争，但是澳大利亚总理罗伯特·孟席斯（Robert Menzies）迷上了议和（虽然他后来否认了此事），加拿大人则围绕在当地建立皇家空军训练设施争论不休，而且对首批加拿大部队在英国入驻的营房条件之恶劣大加抱怨。[265]在爱尔兰仍是自治领的时候（爱尔兰在1937年成为独立国家），其总理埃蒙·德·瓦莱拉（Éamon de Valera）为了保住中立地位甚至宁愿放弃建立统一爱尔兰的机会，而统一爱尔兰是他奋斗了20年的目标。他在1939年9月2日向爱尔兰议会说："我们，所有人，都知道强国向弱国使用武力意味着什么。"丘吉尔抱怨爱尔兰人"避而不战"，但爱尔兰政府在整个战争中始终不为所动。[266]

其他帝国领地的反应也各不相同。印度的情况格外复杂，因为当地不同背景的政治家之中都有一个未言明的设想，那就是只要支持战争，就可以立即得到政治重组甚至是独立的承诺作为回报。印度部队被派去支援英帝国的亚非外围地区，包括伊拉克、肯尼亚、埃及和新加坡，而相当一部分本地资金也被用来保障印度的防御。但是，虽然印度的主要政党都是反法西斯的，但他们也希望英国能够为与法西斯作战给出一个可接受的政治报价。1940年6月29日，甘地提出了完全独立的要求。丘吉尔政府并不愿意做出重大让步，但允许在德里建立一个由印度人组成的战争顾问委员会，外加一个扩大的执行委员会，但是国防、经济和国内事务的关键机构仍被牢牢握在英国人手里。10月，印度国民大会党发起了一场不合作运动，结果是，监狱里除了原有的 500 名印度共产党员外，又多了 700 名国民大会党领袖。英国人拿出了一份革命运动法案，以便让印度政府将国民大会党列为非法政党并摧毁其组织，但英国内阁不愿这么做。尽管如此，到 1941 年春，还是有 7 000 名国民大会党成员被判有罪，4 400 人遭到关押。即便是对于那些支持参战的印度人，英国能提供的资源也十分有限，因为英国本土防御占用的资源太多了。印度最终贡献了超过 200 万志愿兵，但是印度军队在战争第一年的军事状态十分原始。战争爆发时，整个印度次大陆没有一架现代化战斗机，高射炮也只有 1 门；近两年后，在日军入侵东南亚前夕，驻印度的军队仍然没有现代化的战斗机、坦克和装甲车，只有 20 门高射炮和 20 门反坦克炮。[267] 当印度军队前往其他战区时，他们得完全靠英国的资源进行补给。英国的地位是如此虚弱，以至于当日本人在 1940 年 7 月上旬要求英国关闭蒋介石国民党军队的滇缅公路补给线时，丘吉尔只能照办，他不能冒险承受"对日开战带来的麻烦"。[268]

另一个大问题是埃及。虽然这个国家根据 1936 年的条约名义上是独立的，但英国仍然在这里保持了强大的政治和军事存在，并享有驻守苏伊士运河的特权，这条运河是通往英国亚洲帝国的生命线。1940 年 5—6 月，英军在欧洲面临失败时，阿里·马希尔的埃及政府不仅拒绝参加战争，反而积极寻求把英国从埃及赶出去。英国人考虑过恢复第一次世界大战时建立的保护国制度，或者宣布实施战时法案，但是最终，下重手的威胁足以让法鲁克国王解除了马希尔的职务，以英裔政治家哈桑·萨布里取而代之。萨布里虽然对英国的要求客气得多，但还是拒绝让埃及投入战争；埃及政府直到 1945 年 2 月 25 日才对残存的轴心国势力宣战，以确保在新的组织联合国中有一席之地。英国将在埃及的存在视为其全球战略的生死攸关的环节。运河两端的港口都得到了增援，部署了重炮，哪怕这违背了 1888 年的

《运河条约》。[269] 战争期间，德国与意大利的船只被禁止通行，但在坚决进攻的敌人面前守住运河与英国"欧洲优先"的政策之间很难妥协，而且苏伊士运河受到的威胁在随后两年间始终真实存在。在苏伊士运河以东，关于只要保持帝国团结就能得到英国保护的承诺，随着德国入侵成为主要威胁而变得越来越不可能兑现。1940年11月，德国情报部门向日本递交了一份从一艘在印度洋被击沉的船上缴获的机密文件，文件清楚地显示了英国人当时的观点：如果最糟糕的情况发生，英国则无法挽救在东南亚的帝国地位。1940年时，帝国对于英国来说仍然只是个可以舍弃的资源，但英国本身此时对于其帝国领地和众多外围据点来说同样价值有限。

这一尴尬很快就被其他三个帝国主义盟国——荷兰、比利时和法国——被德国征服的现实化解了。比利时与荷兰的帝国领地与母国彻底断了联系。与法国的和约允许维希当局保留仍在自己手中的法帝国领地，但是战争的进程逐渐挖空了法国的几乎整个帝国，让各处领地沦入他人之手。1942年，维希政权的殖民地部长朱尔·布莱雷（Jules Brérié）最终辞职："我的任务结束了，因为我们不再有帝国了。"[270] 所有这三个帝国主义国家都有许多无法掌控的事情要去琢磨。轴心国关于欧洲新秩序的计划还未确定，海外领地的命运也悬而未决。1940年6月中旬，墨索里尼和希特勒会面时，人们看见意大利外交大臣齐亚诺和德国外交部长冯·里宾特洛甫铺开了一张非洲地图，在上面瓜分了旧帝国的残留版图：北非和西非归意大利，撒哈拉以南的非洲归德国。所有这种空想计划都要等打败英国才能实现，但是在1940年夏季，建立一个德属非洲帝国的想法已经重燃并成为可能，这得到了在德国外交部和德国海军中的游说人士，以及殖民地联盟（其领导人里特尔·冯·埃普在1940年6月成为殖民地司临时司长）的热情追捧。[271] 这最初的试探性计划显示，德意志的帝国圈子包括前法国殖民地、比属刚果、尼日利亚，甚至还有南非和罗得西亚，还要将法属马达加斯加岛改造为欧洲犹太人的半自治属国。[272] 德国允许法国保留殖民地的决定并不是长期有效的，这只是为了杜绝法国重新接近英国的可能性，最终，英国人将维希法国视为实质性敌人的态度让这种可能性彻底消失。

那三个前帝国强国谁也不确定英国会不会利用自己的战败把手伸到自己的帝国地盘上，无论是为了短期的战略必要性，还是出于某种有意识的长期计划。1940年5月，英国抢占了丹麦的自治领冰岛，以防它被德国人占领，并立即开始以对待殖民地的熟悉方式对待冰岛的人民，逮捕和驱逐了岛上为数不多的共产党人，并控制了这个国家的贸易。[273] 站在美国的立场上看来，这两种举动都是不应被鼓励的。美国的反殖民团体积极推销他们的主张，即这些帝国殖民地未来应当交给可信的国际组织管理，就像1919年的托管那样；更激进的反帝国主义者还将欧洲战争视为让所有前附属国实现独立的机会。当英国对冰岛的统治面临着越来越多的反对时，美军于1941年6月接管了这里，两年后，这座岛屿宣布成为独立的共和国。1942年，美国国务卿科德尔·赫尔要求签署一份国际宪章，保证殖民地人民将在战后通过一套国际托管体系获得最终独立。[274] 宗主国的战败令它们维护帝国统治的主张破产。1940年，确实是全球帝国工程最终危机的关键转折点。

对比利时、荷兰而言，1940年的战役结果带来了复杂的政治局面。两国都与自己的帝国断绝了联系，本土也陷入了被占领的陌生处境，统治者成了被统治者。比利时国王留在布鲁塞尔的决定，让那些流亡国外的比利时大臣关于自己代表比利时的声明成了一纸空文，也让比属刚果陷入法律上的困境。刚果拥有丰富的矿物资源，包括世界上最大的铀矿，所有强国都十分关注其命运。有人讨论过法德联合接管这一殖民地的可能性；布鲁塞尔的德国当局希望将德国的要求强加给比利时的殖民地矿业公司；1940年5月，英国政府也拒绝承认刚果中立，因为它想利用那里丰富的资源为盟国的战争服务。为了争取保留比利时的统治权，比利时国王指定流亡中的殖民地大臣阿尔伯特·德·弗莱斯肖韦尔（Albert de Vleeschauwer）行使对刚果和卢旺达－布隆迪的管理权以维持两地的中立，但是在英国施压之后，德·弗莱斯肖韦尔于同年7月同意用刚果的资源为盟军的战争服务。一年后，刚果的货币和贸易被纳入了英国的经济体系。[275]美国也对刚果感兴趣，1941年8月，1 200名美军士兵进驻刚果，但比利时流亡政府坚持要美军的黑人士兵离开那里，以免殖民地民众将美国黑人视为自己终将获得解放的象征。面对英美的插手，德·弗莱斯肖韦尔努力想要维持比利时的统治权，但到了1943年，各方面迹象都显示美国将在战争结束后坚持要求将前殖民地交给国际共管，以此作为殖民地独立的序幕。[276]

荷兰也面临着相似的黯淡处境。荷兰女王威廉明娜带着流亡政府在伦敦避难，但他们也没什么办法来维持帝国团结。加勒比海的荷兰殖民地库拉索和苏里南被交给英美两国托管，未来命运难以预期。[277]德国对殖民地经济的构想被英国的海上封锁和荷兰殖民地管理部门的敌意打破了。东印度的荷兰政府关押了当地的2 800名德国人和500名荷兰纳粹党徒，以此报复荷兰的德国当局把500名杰出的荷兰公民抓起来送进布痕瓦尔德（Buchenwald）集中营。荷兰人对于殖民地未来前景的兴趣越来越浓，这是荷兰国家认同的关键因素，也被德国人视为政治威胁，于是主要的政治运动，荷兰人团结运动，最终被禁止。[278]荷属东印度则立即成了日本政府施压的对象，日本人要确保原油、橡胶、锡和其他原材料供应的大幅增长，这些对于日本的战争机器十分重要。荷属东印度如果放任其他强国损害日本的商业利益，就会遭到军事干预的威胁，虽然巴达维亚（今雅加达）政府把与日本特使的谈判成功拖延到了1941年，但日本已经将东印度视为其亚洲新经济秩序的一部分，并在1942年初夺占了整个殖民地，暂时终结了荷兰帝国。[279]

法帝国就完全是另一回事了，虽然其在战争中的最终命运与荷兰、比利时差不多。德国人对维希新政府的态度激起了法国人对于在宗主国废墟上挽救帝国的期望。德国对于非洲帝国的经济需求是要优先满足的，但这些需求通常并不像想象的那么过分，而且法国军队也可以留在帝国领地上以维持当地治安。[280]贝当元帅将帝国领地视为在法国建立新秩序的关键因素。维希政府围绕母国与殖民地的团结进行了大量宣传，还将贝当塑造为"帝国的救星"；法国海事与殖民地联盟的成员数量增加了两倍，在战争期间超过了70万人；一项经过精心规划的、为期10年的宏大帝国经济发展计划包括建设一条新的跨撒哈拉沙漠的铁路，部分铁路将由强制劳动的犹太劳工建设；宪制计划则提出了建立帝国议会与帝国公民权的可能性。用夏尔－罗贝尔·阿热龙（Charles-Robert Ageron）的话说，帝国成了战败之耻的"补偿性神话"。[281]然而帝国的现实没有那么美好。意大利人对领土的要求只是靠着德国的配合才被压制，但很明显墨索里尼总有一天想要从法国那里获得重大的领土让步。在中南半岛，日本军方要求在越南北部部署军队和飞机的压力被证明不可能被拒绝，到1940年9月，当地已经有了6 000名日军士兵和5个空军基地，他们已开始稳步进行蚕食。[282]然而具有讽刺意味的是，1940年，对于法帝国完整性的主要威胁并非来自轴心国，而是来自前盟友英国。轴心国的诉求还有所克制，英国则毫无顾忌。

1940年6月，英国对其前盟友的政策还顾及对法国政府的期望，它期望法国或许还能利用帝国领地的飞机、部队和军舰继续与英国并肩作战。6月19日,英国的殖民地大臣劳埃德勋爵被派往波尔多,试图要法国承诺将在北非继续抵抗,并承诺法国地中海舰队将开往北非支援作战。法国人起初做了简单的承诺,但基本上食言了。[283]停战协议签订后,帝国领地也放弃了战斗。留给英国的只剩下被送到英国的少量法军和那个代理战争部长,夏尔·戴高乐。6月18日,他获准在伦敦进行广播,号召法国人继续战斗。10天后,戴高乐被丘吉尔政府承认为"战斗法国"的领袖。那些来到英国的法军战士却并不积极。1.1万名水兵中除了1 500人外,其他人都想返回法国;响应号召的陆军士兵也只有2 000人。尽管支持者寥寥,但英国人却决定要制造出还有一支法国盟军正在对抗维希新政权的假象(维希政府对戴高乐进行了缺席审判,以叛国罪判其死刑)。[284]

英国政府和维希当局的对抗就这样牵扯上了法国舰队的命运。英军参谋长会议不想让这支舰队落入德军之手,因为这将令地中海的海军力量平衡严重不利于英国。英国战时内阁有些不情愿地做出了决定——必须夺取这支舰队或先发制人将其摧毁。7月3日,英国皇家海军向法国海军发动了"弩炮"行动。约200艘法国船在英国港口被登船夺取,埃及亚历山大港内的法国军舰被解除了武装,西非港口达喀尔的一艘战列巡洋舰被鱼雷击中。在阿尔及利亚奥兰市附近的主要海军基地米尔斯克比尔,詹姆斯·萨默维尔将军率领的一支英军分舰队封锁了港口,向法军指挥官马塞尔-布鲁诺·让苏尔发出了最后通牒——要么自沉船只;要么开往英国、美国或者加勒比海的港口;要么打一仗,后果自负。让苏尔认为这只是虚张声势,拒绝答复。于是,等待了11个小时之后,英舰最终开火,击沉了战列舰"布列塔尼号",击毁了另2艘。7月6日,战列舰"敦刻尔克号"被一枚鱼雷击中,遭受重创。法国海军有1 297人战死,351人受伤。几天后,维希政府断绝了与英国的所有外交关系,并派出轰炸机空袭了直布罗陀的英国海军基地。[285]

英军对法军舰队的袭击震惊了法国人，但这只是英国针对法帝国的海军战略的一部分。海上封锁现在已扩展到了法国及法属非洲殖民地，切断了北非的贸易，减少了法国殖民地关键的粮食和燃油进口。阿尔及利亚的燃油进口跌到了战前水平的5%。维希法国的船只遭到英国军舰的攻击。这造成了当地的粮食危机，并招致了维希政府和法国殖民者对英国干预的仇恨。[286] 米尔斯克比尔之战后，达尔朗海军元帅一度想要组建意大利-法国联合舰队进攻亚历山大港，这一想法最后被墨索里尼否决。[287] 英国也向法国殖民地施压，要求其加入戴高乐这边。最初只有太平洋上的新赫布里底照办，但后来1940年又有加蓬、喀麦隆、乍得和塔希提加入进来，这样就把法帝国拆分为两个武装阵营。[288] 8月，英国人希望将塞内加尔拉入自由法国这边，它们在戴高乐的配合下发动了第二次作战，行动代号为"威吓"，向其首都达喀尔发动进攻，法国战列舰"黎塞留号"正驻泊此地，波兰和比利时的国家黄金储备也被藏在这里以保安全。结果却是一场惨败，维希法国守军顽强抵抗，参战的皇家海军军舰遭到重创。行动因此被推迟，但这让所有欧洲帝国看到，英国准备粗暴地将自己的战时利益强加到其他国家的殖民地上。秋季，有流言说法国准备单独媾和，或者将帝国领地交给一个针对英国的泛欧洲集团。丘吉尔对法国人大发雷霆，威胁说如果维希政权加入德国参战就要轰炸维希市。[289] 荷兰法西斯领袖安东·米塞特则在荷兰宣称，300年的英帝国主义才是欧洲的真正敌人，他呼吁南非的荷兰移民后裔重燃布尔战争。[290]

对于欧洲轴心国来说，英帝国仍然是它们在欧洲大陆和地中海南岸重建政治秩序的绊脚石，但它们并没有为了让英国战败或投降而采取什么战略协同。在法国的胜利突然打开了机会之门，却也暴露了它们先前对未来战略的考虑是多么单薄，但无论是罗马还是柏林都对共同制定这一战略不怎么热情。墨索里尼坚持自己打的是"平行的战争",和希特勒的不是一回事。他不情愿地接受了关于有节制地索取法国领土的要求,但否决了德国关于允许维希法国在北非保留防御力量以对付英国的决定,因为这些军队也能被用来对付意大利。[291] 两家对即将到来的新秩序的观点也不同。对墨索里尼来说最重要的是,让意大利建立一个现实的欧洲帝国,就像希特勒在这块大陆的整个北半部所做的那样,而不是局限于非洲和中东帝国。而希特勒则乐于见到墨索里尼在地中海发展势力范围,但他要求他的军队不要向意大利人泄露机密。1940年6月下旬,当墨索里尼表示将派出一支意大利远征军参加希特勒计划对英国发动的任何战役时,希特勒委婉却坚定地拒绝了他。反过来,墨索里尼也拒绝了希特勒关于用德军飞机轰炸苏伊士运河的主张。"显然,"齐亚诺在他的日记中写道,"我们对彼此和彼此可能性的信任并不太多!"[292] 1939年5月时德意之间的联盟被认为是"铁板一块",但其实这只不过个姿态而已。直到1941年春季,这两个盟国终于分道扬镳了。

希特勒和他的军队领袖们想要在1940年夏季结束西线战事的战略选项只剩下了两个:要么找到英国能接受的政治解决方案,要么找到能终结英国抵抗的军事手段。两条路都远非坦途,第一条路的问题在于不清楚英国的议和派是否真的有政治手段来达成妥协,第二条路则难在任何一种军事选项,从封锁到入侵,都不一定能成功。最后他尝试了所有的战略选项,希望有一项能奏效。自从6月18日丘吉尔发表了宣誓英国将孤军奋战的讲话后,政治解决看起来就不太可能了,但希特勒私下里还是不理解为什么英国人想要打下去。德国陆军参谋长弗朗茨·哈尔德记录了7月13日与希特勒的一次会晤:"元首满心疑问,为什么英国不想走和平的道路?"[293] 希特勒的迷惑源于英国传来的关于达成协议可能性的各种不同消息。而在这些背后,一系列中间人使得德国人在1940年一直认为英国有个有影响力的圈子能够促成和平谈判。戈培尔在他6月下旬的日记中提到，在英国"有两个派别：强大的主战派和议和派"；几天后他又发现"来自英国的和平传言更多了"。[294]

7月初，希特勒决定再向英国人做一次公开呼吁，澄清误解。就在计划向国会发表演讲的7月19日前几天，希特勒向他的幕僚们解释说，他不想被利用从而成为摧毁英帝国的工具，因为德国人为此流的血只会让美国人和日本人获利。[295] 历史学家们有理由对这一声明表示怀疑，但希特勒确实向丘吉尔表达了对大英帝国所取得的成就的仰慕之情。在20世纪30年代和战争期间，希特勒两次表达出英帝国是德国自己殖民地计划的榜样——德国的其他帝国主义者也是一样。[296] 对敌人英国的这种分裂态度也体现在7月19日最终发表出来的演讲中。希特勒先说帝国的毁灭"从来不是我所希望的，我甚至不想损害它"；之后便简明扼要地介绍了其原因："我看不到让争斗继续下去的理由。"[297] 他对戈培尔说，这次呼吁将是"简明扼要的提议"，不会有什么准确叙述，但这将是他的"最后一次提议"。[298] 丘吉尔对此拒绝响应。当英国内阁的外交顾问罗伯特·范西塔特（Robert Vansittart）问他为什么不答复时，丘吉尔说自己对希特勒没什么可说的，"这不是说话能解决的事"。[299] 几天后，哈利法克斯勋爵拒绝了希特勒的要求，希特勒不情愿地将此视为了"最后拒绝"。[300]

希特勒也预见到会被拒绝，虽然他显然更希望英国能来求和，哪怕保留英帝国与他的盟友意大利、日本甚至苏联的利益相违背。然而，甚至就在发表讲话之前，他重申了1939年11月发布的关于对英国进行海空封锁的指示，并要求为可能发动的入侵英国南部之战制订作战计划。1940年7月16日，德军发布了旨在登陆英国东南海岸的"海狮行动"进攻指示。进攻的先决条件是将英国皇家空军压制到

第一章　民族-帝国与全球危机，1931—1940

"对德军的航渡不再有值得一提的攻击能力"的水平。[301] 在此几天之前,他在和幕僚讨论时还第一次提出了针对英国抵抗问题的更激进的军事解决方案。为了探求英国坚决不妥协的原因,他开始怀疑英国人想要与苏联达成某种协议。发出和平提议两天后,希特勒会见了他的各军种总司令,并详细阐述了他对一场可能的战役的想法。"必须盯紧苏联,"他的空军副官记录道,"必须制订进攻苏联的计划,这是最高机密。"希特勒要来了关于苏芬战争的新闻纪录片,以便更真切地了解自己的假想敌。[302] 7月31日,他向他的军队指挥官们最终阐述了自己的战略性结论。既然英国不愿放弃,那就要为可能对苏联进行的先发制人的打击做好准备,以消除英国人对于挑起两线战争的任何指望。此时这还只是个预案,并非扩大战争的明确指示,但这体现了希特勒接下来的信念,击败英帝国的希望在东方。

这一决定常常被视为一年后德军与苏联红军展开大规模作战的根源,也是希特勒不再对入侵和压服英国感兴趣的明显迹象。但事实并非如此。德国高层更希望通过各种手段,无论是封锁、入侵还是政治手段,来让英国屈服,希特勒也不想让英国"从自己手里获得主动权",如他在7月21日对军队指挥官们所言的那样。[303] 关于转向苏联的提议,起初只是对于英国坚持抵抗的一种反应,而并不是真的想要这么做。希特勒在1940年夏季优先关注的仍然是英国的抵抗,而不是要从苏联啃下一块帝国来。英国和苏联两个战略选择其实是互补的,并非此即彼。然而,希特勒对苏联野心的顾虑也是有充分理由的。斯大林利用了德国与西方开战的机会,拿下了1939年8月条约的秘密条款中划给苏联的地盘。苏联已开始逐步染指德国东欧新帝国的势力范围。当丘吉尔在1940年6月将激进的社会主义政治家斯塔福德·克里普斯爵士派往莫斯科担任大使时(丘吉尔后来说这是"把疯子送到疯子国家去"),柏林便清楚地感觉到了英国和苏联想要达成和解的可能性。[304] 7月21日，希特勒对他的军事幕僚们说："不清楚英国发生了什么。"几天后，戈培尔说，需要几顿暴揍才能"让（英国）恢复理智"。[305]

德国针对英国的作战计划足够认真。尽管对苏联威胁顾虑重重，但德军还是花了近一年时间不停地在海上、空中与英国作战。1941年春战火还烧到了陆地上。如果希特勒这时只盯着苏联，就不会有这些大力投入。1940年夏，德国减少了地面武器的产量以将资源转投向飞机和舰船的生产上，德军高层也开始为两栖进攻准备方案和所必需的物资。计划工作周密而详尽，这也让人无法认为所谓入侵只是为了让英国放弃战斗而对其领导层施加的精神压力。然而，德国军队并不想打这样的一场仗，这会把创造适宜航渡环境的职责交给德国海军和空军，而这两个军种在战前并未打算进行大规模两栖战，或者远距离空中作战。德国海军在挪威战役中遭了严重损失，也没有足够数量的潜艇来对前来参战的英国海军造成重大威胁。德国空军保护登陆海运线和压制英国空中力量的能力对这样一场战争来说则重要得多。问题是，德国的航空兵机群虽然在1939年的波兰战役、1940年的斯堪的纳维亚战役和西欧战役中支援地面进攻时把自己的作用发挥到了极致，但没有远程独立作战的经验。转型大规模跨海作战和建设合适的机场都需要时间。最终，德国空军准备了一场与在波兰和法国的做法相似，只是规模更大的战役，他们将在进攻之前摧毁敌人的空中力量，削弱敌人的军事设施，为进攻部队撑起保护伞，抵挡敌人的海军力量，并为地面作战提供战术空中支援。[306]

双方都意识到空中力量是1940年夏季的关键因素。7月，英军参谋长会议认为"事情的关键在于制空权"。[307] 随后，夏末便爆发了战争中第一场大规模的空对空战役。两支空军的组织形式迥异，德国空军被编组成大型的航空队，每支航空队都同时拥有水平轰炸机、战斗机、俯冲轰炸机和侦察机；英国皇家空军则根据用途被分成多个独立的司令部——战斗机司令部、轰炸机司令部、海岸司令部——但没有支援陆海军作战所需的联合部队。德国空军驻法国的第 2 和第 3 航空队拥有德国空军的大部分航空力量，作战中队多达 77 个；驻挪威的第 5 航空队（6 个中队）规模小得多，他们将攻击英国东部和东北海岸的目标。8 月上旬，德军发动空中战役前夕，德国空军共有 878 架可用的梅塞施密特 Me109 单座战斗机、310 架梅塞施密特 Me110 双发战斗机、949 架可用的水平轰炸机和 280 架俯冲轰炸机。英国皇家空军在 8 月上旬有 715 架可用的战斗机（19 个中队装备休泼马林公司的"喷火"，29 个中队装备霍克公司的"飓风"），另有 424 架飞机在接到通知后一天内可用。轰炸机司令部则比德国同行小得多，1940 年 7 月时他们只有 667 架轰炸机，当年夏季其 85% 的出击架次攻击的都是德国境内目标，而非德军的空军基地、仓库和登陆舰船。[308] 但是英国皇家空军的后备战斗机飞行员却比德国空军的更多，而且在昼间空战阶段英国工厂造出了 2 091 架新的战斗机，德国工厂只造出了 988 架。战斗的关键因素在于战斗机之间的对决，这决定了英国南部上空的战斗结果。英国本土部队总司令艾伦·布鲁克（Alan Brooke）将军下达给皇家空军的命令很简单："不让敌人拿到制空权。"[309]

德军夺取制空权的战役始于零星战斗，而非全力一击。从 6 月底到 7 月，德军昼夜不停地出动由几架飞机组成的小机群进行试探性进攻，以此试探英军防御，并让飞行人员有机会适应英国的战场环境。但这些试探却未能发现英国战斗机司令部的组织样式，英军依靠复杂的通信网络对即将到来的空袭发出预警，并协调战斗机的作战响应。其核心要素是从 20 世纪 30 年代中期发展起来的雷达（无线电测向仪）。英军沿着从西边远处的康沃尔到苏格兰北部一线建立了雷达网，30 个雷达站被用于探测高空飞机，31 个被用于探测低空飞机；

另外还有 1 000 个观察点和 3 万名观察员组成的地面观察力量提供配合。雷达站和观察点通过电话网络与战斗机司令部总部以及数不清的战斗机基地联系到了一起,这样只需几分钟,警报就能发出,战斗机就能升空参战。虽然战斗机司令部司令休·道丁(Hugh Dowding)空军上将后来抱怨说这套系统总是给出"不准确、不完备的情报",但这些情报足以确保敌人的几乎每次空袭都会遭到某种力度的战斗机抵抗,而且时间不会被浪费在定点巡逻上。[310] 在超过一个月的准备和试探后,德国空军总司令戈林想要向英军战斗机司令部的目标发动一场全面进攻来试探皇家空军的抵抗能力,战斗以代号"鹰日"开始,他希望在 4 天后以摧毁英国空防告终。8 月 1 日,希特勒的司令部下达命令,发动旨在夺取制空权的战役,"鹰日"被定为 8 月 5 日。[311] 但战役的发起日期因恶劣天气被推迟了一个多星期。"鹰日"随后又被改为 8 月 13 日,可浓云迫使德军在战役开始时无法全力投入,而且当天英军没有一个战斗机司令部基地遭到攻击。这天,德军损失飞机 45 架,皇家空军仅损失 13 架。

这场战役后来被称为"不列颠战役",开局时的混乱一直延续了几个星期。"4 天打残皇家空军"的保证虽然以先前 1939 年和 1940 年的胜利为基础,但被证明是不可能实现的。在战役开局阶段的 3 个星期中,德军向皇家空军基地发动了 53 次空袭。在 8 月的最后 10 天里,由于天气改善,空袭强度越来越大。其中有 32 次空袭都指向战斗机基地,大部分轰炸的目标都是英国东南部的第 11 大队(只有 2 次例外),但只有 3 个基地一度失去过战斗力,都是靠近海岸的前方基地。英军的辅助机场使得飞机即便在主基地受损时也能起飞,而精心的伪装也保护了分散停放的飞机。雷达站在 8 月上旬一度遭到了轰炸,但德军这边并不觉得它们有多么重要,因此雷达网保持得相对完好。尽管广为流传的说法是胜败只在一线之间,丘吉尔关于战斗机司令部中"少数人"的演讲名句*更是对此大加渲染,但在 8 月最后一周到 9 月上旬这段时间里,战斗机司令部从未出现过实力显著下降或者飞行员人数不足的情况。到 9 月 6 日,英军战斗机司令部有 738 架飞机可用,而德军战斗机部队的平均可用飞机数量则下降到了 500 架。[312] 到这个阶段,德军的容克斯 Ju87 俯冲轰炸机和双发 Me110 实际上已经退出了战场,因为它们在高性能的单发战斗机面前太脆弱,无法被拿去冒险。双方的损失都很大。这是一场残酷而曲折的较量,但英国的防空力量正是为此而来。

德军也认为皇家空军"人数如此之少"。到 8 月下旬,德军情报部门认为英军有 18 个战斗机基地被摧毁,战斗机司令部最多只剩下约 300 架飞机。德国广播宣称"制空权"已经拿到。[313] 飞行员回报说看见了燃烧的建筑和被炸得坑坑洼洼的跑道,他们还常常大幅度夸大击落飞机的数量,德军的声明正是以他们的报告汇总而来。这就解释了德军为什么会在 8 月底将轰炸转向各种军事和经济目标,以在登陆战开始前削弱英国的防御能力。从空战前线传到希特勒司令部的消息显示,制空权已经在握。"英国的战斗机防卫力量已经大为削弱,"9 月 3 日的国防军最高统帅部官方日志写道,"这样一来,问题就成了英国还能不能继续打下去。"[314] 登陆前空中作战计划的最后阶段就是向伦敦发动一系列猛烈打击,在英国受到威胁最严重的时刻打击英国首都的士气。9 月 2 日,德国空军接到组织空袭伦敦的指示,3 天后,希特勒下令行动开始,他仍然希望关于已获得制空权的消息是正确的。9 月 5—6 日夜,炸弹落在了伦敦南到克罗伊登、北到恩菲尔德的 30 个区,轰炸的目标是军事、运输和通用设施。[315]

---

* 此处丘吉尔的名句指他在 1940 年 8 月 20 日的一场演讲中所说的"在人类战争史上,从未有如此之少的人为如此之多的人做出如此之大的贡献"。——译者注

一直有个传说，说希特勒在9月7日将空袭转向伦敦是为了报复英国皇家空军8月下旬对柏林的空袭，这一转变挽救了英军战斗机司令部。实际上，转向轰炸伦敦和其他军事、工业目标是依照登陆前计划进行的，而且炸弹早在一个多星期之前就落进伦敦了，包括9月5—6日的大规模空袭。[316]希特勒也可以利用这一转变的机会，来平息已经被英国皇家空军轰炸了4个月的德国西部地区民众的批评。在9月4日那次被广泛传播的演讲中，希特勒向德国公众保证，要把英国城市夷为平地，但这一声明只是虚张声势。按计划，对伦敦的毁灭性空袭在大约一周后会被入侵接续。希特勒将登陆日期定为9月15日，有利的潮汐和良好的天气要到那个时候才可能出现。9月3日，日期又被改为当月20—21日。戈林继续坚持认为皇家空军已经奄奄一息。他告诉戈培尔，对英国的战争将在3个星期内结束。[317]

英国已经为即将到来的入侵准备了数月，事实上，军政首脑预料到这一战将在法国战败后几个星期内到来，而且是一场灾难。7月，布鲁克发现，训练有素的人员和装备的短缺是"灾难性的"。英国陆军在敦刻尔克丢掉了88%的火炮和93%的车辆。[318]1940年6—8月，又有32.4万人被征召入伍，但他们来不及接受训练和装备。22个陆军师只有30万支第一次世界大战时代的步枪可用，只有一半的师能被视为对德军即将发动的机动作战做好了准备。[319]情况似乎是如此危急，以至于克里普斯被告知到达莫斯科后要争取向苏联购买飞机和坦克，但这个请求被苏联人婉言谢绝。[320]英国人实在没有办法确定入侵的准确时间，虽然历史学家们大多对德国人是否真的有意入侵充满怀疑，但英国人当然认为这必然会发生。根据英国国内情报报告，国民仍然在等候入侵，但不像初夏时那么忧虑了，关于空战的报道鼓舞了他们。和德国一样，英国的报道也大幅夸大了敌人遭受的损失。9月初，情报部发现公众的情绪似乎"格外高涨"，这不仅体现为醉鬼好像变少了。[321] 9月上旬，照相侦察和对德国空军"恩尼格玛"密电（或曰"超级机密"，1940年5月被首次破解）的破译显示，入侵已迫在眉睫。9月7日，英军发出密文"克伦威尔"，全军进入最高戒备，做好入侵在12小时内到来的准备。但这天什么都没有发生。接下来的周末，9月14—15日，由于有利的潮汐和月光而又被广泛认为是"入侵周末"。军人们都被命令要和衣而眠，做好警钟响起后立刻参加战斗的准备。[322]

很偶然地，希特勒在9月14日会见了他的各位总司令，评估"海狮行动"的前景。整个9月里，他收到了关于入侵可能性的各种不同信息。他的作战处长阿尔弗雷德·约德尔（Alfred Jodl）倾向于夏季提出的更间接的路线，"绕道苏联"。[323] 海军总司令埃里克·雷德尔（Erich Raeder）元帅起初支持入侵，但到9月又认为风险太高。戈林坚持认为他的空军已经跟上了时间表，达到了要求。希特勒明白，登陆必须一次成功，因为失败带来的政治失势会毁掉他这一年的成功，但按照他的空军副官的说法，希特勒直到9月14日仍然认为"成功的'海狮'是赢得对英胜利的最好方法"。[324] 主要问题在于空战。入侵始终要以获得制空权为前提。虽然戈林一再拍胸脯，但国防军最高统帅部还是在9月中旬意识到，英国的空中抵抗并未被打断；入侵的关键在于用空军掩护横跨海峡的部队免遭海上拦截，并为最初的滩头阵地提供空中支援。于是，希特勒决定9月17日重新进行情况评估，而到了那时，德国空军已在两天前对伦敦的昼间空袭中遭到沉重打击，进攻机群损失了几乎1/4，这一天也成了英国人的"不列颠战役日"。于是，"海狮行动"被再次推迟。10月12日，希特勒决定年内不发动"海狮行动"，次年春天如有必要再行恢复。

1940年，英帝国既没有崩溃也没有认输，但这一年成了欧洲帝国主义漫长历史中的转折点。在欧洲的战败和沦陷给其他那些宗主国——法国、比利时和荷兰——对遥远领地的统治带来了致命打击。而对于英帝国而言，危机则带来了关于未来前景的尴尬问题。尽管如此，英国政府却拒绝正面应对所面临的矛盾：既要重视帝国对于英国战争努力的价值，同时又要用武力压制印度对更大政治自主权的要求，并将埃及实质置于战时法律之下。最优先的当然是本土列岛的生存。英德双方谁都找不到瓦解彼此战争意愿的战略手段，也都无法取得决定性的军事胜利，但是拥有180个陆军师和大半个欧洲大陆资源的德国看上去几乎肯定能在1941年找到结束西线战争的途径，如果希特勒没有转向东线的话。反观英国人，他们完全没有打赢德国的办法。英国在挪威和法国被两次赶出欧洲，在非洲面临危机，在经济上也被大大削弱，只能拼死维护自己与更广大世界经济的联系，正面临着战略上的崩溃。法国陷落后，英国花了一年的时间打的战争正是其在20世纪30年代准备进行的那种战争——空中防御，在海上有一支强大的海军，以及在帝国领地进行规模较小的战争。这正是张伯伦准备进行的那种战争，而被迫打这一仗的却是丘吉尔。

1941年6月22日,"巴巴罗萨行动"开始后,苏联乌克兰某地,一队疲惫的德国士兵在路边休息。大部分德国士兵要靠步行或者骑自行车穿越苏联的乡村。

图片来源:World of Triss /Alamy。

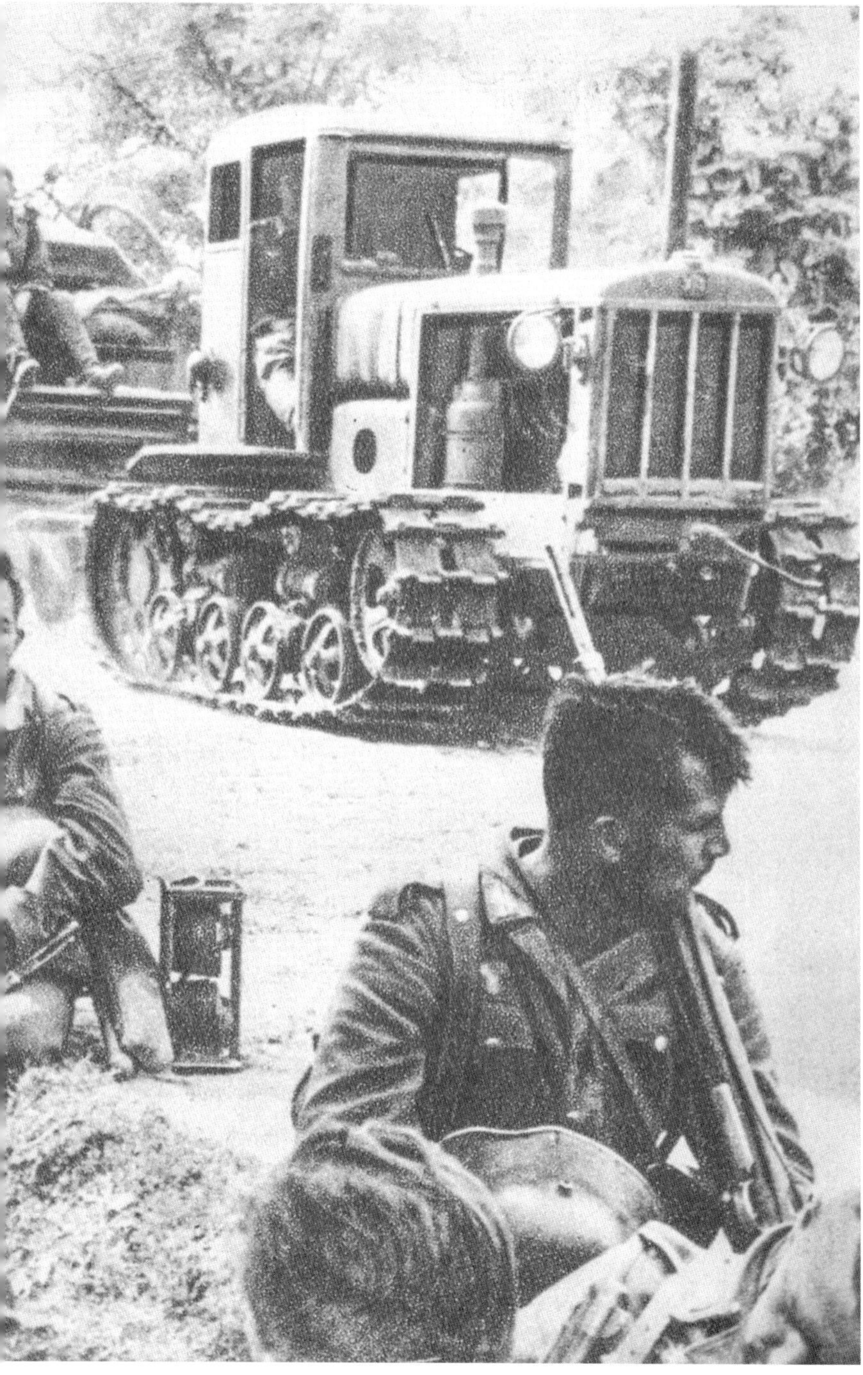

第二章

帝国的幻想与现实，1940—1943

> 德国、意大利和日本的政府认为，长期和平的先决条件是世界上的每个国家都应获得其应得的空间……它们的首要目标就是建立和维持新秩序……
>
> ——《德意日三国同盟条约》，1940年9月[1]

1940年9月27日下午1点，德国外交部长、意大利外交大臣与日本驻德国大使一同坐在帝国总理府礼堂里的一张镶金边的桌子旁，在一大群身着华丽制服的人的簇拥下，正式签署了三个帝国之间的条约，即《德意日三国同盟条约》。在大厅外，成群的学童手里挥舞着日本国旗和意大利国旗，虽然如意大利外交大臣齐亚诺伯爵所言："他们什么都不懂。"齐亚诺觉得大厅中的气氛比他预期的要冷淡，但他将此归因于柏林人因每晚都要在英国炸弹之下躲进防空洞过夜而变得情绪恶劣、健康状况不佳。[2]三人在文件上签了字，按日本人的要求，文档要用英文撰写以加快生效。签字后，宽大的大门处响起了三声响亮的敲门声。门开了，希特勒迈着夸张的步伐进来了，他静静地坐到桌子旁，等着三名签字人向《世界新闻报》发表事先准备好的讲

第二章 帝国的幻想与现实，1940—1943

话。在地球另一边的东京也举行了一场庆祝仪式，只是仪式没这么豪华。日本天皇一个星期前才刚刚批准了这项条约，这就解释了他们为什么要匆忙用英文起草条约以避免任何翻译错误。日本外相松冈洋右在一份同意书上签了字，他后来声称这是为了"建设而非破坏世界和平"。[3] 条约的有效期是10年。它要求三国在任何其他新势力加入针对它们的战争时要相互提供军事支援——这个威胁直白地说针对的就是美国。但除此之外，这一条约还将旧大陆在三个帝国强国间做了瓜分：德国得到欧洲大陆，意大利得到地中海南部与非洲，日本得到东亚。每个国家都要在自己的地盘上巩固和发展"新秩序"。地缘政治学家们公开表示，这一刻意味着三个强国已经足够自信，足以宣称由英法帝国主导了几个世纪的旧帝国秩序已最终灭亡。

英国问题

虽然政治新秩序的大宣言已出，但英帝国拒不认输，这一问题仍悬而未决。"英国问题"让双方都举步维艰：对轴心国来说，无论英国看上去多么不堪一击，它都是巩固新秩序的障碍；而对英国来说，问题在于怎样才能阻止这种野心，而又不至于让自己的资源不堪重负，也不冒进一步失败甚至失去帝国的风险。

德军推迟了"海狮行动"，这显示德国结束对英战争的计划中仍然存在着不确定性。希特勒的军政领导层看中了两条道路：首先，建立"大陆集团"，让英国相信除了和解别无其他政治选择；其次，采取外围战略，在地中海以军事手段消灭英国势力——为了防卫本土，当地的英军已被削弱。第一条道路在法国战败后就已开始，当时人们就意识到柏林现在能够主导欧洲经济了。德国经济学家和官员们开始谈论一个包括了整个欧洲而不仅仅是东部欧洲的"大经济区"；他们启动了一套计划，旨在整合市场，建立基于帝国马克的货币流通区，建立共同货币结算体系，以及让德国经济渗透进欧洲的工业和银行业。[4] 德国人要重构经济体系，让柏林成为欧洲的金融和商业首都，这是为了挑战伦敦城先前享有的主导地位。这是从政治上孤立英国的先行步骤，反映了战前关于经济领域全球新秩序的想法，这一想法也受到了日本领导层的欢迎。如果可能的话，"大陆集团"的方案需要把维希法国和佛朗哥的西班牙也拉入轴心国阵营，同时还要巩固由《苏德互不侵犯条约》建立起来的与苏联的关系。英国直到秋季还没有认输，这让打造"一个强大而有效的反英联盟"的想法一度吸引了希特勒。[5]

1940 年 10 月下旬，希特勒踏上了一段对他而言不同寻常的行程。他平时都是在柏林等着欧洲政治家们前来拜访，但这一次，他登上了元首列车，外出参加了一连串峰会，先是会见佛朗哥将军，接着是贝当元帅，最后是他的独裁者同僚墨索里尼。此行的目的是试探关于"大陆集团"和在地中海打击英帝国的想法能否被接受。尚不清楚希特勒是否期待此行能有什么重大成果，但是国防军最高统帅部在一段时间以来一直主张，打击英国的更好办法是占领直布罗陀，利用非洲的空军基地威胁英国航运，并夺取苏伊士运河，德国空军与海军总司令也支持这一主张，因为这不仅能切断英国与其亚洲帝国的联系，也能打开通往中东原油产区的道路。军事计划人员已经拿出了一份"费利克斯行动"的指导意见，目标直指直布罗陀。墨索里尼此时在埃及周围也驻有大军，但整个方案的成败取决于能否与西班牙、法国和意大利达成孤立英国并协同作战的政治共识。但这一倡议因涉及了帝国领地问题，所以注定要失败。佛朗哥给配合行动开出的价码是从法国手里分到一块非洲帝国和其他各种补偿，但即便如此，他也不确定是否会真的加入战争。当他们 10 月 23 日在法西交界的昂代伊

（Hendaye）会面时，希特勒很快就明白他从这位大元帅那里什么都得不到；拿法国的非洲帝国出来做交易，只会得罪法国，让"国家集团"彻底成为空中楼阁。10月24日，在蒙图瓦尔（Montoire），贝当也和佛朗哥一样不情愿，担心西班牙人和意大利人对法国领土产生威胁；28日，在佛罗伦萨的会面中，墨索里尼同样坚决反对任何需要接受法帝国现状或者向西班牙让步的"国家集团"。[6] 同日，他在没有事先告知希特勒的情况下下令入侵希腊，这象征着对任何政治协同想法的拒绝。

反英联盟的唯一前景便只剩下了苏联，苏联已经在夏初与墨索里尼单独达成谅解。[7] 11月10日，苏联外交人民委员维亚切斯拉夫·莫洛托夫来到柏林，希望扩大一年前达成的瓜分波兰的共识。冯·里宾特洛甫希望自己能在先前成功协商的基础上，进一步劝苏联人相信适宜他们的势力范围是在亚洲和中东的英帝国领地，英国现在正承受着政治压力，而且可能很快就会失去苏伊士运河这条生命线。有人说能够说服斯大林加入针对英国的《德意日三国同盟条约》，但当冯·里宾特洛甫拿出这个主意时，莫洛托夫却说这要德国做出重大让步才有可能。冯·里宾特洛甫后来回忆称，希特勒对这一方法持保留意见，他更倾向于将进一步讨好斯大林视为"巨大的危险"。[8] 当弄清楚莫洛托夫和斯大林首要考虑的是将苏联利益向东南欧和土耳其扩展，让苏联势力进入德国和意大利的利益区时，政治解决的可能性没有了。结论就很明白了，泛欧联盟的假想成员国无一有兴趣与英帝国作战，只有意大利除外。三天的会议之后，希特勒进一步坚定了他关于进攻苏联与最终击败英国密切相关的观点，其实在他于西班牙和法国遭遇政治失败后，他就已经坚定了他的这一观点。在离开蒙图瓦尔的火车上，希特勒对他的国防军最高统帅部幕僚们说，除了在1941年夏季击败苏联以确保随后能打败英国之外，已没有其他现实的选择。希特勒对外交局促不安，对武力则越发充满信心。[9]

到秋季，德国人的战略进入了某种死胡同。封锁的指示仍然有效，而且在 1940 年 8 月 1 日空战打响前又被重申了一次，现在，海空封锁自然而然地成了向敌人直接施压的主要手段。此举的目的在于向英国的粮食和原材料供应发动一定烈度的经济战，以耗竭英国的战争经济，并瓦解英国民众继续打下去的意愿。9 月 16 日，戈林指示空军转入夜间轰炸模式，轰炸目标是港口设施、粮库与油库、仓储设施和食品加工设施，以及关键的公共设施；从 11 月起德军还获准攻击英国的航空工业，尤其是航空发动机工厂。针对英国航运的海上战役自从战争爆发时就已开始，此时希特勒下令加强这一作战。两个军种之间几乎没有协同，这大部分是由于戈林不愿拿出德国飞机参加海上战事，海军只能尽量利用手头仅有的几架飞机作为水面舰艇和潜艇的补充。从 1940 年 8 月到 1941 年 6 月，德军飞机在英国海岸线周围投下了 5 704 枚水雷，少量几架远程福克-乌尔夫 200 "秃鹰"飞机则在 1940 年 6 月之后的一年内击沉了 119 艘商船，被击沉船只总吨位达 34.5 万吨。海上封锁被寄予了更大的期望。德军计划平均每月击沉 75 万吨位商船，而英国的商船总吨位是 2 200 万吨，这种损失率预计将能迫使英国政府放弃战争。[10]

海上封锁远不止于让潜艇部队从新占领的法国大西洋沿岸基地出发，在整个大西洋航道作战。德国海军知道自己在主力舰方面的弱点，因而利用各种改装过的武装商船（"幽灵船"）和私人拥有的军舰实施"打了就跑"战术。事实证明，英国皇家海军很难在辽阔的大洋上追踪这些德舰。到 1941 年结束时，"幽灵船"击沉了 50 万吨位的船只；"舍尔号""希佩尔号""沙恩霍斯特号""格奈森瑙号"几艘舰又另外击沉了 26.5 万吨位船只。[11] 1941 年 5 月下水的新型战列舰"俾斯麦号"在处女航中击沉了英国战列巡洋舰"胡德号"，但几天后自己就被击沉了，未能造成更大破坏。然而，封锁战的关键力量却是德国潜艇（被称为U艇）。德国指挥官卡尔·邓尼茨将军手中可供调遣的潜艇相对较少。虽然1941年上半年德军拥有近200艘潜艇，但任一时刻能在海上作战的潜艇平均只有22艘，1941年1月时甚至只有8艘。[12] 尽管如此，一旦法国西部的基地落成，它们就能让敌人付出越来越高昂的代价。秋季，邓尼茨命令他的潜艇组成所谓的"狼群"进行作战。由于英国南部海岸的航运受到空中威胁，其跨大西洋贸易便转向了西部和西北海岸。德国U艇便集中在了这些北方航线上。从9月起，德国潜艇兵们享受了一段他们所称的"欢乐时光"。1940年10月，他们击沉了35万吨位的船只，到1941年4月更是达到了68.7万吨位的峰值。[13]

英国政府早就预计到会再打一场潜艇战，但没有料到1940年夏季之后需要面对的结果，当时德国控制了欧洲北部的大多数沿海地带。尽管航运在战争一开始就转为护航体制（沿岸航运从1939年9月6日开始，越洋航运两天后开始），然而1940年秋季的入侵威胁却令许多小型护航舰艇不得不留下来保卫英国东南海岸。10月，入侵威胁解除后，护航舰的数量才得以增加，水兵们才得以接受船队护卫和反潜战方面的训练，更多的飞机也加入了护航战。冬季，英国皇家空军海岸司令部的飞机，包括远程"桑德兰"大型水上飞机，将德军潜艇逼出了英国近海和北方航线，将其逼退到大西洋深处。新技术的应用也有助于提升护航舰和飞机的战斗力：大功率探照灯的运用，以及短波雷达（机载型被称为ASV Mk I和Mk II，护航舰上的被称为286雷达）和改进型深水炸弹的装备。[14] 从1941年2月起，英军重新组织了反潜防御，在利物浦建立了统一负责整个反潜作战的西方航线司令部，护航舰艇和航空兵力量都得到增强，但其关键策略则是在海军情报部门的协助下，让船队尽可能避开潜艇。在1940—1941年，护航船队的损失一直不算高；在北大西洋主要航线上航行的 8 722 艘船损失了 256 艘，有些毁于潜艇，有些毁于常规海上作战。单独航行的船只或者拖船都是常见目标，但找到一支护航船队并打破其编队却是个令人生畏的任务。[15]

然而，在所有海域的总损失给英国的战争机器带来了实实在在的危险。进口量锐减，进口品种还受到了严格管控（1940 年 11 月香蕉贸易被暂停）。1941 年 3 月，丘吉尔将海上战事称为"大西洋战役"，这和"不列颠战役"一样，成了英国战争记忆中的标志性阶段。丘吉尔亲自就任大西洋战役临时委员会主席，该委员会负责提升港口的吞吐速度，加快商船维修，以及进一步管控进口。他们为了生产更多的护航舰而竭尽全力。这一切的总体成效便是到 1941 年夏季时降低了 U 艇的作战半径，并导致 U 艇的损失日益增加。3 月，3 名 U 艇"王牌"艇长在进攻有强大护航的船队时阵亡；5 月，另一名"王牌"艇长奥托·克雷奇默连同艇上的德国海军版"恩尼格玛"密码机一同被俘，使得布莱奇利庄园从当年夏季开始就能常常破译德国海军的密电。1941 年 1—5 月，U 艇接触到了英国所有船队的 23%，6—8 月这一比例下降到了 4%。[16] 经过一年的努力，英国航运的损失被证明远不足以影响英国进行战争的能力或意愿。

这一结论同样适用于 1940 年 9 月到 1941 年 6 月德军以英国港口和贸易为主要攻击对象的空中战争。这些轰炸很快被英国人称为"闪电战"，虽然在英国人的记忆中德国的轰炸都是无差别的恐怖轰炸，但希特勒在被幕僚问及此事时曾两次坚持说自己不想制造恐怖，但他保留以此报复英国皇家空军轰炸的权利，而英军在秋冬季节的不精准的轰炸却被德国解读为蓄意的无差别轰炸。[17] 为期 9 个月的轰炸战役的主要目标是英国的港口城市，包括伦敦和内河港口曼彻斯特。在 171 次大规模空袭中，141 次的目标是港口及其仓储和加工设施，这些目标挨了86%的燃烧弹和85%的高爆弹。[18] 德国领导层希望频繁的夜间轰炸也能打击英国民众的士气，引发社会和政治层面的抗议，从而加剧英国政府对粮食和贸易的担忧。11月，德军被命令攻击英国的飞机制造业，其中包括11月14—15日夜间对考文垂的轰炸（"月光奏鸣曲行动"），这座城市的大半个市中心被夷为平地，但轰炸的目标是城中的30家航空发动机和飞机零部件工厂，有些工厂确实遭到了重创。当月下旬，伯明翰再次遭到空袭。但是从1940年12月到1941年6月，轰炸的优先目标仍然是港区和贸易类目标，虽然有些城市，包括格拉斯哥、贝尔法斯特和布里斯托尔也有一些航空工业目标。1941年2月6日，希特勒确认同意这一优先安排，并再次强调攻击军事－经济目标而非居民区的重要性。[19]

这9个月的封锁战役是德国领导层在战争期间发动的众多战役中的一个特例。这是一种基于不确定消耗率的战略，而非基于一场决定性会战的战略。他们没有对英国经济对海外供应的依赖程度进行认真评估，从战果报告中也几乎不可能准确了解轰炸行动对经济的影响。对于飞行人员和空军指挥官们而言，随着他们遭受了沉重的损失但又未能获得明显的战略优势，这也就成了一场漫长而越发令人沮丧的战役。和不列颠战役一样，德军通过夸大战果来为战役辩护，但未能让英国走向屈服。希特勒对靠轰炸赢得胜利失去了兴趣，1940年12月，他怀疑对英国工业的打击不够充分；两个月后他又怀疑对英国士气的打击也不够充分。这一次，他的判断是准确的。轰炸当然会给遭到轰炸的民众带来广泛而短暂的危机，但不会影响政府的行为。封锁对英国贸易和产出的影响最多也只能算是轻微。德国空军情报部门估算，英国1941年的飞机产量在遭到明显打击后只能达到7 200架，但实际产量是20 094架。[20] 英国在1941年后期的统计显示，轰炸只让英国损失了产值增量的约5%。[21]

实际上，给英国经济前景带来很大损害的是其外汇资源的耗竭，这是由于英国在1939—1940年进行的过度经济动员。到1940年12月，英国用掉的战前黄金和美元储备超过一半，剩余部分只够用到1941年3月，那时英国与作为关键物资进口来源地的美元区之间的贸易就会崩溃。英镑区内部也出现了巨大的贸易失衡，到战争结束时贸易逆差已达33.55亿英镑，不过这种逆差在战争期间可以稳定。[22]对新大陆物资供应的依赖是关键性的，1940年12月，丘吉尔私下里请求罗斯福总统做些什么以阻止经济灾难的发生。虽然美国领导层还是怀疑英国的支付能力是否真的已经耗尽，但罗斯福还是在12月下旬的一次演讲中将他的政府宣传为"民主世界的军工厂"，并在次月向国会提交了后来所谓的《租借法案》，承诺送往英帝国的货物无须现款支付。在1941年3月11日法案生效成为法律之前，美国重建金融公司[*]拿出了4.25亿美元应急贷款以免英国失去购买能力。"没有这些援助，"丘吉尔私下里写道，"打败希特勒主义就毫无希望。"[23]

德军对英国本土列岛的军事行动最后还是持续了下去，但这仅仅是因为放弃就意味着认输。放弃"闪电战"将会向占领区和美国传达出有希望打败德国的信息，也无法得到德国西部那些只要夜里天气合适就会遭到英国皇家空军空袭的德国民众的理解。而且，即便是不成功的进攻也会带来一些好处。在西线持续作战是为了缓解莫斯科的担忧，斯大林一直认定希特勒不会冒着两线作战的风险进攻东线，直至1941年6月德军入侵苏联。不仅如此，英国军队也不得不将大量部队留在本土，以应对其政府几乎认定的即将到来的春季入侵。"对这个国家的入侵在所难免，"英国下议院议员哈罗德·尼科尔森看到平民撤离肯特地区后，在2月的日记中写道，"我们都这么说而且这

---

[*] 重建金融公司是美国政府为了应对20世纪30年代经济危机而成立的金融机构。——译者注

么想。"[24] 这样的直接后果便是，英军无法向帝国领地提供充足的增援，这一危机为希特勒的盟友意大利打开了机会之门，当时意大利正在地中海和非洲与一个被削弱的对手进行"平行战争"。

1940年夏秋季节，有利的前景确实大大鼓舞了意大利人的野心，德军很可能打赢英国，而利用欧洲北部战事有利条件获益的机会或许持续不了多久了。《德意日三国同盟条约》的签署让意大利领导人有了一种新的感觉——意大利现在是个强国了，能获邀参加对世界的重新瓜分——但它还需要一个坚实的证据来证明自己地位的提升是理所应当的。意大利记者奥里奥·韦尔加尼发现，墨索里尼"想要带着一场完全属于意大利人的胜利来到议定和平的谈判桌旁"。[25] 法国战败后，意大利人对于法国的领土、殖民地和军事资源提出的夸张声索被德国领导层拒绝，这引发了对盟友德国的越来越深的敌意以及严重的担忧：在任何欧洲新秩序中，意大利会不会只是德国胜利前夕一个"幸运的捡便宜者"或者"温顺的跟随者"？[26] 这带来了一个自相矛盾的结果，1940年9月三个条约签署国中最弱小的意大利，反而第一个实施了进一步的帝国扩张计划。

意大利已经制订了许多基本上不切实际的预案——入侵马耳他，占领法国的帝国领地，进攻亚丁、埃及或者苏伊士，入侵瑞士、法国的罗讷河谷、南斯拉夫，或者执行G方案，入侵希腊。至于意大利这些预案的主要制订标准，奎里诺·阿尔梅利尼将军在日记中坦陈，就是行动："我们一开始要先加入战争，然后才能看到会发生些什么。"[27] 墨索里尼面临着艰难的抉择，要么继续在非洲与原来的敌人英国作战，要么在南欧开战以阻止盟友德国的潜在敌意。历史学家们正确地指出，意大利的战略规划带有很强的个人色彩，而墨索里尼非理性的军事野心（尽管他可能也犹豫过）以意大利的实力是远远实现不了的。结果这位意大利独裁者陷入了自己制造的困境中。从意大利新兴帝国主义的野心来看，不采取行动似乎和采取行动同样危险。墨索里尼还可以声称，自从开始实施积极的帝国主义政策以来，他一直是胜利者——在残酷镇压利比亚时，在埃塞俄比亚、西班牙、阿尔巴尼亚甚至在对法国的短暂而不光彩的进攻中都是如此。用一位观察者的话来说，这已经足以证明"他不可战胜"。[28] 这都是些看似宏伟的幻觉，他的指挥官们谁也没有勇气去揭穿。

意大利对英帝国开战的最初几个月，墨索里尼保持了他的好运气。与意大利新的非洲帝国领地埃塞俄比亚接壤的英国保护国索马里兰（Somaliland）几乎没有设防。1940年8月，一支由意大利士兵和当地原住民部队混编而成的军队进攻了索马里兰的英国守军，迫使其跨过红海撤退到另一个英国保护国亚丁（今也门）。英国殖民地部队损失了206人，意大利则损失了2 052人。在海上，英国皇家海军和意大利海军都想要保存实力，它们的首要任务都是保护船队穿越地中海。7月9日，两军舰队在斯蒂洛角的卡拉布里亚外海打了一场无关紧要的仗，意大利军队拙劣的空中侦察挽救了英国舰船，意大利轰炸机来得太晚，还攻击了己方的船只。虽然双方都没遭到大的损失，但墨索里尼在几天后向意大利公众宣称，英军在地中海50%的海军力量已被消灭。[29] 在北非，墨索里尼迫不及待地向埃及发动了进攻，其终极目标是斩断英帝国的生命线苏伊士运河。意大利军队指挥官鲁道夫·格拉齐亚尼元帅不愿意冒险在沙漠环境中发动全军尽出的进攻，沙漠会让补给线和性能不佳的运输车辆面临严重威胁。墨索里尼向他保证说，向埃及的推进要等到第一名德国士兵踏足英国土地时再开始，但是随着"海狮行动"的长时间推迟，墨索里尼开始迫不及待要发动随便一场能够被视为胜利的进攻了。9月13日，格拉齐亚尼最终屈服于来自罗马的压力，驱使着7个步兵师越过利比亚边境，向80千米外埃及西部沙漠中的小定居点西迪拜拉尼（Sidi Barrâni）前进，他在那里停了下来，建立了庞大而完备的营地。英国殖民地部队退守到一处更易于防守的阵地，在随后的激战中，120名意大利士兵和50名英国殖民地部队的士兵死亡。这一次，墨索里尼向意大利人民宣布，这是意军300年来最大的胜利。他们立即在沙漠中修筑了一条通往西迪拜拉尼的道路——"胜利之路"。[30]

墨索里尼觉得殖民地战争不足以让意大利在安排欧洲时赢得与德国平起平坐的地位。在欧洲大陆采取主动仍然是强化"平行战争"概念的更可靠保障。8—9月，墨索里尼越来越倾向于与南斯拉夫或希腊开战，尽管他明知这两个选项都已被德国领导层在8月中旬的德意会谈中否决了。与南斯拉夫的战争被认为与德国对波兰开战相同——都是对过往的纠正——意大利对于亚得里亚海对岸领土的要求在1918年的和约中被拒绝。意大利军队制订了以37个师的进攻部队通过斯洛文尼亚入侵的计划，但是由于不确定德国的反应，墨索里尼在9月下旬取消了作战准备。[31] 与希腊开战便成了仅存的选择，对意大利在轴心国主导的欧洲中地位的悲观估计，要用牺牲希腊的独立来补上。阿尔巴尼亚的意大利军队司令塞巴斯蒂亚诺·维斯孔蒂·普拉斯卡（Sebastiano Visconti Prasca）认为希腊唾手可得，一场"轻易取得的军事胜利"将会提升自己的军事声望。齐亚诺伯爵看到了将自己的殖民辖区从阿尔巴尼亚扩张到希腊领土的机会；意大利爱琴海岛屿总督切萨雷·德·韦基（Cesare De Vecchi）也一心想要通过征服希腊而在爱琴海东部岛屿和阿尔巴尼亚两处帝国领地间建立陆上桥梁。为了促成意大利-希腊关系的断绝，德·韦基甚至派出一艘意大利潜艇从罗得岛出发，在1940年8月15日用鱼雷攻击了老旧的希腊巡洋舰"赫利号"。尽管遇到了种种挑衅，但希腊的军政领导人还是一致想要安抚他们好战的邻居，事实上人们还不确定墨索里尼是否真的会发动战争。[32]

10月12日，德军为了保护普洛耶什蒂油田而开进罗马尼亚的消息传来，墨索里尼的犹豫不决迎来了转折点。德军染指被意大利领导层视为自己的"政治-经济势力范围"的南欧，这必须予以回应。在10月15日的法西斯党领导人会议上，墨索里尼宣布，与希腊的战争将在11天后开始。恶劣的天气将开始日期推迟到了10月28日。墨索里尼警告普拉斯卡，胜利的首要因素是行动的速度。他不打算提前知会希特勒："他将从报纸上看到我已经占领了希腊。"[33] 拖到这么晚才做出最后决定，这让意大利军队的准备工作完全成了一团乱麻，如一名旁观者所言，这都要怪墨索里尼"改不掉的随心所欲"。[34] 规模有限的军队集结已经开始，但是自从南斯拉夫作战计划被取消之后，墨索里尼已经命令意大利本土110万军队中的一半人复员回家了。希腊战役的最初计划是只出动8个师，向伊庇鲁斯省和伊奥尼亚群岛发动有限进攻；10月中旬，当意大利一半的师已经复员时，墨索里尼又决定将进攻部队增加到20个师，打一场夺取整个希腊的战役，这可能还需要保加利亚人配合。那些来到阿尔巴尼亚的师普遍缺乏装备、人员和补给，而当地糟糕的机场意味着许多参加战役的意大利飞机要从意大利南部的基地起飞参战。关于希腊军事潜力和布防的情报不足，这又使情况雪上加霜。进攻开始时将只有6万人的部队、270架飞机和160辆L/3轻型坦克，这些部队将在寒冬中在最不利的地形上作战。[35]

希腊明白自己面对的威胁，驻扎在阿尔巴尼亚边境的希腊部队启动了1B动员计划，如果保加利亚与意大利配合进攻，那么色雷斯的部队也要被动员。情报显示，10月时主要威胁将来自阿尔巴尼亚的意军，于是他们在意军必经的山区构筑了带有火炮和机枪隐蔽火力点的堑壕防御阵地。10月28日早晨，意军不宣而战，发动了进攻，刚刚来得及让墨索里尼在希特勒到达佛罗伦萨会面时告诉他意大利军队再一次胜利进军。可想而知，此战成了一场灾难。希腊军队几乎没有现代化的武器和飞机，补给也不足，但他们具有保卫祖国的高昂士气，而且对交战地区十分熟悉。意大利部队立刻就遭受了沉重的损失。由于无线电和电话通信极其糟糕，意军不得不依赖传统的通信兵。("没有一个顶用的电话员。"战役指挥官在12月抱怨道。)军队每天需要1万吨补给，但阿尔巴尼亚小而拥挤的港口设施意味着只能送上去3 500吨。[36] 由于天气恶劣，飞机只能偶尔被使用，而且从意大利南部起飞支援地面部队的飞机飞行距离太远，无法应对地面上的任何危局。仅仅几天，希腊军队就在意大利的战线上撕开了一个大口子。

11月中旬，希腊总司令亚历山德罗斯·帕帕戈斯（Alexandros Papagos）发动反击，希腊军队一举攻入阿尔巴尼亚境内80千米。11月22日，阿尔巴尼亚的科尔察镇（Koritsa）被攻占。整个希腊响起了庆祝的钟声，雅典的一名美国记者发现，这是自从开战以来盟军的第一场胜利。在希腊首都，兴高采烈的希腊人高呼："我们要地拉那！"[37] 墨索里尼的"闪电战"却把意大利的欧洲帝国带到了崩溃的边缘。意大利军队未能迅速向雅典胜利进军，反而不得不召回成千上万的军人，而这仅仅是为了挽救阿尔巴尼亚。1940年11月到1941年4月间，意军又向希腊战争投入了21个师，总共投入超过50万人，还有8.7万头骡马以及1.6万辆车辆。[38] 1941年3月，双方都已筋疲力尽，意大利撤换了指挥官，随即发动大规模进攻，但进攻只持续了4天就被迫停了下来。具有讽刺意味的是，这让人想起了第一次世界大战中墨索里尼曾在残酷的阿尔卑斯山前线作战，当时意军损失惨重。意军在战役中的总伤亡人数达到154 172人（包括13 755人战死），这些装备不良、食物和医疗补给都不足的军人被驱使着在零度以下的气温中作战，伤亡达到约1/4。希腊军队伤亡约6万人，其中

1.4万人战死,数千人冻伤,他们肿胀发黑的四肢在希腊高山上简陋的野战医院中被截掉。[39]

在希腊的惨败给意大利其他海外帝国领地造成了严重的危局,因为疯狂增援阿尔巴尼亚,埃及的格拉齐亚尼和埃塞俄比亚的意军都失去了获得增援的任何可能,意大利海军也被跨亚得里亚海的大规模补给支援任务牵制。英国皇家海军立刻利用了意大利这次优先方向的变化。1940年11月12日,得到穿过苏伊士运河到来的航空母舰"光辉号"增援的坎宁安将军的东地中海舰队,在护送一支船队从马耳他前往亚历山大港途中,出动挂载了照明弹、炸弹和鱼雷等多种武器的费尔雷"剑鱼"双翼机向意大利海军主港塔兰托发动了毁灭性攻击。这次行动受益于意大利空军糟糕的空对海搜索能力,但最大的功臣则是英国新型航空鱼雷带来的战术优势,这些鱼雷能够从港口的防雷网下方穿过(此时防雷网尚未布设完全),然后利用新型磁性引信在猝不及防的敌舰龙骨下方爆炸。意军未能组织起有效的防空炮火。在先导机投下的照明弹的指引下,英军向港口发动了两轮鱼雷攻击。战列舰"加富尔伯爵号"遭到致命打击后沉没,另两艘战列舰"卡约·杜伊利奥号"与"利托里奥号"也遭到重创,不过可以修复。[40]虽然此战造成的破坏并不如英国皇家海军起先认为的那般全面,但意大利主力舰队还是匆匆撤回到那不勒斯。几个月后的1941年3月28日,在希腊马塔潘角外海,英军亚历山大港舰队击沉了意大利主力舰队的3艘巡洋舰和2艘驱逐舰,击毁了战列舰"维托里奥·维内托号",意大利海军于是决定不允许意军战列舰驶出战斗机的保护范围,意大利主力舰队带来的威胁至此戛然而止。[41]

意大利5年前征服埃塞俄比亚后才刚刚建成的非洲帝国,在希腊灾难仅仅几个月后就开始崩塌。虽然中东和非洲的英国军队也由于人力和军事资源被本土防御占用而受到削弱,但他们的组织比意大利军队更好，技术上也更先进。和墨索里尼一样，丘吉尔也急于在某处赢得一场胜利，他催促开罗的英军总司令阿奇博尔德·韦弗尔（Archibald Wavell）将军对格拉齐亚尼入侵埃及做出回应。虽然非洲英军在数量上处于绝对劣势（意大利在利比亚和东非有29.85万名意大利军人和22.84万名原住民士兵，英国总共只有6万人的殖民地部队），但韦弗尔还是准备利用意大利被希腊牵制的时机发动一场反击。12月9日，英军发动"罗盘行动"，第7装甲师、一个印度师和正在缓慢组建的澳大利亚师部分单位的总共3万名官兵，穿过沙漠向前推进。英国殖民地部队沿两条轴线快速运动，突破意军的静止防线，从后方发动进攻。伊塔洛·加里波第（Italo Gariboldi）将军的意大利第10集团军的前线部队立刻被惊恐困扰。意大利军队装备不足，几乎没有反坦克武器，也没有装甲战经验，他们的抵抗迅速瓦解。1941年1月4日，英国殖民地部队攻抵巴迪亚（Bardia），4.5万意军投降；1月23日，图卜鲁格（Tobruk）被攻陷，2.2万人被俘。英军第7装甲师在沙漠中穿插，在贝达富姆堵住了撤退中的意军，2月7日，战役结束，大半个利比亚东部连同13.3万名俘虏、1290门火炮、400辆坦克和数以千计的车辆落入英军之手。只有8500名意军士兵杀出一条血路来到暂时安全的利比亚西部。在整整两个月的战役中，英帝国只死了500人。韦弗尔原本可以攻打轴心国在北非的最后一个港口的黎波里，终结意大利在沙漠中继续抵抗的一切念想，但是他还承受着来自其他战区的资源需求压力。[42] 他的下一个目标是意属东非。当地的意大利总督、奥斯塔公爵萨伏伊的阿马迪奥面临着一项不可能完成的任务。英国的海上封锁切断了他的所有补给，他还要面对埃塞俄比亚人民的频频起义，以及缺乏车辆、燃油和弹药（大部分弹药还是1918年的），他所能指望的只剩下死守。颠覆意大利帝国只需要5个英国殖民地师——2个印度师从苏丹进攻，1个南非师和

2个英国非洲殖民地师从肯尼亚进攻。战役从1941年1月21日开始,到4月6日便以亚的斯亚贝巴被攻陷而彻底结束。5月,埃塞俄比亚皇帝海尔·塞拉西在英国的监督下恢复皇位。仅仅几个星期,意大利的整个非洲帝国就完蛋了。

在非洲和希腊的失败并没有让意大利退出战争,但暴露了这个法西斯政权是多么失败,它没能发展出现代化的军事机器,也没有可以让帝国野心与手中资源相匹配的指挥和控制体制。虽然近来有很多声音认为意大利军队在战场上的实际战斗能力其实比战后普遍想象的更强,但这仍然很难令人信服。无须太多怀疑的是,如果有明智的领导和充足的资源,意大利士兵本来可以表现得更高效一些,战争后期的情况证明了这一点,随着一些改进措施的逐步实施,他们的表现确实有了提升。同样,人们无须对身处恶劣环境的军人的勇气抱有太大怀疑,他们拿着过时的装备,尽力而为。但是,这支在1940—1941年被击败的军队既没有良好的领导,也没有有效的资源供给,士气也相应地萎靡不振。首要问题在于运作意大利战争的组织结构。墨索里尼把所有决策权都抓在自己手中,但他偏偏是个军事外行,喜欢鲁莽地干预下属,又不愿采纳他的指挥官们的建议,他的决策水平可想而知。军队各部分之间的协同也很差。[43] 1940年时意大利军队的装备最多只能打一场有限的殖民地战争,不足以进行现代化的机动作战:反坦克炮非常少;火炮陈旧(在沙漠中的7 970门野战炮中,只有246门是1930年以后制造的);坦克也太轻,装甲薄弱而且动力不足。[44] 虽然墨索里尼渴望着一支能打"闪电战"的军队,但法西斯政权是提高军队效能的固有阻碍。

眼见所有战线都一败涂地,墨索里尼最终只得向希特勒寻求军事协助。1940年12月17日,意大利提出正式请求,希特勒犹豫再三,最终同意了。到了这个阶段,墨索里尼对希腊发动的头脑发热的进攻已经危及整个巴尔干地区的稳定,这里是德国的原材料和原油来源,因此德国在这里有重要的利益。英国插手此地的前景(11月2日一支皇家海军分舰队抵达雅典,几周后第一支皇家空军部队也来了)意味着早先的斯堪的纳维亚危机将会重演,也意味着德军在准备投入主力进攻苏联时,自己的侧翼会受到威胁。[45] 1940年12月时,意大利看起来很可能会战败,这也会给轴心国的声望带来不利影响,它们仅在3个月前刚刚在《德意日三国同盟条约》中公开发表了自己的政治主张。德国领导层同意帮助意大利人,并非出于对其困境的同情,而是由于这对德国利益有利。如国防军最高统帅部一名计划参谋所言,这种协助"给得不情不愿,收得也不情不愿"。[46] 墨索里尼不知道的是,希特勒已经在12月13日指示他的军队准备介入希腊之战,行动代号为"玛丽塔"。在保加利亚人的同意下,德军将在1941年初开往保加利亚－希腊边境。计划进攻时间是4月上旬,威廉·李斯特(Wilhelm List)元帅麾下拥有5个军的第12集团军以及为其提供支援的第8航空队将在3月底就位。这些几乎都没有与意大利人协调,他们仍在阿尔巴尼亚苦战,直到德军进攻开始。

在平定巴尔干的准备工作进行之时,希特勒还批准投入空中力量和装甲力量协助北非的意军。由反舰作战专家汉斯·盖斯勒(Hans Geisler)将军指挥的拥有350架飞机的第10航空队于1940年12月抵达西西里,他们开始在此建立基地,并将从这里出发,消除英军在马耳他的机场和潜艇部队对意大利补给线的威胁。1941年1月16日,曾空袭了塔兰托的"光辉号"航空母舰被德军飞机打残。虽然马耳他没有被完全摧毁,但1941年春季的反复空袭还是成功压制了英国海军对开往北非的意大利船队的攻击,直至德军飞机在夏季被调离为止。1941年1—2月,德军第15装甲师和第5摩托化轻型师在埃尔温·隆美尔将军的指挥下被调往利比亚,他是在法国指挥坦克作战的名将之一。德国非洲军团的到来给士气低落的意大利军队打了一剂强心针。1941年2月，利比亚西部只剩下6个意大利师和100架飞机。北非意军总指挥格拉齐亚尼因精神崩溃被解职，伊塔洛·加里波第取而代之。随着更多的意大利装甲部队抵达北非与德国军团并肩作战，隆美尔立刻动手试探英帝国的战斗力究竟如何。希特勒总部原本设想的"太阳花行动"只是一场旨在推进到的黎波里东边更易于防守阵地的有限作战，但隆美尔发觉当面之敌已在几个星期的跨越沙漠的追击中筋疲力尽，不可能阻挡他。"罗盘行动"之后的英帝国军队已经过于分散，坦克数量也已锐减。于是隆美尔又将他们赶回了沙漠另一边，连希特勒最高统帅部和利比亚的意军指挥官也没能拦住他。虽然名义上是隆美尔的上级，但加里波第也无法坚持要求德国指挥官服从意大利人的领导。隆美尔不仅没有停下脚步，反而向图卜鲁格推进，在4月8日将其包围。虽然隆美尔一直看不起他的意大利盟友——而且为意军低劣的装备水平所震惊——但这场沙漠反击仍然是德意两军的联合作战，而且第一次让意大利人看到了真正胜利的前景。

沙漠中的命运逆转，主要是源于伦敦方面做出的一项关于英国应当派遣一支远征军帮助希腊对抗轴心国的政治决定。英国曾在1939年春保证要维护希腊的独立，对波兰的保证也是这时候做出的。但是介入希腊将会削弱英国在北非本已脆弱的军事存在，让埃及和苏伊士运河陷入危险之中，但又无法保证当德军认真投入这场战争时能真正挽救希腊。丘吉尔和墨索里尼一样急于在欧洲赢得一场胜利，而且也和墨索里尼一样无法令政治野心适应军事现实。1941年1月9日，与参谋长和战时内阁争论之后，丘吉尔如愿以偿。韦弗尔接到指示，从非洲前线分兵前去支援希腊，但他对此十分反对。对此，丘吉尔愤怒地回应道："你在那里需要的只是一个军事法庭和一支行刑队。"[47]丘吉尔坚持支援希腊，但希腊独裁者扬尼斯·梅塔克萨斯不太愿意接受援助，担心这会立刻引来德国的入侵。然而，当梅塔克萨斯在1月去世后，新任首相亚历山德罗斯·科里齐斯（Alexandros Koryzis）在德国入侵的阴云笼罩之下，最终于3月2日与英国正式签订军事协议。这项协议被认为是广泛的反轴心国阵线的一部分，被派往地中海商谈此事的是丘吉尔的外交大臣安东尼·艾登。2月19日，抵达雅典后，他又前往土耳其和南斯拉夫，劝说两国加入盟军一边，但无功而返。两国都不愿被英国拉下水，毕竟在此时看来德国才是胜利的一方——英帝国军队正在利比亚全面败退，令这一点更加确凿无疑。3月7日，伯纳德·弗赖伯格（Bernard Freyberg）少将指挥的由新西兰和澳大利亚士兵组成的"W部队"在希腊本土登陆。与当初介入挪威一样，战役进程也十分相似，徒劳地想要挽救崩溃盟国的英军在6个星期内被打了出来。

当德军在4月6日向希腊动手之时（英国情报部门已经通过截获的"超级机密"获悉此事），政治局势再度改变。拒绝了艾登的南斯拉夫政府在3月25日加入了《德意日三国同盟条约》，但随后就被反德军事政变推翻。艾登一度期望贝尔格莱德现在会加入希腊－英国联盟，但是南斯拉夫新政府同样担心加入联盟会导致德国入侵。然而，政变已经激怒了希特勒，几天之内，希腊战役被扩大，消灭南斯拉夫的战斗被纳入其中，这场新的战斗将以对贝尔格莱德的无情轰炸为开端。第25号指示要求李斯特的第12集团军也要进攻南斯拉夫南部，在匈牙利和奥地利组建的新部队则要从北面进攻。约900架飞机被从与英国的战斗中调来参加新战役。与1940年10月意大利匆忙而随心所欲的作战部署形成鲜明对比的是，德军规划师在仅仅两个星期内就完成了这一几乎不可能的任务。1941年4月6日，德军33个师发动了进攻，其中11个是装甲师。随后又是一场"闪电战"。南斯拉夫军队和希腊军队在崎岖的山地和不熟悉的地形上一溃千里。4月17

日，南斯拉夫投降；20日希腊也请求停战，当地德国指挥官签字同意。一天后，希腊向德国无条件投降，李斯特的第12集团军则把守着希腊－阿尔巴尼亚边境，不许意大利军队进入。墨索里尼提出了抗议，既然这是他的战争，那就应该算是意大利人的胜利。希特勒于是勉强同意让意大利人参加4月23日在萨洛尼卡举行的第二次投降仪式，希腊指挥官乔治斯·特索拉科格洛将军被迫接受了意大利的要求。但事实上他并没有输给意大利。4月下旬，在维也纳讨论战果分配时，意大利此时已经很明显地成了德国的附庸。墨索里尼在1940年时混乱、好战而又组织不良的战略，在6个月后导致了意大利帝国独立性的最终消亡。齐亚诺抱怨道："我们这些盟国的命运都会是悲剧：成为殖民地。"[48]

英帝国的结局也几乎成了悲剧。到1941年4月14日，很明显一场地中海上的"敦刻尔克大撤退"是躲不掉了。几天后，撤退开始，5万名英国军人和希腊军人乘船前往克里特岛或埃及。由于英军在克里特岛的强大存在给德国的安全带来了持续威胁，德军便计划动用库尔特·斯图登特（Kurt Student）将军精锐的伞兵发动一场大胆的军事行动。5月20日，德军伞兵落地，虽然付出了格外沉重的损失，但他们还是夺取了马莱玛的主要机场。双方随后在岛上苦战10天，但是英军参谋长会议认为不能再有一次彻底失败，于是在5月31日，英国守军开始撤往埃及，他们在此地总共损失了3 700人，其中2 000人是皇家海军舰上的舰员，他们遭到了德国飞机一轮接一轮的轰炸，被赶了出来。在希腊和克里特岛的失败证明，英国已不可能在欧洲大陆立足，反过来，这次失败还将实力缩水的埃及英军暴露在尤为严重的威胁之下。英国战争处为"最坏的可能"制订了应急预案：放弃埃及，退往苏丹，甚至撤退到南非。4月24日，曾经反对英军到希腊去冒险的韦弗尔告知伦敦的战争处，他手中已经没有一支编制和装备完整的部队了。"我们仍在战斗,就像我们自从开战以来一直做的那样,"他说,"毫无章法,实力不足。"[49] 在英国本土,人们戏称英国远征军的缩写 BEF 是"每两周被打回来一次"(Back Every Fortnight)。国内情报部门报告了公众最为担忧的问题:"我们是不是只要在陆地上遇到德国人,都会被他们打败?"[50]

当希腊和克里特岛的危机爆发之时,英国在中东的地位又面临着新的挑战。1941 年 4 月 1 日,伊拉克的民族主义者发动叛乱,想要限制英国在当地的影响力,并与轴心国的军事力量联手。伊拉克危机从 1940 年就已开始酝酿,当时,激进民族主义者、巴格达法学院教授拉希德·阿里·盖拉尼(Rashid Ali al-Kailani)就任王国首相。他得到了一群伊拉克军官的支持——他们被称为"金方阵"——这些人想要利用盟国在欧洲被打败的机会,断绝伊拉克与英国残余帝国的联系。1941 年 1 月 31 日,拉希德在英国政府的压力下被免职,但他已经与德国人和意大利人联系上了,想要争取轴心国支持。4 月初,他发动的军事叛乱迫使摄政王阿卜杜拉亲王逃往英国的托管地巴勒斯坦。拉希德组织起了"国防政府",这一政权几乎立刻就得到了德国和苏联的承认,这是英国在当地最为担忧的两大威胁。[51] 尚不清楚拉希德是否真的想要和已经被削弱但仍然驻守伊拉克的英军来一场火拼,但是由于担心德军在拿下巴尔干后突然杀到伊拉克,英军参谋长会议批准了"萨宾行动",将数千名英国和印度士兵投送到伊拉克南部的巴士拉港,以防守对英国至关重要的原油产地和通往地中海战区的陆地通道。拉希德政府要求英国撤走这些人,但英国不仅拒绝了这一要求,还违反了英国-伊拉克防卫条约,运来了更多部队。于是伊拉克军队开始进行战争准备。支持德国的耶路撒冷大穆夫提阿明·阿尔-胡赛尼号召穆斯林团结起来,向敌人帝国主义发动"圣战",他被英国人赶出了巴勒斯坦,此时人在巴格达。[52] 4 月 25 日,伊拉克与意大利签订条约，意大利向伊拉克提供武器，伊拉克则以承诺允许意大利使用油田和港口设施作为回报，武器开始通过维希法国控制的叙利亚被送到伊拉克。通往地中海东岸海法港的英国输油管道被切断，伊拉克军队也准备包围和夺取英军设在幼发拉底河河畔、距离巴格达90千米的哈巴尼亚的主要空军基地。5月1日，9 000名伊拉克士兵在火炮和几辆轻型坦克的支援下，开始在俯瞰机场的小高地上挖掘战壕，准备战斗。

理论上，英军完全不是对手。他们在哈巴尼亚只有1 400名空军和陆军人员，外加1 250名从伊拉克当地征召的士兵，英军招募这些人是为了辅助自己在这一地区的军事存在。驻扎在这个基地里的是英国皇家空军的一个训练单位，这支部队装备着各种五花八门的过时教练机和9架格罗斯特"斗士"双翼战斗机。由于伊拉克政府决定放水淹没巴士拉与巴格达之间的地区，集结在巴士拉的英军也无法迅速赶来增援。虽然韦弗尔在埃及的处境岌岌可危，但他还是勉强出动了一支临时拼凑的机动救援部队，"哈巴尼亚纵队"，从巴勒斯坦和外约旦出发前去救援伊拉克。哈巴尼亚只能靠自己了。飞行教官与学员们驾驶着装载了炸弹的教练机，整天轰炸伊军阵地。士气低落、缺乏水和食物、遭到不间断轰炸和扫射的伊军溃散了。5月6日，伊拉克人沿着通往费卢杰的道路全面撤退，却迎头撞上了从另一个方向赶来的伊军预备队。在随后的一片混乱中，皇家空军向暴露在外的伊军人员和车辆施加了致命打击。伊军被一路追杀到了费卢杰，双方再次展开激战。到5月20日，城市落入了英军手中。炮击和轰炸毁灭了整座城市，这让一名英国士兵联想到他见过的"第一次世界大战中被摧毁的佛兰德斯城镇"的图片。[53] 随后的一个星期里，"哈巴尼亚纵队"的1 400名士兵在从哈巴尼亚和巴士拉起飞的飞机的强大支援下向巴格达开来。5月30日，拉希德、阿尔-胡赛尼和"金方阵"的军官们逃往伊朗和土耳其，只留下巴格达市市长来议和。英军只付出了轻微代价就打跑了伊拉克陆军和空军，镇压了这场叛乱。对于这样的战斗英国人十分熟悉，他们用原住民征召兵和印度兵支援小规模的英军，敌人虽然人数众多，但不是合格的军队。哈巴尼亚的情报官萨默塞特·德-奇尔写道："对我们来说，这不过又是帝国东征路上的一战而已。"[54]

　　伊拉克之战加剧了英国对轴心国干涉中东的担忧，轴心国现已染指巴尔干，饮马爱琴海，它们可能利用这一机会支持叛乱，推翻英国在整个中东业已摇摇欲坠的地位。拉希德试图利用与德国人的联系获得他们对伊拉克的支持，但是德国人的注意力都花在了巴尔干危机上，而且希特勒也觉得伊拉克应该是意大利和维希法国的势力范围。直到叛乱爆发而且看起来有可能削弱英国，德国人才出手，但他们的支援仅限于运送一些轻型武器，向巴格达派了一些顾问外加两个中队的飞机，其中一个中队是梅塞施密特 Me110 重型战斗机，另一个中队是过时的亨克尔 He111 轰炸机；意大利人也派来了一个中队的 CR-42 双翼机。维希法国当局允许这些飞机使用叙利亚阿勒颇的空军基地，而它们后来也可以在伊拉克北部的摩苏尔着陆。这些飞机只是发动一些零星空袭，但到 5 月底就已损失了 95%。和意大利人一样，德国人最感兴趣的也是伊拉克的石油。1941 年 5 月，一支德国石油工业顾问团来到这里，考察石油工业，并了解是否能够在赶走英国人之后接管这里。这充分表明，一旦轴心国获胜，对伊拉克而言也不过是换了个帝国主义主子而已。[55] 但德国人的介入来得太晚，力量太弱，无力改变结果。5 月 23 日，希特勒终于发布第 30 号战争指示，承诺支持拉希德的叛乱，但是此时战事已经几乎结束了；6 月 11 日发布的第二份指示，即第 32 号，则明确指出，将英国赶出中东的行动只有等到即将到来的对苏联作战结束后才能进行。[56] 对希特勒来说，中东仍然无关紧要，不在他的战略视角之内。

在战争剩余的时间里，德国人利用阿拉伯人的反英情绪煽动更多武装暴动的努力仅限于政治斗争。轴心国的政治攻势最多也只不过是一些针对阿拉伯世界的宣传战。从1939年4月起，德国外交部在柏林南面的吉森市设立了一个阿拉伯语广播电台，到1941年，这个电台已经在进行24小时广播，其中心思想便是英帝国主义和犹太人是阿拉伯世界和伊斯兰教的首要敌人，世界各地的穆斯林应该起来反抗他们。[57] 除了广播，德国还利用在中东上空飞过的飞机不断投放传单和小册子进行宣传，到1942年春已经投放了800万份。德国人还引用了《古兰经》中的经文来支持阿拉伯人从英国和"不公正、暴力罪行"之下获得解放。他们还编排了以全世界犹太人密谋奴役阿拉伯人民为主题的戏剧。党卫队发行了100万本小册子，声称《古兰经》预言的巨大的犹太王旦扎里*将被神的仆人希特勒杀死："如经文所写，他将杀掉旦扎里，摧毁他的宫殿，并把他的盟友投入地狱。"[58] 这些行动几乎毫无收获，阿拉伯人对英国帝国野心的敌意导致的暴力反抗也就只有伊拉克反抗这一回。广播宣传受制于收音机不足——整个沙特阿拉伯只有26台收音机，埃及的5.5万台收音机大部分属于住在那里的欧洲人——而为了明显的政治动机而利用《古兰经》的做法也引起了伊斯兰教宗教领袖的憎恶。伊朗毛拉鲁霍拉·穆萨维，他更有名的身份是后来的伊朗最高领袖霍梅尼，就曾骂纳粹党的宣传是"人类思想中最恶毒、最败坏的产物"。[59] 德国人和意大利人关于自己是反帝国主义者的说法，在他们残酷镇压利比亚的阿拉伯人和柏柏尔人之后再也站不住脚了；虽然据说北非的德国军人很尊重当地的阿拉伯人，但据一篇报道描述，他们对待阿拉伯人完全是对待劣等种族的做派，称他们为"有色人种""黑鬼"，甚至很

---

* 旦扎里是伊斯兰教故事中的魔头。——译者注

奇怪地称其为"犹太人"。[60]

然而,伊拉克反抗后,英国人仍对这一地区的安全所面临的持续威胁感到悲观。巴格达投降仅仅两个星期后,帝国总参谋长约翰·迪尔(John Dill)上将对他的作战处长说:"我觉得你能意识到我们将会失去中东。"[61]叙利亚的维希法国当局向轴心国空军部队提供的协助再一次告诉英国人,他们已不能指望前盟友法国同情自己了。叙利亚和黎巴嫩还有着实力强大的法军,至少有3.5万的法军和殖民地部队,以及90辆坦克。韦弗尔被告知要消灭这一威胁,于是在1941年6月8日,由英国、澳大利亚、印度和自由法国等国的军队组成的联军从伊拉克西进大马士革,从巴勒斯坦北上贝鲁特。经过血战,法军指挥官亨利·登茨(Henri Dentz)将军求和。英国人实现了对法国托管地的军事控制,自由法国则重申了法国对其文官政府的掌控,但成败参半。[62]英军和英国政府现在占领了从埃及到伊朗边境的整个中东,这是英国在当地控制过的最大的地盘。英国为了掩盖自己的广泛控制,也发起了一项旨在宣传英国民主优势的行动。和德国人一样,英国宣传部门也利用了《古兰经》来做宣传。一张在伊拉克张贴的彩色海报写道:"伊斯兰教就是民主精神……民主是《古兰经》的核心……"[63]然而英国显然想用传统的帝国手段来维持其控制——媒体审查、随意拘捕、流放、在中央和地方政府中安插顾问——同时却又宣扬自由政治的好处,这让其宣传难以奏效。巴格达的美国公使馆向华盛顿报告了英国在当地政府和经济机构中的深度渗透,而这些"都服务于英帝国的利益"。[64]英国最优先关注的仍然是其交通线和石油供应的安全,但是到了6月底,随着德国入侵苏联,新的威胁随之浮现。德国军队现在有可能从高加索地区向中东推进,与进攻埃及的德军合兵一处;更严重的地缘政治噩梦则是,日本和德国有可能会师,从而将英国及其盟友彻底逐出欧亚大陆。

麦金德时刻

英国地理学家哈尔福德·麦金德因提出了"欧亚大陆空间"这个概念而闻名,这一空间从中欧延伸到太平洋,是全球地缘政治的"核心地带"。这是一座"世界岛",只要控制这片辽阔大陆上的资源,就能统治"外围"的海洋国家。"统治核心地带的人就能控制世界岛,"他在1919年写道,"统治世界岛的人就能控制世界。"[65] 麦金德在1904年发表的文章《历史的地理枢纽》中首次提出了这一观点,以警告英国人,他们的全球控制权可能会被推翻,因为现代交通和通信技术的发展使开发核心地带的巨量资源成为可能。1919年他甚至提出德国和日本或许能够统治两国之间的欧亚大陆,俄国和中国则会被牺牲掉:德国稳固地立足于中东欧,日本则拥有"滨海"之利。[66]

这个观念在英国没有产生什么影响,若非德国地理学家卡尔·豪斯霍费尔,它还会继续默默无闻下去,豪斯霍费尔在写关于第一次世界大战后几年间的地理"枢纽"问题时读到了麦金德的著作。正是豪斯霍费尔用"地缘政治学"一词描述了地理环境和国家权力之间的密切关系,并让这个词广为人知。豪斯霍费尔在慕尼黑学院任职时有一名学生,他就是年轻的鲁道夫·赫斯,也是未来希特勒的副手、纳粹党的早期成员。赫斯把希特勒介绍给了豪斯霍费尔,而在希特勒1923年政变失败后被关进兰兹伯格监狱时,豪斯霍费尔送来了关于地缘政治学的手稿,供这个未来的独裁者阅读。[67]

虽然很难确定他与麦金德之间的准确联系,但豪斯霍费尔完全可能对麦金德的"地理枢纽"做了二次阐释。当希特勒向他的狱友赫斯口述《我的奋斗》一书时,他就明确提出,德国的梦想将在核心地带实现。"只有在这个地球上拥有足够大的空间,"希特勒写道,"才能确保一个国家的生存自由。"而这些空间将来自想象中的"东方"。[68] 豪斯霍费尔后来称赞希特勒"精熟地缘政治学",认为希特勒的想法体现了自己关于所谓"空间征服力"的想法，这个概念是他周游了英帝国之后提出的，英帝国对地缘政治学的精熟也同样令他敬仰。豪斯霍费尔希望德国能够建设一个欧亚大陆强国，从而排斥和统治盎格鲁－撒克逊人的海洋国家。他对于日本殖民朝鲜和中国东北的早期研究也令自己相信日本或许也能作为"世界上洲际政治中有大陆思维的伙伴"参与大陆强国的建设。[69] 1913年，他发表了一份关于日本作为"大日本"的世界地位和地缘政治未来的重要研究结果。1930年，地缘政治学在日本大行其道，因为这门科学看上去证明了日本以领土扩张作为打倒西方霸权的手段是明智的。在写于1940年的《日本地缘政治学宣言》一文中，学者小牧常吉提出东亚应由日本主导。[70] 麦金德的"核心地带"原本是对全球未来权力结构的一种抽象推测，但最终成为对德国帝国主义与日本帝国主义寻求统治欧亚大陆的"黄金国"的描述。通过大规模领土征服来颠覆世界地缘政治秩序的幻想，是德国和日本在20世纪30年代和40年代追逐的最极端的扩张野心。然而，它们此时想要征服的区域是一个极为辽阔的地理范围，比它们已经获得的地盘要大许多，要拿下它还需要打败三个世界上最强大的国家。要跨越地缘政治学想象和地缘政治学现实之间的鸿沟，就只能依靠种族优越感和对军事与地理现实的故意无视。麦金德从未预料到"核心地带"会被完全从外部征服。纵观历史，那些欧亚大陆以外的国家从未能在这里建立起永久的宗主权。

尽管如此，地缘政治学幻想并不能充分解释两国选择发动征服战争的时机，因为德日两国的决定中都有令人信服的短期经济、战略和意识形态因素在起作用，这些因素不仅维持着它们征服欧亚大陆的宏大愿景，还让这样的选择显得更有吸引力。在希特勒这边，进攻苏联的决定是随着环境的不断变化逐步形成的，在这一过程中，他能够向自己、他的军队以及更广泛的德国公众证明，这种狂妄的帝国野心既是必要的，也是不可避免的。这个决定也要由希特勒来做出。与1939年准备与波兰开战时一样，希特勒一旦下定决心，就不想被劝阻，虽然他的近臣圈子里的戈林和冯·里宾特洛甫都花了几个月来劝他还是先搞定英国，这样做具有重大的战略意义。这个决定充满了不确定性。1940年12月，德国陆军总司令瓦尔特·冯·布劳希奇（Walther von Brauchitsch）元帅问希特勒的陆军副官，这位独裁者进攻苏联的计划是否真的只是在吹牛？他得到的确认是，希特勒已经决意要这么做。一个月后，国防军最高统帅部还是不确定希特勒的"意图是否坚定"，需要再次确认这一决定已不可逆转、毋庸置疑。[71]

直到此时，计划中的侵苏战役仍然只是空中楼阁。希特勒同时面对诸多难题，包括击败英帝国、与东边的"犹太－布尔什维克"威胁对峙，以及满足他为德国人民夺取真实的"生存空间"的愿望，他在解决这些难题时有着复杂的动机。最直接的原因是丘吉尔政府拒绝议和。1940年7月底，希特勒召集军队的领导们开会讨论未来战略，宣称他想要以一记军事重拳消灭苏维埃国家，但此举的目的是消除英国在欧洲获得盟友的最后指望。想要对付英国，这一动机在1940年8月到1941年6月这10个月间如同战略魔咒一般被反复提起，还出现在了1941年6月22日早晨希特勒向全国发表的宣布"巴巴罗萨行动"开始的那场东拉西扯的讲话中："时机已经到了，我们必须与犹太－盎格鲁－撒克逊战争贩子以及同样作为犹太势力的莫斯科布尔什维克中央开战。"[72]德军的规划部门对打垮苏联以迫使英国求和的想法持怀疑态度，尤其是参谋长弗朗茨·哈尔德，他在1941年1月写道，进攻"不会影响到英国……我们一定不能低估我们在西线面临的风险"。[73]对希特勒来说，拿英国作为幌子，可以把这场赤裸裸的侵略战争伪装成被迫采取的先发制人的打击——这简直是颠倒黑白，就像早先与波兰的战争一样。

第二章　帝国的幻想与现实，1940—1943

实际上，与苏联的战争绝不只是击败英国的迂回途径。这才是战争的本来目的，不仅是为了消除德国在东欧营造帝国时所面对的一个主要威胁，更是为了给未来柏林统治下的欧亚大帝国打下基础。与苏联红军打一仗的想法最早是在1940年7月上旬由德军领导层提出的，他们想要痛打苏联一顿，让它认输，以保护东部边境的安全。是希特勒把这一提议变成了更宏大的计划，7月31日，他向军队领导人宣布，要赶在为时过晚之前消灭苏联。苏联在波罗的海沿岸国家和罗马尼亚采取的行动显然是个威胁。德国情报部门发现苏联正在其与德占波兰之间的西部新边界上构筑工事并布置守军——即所谓的"莫洛托夫防线"——苏联空军基地也越来越靠近边境，柏林也进入了其轰炸范围。1940年11月，莫洛托夫来访后，希特勒指示要尽快摧毁苏联，因为斯大林的胃口似乎无法满足。而最危险的情况是英美盟军从西线、苏联从东线同时发动进攻。"元首的一大焦虑"，冯·里宾特洛甫在其回忆录中写道，是德国被拖入"一场巨大的两线战争，这会导致生命和财产的巨大损失"。[74] 当前战略处境的不确定性令迅速击败苏联成为军事上的合理选择。1941年3月30日，希特勒向参与随后战役的所有指挥官发表了一场长达两个半小时的讲话，声称消灭苏联会让德国"彻底摆脱苏联 - 亚洲的威胁"。[75] 这是一场德军指挥官们很乐意认同的战争，无论他们对其可行性有什么样的误解。即将参加进攻的第2航空队指挥官阿尔贝特·凯塞林回忆道："希特勒关于苏联人会第一时间抓住有利时机来进攻我们的观点，在我看来毋庸置疑是正确的。"他还说，最重要的是"让共产主义远离西欧"，这一态度直到10年后的冷战高峰期时也一样有市场。[76]

德国的军事指挥官们即便认可了苏德开战的战略必要性，他们似乎也没有认真考虑过一个问题：征服广阔的欧亚大陆的最终目的是什么？在希特勒关于他是为环境所迫发动战争的种种说辞背后，他真正的用意是：征服苏联将带来德意志的终极帝国，这个帝国地域辽阔，在海洋强国面前将变得不可战胜。希特勒对自己夺取更多生存空间的赤裸裸的帝国主义战略观表达不多，但在1941年1月9日与他的将军们的一次长时间会议上，他提醒将军们，"数不尽的"物质财富和土地将落入德国人之手。他继续说，一旦帝国深入苏联境内，德国"就会拥有在欧洲大陆打仗的所有可能手段"。[77] 征服希特勒在前一年8月划定的地域，从北方的阿尔汉格尔斯克到南方远处的阿斯特拉罕，将会让德国人得到他们理应得到的领地，这就是麦金德的"世界岛"。"苏联的地盘，"几个月后，希特勒告诉周围的人，"必须一直由德国人来统治。"[78] 这是德国人几十年来关于"东方"帝国空间的幻想的巅峰。

这些动机相互支持，为希特勒创造了致命的行动理由，而其大奖却是两年前想都不敢想的德国的欧亚大帝国。当他在1940年7—12月逐步下定决心之时，德国军队正在制订详细的作战计划。12月中旬，最终呈交希特勒以供其批准或修订的方案文件，是基于德国军队和希特勒总部进行的两项主要研究。第一项研究由埃里克·马克斯（Erich Marcks）少将执行，在8月份完成。他建议沿着两条轴线进攻，一条指向列宁格勒，另一条则要夺取乌克兰的工业区，之后分别向南和向北转向，合围莫斯科。马克斯私下里对这场战役的前景感到悲观，战役的最终目标是从阿尔汉格尔斯克到伏尔加河一线，而这场战役或许也会引发与美国的大规模战争，但他的顾虑从未传达给希特勒。[79] 第二项研究则是伯恩哈德·冯·罗斯伯格（Bernhard von Lossberg）中校按照希特勒总部的指示进行的。9月中旬完成的罗斯伯格计划要发动三场相互独立的突击：一场向北，意在夺取波罗的海沿岸的港口以满足补给之需；一场在中央，集中大部分装甲师和摩托化师，意在夺取莫斯科；另一场则在南方展开，目标是占领敖德萨和黑海沿岸以及乌克兰富饶的资源产区，所有这些都将在一轮战役周期内完成。[80]

从这两份计划综合而来的最终稿在12月5日被呈交给希特勒，此时他已经将莫洛托夫的来访当作命运呼唤他去消灭苏联的证据，"他们任何时候只要有可能，就一定会挡德国的道"。三管齐下的进攻方案得到了支持，但希特勒想要在攻打莫斯科之前先集中力量拿下列宁格勒和乌克兰的资源区。于是希特勒的作战处长约德尔据此修改了指示文稿，即便哈尔德和陆军领导层私下里想要把莫斯科留在主要进攻轴线上。12月18日，希特勒签发了第21号战争指示，他将此战役定名为"巴巴罗萨行动"。"巴巴罗萨"是12世纪率领第三次十字军向"圣地"东征的神圣罗马帝国皇帝腓特烈一世的绰号。这份指示野心勃勃，但它基本忽略了那些质疑德国军队是否有希望征服并占领如此辽阔地域的评估。德军总参谋部的军事地理处在1940年8月拿出了一份详细报告，强调苏联已经在西伯利亚建立了庞大的工业设施，而且仅仅是地形和气象因素就会严重制约德国人可能取得的成果。[81] 军队经济科首脑格奥尔格·托马斯（Georg Thomas）将军直到进攻开始时一直试图向希特勒说明燃油储备根本不足，但没能成功。"你若需要但又没有的东西，"据说希特勒在1941年6月如此回应道，"你就必须去征服。"[82]

在几个月的探讨和计划中，多种设想被提出，但从未被最高领导层认真关注过。德军击败苏联红军的能力被视作理所当然。马克斯计划预计战役将持续8—11周，是击败法国之战的扩大版；冯·罗斯伯格认为，抵达进攻终止线所需的主要战役阶段将耗时9—17周。对这个红色国家的脆弱性和红军官兵缺乏战斗力、士气低落的思维定式体现在众多随意而且缺乏事实依据的判断中。希特勒的作战处长宣称："苏联巨人将被证明是猪尿脬，一刺就炸。"[83] 军方也对苏联工业及其军事机器的现状表现出了惊人的无知。德军情报部门在1941年1月下发的一本《苏联军队手册》中,用一些经不住推敲的证据说苏联红军"不适合现代战争,无法进行决定性抵抗"。德国的将军们也常常用种族歧视的语言将自己的敌人称为"蒙古人"或者"亚洲人",说他们是"部落"而非军队,让人联想起殖民战争。5月,金特·布卢门特里特(Günther Blumentritt)将军想象了一场与一支由不称职军官率领的"没文化、半亚洲"士兵组成的军队进行的8—14天的战役。布劳希奇则认为这场战役最多持续4周,在苏德边境附近会有激烈战斗,之后就是一系列扫荡作战。[84] 希特勒警告他的指挥官们,苏联人将被证明是个"顽强的对手",但他们是"没有领导"的乌合之众。在"巴巴罗萨行动"发动前夕,他预言将在4个月内取得胜利,这已经比他大部分指挥官的估计要谨慎得多了。[85]

关于德国军队凌驾于苏联的自信支撑了德国的速胜战略,这对于德国摆脱与英美对抗时的资源瓶颈至关重要。然而德国的计划却对地理分布广阔的部队的补给问题缺乏考虑,这里在地形和气候方面都迥异于早先的欧洲作战。在一处只有5%的道路铺设有硬化路面的地区,德国军队维持持续机动作战的能力从一开始就值得怀疑。拒绝认真对待这样的制约因素,这是一件十分令人惊讶的事情,毕竟德军的许多高级将领,包括哈尔德,在第一次世界大战时都曾在俄国前线打过仗。然而,正是哈尔德认为:"所有东西都要靠发动机来实现。要加强摩托化……"[86] 到"巴巴罗萨行动"时,德军有60万辆车辆,但其中许多是缴获的卡车与货车,很难维护,也没有零备件。战役开始时德军的汽车型号超过了2 000种。很难找到更多摩托化交通工具,这意味着德军还得依赖75万匹马,其中许多要被人牵着或者骑着送往前线,因为用铁路运送的话,马匹占用的空间太大了,而这些马匹在苏联夏季的酷热和冬季的严寒中都无法发挥最大运力。[87] 德军从 1939 年以来一直依赖的铁路补给在苏联战役中是无法保障的，因为德国的火车头和车皮无法使用苏联的宽轨铁路，德国工兵要把苏联欧洲部分的所有铁路重修一遍才行。为了缓解可能的补给瓶颈，德国人也采取了一些改进措施。坦克运载了双倍于平常的燃油和弹药，还拖着装有 200 升汽油的拖车，以进行更远的机动。[88] 然而，恶劣的地形必然会增加燃油消耗，让原本已经紧张的燃油供应更加捉襟见肘。然而，德军仍然认定战役将会很快结束，潜在的后勤危机可以先搁置起来。[89]

1940 年 11 月到 1941 年 5 月，战役准备工作在紧锣密鼓地进行。11 月中旬，希特勒要求德国建筑行业总代表弗里茨·托特（Fritz Todt）开始在东普鲁士拉斯滕堡市附近的森林里建造一处占地 250 公顷的新东线大本营。在假装这是新化工厂北方阿斯卡尼亚公司的幌子下，一个巨大的地堡体系被建了起来，里面是各种明碉暗堡和办公间，外面再被围上带刺的铁丝网、混凝土碉堡和雷场，希特勒将在里面操控他最大的战役。他将这处基地命名为"狼穴"。盟军首脑都是在首都城中组织战事，但希特勒选择在远离柏林各部门和军事机构的地方独自运作这场战役，访客都不得不乘坐往返于德国首都和新大本营之间的列车前来此地。[90] 细节还在继续规划中，但必须绝对保密，不能让斯大林和苏联红军知道他们即将被吞没。当陆军和空军被逐步向东调动时，德国人假称他们来此是为了休整，为与英国的战斗做准备。保密十分严格，德国军人在开战前几个小时才被告知他们即将参加这场战斗。一则关于苏联允许德国通过其土地进入中东以包围英帝国军队的谣言四处流传，这样的做法确实会对接下来的战争进程产生深远影响。[91] 当"巴巴罗萨行动"最终到来时，双方部队都对此大吃一惊。

和波兰之战一样，这场生存空间之战在进行军事准备的同时，还要准备好把欧亚大陆变成殖民地的手段。希特勒又一次把这个任务交给了希姆莱和安全机构，"特种任务"将由总共约3 000名安全警察、党卫队员和安保部人员组成的4支"特别行动队"负责执行。他们要跟在军队后面进入苏联，给他们的命令是代表德国处死苏联的党务官员、宣讲人员、军队政委和任何犹太人，以此摧毁红色机器。希特勒在3月30日向将军们发表的长篇讲话中，用了大半篇幅来说明他们参加的将是一场对布尔什维克的灭绝性战争，他们将可以使用最残酷的方法而不受通常战争法则的约束。一名在场者回忆说，250名军官在听到关于可以采取非常规、不合法武力行动的煽动时没有激情澎湃，而是都一言不发。并不是所有人都愿意按希特勒说的那样行事，但还是有许多人是愿意的。"巴巴罗萨行动"从一开始就被设定为一场异类的战争。希姆莱在组建行刑队的同时，也按照他在波兰担任帝国政委时为了加强德国化而推行的种族清洗模式，为新殖民地准备了统治计划。希姆莱的副手康拉德·迈耶－海特林（Konrad Meyer-Heitling）在1940年制订的最初的"东方总计划"只覆盖到前波兰领土上的苏德边界。"巴巴罗萨行动"打响前夕的1941年6月21日，德国下令制订新的计划，仅仅3个星期后计划完成，空间拓展计划此时已深入广阔的欧亚大陆中央，"殖民区"的斯拉夫人和犹太人将在为期30年的长期德国移民过程中被赶出去。[92]

准备工作还包括按照希特勒的意愿全面掠夺和开发当地的经济资源。1941年2—3月，德国人着手建立东线经济会，由"四年计划"负责人赫尔曼·戈林负责，他最终在3月19日批准了这一新组织。这个组织拥有多达6 000人——是特别行动队的2倍——他们要负责夺占物资仓库、原油和粮食，还要接管苏联工业企业，以为德国的战争经济服务。计划要成立的4个经济考察团的活动范围涵盖了全部预期占领区，从北方的阿尔汉格尔斯克，途径莫斯科周围地区，

第二章 帝国的幻想与现实，1940—1943

直到南方的巴库和伊朗边境。[93] 按戈林的指示，计划中对农业的掠夺将由农业部秘书长赫伯特·巴克（Herbert Backe）负责执行，他拿出了一个骇人听闻的测算，被占领的小麦产区将有多达3 000万人饿死，这样就能把谷物留给德国及其军队。1941年4月，戈林的副手保罗·科尔纳签署了一份秘密协议，授权巴克恣意妄为。进攻前一个月的5月2日举行的秘书长会议上，巴克宣布了后来所谓的"饥饿计划"，没有人对此提出道德上的或其他的异议。"几个世纪以来，俄国人生来就应该贫穷、饥饿和困顿，"巴克宣称，"他们的肚子吃再多也填不饱——因此，不必同情他们。"[94]

1941年6月，历史上最庞大的进攻军队已经就位。这支军队拥有超过300万人、3 600辆坦克、7 000门大炮，组织了北方、中央、南方3个集团军群，由2 500架飞机提供支援。德军坦克和飞机的数量与一年前进攻法国时差别并不显著，但德军现在有了18个装甲师和13个摩托化师，比前一次战役有所增加，这只能说明每个师分到的坦克和车辆更少了。入侵法国时每个德军装甲师拥有约300辆坦克；"巴巴罗萨行动"时只有约150辆，只有中央集团军群平均有210辆。这些坦克中只有41%是性能较好的Mark IV和Mark III型坦克，其他都是各种轻型坦克和缴获自捷克斯洛伐克和法国的杂牌装备。[95] 78个步兵师主要依靠马和马车，在一望无际的乡间靠双脚长途行军。然而，德军并非孤军作战，芬兰、罗马尼亚和斯洛伐克的军队也被迫参加了战斗，后来意大利和匈牙利的少量部队也加入进来，这让进攻部队总兵力达到370万人（153个师）。

既然希特勒优先关注的是满足德国利益，那么其他国家的参战决定就需要有个解释。芬兰和罗马尼亚希望能收回1940年被苏联夺走的土地，甚至还想多占领一些土地来建立"大芬兰"和"大罗马尼亚"。芬兰政府对于和希特勒产生瓜葛很谨慎，但从苏联收复失地的愿望克服了任何障碍。芬兰议会发言人宣称，为了抵抗苏联强权，"芬兰宁愿与魔鬼结盟"。[96] 这次战斗被视为与无神论红色政权的"圣战"，480名路德宗牧师还来到军队中强化对所谓"继续战争"的圣谕，使用"继续战争"这个称呼是为了强调与1939—1940年那场战争的联系。[97] 芬兰提前获悉了绝密的"巴巴罗萨行动"，因为德军要进入这个国家的最北端，以保护德国在斯堪的纳维亚半岛的矿产利益。德军甚至在芬兰建立了一个小规模的"特别行动队"，这些人最终杀害了约1 000名犹太人和共产党人。但芬兰政府也就到此为止了。一旦失地被收回，芬兰军队也就停下了脚步，没有加入对列宁格勒的围攻，也不再协助德国人向摩尔曼斯克推进。从1941年11月起，按芬兰总统里斯托·吕蒂的话说，芬兰要"独立作战"。[98]

进攻开始时，罗马尼亚是德国仅有的主要盟友。当德国军方承诺保护罗马尼亚油田时，对苏联的战争也就无法隐瞒了。希特勒支持了罗马尼亚独裁者扬·安东内斯库（Ion Antonescu）元帅，他作为"领袖"在1941年春季牢牢建立了他的统治，但他在普通罗马尼亚人和军队中的声望并不高。1940年8月，希特勒在"第二次维也纳仲裁"中坚持要罗马尼亚把特兰西瓦尼亚的部分地区交还给匈牙利，之后，罗马尼亚政府对于加入德国对苏作战也很谨慎，但是德国人说，只有与德国并肩作战才可能避免苏联威胁到罗马尼亚剩余领土的完整，而且或许还能推翻"第二次维也纳仲裁"内容。和芬兰人一样，罗马尼亚人也将此战视为十字军运动，用副总统米哈伊·安东内斯库的话说就是"伟大圣战"。[99] 罗马尼亚政府组建了安东内斯库集团军群，由罗马尼亚军队第3和第4集团军的325 685人组成。虽然名义上由安东内斯库指挥，但这些部队实际上被编入了德国南方集团军群，向敖德萨推进。虽然有些罗马尼亚政客在夺回比萨拉比亚和北布科维纳后就想在边境止步，但安东内斯库意识到，一旦加入战争，罗马尼亚就

第二章 帝国的幻想与现实，1940—1943　　195

必须打到苏联战败或者遭受沉重打击为止。[100]

斯洛伐克和匈牙利的参战热情并不高。斯洛伐克政府只是由于德军部分南线进攻要从其领土发动,而不得不曲意逢迎,但它也投入了两个师用于执行后方安全任务,以及一个小规模的机动战斗群加入南方集团军群作战,这支小部队后来在7月的苏军反攻中被歼灭。匈牙利政府和摄政霍尔蒂·米克洛什也不很情愿加入战争,虽然有些将领指望着参战或许就能恢复"历史上匈牙利"的更大边界。直到6月26日,3架据说属于苏联的轰炸机空袭了卡萨镇,霍尔蒂及其内阁才最终批准参战,派出了一支约4.5万人的机动军团,但据一名匈牙利指挥官说,他们出发时对这场自己并不理解其目的的战争"不怎么热情"。[101] 关于欧洲"十字军"的想法并没有产生什么影响,德国宣传机构利用这个概念也只是给自己的侵略行径做了一点微不足道的道德上的自我辩解。就在"巴巴罗萨行动"打响两天前,未来的东线占领区总督阿尔弗雷德·罗森堡(Alfred Rosenberg)对他的幕僚说,这不是针对布尔什维克的十字军运动,而是"要执行德国的世界政策,保障德意志的帝国"。[102]

这些显而易见的事实很难解释为什么墨索里尼会自愿贡献一支"主力军"参加侵苏战争,他的军队此时已在北非和地中海地区被逼到了极限。虽然希特勒想要对他的盟友意大利完全保密,但意大利的情报部门还是在不停地提供即将到来的"巴巴罗萨行动"的详情。5月30日,墨索里尼在没有告知希特勒的情况下,下令准备3个师——2个步兵师、1个摩托化师——待战役开始后派往东线。[103] 希特勒在"巴巴罗萨行动"开始前两天收到意大利的支援时十分不悦,但也很难拒绝。他对他的空军副官尼古劳斯·冯·贝洛说,意大利人"没有值得一提的战斗力"。[104] 墨索里尼扭转了他在1940年后期不得不向德国人做出的谦卑请求的姿态,而且,与法国战役时一样,意大利要在未来的任何欧洲和平协议占有一席之地,即便意大利此时已经只是个"小兄弟"了。[105] 1941 年 8 月,墨索里尼独自前往东线,在乌克兰与希特勒一起检阅了刚刚抵达的意大利分遣队。他的盟友德国向他展示了 1942 年春季的庞大计划——打过乌拉尔山脉,进攻波斯和里海。"然后呢?"墨索里尼问,他第一次被他的独裁者同行的地缘政治幻想惹恼了,"我们要像亚历山大大帝那样为打不下月亮而哭泣吗?"据他的翻译官讲述,希特勒"沉默但恼火"。[106]

在苏德边境的另一边,关于德国意图的证据数不胜数。苏联领导层没有忽略德国的威胁,法国陷落后,国防人民委员谢苗·铁木辛哥元帅宣布,德国现已成为"最重要、最强大的敌人"。[107]斯大林也意识到,法国的战败让他的关于资本主义列强打得筋疲力尽、共产主义世界坐收渔利的期望落空了,但直到入侵最终到来之时,他还一直想要避免刺激德国,因为苏军还没有为一场大规模战争做好准备。1941 年 1 月,双方又谈了个新的贸易协定,满载物资的苏联列车直到德军进攻的那个周末还在继续开往德国。苏联的计划是,一旦战争爆发,就以小规模的边防军守在固定防线后,顶住敌人的任何进攻足够长的时间,让后方充分动员,之后苏联红军主力加入战斗,并将敌人赶回自己的国土。但在 1941 年夏,这些准备工作尚未完成:当战争来临时,新的机械化军仍在组建之中,新的国境防御工事仍在建设,动员计划也没有完成制订。眼见德军集结的迹象明显,苏军总参谋长格奥尔基·朱可夫大将在 4 月下旬下令进行逐步动员。5 月 13 日,33 个师奉命开进苏联西部,但是到 6 月时,其中只有几个师能配齐装备,而至关重要的机场伪装命令在德军飞机飞来向成排无遮挡的苏联飞机狂轰滥炸前 3 天才下达。[108]阻碍进一步战争准备的是斯大林本人,他把所有情报,尤其是来自西方的情报,都视为蓄意诱发苏德战争的阴谋。空中侦察显示,德国的战备程度已经很高,边境地带也抓获了236名所谓的德国代理人。莫斯科收到了超过80份预警情报，包括德军进攻的准确时间，但斯大林仍然冥顽不化。[109] 5月中旬，军方提议可以发动一场破坏性的进攻来打乱德军的战争准备，但未能实现。有人认为这是当年夏季苏联更大规模的进攻德国计划的一部分，但并无证据，仅仅是斯大林本人对于避免战争的焦虑态度就足以否定这一点。[110] 6月14日，朱可夫试图劝他下令总动员，但斯大林答道："那就是战争了。"然后拒绝了他。[111] 直到6月21日夜，铁木辛哥和朱可夫才最终从斯大林那里要到了进入高级戒备的命令，但这对于茫然的守军来说太晚了；第二天凌晨，当预警电报还在被解码之时，德国的炸弹和炮弹就落在了他们头上。[112]

希特勒在明显的焦躁不安中等候着他的历史性决定最终成为现实。"他紧张而不安，"他的空军副官回忆道，"他念念有词，不停地走来走去，看上去是在焦急地等候着什么消息。"[113] 尼基塔·赫鲁晓夫后来写道，斯大林在6月22日之前的几天里也一样看上去"迷惘、焦虑、消沉，甚至崩溃"。[114] 希特勒在6月21日夜写给墨索里尼的告知他入侵即将开始的信中坦承，在对"我一生中最艰难的决定"进行了"几个月焦急的深思熟虑"后，一切就要在此刻成为现实。第二天凌晨3点30分，轴心国军队沿着整个前线发动了进攻。当第一枪打响后，希特勒向德国人民发表了讲话，他前一晚只睡了3个小时，睡眼惺忪，在国会大厦宣布与苏联进入战争状态。随后他就动身前往"狼穴"了。希特勒从未到过苏联，对自己想要去征服的人民一无所知。他对冯·里宾特洛甫说，自己也不确定，"一旦真的推开通往东方的大门，我们会遇到些什么样的力量"。[115] 在莫斯科，斯大林召集政治局开会时更是什么都搞不清。他想要"立即联系柏林"以证实这些进攻不是希特勒要求的。他派莫洛托夫去会见德国大使，询问到底发生了什么，结果被正式告知两国已处于战争状态。

对此，莫洛托夫问："我们何以至此？"情况明朗后，斯大林在早晨7点15分命令苏军"消灭"入侵者；当晚，他还指示苏联红军把战争推向德国领土。[116]

但前线的实际情况完全不是这么回事。突然性因素和苏联边境一侧混乱的战备状况令轴心国军队在凶猛进攻时如虎添翼。三个主要集团军群起初各自为战，目的是赶在苏联红军主力退过德维纳河与第聂伯河前将其合围歼灭。北方集团军群的任务是夺取波罗的海沿岸国家和列宁格勒，他们在6月26日没等步兵师赶上来就已打过立陶宛，深入拉脱维亚。7月1日，里加陷落，德军在7月中旬就已向距离列宁格勒仅96千米的一处阵地发动突击。费多尔·冯·博克（Fedor von Bock）元帅指挥的中央集团军群拥有德军大部分装甲部队，他们迅速插入白俄罗斯，在6月28日以钳形攻势攻陷明斯克，抓获32.4万名俘虏。博克随后向斯摩棱斯克进攻，铁木辛哥拼死想要挡住德军洪水般的推进，双方在德军装甲师过于漫长的侧翼进行了激战，最终斯摩棱斯克于7月16日陷落。最艰难的战斗发生在格尔德·冯·伦德施泰特元帅指挥的南方集团军群当面，德军情报部门未能获悉苏军决定在南线集结重兵以保卫乌克兰的工业资源。基辅特别军区得到了几个机械化军的增援，这几个军拥有苏军手中大部分可用的现代化坦克。边境保卫战十分激烈，双方在接近杜布诺和奥斯特罗戈的地方爆发了长达数个星期的大规模坦克战，令德军无法向基辅快速推进，尽管苏军绝大部分装甲力量也在这些战斗中被摧毁。冯·伦德施泰特右翼进攻路线上的利沃夫最终在6月30日被德军占领。7月2日，苏军第5和第6集团军全线撤退。[117]南方的罗马尼亚军队与德国军队直到7月底才占领布科维纳和比萨拉比亚的"失地"，在8月上旬开始渡过德涅斯特河前往敖德萨。恶劣的道路、瓢泼的大雨和苏军的顽强抵抗破坏了德军向基辅周围发动钳形攻势以切断第聂伯河以西苏军的计划,南方集团军群的进展落后于预定目标。一直到7月中旬,冯·伦德施泰特的前锋装甲部队才进入能向基辅发动进攻的距离。他告诉希特勒的空军副官:"我在战争中从未遇到过如此优秀的对手。"[118]

德军在北方和中央战线上的迅速推进打乱了苏军的前沿防御计划。1941年6月,苏军在边境及其后方地域的实力相当强大,其装备数量在表面上超过了进攻方:总共300万人的186个师、19 800门大炮、11 000辆坦克和9 500架作战飞机。[119]然而,苏联空军在仅仅几天德军对机场的攻击后就被压制住了,约有2 000架飞机被摧毁;到7月初,总共损失飞机3 990架,但许多受损的飞机也由于机场已成为战区而很难被轻易修复。苏联飞机许多已过时,而且都没有电台,这使得其空军不可能实现集中指挥。坦克部队大部分由火力和装甲俱弱的老旧型号组成,主要是T-26轻型坦克:现代化、火力更强的T-34中型坦克和KV1重型坦克为数不多,只占坦克部队的8%,而且只装备区区几个装甲单位。即便它们足以击败所有德国坦克,其数量还是太少,无法改变战局,而且同样是因为没有电台,它们会被德军绕到侧后击败。[120]在日夜轰炸带来的一片混乱中,各处的苏军野战军都缺乏弹药和燃料;340个大型军需仓库在第一周的战斗中就丢掉200个,让补给问题雪上加霜。苏军的通信十分原始,随着德军的推进迅速崩溃,这导致指挥官完全无法掌控战场,甚至不知道友邻师发生了什么。在"巴巴罗萨行动"第一个月投入战场的319支苏军部队——步兵、机械化师和骑兵部队——几乎全被摧毁或遭重创。[121]苏军巨大的人员损失主要是由于从第一次世界大战沿用下来的拙劣战术,步兵们被命令迎着机枪火力发动一轮接一轮冲锋。基辅正面战线德军的一份报告描述了这种大屠杀,步兵在薄弱的火力支援下发动4次进攻,直到德国机枪热得无法触碰。"进攻的怒火,"报告继续写道，"让我们筋疲力尽而且彻底麻木……我们现在要打的将是一场漫长、痛苦而激烈的战争。"[122] 在指挥和补给更有效、能够进行有组织防御或进攻的地方，苏军也显示出可以沉重打击敌人的能力，但是战局几乎总是一边倒。到1941年9月底，苏军的不可挽回的人员损失（死亡、失踪或被俘）达到了惊人的2 067 301人。[123]

初期的成功让德军这边欢欣鼓舞，这似乎证实了战前关于苏联不堪一击的预言。整个战役的庞大计划最终似乎是可行的。哈尔德在7月3日的日记中留下了这句著名的结论："苏联战役已经在两个星期里打赢了。"兴奋感无处不在。在7月27日的晚宴上，希特勒对来宾说："我不担心东线战斗的原因是，那里发生的一切都是按我一直想要的方式发展的……我一直觉得拥有东方的太阳对我们至关重要。"两个星期后，他可以宣布说苏联的领土"肯定是我们的了"。[124] 7月23日，哈尔德认为莫斯科和列宁格勒将在一个月内陷落，部队在10月份可以抵达伏尔加河，最终在12月到达巴库市和巴统市的油田。[125] 一连几个月里，德军指挥官认为苏军已经不可能有什么后备人员和装备了，他们在前线摧毁了苏军绝大部分空中力量和装甲部队，并且目睹了成群的苏军战俘和成堆的苏军尸体。这些损失比1940年法国遭受的要惨重得多，他们觉得任何遭受了如此损失的国家都只能求和，"巴巴罗萨行动"就会迅速以胜利告终。英国和美国的情报评估也认为，苏联很快就会被打败，德军将抵达伏尔加河，从而证实了战前关于苏联实力的悲观评估。虽然两国还是动手向苏联提供源源不断的军援，但它们相信苏联会速败，这意味着援助在初期会十分谨慎，以免物资落入德军手中。[126]

实际上，苏联红军已被击败只是个错觉。德军确实在面对无组织抵抗时的快速推进中展示出了他们的专业技巧，但是这场战役也凸显了战前那些悲观预计中提出的许多弱点和缺陷。许多苏军部队在完全无法生还的情况下进行了自杀性抵抗，这证实了苏联士兵将会是坚定对手的预判。既然许多苏军士兵被推进的德军甩在身后，那么他们便躲进森林和沼泽，伏击德军士兵，从而拖延了德军进入乡村清剿他们的脚步。他们残忍处置被俘德军，这引起了相互报复的恶性循环，德军和安全部队也杀害被认为是游击队和非正规军成员的人，烧毁被认为可以掩护他们的村庄。双方也常常交换战俘。戈特哈德·海因里希（Gotthard Heinrici）将军在7月上旬写给妻子的一封信中描述了他的步兵师的军人面临的可怕现实：

> 挡在我们前方的苏联人现在已被消灭。整个事情血腥到难以置信。有些时候我们完全不留俘虏。苏联人对待我们的伤员就像野兽一样。反过来，我们的人也会射杀或打死所有穿褐色军服的人。广大的森林里仍然满是散兵游勇，有些人赤手空拳，有些人有武器，他们都极其危险。即便我们的师穿过这些森林，还是会有数以万计的人设法在这些难以通行的地区躲过抓捕。[127]

几个星期后，他告诉妻子，"我们都低估了苏联人"，而且，两天后，"我们的迅速推进已经变成了缓慢挣扎"。当月晚些时候，他冒着被审查的风险写道："这里的战争让我们代价沉重。这真的必要吗？"[128]

地形和气候进一步加剧了德军推进的困难。步兵和车辆在尘土漫天飞扬的土路上艰难跋涉，而一场突如其来的暴雨又会随时把道路变成泥潭。密林和沼泽地带对于全部3个集团军群而言都是无法绕过的，而随着战线的延长，似乎无穷无尽的距离也带来了与在波兰和法国时截然不同的新问题。长距离的强行军、突然遭到伏击的威胁和高温让步兵们筋疲力尽。一名士兵在家信中说，这块没有尽头的土地

"永远走不到目的地,这里同样的东西总是一次又一次地出现"。[129] 另一个人则抱怨说:"血腥的苏联森林!你分辨不出谁是友军谁是敌人。因此我们常常向自己人开枪……"[130] 数以千计的军马让事情更加严重,尤其是拖曳火炮所需的驮马。距离漫长,道路恶劣,天气炎热,军马几天就会累垮。但是,既然步兵师不得不努力追赶遥遥领先的装甲部队,那么马匹只能被用到极限,有时还会力竭而亡。数千辆车辆损坏,这让对军马的依赖更加无可替代,但到11月,马匹也只剩下了65%,现在它们还要面临饲料不足的严冬。[131] 关于补给困难的预计几乎立刻就成了现实。到7月中旬,德军只完成了几百千米铁路的改造,部队不得不严重依赖马匹和汽车。中央集团军群每天需要24列火车的补给物资,但实际上只能得到一半。燃油在整个前线都十分短缺,恶劣的道路和泥潭拖慢了坦克的速度,增加了油耗,而苏联水网地带的劣质桥梁常常无法承受坦克和重型车辆,迫使德军耗费更多燃油来绕路,这都让问题更加严重。后勤已经因为卡车型号不同而出现各种危机,卡车又因为沙质路面磨损了轮胎和尘土堵住了引擎而问题重重。"我们是在密不透风的灰尘中战斗。"一名士兵在7月中旬发现。德军在最初的4个星期中损失了1/4的运输车辆。在接下来的几个月里,由于要在不良的道路上和恶劣的天气中运输物资和人员,德军到11月时就只剩下15%的车辆还能上路了。[132]

速胜,是一场基于对苏联实力和战区自然环境误判的赌博,就像4年前日军也没想到在辽阔的华中地区迅速击败中国军队是那么困难一样。全线德军都需要休息和整补,同时还要压制住显然不愿接受失败的敌人的持续反攻,虽然这些反攻现在还很弱,无法取得任何决定性胜利。随着去年12月悬而未决的关于战略方向的争论再起,情况变得越发艰难。7月19日,希特勒发布第33号指示,实际上叫停了中央集团军群向莫斯科的推进。其部分兵力转向北方,协助对列宁格勒的围困，部分转向南方，帮助冯·伦德施泰特合围基辅周围的大批苏军，随后向更远处的顿涅茨盆地和高加索油田前进。向莫斯科的进攻只有等到9月上旬补给危机解决后才会恢复。军方领导人对此激烈反对，他们认为，击败莫斯科周围的苏联红军将会带来最终的决定性胜利，从7月下旬到8月上旬，随着对优先战略方向的争论，德军也失去了战略主动性。希特勒关于乌克兰的经济资源至关重要的观点，只有在这些资源能够迅速获得和使用的情况下才具有战略意义，但这是无法保证的。在他看来，莫斯科只是个相对而言"平凡无奇"的目标。"我的将军们对于战争的经济方面一无所知。"8月24日，当第2装甲集团军司令古德里安将军想要坚持让自己的部队继续向莫斯科推进而不是向南转向乌克兰时，希特勒如此抱怨道。[133]因为一个月以来的争论不休和战场上毫无决定性进展而沮丧不已的希特勒还是下了死命令。古德里安只得率领着他的部队南征，然而他所带的坦克的数量不足所需的一半，在恶劣天气下苦战之后，他最终在基辅东面的洛赫维察镇与冯·伦德施泰特的北翼部队会师，包围了被斯大林坚持留在当地为乌克兰首府而战的苏军的5个集团军。9月19日，基辅陷落，被围苏军则继续进行了6天血战才投降。基辅战役让德军抓到了66.5万名战俘，人数多得惊人，这一结果让德军觉得最终胜利已近在咫尺。

当兵力耗尽、疲惫至极的南方集团军群越过基辅，进入顿涅茨工业区和克里米亚时，被派往北方的中央集团军群部队也协助里特尔·冯·勒布（Ritter von Leeb）元帅的集团军群在8月底打过了爱沙尼亚，9月8日进抵列宁格勒郊区。德军拿下什利谢利堡（施吕瑟尔堡）后，列宁格勒与苏联内地最后的陆地通道受到了严重威胁。沿着由数以千计的平民建造的简陋防线，血战一直打到9月25日希特勒把部队调回中央集团军群为止。这座城市便陷入了被围攻，每天遭到轰炸和炮击,希特勒希望把城中居民饿死,从而不必让部队进行代价高昂的巷战。希特勒想要这座城市消失:"它被亚洲斯拉夫人视为进入欧洲的大门。这道门必须关上。"[134] 从10月起,城市只能通过拉多加湖得到时断时续的补给,11月中旬,湖面上冻后,这里建立起了不可靠的"冰上之路"。苏军优先保障工人和军人的食品供应,但到了12月,即使是这些人每天也只能得到225克黑面包,其他居民更少,只有140克。在冬季的几个月里,多达90万列宁格勒人在极度艰难的环境中死于饥饿和疾病,直到1942年1月,冰上之路开始能每天平均运进2 000吨补给,这才让幸存者们活到了1943年围城被打破。[135]

当南北两个方向胜利在望时,希特勒最终允许中央集团军群重新集结部队,去消灭莫斯科城下的苏军西方面军和预备队方面军,他认为这是苏联红军最后的储备力量。1941年9月6日发布的第35号指示主要聚焦于击败莫斯科西面铁木辛哥指挥的苏军各集团军(从9月中旬起改由伊万·科涅夫大将指挥),而非夺取莫斯科本身,这座城市将被从更东面包围,虽然军队官兵们都将城市本身视为他们的目标,他们在破碎荒废的乡村打了无数战役,为的正是这里。新战役的发起被推迟了几个星期,德军拼命想要补充消耗殆尽的各部队。到9月,中央集团军群的坦克实力下降到了原来的1/3,需要维修的坦克还要被一路送回德国才行。人力被证明是更严重的瓶颈。中央集团军群到9月已经损失了22万人,却只得到了15万人的补充,而且也无法得到更多了。新的战役很恰当地被赋予代号"台风",但已被完全压垮的补给体系只能为参战部队提供几个星期所需的燃料和食品。尽管如此,向莫斯科的推进重新点燃了德军的乐观情绪。即便是深知补给系统对于这种大规模作战而言是多么不可靠的军需处长爱德华·瓦格纳,也在10月5日写道:"最后的大崩盘就在我们眼前……在莫斯科东面。因此我预计战争就快要结束了。"[136] 10月2日,"台风行动"的发起日,希特勒回到了柏林,第二天他要到柏林体育场向德国民众讲话。他对听众说,他从"一场具有真正世界级决定意义的战场上"归来,此言不虚。他继续说,"丑陋、凶残、动物般的敌人",布尔什维主义,已被消灭,"永不能翻身"——这一说法后来被证明是子虚乌有。[137]

和早先的进攻一样,"台风行动"起步顺利。德军的计划还是常见的模式:用3个装甲集团军合围维亚济马和布良斯克城,然后步兵跟上来收紧包围圈以免被围苏军逃走,之后通往莫斯科及更远处的道路就无人防守了。苏军指挥官没能意识到一场大规模战役即将到来,或者没想到大为削弱的德军还有这个能力,结果在古德里安的第2装甲集团军向奥廖尔和布良斯克突破前两天他们才收到紧急警报。10月2日,中央集团军群的北翼迎着顽强的抵抗向维亚济马前进。10月3日,奥廖尔陷落,5天后维亚济马和布良斯克双双被围。有些苏军部队得以逃出包围圈,这仅仅是因为第3装甲集团军耗尽了燃油,无法在一天内封锁包围圈,但最终的结果和基辅一样,将会有100万名苏军被俘或战死,一旦被包围的苏军被歼灭,这场胜利似乎就会最终打开通往莫斯科的道路。这一耽搁被证明代价高昂,因为封闭包围圈意味着要在秋季暴雨、道路恶化难行的时刻,进行数日血流成河的近战。当德国士兵、马匹和车辆与一股股苏军的持续抵抗、不足的补给和泥泞的道路苦战时,当推进变成了爬行之时,莫斯科也变得更遥远了。完全不堪使用的道路网、狭窄道路上经常发生的交通堵塞、被炸毁的桥梁,以及苏军在为数不多的有铺设路面的公路上用延时地雷炸开的30米宽的弹坑,都使德军的机动性受到严重拖累。在用来向古德里安第2装甲集团军运送补给的通往布良斯克的道路上,苏军进行了33处爆破,包括爆破了11座主要桥梁。绕行耗费了更多的时间和燃料，并迫使车辆驶入烂泥和土路之中。[138] 泥泞只是让已经摇摇欲坠的补给情况更加恶化了而已，燃油和弹药的供应无法像雨季到来前那样足以支撑一场进攻。第 3 装甲集团军参战仅仅两天就耗尽了燃油，不得不通过空运补给；两周后，德军部队耗尽了弹药，而补给弹药还得从华沙一路送来。[139] 在如此情况下，中央集团军群战斗力锐减。11 月 1 日，冯·博克声称："应当暂缓继续推进。"[140]

"台风行动"开始一个月来，苏军的抵抗力度足以拖慢德军的进攻势头，但是当 11 月中旬地面上冻后，筋疲力尽、消耗殆尽的德军部队又被要求再努力一次，力争夺取苏联首都。要么相信自己仍有可能推进到莫斯科另一侧的最远目标线，要么承认决定性击败苏联红军要推迟到 1942 年，希特勒在这两者之间犹豫不决。11 月 19 日，他甚至对哈尔德说，议和或许总归是必要的，因为"对阵的两个集团谁也无法摧毁对方"。第二天，军需部长弗里茨·托特对希特勒直言说："这场战争没法再用军事手段打赢了。"[141] 将军们已经在请求有序撤退至 10 月的战线以避免更多损失，但希特勒决定无论如何都要继续进攻。经历了超过 4 个月持续不断、消耗严重的战斗之后，各个集团军群的战斗力实际上已是强弩之末。到 11 月 21 日，战斗已陷于停滞；有几支部队在 12 月初设法一路推进到了能够肉眼看到苏联首都的地方，但再也无法前进一步。德军仍在严寒中苦战，他们衣装单薄，口粮不足，坦克和枪炮在远低于零度的气温中也无法正常使用。"我们都厌倦了苏联，厌倦了战争。"一名士兵如此写道。普遍的士气低落由此可见。[142] 中央集团军群的实力下降到了名义实力的一半，他们从开战以来已经有 35 万人伤亡，由于运输体系几乎完全瘫痪，不断损耗的武器无法得到补充。当古德里安的第 2 装甲集团军在接近莫斯科的图拉最终停下脚步时，他只剩下了 40 辆坦克。

"台风行动"迟迟未能实现合围莫斯科这一目标，这让苏联方面获得了斯大林急需的喘息机会。1941年10月中旬，首都陷入了恐慌，政府部门也匆匆撤往东面的古比雪夫。10月18日，斯大林决定留在自己受到威胁的首都，民众也被动员起来在雨雪中挖掘外围防线。斯大林任命朱可夫为西方面军司令，负责保卫莫斯科。最初的8万到9万人的苏军很快便得到了大批临时拼凑的部队的增援，但他们缺乏训练有素的军官，人员和装备也不足，这些部队沿"莫扎伊斯科防线"集中部署，但是这条防线崩溃后，朱可夫又撤退到了距离莫斯科市中心16千米的防御地带。11月19日，冯·博克的疲惫之师再次拖着疲惫的脚步前进，斯大林便问朱可夫："你肯定我们能守住莫斯科？……说真话，就像个共产党员那样。"朱可夫其实并没有把握，但他还是告诉斯大林："我们毫无疑问会守住莫斯科。"[143] 在11月的最后几个星期里，大批预备队被组建起来填进防线，许多部队是从苏联的远东和中亚地区调来的，有准确情报表明，日军将向南进攻英国、荷兰与美国的占领区。12月1日，冯·布劳希奇报告说，苏联红军已"没有大规模预备队"了。实际上，朱可夫的麾下现在已有33个步兵师、7个骑兵师、30个步兵旅和2个装甲旅，总共100万人，还有700辆坦克和1100架飞机。[144]

苏联红军计划发动一场有限规模的作战，击退逼近的德军前锋，并在首都以西建立一条稳固防线。12月5日凌晨3点，苏军踏着厚厚的积雪，沿着分别位于莫斯科南北的两条主轴线向前推进。德军部队和指挥官都大吃一惊，拼命想要转入防御阵形，一直以来的进攻状态没有给他们准备防御的机会。12月15日，北方城市克林被收复，在南面，古德里安的部队也从图拉被击退到130千米外的卡卢加，南北两翼都进行了激烈的逐屋巷战，直到德军被迫撤退为止。中央集团军群那些冻得瑟瑟发抖外加营养不良的部队开始恐慌，德军指挥官想尽办法以应对无法避免的撤退，并防止部队彻底崩溃。在遥远的北方，苏联红军收复了季赫温城，而在南方，德军南方集团军群用尽最后一点力气夺取的罗斯托夫也丢掉了。德国军队第一次开始撤退，并将继续撤退，直到3月的大雨使得这场让双方都筋疲力尽的反攻停下来。约有8万名德军士兵被消灭，但是苏联红军方面又损失了44万人，他们的战术在许多方面仍然处于劣势，而且军官也经验不足。[145] 为了消除彻底崩溃的威胁，希特勒在12月26日下达了"禁止撤退令"，逼迫士兵们留在原地守住防线；一个星期前，希特勒罢免了冯·布劳希奇，亲自指挥德国陆军，这样他就能更直接地控制自己的指挥官们，并阻止他们的撤退愿望。

临近12月，"巴巴罗萨行动"的失败已经很明显了。德国人赌苏联会在4个月甚至更短时间里被决定性击败，但这一赌注从一开始就风险过高，德军缺乏装备和训练有素的人员，关于苏联战斗力的情报也不足。"我们受到了惩罚，"一名德军总部参谋军官在1941年12月写道，"因为我们对自己实力的高估和我们的狂妄。"[146] 这一失败在战略方面也有可信的解释。入侵的首要目标从来都没有被清楚地阐释过，因此军队想要消灭苏联的愿望和希特勒对可利用土地的渴求之间便出现了裂痕。这一裂痕首先导致了1941年7—8月因为争论优先方向而长时间拖延进攻，继而又导致希特勒不断插手，他让德军分兵以最大限度地夺取地盘。未能充分考虑到在欧洲一些最不适宜居住的地形和最不发达的基础设施上，在三个主要战场进行远距离作战的后勤问题，这凸显了德军在更宏观角度上对于"什么是东线"缺乏想象。对于德国军队而言，在波兰和法国的战役作战距离相对较短，也能受益于德国的铁路网。而在苏联的领土上，部队在各个集团军群之间的正常调动则意味着长达450千米到650千米漫长而费时的行军，没有铁路支持，路况恶劣，而且还会受到对手的不断袭扰。人们常常会问，苏联的军事机器是怎样挺过了德国人的进攻而没有崩溃？但是若仔细考察德国军队需要应对的诸多障碍，尤其是在 1941 年的最后几个月里，这个问题或许就可以换成：德国军事机器怎么会占领这么大的面积，还把大部分守到了 1942 年？希特勒和德军总部的期望与前线的实际情况之间总是存在着鸿沟，这道鸿沟只有依靠部队所表现出的非凡忍耐力和专业能力来弥补，这些部队总是被要求在恶化的环境下执行没有可能性的命令。宿命论也在一线作战的德国军人中蔓延开来。1942 年 1 月 2 日，面对着尤赫诺夫（Yukhnov）的包围圈，海因里希将军再一次给妻子写信："我很不幸知道了即将发生的事，这无可避免，而我说的任何话都是对牛弹琴。命运会毫不留情地压向我们。更大范围的情况也是一样。我无法再用整个战争的进程来蒙蔽自己了。"[147]

就在东线德军首次被击败的背景之下，全球战局已是天翻地覆。1941 年 12 月 7 日早晨（日本时间 12 月 8 日），日军航母舰载机轰炸了太平洋上的美军珍珠港海军基地，同时日本陆军部队也开始在东南亚向英国、荷兰和美国的地盘发动进攻。日军的战争准备严格保密，连日本驻德国大使大岛浩将军也不知情，他从 1941 年夏季以来一直催促东京加入对苏联的战争，"从源头上消灭共产主义"。若果真如此，那就会是"麦金德时刻"了，整个欧亚大陆或许就会落入德国和日本的手掌中，但是日本领导层即便如此也不愿利用德军的胜利，虽然外相丰田贞次郎在 7 月下旬给大岛浩写信说，"巴巴罗萨行动"让日本军队得到了"解决北方问题的绝佳机会"。[148] 7 月 25 日，国防军最高统帅部参谋长威廉·凯特尔（Wilhelm Keitel）元帅向冯·博克报告说："元首对日本将此视为解决苏联问题最佳时机的期望看起来是落空了。"[149]

实际上日本领导层在 1941 年 7 月就已经决定，向东南亚的原油和资源产区"南进"具有更大的战略意义，并决定遵守丰田外相的前任松冈洋右在 1941 年 4 月与苏联签订的中立条约。日本人更希望德国与苏联和平共处，这样斯大林就会加入《德意日三国同盟条约》，共同发起欧亚大陆对西方海洋强国的战争，这一结果将会更切合麦金德的地理战略展望。结果是，当德国领导人要求日本人和自己一起打败苏联时，日本领导层表现得不冷不热，也没有为德军的作战提供任何直接支援。[150] 反过来，日本领导层还希望德国能在自己对美开战时伸出援手，即便《德意日三国同盟条约》的条款并不要求德国如此行事，因为日本是侵略一方。希特勒原本想要避免与美国的战争，因为根据 1941 年 3 月的"与日本协同"的指示，他希望优先打败英国，它才是德国的首要敌人，但是当珍珠港事件的消息传来后，他觉得日本将能够让美国远离欧洲，并分散英国的力量。与日本不愿帮助侵苏战争相反，希特勒选择了加入日本一边对美国作战。[151]

在珍珠港事件后的四天里，美国并未与欧洲轴心国交战，反倒是因为美国介入亚洲战事而欢欣鼓舞的蒋介石立刻向轴心国宣战。12 月 11 日，希特勒抛开在苏联的危机，来到德国国会，宣布对美国开战。同日，墨索里尼也紧随其后。为了表达自己齐心协力，希特勒要冯·里宾特洛甫去签订一份关于联合作战策略的德日条约，但这实际上仍然只是个空洞的意向性声明，因为德国几乎无法为日本在亚洲的战争提供任何战略或军事协助。尽管如此，珍珠港胜利的消息——以及随后一连串日军胜利南进的消息——立刻在德国和日本激发了公众的热情，虽然其中的危险也显而易见。人群聚集在东京的皇宫外，感谢天皇的英明领导。[152] 德国秘密警察的报告也显示，德国民众认可了与美国的战争——这是"唯一可能的答案"——并觉得日本的胜利将把美国牵制在太平洋地区，会使美国减少对英国的租借支援，削弱英国和苏联的战争努力，并缩短战争。日本的胜利与从苏联传来的沮丧消息形成了鲜明对比,于是戈培尔决定在每一次无线电广播中为日本摇旗呐喊。[153] 德国海军也欢迎这场与美国之间的战争,虽然美国很快就会拥有世界上遥遥领先的最强大的海军。在宣战次日与希特勒的会议上,雷德尔海军元帅向他确认,随着美国把所有力量投向太平洋地区,英国将会被弃置一旁。[154]

从来没人怀疑对美国宣战是个足以致命的战略误判。这三个国家都已经陷入了与中国、苏联和英帝国之间耗尽资源、代价高昂的战争,现在又要与世界最大经济体开战,这很难说是个明智的选择,实际上日本和德国的领导层也一直想要避免如此。他们低估了美国参与一场大规模战争的能力或意愿,因为美国的军事准备相对不足,而且它长期处于孤立主义之中,这助推了他们对美开战的决定。宣战当天,希特勒在午餐时对来宾说,美国军官只是"穿着军服的商人",而非真正的军人。几天后,他又断言说,美国工业被"严重高估了"。[155] 然而,沉睡的巨人终究是个巨人。对美宣战只能被看作不明智之举。对日本领导人而言,这场战争可以被解释为与包围自己的西方列强进行的不可避免的自卫战争,对英国与荷兰的战争也被囊括其中。东条英机将军宣称,西方阴谋将这个国家变回"从前的'小日本'",终结2 600年的帝国荣耀。日本领导层将这场战争视为一项神圣使命,这项使命旨在驱逐西方个人主义和物质主义文化,建立"皇父"领导下的亚洲国家大家庭——这也是传统的"八纮一宇"的目标。日本没有对胜算进行理性的考量,而是相信先皇和战死军人的灵魂将会护佑帝国永不失败。初期的胜利被归因为日本的"精神力量"和"帝国祖先"的护佑,后来的失败则是由于"缺乏真正的爱国主义"。从这些方面看,日本对美宣战并不仅仅是冒险的地缘政治学推算的产物,还体现了一种从骨子里与西方不同的文化观念。[156]

对希特勒来说,对美宣战只不过是把在他看来华盛顿已经在进行的未宣之战——美国人以《租借法案》支援英国和苏联，参加海上的战事，还冻结了德国的所有经济资产——公开化了而已。希特勒长期以来一直希望德意志的新帝国总有一天能够在与美国的战争中证明自己。他对日本大使说过，正式宣战大大简化了大西洋战役，德国的潜艇艇长们不必再忍受"努力辨别美国船只和英国船只带来的精神疲惫"。[157] 在宣战后的几个星期里，德军出动潜艇西进执行"鼓点"作战，它们潜入美国海岸，击沉那些既没有组成护航船队也没有空中掩护的船只。在1942年的最初4个月里，盟军有260万吨位的船只被击沉，这个数字超过了1941年全年的数字。[158] 但在这种认为战争状态只是将迄今为止未宣之战的冲突公开化了的论点之下，潜藏着一种更为危险的阴谋论。在希特勒扭曲的观点中，美国对德国的敌意都是世界上的犹太人煽动的。希特勒的一名翻译官记录了他的观点："美国到处都是犹太人，文学领域有犹太人，政治领域有犹太人，工商业领域也有犹太人，顶层还有个完全犹太化的总统。"[159] 在纳粹党的世界观中，罗斯福是犹太人的帮凶，是他驱使着伦敦和莫斯科的犹太人继续打下去。1942年12月12日，希特勒召集纳粹党首领秘密开会，解释了与犹太人操控下的美国的战争，还说他在1939年1月做出的关于一旦德国被拖入世界大战就要消灭犹太人的预言已经成真了。时任柏林大区长官的约瑟夫·戈培尔第二天在日记中写道："世界大战已经开始，犹太人被消灭将是必然的结果。"[160] 虽然历史学家们不同意将这次会议视为种族灭绝的明确起点（因为东方沦陷区已有数十万犹太人死于德军及其安全部队手中），但希特勒将世界大战与犹太人关联到了一起，这就让他的对美宣战成了一种理性的"算总账"，而非看上去那样是一种不理智的赌博。

日本领导层明白与美国的战争远不是什么好事，但这也同样结束了另一场未宣之战的混乱状态，在这场未宣之战中，美国切断了日本关键性工业资源（包括原油）的来源，并为其对手中国提供物资和经济援助。希特勒声称要打败英国就要攻击另一个更强大、更具潜力的对手，日本的主张与此相似：它也认为与美国（以及英帝国）开战总会有助于解决中国的战事。对于日本和德国，很明显，扩大的战争必须依靠掠夺更多的物质资源才能打得下去，无论这些资源是在乌克兰还是在东南亚。在 10 年的帝国扩张之后，日本对东亚的看法与美国对西半球的看法如出一辙——这是自己天然的统治区，其他列强应予尊重。日本领导层想不通，为什么现状不能被视为既成事实而得到认可，因此对美谈判的基础是日本作为亚洲新秩序领导者的合法主张，而非任何关于日本的扩张违背了国际惯例的看法。1941 年，外相松冈洋右公开批评美国没打算理解日本在亚洲的角色，日本是要"阻止文明的毁灭"并建立一个公正的和平。[161] 而美国在谈判中拒绝妥协，这被日本解读为压制继而消灭日本这个国家的国际阴谋的一部分。毫不意外，日本人在 1941 年寻求与美国妥协，以使自己能按照自己的方式解决中国战事，并稳定获得维持帝国所需的战略资源时，却发现双方几乎没有任何共同立场。

颇具讽刺意味的是，罗斯福及其军队领导人的考虑更多聚焦在欧洲而非太平洋的战事上。罗斯福总统在 1941 年的讲话中提到希特勒和德国 152 次，提到日本只有 5 次。[162] 人们认为日本会被美国海军的出现吓阻（1940 年 5 月，罗斯福命令太平洋舰队在完成越洋航行后永久驻留珍珠港），还认为这个严重依赖美国供应金属和原油的国家会在经济压力下屈服。早在 1938 年，罗斯福就要求对日本进行燃油、钢铁、飞机和金融的道义禁运，同时准备了一批资金来提前抢购日本工业所需的原材料。[163] 1940 年 1 月，1911 年签署的对日贸易协定被废除。日本人在 1940 年夏季进入法属印度支那北部后，美国又推出了出口管制法案，正式限制各种战略物资的对日出口，这些物资包括航空汽油、废钢铁、铁矿石、铜和原油精炼设备。一年后中南半岛南部被占后，美国又冻结了日本的资产。1941年8月1日，罗斯福下令，日本必须申请联邦许可才能购买原油产品，虽然他还不想拒绝所有的申请以免把日本推得太远。人们预计美国强硬的态度导致的即将到来的经济危机会把日本吓住，尽管美国驻日大使约瑟夫·格鲁警告过华盛顿，"对日本人的威胁只会强化他们的决心"。[164] 确实，日本经济形势的恶化令其加速转向了极端的解决办法。

1941年，日本的军政领导人论证了是通过外交手段还是靠进一步对英美开战（他们原本希望避免这一解决方式）来解决中国危机。就像希特勒决定进攻苏联一样，日本领导层也逐渐认定，战争看上去既有必要，也不可避免。美国政治家们没能认清4年的全面侵华战争给日本带来的影响。日本社会已经为总体战做好了准备，民众获得的物资和粮食不断缩水，政府举债，民间也形成了勇于献身和艰苦朴素的文化。[165] 美国完全体会不到灾难将临的绝望感，但对日本领导层而言，在中国的失败和禁运的绞杀效果迫使他们选择了原本从理性上应当避免的解决办法。1941年夏秋两季，日本对危机回应的不确定性集中体现在了松冈外相的辞职和近卫公爵政府的倒台。日本"新秩序"的两位首要策划者让位给了东条英机大将，这位军事官僚身上集中体现了日本精英阶层对国家选择的矛盾心理。同年7月，东条英机作为陆相主持了第一次会议，会上达成的共识是，南进以消灭蒋介石的外援，并夺取东南亚的原油和原材料是当前需要优先解决的事情。原本一直对未来战略持相反意见的日本陆海两军暂时协调了他们的作战计划。苏德战争消除了苏联对中国东北日占区的威胁，虽然日本陆军在夏季将关东军的兵力翻了倍以备在苏联濒临战败时迅速利用这一机会，但南进以孤立中国具有更急切的战略意义。[166] 7月下旬，日本陆军占领了中南半岛南部以切断援蒋的主要通道（这条路的运量估计占 1940 年全部援助的 70%)。其结果则是加快了与西方战争的到来。8 月 9 日,美国的石油禁运导致日本 3/4 的石油输入受到威胁,日本陆军认可了在 11 月开战的战争计划。海军则更想把开战日期提前到 10 月。在 9 月 6 日的御前会议上,战争计划获得了批准,用近卫文麿的话说,这是一场"自卫"战争。[167]

然而,10 月 16 日,东条英机接替近卫文麿担任首相后,就立即保证要重新争取达成外交解决方案,为日本领导下的亚洲和平铺平道路,而不是像近卫文麿所说的那样"让我们立刻陷入战争"。于是,决定是战是和的期限被推迟到了 11 月下旬。日本内阁进行了为期数天的讨论,把两个选项的前景探讨得一清二楚,之后,他们同意再进行一次外交努力。在 11 月 5 日的一场御前会议上,天皇听到了坏消息,如果最后一搏未能成功,则战争将无法避免。日本内阁和军部将战争视为被强加在自己身上的事情,而非自己的选择。东条英机同意向华盛顿提交两套方案:A 方案,承诺立即从中南半岛撤军,并在两年内逐步撤出中国(不含海南岛、华北和东北),但希望美国做出一定程度的让步,包括恢复贸易,停止援助中国,并同意不再干涉中日关系;B 方案的让步则更少,仅仅承诺不再扩大侵略,如果美国保证结束贸易禁运并放弃在华一切角色的话。[168] 两套方案都被大使野村吉三郎和外交老手来栖三郎提交给了华盛顿。这两套方案在 1941 年 11 月时只不过是一厢情愿的想法,但日本方面很认真地把它们视为妥协提案。11 月 22 日,美国截获了日本发给谈判人员的外交电报(密码代号为"魔术"),并破译了其内容,电文要求把 11 月 29 日作为达成政治协议的最后期限:"这个时间期限绝对不可更改。之后事情将自动发生。"[169] 于是,整个太平洋地区的美军从 11 月下旬起就进入了最高戒备状态,但是他们尚不清楚日本将进攻何处。

罗斯福并不反对某种形式的妥协,如果这能保住太平洋地区的和平并符合美国利益的话，但他的国务卿、主持对日谈判的科德尔·赫尔坚决反对将中国的任何一部分交到日本手中的协议。他没有遵从军队领导层的建议和总统的意愿，于11月26日向日本谈判代表递交了一份照会，明确指出，从长期来看，协议的达成只能以恢复日本侵占中国东北前的状态为基础，这个要求对日本领导层来说显然是没法谈的。[170] 日本政府将这一照会视为最后通牒，并讨论了在29日的选择。东条英机的结论是，"已无和平解决的希望"，选择开战成了多数意见。没几个日本领导人主动想要与美国和英国开战。这一决定只是一个听天由命的接受，认为战斗比卑微和耻辱更可取。11月5日，东条英机告诉帝国议会，如果接受了美国的条款，日本就将沦为三流国家："美国一时会被激怒，但它将来会慢慢理解的。"[171] 一旦日本控制住所需的原油和资源，就有希望刺激美国人回心转意，为达成符合日本国家目标的条约打开道路。还有一个选项在11月被重新提出，即日本或许可以调停德国和苏联的战争，这样就会孤立美国，但两个杀红眼的对手对此都不感兴趣。[172]

就在赫尔向野村大使提交照会的当天，南云忠一指挥的日本海军机动部队驶出了千岛群岛的基地，一旦命令下来，他们就将袭击珍珠港内的美国太平洋舰队。12月2日，密电"攀登新高峰1208"传来，授权他在日本时间12月8日按计划发动攻击。运兵船队也从中国和中南半岛出发南下菲律宾和马来亚。华盛顿收到了关于后者的报告，认为日军的目标是占领马来亚和荷属东印度群岛，但南云忠一的舰队在攻击到来的那一刻之前不知所终。向珍珠港发动突然袭击的计划可以追溯至1940年末日本海军领导层开始认真准备南进之时，南进从20世纪20年代起就是日本海军圈子里的老话题了。[173] 黑岛龟人制订出了详细计划，他是舰队司令山本五十六大将的古怪参谋，他常常一连几天把自己光着身子关在黑屋子里思考计划方案。[174] 如此规模的海上空袭是前所未有的。一个范例是1940年11月英国对塔兰托的空袭，日本大使馆官员在空袭次日就赶到塔兰托近距离观察空袭效果。德国在挪威成功使用空中力量压制住了英国强大得多的海军力量，这也起到了很大影响。1941年春，日本的航空母舰被纳入一名舰队指挥官麾下统一指挥，以最大限度地发挥其攻击力。日本的航空鱼雷经过了改进，能够在水深相对较浅的珍珠港码头使用而不至于沉入海底，海军飞行员也疯狂地进行了低空鱼雷攻击和俯冲轰炸训练。虽然山本五十六本人是急于避免与美国爆发战争的日军高级将领之一，但他明白，攻击珍珠港是阻止美国太平洋舰队对日军进攻东南亚、夺取原油和其他资源的行动形成威胁的关键性第一步，而夺取原油和资源是南进时需要最优先解决的事情。然而，这份计划被呈交给军令部时却被驳回了，因为它让太多海军力量远离了亚洲战场，并让航母部队陷入险境。直到山本五十六以辞职相威胁，海军才被迫点头，10月20日，计划勉强获批。南云忠一的第一航空舰队的任务是摧毁至少4艘锚泊中的美军战列舰，并摧毁港口设施和燃油储存区。这支舰队拥有6艘航母和432架飞机、2艘战列舰、2艘巡洋舰和9艘驱逐舰；对于如此冒险的任务而言，舰艇数量不算多。但多年以来，日本的海军战略一直将空中力量视为海战的关键因素。

虽然南云忠一被告知即便他的舰队在接近瓦胡岛时被发现也要继续进攻，但12月7日这天，日军还是达成了奇袭。现在人人都知道美国人被狠揍了一顿：飞机由于当地指挥官赫斯本德·基梅尔（Husband Kimmel）海军上将收到可能有人破坏的警告而被密集地排列在机场上；数量有限的雷达系统在早上7点被关了机（有人看到日机飞来，但觉得那是正在进行训练的B-17机群），飞机情报中心（仿照皇家空军的体系）又尚未投入使用；没有防鱼雷网；几艘日本微型潜艇在凌晨时分空袭之前尾随船只突破了港口防御，美军发现并击沉了其中一艘，但没有发出战斗警报；而最重要的是，美国人手头的所有情报都警示日本即将动手，但又都先入为主地认定打击将落在东南亚。[175] 实际上，山本五十六在这场战斗中的运气好到了极点，他原本判断只有 50% 的成功机会。

　　破晓时分，两批三菱"零式"战斗机、B5N97 式攻击机（盟军绰号"凯特"）和 D3A99 式俯冲轰炸机（盟军绰号"瓦尔"）从航母上腾空而起，第一批总计 183 架飞机，第二批 167 架。[176] 虽然进行了密集训练，但作战还是困难重重。行动最成功之处在于摧毁了夏威夷几乎所有的美军飞机——180 架被完全摧毁，129 架受损。对美军主力舰的攻击则没么成功。40 架鱼雷攻击机只有 13 架命中目标；俯冲轰炸机发现很难辨别目标，它们击伤了港内 8 艘巡洋舰中的 2 艘，除此之外再无其他斩获；第二批飞机则发现目标已被浓烟笼罩。除了命中率低下，许多日本炸弹还未能爆炸。一枚炸弹侥幸钻入了"亚利桑那号"战列舰的前部弹药库，诱发了巨大的爆炸并炸沉了它，这成了这场战役的标志性一幕。飞行人员返回后报告说目标遭到毁灭性打击，但是，就像英军对塔兰托的空袭一样，当烟雾散尽后，战果显得并没有那么了不起。空袭时美军航母都已出海。4 艘战列舰被击沉，1 艘搁浅，还 3 艘受到轻伤；2 艘巡洋舰和 3 艘驱逐舰遭到重创，还有 2 艘辅助船沉没。日本海军派去拦截任何出逃的舰船并随后封锁夏威夷的 27 艘舰队潜艇在两个月内仅仅击沉了 1 艘油轮，击伤了 1 艘军舰。[177] 攻击的成果超乎山本五十六的预期，但日军若经验更丰富、战术更优越一些，这场空袭本应获得更多战果。

　　这次空袭造成 2 403 个美国人死亡，1 178 个美国人受伤。罗斯福从此再也不用受困于劝说态度分裂的美国公众加入战争这一难题了。就在珍珠港事件几天前，他还对他的助理哈里·霍普金斯说，他无法自作主张宣布参战："我们是个民主国家，有和平的人民，而且

第二章　帝国的幻想与现实，1940—1943　　219

记录良好。"[178]日军的袭击刺激了美国民意,终结了多年以来围绕孤立主义和干涉主义的争论。原本持各种想法的美国人,意见迅速统一起来:要不惜一切代价打败日本。英帝国虽然现在也受到日本侵略的威胁,但更担心美国对日本的怒火会降低它投入力量参加欧洲战争的可能性,直到德国和意大利的宣战让罗斯福再一次不必去说服美国民众连欧洲轴心国一起打。为达成共同战略,丘吉尔亲率一个代表团于12月22日来到华盛顿,在为期三周的代号为"阿卡迪亚"的会议上,英国代表们试图争取美国人认同自己的战争观。双方早在1941年3月的非正式参谋长讨论会上就达成了临时共识,认为欧洲是共同的优先方向。1941年8月,丘吉尔和罗斯福在纽芬兰岛的普拉森舍湾首次会面时,《大西洋宪章》中就已写明,击败"纳粹德国"是新世界秩序的关键。

在12月的峰会上,丘吉尔得到了罗斯福的保证,虽然美国海军持强烈保留意见,但欧洲仍然优先。双方还采取了不同寻常的、实际上是独一无二的战争举措,组建英美联合参谋长会议以作为共同论坛,探讨和协调双方战略,同时成立的还有联合航运委员会、联合军需生产委员会和联合情报委员会。[179]但双方的分歧也很大。罗斯福和他的军事幕僚们并不想简单地按照英国的计划行事,总统周围的许多反英人士将其视为一场"帝国战争"。当前最优先的是防止苏联被打败。"没什么比让苏联崩溃更糟的了,"他对他的财政秘书说,"我宁愿丢掉新西兰、澳大利亚或任何其他地方,也不愿让苏联崩溃。"这一观点与英国的帝国利益格格不入。[180]罗斯福和他的陆军总司令乔治·马歇尔将军认为,必须在1942年向希特勒占领的欧洲发动正面进攻以支援苏联的战斗,但英国坚决反对冒这个险——这一争论直到1942年后期这场行动明显不再可能实施时才自然结束。为了显示自己是从美国的全球战略出发想问题的,罗斯福利用珍珠港遇袭仅仅三周后的 1942 年 1 月 1 日召开的"阿卡迪亚"会议发表了一份宣言，宣示了由所有与轴心国作战的国家组成的、后来被称为"联合国"的组织的行为准则，和《大西洋宪章》一样，这份以民族自决和经济自由为关键原则的宣言，标志着旧帝国秩序的价值观被美国国际主义价值观取代，这一转变随着战争的进行而越发明显。

英美两国在开会的几周时间里充满了奇幻的不现实感。在整个东南亚和西太平洋，日本陆海军迅速而决定性地向南进军，收割战果。其作战规模与"巴巴罗萨行动"完全不可同日而语。由于在中国和珍珠港作战投入了大量兵力，日军能拿来南进的兵力十分有限：陆军只出动了全部 51 个师中的 11 个和 700 架飞机；海军只拿出了其 1 000 架飞机中的一半，以及 2 艘航母、10 艘战列舰和 18 艘重型巡洋舰来支援陆军的两栖作战。[181] 这场作战甚至比偷袭珍珠港更加冒险，因为它需要把力量分散到 4 场主要战役中，这就导致它在每一处投入的力量都不足：攻占菲律宾，占领泰国，夺取马来亚和新加坡海军基地，以及征服荷属东印度群岛。然而，自从日军 1937 年全面发动这场漫长战争以来，这却是他们少有的胜利时刻。西方的防御十分薄弱，这主要是由于英国深陷欧洲和地中海战事而无暇他顾，美国的增援也才刚刚开始。德国占领荷兰本土后，荷兰军队主要靠当地殖民地部队来撑台面。这一地区的英军大部分是缺乏经验的印度师。灾难的噩耗每天都在飞往伦敦和华盛顿，第一个噩耗是英军两艘主力舰被击沉，这两艘舰原本是在丘吉尔的坚持下为了威慑日本而派来的。英军战列舰"威尔士亲王号"和战列巡洋舰"反击号"在驶入南海时相信自己不在任何已知的日军飞机的作战范围内，而且对日军的战斗力一无所知。12 月 10 日，这两艘舰被从中南半岛基地起飞的日军鱼雷机击沉。几个小时之内，远东的英国海军力量就被消灭了。只有日本为这场较量赋予了名字：马来海岸海战。[182]

对美属菲律宾和英属马来亚这两个受保护国的大规模战役始于1941年12月8日。受过远距离跨海飞行特殊训练的飞行员们从台湾岛的日军基地起飞，攻击了菲律宾；和在瓦胡岛上一样，他们发现美军飞机整齐排列在克拉克机场上，随即摧毁了一半B-17轰炸机和1/3的战斗机。10日，日军在菲律宾主岛吕宋岛开始两栖登陆，随即迅速向首都马尼拉挺进，1942年1月3日，马尼拉被占领。当年早些时候上任的美军指挥官道格拉斯·麦克阿瑟，率领他的美菲联军向南撤退到了巴丹半岛。由于没有空中掩护，补给物资也只有美军潜艇运来的1000吨，这支部队在劫难逃。3月12日，麦克阿瑟撤往澳大利亚准备来日再战。4月9日，巴丹失守。5月6日，在科雷吉多尔岛屿堡垒上进行了残酷而坚决的保卫战之后，留在当地的美军指挥官乔纳森·温赖特（Jonathan Wainwright）将军放弃了战斗。日军第14军俘虏了约7万名盟军士兵，其中1万人是美国人。这些战俘随后沿着巴丹半岛向预定的战俘营行进。除了疾病、疲惫和饥饿，他们还受到日军士兵的殴打、杀戮和羞辱，这些日军也曾饱受药物匮乏和粮食匮乏之苦，他们受到的教育令其对投降者充满鄙视。[183]

在马来亚北部，山下奉文将军的第25军于1941年12月8日发动了两栖进攻，由于找不到足够的船只，他们起初只有几千人成功登陆。日军遇到的抵抗凌乱而没有章法，英军几天内就被击溃，守军在混乱中沿半岛步步后撤，直至1942年1月28日，马来亚英军总司令阿瑟·珀西瓦尔（Arthur Percival）中将下令放弃半岛南端的柔佛邦，大批殖民地部队退入新加坡岛内。山下奉文最终率领着约3万人向岛屿发动进攻，日本帝国大本营认为，新加坡是进攻荷属东印度群岛之前的关键性目标。这座对于地面进攻未做任何准备的岛屿基地，现在挤满了大约8.5万名英国、印度和澳大利亚的军人（增援到达后总兵力达到12万人），山下奉文登陆的部队比对手少得多。[184] 2月8日，山下奉文命令两个师团和天皇卫队发动夜袭。丘吉尔发来电报，要求守军战至最后一人，但这是帝国冒险故事中的老生常谈了。在常常不见踪影而又显然十分残暴的敌人面前一连撤退了几个星期，士气低落的守军陷入了恐慌。当他们争先恐后想要挤上新加坡港内仅剩的几条船的时候，珀西瓦尔同意向山下奉文投降。12万人被俘，这是英帝国历史上最大、最耻辱的失败。[185] 英军的其他外围据点也很快崩溃。1941年12月25日，香港在无法避免的沦陷面前坚守了18天之后，向日军第16军投降；英属婆罗洲在1942年1月19日投降，守军撤退前毁坏了那里的油田。英属缅甸也很快受到了威胁。

夺取缅甸的作战并非日军的本意。进攻部队最初只是计划毁灭附近可能威胁马来亚战役安全的英军机场。但是日军指挥官亲眼见到英军是多么虚弱，受此激发，他们决定继续推进，占领缅甸并同时威胁印度。日本陆军希望，或许进一步扩张甚至会"迫使英国投降，导致美国失去战斗意愿"。[186] 更直白地说，夺取这里将会切断从印度通往中国西南的给蒋介石军队提供补给的路线，并让日军占领仁安羌的稻米产区和油田，这里每年可产出400万桶原油。英国在这里有大约1万名装备低劣的由英国人、印度人和缅甸人组成的杂牌军，还有16架过时的布吕斯特"水牛"战斗机。[187] 他们乱糟糟地撤往仰光，而饭田祥二郎将军指挥的日军第15军则于1942年1月22日以4个师的3.5万人正式发起对缅甸的主要行动。由于缅甸补给线对中国至关重要，蒋介石在1941年12月允许英军使用中国军队来对抗日本可能的进攻，但此时的印度英军总司令韦弗尔将军不仅粗暴拒绝了这一提议，还搅黄了蒋介石关于在重庆建立联合军事顾问团以掌控亚洲宏观战略的努力。[188] 英国背信弃义，抢占了存放在仰光的援华租借物资，从而大大加剧了这两个盟国间的紧张关系，即便这些补给物资本身并不能带来什么变化。1942年3月7日，英军放弃仰光匆匆北撤。蒋介石对英国人高人一等的态度深恶痛绝，"种族优越感综合征"，一名美国目击者如此形容。[189] "你和你的人并不知道如何对付日本人，"甚至是在事实明朗化之前的1941年12月，蒋介石就如此告诉韦弗尔，"抵抗日军……不同于殖民战争……干这种事，你们英国人还不行。"[190]

蒋介石对于已成为战时盟友的美国并不抱太大期望，但他还是想要美国的援助。于是罗斯福同意为蒋介石派去一名参谋长，人选便是前驻华武官"醋性子乔"约瑟夫·史迪威将军，此人由于对除自己以外的几乎所有人都持刻薄观点而出名。史迪威私下里觉得蒋介石是个"顽固、愚昧、偏心而又自负的暴君"，但他还是在1942年3月初来到重庆，担起了这个他勉强接受的岗位。[191] 他的第一个想法是劝说蒋介石让自己接管中国剩余的最好的两个集团军，第5集团军和第6集团军，用他们夺回仰光，保障租借物资补给线畅通。蒋介石则提醒他，大部分中国师只有3 000多名步枪手和少量机枪、几辆卡车，没有火炮。[192] 史迪威并未被吓住，他没有作战经验，也几乎没有关于敌人的情报，但还是想要动手在缅甸中部挡住日军。如此，灾难性结果可想而知。由于几乎没有空中掩护，以及对自己想要指挥的中国军官们也缺乏了解，史迪威在强大的日军面前被迫撤退。4月29日，缅北的腊戌沦陷。5月，日军控制了几乎整个缅甸。5月5日，史迪威带着一小队人马向西逃跑，丢下数以千计的中国士兵，让他们自生自灭。中国第6集团军全军覆没。第5集团军残部则在残酷的条件下在当年晚些时候挣扎着来到印度边境小镇英帕尔（Imphal），史迪威则已在5月20日抵达这里，对蒋介石、中国将领和英国人的各种过失大肆指责。

大批逃难的难民堵住了英军向印度回撤的漫长道路，这些难民最终估计有60万人，大部分是印度人和英裔缅甸人。威廉·斯利姆（William Slim）少将指挥的那些被打散的部队很难获得补给和增援，那些衣衫褴褛、筋疲力尽的残兵败将到达印度时几乎已是赤手空拳。"他们不知道自己该干什么，"英军总司令哈罗德·亚历山大上将抱怨道，"也不了解鬼子，现在该结束了。"[193] 英帝国在缅甸作战的 2.5 万人中，伤亡达到 10 036 人，中国也损失了至少 2.5 万名军人，而日军在整个战役中的伤亡只有 4 500 人。[194] 数不清的难民在挣扎着走过通向印度阿萨姆邦仅有的两条道路时，在可怕的环境下死于非命。可能有多达 9 万人死于饥饿、疾病和几乎无法行走的雨季泥泞。具有讽刺意味的是，正是这些泥泞让印度躲过了日军的入侵。[195] 史迪威回到了重庆，担任在华美国军事人员（其实也没几个人）的总司令，但缅甸和支援中国的关键道路却丢了，一同丢掉的还有蒋介石对于中国被作为盟国认真对待的所有信心。蒋介石之所以同意史迪威回来，是因为他仍然希望赢得美国支援，虽然他此时已经觉得所谓联盟"只是一句空话"。[196]

在南方更远处，新加坡失陷后，日军征服荷属东印度群岛就是个可以预见的结局了，1942 年 3 月 18 日，这个群岛上的盟军投降，将这一地区丰富的资源交到了日本人手上。为了完成整个战役目的，日军还夺取了太平洋上的一连串岛屿——从北面美国人手中的威克岛和关岛，到南面远处的英属吉尔伯特群岛和埃利斯群岛。在短短 4 个月里，日军征服了整个东南亚和太平洋上的所有帝国领地。他们抓获了 25 万名俘虏，击沉击伤舰船 196 艘，摧毁了这一地区几乎所有的盟军飞机，而付出的代价只有 7 000 人死亡，1.4 万人受伤，562 架飞机和 27 艘小型舰船被毁。[197] 这是一场闪电战，就是 1940 年时德军打出的令日本军队领导层无比仰慕、希望自己也能对盎格鲁－撒克逊势力施加的那种战役。[198] 日本式的闪电战赢得很轻松，但刚好是在德国版闪电战失败的时候。日本胜利的原因不难找。与德国的作战饱受后勤难题困扰不同，日本拥有压倒性的海军和强大的商船队，足以完成人员补给和装备补给的任务。被研究了多年的两栖战理论和实践取得了明显的成功。而另一方面,西方国家所做的关于日本军队状况的情报工作却糟糕透顶,这不仅是由于对最新信息的收集三心二意,也是由于傲慢的种族主义让它们对日本的军事实力不屑一顾。马来亚总督明确告诉珀西瓦尔:"好吧,我想你会送那些小个子滚蛋的!"[199]日本的情报则十分全面,日本代理人与大量在东南亚生活和工作的日侨混在一起,四处搜集情报,煽动亚洲人民对殖民统治的敌意。日军充分意识到了这些帝国领地的防御有多么薄弱,而日军则可以投入训练有素的地面部队和飞行人员,他们中的许多人都在中国战场的恶劣环境下久经战阵。[200]而整个东南亚地区能拿来迎击日军入侵的军队中就算有人见过实战,也肯定为数不多。他们装备低劣,训练常常很差,也因对日军士兵不可阻挡所产生的恐惧而越发士气低落,他们基本上不是敌人的对手。香港沦陷就是这个问题的好例子。香港是英帝国在中国的金融和贸易中心,但防守它的只有2艘老旧的驱逐舰、几艘鱼雷艇、5架过时的破飞机,陆军部队中也流行着性病和其他各种疾病。当地55—70岁的男性侨民还组成了一支志愿防卫军。香港陷落前刚刚被运过来的加拿大旅几乎未受过战斗训练。[201]多年以来,欧洲的殖民地军队早已习惯于轻易压倒对手。但现在他们面临着一个旗鼓相当、急于扫荡白人统治而且装备也足以做到这一点的同类帝国。

英帝国在亚洲和太平洋的崩溃是彻底的。日军的征服从印度东北边境一直延伸到南太平洋遥远的吉尔伯特群岛和埃利斯群岛。日军高层并没有入侵印度的计划,也搁置了海军关于入侵澳大利亚北部和东部海岸的提议,因为陆军实在挤不出更多人力了。[202]尽管如此,澳大利亚港口达尔文还是在1942年2月19日遭到轰炸,日军还试图占领距离澳大利亚各处目标都不远的新几内亚的莫尔兹比港,只是在5月7—8日的珊瑚海海战中被两艘美军航母击沉击伤航母各一艘后才被击退。为了在英国的伤口上再撒一把盐，4月，南云忠一率领他的航母舰队进入印度洋，轰炸了锡兰（今斯里兰卡）的位于科伦坡和亭可马里的英国海军基地，击沉三艘英舰，迫使皇家海军东方舰队的残部撤往孟买以躲避进一步打击。[203] 英军参谋长会议对日军在印度洋的威胁忧心忡忡，于是他们在5月5日组织了一场向法国殖民地马达加斯加岛的进攻（"铁甲舰行动"）以防备日军可能的登陆，但他们打了6个月才迫使维希法国守军投降。[204]

在仅仅几个星期的时间里，这一地区地缘政治的转变就导致了美国及其帝国盟友之间关系的根本性转变。新加坡打了几天就投降的"事迹"被令人不快地拿来和巴丹半岛的英勇抵抗做对比。英帝国亚洲防御的迅速崩溃与英国在战争中的诸多失败一起，让美国军队和许多民众都确信，美国不应该被拖入拯救一个花了两年时间都救不了自己的帝国的战略中。[205] 罗斯福和他的顾问们立刻动手，依照在华盛顿已经广泛讨论的思路，制定了一份全球战略，以填补英国在世界格局中日益衰落的地位。约翰斯·霍普金斯大学的地理学家、在罗斯福对老帝国所持的负面态度的形成中起到关键影响的以赛亚·鲍曼（Isaiah Bowman）认为时机已到，美国必须在多年的"犹豫、胆怯、疑虑"之后，"促进世界向新秩序突变"。1942年5月，美国对外关系协会主席诺曼·戴维斯下了结论："英帝国只存在于永远不会重来的过往之中。"他还说："美国或许不得不接替它的位置。"[206] 1939年成立的美国总统对外关系问题顾问委员会已经绘出了以殖民地民族自决、贸易自由化以及平等获得资源为特征的新秩序的轮廓。[207]

愈演愈烈的印度政治危机导致美英两国之间出现了最大的意见分歧。罗斯福在阿卡迪亚会议上提出了印度独立问题，对此，丘吉尔用他自己的话说，做了"如此激烈而长篇大论"的回应，以至于罗斯福再也没有在后来的面对面讨论中提到此事（他也把这个建议给了斯大林）。²⁰⁸ 然而，总统很重视印度问题，1942年4月，当日本对印度的入侵成为可能时，他给丘吉尔发电，建议他以允许印度自治来换取印度人参加战争。电报抵达时，正好在场的哈里·霍普金斯听了丘吉尔一整晚关于总统这一干涉之举的长篇训话。一个月前，丘吉尔派前驻苏联大使斯塔福德·克里普斯向印度人提交了一份复杂的联邦宪法，英国在其中承诺对印度的防御负责，但国民大会党拒绝了，认为这是个想要把印度"巴尔干化"的半吊子方案，因此印度的情况仍陷在死局里。尽管如此，对大部分英国领导人来说，英帝国的未来应当由英国自己来决定，而不是美国。²⁰⁹ 克里普斯失败之后，1942年美国对英帝国主义的态度变得更加强硬起来。7月，甘地给罗斯福写信，要盟国明白让世界成为"自由的避风港"这一点在印度和英帝国落了空。印度民族主义运动想要让《大西洋宪章》和《联合国宣言》承诺兑现第一次世界大战后未能实现的伍德罗·威尔逊的"十四点"。罗斯福派往印度的个人代表，威廉·菲利普斯，也常常向总统报告关于大部分印度人的冷漠和敌意（"挫败、气馁和绝望"）。²¹⁰

"退出印度"一语是一名美国记者在1942年夏季发明的，但此语很快就被国民大会党发扬光大，当时是8月初，国民大会党领袖正在开会商讨立即宣布印度将要独立的方案。随后发生的事情，按印度总督林利思戈勋爵的话说，是"自1857年以来最严重的一次叛乱"。²¹¹ 8月9日，印度国民大会党领袖悉数被捕，包括甘地，在战争的剩余时间里，他们都将在牢里度过；到1942年底，有6.6万印度人被拘押；到1943年底，这一人数几乎达到了9.2万人，许多人戴着手铐脚镣，被关押在肮脏拥挤的监狱中。英国人刚一开始抓人，印度中部和西北部就爆发了大面积的骚乱和暴动。据当局保留的细致记录，这次暴乱中有208个警察局、332座火车站、749栋政府建筑和945个邮局被毁或受损。愤怒的抗议者大部分是年轻人，他们还发动了664

次炸弹袭击。[212] 对此，英国人（主要依靠印度警察和军队）解除了对军用武器的所有使用限制，军警不仅可以用警棍，还能用枪，最后还使用了迫击炮、毒气和飞机扫射来驱散人群。警察至少开了538次枪，被打死的印度人据官方统计是1 060人，实际数据几乎肯定比这个更高。英国人还允许广泛使用鞭刑作为威慑。一名地方长官在下令用狗鞭对28个人进行当众鞭刑后写道："这肯定不合法。残酷吗？或许。但整个地区再也没出过问题了。"[213] 伦敦的印度办公室花了很大力气来阻止关于鞭刑和警察暴力的消息为大众所知，但英国和美国的反帝国主义团体却大肆宣扬这些新闻。将帝国暴力用到极致的做法得到了丘吉尔的赞同，但一向厌恶甘地的丘吉尔也害怕这一危机可能会彻底动摇英国对印度的统治。印度的秩序最终还是恢复了，但是引发了叛乱的仇恨还将在1945年战时紧急状态结束后再次出现。

　　1942年夏，罗斯福没有冒险与他的盟友英国商量，就对殖民帝国的未来拿定了主意。6月，苏联外交人民委员莫洛托夫访问华盛顿，罗斯福借此机会试探了苏联人对经由"托管"最终实现殖民地独立的态度。莫洛托夫表示赞同，毕竟反殖民主义在莫斯科也是个正统观念。罗斯福最后解释了他的观点："白人国家……不能再指望把这些地区留作殖民地。"这些意见标志着英美两国之间对可能的战后秩序的根本性分歧。当年晚些时候，丘吉尔在和罗斯福的一位核心顾问谈论加勒比地区托管一事时说，只要他还是首相，英国就会坚守自己的帝国："我们不能让那些霍屯督人用全民投票来把白人扔进海里。"[214] 在日本南进之后这一年的大部分时间里，美国的战略计划都一直受到与英国的不同意见的阻碍。1942年5月，英国派驻英美联合参谋部的秘书长维维安·戴克斯（Vivian Dykes）准将抱怨说，美国想要把英国变成"美国的附庸"。[215] 对英帝国的未来和战后国际秩序的不同观点导致的紧张关系始终没能缓解。虽然这并没有妨碍和英国的协同，但美国还是加入了苏联和中国一边，为消灭新老帝国主义而战。

种族与空间：战时帝国的统治

  轴心国建立的领土帝国在许多方面都很特殊。和那些花了几十年时间自由发展起来的老帝国不同，这些帝国在不到10年时间里建成，德国更是只用了3年，但它们又很快随着战争的失败而彻底烟消云散。虽然三个轴心国都全力投入了战争，而这已经给帝国中央带来严峻挑战，但它们都在战争进行之时就已着手为新帝国构筑法律、政治和经济基础。它们误以为无论大战结果如何它们的帝国都已永不可破，这现在看来很难解释，当苏联和美国成为盟军主要参战国后，这就更不可思议了。但既然轴心国打仗就是为了建立帝国，那么它们的脆弱性和临时性也就被刻意忽略，而让位于千年帝国的幻想了。

  三个轴心国在新占领土上的所作所为颇有几分相似。三国的领袖都使用了"生存空间"一词，一旦夺得地盘，就会用残酷的手段保住它。这些帝国领地有不同的管理形式和政治形态，而非一个统一的整体，也没有共同的管控体系（其他老的殖民帝国也是一样）。新帝国领地的最终政治形态要等到战后再定，但是所有的帝国主义统治者都不打算受传统主权观念和国际法的限制。随着战争的持续，大量新占领土被交给军政府或军管机构管辖；那里的物产资源都被首先用于满足军事需要。无论是军管还是民管，当局都要寻找合作者来协助操持当地事务，还要组织警察和民团来协助军队维持当地治安。日本人沿用了被打败的旧帝国遗留的殖民政府体系；德国人和意大利人则继续使用尚可利用的国家管理体系以确保当地稳定，即便是他们痛恨的苏联体系也能用。任何一处帝国新领地的本土民族意识只要威胁到新秩序的统一或者损害占领者的利益，就一定会被镇压。任何看上去与这些利益为敌的行动都会被事实定罪。为了建立威权，他们学着其他殖民统治者的样子采取了极端的恐怖手段，但规模和恐怖程度则远超后者：不经审判的驱逐和关押，无处不在的酷刑，屠村，大批处决，对欧洲的犹太人更是进行种族灭绝。在这些暴行中，新帝国直接或间接地夺去了超过3500万人的生命。而在亚洲和欧洲的殖民有一个根本性的差异，就是种族政策塑造帝国结构的程度。虽然日军官兵当然认为日本种族更优越，而且特别不喜欢中国人，但其帝国的意识形态则是要建立亚洲"共荣圈"，日本当然就是老大哥。而在欧洲，尤其是德国，新秩序的结构则是以种族为基础的，"德国人"和"意大利人"位于帝国等级的顶端，他们用来对待其他数以百万计被奴役的新臣民的则是掠夺、饥饿与大规模杀戮。

对于"南方"的新地盘，日本起初想要在这里避免在侵略大片中国领土时犯过的错误。这些都是殖民地，在这里，日本人有可能摆出一副将其从西方统治中解救出来的亚洲解放者的样子。而中国日占区的民众并不把敌人视为解放者，而是将其视为占领军，他们的抵抗最终取决于日军动用军队和宪兵强制他们服从的意愿。20世纪30年代占领的中国领土通常是由中国傀儡政府统治，其中包括伪满洲国、内蒙古的傀儡、北平的王克敏伪中华民国临时政府、在中国最重要的城市上海的行政特区，以及在南京建立的伪政府（起先以梁鸿志为首，从1940年3月起以前国民党大员汪精卫为首）。1939年12月，汪精卫签署了正式条约，允许日本在自从1937年开战以来占领的整个华中和华南地区驻军并安插"顾问"（但他们的"建议"是不能无视的）。[216] 中国的治权在所有这些地区实际上都已不复存在：华北地区实际上是由华北政务委员会管辖；伪满洲国虽名为"国家"，其实就是殖民地；汪伪政府虽然自称合法的国民政府，但实际上被日本高层用作逼迫蒋介石议和的筹码，这个意图失败后，它又被用来在日本人的监视下组织一支规模不大的军队，去协助进行农村治安战，对付共产党的抵抗力量。汪精卫和他1944年之后的继任者陈公博始终受到驻南京的日本中国派遣军顾问团的严密监视。[217]

在汪精卫治下的"民国"，日本人采取了广泛的"安民"措施以在各个地区层级上建立符合日本利益的秩序。1938年3月，日本成立了"宣抚班"，这都是些穿着醒目白色衬衫的非军人，他们的使命是"宣抚"，接到的指令是"规划安民"，以"消除反日思想……并让中国人认识到他们应当依赖日本"。当局要他们发掘"皇军的仁爱善举"——几个月前他们刚刚在南京及其周边进行了大屠杀，这个要求着实困难，宣抚班那些年轻人想要以和平的花言巧语和上面要求传播的"共荣"来为日军的暴行开脱，这是他们面对的无数尴尬之一。[218] 在乡村，所谓"维持会"由当地人组成，负责重建秩序，并教育居民习惯于向任何路过的日军士兵鞠躬（否则就有遭受暴行的危险）。日本人在中国东北大规模推行"协和语"以蒙蔽人民令其忠于天皇及其代理人，还利用中国的保甲制来传播亲日思想，以及孤立惩罚那些拒绝参与者。那些听话的人则会领到"良民证"。[219] 对普通中国人来说，听话就能活下来，反抗则必定通向拘押、酷刑和死亡。

许多被用来建立"秩序"的办法也随着迅速的军事占领被用到了南方。1940年，日军开始为可能的"南进"制订计划。1941年3月，他们制订了一份关于"南方占领区的管理和安全原则"的文件，珍珠港事件发生前两周的11月，这一文件在帝国大本营联络会上得到再次确认。[220] 所有占领区都要遵从三条核心政策：建立和平和秩序；获取日军尤其是海军需要的资源；占领区要尽可能地自给自足。除此之外，占领区还像中国一样被切割成多块相互独立的附庸，它们都无力决定自己的最终命运。11月的会议还决定，"要避免过早鼓励当地进行独立运动"。入侵之后，占领区根据战略优先被划分给陆军和海军分别进行军管。日本陆军管辖缅甸、中国香港、菲律宾、马来亚、英属北婆罗洲、苏门答腊和爪哇；海军则负责荷属婆罗洲、西里伯斯（今苏拉威西）、马鲁古群岛、新几内亚、俾斯麦群岛和关岛。马来亚和苏门答腊被合并为一个特别防御区，作为南方新占领区的核心；新加坡被更名为"昭南岛"，被赋予特殊地位，拥有专门的军管机构。1943年3月，日本南方军总部也从法属印度支那首府西贡搬迁至此。[221]

泰国和法属印度支那算是例外，虽然都不是敌国，但也都遭到日军的侵占。泰国在日本的劝说下同意日本部队和飞机通过其国境开赴马来亚和缅甸前线，但结果成了另一种形式的占领。1941年12月11日，泰国的陆军元帅銮披汶·颂堪领导的政府与日本签订了同盟协定。1943年1月25日，遭到盟军飞机轰炸后，泰国政府又向盟国宣战，觉得自己站到了胜利者一边。日本人还承诺要把历史上曾是泰国领土的马来亚的地盘归还给泰国。10月18日，马来亚北部的玻璃市、吉打、吉兰丹、登嘉楼等几个邦真的被交给了泰国管辖。[222]维希法国殖民政府治下的法属印度支那在1940年夏季被迫接受北方的日军进入其领土，随后在1941年7月被完全占领，西贡也成了日本南方军总部所在地。12月9日，双方签订《法日防卫条约》，确认日本有权在法国协助下，从法国领地上出发作战，芳泽谦吉受命作为全权代表监管当地的日本利益。南方军司令寺内寿一则干脆将法属印度支那视同占领区对待。[223]

拿下南方地域促使日本国内建立了一个机构，负责管辖在当前所谓"大东亚战争"中获取的新帝国。1942年2月，"大东亚建设委员会"成立。11月1日，又成立了正式的"大东亚部"，不过其辖区并未覆盖马来亚－苏门答腊特别防御区，这里与荷属东印度群岛的其他地方一道在1943年5月被宣布作为日本殖民帝国的核心部分"永远属于日本"。[224] 南方现在也成了"大东亚共荣圈"的一部分，1940年8月1日，松冈外相在接受报纸采访时首次提出了这个很模糊的概念，意指在日本帝国引领下的亚洲协作。这个"共荣圈"据说是要团结摆脱了西方统治的东亚和太平洋地区的人民，让他们在通向和平、繁荣的道路上并肩向前。这个词立刻成了东京方面在规划占领区时的招牌，所有政治宣传和媒体宣传都用它来美化日本的占领行为，仿佛那不再仅仅是殖民主义。在更大帝国范围内推行协和与统一这样的意识形态的同时，日本国内也进行了政治改组，1940年8月，各政治党派解散，一个新体制筹备会组建起来，以替代原有的议会共和制政府，以利于在天皇领导下共同致力于推动日本的帝国主义路线及其领土扩张。所有民众都被纳入大政翼赞会。据时任日本首相近卫文麿的说法，政治融洽是日本在建立新世界秩序中发挥"主导作用"的先决条件。[225] 无论是文化还是政治，日本的国家和帝国都已密不可分。

日本新秩序的意识形态基础，对于数以千计从日本来到新领地协助统治的官员、宣传人员和规划人员的自我定位至关重要。这些人因一种理想主义的观点而兴奋，觉得日本现在已能实现对整个亚太地区的掌控，他们最初受到了部分占领区人民的欢迎，因为这些占领区人民希望所谓"共荣圈"真的能名副其实。那些被组织起来宣扬这一意识形态的日本喉舌和写手面临着一个难题，他们一边要宣称日本正在终结欧洲人和美国人的殖民主义，一边又要明确将日本放在新秩序的"核心"或"枢轴"的位置上，二者之间，令人两难。在爪哇，军管部门的宣传组想出了一个说法，说日本只是夺回了自己的核心地位，认为日本在几千年前就曾是从中东到美洲太平洋海岸这一大块区域的文明领袖。"总的来说，"日本杂志《大洋》宣称，"日本是亚洲的太阳，它的本源，它的终极力量。"占领者发起了一场"3A 运动"，来让印度尼西亚人认识到他们的未来要仰赖"亚洲之光，日本；亚洲之母，日本；亚洲领袖，日本"。[226] 最终，日本要在占领区建立一个沿袭了日本文化传统、与西方截然不同的帝国形态。根据日本总体战研究所在1942年初出版的一份出版物，占领区的所有人民都要获得"适当的地位"，所有居民将共同拥有"团结的人民意志"，但日本则处于整个"共荣圈"的中心。[227]

那些起初对于新亚洲的想法充满热情的人，很快就因军国主义政府和日本的横加干预而感到幻灭。印度尼西亚记者H. B. 贾辛1942年4月在一份艺术杂志中撰文抱怨说，当地人都"全盘西化了，抛弃了所有东方的东西"。与此相比，H. B. 贾辛觉得"日本之所以伟大，是因为它能够在吸收新事物的同时保留住自己原有的文化"。但在战后回忆录中，他不无讽刺地回忆了自己当时的热情，那些协作与协和的花言巧语"后来被发现只不过是一些美丽的气球，一个比一个大，一个比一个鲜艳，但里面什么都没有"。[228] 即便是爪哇的日本宣传组负责人町田庆治，后来也承认自己的意识形态宣传工作是多么徒劳，毕竟军事统治的事实在那摆着，大部分军方首脑也对任何会激发印度尼西亚人愿望的事情满怀敌意："'大东亚共荣圈'的大旗实际上只是日本人新的殖民掠夺，是挂羊头卖狗肉。"[229]

日本占领军总的来说比日本民间那些空想者更加务实和自我。日军刚一到来，日本统治者的危险性就暴露无遗。在东印度群岛，军国统治者立刻禁止了印度尼西亚人的民族主义标识，实行新闻审查，禁止所有集会，宣布拥有武器非法，并实施宵禁。被怀疑实施了抢劫的人会被当众斩首，或者捆住手脚放在太阳下晒死。爪哇人必须向所有日本士兵深鞠躬，如果不这么做就会挨耳光，或者更糟。占领初期，中国人所谓的"新官上任三把火"的事情随处可见。[230] 在马来亚，日军到来后紧跟着就是一轮处决和殴打，受害者是那些被认为反日或者保留了亲英思想的人。按照军管当局委婉的说法，这么做是为了"消除他们可能的错误而指出正确的道路"。街道旁的电线杆上挂着几颗人头,作为对其他人的警告。在新加坡,驻扎在基督教青年会学院楼里的日本宪兵队进行了所谓的"肃清",德国党卫队应当能理解这个词。肃清的主要对象是中国共产党员(虽然不一定都是中国人),其中有教师、律师、官员,以及与中国国民党政治势力有联系的青年人。人们对被杀人数的估计值差别很大,从5 000人到1万人不等。在马来亚大陆的"肃清"也杀害了2万余人。[231]

在所有的占领区,1941年11月通过的三项政策得到了不同程度的执行。在中国,日军采取了同样的镇压策略,用酷刑的威胁和执行来维持秩序,并在乡村层面上实行"自治"。马来亚建立了和平委员会以恢复秩序,这个委员会使用了大量英国殖民当局遗留下来的在任官员。抱怨和工作不尽责都会被认定为反日行为,并可能遭到严惩。日本人有时还会采取像在日本本土和中国华北实施的那种保甲制度,地方警察和志愿人员则会被编入准军事民兵和协警。大部分占领区最后都成立了地方性的"顾问委员会",但它们并没有实权,日本官员和军人能够代表当地意见而无须考虑民众的声音。还有按照日本大政翼赞会的模式组织的大规模团结运动,也成了一种社会纪律。在菲律宾,各地警察局被解散,统一的"新菲律宾服务协会"取而代之。1944年1月又建立了新的"人民忠诚协会"。监管这一切的是隶属于每一支陆军部队的宪兵队。[232]宪兵队主导着各个占领区的治安,但他们只能依靠网罗大量愿意告发自己同胞的代理人和奸细才能做到这一点。宪兵人数很少,而且散布在广大的地区里。在马来亚,宪兵队在高峰时也只有194人在役。[233]这些人可以随心所欲,还能约束日本军队的纪律,如果愿意还可以约束高级军官。据讲述,冤案层出不穷:受害者如果走运,还能从酷刑中活下来,直至证明自己无辜为止;如果不走运,就会被屈打成招,然后被处死。

日本的实际统治就是殖民地式的，它对于沦陷区的人民当然也有一些容忍度，但也引发了武装和非武装的反抗，对此，日本人的表现格外残忍。仅仅从日占区的地理广度上看，这种反抗就是可能的，驻军和警察不足以控制如此大的地盘，只能龟缩在城镇以及城镇之间的铁路线上。山区、林地和丛林使得游击队有机会进行隐蔽和机动作战。日军拿下南方地域时，他们已经在与中国共产党领导的抵抗力量的战斗中积累了许多经验。在中国东北，日军建立了残酷的"集团部落"体系，驱赶村民集中居住，以切断游击队和为其提供支持的各个村庄及农田之间的联系。到1937年，至少有550万人被赶进了约1万个"集团部落"。1939年和1940年，在完成了旨在便利交通的筑路计划之后，日军发起了大规模作战行动，企图消灭中国东北所有的武装抵抗。他们出动了6 000到7 000名日军、1.5万到2万伪满洲国军队和1 000名警察作战部队。那些被怀疑支援抵抗军的村庄被烧掉，村民，包括男人、女人和孩子，都被屠杀。安全部队采取了日本人所谓的"逐一打钩"战术，他们会死死咬住某一支游击队，一直追杀，直至其无处可去而被打掉。数以千计的游击队藏身处被发现并被消灭。[234]

南方地域的许多抵抗力量也是共产党领导的，这被日本当局视为一个特殊威胁。海外华人是其主力，他们与中国的更大规模战事联系密切。1941年，东南亚各地共有702个"救亡运动"社团在为中国国共两党的战争努力提供支援和精神支持。[235] 在马来亚，共产党的抵抗几乎立刻就开始了，他们建立了马来亚人民抗日军，并得到了规模更大的马来亚人民抗日同盟会的支持。到1945年，这支抗日军估计拥有6 500到1万名战士，组成8个省团，有或许多达10万名有组织的同盟会成员为其提供协助。[236] 这一阶段，抵抗运动得到了英国特别行动处组织的盟军渗透人员的支援。从1942年到战争结束，抵

第二章　帝国的幻想与现实，1940—1943

抗者的命运各不相同。日军的镇压依靠奸细和代理人的支持，这些人中地位最高的是马来亚共产党总书记莱特，1942年9月，他在雪兰莪邦黑风洞背叛了最高游击队员会议，使得日军得以伏击和杀害那些杰出的共产党领袖。1943年，大规模的治安战给游击队带来了灾难性打击，在大部分时候，仅仅是在密林和山区求存就成了游击队最优先的事情。抵抗运动只剩下了零星的破坏行动和刺杀为日本当局工作的人，而日本人常常以利诱或者赦免来消耗抵抗者的人数。抗日同盟会遭受的损失更大，他们无法像游击队那样机动。日军采取了一些迁移方案来阻止偏远的村庄协助反抗者，但规模不像在中国东北实施的那么大，也不像后来20世纪50年代英国人反游击战时那样迁徙数百万人。无论抗日军宣称的击毙5 500名日军和2 500名"叛徒"是否属实，抵抗运动始终都是占领军甩不掉的麻烦，也提醒着他们，新帝国的"和平"和"协和"只是相对的。[237]

在菲律宾——除马来亚之外唯一进行了持续抵抗的主阵地——海外华人，无论是共产党还是国民党，也发挥了作用，虽然华人只占菲律宾人口的1%，不像在马来亚那样超过1/3。其中许多人是年轻的男性移民，他们加入了1942年初成立的小规模华裔左翼抵抗运动，菲律宾华侨抗日游击队和菲律宾华侨抗日志愿队，躲过了日军的清剿。城市里的抵抗由菲律宾华侨抗日和反伪联盟领导。与中国国内国民党联系密切的右翼华侨另外组织了4个小规模团体，这让华侨的抵抗被进一步分散。[238] 这里主要的共产党抗日武装是菲律宾人组成的人民抗日军，该武装在塔鲁克的领导下于1942年3月成立。当月，他们在令人生畏的费莉帕·库拉拉（以达扬-达扬这一化名而闻名）的指挥下与500名日军打了第一仗，她是加入武装抵抗的众多女性中的一员。到1943年初，虎克武装估计拥有1万名战士，但是一支5 000人的日军部队于当年3月来到菲律宾主岛吕宋岛，沉重打击了虎克武装，迫使后者只能像马来亚的同行那样为了生存和恢复力量竭尽全力。[239] 到 1944 年，虎克武装再次拥有了 1.2 万名成员，但此时他们已经得到了美国提供的武器和有效的无线电通信网络，无线电的价值被证明无可估量，尤其是在稍小些的棉兰老岛上。[240] 他们最终与美国领导的游击队建立了联系，并支援了 1944 年秋季美军的登陆。

日本占领政策的第二条，为占领军和日本的战争机器提供资源，被证明远比规划人员在 1941 年时能够预见的复杂得多。每一块沦陷区得到的指示都很明白，要以日本的需要为优先事项。此举的目的在于要让日军的生活不依赖本土，因为隔着如此遥远的距离为他们提供补给被认为是不可能的事。这意味着要在沦陷区"把人的生存条件压迫……到所能忍受的极限"。[241] 甚至在仍然受到法国部分统治的法属印度支那也是如此。"南进"背后的主旨在于控制那些在"大东亚共荣圈"其他地方搞不到的关键资源，主要是马来亚的铝土矿和铁矿，荷属东印度群岛的石油和铝土矿。虽然失去马来亚和泰国出产的橡胶和锡让西方盟国很难受，但日本并不急需这些东西。大米和其他粮食不仅要提供给当地日军，还要供应日本本土列岛。还有许多各种其他物资都被强制征收或购买以供占领军使用，不允许当地人私藏。1943 年 8 月，马来亚军管当局发布了一份"旨在控制重要的物品和物资"的法令，赋予日军征用所需要的任何东西的权力。为了解决将高度分散的马来亚经济组织起来的难题，日本人在 1943 年 5 月发布了"五年生产计划"，比"五年工业计划"的发布只晚了一个月。为了确保供应，他们建立了垄断组织以及用于控制价格和许可证贸易的中央机构，但是运输手段的衰落和无处不在的腐败令这些计划很难成为现实。[242]

对日本本土经济的供给有些时候能成功维持，有些时候不行，但总体情况几乎从未达到过最高层的乐观预期。从马来亚和印度尼西亚的民丹岛运出的制铝工业所需的铝土矿在1943年达到73.3万吨，但马来亚锰矿石的出口则受到英国人破坏的影响，从1942年的90 780吨下降到1944年的仅10 450吨。日本从南方进口的铁矿石在1940年曾达到320万吨，但到1943年就降到27.1万吨，到1945年时只有2.7万吨。具有讽刺意味的是，日本企业20世纪30年代在马来亚开采的高品质铁矿石，1939年时能向日本经济供应190万吨，在战争年份里供应量却只有这个数字的零头。物资的供应只能靠扩大华北沦陷区的产出来维持。[243] 东南亚的两大主要出口产业，橡胶和锡的出口，则眼看着衰退下去，导致了大面积失业和马来亚工人的贫困。日本每年只需要约8万吨橡胶（但抢到了15万吨库存），因此1943年的橡胶产量下降到了不足战前的1/4；日本总共只需要1万到1.2万吨锡，结果便是锡产量从1940年的8.3万吨下降到1944年的9 400吨。[244] 关键资源是石油，"南进"正是为此而来。婆罗洲、苏门答腊、爪哇和缅甸那些宝贵的油田每年出产的石油满足日本军队的需要绰绰有余。英国人与荷兰人想让油井无法使用的尝试基本上失败了。日军原本预计要花上两年时间让原油产量恢复到战前水平，但有些设施几天后就恢复工作了，特别是在苏门答腊岛巨港（Palembang）的大型油田，这里出产了这一地区几乎2/3的原油。为了进行石油开采，这里约70%的石油工人是从日本派来的，这甚至令日本本土的石油工业找不到熟练人手。到1943年，南方原油产量达到每天13.6万桶，但其中几乎3/4被消耗在了南方战区，几乎没有能留给本土的。[245] 1944年，日本能进口到的原油只有美国禁运前的1/7，从3 700万桶变成490万桶，当令日本军队领导层始料未及的美军海空封锁到来后，这一情况还将更加恶化。[246] 战争为了石油而爆发，却也让石油被消耗殆尽。

最后一个政策目标——让南方地域自给自足，以减少其对与日本本土列岛之间进行贸易或流转的需求——只能以让当地人民遭受广泛的贫困和饥饿为代价才能实现。对于这些在全球市场中主要作为出口基地的殖民地而言，自给自足在短期内是很难实现的。原本主要向西方出口物资的这些地区，无法让日本进口到日本本土民众所需的粮食和消费品。与多国的贸易中断后，沦陷区便不得不依靠本地的生产或者易货贸易。南方地域没有被并入在中国和日本运营的日元流通区。而随着殖民地银行的垮台，大部分地区的金融体系也就崩溃了，只有法属印度支那和泰国除外；由于当地没有债券市场，税收也由于出口的垮塌而损失惨重，日本军管当局干脆简单地印钱作为军票，并宣布说这就是法定货币。[247]日军对任何拒绝接受这种印制粗陋的日本钱票或者保留大量旧货币的人都会加以严惩，这强化了这种财政上的自给自足。"颤抖着也要遵守。"马来亚各处张贴的海报上写着这样的字句，宣称只有军票——因为票面上印着香蕉树而被称为"香蕉币"——才是有效货币。违背者都会遭到酷刑折磨或被杀害。为了减少货币供给以避免过度通货膨胀，日军还大规模发行彩票，并对咖啡馆、娱乐场所、赌博和娼妓（俗称"女人税"）征税。[248]

然而，尽管日军想要强行控制价格，但由于当地人需要与日本占领军争夺粮食和物资，通货膨胀还是不可避免。控制如此广大一片区域的经济是一件困难的事，这导致了大量的腐败、囤积居奇和投机，结果常常导致城市居民的贫困。运输网的崩溃让稻米很难被从盛产地区运往匮乏地区，水利系统的损毁和故障、军队征用导致的驮畜损失也导致农产品产量下降。[249]日军的索取越多，广大民众的生活水平就越差。在不适合大规模水稻种植的马来亚，民众只能靠更多的根茎类蔬菜和香蕉维持生存，但这些东西平均每天只能提供520卡路里的热量。普通工人也很难从黑市上搞到额外的食品。在新加坡，生活费用指数在战争期间飙升，从1941年12月的指数100，升高到1943

年12月的762，再到1945年5月的10 980。在马来亚的吉打邦，一条"莎笼"*在1940年只卖1.8美元，到1945年初要卖到1 000美元。[250] 于是，马来亚当地人常常光着脚，几乎赤身工作，没有衣服，只裹着一些布条。在爪哇，1944年的口粮供应只有每人每天100至250克，很难维持正常生活。据估算数据，即便是在原本足以实现粮食自给的爪哇岛，沦陷期间也有300万人死于饥饿。于是，巴达维亚的街头出现了这样的标语："日本人必须死，我们饿了！"[251] 在法属印度支那，1944年与法国签订的协议允许日军征收更多的稻米，这让越南北部东京地区农民的食物短缺到了绝望的程度。1944—1945年的冬季，这里同样也有估计250万到300万人饿死。

除了生活水平危机，沦陷区民众还不得不去对付占领军施加的越来越多的强迫劳役，这给已显枯竭的劳动力带来了沉重的负担。这套做法是日军在中国东北发明的，那里的日本当局强令所有16至60岁的男子必须每年为日军提供4个月的强迫劳动；凡是有3名及以上男丁的家庭则必须出1人服全年劳役。中国东北估计有500万人在为日本人劳作，华北在1942—1945年还有230万劳动力被征发。[252] 在南方地域，由于修建公路、铁路、空军基地和堡垒工事的人手不足，日军再次组建了强制劳动营，其中最臭名昭著的是修建曼谷和仰光之间的缅甸铁路时组建的强制劳动营，约有10万马来亚人、印度尼西亚人、泰米尔印度人和缅甸人在筑路工程中死于疾病、疲劳和营养不良，死亡比例达到了被征发人数的1/3。在爪哇，村长们被强加了一项不受欢迎的任务，即召集定额的劳动力以满足日本人的要求，这得靠强迫才能征得到。1944年末，有260万强迫劳动力被用来进行防御工程建设，但据估算，当地1 250万合适劳动力中的大部分曾被强

---

* 这是马来人穿的一种长裙。——译者注

迫劳动过。劳工还被运往海外进行工程建设，他们就像1943年末被送到婆罗洲的1.2万爪哇人那样受到恶劣对待，饿死无数。[253] 强迫劳动力被视为消耗品，他们受到的待遇充分证明了沦陷区的战时殖民地地位。

日本用"解放"一词来描述欧美帝国主义统治的终结，但这从来都不是事实。日本的评论员们说新的亚洲秩序与"自私、不公、邪恶"的西方尤其是英国的秩序形成了鲜明对比。东条英机更是宣称，日本此时的目标是"沿着正义的道路，将大东亚从英美的桎梏中解救出来"。[254] 但这并非"威尔逊时刻"，日本不会让亚洲国家无条件独立，因为威尔逊总统在1918年做出的承诺被日本领导人视为仅仅是个伪装。正如总体战研究所在1942年的分析中所言，独立并非"基于自由主义和民族自决"，而是指成为日本领导的共荣圈的协作成员。[255] 日军起先对"泛亚主义"的炒作让许多反殖民族主义者相信，这种"共荣圈"愿景正是泛亚主义的产物，但事实并非如此，因为泛亚主义指的是亚洲人民之间的平等。日本南方军对缅甸独立直言不讳地说出了许多征服者脑中对双方关系的理解：任何新的当权者"都要表面上装出一副独立的样子，但实际上……只能是执行日本的政策"。在日本军政圈子中，"独立"常常（尽管不总是）被视为让日本获得特殊的帝国核心地位的手段。日本人没有尝试过如何用这一理念让印度成为日本的亚洲"兄弟"，但日本领导层对此的考虑倒是不少。甚至在南进之前，他们就与拉什·贝哈里·博斯（Rash Behari Bose）领导的在曼谷的印度独立联盟建立了联系。占领马来亚后，由于大量被俘的印度军人想要摆脱战俘地位，日军于是成立了印度国民军（INA），这支军队以锡克族的莫哈尔·辛格（Mohar Singh）上校为首，与独立联盟协同行动。由于双方关系紧张，日军逮捕了辛格，印度国民军几近解散，但是1943年3月，这支军队又在前国民大会党政客苏巴斯·钱德拉·博斯（Subhas Chandra Bose）的率领下复苏。10月21日，博斯在东条英机的同意之下宣布成立自由印度临时政府，自任国家元首、首相、战争部长和外交部长。1944年，印度国民军的一个师参加了对印度东北部的失败的进攻，导致了灾难性的伤亡，而日本掌控下的自由印度也从未成为现实。[256]

1942年1月，东条英机向日本议会宣称，如果缅甸和菲律宾能够忠于日本及其利益，它们就能获得一定程度的独立。日军入侵之前，缅甸和菲律宾的民族主义者曾到访日本，将日本视为其反殖民事业的支持者。同年12月，日军同意建立一支缅甸独立军，这支队伍最初由30名德钦党民族主义者组成，包括后来的民族主义领袖昂山。但日军没有给缅甸人任何承诺，当缅甸独立军很快扩张到20万人时，这支队伍被解散了，由一支日本人领导并训练的缅甸国防军取而代之。1943年，缅甸终于得到了独立的保证，并于8月1日宣布建国，由被英国流放到东非后来归来的巴莫任政府首脑。虽然口头上表示尊重缅甸的主权，但实际上日本人牢牢控制着一切。1944年6月，昂山抱怨道："我们的这种独立只是名义上的。这只不过是日本式的地方自治。"[257]菲律宾在得到东条英机保证之后的遭遇也大致相似。1942年1月，菲律宾傀儡政府在军管当局的同意下成立，以菲律宾政客豪尔赫·巴尔加斯（Jorge Vargas）为首。这个政府的角色只是顾问，临时议会也明确指出自己的目的在于支持军管当局，并致力于融入"大东亚共荣圈"。1943年夏季，新的宪法未经政党或民众投票就生效了，萨尔瓦多·劳雷尔（而不是巴尔加斯）被任命为政府首脑。与缅甸不同，菲律宾的精英阶层与日本人达成了和解，他们愿意让这个新国家在日本军事占领期间只保留有限主权。[258]

日本人原本没打算让其他的占领区"独立"，而是要把它们并入日本。当"大东亚部"1943年11月在东京组织"大东亚会议"时，日占区南部只有缅甸和菲律宾获邀参加。随着日本战败的阴云渐渐浮现，环境的变化使得进一步的"独立"成为可能。1944年9月7日，东条英机的继任者小矶国昭宣称印度尼西亚或可在"稍后的日期"获得独立，并允许当地人悬挂民族主义旗帜，不过必须和日本国旗一起使用。[259]日本人做出了一些让步，允许印度尼西亚当地人加入日本占领当局，虽然他们只能担任一些二流职位，不过名义上的独立还要一直等到日本投降前几天才实现。除此之外仅有的"独立"例子是名义上归法国所有的法属印度支那。法国解放和维希政府瓦解之后，法国官员和商人对待日本人的态度日益令日本人恼火，结果，1945年2月1日，东京的最高战争指导会议提出要军方完全占领法属印度支那，并着手建立亲日的独立政府。3月9日，日军发动"明月行动"，开始解除法国殖民地部队的武装；零星的战斗一直打到5月。虽然日本并未正式承认越南独立，但前越南皇帝保大还是在3月11日宣布越南独立。两天后，柬埔寨宣布独立。老挝的琅勃拉邦也在4月8日独立。所有这些国家都有个日本人"顾问团"，必须配合日本军队，还都有个日本来的总督和秘书长，这些都令真正的独立诉求受到重重限制。[260]虽然日本在南方地域最后的让步说起来是为了在面对即将到来的盟军进攻时争取民众的支持，但日本似乎更想要引起当地人对独立的渴求，好让那些打回来的殖民势力难以重建其权力，事实正是如此。如果日本人真的打赢了战争或者实现与盟国议和，他们的"大东亚"会是什么样子？这恐怕永远不会有人知道了。但无论如何，日本的战时"共荣圈"就是殖民地，建于战争，毁于战争。

欧洲轴心国的新秩序则面临着完全不同的地缘政治现实，尽管那也是建于战争，毁于战争，而且毁得比日本的帝国更彻底。那些在1940年和1941年遭到入侵和占领的国家并非殖民地，而是独立的主权国家,有自己的政治、法律和经济体系。欧洲主要的侵略者是希特勒的德国,而德国还不得不去救援墨索里尼在欧洲和北非摇摇欲坠的帝国,结果便是那里的"新秩序"大部分是由柏林决定的,服务于德国的利益。德国统治的所谓"大空间"这一核心概念和日本人的"共荣圈"并无太大差别,西方传统的主权观念在这里被弃置一旁,代之以一群承认帝国中央作为整个大空间指挥棒的特殊角色的国家和地区。1939年,德国法律理论家卡尔·施米特出版了一部颇具影响力的研究报告——《禁止外国势力干涉的国际法大空间秩序》,文中为这样一种观点辩护:未来的霸权国家将会扩张到一个特定的"大空间",其中将形成不同等级,扩张国位于核心,其他被征服的国家,即便名义上仍然"独立",也只能环绕在扩张国周围。施米特提出,关于现代民族国家拥有绝对主权的国际法已不再适用于"大空间"时代的新地缘政治了。他还继续提出,"过时的国家间的国际法"基本上都是犹太人构建的。[261] 施米特只是众多通过将建立"大空间"作为新时代特征而把希特勒的侵略合法化的理论家之一,和日本的所谓"独立"一样,这个新秩序中的每一个成员都将根据德国基于自身利益的评估而获得自己的定位和地位。

1939年时,没几个德国人能想得到,1941年底德国的"大空间"竟会如此广大——从西班牙边境到苏联中部,从希腊到挪威的北极圈。这样广大的地域自然不会被整齐划一地对待,而是和日本帝国一样,混合使用了各种不同的治理形式。希特勒始终坚持认为对新秩序地缘政治形态的最终决定要留到打赢战争后再做出,但是西欧、北欧、东南欧,以及德国概念中的"东方"占领区在战时就已存在根本性的差异。东方注定要成为新领土帝国的核心,要摧毁那里现存的国家,并采取殖民地式的掠夺,这一过程在西欧之战胜利前就已在捷克斯洛伐克和波兰进行了。而在欧洲的其他地方,原有的国家还在德国监督下得以保留，各种机构和行政系统得以留用。

最优先的是要完成所谓"大德意志"的建设。除了从捷克斯洛伐克和波兰吞并的土地外，阿尔萨斯－洛林地区和卢森堡也被宣布事实上成为德国领土，由一名民事长官负责管理，在1919年和约中被割让给丹麦和比利时的小块德国土地也被收了回来。在"大德意志"地区之外，被视为军事前线的沦陷区——法国北部和西部，以及比利时——实行了军管，而名义上独立的行政管理机构则与军管当局并存，这两个机构一个位于法国温泉小镇维希，另一个则在布鲁塞尔。管理荷兰的是德国专员阿图尔·赛斯－英夸特（Arthur Seyss-Inquart），管理挪威的则是德国专员约瑟夫·特博文（Josef Terboven），此外挪威还有个以挪威国家统一党人维德昆·吉斯林为首的傀儡"政府"。[262] 丹麦的情况在沦陷区中独一无二，由于丹麦人对于德国入侵未予抵抗，德国人便采取了"混合式占领"，这个概念在国际法中被用来定义中立国被参战国占领，但并未跟随占领者参加战争的情况。丹麦人被允许完整保留自己的政治体系，司法权也被保留到了1943年。丹麦的国际法律师将这一状况定义为"和平占领"，丹麦认为自己保住了主权，只是把执行权交给了德国人。直到1942年11月德国高级代表、党卫队领袖维尔纳·贝斯特（Werner Best）上任之后，这一关系才开始逐渐崩塌。1943年8月29日，丹麦政府和国王克里斯蒂安十世拒绝继续操持国家。德国于是宣布实施战时法，借助一个常设部长级秘书委员会来统治丹麦，直至1945年。虽然在法律上很奇怪，但由于地下抵抗组织的存在，盟国还是在1944年6月宣布丹麦可以被视为对德作战的国家而成为联合国的一员。[263]

在希特勒原本没想要军事介入的东南欧，情况则复杂得多。这一地区被意大利领导层视为意大利"势力范围"的一部分，这一要求得到了《德意日三国同盟条约》的认可，这就解释了为什么意大利军队决定进攻希腊,但失败之后,德国要在盟友保加利亚和匈牙利的配合下击败并占领希腊和南斯拉夫。到希腊投降时,意大利的非洲帝国已经支离破碎。厄立特里亚、索马里和埃塞俄比亚已被英帝国的军队夺走,利比亚也成了战场,在利比亚挑战意大利殖民者的除了盟军,还有当地的反抗者,他们很想要利用战争的机会来推翻意大利人的统治。英国人征召了4万利比亚辅助人员来执行非作战任务,他们还向住在开罗的利比亚流亡国王伊德里斯保证在打败意大利人后让他回去统治利比亚。意大利的军队、宪兵和当地移民在阿拉伯人和柏柏尔人的村庄开展了野蛮的镇压行动,和他们在20世纪30年代初期进行的残酷反游击战如出一辙。每当英军被赶回埃及,这里的暴行就会恶化。嫌疑犯被用各种古怪的方法当众吊死,有些人被用肉钩子钩住下巴,就像屠场里的牲畜那样流尽鲜血而死。殖民暴力的最后一轮发作给意大利的非洲帝国画上了一个肮脏的句号。[264]

非洲的丢失让意大利欧洲帝国的实现变得更加重要,但对德国军队的依赖迫使意大利成了达维德·罗多戈诺(Davide Rodogno)所称的"从属帝国主义",这一矛盾修辞揭示了意大利在新欧洲中的从属地位。1941年7月,一名意大利停战专员抱怨道,一旦轴心国打赢,"欧洲就会继续被德国统治几个世纪"。[265] 意大利将不得不和德国、保加利亚一起分享东南欧的胜利果实,其结果便是只能掌控一些零散的领土,而非一整个势力范围。在南斯拉夫,意大利占据了斯洛文尼亚南部、克罗地亚西南部、一小段达尔马提亚海岸、黑山、科索沃的一部分,以及马其顿西部。克罗地亚和斯洛文尼亚的其余部分是德国人的地盘,此外一个无关紧要的塞尔维亚国建立起来,有个德国军管之下的傀儡政府。在希腊,意大利得到了伊奥尼亚群岛、爱琴海上的大部分岛屿,以及希腊本土的大部分,除了被并入保加利亚的马其顿东部和色雷斯,以及被德国人接管的希腊马其顿。在1943年之前,意大利和德国军管当局之间的关系一直有些不睦。

这些地区与意大利的关联方式各不相同。斯洛文尼亚被并入意大利，成为意大利的卢布尔雅那省；黑山被指定为保护国，由一名意大利高级专员和军政府统治；达尔马提亚海岸在1941年6月被吞并，由一位意大利总督管辖；希腊领土实际上是作为被吞并领土来统治的，但德国在与希腊签订的停战协议中拒绝承认最终的领土划分，这意味着这种吞并只能是个既成事实，而德军则始终控制着一些重要的飞地，包括比雷埃夫斯的大型港口。克罗地亚在意大利占领期间的地位始终未能确定。尽管国土上有两支占领军，但克罗地亚民族主义者仍然希望建立独立的克罗地亚国。墨索里尼也考虑过要重建历史上的克罗地亚王国，还找了一个意大利人准备当国王，并称之为托米斯拉夫二世（用10世纪的克罗地亚国王托米斯拉夫的名字），但此人拒绝了这个看上去光鲜实际上肯定是坑的工作。[266] 德国想要把这里改造成以克罗地亚农民党领袖弗拉德科·马切克（Vladko Maček）为首的保护国，但墨索里尼则推动成立了以克罗地亚革命运动领导人安特·巴维列奇（Ante Pavelić）为首的政府，这个法西斯分子从战前起就一直得到意大利的庇护。虽然意大利领导层想过要吞并克罗地亚的一部分或者全部，但德国人的存在始终咄咄逼人。德国的全权专员埃德蒙·格莱兹·冯·霍斯特瑙（Edmund Glaise von Horstenau）将军就驻在萨格勒布，德国顾问也遍布克罗地亚政府之中。1943年9月，意大利人投降后，德国立刻接管了整个克罗地亚，将其变成一个由傀儡政府操持的附庸国。[267]

虽然这些地盘名义上都不是殖民地，但意大利借用了在非洲的殖民行径来控制其欧洲帝国。关于这些地区的决策由罗马或者各个地区的指定代表（军事总督、高级专员、省总督等）下达。在地方层面上，意大利人还会指定伪官员。他们并不打算允许出现某种程度的自治，或者发展当时流行的民族主义。只要有可能，地方警察或民兵就会被用来在意大利人监视下建立秩序。意大利宪兵到处进行镇压，任何直接威胁到意大利文官或军事统治的人都会成为牺牲品，就像在利比亚和埃塞俄比亚镇压民众一样，这些人总是公开使用极端暴力。意大利的官员和军队在欧洲帝国中十分分散，而且常常补给不足（在克里特，估计有40%的士兵没有靴子，只能穿当地制作的木鞋）。这些本应代表帝国国家的人却充满了恐惧和沮丧。和日军的看守一样，生活环境的日益恶化和慢性病的折磨让意军把自己的沮丧发泄在了抵抗者身上。沦陷区到处都建起了集中营，囚犯们饱受忽视、饥饿和缺医少药的残酷折磨。和在埃塞俄比亚一样，意军采取措施想要消灭那些可能挑战意大利统治的当地精英人群，包括教师、学者、医生、律师和学生。其他囚犯多是被捕的抵抗者，或者仅仅是嫌疑犯；有些则是斯洛文尼亚和达尔马提亚种族清洗的受害者。集中营及被关押人士的数量完全搞不清，战后南斯拉夫对战争罪行的调查报告提出了一个准确的数字：149 488名平民成了政治犯。后来的研究又提出了另一个数字，10.9万人，但无论哪个数字属实，意大利统治期间的受害者人数都是个大数字。[268] 1943年，当意大利的战争努力面临无可挽回的危机时，意大利外交部的官员们突然炮制出了一份他们所谓的"欧洲地图"，拿来在1943年4月墨索里尼和希特勒会面时使用，这份地图提出了一种战后秩序，允许民族主义在新欧洲自由发展。就像日本人在帝国行将败亡时决定促进解放运动一样，意大利人此举也是出现在帝国统治末期，或许也只是为了消耗盟国。[269]德国谈判人员坚持在此方面不做任何承诺，而意大利的欧洲帝国暂时保住了，直至在当年晚些时候随着意大利投降而彻底消亡。

对德国和意大利两国而言，占领欧洲大陆的关键因素在于找到并获取物资和粮食，以养活占领军并助力国内的战争经济。这方面，意大利在面对德国竞争时的劣势是固有的。正如一名德国将军在1941年3月所言："意大利人必须逐渐习惯在我们的关系中得不到平等待遇。"[270] 巴尔干资源的去向清楚地显示了两国的不平等。即便这个地区名义上是意大利的势力范围，德国还是在1940年之前就对巴尔干经济进行了广泛渗透，特别是控制了罗马尼亚的石油——它对于两国都极其重要。与日本夺取荷属东印度群岛的石油不同，德国人无法直接接管其盟友罗马尼亚的油田，罗马尼亚还需要用这些石油来发展本国工业并将其作为关键出口物资。但从1940年夏季起，德国就成了罗马尼亚石油的主要客户，这就限制了意大利从这里获得石油。除了罗马尼亚的产出，德国还从敌国那里夺取了石油资产，尤其是大型的荷兰壳牌"阿斯特拉"公司，1941年3月，德国控股公司"大陆石油"公司成立，专司掌控德国的石油资源。[271] 1941年下半年，德国拿走了罗马尼亚石油总产量的超过一半，但这还远远不够。1943年，罗马尼亚的出口达到了战争期间的最低水平。德国从中获得的比例也降到了45%，在德国获得的总共1 130万吨石油中（大部分是国内的合成石油），只有240万吨来自罗马尼亚。[272]

巴尔干的其他资源也落入德国掌控之中而未能让意大利如愿，因为德国当局，尤其是戈林的"四年计划"组织，准备更加充分，在争取德国利益时也更不留情。在克罗地亚，德国代表于1941年5月未告知意大利人就签订了协议，规定战争期间在金属矿石的开采和任何新矿场的开发中给予德国人优先权。1941年4月，德国谈判人员拿到了优先获取黑塞哥维那铝土矿储备的权利，即便那里是意大利的占领区，而且他们还坚持要求把科索沃的铅矿和锡矿运到德国控制下的塞尔维亚，而非意大利控制下的阿尔巴尼亚。意大利直到1941年6月才组建了一个意大利－克罗地亚经济委员会，然而此时为时已晚。克罗地亚领导层已经开始支持德国的经济渗透，而拒绝意大利扩大参与规模。[273] 在希腊也是相同的模式。德国选择占领拥有关键矿产的马其顿，而且拿走了这里约 3/4 的物资出口。1942 年，德国吸收了希腊总产值的 47%，而占领希腊领土面积大得多的意大利反而只吸收了 6%。糟糕的运输能力、燃料短缺，以及缺乏协调的计划，阻碍了意大利人从他们自己的"大空间"里获得哪怕是最低限度资源的努力。[274]

"大空间"的西半边则完全是德国利益的天下。1940 年夏，德国"四年计划"的全权负责人戈林宣称，新秩序的经济必须由德国来监督和协调，因为最优先的事情是短期内支持战争，而非建设一个统一的欧洲经济体。德国私营企业可以参与，但只能以托管的形式参与而没有所有权。在阿尔萨斯－洛林，铁矿被交给帝国工厂下属的卡尔·拉贝公司托管，并为德国政府所掌控，直至战争即将结束。洛林的工业资源也被帝国工厂接管，并提供了 140 万吨的钢产量。其余设施则大多被分给了更小型的德国钢铁企业，它们的野心更容易被控制。[275] 在比利时，德国对沦陷区工业的直接参与更少，但是当地的煤矿、钢铁和制造产业则要支持德国的战争机器。煤炭没怎么出口，因为德国不需要更多煤炭了，但德国的军事需求离不开钢产量，在 1941—1942 年冬季钢产量下降之后，德国钢铁大亨、国立帝国钢铁联合会主席赫尔曼·勒希林（Hermann Röchling）开始监管比利时钢产能的合理化改造，使得比利时供给德国使用的钢产量占比从 1941—1942 年的 56% 增长到 1944 年初几个月的 72%。[276] 同样，荷兰和挪威的资源也被用来满足占领者对粮食、原材料、工程和维修设施的需要。整个"大空间"里的商人们与德国人合作的动机各不相同，但主要是为了保护自己的生意不受损，防止工人被强迫送往德国。与在中欧和东欧占领区的掠夺和剥削策略不同，西欧的私营企业只要不是犹太人所有，就基本上能得以保存。犹太人的产业则成了德国核心政策"雅利安化"的针对对象,手段从立即没收到强制收购不一而足,不过各地方政府也发动了自己的剥夺犹太人的行动,以防止德国人把犹太人的资产抢光。

西边的"大空间"虽然是德国的统治地盘,就像日本的地盘一样,但它并非帝国的"生存空间"。"生存空间"只能到东方去寻找,首先是在1939—1940年占领的区域,而最终入侵苏联为德国人打开了梦幻般的前景,那里有辽阔的土地可供殖民、种族清洗和残酷掠夺。东方才是更符合字面含义、更直接意义上的"帝国",与西边那些臣服于德国的国家相比,东方更像是日本人的占领区。拿意大利人来说,他们通常不接受正式的"殖民地"一词,但轴心国用在新欧洲领地(比如波兰)身上的语词却体现了殖民地式的想法。侵略战打响之后,希特勒本人毫无顾忌地借用了许多殖民地模式中的东西来描述东方地域的未来。在"巴巴罗萨行动"打响后几个星期的言谈记录(所谓的"桌面谈话")中,他常常提到苏联将为德国提供的东西相当于印度能为英国提供的,印度的大量人口只需要区区25万名帝国官员和士兵就能统治。他在1941年8月声称:"印度对英国来说意味着什么,东方空间对我们来说也意味着什么。"为了完成掌控新帝国的任务,德国将要创造"一种新型的人,天生就是统治者……总督"。德国殖民者"应当被安置在格外漂亮的居所里"。9月17日,当彻底胜利仍然在望之时,他说:"德国人必须获得那种广大、开阔空间的感觉……德国人民将提升自己,以适应他们的帝国。"一个月后,"巴巴罗萨行动"已经陷入了僵局,他又说,东方"对我们来说就像是一片沙漠……那里只有一个任务:通过德国移民把这个国家德国化,而且要把本地人视为红番"。[277]他引用了对美洲原住民近乎灭绝的种族屠杀,把它与英国在印度的统治联系到一起,这与实际情况并不相符,但这些都只是希特勒为说明他的殖民地范式而找的历史类比而已。他在7月16日对亲密盟友马丁·鲍曼（Martin Bormann）说，东方的目标，不论用什么方法，都是"统治、管辖，以及掠夺"。[278]

德国整整一代研究东方的专家学者，在形容这一地区时常常会有意识地使用"空间"一词。这个词意指这是片可以被殖民的空间，而不是那种已经被大量城乡人口占据、被组织成重要国家、建有社会和管理组织结构的空间。1941年7月20日被任命为东方占领区部长的阿尔弗雷德·罗森堡早先在日记中表达了他对苏联地区的观点："东方与西方从根本上不同，包括那里的城市、工业、纪律……人们将不得不认识到那里的荒凉比想象中更糟糕。"[279]当德国的军队、官员和警察开始占领苏联领土时，他们的印象更印证了将此视为殖民空间的倾向。一名陆军情报官赤裸裸地记录了自己对打过交道的苏联人的印象："这里的人会在地板上吐痰、擤鼻涕。他们对体臭毫不遮掩，很少有人牙齿是干净的……对西欧人来说，哪怕是和他们受过教育的高阶层人对话，也会成为一种磨难。"[280]对于普通士兵而言，忍受苏联与苏联人的体验始终提醒着他们，东线战争是一场与以往多么不同的战争。当冯·赖歇瑙将军麾下第6集团军的士兵们抱怨当地的天气状况与没有可口食物时，他告诉他的军官们："士兵们必须像在殖民战争中那样忍受匮乏。"[281]苏联士兵毫无章法的作战方式，如伏击、夜袭，都让人想到了那种与"海盗式"原住民抵抗军的战争。"我们与游击队的战斗，"希特勒声称，"很像是在北美与印第安红番的战斗。"[282]那些被派到东方的德国人发现这场旅行就像被派到遥远而荒凉的殖民地那样令人不快。波兰马伊达内克（Majdanek）集中营的女看守们抱怨那里冬季严寒，夏季酷热，而且到处都是蚊子，营区破烂而肮脏，囚犯们说话都很难听得懂，还要时刻为可能的袭击而提心吊胆。但就像在殖民地一样，补偿还是有的，德国人和斯拉夫人之间有着严格的种族隔离，最好的一切都要留给殖民者，此外还要维持一种文化优越感。[283]

就和沦陷的波兰一样，苏联人被德国占领者视为殖民地人口，是奴仆，而非公民。事实证明，这一待遇让许多苏联人失望了。在被德军占领的最初几个星期，许多人都觉得，斯大林政府完蛋了，生活会变得更好。"你们把我们从赤贫和共产主义中解放了出来。"1941年7月时有一封信就如此写道。还有一个家庭想要"祝愿阿道夫·希特勒先生未来的工作一切顺利"。但在几个月内，对粮食的掠夺和无处不在的杀戮告诉他们，斯大林主义或许还好点。[284]占领者和被占领者的法律地位天差地别。苏联人必须每次都向遇到的任何德国人行礼，包括脱帽致敬，不然就会挨打甚至更糟。"仅限德国人"的标识把占领者和被占领者分隔开来。德国人通常觉得这些被统治人民都是些头脑简单、懒惰、邋遢的人，觉得他们理解不了太多东西，"像小孩一样无力表达自己"，只能靠德国长官手里的鞭子抽打着才会听话，尽管罗森堡也在想办法禁止鞭打苏联人。[285]为了获得更多的配合，希特勒曾说过一句著名的话："我们将会给乌克兰人围巾、白面包和所有殖民地人民喜欢的东西。"[286]德国人对殖民地人民做出了一些姿态以获取善意回报，包括组织节庆，尤其是在5月1日或6月22日（具有讽刺意味的是，这天是为了庆祝"解放日"）。在奥廖尔，1943年的五一节这天，当地人还被集合了起来，男性每人领到了2包苏联香烟，女性则领到了总共4 625件珠宝；优秀的工人每人还额外领到了几包盐。[287]然而，总的来说，对当地人的镇压残酷而极端，即便是在有人愿意合作的地区也是如此。德国当局还建立了地方性的警察和辅助部队，即所谓"治安队"（Schutzmannschaften），这些人配备了警犬和鞭子，有时还有武器，用来在面对人民反抗的第一线执法。和东亚的日本人一样，德国人也严重依赖线人和代理人，这些人沿用了苏联的传统做法来打击同胞。受害者常常是游击队员的家人和犹太人，后面的章节会详述他们的命运，但德国人常常会杀害任何人，按希特勒的话说："只要他斜眼看过我们。"在乌克兰的整个波尔塔瓦州，地方准军事警察部队在1942年全年里每一天都要枪决2—7个人。[288]常年的杀人显示出这是一种极端的殖民统治，明眼人一看便知。

从来没有人认真考虑过一旦新的地盘到手，应该如何管理这些新的空间。在"巴巴罗萨行动"之前，罗森堡通过与希特勒和其他领导人的探讨，觉得德国应当建立一批小的独立国家，同时在从波罗的海到巴库的整个区域进行吞并和建立保护国。但当他被正式任命为东方占领区部长时，希特勒却开始改变主意，不再致力于为新帝国建立任何战后组织。他告诉罗森堡，"不要提前做最终的政治决定"。立陶宛当地的民族主义者宣布建立政府时立刻遭到了镇压。乌克兰的德军支持者、斯捷潘·班德拉（Stepan Bandera）的乌克兰民族主义者组织（OUN）于1941年6月30日宣布在利沃夫成立乌克兰新政府，班德拉自任领袖，掌管"乌克兰主权"，但是7月5日班德拉就被逮捕并押往柏林。乌克兰民族主义者组织期待能在乌克兰得到"克罗地亚式"解决方案，但被告知，乌克兰人不是德国的"盟友"。[289]

罗森堡并不反对按德国的意愿在乌克兰建立某种类型的政体，但他的新部门，就和日本的"大东亚部"一样，基本上没什么实权。"我没能得到完整的权限。"这位新部长在日记中抱怨道。此时已经明确，占领区的经济组织全权归戈林和他的东方经济团管辖，而党卫队和警察头子希姆莱则坚持要求把征服地区的安全、种族清洗和解决"犹太人问题"的工作交给他的组织，他手里管着至少5个彼此独立的部门。[290]由于东线仍然是战区，所以紧挨着战线后方的区域仍归军队管辖，由一套由野战指挥官、战区指挥官和小规模守备队指挥官组成的指挥体系管理。和日本的军政府一样，德国的管理架构也要负责多种任务，包括镇压和监视民众、为战争获取物资供应、维持地方治安、动员地方劳动力。还有一个"犹太人处",负责登记和标记犹太人,并剥夺他们的财产。[291] 他们需要依靠当地民众的合作,当地人可以担任市长、村官,沿用原来的民政管理体系。但即便是在这些民管的地区,军队仍在组织结构中占有一席之地,并享有某种优先权。结果,占领区的管控架构一团乱麻,罗森堡的部门也被戏称为"混乱部"(Cha-ostministerium)。

随着战线的前移,德国建立了民管的占领区——帝国专员辖区,每个辖区由一名希特勒任命的专员掌管。最初只有两个专员辖区:奥斯特兰帝国专员辖区,将波罗的海沿岸国家、大部分白俄罗斯纳入纳粹党头领欣里希·洛泽的管辖;乌克兰帝国专员辖区,1941年时包括了部分白俄罗斯和大部分乌克兰,1942年又把整个乌克兰划了进去,由东普鲁士大区长官埃里克·科赫管辖。在这片区域中,希特勒和希姆莱希望将最远到比亚韦斯托克的东方地盘并入德国,将加利西亚并入波兰总督府,将克里米亚更改为古称"哥廷瑙",使其成为德国殖民地,再将一处被称为"英格尔曼兰"的德国移民区一直延伸到列宁格勒。德国人还规划了两个专员辖区,一个在莫斯科周围,另一个在高加索(要等到德军占领南方区域)。希特勒为了让罗马尼亚参战,同意把乌克兰西南部一个被称为"德涅斯特河沿岸"的地区划入"大罗马尼亚"。安东内斯库在这里建立了13个军事总督府来管理各个州县,当地的乌克兰警察和官员也被留用以维持秩序。[292]

德国帝国专员辖区的管理资料被收纳在罗森堡的部门建立的棕色文件夹里。共有24个地方性总专员辖区(其中最重要的是白俄罗斯,首府设在明斯克),下辖地区和城镇专员辖区,其中80个设在城市,900个设在乡村。[293] 德国人在其中十分分散。总专员辖区有约100名工作人员,城镇和乡村专员辖区则只有两三人,还有一些在当地招来的警察和民兵配合工作。在白俄罗斯的格卢波科耶(Glubokoye),仅仅79名德国官员要看管40万人口。整个德占区估计有5 500万人口，却只有3万名德国官员要管辖从农耕到采矿的所有事情。[294]许多农村居民很少见到德国人，除非是在某一次旨在搜查游击队员及其支持者的惩罚性袭击中，这种袭击也很常见。在农村，苏联原来的行政村得以保留，由一名当地镇长或村长掌管。根据1941年7月颁布的一项军管法令，占领区的民众不能担任任何行政村以上的管理者。权力完全被德国统治阶层握在手中，还有各种投敌者予以配合，无论他们是自愿的，顺从的，还是被迫的。除了这些文官组织，希姆莱还建立了一张由党卫队高官和警察首脑组成的网络，他们身处地区一级，与总专员以及党卫队和警察的领导人保持着松散隶属关系。这些人虽然名义上隶属于专员辖区，但希姆莱允许他的人不搭理文官的要求——他觉得这些人不过是"一群吃白饭的官僚"——并直接从自己这里领受命令。[295]罗森堡对希姆莱的安全机构深恶痛绝，但"殖民地"的日常执法正是通过这些机构得以残忍地开展。

对于沦陷区的几乎所有民众而言，关键问题并不是如何管理，而是在苏联体系消失后当地经济怎样才能给他们提供粮食和工作。1941年夏，一名德国官员说："旧苏联的经济生活已经完全消失了。"另一个德国目击者则提出，苏联红军对于任何可能资敌的东西进行了全面破坏，给乌克兰留下了"彻底的灾难和一无所有"。[296]在德军迅速占领的地方，一些东西还能留下来，但数以千计的工厂及其工人队伍都被匆匆转移到了苏联内地，使得沦陷区彻底失去了有价值的工业生产力。放在所谓"绿色文件夹"里的德国经济策略，与日本的十分相似：军队要依赖本土独自生存；为战争经济和军队供应物资和装备具有绝对优先地位；当地人只能在符合德国利益的时候才能获得供应，其余人都要接受"饥饿计划"为他们设计的命运。1941年6月28日，希特勒明确，戈林将对占领区经济的所有方面享有"完全决策权",决策通过入侵前成立的东方经济团来执行。[297]物资仓库和机器设备由各个战利品组负责拿到手并送回德国。占领区的金属、原材料、毛皮堆积如山,但把这些战利品运回去被证明困难重重,许多物资在运输途中丢失或者损毁。在缴获的1 800万吨原材料中(大部分是铁和煤),只有550万吨被送回德国国内。[298]直到9月德军准备占领乌克兰南部的工业区时,戈林才批准建立国有专营公司来接管残留的苏联工业设施,并利用它为战争服务。纺织业专营公司、东方纺织企业协会开始配合军需生产;重工业和采矿业被帝国工厂的下属单位东方矿业和钢铁工业协会(BHO)完全接管;一旦拿下高加索,石油资源(戈林认为这是"入侵苏联的主要经济目的")就将由大陆石油专营公司掌控。戈林手下分管重工业的副手保罗·普莱格尔解释说,这些举措的目的并不是"经济开发和殖民地开发",而是服务于打赢战争的短期需求。[299]

就和日本人在东南亚发现的情况一样,恢复生产远比战前计划预计的困难得多。唯一的重大成功是恢复了尼科波尔(Nikopol)锰矿石的生产,这对于生产高质量钢材具有绝对的优先地位。由于启动缓慢,戈林在帝国航空部时的秘书长埃哈德·米尔希(Erhard Milch)临危受命,承担起重启锰矿生产的重任。到1942年6月,锰矿石产量重回战前每个月5万吨的水平,到9月就超过了苏联的产量;这些地盘在被苏联收复之前,已经向西运送了180万吨矿物。但在其他地方,损毁的设施很难在战争条件下修复。在顿涅茨盆地的主要工业区,入侵前的26 400台工业马达中只有2 550台仍然在被使用;矿井被炸毁,无法撤离的工厂都被破坏掉了,各处的交通也缓慢而不可靠。位于扎波罗热的苏联最大水电站的大坝被炸毁,使得整个工业区电力不足。强征来的劳工在1943年重新修建了大坝,但不久之后德军撤退时将它再次炸毁。顿巴斯产量丰富的煤矿和铁矿无法恢复生产。德国工程师和苏联矿工在1941年到1943年间设法挖出了400万吨煤，这只是战前产量的5%；两年生产38万吨铁矿石和75万吨褐煤对于德国的需求量而言不过是九牛一毛。[300]恢复钢铁生产的努力也效果不彰，即便是鲁尔区的私营企业被请来充当被破坏工厂的"教父"——但不是企业主——之后也是如此，这些企业在国内的生产已经压力重重，接受这样的邀请自然也十分勉强。石油的情况最令人失望。当德军最终在1942年秋季抵达高加索的石油城迈科普（Maikop）时，启动生产所需的50台钻井机还堆在国内等候运输。石油工程师和设备都必须被从德国规模不大的天然油田送到东方来，这就让本土的石油工业陷入了专业人员不足的困境，但是当这些工程师抵达迈科普时，他们才发现苏联对油井的摧毁是多么彻底。生产从1942年12月仅仅持续到1943年1月17日，当德军离开这一地区时，工程师们从这些1940年产量曾达340万吨的油田里仅仅挖出了1 500吨多一点的石油。[301]虽然德国人一直说要靠苏联石油给战争机器加油，但即便拿下高加索，德国人也还需要花上数年时间来修复被破坏的设施，为输油管道寻找路线，或者用德国小小的油船队来运输石油。没什么比这更能彰显希特勒战略核心的不切实际了。

随着东线战争打成消耗战，德军想要在当地生产更多武器弹药以缓解运输系统的压力，但是他们只在1942年进行了恢复弹药生产的尝试，组织了所谓"伊万计划"，想要每月生产100万枚炮弹。在从被破坏的工厂东拼西凑了一堆机器和物资，并从德国调来更多资源之后，生产终于在1943年5月启动，但此时所需的9 300名工人仅仅到位了880人。几个月后，随着苏联红军的逼近，这一计划又无疾而终。整个占领区被修复的工厂的工人总数在1943年春季仅有8.6万人，那些没有被送到德国充当强迫劳动力的苏联工人被证明很难遵守纪律，他们经常到处流窜，令人失望。[302]据1944年3月德国研究署做的一项关于战争经济的调研统计,在德国战争机器从整个"大空间"获得的总价值777亿马克的物品中,东线占领区只提供了45亿马克,这充分显示了原先苏联的经济枯竭和被破坏到了何种程度。从整个东线占领区掳获的战利品总价值仅有5 900万马克;从欧洲其他地方掳获的战利品则价值2.37亿马克。即便考虑到计算战时物资价值的现实困难,这份统计数据也表明,关于东方财富的幻想仅仅是个——幻想。[303]

被希特勒认为最终会成为欧洲粮仓的地方的粮食供应,基本上也是差不多的故事。占领区生产的粮食首先要满足军队的消耗,多余的部分再被送回去改善德国人的口粮。按照巴克的"饥饿计划",给苏联人供应粮食并不是优先事项,尤其是在那些预期没有多少经济资源的地区。"大片地区将被忽略(饿死)。"德军战争经济署负责人托马斯将军在1941年7月说。"绿色文件夹"的资料显示,林区和城市区域没有获得粮食供应。即便是在盛产粮食的乌克兰,德军在开战一个月后也已很难搜刮到粮食,这令他们发出一条指示,"更有力地压迫当地人",夺走任何能吃的东西,而无须考虑种植者的死活。德军在9月占领基辅后就打算饿死这里的人,他们试图禁止当地农民把东西运进城市的所有尝试,以保障战前关于将粮食运往德国的计划。[304]德国掠夺策略完败,不仅仅因为在东线大约50%的军需食品(包括数十万匹军马所需饲料的一半)还要从国内运来,而非从东方往回运送粮食,还因为蓄意的饥饿政策使得军队无法利用当地劳动力,而且会损害次年的粮食供应,并在后方地域引发饥饿暴动。

戈林最终还是下达了指示——任何为德国占领军服务的人都"绝对不应被饿死",但是他们的家人和不工作的人就吃不到多少东西了。[305]口粮供应水平勉强够维持体力劳动或社会生活:从事"有用工作"的人每人每天1 200卡路里,不直接服务占领军的850卡路里,

14岁以下儿童和所有年龄的犹太人420卡路里。大规模的饥荒得以避免，但这仅仅是因为许多城市家庭逃到了据说粮食更充足一些的农村。但是即便是在农村，对收获的不断征收、高额的各种税负，以及强制配给制让许多村民的粮食也不够吃。为了弥补，他们会在小块土地上种植蔬菜，还会挖掘秘密地窖以藏匿粮食，以免粮食被日常的搜查拉走，但即便如此，口粮最多也只是刚刚够吃而已。[306] 德国人的征用如此彻底，以至于距离前线单位150千米的区域成了一个"无生命区"，那里没有任何植物或动物产品。在库尔斯克和哈尔科夫这些刚好位于前线的苏联城市，人们的口粮只有每天100克面包。[307] 城市里的消费者之所以能活下来，是因为有大量依靠物物交换的黑市存在。德国人数量少而分散，无法控制涨价。在白俄罗斯的一个野战指挥官辖区，1942年夏季每千克面包的官方价格是1.20卢布，但非官方价格则是150卢布；每升葵花籽油官方售价14.5卢布，但黑市价高达280卢布。[308] 在这种情况下，大面积的饥饿成了每天的日常，对德国食品供应政策的仇恨成了把民众推向对立面的关键因素，他们只不过想过得好一点而已。"欧洲粮仓"的生活水平也达不到德国人的预期。德国在战时从苏联获得的粮食还不如1939—1941年和平时期根据《苏德互不侵犯条约》得到的多。抢到的大部分粮食被消耗在了占领区当地，无法被送到德国。每年都有约700万吨粮食被德国军队和占领区文职人员吃掉，被送回德国的粮食则少得多，1941—1942年只有200万吨，1942—1943年有290万吨，1943—1944年则只有170万吨。这些粮食占到战争第一年和最后一年德国粮食消耗量的10%，而在1942—1943年这一比例则高得多，达到19%。当时希特勒和戈林坚持要求从苏联榨取每一克粮食，而无须顾虑当地人付出何种代价。[309]

在东方难以恢复稳定经济环境的一个主要原因是，德国甚至在战火仍在燃烧时就进行了大规模的战时生物政治重构计划。希特勒在 1939 年 10 月 6 日的一次重要讲话中提出，击败波兰后，他要在德国的这块新帝国领地中建立"新的人种秩序"。10 天后，希特勒告诉希姆莱，这场战争"是一场种族战争，不受合法性限制"。[310] 希姆莱和一群高校专家在党卫队内部组织了中央保安局（RSHA）、强化德意志民族性国家委员会（RKFDV），以及党卫队种族和移民总署（RuSHA），专司将选定的占领区德国化、在其余殖民地区消除多余人口，以及用各种办法消灭整个占领区大量犹太人口的复杂任务。头几个短期计划（Nahpläne I—III）带来的结果不算理想。到 1940 年底，只有 24.9 万波兰人和犹太人被赶出被吞并的波兰领土，而按照强化德意志民族性国家委员会副主任康拉德·迈耶－海特林在 1940 年 1 月提交给希姆莱的《东方占领区总计划》，这一数字应该达到 60 万人，或者按照 1940 年 4 月的第二项短期计划（Nahplan II）计划应达到 80 万人。许多波兰人躲过了驱逐，或者悄悄回了家，而铁路运输能力则被证明始终是个瓶颈。许多波兰工人被送往西方而非东方，以解决德国根深蒂固的劳动力不足问题，但这与"种族清洗"这一目标是背道而驰的。为了确保那些被送往德国的波兰人不会"污染"德国的种族主体，他们受到了党卫队种族和移民总署的人的监视，以严防出现那些在种族上不可接受的情况。最终，波兰总督府总督汉斯·弗兰克拒绝让他的地盘沦为从吞并的波兰领土上驱赶出来的波兰人和犹太人的聚集地。于是犹太人被赶进犹太区，或者被送到苏德边境的东墙防线上从事强迫劳动，这条防线很快随着侵苏战争的爆发而被废弃。1940 年 12 月制订的第三项短期计划（Nahplan III）计划要求驱逐 77.1 万名居住在犹太区之外的波兰人和犹太人，但这新一轮种族清洗在 1941 年 3 月戛然而止，因为军队运输成了优先事项。对于希姆莱和屡遭挫败的种族迁移组织而言，侵苏战争最终打开了打破僵局的可能性，他们可以将那些不喜欢的种族驱赶到遥远的苏联荒野，饥饿与寒冷将会消灭数百万这样的人。

然而，"巴巴罗萨行动"对于德国人的种族理想来说既是希望，也是威胁。占领区有着数以百万计的斯拉夫人和犹太人，足以湮没那一点点德国人，并挫败为德意志种族夺取生存空间的目标。一个解决方案是消灭大部分现有人口，巴克的"饥饿计划"已经预计到了这一结果。1941年7月的"东方总计划"则对此再次确认。第二个解决方案靠的是正向的努力，通过引入德国移民和驱逐非德裔人口来实现东方关键地区的德国化。这是些长期计划，但是在占领的头几年就开始实施了。爱沙尼亚、拉脱维亚、加利西亚和克里米亚这几个总督府要被彻底德国化，这不仅要依靠从西方移居至此的德国人，还要依靠已经生活在东方的德裔，以及那些具有明显德国人特征和血统的东部人口，用种族规划的奇怪语言来说，这些东部人口能够通过"重新德国化"（Wiedereindeutschung）再次变成德国人。波兰、阿尔萨斯－洛林和苏联占领区的党卫队和移民部门对约400万人进行了筛选，将这些人分成三大类：O类，适合移民到东方；A类，送回德国国内的营地再教育，直至成为德国人；S类，种族上不适合，要被送回来源地，有些时候还会被送往劳动营。[311] 德国人还要在苏联领土上寻找德国生物学和文化特征的残存线索，以说明早期德国殖民者没有被所处的斯拉夫环境完全同化。罗森堡的部门派出以人种学家卡尔·施通普（Karl Stumpp）为首的"施通普突击队"，以找出那些看上去残留着"德国人"气息的乌克兰村落，虽然党卫队的种族主义官员们觉得施通普找到的许多"德国人"都属于不可接受的种族，而许多村民自己也抗拒被重新归类为潜在的德国人。[312]

与此同时，对占领区的实质性重构工作也已启动，以对可能延伸至乌拉尔山脉或更远的广大空间实现长期殖民化。此举的目标是让少量有德国血统的居民得以驱使以斯拉夫人为主的大量人口，具体做法是每隔100千米左右就建立一个"移民与安全据点",其中有一支党卫队的守备队和少量移民。这些"安全据点"将警戒德国移民的地盘,并使得对内陆斯拉夫人的镇压和控制成为可能。德国人还组成居民不超过2万人的小镇,周围环绕着德国农民居住的村庄,这样既可以避免大城市带来的社会危机,又可以使殖民者牢牢扎根于这片新土地上。希姆莱在1942年后期的一次演讲中说,这些殖民点"就像一串串珍珠,我们会将它们扩展到顿河与伏尔加河流域,希望还能扩展到乌拉尔山脉"。[313] 大城市将按照希特勒的要求被抹除或德国化。莫斯科和列宁格勒要"被夷平",华沙则被缩减为一个拥有4万德国人的城市,以抹杀波兰民族身份认同的关键对象。[314]

建设计划被交由党卫队的经济专家汉斯·卡姆勒(Hans Kammler)负责,总体领导此事的则是希姆莱的另一个管理部门,经济和行政管理总署(WVHA)。卡姆勒制订了一份"和平时期建设暂行计划",在1942年2月发布,尽管和平此时还遥遥无期。第一批"安全据点"的建设更早就开始了。1941年7月,当时希姆莱要卢布林地区的党卫队和警察安保头目奥迪洛·格洛博奇尼克(Odilo Globocnik)负责筹建警戒区。但劳动力的缺乏,尤其是大屠杀后犹太劳动力紧缺,拖慢了这一计划,到1942年秋,建设工作被完全放弃。[315] 更加优先的是军事任务,包括为了缓解军队后勤难题而建设的穿越波兰和乌克兰的主干道。负责军事工程的"托特"(Todt)组织修筑了不少于24 993千米的道路,修复了数百座受损桥梁。按计划,长达2 175千米的四号高速公路将通向克里米亚和高加索。1941年,筑路工程在当地党卫队领袖弗里德里希·卡茨曼(Friedrich Katzmann)的配合下从加利西亚启动。他把道路经过的走廊地带的犹太人全部聚集起来,要他们在筑路工程中干到死。卡茨曼宣称:"每千米死掉1 000个犹太人还是1万个犹太人都没关系。"犹太劳工得到的食物很少,常常遭到毒打，而且他们如果懈怠或者累垮，就会被当场枪毙，行刑者不是党卫队，而是为"托特"组织工作的当地工程警卫。当劳动营在1943年关闭时，估计有2.5万人死亡或被杀。[316]

另一个挑战则在于找到愿意迁往新土地的移民。来自波罗的海沿岸国家、罗马尼亚和波兰苏占区的数以千计的德裔人口最终都移民到了被吞并和被占领的区域，根据强化德意志民族性国家委员会的官方报告，到1942年底共有544 296名移民。[317]但对于苏联沦陷区的殖民地而言，找到既愿意迁居又种族合格的德国人则前景艰难。在罗森堡的部门里负责移民事务的埃哈德·韦策尔（Erhard Wetzel）发现，住在西方的德国人"拒绝移民东方……这仅仅是因为他们觉得东方土地过于单调而且压抑，或者过于严寒而且蛮荒"[318]。根据希姆莱的命令，德国人在东方总督府下属的扎莫希奇城及其周围打造了一个德国移民样板区，1942年11月，这里300个村庄的5万波兰人被赶出了他们的农田和家园，以便为德国人腾出空间。然而，几个月后这一计划半途而废时，迁居此地的德国人只有1万人，而不是计划中的6万人，他们大部分来自比萨拉比亚和罗马尼亚，有些人还是第二次移民。[319]纳粹党的冲锋队和党卫队都想要劝说人们自愿移民东方，但是到1943年1月，冲锋队只接到了1 304份申请（而不是最初预计的5万份），其中仅有422人真的去了东方，党卫队到1942年6月也只收到4 500份申请，尽管希姆莱野心勃勃地想要用他自己的人充实殖民地。[320]为了协助填充这些空间，那些原先的东非德国移民在波兰建立了农场，这样，按照1943年秋季一篇报纸新闻的报道，他们在东方的重建中"仍然能够在各个地区成为真正的先锋"。[321]早在1941年6月，德国人便向他们的"日耳曼人兄弟"荷兰人呼吁"向东看！"然而，尽管德国人期待着数以千计的报名者，但在6 000名离开家乡赴德国工作的荷兰人中只有几百人志愿移居到新土地上。在那里，德国当局傲慢的对待和陌生的环境让他们的幻想尽数破灭。德国人抱怨说荷兰人总是醉醺醺的、不守纪律，因此想把许多荷兰人赶走，但即便是负责派遣农民到东欧的荷兰委员会也抱怨说，大部分荷兰志愿者只是"一帮探险家"。[322]

虽然德国殖民者没能大批到来，但这个乌托邦式的移民计划仍在进行。这个计划最极端之处是要在东方占领区进行大规模的人口削减。韦策尔制订的一个《东方总计划》版本中，提出了一个为期30年的殖民计划，要驱逐3 100万人口，只留下1 400万人为占领国服务。1942年12月23日提交给希姆莱的最后一稿《东方总计划》和汉斯·埃里希在1942年底起草的最终版《东方总计划》，都是德国人在战争努力已经深陷危机时提出的白日梦般的计划。这两份计划测算，在东线占领区的人口中，85%的波兰人、50%的捷克人、50%的波罗的海国家人、75%的白俄罗斯人和65%的乌克兰人都是"可牺牲的"，总共47 925 000异族人将被驱逐或消灭，这还不包括犹太人，他们大部分已经遭到杀害。[323]直至1942年秋季，吹牛大王希姆莱自己还幻想着德意志的帝国能够存续400—500年，统治6亿德国人，并且按他自己后来的说法，去"亚洲进行生存之战"。[324]

"清除了犹太人"的帝国

尽管有数百万人在战争中丧生，数十万人被赶出家园，流离失所，但许多版本的《东方总计划》中提到的对数千万人的大规模驱逐和屠杀并未出现。然而，整个占领区中犹太人的命运却是个例外。欧洲的绝大部分犹太人仍然居住在曾是"沙皇圈禁区"的地方，俄罗斯帝国的犹太人曾被迫居住在从波罗的海沿岸国家到乌克兰西南部的各个地方，这对他们来说本来已是悲剧；更加雪上加霜的是，德国人恰恰又想要把这一片地区变成日耳曼人的伊甸园,于是,他们将最残酷的反犹措施都用在了这里的治安机构中。根据盖世太保总部中阿道夫·艾希曼领导的犹太人事务处的计算,1 100万欧洲犹太人中有660万人居住在东方占领区内,还有150万人住在苏联的其他地方。[325]结果,在1941—1943年的种族灭绝中,被屠杀的犹太人中来自东方的人占了大部分,但绝对不是全部。他们的命运与其他数百万被饿死或被迫迁徙以为德国人腾出空间的人,以及被征为劳动力的人的命运截然不同,因为犹太人被单独挑出来当作德国人民的种族敌人,被用各种方法加以消灭,首先是在德国,接着在被德国征服的东方,最后是在整个德国"大空间"。在纳粹政府的种族语境中,这将是"清除了犹太人"的地区。1945年之后,人们都知道了,这就是对轴心国及其占领区所有地方的犹太人的种族灭绝和大屠杀。东方之所以重要,是因为那里所有落入德国人之手的犹太人都遭遇了相同的结局,被用一步步变得更加系统化的方法杀害。

虽然与屠杀犹太人关系密切的"民族重构"计划虚无缥缈,但这是对犹太人问题"最终解决方案"(这是种委婉的说法)的唯一解释,而这个问题之所以存在仅仅是由于希特勒和纳粹精英们靠自己的想象把犹太人视为一个问题。从根本上看,希特勒及其周围的反犹主义者具有一种摩尼教式的世界观,认为代表优秀人种的德国人民与作为全世界万恶之源的"犹太人"是针锋相对的。在希特勒古怪的末世论观点中,德国人民的生存是要以消灭犹太人为前提的。犹太人代表的是"反民族"势力,挑战着"种族的自我延续"。[326]1936年,希特勒在一份只给少数亲密同僚看过的亲自撰写的文件中(这样的文件为数很少),提出了这样一种观点:没能消灭犹太人的威胁将是自罗马帝国崩溃以来"最可怕的种族灾难",这将会导致德国人的"彻底毁灭"。[327]这种对决在希特勒看来十分尖锐:德国人与犹太人,不是你死就是我亡。他在 1939 年 1 月 30 日对德国国会的演讲中首次公开明确提到要消灭犹太人,他预言说,如果犹太人把德国再次拖入世界性战争,那么等待着他们的命运就是"灭亡"。

对希特勒来说,战争和随后灭绝犹太人的做法是分不开的。实际上他后来再提到那个"灭亡犹太人"的预言时,都说那是在 1939 年 9 月 1 日战争第一天说的。1941 年 12 月,当德国发现自己终于身处全球战争时,这个预言又在 12 月 12 日那次命运攸关的会议上被再次提起,作为在整个"大空间"里不受限制地消灭犹太人的依据。几天后,希姆莱与希特勒交流后,在日记里写道:"犹太人问题:视为游击队予以根除。"[328] 1942 年 1 月 30 日,也就是他发出那个预言的周年纪念日,希特勒宣布,现在"钟声即将敲响,全世界有史以来最邪恶的敌人将在至少 1 000 年里退出舞台"[329]。两周后他对戈培尔说,犹太人"还将随着我们敌人的灭亡而被消灭"。这里他再次将种族灭绝和战争联系到了一起。1942 年 4 月底,在对德国国会的讲话中,希特勒最终把自从第一次世界大战爆发以来德国面对的所有痛苦和危险都归咎于全世界的犹太人,以此支持他的种族灭绝决定:

> 1914 年推动英国加入第一次世界大战的幕后力量是犹太人。后来削弱我们,并造谣说德国无法再胜利将自己的旗帜带回家,从而迫使我们投降的,也是犹太人。是犹太人煽动我们的人民造反,让我们失去了继续抵抗的可能性。犹太人自从 1939 年以来把英帝国进一步带入了最危险的危机。犹太人还是布尔什维克扩散的推动者,这曾经让欧洲面临毁灭。他们同时还是富豪排行榜上的战争贩子。一个犹太人圈子甚至仅仅出于犹太资本家自己的看法就驱使美国违背自己的利益加入了战争。[330]

第二章　帝国的幻想与现实,1940—1943

这篇讲话恶意混杂了虚妄的仇恨和编造的历史，将犹太人塑造成了德国人要与之战斗到死的宿命之敌。对希特勒来说，这些观点并不是理性的产物，只是出于他的偏执。它们的空想属性很快就将显露出来。希特勒从未到过集中营，也没有亲手杀过犹太人，但他将犹太人说成是历史上恶行的推手，导致了战争中期出现了由于肆无忌惮地宣扬种族报复而进行的真真切切的屠杀。

1941年，对犹太人的批量屠杀起初只是一些零散而随意的现象，但只有意识到这个政府从1933年就开始孤立和排斥犹太人，才能理解这一情况。直到1940年，德国人还只是想要剥夺犹太人的财产，逼迫他们移民，数十万人也确实遭此命运。德国国内到处都是关于犹太人在国内外历史上造成威胁的说法，但是希特勒偏执观点的内核体现在了对所有党卫队、警察和安全部队的政治教育中，也被想要为希特勒所谓"犹太人问题"寻找答案的学界接受。正是这些人使得希特勒对"犹太人"的隐喻观点转化成了对真实的犹太人进行迫害和屠杀的政策。随着战争的进行，当数百万波兰犹太人落入德国人手中时，情况发生了变化。1939年9月21日，中央保安局头头赖因哈德·海德里希命令将所有犹太人集中到总督府，然后送进犹太区或劳动营。[331] 生活在瓦尔特高（Warthegau）吞并区的犹太人都被驱赶到总督府辖区，但这些人的迁徙被证明十分困难，因此还要在现在的德国地盘上建立大型犹太区。在卡里施镇（Kalisch），1940年秋季建立了一个犹太区/劳动营，但所有老弱病残的犹太人都被带到附近的森林里枪毙了——这是种族灭绝始于纯粹地方层面的一个早期例子。[332]

在总督府，大部分犹太人已经被集合起来，汉斯·弗兰克命令所有18岁至60岁的犹太男性从事强制劳动，让他们在恶劣条件下为与战争相关的工程劳作。奥迪洛·格洛博奇尼克在卢布林为大约5万到7万犹太男性组建了76个劳动营，让他们日复一日地在齐膝深的水中修建碉堡、道路和水渠。这些强制劳动力已经遭受了合法的暴行：只要试图逃避劳动或者被认为偷懒，就会被枪毙或绞死。食物如此匮乏，以至于劳工们要么被饿死，要么因无法继续劳动而被枪毙。到1941年，总共70万名犹太劳工中的许多人已是衣衫褴褛，光着脚劳作。[333] 其余犹太人口则被赶进了大约400个大大小小的犹太区中的某一个。当犹太区被填满后，德国当局开始担心疾病的威胁以及供养犹太人会让德国人受到损失，而驱逐工作进展缓慢则让文官当局、中央保安局的安全机构，以及警察和军队之间常常发生争执。战争对劳动力的需求，与孤立、掠夺犹太族群的愿望相互矛盾，很快又与希姆莱的安全机构想要清除犹太人区域、让犹太人病饿而死的野心相冲突。法国的战败一度引发了把所有犹太人送到法国殖民地马达加斯加的想法。1940年5月，希姆莱把这个点子提给了希特勒，发现他"非常同意"。[334] 他们想把这座岛屿变成德国的保护国，由一个德国总督来掌管这个环境恶劣的殖民地，犹太人则是不幸的被殖民者。由于英国控制着海洋，这一计划被证明十分不现实，1942年，正是英国夺取了这座岛屿以预防可能到来的日军占领。"巴巴罗萨行动"的迫近引发了可以把犹太人赶到东方远处的想法。直到1941年夏季，这看起来都是希特勒更倾向的解决方案。7月，他对克罗地亚的国防部长说："把犹太人无论赶到马达加斯加还是西伯利亚，都无关紧要。"[335] 然而，在1941年夏季，将犹太人作为种族敌人加以虐待、掠夺或杀害的做法在原先的苏联领土上已经非常常见，这足以解释"驱离"为什么会转变为大规模屠杀。

对犹太人的杀戮几乎在1941年6月22日侵苏战争打响之日就立刻开始了，温迪·洛厄（Wendy Lower）称其为"各地屠杀史的拼图"，每一起集中屠杀都有单独的历程，但众多规模不算太大的屠杀拼出了大规模种族灭绝的图景。[336] 希特勒已经下令要特别行动队杀死苏联国家机关中的犹太人、犹太人共产党员以及其他任何政府岗位上的犹太人,但是战争很快打开了针对犹太人的暴力闸门,这部分原因是犹太人很容易被辨认出来,并被集中在德军最初打下的村庄和城镇中。安全部队得到了军队的协助,军人们很快便开始帮助特别行动队围捕和看押犹太人,有时候也直接下手杀人。6月21日,关于要对"布尔什维克鼓动者、狙击手、破坏分子和犹太人"采取残酷而激进措施的指示被下发到了每一个连队。9月,国防军最高统帅部签发的一份关于"新占领的苏联领土上的犹太人"的指示进一步强化了"尤其针对犹太人"采取"无差别、积极行动"的要求。[337]在战争的最初几个星期里,德国的官方表态中都暗示说,德军开进时遇到的每一起劫掠、纵火和枪击的背后都是犹太人。这些指责即便不完全是构陷,也不值一提,因为犹太人的"罪行"都是凭空想象出来的。1941年12月,A特别行动队的报告宣称,犹太人"作为破坏者和纵火分子极度活跃";到1941年10月底,3万犹太人已经因这些莫须有的罪名而遇害。[338]

军队指挥官的反应很多时候都源于自己的反犹主义倾向和对共产主义的憎恨,他们已经将德军侧翼的许多所谓的"游击队"行动默认为是犹太人干的。苏联的吉卜赛人族群也被他们视为潜在的探子和破坏者,常常与主要被屠杀目标犹太人一同被杀害。党卫队的武装部队自然无须鼓动。早在1941年7月,党卫队骑兵旅就接到指示要无差别杀掉所有犹太男性,不久后又被指示要将其家庭斩草除根。在8月初为期两周的肆意屠杀中,他们杀害了估计2.5万犹太人。[339]将"游击队"和"犹太人"联系到一起,让军队和安全部队心安理得地随意扩大屠杀范围,不仅仅是在被占领的塞尔维亚,对所有地方的犹太男性的大规模屠杀在11月已经成为事实,因为这些人都被视为潜在的游击队员和破坏分子。在国防军最高统帅部关于每有一名德国军人被游击队杀死就要杀掉100人报复的指示下，数以百计的人被作为人质杀死。当贝尔格莱德的军事当局发现东方已没有空间可供驱逐犹太人时，又有8 000人被下令杀死以解决问题。几个月后，女性、儿童和吉卜赛人也步其后尘，两个月内有7 500人被毒死：每天都有一定数量的女人和儿童被通知说要移民，他们被关进一个房间，锁在里面，直到被毒气杀死。为了让他们以为一切正常，儿童还被发了糖果。1942年6月9日，一条简短的消息发到了柏林："塞尔维亚已没有犹太人了。"[340]

大屠杀的主要推动者还是A、B、C、D四支特别行动队，而当屠杀的规模已经无法遮掩时，普通的"纪律警察"也加入了进来，这些人都是从德国本土、乌克兰、波罗的海沿岸和白俄罗斯当地征召的辅助人员。截至1941年12月，这些人杀害了估计70万人，其中50.9万受害者死在乌克兰的民管和军管地区（包括罗马尼亚军队和德涅斯特安全部队杀的9.6万人）。[341] 各地的军事指挥官有时候会下令建设犹太区，但犹太人常常只是临时待在这里，等着被希姆莱派遣的党卫队和警察部队杀害。在白俄罗斯，屠杀在1941年10月达到了高潮，10月1—2日在莫吉廖夫有2 000人被杀，10天后在维捷布斯克有8 000人被杀，在鲍里索夫有7 000至8 000人被杀。明斯克设立了大型犹太区，但在11月初有1万人在此被杀，为从德国过来的首批被驱逐的犹太人腾出空间。9月初，德军中央集团军群在莫吉廖夫举行了最高指挥官会议，B特别行动队指挥官阿图尔·内贝（Arthur Nebe）在会上发表了关于犹太人问题和反游击作战的演讲，以鼓励军队配合自己的行动。10月，德军各部队分散到乡间去猎杀"匪徒"，结果却杀死了大批犹太人。白俄罗斯德军总指挥古斯塔夫·冯·毛亨海姆（Gustav von Mauchenheim）将军指示说，"犹太人必须从乡村消失，吉卜赛人也要消灭"，于是，除了在明斯克犹太区杀害的之外，他的第 707 步兵师还在明斯克周围地区杀害了估计 1 万名犹太人。[342]

但德国人也不能一直杀下去，有些犹太人还是幸存了下来，要么因为有军队需要的技能，要么因为逃过了早期的屠杀，要么因为被赶进了本来就有一定生还概率的犹太区。在拉脱维亚和立陶宛，德军在 1941 年 6 月拿下两地之后，当地党卫队教唆民众进行了一轮屠杀，之后就建起了犹太区。在里加，10 月建立犹太区之前就有半数犹太人死亡，而在 12 月上旬，犹太区内又有 2.7 万人被带到附近隆布拉（Rumbula）的森林里杀害，为的还是给德国犹太人腾出空间。但是另一方面，在乌克兰，日托米尔的犹太区建立后不久就"清除"了 3 145 名犹太人；雅尔塔在 12 月 5 日建立了犹太区，但里面的居民 12 天后就被杀掉了。[343] 乌克兰还是这场种族灭绝中最大规模屠杀的发生地，这次事件发生在基辅郊区的巴比亚谷，据说是为了报复城内"犹太人"的恐怖袭击。9 月 29 日，大部分犹太人排着队穿城而过，许多人在抵达目的地前还以为自己只是要移民，在那里，一整天时间里一群群的犹太人遭到殴打、剥光衣服，然后被机枪扫射，两天共有 33 771 人被杀。9 月间，即便当战斗还在东方继续进行时，整个基辅省就有 13.7 万人被杀。[344] 一个名叫伊琳娜·克罗舒诺娃的目击者在日记中写下了今天已是人所共知的感觉："我只知道一件事：有可怕、恐怖的事情正在发生，有些难以置信，这些事情看不懂，看不透，说不清。"[345]

历史学家们对于希特勒在何时下令消灭犹太人观点不一，但这一问题忽略了从 1941 年 6 月之后，对犹太人的种族灭绝在没有接到最高当局命令的情况下就已经付诸实施的事实。柏林没人阻止杀戮，至少希特勒没有，他看过特别行动队或者希姆莱的报告，正是这些人在 1941 年夏季的几个月里一直想要让安全部队更加残酷。他们只在一些关键节点上需要希特勒的参与。给德国犹太人戴上黄星作为标识的做法，是 8 月《大西洋宪章》发表后根据希特勒的直接指示办的；

9月18日，希特勒最终下令把德国、奥地利和捷克斯洛伐克的全部犹太人驱赶到东方的犹太区，这一命令在10月下旬开始被执行。此时，中央保安局已经扩大了希特勒驱逐中欧犹太人的命令，将被占领的"大空间"里所有的犹太人向东驱赶。斯大林命令将"伏尔加德裔"人口驱赶到西伯利亚的消息似乎让希特勒尤为愤怒，苏联南部成千上万说德语的人口被逐出了他们自从18世纪以来就一直居住的殖民地，于是他批准了罗森堡的提议：若苏联的德裔被害，则"中欧犹太人"也要遭此命运。[346] 最终，在1941年12月和1942年1月，那些负责犹太人政策的人带头执行了希特勒关于种族灭绝的说法，将在全欧洲更彻底消灭犹太人变成了得到国家认可的正式做法，无论是有意识的杀戮，还是让犹太人作为劳工干到累死。汉斯·弗兰克一直急于将总督府德国化，却又无法迁走他的大量犹太人口，1941年12月12日，他参加完会议归来，向他的各级管理者们传达说，他们现在可以着手用各种办法来清除住在那里的超过100万的犹太人了。希特勒并未下达过极端的大屠杀命令，但参加屠杀的人从不怀疑这一点：除了已经被大量杀戮的苏联和波兰东部犹太人，德国手中的所有犹太人都要被送到东方的某个屠场去。这就是1942年1月20日（原定1941年12月，结果推迟了）那场臭名昭著的"万湖会议"的主要结论，海德里希在会上探讨了将犹太人迁往东方作为欧洲犹太人问题的最终解决方案，只要希特勒批准就行。海德里希还是想着要尽可能地利用犹太人的劳动力，希姆莱也一样，他们想让被驱逐者在更遥远的东方干到死，参加万湖会议的人还觉得无力劳动的人应该去死。驱逐最终意味着死亡，无论是何种方式的死亡。[347]

万湖会议没有提出集中处置犹太人的计划。1942年的一轮轮屠杀，和1941年一样，仍然取决于各地党卫队、军事和民事当局的主动性，以及希姆莱和海德里希（直到1942年6月他遇刺身亡）的不断推动。

这种主动性最明显的体现是，面对面杀戮（遇难者约占大屠杀全部遇难者的一半）变成了用毒气设施屠杀，面包车和卡车都被改造用以此途，还有固定的毒气室和毒气间。毒气设施的使用始于1941年10—11月，当时是为了解决为被驱逐的德国和捷克斯洛伐克犹太人找到犹太区空间的急切需求。当时瓦尔特高的纳粹长官阿图尔·格赖泽尔在驱逐计划失败后，获准杀掉仍然居住在当地的最多10万名犹太人。他们在海乌姆诺村附近选了一间农舍，还用上了毒气面包车，从11月起，这些就被用来杀害犹太人了。与此同时，奥迪洛·格洛博奇尼克的一个提案被海德里希认可，他们在卢布林附近贝尔泽克（Belzec）的前劳动营修建了固定的毒气设施，用来杀死那些没有劳动能力的犹太人。[348]毒杀是一种已经在所谓的T4计划中（名称来源于柏林的地址，蒂尔加登大街4号）为人熟知的方法，这一计划是要在德国和奥地利毒死精神残疾者，后来也被用在了波兰占领区。格洛博奇尼克把120个参与了T4计划的人调到了卢布林，其他人则在别的屠杀点工作。[349]贝尔泽克从1942年3月开始杀人，同时位于波兰索比堡和特雷布林卡的另两处设施正在建设。其中索比堡在5月开始毒死人，特雷布林卡是在7月。这些营地成了所谓"赖因哈德行动"的基地，被送到这里的犹太人只有死路一条。那些被判定为仍有劳动能力的人被暂时留了下来，但在总督府的第一轮杀戮中，有16万人被毒死。海德里希被刺杀后，希姆莱对党卫队高级官员说："我们要在一年内完成犹太人的大迁徙，之后就没人会在这里闲逛了。要把他们清理干净。"[350]

随后便是1942年夏发起的所谓"第二轮"屠杀。这是杀人最多的时期。在1942年下半年，约120万人在总督府遇害。在乌克兰还有77.3万人被杀，其中许多仍然是被面对面杀害的，帝国专员辖区的犹太人几乎被杀光了。12月31日的一份报告写道："犹太人：对区域的清理已入尾声。"残存的几千人也将在随后几个月里被杀害。[351]但是，残酷的杀戮掩盖了围绕如何利用犹太劳动力，以及如何利用犹太区、劳动营幸存的少量犹太人产生的持续争议和犹疑。1942年4月，由于来自军队和民间的用工需求的压力，希姆莱下令把16—35岁的男性留下来用于工厂劳动和建设劳动。但是从1942年夏起，他的态度发生了转变。他不再接受在他计划殖民的地区存在他所认为的种族不纯洁的孤岛，而是要求关闭所有使用犹太人的项目，要把犹太人杀掉而非让他们为战争工作，但军队和民间的管理人员一直抵制这一命令。1943年初，波兰的劳动营里仍然有12万犹太人，直到1943年夏季，这些劳动营才在希姆莱的坚持下被悉数关闭，里面的犹太人与所有幸存的犹太人一起被杀害。[352] 在加利西亚，14万逃过早先一轮轮屠杀的犹太人在1943年的头6个月里遇害。在德国占领的乌克兰，15万幸存者在1943年被杀害。有几个劳动营被留下来修筑四号高速公路，但它们最后也在1943年12月被关闭，幸存的犹太人被杀尽。此时，奥斯维辛－比克瑙和马伊达内克建成了两座大型劳动和灭绝营，有超过100万来自中欧、西欧和南欧的犹太人在这两个地方死于毒气。死者包括了总督府和罗兹（Łódź）的大型犹太区最后残存的犹太劳工，他们于1944年8月苏联红军接近这里时被杀，一同遇害的还有当年夏季刚刚被赶到此地的匈牙利的一半犹太人。在奥斯维辛－比克瑙，110万被驱逐的犹太人中有96.5万人遇害，包括21.6万儿童和青少年。[353] 至此，专门的屠杀中心被关闭，它们的活儿干完了。

然而，尽管德国人在东方的杀戮非常混乱且充满矛盾，但对犹太人而言结果都是一样——早死晚死都得死。而在更广大的"大空间"里，犹太人的处境则更加复杂，因为没有占领区或盟友国家政府的配合，迁徙是很难实施的。即便是在占领区，德国安全机构也由于缺乏人手和对当地的必要了解而无法独立运行；而在盟友国家和附庸国，他们要小心翼翼地不要让德国政策肆意凌驾于当地的利益和态度之上。对当地警察和官员的依赖影响了德国计划的成败。1945年以后，欧洲其他地区一直流传着以德国的压力和资源来解释成规模种族屠杀的说法，这些都是正确的，但只讲了故事的一半。各种形式的反犹主义充斥着整个欧洲，这在推动驱逐犹太人中扮演着关键角色，而且在大多数情况下几乎不需要德国施加压力，虽然这只在罗马尼亚和克罗地亚发展成了对犹太人自发的大规模屠杀。从这个角度看，对犹太人的灭绝是全欧洲范围的，并不只发生在德国。希特勒德国的责任在于，它为其他国家提供了一个只要把犹太人交给德国的灭绝机器就能解决其"犹太人问题"的机会，如果它们这么选择的话。为了强调这种机会，艾希曼的盖世太保犹太人事务处、德国外交部，以及党卫队，都向占领区和盟友国家派出了代表以协调种族灭绝方面的跨国合作，即使他们去了也不能保证对方一定会配合。

欧洲其他地区打击犹太人的方式并无固定模式可循，根据各地环境不同，政府和社会对"犹太人问题"的想法和态度也各不相同。反犹太人的形式也都不一样：有时候是基于种族歧视，或者是担心犹太人损害国家团结；有些地方有着强烈的宗教因素，基督徒将犹太人视为"杀害基督的人"；还有些国家有着强烈的经济动机，想要剥夺犹太人的财产以满足国家需要；或者是所有这些的综合，这在斯洛伐克、匈牙利和罗马尼亚对犹太人的迫害乃至驱逐中表现明显。这三个轴心国在反犹方面根本不需要学德国，它们自己就发展出了本土的偏见和歧视，这在匈牙利和罗马尼亚更是有几十年的历史。在西部的被占领国家，人们用各种犹太人将被重新安置的虚构说法来说服犹太社区合作，但这样的说法也被用来为当地投敌者确实参与了种族灭绝这一事实开脱。无论这些不同情况的动机和环境如何，许多欧洲人都觉得自己或许也是需要对"犹太人问题"给出答案的。

在罗马尼亚，1938年初，卡罗尔国王一言独断通过了严酷的反犹法律，剥夺了22.5万犹太人的公民权，关闭犹太人报纸，解雇国家雇员中的犹太人。针对犹太人的法律条款一直生效到安东内斯库元帅统治时期的1943年。罗马尼亚的法西斯分子常常会随时对犹太人施暴或破坏他们的财产，但随着"巴巴罗萨行动"的展开以及拿下布科维纳和比萨拉比亚，罗马尼亚犹太人的危机才真正到来，这两个地方居住着80万犹太人，按照罗马尼亚的居住法，其中许多人是"无国籍"的。[354] 这里的军队、罗马尼亚农民和德裔居民都指责说，大规模的犹太族群几年以来一直在鼓动苏联前来占领，于是1941年7—8月，他们进行了一轮种族屠杀，有可能多达6万犹太人遇害。党卫队D特别行动队也杀了一些人，但大部分是罗马尼亚人干的。一直想要公开宣布种族清洗政策（清洗对象不仅包括犹太人，还包括吉卜赛人、匈牙利人和苏联人）的安东内斯库下令迁徙残余的犹太人，大约14.7万人被迁往德涅斯特河沿岸地区，在那里，他们住在肮脏的临时营地里，失去了所有财产，病饿交加，还面临着被杀戮的危险。这些迁居者中有超过10万人或饿死或被杀。不仅如此，既然德涅斯特河地区要成为"大罗马尼亚"的心脏地带，那么苏联的犹太人也就成了目标，他们要么被杀掉，要么在这些临时营地里过着朝不保夕的日子。这些人中又有估计13万至17万人死亡。[355] 1942年秋季，出于某种尚不清楚的原因，安东内斯库改变了迁徙的想法，拒绝了德国提出的把罗马尼亚剩余犹太人送到波兰的灭绝营的要求。迁徙的计划实际上是在与党卫队代表古斯塔夫·里希特协商一致后制订的，但到9月下旬，计划又被搁置了。安东内斯库的确受到了要他不要听从德国人的国际压力，但最好的解释则是，听从德国人似乎意味着对罗马尼亚主权的挑战，正如自由党领袖在当月的一次演讲中所说，"一耳光打在我们国家的脸上"。已经搬到德涅斯特河沿岸地区的犹太人如果想要逃离，就会面临死刑。

第二章　帝国的幻想与现实，1940—1943

但 1944 年 3 月，安东内斯库将这一地区交给了德军，此时大部分人已经死了，剩余的 10 700 人则被送回国内。这一次，德国想要杀死所有犹太人的计划明显未能得逞，尽管罗马尼亚自己的所作所为也导致了超过 25 万人死于被遗弃、疾病和杀戮。[356]

斯洛伐克的情况被证明复杂得多。自从 1939 年 3 月被德国非正式"保护"以来，新国家发动了激进的反犹运动，即便这个国家只有 4% 的人口是犹太人：人们对占人口少数的犹太人统治了商业和银行业怀有复杂的仇恨，而且他们的突出特征是说德语、匈牙利语或者雅迪什语，唯独不说斯洛伐克语。1939 年，斯洛伐克急匆匆地开始考虑"犹太人问题"，但其主要目的起初只是想要剥夺犹太人的财产。1941 年 9 月，犹太人 85% 的产业被关闭或者被非犹太人（包括德国人）接管。一年前，斯洛伐克议会通过一项法案，要求在一年内解决犹太人问题。当一年期满后，他们颁布了犹太法典，严格限制了犹太人的生活。当时约瑟夫·季索政府还问党卫队代表迪特尔·威斯里舍尼，德国是否可以接管赤贫的犹太人，好让斯洛伐克免于付出代价和担责。1942 年 5 月 15 日通过的一份议会法案为迁徙犹太人赋予了合法性，与德国协商后，斯洛伐克将为每个移居者向德国支付 500 马克以填补德国人的"安全开支"，5.8 万人将乘坐斯洛伐克火车前往拘留营，党卫队将把他们从这里送往灭绝中心。那些适合劳动或者有特殊例外情况的犹太人可以留在斯洛伐克，但是当德国于 1944 年 8 月占领这个附庸国后，又有 1.35 万人被送往奥斯维辛－比克瑙杀害，这也是最后一批被杀的犹太人。被驱逐者的财产被国家接管，被分发给斯洛伐克的学校和其他机构。8.9 万斯洛伐克犹太人中只有 9 000 人得以幸存，他们要么被朋友藏起来，要么伪装成斯洛伐克族人，要么越过边界逃往匈牙利，尽管匈牙利的反犹政策也十分恶毒，但犹太人还是在战争初的几年中得以存活。[357]

匈牙利社会的反犹情绪比斯洛伐克和罗马尼亚有过之而无不及，在战间期的大部分时间里更是超过德国。当地人对于犹太人在商业和专业技术方面扮演的角色怀有一种经济上的仇恨，这对反犹情绪起了重要推动作用。想要限制专业技术行业和商业中犹太人数量的做法可以追溯到20世纪20年代初。1938年和1939年，第一犹太人法案和第二犹太人法案生效，严格限制犹太人进入专业技术行业，并取消其获得国家职位的权利。1940年，他们又引入一项法规，要剥夺犹太人的财产，将其在当地人中再分配；数以千计的犹太人被取消了交易权。1940年初，反犹政客和经济学家们讨论的话题集中在了是否需要对匈牙利83.5万犹太人强制移民上。匈牙利总理帕尔·泰莱基（Pál Teleki）在1940年会见了希特勒之后，便呼吁在全欧洲范围内解决"犹太人问题"，就连希特勒都不觉得这能行得通。1941年7月，1.4万无国籍犹太人和难民被赶过了与德占加利西亚之间的边境，德国安全部队不愿接收这些人，于是在卡缅涅茨－波多利斯基城内把他们几乎全部杀掉了，这是"巴巴罗萨行动"最初几周中最大规模的屠杀事件。[358]在匈牙利，犹太人被赶进犹太区，身强力壮的男子则被赶进劳动营。摄政霍尔蒂海军上将及其周围的保守派圈子抵制住了将犹太人送到波兰的德国集中营的要求，但这种抵制到1944年3月19日德国军事占领推翻了他的统治就结束了。匈牙利人放开了手脚，他们登记、隔离和驱逐匈牙利犹太人的速度和彻底性让艾希曼和随同他的约60名德国官员都感到惊讶，甚至连德国的屠杀机构都险些被压垮。德军占领仅仅两个月后的1944年5月15日，迁徙犹太人就开始了，在8个星期内，43万人被赶了出去，其中3/4立刻就死在了奥斯维辛集中营。总共有约50万人被迁走，但是由于保守派精英想要保护布达佩斯的犹太人，外加匈牙利军队需要犹太劳工，犹太人终归免于被全部杀害，约12万人免遭驱逐。[359]

轴心国阵营中的例外是保加利亚和意大利（直至德军在1943年9月占领了亚平宁半岛的2/3为止）。两国当然有反犹主义，但就像匈牙利的霍尔蒂一样，强烈的国内限制使它们无法简单地照德国说的做。在保加利亚，1940年11月，精英们仅仅围绕其合法性进行了一轮激辩，主要的反犹法规——《国家防卫法》——就生效了。1941年，掠夺部分犹太人财产的措施被强制实施，1942年8月26日，与柏林的中央保安局讨论了在保加利亚实施更激进的犹太人政策后，内阁发布法令授权设立"犹太人事务特派员"，将犹太人迁出首都索非亚，没收犹太人财产，并对"犹太人"做出了比德国同行更彻底的定义。迁移保加利亚犹太人的准备工作随之开始，但是1943年3月，政府人员开始抗议把保加利亚犹太人的命运交给德国决定的主张，就像罗马尼亚政府做的那样。从1943年3月起，保加利亚在1941年占领的地区——希腊的色雷斯和南斯拉夫的东马其顿——开始驱赶犹太人，但是一向反对唯德国马首是瞻的鲍里斯沙皇在1943年3月批准推迟迁移保加利亚犹太人，5月，在国内外的压力之下，他又批准了取消迁移计划的决议，他从来都不喜欢这个计划。在更南方，德国军事当局和党卫队从1943年3月开始从希腊迁移犹太人，在那里他们没遇到什么阻力，最终有6万人被送进了奥斯维辛集中营。但是到1943年秋，中央保安局放弃进一步施压保加利亚政府，于是，尽管有严格的歧视性法案，但还是有5.1万犹太人从战争中幸存了下来。[360]

　　同样，意大利帝国的缔造者们对"犹太人问题"的态度既取决于国内少数法西斯分子强大的反犹声音，也受到意大利不愿把对自己犹太人的态度交给德国来决定的影响。反犹的压力来自法西斯运动内部，而不是对德国的模仿，这导致意大利在1938年发布了一系列沿用了欧洲模式的犹太人法案，禁止犹太人获得国家职位，将许多人逐出专业技术领域，还引入了一套强制劳动制度，但墨索里尼想要的集中营没能建立起来。1942年,墨索里尼批准在6个主要城市建立"犹太人问题研究中心",以宣传用更激进手段解决"犹太人问题"的迫切需要,但直到意大利投降,德军占领意大利,这都没能带来什么大的举措。[361] 甚至在意大利占领区,当地的军事长官和罗马派来的官员也顶住了德国人要他们交出犹太人和犹太难民的尝试,如其中一个人所言,"显而易见是出于政治声望和人道的原因"。1942年10月,德国外交部的犹太人问题专家表达了遗憾,在最终解决方案的实施中,轴心国"在此方面没能达成共同政策"。[362] 1943年9月,德军占领意大利大陆及其残余帝国领地后,情况发生了剧变。10月,德国安全警察和盖世太保开始把意大利犹太人集中到罗马,一个月后又把他们向北迁移——和在法国时一样,新近迁移来此的犹太人成了优先目标。意大利萨洛傀儡政府的内政部长圭多·圭迪在11月30日命令当地意大利警察抓捕和拘禁所有犹太人,但是大部分抓捕是由德国人执行的,他们在福索利和博洛尼亚先后建立了营地作为迁徙前的集合中心。在萨洛政府登记的32 802名犹太人中,只有6 806人最终被迁走,322人死在意大利,还有950人在战后下落不明。[363] 对于德国的屠杀机构来说这是个令人失望的结果,但他们向来把意大利人视为不可靠的盟友,这倒与他们的看法非常一致。意大利人对犹太人的搜寻和抓捕靠的是各个地方的主动性,而没有任何更加系统化的方法。许多犹太人逃到了瑞士,或许有6 000人之多,有些人到达了盟国防线,还有数千人藏身于宗教机构,或者干脆混进某个族群,让自己看起来不那么像犹太人。那些藏匿犹太人的人被抓住可能会被关几天大牢,但通常不会像在东部那样被枪决或绞死。[364]

在西欧和斯堪的纳维亚,各处占领区的犹太人的命运也各不相同,但在这里,德国当局执行犹太人政策比在轴心国的盟国更加直接。即便如此,登记、辨别甚至抓捕犹太人以进行迁徙的工作都严重依赖当地人的合作，而这种合作因地而异。在比利时，当地警察抓捕的犹太人只占德国安全部门接管总人数的17%，在荷兰这个比例是24%，但在法国，当地警察部队抓到了61%准备送出去的犹太人，尽管随着解放的前景日益临近，法国人的合作意愿也日渐下滑。[365] 如果说这些占领区有什么共同点，那就是这些占领区的人在1942年都愿意与德国人一起搜查犹太人，当时大批犹太人被逐出西欧，之后随着德国在战争中的运势明显陷入危机，这种意愿也开始下滑。在法国，"犹太人问题"由来已久，右翼民族主义政治推动了这一问题，而随着战争临近，大众的反犹思潮变得越发突出。1938年捷克斯洛伐克危机时，法国的一种反应是："和平！和平！法国人不想为犹太人打仗……"。1939年，法国采取措施限制犹太难民参与专业技术工作，那些被定性为无国籍的人（包括作家阿瑟·科斯特勒）则被圈禁在某个集中营中。1939—1940年，这种集中营在法国遍地开花。这些集中营与德国的差别不大，主要体现在它们对囚犯们食品供应和住宿环境的忽视程度，以及劳动的繁重程度。1940年9月，集中营的口粮供应是每天350克面包和125克肉。但这些口粮常常发不下来。在居尔的集中营，犯人们要想办法靠每天800卡路里的热量活下来。1940年春，集中营里有5 000个犹太人，但这一数字在1941年2月高峰时达到4万人。[366] 这些计划都不是德国人煽动的，而且几乎所有的营区都是法国当局经营的。巴黎郊外德朗西的主要集中营，直到1943年6月才被德国人接管用于迁移犹太人。

1940年6月，维希政府成立后，一轮反犹立法接踵而至。7月，德国大使与法国总理皮埃尔·赖伐尔商谈后向柏林报告说："法国人的反犹情绪如此高涨，他们不需要我们再提供任何支持。"[367] 10月5日，法国发布了一份全面的犹太人法律，禁止犹太人获得国家职位和其他专业技术工作，并将"犹太人"定义为任何祖父母中有两个犹太人者，而在德国要有三个人才行。1927年之后入籍的犹太移民的地位也一落千丈，他们可以被直接关进集中营。当德国人还在策划把犹太人的产业交给信托机构的计划时，维希政府已抢先颁布了允许剥夺犹太人财产的法案。1942年，法国有42 227笔犹太人的财产被交付信托，德国只有45笔。[368]维希政府下令对所有犹太人进行人口登记，登记出来的名单让盖世太保得以在1942年11月占领维希法国的领土后关押已知的犹太人。有人举出例子来主张维希政府的目的是要抢在德国人前面动手以免发生更糟的事，但证据不足。许多事并不是德国人要求的，包括让犹太人戴黄星，以及在犹太人的身份证和口粮卡上印上"juif"一词，还有拘留营的严酷管理，可能有3 000人在法国的拘押中死亡。[369]德国人在占领区的第一轮搜捕出现在1941年5月，当时犹太人被关进4个新的营地，其中3个是法国人经营的，但是抓捕犹太人并将其送到波兰集中营的做法直到1942年夏才开始，当时艾希曼在法国的副手西奥多·丹内克尔（Theodor Dannecker）坚持要求把所有失去法国国籍的犹太人送走。对此，维希政府的配合是送走了南方地区的大约1.1万非法籍犹太人，包括集中营里的4 500名犹太囚犯。1942年，41 951人被迁移，1943年有17 069人，1944年有14 833人，比1942年艾希曼和丹内克尔要求的10万人少一些。这些人中68%是外籍犹太人，32%是法国籍。[370]维希当局不想搞大屠杀，但犹太人受到的待遇和法国警察、官员对他们的抓捕正中德国人下怀。

犹太族群在比利时与荷兰的经历天差地别。在比利时，约7.5万犹太人口中的95%都是外籍人，不是比利时人。虽然这些人显然易受打击，但只有29 906人被迁走，这主要是因为在1942年，数以千计的人被比利时民众隐藏了起来，或是直接逃过了抓捕。另一方面，荷兰有大量居住已久的犹太人口，约有18.5万人，其中75%——约14万人——被送往集中营，大部分被杀害。数以千计的人被荷兰房

第二章　帝国的幻想与现实，1940—1943　　285

东藏了起来，其中至少有1.61万人幸存，但还有数千人被发现或被举报给了荷兰警察和德国警察，荷兰有些民众并不反对德国人解决"犹太人问题"的做法。在荷兰，帝国专员赛斯-英夸特1941年1月下令登记所有犹太人后，德国当局的权威取决于荷兰官员和犹太人族群的反应。对此无人反对，尽管此时还没几个人能想象到这些登记信息会被用来做什么。荷兰警察被证明尤其配合，因为官方并不想和德国人过分对立，但他们也只是拘押犹太人并把他们交给德国警察，而不会正式逮捕他们。在迁移犹太人的高峰期，也就是1942年7月到1943年7月，在小镇和乡村集合犹太人并把他们送走的都是荷兰警察。之后，和法国一样，对德国战败和最终解放的预期导致了配合程度的下降，但此时14万人遇害者中的大部分已经死于非命。在比利时，犹太族群规模小，而且处在社会边缘，这就能解释为什么其幸存比例高得多。反犹主义即便是对极右翼政党来说也不是什么大不了的事，当然比在荷兰和法国弱得多，在迁徙犹太人高峰期的1942年10月，约有2万犹太人得到了非犹太人的保护。比利时登记犹太人的官僚体系不如荷兰的完善，而大量的犹太移民早就精熟于阳奉阴违。尽管如此，比利时的官僚和警察仍在尽其所能地配合追杀犹太人，当德国人开始动手时，比利时人在接管犹太人资产、财富和房产时，与法国人、荷兰人也都是一副模样。

只有在两个斯堪的纳维亚国家，挽救几乎所有犹太人口才被证明是可能的。丹麦政府在1943年8月政府总辞职与随之而来的一轮罢工和抗议之前，都没有受到任何要他们交出本就为数不多的犹太人的压力。由于觉得犹太人参加了抵抗运动，希特勒和冯·里宾特洛甫才在1943年9月要求驻丹麦全权专员维尔纳·贝斯特迁走所有丹麦犹太人。但贝斯特似乎觉得这种迁徙是个错误，会进一步得罪丹麦社会，因此当犹太人开始自救，乘船渡海去往瑞典时，贝斯特和德国警察也就睁一只眼闭一只眼了。[371] 在芬兰，只有约 2 200 人的小小的犹太族群从未面临国内反犹主义的威胁，芬兰政府也没有受到交出犹太人的压力，唯一的例外就是有 8 个犹太难民被遣返回了德国。直到 1944 年，当人们开始担心德国可能占领芬兰以防其退出战争时，芬兰才制订计划把芬兰犹太人送往瑞典。夏季，几个孩子及其母亲被送走了，但芬兰政府并不情愿让犹太人离开，以免让盟国误以为芬兰也参加了更大范围的种族灭绝。最终，由于德国安全部队和警察部署得过于分散，无力干预，犹太人也一直生存到了芬兰军队向苏联红军投降，幸运地躲过了德国人撒向幸存犹太人的越来越大的大网，即便此时德国已经濒临战败。[372] 希特勒坚持到了最后，据认为他在自杀前的 1945 年 4 月还宣称："民族社会主义事业唯有向那些在德国和中欧消灭了犹太人的人民致以永久的感激。"[373]

这些关于欧洲人配合德国人建立"清除了犹太人"的欧洲的冷冰冰的叙事，与德国人东方帝国的建立密不可分，这仅仅是因为希特勒到最后都无法设想他的东方领土帝国或者更大的"大空间"能成为有数百万犹太人居住的地方，希姆莱和艾希曼也是一样。犹太人被定义为德国人建立以德国为中心的帝国秩序的世界性敌人。建立这样一种秩序的所有野心轻率地体现在了 1940 年 9 月的《德意日三国同盟条约》中，但以彻底失败而告终，而在失败之前，暴力的帝国扩张却席卷了欧亚大陆及其周边，那些驱逐、剥夺和杀戮集中在了一小段时间里，这与早先那些持续了数十年甚至更久的帝国扩张截然不同，甚至在种族灭绝方面也完全不是一回事。新帝国的扩张当然可以付出更少的人命代价，但是帝国幻想与帝国现实之间的永久性差别则会导致无底线的暴力发作，从而将帝国从想象中的乌托邦变成了一场充满挫败、惩戒和毁灭的反乌托邦的噩梦。

1944年8月，盟军横穿法国期间，西线盟军最高指挥官德怀特·D.艾森豪威尔将军从一辆在莫尔坦战役中被炸翻的德国VI型"虎式"坦克旁走过。图片来源：Pictorial Press Ltd/Alamy

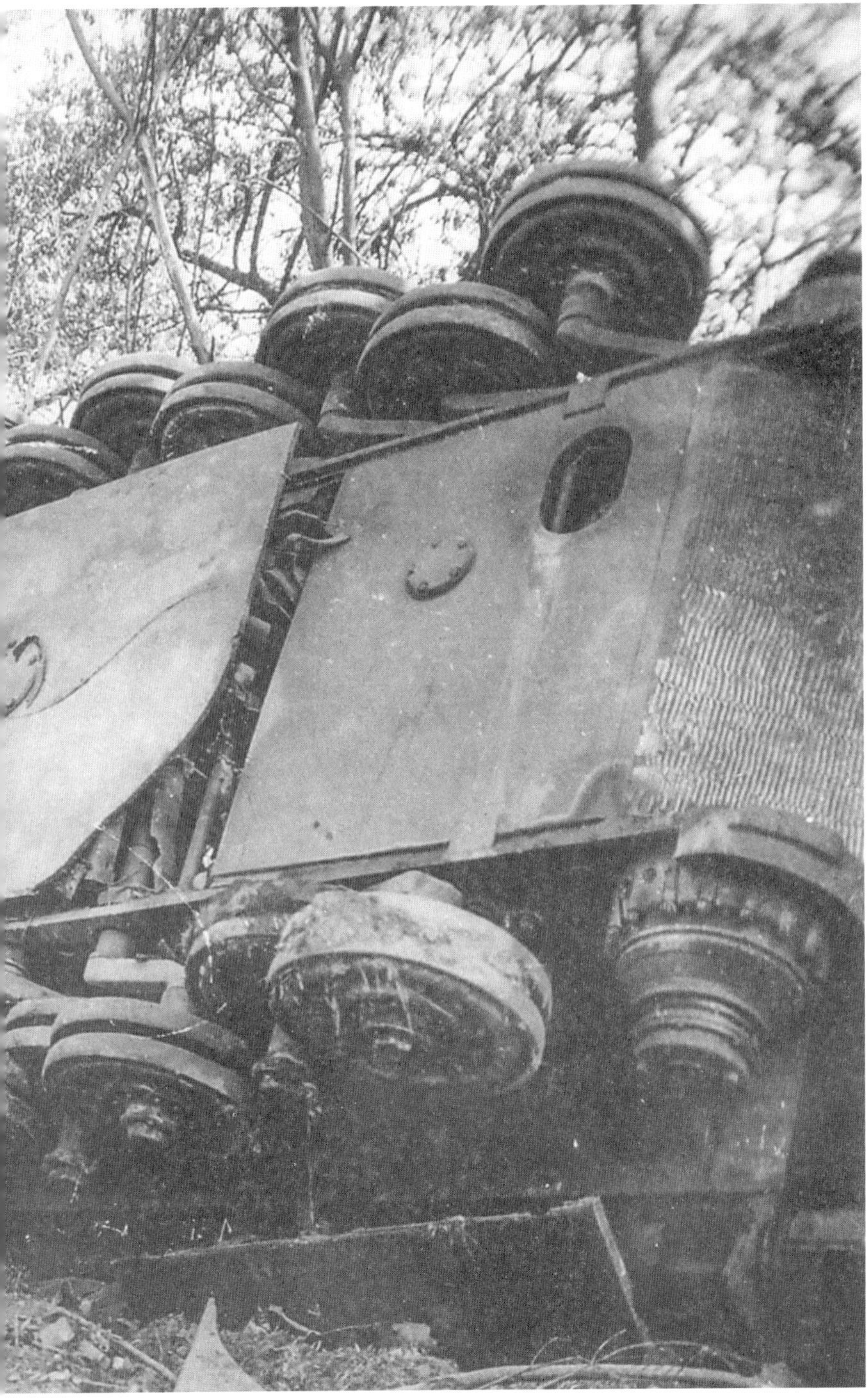

第三章

民族-帝国的灭亡，1942—1945

> 如果我们要赢,就必须在东西方同时打赢;如果我们要输,那也是一样。
>
> ——大岛浩,1942 年 11 月 [1]

1942 年 11 月,日本驻德国大使召集驻欧洲各国的日本大使开会,展望了当前的战争局势。他的讲话适逢三大主要战场上的三场重要战役如火如荼进行之时:在苏联南部的斯大林格勒,德军和苏军正围绕着这座城市进行着规模巨大的会战;在英属所罗门群岛的瓜达尔卡纳尔岛,数量少得多的日本士兵和美国海军陆战队正在日军进攻的最远点进行战斗;在利比亚北部,英帝国军队正沿着北非海岸一路追击德意联军,后者刚刚在第二次阿拉曼战役中失败,正处于溃退之中。大岛浩告诉他的同僚们,此刻正是日本、意大利和德国争取协调其战略计划的时机,他希望这将意味着日本向印度进攻,并可能与德国在中东的军队联手。几个月前,他就得出了结论:"德国想要推翻斯大林政权实际上是不可能的。"日本有不少高级外交官仍然希望德国能与苏联议和,大岛浩也是其中之一,他们希望日本能居中调停,这样更大规模的"四国条约"就能让整个欧亚大陆团结起来对付盎格鲁-

第三章 民族-帝国的灭亡,1942—1945

撒克逊势力。

日本人始终顽固地认为侵略战争能够通过签订有利的和平条约而结束。1943年春，一个代表团从日本来到柏林，想要劝说希特勒放弃苏联之战，转而向地中海战略倾斜，结束英美在那里的存在。几周后在东京召开的一场高级军官和政治家会议认为，苏德达成和平是整个战争的关键；若如此，西方盟国由于担心共产主义扩张就不得不在欧洲接受和约，之后蒋介石也会别无选择，只能接受强加给中国的条款，这样就能为与盟国达成全面而有利的和平条约开辟道路。[2] 希特勒当然不会接受（斯大林也一样）。对于每一条建议，他都坚持说击败苏联是最优先的事情，他绝对不会同意这些。1943年7月，轴心国的战争已陷入危局，希特勒向大岛浩保证，德国和日本将跨越彼此间的所有障碍。[3]

也许只有在事后，人们才可能看清轴心国的领导层在1942—1943年战争进入拐点时受到了什么样的误导。大岛浩思考轴心国未来全球战略时发生的那些战役，并不明确意味着盟军最终会胜利，那还远得很，但它们为轴心国的领土扩张设定了最终的限度。斯大林格勒、瓜达尔卡纳尔岛和阿拉曼，正是它们的进攻最远点。之后，轴心国便在漫长的鏖战中逐步撤出新占领的土地，只有墨索里尼的意大利是个例外，其战争的溃败来得要快得多。将残余轴心国军队赶出其占领区的战斗旷日持久，这反映出轴心国宁愿选择军事抵抗而不选择政治解决方案，还反映出对于那些希望在不至于彻底失败的情况下达成妥协和平的人（如大岛浩）来说，要使领导层改变所选择的对抗而非投降的道路是不可能的。这还体现出轴心国顽固地不肯考虑本国人民为战争的持续而付出的代价，政府希望他们支持战争直至投降的那一刻，他们也确实如此。至于轴心国人民怎样以及为何能在彻底失败临近时仍然坚持战斗，这仍然是个难以回答的问题。

帝国的尽头：阿拉曼、斯大林格勒、瓜达尔卡纳尔岛

1942 年的大部分时间里，轴心国领导层仍然可以想象打赢这场战争。迟至 1942 年 11 月，当意大利的军事运势已处于不可逆转的衰退中时，墨索里尼仍敢夸口说，"所谓的联合国"带来的"只有失败和灾难而无他"。[4] 1942 年夏，德国军队及其盟友仍然深入苏联和埃及腹地，而日本军队则在想办法守住上半年占领的辽阔陆海地域的外围防线，并巩固在中国的占领区。在这一年的上半年，盟国的"失败与灾难"在所有这些地方都是显而易见的。

对日本军队领导层而言，夺占广大南方地域的突然胜利让他们对接下来的侵略头脑发热起来。"我们现在要往何处去？"日本联合舰队总司令在他的日记中写道，"向澳大利亚进攻？还是进军印度？还是打夏威夷？"海军规划人员起草了新的提案，其中山口多闻少将的计划是要先拿下澳大利亚和新西兰，然后再进攻加利福尼亚海岸。[5] 但还没等做出任何决定，詹姆斯·杜立特中校那支从航母上起飞的小规模轰炸机队就在 1942 年 4 月 18 日象征性地空袭了东京，迫使日本人重新进行战略评估。日本陆军不再把注意力放在太平洋地区，而是把注意力转回到中国。杜立特的空袭当然鼓舞了美国人的士气，但正如蒋介石担心的那样，这也促使日本的中国派遣军发动战役，以夺取可能被美国利用的中国机场所在的地区。5 万日军兵分两路，分别从杭州和南昌出发，深入浙江和江西两省，打开了一条宽大的铁路通道，并扫荡了机场周围的地区。速胜之后，日军打算在 9 月投入 16 个师团向蒋介石的陪都重庆发动最终的致命一击。但这一战役被放弃了，因为保护新占领地区漫长的海洋战线需要大量人力——这也是让日本明白同时打两场战争有多么困难的一个早期迹象。[6] 杜立特空袭也促使日本海军制订计划以夺取中太平洋上的中途岛，从而以此为基地威胁美军的后续进攻，并干扰夏威夷与澳大利亚之间的海上联

系。山本五十六大将精心筹划了一套复杂的计划，想引诱此时仅剩下3艘舰（"企业号""大黄蜂号"和刚刚修复的"约克城号"）的美军航母部队出来防守中途岛，这样他就能将其一举歼灭并夺得对中太平洋的统治权。除了奉命攻打中途岛的部队和支援舰队外，还有第二支舰队奉命夺取远在北方阿留申群岛的两座岛屿，阿图岛和基斯卡岛，将其作为北方防线的防御据点。参战的日军航母部队动用了日本全部6艘舰队航母中的4艘——"赤城号""加贺号""苍龙号""飞龙号"——由南云忠一海军中将指挥，它们将要摧毁中途岛上的飞机，并与前来应战的美军航母对决。

　　接下来的战役便是一支弱小的美军航母舰队与大半个日本联合舰队之间的较量。在夏威夷的美军指挥官切斯特·尼米兹海军上将与负责指挥航母的绰号"电脑"的雷蒙德·斯普鲁恩斯少将却拥有一个意料之外的优势。就在日本舰队1942年6月3日抵达中途岛前几天，约瑟夫·罗彻福特（Joseph Rochefort）中校掌管的夏威夷海军情报处破译了日本海军密码，这足以让人判断出敌人的目标是中途岛，而且日本航母打击舰队将从西北方接近岛屿，而不像小规模的登陆部队那样向正东方航行。[7]于是，斯普鲁恩斯与同为特混舰队指挥官的法兰克·弗莱彻（Frank Fletcher）少将把3艘美军航母布置在南云忠一舰队的北面，做好了进攻准备。6月4日早晨7点，日军航母刚被发现，美军飞机便蜂拥而起，但是直到上午，美军航母鱼雷机和中途岛上中型轰炸机的进攻却一无所获，出击的94架飞机几乎全军覆没，却没有一枚炸弹或者鱼雷命中日本航母。

　　美军的最后一搏是几个中队的54架"无畏式"俯冲轰炸机，由于日舰没有雷达，它们直到开始俯冲后才被发现——一道"美丽的银色瀑布"，一名目击者回忆说。共有10枚炸弹击中了3艘日本航母。此时恰逢它们最脆弱的时刻，舰员们给飞机加满了油，周围堆满了准备挂装的炸弹。"加贺号"在几分钟内就成了一具燃烧的残骸；南云忠一的旗舰"赤城号"被一枚炸弹击中，加满燃油、挂上炸弹的轰炸机被引爆，整艘舰成了又一座地狱；"飞龙号"在几分钟后也被击中，结果相同。虽然"约克城号"遭到重创，后来被日本鱼雷击沉，但美军剩下的俯冲轰炸机还是足以在当天傍晚结果了日军的第四艘航母"苍龙号"。日军那些训练水平极高的舰载机飞行员在这场恶战中死了1/3。[8] 中途岛战役（日本海军甚至没有为这场战役命名）常被视为关键性的转折点，但是，尽管这一天的战斗极富戏剧性，而且日军遭到沉重打击，真正的转折点却尚未到来。在接下来的漫长战争中，日本仍然拥有一支令人生畏的由水面舰艇和潜艇组成的舰队，而美国此时却只剩下了2艘航母，而且，在"萨拉托加号"和"企业号"受伤，"黄蜂号"和"大黄蜂号"分别在1942年9月和10月沉没后，美国一度连一艘能用的航母都没有了。[9] 未能夺取中途岛以及早先放弃攻打莫尔兹比港很快得到了弥补，日军在1942年5—6月完全占领了英属所罗门群岛托管地，将南部战线向前大大推进，日军想要在最南端的瓜达尔卡纳尔岛上建立一座机场，这样，从这里起飞的飞机就能切断从美国西海岸和夏威夷通向澳大利亚的补给线。

当日本在亚洲和太平洋上攻城略地之时，北非的轴心国军队也已打过埃及边界，推进到距离英军主要海军基地亚历山大港和前方苏伊士运河只有96千米的地方。这已经是英帝国军队和得到德国非洲军团仅仅3个师支援的意大利军队之间的第三轮拉锯战了，在这场战役中，双方围绕着昔兰尼加你来我往，任何一方在进攻达到疲劳极限时都会退却。在1941年夏季灾难性失败后的大部分冲突中，大英帝国的兵力已经超过了轴心国可用的地面兵力和空中力量，而且这种优势常常还十分显著。1941年11月，接替韦弗尔的克劳德·奥金莱克将军发动了旨在解图卜鲁格之围的"十字军"战役，战斗演变成了混乱的消耗战，但是隆美尔和他的盟友意大利面临的补给问题迫使他们放弃战斗，退守阿盖拉，这正是隆美尔在当年早些时候发起战争的地方。装备补给方面突如其来的改善使得隆美尔得以在1942年1月向疲惫的敌人重新发动进攻，这一次英军被击退到加扎拉防线——就在刚刚解围的图卜鲁格的西侧。意军参谋长乌戈·卡瓦莱罗（Ugo Cavallero）将军与隆美尔和南线德军总司令阿尔贝特·凯塞林元帅共同策划了"威尼斯行动"，意图重夺图卜鲁格，并向埃及边境进攻。5月26日，一向把盟友意大利视为下属而非盟军的隆美尔下令进攻加扎拉防线。轴心国有9万人，他们被编成3个德国师——第15和第21装甲师以及第90轻型师（整个北非战役中只有这几支德军参战）——以及6个实力不足的意大利师，由600架飞机和520辆坦克（其中220辆是战斗力不足的意大利型号）提供支援。[10]英军第8集团军在经历了多次指挥官变更后，现由内尔·里奇（Neil Ritchie）中将指挥，拥有10万人、849辆坦克和604架飞机——包括从埃及基地起飞的"威灵顿"中型轰炸机。英军在加扎拉掘壕固守，阵地前布有大片雷区，南面还有自由法国军队防守的比尔哈凯姆堡垒，在理论上，里奇的防御阵地十分强大，已在先前的战斗中疲惫不堪的轴心国军队难以将其攻克。[11]

轴心国的进攻被证明风险巨大而且代价高昂，但英军方面的反应再次凸显了此前已经暴露的缺陷——添油战术，步兵得不到装甲部队的保护，无法有效协调机动作战——这让隆美尔得到了主动权。经过苦战，比尔哈凯姆阵地于6月10日易手，隆美尔得以转向北面，攻击呈一字长蛇阵展开的英军装甲部队，激烈的坦克战之后，盟军几乎全军覆没。英军第8集团军投入1 142辆坦克参战，损失了1 009辆。到6月13日，原本实力强大的英国装甲部队只剩下70辆可用的坦克了。[12]第8集团军随即向埃及边境上的马特鲁港溃退，这一次，隆美尔在 6 月 20—21 日只用了一天时间就拿下了图卜鲁格，不仅缴获了大量燃油和食品补给，还俘虏了 3.3 万名英国、南非和印度的军人——包括 6 名将军。虽然隆美尔的疲惫之师在 6 月底也衰弱到了仅有 100 辆坦克（其中 40 辆是意大利型号），他还是追杀着英军第 8 集团军深入埃及腹地 65 千米，来到阿拉曼的小火车站和无法通行的卡塔拉洼地之间。6 月 26 日，墨索里尼带着庞大的随从团飞往利比亚，准备在不久后胜利进入开罗。图卜鲁格陷落的消息传到丘吉尔那里时，他正在美国白宫与罗斯福会谈。打击写在了丘吉尔的脸上。美国人承诺提供坦克和飞机，甚至承诺立刻派出美军第 2 装甲师参战（罗斯福拒绝了），或者建立一支美国集团军负责从埃及到德黑兰这片区域（这次是丘吉尔拒绝了，他不想让美国人插手英帝国的这一关键地带）。美国驻埃及大使亚历克斯·柯克（Alex Kirk）私下里报告说，"英国人表现拙劣"，因为"战略有缺陷，做事拖拖拉拉"，但奥金莱克本人在发给伦敦的报告中坦陈："我们仍然算得上一支成熟的军队，作战专业。"[13] 7 月 3 日，他在向伊万·麦斯基解释 1942 年开辟欧洲"第二战场"的前景因这场失败变得渺茫之后，沮丧地向他吐露道："德国人打得比我们好……我们还缺乏'苏联精神'：宁死不降。"[14]

经历了 1941 年冬季艰苦的防御战后，东线德军在 1942 年夏秋之际打下了更广大的地域，其间，"苏联精神"再次显现出来。希特勒想要彻底消灭曾在 1941 年挡住了他的苏联红军，但在前一年妨碍了战役进展的战略争论再次出现。军方高层仍然倾向于将夺取莫斯科作为决战；希特勒则想要恢复被打断的南下伏尔加河、高加索的战役，此番德军或许真的有可能和向苏伊士运河、中东产油区推进的隆美尔会师。批评者说，这是"乌托邦式的进攻计划"，但希特勒直言不讳，他不会被那些说"那不可能，那没用"的专家和指挥官动摇。

他还说，问题"必须通过卓越的领导而无条件地解决"。[15] 希特勒理智地遵从了这样的观点：封锁是现代战争的关键因素——这次是要彻底切断苏联红军与其所需的重工业和原油之间的联系。仿佛是在佐证他的判断，德军情报部门严重低估了苏联红军的潜力和苏联工业的产能，也忽略了德军日益凸显的弱点。到1942年3月，德军伤亡已经超过100万人，并非所有伤亡人员都能得到补充，一同损失的还有大量从飞机到轻武器的各种装备，德国战争经济此时只能填补其中的一小部分。在东线的162个师中，只有8个被视作为即将到来的战斗做好了充分的作战准备。

4月5日，希特勒发布了第41号指示，"清除苏联残余的所有防御潜力"，切断苏联红军的关键物资供应，然后夺取列宁格勒。德军的战役代号为"蓝色行动"。这是一套复杂的计划，分为四个阶段，每个阶段要次第展开。德军将以"三板斧"开场：在北面从奥廖尔地区向沃罗涅日进攻，从哈尔科夫周围地区南下，最后从克里米亚进攻罗斯托夫。三支部队将在顿河大弯曲部会合，之后南方集团军群将一分为二：B集团军群将守住从罗斯托夫到斯大林格勒的地区，掩护A集团军群杀入高加索地区，夺取油田。德军再一次认为，在此过程中，短距离的合围将足以包围大批苏联红军，从而消灭其抵抗力量。此时斯大林格勒还不是核心。希特勒希望摧毁而非夺取这座城市。关键在于切断沿伏尔加河通向苏联中部的补给线，而不是城市本身。

希特勒下令要中央集团军群保持防御，但斯大林做出了相反的判断，认为与1941年后期一样，莫斯科当面的战线最为危险，结果导致南线防御相对薄弱。希特勒并不是唯一犯有"制订了乌托邦式进攻计划"错误的人。斯大林希望能够在冬季所取得的胜利的基础上，在长达1 600千米的战线上进一步发动一系列进攻，将德军完全赶出苏联国土。[16] 这些计划将以南线进攻拉开序幕，苏联情报部门误以为这是德军防线中最薄弱的部分,苏军计划首先收复哈尔科夫市——这是德国军队在乌克兰的一个关键性的铁路枢纽——之后再夺回克里米亚。从5月12日起,谢苗·铁木辛哥元帅命令2个主要方面军向哈尔科夫及以远地区进攻,面对着比1941年时组织更完备、武装更强大的对手,德军防御一度萎靡,但事实证明,当铁木辛哥的装甲部队推进太快从而甩开了步兵时,德军南方集团军群完全可能把他们诱入陷阱。接下来便是一场经典的合围战,德军的"弗里德里希行动"斩断了苏军各集团军脆弱的后方防线,10天后,包围圈封上了。到5月28日,苏联红军损失了24万名军人、1 200辆坦克和2 600门火炮,这场胜利似乎印证了希特勒对"蓝色计划"的乐观。[17]第二场战役,也就是苏军重夺克里米亚的行动被击退,又有3个集团军(第44、47和51集团军)被消灭,17万人被俘。6月,冯·曼施坦因受命夺取黑海之滨的塞瓦斯托波尔,由冯·里希特霍芬的第4航空队支援。经过难以承受的炮击后,这座城市于7月4日投降,又有9.5万人被俘。这场战役为冯·曼施坦因赢得了元帅节杖,但拖延了主要军事活动的发起。[18]

新一轮战役于6月28日打响,几天之内,德军的推进速度达到了前一年的水平,推进的突然性也是一样。尽管丘吉尔将通过"超级机密"截获的德军部署告诉了斯大林,甚至6月19日苏军还在一架在苏联防线后方坠毁的德军飞机上发现了作战计划,但斯大林还是像在1941年6月时那样过度自信,坚信这是蓄意造谣。[19]7月9日,沃罗涅日沦陷,但苏军猛烈的侧翼进攻还是拖住了德军的进展,德军北翼部队只有先击退这些进攻才能向南转向,追杀那些似乎士气低落、组织混乱的对手。7月25日,罗斯托夫被占领,这次守城的对手消失在了通往斯大林格勒的大平原上。在1941年的几场大包围战之后,苏联红军再也不想落入德军的陷阱了,他们的小心谨慎让德军无法"摧毁"对手继续作战的能力。南方集团军群现任司令冯·博克抱怨说："陆军总司令部想要去包围已经不存在的敌人。"[20] 德军装甲部队在顿河大弯曲部会师了，但没能围住预期数量的苏军，此时他们距离斯大林格勒只有 120 千米了。"蓝色计划"未能赶上时间进度，也没达到最高目标，尽管将领们对于占领大片基本无人防守的苏联国土越发感到悲观，但希特勒还是相信"苏联已经完蛋了"，并在 7 月 23 日发布了新的指示，发动了后来人们所称的"不伦瑞克行动"。在"雪绒花"的代号之下，威廉·冯·李斯特元帅指挥的 A 集团军群将扫荡顿河以南区域，之后分兵进入高加索地区，一部分部队要拿下远达巴库的黑海沿岸地区，一部分部队夺取高加索山脉的各个山口，还有部分兵力将占领格罗兹尼的石油城；已改由马克西米连·冯·魏克斯（Maximilian von Weichs）上将（他在希特勒第二次解除冯·博克的职务后获任）指挥的 B 集团军群将渡过顿河，攻占斯大林格勒，控制伏尔加河下游，之后按照代号为"鹭"的计划，进军占领阿斯特拉罕。[21] 希特勒的众多将领对这些计划中的矛盾之处心知肚明：他们要用越来越少的部队占领越来越多的地盘。

面对德军滚滚而来的进攻，苏联红军表现出了极大的恐慌，他们抛弃了草草构筑的防线和自己的重武器，无视军官和政委的威胁。7 月 28 日，斯大林向部队签发了他自己的"禁止令"。227 号命令，即"不准后退一步"命令，要求"必须坚决保卫苏联的每一寸土地，战斗至最后一滴血"。[22] 1941 年，为了对付恐慌，苏联成立了安全部队"督战队"，他们的任务是抓捕所有被认为是懦夫或者是逃兵的人，这些人可以被当场枪毙或送进惩戒营，当然大部分人被直接送回原部队了事。此举并不会阻碍获得准许的进一步撤退，因为斯大林自己也不想让去年夏季大批人员被俘的情况再次出现，他还命令指挥官们要避开德军已经出了名的钳形攻势。

B 集团军群向顿河一路推进，其漫长的侧翼则被交给来自罗马尼亚、意大利和匈牙利等其他轴心国的军队来保护，在德国人的压力下，这些国家的军队也大大增加：5 个罗马尼亚师、10 个匈牙利师和 5 个意大利师。德军装甲部队发现这里的大平原是坦克作战的理想区域，但没什么可以打的。一名德国士兵记录道："东方最荒凉的地方出现在了我的眼前。这是一片贫瘠、荒芜、草木不生的平原，没有灌木，没有树，一连几千米都没有村庄。"[23] 只要能通过一轮快速突袭拿下斯大林格勒，这些地方就将是德国的新占领地，斯大林格勒此时成了弗里德里希·保卢斯（Friedrich Paulus）上将的第 6 集团军的终极目标。在地图上，这片广阔的新领地令人印象深刻。在南方，迈科普的石油城已于 8 月上旬被 A 集团军群占领。8 月 21 日，德军山地部队在厄尔布鲁士峰顶升起了旗帜，这是高加索山脉的最高峰（这一成就却让希特勒暴怒，他觉得他们为了爬山而浪费了时间）。此时，轴心国在所有三个战场上的最终胜利似乎已指日可待。

1942 年夏季是盟军在战争中的低谷期，他们被迫在苏联、北非和亚洲三个战场上各自苦战，除了《租借法案》提供的物资供应外，三个战场彼此几乎没有关联。但随着覆盖所有盟国的后勤体系顶着大西洋上的潜艇威胁缓缓建成，这一局面也随着 1942 年的结束而告终（本书第六章将专题讲述这场战役）。起初，美国的军事资源并未给盟国的整体战局带来什么变化，尽管盟军现在拥有巨大的经济潜力，尽管美军还一度在中途岛赢得胜利。罗斯福花了很大力气来向美国公众（还有他的敌人轴心国）介绍美国军工生产的规模，但公众可能会问，1942 年生产出的 47 826 架飞机和 24 997 辆坦克都干什么去了？第一枚美国炸弹直到 1943 年 1 月才落在德国土地上；直到 1943 年 7 月美军地面部队才踏足欧洲大陆；1942 年 8 月在太平洋上发动的第一场地面作战也仅仅投入了一个师。珍珠港事件发生之前，罗斯福还在担心美国公众不想打仗，现在，他的担心变成没有足够的仗来让公众感到满足。

面对英帝国和苏联的危局，用美国的方式来制定美国的战略框架对美军规划人员来说就成了至关重要的事情。英军东南亚战线的崩溃结束了美国、澳大利亚、荷兰和英国四国军队受英军总指挥韦弗尔将军统一指挥的短暂历程。在太平洋战场上，美国军方建立了两个司令部：切斯特·尼米兹海军上将的太平洋战区司令部，以及麦克阿瑟将军的西南太平洋战区司令部。澳大利亚军队此时已被纳入麦克阿瑟的美军指挥体系，自从英军丢掉亚洲、日本入侵的威胁突然出现之后，澳大利亚领导层对这一安排十分欢迎，直到1943年底，澳大利亚人都在西南太平洋盟军的地面部队中占据大多数。[24] 现在，太平洋战场已经成了美国人的天下，直到1945年战争的最后阶段，英国人才最终获得一席之地，得以参加太平洋战事。在1941年12月的"阿卡迪亚"会议上，英美一致同意欧洲优先，但丘吉尔和他的参谋长会议想要首先聚焦地中海战区，之后再想办法重返欧洲大陆。在罗斯福的同意下，他们拿出了一份代号为"体育家"的计划，准备进攻法属北非，以此缓解埃及的压力，但美国军方领导层将该计划视为对英帝国的暗地支援，他们更想要及早登陆欧洲北部以缓解苏联的压力。[25] 马歇尔将军的计划处主任德怀特·D. 艾森豪威尔准将对这些"业余战略家"十分不满——丘吉尔和罗斯福也确实是这种人——他制订了一份提前进入欧洲的计划，代号为"大铁锤"，随后又计划在1943年以48个师发动大规模攻击，代号为"聚拢"。这一战略更符合美军关于集中兵力的军事原则，否定了伦敦倾向的外围战略。罗斯福被告知"体育家"计划是不可行的，这一消息在3月9日传到了丘吉尔那里。[26]

除了不想让人觉得美国是在为英国打仗外，直接对阵德国的战略还有几个其他动机。珍珠港事件之后，美国民意深受面对日军进攻时的无力感影响，在第一轮要求参战的愤怒狂热结束后，他们对罗斯福的领导力也越发悲观。孤立主义领袖们放弃了他们的挣扎，但军队中的孤立主义者更想要"日本优先"战略，他们对卷入欧洲战事一直持怀疑态度。1942年头几个月的多次民意调查始终显示绝大部分人想要把力量集中于太平洋战场。[27] 马歇尔希望在1942年晚些时候在德占欧洲发动一次登陆行动，这不仅可以平息对政府的批评，也可以重新激发国内民众的战斗决心。3月，罗斯福告诉丘吉尔，美国想要"今年夏季"在欧洲打一仗。[28] 另一个顾虑则是苏联的存亡。对苏德议和可能性的担忧，解释了马歇尔为什么坚持要在西欧开辟一条战线以牵制东线德军的力量。这一担忧也使得罗斯福在3月决定回归"大铁锤"计划的思路。6月，莫洛托夫访问华盛顿期间，罗斯福向他保证斯大林可以"指望今年开辟第二战场"，连马歇尔都觉得这话说早了。[29] 无论如何，罗斯福对地缘政治现状的把握，以及对战略和战术的理解还很有限。他还向英国保证支持"体育家"计划，就像他对莫洛托夫做出要开辟"第二战场"的无条件承诺一样，都是出于政治算计而非纯军事目的，目的是确保英国和苏联继续打下去。

马歇尔的计划在英美联盟中又产生了一道裂痕。英军在利比亚的惨败进一步巩固了美国人对北非冒险的偏见。于是马歇尔被再次派往伦敦申明他的主张，虽然英国人因为担心美国领导人会转身去打日本人而在口头上同意了"大铁锤"计划和"聚拢"计划的想法，但丘吉尔和英军参谋长会议私下里的态度是完全否定的。[30] 莫洛托夫造访华盛顿之后，丘吉尔和英帝国总参谋长艾伦·布鲁克将军也来到这里，试图扭转罗斯福的想法。丘吉尔声称，北非作战才是"真正的欧洲第二战场"，不过当年晚些时候他又想要说服斯大林相信轰炸德国是现在的"第二战场"。[31] 对此罗斯福没有正面回答，而是允许继续

第三章 民族－帝国的灭亡，1942—1945

推进"大铁锤"和"体育家"两个计划。但是丘吉尔在7月8日回到伦敦后正式电告华盛顿,英国完全拒绝在1942年进攻欧洲大陆的主张。对于此举会影响"欧洲优先"战略的担心也没错。两天后,马歇尔对罗斯福说,如果英国坚持如此,他将会转向太平洋,并"推动针对日本的决策"。[32] 丘吉尔私下里驳斥了马歇尔的威胁——"就因为美国人今年没法在法国发动大屠杀,所以他们就生闷气,还想去打太平洋。"——可马歇尔绝非开玩笑。[33] 马歇尔赢得了参谋长联席会议其他成员以及战争部长亨利·史汀生、海军部长弗兰克·诺克斯的支持,他去游说罗斯福调整优先方向以更好地体现美国利益。大西洋方面对罗斯福而言总是更加重要的,当他最终于7月25日命令马歇尔放弃进攻欧洲,专心准备"体育家"计划(此时已更名为"火炬行动")以便让美军在年底前——可能的话,最好在11月中期选举之前——加入战斗时,所有对英国战略的反对也都到此结束。1942年7月,罗斯福唯一一次利用他作为美军总司令的正式身份,以此名义签发命令以迫使他的军事幕僚们听话。"大铁锤"计划的设计者艾森豪威尔觉得做出这一决定的这天将会是"历史上最黑暗的一天"。[34] 美国军方的总司令们发现自己不得不去筹备一场在明显以英国利益为主的地区进行的、自己并不想打的战役。

英国人关于"大铁锤"计划将会成为灾难性失败的观点并没有错。艾森豪威尔及其团队制订的计划要求投入5—10个师渡过英吉利海峡,去占领瑟堡和科唐坦半岛,作为次年春季全面进攻的前奏,但这并不符合实际。当英国和加拿大联军在8月19日强行向迪耶普发动进攻(代号"庆典")以测试德军的防御并为苏联提供一定支援时,进攻部队在几个小时内就被德国守军歼灭,德国人甚至搞不清盟军是来干什么的。美国人对"大铁锤"计划的盘算,大部分还是由于想要将美国的战略强加在那个不听话的盟友头上——这个盟友对防守埃及的痴迷似乎与真正的为欧洲而战相距甚远——也是由于希望给苏联红军提供援助。对于马歇尔的挫败和失望,苏联领导层感同身受。莫洛托夫拿罗斯福的承诺当真了,斯大林则把这种保证视为面子话。苏联军事领袖们与美国人持有共同的直面敌人的战略理念,他们都怀疑英国人的选择为的其实是长远的帝国利益,因而背叛了共同击败德国的目标。

"1942年是改天换地的一年,"丘吉尔的参谋长黑斯廷斯·伊斯梅在回忆录中写道,"它在可怕的灾难中开局,"但在"命运的彻底逆转中"结束。[35] 当盟国为了优先方向争执不休时,那三场互无关联但同时改变了太平洋战场、苏联战场和北非战场的战略面貌,并使盟军获得主动权的战役的舞台已经搭好了。在瓜达尔卡纳尔岛、阿拉曼和斯大林格勒,转折点已经到来:所有三场战役都值得进行详细探讨。它们的规模和过程都有着巨大的差异。在瓜达尔卡纳尔岛战役中,区区几个师和大量舰船、海军飞机为了控制岛上一个机场而大打出手;阿拉曼战役的规模与东线战争相比也很小,但双方在相当广阔的范围内进行了大规模的空战和坦克战,这与瓜达尔卡纳尔岛战役不同;斯大林格勒战役则是在大半个苏联南部进行的规模巨大的战斗,参战的有数十万人、整个航空队和数千辆坦克。三个战场环境的差异也大到了极点。瓜达尔卡纳尔岛是一座小岛,145千米长,40千米宽,绝大部分地方覆盖着浓密的丛林,里面满是巨大的黄蜂、蝎子、蛇、巨蜥和蚂蟥(它们会从人们头顶的树上掉到人身上),除了敌人,这些生物也都是严重的威胁;疟疾、痢疾、登革热和斑疹伤寒也四处流行。[36] 双方几乎所有在瓜达尔卡纳尔岛打过仗的士兵都患过一种或另一种疾病。阿拉曼战役则是在距离补给基地数百千米的荒芜沙漠里进行的(1942年7月,隆美尔距离的黎波里主要港口远达1 450千米),士兵们要对付酷热、成群的苍蝇、能在一夜之间改变地貌的沙尘暴,以及令人无法呼吸、无法睁眼的尘土,这使得战斗成了军事上的盲人摸象;此外还有无处不在的皮肤溃疡、痢疾和严重的脱水。斯大林格勒战役在最关键的几个星期里是在一个约65千米宽的大城市的废墟中进行的,战斗从酷暑一直打到严冬。痢疾、伤寒和冻伤对进攻方的影响可能更大些,但战场对双方是同等严酷。三场战役只有一点是相同的:它们都不是区区几天的大决战,而都是要耗费几个月,直到胜利毫无悬念之时才决出胜负。

1942年5月,日军从撤退的英国人手里夺取了所罗门群岛首府图拉吉,群岛随之沦陷。6月,朝鲜劳工、日本工程师,以及一支约1700人的小规模守备队被派往所罗门最大的岛屿瓜达尔卡纳尔岛去修建一座战略性机场,计划8月中旬完工。机场不仅要能威胁盟军的航运,还要能保护位于北面新不列颠岛上拉包尔的日本海军主要基地。日本军方预计盟军至少要到1943年才会前来阻挠,但是美国海军总司令欧内斯特·金上将催促太平洋舰队在当年夏季就尽快发动反击。瓜达尔卡纳尔岛机场带来的潜在危险人所共知,这让这座岛屿成了显而易见的目标,但尼米兹直到7月上旬才批准了"瞭望塔行动",投入海军陆战队第1师。[37]对于这样一场在人们对其知之甚少的地区发动的大规模两栖作战来说,准备工作过于匆忙而且不充分,海军情报部门只能依靠旧的《国家地理》杂志和少量对传教士的访谈来拼凑出目标岛屿的图景。航空侦察照相也有,但直到登陆陆战队上了岸才被送到他们手里。[38]麦克阿瑟和海军南太平洋战区司令罗伯特·戈姆利(Robert Ghormley)中将都认为风险太大,要求取消战役,但是金坚持必须找个地方把这一击打出去。结果,尽管训练不足,补给也无法满足这场时间难以预料的战役,亚历山大·范德格里夫特(Alexander Vandegrift)少将的海军陆战队第1师还是在新西兰登上了里奇蒙德·特纳(Richmond Turner)海军少将指挥的25艘运输船,保护他们的是法兰克·弗莱彻海军中将的一支海军特混舰队，美军所有能用的航空母舰都被列入其中。

1942年8月6—7日夜间，76艘舰船悄无声息地来到了瓜达尔卡纳尔岛北岸外，陆战队员们爬进了登陆艇，2.3万人中的大部分要上岸，其中一些小股部队将去夺取图拉吉和另两个小岛。他们很幸运，借着大雨和浓雾的掩护，船队靠近时完全出乎日军的预料，但其实日本守军面对占据压倒性优势的美军也无可作为。朝鲜劳工和日军士兵逃进了周围的丛林，把仓库和装备完好无损地丢给了美国人。在图拉吉和更小的岛上，抵抗要顽强一些，但到8月8日也结束了。陆战队员们在这些初期战斗中第一次体验到了日本人的战斗作风，这些日本人即便在完全没有必要继续战斗时也坚决不放弃。在这两座最小的岛屿上，886名日军战死，只有23人被俘，这个比例还将在整个太平洋战场上一再出现。[39] 美国海军陆战队员们在机场周围建立了坚固的防御阵地，他们把机场命名为"亨德森机场"，亨德森是在中途岛战死的一名陆战队少校的名字。机场遭到了来自更北方日军基地的远程轰炸机的反复空袭，这促使弗莱彻在两天后撤走了他的航母。几天后，特纳也撤走了他脆弱的运输船，有些还没有卸货，只给岛上留下了四天的弹药补给。少量留下来的大型水面舰艇也在8月8—9日夜间几乎被全歼，当时，一支日本舰队在萨沃岛周围和机场北面的海峡中发动了夜袭。陆战队员们再次获得了幸运之神的眷顾，拉包尔的日军误判了自己面对的威胁，认为登陆的陆战队只有2 000人，实际上却超过2万人，这一情报错误持续了几个星期。8月18日，一支由2 000人组成的小规模救援部队在一木清直大佐率领下在机场附近上岸，正是此人带着部下在1937年发动了卢沟桥事变，此番他接到的命令是把机场夺回来。他没有等到后一半兵力上岛，就急忙向美国海军陆战队的防线攻了过去。结果，他的部队几乎全军覆没，身受重伤的一木清直本人也赶在被美军抓住前自杀了。[40]

　　日军进攻失败的同时,第一批美国海军陆战队的飞机来到了刚刚竣工的机场上。从此之后,除了少数几次日军舰炮的炮击让跑道暂时无法使用,或损坏了驻扎在那里的飞机外,后来以"仙人掌航空队"闻名的航空兵("仙人掌"是瓜达尔卡纳尔岛的代号)的不断支援让守军得到了重要的力量倍增器。最重要的是,飞机可以被用来攻击在拉包尔和瓜达尔卡纳尔岛之间往返的运输船,此时日军最高指挥层已经逐渐意识到美军在瓜达尔卡纳尔岛的桥头堡是个真正的威胁,对一连数月攻城略地的日本陆军的军威也是个挑战。8月28日,山本五十六大将下令发动"K行动",用一支大型运兵船队将5 600名原本要登陆中途岛的陆军官兵送上岛,由一支大型舰队提供支援,包括南云忠一的舰队尚存的3艘航母。接下来的东所罗门海战又是一场航母对决,南云忠一在损失了33架宝贵的舰载机后被迫退出了战斗;失去了保护的运兵船遭到了美军空袭,被迫返航。[41]在接下来的几个月里,数以千计的日本陆军官兵被一批批地趁夜送了进来——到10月,运来了2万人,到战役结束时总共运来了4.3万人。但这些日军在面对防御坚固和训练有素的美国海军陆战队时的表现,完全不能与夺取南方地域时相提并论。按计划在9月进行的由川口清健少将指挥的第二轮大规模进攻遭遇了与一木清直指挥的进攻相同的命运。进攻部队兵分三路分别从机场的东面、西面和南面进攻,但是糟糕的通信状况使得这场协调混乱的作战拖了3天才打完,缺乏战术创新。9月12日的主要行动是攻打空军基地南面一处低矮的山岭——这里很快被称为"血腥岭"——包括日军向美军防线发动一次次冲锋,直到川口清键部队的大部分人倒在了腐烂的尸堆上。瓜达尔卡纳尔岛从此被日军士兵称为"死亡岛"。

　　9月18日,日军大本营赋予瓜达尔卡纳尔岛高于一切的优先级,这导向重庆的进攻突然停止,在巴布亚新几内亚的作战也受到了影响。百武晴吉中将受命投入第17军来消灭美军的桥头堡,但是当日本海军一次次有效击败实力更弱的美国海军特混舰队,并反复炮击机场时,日本陆军却在集中了大量重炮和坦克的美军小阵地面前一再重蹈覆辙。10月23—25日,为期3天的进攻再次被击退,日军伤亡惨重。11月14日,日军再次尝试运送一支大规模的两栖部队,11艘运兵船运载着3万人,由以战列舰"比睿号"和"雾岛号"为核心的大型舰队护航。丹尼尔·卡拉汉（Daniel Callaghan）少将麾下规模不大的美军分舰队刚刚完成保护运兵船将6 000人送到亨德森机场的任务,接着就被派往北面迎敌,与阿部弘毅中将的战列舰队迎头相撞。卡拉汉战死,但阿部弘毅的旗舰"比睿号"遭到了重创,阿部弘毅也受了伤。这艘日军战列舰第二天在试图挣扎着逃离时被空袭击沉。山本五十六接着命令近藤信竹中将乘坐受损的战列舰"雾岛号"继续前进,炮击机场,以便让运兵船队通过,但运兵船队遇到了弗莱彻的继任者威廉·哈尔西中将派来的2艘战列舰,其中"华盛顿号"的舰长对新装备火控雷达了如指掌。11月15日,日军战列舰在美军的首轮精确齐射中就被重创,继而被击沉。[42]日军运兵船队以为敌人的航空兵已被压制,于是在白天驶近瓜达尔卡纳尔岛,结果碰了钉子。它们遭遇到了雨点般的炸弹,6艘运兵船在海上被击沉。4艘运兵船挣扎着靠了岸,但还是被美军的空袭和炮击摧毁。

海军陆战队第1师最终在11月和12月被替换了下来,范德格里夫特也把指挥权移交给了拥有5万人的美国陆军第14军的军长亚历山大·帕奇（Alexander Patch）少将。此时,瓜达尔卡纳尔岛的战斗已经基本结束。残存的日本守军继续掘壕固守,但东京方面已经做出决定,不再继续争夺这座岛屿基地了,它已经无法保持稳定的补给,而且导致了比中途岛战役多得多的军舰和飞行员方面的损失。12月31日,裕仁天皇批准撤退，1943年1月20日，"K行动"开始，目的是撤回那些还能走路的日军。[43] 10 642人趁夜搭乘舰船离开了瓜达尔卡纳尔岛，伤员和一部分志愿人员则被留下来进行最后的象征性抵抗。由于几乎完全没有食物和补给，这些撤回来的士兵个个形如骷髅，几乎都有病在身，许多人再也无法重返战场了。在5个月的战斗中，日本陆军（包括海军地面部队）损失了3.2万人，其中大部分是因粮食补给的减少而死于病饿；估计有1.2万名日本海军官兵和超过2 000名飞行人员丧生，其中包括数百名经验最丰富的飞行员。[44]美军方面，承担了大部分战役的海军陆战队第1师有1 242人战死，这只是后来太平洋战争中死亡人数的零头；美国海军损失了4 911名舰员，航空兵损失420人。[45]瓜达尔卡纳尔岛战役是日军的灾难，为了这个遥远的空军基地，他们倾注了大量的军事资源，人员、舰船和飞机都损失惨重。如此巨大的损失显示了日军对防守新前线的偏执，但这场战役也像斯大林格勒战役一样成了一个象征，标志着一国军队达到其扩张极限的关键时刻。

在瓜达尔卡纳尔岛战役展开的同时，阿拉曼防线的漫长争夺也在进行之中。沙漠之战比太平洋战事更具有决定意义，在不毛之地的厮杀中，轴心国征服埃及、夺取苏伊士运河、获得中东石油的希望日渐渺茫。1943年8月，希特勒在与军需部长阿尔伯特·施佩尔商讨时私下里表达了对这一前景的乐观："英国人将不得不眼看着他们的殖民帝国分崩离析而无能为力……到1943年底，我们就将踏足德黑兰、巴格达，还有波斯湾。"[46]丘吉尔把即将到来的战斗称为"埃及之战"，要求奥金莱克像保卫肯特郡那样保卫这一地区。他对结果很悲观。"似乎没有什么能帮上他们，"他向陆军作战处长抱怨说，"我怀疑陆军的进攻精神。"罗斯福也对这支主将"犯过书上所有错误"的军队能打出何种结果深表怀疑。[47]开罗的领事人员觉得危险是如此真实，以至于他们在1942年7月的最初几天里都在焚烧机密文件，烧焦的纸屑随风飘到了附近的街道上。在伦敦，参谋长会议拟定了"最糟糕情况"的预案——撤往尼罗河上游的苏丹，并在叙利亚和巴勒斯坦建立最后防线。[48]

实际上，轴心国在加扎拉和图卜鲁格的胜利反而削弱了这支已经远离补给基地的军队。很难想象靠着仅仅1万人的疲惫之师就能完成一场胜利的进攻。1942年6月下旬，当隆美尔希望他的对手已经支离破碎、士气低落、无法抵挡最后一击时，非洲军团也已衰弱到只有55辆坦克可用，意大利装甲师更是只剩下15辆。意军"白羊座"装甲师在新一轮进攻的第一天损失了36辆坦克，只剩下了8辆坦克和40门火炮。[49]英军第8集团军的官兵们在一连数月的失败和撤退后，理所当然地失去了信心。审查官们发现士兵书信中的"胡言乱语和失败主义言论"越来越多。[50]在阿拉曼防线上，人们普遍预计自己还将进一步退往尼罗河三角洲。为了阻止危机恶化，奥金莱克采取了非常举措，他把开罗的中东司令部甩给副手，自己直接接管第8集团军，令中东英军战争机器的核心出现了真空。他费了很大力气，组织了一系列相距较远的箱式防御阵地，他希望这能让火力足够集中以顶住敌人的进攻。7月1日，历史学家们常说的"第一次阿拉曼战役"打响了，这是整场较量的第一阶段，一直持续到11月上旬。第一场战役很快演变成为一系列小规模的交战，隆美尔试图突破英军的箱式阵地，并像在加扎拉时那样再次突向敌人后方。常见的硝烟烈焰和漫天沙尘让战场环境十分恶劣，隆美尔也没有多少关于敌人的情报，其中重要的原因是，轴心国直到6月一直依赖的德国在开罗截获的来自美国武官的秘密情报最终被发现并被销毁。他的装甲部队刚一进攻就被德尔艾夏一处先前未发现的箱式阵地的火力挡住了，他们花了几乎一整天才打败并击退了守在这里的印度旅。当意军和德军第90轻型师试图继续向北方海边推进以包围和切断第8集团军的主要箱式阵地

第三章　民族-帝国的灭亡，1942—1945　　311

时，极其猛烈的炮兵火力压制住了他们的推进并一度造成恐慌，阻止了他们的进一步行动。德军和意军各师遭到了英军西部沙漠空军无休止的轰炸，英军飞机的出动频率一度达到了每分钟一架次。7月2—3日，隆美尔驱使他的部队再次进攻，但惨重的死伤、燃油和车辆的缺乏以及极度的疲劳，都让他们向尼罗河三角洲与苏伊士运河的推进化成了泡影。运气或许会帮助隆美尔，但以非洲军团目前的状况，这场战役无疑是一场赌博。于是他下令停止进攻，准备在阿拉曼英军防线对面掘壕固守。

随着增援的逐渐到达，奥金莱克不愿再继续防御，而是想要击败已经被大大削弱的敌人。7月，他发动了4次进攻，但都没能突破敌人防线。在隆美尔发起进攻后的一个月里，英军第8集团军遭受了1.3万人的伤亡，却几乎一无所获。8月上旬，丘吉尔和布鲁克上将在前去会见斯大林途中顺道视察埃及。丘吉尔看到奥金莱克如此消沉，大为恼怒，解除了他的职务，任命哈罗德·亚历山大将军接替他担任中东司令部司令。8月6日，第8集团军原先的一位军长威廉·戈特中将被指派指挥整个集团军，但他第二天就因飞机坠毁而身亡，于是丘吉尔最终被劝说任命伯纳德·蒙哥马利中将取而代之。8月13日，蒙哥马利从英国来到第8集团军司令部。根据他一贯以来的名声，朋友告诉新西兰第2师参谋长，蒙哥马利"公认地容易发飙"。人们觉得他是个自大狂，急于在每一个司令部留下他的印记。而德国档案对蒙哥马利的描述更接近事实，说他是个"硬汉"，在实现他的意图时毫不手软。[51] 为了申明所有关于进一步撤退的讨论都应该停止，他刚一到达就告诉他的军队："我们将坚守此地；不会再撤退了……如果我们不能活着守在这里，就让我们死在这里。"多亏了"超级机密"情报，他很快就意识到轴心国新一轮进攻即将到来，这让他没时间把一切推翻重来。然而，他的新举措被证明极其有效。一周之内，审查报告就显示:"一股清新、令人振奋的空气横扫驻埃及的英国军队。"[52]

到8月底,双方都利用战斗的间歇重建了自己支离破碎的部队。考虑到轴心国的后勤困难,其军队补充新兵的速度令人称奇,但德军和意军各师仍然严重缺乏燃油和弹药补给,这些东西都被盟军潜艇和飞机拦截并击沉了。9—10月,轴心国运往利比亚的燃油和车辆损失了1/3到1/2,由于德军空中力量被投向苏联前线以及意大利商船队的损失,轴心国沙漠战略受到的后勤束缚已无法逆转。[53]前线远在数百英里之外,运输车辆在到达前线之前就会消耗掉所载燃油的3/4。占领图卜鲁格也被证明帮不了什么忙,因为这里即便不遭到日常轰炸,其吞吐量也只有每月1万吨,而轴心国军队的需求是10万吨。[54]卡瓦莱罗和凯塞林两人都向隆美尔保证会采取紧急措施以提供所需的燃油和弹药,但是直到隆美尔准备好重新进攻时,他的燃油只够8天作战使用。军力的对比也不乐观:现在8.4万名德军和4.4万名意军要面对13.5万名英军,234辆德国坦克和281辆意大利坦克要面对693辆英军坦克。[55]空中力量成了关键性差别,因为隆美尔此时距离能够支援他的空军基地已经太远,而近在咫尺的英军西部沙漠空军则能够轻易飞到前线和轴心国补给线上空。

隆美尔制订了一套此时已是老生常谈的德国式作战计划,他要穿越南部雷场突破盟军防线,然后转向东北,以切断阿拉姆哈勒法低矮山岭上的盟军主力,盟军步兵正带着炮兵和反坦克炮在那里的工事中驻守。蒙哥马利的防御严重依赖奥金莱克的参谋们已经制订的计划,但增加了要在轴心国装甲部队挣扎着穿越雷场时使用空中力量予以打击,以及集中炮兵沿山岭阵地进行拦阻弹幕射击等内容。美国人许诺的新装备带来了显著变化:盟军装甲部队现在有了越来越多的美制"格兰特"和"谢尔曼"坦克,它们比英国坦克具有更大优势,既能发射穿甲弹,也能发射高爆弹——前者被用来对付敌人的装甲车辆，后者被用来消灭反坦克炮和炮兵部队。蒙哥马利还得到了越来越多的重型反坦克炮，它们能够对付现有全部型号的德国坦克。蒙哥马利在计划中增加的实质性内容是，坚定打一场静态防御战，依靠炮兵和空中力量，避免机动作战，而第 8 集团军对此完全不在行。

在双方的计划中，只有英军的奏效了。这原本应该是第二次阿拉曼战役，但被命名为"阿拉姆哈勒法战役"，因为整个战斗在击败德国向阿拉姆哈勒法山岭的进攻后就结束了。8 月 30 日夜，德军装甲师开始穿越雷场，这样他们在早晨就可以抵达开阔的沙漠。但实际上，德军费力集结起来的人员和车辆却被照明弹照亮，暴露在了彻夜不停的猛烈轰炸之下。驻足不前意味着燃油消耗高得危险，到第二天上午，隆美尔不得不放弃大范围迂回包围敌军的想法，转而直接向阿拉姆哈勒法山岭发动更为困难的直接进攻。在这里，他的部队被致命的炮兵弹幕和隐蔽的反坦克炮牢牢压住。在两天时间里，隆美尔的部队做了各种试探但无一成功，燃油几乎耗尽，来自空中和炮兵的重击也摧垮了德军和意军的士气——"我从未见过的"炮击，一个挨了 7 个小时炮击的人后来说。[56] 9 月 2 日，隆美尔被迫下令向进攻发起线边打边撤，但是已没有燃料和运输车辆的几个意大利摩托化师还是丢弃了 2/3 的人员和 1/3 的火炮。这就是一支规模受限、补给不足的军队的最后命运。然而，这还不是决定性的。隆美尔和意大利友军指挥官在埋有多达 44.5 万枚地雷的绵密雷场后方挖掘工事，他们知道敌人的实力将会与日俱增。[57] 阿拉姆哈勒法战役与最后的第二次阿拉曼战役，让关于战场上无能的英军会把中东丢给轴心国的幻想最终破灭。

在这最后一战中，蒙哥马利确实有机会在其麾下部队身上打上自己的印记。他倾向于打一场会战——在狭窄的前线做纵深防御，这几乎是唯一的选择——因为他明白自己部队的局限性，他宣称："我把作战规模限制在可行的范围内，而且我要使用获得胜利所必需的力量。"[58] 尽管蒙哥马利常常因过度谨慎而受到指责,但他还是根据部队业已暴露出来的弱点,并基于现实情况为即将到来的作战制订了明晰而详尽的计划。后来人们所称的"捷足行动"计划草案于10月6日出台,4天后他与他的指挥官们商讨后又对其做了调整。蒙哥马利想要通过团队合作来打这一仗,尽管他是唯一的团队老大。早先的失败凸显了由英军指挥官组织多国军队的困难。[59] 他花了不少时间来维修桥梁。他还明白地空协同攻击是多么重要,因此与西部沙漠空军的阿瑟·科宁汉姆(Arthur Coningham)空军少将建立了密切的关系。这样空军和地面部队的战术司令部也将设在一起。他还坚持要求坦克兵与步兵相结合,方法很简单,就是让双方指挥官住在一起,讨论如何协同。无法为步兵提供足够的掩护一直是个问题。最终,炮兵被集中起来以打出不逊于1918年时的弹幕。

为了确保各级指挥官充分理解作战计划以及多兵种联合作战理念得到有效运用,蒙哥马利组织了一个月的强化训练,包括用实弹和地雷进行战斗体验的训练。[60] 在这所有改变的背后是充足的新装备,其中许多来自美国,美国提供了21%的坦克和西部沙漠空军几乎一半的航空中队。美国陆军航空兵也在埃及建立了第10航空军,他们装备了B-24和B-17轰炸机,轰炸了为轴心国提供补给的利比亚港口,以及在横跨地中海的危险航线上冒险的轴心国船队。[61] 到10月中旬,轴心国防线当面的盟军在人员和装备上已经具备了压倒性优势:8万人组成的12个兵力不足的轴心国师(4个德国师、8个意大利师)要面对23万人组成的10个盟军师;轴心国548辆坦克(包括280辆弱小的意大利坦克,最有效的德国坦克只有123辆)对阵1 060辆盟军坦克;轴心国350架飞机对阵盟军530架飞机,盟军在更东面的基地里还有更多飞机可用。[62] 双方在火炮和最重要的反坦克武器方面的数量差异要小一些,但是意大利师严重力量不足,而且缺乏现代化火炮。在最后一战中成名的"闪电"伞兵师甚至几乎没有重武器。[63]

盟军的阿拉曼作战计划是，在防线北段用步兵攻击敌人步兵（主要是意大利人），然后投入装甲部队击退预计中的反击。轴心国防线将在日复一日的消耗战中被"碾碎"。蒙哥马利还坚持要求精心组织欺敌计划，在南段伪造出大规模的装甲部队，迫使隆美尔将第21装甲师和意大利"白羊座"装甲师留下来对付这个实际上只是个鬼影的威胁。[64] 战役将在10月23日夜打响，此时隆美尔正在德国养病，不在现场。步兵进攻之前，大规模的炮击炸断了德军的通信线路。接替隆美尔的格奥尔格·施图姆（Georg Stumme）将军对新的情况一无所知，于是驱车赶往前线，结果在座驾遭到扫射时突发心脏病身亡。当隆美尔在25日傍晚赶到时，英军在无休止的炮击和空中攻击支援下，其推进已经达成关键性突破。蒙哥马利的计划并未完全奏效，但是英军及时做了调整。轴心国的坦克和反坦克部队阻挡了英军装甲部队2天，但到10月26日，德军第15装甲师只剩下了39辆坦克，英军第8集团军仍有754辆。[65] 轴心国军队在一场打不赢的消耗战中被"碾碎"。

此时，隆美尔认识到他在战线南段上当了，于是调动第21装甲师和一半的"白羊座"装甲师北上阻止突破。他警告国防军最高统帅部，这是一场他打不赢的战役，当蒙哥马利改变计划，转而在11月1日发动"超级冲锋"——在战线北段发动步坦协同突击——时，英军的突破也就无法被遏止了。隆美尔告知希特勒和意大利最高统帅，他正在撤退。11月3日，希特勒又发来了一份禁令——"要么胜利，要么死亡，别无他途。"——但轴心国防线确实在逐渐瓦解。到11月2日，隆美尔只剩下35辆坦克，还损失了一半的步兵和炮兵，用来摧毁敌人坦克的重型88mm高射炮更是被全部丢弃。[66] 希特勒无奈，只好同意小范围撤退，但意大利最高司令部的安东尼奥·甘丁

（Antonio Gandin）将军继续坚持死守防线。结果便是 6 个意大利师被几乎全歼，南部的几个师被抛弃，没有弹药、食物和水，也没有车辆。盟军俘虏了 7 429 名德国士兵和 21 521 名意大利士兵，此外轴心国还有 7 000 人伤亡；英军第 8 集团军也有 13 560 人伤亡，其中 2 350 人死亡。[67] 蒙哥马利的追击计划规模有限，当盟军在 1943 年 1 月沿着利比亚海岸追击隆美尔来到的黎波里时，他们已经无法包围支离破碎的轴心国军队残部了。然而，这场败仗已经足够彻底。意大利人的战争实际上已经结束了，德国军队则为了这场旨在夺取中东及其石油的战役耗费了大量人力和装备，他们为此投入的资源并不足够，战略也不够聚焦。希特勒最终在无边大漠的战斗中浪费了宝贵的军事资源。虽然第二次阿拉曼战役常常被视为盟军的险胜，但隆美尔从来都没有从希特勒那里得到过让自己的胜利成为可能的支持。隆美尔的军队退入了法属突尼斯，他还要再打上一段时间。但是 11 月 8 日，"火炬行动"打响，6.5 万名英军和美军士兵在非洲西北部登陆，自西向东攻打轴心国军队。直到 11 月 15 日，丘吉尔才在战争中第一次要求全英国的所有教堂敲响钟声，庆祝大捷。[68]

　　瓜达尔卡纳尔岛和阿拉曼的鏖战都是所在战区的重要转折点，但在德国为了切断伏尔加河并夺取苏联石油而引发的巨大规模战役面前，它们都相形见绌。这场战役卷入了数百万士兵，带来的军人伤亡数也超过了英国和美国在整场战争中的总伤亡数。当双方总共 22 个师在沙漠中搏杀时，合计 310 个德国师与苏联师（总共超过 200 万人）正在斯大林格勒周围打成一团。[69] 和阿拉曼战役一样，斯大林格勒战役的开始日期并不明晰。苏联史料认为，战役始于 1942 年 7 月 17 日，也就是苏军第 62 和第 64 集团军在距离斯大林格勒 96 千米的奇尔河一线与德军第 6 集团军开始交战当天，但希特勒直到 7 月下旬才最终决定要夺取这座城市而不仅仅是予以包围。德军 B 集团军群在 7 月和 8 月上旬两度停下来等候燃料和弹药补给，而直到第 6 集团军司令保卢斯经过几个星期的血战成功肃清了顿河大弯曲部，并于 8 月 10 日在卡拉奇（Kalach）最终合围了 10 万苏军后，才有可能渡过顿河并开始向斯大林格勒疾进。此时保卢斯已经损失了一半装甲部队，只有 200 辆坦克去对阵超过 1 200 辆苏联坦克，德军各部也在 8 月遭受了 20 万人的伤亡。[70] 此时斯大林格勒在希特勒眼中已经有了"斯大林之城"的重要象征意义，为了加快夺取这座城市，他将赫尔曼·霍特将军的第 4 装甲集团军从 A 集团军群中调出来，配合对斯大林格勒的进攻，而这个集团军原本对攻占高加索地区至关重要。这一调整被证明是灾难性的，它削弱了向产油区的推进，却没能让 B 集团军群在夺取城市的战斗中获得决定性助力。霍特被迫在卡尔梅克草原上与顽强抵抗的苏军作战，然后一路打过来，最终在距离市中心 20 千米处停下了脚步，而且只剩下了 150 辆坦克。

  优先方向的转变是希特勒的决定。和 1941 年时一样，希特勒想要依靠漫长而脆弱的交通线用实力下降的部队实现所有目标，这种混乱的做法表明了他的军事领导能力显然有限。随着危机越来越多，他对自己的将领们越来越不耐烦。从 9 月起，他直接接管了 A 集团军群指挥权两个月，以确保将领们按照他的意愿行事。哈尔德将军在日记中写道，希特勒的战略是"胡扯，他自己也知道这一点"。[71] 9 月 24 日，希特勒撤掉了与自己意见相左了几个月的陆军参谋长，代之以库尔特·蔡茨勒（Kurt Zeitzler）中将，他更年轻，更顺从，但最重要的是，他是个比其他所有候选人都狂热的纳粹分子。这一变动标志着希特勒从此开始想要构建一个意识形态更强烈的领导层，他觉得这些人会更愿意跟随他的战略节奏。[72] 希特勒一度亲自指挥的高加索战役与斯大林格勒战役密切相关，因为当德军打过库班草原，沿着黑海沿岸一路推进时，他们暴露出来的漫长侧翼就要由 B 集团军群来保护了。埃瓦尔德·冯·克莱斯特上将指挥的第1装甲集团军现在要在不多的步兵支援下承担起南方的所有任务了。在部队疲惫不堪、补给不稳定、交通条件薄弱,而且战区密布森林和水网的情况下,装甲部队并不是理想的作战兵种。尽管被派往此地的苏军部队和指挥官都缺乏经验——苏军没有受过山地作战训练的山地部队,他们没有滑雪板、鞋钉、绳索和登山靴——克莱斯特的部队还是没能拿下格罗兹尼或者巴库,11月,"不伦瑞克行动"的关键环节在激烈的抵抗前停滞不前,而此时在北方,夺取斯大林格勒的作战正在进行之中。[73]

斯大林对德军的进攻未能明确做出反应,因为他仍然觉得莫斯科面临的威胁十分现实,即便在南线危机出现时,他仍坚持要求苏军在中央战线的勒热夫和维亚济马继续反攻。然而,德军对苏军实力的估计被证明错得离谱,7—9月,随着斯大林格勒和苏联油田受到的威胁开始出现,苏联最高统帅部(Stavka)仍有足够的预备队,能够向南线调去50个师和33个旅。1942年,苏联坦克和飞机产量远远超过了德国,而苏联工厂制造出的大炮数量更是德国的3倍——这是红军战斗力提升的关键因素。随着德军迫近伏尔加河和斯大林格勒城,斯大林对于德军可能实现战役目标的前景越发感到焦虑,他将西方盟国未能开辟"第二战场"并牵制德军兵力视为欺骗,因而十分愤怒。10月,他对麦斯基说:"从现在起,我们就知道和我们打交道的是什么样的盟国了。"[74] 8月26日,就在保卢斯的装甲师在斯大林格勒以北首次抵达伏尔加河3天后,斯大林任命朱可夫为自己的副最高统帅,他显然意识到了自己的局限性,正是这种局限性让苏联红军付出了不计其数的伤亡,并导致了战略危机。[75] 更积极的决定出现在10月9日,斯大林降低了军队政委的地位,取消了他们的共同指挥权,把指挥作战的绝对职责交还给了军事指挥官,降低了战争中意识形态的重要性,而此时希特勒则正在向相反的方向转变。这些调整并未减

第三章 民族–帝国的灭亡,1942—1945

少斯大林作为国防委员会主席而频繁进行的直接干预，但至少让指挥官在指挥作战时不用担心政治军官的态度，而德军指挥官们做任何事都会受限于希特勒反复无常的干预。

对城市本身的争夺只是更大范围战场的一部分，德军和其他轴心国军队还在南北两面广大的乡村地带抵挡着苏军的进攻。双方派往前线的许多增援部队都在斯大林格勒外围而非城市内投入了战斗。苏军的进攻未能突破德军防线——代价最为惨痛的一次失败，是10月19日康斯坦丁·罗科索夫斯基将军的顿河方面军在斯大林格勒以北发动的大规模进攻——但他们确实牵制住了轴心国的力量，并在战役初期不断削弱着轴心国军队的人力和装备。[76]广大的战场意味着保卢斯（他的第6集团军最终于9月3日与霍特的第4装甲集团军会合）只能投入一小部分力量——他的20个兵力不足的师中的8个——来夺取斯大林格勒，而城外那些师的战备状况比城内支离破碎的部队也好不到哪里去。[77]尽管如此，城市中的血战还是成了斯大林格勒战役这一篇章的核心。保卢斯似乎对于夺取这座城市并没有什么信心，但是B集团军群司令冯·魏克斯却在9月11日向希特勒保证在10天内拿下该城。[78]8月24—25日，维尔纳·冯·里希特霍芬的第4航空队向斯大林格勒发动了粉碎性的空袭，但对战役没能带来什么影响，除了留下一堆坦克难以通行的废墟，并让守军得以在扭曲的钢筋和断壁残垣间找到极佳的隐蔽处。在夺取部分老城区并在南面突破到伏尔加河之后，德军计划在9月13日发动大规模进攻以夺取整个河流西岸。保卢斯在这里面对着一个值得敬畏的对手，瓦西里·崔可夫将军，他在9月12日被任命为第62集团军司令，他的前任洛帕京将军想要退过伏尔加河，因而被解职。在3天的激战中，德军一个街区一个街区地推进，拿下了大半个市中心。白天，优势火力和航空兵让保卢斯获得了主动权；但在夜里，苏联红军组织的"突击队"用冲锋枪、匕首和刺刀渗透进德军地盘，让德军士兵陷入恐慌，从而夺回失地。[79]"一群野蛮人，"一名德军士兵在日记中抱怨道，"他们用的是匪徒的手法，斯大林格勒就是个地狱。"[80]

城市里的战斗对双方都是格外漫长的考验，苏德两军的士兵越打越少，装备和食品不足，四面八方都受到狙击手和突击队的威胁。崔可夫的部队竭尽所能地贴近对手以躲避德军炮兵轰击，但第62集团军自己也能得到来自河对岸的重炮的火力支援，还有大量令人生畏的"喀秋莎"火箭炮连，这些火箭炮一轮齐射就能把4吨炮弹倾泻到10英亩（约合4公顷）的地域上。城市的保卫者还能得到苏联第8空军集团军超过1500架飞机的支援，而崔可夫刚刚接手时只有300架；苏军战术和无线电通信的进步，意味着德军部队自从"巴巴罗萨行动"开始以来一直理所当然拥有的制空权现在受到了更为有力的挑战。10月，保卢斯接到任务，要夺取码头区域（崔可夫一直利用这处码头从伏尔加河对岸获得补给）以及北面广大的工业区。此时，他只能调动麾下33.4万人中66569名可以有效作战的士兵，但他们战斗时还怀着近乎绝望的希望，希望再做最后一轮攻击就能最终让崔可夫的部队别无选择，只能投降。急于获胜的斯大林也向守军一再施压。10月5日，他对斯大林格勒方面军司令安德烈·叶廖缅科将军说："我对你的工作并不满意……要把斯大林格勒的每一条街道、每一座建筑都变成堡垒。"但实际上这已经是事实了。[81]11月9日，保卢斯以7个残破的师发动了"狩猎神行动"，意图将通往伏尔加河的突出部扩大到500米宽，但苏军的反击和重炮火力让战斗陷于停滞，第62集团军仍然坚守在区区数千米宽的河岸边。这时，蔡茨勒试图劝说希特勒放弃城市，缩短防线，但被希特勒驳了回来："我决不离开伏尔加河！"[82]此时，保卢斯的集团军或许已经过于虚弱，无法躲过重大危机并全身而退了。能用的车辆所剩无几，几乎所有的

第三章 民族－帝国的灭亡，1942—1945　　321

马匹都在11月被送走以避免更大损失。[83] 11月18日，崔可夫接到一条密电，要他准备接收"特别命令"。午夜，他得到消息，城市内外的德军即将被包围。

所有的焦点都集中在斯大林格勒，关键的行动是"天王星行动"，即苏联包围并切断斯大林格勒地区德军的作战计划。虽然朱可夫在战后声称是他在9月中旬克里姆林宫一次戏剧性的会议上把计划提交给了斯大林，但斯大林的官方日记中并没有关于这次会议的记载。实际上苏军总参谋部的许多人也参加了对可能的合围战的讨论，为首的是亚历山大·华西列夫斯基上将，10月13日，他和朱可夫一起将"天王星行动"计划提交给了斯大林。[84] 计划简单直接：在以斯大林格勒为顶端的德军突出部的北面和东南面集结强大的预备队，这里都是由德军那些弱小的轴心国盟友防守的，为了让德国师腾出手来参与主要进攻，这些地方的守军都被换成了罗马尼亚人、匈牙利人和意大利人。突破的通道必须足够宽——超过150千米——以确保保卢斯无法突围而出，并阻止德军通过反击恢复突出部。这还只是计划的一部分，斯大林和他的参谋们又一次急着想要彻底打碎整个德军战线。他们还制订了规模与"天王星行动"相差无几的"火星行动"计划，以同时击退德军中央集团军群。如果能取得成功，之后就会展开更大规模的"行星行动"——南面的"土星行动"和北面的"木星行动"——由此毁灭德军南方和中央两个集团军群。

为了"天王星行动"，苏联红军在严格的保密措施和精心的欺敌行动之下集结了一支超过100万人的大军，还有1.4万门重炮、979辆坦克和1 350架飞机。[85] 德国情报部门几乎完全没能察觉到这些集结，原因仍然是对苏联实力的草率低估。11月19日，"天王星行动"在北段打响，南段在一天后紧紧跟上。正如预料的一样，薄弱的轴心国侧翼部队崩溃了。到11月23日，两路大军在卡拉奇以南数英里的苏维埃茨基村会师，这里正是先前 8 月灾难发生的地方。以 60 个师和 1 000 辆坦克扩大突破通道的行动很快完成，德军第 6 集团军和第 4 装甲集团军（还有一部分罗马尼亚和克罗地亚部队）多达 33 万人被包围。这场作战的重大胜利显示了苏联红军从过往的诸多错误中学习到了什么，也凸显了希特勒军事指示的战略性混乱。11 月 20 日，希特勒命令保卢斯坚守城市，这打碎了保卢斯可能有的任何杀出包围圈的想法。由于冬季的恶劣天气和已经复苏的苏联空军发动的越来越多的截击，关于空中补给的许诺被证明不可能实现，德军反而因这样的尝试损失了 488 架运输机和 1 000 名机组人员。[86] 新成立的顿河集团军群的司令冯·曼施坦因发动"冬季风暴行动"，想要突破包围圈，但被苏联装甲预备队击退。保卢斯只能自己照顾自己了。

压缩斯大林格勒包围圈的战役直到 1943 年 1 月 10 日才开始，战役代号为"指环行动"。与此同时，苏军还试图以第二层包围圈围住冯·曼施坦因的顿河集团军群，今天人们都知道这就是"小土星行动"。意大利掩护部队被歼灭，但冯·曼施坦因却逃出了合围。仍在高加索苦战的 A 集团军群于 1942 年 12 月 27 日接到命令，迅速撤往罗斯托夫，以免同样被切断。蔡茨勒想尽办法从希特勒那里拿到了撤退令，然后立刻在希特勒个人指挥部的前厅里打电话将命令发了出去，因为他担心希特勒会撤回这道命令——他的担心是正确的。[87] A 集团军群设法挤过了狭窄的通道，回到与"蓝色计划"开始前差不多的位置，然后被交由冯·曼施坦因重组。"指环行动"让德军的溃败成了现实。苏联红军原本预计能围住约 8 万人，但实际上围住了超过 25 万人。围住口袋的有 28 万苏军士兵、250 辆坦克、1 万门火炮和 350 架飞机；保卢斯则只有 2.5 万人可用，还有 95 辆坦克和 310 门反坦克炮。[88] 粮食和弹药已经消耗殆尽。然而，战役开始第一周，德军的抵抗却出人意料地顽强。外围乡村地区很快被挤压，到 1943 年

1月17日，包围圈便只剩下了一半。1月22日，苏军开始准备最后一击，4天后终于和崔可夫的那些身经百战的老兵会师。当已经没有任何补给，官兵们在他身边饿死，枪也没有子弹可打的时候，保卢斯却被希特勒告知不能接受任何投降条件。他向包围圈外发出无线电："部队已经没有弹药，我还能下什么命令？"[89]一名士兵在19日的日记中坦陈："我的士气再次降到零……这里只有白色的旷野、碉堡、痛苦，没有可以住的地方。这必定会缓慢而确定地摧毁我们的精神。"[90] 1月31日，保卢斯设在百货公司的司令部被攻占，保卢斯投降，而在此之前，德军士兵就已开始陆续投降了。城市北部的抵抗一直持续到2月2日。整个战役让双方都付出了格外高昂的代价。德军在斯大林格勒战役中的准确死亡人数尚不清楚，但1942年7—12月，他们在东线的总死亡人数达到28万人，意大利死亡和失踪8.4万人；11万轴心国军人在斯大林格勒战役中被俘，其中大部分死亡。苏联在南线战役中的不可挽回的损失（死亡和失踪）达61.2万人。[91]

"土星行动"和"木星行动"方案中包含的更大野心却未能成为现实。"火星行动"的目的是歼灭德军中央集团军群，由朱可夫直接指挥，斯大林也认为这比"天王星行动"更重要，但这场行动却沦为灾难性失败，苏军有50万人伤亡，损失了1 700辆坦克，却几乎一无所获，但这场失败却被斯大林格勒战役的胜利掩盖了。[92]斯大林和苏联最高统帅部对于未能从德军在南线的溃败中得到更多收获而感到失望，但斯大林格勒战役的胜利无疑是个惊人的胜利，令瓜达尔卡纳尔岛战役和阿拉曼战役的胜利相形见绌。全世界的目光都集中在了这场战役上。2月4日，法国《星期天》杂志的头条是："斯大林格勒战役，有史以来最大的战役。"[93]在德国公众眼里，斯大林格勒战役的胜败似乎比一场简单的战役具有更深刻的意义。失败意味着利用苏联资源与西方作战的野心落空了，对于整个帝国计划也可能是个致命挑战。从战略上看，这场大捷把苏联从战争头 15 个月面临的无穷无尽的危局中解救了出来，尽管并没有完全消除德国的威胁。所有这三场战役都显示了帝国过度扩张的严重危险，这在领土帝国扩张的历史中已经有过许多例子，但这种诱惑是难以抵抗的，尤其是当帝国的安全只能通过继续打仗来解决时。无论如何，盟军必须对抗具有可怕军威的敌人，打赢这三场战役。日本、德国和意大利的失败并不仅仅因为它们在战略和战术上有失误或者资源不足，还由于盟军学会了更有效地作战。战役的结果改变了战争的进程。

"战争就是赌博"

希特勒到底是何时意识到德国的战争已经输掉，他的帝国计划已经完蛋的，史学界并无共识。1943 年夏，当一个来访的土耳其军事代表团问他是否还期望胜利时，他简单地答道："战争就是赌博。"[94] 毫无疑问，希特勒不是那种愿意承认失败的人。1942 年 11 月，在慕尼黑举行的纪念希特勒 1923 年发动"啤酒馆政变"9 周年集会上，有人听见他说："我坚决不会把德国士兵已经踏足的土地吐出来。"此后不到三个月，斯大林格勒与顿河平原就得而复失。对此，希特勒愤怒而沮丧，但他坚持命令死守每一寸地盘，即便在东线抢来的地盘实际上在被不断丢掉。根据一份战后证词，他每次和将军们开完任务布置会后，都会坚持说战争"最终将以德国胜利而告终"。他从不认同与盟国的某一方媾和的想法，而是想要瓦解敌人的联盟。1944 年 2 月，在他参加关于德军长距离撤离乌克兰的讨论时，人们听见他承认说，撤退难免会在某个时刻引发灾难。任何进一步撤退"最终都意味着德国战败"。有些没有接到命令就放弃地盘的指挥官会被枪毙，但大部分只是被解职。[95] 对希特勒来说，战争不可能沦入痛苦的结局,但事实正是德军即将开始大踏步撤退。

日本和意大利的领导层也陷入了犹豫彷徨之中,一边是虚幻的乐观,一边是对战争已无法取胜的悲惨现实的认识,不过找到一个比彻底战败好一些的解决方案仍然是可能的。瓜达尔卡纳尔岛、阿拉曼和斯大林格勒距离轴心国本土尚有千里之遥,而且盟国在1942—1943年冬季的胜利后,还要再花上近三年时间才能彻底击败所有的敌人。尽管如此,这一转折点还是给1940年9月《德意日三国同盟条约》中宣布的新帝国秩序画上了句号,这份条约本想在新帝国之间建立密切的战略配合,在军事胜利的基础上建立更可靠的全球帝国势力范围,仿效并替代此时已经难以维系的欧洲殖民世界。实际上三个轴心帝国之间的配合程度一直都不怎么好,不过1940年9月21日,条约的一份附件还是提出要在每个轴心国的首都建立三个技术性委员会:一个总委员会、一个经济委员会和一个军事委员会。这些委员会都由政治家、官员和军队代表组成,它们要成为交流战略、军事事务、技术和情报信息的论坛。它们直到1941年夏季才开始运转,而三国中央政府之间的联系被证明最多也只能算"不够好"。日本很快对意大利委员会失去了兴趣,觉得意大利只不过是德国的附庸,而意大利专员也不肯把军事技术的细节交给日本代表。情报协作也由于要保护各自的帝国利益而受到限制。1942年春,军事委员会的功能被降级——"做些外围工作"——因为军事战略被认定为不在条约范围内。[96]如果德军能从高加索、意军能从苏伊士运河压向伊朗和伊拉克,那或许还有可以谈的。如果将英国赶出中东,日本领导层也不反对在印度洋与其他轴心国接上头。1942年1月18日,他们与德国签订了一份协议,以东经70°为界划分两国在印度洋的帝国利益范围。这份协议导致双方因为越界而频繁争吵,不过到1942年底,德日在印度洋上的战略联合就不再有可能性了。[97]仅存的合作只剩下少量德国潜艇从日本控制的马来亚基地出来打击英帝国海运——但这对日本帮助不大。斯大林格勒战役之后，德国和日本都意识到自己现在要各自为战，拯救自己的帝国了。[98]

这一阶段，盟国之间的协作显然比轴心国之间的协作密切得多，但其关系仍然受到重大差异和争议的妨碍。1943年1月，丘吉尔和罗斯福在摩洛哥城市卡萨布兰卡会面（这座城市是去年11月在"火炬行动"头几天中刚从维希法国军队手里夺来的），他们的中心议题就是怎样彻底打败轴心国。实际上，1943年之后盟军的战略简单来说就是，将轴心国势力逐出其新占领的帝国领地，之后如果需要的话就进攻并占领其帝国的心脏。这一战略对斯大林和苏联军队来说简单直接，因为他们面对的只有一个主要敌人，战场也很明确，而西方盟国则在各自不同的战区面临着3个主要敌人，在1943年，他们只有通过大规模的两栖进攻才能把敌人拖入战斗。对于赢得胜利的最有效途径，盟国之间几乎没有共识，它们围绕战略上的可能与可取条件有诸多争执。斯大林拒绝了前往卡萨布兰卡参会的邀请，因为他在斯大林格勒战役的最后阶段参与太深（这是事实），但他的缺席也凸显了他的不满，因为西方盟国既没有在1942年开辟"第二战场"，也没有承诺能在1943年初开辟。但他的缺席也让罗斯福、丘吉尔及其军事幕僚们得以自由讨论他们自己关于如何打击三个轴心国的观点，而且时常能想到要为仍然承担着大部分战斗的盟友苏联分担一些压力。

摩洛哥的会议有一个恰如其分的代号，"象征"，会议彰显了罗斯福及其幕僚们是如何被引导着支持英国关于在非洲而非欧洲作战的选择，这与罗斯福麾下高级将领们的意见是相左的。卡萨布兰卡会议之所以能开起来，唯一的原因就是罗斯福坚持要让美国军队在"欧洲"打一仗（实际上并没有），而非把更多资源转而投向对日战争，而对日战争已经占用了美国此时17个海外师中的9个。[99] "火炬行动"实施起来很困难，因为部队从美国东海岸与苏格兰需要远渡重洋才能抵达目的地，而部队也还没有完全做好向抵抗意愿尚不明确的维希法国军队发动两栖突击的准备。"火炬行动"美军最高指挥官艾森豪威尔将军估计成功概率不会超过50%。1942年11月8日，两支特混舰队向北非发动了攻击，一支美国舰队在卡萨布兰卡和奥兰登陆，一支英美联合舰队则要攻占阿尔及尔。摩洛哥法军的抵抗比阿尔及尔强一些，但几天之内，所有3座港口尽数落入盟军之手，11月13日，盟军与法国达尔朗海军元帅谈妥停火，达尔朗是维希法国前总理，此时刚好在阿尔及利亚探望他生病的儿子。得到罗斯福的首肯，他很快被艾森豪威尔任命为法属北非和西非帝国高级专员——此决定是顶着美英两国媒体的广泛抗议做出的——并得到了法国帝国议会的批准。[100] 为了对付反对的声音，艾森豪威尔坚持说这只是临时的权宜之计，但"临时"到什么时候却没说清楚。丘吉尔的密友布伦丹·布雷肯警告他说"我们必须给这个卖国贼水兵的角色设个限"，但是艾森豪威尔和罗斯福似乎更看重达尔朗给一场已经遭遇难题的战役带来的确定性。[101]

作战计划要求英军指挥官肯尼斯·安德森中将集结第1集团军迅速东进，赶在德军和意军前来增援之前夺取突尼斯城，但经验不足的部队却在行进途中为暴雨所阻，并遭到了德国守军的猛烈反击，按照希特勒的命令，突尼斯德军已经得到了迅速加强。12月，艾森豪威尔将这次推进推迟了两个月，以改善补给线并把重武器拉上来。布鲁克将军认定艾森豪威尔"作为将军毫无希望"，这是盟国的军事关系将变得多么脆弱的第一个迹象；将要在艾森豪威尔手下一直打到欧战结束的蒙哥马利，认为"他对于怎样组织战争和怎样进行战役的知识，肯定是零"。[102] 与他的英国同行不同，艾森豪威尔确实没有战斗经验。他展示出的技能都是军事管理方面的，这在随后两年间战略和政治方面的重大分歧层出不穷的环境下必不可少。实际上，他把在北非头几个月的大部分时间都花在了试图引导法兰西帝国的政治走向上，他正确地看出这是个"危险的政治海洋"。[103] 因任命达尔朗而引发的舆论风暴，随着此人于圣诞节前夜在阿尔及尔被一名保王派法国青年刺杀而告终，但他的死并没能解决如何管理法属帝国领地以及指挥实际上已经站到盟军一边的法国军队的问题。12月11日，作为对"火炬行动"的回应，德意两军占领了整个维希法国，维希法国在北非的政治权威终结。美国人想要让从德国监狱逃出来的亨利·吉罗将军充当达尔朗的继任者，但英国人却想要任用罗斯福讨厌的戴高乐，因为他在法国和自由法国殖民地都得到了民众的支持。艾森豪威尔直到1943年6月才促成了一个妥协，建立了由吉罗和戴高乐共同担任主席的民族解放委员会。这里有个自相矛盾之处，罗斯福一方面在国内急于用《大西洋宪章》来显示自己的民主作风，一方面又支持在北非建立一个没有民众赋权的帝国政府。艾森豪威尔对此给出了"军事必要"的解释，以掩盖美国政策的自相矛盾以及与英国的意见不一。[104]

1月14日开始的卡萨布兰卡会议成了盟国之间讨论未来共同战略方向的战场。罗斯福明白，他的参谋长联席会议对于将优先权赋予欧洲，还是赋予美军已经在天天和轴心国真刀真枪打仗的太平洋战场还没有达成一致。马歇尔和美国陆军领导层想要与德国人打一场真正的战争，只要有可能就尽快进攻法国，但他们却发现英国人对此并不热情。总统接受"火炬行动"计划以及不可避免地卷入地中海战场，其政治目的并不亚于军事目的。罗斯福及其大部分顾问、将领都认为英国对于这一地区的关注体现了他们的帝国利益。艾森豪威尔对此并不抱有幻想，"英国人本能地用帝国的视角来看待任何军事问题"；一名美国外交官解释说，对英国人来说，"帝国的恢复，或许还有扩张才是至关重要的事情"。[105]而罗斯福介入这一地区的原因之一，正是要确保英国或法国都无法再像1919年时那样在地中海和中东地区恢复帝国统治者的地位。他还意识到需要保护美国在中东的石油利益，他正急于扩大这一利益。美国的存在是为了压制英国的野心，并推动美国的全球利益。英国的谈判人员通常不会公开表达他们的政治动机，但对丘吉尔来说，维持英国在这一地区的角色无疑是其总体帝国战略的一部分。当年晚些时候，当罗斯福与斯大林探讨殖民地托管的模式时，丘吉尔咕哝道："休想不打一仗就从英帝国拿走任何东西。"[106]

在卡萨布兰卡，英国代表团坚决反对在1943年向欧洲发动大规模进攻，并拒绝制订开辟"第二战场"的准确计划。反过来，他们想要利用即将到来的对北非的征服，进一步进攻意大利。从1940年11月到1941年10月，英国人为可能发起的对西西里岛或撒丁岛的进攻至少制订了四套先期计划，他们还相信意大利的独裁统治已十分脆弱，经不起进一步的军事败局，这一观点始终影响着英国人对"火炬行动"下一阶段作战的考虑。[107]英国方面预计两个月内就能击败突尼斯的轴心国军队，他们想要美军投入力量进攻意大利的一座主要岛屿，经过多次争论，双方达成一致，开展"哈士奇行动"，占领西西里岛，此战或许还将为进攻意大利本土开辟道路。美国方面则赢得了英国方面将在未来某个时间进攻欧洲西北部的承诺，这一点还得到了双方航空兵的支持：英国皇家空军和美国陆军航空兵达成协议，对德国发动24小时不间断的联合轰炸，为更大规模的进攻铺平道路。保持大西洋海运线畅通的作战也被认为是进攻的关键性前奏。英国人接受美国人在太平洋战场投入力量，只要不影响欧洲优先战略就行。会议的最后一天，罗斯福宣布，盟国只接受轴心国的无条件投降。

美国方面来参会时没有为如此辩论做好准备，而英国人则带来了指挥船"布洛洛号"，它停在卡萨布兰卡港，带着大批幕僚作为支援。[108]美军首脑们离开会议时都觉得罗斯福做的让步太多了。当西方盟国于 5 月在华盛顿的"三叉戟"会议上再次会面时，美国方面就做了更充足的准备，两个盟国之间的平衡也倒向了美国一边。太平洋作战将作为美国的优先方向而继续进行。马歇尔想要终止地中海战场的行动，这样才能为此时被称为"霸王行动"的向法国北部海岸的进攻腾出足够的部队，这一谈判立场其实只是为了逼迫英国人妥协。双方同意对意大利发动有限作战，只要不占用盟军过多资源就行。1944 年 5 月 1 日，在诺曼底或布列塔尼半岛进行强行登陆的准备工作也将同步进行，这一决定便勾勒出了西方盟国在接下来的战争中的总体方略。

正如美国方面担心的那样，地中海战役变得比盟军希望的规模更大，代价也更为高昂。突尼斯之战原本预计不要两个月就能打完，结果打了七个月。更东面的德军和意军于 1943 年 1 月 23 日放弃了的黎波里，迅速转移到马雷斯堡垒防线固守，这条防线是法国人于战前在突尼斯南部建设的，以防御意大利人。蒙哥马利的第 8 集团军来到这里，准备在防线上打开突破口，与从阿尔及利亚杀过来的英美联军会合。由于希特勒的坚持，突尼斯堡垒现在得到了加强，即便轴心国军队在面临失败时会几乎没有机会撤离的事实也未能改变他的决心。防线北段是隆美尔指挥的德军，更南段是乔瓦尼·梅塞（Giovanni Messe）将军指挥的意大利第 1 集团军。他们面对着具有相当数量优势的盟军——在 3 月的马雷斯防线之战中，梅塞只有 94 辆坦克去对付对方的 620 辆——但山地地形有利于防守一方。[109]隆美尔下令向来自阿尔及利亚的盟军发动重点进攻。2 月 14 日，他们在卡塞林山口大败美军第 2 集团军，直至被迫回撤为止。在艾森

第三章 民族-帝国的灭亡，1942—1945　　331

豪威尔帐下担任地面部队总司令的亚历山大将军觉得美军部队"软弱，嫩，训练相当差"，英国人的这种歧视态度影响了最终制订的关于终结轴心国抵抗的计划，计划中，美国的师只能扮演二流角色。[110] 轴心国军队在盟军的海空封锁下已得不到足够补给，这样，即便得到增援的轴心国防线被证明难以攻破，战役的结果也已然失去悬念。3月9日，健康出了问题的隆美尔去职，接替他的是德军第5装甲集团军司令汉斯－于尔根·冯·阿尼姆（Hans-Jürgen von Arnim）大将。一个星期后，马雷斯防线被攻破，梅塞向北撤退。两支盟军终于会师，并将敌人赶到了突尼斯城和比塞大港周围的一小块地方。5月7日，突尼斯城落入英军之手，比塞大被美军攻占。到投降时，曾经可怕的德国非洲军团只剩下了两辆坦克，弹药全无。大部分德军部队于5月12日投降，梅塞也仅仅多坚持了一天。最终有约27.5万名德军和意军士兵被俘，其中大部分是德国人，其损失甚至比2月在斯大林格勒战役中的损失更加惨重。盟军的伤亡也很惨重，安德森的美军第1集团军在被认为只是扫尾战的战斗中遭受了27 742人的伤亡，这也反映了美军的经验不足。[111]

此时，进攻西西里岛的计划制订工作进展顺利。由于亚历山大是地面部队总司令，艾森豪威尔对战役计划的参与并不多，协助亚历山大的是一群英国将领——蒙哥马利、海军上将安德鲁·坎宁安和空军上将阿瑟·特德（Arthur Tedder）。这场登陆是欧洲战场上第一次对两栖战能力的真正考验，它需要集结惊人的2 509艘船，运送美军第7集团军、英军第8集团军和加拿大第1师的总共16万人，还要运送1.4万辆车辆和600辆坦克。[112] 最初的计划要求美军在岛屿西北海岸登陆，英军在东南角登陆，但这一方案显然会让部队过于分散——蒙哥马利对这一计划的看法是"肉包子打狗"——5月初，在他的强势干预下，登陆最终将集中在岛屿南端和东南沿岸的一处三角形地带。[113] 乔治·巴顿将军麾下的美军第 7 集团军将要在南部沿岸杰拉周围登陆，蒙哥马利的第 8 集团军在东南部阿沃拉周围登陆，加拿大军队则在位于二者之间的潘希诺附近登陆。意大利高层并不确定下一次打击将落在何处，意大利军队仅存的战斗力量只得零散地分布在西西里岛、撒丁岛、科西嘉岛和本土。西西里岛守军总司令阿尔弗雷多·古佐尼（Alfredo Guzzoni）将军拥有 6 个师，包括 2 个德国师（含赫尔曼·戈林装甲师）和 4 个意大利师，其中只有一个师做好了有效战斗准备。守军拥有 249 辆坦克和略多于 1 000 架飞机，而盟军在这一战区则有 2 510 架飞机。海岸防御基本没有。一名海军将领抱怨道："一切都是绝对惨败。"但是仅剩下 3 艘小战列舰和 10 艘驱逐舰未受损伤的意大利海军拒绝驶出拉斯佩齐亚的基地去挑战盟军的登陆。[114] 意大利军队的士气十分低落，他们要用不充足的武器保卫祖国，旁边还有一个他们并不信任的盟友德国；但墨索里尼很乐观，他在 6 月向法西斯党领袖们保证说，盟军动作太慢，战斗力也不强，无法在意大利领土上立足。如果意大利对盟军的目标真有什么怀疑，那么当盟军对通往西西里的航线上的潘泰莱里亚和兰佩杜萨这两座岛屿发动无情的海空轰炸时，这些疑虑也就该被一扫而空了，两岛分别在 6 月 11 日和 12 日投降。艾森豪威尔把他的司令部设在了马耳他岛一座局促的防空洞里。"我在这场战争中最想要的，"他几个星期后给马歇尔写信说，"就是最后能打到一个不用再打两栖战的地方。"[115]

7 月 11 日，盟军船队来到西西里岛外海，海岸上几无抵抗。由于先前对机场的轰炸，轴心国只剩下 298 架德国飞机和 198 架意大利飞机，在 4 天的空战之后，轴心国飞机更是只剩下 161 架。到当月底，意大利空军实力下降到了仅有 41 架现代化战斗机和 83 架轰炸机。[116] 登陆第一天，德军和意军向盟军占领的小小滩头阵地发动反攻，但撞上了盟军航空兵的大规模空袭和海军特混舰队卓有成效的舰炮火力，反攻势头被大大削弱。赫尔曼·戈林师向杰拉的登陆美军发动进攻，他们的坦克一直打到距离滩头只有 3 千米处才被舰炮火力击退；意大利的里窝那师是意军仅存的几支尚可有效作战的部队之一，他们同日以一长列坦克纵队在更西边发动进攻，但被海岸外 2 艘驱逐舰和 2 艘巡洋舰打出的超过 1 000 枚炮弹摧毁。[117] 舰炮火力一次又一次证明了自己对盟军登陆作战的至关重要的贡献。之后，两国盟军便开始在岛上你追我赶，蒙哥马利决意让自己的部队去攻占岛屿东北部的墨西拿港，合围敌军，美军只要保护他的左翼就行。巴顿早已对英军在突尼斯的做法十分厌恶，他也觉得"这一仗是为了英帝国的利益打的"。[118] 于是他根本不管蒙哥马利，向几乎无人防守的岛屿西海岸附近推进，于 7 月 22 日拿下了巴勒莫，之后向墨西拿疾进，决心抢在蒙哥马利前面进入这座城市。7 月 14 日，英军第 8 集团军未经一战就占领了卡塔尼亚，两天后又占领了阿格里真托。当发现意大利士兵开始成千成千地投降时，凯塞林便放弃了他的盟友意大利，开始直接指挥德军作战。德军在埃特纳山周围的有效防御挡住了蒙哥马利，但之后德军便开始准备有序撤退。8 月 16 日，英军第 8 集团军稍晚于巴顿之后到了墨西拿，但英美两军谁也没能包围住敌人，盟军没能预料到德军会在白天渡过墨西拿海峡。德军撤出了 39 569 人、9 000 辆车辆和 47 辆坦克；意大利军队设法撤出了 6.2 万人，但只撤出了 227 辆车辆和 12 头骡子。盟军抓获了 122 204 名俘虏，但轴心国军队还有 49 700 人死亡或失踪，盟军总共只损失了 4 299 人，这一比例常常出现在太平洋战场的战役中。[119]

墨索里尼还幻想着通过抵抗来挽救他仅存的帝国领地，这显示了他在 1943 年已经完全丧失了现实感。西西里的易手让他掌握了 21 年的大权戛然而止。意大利的情况对于仍然支持法西斯政府的人来说已经十分紧张。粮食的缺乏和密集轰炸（包括盟军在经过多次争论后于7月19日开始轰炸罗马的目标)的开始,已经让普通民众确信战争已经输掉,至少对意大利来说是如此。民众的失望损害了独裁政权对人民的掌控力,但并未导致民众起义。实际上推翻墨索里尼的是他自己的将领和法西斯党同僚发动的政变,他们许多人从来都不支持这位领袖发动无限制战争或者明显一边倒地与德国结盟。意大利军队总司令维托里奥·安布罗西奥(Vittorio Ambrosio)将军于3月告知国王,必须要把墨索里尼换掉,或许可以换成巴多利奥元帅,到6月,他已经制订好了逮捕墨索里尼的计划。7月19日,罗马首次遭到轰炸的当天,墨索里尼正在多罗米特山脚下的加吉亚别墅会见希特勒,他的将领们要求他商量出一个让意大利退出战争的办法,但他拒绝了。返回罗马时,墨索里尼并未得到德国人关于协防意大利的保证,于是他召集了自从1940年之后就再未举行过的法西斯党全国大会,意在值战争陷入危机之时重申自己的权威。

对于墨索里尼在法西斯党内的对手们(为首的是前驻英国大使迪诺·格兰迪)来说,这也是个结束独裁统治的机会。格兰迪起草了一份议会动议,提出拒绝个人统治,恢复王室的权威,并建立一个以内阁和议会为基础的合议制政府。格兰迪把他的计划呈交给了国王,内容包括退出轴心国联盟、加入盟军等议题。7月24日,这一解决方案被拿到了法西斯党全国大会上,这是一场持续了9个小时的会议,一直开到了25日凌晨,最后会议对格兰迪的动议进行了投票表决。与会者中有19人投票赞成,7人反对。[120] 墨索里尼不在场,也没有意识到这一决定意味着什么。25日晚些时候,他来参加例行的与国王的简报会,国王告诉墨索里尼,他已被解除了首相职务,由巴多利奥取代。这位独裁者离开会场后被立即逮捕,送到一处警察营房看押起来。他对于自己的安全毫无防备,觉得自己只要推翻投票结果就行。他的妻子对希特勒的翻译官说,他对于王室发动政变的可能性

第三章 民族–帝国的灭亡,1942—1945 335

"表现出了令人难以理解的不屑"。[121] 这场为意大利带来了短暂帝国胜利和最终灾难的独裁统治不战而终。

不同于墨索里尼,希特勒和德国领导层已经预见到了意大利可能出现的危机。墨索里尼垮台的消息让希特勒立即对罗马的"犹太人和暴民"暴跳如雷。[122] 他的第一反应就是命令德军抓捕意大利国王、巴多利奥和其他同谋,恢复他那位独裁者朋友的职位,但这股冲动很快结束了。国王和新政府都坚持说他们要与德国肩并肩继续打下去。结果,国防军最高统帅部开始调动强大的德军部队开进意大利,实际上自从听说西西里遭到进攻的消息后,他们就已开始从东线调兵了。两周之内,"阿拉里克行动"就将8个师调到了意大利北部,到9月上旬,已经有19个德国师来到亚平宁半岛或正在赶来的途中。德军还组织了"康斯坦丁行动"以增援巴尔干半岛,以防盟军接下来向此地动手。[123] 但此举的目的并不完全是阻止盟军前进;他们更大的目标是预防意大利"反水",如希特勒所言,如果巴多利奥政府求和的话,这看起来完全有可能。巴多利奥决定寻求停战,停战将在9月8日生效,它让意军与德军进入了直接对抗,德军行动迅速,意大利也在一夜之间从德国的盟友变成了德国的占领区。意大利士兵都被解除了武装,被看押起来,大部分被送往德国充当劳动力。在希腊的凯法利尼亚岛,当地意军指挥官于9月15日拒绝了解除武装的要求,与德国守军打了起来。希特勒下令不留俘虏,结果有约2 000名意军士兵在短暂的战斗中战死或在随后的屠杀中遇害。[124]

希特勒还不太清楚该如何处置他的前盟友。军队领导层想要直接占领,但希特勒担心这会影响其他轴心国盟友。希特勒的直觉是要建立一个新的法西斯政府,以让人觉得意大利并不是个被占领国,至于墨索里尼,有他没他都行。但是,9月12日,德国伞兵向关押着墨索里尼的大萨索山顶的酒店发动了大胆袭击,解救了墨索里尼,并把他带到了慕尼黑,两天后,两位独裁者在极其友好的气氛中见了面。墨索里尼很快发现,想要夺回权力只能靠他的盟友德国,后者将必然会统治亚平宁半岛。德国立刻任命鲁道夫·拉恩为驻意大利全权专员;德军将领们坚持要在意大利建立作战区,他们可以在此组织军管当局;意大利官员则被留下来处理日常事务,但他们都受到德国"顾问"的影响,实际上已经处于德国人的时刻监督之下,这一状况与日本对伪满洲国的统治如出一辙。[125] 墨索里尼并不想要管辖一个"影子政府",但他别无选择。罗马是新政府所在地,他回不去了,但墨索里尼想要去东北方的偏远城市博尔扎诺或梅拉诺也被拒绝,德国人把他安置在了加尔达湖畔的小镇萨洛,让他管辖着所谓的"意大利社会共和国",辖区只有波河河谷中的几座城市。[126] 德国人此时已将意大利视为"被占领的盟友国家",这种矛盾修辞让人毫不怀疑意大利已成了德国的附庸。那些欢庆墨索里尼倒台的意大利人此刻却发现自己陷入了一种特别的独裁统治之下。

对盟军来说,政权的更迭似乎表明丘吉尔的通过在地中海战场持续作战来打败意大利的愿望已经取得了成果。但8月在魁北克举行的会议(代号为"四分仪")上,丘吉尔发现美国方面仍然决意限制地中海作战。亨利·史汀生谴责了丘吉尔所谓的"针尖战争",在会议前,美国代表团都拿到了战争部作战处准备的文件,文件明言对地中海战区的任何进一步投入都是对资源的"不经济"运用,其结果将会让德国在欧洲实现"战略僵局"——事实将证明这一观点。[127] 虽然此时丘吉尔开始考虑在进攻意大利的同时进行东地中海作战的可能性,但美国想要实施"霸王行动"的压力压缩了他的野心。所有人都一致认为,最优先的事项是一旦轴心国军队崩溃就迅速夺取罗马(艾森豪威尔希望在10月做到这一点),但这一计划并没有考虑到德国的作战准备情况。德军南线总司令凯塞林说服希特勒要在罗马以南挡住盟军，而此时隆美尔麾下的北方大军可为此提供支援。

事后看来，选择意大利作为主要战场实在令人难以理解。这里没有任何适合之处，简单看一眼地图就能明白，横跨半岛的山脉和无数河流使得一支机动化部队几乎不可能在强有力的敌人面前快速推进。盟军领导层低估了他们将会遇到的抵抗的强度，也低估了德国军队将意大利变成坚固堡垒的速度。进攻意大利也没有什么明显的令人信服的战略优势，只不过能确保停战协定得到切实执行而已。蒙哥马利对于这种"对如何展开战役没有任何清晰想法或者计划……没有明确目标"的进攻十分不悦。[128] 被指定参加意大利战役的第 8 集团军和马克·克拉克将军的第 5 集团军都被漫长的战斗拖得筋疲力尽，还面临着在秋季的雨天和不利的地形上向罗马附近移动的可怕任务。不仅如此，战役命令下达后，人们就明白至少有 7 个师和大量登陆舰艇很快就会被抽回去准备"霸王行动"，如果真把意大利作为一个作战方向认真对待的话，那么这又是一个毫无战略思维的决定。

正如美国分析人员预判的那样，此番对意大利南部的进攻拉开了一场战略僵局的序幕。1943 年 9 月 3 日，在"贝敦行动"中，蒙哥马利率领第 8 集团军开进意大利靴形半岛的"脚尖"处，穿越卡拉布里亚向前推进，只遇到了轻微抵抗。关键性的作战则是"雪崩行动"，由克拉克指挥的第 5 集团军在那不勒斯以南的萨勒诺湾发起。作战计划有很大风险，因为它仅仅投入了 3 个师在 50 千米宽的海湾登陆，海湾中间还有一条河。克拉克拒绝了登陆前的火力准备，因为情报显示那里的德军力量很薄弱，所以出奇制胜完全有可能。9 月 9 日，英美各一个军在相距遥远的海滩登陆。德军第 10 集团军已经严阵以待。凯塞林启动了"轴心行动"，迅速调集预备队堵住滩头，双方爆发激战，登陆似乎已濒临失败。[129] 盟军强大的舰炮火力和空中优势挽救了克拉克，在超过一周的战斗之后（艾森豪威尔警告英美联合参谋部说，这次战斗的结果会"决定胜败"），凯塞林把他遭到重创的部队撤回到了罗马以南横跨整个半岛的一系列令人生畏的防线上，防线穿越卡西诺大山，各段防线代号分别为"古斯塔夫""希特勒""伯恩哈德"。10月1日，盟军在当地民众发动反抗德国占领军的起义后进入了那不勒斯，同时，东面的福吉机场也被第8集团军攻占，这里将被美军第15航空军用作基地，他们从这里出发对罗马尼亚的油田，以及奥地利和德国南部的目标进行战略轰炸。但到10月底，艾森豪威尔想要迅速拿下罗马的愿望告吹。到11月，盟军在古斯塔夫防线前驻足不前，陷入了代价高昂的消耗战。亚历山大将军为这场战役辩护，认为它牵制了德军兵力，但盟军兵力也一样被毫无意义地牵制住了。

　　太平洋上的另一条盟军战线也面临着相似的问题，盟军需要消灭各个岛屿基地上的顽固守军，而即便夺取了这些岛屿，击败日本也仍然遥遥无期。瓜达尔卡纳尔岛战役胜利之后，麦克阿瑟和尼米兹于1943年3月10日举行了一场会议来规划接下来的对日战略。考虑到南太平洋战场的广阔面积和日本守军、机场的数量，盟国也别无选择，只能缓缓推进，消灭敌人，同时集结盟军——大部分是美军——的海空力量，直到未来的某一天能够直接威胁日本。作战的第一阶段代号为"马车轮行动"，由麦克阿瑟指挥，但哈尔西第3舰队的航母和战列舰将为其提供支援，这支舰队被暂时从尼米兹的中太平洋司令部剥离出来。"马车轮行动"包括了沿所罗门群岛和新几内亚海岸的一连串13次两栖作战，旨在孤立和压制拉包尔的日军主要海军基地，这座基地位于新不列颠岛，是1942年2月沦陷的澳属新几内亚领土的一部分。[130] 作战计划是在麦克阿瑟的新几内亚司令部里制订的，制订者是统一负责两栖登陆计划的丹尼尔·巴比（Daniel Barbey）海军少将，以及曾在瓜达尔卡纳尔岛战役中指挥两栖作战部队的里奇蒙德·特纳海军少将。而在新舰队到达之前，尼米兹则没有太多的事情可做。参谋长联席会议指示他在 1943 年 11 月进攻吉尔伯特群岛和埃利斯群岛（今分属基里巴斯和图瓦卢），但进攻马绍尔群岛则要等到 1944 年 6 月，中太平洋战场距离日本本土列岛仍有 3 800 千米之遥。当 1943 年 11 月尼米兹组织部队夺取吉尔伯特群岛的塔拉瓦岛和马金岛之时，他手中拥有了 17 艘新的航空母舰和 13 艘战列舰，这是一支日本海军完全无法匹敌的强大水面舰队。美国的造船厂在 1943 年总共造出了 419 艘新军舰，包括 40 艘新航母，它们将被部署到全球各地。[131]

承担着防守新占岛群主要职责的日本海军，在 1943 年 3 月 25 日发布的 213 号海军指示里将防卫外层岛屿圈视为"对于帝国本土的国防是至关重要的"。[132] 日军的"新作战政策"就是要死守每一个据点直至最后一人，以拖垮美军的战斗力，实际上就是要把每一座岛屿基地变成阻挡盟军推进的堡垒，他们还喊出了一句吓人的口号："百年战争。"[133] 在 1943 年的大部分时间里，这些守军都在坐等，美国日益强大的陆海军航空兵给他们补给线带来的威胁越来越大。"马车轮行动"始于哈尔西第 3 舰队打头阵的对所罗门岛链的进攻，这场战斗有个奇怪的代号——"脚指甲行动"。6 月 3 日，进攻令下达，两周后，空袭新乔治亚岛的战斗打响。主要目标蒙达岛在 7 月下旬被拿下。大部分日军驻扎在更大的科隆班加拉和布干维尔两座岛上，但盟军决定将绕过、孤立并困死他们，而非发动代价高昂的登陆战与其正面对决——这一战略贯穿了战争最后两年的整个"跳岛作战"。小一些的韦拉拉韦拉岛于 8 月 15 日被攻占，被作为通往布干维尔岛的踏脚石，日军则撤离了科隆班加拉岛以免遭孤立。布干维尔岛上估计有 3.5 万日军防守着机场和海滩，百武晴吉将军的第 17 军共有 6.5 万人，是美军肃清所罗门群岛时面临的最大挑战。美军决定，不必拿下全岛，只需在岛西岸托罗基纳角周围占领一块足以建立机场的阵地，并构筑一条能够抵御驻扎在岛南和岛北的日军重兵的反击的坚固防线就行。[134] 持续的空袭削弱了日军在布干维尔岛和拉包尔的航空兵力量，在主攻发起之前，美军和新西兰军队（后者刚刚打完北非战役返回）又于10月27日几乎未遇抵抗就攻占了距离布干维尔岛120千米的特雷热里群岛，将其作为进攻的跳板和主岛的前哨雷达站。向布干维尔岛的进攻，代号为"河乌鸟行动"，于11月1日打响；到12月中旬，已有4.4万美军上岛，并建立了稳固的立足点。战斗断断续续一直打到12月18日，盟军最终拿下了目标阵地。1944年3月，百武晴吉重犯了他在瓜达尔卡纳尔岛犯过的战术错误，驱使着麾下饱受病饿之苦的部队发动了一系列正面进攻。在一场夜间"万岁冲锋"之后，第二天早上，美军在火炮和机枪火力留下的尸堆里数出了3 000具日军尸体。百武晴吉只得把他的部队撤回丛林中。[135] 到1945年8月战争结束时，他的人只活下来了1/3。"马车轮行动"的所罗门群岛的第一个钳形攻势至此告终。

　　第二个钳形攻势则由麦克阿瑟在新几内亚北岸发动，1943年9月，"脚指甲行动"胜利后，战役开始。9月4日，澳大利亚第9步兵师没有遭到抵抗（只有空袭）就占领了莱城港。9月22日，他们又开始进攻芬什港，这次日军有防御，但不强。10月2日，另一支澳军夺取了滩头之后占领了芬什港口。两个星期后，日军发动了旨在夺回基地的登陆，结果被消灭。奇袭胜利很快得到巩固，但是盟军还要再等待7个月才恢复向新几内亚北岸日本守军的进攻。至此，拜"马车轮行动"所赐，日军在拉包尔的海军基地也成了美国陆海军飞机能够轻易打击的目标了。1944年2月，美军舰队开向加罗林群岛更北面的特鲁克，仍然留在拉包尔的9.5万日军就这么被困到了战争结束。随着所罗门群岛战役接近尾声，尼米兹与麦克阿瑟协商一致后抽走了对陆军战役的海军支援，美军反攻计划的中太平洋部分拉开了帷幕。尼米兹在吉尔伯特群岛和埃利斯岛群中选择了两个岛屿作为目标：塔拉瓦环礁中的贝蒂欧岛，以及马金岛。战役由斯普鲁恩斯将军指挥，他是新建立的第 5 舰队的司令，从瓜达尔卡纳尔岛战役时就担任两栖舰队指挥官的里奇蒙德·特纳指挥第 5 两栖舰队，霍兰德·史密斯（Holland Smith）则指挥海军陆战队第 5 两栖军。埃利斯群岛的两个小岛——富纳富提岛和纳努梅阿岛——在 10 月被占领，美军随即建立了机场以支援随后的登陆。[136] 马金岛只有 300 名日本守军，外加 271 名朝鲜劳工。11 月 21 日，他们遭到了 6 000 名登陆部队的进攻，进攻方的士兵大部分来自初上战阵的第 27 步兵师。尽管人数差异巨大，美军还是直到第二天下午才宣布占领岛屿，代价是 56 人阵亡，131 人伤病。[137]

这与美国海军陆战队第 2 师对贝蒂欧岛的进攻完全无法相提并论，这场战斗与进攻马金岛的战斗同日打响。根据先前的经验，日本海军特别陆战队把岛屿变成了一座堡垒，每一条可能的进攻路线都被各种明碉暗堡的火力覆盖。这座小岛上几乎没有掩蔽，进攻前一连几天的猛烈炮击和轰炸还把岛上炸得七零八落，但守军构筑了有效的工事，躲过了打击，尽管这些打击摧毁了日军的通信，妨碍了防御作战的协调。前所未见的血战几乎打了 3 天，美军才拿下这座岛屿和岛上的大型机场。正如"新作战政策"要求的那样，这座坚固据点几乎打到了最后一人。约有 4 000 名日军战死，只有 146 人幸存，大部分幸存者是朝鲜劳工。美国海军陆战队的损失是 984 人战死，2 072 人负伤。[138] 陆战队指挥官霍兰德·史密斯视察了被打成废墟的岛屿后评论道："看这里的防御纵深。这些浑蛋都是大师……你可以攻打一个堡垒，但每个堡垒都有另两个做掩护。"[139] 为了拿下这座小小岛屿而付出的惨重代价震撼了美国民意，当然损失数字起初被夸大了。海军规划人员和两栖战部队随后齐心协力，确保了攻入马绍尔群岛的战役（原计划在 1944 年夏，但现在攻占塔拉瓦环礁后被提前）进行得更高效，付出的人命代价也更少，但塔拉瓦之战原本是可以完全不打的。1944年1月，尼米兹与麦克阿瑟达成一致，集中力量主攻西南太平洋，打开通往菲律宾的道路，但这一计划未能实现，对麦克阿瑟的"荒唐"计划"恼羞成怒"的金上将要参谋长联席会议直接下令进攻马绍尔群岛，行动代号为"燧发枪行动"。[140] 尼米兹决意避开群岛东端防御最严密的沃特杰岛和马罗埃拉普岛，秘密情报显示它们和贝蒂欧一样得到了强大增援。他转而选择了西边的两个岛，夸贾林环礁和埃尼威托克岛，作为目标，美军可以从这里出发轰炸日军在特鲁克的海军基地。

1944年2月1日，夸贾林进攻战开始，美军已于此前占领了4座小岛以布置火炮轰击守军。尽管美国海军陆战队第4师和第7步兵师花了4天时间才拿下了岛屿，但岛上的守军只有一些匆忙构筑的堑壕和散兵坑，而没有贝蒂欧那样的深厚掩体。约有8 000名守军战死，而美军陆战队的损失只有313人。尼米兹对此很满意，随即下令迅速进攻埃尼威托克岛，不用等到原计划的5月1日了。这里，美军还是先占领了一些小岛，直至4天后的2月21日才进攻埃尼威托克岛。尽管日军防御坚固，美军还是在2天内夺下了该岛，只有348人阵亡，而岛上4 500名日本人和朝鲜人几乎全部战死。东部的岛屿被留给了日军，直至1945年日本投降，但海空打击让他们失去了任何主动出击的可能性。[141] 现在，尼米兹和斯普鲁恩斯进攻马里亚纳群岛的道路已经被打开了，他们距离日本又近了2 150千米。

1943年在太平洋和地中海发生的战斗，其规模与德军在斯大林格勒战败后几个月间的苏德战争都无法相提并论，那里的苏联红军仍然在超过1 500千米的陆地战线上面对着超过200个轴心国师。现在北非已经几乎被盟军拿下了，斯大林和苏联领导层原本期望卡萨布兰卡会议能够敲定英美会在1943年进攻法国。但卡萨布兰卡会议除了说

第三章 民族-帝国的灭亡，1942—1945 343

可能会进攻西西里之外没有给出任何明确的方案，如丘吉尔担心的那样，这让斯大林感到"失望和愤怒"。斯大林对罗斯福说，西西里无法取代"法国的第二战场"。[142] 5月，斯大林获悉了"三叉戟"会议的结果，西方盟国明确表示在1944年春季前不会开辟第二战场，而是继续在地中海作战，这可能就是战争期间盟国之间关系的谷底。丘吉尔说他的地中海作战计划或许已经阻止了德军重启向苏联红军的进攻，这又在斯大林的伤口上撒了一把盐，斯大林此时已经完全清楚德军的"堡垒行动"，即德军在1943年的主要战役，即将打响，这将是整场战争中最大规模的战役之一。6月24日，斯大林发出了言辞激烈的回信，翻出了去年西方盟国做出的所有保证和承诺："这不是简单的失望问题……这是（苏联政府）对自己认真对待的盟国有没有信心的问题……"[143] 他在接下来的6周里都拒绝回信，这让华盛顿和伦敦担心他可能会与德国单独议和，这方面的流言蜚语一直持续不断，战后有些历史学家也这么认为。[144] 斯大林一直将地中海的计划视为"牵制"。甚至到当年后期，"霸王行动"计划已经大有进展之时，他仍然对盟国心存疑虑。11月下旬，在前往德黑兰参加首次盟国三巨头峰会时，有人听见他说："现在要确定的主要事项是他们到底会不会帮我们。"到了这个阶段，苏联在1943年的胜利让这些帮助在斯大林看来也没那么必要了。"我们将会拥有足够的力量，"朱可夫记得他这么说过，"去独自消灭希特勒德国。"[145] 这一观点自然是得不到证实了，但毋庸置疑，苏联在几乎3年时间里承担了大部分与轴心国作战的压力。"这是巨大的牺牲，"斯大林提醒丘吉尔，英美的损失与之相比"不算什么"。[146]

到1943年底，东线战争的进程已令斯大林越发乐观，在这一年的战斗之后，力量的平衡最终倒向了大大有利于苏联红军这一边。斯大林格勒战役之后，前线的仍旧处于僵持状态，这从乌克兰城市哈尔科夫的命运上就能看出来，这座城市在1943年2—3月一个月间两次易手。斯大林在此番战斗之后仍然坚持要肃清顿河平原，苏联红军尽管经历了数月战斗已经筋疲力尽，但仍然在广阔战线上保持进攻态势。在遥远的北方，"火花行动"于1944年1月12日打响，一周之内便打开了一条通往列宁格勒的狭窄通道，给漫长的围城撕开了一条裂口，但在这里，旨在包围德军北方集团军群的第二场战役迫于无奈被放弃，德军格奥尔格·冯·屈希勒尔（Georg von Küchler）元帅缩短了防线并进行了增援。罗科索夫斯基率领的更名后的"中央方面军"想要包围并歼灭德军中央集团军群的进一步计划落空了——"强烈的欲望压倒了可能性。"罗科索夫斯基抱怨说——但在更南面，2月上旬指向库尔斯克和哈尔科夫的"星行动"则更成功一些。2月8日，库尔斯克光复，同日，别尔哥罗德也被苏军收复。2月16日，一支党卫队装甲部队弃城而去，苏军夺回了被德军抛弃的哈尔科夫城，在德军防线上打出了一个巨大的突出部。[147]但苏联最高统帅部犯了和一年前同样的错误，把更大的野心强压给了业已疲惫的部队，这次他们想要打下乌克兰南部的工业区，同时切断德军南方集团军群。冯·曼施坦因说服了希特勒允许自己发动一场防御性反击。2月19日，他得到增援的各集团军在哈尔科夫以西向过度拉伸的苏联红军发动了进攻。随着苏军的进攻迅速瓦解，冯·曼施坦因在3月15日再次占领哈尔科夫，几天后又攻占了别尔哥罗德，他在那里停下脚步来构筑巨大突出部的南翼，这个突出部仍然在库尔斯克附近深入德军防线，宽185千米，纵深128千米。

库尔斯克突出部成了战争中最大攻防战之一的战场。斯大林格勒战役之后的大崩溃让希特勒对于如何应对新处境有些手足无措。1942年12月，国防军最高统帅部的规划人员提出要再次尝试夺取高加索的原油，并夺回战略主动权，但希特勒在1943年2月便意识到这只是个幻想。[148]2月18日，他明确告诉将领们，他"年内不会采取大规模行动"。但在冯·曼施坦因在哈尔科夫取胜之后，希特勒接受了他的提议，中央和南方两个集团军群可以联手抹除库尔斯克突出部，以缩短德军防线，包围苏联红军并予以重创，部分赢回在斯大林格勒战役之后失去的军威。[149] 这并非1941年或1942年的那种大规模进攻，而只是想要通过给对手造成局部重创，阻止苏军在1943年发动进一步进攻。德军原本设想在哈尔科夫以南发动其他一些规模较小的作战——如"苍鹰行动"和"黑豹行动"——以配合库尔斯克，但在4月中旬，希特勒发布了6号作战命令，启动"堡垒行动"，南北夹击库尔斯克突出部的咽喉部位，北面从奥廖尔周围进攻，南面则从新近占领的别尔哥罗德城周围进攻。[150] 此时，苏联最高统帅部已经判定库尔斯克突出部将是德军在春季泥泞结束后的进攻目标了，日常的侦察很快证实了这一判断。4月12日，斯大林召见朱可夫和华西列夫斯基，就应对方案寻求共识。斯大林对于打一场防御战的想法并不怎么满意，但他被说服了，库尔斯克周围坚固的防御区将顿挫德军的进攻，随即后方的预备队就能立刻发动强大反击，将德军战线击退到第聂伯河。命令随即被下达给了罗科索夫斯基的中央方面军和尼古拉·瓦图京将军的沃罗涅日方面军，要他们做好德军在至少5月10日前发动进攻的准备。但是到4月底，两位将领都确定德军还处于防御状态。[151] 到5月上旬，大批所需装备和增援兵力已就位，突出部内的30万平民也被动员起来，配合军队构筑了8层防御圈，挖掘了长达约4 828千米的战壕和反坦克壕，有数以千计的土木火炮阵地提供支援，周围还环绕着大量带刺铁丝网，以及94.2万枚反坦克和反步兵地雷。[152]

德军的作战计划还是老一套，以钳形攻击切断并合围大批显然正涌进来加强突出部的敌军。钳形攻势的一支是北面的第9集团军，由瓦尔特·莫德尔（Walter Model）大将指挥，另一支则是南面霍特的第4装甲集团军，由肯普夫战役集群（以其指挥官维尔纳·肯普夫上将的名字命名）予以配合。希特勒面临的问题是决定何时进攻。南方集团军群司令冯·曼施坦因和中央集团军群司令金特·冯·克鲁格（Günther von Kluge）元帅的意见是尽快开始，他们认为苏军还没有做好准备，但莫德尔坚持认为，经历了冬春季节的血战之后，他的部队需要时间来补充步兵和坦克。5 月 4 日，希特勒把"堡垒行动"推迟到 6 月 12 日，但是中央集团军群地域内大量的游击队活动严重妨碍了德军的增援，导致莫德尔不得不发动惩罚性的"吉卜赛男爵行动"，好让他的补给线更安全一些，这让进攻开始日期被进一步推迟到了 6 月 19 日。此时希特勒急于保证在突尼斯战役后意大利还会继续打下去，当他明确墨索里尼还会继续作战后，"堡垒行动"看起来也就没那么大风险了。然而，战役的结果仍然难以预知，装甲兵总监古德里安将军和德军东线情报处长赖因哈德·格伦（Reinhard Gehlen）双双提出应当取消进攻。[153] 于是希特勒再次推迟了进攻，这次只是为了让更多最新型的重型坦克——V 型坦克"黑豹"和 VI 型坦克"虎式"——装备一线部队，当他最终下令 7 月 5 日早晨开始进攻时，到达前线的重型坦克只有 328 辆，其中 251 辆加入了进攻部队。大部分坦克还是较弱的 III 型坦克（309 辆）和 IV 型坦克（245 辆），每个装甲师平均只有 73 辆坦克，是应有实力的一半。[154]

对苏联一方来说，即将到来的战役还远远称不上"尽在掌握"。这还是苏联红军第一次挖掘工事准备进行防御战，没有像斯大林希望的那样发动"先发制人的进攻"。[155] 对于一支平时主要练习进攻的军队来说，大纵深防御战并不符合其自然偏好，对新战术的不熟悉也能够解释战役打响后出现的一些问题。德军的长时间拖延出乎意料，也带来了一些不确定性，但这让苏军有机会对自己的各个集团军进行补充。到 6 月，苏军 40% 的兵力和 75% 的装甲部队挤进了防御地带，各部队几乎达到齐装满员。斯大林有些等不及了，6 月他又想要首先进攻了，但朱可夫的观点还是占了上风。部队常常收到告警，但并没有进攻发生。6月下旬，截获的无线电情报和对苏联巡逻队抓捕的德军俘虏的审讯都显示进攻即将到来。从7月2日起，苏联红军做好了全面戒备。7月4日，一名被俘德军士兵供认，"堡垒行动"将于次日早晨开始。午夜后，朱可夫命令火炮、火箭炮和轰炸机发动反击炮击，一度让大吃一惊的德军指挥官们以为自己要成为未察觉的苏军进攻的牺牲品了。[156]搞明白这场炮击只是骚扰后，德军便于凌晨4点30分发动了进攻。双方都在战斗中投入了重兵。苏联陆军和空军在战场上部署了133.6万人（有一些是女性军人）、3 444辆坦克和自行火炮、1.9万门火炮和迫击炮，以及2 650架飞机（加上预备队远程航空兵的飞机，总共是3 700架）；在突出部后方还有伊万·科涅夫将军指挥的草原方面军，该方面军拥有57.3万人、1 551辆坦克和自行火炮、7 401门火炮和迫击炮。[157]德军各集团军群拥有90万人（虽然只有625 271人是战斗部队）、2 699辆装甲战斗车辆、9 467门火炮和1 372架飞机。[158]德军在坦克、自行火炮和轰炸机的质量上稍占上风，苏军则拥有巨大的数量优势。

接下来，在库尔斯克突出部持续了10多天的战斗成了德国陆军的一场败仗，这一结论很值得一提。虽然德军地面和空中部队运用了各种战术技巧，但"堡垒行动"却并不是冯·曼施坦因在其战后回忆录中所称的那种"失去的胜利"，而是按朱可夫的原定计划进行的。在北翼，莫德尔的第9集团军在最初两天里推进了11千米，打到了小镇波涅里，但他们在此地遭遇了猛烈的炮火，德军步兵不得不为每一个防御据点而苦战。7月7日，德军的进攻在奥利霍瓦特卡桥的严密防御前被挡住，这里，苏联第13集团军的防御阵地得到了苏军对地攻击机的有力协同。莫德尔再也无力突破了。到7月9日，德军的进攻停了下来。朱可夫致电斯大林，发动第一轮反攻的时机到了。7月12日，苏军西方、布良斯克和中央等方面军的部队发动了"库图佐夫行动"，迅速突破德军防线，对德军第2装甲军（虽然叫这个名字，但实际上并没有坦克）形成合围之势。莫德尔撤出第9集团军，他们穿过残破不堪的乡村，想要封堵突破口，但德军在这个方向上的进攻就此终结。在南边，德军取得了更大进展，这部分是由于苏联情报部门误以为北路德军更强，把更多资源投向了罗科索夫斯基。南翼的霍特有9个装甲师可用，第24装甲军还有2个实力稍弱的装甲师作为预备部队。在两天的战斗中，瓦图京的方面军被德军向奥博扬—库尔斯克主干道方向楔入了30千米。但7月7日，德军装甲部队迎头撞上了苏军第1坦克集团军防守的第一条主防线。德军装甲师经过血战渡过了普赛尔河，这是库尔斯克前方最后一道天然屏障，但党卫队"骷髅"装甲师夺取的桥头堡也成了德军推进的最远点。[159]霍特随即把他的党卫队第2装甲军转向了一个小小的铁路枢纽，普罗霍罗夫卡。

接下来的普罗霍罗夫卡坦克战多年以来一直被视为战争中最大规模的坦克对决，以数百辆坦克的毁灭和苏军的胜利而告终。但实际情况并没这么夸张。为了阻止党卫队第2装甲军两个师的推进，苏军从预备队中调出了帕维尔·罗特米斯特罗夫将军指挥的第5近卫坦克集团军，他们在极度匆忙中奉命出动，未经充分的预先侦察和计划就于7月12日投入了战斗。罗特米斯特罗夫似乎误以为他是别尔哥罗德大反攻的一部分，他让他的坦克大批扑向"希特勒警卫旗队"和"帝国"两个党卫队装甲师，约500辆苏联坦克对阵204辆德国坦克。罗特米斯特罗夫的部队冲进了一条隐蔽的反坦克壕，被德军坦克的优势火力压制，德军火力大部分来自升级了火炮的IV型坦克。在两天里，第5近卫坦克集团军损失了359辆坦克和自行火炮（208辆彻底损失）；而2个党卫队装甲师在7月12日只损失了3辆坦克。[160]这是一场战术大捷，但没能像冯·曼施坦因希望的那样让"堡垒行动"的

第三章 民族-帝国的灭亡，1942—1945 349

胜利更近一步。苏军的南线并未崩溃,而是继续反击;到7月16日,即便是遭到重击的第5近卫坦克集团军也重新拥有了419辆坦克和25辆自行火炮。[161]"库图佐夫行动"的开始迫使冯·曼施坦因调派部队和飞机北上去支援冯·克鲁格,尽管南线德军的空中支援已经在持续战斗中被严重削弱,步兵遭到的损失也使其很难在装甲部队取得胜利后守住地盘。实际上,人们总是对库尔斯克战役作为一场坦克战过度关注,却忽视了一个事实:它其实和第一次世界大战最后阶段的战役一样,也是一场步兵、炮兵和航空兵的战斗。信心开始不足的霍特在普罗霍罗夫卡以南发动了更多进攻,试图突破苏军抵抗。他于7月14日发动了"罗兰行动",但由于部队过度疲劳和缺乏预备队而无法突破苏军防线。"我眼看着筋疲力尽的士兵们犯下各种低级错误,"一名德军士兵回忆道,"因为他们再也无法集中注意力了。"[162]最终,德军于7月23日不得不放弃钳形攻势的南线,因为在更南面,新来的苏军向米乌斯河和顿涅茨河发动进攻,迫使冯·曼施坦因将更多部队调离"堡垒行动"。[163]

7月13日,希特勒已经召见冯·克鲁格和冯·曼施坦因并宣布战役必须终止——并非像人们常说的那样是由于盟军登陆西西里(当然这也是考虑因素之一),而主要是因为莫德尔防线被突破而导致的突发危机。希特勒对意大利危机的反应有些迟钝,而且只把党卫队第2装甲军3个师中的"希特勒警卫旗队"师于7月17日派往地中海战场。"堡垒行动"的结束是由于未能实现最初目标,也是由于出乎德军预料的苏军反攻,这进一步加快了德军的失败。在7—8月的消耗战中,德军方面有20.3万人伤亡——几乎占到初始兵力的1/3,还损失了1 030架飞机,同时还在整个东线战场上损失了1 331辆坦克和自行火炮。苏联方面的损失要高得多——仅仅在库尔斯克就有7万人死亡或失踪,还损失了1 600辆坦克和400架飞机——但在1943

年夏，苏军能够比德军更轻松地弥补物资损失，因为苏联的工厂专注于简单的大规模制造。[164] 由于抵挡德军的南线突击耗费了更长时间，这导致"鲁缅采夫行动"，即苏军的南线反攻，直到8月3日才打响，预备队草原方面军和瓦图京的沃罗涅日方面军放马奔向别尔哥罗德。经过几个星期的惨烈消耗，冯·曼施坦因的集团军群到了这个阶段只剩下237辆装甲战斗车辆和17.5万人，到8月下旬人数更是下降到13.3万人。别尔哥罗德很快便在8月5日被苏联红军拿下，斯大林在战争中第一次下令庆祝，莫斯科120门礼炮齐鸣，天空也放满了焰火。尽管冯·曼施坦因继续想要堵住苏军的洪流，但哈尔科夫还是于8月23日被苏军收复，这是这座城市最后一次易手。

库尔斯克战役之后，苏德战场的局势就是一边倒了。7月时，为了引诱冯·曼施坦因从库尔斯克分兵而在哈尔科夫以南发动的战役进展缓慢。但在8月中旬，苏联最高统帅部命令西南方面军和南方方面军夺回顿巴斯西部，以此作为重夺乌克兰工业区并饮马更西边的第聂伯河的前奏。8月30日，塔甘罗格市光复；9月8日，斯大林诺（今顿涅茨克市）光复；9月22日，苏联红军在第聂伯彼得罗夫斯克市以南抵达了第聂伯河。根据斯大林全线进攻、不让德军获得喘息之机的策略，瓦西里·索科洛夫斯基将军指挥的西方方面军于8月7日发动了"苏沃洛夫行动"，目标直指斯摩棱斯克，这里是1941年时几场最激烈战斗的战场。经过长达240千米的艰苦推进，苏军于9月25日夺回了这里。当德军战线被苏军搜入之后，希特勒便下令构筑东墙防线，德军可以依托这条防线挡住苏军的进攻大潮。这条防线的南段代号为"沃旦"[*]，从亚速海旁的梅利托波尔延伸至扎波罗热，防守着尼科波尔和克里沃罗格的资源和工业区，希特勒认为这里对于未

---

[*] 沃旦，日耳曼民族神话中的主神，也就是北欧神话中阿萨神族的众神之王奥丁。——译者注

来的战争前景至关重要（当然是言过其实了）。东墙防线的北段黑豹防线沿着第聂伯河与杰斯纳河向北延伸到波罗的海沿岸的纳尔瓦。仅仅是长度就使得这条防线不可能有效筑垒，来到这里的部队发现这只是地图上的一条线，而不是坚固的防御阵地。德军成功进行了有序撤退，没有溃败。但是当冯·曼施坦因于9月下旬把南方集团军群撤过第聂伯河时，他的60个师平均每个师的实力下降到了1000人，整个集团军群也只剩下300辆坦克。[165] 撤退途中，德军部队接到命令采取残酷的焦土政策，炸掉所有能炸掉的，把村庄烧成平地，强迫男男女女随军充当强迫劳力。在遥远的北方，德军北方集团军群由于人员和装备被调走支援南方，只得以36万人和7辆坦克去面对苏军的大规模推进，但他们还是成功守住了防线，直到1944年1月才被突破，当时被派去接替屈希勒尔的莫德尔撤到了黑豹防线，持续了两年半的列宁格勒之围最终被打破。

从1943年8月到1944年4月，苏联红军几乎是一刻不停地打过了乌克兰，打到了白俄罗斯东部，尽管希特勒要求坚守被红军从南北两侧包抄而陷入包围的尼科波尔和克里沃罗格，导致乌克兰的一部分工业区直到1944年2月都在德军手中。1943年9月下旬，苏军已经抵达第聂伯河，朱可夫提出发动空降突击以加快夺取河对岸的地区。空降作战就和战争中的许多空降行动一样彻底失败了，但苏军还是在河对岸建立了多达40个小型桥头堡，苏军被告知第一批渡河的人将获得梦寐以求的"苏联英雄"称号。结果，不少于2438名军人获得了这一称号，其中47人是将军。[166] 10月，德军南方集团军群的实力被证明仅够困住基辅以南的这些桥头堡。但是瓦图京的沃罗涅日方面军——此时已更名为第1乌克兰方面军以体现战场地理方位的变化——却派出一个师在基辅以北的柳特日村附近渡河，进入了德军认为没有危险的沼泽和泥泞地带。在绝对保密之下，第3近卫坦克集团军开进了这个桥头堡；恶劣的天气阻止了德军的空中侦察，而苏军还在基辅以南采取了欺骗行动以使冯·曼施坦因相信进攻将从这里发起。11月3日，当苏军整整两个集团军涌出沼泽地区时，德军的防御被完全打了个措手不及。

3天后，就在十月革命26周年庆前夕，基辅解放了。斯大林在致辞中宣告，这是"大转折的一年"；莫洛托夫举行了庆祝酒会，大家举杯畅饮，酩酊大醉的英国大使都趴在了桌子上。[167]和斯大林格勒战役一样，基辅战役也是一场具有象征意义的胜利，但这只是苏军横扫乌克兰的战斗的一部分。在南面，科涅夫的草原方面军（现更名为第2乌克兰方面军）突击渡过第聂伯河，威胁尼科波尔；而在南方远处，德军第17集团军在克里米亚被切断，无法逃脱。经历了5个月的血战，苏军的攻势暂时停了下来，恶战、补给的不足，甚至是靴子不够，让苏军部队筋疲力尽。但在1944年早春，乌克兰南部的剩余领土最终被解放；尼科波尔于2月8日被拿下，克里沃罗格则于两周后解放。3月中旬，科涅夫打到了德涅斯特河与摩尔多瓦边境。4月7日，他在博托沙尼踏上了罗马尼亚领土。在北面，朱可夫和瓦图京攻占了罗夫诺（前德国乌克兰帝国专员辖区的首府）和卢茨克（曾在1941年夏爆发大规模坦克战的地方），之后转向南，抵达喀尔巴阡山边缘和亚布洛尼察山口，进入了匈牙利。这是斯大林后来所称的1944年"十次打击"中的第一次。[168]

1943年苏军的进攻规模巨大，从列宁格勒前线一直延伸到南方的亚速海滨，人员和装备遭受的损失也极其高昂。600万苏联红军几乎一刻不停地从7月打到12月。随着苏联档案的解密，人们发现那支把德军打得节节败退的苏军也有很多缺陷：各个层级的训练都很差，参谋工作不佳，情报收集不行，战术拙劣，军工产品也有缺陷，等等。从这个角度看，人们很难理解那支曾在1941年和1942年一败再败的苏联红军怎么会如此戏剧性地扭转了自己的命运。今天人们常常认为,如鲍里斯·索科洛夫所言,德军只是"被尸体掩埋",被苏联红军投来的数量惊人的炮灰压垮了。[169] 这是对真实情况的深刻误解。经历了1941—1942年的惨重损失,1943年的苏军和德军一样缺少人手。丧土失地之后,苏联能用于战争的人力资源规模比轴心国多不了多少,只有1.2亿人左右。德军固然要在欧洲占领区四处分兵,但绝大部分最好的战斗部队都在东线,何况苏军也不得不在远东保持相当规模的部队以对付日本可能的威胁。苏联的战争动员更加残酷:小孩和老人,以及相当数量的女性都被充入部队;伤员很快就要重返作战部队,支援部队的数量也比德军少。然而,如果不是苏军从1942年起就坚持不懈地从错误中学习,改进训练,调整战术,以减少损失,再多的数量也不会起什么作用。11月,苏军建立了正式的"战争经验总结部门",负责总结让苏联红军和空军更有效作战所需的经验,并将总结分发至部队。[170] 与此同时,大规模的武器生产也占据了优先位置,这样高水平步兵的缺乏就能通过增强火力、空中支援和机动性来弥补,他们的武器此时也已与德军不相上下,包括拉-5、雅克-1B和雅克-7B战斗机,以及大量ML-20加榴炮和Su-152自行火炮。租借物资令这种优先成为可能,尽管到了库尔斯克战役时,援助武器的数量仍然相对有限。尽管弱点仍然存在,但日积月累的进步已经足以让苏军从1941年那支笨拙而无能的队伍变成一部可怕的战争机器,德国军队纵然在作战经验和战术技巧方面拥有显著优势,却也无法战而胜之。

1943年11月,斯大林最终接受了盟国的邀请去参加峰会,丘吉尔和罗斯福从当年夏季就一直想做到这一点。斯大林一直坚持说,他忙于视察前线而无法会见他们(实际上他在整个战争中只去过一次前线，1943年8月1日，他视察了西方方面军司令部），他还不想到丘吉尔提议的斯卡帕湾开会。最终，"三巨头"同意把会面地点选在伊朗首都德黑兰，伊朗在1941年被英军和苏军联手占领。这次峰会的主要目的只有一个，斯大林和罗斯福都明白，那就是围绕西方盟国最终将于1944年在法国发动大规模作战以减轻苏联压力达成确凿共识。10月，外长会议在莫斯科举行，这是德黑兰会议的序幕，会上科德尔·赫尔将"霸王行动"的详情告诉了莫洛托夫，以向苏联方面保证他们的盟国不会袖手旁观。为了表明自己是可信的，驻莫斯科的美国军事代表从10月下旬起开始每日向苏联方面介绍进攻欧洲的筹备进展。[171] 虽然丘吉尔于8月再次在魁北克见罗斯福时被迫同意了"霸王行动"，但他仍然十分怀疑同时开辟意大利和法国两条战线会"让战斗组织不堪重负"，英军参谋长会议则仍然对实施"霸王行动"持谨慎态度，认为"我们的整个战略都要以此为中心而转变"。出发参加11月峰会之前，史汀生警告罗斯福总统说，丘吉尔"想要在'霸王行动'背后捅一刀"。[172] 对于身体状况都不佳的罗斯福和霍普金斯来说，德黑兰之旅对他们的身体是个重大挑战，但选择乘坐战列舰"艾奥瓦号"出行则被证明意义重大，随行的参谋长联席会议得以有机会达成彻底共识：霸王行动"是1944年"美-英两军地面和空中力量对德作战的首要行动"，意大利战役将不会越过比萨—里米尼一线，之后资源就将被从意大利战场释放出来，用于同时在法国南部进行的代号为"铁砧行动"的进攻。一份文件明确提出，不应如丘吉尔希望的那样在巴尔干或爱琴海分散兵力。"阿门！"罗斯福写道。[173]

两位西方领导人首先在开罗的"六分仪"会议上会面，他们还请来蒋介石讨论中国的战事。蒋介石对此受宠若惊。尤其是在1943年10月的莫斯科会议上，苏联领导人勉强同意接受中国作为关于战争目标的《四国宣言》的签署国之一时，他更是兴奋不已，这让中国最终获得了与强大得多的盟国平等的地位，并为中国最终成为联合国安理会成员国铺平了道路。[174]罗斯福担心中国退出战争，他向蒋介石保证会在缅甸发动战役以打通对华补给通道，只要英国人在孟加拉湾发动代号为"海盗行动"的两栖作战来牵制日军兵力就行。中美两国领导人还讨论了结束殖民主义的问题，同意要让英帝国在战后解体。[175]罗斯福拒绝与丘吉尔私下会面，担心斯大林会怀疑英美在搞"小圈子"来对付他。一行人随后于11月27日飞到德黑兰，斯大林则从巴库飞到此地，尽管他有些害怕乘坐飞机。第二天他甩开丘吉尔，单独会见了罗斯福，这一次他得到了保证，大规模进攻将在1944年到来；这次对话提前堵住了丘吉尔想要阻止此事的任何可能性。1943年11月29日，斯大林当面质问丘吉尔他到底想不想要"霸王行动"，首相明白自己现在处于1∶2的劣势，只得同意。尽管顾虑重重，但丘吉尔没有多少回旋余地。次日，罗斯福宣布各方已就开辟第二战场的主要问题达成共识。斯大林简练地评论道："我对这个决定很高兴。"[176]斯大林还同意了美国关于同时进攻法国南部的提议，驳回了英国关于进一步在巴尔干和东地中海作战的提议，说这些"没有决定性"，事实确实如此。在其他方面，罗斯福在10月会议的基础上再一次从斯大林那里得到了自己想要的东西。以罗斯福的所谓"四大警察"（美、苏、英、中四国）为主导的战后国际秩序暂时获得了同意，一并通过的还有对战败的德国进行联合占领和肢解的提议。斯大林首次表示他将在打败希特勒后加入对日作战。做出决定后，英国大使馆为丘吉尔举行了生日宴会，这让大家得以相互表示友善。微醺的斯大林举杯祝贺说，"我的战友罗斯福"和"我的战友丘吉尔"，丘吉尔回敬说，"罗斯福总统，我的朋友"，但对斯大林则是"强大的斯大林"，个中反差不言自明。[177]

当罗斯福和丘吉尔回到开罗继续商讨中国和地中海的议题时，这种友善就不那么明显了。关于援助蒋介石（他几天前离开开罗回国，结果发现后方刚刚阻止了一起所谓"青年将校团"组织的刺杀他的行动）的承诺成了英国人纠结的一大焦点。在近一年的时间里，盟国之间一直为了打通滇缅公路的战役而争执不休，这场战役代号为"安纳吉姆计划"，英国人坚决反对打这一仗。[178] 罗斯福决心要履行对缅甸战役的承诺，以让中国继续打下去，但英国若得不到强有力的美国支援，就既不愿发起"海盗行动"，也不愿实施"安纳吉姆计划"。与英国方面争论了三天后，罗斯福放弃了这个想法。12月7日，蒋介石被告知缅甸的作战要推迟到1944年晚期，这一决定也没有出乎蒋介石的预料。[179] 与此同时，丘吉尔又开始痴迷于从德国占领军手中夺取前意大利殖民地罗得岛（布鲁克在10月的日记中批评说，这是"罗得岛疯狂"），他在开罗一直如此要求，分歧由此而起。[180] 美国人的立场是避免对东地中海做任何进一步投入。丘吉尔想要劝说土耳其政府加入战争，若如此，在多德卡尼斯群岛打一场胜仗就是个不错的诱饵。但是当土耳其总统伊斯梅特·伊诺努来到开罗会见盟国领导人时，他仍然不愿对土耳其的中立立场做出任何改变。英美之间对于盟国的未来战略存在分歧，开罗会议对这种分歧的暴露完全不亚于德黑兰会议，但丘吉尔完全无法动摇美国进攻法国的坚定决心。罗斯福回到华盛顿后对史汀生说："我把'霸王行动'安全无损地带回来了。"[181]

德黑兰会议与开罗会议塑造了未来一年战事的面貌。盟军领导层明白，1943年的胜利已经消灭了作为敌人的意大利帝国，也让其他轴心帝国的失败成为可能，即便胜利的时间和所需的代价还无从判断。1944年春夏季的一系列大规模复杂的战役证明，盟军有能力进一步削弱轴心国的抵抗，到了秋季，最终的胜利已经毫无悬念，但是德国和日本的最终战败被证明遥遥无期到令人失望。尽管两个轴心国的军队已经被迫采取守势，但凭借着现有的技术和有利的地形，防守方还大有可为，他们能够顶住并重创物质资源强大得多的对手，尤其是可以采取积极防御，以有限的反攻和破坏性作战来强化守军的战斗力。防守方有许多优势。他们能够将火炮放入掩体并隐蔽起来，如果没有足够的燃油进行机动作战，坦克也可以这么用。深藏不露的火炮防御阵地很难被发现或摧毁。就像贝蒂欧的防御体系一样，在相互连接的碉堡和掩体中，用机枪和迫击炮构建全方位的火力杀伤区，会让敌人的步兵和坦克在推进时处于极度危险中。使用无烟火药发射的迫击炮尤其难以被锁定（常常来自反斜面）而且致命。现代迫击炮很轻，一个人就能很容易地扛着走，它们能以高抛弹道和短射程在1分钟内发射25—30枚炮弹，十分适合抵御攻上来的对手。英军被从德军防线打过来的无穷无尽的迫击炮火力折磨得无法忍受，于是他们在1944年8月成立了"反迫击炮委员会"，以收集如何对付迫击炮的科学建议。他们开发出了窄波雷达，到了秋季，用来帮助锁定迫击炮阵地的设备便被造出来了，但用得并不多，迫击炮的威胁从未被消除。[182]

除了迫击炮，各种反坦克武器也可以被严密隐蔽起来打伏击。德军的手持一次性"铁拳"反坦克武器很容易使用和携带，它们给盟军装甲部队带来了高昂的损失。此外，从第一次世界大战起就常常见到的地雷和带刺铁丝网也被广泛使用，以提供额外防御。强大的现代化防御阵地究竟难啃到何种程度，从两个例子就可见一斑。1944年9月，盟军进攻了帕劳岛链中的小岛佩里硫，日本人在这里打了一场地道战，他们在珊瑚礁中挖出了500个洞穴和隧道，其中许多装有钢门，顶部以巨石和钢梁覆盖，几乎都得到了精巧的伪装。日军在珊瑚礁上炸开的洞穴里放入火炮后又将洞穴封闭起来，从小小的射击口向外开火。构筑的火力点和碉堡能够从所有方向覆盖整个火力杀伤区，所有地利也都被利用到了极致。夺取这个微不足道的小岛的战斗在9月15日打响，一直打到11月25日它才被完全拿下。战役的代价如此之高昂，以至于美国海军陆战队第1师在随后的6个月里再也没有出现在战场上。[183] 意大利战役中的一个例子也展示了同样水平的防御作战。在英军第8集团军向德军"哥特防线"亚得里亚海一端发动"奥利弗行动"之前，德军工兵已经构筑了令人生畏的防御阵地。这里布置有长8 944米的反坦克战壕、72 517枚反坦克地雷、23 172枚反步兵地雷、长117 370米的铁丝网、3 604处地下掩体、2 375个机枪阵地和479门反坦克炮。[184] 令人吃惊的并不是盟军在意大利、太平洋或者诺曼底乡间的推进多么缓慢，而是如此大纵深而且致命的防御竟然能被突破。在1944年的作战中，面对大多数时候处于撤退和防御之中的敌人，盟军部队不得不学会如何依靠战术和技术的发展来对付自己面前的东西，这些新东西的设计都是为了消除防守方享有的优势，并将自己越发明显的物质优势转化成战斗力。

在亚洲战场上，当日军在缅甸和中国恢复进攻以延缓战略灾难的到来时，他们甚至一度放弃了防御态势。在中国恢复进攻是日本陆军作战处服部卓四郎大佐的主意，在此前的一年间，日本占领军除了对中国游击队发动报复性袭击外基本什么都没干。这一"长期战略计划"要求打通一条铁路通道，将华中和中南半岛日占区连接起来，建立从东南亚占领区通向本土列岛的新的补给线路，日本的海上航道此时已经陷入美军越发严密的封锁之中。服部卓四郎期望此举将能稳定战争局势，并为1946年在太平洋地区恢复进攻创造可能。第一阶段的目标是从1944年夏季开始发动一场战役，夺取穿过河南、河北和湖南，通向法属印度支那边境的主要铁路线，战役代号为"一号作战"。东条英机于1943年12月批准了这一计划，但他坚持要求降低目标，只要夺取这一地区的美军空军基地即可——这是防御性战略而非进攻性战略。服部卓四郎和侵华司令官们想要的比这更多，他们瞒着东京于1944年4月中旬发动了一场两阶段战役："扣号作战"是战役第一阶段,旨在打通平汉铁路;"投号作战"是第二阶段,日军将南下长沙与衡阳,与从中南半岛北上的日军会合。日军中国派遣军从62万侵华日军中抽调50万人投入此战,这是日本历史上规模最大的战役。[185] 面对这些日军的中国国民党军队长期缺乏补给,也缺乏受过训练的人员和医疗设施,连军服都不够,而且他们基本不可能得到蒋介石其他部队的协助,因为史迪威将军正在重新尝试打通中印补给线。

尽管日军前线部队的后勤补给线十分漫长,那些有经验的师团被调往太平洋战场后补充来的步兵也素质堪忧,但面对着实力薄弱、士气低落的对手,"一号作战"的各个阶段都赢得了胜利。5月26日,完全控制了平汉铁路后,15万日军涌入湖南。6月18日,他们占领了先前久攻不下的长沙。下一个目标衡阳,在薛岳和方先觉将军坚守了47天后于8月8日陷落。驻华美国航空兵司令克莱尔·陈纳德(Claire Chennault)将军拼命想要为衡阳的中国守军提供更多补给,但史迪威告诉他:"让他们自生自灭吧。"[186] 战役的久拖不决和缅甸、太平洋方面出现的危机使得日本陆军参谋本部再次想要结束战役,但服部卓四郎坚持应该在夺取6个美国空军基地后继续作战。从广州和中南半岛出发的日军最终完成了打通南北铁路线的任务。这场战役让日军遭受了2.3万人的伤亡,但已是油尽灯枯的蒋介石军队损失了多达75万人。[187]

日军在缅甸也筹划着一场同样野心勃勃的战役,策划者是日军第15军军长牟田口廉也中将,和服部卓四郎一样,他也觉得日军对印度东北部的占领不仅仅是为了消除印度阿萨姆邦的空军基地(当时盟军正利用这些基地穿越山区向中国运送租借物资),还可能会引发印度的反英起义,并迫使盟军求和。1944年1月,东条英机批准了"乌号作战",这场行动更谨慎些,目的是占领"印度东北部英帕尔周围的战略地带",即便让英印军进一步南下进入缅甸的若开也在所不惜,当地的日本守军在 2 月下旬遭到一场大败。向英帕尔和科希马（Kohima）两座小镇的进攻于 3 月 7—8 日发动,参战的是日军第 3 师团和印度国民军的 2 万志愿兵,后者的领导人苏巴斯·钱德拉·博斯想要让他的部队去帮助"解放"他的祖国。由于没有车辆来运输迫击炮,日军带上了 1.2 万头骡马和超过 1 000 头大象。英军指挥官威廉·斯利姆中将提前得到了战斗警报,并做好了防守英帕尔平原的准备。得到强大航空兵支援的 15.5 万守军,实力远超牟田口廉也那补给不足、没有坦克,也没多少空中支援的 8.5 万人。战斗对双方来说都很残酷。斯利姆后来回忆称"双方毫不留情,也无人求情"。[188] 尽管科希马镇遭到了包围,但空中补给却让这里和英帕尔的守军照常战斗,直到饱受饥饿、疾病和数月消耗的日军丢下 70% 的伤亡人员撤退为止。1944 年 7 月 4 日,"乌号作战"奉帝国大本营之命终止。[189]

在更北方的缅甸,尽管有开罗会议的决议在先,但史迪威仍然成功说服蒋介石再次尝试打开滇缅公路,蒋介石将投入中国在印度训练和武装的 X 部队,由驻扎云南的 Y 部队予以配合。蒋介石原本不愿让两年前的灾难重演,但罗斯福发来了一份言辞尖锐的电报,说如果他不这么做,"美国和中国就没有什么未来合作的机会了"。蒋介石郁闷地觉得中国这下要"自己打这一仗了",但他还是放弃了。[190] 5 月中旬,史迪威打到了密支那城下,在这里他再次为日军的坚固防御所阻。当英国、印度和中国军队终于在 8 月迫使日军第 33 军南撤时,史迪威部队的伤亡已经高达 80%。斯利姆继续在伊洛瓦底平原上追击撤退的日军。盟军于 1945 年 3 月 20 日占领了曼德勒,4 月下旬进入了已被盟军炸成废墟的仰光城,此时,昂山的缅甸国民军也倒向了盟军这一边。日军残部撤到了马来亚。在北面,中国的 X 和 Y 部队终于在 1945 年 2 月打通了滇缅公路(此时这条公路被很不公正地称为"史迪威公路"),但第一批补给还是花了几个月才抵达中国。[191] 缅甸防御战对日军来说是一场死伤惨重的搏杀。在3年时间里，在参战的303 501名日军中，有185 149人死于战斗、疾病或饥饿，这是日本军队未能为其帝国边疆提供补给的悲惨证明。英军在整个战役中的死亡人数达到了4 037人，打仗更多的印度和西非部队则死了6 599人。[192]

"一号作战"和"乌号作战"的首要目标都是对抗美军的航空力量，阻止美军航空兵支援蒋介石和轰炸日本本土。但是对于日本的战争机器来说，大得多的危险来自太平洋，尼米兹在成功拿下马绍尔群岛的基地后，率军攻向了马里亚纳群岛的三座岛屿——塞班岛、提尼安岛和关岛——这里距离日本很近，足以阻断任何残余的海上交通线，并轰炸日本本土。斯普鲁恩斯的第5舰队现在拥有了可怕的海上力量。马克·米彻尔（Marc Mitscher）少将指挥的第58特混舰队拥有15艘航母和7艘新型战列舰去掩护岛屿登陆部队。美国参谋长联席会议于1944年3月12日下达指示，要求尼米兹于6月15日开始行动，西南太平洋的麦克阿瑟将军则要完成对新几内亚北岸的占领，以此作为可能发动的进攻菲律宾南部战役的踏脚石。为了加速这一作战，麦克阿瑟命令他的两栖部队和航空兵"蛙跳"越过日本守军，这些敌人稍后可以被压制或消灭。在托马斯·金凯德海军中将的第7舰队的掩护下，麦克阿瑟部队与巴比少将麾下的美澳联合两栖部队联手发动了一连串5次两栖登陆，他们首先夺取了阿德默勒尔蒂群岛，那里的希亚德勒港后来被用作了进攻菲律宾的前进基地。随后便是1944年4月22日旨在夺取霍兰迪亚港周围滩头的"迫害行动"和"鲁莽行动"。这三场登陆都没有遇到激烈抵抗，而设在布里斯班市一座体育场里的澳军基地破译的日军通信让麦克阿瑟部队得以预知日军的进攻及其增援计划。[193] 巩固了霍兰迪亚后，下一步作战是要占领瓦德克岛，美军经过激战最终于6月25日拿下了这里，再就是5月27

日登陆比阿克岛。这里的守军实力被严重低估了,岛上机场直到一个月的血战之后才落入盟军之手,而整个岛屿直到 8 月才被彻底占领,盟军参战步兵损失了 1/5,日本守军则几乎全部战死。澳大利亚军队肃清了新几内亚西部,并在那里建设了下一步北上所需的机场,日本帝国防御圈的西南线此时已被彻底砸开。[194]

  日本海军清楚地知道马里亚纳群岛将是美军的下一个目标,他们从 6 月开始增援这里,此时距离计划中的美军进攻已经为期不远。日军斋藤义次中将在塞班岛上有 31 629 人,这比美国情报部门估计的多得多,美国情报部门认为岛上只有 1.1 万人的战斗部队。防御工事尚未完工,但已经足以重创对手。参加"征粮者行动"的美军 3 个海军陆战队师和 2 个陆军师再次被交由里奇蒙德·特纳和霍兰德·史密斯指挥,多达 535 艘舰船组成的特混舰队把总共 12.7 万人运送到了岛上,舰队还运载着 32 万吨巨量补给物资。[195] 按计划,进攻塞班岛的日期是 6 月 15 日,进攻前美军基地关岛的时间是 6 月 18 日,进攻提尼安岛的时间为 7 月 15 日,但是塞班岛日军的顽抗让这一时间表难以实现。美国海军陆战队第 2 和第 4 师的登陆部队于 6 月 15 日在 8 处滩头上岸,但从俯瞰海面的群山中打来的炮兵火力让他们遭受了惨重伤亡。猛烈的舰炮火力支援无法摧毁隐蔽的炮兵阵地,陆战队员们被机枪、迫击炮和重炮炮火纷纷打倒。6 月 18 日,米彻尔率领第 58 特混舰队离开了塞班岛,他们要去保护登陆战役免遭来袭的日本舰队的打击,来袭的是小泽治三郎海军中将麾下的日军机动部队。斯普鲁恩斯觉得敌舰队想要摧毁登陆舰船,破坏美军登陆作战,但小泽治三郎则将此战视为发动大规模舰队决战,从而"一举歼灭"第 58 特混舰队的良机。

  尽管小泽治三郎把日本联合舰队残余的所有核心力量、9 艘航母和 5 艘战列舰,全带出来了,但双方的力量对比还是大大有利于米彻尔。米彻尔的航母搭载着900架飞机，这些飞机都是最现代化的海军机型，包括格鲁曼"地狱猫"、柯蒂斯"地狱潜鸟"和格鲁曼"复仇者"鱼雷机，机组人员的训练水平也比日本同行更优秀。小泽治三郎的飞机数量只有美军的一半，他对于得到陆基飞机支援的希望，也随着美军飞机持续了近一周的轰炸和扫射而变得渺茫。[196] 接下来的战斗被称为"菲律宾海海战"*，其结果对日军机动部队而言简直是一场灾难。6月19日早晨，小泽治三郎放出了两批飞机前去攻击米彻尔的舰队，后者则已经摆开阵势以最大限度利用雷达情报带来的优势。在出击的197架飞机中，只有58架返航。当天上午第3批47架飞机只有27架回来，而第4批也是最后一批的82架飞机没能找到美军舰队，随即飞往关岛，有30架飞机在那里被击落，其余飞机也大多在被炸毁的跑道上降落时坠毁，只有9架飞回母舰。尽管准确数字已难以考据，但至少有330架日军舰载机和陆基飞机在这场被美国飞行员戏称为"马里亚纳猎火鸡大赛"的战斗中被击落。第二天日军又损失了65架舰载机，日军航母"翔鹤号"和"大凤号"则被潜艇击沉。舰队回到日本时，只剩下35架还能飞的舰载机了。[197]

敌人的海空力量已经几乎不再构成威胁，塞班岛之战便打成了斋藤义次的部队在日渐一日的损耗中从防御带逐渐后撤到岛屿北部的局面。到6月30日，断水断粮、被持续不断的舰炮火力压得抬不起头的守军开始准备最后一搏了。斋藤义次自杀，留下了超过4 000名士兵，他们分到了清酒，准备操起能找到或者制作出来的任何武器发动大规模的"万岁冲锋"。在第一轮攻击部队后面是缠着绷带、拄着拐杖的伤病员，他们选择与战友一起去死。7月7—8日夜间，他们大批人号叫着冲了上去。第一支被冲垮的1 107人的美军部队中有

---

* 国内通称为"马里亚纳海战"，下同。——译者注

918 人或死或伤。在几个小时常常是近身肉搏的战斗中，有 4 300 名日军阵亡。两天后，岛屿被宣布肃清，但还是有数以百计的平民涌到岛屿北岸的悬崖峭壁上集体自杀，他们先把孩子刺死或勒死，然后纵身跳下悬崖。[198]日本守军几乎无一人生还，但美军也有 14 111 人伤亡，人数占作战部队的 1/5。[199]

在太平洋战争中持续最久的炮击（为期 13 天）之后，关岛战役于 1944 年 7 月 21 日打响。面对着准备更充分的守敌，美军花了一周时间才建立了一个大面积滩头阵地，这座岛屿于 8 月 11 日被宣布占领，在三个星期的恶战中，又有 1 744 名美军战死。估计有 3 000 名日军逃入丛林，有些人在那里一直待到战争结束。对第三座岛屿提尼安岛的进攻始于 7 月 24 日，8 月 1 日它被宣布占领，在塞班岛和关岛遇到的困难在这里几乎没有出现。新几内亚和马里亚纳群岛的先后陷落被证明对日本高层政客来说是不可接受的，东条英机被迫于 7 月 18 日辞去首相一职，一同破灭的还有他对于在缅甸、中国和马里亚纳夺取胜利从而迫使美国坐下来议和的希望。

到这个阶段，日本领导层也明白，德国的帝国冒险已经无可救药了。1944 年 6 月上旬，大岛浩大使向东京的外务省发出警告，"从现在起德国的战争将会非常艰难"，这一观点使得日本人越发担忧自己将会成为对抗盟国的仅存的轴心国力量。[200]在大岛浩发出这份消息之后的两个星期里，欧洲西线和东线发生的大规模战役都被证明是决定性的。1944 年 6 月 6 日早晨，"霸王行动"的发动最终兑现了罗斯福在德黑兰对斯大林做出的承诺。两周后的 6 月 23 日，苏联红军发动了"巴格拉季昂行动"以将德军赶出白俄罗斯。接下来的战斗虽没有结束战争，但它们敲定了德国的命运。

自从德黑兰会议之后，西线的进攻似乎更加确定了，但它仍然是一个有争议的问题，其风险大小难以确定，而丘吉尔对其可行性仍然犹疑不定。进攻计划的制订始于 1943 年 4 月，由英国陆军中将弗雷德里克·摩根主持，但这导致了盟国之间的进一步争论。他们研究了两个可能的登陆地点，一是英吉利海峡最窄处对岸的加来海岸，另一个是从塞纳河口到科唐坦半岛的诺曼底地区；美国规划人员倾向于诺曼底，英国人则选了加来。他们在联合作战总司令路易斯·蒙巴顿勋爵的司令部争吵了两天后，诺曼底方案占了上风。在 1943 年的魁北克（代号"四分仪"）会议上，摩根提出了 1944 年 5 月以 3 个师发动狭窄地段突击的计划。[201] 直到德黑兰会议后，罗斯福同意为此事专门设立了最高指挥官，计划工作才认真起来。乔治·马歇尔想要得到这个战场指挥的机会，但罗斯福不愿失去他在华盛顿的左膀右臂，因而选择了艾森豪威尔。1944 年 1 月，艾森豪威尔把地中海指挥权交给了英国将领亨利·梅特兰·威尔逊，并带上了蒙哥马利（尽管两个人的关系不好）让他做了盟军地面部队总司令，这些地面部队将被编为第 21 集团军群。1 月 21 日，新的指挥团队开会检视作战计划。3 个师的登陆行动被认为过于弱小，没有任何胜算，于是计划改为 5 个师，后来又改成 6 个。瑟堡港被认为是个至关重要的目标，同样重要的还有卡昂城，盟军航空兵能够以卡昂周围作为基地。计划要求盟军在滩头集结 37 个师，之后穿过法国向德国推进。还有两个因素对胜利具有关键性影响：首先是在卡萨布兰卡会议议定的联合轰炸行动必须把德国空军及其军工产能打残到足够程度，以降低"霸王行动"的风险；其次，意大利战线必须稳住，这样部队和运输船只才能被调往英国参加登陆。

直到 1943 年夏，英美联合参谋部才开始坚持要求空中轰炸聚焦于打击德国，帮助"霸王行动"。美国空军的规划人员列出了一份包含 76 个关键目标的清单，要求优先打击德国航空工业，这一目标也体现在了1943年6月10日下达给英国轰炸机司令部和美军第8航空军的"直射行动"这一任务中。两支航空兵部队被要求定期向联合参谋部提交关于轰炸作战的成果报告,以帮助判断登陆的正确时机。9月,联合参谋部将支援"霸王行动"指定为轰炸机部队需要执行的压倒一切的优先任务。[202]但此举的结果并不理想。负责轰炸机司令部的英国空军中将阿瑟·哈里斯坚持认为,继续实施对工业城市进行夜间轰炸的策略是摧毁德国战争经济的最佳方式。在1943年7月下旬到8月上旬的"蛾摩拉行动"中,他向汉堡市发动了规模巨大的一系列空袭,导致3.4万平民死亡,但对于军需工业并没什么影响。美军第8航空军直到1943年底才达到有效实力,他们的目标是德国的滚珠轴承和飞机制造工业,但其损失率如此之高,以至于他们的昼间轰炸到11月就几乎停了下来,直到1944年2月他们才恢复深入德国的轰炸。汉堡之战后,哈里斯在1943—1944年冬季向柏林发动了持续轰炸,但这些空袭同样遭受了沉重损失,却没能对德国空中力量造成什么明显的决定性影响。哈里斯在轰炸德国战斗机组装厂方面只投入了约2%的力量,于是他接到命令要加强这方面的轰炸。[203]眼见德国战斗机实力在轰炸中逆势稳步上扬,美军第8航空军司令伊拉·埃克中将及其1944年1月之后的继任者詹姆斯·杜立特少将被告知,若想要把德国空中力量充分削弱,"就必须将'直射行动'推到极限"。[204]同月,卡尔·斯帕茨(Carl Spaatz)将军被任命为美军驻欧战略航空兵的总指挥,这位将军一直相信,对德国空军的致命打击不仅在于摧毁其飞机制造业,还在于消耗掉试图拦截轰炸机大军的德国战斗机部队。

消灭德国空军的关键在于远程战斗机。在1943年最后几个月之前,美军都没想到要为白天飞到德国上空的轰炸机提供战斗机护航,但他们随后意识到,除此以外再没有其他办法能扭转轰炸机的高损失率了,这便促成了美军为三种型号的战斗机加装副油箱的紧急计划,这三种战斗机是:洛克希德P-38"闪电"、共和P-47"雷电"和北美P-51"野马"。在这三种型号的飞机中,"野马"被证明最为成功,它能够飞过柏林,远达维也纳。威廉·凯普纳(William Kepner)少将麾下的美军第8战斗机司令部急于使用远程战斗机去和德国空军一决高下,他放手让自己手下的大量战斗机(到1944年初已超过1 200架)去进行"自由猎杀行动",追杀那些正在集结或爬升的敌军战斗机,把它们赶回基地,然后扫射它们,把它们摧毁在地面上。[205]其目标是让敌人的战斗机部队不得喘息。尽管第8航空军的轰炸机大军(此时接到指示优先轰炸德国航空工业)在1944年春季的空袭中面对着经过重组的德国航空队(由汉斯-于尔根·施通普夫大将指挥)遭到了最高的损失率,但德国战斗机部队遭受的大出血也被证明不可恢复。2月,德国战斗机损失了1/3。4月损失了43%。由于所有战斗机的4/5都被用来防卫德国本土,德军前线部队也就得不到战斗机补充了。1944年1—6月,德国空军在战斗中损失了6 259架飞机,另有3 626架毁于事故,这体现了德国飞行员训练水平的下降。[206]德国上空的空战比单纯轰炸更能确保"霸王行动"在发动时能够享有彻底的空中优势。6月6日,战役打响当天,驻法国北部的德军第3航空队只有520架飞机可用,其中战斗机只有125架;西方盟军则拥有总共12 837架飞机,包括5 400架战斗机。[207]一名德国士兵在登陆最初几天写道:"天上的美军战斗轰炸机和轰炸机比鸟还多,德国飞机却从来没见过。"[208]

意大利战局不如摧毁德国空军那般显眼,但联合参谋部也下达了目标,在"霸王行动"开始前,意大利战役必须打到罗马以北的比萨—里米尼一线,以确保地中海战场不会占用过多人力和船运资源而妨碍大事。1943年底,古斯塔夫防线上的僵局是可以接受的,因为德国军队也被牵制在了这里；凯塞林在意大利南部有13个师，北部还有8个师。德黑兰会议之后丘吉尔顽固地将"意大利僵局"视为英国记录上的某种污点，他再次要求最后试一次赶在登陆法国之前于1944年2月攻抵罗马。[209] 为此，克拉克将军已经提出了一个方案——在古斯塔夫防线背后进行两栖登陆，切断德国交通线，或许就能趁着德军撤退之机打过奥尔巴诺山区进入罗马。艾森豪威尔反对这个主意，但这次丘吉尔占了上风，他甚至想要更大胆地在台伯河口发动两栖登陆，这里靠近罗马，可以直接攻击意大利首都，但距离古斯塔夫防线太远了。丘吉尔需要去说服罗斯福同意把足够的登陆舰艇在地中海多留几个星期，好让"鹅卵石行动"得以进行，但亚历山大和克拉克则坚持进行小得多的登陆，在安齐奥海滩登陆2个师——距离德军防线很近，足以形成威胁，但距离罗马附近的山区也很近。[210] 作战计划很快制订完成，但没怎么考虑登陆后如何发展的问题。被选中的美军第6集团军司令约翰·卢卡斯（John Lucas）少将显然对战役前景十分悲观，认为这会是第二个加里波利之战，因为"坐在教练席上的……还是一样的业余选手*"。[211] 两栖战演习被卢卡斯视为"一场惨败"，43辆两栖车和19门重炮被丢进了海里。1944年1月22日，登陆发起，登陆地域几乎没有德国士兵。到第二天，登陆部队已经打开了40千米宽的正面，卢卡斯在这里停了下来掘壕固守，而没有冒险向德军后方发动更大胆的进攻。凯塞林立刻发出了警报，代号为"理查德"，下令向海岸发动进攻，并召集了从罗马能找到的所有部队和北部的3个师。2月2日，卢卡斯还在按兵不动时，埃伯哈德·冯·马肯森（Eberhard von Mackensen）将军的德军第14集团军已经包围了

---

* 这里的"业余选手"指的是丘吉尔，第一次世界大战时失败的加里波利之战也是应丘吉尔的要求发动的。——译者注

第三章 民族－帝国的灭亡，1942—1945

滩头，并把美军在滩头上压制到了5月。[212]于是，卢卡斯被撤职，由他的一名师长卢西恩·特拉斯科特（Lucian Truscott）少将接替，但除了提振了一些士气之外，这也没能带来什么变化。

安齐奥登陆是一场战略性失败，使批评者们对于"霸王行动"能否成功更加怀疑。同时发动的突破古斯塔夫防线与滩头部队会合的尝试也失败了，极其恶劣的天气让他们未能击退依托山地地形掘壕防守的德国守军。防线的关键点是卡西诺镇及其上方的峭壁，峭壁顶端是卡西诺山本笃会修道院。为消灭镇上之敌和进攻峭壁所付出的代价甚至大大超过了沿亚平宁半岛继续推进的好处。2—3月，一个新西兰军团，包括第4印度师，两次试图进攻卡西诺镇但都未能成功，这部分是由于进攻前的毁灭性轰炸让镇上的街道满是废墟。2月15日，由于误以为德军将修道院用作防御阵地，美军第15航空军的轰炸机向这里投下了351吨炸弹，炸死了230名在此躲避战火的意大利平民。[213]随后，德军第1伞兵师便占领了卡西诺镇这座废墟，在这里坚守到了5月。亚历山大不得不重新考虑战役怎么打。盟军发动了"冠冕行动"，将英军第8集团军从亚得里亚海沿岸调来协助打破僵局：进攻卡西诺山时，克拉克的第5集团军将沿西海岸推进，英军第8集团军将打开利里河河谷，之后转到德军防线背后合围凯塞林的部队。参战盟军超过30万人，包括阿方斯·朱安将军麾下的一支法国远征军、乌拉迪斯拉夫·安德斯中将指挥的波兰第2军。盟军认为此战的胜利将使得德军无法抽调兵力前去对抗"霸王行动"。[214]

战役最终于5月11日打响，此时距离登陆法国只有三个星期了。一周之内，英军第13军打开了卡西诺以西的利里河河谷，特拉斯科特也终于突破了安齐奥的滩头。在几个月的艰苦山地作战后早已疲惫不堪的德军被完全打了个措手不及，德军的四名最高指挥官也不在战场，其中两人被希特勒召回去授勋了。最艰难的战斗是围绕俯瞰卡西诺镇废墟的高地进行的。安德斯的波兰部队强行杀了上去，向德军防御阵地发动了近乎自杀式的进攻，遭受了惨重伤亡。到5月17日，波兰军队才刚刚打到修道院下方，但消耗殆尽而且筋疲力尽的德国守军开始撤退了。第二天，波兰侦察兵发现修道院里只剩下了伤员。于是，残破的建筑上空飘扬起了波兰的旗帜，一支波兰军号吹响了波兰民族乐曲《克拉科夫号角》(Kraków Hejnal)。这是波兰人与德军的漫长战争中最具象征性的一刻。几个小时后，英国军官逼着他们把英国国旗也升了上去。[215]凯塞林明白，他已无力承受盟军的进攻重压，于是开始撤退以免被包围。然而克拉克并没有封闭包围圈，而是命令特拉斯科特从安齐奥出击向北进入罗马，以确保这座首都落入美军之手。德军第10和第14集团军则趁机溜过盟军部队的间隙，就像在墨西拿时那样，退却到了罗马以北。6月5日，就在诺曼底登陆前一天，克拉克的部队开进了罗马，明显是英国人的胜利却被抢了风头，这让丘吉尔十分气恼。[216]驻意大利的德军逃过了被歼灭的命运，而他们原本是应该被全歼的。关于意大利战场是否有助于"霸王行动"的争议并没有明确的答案。亚历山大在意大利部署了超过25个师，他们在进攻罗马的战役中遭受了4.2万人的伤亡。这些部队中至少有一部分原本可以去帮助盟军在诺曼底更快完成突破，而且遭受的伤亡肯定也会更少。

在伦敦，人们对意大利战役的关注仅限于不要再占用对"霸王行动"至关重要的登陆舰艇了。最终意大利方向还是释放出了足够的登陆舰艇以满足艾森豪威尔。1944年1月各方达成一致要扩大登陆规模，这意味着要推迟战役时间以集结资源和运输船只。2月，各方同意把战役日期定在5月31日，但航渡和登陆要在月光充足、低潮位时方便展开，这样的有利条件要到6月第一周才会到来。5月，艾森豪威尔最终敲定，6月5日为"D日"。为了确保战役成功，在运送物资上岸时保护运输船是必不可少的，因为夺取和修复一座大型港口几乎肯定需要耗费很长时间。盟军决定建造两座人工港（也被称为"桑葚"），这些设施由钢筋混凝土制成，登陆后几天内就能在诺曼底海滩建成；其各个部件在D日就被拖过来，由一支1万人的工人队伍来完成组装。[217] 找到办法来压制德军迅速增援诺曼底守军也至关重要。1944年1月，艾森豪威尔的英国副手、空军中将特德找来了英国政府科学家索利·朱克曼，要他拿出计划轰炸法国铁路网中的100个节点，以拖延德军的部队调动。这一计划得到了艾森豪威尔的批准，但也招致了不少人反对。丘吉尔于4月告诉战时内阁，轰炸法国目标和杀死法国平民可能会导致法国和西方盟国间出现"不可弥补的裂痕"。两位战略轰炸机指挥官，斯帕茨和哈里斯，都声称用重型轰炸机轰炸小型铁路目标是对其航空兵"完全无效"而且"不经济"的运用。[218] 他们的拒绝配合惹恼了艾森豪威尔，艾森豪威尔没有与这些"自以为是者"辩论，而是直接威胁辞职。那二人还是拒绝把指挥权移交给艾森豪威尔的战术空军指挥官、英国空军中将特拉福德·利-马洛里（Trafford Leigh-Mallory）。绝望之下，艾森豪威尔告诉丘吉尔，如果解决不了这个问题，他就要"回家了"。[219] 最后各方达成妥协，将轰炸机部队置于艾森豪威尔的直接指挥之下，但允许斯帕茨在有机会时继续轰炸德国的航空和石油目标。罗斯福也插手了，要求轰炸时不要有任何顾虑，根据法国官方资料，为期5个星期的轰炸将这个国家北部和西部的铁路运量降到了1月的10%—15%，但也有超过2.5万法国平民在登陆的准备过程中丧生。[220] 最终，重型轰炸机被证明还不如利-马洛里的战斗轰炸机和轻型轰炸机有用，登陆前的几天里，这些轰炸机以精确攻击摧毁了74座桥梁和隧道，成功孤立了法国西北部。[221]

影响登陆胜利的第三个因素，是德国能否被欺骗，从而无法判断登陆方向和时间。单是看此时集结在英格兰南部的部队规模（最终将达到 300 万人），这就是件令人生畏的事情。1944 年 1 月，一套代号为"保镖行动"的欺敌计划获得批准，目标是让德国方面相信加来海岸是登陆的真正目标。计划的关键是要在英格兰东南部建立一个完全子虚乌有的"第 1 集团军群"，并将其大张旗鼓地交给巴顿将军管辖，他由于打了一名精神受创的伤员而暂时受到了排斥。假的营地和装备、假的无线电台、双面间谍发出的虚假情报，都显示加来对面集结了一支实力更为强大的力量。到 6 月，德国军事情报部门判断盟军在当地有 80 个师在等待登陆，但实际数字只有 38 个师。[222] 欺敌计划之所以如此成功，是因为它刚好切合了德国人的设想。希特勒和军队高层认为，跨越海峡的航程最短、距离脆弱的鲁尔－莱茵兰工业区最近的地方显然会是登陆地点。被选中组织法国防御的隆美尔元帅也确信加来海岸是盟军的首要目标，但是英格兰西南部也有大批部队集结的迹象。到了春末，这让德国人认为，诺曼底或许会有一次牵制性或者辅助性登陆以检验德军的防御能力，而在加来海岸的大规模突击随后就会到来。其结果便是驻法国的德军 B 集团军群被分成了两部分，防守塞纳河到荷兰的汉斯·冯·扎尔穆特（Hans von Salmuth）大将的第 15 集团军拥有 20 个师，包括几乎所有摩托化师和装甲师；在布列塔尼和诺曼底的弗里德里希·多尔曼（Friedrich Dollmann）大将的第 7 集团军拥有 14 个师，但只有 1 个装甲师。欺敌计划十分有效，希特勒直到 8 月才同意将第 15 集团军调来抵挡西面盟军的进攻大潮。

希特勒对登陆已恭候多时，他相信击败西方盟军将会是一场"决战"。在 1943 年 11 月 3 日的第 51 号指示中，他宣称西线的登陆比东线更为危险，要予以决定性打击，一次性彻底解决英美的威胁。据隆美尔说，他于 1944 年 3 月召集德军指挥官，"极其清晰地"介绍了他的西线战略：

敌人的整场登陆作战无论如何都不能维持超过几个小时，最多几天，这方面，迪耶普的试探性登陆可以被视为一个"理想案例"。登陆被击败后，敌人将无论如何都无法再次上岸。他们将需要几个月来准备下一次登陆。但这不仅能推迟英美的新一轮尝试，还会打击敌人的士气。

希特勒还说，失败意味着罗斯福将不会再次当选，丘吉尔现在也太老，多病，而且无力重新发动登陆。[223]

1944年的最初几个月，隆美尔都不得不为了一场日期还远远无法确定的反登陆战准备防御阵地。大西洋壁垒已经成形，但还远未完工。隆美尔从帝国工程建设组织"托特"组织那里得到了77.4万工人和3 765辆车；到6月6日，他们已经建成了计划的1.5万处防御据点中的12 247处，在海滩上布置了50万个障碍物，埋设了650万枚地雷，但东北海岸的防御远强于诺曼底。东部海岸有132个岸炮连，但西部只有47个。[224]隆美尔手中的陆军部队实际上也不如师的数量显示的那般强大。许多士兵是老人，或者是正在康复中的伤员，他们更适合静态防御；防守大西洋壁垒的6个师人员的平均年龄是37岁。驻法国的58个德军师中的约20个实际上只是守备部队。他们还是一支杂牌军，有些部队还是从苏联的草原上征召来的。许多部队已经无所事事很久了，他们的武器不算现代化，甚至连标准水平都达不到，岸防师还十分缺乏燃油。[225]

所有的两栖作战都面临的一个难题是要做出一个决断，即是要在滩头粉碎登陆之敌，还是等敌人滩头阵地稳固后再投入机动预备队把敌人赶下海。隆美尔倾向于让岸防师在海岸线上击败敌人，负责支援的预备队则在后方不远处待命，根据需要部署到相应地区。而西线总司令冯·伦德施泰特和法国装甲部队司令盖尔·冯·施韦彭堡

（Geyr von Schweppenburg）将军则都想要保留大规模的机动预备队，直接进攻敌人的主要攻击轴线——这次是加来周围区域，这里更适合装甲作战。对于这一争议，希特勒给出了一个不幸的妥协方案：隆美尔获准保有岸防力量，以应对盟军可能在不是一处而是两三处登陆，冯·施韦彭堡则掌控一支由4个装甲师组成的核心机动预备队，以投入任何需要他们的地方。结果，核心预备队不够强大，即便他们能够在连续空袭和抵抗组织破坏下实施机动，也无法予敌决定性打击，而岸防部队也过于薄弱，无法在海滩上击退来袭之敌。[226] 时机是胜利的关键，但德军无从知晓登陆何时会来。部队常常接到高级预警，但结果往往是什么都没有发生。盟军故意设下骗局，猛烈轰炸东北部，对诺曼底的轰炸则弱一些，以显示出登陆将如德军预期的那样落在加来海岸。5月，天气晴好时盟军没有行动，这让希特勒的最高统帅部开始不确定8月之前还会不会有登陆。6月上旬，天气的突然恶化让德军暂得喘息之机。隆美尔回德国给他的妻子庆祝生日去了，许多高级幕僚在登陆的关键一天也因为参加桌面演习而不在岗位上。

5月中旬，艾森豪威尔和蒙哥马利将登陆的准确计划告知了参战将领们。在西面科唐坦半岛南端，布莱德雷将军的美军第1集团军将以2个师进攻犹他滩和奥马哈滩；往东直到卡昂，迈尔斯·登普西将军将率领英军第2集团军以3个师（包括加拿大和战斗法国部队）登陆金滩、朱诺滩和剑滩。他们的两翼将得到空降行动配合，英军将投入第6空降师，美军将投入第82和第101空降师。将有超过1.2万架飞机支援作战，1200艘军舰将掩护超过4000艘船进行两栖登陆。蒙哥马利计划在几天内夺取卡昂，之后坚守这个东部枢纽，击退德军反击，美军则要突破到布列塔尼半岛，之后转头向巴黎和塞纳河推进；按蒙哥马利的计划，进攻部队将于90天内攻抵巴黎。在接下来的三周里，他们采取了严格的信息封锁以确保作战的突然性。部队不许离开营地，海军官兵们被锁在船上，所有外交通信、国际邮件和电报往来都暂时停止。人们看见艾森豪威尔在最后几天里烦躁不安，一言不发——"D日焦虑。"他的助手记录道——尽管后来的人们很难理解他为什么有了那么庞大的部队却还会担心可能的灾难。艾伦·布鲁克在日记中表现得更加悲观，说这次作战在最坏的情况下"完全可能成为整个战争中最可怕的灾难"。[227]让隆美尔放心回德国的天气变化更让这种焦虑雪上加霜。在3天的紧张会议中，艾森豪威尔向高级气象专家约翰·斯塔格（John Stagg）逼问了这方面的事情。原来6月5日的登陆日期由于狂风暴雨而被放弃，但在4日傍晚，斯塔格宣布天气会有一天的好转，这一信息足以让人评估风险。艾森豪威尔斟酌再三，说出了那句著名的话："OK，我们出发。"第二天，登陆舰队出港，准备于6月6日早晨发动登陆。[228]

盟军几乎达成了彻底的出其不意。关于诺曼底是佯攻的想法让德军指挥官很难判断这到底是不是真正的进攻。希特勒直到中午才被告知登陆的事情，他显然松了一口气，焦急的等待终于结束了。他告诉幕僚们，这次登陆"正是在我们等着他们的地方！"[229]各处德军的抵抗并不相同，危局只出现在奥马哈滩（关于两栖登陆的完整细节将在下文第五章探讨），但到这一天结束时盟军已有132 450人上岸，他们还得到了重装备和数千吨补给的支援。隆美尔在当天傍晚以第21装甲师发动反击，而冯·施韦彭堡的装甲预备队则被盟军的空中力量阻止住了，隆美尔早就预料到了这一点。6月7日，盟军滩头已经连成片，阵地上到11日已经集结了32.6万人、5.4万辆车辆和10.4万吨补给。[230]盟军两天就拿下了贝叶城，但蒙哥马利迅速占领卡昂的目标则被德军临时拼凑的防御力量挡住了。13日，盟军发动了旨在夺取维莱博卡日镇并向卡昂推进的"鲈鱼行动"，在战斗中，一条薄弱的德军防线却给英军第7装甲师造成了沉重打击，前线随之稳定了下来。

在国防军最高统帅部，约德尔在登陆前不久预言说，战斗将会显示出"面对祖国被毁灭的威胁的德国士兵和到现在都搞不清为什么要在欧洲打仗的英美军"之间的士气差别。德国士兵确实表现出了出乎意料的勇敢，但在许多人看来这种较量持续不了多久。"这就像是19世纪的战斗，"一名德国装甲掷弹兵回忆道，"就像是白人和印第安人打仗。"[231] 当隆美尔用预备队补充各师后，德军常规部队便成功建立了一条不算厚实的防线。盟军面对着的是一片易守难攻的地形：树林、小山、小道和高大灌木丛，即所谓的树篱乡村。从这里很容易发动伏击，狙击手也享有充足的掩护。即便盟军拥有压倒性的空中力量，能在除了阴雨天气外的所有时候阻止德军的昼间运动，但德军的防御战术还是被证明难以逾越。"真正的'纳粹'德军，"一名加拿大士兵写道，"会打到最后一刻，从不犯错。他们年轻、坚韧，狂热得见鬼。"[232]

尽管拥有诸多优势，但进展如此缓慢，以至于艾森豪威尔的司令部里有人开始担心第一次世界大战中的堑壕战僵局会重演。初期仅有的胜利是布莱德雷为了夺取瑟堡而突入科唐坦半岛。半岛内的德军4个师被切断了与其他德军的联系，防线被打垮。6月22日，陆地上的美军在舰炮火力支援下开始围攻港口。希特勒命令守军指挥官卡尔－威廉·冯·施利本中将不惜代价坚守，战至最后一人，但他还是于26日率部投降，尽管有些守军还继续坚守了5天。希特勒对这些放弃战斗而没有选择战死的"丢脸的猪"大为光火。但他此时只能放弃把登陆之敌赶回海里的想法。6月29日，他命令隆美尔"以小规模战斗"困住敌人。[233] 由于对冯·伦德施泰特的战法不满，希特勒调来前中央集团军群司令冯·克鲁格元帅接替了他。

在东面，蒙哥马利各集团军被堵在了卡昂以北。利用恶劣的天气，隆美尔得以把4个装甲师调过来加强防御。6月29日到7月1日，他还在卡昂前线发动了一场反击，盟军依靠密集的炮兵火力才将其击

第三章 民族-帝国的灭亡，1942—1945　　377

退。7月上旬，艾森豪威尔视察前线时十分不悦，蒙哥马利的过度谨慎令他十分沮丧，但是在瑟堡胜利之后，布莱德雷的集团军群也发现自己在乡间穿行时步履维艰，这里很不适合快速的运动战。7月8日，蒙哥马利终于向德军阵地全力发动了进攻，即"查恩伍德行动"，但隆美尔已经撤到了卡昂以南一个背靠博格布斯岭、纵深16千米的预设防御地带，那里架设好了78门被称为"坦克杀手"的88mm高射炮。7月13日，蒙哥马利筹划了一场大规模突击，即"古德伍德行动"，以牵制并摧毁德军装甲部队，帮助布莱德雷在西面突破。"东翼的所有行动，"布鲁克的一份报告中写道，"都是为了配合西翼部队。"[234]

"古德伍德行动"打了3天，在激战中，英军和加拿大军打过了德军头3道防线，最后为高地上的德军反坦克炮所阻。7月20日，天降暴雨，地面成了泥潭，蒙哥马利只得叫停了行动。虽然付出了高昂的代价，但英军拖垮德国守军的目的还是实现了。战斗结束次日，冯·克鲁格告诉希特勒："这条战线已经不堪重负，崩溃的时刻已经不远。"此时，德军部队已经损失了2 117辆装甲车和11.3万人，伤亡人员中包括了隆美尔，他被盟军飞机的扫射打伤。盟军的坦克损失也很惨重，但到7月下旬，他们仍有4 500辆坦克，而德军只剩下850辆。至此，盟军已有超过150万人和33万辆车辆被送上了滩头。[235]艾森豪威尔的沮丧可以理解，但蒙哥马利也确实达到了目的。7月下旬，卡昂以南的东部轴线上，德军有6个装甲师和645辆坦克，而在布莱德雷新更名的第12集团军群当面，德军只有2个装甲师，共有110辆可用的坦克。正是在这里，7月25日，布莱德雷的15个师，以巴顿指挥的美军第3集团军为先锋，发动了"眼镜蛇行动"，这次突破最终摧垮了德军用来抵挡盟军的薄弱防御。到了这个阶段，盟军当面的25个德军师经过了几个星期的消耗而鲜有增援，早已筋疲力尽，至少有11个师被认为不再具有战斗力，机动能力也大为下降，只能依靠马匹——正是这个事实让希特勒下令坚守防线，因为想要撤退到更长的法国东部防线似乎已不再可能。[236]

德军防线西段的崩溃迅速而彻底。第一天早晨，1 500架重型轰炸机的轰炸过后，被炸得神志不清的守军便被打垮了。先前被困在树篱乡村中的美军装甲纵队，现在使用推土机和装有"钢牙"（俗称"犀牛"）的"谢尔曼"坦克穿过灌木丛和果园，而挤在道路上的德军部队则遭到了美军战斗轰炸机的扫射和轰炸。两天之内，美军就从6个残破的德军步兵师手中夺取了库唐斯镇，之后布莱德雷又在36个小时内前进了40千米，来到阿夫朗什的布雷顿城下。巴顿的集团军此时开足了马力，快速推进，夺取了整个布列塔尼半岛，将留在那里的6个德军师逼退到被希特勒宣布为"要塞城市"的布雷斯特、圣纳扎尔和洛里昂这三座港口。巴顿随即向东奔赴巴黎和塞纳河，他的推进几乎没有受到德军部队的阻挡。德军指挥层意识到整个B集团军群面临被合围的风险，但希特勒还是命令冯·克鲁格组织部队向阿夫朗什突破口发动反击。冯·克鲁格不得不组织5个实力不足的装甲师和400辆坦克从莫尔坦周围区域出击，切断巴顿推进路线的颈部。由于提前接到了"超级机密"情报的预警，布莱德雷部署了一条反坦克防线。

德军于8月7日夜间开始行动，但很快就在无休止的空袭下陷于停滞，仅仅一天时间，两翼都受到威胁的德军就撤回了进攻发起线。[237]在卡昂周围，德军战线由于装甲师被调去参加莫尔坦反攻而遭到致命削弱。8月8日，蒙哥马利转入总攻，两天内就逼近了德军战线后方的法莱斯镇。为了封闭包围圈，巴顿接到命令派出第3集团军的部分兵力北上，到11日，他抵达了距离法莱斯附近的加拿大军仅32千米的阿让唐，在那里停了下来。当铁钳合拢之时，希特勒解除了冯·克鲁格的职务，把瓦尔特·莫德尔从东线召回来接替了他。但显然，灾难已经无法避免。莫德尔命令第7集团军残部逃出"法莱斯缺口",但还是有21个师被歼灭,其中包括7个装甲师和2个空降师。[238]数千人逃了出来,但丢下了大部分重装备和数以千计的车辆;火炮和卡车夹杂着死人死马胡乱堆在路上。两天后,艾森豪威尔视察了这片"修罗场",他后来写道:"你完全可以连走几百码[*]而踩不到死尸烂肉以外的东西。"[239]

当德军向东奔逃以免被俘时,巴顿在几乎无人防守的乡间快速推进,在巴黎西北方的曼特斯-加西科特抵达了塞纳河边。他指挥的第3集团军的南翼在巴黎以南渡过了塞纳河,到8月25日,他已经前进到了距离德国边境100千米处。一小股德军士兵想用临时扎的筏子渡过塞纳河,甚至想游过塞纳河。"我们很快就上了岸,"一名士兵在家信中写道,"但上错了方向。"[240]在塞纳河对岸,莫德尔只能集结4个弱小的师和120辆坦克来对付汹涌而来的盟军40个师。此时,在法国的地中海沿岸,针对约翰内斯·布拉斯科维茨(Johannes Blaskowitz)大将指挥的G集团军群的第二次登陆战也打响了,代号为"铁砧行动",如此命名是因为盟军在最初计划中以此与登陆诺曼底的"铁锤行动"相对应,它原本应与"霸王行动"同时发动,但登陆舰艇的不足和在古斯塔夫防线的长期缠斗迫使此次行动被推迟。丘吉尔强烈反对重启这一行动,他希望夺取罗马后或许可以让亚历山大迅速向意大利东北部前进,甚至对维也纳形成突破之势——亚历山大也有此想法。但实际上,部队被从意大利调走了,包括全部4个法国师和70%的战术航空兵,他们去支援更名为"龙骑兵行动"的在法国普罗旺斯沿岸的登陆行动了,以配合在诺曼底的突破。被这一决定激怒的丘吉尔对英军参谋长会议说:"阿诺德、金和马歇尔加在一起,是我见过的最愚蠢的战略团队之一。"事实上,即便有了更强的力量,

---

[*] 1码约等于0.91米。——译者注

所谓的进攻维也纳也只是进一步证明了丘吉尔与战略现实已经脱节甚远。[241] 法国南部的德军由于部队被调往诺曼底而受到严重削弱，他们当然比罗马以北撤退中的凯塞林的军队更容易对付。和"霸王行动"一样，盟军在地中海的登陆地点和时间也同样难以确定。即便有人看到盟军运兵船队于8月12日从撒丁岛以西开过，但国防军最高统帅部还是相信最可能的登陆地点是热那亚湾。布拉斯科维茨对于敌人在法国南部海岸登陆的情况也做了一点准备，但这些准备在8月中旬还远未完成。[242]

7月2日，联合参谋部批准了"龙骑兵行动"，战役将于8月15日开始，也就是法莱斯包围圈合拢的当天。行动被交给了亚历山大·帕奇中将的美军第7集团军，打头阵的是安齐奥老将特拉斯科特麾下的第6军。登陆次日，让·德·拉特·德·塔西尼（Jean de Lattre de Tassigny）将军麾下的一支拥有7个师的战斗法国部队将要去夺取土伦的海军基地和马赛的主要港口。为登陆提供支援的是一支大规模海军舰队，有5艘战列舰、9艘航母和24艘巡洋舰，参战的还有地中海战区空军的超过4 000架飞机。甚至连丘吉尔都登上一艘驱逐舰来观看这场他仍然觉得是"执行良好但没什么价值也没有用的作战"。[243] 登陆战连同一场空降行动在普罗旺斯的土伦和夏纳之间的海岸展开，德军对此毫无防备，防守此地的只有一个装甲掷弹兵团。盟军在几乎所有登陆滩头都只遇到了象征性的抵抗，于是接到命令立即开始向内陆推进。德军G集团军群司令部反应迟缓，他们搞不清这到底是一场大规模登陆抑或仅仅是一场强大的袭击。德军第11装甲师被部署在了罗讷河的错误一侧，而且由于桥梁被空中封锁力量炸毁，该师无法被调去阻击滩头之敌。到第一天结束时，盟军已有60 150人和6 737辆车辆上岸，滩头阵地也得以迅速扩大。[244]

希特勒的司令部终于对整个法国战线将彻底崩溃这一十分现实

的危险做出了反应，命令防守法国南岸的第 19 集团军撤退，这与希特勒死守一切的顽固形成了鲜明对比。除此之外，他们还要求军队沿罗讷河河谷撤退时采取焦土政策，并把所有法国役龄男性抓来当作人质，但事实证明这是不可能做到的。布拉斯科维茨直到两天后才收到希特勒的命令，因为通信已经完全瘫痪了；在随后的几周里，他顶着持续的空袭熟练地撤回了他的部队，沿着河谷退到了瑞士边境和阿尔萨斯之间的防御阵地上。法军解放了土伦和马赛，美军各师则于 8 月 23 日到达格勒诺布尔，与巴顿的第 3 集团军建立了联系，两军合并为第 6 集团军群，由雅各布·德弗斯（Jacob Devers）中将率领。8 月 20 日，维希政府被德国安全部队匆匆撤往德国南部康斯坦斯湖附近的锡格马林根，以免落入盟军之手。5 天后，在戴高乐的坚持下，菲利普·勒克莱尔（Philippe Leclerc）将军麾下的法军部队收复了巴黎，尽管解放这座城市并非艾森豪威尔的本意。以戴高乐为首的民族解放委员会回到巴黎建立了法国新政府，在不足 3 个月的战斗中，德国人就几乎被完全赶出了这个国家。[245]

在法国的战役是德军的一场灾难，约有 26.5 万人死伤，估计 35 万人被俘；几乎所有装备都在匆忙的撤退中被遗弃。尽管登陆曾令艾森豪威尔、布鲁克和丘吉尔备感担忧，但盟军登陆的胜利并不难解释。压倒性的空中力量和占据优势地位的海军令盟军得以发动复杂的两栖作战，而地面部队也拥有充分的补给（除了短暂的后勤困难之外），这都为盟军的有效作战创造了有利环境。尽管德军士兵凭借着战术技巧坚守着难以防御的阵地，但战役结果是可以预见的。如果希特勒能早些命令德军撤退到德国边境的预设防御阵地上，这场灾难或许就能避免，但法国是肯定保不住的。然而，盟军也付出了高昂代价。到 8 月底，盟军伤亡达到 206 703 人，其中一半以上是美军士兵。[246] 诺曼底战役和歼灭德军 B 集团军群是英美军队在战争中的巅峰成就。在德国，来自前线的消息令民众士气大为消沉。"没人还相信战争能打赢了，"巴伐利亚一名警察报告道，"因为在战争所有方向上我们都在撤退。正因如此，民众的士气你能想到有多差就有多差。"[247]

当西方盟军还被困在诺曼底滩头时，苏联红军开始了战争中最大、最具决定性的战役之一。"巴格拉季昂行动"是斯大林亲自以拿破仑战争中的英雄、一位格鲁吉亚将军的名字命名的。战役于6月23日全面打响，尽管对白俄罗斯德军后方地域的打击两天前就开始了。虽然斯大林总喜欢把这次战役的发起说成是为了救援似乎被困在树篱乡村的盟军，但这场针对德军恩斯特·布施（Ernst Busch）元帅的中央集团军群（苏联领土上最后一支德军重兵）的战役实际上已经在此前计划了几个月，这是苏军在整个广阔战线发起的轮番进攻的一部分，轮番进攻始于6月10日开始的在卡累利阿地峡对芬兰军队的进攻，一直持续到8月20日打响的在南方打进罗马尼亚和普洛耶什蒂油田的大规模战役。这是一项宏大的工程，体现了苏联红军日益增长的信心和物质力量。德军这边，他们的军队分散在西、南、东三个方向，因此正确猜出苏军夏季进攻的主要压力落在何处是至关重要的。由于苏联红军已经在乌克兰南部获得胜利，德军认为对手将会集中力量进攻南线和罗马尼亚轴线。德军东线情报部门首脑格伦延续了他早先的情报败笔，预言说，中央集团军群可以期待一个"平静的夏季"——这是整个战争中最严重的错误之一。[248] 德军在南线实力更强，在中央则实力比较薄弱，这准确切合了苏军的计划。

令德军误判雪上加霜的是苏军精心策划的旨在隐藏歼灭中央集团军群意图的欺敌计划。知道全盘计划的只有五个人——朱可夫、华西列夫斯基和他的副手阿列克谢·安东诺夫，以及两名计划制订人员——他们都被禁止在电话、信件或电报中提到"巴格拉季昂行动"。

第三章 民族-帝国的灭亡，1942—1945　　383

在准备工作完成之前,战役时间始终没有确定,但在中央集团军群当面的整个前线,苏军开始大张旗鼓地准备防御,挖掘战壕,修筑碉堡;在南方,苏军用假的坦克、兵营和火炮阵地建立了一支影子军队,这些假货还得到了真的高射炮的保护,还有战斗机巡逻,这些都让它们看起来更像真的。对参与进攻的方面军的增援都是在完全保密的情况下进行的,包括第1、第2、第3白俄罗斯方面军和第1波罗的海方面军。到7月,已有100万吨补给和30万吨燃料就位,其中有些还是《租借法案》的成果,《租借法案》提供的援助在1944年达到了高峰。[249] 欺敌固然是个重要因素,但"巴格拉季昂行动"令人震惊的胜利大部分要归功于苏军改变了战法,毕竟这场战役是在遍布水网而且远远谈不上易于快速机动的乡间进行的,对手则是德军一支自从1943年秋季以来击退过多次攻击的集团军群。苏联红军此番沿用了德军在1941年大获全胜的战法,以强大的前锋部队深入敌人战线以合围德军并打乱其防御。布施有51个兵力不足的师,共有48万人(尽管只有16.6万人是正规作战部队),希特勒还命令他们死守白俄罗斯的几座"要塞"——莫吉廖夫、奥尔沙、维捷布斯克、博布鲁伊斯克——作为静态防线的一部分,他们预计苏军在正面进攻这些城市时会付出高昂代价。这里没有装甲师,装甲战斗车辆也只有570辆,因为德军预计进攻将落在南方,那里莫德尔的北乌克兰集团军群拥有8个装甲师。这段战线有650架飞机提供支援,但战斗机只有61架,因为德军的战斗机此时要么在防守本土,要么在法国拼命。防御部队十分薄弱,每1 000米战线平均只有100人防守。[250] 4个苏联方面军拥有166个步兵师、骑兵师和坦克师,总共有240万男女军人,还有3.1万门火炮、5 200辆坦克和自行火炮,以及5 300架飞机,当然这些部队不会被全部投入第一轮进攻。[251]

这支庞大的部队于6月23日早晨发动了进攻,战役从突出部北段开始，在接下来的两天里逐步向南展开。苏军出动特种扫雷坦克穿过雷场，之后便是在破晓前进攻的步炮坦混合部队。照明弹照亮了前线，探照灯则让守军头晕目眩；当德国守军四散奔逃时，苏军机械化部队便立刻穿过缺口，扩大突破口并快速推进，这次他们得到的命令是把负隅顽抗的德军阵地交给后续跟上来的步兵去肃清。这场进攻与德军先前认为苏联红军作战老套和笨拙的所有偏见完全背道而驰。一座座"要塞"被迅速绕过，要塞指挥官请求抓住时机撤退，但被德军高层拒绝。维捷布斯克于6月26日被攻克，奥尔沙在次日被丢掉，莫吉廖夫和博布鲁伊斯克也在随后两天里易手。苏联装甲部队克服了地形困难，以极快的速度推进，迂回到白俄罗斯首府明斯克以西，于7月3日攻占该城，以一个巨大的包围圈合围了德军第4集团军。6月29日，希特勒用自己的"救火队长"莫德尔接替布施，让莫德尔执掌中央集团军群，但莫德尔也看得出，除了尽可能组织有秩序的撤退，这里也没什么可做的了。短短两周之内，德军战线被打开了一个400千米宽、160千米深的大口子，超过30万德军被俘。据驻莫斯科的一名英国记者所言，苏联媒体观察西线盟军的缓慢进展时都带着"抱怨和优越感"。[252] 对比太鲜明了，苏联红军是在对四散溃逃想要避免被俘的敌人穷追猛打，不过一个月后德军在法国也会如此溃败。第3白俄罗斯方面军攻入立陶宛，7月13日夺取维尔纽斯，8月1日拿下考纳斯。波罗的海方面军的前锋部队于8月初攻抵里加湾，一度切断了德军北方集团军群和中央集团军群残部的联系。苏军的进攻到8月底才逐渐放缓直至停下来，此时苏军距6月时的进攻发起线已有480千米之遥，这是苏军所有大规模战役中最成功的一次。

事情还没完，当"巴格拉季昂行动"的胜利已经确凿无疑时，下一轮进攻又在更南方打响。7月8日，斯大林和朱可夫规划了两条攻入波兰的路线，首先是第1乌克兰方面军（现在由科涅夫指挥）向

第三章 民族-帝国的灭亡，1942—1945

利沃夫和布罗迪的进攻,战役于7月13日打响,随后第二轮是罗科索夫斯基的第1白俄罗斯方面军部分兵力先后攻向布列斯特和维斯瓦河(流经波兰首都华沙)。在恶劣的天气下,科涅夫向利沃夫的进攻进展缓慢,但德军防线还是于7月16日被突破,帕维尔·雷巴尔科将军随即率领第3近卫坦克集团军顶着密集的火力从狭窄的通道中冲了进去。突破和在明斯克时一样奏效,德军8个师被包围在了洛兹市周围;科涅夫继续推进,于7月27日夺取了利沃夫,抵达了维斯瓦河,并在桑多梅日夺取了一个大型桥头堡。罗科索夫斯基也一样成功,当"巴格拉季昂行动"将德军引向北面时,他面对的只是一条支离破碎的敌人防线。7月24日,罗科索夫斯基夺取了卢布林,4天后拿下了苏联边境上的布列斯特。苏军直奔维斯瓦河,于26日抵达河边,之后转向北,占领了与华沙隔河相望的东岸。但苏军强渡纳鲁河和维斯瓦河的进一步尝试被击退了,德军已经在更狭窄、更易于防守的战线上重建了防线,这又是莫德尔的战绩,不过他很快就要被调往法国了。还有最后一轮打击指向了巴尔干半岛,这里的12个德军师(包括6个装甲师)被调走去支援北方后,苏军面前的德军战线已大为削弱。8月20—29日,德军南乌克兰集团军群几乎完全崩溃,损失了15万人,第6集团军被歼灭。这支在斯大林格勒战役后重建的集团军再次成为苏军包围战的牺牲品。[253] 8月23日,罗马尼亚的安东内斯库元帅政府被推翻,罗马尼亚军方寻求议和。苏军在6—8月的胜利,促使德国的轴心国盟友和战争协作国开始趁着还有可能的时候抛弃了正在步入败局的德国。

德国几乎所有的战时盟友都已经预见到了德国的失败,至少从1943年起,它们就开始寻求退出这场显然会受到盟国清算的战争。芬兰政府受到了来自盟国的停战压力,但他们担心——这是个足够现实的担心——芬兰会像意大利和匈牙利一样被德军占领,遥远的北极圈里还驻守着20万德军呢。当"巴格拉季昂行动"的胜局明晰可见时,芬兰政府最终决定冒险退出战争。曼纳海姆元帅被任命为国家元首。9月5日,芬兰军队投降。与苏联(还有英国,两国于1941年12月开战)的议和要求芬兰人归还自从1940年第一次苏芬战争以来占领的所有土地,并把赫尔辛基附近的一处军事基地交出来。但斯大林并不想占领芬兰,他还要求芬兰人把德军赶走,芬兰人从1944年10月开始照办,起先他们只是远远地跟在撤退的德军后面,但看到德军在拉普兰实施焦土政策之后,他们便开始动粗了。[254]罗马尼亚领导人原本已经在秘密接触西方盟国了,但苏军的进攻突如其来,仅仅三天就打垮了罗马尼亚的防线,这让米哈伊国王更快地下决心逮捕安东内斯库。8月31日,苏联红军已经进入了布加勒斯特,此前一天,他们占领了普洛耶什蒂油田。尽管希特勒一再强调原油对德国的战争至关重要,但德军还是没做好任何准备来保护它。罗马尼亚仍有强大的德军存在,但罗马尼亚军队此时反水了,开始与原先的敌人苏联并肩作战。到9月中旬,他们已经肃清了罗马尼亚境内的轴心国军队。

保加利亚、匈牙利和斯洛伐克的情况则大不相同。自从1942年的灾难后,斯洛伐克就开始试图减少对德国这场战争的任何军事参与,但直到1944年"巴格拉季昂行动"之后,斯洛伐克军队领导人才决定退出与德国的联盟。8月29日,德国军队开进斯洛伐克,并于10月最终把民众起义镇压了下去;斯洛伐克直到1945年4月才被苏联红军解放。保加利亚虽然也是《德意日三国同盟条约》的签署国,还跟随德国向英国和美国宣战,但和斯洛伐克不同,它并未对苏联宣战。但斯大林仍然想要干预这个国家,尽管在1941年11月时他曾想要与保加利亚议和,以此作为打击希特勒的手段之一。1944年9月5日,苏联对保加利亚宣战,三天后,占领罗马尼亚的苏联各方面军开始南下。9月9日,共产主义团体"祖国阵线"在首都索非亚夺权，抵抗停止。苏联军队和飞机于一周后抵达了索非亚，保加利亚军队也和芬兰军队、罗马尼亚军队一样，被迫在塞尔维亚与匈牙利军、德军作战。在匈牙利，德国情报部门充分掌握了匈牙利人退出战争的动向。匈牙利代表早在1943年9月就在伊斯坦布尔开始与英国外交官接洽，但被告知只能无条件投降，还被要求等着盟军打到边境时再这么做。当月，希特勒下令开始制订作战计划以占领他这个不可信的盟友。他当时认为这里的原材料资源是至关重要的。当霍尔蒂·米克洛什的政府在1944年初继续左右摇摆时，德国于3月19日发动了"玛格丽特行动"，德军几乎未遇抵抗就进入了匈牙利。匈牙利政府随即被交给了亲德将领斯托尧伊·德迈，德国全权专员埃德蒙·维森迈尔被安插在政府中。但到了秋季，霍尔蒂再次试图与斯大林达成协议，让匈牙利退出战争。[255] 一支匈牙利代表团于10月11日在莫斯科谈成了一份初步协议，协议规定匈牙利放弃1937年以来获得的所有领土，并对德宣战。这一次，德国占领军直接把霍尔蒂赶下了摄政的宝座，以首相萨洛希·费伦茨为首的一群箭十字党徒把持了政府，费伦茨很快把自己的办公室与国务院合并，并自封为国家元首。[256] 匈牙利一直打到了1945年4月，和墨索里尼那个傀儡政权"意大利社会共和国"一样，也是个不情愿的轴心国盟友。

不惜代价打败敌人

1944年7月，当战争仍在法国、苏联和中国迅速蔓延之时，德日两国分别发生了刺杀战争领导人的事件，行事的都是那些眼见战败将临、急于避免最糟糕结果的军官。日本的军政精英们对东条英机的领导能力一连批判了几个月之后，一名参谋本部军官，津野田知重少佐，计划用一枚填满氰化钾的炸弹炸死东条英机。他和他的同谋们找到了退役陆军中将石原莞尔领导的"东亚联盟协会",他们想要把东条英机赶下台,建立以天皇的叔父东久迩宫稔彦亲王为首的新政府,然后立即通过苏联的调停与盟国和谈。但在密谋得以实施之前,东条英机就辞去了首相之职。津野田遭到了审判,被抓起来关了两年。令人惊奇的是,其他密谋者包括石原莞尔都被释放了,几个月后,他公开声称:"人民已经厌倦了军部和政府,他们对战争的结果已不再关心。"[257]

刺杀希特勒的密谋与津野田知重半途而废的筹划几乎没有共同之处,除了最终都失败了之外。主要的密谋者都是德军的高级参谋军官,尽管高级将领们显然对希特勒的军事领导感到失望和幻灭,但密谋者们无法说服这些高级将领支持自己去刺杀他们的最高统帅。这个圈子很小,主要是以亨宁·冯·特雷斯科(Henning von Tresckow)上校为首的中央集团军群的参谋军官们,但在1944年,他们和以卡尔·格德勒和前德军参谋长路德维希·贝克为首的民间秘密反抗组织建立了联系。1943年4月,克劳斯·申克·冯·施陶芬贝格中校加入了这个圈子,他原本是希特勒国家革命的热烈支持者,也积极踊跃地支持开战,直到对犹太人和战俘的暴行令他不齿为止。和其他反抗者一样,他想要赶在德国被毁灭、其荣誉被败坏之前阻止希特勒。但他希望的是,希特勒死后,西方盟国能把德国作为一个强国保留下来,让德国继续走真正的"民族社会主义"的独裁路线。秘密抵抗者们都期望能在西线达成妥协,好让德军集中力量击退苏联的威胁。[258]在超过一年的时间里,密谋者们一直在寻找机会刺杀希特勒,但始终没能找到机会。到1944年,眼见德国面临被入侵和毁灭的危险,密谋者们想要的不再仅仅是刺杀,而是要推翻政府。密谋者们同意先干掉希特勒,然后立刻启动"瓦尔基里行动",这是一套已经确定的应急计划,以应对军队对国内可能出现的叛乱或革命的镇压。在6月法国出现危机和苏联攻打白俄罗斯之后,密谋者们准备动手了。

除了冯·施陶芬贝格外,密谋者们也找不到其他人来实际下手了,尽管他在突尼斯之战中失去了右手、右眼和左手的两根指头,但他还是自告奋勇携带炸弹去参加有希特勒到场的参谋会议,并想办法触发引爆机关。即便如此,这一愿望还是几乎落空了。冯·施陶芬贝格带着炸弹前往希特勒在上萨尔茨堡的住所和"狼穴"(希特勒总部)参加了三次不同的会议,但决定等到希姆莱和戈林到场后再引爆炸弹。1944年7月20日,冯·施陶芬贝格最终决定再也不能耽搁了。接下来刺杀的故事就尽人皆知了。炸弹本应炸死希特勒和他最亲密的军事幕僚凯特尔和约德尔的,但完全没能奏效,因为它被放在了厚重的橡木桌子下面,而会场也不是密闭的地堡,而是个木头棚子。冯·施陶芬贝格回到柏林,确信希特勒已经死了,他在当天晚些时候启动了"瓦尔基里行动"。此时,希特勒已经亲口告诉柏林的戈培尔自己还活着,尽管炸弹在接下来一段时间里严重损害了他的身体。当天稍晚些时候,巴黎的密谋人员也行动了起来,根据陆军参谋部中密谋者的命令,陆军安全部队逮捕了所有党卫队队员、冲锋队队员和盖世太保。[259] 但几个小时之内,密谋便完蛋了,忠于希特勒的军人们意识到他还活着。冯·施陶芬贝格和他的主要同谋们在战争部的院子里被草草处决。在巴黎,密谋者被抓住又被放了出来。在接下来的几周里,党卫队和盖世太保对主要密谋者严刑拷打,根据他们的口供抓捕了几百人。秋季,希姆莱启动了"雷暴行动",把5 000名支持密谋的社会民主派和共产主义者抓进了恐怖的集中营。希特勒得意地宣称,叛乱让他得到了"整个参谋部已经腐烂"的证据,加剧了他对专业指挥官的不信任。[260] 然而,证据显示,军队对他们的最高统帅仍然极其忠诚,而许多普通民众则既对刺杀希特勒的做法感到惊诧,也因为他活下来而松了一口气。一名被俘的德军中尉告诉他同为战俘的父亲:"事实是,前线的士兵在战死,后方的官僚们则在违背誓言,这让人民很愤怒。"[261]信件和日记显示了当时民众的担忧,他们怕失去希特勒会带来政治和军事的混乱,甚至会引发内战;更糟的是,如一位父亲在给当兵儿子的信中所写:"又一个背后捅刀子的故事。"[262]爆炸阴谋一度让人们更加相信希特勒的领导至关重要,并让人们决心继续打下去,从而为少数人的背叛赎罪。

在日本和德国,对战败的可能和战争的可怕代价感到悲观的大有人在,尽管对于那些想要打下去的人来说,低落的士气并不是什么社会或者政治威胁。时人和后人常常批评冯·施陶芬贝格密谋的失败是因为他们没能寻求任何群众基础的支持,但是在当时第三帝国的环境下,为结束战争和建立新政府寻求群众基础只是个幻想。在日本,高官和知识分子被证明完全能够批评政府组织战争的方式,甚至可以带着通过谈判结束战争的主张四处游说,但这仅限于狭小的精英圈子内。近卫文麿是对战争结果持悲观态度、想要让皇室赶走东条英机的重臣中资历最老的一位。天皇的主要顾问木户幸一也相信战争在1944年初就已经无可逆转地输掉了,陆海军一些高级将领也这么想,但他们不愿去对抗那些军队领导人。1944年7月,接替东条英机担任日本首相的朝鲜总督小矶国昭陆军大将,表面上仍然要坚持战争,但私下里也想求和,然而在日本的政治秩序中,陆海军领导层的决定是没办法被否定的,他们仍然想要通过最后一场伟大的战斗,即"本土决战",来挽救国家。[263]

但另一方面,对普通日本老百姓而言,失败主义或者违法抗命的表现都会被当局坚决镇压。反战情绪早在1942年初就已经显露出了苗头,当时都是些随意而轻率的评论,或者是匿名涂鸦和匿名信,再或者是关于战败的流言蜚语。这些都被日本警察"特高科"看在眼里,他们尤其关注反战思潮导致共产主义革命的可能性。他们甚至逮捕了几个中央计划管理委员会的成员,因为他们关于国家经济计划的观点被认为太马克思主义了。[264]尽管事实证明他们很难抓到"谣言贩子"和要对"大放厥词"负责的人，但案件数量在战争中不断增加，即便这些案子都很小。根据内务省的记录，1942年4月到1943年3月间，平均每月有25起反战和煽动的案件，而从1944年4月到1945年3月则达到平均每月51起。[265]对天皇的敌意也在战争中与日俱增，一波涂鸦浪潮就足以表明这一点，但被逮捕和判刑的人寥寥无几。那些被发现的人会被宪兵队抓走，然后被严刑拷打，宪兵队想以此让他们供出更多失败主义者。地方上的控制依赖于乡邻组织的监控，他们的头头要报告社区里任何不满现状或者失败主义的案件。在整个战争中，被怀疑有反战情绪的家庭都会受到宪兵的监视。有组织的抗议完全没有生存空间，越线的代价会十分严重。[266]

恐怖的威胁同样悬在每一个德国人头上，从涉嫌破坏到自然流露的失败主义，任何反战行为都会受到惩罚。德国政府始终担心内部不稳定可能会导致1918年的危机重演，因此每一个案件，即便十分琐碎，都会被严厉处置。但相对于人口规模而言，案件的数量也不算多。柏林的人民法庭负责审理的战时叛国罪案，从1940年的552起增加到1944年（也就是阴谋炸死希特勒当年）高峰时的2 003起。在1943—1945年战争最后几年，判决总数达到8 386起。[267]在一个告密行为成为常态的独裁国家中，表达反战或者失败主义是非常危险的，在战争最后两年里，这种危险更是成倍增加，盖世太保和宪兵越来越多地选择在私设法庭做简短听证后就将任何被认为犯有破坏战争罪的人判处死刑。就在爆炸案发生次日，海因里希·希姆莱被任命为补充军指挥官（负责训练和组织补充兵员），正是这个组织的参谋人员在刺杀阴谋中扮演了关键角色。他警告军队将领们，任何对1918年的重演都是不可容忍的。他告诉他派驻国防军最高统帅部的代表，军队官兵中任何失败主义的苗头都会被毫不留情地灭掉，他专门招募了一批军官去枪毙"任何敢开口的人"。[268] 随着战局恶化，恐怖事件日益严重，受害者是政治犯（他们会被随意处决）、旷工的外国劳工，以及对支持与敌人最后一搏的要求未予重视的普通德国人，无论是平民还是军人。到了1945年上半年，拥有随意处决权的特别警察和军事巡查员开始在遭到轰炸的各个城市中巡视。在杜塞尔多夫，一名因为说战争没有意义而被判处10年监禁的年轻士兵被带走枪毙；一名17岁少年被从病床上带走杀害，原因是被认为在装病；一个老年人被指控给逃兵送吃的，因而受到残酷折磨并被当众吊死，脖子上还挂着一块牌子，上面写着"我是叛徒"。[269] 在邻近的波鸿市，一个男子因为向一队清除轰炸废墟的人说"战争输掉了"而被其他人活活打死。他们都觉得对大众的执法权在自己手中。[270]

随着战败临近，这种针对国内民众的恐怖行径足够现实，它显然制止了对于战争及其后果的反对意见的公开表达，以及任何旨在结束战争的更广泛的社会和政治运动。日本和德国两国民众都在严密的警察监视下生活了十几年，明白违抗的代价。但是恐怖本身并不足以解释两国民众为什么要如此积极地坚持打一场即将失败的战争并为之付出努力。两国都有着复杂的因素在发挥作用——既有精神因素，也有物质因素——这些因素以多种多样的方式影响着每一个人。军人和平民在战争中并没有什么固定的行为模式可循。1944年秋，德国安全机构报告说，尽管人民看上去顺从、害怕、希望和平，甚至冷漠而且无动于衷，但他们仍然愿意"无条件地坚持抵抗"。[271] 在越发明显的士气消沉迹象之外，人们相信某种形式的胜利仍然是可能的，而希特勒在7月恰逢其时的幸免于难让许多德国人更加坚信这一点。两国的领导人仍在大谈特谈胜利，即便此时胜利的意义显然已经空洞起来，但普罗大众十分想要抓住任何可能标志着战局逆转的稻草。在德国，戈培尔从1943年开始做的关于新型秘密"神奇武器"的反复宣传在各种日记和信件中多次出现，这与希特勒在武器库中给盟军准备了"惊喜"的常见说法不谋而合，这一期望一直存在到了战争的最后几个月，尽管当V1巡航导弹和V2火箭在1944年夏季被射向英国时，对这些"复仇武器"真正价值的怀疑也与日俱增。当1944年12月德军发动"秋雾行动"，穿过阿登山区进攻美军战线时，民众的乐观情绪又开始显著增长，他们觉得可以出人意料地重演1940年的战役，另一条胜利之路已被打开。[272] 在日本，1944年秋季开启的"神风特攻队"自杀战术也引发了同样的公众热潮，人们认为至少找到了一种方法，如一封写给媒体的信中所言："这能迫使敌人投降。"[273]

要理解为什么要死战到底，一个更重要的因素是，军人们普遍相信即便战败，自己也有义务打到最后以求能够保住国家，即便他们对国家领导人的信心早已烟消云散。这是一种兼具毁灭和自我毁灭的思想，随着死亡的前景日益真实，日益增长的宿命论和虚无主义也助长了这种思想。即便胜利的可能性已经虚无缥缈，日本和德国的军人仍想要为自己的失败而向敌人索回高额的代价——打死他们，为自己的灭亡复仇。"神风特攻队"显然就是这一类，4 600人牺牲了自己，以求打击敌人的军舰和人员。他们的文化环境强调，为了天皇和国家的荣光，应该克服所有道德顾虑，即便是派人执行自杀任务。当1944年10月自杀行动开始时，日本海军的媒体开始宣传"神鹰的坚定忠诚"，自杀部队都得到了高尚的名称——"忠勇队""诚队"等。[274] 人们期望这些人能在自杀任务中消灭尽可能多的敌人，但那些普通士兵也一样会死。1945年，他们都得到命令，把遗言和一缕头发装进一个信封，用来在他们不可避免地为国捐躯后寄给家人。有些军人将即将到来的死亡视为值得付出的代价，只要美国人也活不成就行。"现在我们必须吸取塞班岛战役和瓜达尔卡纳尔岛战役的教训，"一名日本军官写道，"我们必须抓住那些浑蛋，把他们碾得粉碎。"他想到自己会战死时，内心并无波澜。[275]平民百姓也被要求用手中能拿到的任何武器杀死至少一个入侵之敌。一个女学生被发给了一支锥子，被要求把锥子刺进一个美国人的肚皮。

德军没有组织自杀部队，但他们仍然会为了尽可能地打击对手而战，即便身处绝境。那句"要么胜利，要么灭亡"的口号当然不会激励所有军人，因为更有可能发生的似乎是灭亡，但通过对敌人造成伤害来为德国事业进行某种私人辩护一直是他们的支撑，即便胜利对他们来说只是个幻想。1944年大批战友的死亡——当年有180.2万人战死——让他们十分想要为死去的人复仇，无论是杀人还是被杀，正如一名士兵在自传中所言，这是"一种英雄虚无主义"，尽管对占领区民众和敌军的残酷报复玷污了这种英雄主义。[276]一名意大利战场上的德军老兵解释说，残酷的战斗表达了"他们对……自己年复一年的甘愿牺牲却毫无价值，以及对战争的毫无意义的愤怒"。[277]赤裸裸的现实摆在那里，但许多军人似乎仍然愿意在国家濒临灭亡时亲身投入这个具有深厚戏剧性和冲动性的时刻。"你们的光辉时刻到来了……"冯·伦德施泰特元帅在德军西线最后一次反击之前如此告诉他的部队，"我无须多说。你们都能感觉到：胜败在此一举。"[278]在战争的最后6个月里，有大量德军士兵秉持着病态的道德观，认为死亡不可避免，应当坚持自杀式的抵抗，直至战争的最后时刻。

对国家命运的担忧显然不仅体现在公共政策上，还体现在战争最后几个月个人的反应上。日本与德国的宣传都警告民众要对战败后在敌国手里受到的对待做好最坏的准备，说敌人已决心要消灭德国与日本这两个国家，连同其人口。至少从1943年以来，德国宣传机构的主要说法就是，若不能胜利，德国人民就会在犹太人那些邪恶盟友的报复中灭亡。1945年2月的一份宣传指示强调了被苏联征服后等待着德国的命运："战争中所有的痛苦和危险，与敌人为德国制订'布尔什维克和平'计划这一命运相比都不值一提。"它宣称，布尔什维克在德国人民的"后脑勺开枪"的威胁只能依靠全民族最顽强地抵抗到最后一刻才能避免。[279] 在日本，政府大肆宣传西方列强盗掠成性的说法，宣传说除非通过全民抵抗把这些强盗拒于国门之外，否则他们就会对日本社会恣意妄为。日本宣传机构还声称，所有日本女性都会被强暴，男性都会被阉割。日本女性普遍担心自己若得不到保护就会面临身体和性的双重摧残。[280] 我们无从知晓广大民众或作战部队对这种虚构的恐惧到底相信到何种程度，但是当局反复灌输这种国家将要灭亡、人民将要遭受摧残的观点，加之搞不清盟军在复仇的狂潮下到底会怎么做，坚持抵抗在当时看来并不像战后看起来那么不合情理。

在德日两国，这些恐惧都被用来为战争最后一年的极端动员充当动力，其政府和政治机器此时仍然是有强制力的。在日本，全体民众都被动员起来准备参加最后决战，以便在美军登陆时把他们赶回海里。1945年3月，第30号民众法令动员了沿岸地区的所有公民，包括学龄儿童都参与防御工事建设，而当月发布的第二条法令接着就要求建立"民众爱国军"，把所有16—60岁的男性和17—40岁的女性编入志愿战斗单位。[281] 这里的"志愿"只是字面上的，因为没人承担得起不"志愿"的风险；男男女女都要持竹枪参加训练，用投掷石头来模拟手榴弹攻击。日军计划动员至少1 000万人参加日本的最后一战。德国也是一样，7月刺杀阴谋之后，政府开始试图以极端方式组织民众参战，民众也一样难以置身事外。就在刺杀次日的7月21日，戈培尔被任命为总体战全权专员，根据秘密情报，这一任命受到了欢迎，因为它显示了一种用最大努力去逆转失败以及随之而来的恐惧的决心。德国的许多老人和年轻人或许不愿在国家濒临崩溃时参加动员，但很难拒绝响应最后的"为祖国而战"的呼吁。1944年9月29

日，纳粹开始组织本土民兵——国民突击队——试图组建一支 600 万人的部队，他们虽然不适合常规作战，但可以在最后危机到来时守卫德国本土。希特勒在组建民兵的法令中说，敌人的"最终目的是消灭德国人民"。1928 年出生的与希特勒青年团同龄的人被要求自愿提前服役，而照办的比例达到了惊人的 70%。多年后，一名年轻志愿兵回忆了当时简单的动机："我们想要拯救祖国。"[282]

对于盟国来说也有个难题，那就是没有响亮的口号来动员人民为了胜利做最后一击。尽管盟国在 1944 年秋季就已明显锁定了"胜局"，但其民众，尤其是在西方盟国的民众对战争的疲惫和疑虑却并不逊于轴心国的民众。而且，因为不再面临早先那种战败的威胁，要唤起人们一劳永逸地结束战争所需的决心，或者消除人们因无法一击彻底打垮敌人而产生的沮丧情绪，是非常困难的，人们原本期望在夏季的胜利，即在罗马、巴黎和布鲁塞尔重归盟军之手后，这一击就能到来。双方在精神层面上的差异显而易见。对德国人和日本人而言并没有什么"战后"可言，只有胜利或毁灭；而对于盟国民众而言，以尽可能小的代价迅速结束战争就意味着复员和更好的未来。无论是军人还是平民，他们原本都以为胜利已近在眼前，但当胜利并未到来反而更加遥远时，他们都会感到失望。在美国，1943 年罗斯福从德黑兰会议归来后公开反对那种"战争已经打赢，我们可以开始放松了"的大众观点。[283] 此前几个星期，《生活》杂志首次获准发表战死的美国军人的照片，试图恢复人们投入战争的热情。在大后方，认为德国已经濒临失败的乐观情绪一直维持到诺曼底登陆和横穿法国之时。但是正如亨利·史汀生看到的那样，战役节奏的放缓结束了"短期速胜易如反掌的自信"，并让人们意识到盟军"正在打一场很难打的漫长战争"。[284] 在英国，V 系列导弹袭城战的打响减弱了人们对法国战役的热情，据本土情报报告，这让受威胁区域的民众陷入了焦虑和"难以置信的疲惫",但他们比以往任何时候都渴望尽早结束战争。蒙哥马利希望自己能满足他们的心愿,但到1944年10月,战争已很明显还远未结束。"我们前面还有一些非常艰难的战斗,"他给布鲁克写信说,"如果我们能打赢这几仗,我想我们就快要打赢了。但如果打得不顺利,战争就可能会拖下去。"1945年2月,英军参谋长会议预计欧战的结束不会早于6月最后一周,还可能拖到11月。[285]

在各地前线,身陷连续苦战中的人们的情绪也和家乡人的感受一致。在法国,最初的成功之后,战斗开始日益艰难。1944年9—10月,战死的英军士兵数量比诺曼底战役时更多。"大获全胜的日子看起来已经结束了,"一名英国士兵抱怨道,"接下来所有方面都不乐观。"那些原来还打赌战争会在秋季某个时间结束(通常的预计是10月)的士兵,却发现自己和父辈当年一样陷在佛兰德斯平原的泥泞和大雨中,在危机四伏的环境中渴望着结束这一切。缓慢的进展和惨重的伤亡带来了一种悲观的感受,人们觉得胜利总是会从手中溜走。"战争结束了,"一名美国坦克手于1944年12月这样对记者玛莎·盖尔霍恩说,"你还不知道吗?我一个星期前就从广播里听说了……见鬼,都结束了。我要问问自己我在这里干什么。"[286]在解放了的布鲁塞尔,一名英国军官于9月初从一名军士(NCO)那里听说无线电里讲"德国已经投降,希特勒跑到西班牙去了",但这只是个美好的愿望。几天后,他在动身奔赴下一处战场时在日记里写道:"如果那个和平的谣言是真的就好了!"[287]和平越是临近,有些士兵就越不愿意冒险和过早战死,这和那些自知生还机会渺茫而死战不退的德国和日本士兵截然不同。美国陆军的补充体系此时正在征召18岁男孩以满足对更多士兵的急切而且随时出现的需求,但只是将士兵一个一个地补充到损耗的作战单位中,新兵们形单影只,准备不足,而周围的老兵们却一心想着牺牲他们来换取自己的幸存,结果让新兵们遭受了高昂的伤亡。[288]苏联红军也面临着相似的问题，那些小孩和老人，或者是战伤未愈的人，都被征召进来补充部队，而部队里更有经验的军人已被消耗殆尽。战斗在前线的士兵们的境遇也很凄惨——食物和袜子不足，医疗物资不够，偷窃和暴力横行。一名士兵在家信中写道："最后我对战争已经感到极度疲乏……这些当然都毫无意义。这场战争不会在今年冬季结束。"随着"巴格拉季昂行动"的胜利，他们的精神状态有所恢复，但有迹象显示许多苏联士兵都觉得敌人已经被打败，他们可以在苏联边境上停下来，他们的活儿已经干完了。实际上，等待着他们的是要杀进德国：军队生理上和精神上的疲惫意味着要长时间停顿，因此这里的胜利仍然需要几个月的苦战，直到1945年。[289]

一边是对和平的渴望，一边是有待击败致命敌人的现实，两者间的紧张关系带来的难题让英美军队格外为难，他们的复员和转向和平时期生产的计划早在胜利前景尚不确定的1943年就已启动。在美国，军工生产被削减后，美国人就已计划要重开部分工厂来有限生产一些民用品，商业广告上也满是那些胜利后就能重回市场的物品。工业复员的计划被制订了出来，并引发了军队和民事官员之间经年累月的争执，军人们在进攻法国和意大利的战斗中遭受高昂损失后，想要更多的弹药、炸弹和坦克；而负责公众普遍需求的民事官员则想要结束生产管制和配给制。当工人们转向了在他们看来更安全的民用工业岗位后，军工产能下降了25%。[290]根据一套改进了服役规则的退伍方案，士兵们已经开始回家了，退伍方案根据参战月数、年龄、家庭状况、受伤和授勋情况给了每位军人一个积分。从1942年或1943年初起，85分就意味着可以回家了，对那些打过仗的人来说，战斗也就结束了。轰炸机机组人员只要飞满30次作战就能回美国，只要他们能活到那个时候，他们就会被戏称为"快乐勇士"。士兵和飞行人员可以算出自己的资格，回家的日子越近，他们就越不愿意去冒险。[291]

在英国，随着一本关于"退役和复员"的手册在1944年9月出版并明确了复员资格，同样的问题也出现了。就在当月，当希特勒下令成立国民突击队时，英国的志愿民兵组织本土自卫军却被解散，因为不需要他们了。在前线，大龄军人和出国太久的人都拿到了有利的复员评级，但所有军人都能算出自己的退伍点数。10%的军人被列为具有重建计划所需特殊技能的劳动力，他们将首先退役，这让许多人争先恐后地展示他们实际上并不具备的"技能"。[292] 尽管这种退伍的承诺在任何时候都不会影响战斗的继续，但对军人和平民而言，对战后世界的关注却使得当前的战斗变得难以忍受。1945年初，美军代理参谋长给艾森豪威尔写信说："所有迹象都显示，任何对战争的优先保障都将会成为一件见鬼的活儿。"[293]

从这个意义上说，德国和日本领导层关于他们敌人的战斗意愿可能会因战争持续时间越来越长、代价越来越高而下降的期望并不完全算是误判。对战略的争执一直在损害英美之间的关系，而与苏联的合作也随着1944年秋季斯大林开始表现出对东欧的野心而变得不稳定。在欧洲和太平洋，盟军的进展都慢了下来，新前线拖着漫长而复杂的后勤"大尾巴"，这使得盟军方面拥有的巨大物质优势难以被送到最需要它们的点上。德军指挥官对敌人在占据优势时的迟缓反应备感蔑视，而德国情报机构则发现盟军快速推进的能力开始下降，盟军内部关系也紧张起来。"历史告诉我们，"希特勒在8月底向他的将军们宣称，"所有联盟都会破裂，但你必须等待那个时刻……我们要坚持战斗，直到像腓特烈大王说的那样，'我们的某一个该死的敌人绝望放弃'。"[294] 在日本，至少一场局部胜利或许就足以迫使疲于久战的敌人开始和谈的想法，甚至直到1945年还影响着裕仁天皇。

在欧亚主要战线的所有地方，战局都陷入了相对停滞。日军在中国的最后进攻让双方都筋疲力尽。尽管"一号作战"一直持续到

1945年初，但更富野心的再次攻打重庆的计划超出了日军的能力。打通从越南到朝鲜的铁路线被证明是一场空洞的胜利。陈纳德将军的驻华美军第14航空军不停地从新机场起飞，攻击铁路线和日军交通线。尽管1944年的漫长战役给了蒋介石政府致命打击，但蒋介石政府仍足以阻止日军的任何进一步蚕食，从而让战事陷入了僵局。马歇尔和罗斯福早就决定没必要在亚洲大陆上再进行大规模战役，因此中国军队也没有得到所需要的补给。被送往中国的大部分物资都被用来保障美国空军，包括新型波音B-29重型轰炸机，他们认为这些飞机比中国的地面作战能更有效地打击日军的抵抗。

在日军侵华的最后几个月里，蒋介石也得到了一样东西：他坚持要求把"醋性子乔"史迪威替换掉，此前史迪威尽管在缅甸打了败仗，但还是要求罗斯福逼迫蒋介石把整个中国军队的指挥权交给他。获悉美国人的要求后，蒋介石在日记中大骂史迪威是帝国主义者。[295] 罗斯福勉强同意了蒋介石的要求，几年间一直蓄意挑拨两个盟国之间关系的史迪威终于在1944年10月下旬被赶出了中国，接替他的是当时东南亚英军总司令、蒙巴顿的副手阿尔伯特·魏德迈（Albert Wedemeyer）将军，他对史迪威的看法相当公正，说史迪威连一个团都指挥不了。魏德迈开始整编蒋介石的军队，建立了首批36个用美械重新武装的师。他策划了"黑钻石行动"，打算于1945年底或1946年在华南发动战役，夺取香港或广州，但还没等战役开始，日军就投降了。[296] 赶走了史迪威后，蒋介石便顺从了美国的领导，尽管他还是对1945年3月在东京的秘密任务保了密，当时，他派缪斌与日本商谈日军完全撤出中国的事宜。[297] 1945年初夏，日本中国派遣军试图攻占陈纳德在芷江的新机场。这是侵华日军的最后一次出击。魏德迈部署了67个中国师共60万人来对付日本第20军的5万人马。在抗日战争的最后一次大规模战役中，中国军队终于击败并赶走了已

第三章 民族–帝国的灭亡，1942—1945　　401

经衰落的敌人。[298]

在东南亚和太平洋，盟军一直为了下一步战略而争论不休，这拖慢了他们在塞班岛战役和缅甸战役胜利后的战役节奏。从1944年初开始，丘吉尔就有个想法，要在苏门答腊北部发动两栖登陆，以此作为收复新加坡的前奏，行动代号为"长炮行动"。此举主要是为了在1942年惨败之后恢复英国亚洲帝国的荣光，并恢复殖民统治；丘吉尔确信应当由英国而非美国来充当解放者。[299]但对美国领导层而言，苏门答腊的作战对击败日本贡献不大，甚至是毫无价值，还清楚地显示出帝国利益才是英国人最看重的，但丘吉尔仍然坚持这一观点，即使他的幕僚们劝他专心在太平洋战场上配合美军作战，他也仍然没有改变。"这家伙真是战争车轮上的累赘。"英国皇家海军参谋长在又一次劝说丘吉尔放弃执念的会面未果之后抱怨道。[300]英国驻美情报机构警告说："我们肯定已经在走下坡路了，普通美国人都这么看。"1944年12月的一次民意调查发现，58%的美国人认为是英国破坏了盟国间的协作，认为是苏联的只有11%。[301]苏门答腊计划最终只能被放弃，因为人们发现无法满足作战行动对登陆舰艇、两栖装备和舰队掩护的需求，丘吉尔还在继续推动登陆马来亚（"拉链行动"）和新加坡（"拳霸行动"）这些无法实现的计划，但这些计划最终只能被放弃。

与英国的争论并非全部，更具破坏力的对抗是尼米兹和麦克阿瑟之间关于1945年太平洋战略方向之争。从1944年初起，参谋长联席会议就设想过绕开菲律宾，这样美国海军就在麦克阿瑟部队的协助下夺取中国台湾，继而夺取日本本土列岛。金上将认为菲律宾无关紧要，尽管日本军队领导层将菲律宾群岛的丢失视为对战争全局的潜在灾难性打击。麦克阿瑟主张，自己在道义上有义务解放两年前被他抛弃的群岛上的人民，但这还不足以让美国参谋长联席会议放弃拿台湾岛作为最理想跳板的主张。直到明确台湾岛防御过于严密，菲律宾则显得易于进攻后，金和尼米兹才同意麦克阿瑟的陆军部队进攻菲律宾，但仍然不同意为战役组建联合指挥部。尽管麦克阿瑟不负责任地声称他将"在30天内"拿下菲律宾，并避免越岛作战中他所谓的"对美国人生命悲剧性的和不必要的屠杀"，但马歇尔等人还是觉得，在当务之急是接近日本时，陆军会因这次作战陷在艰难的地形里，海军也担心如果菲律宾战役久拖不决，他们进攻硫黄岛和冲绳岛的时间表可能也会被推迟。[302] 麦克阿瑟似乎无视了将要与掘壕固守的日军作战的现实，以及如果打成持久战菲律宾人民显然将会付出的代价。菲律宾当然可以被绕过，而且以更低的代价加以压制。直到1944年9月，新战略方向才最终获得批准，争议才算告终，各方同意在10月20日首先登陆菲律宾一座较小的岛屿，莱特岛。当欧洲和中国的战事在秋末僵持不下时，南太平洋上似乎又可能进一步出现僵局。

在庞大海军力量的护卫下，6个陆军师（其中2个师充当预备队）的20.25万人在莱特岛登陆，岛上守军只有日军1个师的2万人。正如马歇尔担心的那样，战役真的几乎立刻就陷入了停滞。那里2个月的时间里刮了3场台风，降水量达到900毫米。人们在季风雨的泥泞中卸载物资并把它们保护起来。机场建设对战事至关重要，但为多雨环境所阻，3座可用的机场直到12月中旬才完工。湿衣服和浸水的靴子令战壕足和其他疾病层出不穷。原本防守薄弱的岛屿却经历了超过2个月的恶战，直到1944年12月31日才被拿下，而残留在山区和密林里的日军则直到1945年5月才被剿灭。当战役的拖延令麦克阿瑟沮丧不已时，尼米兹则警告他要推迟下一步作战。现在，对菲律宾主岛吕宋岛的进攻要到1月9日才发起。对吕宋岛的征服不是一场30天的轻松行军，而是一直打到了1945年很晚的时候。在2月的雅尔塔会议上，英美联合参谋部郁闷地预判对日战争将持续到1947年。

战役中唯一的亮点是1944年10月24—25日的莱特湾海战大捷，

当时日本海军试图实现当年在瓜达尔卡纳尔岛战役和塞班岛战役没能做到的事，攻击并摧毁莱特湾里的登陆舰艇和物资。和日本海军的大部分主要战役一样，"捷号作战"也是过于精细了。4 支舰队分别行动而没有集中力量突击：以 2 艘超级战列舰、3 艘旧战列舰、10 艘巡洋舰为中心的主力舰队成了钳形机动的西路；钳形东路的进入莱特湾的第二支分舰队拥有 2 艘战列舰和 1 艘重巡洋舰，还有第三支预备舰队与之配合；在更北方，为了引开支援莱特岛行动的哈尔西舰队的航母特混舰队，日军还组织了由 4 艘航母（搭载着少量飞机）和 2 艘老旧战列舰组成的诱饵舰队。10 月 24—25 日夜间，哈尔西上钩了，他率军北上截击日军航母，但随后就收到了紧急警报要他迅速回援，因为日军钳形攻击的两臂接近了莱特岛。于是他派回去一半力量，留下另一半击沉了全部 4 艘日军航母，但此时莱特湾已经不需要他的救援了。[303] 莱特湾里的飞机、护航驱逐舰和重型舰炮首先歼灭了正在苏里高海峡中穿行的日军东路舰队，随即转头迎战栗田健男将军的主力舰队，这支日军舰队已经一路打过了圣贝纳迪诺海峡，途中损失了 2 艘重巡洋舰和超级战列舰"武藏号"。美军出乎意料的激烈抵抗震撼了栗田健男，他撤退了，他后来声称自己撤退是为了追杀一支不存在的美军航母舰队，尽管实际上他那支没有飞机的舰队连 1 艘航母都打不过。日本海军在战斗中损失了 3 艘战列舰、4 艘航母、6 艘重巡洋舰和 17 艘其他军舰。[304] 莱特湾海战最终打断了日军残存水面舰队的最后脊梁骨；就算日军能重创莱特岛滩头和登陆舰艇，美国海军也几乎肯定能恢复局面。但战役期间出现了一个不祥之兆，10 月 25 日，日军发动了第一次自杀式攻击，击中了 3 艘吉普航母，其中 1 艘伤重沉没，这是长达一年的自杀式作战的开端。

在欧洲，对德作战的全部三条战线——法国和比利时战线、意大利战线,以及波兰战线——在秋季都陷入僵持,这既是由于德军的顽强抵抗,也是由于盟军部队从夏季以来一直远离后方补给基地作战带来的压力。在白俄罗斯和法国的大溃败之后,德军却出乎意料地表现出了可以继续挫败盟军的能力。1944 年 9 月 4 日,当蒙哥马利的集团军群逼近安特卫普时,艾森豪威尔告诉自己的指挥官们,整个战线上的德国人已经濒临崩溃:"他们已经溃散,全面撤退,不大可能再做什么重大抵抗。"[305] 尽管艾森豪威尔拒绝了蒙哥马利关于允许其集团军群渡过莱茵河在狭窄的战线上向柏林推进的要求(一周后他对马歇尔说"这仅仅是出于一厢情愿"),但他还是期望在可预见的未来夺取鲁尔和萨尔的工业区。[306] 在意大利,当德军从罗马退守佛罗伦萨以北的"哥特防线"时,亚历山大开始考虑以一轮突击扫清意大利北部,继而向维也纳推进,攻打业已支离破碎的敌人,德军的许多师此时仅剩下 2 500 余人,缺乏装备,也没有空中支援。[307] 在这两种情况下,认为德军即将崩溃被证明是高兴得太早了。在意大利,由于几个陆军师被调走支援法国南部的战役,这让亚历山大没有了他需要的进攻力量,英军参谋长会议也劝他提防困难地形和即将到来的恶劣天气。盟军现在要沿两条独立的轴线推进:克拉克的第 5 集团军现在只有 5 个师,他们要在山区中杀出一条通往博洛尼亚的道路来,新成立的第 10 山地师将来此配合他们作战;奥利弗·利斯(Oliver Leese)中将的第 8 集团军要发动"奥利弗行动",通过沿岸平原向里米尼推进。尽管盟军在海岸地段成功突破了"哥特防线",但战斗还是让盟军付出了沉重代价,而且前方还横卧着一条条因秋季暴雨而泛滥的河流。亚历山大现在面临着德军在易守难攻的地形中的顽强抵抗,己方部队因久战、泥泞,以及意大利战场被盟军高层视为与全局无关而士气消沉。克拉克后来写道,他的推进"停滞下来,仅仅是因为人们再也打不动了……我们的进攻缓慢而痛苦地瓦解了"。[308] 11月下旬，亚历山大已经把他的目标调整为在12月攻势中夺取博洛尼亚和拉文纳，但事实证明这也超出了他筋疲力尽的部队的能力范围，战线也就陷入僵局。12月30日，亚历山大把任何进一步大规模进攻推迟到了来年春天之后。

在西线，攻势在最初的狂飙猛进后于9月第一周慢了下来，人们要把补给和重炮运上去。艾森豪威尔告诉联合参谋部，补给"快到临界点了"，因为后勤保障还要依靠近500千米外法国西北部的港口。[309] 尽管如此，他还是批准了蒙哥马利提出的一套大胆的计划，投入第1空降集团军夺取奈梅根和阿纳姆的莱茵河桥梁，布赖恩·霍洛克斯（Brian Horrocks）中将的英国陆军第30军将从安特卫普旁的突出部出发予以配合。这场战役不像是蒙哥马利的风格，计划匆忙，空中支援协调不力，关于德军实力的情报不足，没有毁灭性的炮兵火力，而且两翼都有德军重兵。艾森豪威尔之所以批准"市场－花园行动"，仅仅是因为他相信敌人仍处于溃乱之中，无力抵抗大胆的进攻，而且他还希望英军在莱茵河下游渡河，与他期望的布莱德雷第12集团军群在更南方的渡河互为支援。另一方面，蒙哥马利则把"市场－花园行动"视为实现自己战略的一种手段，他想要迅速杀入德国并向柏林推进——美军将领们并不喜欢这个选项，如果这意味着让英国人独享胜利果实的话。战役结果就人所共知了。许多潜在缺陷在9月17日战役打响时就暴露了出来。奈梅根的桥梁被拿下了，但在阿纳姆，德军用党卫队第2装甲军发动了出乎蒙哥马利预料的反击；英国第30军被堵在唯一一条狭窄的道路上，步兵前进速度不够快，而且常常遭到攻击。地面援军未能在关键时刻赶到，这导致了阿纳姆的灾难，大部分伞兵战死或者被俘。9月26日，战役被叫停，1.5万名盟军伤亡；德军则有3 300人死伤。向德国的北路进攻被瓦解。

盟军第21集团军群此时不得不花上几个月来肃清突出部周围地

区，他们身处在日益恶劣的天气里，身处遍布运河和村庄废墟的平坦乡间——"可恶的荒凉。"一个士兵如此形容这里。[310] 现在，艾森豪威尔要求蒙哥马利倾尽全力打开安特卫普港，德军第 15 集团军残部以令人意外的良好秩序撤退到了斯海尔德河河口的瓦尔赫伦岛上，封锁了港口，他们可以在那里阻挠盟军的船运。加拿大第 1 集团军受命肃清安特卫普以北地区，但他们被夺取阿弗尔、布洛涅、加来和敦刻尔克等港口的任务拖住了，这些港口都被希特勒指定为"要塞"，事实证明，他们直到 10 月才得以动手清剿更东面的地区。瓦尔赫伦岛最终于 11 月 8 日被拿下，安特卫普终于向盟军的海上运输线敞开了大门。第一批"自由级"运输船于 11 月 28 日靠上码头，这让盟军获得了一个近得多的补给基地，令他们得以与德军进行更持久的战役。但这里的战线还是在恶劣天气中僵持了下来，伤亡与日俱增。经历了几乎 6 个月耗尽力量的战斗后，蒙哥马利集团军群的各个步兵师平均损失了 40% 的力量。[311] 在如此不利态势之下，无论是 1944 年的柏林狂奔还是维也纳冲刺都已不再可能。

在南面，旨在夺取萨尔地区和鲁尔水坝的进攻也在秋末陷入了停滞，当时德军退入了西墙防线筑垒地域和许特根森林的防御阵地，这是一片密布丛林的战场，美军无法运用航空兵、装甲部队和炮兵的制胜组合。考特尼·霍奇斯（Courtney Hodges）将军的第 1 集团军遭受了约 2.9 万人的伤亡，他们的步兵不得不在最艰苦的环境下击退敌军，这片地区对整个战役并不十分重要，而终点处的大坝仍在德军手中。[312] 巴顿的美军第 3 集团军的 4 个师渡过了摩泽尔河，但是此举大量消耗了燃油和补给，他们再次由于没有得到艾森豪威尔的指示而停了下来。等到 11 月美军终于能够恢复进攻时，天气已经急剧恶化，而在 9 月初只剩下 13 个步兵师和 3 个装甲师还能作战的西线德军，此时却拥有了 70 个师，其中包括 15 个装甲师。[313] 此时，布莱德雷和早前的蒙哥马利一样过度乐观，他希望第12集团军群能够在第6集团军群（这支部队由从罗讷河河谷打过来的部队组成）的配合下夺取萨尔盆地，进军鲁尔。到12月，美军各集团军已经压制了德军的顽抗，来到了德军西墙防线前，但尚未渡过莱茵河。与在意大利时一样，这里的大规模进攻也不得不被推迟到来年春季。

在东线，德军的抵抗也加强了。德国东部各省的人被征来为新的东墙防线挖掘堑壕，约有70万德国男女老幼和波兰劳工被强征劳役。有些地方女性和男孩人数远多于成年男性，他们12小时轮班倒，在几个星期里建成了数百千米的临时障碍物。在为修筑工事强征劳力方面，纳粹党和党卫队扮演了主要角色，军队则不被信任。有个广为流传的笑话，说苏联红军会花费1小时2分钟来突破新防线——1小时在捧腹大笑，然用2分钟跨过去——但强征劳役的目标是要避免恐慌和逃避，并强化为保卫祖国进行最后决战的决心。[314]更值得一提的是新任陆军参谋长古德里安的命令，他于刺杀希特勒事件次日，也就是7月21日获得任命，他下令建立要塞城市网——从波罗的海沿岸的梅梅尔到西里西亚的奥珀伦，总共25座城市，它们将依照希特勒的指示作为坚固支撑点被固守，以在苏军进攻时拖慢其步伐。[315]然而，预期中的苏军渡过维斯瓦河的进攻并未到来。苏军在打过白俄罗斯和波兰东部的漫长战役中已经筋疲力尽，他们需要休息、整编，并等待建立更有力的补给线，之后再向德国本土发动最后冲击，这一冲击被推迟到了1945年1月。

在北方，苏军切断但泽德军和东普鲁士德军的企图为德军的强大压力和苏军的沉重伤亡所阻止。于是斯大林转而集中力量攻占波罗的海沿岸国家以孤立德军北方集团军群，希特勒不允许他们撤退并逃离包围圈。10月10日，苏联红军在梅梅尔附近打到了波罗的海岸边，33个德军师的几乎25万人被包围在更北面拉脱维亚的库尔兰半岛，他们大部分人遵照希特勒的命令在那里待到了德国战败。[316] 10月 16 日，苏军第二次尝试进攻东普鲁士，他们打过了德国边境，几乎打到了关键性铁路枢纽贡宾嫩（Gumbinnen），但随后就被德军出人意料的强大反击击退，这一战导致盟军的又一次进攻受阻。斯大林的另一个考虑是让苏联红军迅速插入巴尔干半岛和中欧，防止西方干预这些地方，这既是出于军事上的考虑，也是出于政治上的考虑。在10 月下旬协助南斯拉夫人民解放军攻占贝尔格莱德之后，苏联盯上了作为维也纳门户的匈牙利，但是德军和匈牙利军队的激烈抵抗拖慢了苏军的进展，希特勒还想要保住巴拉顿湖西南的小油田。布达佩斯成了德军南线的主要堡垒，由德军和匈牙利军队共同防守。10 月 28日，斯大林命令马利诺夫斯基将军的第 2 乌克兰方面军在一天内夺取布达佩斯，因为进攻维也纳在政治上至关重要，但事实证明，苏军直到 12 月 26 日才得以合围布达佩斯的西半部布达，并陷入了血腥的围城战。[317] 战役直到 1945 年 2 月才结束，此时匈牙利首都的绝大部分地区已被轰炸和炮击摧毁，守军人数也从 12 月的 7.9 万人下降到 1.1万人左右。约 10 万匈牙利军人和平民丧生。[318] 对于斯大林，还有在意大利的亚历山大而言，通往维也纳的道路 1944 年还不在盟军手中。

德军在波兰和东普鲁士暂时稳住了战线，这让希特勒开始冒险尝试他从 1944 年 8 月起就一直在琢磨的新策略，他专门集结了一支部队，想要从孚日山脉前方地区出发，插入推进中的美军第 12 集团军的后方和侧翼。为此，他计划建立由 6 个装甲师和 6 个新组建的装甲旅组成的 G 特遣队，但由于德军不断撤退，反击计划只好被放弃。[319] 9 月中旬，希特勒扩大了这一计划，想要从英美两军之间插进去，将蒙哥马利的第 21 集团军群困进一个口袋里，并向安特卫普推进，消除盟军缩短补给线的机会。希特勒还希望这次作战或许能在两大西方敌国之间引发重大政治危机。"从阿登反击，目标安特卫普。"9月16日，他如此告诉他周围的人。[320] 由于德军刚刚从法国撤退，德国边境还处在激战中，大部分陆军将领，包括冯·伦德施泰特（9月初被召回担任西线最高指挥官）和莫德尔（这场战役的总指挥）都不喜欢这个计划。希特勒的想法依赖于在整个战线都需要防守时集结稀缺的部队，而且只有当部队能夺取盟军的燃料储备并依靠盟军补给生存时才能奏效。他的将领们明白在机动能力不足（战役需要5万匹马）、各种补给都不够用、部队训练不足的情况下发动一场大规模进攻是多么危险，但他们无法劝说希特勒改弦更张。

希特勒坚持要对"守望莱茵行动"完全保密，他还力排众议，坚持他的直觉，即无论面临何种困难，这场战役都会改变西线战局，"可能还会改变整场战争"。[321] 11月中旬，他的声带要做手术，这导致了此时所称的"秋雾行动"的推迟，直至12月1日他再次露面，至少能轻声说话为止。[322] 战役日期先是被推迟到12月10日，接着又被推迟了6天，以利用让盟军飞机无法起飞的恶劣天气。12月16日一早，24个师的41万人、1 400辆装甲战斗车辆、1 900门火炮和超过1 000架飞机打了盟军一个措手不及。他们沿着3条轴线向前推进：北面，塞普·迪特里希（Sepp Dietrich）的党卫队第6装甲集团军要穿越阿登森林，夺取安特卫普；中央，哈索·冯·曼陀菲尔（Hasso von Manteuffel）将军要推进至默兹河然后渡过它；在南面，埃里克·布兰登贝格尔（Erich Brandenberger）将军要掩护行动的侧翼。几天之内，他们就在战线中段打出了一个大型的突出部，美国人也因此将这场战役称为"突出部战役"。希特勒很高兴，他在12月11日的简报会上告诉他的将领们，要能够发动"胜利的进攻"，而不是"长时间专守防御"，他对戈培尔说，战役对盟军的打击是"巨大的"。[323]

希特勒对于进攻将会导致盟军一方惊慌失措的判断是正确的。

就在战役前一天的 12 月 15 日，蒙哥马利还声称德国军队已失去进攻能力。甚至在德军动手的第二天，艾森豪威尔还说这"不过是个大胆的反击"，很快就会被阻断，但到 18 日，形势已经很明显，正在进行的是一场大规模进攻，旨在分割盟军并攻向比利时海岸。[324] 盟军情报部门已经向艾森豪威尔的盟军远征军司令部发出警告，称德军正在战线中防守薄弱的阿登地区对面集结预备队，但对于德军已陷入危机的过度自信让这则警告被置若罔闻。艾森豪威尔远征军司令部的情报主任肯尼斯·斯特朗宣称，德国军队已在每个月损失 20 个师的消耗战中被打垮。德军预备队的集结被认为是准备对莱茵河防线做最后的防御，而穿越阿登森林的作战则被认为是不可能的，就像 1940 年 5 月法军高层认为的那样。[325] 德军的战役准备被尽可能掩盖起来，包括绝对的无线电静默，计划细节只有少数人知晓。而与此同时，盟军的空中侦察则为持续的坏天气所阻。

战役在美军战线最薄弱的地段打响，阿登地区散布着美军第 1 集团军的 5 个师，他们要么在休整，要么就是新兵部队。无论是第 1 集团军司令霍奇斯还是布莱德雷，都没能对德军最初的进攻做出坚决回应（实际上布莱德雷一直待在他在卢森堡城的指挥部里，用无线电和电话指挥作战），但是前线指挥官克服重重困难成功守住了关键的公路枢纽圣维特和巴斯托涅，挫败了德军的推进。巴顿已经准备好了应急计划，一旦被要求将部队转向北面救援第 1 集团军，他就迅速将 6 个师重新部署，威胁突出部的南翼。在北面的艾森伯恩山岭一线，迪特里希的党卫队第 6 装甲集团军被坚定的反坦克防御阵地击退。只有冯·曼陀菲尔的第 5 装甲集团军取得了进展，于 12 月 24 日打到了距离默兹河仅有 5 千米处，之后被顶住并被击退。23 日，天气转晴，盟军航空兵开始向推进中的德军发动可怕的进攻。德国空军虽然表面上规模仍然庞大，但实际战斗力由于燃油短缺、前线机场过于简陋，以及数百名训练不足的新手飞行员没有经验而大打折扣。1945年1月1日，德军试图集结1 035架战斗机和战斗轰炸机发动大规模作战，代号"底板行动"，目标是攻击盟军前线空军基地，以争取最终夺取巴斯托涅。盟军的准确损失很难统计，大致是230架到290架飞机，大部分是停在地面未加伪装的飞机，但德国空军损失了超过300架飞机，这是他们在战争中单日损失最大的一天。[326] 盟军完全负担得起这些损失；在1944年末，英军和美军航空兵在欧洲战场上总共拥有不少于14 690架飞机。[327]

至此，以美军为主的协同行动逐渐阻止了突出部的扩大，并开始了艰苦的、代价高昂的而且消耗巨大的新任务：把德国军队打回去。正如德军将领警告的那样，燃油和装备短缺，以及众多刚征召的新兵在冬季作战经验不足，导致了人员和设备的重大损失，即便德军部队在战斗时像艾森豪威尔说的那样"带着某种狂热或者说是'德国式愤怒'"，也无济于事。[328] 1945年1月3日，希特勒认识到进攻失败了，尽管他还希望在严寒中的苦战可以吸干盟军预备队，削弱其他地方的盟军战线，并推迟盟军向莱茵河的进军。尽管问题很多，但德军的进攻还是设法给对手造成了相当程度的打击。5天后，希特勒接受了莫德尔和曼陀菲尔提出的撤退以免他们七零八落的部队遭受进一步毁灭的请求。双方都伤亡惨重：美军从1944年12月中旬到1945年1月下旬损失了103 102人，其中19 246人死亡；德军损失据国防军最高统帅部估计为81 834人，其中12 642人死亡，30 582人失踪。承认失败后，希特勒又下令在阿尔萨斯发动第二次规模较小的反击，代号"北风行动"，但其命运与"秋雾行动"别无二致。国防军最高统帅部在1月14日的战争日志中说，主动权已经"到了盟军手上"，实际上早就是如此了。[329]

尽管希特勒还不知道，但他离间西方盟军的赌注比军事冒险更接近实现。在阿登战役期间,蒙哥马利、英军参谋长会议和艾森豪威尔之间的紧张关系已经绷到了几乎破裂的程度。为了应对近在眼前的威胁,艾森豪威尔要求蒙哥马利接管突出部北面的美军第1和第9集团军。布莱德雷对此十分愤怒,将此视为对他指挥能力的不信任,但他不得不接受事实。蒙哥马利当然对突出部北部充满自信,但他没怎么投入他自己的英军和加拿大军,他们只有1 400人伤亡,其中200人战死。他下令反攻时并不积极,这让批评他的美国人抓住机会抨击他的大局观。1944年12月底,蒙哥马利再次提出了他先前的要求,即让他全盘掌管所有地面部队,就像在D日时那样,不然的话,盟军就要承担在即将到来的进攻德国的战斗中失败的风险。他私下里告诉英帝国总参谋长艾伦·布鲁克,他觉得艾森豪威尔"不知道自己在干什么"。马歇尔要艾森豪威尔对此不要表态,但两人都对英国人所谓的艾森豪威尔犯了战略性错误的说法深恶痛绝。[330]一个星期后,蒙哥马利在1945年1月7日的媒体发布会上有意无意地制造了"是英军拯救了突出部战役"的印象,艾森豪威尔随后警告他,如果他继续这么干,就会"损害对这份让盟军在历史上独一无二的共同事业的善意和投入"。[331]

1月底,英美两国在马耳他岛召开参谋长联席会议作为雅尔塔峰会的预备会议,会上布鲁克再次提出了统一指挥和在英军战线上以窄距离突入德国的议题。他的插手导致两个盟国间出现了公开决裂的危险。在一次剑拔弩张的会议上,马歇尔告诉英国参谋长,如果他们继续质疑艾森豪威尔对战役的指挥权,艾森豪威尔就可能会辞职。但第二天,2月1日,罗斯福就坚持说艾森豪威尔必须留任。英国人的顽固很可能会导致重大危机,但丘吉尔还是服从了罗斯福。这一议题还将一直阴魂不散,直到战争结束之后。对此,争议双方都有理由可说,但决定性的因素是参战的美国军队远多于英国军队,因此美军领导人不会接受一名英军元帅的指挥，也不会认同把击败德国的荣耀交给盟友英国的战略。"指挥架构当然不理想，"艾森豪威尔给马歇尔写信道，"但考虑到所涉及的国家问题和现在这些人的个性，这却是最可行的……"[332] 一场公开决裂终于得以避免，但人们仍然搞不清蒙哥马利为什么始终理解不了英美之间的微妙联盟关系。

1945年1月，德国和日本的战败只是个时间问题了，但是，为了打败正在崩塌的敌方帝国，最后几个月的战斗却是盟军在战争中最血腥、代价最高昂的作战之一。从1944年12月到1945年5月，美军各军种在所有战场的战死人数共计100 667人，超过战时全部战死人数的1/3；1945年1—5月，苏军在德国领地的大规模战斗中的不可弥补的损失（死亡和失踪）共计300 686人。这几个月也是德国和日本死亡人数最多的月份，无论是军人还是平民都是如此。在最后4个月的战斗中，德国军队有154万人死亡，许多是被抓来凑数的青少年和高龄人员；至少还有10万平民在轰炸中丧生。战争的结局已经毫无疑问。到1945年初，盟军已经拥有了压倒性的空中力量——1944年12月底，德国空军的实力只有英美联军的15%——而在坦克和自行火炮方面，盟军则具有4∶1的优势，在西线更是达到6∶1。在如此劣势下抵抗无异于自杀，但这反映了轴心国以最后的极端方式守卫帝国中心区的意图。1945年1月，下达给德军某集团军群的命令中说："为保卫我们祖国的每一寸土地死战到底的原则，必须成为我们的神圣使命。"[333] 在盟军登上的第一处日本国土硫黄岛，日军指挥官向他的部队发出了一篇"敢斗誓"，其中包括"我等若不毙敌十人，死不瞑目"的训谕。[334]

希特勒毫不怀疑自己面临着最后一战，也就是最终失败的一刻。他的空军副官回忆说他在1月和一名绝望的领导人有过这样一番对话：" 我知道战争已经输了。敌人的优势太大了……我们永远不会投降。我们或许会完蛋，但我们会拖着整个世界和我们一起完蛋。"[335] 他当然想要胜利，但避免彻底失败在他扭曲的道德观里却不是一个值得选择的选项。这解释了他为什么如此顽固地叫嚣要么胜利要么灭亡，因为在他看来，德国这个国家绝不能投降，必须战斗到最后一息，才能洗刷 1918 年可耻投降的耻辱。雪耻，是德国历史文化中的一个传统，它不仅强烈影响着希特勒，还影响着所有希望把战争继续下去的德国人。[336] 以彻底失败作为救赎性的牺牲，这被视为英雄主义的善举，下几代德国人在重建健康而强大的德意志民族时将能从中获益。1945 年 4 月 29 日，希特勒在柏林的地堡中口述了他的 "政治遗嘱"，他声称，德国的战争努力 "将作为为生存而战的人们最光辉、最英雄主义的表现而名垂青史"，而且会是真正的 "人民共同体" 重生的前奏。[337]

在欧战的最后几个月里，盟军航空兵为希特勒关于人民英勇毁灭的幻想添加了恰如其分的末日场景，残破的街道和燃烧的大火随着最后的惩罚性战役一同而来。自从 1944 年 9 月艾森豪威尔将重型轰炸机部队交还航空兵部队管辖后，皇家空军轰炸机司令部和美军第 8、第 15 航空军都发动了战争中最猛烈的空中轰炸，区区 8 个月内的投弹总吨数达到了盟军在整个战争中投弹量的 3/4，而德军的防空力量已经在德国上空的战斗机消耗战中被几乎耗竭，其每月损失率高达 50%。[338] 美国陆军航空兵司令亨利·阿诺德和英军轰炸机部队司令哈里斯都希望轰炸机能打出盟军陆军迄今尚未做到的决定性一击，但是对已遭多次轰炸的城市再次进行轰炸也被认为是正确的，他们担心如果不把空中作战持续下去，德国或许就能依靠新型武器作战或者工业复苏来找到扭转命运的途径。盟军手中的力量令人生畏：美国航空兵在欧洲拥有 5 000 架重型轰炸机，还有 5 000 架战斗机提供支援，它们为轰炸机护航并压制残存的德国空军；英军轰炸机司令部有约1 500架轰炸机，主要是重型的阿芙罗"兰开斯特"。而曾经在1943年下半年几乎导致结束作战的战损率，现在平均也只有总出击架次的1%—2%。[339]

轰炸机群将投入"飓风行动"中，以满足艾森豪威尔关于为即将到来的盟军进攻而给德国西部的军事和交通目标尽可能制造混乱的要求，但目标并未明确清楚。此时，优先目标不明确这个问题被1944年11月1日发布的盟军远征军司令部2号战略指示解决了，该指示要求尽最大努力轰炸各种石油设施和交通设施，在恶劣天气下轰炸机也可以继续对"工业中心"进行区域轰炸。[340]尽管轰炸机司令部也要参与制订对石油设施和各种通信设施的轰炸计划，但哈里斯对轰炸精确目标仍然心存疑虑。他的部队大多数时候在对城市（包括许多尚未被焚毁的小城市）进行狂轰滥炸，他相信轰炸带来的社会和精神打击总能在某个时间点令德国无法再打下去。常常依靠雷达引导穿云投弹的美军轰炸机成功造成了严重的交通混乱，并导致德国本土的原油产量在前一年的水平上降低了几乎2/3。然而，决定性一击直到最后也没能实现，即便轰炸对德国城市、工业和平民造成的累积破坏在1945年春达到了一个格外高的水平，包括2月13—14日夜间对德累斯顿市的狂轰滥炸，它造成了2.5万人死亡（按最近的估算）。

1945年3月，德国军需部长阿尔伯特·施佩尔警告希特勒，交通系统和关键工业区的崩溃意味着军工生产或许只能再撑6个星期了。但这意味着德国不太可能会投降，因为希特勒顽固坚持要打到底，不能放弃。对德国的地面进攻最终也就无法避免。地面部队的将领们把轰炸机视为地面作战的助力，这些轰炸机为包括苏联红军在内的盟军陆军减轻了压力。轰炸德累斯顿是一连串轰炸德国东部城市行动的一部分，这些行动旨在协助苏军推进，各方在2月上旬的雅尔塔会议上通过了这一决定,英国人提出了这一方案,苏联同意,但提出必须划定合理的轰炸边界以防误伤苏军。[341] 盟军的轰炸看上去并未为苏军的快速推进做出直接贡献。但关键在于,它降低了德国军队在日益狭窄的整个战场上的机动能力。

1945年2月4—11日,当盟国在克里米亚废墟中的利瓦季亚宫举行雅尔塔峰会时,斯大林期待已久的在波兰中部渡过维斯瓦河的战役已在进行之中,战役目标直指德国首都。战役筹划早在1944年10月就已开始,但是建立新的补给线、补充消耗殆尽的部队,以及训练那些在迅速打过白俄罗斯和波兰东部时征召来的补充兵,都需要时间,这一切导致战役被推迟了三个月才发动。斯大林此时揽过了苏军的直接指挥权,他命令自己的副手朱可夫指挥第1白俄罗斯方面军进行主要突击,科涅夫的第1乌克兰方面军则在南面,从桑多梅日桥头堡出击,渡过维斯瓦河。苏军的最初目标和蒙哥马利先前的目标一样乐观:1945年2月3日打到奥得河,之后在3月初进攻柏林和易北河,毕其功于一役。由于苏联压倒性的物质优势,第一个目标显然是现实的。朱可夫和科涅夫麾下共有220万人、3.3万门火炮和迫击炮、7 000辆坦克和5 000架飞机。当面的德军A集团军群和中央集团军群,据苏联统计,共有40万人、5 000门火炮、1 220辆装甲战斗车辆和650架飞机。[342] 在更北面,同时进攻东普鲁士和波美拉尼亚的是第2和第3白俄罗斯方面军,共有167万人和3 800辆坦克。

全线进攻最终于1945年1月12—14日打响。朱可夫和科涅夫打破了德军四分五裂的防线,快速推进。1月31日,苏联红军打到了奥得河岸边的要塞城市屈斯特林,他们在仅仅两周时间里推进了300千米,推进到距离德国首都仅有65千米处;在南面,科涅夫的部队于1月24日在布雷斯劳抵达奥得河,他们渡河后在月底占领了西里西亚工业区的一大部分。在北面,面对德军的顽强抵抗,苏军进展相对较慢，但他们还是在 1 月 26 日抵达波罗的海岸边，切断了东普鲁士；1944 年被指定为要塞城市的临时首府柯尼斯堡在三天后被合围，但坚守了超过两个月。就在雅尔塔会议之前的三周里，苏联红军解放了波兰西部，夺取了西里西亚，切断了东普鲁士的德军。

无论斯大林是否有意利用战役的快速胜利来增强在盟友面前的谈判地位，东线达成的第一阶段性突破都和英军和美军在 1—2 月肃清莱茵河与西墙防线以西地区时的缓慢进展形成了鲜明对比。蒙哥马利在战线北段旨在打通穿过莱西斯瓦尔德森林的通路的主要作战"真实行动"，以及美军第 9 集团军旨在打到鲁尔河一线的"手榴弹行动"，都要等到雅尔塔会议即将结束的 2 月 8 日才打响。来到雅尔塔的三位盟国领袖首要考虑的不再是战争进程问题，这已经是可以预见的了，而是随之而来的和平问题。大部分日程设计是为了取悦斯大林。与早先的会议不同，西方代表团看到了一个随和的、有节制的苏联统治者，美国参谋长联席会议主席回忆说，他准备好"在许多地方做出妥协以达成一致"。[343] 但表面现象是会迷惑人的。就在几个星期前，他在莫斯科告诉一个南斯拉夫代表团："对于资产阶级政客，你们要非常小心……引导我们行事的是理性、分析和计算，而非感情。"斯大林或许还采取了间谍手段，许多为罗斯福和丘吉尔准备的敏感文件落入了苏联人手中，而利瓦季亚宫也被安装了许多隐藏的窃听器。[344] 罗斯福飞了 9 500 千米来到此地，中间还在马耳他短暂歇脚，和丘吉尔见了一面，他已经很累，而且明显病了。丘吉尔的外交大臣安东尼·艾登觉得他"思维模糊、懒散、效率低下"，但他明白自己需要在美国公众面前展示出团结，并对和平和民主的战后秩序做出承诺。他已经在许多地方做到了这一点，包括推动各方就组建联合国达成普遍一致，以及在雅尔塔会议最后一天签署了《解放欧洲宣言》，在宣言中三大强国承诺建立基于自由选举和人民意愿的政府。他还让斯大林同意苏联在德国战败后加入对日作战,这一承诺在想要结束太平洋战争的美国看来仍具有战略必要性。[345]

《解放欧洲宣言》实质上是为了裱糊盟国之间显而易见的裂痕。罗斯福不知道的是,丘吉尔去年10月在莫斯科会见斯大林时已经勾掉了大部分东欧国家,他拿出了一份关于苏联和西方地盘划分的非正式列表——所谓的"百分比协定"——把罗马尼亚和保加利亚划给了斯大林,英国则保留了在希腊的主要发言权。丘吉尔关注的是确保英国对地中海的主导权得以延续,并允许战后法国在被占领的德国拥有一席之地,对此斯大林勉强同意。真正的障碍在于波兰的未来,波兰全境此时已被苏联占领。罗斯福和丘吉尔勉强同意苏联保留1939年占领的波兰领土,但对于把德国东部的什么地方划到波兰西部作为补偿的问题,两人并没有达成明确共识。新波兰已经由1944年斯大林建立的共产主义委员会作为候任政府进行临时统治,但丘吉尔和罗斯福都不打算接受这个新政府,想要在另一个非共产主义波兰分一杯羹。斯大林则坚持说自己也想要一个民主独立的波兰,但它必须对苏联的利益保持友好,而且既然苏联一方已经决定在事关苏联安全的问题上不妥协,实际上西方盟国也完全没有手段做出什么改变。各方临时达成了妥协,斯大林同意组建一个由莫洛托夫和英美大使组成的委员会,到莫斯科来制定一份"民主波兰"纲要,但是三个人见面后委员会很快便陷入僵局,就这样,波兰,这个1939年战争的起源地就被甩给了红色阵营。

尽管雅尔塔会议给人留下了盟国之间团结一致和战后协作的印象,还留下了许多三巨头微笑合影的照片,但他们之间的关系在德国战败前的几个月间迅速恶化。斯大林一直担心他的盟友会与德国单独媾和。1945年3月下旬,他对一个捷克斯洛伐克代表团说,很有可能的是,"我们的盟友将会试图拯救德国人并与他们达成某种安排"。

罗斯福也很快明白雅尔塔会议的"宣言"对斯大林毫无意义。3月24日，当罗斯福再次听说斯大林阻挠了美国方面提出的遣返在波兰的美国战俘的请求时，他郁闷地把拳头砸在轮椅上："我们没法和斯大林做生意。他违背了在雅尔塔会议上做出的所有保证。"[346]

然而，彼此间日益增长的不信任和指责，却丝毫未能影响到这个联盟在公众面前的形象。在随后的两个月里，对德国的包围圈正从西、东、南三个方向收紧。与盟军不同，德国军队任何扭转战局的尝试都面临着无法逾越的障碍。原本应当从国内补给线路和交通线路中获益的运输系统，却因受到了过于严重的损毁而无法满足军队的需要；许多时候军需物资要靠马匹才能被送到前线；对德军地面部队来说空中支援只剩下了一点残渣；德军各师都缺乏人手，补充兵员难得一见，而且许多是年龄不适合或者未受训练的人；国民突击队领到的军服五花八门，步枪和机枪很少，有一次一支部队还领到1 200枚没有引信的手榴弹。[347]盟军士兵报告说，德军的抵抗已经滑入两个极端，如一名士兵所言，"凶残坚决和冷漠消极"。[348]最重要的是，希特勒在他作为最高统帅的最后几个星期里失去了仅存的一点理性，他解除了那些未能死守的将领的职务，坚持要求"每一块平地、每一栋房屋、每一层楼、每一丛灌木，以及每一个弹坑都要守到底"。[349]他没能允许被困在库尔兰半岛和被切断在东普鲁士的德军趁还来得及时从海路撤离以加强德国核心区的防御。他也不允许德军将防线撤至莱茵河天堑后面，或者在意大利撤过波河。1945年2月和3月，他两次派出德国本土急需的部队去尝试打破苏军对布达佩斯的包围，希望他们能夺回巴拉顿湖的匈牙利产油区，灾难性结果可想而知。最终，3月19日，他发布了常被称为"尼禄命令"的法令，在剩余的德国领土上实施焦土政策，摧毁从桥梁到粮仓的各种设施，不给盟军留下任何完整的可利用的东西。这道法令被解读为对没能响应他关于帝国荣光的号召的德国百姓的惩罚,不给他们留下任何东西。但很明显,他说的只是武器装备、生产和运输设施,在希特勒看来这与四年前苏联当局摧毁德军进攻路线上的一切别无二致。[350] 到了这个阶段,各地的军事和纳粹党当局已经在跟着感觉走,许多地方拒绝执行这条法令,因为这显然会影响到平民大众的生存;实际上,在各个主要城市,没有被盟军飞机炸毁的东西已经所剩无几。

兵败如山倒。在雅尔塔会议上,盟国领导人讨论了关于欧战何时结束的想法,他们的结论是不会早于7月1日,更可能是12月31日。仍然保护着德国和驻意大利德军的脆弱防线被证明几乎没有纵深。在西线,艾森豪威尔关于肃清莱茵河西岸敌军的意图在3月10日达成,此时盟军估算德军已经损失了1/3的实力,包括25万人被俘。在河西岸,由400万盟军组成的73个师(到德国投降时达到450万人,91个师)已经集结完毕。[351] 艾森豪威尔又一次面临着蒙哥马利和布莱德雷关于在何处先渡过莱茵河的争论,尽管他支持英军在3月23日启动"掠夺行动"计划(由空降作战"大学行动"提供配合),但他也没有阻止布莱德雷的第12集团军群去利用德军部队在战线中段的溃败。3月7日,美军第9装甲师的一支侦察部队完好地夺取了雷马根的鲁登道夫大桥,布莱德雷在获得艾森豪威尔的准许后指挥部队渡过了莱茵河。他们夺取的桥头阵地只向前推进了一小段距离,而且被压制到了3月底,但巴顿决定不再等候蒙哥马利和英军的行动,他要先动手。3月7日,他的美军第3集团军在48小时内推进88千米后夺取了科布伦茨;3月22日,在尼尔施泰因和奥本海姆渡过了莱茵河,刚好抢在了北面的英军前面。

一天后,在3 500门大炮的弹幕之下,蒙哥马利的第21集团军群在威塞尔渡过了莱茵河。在河西惨败之后,德军在此地和南面的抵抗此时已非常薄弱而且捉襟见肘;一些被围的包围圈里还进行着艰苦而激烈的战斗，但德军士兵投降的意愿也越来越强。尽管将部队送过莱茵河还需要时间，但当此举在3月28日完成后，他们的进展就和朱可夫在1月时一样神速。英军第2集团军前往易北河与汉堡，加拿大第1集团军进攻荷兰。美军第9集团军又重回布莱德雷的指挥之下，参加了对鲁尔－莱茵兰工业区的合围。布鲁克元帅谴责了这种"针对盟友的民族主义做派"，这削弱了蒙哥马利的集团军群，令英军的地位大受限制，只能掩护盟军的左翼。[352] 盟军在德国北部平坦的平原上进展迅速，拿下的城镇一个接一个，但挑战并非不存在。不来梅于4月20日迎来了进攻的英军，并守了6天；蒙哥马利受命迅速挺进丹麦和波罗的海港口吕贝克，这次是为了阻止苏联红军，因为西方盟国没有和斯大林就占领丹麦与荷兰达成协议。5月2日，英军第2集团军进入吕贝克，德国北部的战争最终画上了句号。

在南面，布莱德雷的集团军群强行渡过莱茵河，他以第9集团军在北、第1集团军在南合围并分割鲁尔包围圈时也没有遇到什么认真的抵抗。德军B集团军群的31.7万人最终于4月17日放下了武器，他们的指挥官莫德尔元帅没有投降，而是解散了部队。4天后，他在杜伊斯堡市附近的森林里举枪自尽。[353] 此时，艾森豪威尔和布莱德雷开始对美军战略做出重大调整。盟军没有如早先希望的那样渡过莱茵河后就立即向柏林推进——也就是艾森豪威尔在去年9月宣布的"直取柏林"，因为此时出现了一份诡异的情报图景，表明残存的德军精锐部队，主要是党卫队部队，正在南方集结以建立"阿尔卑斯堡垒"，他们在山区可以得到隐藏的粮食和装备储备，甚至还有地下飞机工厂的支持。[354] 在经受了阿登进攻的打击之后，美军将领们再也不想被打个措手不及了。各种明显的增援迹象和对仍在意大利的大批德军可能进入阿尔卑斯山的担忧，如布莱德雷在回忆录中所说，"是非常明显的威胁，无法被忽视"。3月28日，艾森豪威尔直接给斯大林、马歇尔和蒙哥马利写信，称自己已命令第 6 集团军群和巴顿的第 3 集团军向南方和东南推进，以斩断德军在山区建立最后立足点的可能。[355] 他还对联合参谋部说："柏林作为一个战略区域已无意义，它的大部分地区已被摧毁。"[356] 消灭鲁尔包围圈后，美军其余的集团军奉命奔赴易北河，在那里停下来等候苏联人到来。

事后看来，"阿尔卑斯堡垒"明显只是个情报幻觉，但南方确实有足够的党卫队部队和装甲力量，因此这一担忧比现在看来更有道理。丘吉尔和英军参谋长会议对优先级的变更备感沮丧，但艾森豪威尔气愤地坚持说这一次他将不再理会这个拖后腿的盟友的反对。美军部队迅速从莱茵河赶往弗兰肯的陶伯河，但他们在施泰因瓦尔德和弗兰肯高地一线遇到了坚固的防线，其中许多是由军校学员和希特勒青年团防守，战斗十分残酷，双方都毫不留情。美军花了三个星期才突破到多瑙河，但筋疲力尽的德国残存守军再也无力进行有组织的抵抗了。一名见过德国士兵的人写道："看着那些疲惫的、衣衫褴褛的、大部分赤手空拳的德军残兵被炸到空中，这真是个悲惨的画面。"[357] 美军开进奥地利，封锁了通往意大利的布伦纳山口，并突入捷克斯洛伐克，在布拉格以西与苏联红军划定了边界。南方的德国士兵躲开了自己人对投降者的恐怖惩罚，便纷纷放弃了战斗，到 4 月底，德军俘虏已达 60 万人。

如果艾森豪威尔能搞清楚意大利战场的局势，他或许就不会那么担心德军在阿尔卑斯山建立最后的堡垒区了。这里的德军也是掘壕固守，想把对手阻挡在波河河谷前的最后一道山岭前和亚得里亚海岸边。驻意大利德军总司令凯塞林元帅于 3 月 10 日被调去接替冯·伦德施泰特，担任西线总司令，他的继任者海因里希·冯·菲廷霍夫－谢尔（Heinrich von Vietinghoff-Scheel）大将拥有约 23 个实力不足的师（其中 4 个还是墨索里尼的意大利军队残部）来防守从西边的利古里亚到东边的拉文纳一线。他的防御力量绷得过紧，此时还要面对拥有压倒性空中优势、2∶1 火炮优势、3∶1 装甲车辆优势的敌军。在冬季的僵持之后，盟军准备发动最后一战。4 月 9 日，在 825 架重型轰炸机投下破片弹发动可怕的空袭之后，英军第 8 集团军发动了突击；他们打到了桑德罗河，两天后打垮了虚弱的敌人过了河，新西兰前锋部队向博洛尼亚迅速挺进。[358] 4 月 14 日，美军第 5 集团军司令卢西恩·特拉斯科特将军（克拉克去当意大利集团军群司令了）从亚平宁半岛北部发起突破，他们遇到了零星但激烈的抵抗，直至 4 月 19 日才突破最后的防线成吉思汗防线。盟军的两翼进攻部队此时已能向博洛尼亚和波河推进了，他们于 4 月 22 日到达了波河。当最后的防线被突破之后，德军部队便如同 1944 年 8 月在法国那般夺路狂奔以免溃散。他们渡过波河，沿着所有指向东北方、可能通往奥地利的道路后撤。此时，驻意大利北部主要城市的德国守军都面临着游击队的起义。随着盟军的逼近，德军降兵人数倍增，但实际上德军高层也已开始秘密接洽总投降事宜了。尽管蒂罗尔 - 福拉尔贝格纳粹大区长官弗朗茨·霍弗在几个月前就向柏林提出了建立"阿尔卑斯堡垒"的想法，但他发现柏林对这种暗示着失败主义的想法毫无兴趣。到 4 月底，当驻意大利德军濒临崩溃时，所有想法最终都只能烟消云散。

  美军对"阿尔卑斯堡垒"的关注让斯大林松了一口气，这意味着盟国之间不会有攻取柏林的竞赛了。尽管他向他的盟友灌输说苏联也不看重柏林，但夺取希特勒的首都并不是军事方面的优先选项，而是政治方面的优先选项。1945 年 1 月，斯大林宣称他要在希特勒的巢穴把这个纳粹的头子活捉，之后苏军在指代其目标时便使用了俄语中的"巢穴"一词，而非"柏林"。[359] 然而，苏军打到奥得河一线时，意料之外的延误却发生了。2 月上旬，朱可夫告诉斯大林说，他只要"一轮猛冲"就能在当月中旬拿下柏林；斯大林在雅尔塔时，朱可夫再次请求允许立即发动战役。在南边,科涅夫也已急不可耐,他保证能在2月最后几天打到易北河。[360] 斯大林稍一犹豫便做出了决定,既然西方盟军显然还被困在莱茵河以远,那就先肃清苏联红军的侧翼,那里仍有敌人的重兵存在。尽管肃清侧翼以免夺取柏林时出现任何风险的做法在战略上合乎情理,但他的真实动机仍然不太清楚。这位苏联领袖已经为了进攻和夺取德国腹地投入了巨量资源,他无法承受对柏林攻而未取的结果。于是,朱可夫被派往北方协助肃清波美拉尼亚并被命令打到波罗的海岸边,他还要花两个月来配合罗科索夫斯基的第2白俄罗斯方面军消灭仍留在东普鲁士和原"波兰走廊"的德军。3月30日,但泽落入苏军之手。这两个月的战斗消灭了德军在北面的所有抵抗,但付出的伤亡代价是1月维斯瓦河-奥得河战役的3倍。在南面,科涅夫也不得不在西里西亚与费迪南德·舍尔纳(Ferdinand Schörner)将军的中央集团军群展开大战,而在多瑙河前线,德军发动了战争期间的最后一次反攻"春醒行动",战役由塞普·迪特里希的第6装甲集团军来打,旨在重夺匈牙利的油田,苏军不得不付出重大伤亡才于3月中旬将其击退。[361] 至此,通往维也纳的大门已然洞开,苏军于4月13日包围并占领了这里。5月,德国投降后,苏德两军又在布拉格进行了欧洲战场上最后一场战斗。

3月下旬,成功渡过莱茵河显然成了西方盟军快速推进的前奏,为此,斯大林下令立即准备进攻柏林,并越过柏林打到易北河一线。战役必须取得快速进展,为此大批部队被从侧翼调了回来。斯大林想要在5天内夺取德国首都,于是这场战役中将星云集,朱可夫、科涅夫和罗科索夫斯基的3个方面军共250万人被编成171个师和21个机动兵团,他们装备了6 250辆坦克、7 500架飞机、4.1万门火炮和迫击炮;防守奥得河的德军第9集团军和第3装甲集团军拥有25个师和754辆坦克,守卫柏林的瓦尔特·文克(Walther Wenck)中将指挥的第 12 集团军只有 6 个在 4 月才刚刚仓促拼凑而成的师，几乎没有重武器。德军总共只招募了 76.6 万人，其中许多人由于伤病、战斗疲劳或年龄而失去了战斗力。双方都枕戈待旦，等候着显然是战争中最后一场大规模战役的到来。4 月 16 日，进攻在泽洛夫高地当面朱可夫的战线上打响，这是通往柏林的最直接的路线。朱可夫使用了 143 台探照灯，想让德国守军目眩，但大规模的预备炮击不仅撼动了大地，伤及前锋装甲部队，还掀起了浓密的烟幕，把灯光反射到了冲上去的苏联红军身上。[362] 红军直到第二天结束时才以巨大代价拿下了这座高地，但收到朱可夫进攻受阻的消息后，斯大林转而鼓励已在南方取得更多进展的科涅夫转向北边，从南面加入夺取柏林的竞赛中。科涅夫的方面军面临着难以横渡的尼斯河。但 4 月 16 日，在冰雹般的炮弹和烟幕的掩护下，苏军乘坐一大群小船过河，一个小时内就夺取了河对岸。敌人第一天就被击退了 13 千米，当第 1 乌克兰方面军转向西面和西北进攻柏林时，德军的抵抗已经瘫痪。4 月 18 日，科涅夫的前锋夺取了措森的德国陆军总部，直逼柏林。4 月 25 日，科涅夫的部分部队越过柏林直奔易北河，在那里，在托尔高附近的一个村庄，苏军和美军终于见了面。

　　柏林周围那些脆弱的最后防线被一道接一道地突破。科涅夫已经准备好要赢得这场竞赛，他的第 3 和第 4 近卫坦克集团军突入了柏林郊区，直奔政府中心和希特勒的老巢而去。4 月 25 日，他已经来到了能够下令进攻政府中心和国会大厦的位置上，但他的前锋部队发现自己正在向崔可夫将军的第 8 近卫集团军开火！他们是朱可夫方面军的一部分，朱可夫已经设法加速推进，赶在科涅夫前面仅仅几个小时抵达了德国首都的市中心。4 月 30 日，崔可夫的官兵们将夺取希特勒巢穴的荣耀揽入怀中，他们的一支小分队突入国会大厦，在屋顶升起了一面巨大的红旗。[363] 就在几百米外，希特勒和一小群随从挤在帝国总理府的地下室里。他已经完全脱离了他周围的现实情况，幻想着上帝来保佑他扭转败局。4月12日，当罗斯福死于脑出血的消息传来时，希特勒一度幻想着命运逆转了："现在，命运为世界清除掉了有史以来最大的战争罪犯，战争大势的转折点就要到了。"[364] 希特勒一连多日都一直妄想着自己仍可能获救。4月24日，他命令城市周围的德国军队"与柏林恢复紧密联系，决胜柏林"。[365] 4月28日，当苏军大炮轰碎他头上的建筑时，戈培尔再度通过柏林号外报刊《装甲锤》(*Panzerbär*) 发出战斗口号，宣扬希特勒是日耳曼民族英雄这一神话："在这场缔造世界历史的自由之战中，他的命令仍在从柏林发出……他是挺立在人们见过的最激烈战场上的人。他周围聚集了这里有史以来最伟大的军人……"[366] 他已无路可逃。当审讯人员问约德尔希特勒在面临惨败时为什么不及早投降时，他答道："你在输掉战争前会放弃帝国和人民吗？希特勒这种人不会这么做的。"[367]

日本的"最后决战"从未打成德国这样的规模，因为其本土列岛并未被入侵，但是强硬的日本军部领导层想要在行将失败之时以一场相似的赎罪式战斗挽回帝国的荣誉。1945年初，盟军距离日本仍然足够远，日本人能在一定程度上相信自己为敌人准备的苦战或许仍能支持他们从1942年以来就一直怀有的愿望，那就是让盟国为打败日本付出过于高昂的代价，由此最终实现谈判议和。日本人在中国台湾、中国东部、朝鲜南部和太平洋上的小笠原群岛建立了内层防御圈。然而这一次，由于盟军具有物质优势，以及日本战争经济因贸易线遭到海空封锁而逐渐崩溃，战争的结局仍然是毋庸置疑的。唯一的问题是盟军的进攻节奏，这在1945年被证明慢于预期，日本占领区的守军已经找到办法引诱敌人在自己选择的战场上陷入持久的消耗战。

麦克阿瑟认为，菲律宾是向日本本土列岛发动最后进攻的最佳跳板，他在这里投入重兵但进展缓慢，这让美军为最后战役所制订的计划中的矛盾之处再次浮现出来。金上将希望海空联合封锁能避免登陆进攻，从马里亚纳群岛基地出发的轰炸机已经让这种封锁成为可能，但是尼米兹和麦克阿瑟都确信，除非登陆并占领日本本土列岛，否则日本不会投降。为了这一目的，尼米兹和陆军航空兵司令阿诺德需要夺取硫黄岛和冲绳岛的岛屿基地作为海空力量的前进基地。夺取硫黄岛也能阻止日军飞机对驻马里亚纳群岛的 B-29 重型轰炸机发动攻击。[368] 在实现这一点之前，麦克阿瑟必须尽快完成对菲律宾群岛主岛吕宋岛的占领。对这里的进攻始于 1945 年 1 月 7 日，参与进攻的美军有 17.5 万人，少于山下奉文大将指挥的 26.7 万日军。当麦克阿瑟获悉这一力量对比时，只得无奈地斥其为"胡说"。[369] 山下奉文认为自己的目标是故意拖延作战，以阻止对日本本土任何可能的进攻，为此他把部队留在吕宋岛主要谷地周围的山区中。结果，第一周的战斗并不激烈，麦克阿瑟当时催促他的集团军司令沃尔特·克鲁格（Walter Krueger）将军加速夺取马尼拉，这样他就可以宣布决定性胜利并荣归故里。1941 年之前，他的家就在这座城市。

马尼拉之战美军的主要对手是岩渊三次海军少将的海军陆上部队，战斗变得漫长而残酷，美军指挥官被告知要改变交战规则，可以用大炮向居民区开火，日军指挥官则下令"杀死战场上的所有平民"。[370] 于是，日本鬼子又制造了一场南京大屠杀，他们把男人捆在一起点火烧死，变着花样虐杀女性与儿童，妇女和年轻女孩则被强暴。城市的中部和南部不得不被一个街区接一个街区地加以摧毁，以清除日本守军。马尼拉饭店顶楼先前麦克阿瑟居住的套房也在被摧毁的建筑之列。估计有 10 万菲律宾人死于炮击、轰炸和日军屠杀；1.6 万日军在防守马尼拉时丧生，但战死的美军只有 1 010 人——在太平洋战争中少得不同寻常。[371] 在这种情况下，3月3日，马尼拉在废墟中迎来解放时，麦克阿瑟取消了原定的穿过首都市中心的胜利阅兵。尽管吕宋的港口和机场现在能被用于计划中的后续进攻了，但山下奉文却率军撤退到了山区堡垒中，在那里坚守到了8月日本投降之时。接下来，双方部队在热带气候下，在适合隐蔽防御的艰难地形中，忍受着疾病和战斗疲劳进行战斗，都付出了格外高昂的代价。到吕宋岛战事结束时，日军伤亡达38万人，大部分人死亡，盟军也有4.7万人在战斗中伤亡，另有9.3万人因疾病、战斗疲劳和精神崩溃而失去战斗力。[372] 代价比盟军的预期更高，这既推迟了下一阶段的进攻，也削弱了盟军实施下一阶段进攻的能力，正遂了山下奉文的心愿。

夺取日本南面的小笠原群岛中的硫黄岛，以及琉球群岛中最大的岛屿冲绳，被证明是太平洋战争中代价最高昂的战役之一。进攻硫黄岛的"分遣队行动"于1945年2月打响，之后是4月进攻冲绳的"冰山行动"。理论上说两座岛屿都是日本的地盘，日军士兵们因而被告知守卫日本的土地是他们的神圣职责。硫黄岛由于岛上美军伤亡人数超过日军而闻名。由于日军领导层预计到这座岛屿将成为进攻目标，硫黄岛指挥官栗林忠道中将便用他的2万人建造了一座岛屿要塞，他们利用洞穴和火山岩建立了一张防御工事网，彼此间以隧道相连，敌人几乎无法察觉人员、火炮和物资的集结。栗林忠道的指挥部建在22米深的地下，顶上建有碉堡，碉堡顶部覆盖有3米厚的混凝土；岛屿只有10千米长，3千米宽，但日军在岩石地表下面构筑了17千米长的隧道。岛上三座机场中有一座周围有不少于800个碉堡。[373]

如此坚固设防的岛屿成了一片无死角的火力覆盖区，在登陆日2月19日组成登陆部队的美军3个海军陆战队师的70 647人几乎找不到掩护。斯普鲁恩斯的第五舰队只进行了3天的炮击而不是要求的10天，因为海军要他们北上前去直接攻击日本海岸线。尽管估计岛上一半重炮、1/4 的碉堡和火炮阵地被消灭，但守军仍然拥有令人生畏的火力。栗林忠道一直等到美军完成登陆才打出猛烈的炮火，而这只是为期 6 周的战役的序幕，战役期间美军陆战队们成了一刻不停的火炮、机枪和迫击炮火力的靶子。尽管美军只用了几天就夺取了机场，但肃清岛屿则被证明是格外艰难的挑战。2 月 23 日，标志性的旗帜在岛屿最南端的折钵山顶上升起（3 小时后，一名联合出版社的摄影记者将重演的升旗一幕拍摄下来，永留后世），但之后美军又花了 6 天时间才把山上洞穴里的日军士兵消灭干净。[374] 在北面，陆战队员们缓缓攻入岛上防御最严密的部分，用手榴弹、炸药和火焰喷射器摧毁敌人的工事，并在这一过程中遭受了惨重的伤亡，连续数月不停的激战让士兵们筋疲力尽，晕头转向。栗林忠道的碉堡最终还是被炸毁，栗林忠道则在碉堡里用日本仪式自杀。当 3 月 27 日美军宣布占领岛屿时，共计有 6 823 名美国军人死亡，19 217 人受伤或失去战斗力；在多达 2 万人的日本守军中，只有 1 083 人活下来被俘。[375] 这座岛屿随即变成了美军的空军基地，P-51 远程战斗机从这里起飞，为对日本城市的昼间空袭护航，数以百计的 B-29 轰炸机也在这里歇脚加油，或者处理技术故障或战斗损伤。

冲绳战役的规模大得多。作为日本领土的一部分，东京将其视为对盟军登陆日本本土后可能会发生的事情的测试。岛上的日军指挥官牛岛满中将沿用了日军在硫黄岛上使用的新战术"休眠战术"，他们放任美军登陆，引诱进攻者来到设防坚固的岛屿南部，在这里，主要来自日本第 32 军的约 8.3 万人的战斗部队集中在了另一个由山洞、隧道和碉堡组成的网络之中。[376] 美军关于冲绳岛日军战术的情报不多，这回美国海军的表现机会比先前更少，但他们也对岛屿进行了 10 天的炮击，并派出一支小分队夺取了主岛近旁的庆良间列岛作为水上飞机基地和海军前进基地。为了这次进攻，美军集结了由超过 1 200 艘各种舰艇组成的庞大舰队,但甚至早在美军登陆前,日军宇垣缠中将就于3月5日正式成立了由自杀式飞机组成的"特攻队",并向来袭的美军舰队发动了第一次自杀式攻击,而这只是持续长达3个月的自杀式攻击作战的开端。登陆前两天的3月30日,一架自杀式飞机撞中美军舰队旗舰"印第安纳波利斯号",斯普鲁恩斯不得不转移到"新墨西哥号"上。日军总共出动了1 465架自杀式飞机,击沉36艘舰船,击伤300余艘,其中包括了规模小得多的英国太平洋舰队的舰艇,英军舰队最终被纳入美军统一指挥,在5月返回澳大利亚改装之前只被派去执行了一些次要任务。[377]

4月1日,由美国陆军和海军陆战队7个师的17.3万人组成的登陆部队在西蒙·玻利瓦尔·巴克纳(Simon Bolivar Buckner)将军的指挥下登上冲绳岛。除了自杀飞机外他们几乎没有遇到抵抗,几天内就拿下了机场区域。4月8日,美军部队在向岛屿北部和南部推进时,第一次接触到了日军。牛岛满把他的部队隐蔽集结在岛屿的南部山区,美军再一次被迫以慢得痛苦的速度向前推进,即便美军炮兵和舰队向山坡上倾泻了230万发炮弹后,他们一次还是只能消灭一处敌人工事。[378]推进的速度和在硫黄岛时一样缓慢,美军部队再一次被逼到崩溃边缘:100天没有停顿的战斗,5月下旬的天气把山坡变成了深厚的泥潭,腐烂的尸体则让空气中弥漫着恶臭。直到6月,残存守军才被驱赶到岛屿西南部,在那里他们缺少弹药、粮食和医药,慢慢被消灭了。日军的抵抗最终于6月21日结束,三天前,巴克纳在视察前线时被一枚炮弹炸死。牛岛满和栗林忠道一样选择了自杀。约有9.2万名日军士兵和冲绳民兵死亡,一同丧生的还有大批平民,各方数据估算在6.2万到12万之间。美国海军、陆军和海军陆战队共有12 520人死亡,36 613人受伤,但还有33 096人由于疲劳和疾病等非战斗原因伤亡,使得美军的总损失人数比日军少不了多少。[379]正是冲绳岛和硫黄岛的这些伤亡数字激起了美国国内日益高涨的抗议，民众抗议为了夺取这些战略价值难以理解的小岛而付出高昂代价，这也让华盛顿开始担心进攻日本本土的代价可能会超过美国公众的承受能力。

日军在预设阵地里的激烈抵抗有个这样的背景：随着海上封锁和从 1945 年 3 月开始的猛烈空中轰炸导致日本的工业和本土民众深陷危机，日本的战争能力开始日渐衰落。针对日本海运和沿海交通的潜艇战和空袭在 1944 年和 1945 年达到高峰。日本商船队的总吨位从 1942 年的 590 万吨降到 1944 年的 89 万吨，而到了 1945 年大部分残存的商船也由于潜艇和水雷的威胁而无法再从南方和亚洲大陆向国内运输物资了。[380] 1945 年，在日本周围沿海地区的密集布雷导致原材料、煤炭和粮食等关键物资的进口最终崩溃。1941 年，日本的大宗进口物资总吨位为 2 000 万吨，到 1945 年只剩下 270 万吨。日本钢铁工业所需的铁矿石的进口量从 1942 年的 470 万吨跌到战争最后 6 个月的 34.1 万吨；橡胶进口降为 0；主要来自亚洲大陆的煤炭进口，在 1941 年时共有 2 400 万吨，在战争最后 6 个月时只有 54.8 万吨。[381] 失去了原材料，日本的军工业在 1945 年夏季已濒临崩溃。

美军第 21 轰炸机司令部开始从马里亚纳群岛的基地出发进行猛烈轰炸，这进一步强化了封锁带来的打击，尽管对日本战争机器的根本性打击和对其本土民众供应的影响早在轰炸机开始全面轰炸日本城市前就已出现。1945 年 1—2 月，美军开始对飞机制造厂和造船厂进行精确轰炸，但由于日本上空始终有一股强烈气流，这种用 B-29 轰炸机进行昼间高空轰炸的战术被证明无效。3 月上旬，轰炸机部队新任司令柯蒂斯·李梅（Curtis LeMay）中将彻底改变了轰炸战术，开始进行夜间低空空袭（飞行高度从 3.3 万英尺*改为 5 000—8 000 英

---

* 1 英尺 = 0.3048 米。——译者注

尺），使用大量 M-69 集束燃烧弹，这种燃烧弹装有哈佛化工厂开发的凝固汽油燃烧剂，对于有大量木质建筑的日本城市是致命的。[382] 3月9—10日夜，325 架 B-29 首次空袭东京，投下了 1 665 吨燃烧弹，这是战争中人员死亡最多的空袭，火焰风暴烧毁了 40 平方千米的城区，据东京警方估计，有 83 793 人死亡。[383] 3—6 月，李梅的轰炸机部队向日本最重要的城市工业区投下了 41 592 吨燃烧弹，烧毁了一半的城区；6—8 月，B-29 机群又打击了规模略小、工业价值略低的城市，有时能炸毁 90% 的城区。[384] 一份战后调查显示，此时日本被轰炸地区的军工厂的产能降低到战时高峰期的 27%；未受损地区也平均降到了 50%。[385] 李梅还想向马歇尔和参谋长联席会议证明集中轰炸日本的铁路网将会完成对日本工业的摧毁，从而使登陆变得不再必要。

海军和航空兵的指挥官都同意海空封锁造成的打击将足以迫使日本投降，但美军的规划人员仍然确信只有登陆才能确保其投降。双方都为似乎是不可避免的最终对决进行了准备。1945 年春，日本陆军开始组织"决号作战"。日军建立了两个战区司令部：第一总军负责防守本州岛中部、北部；第二总军负责本州岛西部、四国岛和南边的九州岛。他们的目标是建立一支 60 个师团的军队，其中 36 个师团将向敌军进攻地段发动反击，22 个师团负责近岸防守，还有 2 个机动装甲师团。只要能用上，陆海军都喜欢使用自杀式（特攻）战术，包括滨海突击队的自杀蛙人，以及满载炸药的小型自杀式快艇。[386] 在 6 月 8 日的御前会议上，日军提出了最后血战到死的"指导战争大纲"。次日，一份圣谕呼吁人民"粉碎敌国的贪婪野心"以求"达到战争目标"。就在一个星期前，美国参谋长联席会议要求制订一份正式的登陆计划，于是，被指定为地面部队司令的麦克阿瑟拿出了"日落行动"方案，行动分成两个阶段：对南方九州岛的进攻（代号"奥林匹克行动"）将在 11 月 1 日开始，之后，对东京地区的进攻（代号

"冠冕行动")将在1946年早春到来。第一阶段需要最多17个师，第二阶段则要25个师，两次作战都将得到极为庞大的由各式战舰和两栖舰组成的舰队的支援，包括美军的22艘航母。[387] 此时，英国领导层提出想要参加战斗，期望着这种良好的互信能够让英美在战后继续合作，但是可用的5个英联邦师（只有1个完全是英军）被马歇尔贬为"拖后腿的"。[388] 出动皇家空军轰炸中队的事情也被草草对待，直到战争结束都没什么进展——"该死的'兰开斯特'部队。"毒舌越发厉害的史迪威如此抱怨道，他现在来到冲绳接替巴克纳。[389]

6月17日，在美国新总统哈里·S.杜鲁门和参谋长联席会议的会议上，他们必须做出一个决定。杜鲁门想要通过海上封锁和轰炸对日本保持压力，但和陆军首脑们一样，他也相信只要别像硫黄岛战役和冲绳岛战役那样流那么多血，伤亡水平能降下来，那么还是要尝试登陆。尽管他十分担心伤亡会达到50万—100万人，这是1945年5月一份美国杂志凭空编造出来的数字，后来也反复出现在了杜鲁门的回忆录里。但当时陆军提供给他的估算结果并没有那么危言耸听。[390] 麦克阿瑟提供的统计数据显示，在90天的战役中可能的死亡和失踪人数为10.5万人；参谋长联席会议的规划部门则提出在两场战役中会有4.35万人死亡或失踪，马歇尔在与杜鲁门和参谋长联席会议主席威廉·莱希会面时提出，总损失人数将会是3.1万—4.1万人，他认为所有预测都有捕风捉影的成分，事实也确实如此。8月，日军西原贯治中将麾下第57军的15万人守在九州岛，等着板斧砍下来，这最早可能在10月就会发生。[391] 杜鲁门批准11月发动对这座岛的进攻（美方称之为"恶魔行动"）。自从6月占领冲绳，菲律宾和缅甸的日军抵抗也基本结束之后，双方都开始等待最后的摊牌，这次摊牌只有日本领导层放弃"决号作战"并接受无条件投降才能避免。

最后一举：无条件投降

在如此大规模的战争之后，1945年德国和日本的投降是这场死战到底的战争中颇为突兀的一刻。有些时候，战斗在宣布投降之后还打了几天甚至几个星期，但对于绝大多数穿上军装的男男女女而言，投降还是把他们从漫长的战争煎熬中突然解放了出来。然而对交战双方来说，逼降（被迫投降）在政治上和军事上都是个复杂的过程。罗斯福总统在1943年1月卡萨布兰卡会议上发表声明，称盟国不接受无条件投降之外的任何方式，这部分阻止了某一个盟国寻求单独议和，却也让敌人轴心国明白自己无法靠谈判得到任何东西，尽管三国都如此尝试过。盟国方面当然是有条件的。罗斯福还提出，胜利将会"在德国、意大利和日本消除基于征服和奴役他国人民的哲学"——但实际上所有的帝国都有这样的哲学。[392] 在随后两年里，他们还提出了更多的条件：军事占领和统治，解除武装，审判战犯，清算操纵战争的官员和政客，以及在盟军监督下建立民主政治和社会体系。轴心国明白，如果按要求无条件投降，这可能就是它们面对的条件，但其领导层和民众都对更糟的结果做好了准备。人们至今都会围绕盟国的这一要求是否让战争拖得更久这一问题进行辩论，但妥协的意愿确实会损害盟国之间的一致目标并导致战败国保留侵略性的政体。

希特勒和墨索里尼都不想成为那个同意并签署无条件投降条款的人，最后他们也都没有这么做。而日本人的词典里根本没有"投降"这两个字——无论有没有条件；没有天皇的命令，没人应该投降，也没人能够投降。只有天皇圣谕才能结束战争状态，但是让裕仁天皇自告奋勇走出这前所未有的一步却是个极端重大的政治、军事和法律事件。当罗斯福宣布他只接受无条件投降之时，其中的复杂性对盟军来说就已是显而易见的了。如罗斯福后来所说，这个词并不是"突然蹦到我脑子里的"。至少从1942年5月起，美国国务院的官员们就在争取将"无条件投降"作为盟军的要求,这与停战截然不同,停战是可以讨价还价的,就像德国在1918年11月签署停战协定后做的那样。1943年1月7日,就在动身前往卡萨布兰卡前不久,罗斯福在与美国参谋长联席会议的一次会议上保证,他将会把"无条件投降"打造成美国战时地位的基础。[393] 丘吉尔本想为意大利提供单独达成和平协议的解决方案,只要意大利发动反墨索里尼的政变就行,但他的战时内阁否决了他的意见,坚持意大利也必须接受无条件投降。[394] 斯大林先是对这个提法不置可否,直到他于1943年5月1日在演讲中首次用到这个词为止,但他对这个要求的重视程度不及他的西方盟友,西方盟国希望苏联一直打下去,直至最终让全部三个轴心国首先向美国投降。[395]

仅仅几个月后,这个概念就受到了第一次考验,1943年夏,事情很明显了,意大利很可能成为第一个崩溃的轴心国。对于意大利政府请求议和并请求保留意大利君主制政体,英美两国的态度存在显著分歧,丘吉尔都愿意接受,美国则一直不情愿。在讨论中,英国人使用了"停战"一词,美国人却不肯接受。后来双方同意使用更中性的表达方法"投降条款"。1943年夏,当意大利的危机似乎已迫在眉睫时,两个盟国最终同意在意大利"完全无条件投降"之后建立联合军政府,这与到了1945年盟国对德国采取的处理相同。[396]

1945年7月25日,推翻墨索里尼政权后,无论是彼得罗·巴多利奥元帅的新政权还是盟国都不太知道该怎么做。巴多利奥宣布要把战争进行下去,尽管他并不真的想这么做。双方都对各种可能充满幻想。盟军甚至希望意大利军队能先把德军赶出意大利再投降,意大利国王维托里奥·埃马努埃莱则相信意大利军人仍能"坚持战斗"足够久,因此有时间通过谈判解决问题。盟军开始使用"光荣投降"一词来引诱意大利人放下武器,但这个词似乎暗指了意大利领导人想要利用的回旋空间。英美之间依然因围绕投降文件条款产生的分歧而关系紧张,最终,艾森豪威尔于8月上旬提出了"短期停战",仅包括军事投降和解除武装,英国人则提出具有更严苛的政治和经济条件的"长期停战",这个分歧只能被交给丘吉尔和罗斯福在8月召开的魁北克会议来解决。巴多利奥派出特使与盟军接触以讨论可能的军事协作,但并没有说要投降。首席代表朱塞佩·卡斯泰拉诺(Giuseppe Castellano)将军明白盟军乐于得到意大利关于军事配合的保证,他劝巴多利奥和军队首脑们应当迅速签字同意短期停战,这样意大利就有机会换边站。8月31日,卡斯泰拉诺来到西西里岛上卡西比莱的盟军总部。9月3日,意大利军队签字投降。艾森豪威尔希望把此事保密到正在组织中的盟军萨勒诺进攻战在几天后打响为止,以免德军占领意大利。

巴多利奥没有把发生的事情告诉同僚们,也没有命令军队准备好配合盟军对付德军,意大利方面已经知道了盟军登陆萨勒诺的计划。9月7—8日晚,巴多利奥在家里穿着睡衣被叫醒,看到一位暴怒的美国将军,此人是原计划第二天抵达罗马以支援意大利军队保卫首都抵御德军的美军空降师师长。他刚刚潜入罗马来打探意大利军队的态度。巴多利奥被迫承认意大利军队什么都没有做,并请求推迟公布停战的消息。最终意识到被巴多利奥欺骗了之后,暴怒的艾森豪威尔于9月8日宣布意大利已经无条件投降,并要求意大利政府照此办理。9月9日傍晚,巴多利奥通过广播宣布停战(避免使用"投降"一词)。[397] 9月29日,巴多利奥和国王在马耳他的正式投降仪式上签字,签的是有44项条件的"长期停战"协议,二人于9月10日逃离罗马来到南边。但困难并未就此结束。苏联政府认为自己没有理由被排斥在投降进程和随后对意大利的军事占领之外,因为苏联红军从1941年起就在苏联战线上与意大利军队作战。西方盟国还是拒绝让苏联直接参与，但在意大利的盟军顾问委员会里给苏联留了一个位置。苏联的抗议于是相对缓和了下来，但斯大林显然学会了这一招。当苏联红军在1944年迫使罗马尼亚和保加利亚停战、1945年逼匈牙利停战时，西方盟国也被排除在外。[398]后来这三国的和平条约都是按苏联的要求写的，不过作为回报，斯大林同意由美国来安排对日本的军事占领与和平协议。[399]

　　1943年的无条件投降并没有结束意大利的战争。9月8日宣布投降后，解除了几乎全部意大利军队的武装并对大部分亚平宁半岛实施严酷统治的是德国军队。在德国庇护下建立的墨索里尼新政权并不在停战的范围之内。意大利境内全部轴心国军队，包括仍在为墨索里尼而战的意大利军队的无条件投降，还要推迟到1945年，而那时达成投降的努力则再一次复杂而漫长。早在1945年初，意大利战线的德军高级将领就开始探讨结束战争的可能性。3月，党卫队将领卡尔·沃尔夫就在瑞士中间人杰洛·冯·加尔文尼茨的牵线下秘密前往伯尔尼，会见美国战略情报局的代表艾伦·杜勒斯。沃尔夫带着说服当地德军最高司令凯塞林元帅支持投降的承诺回到了意大利。英美也在它们所称的"日出行动"（丘吉尔坚持称其为"字谜行动"）中做出了积极的回应。但4月20日，杜勒斯接到终止接触的指示，因为意大利的德军指挥官冯·菲廷霍夫-谢尔很明显希望率领他的军队返回德国以保持荣誉，而非无条件投降。在此几天前，沃尔夫曾飞往柏林面见希特勒，在那里，当他被告知要与美国人保持接触以争取更好的停战条款时，沃尔夫转述了希特勒的话："无条件投降是荒唐的。"[400]沃尔夫幸运地逃过攻击回到了意大利，但希特勒最高统帅部发来的命令仍然是要求德军留在意大利战斗到死。

　　3月，英美和意大利秘密谈判的事情通过苏联间谍传到了莫斯科，斯大林又开始担心西方正在寻求单独议和，这次可能就会是用在意大利的军队来阻挡苏军进军中欧的前奏了。苏联外交人民委员莫洛托夫立即要求任何商谈都要有苏联代表参加,结果却被告知这是英军和美军的战线,只有英国和美国说了算——又是一次和1943年时一样的粗暴拒绝。随后就是一番唇枪舌剑,西方盟国被指责"背着苏联政府"搞事情。4月3日,斯大林抱怨西方正打算"放宽对德军的停战条件,这样英军和美军才能向东推进"。两天后,收到罗斯福的坚决反驳后,斯大林在回电中说,投降问题为"一个盟国应当怎样对待其他盟国"打开了截然不同的视角。[401]这还不能算是公开决裂,但预示着盟国之间的裂痕越来越大,并一步步发展为战后的对抗。西方随后决定让苏联参加任何投降仪式,好让苏联相信自己不会轻易放过德国,莫斯科再次得到安抚,至少表面上如此。4月25日,1943年成立的盟国顾问委员会中的苏联代表阿列克谢·基斯连科少将来到了卡塞塔的盟军司令部。[402]

到了这个阶段,意大利显然即将战败,投降只是个时间问题。墨索里尼不想投降。4月中旬,他离开他的政府所在地萨洛来到米兰,却发现他的盟友德国正背着他洽谈投降。尽管他抱怨说自己被"背叛"了,但他的第一反应却是逃跑,于是他化装成一名德国士兵驱车前往瑞士边境。4月28日,他和其他法西斯党领袖被游击队抓获并被处决。他们的尸体就像屠夫案板上的肉一样被倒吊在米兰的一处广场上。仍在与盟军作战的意军残余部队和法西斯民兵的指挥官格拉齐亚尼元帅要求德国人代表意军签字,免得意大利人还要第二次签字无条件投降。[403] 4月25日,冯·菲廷霍夫再次派遣两名特使前往伯尔尼会见杜勒斯,这次他们同意无条件投降;丘吉尔立刻获得了消息,他随即电告斯大林以争取其接受投降。斯大林出人意料地同意了。4月27日,两名德国军官来到盟军司令部完成了投降流程。此时,已有4万轴心国士兵同意局部投降,到月底还将有8万人这么做。⁴⁰⁴ 4月29日，双方最终签订了长达17页纸的投降文件，文件生效前只有三天时间让德国指挥官去通知他们散布各处的部队。⁴⁰⁵然而，投降还没有完成，因为还需要坐镇阿尔卑斯行动区首府博尔扎诺指挥部里的德军总司令冯·菲廷霍夫本人正式批准。为了避免惊动柏林，两名特使乘飞机前往里昂，之后乘车穿过瑞士前往博尔扎诺。当他们于4月30日午夜抵达时，希特勒已经通过这个行动区的最高专员弗朗茨·霍弗获悉了投降一事。他在自杀前做的最后几件事中，就包括了下令逮捕冯·菲廷霍夫，由保罗·舒尔茨少将取而代之，舒尔茨接到命令要组织部队边打边撤入奥地利。但舒尔茨刚一到达就被沃尔夫的党卫队部队逮捕。5月1日，冯·菲廷霍夫终于向所有军事单位发出了停止战斗的命令。5月2日，已经升任西线总司令的凯塞林勉为其难地接受了希特勒死后所有抵抗都已无意义的看法，并批准投降。盟军高层监听了德军的无线电，以确保投降的电文被切实传达到了德军部队，5月2日傍晚6点30分，意大利第二次宣布无条件投降。⁴⁰⁶

真到了投降时，事情便被证明是一团乱麻。有些轴心国部队——包括在游击队追杀下在意大利北部一路烧杀奸淫的哥萨克部队——拒绝投降，他们穿过意大利北部边境的弗留利山谷一路打进奥地利。他们被游击队一路伏击，接着犯下了最后的战争暴行作为报复：在阿帆吉斯（Avanzis）屠杀了51名村民，在奥瓦罗（Ovaro）屠杀了23人。这里的战斗直到德国全面投降一周后的5月14日才结束。一名孤注一掷的法西斯党头领还带着一群狙击手一直抵抗到5月29日。⁴⁰⁷其他一些部队则拒绝放下武器。5月4日，盟军代表团驱车前往博尔扎诺的冯·菲廷霍夫的司令部时，经过了一些显然是由德国军队和党卫队士兵把守的哨卡，他们仍然拿着武器，仿佛战争只是暂停而并非结束。德军指挥官解释说，他们的士兵拿着枪是由于担心游击队报复，盟军代表团现在在军队的支援下，花了10天来让他们交出武器。一些部队继续抵抗。一个月甚至更久以来，散兵游勇式的德国、俄罗斯和意大利法西斯士兵在梅拉诺山谷周围的密林和深山中钻了出来，用枪逼着居民交出粮食。这种自发的土匪行径直到几个星期后才被当地的盟军指挥官消灭。据英军特别行动处一名军官报告，当地人觉得自己"比德国统治时过得更差"。[408]

随着欧洲残余德军的无条件投降，情况变得更加复杂，而在意大利投降危机的几天之内，盟国之间的紧张关系再次浮出水面。1945年春，随着大批盟军部队攻入德国腹地，德国的军事完败和被占领已经是板上钉钉。德国想要建立与西方盟国的沟通渠道，但完全看不到成功的可能，意大利问题之后，西方不想透露可能正在进行的单独谈判。1944年，无条件投降的原则已经完善，并得到了三大主要盟国的认可，这一方案与意大利的"长期停战"模式十分相似，尽管意大利最初签署的是"短期停战"协议。此外，盟国已就瓜分德国领土达成一致，每个盟国都分到了一块，不过这并没有体现在最后的投降文件里。但是，谁来投降，在何种情况下投降，还远远没有被搞清楚。西方情报部门多次想要争取实现以德国民众起义来结束战争，但到1945年春，这一设想已被证明是个政治幻想。联合情报委员会在一份发给丘吉尔的报告中总结说，德国人民缺乏"打破恐怖统治所需的动力、勇气或组织"。[409] 没人指望能抓住希特勒本人并逼迫他签署投降文件，他更可能自杀而不是面对被俘之耻。希特勒确实没打算当俘虏。当4月28日墨索里尼被杀的消息传到帝国总理府的地下室时，他害怕自己也会暴尸在愤怒的德国民众面前。4月29日的某个时刻，他决定自杀，在他看来这可以避免自己的历史形象因任何被俘、被杀或受审而遭到破坏。4月30日下午，希特勒和他刚刚结婚一天的新娘爱娃·布劳恩自杀身亡，爱娃吞下了一粒氰化物胶囊，希特勒则向自己脑袋开了一枪。他的助手奥托·京舍回忆称，他下令焚毁自己的尸体，以免"被带到莫斯科放在珍奇百宝屋里示众"。[410]

尽管如此，希特勒还是考虑了如何结束战争的问题。他一直希望德国或许仍有回旋空间。4月18日，前往地堡面见希特勒之后，卡尔·沃尔夫告诉杜勒斯，德国元首解释了德国军队将如何集中在一系列堡垒中，直到苏军和美军因苏联红军试图跨过雅尔塔会议达成的分界线而不可避免地发生冲突为止。希特勒期望在柏林坚守6—8个星期，之后就可以在美国与苏联之间的战争中选边站，从而避免投降。[411]他的空军副官在回忆录中称，希特勒希望西方"不再坚持无条件投降"。[412]4月20日，希特勒告诉他的外交部长，如果自己在柏林防御战中死亡，冯·里宾特洛甫就应当与西方进行和平谈判，为达成全面共识寻找基础。在地堡里的最后几天中，他给他的总部军事长官凯特尔元帅写了一封信，但信一直未被送出去，他在信中回归了自己的核心信念，认为这个国家的未来目标"仍然是为德国人民争得东方的土地"，即便他自己已不再是命定实现这一目标的人。[413]希特勒最后的日子就这样一直与各种各样的幻想相伴。对于那些被他带到灾难边缘的民众的命运，他毫不关心，因为投降将意味着他们"失去生存权"。[414]自杀令他最终抛弃了终结战事的一切责任。这就留下了一个悬而未决的问题，即怎样把无条件投降强加给一个正处于崩溃前剧痛中的政府系统和一支已经向各地盟军指挥官大批投降的军队？驻意大利德军于5月2日投降，两天后，德国北部、荷兰和丹麦的德国军队也全部向蒙哥马利投降。德国－丹麦边境附近的小镇弗伦斯堡也在这片区域之中，逃离柏林的德国政府正是在此地重整开张。希特勒在最后的遗嘱中指定了继承人：海军元帅卡尔·邓尼茨任德国元首，宣传部长约瑟夫·戈培尔任总理。由于戈培尔在希特勒自杀后也在地堡里追随他而去，邓尼茨就成了正在崩溃的德国国家和"弗伦斯堡政府"的名义首脑。

德国新政府在法律上其实处境尴尬，但蒙哥马利没有下令占领弗伦斯堡，也没有逮捕新政府成员，尽管其中许多人在盟军的主要战争罪犯名单上。这一结果再次让苏联深深怀疑邓尼茨将会成为德国的巴多利奥。5月6日，苏联红军代理参谋长阿列克谢·安东诺夫告诉驻莫斯科的盟国代表，苏联方面不会承认德国新政府，而且坚持要求德国高层必须无条件投降。安东诺夫还说，若不如此，莫斯科方面就会继续相信西方盟国在单独议和，以便令德军能够集中力量对付苏联红军。[415] 邓尼茨知道投降已不可避免，但正如苏联担心的那样，他更想要向西方势力投降而在东线继续作战。他没有立即接受投降，以留出时间让德国士兵和难民逃离正在推进的苏军部队，直至5月5日艾森豪威尔要他必须让所有部队无条件投降，而不是零散地分别投降。于是，邓尼茨最终派出国防军最高统帅部作战处长约德尔大将前往艾森豪威尔设在法国城市兰斯的远征军司令部去签字投降，他仍然一厢情愿地期望这次投降仅限于西线战事。约德尔到了地方才发现，回旋空间根本不存在。5月7日早上，在没有告知斯大林的情况下，投降文件被签了字。[416] 在场的有一名苏联观察员，伊万·苏斯洛帕罗夫将军，他没有接到指示，没法决定该不该签字，最终他还是一边对自己未来可能的命运胆战心惊，一边签了字。可以想见，斯大林愤怒了，他坚持说美国人签字的文件不算是无条件投降，只是他后来所称的"预备协议"。苏联方面要求正式投降仪式必须在柏林进行。[417] 于是，艾森豪威尔派出了他的英国副手、空军中将特德代表自己前往柏林，同去的还有一名美国高级将领和一名法国高级将领作为见证人，迟至5月8日傍晚，在卡尔斯霍斯特，希特勒总部的军事长官凯特尔元帅在文件上签了字，盟军一致认为这就是无条件投降。双方在"欧洲胜利日"（VE-Day）的定义上存在分歧：西方认为是5月8日，苏联则认为是5月9日——这一差别一直延续到了今天。

和在意大利一样，无条件投降的达成并不是其所暗指的决定性结局的到来。捷克斯洛伐克的战斗一直打到了 5 月 12 日最后一支参战的德军被打垮为止。邓尼茨政府仍然原地运转，来自战后轰炸调查组的一群英美访客陆续来到此地，与德国的部长们讨论战争的事情。他们发现这座城市仍然充满活力，手持武器的士兵和党卫队守卫仍然随处可见。[418] 5 月 12 日，蒙哥马利的司令部与德国政府达成一致，由驻弗伦斯堡的恩斯特·布施元帅担任石勒苏益格－荷尔施泰因省的长官，以维持秩序并协助向民众供应物资，此举等同于承认了德国新政府的权力。无论政治上有多少困难，丘吉尔都想要保留邓尼茨，因为他的政府或许能协助稳定被占领的德国。丘吉尔写道，如果他"对我们是个有用的工具，那他的战争暴行"就可以被忽略。[419] 其结果便是苏联政府和苏联媒体又掀起了一轮抗议浪潮，说西方正计划赋予德国新政府合法性以组织一个反苏联盟。为了火上浇油，斯大林允许媒体发动宣传战，提出希特勒没有死在柏林，而是逃走了，可能被西方盟国庇护了起来。这一戏说导致英国情报部门采取多种措施来证明希特勒真的自杀了，其实斯大林早就知道了真相，从希特勒总理府花园里收集到的许多法医学证据都证明他的尸体已被烧掉。[420] 这种恶意指控并非偶然。在两年的时间里，斯大林对于他的盟友会如何处理投降后的德国一直怀有深深的疑虑。邓尼茨政府被保留验证了他最严重的担忧。最终，艾森豪威尔作为欧洲最高军事指挥官，凌驾于丘吉尔和闪烁其词的联合参谋部之上，授权占领弗伦斯堡，逮捕邓尼茨及其内阁。5 月 23 日，在最初签字投降超过两个星期后，一队英军士兵将弗伦斯堡的德国领导人关进了监狱。[421] 事实证明，直到此时，盟国管制委员会才得以成立，并于 6 月 5 日代表盟国正式宣布德国被击败，德国已无条件投降。

欧洲的复杂局势和迫使日本投降的难度比起来就相形见绌了，投降这一概念在日军看来是无法想象的，数十万日本军人在面对毫无希望的战局时已经选择战死而非投降，这进一步坚定了日本人的这种思想。对日本领导层而言，太平洋战争整体战略遵循的是这样的思想：在取得初步胜利后就要与西方达成妥协，以避免任何不得不打到投降的可能性。瑞士被认为是可能的中间调停人，还有梵蒂冈，为此，日本早在战争初期就在当地建立了外交团队。1943 年，日本政府密切关注了意大利投降的过程，这让他们觉得如果巴多利奥能够在无条件投降的情况下保住政府和国王，那么日本的"巴多利奥"解决方案或许就能保证留住日本的君主制。[422] 在几个月的军事危机之后，1945 年 4 月日本成立了新内阁，新首相、78 岁高龄的铃木贯太郎通过广播宣称："当前的战争已经进入了危急阶段，不能再有任何乐观的想法。"听到广播后，前首相东条英机对一名记者说："结束了，这就是我们的巴多利奥政府。"[423] 在与天皇和元老院会谈之后，铃木贯太郎被任命为首相，因为在日本他是想要找到合适条件退出战争的圈子中的人，但是和巴多利奥一样，他也要表态支持把战争继续打下去，以取悦政府中的军国主义强硬分子，他们不接受任何投降的可能。在最终投降前的几个月里，日本政坛一直处于撕裂之中，一边是对和平的愿望，另一边则觉得如果和平代价过高就要坚持打下去。

日本从 1938 年以来多次想要逼迫蒋介石政府妥协议和，但一再被拒绝，这本应降低日本对议和的期望，但日本还是与美国和苏联都进行了关于是否可能议和的正式和非正式接触。1945 年 4 月，当沃尔夫与杜勒斯谈判之时，日本也在和瑞士进行接触，想看看同样的瑞士通道是否能为日本所用。日本驻柏林海军武官派出他的助手藤村良和中佐前往瑞士，5 月 3 日，他在那里成功见到了杜勒斯。藤村良和对促成意大利投降的成功谈判印象深刻，他希望自己能说服杜勒斯与东京达成妥协，允许日本保留君主制并允许日本继续占领密克罗尼西亚的岛屿。当美国国务院明确只接受无条件投降时，会谈很快无疾而终，而东京当局也不相信任何不在他们直接掌控下的谈判。[424] 在斯德哥尔摩所做的同样努力也失败了（就像当年早些时候为德国所做的努力一样）。这就让苏联成了一个可能的选项，因为两国此时尚未开战。

日本人对苏联参与东亚事务的态度也很复杂。他们普遍预计莫斯科会在某个时间抛弃1941年签订的《苏日中立条约》，但这是否会引发战争、会在何时引发战争却十分不确定。如果苏联不打算帮助日本与盟国议和，那么他们还希望苏联对东亚事务的参与能够对抗美国压倒性的力量，恢复力量平衡，由此形成的战后环境或许能让日本比在美国统治东亚的情况下更容易地维护国家的未来。与希特勒和德国领导层一样，日本领导层也渴望着两大战时盟国之间的冲突或许能为日本留下回旋空间（历史经常如此）。[425] 1945年7月，日本驻苏联大使向苏联提出愿意签订一份和约，结果发现苏联方面对此十分冷淡，这不难理解。到了这个阶段，苏军在中国东北边境的集结已十分明显，尽管苏军进攻的可能日期还不清楚。利用苏联干预来缓和预期中残暴的美式和平的想法格外危险，因为日本的思想警察发现共产主义观念在日本和朝鲜已开始抬头，但借力苏联也是日本领导层希望用来避免严格执行无条件投降的途径之一。[426]

6月，日本政府陷入了绝境。通过中立国调停从而通过谈判退出战争的渠道根本找不到。陆军坚持要继续准备在美军登陆本土列岛时与其最终决战。最后，据裕仁天皇的好友、内大臣木户幸一了解，民众造反的迹象越来越多，被轰炸了三个月的城市的断壁残垣上也留下了敌视天皇本人的涂鸦。6月8日，裕仁天皇批准了军部的"基本战策"，因为他仍然觉得在考虑结束战争之前需要先获得一些军事胜利的迹象，但是6月22日随着冲绳失守，裕仁天皇最终还是指示最高战争指导会议"立即考虑拿出结束战争的具体方法",因为"日本的内外局势已越发紧张"。[427] 随后几周,僵局依旧,但包括天皇在内的各方都想要对盟军做出让步。问题是他们的条件各不相同,有人还想要保留殖民帝国和在华利益,他们要求不可占领日本本土,允许日本自行解除武装并惩罚战犯,最重要的,保留日本的君主制国体。日本人一直觉得谈判还是有可能的,因为美国那边不断传来战争疲劳日甚一日、军人复员和回国导致各种混乱的消息,这在 1945 年夏季也是不争的事实。6 月 8 日,会议前,最高战争指导会议接到通知,要他们确认军事计划是否有可能利用美国的国内困难"大幅削弱敌人继续战争的意愿"。[428]

尽管日本领导层并不知道,但美国自从 1942 年春季以来就一直在为日本的无条件投降标准而争论不休,对德国则完全没有。倾向于"软和平"的国务院官员们担心,如果盟国坚持要求取缔君主制,就会导致"永无休止的叛乱和复仇愿望"。[429] 1945 年夏季,美国领导层真的很想尽快结束战争,当情报显示日军在美军即将登陆的南部九州岛集结了大量部队和装备时,他们也并不很想要在日本本土列岛进行两栖登陆。以战争部长亨利·史汀生为首的保守派担心战争拖得越久,苏联插手的风险就越大,甚至整个日本都会落入苏联手里;漫长的战争还可能意味着日本出现激进主义运动甚至是共产主义运动,这与东京的担忧不谋而合。史汀生想要发表一份声明,重新定义"无条件投降",把保留君主制的"软和平"包括进去。反对者们则想要"硬和平",为首的是新任国务卿詹姆斯·伯恩斯(James Byrnes),他把史汀生的观点视为"绥靖政策",拒绝允许日本提出任何条件。杜鲁门总统也反对给一个似乎已经自洽的用语做重新定义,但他最终还是被说服去发表一份可能集中体现日本人对和平渴望的公告。公告的草案被带到了 7 月 17 日在波茨坦举行的旨在解决盟国之间关于未来欧洲残留问题的盟国会议上，在这里，史汀生想要把保留天皇地位的句子写进公告，但未能如愿。杜鲁门觉得裕仁天皇是战犯，他同意用一句"日本人民应能自由选择自己的政府形式"替代进去，事实证明，这句话留下了相当大的解读空间。[430] 美国、英国和中国共同签署的《波茨坦公告》于 7 月 26 日发表，称日本如果不接受无条件投降，就将被立即毁灭。公告原本应当提前一个星期发表，但需要把它发给重庆的蒋介石，还需要解码和翻译并呈请批准，这些都耽误了时间。[431] 苏联尚未与日本进入战争状态，因而未签字。斯大林同意兑现在雅尔塔会议上做出的承诺，加入对日作战，他告诉他的盟友，战役计划在 8 月中旬发动。双方都不怎么信任彼此在亚洲的意图，他们打的其实是两场互不相干的战争。[432]

当公告发表之时，杜鲁门心里清楚，"迅速而彻底的毁灭"这句威胁真的就将如字面所述那样。7 月 16 日，他在波茨坦接到消息，在新墨西哥州的阿拉莫戈多空军基地进行的首次原子弹试验成功了，这是三年前启动的代号为"曼哈顿工程"的项目的高光时刻，早先英国的项目也提供了不少研究资料。但这项研发工程所需的工业资源规模之庞大，唯有美国能够承受。日本物理学家仁科芳雄也进行了一项旨在把对制造原子弹必不可少的铀-235 同位素从铀矿石中分离出来的实验项目，但他的木质建筑实验室在一次轰炸中被烧成平地，研究项目随之戛然而止。在美国，"曼哈顿工程"拥有充足的资源，由国际最顶尖的物理学家领衔，还得到了很高的优先级。他们开发出了两种原子弹类型，一种以浓缩铀为基础，另一种则基于钚，这是一种由铀的同位素铀-239 演化而来的人造元素。如果德国不是在 1945 年 5 月就投降了，第一枚原子弹就会如英国人原先希望的那样被用在欧洲了。美国参谋长联席会议对于是否应当使用这种武器并未达成一致，最终这却是一个政治决定，而非军事选择。[433] 1945 年 7 月底，两枚原子弹准备就绪，两种弹各一枚，杜鲁门在获得丘吉尔的认可后，打算把它们用在两座精心选择、未遭轰炸、可以作为演示目标的日本城市头上。杜鲁门在日记中写道："我们发明了全世界有史以来最可怕的炸弹。"所有可能让他在批准使用炸弹时心里犹豫的道德顾虑都被弃置一旁，因为他相信这或许能让对日本的战争迅速结束。他在日记中又写道："但它能起到最大的作用。"[434] 在他看来，花了几年时间来开发这枚炸弹，为的就是在造出来后使用它。

两天后，杜鲁门获悉铃木贯太郎回绝了《波茨坦公告》——"本国政府将予以默杀。"他如此宣称——便下定决心实施核打击。回绝被视为日本人并不打算认真寻求和平的证据，尽管公告似乎更可能是被东京简单地当成对无条件投降要求的重申，双方都已经知道此事，似乎已无须再说。总统从陆军航空兵司令亨利·阿诺德列出的城市——广岛、小仓、新潟、长崎、京都——中选择了第一个。[435] 8月6日，B-29轰炸机"伊诺拉·盖伊号"从马里亚纳群岛的提尼安岛起飞，投下了被美国人昵称为"小男孩"的第一枚原子弹。早晨8点15分，炸弹在距离地面约549米的高处爆炸，将距离爆炸中心1.5千米内的所有人当场汽化，将5千米内的人烧死，巨大的冲击波接踵而至，那些在最初的爆炸中幸存的人被撕掉了皮肤，震碎了五脏六腑。飞回基地途中，轰炸机的机组人员看到了巨大的火球和蘑菇云。"即便我能活100年，"副驾驶罗伯特·路易斯在日记中写道，"我也不会忘记那几分钟。"[436]

三天后，日本最高战争指导会议花了一整天来开会辩论如何结束战争。西方领导人普遍将核打击视为推动日本投降的决定性因素，1945年之后关于日本投降的历史著作也常常持此观点。这一因果关系看起来完全合理，但掩盖了日本人更复杂的真实情况。在常规轰炸已然铺天盖地的背景下，广岛被夷为平地带来的冲击似乎与毁灭性燃烧弹空袭的后果并没有太大差别，后者已经炸掉了日本60%的城区，导致超过26万平民丧生。当日本最高战争指导会议开会时，苏联对中国东北的进攻也成了需要考虑的问题。8月8日，苏联外交人民委员告知日本驻苏联大使，两国将从次日起进入战争状态。铃木贯太郎认为这才是决定性的，因为它终结了苏联居中调停的任何希望，并带来了苏联进攻朝鲜或日本本土列岛的危险。[437] 8月9日上午，最高战争指导会议开会进行了长时间的争论。与会的军人半边想要继续战斗直至盟国放弃占领日本的计划，并允许日本自行解除武装和惩罚战犯，且保持君主制不受影响。而以外相东乡茂德为首的另半边则希望接受《波茨坦公告》，只要保留君主制就行，以"一条件"对军人们的"四条件"。[438] 在场人员中无一人选择无条件投降，即便第二枚原子弹爆炸的消息传来也没有带来改变，这次是昵称为"胖子"的钚弹，当天上午它被扔在了长崎（由于云层遮挡而没有投在原定目标小仓）。这一死结直到8月9日晚上裕仁天皇在铃木贯太郎和木户幸一的支持下决定在下半夜召集御前会议才被解开。枢密院议长平沼骐一郎告诉与会人员，国内情势已经到了危急关头："继续战争将比终止战争带来更为严重的国内混乱。"平沼骐一郎几个星期以来就一直警告说，轰炸和广泛的粮食危机已经激起了民众对战争的反对和对他本人的不满，在他看来这几乎肯定与原子弹爆炸、苏联进攻同等重要。[439] 当8月10日凌晨铃木贯太郎最终请求裕仁天皇"圣裁"时，天皇宣布接受《波茨坦公告》的决定，只要保留君主制就行。次日，盟国正式获知了日本接受条款的条件。

美国的答复模棱两可，因为杜鲁门和伯恩斯在华盛顿也承受着巨大的压力，要他们接受日本的请求以避免更多流血。日本的消息显示，天皇和日本政府将依照无条件投降的条款听命于盟军驻日最高司令部，这样一来也不是非要暂停或废除君主制不可。8月14日，日本举行第二次御前会议，面对军方的反对，裕仁天皇坚持必须接受美国的条件。圣谕已发出，所有的军队领导人也就只能遵命。当天，裕仁天皇发表了一份讲话，并录了音，用于次日广播播出。当天稍晚些时候，盟国通过瑞士的渠道获悉了天皇的决定。日本民众则收到了广播预告，要他们在 15 日中午收听重要广播。这天上午，日本老百姓聚集在了任何有收音机的地方。广大民众此前从未听到过天皇的声音。当"玉音"最终从广播里传出时，他的语词却很难懂，这不仅因为裕仁天皇说的是官方的日本古语，还由于无线电收音机质量普遍很差。一名听众发现，他说话的声音"尖锐、模糊而且颤抖"，但"沮丧的语气让我们明白，他在告诉我们失败的消息"，即便用词晦涩也无法掩盖。[440]

裕仁天皇没有说出"投降"一词，只是说他将接受《波茨坦公告》，并与人民一起"承受所不可承受"。他为什么会采取这一无先例的干涉做法，打断他政府的政治辩论，亲自宣布无条件投降的决定？这仍然是个未解之谜，而各种解释也很难说一种比另一种更好。他害怕轰炸（包括核轰炸和常规轰炸），他明白日本已经在战场上彻底失败，他不想日本被苏联占领，而且他还能看到重大的社会危机正在爆发。他还背负着日本皇族的传承，西方历史学家很难看到这一点。他在 7 月表达过他的个人担心，担心传承了几个世纪的护佑着国体和皇室的"三神器"（八咫镜、八尺琼勾玉和草薙剑）会轻易落入登陆的盟军手中。在投降后的"独白"中，他又重新提起了这一思想：神器落入盟军手中将意味着日本历史的完结："我意已决，纵使牺牲自己，也要求得和平。"[441]

这只是投降的开始，还不是正题。8 月 15 日，作为过渡政府的"巴多利奥政府"成立，为首的是天皇的叔父东久迩宫稔彦亲王。17 日，日本想要争取美国人同意把占领限制在若干特定的地点，但被拒绝。与战败后的德国不同，日本的广大占领区大部分还在日军手中，因此不少皇室成员被派到西边和南方去命令当地日军指挥官率部投降。西贡、新加坡和南京都分别举行了投降仪式。太平洋上的日军向尼米兹将军投降；朝鲜北纬38°线以南、菲律宾和日本的日军向麦克阿瑟投降。在新加坡，日军向蒙巴顿的英军东南亚司令部投降。[442] 9月9日，侵华日军总司令冈村宁次大将率领他在中国大陆、中国台湾和越南北部的军队在南京向蒋介石的代表何应钦将军投降。中国共产党领导的抗日武装也在中国西北接受了日军投降，并缴获了大量武器和物资。[443] 第一支美国占领军于8月28日抵达日本。最高司令麦克阿瑟将军于两日后抵达。9月2日，在停泊于东京湾里的美军战列舰"密苏里号"上，日本外相重光葵正式签署了投降书。尽管斯大林也曾想要派兵占领北海道岛北半部，在对日占领中分一杯羹，但杜鲁门毫不犹豫地拒绝了他。于是苏联的作战转向了扩大自己的势力范围，苏军在日本天皇广播投降后仍在继续进攻，打进中国东北的其余地区，最终进入了朝鲜。中国东北的日军于8月19日最终签字投降，但萨哈林岛（库页岛）南部的战斗一直打到了8月25日，同时斯大林还命令苏军占领千岛群岛——包括在雅尔塔会议上被划入美国占领区的南千岛群岛。这些战斗直到投降仪式举行前一天的9月1日才告完成，这里的投降与南方已经开始的投降仿佛毫无关联。[444]

无条件投降终结了欧洲和东亚的所有战争，以及战争背后的帝国野心，但无论在哪里，战争的结束都被证明远不像"无条件"一词所暗示的那样简单直接。在德国和日本，投降引发了一波自杀浪潮，死者有害怕被报复的人，有因民族-帝国彻底失败而感到受辱的人，有承受不了建立新秩序的努力付诸东流带来的极端情感和精神冲击的人，还有那些听信了关于敌人将会烧杀抢掠的宣传的人。希特勒只是成千上万在战斗最后阶段和随后几个星期里自杀的人之一，自杀者中还有汉斯－格奥尔格·冯·弗里德堡（Hans-Georg von Friedeburg）将军，他不幸成为德国的3名投降代表之一，最终在邓尼茨政府被逮捕时举枪自尽。自杀的还有8名纳粹党高官、7名党卫队高级领袖、53名陆军将领、14名空军将领和11名海军将领。德国驻挪威专员约瑟夫·特博文于5月8日用50千克炸药把自己炸上了天。[445]在纳粹党和党卫队的核心人员中，许多人在投降前后几个月中自杀身亡。在纽伦堡受审的主要战犯中，汉斯·弗兰克自杀未遂，罗伯特·雷和赫尔曼·戈林则自杀成功。希姆莱在被俘并被认出后吞下了氰化物，以死躲过了审判。

投降之后的日本和帝国外围领地也是如此场面，在这些地方，战败后令人瞠目的事情就是"玉碎"（集体自杀）或者"切腹"（仪式性自杀）。在美军占领的第一处日本领土冲绳，当地民众和军人一样被命令大规模自杀以免落入敌手。老百姓有人用手榴弹自杀，但更多人用的则是剃须刀、农具或拐棍。一个年轻的冲绳人后来回忆说，是自己用石头砸死了母亲和弟弟妹妹。[446]日本精英阶层更是自杀成风。9名陆海军高级将领在投降后立即自杀身亡，包括陆相阿南惟几，以及他的前任杉山元大将，杉山元的妻子也在一天后追随他而死，二人都是身穿白衣剖腹自尽。东条英机想要自杀但未遂，最后在1946年被送上了法庭。[447]对于其他数百万人，无论是哪一方，投降都意味着摆脱了全面战争的全方位压力，但是盟国之间围绕投降和善后事宜的众多争执导致了即将到来的冷战，而帝国主义在欧洲、非洲和亚洲留下的悬而未决的危机则意味着军事和政治冲突还将延续多年。

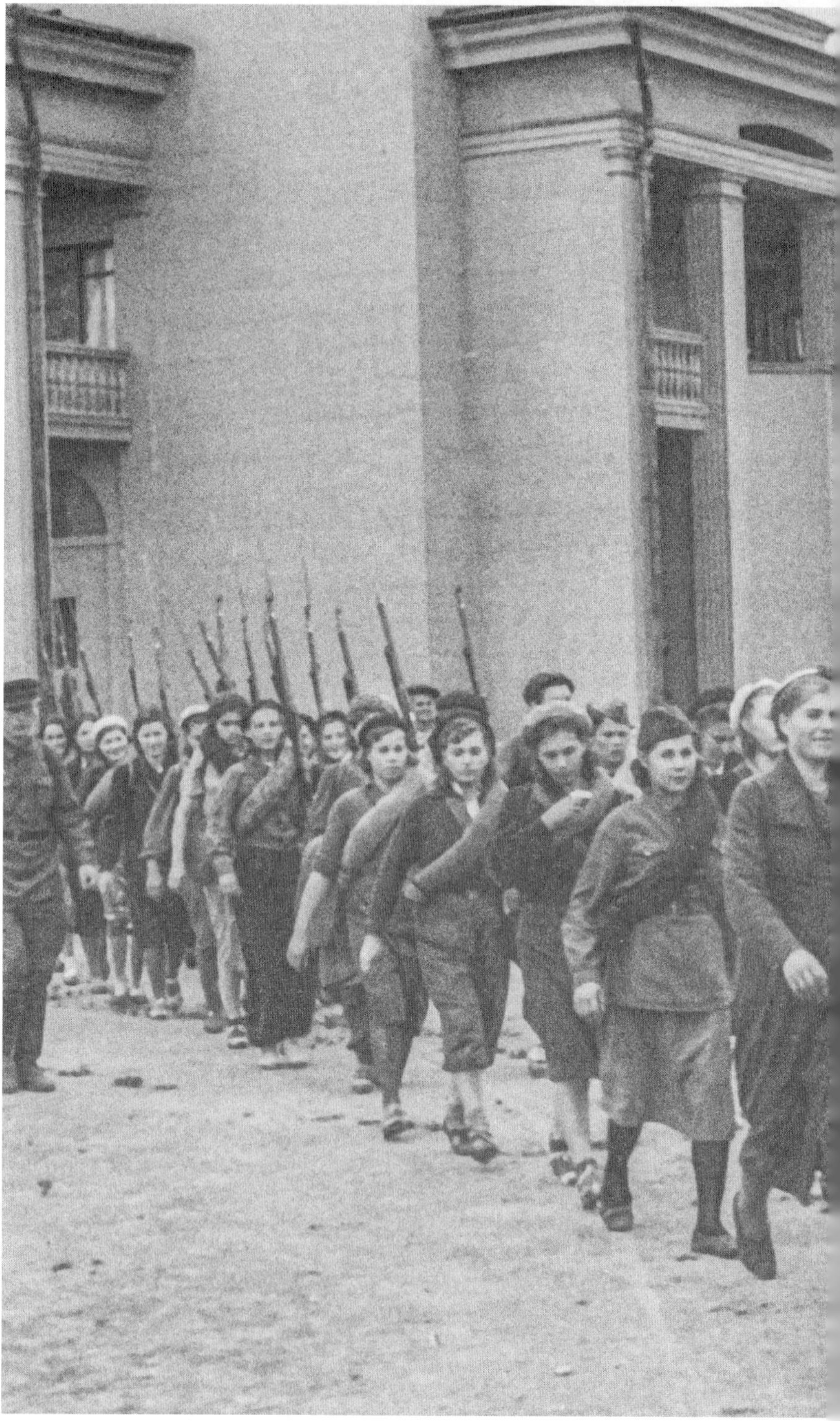

1941年,在列宁格勒,一队苏联女青年列队加入一支民兵部队,德国人侵后,苏联立刻组建了很多这样的民兵部队以对抗法西斯。
图片来源:SPUTNIK /Alamy。

第四章
动员一场总体战

1941年时我16岁,又瘦又小……我在一台制造自动枪械弹夹的机器上工作。如果我够不到机器,他们就会让我站在箱子上……每天要工作12个小时或者更久。就这样过了4年。没有一天休息和节假日。

——伊丽莎维塔·科谢金娜,车里雅宾斯克[1]

全球战争的资源动员会提出格外严苛的要求,就像对上面说的那名年轻苏联工人提出的要求那样。在苏联腹地深处的车里雅宾斯克城里,劳动法迫使女性、儿童、青年以及老人一刻不停地为军工生产劳作。另一个年轻女子维拉·谢娜的工作是往火箭弹体上焊接弹翼,她在腿被炙热的金属严重烫伤后被送回家,但监工来到她的家里,把腿上还打着绷带的她拖回去工作,让她继续焊接。[2]战争期间,苏联对其民众耐受力的要求是西方工人所无法承受的。各个参战国动员人民参军或投入战时工业和农业生产的经历是不同的,但各国普遍相信,在总体战中,只有最大限度地利用国家的人力资源和物质资源,国家才能生存下去。做不到,就会失败。在车里雅宾斯克,生产事故会被认为是背叛而受到惩罚。

把第二次世界大战视为大规模动员之对决的观点早就是陈词滥调了，但仍然有很多问题有待回答。对战争的投入在规模上是首屈一指的，它基于前一次世界大战的经验，当时，大规模动员只是逐渐成为战略上不可避免的选择。在 20 世纪 30 年代到 1945 年的战争中，各大强国共有 9 000 万男男女女穿上了军装，全世界的军人更是超过 1.2 亿人。经济资源的动员同样巨大。各主要参战国用于战争的花费占国民收入的比例各不相同，但即便是最低的数字也标志着优先方向的剧变。在日本，1944 年，战争消耗了整个国民收入的 76%，同年德国也超过 70%——如此峰值显示两国拼了命想要延缓战败的结局。盟军各国的峰值也各不相同，苏联几乎达到 2/3，英国为 55%，资源丰富的美国也达到了 45%。法西斯意大利是个例外，其国民生产总值只有不超过 1/5 被投入战争，这一情况反映出墨索里尼不愿为了过重的动员负担而失去民心，这也是其资源日益匮乏的结果。[3] 国内战线的战争投入意味着大部分产业工人在生产和战争相关的东西——从武器到军服，从纸张到罐头食品。除了基本的粮食供给外，所有民用品生产都被列入"非关键"类别，可以停止。如此大规模的动员在历史上是独一无二的，只有结合其发生时的更大范围背景才能看得懂。

"大规模动员"是个现代才有的表述。只有具备雄厚的工商业基础、大规模的熟练工人队伍、发达的科学体系，以及能够得到充足资源和财政支持的现代国家，才能进行大规模动员，并提供维持战争所需的武器装备。这需要现代的官僚国家体系，它能够发展出覆盖社会所有成员的行政管理措施和统计手段。即使到 20 世纪 30 年代，国家对整体经济规模和经济结构的把握也还处于初级阶段，而要想对军队和战时工业之间的人力配置和资源分配进行宏观经济规划，掌握工人队伍和工业产出的统计数据是至关重要的。20 世纪初期的统计革命使这一切成为可能，因为它让各国得以建立起复杂的统计体系，各种社会经济数据都能得到报告与记录。武器和军事装备的普遍大规模生产是经济动员的核心，但同样，这也是由于20世纪初期的生产和管理革命改变了制造和分配的面貌才得以实现。工业化战争有赖于一系列易于再生产而且相对廉价的现代化武器，有了这样的武器才可能支撑战场上的大规模军队并维持多年的作战——今天的国家已经做不到这一点了，因为当代武器的造价和技术复杂性已经太高了。现代战争还要求新兵和工人具有足够的教育水平，随着武器的操作和制造日益复杂化，战争也更具艺术性。例如在日本，1900年时30%的陆军新兵是文盲或半文盲；而得益于基础教育的发展，这一数据在1920年已经微乎其微。[4] 两次世界大战中使用的各种武器——飞机、无线电、各种车辆、高性能火炮——意味着军队和工业都需要大量熟练人手，这同样只有在具有发达技术教育和精细劳动力分工的社会中才有可能实现。不具备现代化特征的国家，就只能依靠外援才能维持战争，而且无法赢得胜利。就在一代人之前，没有一个参战国能够支撑起这种规模的世界大战。

这些现代化元素解释了为什么总动员是可能的，但不能解释动员为什么会发生。现代民族主义的出现和对公民权理解的变化，导致政府乐于实施几乎无限制的动员，也导致民众愿意服从这样的动员。现代民族国家是一种极其强大的动员实体，而各国之间的经济竞争、帝国竞争或军事竞争，都被视为国家生存斗争的必然结果。人们还普遍认为，达尔文用于自然界生存斗争的范式，也完全适用于民族、帝国和国家之间的竞争。[5] 在两次世界大战中，坚持战斗的驱动力之一是担心国家灭亡或帝国崩溃，尽管这在今天看来有些不合理。在这两场大战中，所有寻求通过谈判来恢复和平的努力都被证明无效，这让政府和民众都觉得一旦失败就会失去一切，只能把国家的所有资源都投入进去。与此同时，现代国家或民族-帝国的兴起还带来了对公民权的不同理解。国家成员的义务之一便是保家卫国，而从19世纪最后10年开始出现（除了在英国和美国）的长时间的强制兵役制则是营造民众的国家认同感并准备大规模动员的一条可行途径。

第一次世界大战是大规模动员发展过程中的分水岭。尽管出乎所有参战国的意料，但战争还是发展成了消耗巨大的关乎国家存亡的战争，维持战争只有靠大幅扩充兵力，还要靠竭尽工农业力量去补充武器、养活军队，以及维持后方人们对于战争的坚定信念。战争经验让人们认识到，现代化、工业化的"总体战"的胜利取决于对国家资源的无上限动员，让整个民族共同体，包括所有的男男女女都承担起打这样一场战争的责任，而非仅仅让现役部队去承担战争责任。在德国尤其如此，其军队领导层认为1918年的失败代表着国家动员的失败。埃里克·鲁登道夫将军在他的战后回忆录中首创"总体战"一词，认为未来的国家必须准备好把它们的"精神、士气、人力和物力投入战争中去"。[6] 20年后，阿道夫·希特勒在1939年5月的一次会议上对他的将军们说，如果爆发大规模战争，他们不应像1914年的德军那样指望速胜："每个国家都会尽可能久地坚持……对所有资源的无限制使用是至关重要的……想要轻易取胜的想法是危险的，没有这种可能性。"[7] 一个月后，以德国空军总司令赫尔曼·戈林为主席的国防委员会开始筹划强国之间再次爆发全面战争的事情了，他们的主要想法是要把全部劳动人口——4 350万男性和女性——动员起来，其中至少700万人加入军队，其余则要为战争生产粮食、设备和武器。[8]

持此观点的并不仅限于德国。1918年的战胜国也相信正是整个国家（还有帝国领地）的竭尽全力才带来了胜利。凡尔登战役的英雄贝当元帅要他的国民们看到，现代战争"需要动员一个国家的全部资源"。[9]英国战略家西里尔·福尔斯（Cyril Falls）在一次关于"总体战理念"的演讲中将这一新概念定义为"把国家的所有部分、所有活动都投入战争的目的当中"。[10]在战间期，强国之间未来战争的"全民"特征被广泛认为是不可避免的。结果，1914年时还清晰存在的军人和国内平民之间的分野越发模糊，工业、农业和运输业中的工作人员都可以被认为是战争行为中不可或缺的一部分，无论男女。那么，既然民众也和军队一样是未来战争的一部分，那么就不能再指望他们免受敌人的打击。1936年，一名英国空军将领在海军参谋学院向听众说，"国民性的力量"使得敌方民众成为合法的攻击目标，他总结道："不可能在作战人员和非作战人员之间画上一条分割线。"[11] 20世纪30年代，美国航空兵也支持这一战争观，认为"所有军事行动的终极目标在于摧毁国内人民的战争意愿"，所谓"国内人民"也就是"广大民众——街上的老百姓"。[12]

现在人们所称的"全民战争"起源于第一次世界大战，发展于1918—1921年的俄国内战、20世纪20年代中国的国内战争，以及1936—1939年的西班牙内战，在这些战争中，老百姓不再仅仅是受害者，而是成了力量来源。到20世纪30年代，和平时期社会的军事化反映了一个广泛的观点，即战争将会把整个社会卷入其中，而整个社会也已预见到会被卷入。在苏联、德国、意大利和日本，主流的政治和意识形态框架便是以全民参与保家卫国为基础的。苏联民众被认为应当与军队并肩作战，保卫革命，他们的共青团每年都会接受基本的准军事训练；在纳粹德国，种族主义的民族共同体组织有义务为国家的未来生存而战。20世纪30年代的日本就已经在和中国打一场总体战了，这种投入已经通过1938年发布的《国家总动员法》体现了出来。日本人组织了数以千计的社会团体，以鼓励人们支持日本的帝国主义并凝聚民众对于国家军事投入的认同。[13]中国政府最终还是于

1942年3月发布了《国家总动员法》，以"集中运用全国之人力、物力"，赋予政府在军事、经济和社会生活等所有方面的至高权力。[14]

在民众军事化程度比较低的英国、法国和美国（但是拜第一次世界大战的经历所赐，其军事文化却不弱），未来战争也被视为"总体战"。这不仅因为，如一名英国军事作者所述，它会利用"举国资源"，还因为它"让一切都陷入险境"。[15]在美国，对工业进行广泛战争动员的计划在20世纪30年代初就出现了；英法两国政府则在30年代末计划一旦战争到来，就重启在第一次世界大战末期结束的大规模经济和军事动员。"总体战"的概念成了一个会自然实现的预言、一个具有传染性的流行词，就像21世纪的"恐怖战争"或"网络战"一样。结果，没有一个国家或一支军队敢于拿现代战争的胜败来冒险，而不去动员国家的全部社会、物质和精神力量。即便是在资源动员不如其他参战国严格，民众也没有亲自接触到实际战争的美国，人们也用"总体战"来定义自己的战争努力。在1942年7月的一次演讲中，国务卿科德尔·赫尔告诉听众，眼下的战争是"一场为了保卫我们的自由、我们的家园还有我们的生存的生死之战"。[16]在美国，就像在其他每个参战国一样，为总体战进行的动员都是三个因素之间复杂的相互作用的结果，一是现代国家的既定结构，二是人们对现代战争性质的认知，三是民众将自身利益与国家或帝国存亡这一宏观层面的关切联系在一起的意愿。

军事动员

军人的动员对第二次世界大战所有参战国来说都是第一优先的事情，但是制约这项动员的除了人口规模或战争形态等显而易见的事实外，还有其他一些因素。第一，现代战争需要大量的管理、行政、勤务和训练机构，这与和平时期的社会能力息息相关，还会吸纳数百万穿制服的人。在太平洋战争中，每有 1 个人上阵杀敌，就会有 18 个穿制服的人为他服务。[17] 第二，伤亡率决定了对补充人员的需求。人员损失的原因在于激烈战斗带来的高伤亡比例、人员被俘，以及逃兵。高损失率解释了苏联、德国和日本极端的动员比例，它们总共动员了 6 000 万人参军。而相对较低的损失率也解释了美国和英国为什么可以仅依靠第一轮人员补充而再也不需要实施应急水平的大规模征兵。在苏联，3 450 万人被动员参军，这是其战前人口的 17.4%（或者是苏联西部被德国占领后剩余人口的 25%）；在德国，包括 1938—1940 年吞并的地区在内，共有 1 720 万人被动员，约占战前人口的 18%。在英国（不包括自治领和帝国），参军人数是 530 万人，美国则是 1 610 万人——分别是战前人口的 10.8% 和 11.3%。

军事动员还受到军队和民间劳动力平衡的限制。第一次世界大战中，第一轮征兵拉走了大批熟练工人和专业工程师、科学家，使得战争经济饱受关键人员缺失的困扰。到了第二次世界大战时，各国便明白军队需求必须与工农业的需求相平衡。保留岗位上的男性可以免除兵役。1941 年，德国有 480 万工人被留在后方免于参军，尤其是熟练的金属加工工人；英国有约 600 万人被免除兵役，主要是工程建设行业、造船业和化工业的熟练工人，还有 30 万农民。[18] 美国的征兵委员会遇到了更大的困难，因为他们为大规模战争所做的准备太少了。在最初的普查工作中，数百万人被免除兵役，免役原因不仅有职业因素，还有家庭职责、文盲和患有精神疾病，甚至是牙齿不好。联邦当局最终列出了 3 000 项保留岗位，这使得到 1944 年时有至少 500 万年轻男性无须加入军队。[19] 只有苏联的免役人员非常少，因为它的军队损失格外惨重，半数成年男性劳动力最终来到了苏联军队的某个岗位上。其国内生产严重依赖像伊丽莎维塔·科谢金娜这样的年轻女性，她们替代了被征入军队的男性。[20]

评估军队所需的人员数量是一件颇具挑战性的事情，这取决于对后续战争的预期以及军队吸纳大批应征者或预备役的能力。在大部分主要交战国，人们认为类似第一次世界大战时期的大规模动员是必不可少的，正是由于这种想法，德国与法国都在战争爆发时动员了预备役部队。二次入伍的预备役兵员通常年龄比较大。1940年被俘的160万法国士兵的平均年龄是35岁。在侵华战争初期，日军召回了100万预备役人员；1938年5月，侵华日军中几乎一半都是29—34岁年龄段的人。到了战争最后两年，日本在战争初期对征召年轻人参军的抵触最终被弃置一旁，此时连19—20岁的人都被动员参军了。[21] 中国政府要求所有18—45岁的男性都有义务服兵役（除了独生子和残疾人），但是尽管人口众多，实际参军的估计只有1 400万人，因为人们意识到全面征召超过了政府的执行能力。在战争头几年一批爱国志愿者参军之后，逃避兵役就成了稀松平常的事。有钱人会花钱把他们儿子的名字移出征召名单，其他一些人则成了雇佣兵而非征召兵。在那些完不成年度征兵指标的省份，在乡间巡游的征兵官们会用枪指着年轻农夫，把他们强行带走。他们被用绳子捆在一起，被迫长途跋涉来到训练营，这从一开始就降低了他们作为士兵的价值。甚至在他们到达前线部队之前，就有估计140万人死于疾病、饥饿和虐待。[22]

美国没有退役士兵组成的大规模预备役，在1941年秋季，美国制订所谓"胜利计划"的初期版本时，是基于这样的假设：军队能够征召并训练出一支足以与敌人大规模征兵相匹敌的军队。地面部队的预计实力为215个师（900万人），如果苏联没能顶住，则美军规划人员也设想了这样的噩梦场景：建立800个师（2 500万人）的美国陆军。[23] 多亏苏联撑了下来，美军最终只组建了90个加强师。战争后期，来自拉丁美洲的部队也加入美军共同作战，他们急于助美军一臂之力，以求在战后秩序中获得一席之地。墨西哥于 1942 年 5 月对轴心国宣战，巴西 6 个月后宣战。1945 年，一队墨西哥飞行员，"阿兹特克雄鹰"，在菲律宾参战；1944 年 7 月，尽管英国反对，但一个巴西师和一支巴西空军特遣队还是来到意大利，他们从 9 月起加入战斗，直至德国 8 个月后战败为止。[24]

动员刚一启动，军队的人数就开始随着战争规模的扩大和损失的增加而逐渐增长，战争期间各国军队规模的统计数字如表 4.1 所示。

表 4.1 各强国总兵力（单位：千人）[25]

	1939	1940	1941	1942	1943	1944	1945
德国	4 522	5 762	7 309	8 410	9 480	9 420	7 830
意大利	1 740	2 340	3 227	3 810	3 815	—	—
日本	1 620	1 723	2 411	2 829	3 808	5 365	7 193
英国	480	2 273	3 383	4 091	4 761	4 967	5 090
苏联	—	5 000	7 100	11 340	11 858	12 225	12 100
美国	—	—	1 620	3 970	9 020	11 410	11 430

这些数字很快达到并超过了第一次世界大战中的动员规模。1945 年欧亚战事进入尾声时，全球各主要强国共有 4 300 多万男男女女正穿着军服，这大大改变了原有的社会面貌。这个数据中也包括了波兰军队，斯大林在 1939—1940 年和 1942 年两次允许波兰战俘前往北非加入盟军，继续在盟军麾下作战。1940 年 5 月，重新组建的波兰陆军拥有 6.7 万人；还有一支悬挂着波兰国旗的小规模的波兰海军，英国皇家空军中也有波兰飞行员。1944 年 4 月，有 5 万波兰人在意大利为盟军而战。[26]

这些简单数字展示了大规模动员的体量，但没能揭示出大规模征兵带来的军事化社会的特点。军队并不是乌合之众。尽管他们常常在穿上军装时就被视为脱离了民间生活，但事实上军队是其所在社会的一面镜子。他们是复杂的社会组织，其复杂性体现在现代战争所必需的众多军事工作种类上。其中许多工种与民间工种相似，区别仅在于其中的男男女女都穿着军装。大部分军人是志愿或应征而来的平民，这一事实进一步强化了军队与民间生活的联系。战争初期常备军人的大量损失增加了军队对广大民众的依赖，民众会把在和平时期获得的技能和才能带到军队中来。军队需要大量的辅助和勤务人员，这些岗位大部分时候要依靠年长者、受伤的军人以及女性志愿人员。真正上战场的只是一小部分人。军事社会的其他部分包括文书、仓库保管员、体力劳动者、工程师、后勤人员、信号和通信勤务人员、情报组织、维修工、档案管理员和书记员、医护人员和兽医、食品供给和烹饪人员、军饷发放人员，等等。如此繁多的岗位解释了动员为何如此广泛。1943年，德军有200万人在前线作战，但有800万人在执行其他各种军事任务。美国军队在1943年12月有750万人服役，但只有280万人被编入作战部队——其中还有相当大一部分是非作战的支援人员。1943年下半年，驻英国的美军第8航空军有约2.5万名飞行人员，但还有28.3万人在诸多非作战岗位上工作。一个典型的英军步兵师有1.55万人，但只有6 750人是前线战士。[27] 这一比例在一线严重缺人的日本军队和苏联军队中没那么突出。但无论在哪里，军队机构的有效作战组织都要依赖数百万不直接参战的人。

和民间社会一样，军队也需要专业技能或者通过培训迅速传授这些技能的能力。选拔机制通常是为了找出那些具备技能和更高教育水平的新兵，并把他们分配到军队中技术复杂性更高的部门。美国陆军航空兵就吸纳了在标准陆军总体分级测试中2/5的得分最高者。在加拿大，空军从 60 万志愿报名者中只录取了 9 万人，他们使用医学专家和精神科专家设计的一种虚拟链式训练仪辨别出有潜力的飞行员。[28] 英国的征兵工作起初管理很差，大批有技能的人被安排到了无法发挥其技能的岗位上。1940 年，英国逐步引入了精神测试，最终又在 1941 年沿用和平时期国家工业心理学研究院的模式建立了人事选拔局。新的体系通过资质测试来确保那些在民间生活中获得的技能被合理地分配到众多不同的军队部门中。[29] 这些国家的体系当然远远算不上完美，它们还反映了人员分类的普遍事实；成绩较差的新兵，其受教育程度一般也很差，常常都是去当步兵。有时候训练需要从最基础的开始。在意大利，数千名从乡村征来的文盲新兵甚至连左右都分不清，不得不在胳膊上缠上彩色布条来辨别左右。[30] 所有应征者都要进行基础训练，即便他们随后要前往勤务或服务部门也是一样。因为动员规模庞大，所以各国必须建立足以满足人力需求的训练制度。例如，英国皇家空军依靠 1939 年 12 月与加拿大政府达成的英联邦航空训练计划，推动 13.1 万名飞行人员从 97 所加拿大训练学校最终毕业。[31] 美国于 1942 年开始大批征兵时，在 242 个不同的基地建立了应急训练体系；军官训练所从 1941 年的 1.4 万处增加到一年后的 9 万处。军事训练还扩展到了征兵表中登记的 160 万文盲身上，他们在进行常规军事训练的同时还要学习读写。[32] 最惊人的训练计划在苏联，它于 1941 年 9 月 17 日颁布法案，对苏联公民进行全员义务军训，要求所有尚未加入军队的男性参加 110 小时的业余训练课程，学习如何使用步枪、迫击炮、机枪和手榴弹，以及如何挖掘战壕。[33]

影响动员规模的第二个变量是损失日积月累带来的影响。西方民主国家和集权国家在这方面具有显著的差别。在英国和美国，人们普遍想要避免第一次世界大战中静态堑壕战带来的慢性疲劳导致的损失。于是更多的精力被放在了空中和海洋战略上,尽管高度受训人员的损失可能相当大(英国皇家空军轰炸机司令部的飞行人员损失率达41%),但其对兵员数量的总体冲击就要小得多。英美两国都是从1944年之后才卷入大规模地面战的。到1944年底,美军各条战线上军人的不可恢复性损失(死亡、失踪、被俘)为16.8万人,还不及东线一场战役的损失。[34] 在战争最后几个月里,在欧洲和太平洋战线进攻中的高伤亡率将总阵亡人数推高到了29.2万人(另有11.4万人死于伤病)。[35] 英国在6年战争中的军人死亡总数为27万人。这种规模的损失使得英国可以在战争时期逐年减少征兵:1941年补充了300万人,但1942年只有54.7万人,1943年有34.7万人,1944年更是只有25.4万人。[36] 征兵速度的放缓最终在1944年下半年导致了兵员危机,此时人员损失达到了高峰,指挥官们则被要求尽力降低伤亡率。[37] 更长存活期的影响就是产生了更有经验、更机敏的士兵和飞行员,尽管人们发现即便是活下来的军人也会在长期战斗中变得疲倦。众所周知,新手机组人员在轰炸作战中处境要危险得多,而美军关于将补充兵分散投入地面作战的决定也会让这些新手暴露在大得多的危险之中。尽管如此,年复一年的较低损失水平意味着英美两国的民众不会像他们的盟国和敌人那样面临着军队对人力的迫切需求,虽然在这两个国家里就连这种较低的征兵水平也引发了人们对被征入军队的可能性的担忧。

第二次世界大战战场上最大的消耗是在欧洲东线打出来的。若没有这些灾难级别的损失,德国的仗就不会打得如此困难,西线战争对于西方国家来说也会更加凶险。苏联军队的不可恢复性损失共计1 140万人,包括690万人死于战斗、疾病或事故,450万人被俘或失踪。另外还有2 200万苏联军人遭受战伤、冻伤或疾病。如果算上伤病,那么苏联红军在战争的头18个月里就遭受了1 180万人的伤亡。德国军队在三条战线上的不可恢复损失总共达到 530 万人，包括 430 万人阵亡和失踪，54.8 万人死于疾病、受伤或自杀。随着战争的进行，苏联的损失率开始下降，但仍然严重；德国的损失则大幅增加，在 1945 年的最后阶段战役中的死亡人数达到 120 万人。[38] 苏联的伤亡人员中只有 3.6 万人不是在对德战争中产生的（这些源于 1945 年 8 月进攻中国东北的战斗）。据最可靠估算，德军所有不可恢复性损失中的 75% 来自东线战争。德国与苏联各年份军队死亡人数统计见表 4.2。

表 4.2 德国与苏联军队死亡人数对比（1939—1945，单位：千人）[39]

	1939/1940	1941	1942	1943	1944	1945
德国	102	357	572	812	1 802	1 540
苏联	—	802	1 743	1 945	1 596	732

如此大规模的人员损失迫使两国都将过度年长和年幼的人补入部队，并让伤员过早地重返战场。在德国，军队中几乎 50% 的人是 1914 年之前出生的，7% 是 1925 年之后出生。[40] 德国政府根据 1943 年 11 月的一项法令，开始从陆军机关处室和后勤部门中梳理出"富余"人手，但是腾出 100 万人的目标并未能实现，充实到前线的只有 40 万人。[41] 在苏联，高龄并没有被视为比年幼或残疾更大的参军障碍。此外，尚未康复的伤员常常也要重新投入战斗，尽管没几个人能比得上传奇的罗科索夫斯基元帅，他受了 46 次伤，德军围攻斯大林格勒时他还是在病床上指挥战斗的。苏军在 1943—1944 年高歌猛进时极度缺乏步兵，于是就把留在德占区的男性都征入部队，只对他们进行了最基础的训练就让他们穿上军装。苏联红军只能不分良莠地征募新兵，但是由此带来的人员能力和身体状况的下滑被武

器装备的大规模生产掩盖了，这使得苏军的资本－劳动比率决定性地倒向装备这一边。随着大量高性能武器被分发到一批批新的应征兵员手中，这也成了战争期间大部分军队的共同发展方向。军队人员素质不可避免地会受到训练体系不堪重负以及更低素质的人被动员参军的影响。从这一点上说，战争拖得越久，大规模动员给军队人员素质带来的损害就越明显。

然而，这却是一场帝国战争。可以用来满足这些交战国家额外人力需求的还有它们帝国领地的人口，无论它们是新帝国还是老帝国。它们尽可能地动员治下的所有人口，这些人大部分是作为辅助兵或勤务人员，但随着战争的推进，他们也会进入作战部队。日本军队从1937年就开始招募朝鲜和中国台湾的志愿兵，从1942年起实行征兵制。约有20万朝鲜人在日本陆军中服役，2万人加入了日本海军。超过10万人被编入日本陆军部队，尽管只有很少一部分人能获得军官职位。[42]意大利军队也大批使用东非殖民地军人，还有利比亚骑兵。德国在欧洲建立的新帝国也是巨大的兵源库。成千上万的人以志愿兵的身份加入德国陆军、党卫队和安全部队，去和所谓的威胁欧洲的布尔什维克作战，其中包括6万爱沙尼亚人、10万拉脱维亚人、3.8万比利时人、1.4万西班牙人，还有1.2万人来自挪威和丹麦，甚至还有135个瑞士人和39个瑞典人。[43]但这些人并不总是有价值的兵源。1941年，德军从法国极右翼人群中招募了一支反布尔什维克的法国志愿兵团，他们来到苏联时刚好赶上1941年对莫斯科的进攻，但此举被证明是一场灾难。他们受到不称职且贪腐的军官的拙劣领导，甚至连最基本的物资都不够用，还只接受了简短的基础训练，这支军团上阵头几天就遭到屠杀，之后再未重返战场。[44]苏联的被占领土上有超过25万人作为战士为德军而战，他们主要来自苏联南部和乌克兰的反共人群，还有多达100万苏联人在战线后方作为"志愿勤务人员"为德国军队工作,他们扮演着多种非作战和勤务角色。苏联将领安德烈·弗拉索夫被一名荷兰党卫队队员抓住,之后叛变到了德军一边,他想要组织一支"苏联解放军"与德军并肩作战,但弗拉索夫的部队从来没能成为一支能打仗的力量。1945年1月,他们最终匆匆组建了两个师,在战争最后几天参加了布拉格的战斗,但他们在那里将枪口指向了盟友德国人,以保护斯拉夫同胞免遭当地党卫队的最后暴行。[45]

英国对帝国领地人力的运用之成功远远超过其他帝国主义强国。实际上,英国的大部分战斗,尤其是保卫帝国领地的战斗,都是非英国人打的,这个事实在英国人的战争讲述中一直被遗忘。四个自治领国家——加拿大、澳大利亚、新西兰和南非——总共动员了260万人,印度动员了270万人。1945年,英国还有460万人穿着军装,其中来自印度和自治领的有320万人。[46]新西兰的动员比例是所有帝国领地中最高的,18—45岁男性中的67%参了军。加拿大有超过100万人在军队中服役,这占18—45岁男性的41%。英国皇家空军轰炸机司令部对德战略轰炸的飞行机组中也有很大一部分人来自自治领,其中人数最多的是加拿大人,他们组成自己的飞行中队与英国机组一同出击。为了英国的利益,自治领有96 822人战死,印度有8.7万人战死。战争期间最庞大的一支志愿兵部队来自南亚次大陆。大部分印度志愿兵是在本土服役,以维持国内安全和应对日本的威胁,但也有多个印度师在东南亚、中东,最终在意大利参战。1943年,印度有6个师在海外,20个师和14个旅在本土。战争头几年,印度的动员饱受装备不足的困扰,但印度从来不缺志愿人员。英国当局起初喜欢从所谓的"好战民族"中征兵,主要是从旁遮普邦(穆斯林和锡克族杂居)、西北边境各邦和尼泊尔征兵。在锡克族人口中,所有适宜服役的男子中有94%自愿加入了印度军队。但是当"好战民族"的兵源枯竭后，征兵便继续向南扩展，在1942年达到高峰，此时"好战民族"只占印度军队的46%。由于英国人不信任更城市化和受过教育的印度人，印度军队的4/5来自乡村，他们几乎都是文盲。[47]

自治领和印度的贡献之重要，从投入这场实际上是帝国之战的非英国人部队的比例就能窥见一斑。1941年，北非的英军第8集团军有1/4是英国人，3/4来自帝国殖民地。1945年东南亚司令部麾下的部队中，4/5的部队是印度部队和非洲部队。[48]非洲师代表着其余的帝国殖民地，他们为英军提供了超过50万志愿兵和征召兵。国王东非步枪团的历史可以追溯到1902年，他们最终提供了32.3万名军人。成立于1900年的西非皇家边防部队还提供了24.26万人。南非的高级专员公署辖区，包括贝专纳（今博茨瓦纳）、斯威士兰和巴苏陀兰（今莱索托），还提供了3.6万人。到战争结束时，非洲帝国为军队提供了总数多达66.3万的黑人劳工和士兵。[49]他们大部分人没有参加过战斗，但参加过战斗的军队保护着帝国免受威胁——国王东非步枪团在埃塞俄比亚、马达加斯加和缅甸；西非皇家边防部队先是在埃塞俄比亚，后来又到了缅甸；贝专纳部队则在中东。加勒比殖民地也组织了估计1.2万名志愿兵，其中大部分人也不是作战人员。1944年，英军成立了一个加勒比团，并将其部署到意大利，尽管他们到最后也没能赶上战斗。[50]

尽管英国在殖民地的征兵起先还表面上遵守着"志愿"原则，这是英国殖民地的老传统了，但各种辅助任务对各地新兵的急迫需求还是让征兵方式完全失去了"志愿"感。在西非，英国当局利用当地酋长作为中间人，给他们分配定额，要他们从村庄里直接抓人；上法庭受审的人可以获得一个参军名额以替代坐牢；工人们有时候会被找个理由塞进卡车然后被直接送到当地兵营；在斯威士兰，连征兵队都用上了。因为一场目标模糊、发生在遥远地方的战争导致的新兵短缺而在殖民地强行征兵，这被证明是广泛不受欢迎的。在黄金海岸（今加纳）的温尼巴镇，反对强行征兵的抗议导致6名抗议者死亡。殖民当局喜欢从那些偏僻村庄中，或是被他们认为是"好战民族"的人群中招人，如一名白人军官所说："他们脸越黑——就越是好士兵。"他们还喜欢那些没怎么接触过现代世界的人，结果便是90%的非洲新兵是文盲。[51]

一小群黑人志愿兵——有些人已经住在英国了——希望能够加入英国正规军。在1939年10月之前，法律规定只有父母都是英国人、祖先都是欧洲人的英国人才能加入英国军队。1939年秋，在黑人医生哈罗德·穆迪领导的英国有色人种联盟发起了一场运动后，这一法律被推翻。然而，军队总的来说仍然抵触黑人的到来，只有英国皇家空军例外，他们招募了约6 000名加勒比黑人来充实英国空军基地的地勤人员，并最终允许约300名黑人志愿兵作为机组人员升空飞行。[52]少数黑人兵还得到了"临时军官"职位，但他们仍不得不面对无处不在的种族歧视，尽管这种歧视还远远算不上普遍（"我在此之前从未被人叫过'黑子'。"一名黑人军官后来回忆说）。战争结束时，英国政府想要遣返所有留在英国的黑人志愿兵，但民众的抗议再一次使得一部分人得以留在他们选择去保卫的祖国。

在美国，种族成了白人主导的军队中的尴尬议题。黑人兵在第一次世界大战中主要是作为军队劳工和辅助人员。在战间期，作战部队全部是白人。1941年以来，美国军队的迅速扩张带来了一个问题：是否应当允许10%的美国黑人拿起武器？罗斯福坚持要海军和陆军接受黑人兵，尽管他也同意黑人兵的比例不能超过黑人在总人口中的比例，而两个军种都保留了把黑人和白人隔离在不同训练设施、营地和部队中的措施。[53]这一政策带来了不幸的后果。那些来自北方各州的黑人新兵不得不承受种族歧视,但种族隔离在他们的老家早已消失多年。古怪的是,陆军相信南方白人更合适做黑人部队的军官,因为他们更熟悉黑人社会。这道政策在那些早已不习惯种族隔离的新兵中引发了广泛仇恨,偶尔还有暴力抗议。[54] 这一冲突在海外部队中仍然存在,在那里,白人士兵和军官们想要保持军队的种族隔离。1944 年 7 月,在英国港口布里斯托尔,美军中的黑人和白人之间爆发了全面骚乱,一名黑人士兵丧生,几十人受伤。

黑人士兵招募计划的结果并不理想。和英国的殖民地兵一样,大部分黑人士兵没有进入作战部队。被征入军队的 69.6 万黑人中的绝大多数发现自己干的都是勤务和劳工这样的活儿。两大军种中黑人士兵的比例无一达到罗斯福同意的 10%。[55] 陆军声称,黑人应征者在通用分级测试中表现很差(1943 年约有一半人完全没有通过测试),这解释了他们的从属地位。陆军军官队伍中只有 1.9% 是黑人,美国海军中甚至更少,海军中黑人的比例只有 6%。1942 年 4 月,海军勉强同意接受黑人新兵,但条件是他们不能出海执勤,只能在港口和岸上设施工作。1943 年春,71% 的黑人在勤务部门工作,伺候他们的白人军官。[56] 美国陆军航空兵也没怎么招募黑人飞行人员参战,1944 年底,航空兵 13.8 万黑人中只有 1% 有资格担任机组人员。[57] 要飞行的黑人新兵都在亚拉巴马州塔斯基吉的一个专门的全黑人基地受训,但他们中很少有人获准升空参战,只有 4 个中队的战斗机飞行员例外,这些"塔斯基吉飞行员"在 1943—1944 年被派到意大利前线,他们的白人上级总是监视着他们,看他们的表现和自己的种族偏见是否一致。1945 年,当他们回国在波士顿下船时,仅仅几周前还并肩作战的白人和黑人飞行人员却已经要使用不同的下船梯了。这些"塔斯基吉飞行员"揭示了白人至上主义对充分利用美国黑人的妨碍之深。[58] 与此相反,战争初期,美国军队应总统命令对被关在集中营中的日裔美国人的态度则是，给他们机会，让他们志愿参军来证明对美国的忠诚。约有 2.25 万日裔美国人站了出来，其中 1.8 万人被编成独立部队前往欧洲参战，其中的第 422 步兵团成了美国陆军中获得勋章最多的部队。[59]

同样的歧视和权宜之计也出现在女性参军方面。这也不是什么新情况了。第一次世界大战的最后几年，为了满足对人手的急需，女性开始加入军队，这一做法在和平时期就终止了。然而，总体战没法让女人走开。总体战带来的战争全民化将女性也卷入其中，无论她们是作为工人、民防人员，还是在较有限的范围内作为军人。招募女性作为军工厂工人或防空警报员是没什么问题的，因为许多女性显然认为现代战争的责任应由全社会共担。女性也在进行游说，希望能够加入军事行动，这也反映了她们将战争视为"全民战争"而不仅仅是男人主导的战争的观点。男性对于征募女性加入军队的态度更加矛盾。除了苏联之外，没有任何其他主要参战国允许女性拿起武器。军事体系中，女性替代男性承担的许多任务，原本就是民间生活中女性常常从事的工作——速记员、文书、邮差、厨师、电话接线员、图书资料管理员、营养师、护士。[60]女性扮演的最接近军事行动人员的角色通常是雷达绘图员、无线电操作员、机动车司机或普通情报人员，但她们通常会远离前线。当然，苏联除外。

只有当大后方成为前线时，就像空袭作战时那样，女性才会参加战斗。在英国、德国和苏联，女性会加入高射炮组，尽管只有苏联允许女性在没有男性在场的情况下开炮。1941 年 4 月，英国修改了军规，允许辅助本土勤务队的女性到高射炮阵地上工作。到 1943 年，担任雷达操作员、绘图员、测高员和探照员的女性数量达到了高峰，为 5.7 万人。尽管高射炮组里的男性十分抵触，但男女混合部队还是成了常态。装弹和射击等重活就被交给了男性。根据 1938 年签发的王室禁令，女性不可以携带武器，那些在防空哨所承担警戒工作的女性只能携带棍子和哨子。女性的工作被刻意女性化了——她们的军饷只有男性的2/3，但假期更多，住宿条件也比男性常住的帐篷更舒适。英国还有一种"女性餐"——肉、面包和火腿肉较少，牛奶、鸡蛋、水果和蔬菜则更多。当人们发现吃这种饭的女性有多么饥饿时，这种伙食就被抛弃了。[61] 在德国，女性空军辅助人员在横跨整个德国北部的防空体系"卡姆胡贝尔防线"上操纵探照灯、无线电设备和电话网。到1944年，德国空军拥有超过13万女性人员，其中有些人最后也参加了高射炮作战。1945年3月，德军最高统帅部最终同意向这些女性辅助人员发放手枪和"铁拳"反坦克火箭筒。[62]

一直有个传说，说德国女性没有加入战争机器是因为纳粹党的意识形态把女性定义为母亲和主妇。实际上这种意识形态从未如此缺乏弹性。女性，尤其是年轻或单身女性，也被期望扮演起男性的种族战友的角色。德国军队征募了约50万名女性，她们作为军队辅助人员替代了通信、文职、行政和军人福利岗位上的男性。还有数以千计的女性成了非军籍的文秘和办公室工作人员。[63] 英国和美国军队也征募了大约同等数量的女性。第二次世界大战爆发后，英国三军重建了第一次世界大战中的女性单位。皇家海军女性预备役、辅助本土勤务队（陆军）和空军女性辅助队从1940年6月的4.9万人迅速增加到1944年6月的44.7万人。尽管1941年12月生效的《国家勤务法》（2）允许征召女性，但3/4的女兵是志愿人员，超过一半的女兵年龄低于22岁。[64] 自治领也征募了女性。加拿大在1941年成立了一个志愿兵役部以监管女性在志愿岗位上的就业事宜。和英国仍然把女兵视为辅助人员的做法不同，加拿大军队把女性视为完整的军人，1942年，首批女性军官获得了任命。[65] 男性优越感在这里依然如故——和西方所有参战国的男性一样——他们拒绝女性直接参加战斗，女性军官通常也不能向执行作战任务的男性下达命令。

在美国,对参军女性的歧视更加严重,尽管对人力的渴求最终让各个军种出手干预。约40万女性在军队各部门供职,包括女性辅助军团(从1943年起改称女性军团)的6.3万人。1942年5月,共和党议员伊迪丝·罗杰斯向国会提交了相关法案,军团才得以成立。一场由男性领导的反对女性入伍的长时间争论接踵而至,他们担心女性的加入会导致军队道德堕落。[66] 美国陆军及其航空兵坚持女性应当被定义为"配合"服役而非"加入"现役,直至1943年7月提交给国会的法案——《第二罗杰斯法案》——允许女性完全融入军队为止。[67] 这一变化带来了兵役系统的简化,并促使新的志愿兵源源不断地加入。但陆军航空兵继续把女性限制在辅助航空军团里,让她们执行本土对空预警和防空方面的勤务。[68] 美国海军在战争开始时完全不愿使用女性,但辅助岗位上男性的匮乏最终促成了女性部门的成立,这个部门故意给自己起了个特别冗长的名称——女性志愿服务应急部队(Women Accepted for Volunteer Emergency Service)——以形成易懂的简写WAVES。这个新兵种于1942年8月成立。与陆军不同,海军当局决定女性应当完全融入部队("加入"而非"配合"),但要由专门的女性军官团指挥。[69] 到战争结束时,约有8万女性航空兵勤务飞行队的成员从海军的训练学校毕业。美军各军种接受的女性志愿兵中鲜有黑人,仅有的黑人女兵在1945年之前也都一直待在美国国内,这一年,女性军团的一支黑人单位、由仅有的两名黑人女性高级军官之一指挥的第6888中央邮政总局营被派往英国去处理堆积如山的未发出的邮件。[70] 人们一直在争论,女性承担的这些责任是否真的不能让男性来至少分担一部分?在英国和美国,女性都施加了很大压力,要求参与通常被分配给她们的福利工作和护理工作之外的其他工作。因为民主国家认为这场战争真的需要全民共同奋斗,所以让女性参与其中，有助于增强国内团结，表明所有公民，无论男女，都肩负着共同的责任。

在民主国家，女性志愿参与的最危险的任务之一是在国内航线上把飞机从工厂转运至空军基地，或在训练中心之间转运飞机，或者驾驶飞机拖曳靶机进行打靶训练。1940年1月，在英国成立的飞行运输辅助队既招募有资格的男性，也招募有资格的女性。共有166名女性成为辅助飞行员，其中15人牺牲，包括英国最著名的女飞行员埃米·约翰逊。[71]另一名著名女飞行员、美国人杰奎琳·科克伦志愿加入了英国辅助飞行员队伍，后来又在1942年9月回到美国去建立女性飞行员训练分队，尽管陆军航空兵总司令亨利·阿诺德起初对此不情不愿。1943年，这个分队被并入女性辅助运输中队，中队仍由科克伦率领，以组建女性航空兵勤务飞行队（Women Airforce Service Pilots，缩写为WASP）。美国的女性飞行事业比其他所有地方都发达，共有2.5万名女性志愿参加训练，尽管最终只有1074名有资格的女性飞行员入选，其中39人因事故遇难。和英国同行一样，她们未能获得完整的军人地位，还遭受了不少男性的歧视，这些男性认为飞行员是男性的领地，女性不应涉足。有些营地里，女性只能拿到又老又破的勤务机去进行拖靶训练，有些基地干脆不让她们入内。尽管也有黑人女性志愿报名，但她们都未被WASP接受。1944年下半年，整个计划被完全叫停，这是由于受过训练的男性飞行员越来越过剩，而且反对的声音很大，认为女性对男性的职位构成了威胁。到战争结束时，女性飞行员驾驶78种不同机型飞了12652架次转运任务，其中包括巨大的B-29"超级堡垒"轰炸机，由于初期的技术故障，男性飞行员都对这种飞机退避三舍。经过长期的地位斗争，1977年，美国国会终于通过法案，赋予这些女性"二战"老兵身份。[72]

苏联在吸纳女性参军方面几乎没怎么犹豫过。对德战争的第一年中男性的可怕死伤使得征募女性成为必然。战争中约有 85 万女性参军服役，其中 55 万人加入了苏联红军和空军正规军，30 万人则在防空和后方部队中工作。还有估计 2.5 万名穿军装的女性在游击队中作战。[73] 尽管苏联在战前进行了大量关于整个社会挺身而出保卫革命的宣传，但苏联政府还是不太清楚该如何应对从战争头几天起就涌到征兵站要求参军的年轻女性。人民志愿民兵的约 400 万平民志愿者中也有不少共青团的女孩，她们作为民兵与冲过来的德军作战，并遭到敌人的屠杀。[74] 全民军训计划是为男性设计的，但并不排斥女性，只要她们能说服当地军官同意她们参加就行。1941 年 10 月，苏军首次正式招募女兵，当时斯大林同意建立三个由被动员参军的女性飞行人员组成的战斗航空团。战争期间，女性在航空领域的参与不断扩大，许多对德军基地的夜间轰炸都是由女性部队执行的，包括传奇的第 46 近卫夜间轰炸飞行团，其机组飞了 2.4 万架次任务，获得了 23 枚苏联英雄勋章。[75] 同样有名的是中央女性狙击手训练学校，在 1942 年女性狙击手取得成功之后，该学校于 1943 年 5 月成立。共有 1 885 名狙击手从这所学校毕业奔赴前线，打死了数不清的德军士兵。[76]

1942 年 4 月，苏联政府终于接受了女性参军，以满足前线男性损失带来的需求。然而，苏联女兵进入在西方专为女性预留的岗位的比例却要低得多。在被动员加入空军的 4 万女性中，只有 1.5 万人干的是职员、图书资料管理员、厨师和仓库管理员，另有 2.5 万人被训练成了司机、装甲兵和通信兵前往前线。在参军的 52 万女性中，约有 12 万人在地面和空中参加战斗，另有 11 万人作为非作战军事专业人员在前线行动。[77] 女性和男性同样艰苦，但遇到的困难更多，因为女兵专用的军服、卫生用品和医疗服务的供应太慢。和西方军队不同，性别歧视未能阻止女性在前线指挥男性，但歧视仍然存在。"他们把女孩子塞给我，"一名师长抱怨道，"跳芭蕾舞的！这不是舞会，这是战争，可怕的战争！"[78] 尽管如此，在整个战争中，女性一直是前线作战的一道风景。尽管苏联的做法是必要性和意识形态的产物，但最全面战争的极端要求与苏联的以下观点不谋而合：在伟大的卫国战争中争取生存，需要进行绝对动员。

各主要参战国的新兵中几乎没有人质疑征兵的必要性。大规模军事动员被那些要参战的人视为总体战下生活中的理所当然。第二次世界大战中的兵变事件之少令人印象深刻。逃兵和叛逃者也很常见，但他们只是被动员总人数中的很少一部分。抗命事件很多，也很普遍，但军队生活中诸多违反纪律的事件只是反映了新兵们来自各种各样的背景，而不应被解读为对大规模动员的抗议。那些可以被视为兵变的案例通常只是特殊环境引发的抗议所导致的结果，而不是拒绝在战时参军。例如，印度军队中发生过许多小规模兵变，有些是为了反对出国服役的命令，有些则是为了抗议英国人强迫锡克族士兵剃发、摘下头巾然后戴上钢盔。锡克族的宗教传统规定，戴头巾和蓄发是不能商量的，当英国人强推这一政策时，兵变便在印度和中国香港的锡克族军人中爆发了。在最后一次此类事件中，83 名锡克族人因兵变被送上军事法庭，其中 11 人被判了重刑。[79] 在美国，军队中的种族隔离导致黑人士兵和飞行人员常常因不公正待遇进行暴力抗争。暴乱在美国参战前就开始了。1941 年，在北卡罗来纳州的布拉格堡附近，白人宪兵和黑人士兵之间爆发了激烈的枪战，2 人死亡，5 人受伤。最严重的暴力事件发生在 1943 年，至少 10 个兵营发生了暴动和枪战。密西西比州的范·多恩兵营爆发了大规模冲突，这是第 364 步兵团的北方黑人对种族隔离军规的仇恨所致。兵变平息后，作为惩罚，这支部队被派往遥远的北太平洋上的阿留申群岛，在那里度过了剩下的战争岁月。[80]

最活跃的反征兵民众抗议也出现在美国。1940年秋的《选征兵役法》和次年的修正案导致了全国范围内的抗议，从孤立主义者到反战团体，各色人等都反对大规模征兵是必要的这种想法。1941年夏季的调查显示，几乎一半的受访者反对扩大征兵。记者走访了应征军人的兵营，他们在那里发现年轻士兵们普遍感到幻灭和不满，他们无事可做，战斗训练不足，武器匮乏。估计有一半人愿意在有机会时当逃兵；90%的受访者表达了对给自己穿上军服的政府的敌意。随着《选征兵役法》的修订，兵营暴动也越发频繁，这证明了新兵们对兵役的普遍敌意。《选征兵役法》最终在众议院仅以一票之差得以通过。[81]这是一个国家在征兵方面遇到过的最严重的政治危机。逃避征兵的事情当然不只发生在美国，但那都只是个人决定，并非群众运动的结果。直到1941年12月战争爆发之后，大规模征兵才由于被认为是唯一的胜利之道而在美国被最终接受。

经济动员

所有参战国的首要考虑便是要提供足够数量的武器、装备和补给，以保障征募来的大批作战部队的用度。但这一优先需求带来了两个基础问题，即如何为战争提供资金，以及对大部分普通民众的供给应当达到何种水平才能维持国家动员。军队是吞金巨兽。战争数年间，各大国巨大的武器产量是与夸张的人力动员是分不开的。军事装备是如何开发、制造和分发的，这是本书第六章要探讨的话题，但军工生产和大规模征兵会给作为纳税人、储户、消费者和工人的本土民众带来非常直接的影响。大后方要为战争提供资金，按战时要求超时工作，还要眼睁睁看着国家的很大一部分粮食和消费物资消失在军队的仓库和食堂里。总的来说，全国总动员意味着干得更多，拿得更少，还不能有怨言。

武器装备只是军队消耗的冰山一角。通常情况下，武器采购会占到军事预算的 15%—20%。军队的规模如此之大，以至于他们建立了自己的经济体系，他们采购的不仅有武器，还有粮食、其他各类消费品、纺织品、化学制品、石油产品、运输或维护方面的专业设备，而在德国军队和苏联军队的采购中，还有大量牲畜。数百万现役军人和支援人员需要有地方住，于是许多军事基地、机场和补给站被从无到有建了起来。各国花费了很大力气来确保军人们吃得好，甚至为此让平民食物短缺也在所不惜。英国要求士兵每天摄入 4 500 卡路里热量，这比英国平民的摄入标准高得多（一般来说也比印度士兵和其他殖民地士兵每日的食品供应标准高）。[82] 战争头几年，德国士兵口粮中的肉食供应量是平民的 3 倍（后期更是达到 4 倍），面包谷物的供应量也超过 2 倍。现制咖啡、巧克力、香烟和烟草、果酱和蔬菜也优先供应军人，而供给普通德国消费者的则越来越少。[83] 不仅是粮食，军事经济还吸纳了所有种类消费品中的一大部分。在德国，1941 年，服装工业的一半产量被用来制作军服；军队拿走了所有家具产量的 80%，所有种类的日化用品（包括牙膏和鞋油）被拿走的也是这一比例；他们还拿走了所有油漆刷、木箱和木桶的 60%，所有毛皮制品的 44%；等等。1941 年，德国所有民用品产量的估计一半被军事机器占用。最后，供应甜品给军队被认为非常重要，以至于这个行业在劳动力分配上获得了最高优先级。[84]

军队巨大的消费需求甚至在战争爆发前就从根本上扭曲了参战国的经济。这一影响在 20 世纪 30 年代重新武装启动之时便已显露无遗，当时军事开支占国民生产总值的比例激增到了和平时代前所未见的水平，1938—1939 年，德国达到了 17%，苏联也达到 13%。在第一次世界大战前夕，这一比例在德国只有 3%，在沙皇俄国只有 5%，这部分是由于当时的武器没有这么复杂和昂贵。[85]1939年5月，德国几乎1/3的工业劳动力在为直接来自军队的需求而工作。1937—1939年，德国工业投资的2/3被投入了军事项目和对战争至关重要的项目。在苏联，1938年开始的第三个"五年计划"中国防投资达到219亿卢布，而1936年的这一数字只有16亿卢布。[86]如此规模的开支计划，甚至在和平时期就已严重限制了平民消费者和不涉及军事的经济部门可获得的资源。但随着战争在亚洲和欧洲爆发，各国政府不得不面对总体战和全面动员的经济现实。

第一次世界大战的经验显示了军事需求和金融稳定性需求之间的平衡，以及军事需求和适当的民众生活水准之间的平衡是多么重要。早先战争中那些基本上是临时凑合的经济动员都会导致严重的通货膨胀、金融危机，以及资源在军队和民间分配的不协调。粮食短缺导致了广泛的劳工抗议和社会不满。1917年俄国战争机器的崩溃和1918年同盟国的战败在很大程度上要归因于经济和社会危机。结果，人们普遍认为只有避免社会和金融危机再次出现，总体战才能成功进行。关键问题是要搞清楚战争行为对国家经济结构的影响，这样才能在向军队提供足够资源的同时又不会彻底摧毁金融体系和消费者的需求。为此，动员专业人士被认为至关重要。杰出的英国经济学家约翰·梅纳德·凯恩斯在出版了他的小册子《如何支付战争费用》之后于1940年夏以特别专家的身份加入英国财政部，直接负责解决平衡消费、储蓄和征税而又避免通胀风险的问题。[87]在德国，经济部长瓦尔特·冯克于1939年秋建立了专家委员会以解决支付战争费用并控制消费的问题；德国经济学家临时制作了国家收入统计表，以观察如何均衡征税、储蓄和消费，以满足军队需要。[88] 1938年6月成立的日本国家储蓄促进会由社会学专家和经济学专家组成，他们的任务是找到鼓励储蓄、限制消费并避免通胀的途径。[89]在如何解决这一问题方面,集权国家和民主国家并没有什么区别,因为它们都要采取某种形式的战时"计划经济"。

为如此大规模的战争提供资金而又要避免通胀失控,这是第一个挑战。大规模的经济动员必定会导致大规模的财政赤字,尽管赤字可以通过征税来缓解,其经济影响也可以被推到战后。政府的中长期贷款支付了美国约一半的战争费用,并将国家负债提高到了一个前所未有的水平;在英国,各种贷款解决了约42%的战时开支,也将经常性年度赤字从1939年比较合理的4.9亿英镑提高到1943年的28亿英镑,国家债务增加了3倍;在德国,政府借款在战争几年间增长了11倍多,从300亿马克增长到3 870亿马克,解决了约55%的战时开支;日本1945年的财政赤字也解决了同样的费用比例。只有中国像其他国家在第一次世界大战中做的那样选择了简单的直接印钱:1945年,赤字占到了国家支出的87%。[90]真金白银大多来自现有的银行和信用机构,这些资金别无选择,只能购买政府印制的纸币。苏联经济是个例外,其中央计划和定价政策旨在通过创造性的共产主义会计体系,使用现有的税收和关税资金来平衡账目。苏联政府在战争期间总收入为11 170亿卢布,借款只有1 000亿卢布,占比仅为8.9%。[91]

有些经济体能够简单地通过从占领区或帝国领地进口货物并暂停付款一段时间,从而支付把战争支出推迟到战后。在柏林,德国政府扣下了超过190亿马克的款项,这些钱用来从被占领国购入战争物资,本来应该支付给它们,但德国政府决定到战争胜利后才偿还。此外,德国还从欧洲占领区榨取了254亿马克作为借款去采购更多物资。[92]英国把英镑区价值34亿英镑的进口物资的付款冻结到了战后——这实际上是一种经济压迫。[93]英德两国都同样依赖帝国领地或占领区的实质性贡献:德国的战争机器从占领区榨取了710亿马克用于战时开支,英国则迫使印度自行支付参战费用,强迫印度政府让经济保持自身难以承受的高额年度赤字，并接受对印度民众的高额增税。[94]德国政府还能从被迫害的犹太人那里获得资金和物资。从犹太人那里掠夺来的黄金，以及从灭绝营里拔下的金牙，都被存进瑞士银行以便为关键物资进口提供资金。在德国，政府在立法限制犹太人拥有财富以及强制推行"雅利安化"政策之后，从犹太人手中夺走了估计价值70亿到80亿马克的财富，包括股票、贵金属和珠宝。在占领区，犹太人的所有东西都可以被抢夺，而且是国家直接动手。抢来的贵重物品都被存放在柏林德国财政部的战利品处，用以充实国家金库。[95]

高额支出赤字带来了凯恩斯所谓的"通胀缺口"这一严重风险，这一缺口指的是经济体中货币数量和平民人口能够买得到的货物数量之间的差额。正是这种缺口在第一次世界大战中导致了大幅通货膨胀，因此必须以这样或那样的方法予以解决。所有参战国都明白这个问题，除了中国外，各国都采取了十分相似的解决办法：加税，鼓励或要求高个人储蓄率，管制工资和物价，限制购买军队拿走所需部分后剩下的消费品。在中国，加税是个很难实现的选项。日军占领了中国最富庶的地区，使得中国的关税收入下降了85%，盐税下降了65%，这二者都是政府资金的传统来源。战场上的危机使得中国很难借到钱，而减少开支则会让中国面临战败的风险。中国政府尽管也想要开征所得税、地产税和制造税等新税种，但最终还是不得不打开了印钞机，大规模增加流通体系中的货币数量，从而导致了超级通胀。1937年，中国发行的纸币总额为14亿元法币，1945年达到4 623亿元。[96]在其他国家，为战争筹资和降低消费者购买力的措施都成功得多，民众也更愿意配合政府的要求。尽管如此，税收、借贷和储蓄的增加都是普通公民以非常直接和个人的方式参与战争行为的途径，这是为了国家利益而接受个人经济上的牺牲。这在分裂和饱经战乱的中国被证明是无法实现的选项。

加税作为应对战时开支的一种方式，在第一次世界大战中是缓慢形成的，效果也各不相同。在第二次世界大战中，税额急剧增长，通常都会贡献政府收入的1/4到一半。在美国，战争机器的发动导致整体收入的迅速增长，税收贡献了财政收入的49%，其中很大一部分来自美国人还不太适应的个人所得税。1939年，约93%的美国人从未缴纳过联邦所得税，但到1944年，有收入者中2/3缴了税，尽管在战时条件下为首次纳税的人建立一套复杂的财政体系也是困难重重。为了让为战争付出的牺牲看起来民主一些，罗斯福坚持要求设立超额利润税，这成了政府资金中仅次于所得税的第二大税源。[97]在日本，劳动人口缴纳的所得税也迅速增长，占个人收入的比例从1939年的6%增长到1944年的15%，但这还不足以满足开支的增长。和其他参战经济体不同，日本的战时开支中只有不到1/4来自税收。[98]

英国和德国征收所得税的传统更加悠久，两国政府都在战争期间大幅提高了所得税率，同时还增加了间接税。关于公民应该公平分担经济代价的想法导致了对高收入者的高所得税率。在英国，税后年收入超过4 000英镑者从1939年的1.9万人下降到3年后的仅1 250人。所得税总税额也随之激增，从1939/1940财年的4.6亿英镑增加到1944/1945财年的13亿英镑。[99]德国从1939年开始对个人收入征收临时附加税，对工业也征收了超额利润税，这两项税收直接导致德国的税收收入从1938年的81亿马克增加到1943年的220亿马克。德国的所得税也指向了有钱人。对年收入1 500—3 000马克的人群（大部分是半熟练和熟练工人）所征的税增加了1/5，而对那些一年能挣3 000—5 000马克的人所征的税增加了55%。在战争的最初几年间，德国一半的军事开支是由税收来支付的，这与第一次世界大战中征税不足的情况形成了鲜明对比，尽管政府也十分担心德国民众能在多大程度上接受这么高的税负而不起来造反。[100]

储蓄方面也受到了第一次世界大战遗产的妨碍,当时爱国运动发起了认购战争债券的活动,但这些债券的价值在通货膨胀中迅速贬值,在德国更是由于战后的货币崩溃而变得一钱不值。英国和德国都没怎么指望重启这种吵吵闹闹的集资模式。英国公众可以买到国防债券和国库券,但个人储蓄的大部分增额被投入了邮政储蓄、储蓄银行或互助会账户的小额存款中,政府在动用这些资金时既不用说服,也不用强压。[101] 德国也采用了这种其财政部长称之为"无声金融"的体系。大众宣传鼓励储蓄,商店里也没什么东西可买,于是小投资者把他们的资金存入了储蓄银行或邮政储蓄账户,其存款金额从1939年的26亿马克增加到1941年的145亿马克。邮政储蓄存折的数量也从150万增加到830万。[102] 这些存款随后就被政府拿走用于战争开支,储蓄者也成了战争机器的不自觉参与者。有了第一次世界大战的经验,德国公众对战争借款并不信任,1941年下半年政府试图引入一套自愿的"铁罐储蓄"模式,即把个人收入扣除一部分,放入特别冻结账户等到战后再用,这时,这种不信任便显现了出来。当其他所有类型的个人储蓄在战争年代涨了4倍时,这一模式却增长十分缓慢。[103] 在英德两国,储蓄者都希望用增加的收入作为战后的储备金,那时候的经济状况预期会更加糟糕。这种储蓄的暴涨表明,普通民众,而不仅仅是资本家,也希望在战争中挣钱,而不是为了国家利益而接受金融风险。

在受第一次世界大战遗产影响较少的日本和苏联,国家对购买政府债券的爱国行为和为战争增加个人储蓄的行为的依赖要大得多。两个国家都没有完全把储蓄视为自愿行为。自从20世纪20年代起,鼓励购买债券以支援国家现代化建设的做法就成了这两个国家的国家政策,这有助于形成崇尚节约的社会文化。在苏联,购买债券是被农场和工厂当作集体活动来组织的,因此任何拒绝服从的人都会成为众矢之的。储蓄工作是由各地的国家信贷和储蓄贡献委员会(Komsody)监管的。他们鼓励人们组成小组来承担指派的储蓄金额,随后,工人或农民再在他们之间分摊。由于民众有可能拒绝服从,债券销售常常达不到指定金额。于是一种新型的"抽奖"债券应运而生,它会向那些甚至连基础消费品都缺乏的人提供毛皮衣服、珠宝、手表和高档餐具作为奖励,尽管时常有中奖者抱怨说从来没见过承诺的奖品。[104]

在日本,鼓励储蓄和购买债券的群众运动同样伴随着利用集体储蓄来减少抗命的社会策略。在政府的压力下,日本全国各地都建立了储蓄社团,和苏联一样,这些小集体要承担指定的储蓄金额,并确保所有人员参与其中。1944年,日本6.55万个这样的社团共有5 900万成员。同年,民众可支配收入中用于储蓄的比例达到了惊人的39.5%。除了1941年之外,这个国家每年都能超额完成储蓄目标。[105]工人们的储蓄总额被根据需要分配下来,然后像扣税一样直接从工资里扣除。[106]除了个人储蓄,国家债券也盯上了每个社区组织,并为其指定了购买金额。街坊们会坐在一起商定分配比例,而且每个人都准确知道其他家庭承诺的购买金额。不执行意味着在大家面前丢脸,还会面临更严重的被歧视的风险,包括失去口粮配给。[107]储蓄首先而且首要被视为爱国义务,但是1944年国家组织的关于储蓄目的的调研发现,57%的受访者选择"不时之需"作为储蓄目的,38%则是将其作为给孩子的备用金。[108]

美国集资策略的核心是债券销售。美国的债券工作不像日本或苏联那般具有强制性,但征募的压力仍然无处不在,无穷无尽,结果便是为战争开支拉来了惊人的400亿美元资金。和日本一样,美国也有自愿从工资中扣除债券金额的模式,而且约一半的债券销售不是直接销售。其余部分是小额销售——通常不超过 100 美元——这意味着到战争结束时，有惊人的 9.97 亿美元债券是在市场上卖出去的。债券销售是作为商业项目实施的。正如财政部长亨利·摩根索所言，其目的在于"用债券来兜售战争，而不是反过来"。[109] 现代广告技术都被用了起来，电影明星也加入进来——包括那个唱《买一只债券》的宾·克罗斯比——600 万志愿销售人员走进了家庭、工厂和俱乐部。和日本的社区组织一样，买债券在许多情况下其实也只是半自愿的。这里的民意调查也发现，爱国主义只是人们购买债券的一部分原因，而多达 2/3 的受访者只是想要帮助采购远在海外的丈夫和儿子在前线所需的装备。美国组织了 8 次国家债券活动，把远离战场的民众和战场及在战场上战斗的人联结到了一起。[110]

进一步弥合通胀缺口的措施来自控制物价、薪酬和消费品产量的组合拳，此举由于消费者可购买物品的严重短缺而变得必要。控制物价和控制薪酬是密切相关的，因为失控的涨价将会让薪酬的实际价值缩水，引发工人抗议，就像在第一次世界大战中那样。德国参战时，其政府为了应对战前的高额军事开支对物价和薪酬的控制已经执行了数年。1936 年获任的物价专员拥有广泛的权力，能够在民众消费的所有领域强制要求价格稳定，并在战争过程中将生活成本指数的增幅控制在 10% 以下，而平均周薪的增长在工作时间延长的情况下也刚刚超过 10%。[111] 尽管许多商品质量下降，长时间的工作也让工人们付出了更多，但避免通货膨胀的努力还是让德国的经济体系成了稳定的典范，尤其是和第一次世界大战中的巨幅通胀相比。日本在对美开战时也已经有了在侵华战争中形成的物价和薪酬控制制度。从 1937 年起，日本粮食和纺织品的价格就受到了控制，从 1939 年 4 月起薪酬也开始受控。然而，物价水平还是不受管控地一路飙升，因为军队和消费者都在同一个产出盘子里争夺。作为回应，日本政府于

第四章 动员一场总体战　　489

1939年9月发布了一项全面的物价冻结法令，覆盖范围不仅包括大部分消费品，还包括租金、专业服务费、运输费用和薪酬，所有这些都与法令强制生效当天的水平挂钩。到1943年，日本各主要部委和地方当局共提出了惊人的78.5万条价格控制项目。这套新体系将价格指数稳定到了1943年。但是，最基本商品的普遍短缺，再加上无处不在的黑市，加剧了战争最后几个月里日益严重的通货膨胀，这被证明是1943年11月成立的中央价格控制委员会所无法遏制的。[112] 尽管薪酬在企业对稀有劳动力资源的非法争夺中快速增长，但1944年的实际薪资水平还是比战前下降了1/3，第二年则只剩下一半。[113] 在通货膨胀彻底失控的中国，1945年实际平均薪酬比战前下降了几乎2/3，让许多工人的生活水平跌到了生存线以下。[114]

对英国和美国而言，战争迫使它们放弃了物价和薪酬领域的自由市场原则。在这两个国家，国家管控的实施必须考虑工商业利益和劳工组织。在战争头一年，由于缺乏对总体物价和薪酬范围的有效控制，危险的物价飞涨的初期征兆出现了。到1940年底，英国的生活成本指数几乎比一年前高了1/3，这导致人们要求通过加薪获得补偿，并招致了凯恩斯和其他经济学家预言过的那种危机。尽管工会有意接受限薪和7月成立的新的国家仲裁法庭的判决，但在1940年还是有82.1万名工人罢工，这是战争年份的高峰。如英国劳工部所言，政府的优先关注点在于找到办法确保"大部分工人能够满意"，在战争的几年间，英国的薪酬增长率超过了生活成本。由于超时工作带来的超时工资和奖励，平均周薪几乎增长了40%，而平民家庭的生活成本则增长了1/3。价格管控是一点点实施起来的：1940年8月，政府批准了粮食补贴以保障所有基本粮品的价格稳定；在1941年的预算中，租金和燃油价格都得到了控制；民用市场的生产商被鼓励集中生产和合理化生产以降低成本。1941年7月，英国政府最终采纳了《商品和服务（控价）法案》，赋予国家控制最高价格和最高利润的广泛权力。[115] 任何一次管控决定都考虑到了工商界和劳工界，以避免让人觉得国家控制是随心所欲的。总的来说，如凯恩斯所言，通胀威胁被用一种"满足了公众正义感"的方式解决了。[116]

在美国，无论是工商界还是广大公众，对国家权力干预经济的不信任比在欧洲更为根深蒂固，正如 20 世纪 30 年代围绕对抗大萧条的"新政"而出现的冲突所证明的那样。尽管如此，在军队拿走了原本属于民间消费者的一半物资的背景下，罗斯福政府也别无选择，只能想办法控制物价和薪酬。1939 年以来美国重整军备已经推高了价格，但政府最初的反应只是鼓励工商界通过自愿约束来控制涨价。1941 年，军事开支的加速增长打破了所有可能有效的约束。政府尽管坚持要求对战略物资（钢材、橡胶、石油）进行价格管控，但还是能看到消费价格指数在一年内暴涨了 12%，大宗商品价格增长了17%。参战后，政府意识到要抓紧采取行动了。1942 年 4 月，价格管理处推出了面向所有物品的总体最高限价规则。这一规则很快被昵称为"总高"（General Max），它迫使所有公司将价格固定在指定日期的数值上，但既然工商业还可以进行价格计算，那么资本家们还是会有足够的发挥空间。于是通货膨胀持续到了 1942 年，这导致了劳工阶层的一轮骚动，因为工会已经同意限制薪资并不组织罢工。1943 年 4 月，罗斯福最终迫使工商界和工会接受在战时冻结所有物价和薪资，并将这项工作交由新成立的经济稳定处加以强化执行。罗斯福所说的"守住底线"效果良好，这部分是由于价格管控官员们现在可以依赖 6 000 个地方性配给委员会来报告违规行为，这些违规行为通常都会受到惩罚。联邦当局放弃了自由市场定价的做法，转而直接决定食品价格。在战争的最后三年里，消费价格指数的年增幅只有 1.4%，比其他所有参战国的增长率都要低。[117]

这些经济策略的目标是服务民众，正是他们不得不承担着军事消耗越来越高、各种民用物品飞速减少的负担。只有在经济资源丰富的美国和加拿大，大炮和黄油双双大幅增长才有可能实现。在1939年到1944年，美国的食品消费增长了8%，但鞋帽服装消费增长了23%，家用品（不含耐用消费品）消费增长了26%，烟草和酒精消费增长了33%。与之相比，英国的食品购买量下降了11%，鞋帽服装购买量下降了34%，家居用品购买量下降过半。[118]尽管对于美国个人消费增幅的各种估算数字彼此矛盾，但它们都显示出战争期间比1939年有显著增长，而1939年本身则已是大萧条后20世纪30年代的高峰。官方数字显示，美国人的实际人均支出（剔除海外作战的军人和涨价因素）在1939年是512美元，1945年则达到660美元。[119]这些数字如此惊人，是因为主要耐用商品，尤其是机动车辆的产量在战时几乎降为零。这样，美国人只要不买战争债券，就会把更多的钱花在衣服、鞋子、饮料和烟草上。

在所有其他主要参战国，个人消费都被大幅削减以便将资源转投入军事领域。和加税、发行战争债券等措施一样，降低消费也被视为战争动员的不可避免的结果，民众总的来说似乎也对此欣然接受。限制物质消费而非吸收多余收入，可以有多种方法来实现：对消费品尤其是食品和服装实施配给制；关闭非关键性的民用品生产或者将其转为军工生产；通过掺假或标准化来降低民用品质量；减少消费品制造业的原材料和劳动力供应。在英国和德国，家居用品都是用标准的廉价设计来生产的，比如英国市场上的"实用"产品，以及德国市场上的"标准品"。这样就减少了可供选择的种类，但能维持最低限度的供给。英国的消费者支出总额从1938年的指数100跌到1944年的86，非食品类别消费的降幅更快：服装从100跌到61，家居用品从100跌到73，尤其家具，则从100跌到25。[120]

有一个观点至今仍广为流传，说德国民众在战争最后阶段之前始终没有在经济上受到战争影响，但事实恰恰相反，从战争一开始，德国民间消费的下降就比英国更加广泛而全面。从 1939 年秋开始，所有商品要么被配给供应，要么被限制或禁止生产。人均消费支出在战前就已经下滑，在战争最初几年更是迅速下降。若将 1938 年的指数定为 100，剔除价格因素后的消费指数在 1941 年跌至 82，最终在 1944 年崩塌至 70；若将"大德意志"较贫穷的被吞并地区包括在内，则这两个数字就会分别变为 74.4 和 67。希特勒政府决心要避免任何社会危机的威胁，德国 1918 年的战败正是由于这样的危机，但希特勒政府转而为民众定义了一种"最低生存线"。虽然遭到了盟军的猛烈轰炸，但德国在战争的大部分时间里还是严格执行了这一最低标准，尽管这并不包括任何被视为非必要的食品或家居用品。1941 年，一名美国记者观察到，德国的生活"完全是斯巴达式的"，但可以承受。[121] 和英国一样，民众也被希望对旧的衣服、鞋子和家具加以"修补和再利用"。1943 年和 1944 年德国城市受到猛烈轰炸，迫使德国重启消费品生产以应对家居用品的损失，但许多被炸毁的东西要靠从被驱逐和杀害的犹太人那里抢来的家具、服装和鞋子来弥补，这些掠夺来的物品堆满了仓库。

对日本和苏联的战时消费者来说，情况则完全不同。这两个国家的生活标准原本就比较低，总体战的需求还吃掉了民众所需的很大一部分资源。在日本，民生供应的优先级很低，从 20 世纪 30 年代中期开始就在持续下降。政府宣传一直强调要过朴素节约的生活。1940 年，新的消费品生产管制规则出台后，"以奢为敌"就成了日本战时文化中的常用说法。[122] 除了粮食供应之外，其他民用品的生产厂家要么被关闭，要么把资源投向军工生产。1943 年 4 月制订的一份每日需求计划关注了粮食、家用燃料和纺织品，但同年纺织工业已经完全转向了军工生产。政府原本的目标是把民用消费降低1/3，但随着战局急转直下，政府越发坚持军事要绝对优先，消费品的生产也随之锐减。1944年，消费品生产降至战前水平的一半，到战争结束时更是只剩下约1/5。[123] 在苏联，民用品供应同样要为军事工业让路，降到了战前水平的约1/3。按固定价格计算的零售贸易额从1940年的4060亿卢布降至1943年战时的1470亿卢布。据估算，到1943年，苏联平均家庭消费额较战前数字下跌了约60%，而这一战前数字按欧洲标准来说原本已经很低。大部分消费者面临的一个问题是政府决定允许价格水平差异化。配给食品和战争物资的价格是受控的，但所有其他商品都要承受需求的压力，并处于快速通货膨胀之中。薪酬却跟不上这个节奏，导致大部分苏联消费者的处境比官方数字显示的更加糟糕。[124] 所有关于苏联战时生活的描述都凸显了普通民众的极度贫困，但和20年前压垮了沙皇俄国的大后方危机不同，苏联还有刚刚够用的粮食和燃料来阻止社会崩溃。

最重要的是，日本和苏联的例子显示了粮食作为维持民众正常工作和战争意愿的关键因素的重要性。所有国家的政府都会认同丘吉尔的要求："任何事都不能妨碍维持本国人民的耐力和决心所必需的物品的供应。"[125] 对农业产量的控制和粮食贸易的持续进行是战争动员在更大范围内取得成功的关键因素。只有粮食有富余的美国和英国自治领才能做到在高军事需求、粮食大量出口的情况下让喂饱人民这一问题不那么急迫，但即便是这些地区也不得不采取限量配给措施并控制粮食供应。美国的大部分人在战争期间吃的和战前差不多，如果没有变得更好的话。他们的日均卡路里摄入量较20世纪30年代的水平还提高了：1938年人均3260卡路里，到1943年达到战时高峰的3360卡路里。[126] 尽管肉类、咖啡、糖和奶制品最后还是实行了配给制，但配给量也和通常标准相差无几。美国的年人均肉类消耗量从143磅（约65千克）增长到1944年的154磅（约70千克），从而将美国人饮食中的蛋白质含量推高到创纪录的水平，而且官方数据还低估了被称为"宽松肉"的黑市肉类消耗量，这些肉类都是从国家控制系统外的农场和屠宰场流出来的。[127]对盟国的战争机器而言，更重要的是美国愿意通过《租借法案》无偿提供大量粮食和饲料；对苏联的战争机器而言，这440万吨粮食并不能完全解决粮食问题，但对于饥饿的苏联士兵和民众而言，这却为他们的生存提供了重要保障。[128]

在粮食不足的地方，包括在1941—1942年失去了3/5耕地和2/3粮食供应的苏联，各国政府都在努力维持民众（尤其是工人和矿工）适当的热量摄入量，而且通过实施配给制来确保对越来越少的粮食做出公平分配。配给量从来都不是人人相同的——德国矿工和钢铁工人每天能获得4 200卡路里的热量，"普通"消费者只有2 400卡路里——随着战争的发展，苏联、日本和德国被证明就连保证配给供应都有困难，但只有在战争的最后几个月，日本的粮食供应才彻底中断。军队拿走自己的份额后，再想要维持战前的粮食供应标准就是不可能的了。各国政府都选择增产高热量粮食，而非蛋白质、脂肪和新鲜果蔬，这意味着对大部分城市消费者来说，他们的饮食单调乏味，维生素含量越来越少。这种饮食虽然能让人活下去，但时间长了就会损害健康。欧洲北部的关键主食是土豆，意大利是小麦，日本和中国则是稻米。土豆易于种植，即便在贫瘠的土地上也可以生长，而且营养丰富。在英国，土豆产量在1940—1944年增长了50%多；在德国，土豆消费量比战前水平增加了90%。[129]苏联1944年的土豆产量比战前提高了134%，因为对许多苏联人来说，即使是那些在集体农场工作的人，这是仅有的营养来源。1942年4月，苏联最高苏维埃主席团主席米哈伊尔·加里宁甚至为土豆发出了全国呼吁：

"你如果想要加入战胜德国法西斯侵略者的战争中来,就必须种植尽可能多的土豆。"[130]

其他主食则被证明更难保障。在以玉米和小麦为饮食主要成分的意大利,农业产量相较战前水平不断下降,而出口粮食以获得战争机器所需的石油和原材料令粮食供应雪上加霜。到1943年,粮食净产量下降了1/4,使得配给口粮的热量降到了微不足道的990卡路里,尽管大部分粮食是在供给制体系之外生产和消费的,当然这样的话价格就会飞涨了。[131] 稻米被证明是最难供应的农产品,吃稻米的不仅有日本人,还包括被战火波及的亚洲其他地方的人。从1941年4月起,日本的城市消费者每天的配给额是330克米——可提供基础的1 158卡路里热量,此外还有少量其他食品配给加以补充。1944—1945年,来自帝国领地的大米供应因美军的海上封锁而崩溃,使得粮食消费量较战前水平下降了几乎1/4,此时,城市消费者每日摄入的热量已经下降到了1 600—1 900卡路里,而这不足以维持长时间的工作。[132]

粮食匮乏地区的农业生产面临着许多共同的问题。男性劳动力被大批征入军队;农业机械和器具用坏了常常得不到替换;化肥要和炸药争夺同样的配料;役畜和拖拉机也被军队征走了。在德国,人造肥料的供应量在战争年月里下降了一半,分配给农具的铁的配额在1941—1944年从72.8万吨跌到33.1万吨,战争头几年的动员就征召走了约45%的男性劳动力,把许多农田丢给女人去打理。到1945年,德国本地农业劳动力的65%是女性,还有大批外国劳工和战俘来帮忙。[133] 在苏联,农业机械从集体农场中消失了,肥料的生产优先级很低,男性劳动力也只剩下了一小部分。到1944年,4/5的农村劳动力是女性。一组组女性用绳子将彼此拴在一起,拖动本应由牲口来拖曳的犁。[134] 只有英国例外。战前,英国70%的粮食供应依赖海外进口。现在,船运能力的紧张和德军的潜艇战迫使英国政府采取了迅速提高国内农业产量的计划，此举意味着要投资农业机械、器具和肥料以协助转变。于是，拖拉机产量增加了48%，脱粒机产量增加了121%，土豆削皮机产量增加了381%；役畜基本上没有被征用，因为英国陆军几乎完全实现了机械化。英国国内的粮食产量从1939年的420万吨增长到1944年的740万吨，这有效填补了进口粮食的缺口，令英国在整个战争中都不必对面包实行配给供应。[135] 早在战前就已启动的农业现代化和增加营养政策，足以保障英国人比其他任何粮食匮乏地区的消费者都要吃得更好。

既然粮食供应如此关键，那么总有办法来补充配给量并增加国内民众的每日热量供给——有些合法，有些则未必。对主食的需求导致了牧场的缩小和耕地面积的增加。其结果令人惊讶。英国农产品的热值从战前最后几年到1944年几乎翻了一番。在日本，政府坚持推广高热量作物，其他50种不同的农作物，包括水果、花卉和茶叶则受到限制或禁止。[136] 扩大耕地面积也是有可能的，只要简单地通过鼓励民众，尤其是城市民众自行种植作物就行。在美国，到处都在鼓励开辟"胜利菜园"，有2 000万个这样的菜园被播种（1943年这样的菜园里的番茄产量创了纪录），英国民众则被劝说把草坪和小块土地全部种上蔬菜和水果。1943年，英国有150万处小块菜地，为单调伙食提供了重要的时令果蔬。在日本，铁路线旁边和学校操场上都种上了庄稼。[137] 这种小块耕地被证明是苏联工人的救星。1942年4月，克里姆林宫发布一条法令，允许城市工人自行开垦耕地，到1944年已有1 650万块这样的小块耕地，可以生产蔬菜、水果甚至是肉类。由60万名武装志愿者组成的小型军队充当了守卫，以防止饥民前来偷盗。[138]

如果缺口补不上，那还有掺假和代用品两个选项。1942年，英国的白面包变成了浅褐色，当时磨坊主被命令从谷物中提取更多的残渣；日本的白米也变成了褐色的，原因相同。在日本，农业部下属的替代食品处用干橡子、藤蔓、桑叶和面粉混合开发"粉状餐食"的努力基本失败。但在德国，从纺织品到咖啡的各种代用品大行其道，尽管不怎么受欢迎。茶叶是用野生植物和浆果做的，咖啡则主要来自大麦。柏林人很快为这些产品起了不好听的绰号：咖啡被称作"黑鬼麦"，自己不得不喝的掺了假的奶粉则被称作"死人汁"。1941年，一本题为《不要浪费》的小册子在意大利流传开来，教公众烹饪用面包屑做的"仿制鱼"和"仿制肉"、不含糖和鸡蛋的"自足"甜点，以及不含咖啡的咖啡。[139]

如果这都不行，还有黑市向人们招手。实际上处于受控食品和配给制之外的市场更多是灰色的，而非黑色。在苏联，政府乐于见到从小块自留地上生长出来的食物在不受价格管控的情况下被卖出去。非配给食物的价格涨了10倍多，大部分城市工人是买不起的。意大利和日本都与苏联一样有大量乡村人口，当局也乐于对下乡买粮食的行为睁一只眼闭一只眼，饥饿的市民们会拿出所拥有的一切来换取额外的粮食。在日本，孩子常常被送到农村，这不仅是因为小孩更容易引起农夫的同情，也是因为即便他们干了其他什么坏事，警察也不太会惩罚他们。日本的黑市从20世纪30年代起就随着粮食不足而出现。1938年，日本组建了"经济警察"以控制人口逃离和操控价格，在组建的头15个月里，他们抓捕了200万人。如果城市家庭想要活下去，那么非法交易就要成为生活的一部分，最后警察的约束和控制也都没什么用了。[140] 在中国，军统的秘密警察也负责追查囤积居奇、走私，以及在中国政府、地方军阀和日本占领军之间的三不管地带存在的黑市。在这里，数以百万计的罚金也同样没能控制住非法交易。[141]

在那些配给体系运转得更有效、管控组织得更好的社会里，非法交易被视为犯罪，并得到了相应的处理。德国早在1939年9月4

日就颁布了一项反经济犯罪的法令,将任何规避粮食供给管控和配给制度的行为都囊括其中。最高的处罚可以是死刑,有几起影响重大的案例被视为对人民的背叛,罪犯被处决。[142]但这里仍然存在灰色地带,好友之间或者和可靠的店主间可以有一些小违规,即便风险仍然很高。在配给制仅覆盖小部分食品种类的英国,问题则是要控制地方零售商的自行提价行为——这可能会引发通货膨胀。在适当的监督体系建成之前,这被证明很难实现,但体系一旦建成,这方面的检举数量便急剧增长。在战争期间,食品部发起了不少于114 488起针对非法交易和违反市场管控的起诉,但惩罚最多不过是罚款或短期监禁。具有讽刺意味的是,在这个粮食供应更加丰富而且多样化的欧洲参战国里,食品违法事件却在整个战争期间不断增加。[143]

各国官方都担心粮食供应不力会妨碍动员民众参战,但这种担心被证明并未成为现实,第一次世界大战末期的革命危机也没有重演。但这并不意味着所有人都能公平地拿到粮食。政界和商界精英能吃得更好,而且他们对此毫不避讳,正如任何参加过克里姆林宫宴会或者与温斯顿·丘吉尔共进过晚餐的人看到的那样。德国的纳粹党党魁可以进到存放着烟草、咖啡和山珍海味的秘密仓库里去。在东京,高档餐厅仍旧可以在普罗大众面黄肌瘦时继续为日本的富人服务。城镇和乡村的反差也很大,只有苏联例外,那里的集体农场只允许保留一小部分庄稼收成,多余的粮食都会被征走。各国还采取措施控制农村"自给者"(德国人的说法)保留的农产品数量,它们建立了一套复杂的规则,为每个人规定了面包、肉类、黄油、鸡蛋和牛奶的配额。在日本,大米市场是政府控制的,每个农家都有固定的配额,以限制种植人口吃掉的农产品的数量。[144]尽管如此,绕过这些管控的办法总是有的。那些为了躲避轰炸而逃到乡下的德国人和日本人发现了各种各样数量充足的在城市久未见过的食品,农民们也不介意冒着严重的违法风险去私自屠宰牲畜和私藏粮食。

在最为脆弱的国家,城市消费者始终只能靠极其匮乏的食物为生。意大利的战后统计显示,在1942—1943年,该国700万—1 300万城市居民的粮食供应"低于最低生理需求";在战争中期,苏联和日本的口粮供应也不足以维持正常的身体状态。[145]苏联和日本都基本控制住了饥荒,只有日本出现过一些苗头,但在这两个国家里,工人吃着这样的伙食去干活,意味着他们会一直饿肚子,其健康也会受到损害。虽然名义上人人都有配给定额,但这并不意味着每个人都能真的拿到手。有时候,官员们还会偷偷拿走分配给饥饿的工人们的粮食自己吃。[146]不工作的苏联公民完全没有配额,战争期间不知道有多少人死于饥饿。很难说清楚工人们是怎样靠着这点又少又差的饮食,常常在寒冷而恶劣的环境下每天工作10—14个小时的。这两个国家都有工人因营养不良和工作过度而死在自己操作的机器旁,这是在严厉管控的国家中为保障集体利益而施加严重社会压力的结果。

随着从德军手中夺回失地,苏联工人的境况有所改善。但1945年时日本的城市人口则面临着饥荒。日本从帝国领地运回的大米从1941—1942年的230万吨下降到1944—1945年的区区23.6万吨,本土的产量也在战争最后一年从1 000万吨跌到580万吨。[147]物资进口遭到美军潜艇和空中封锁的沉重打击,这些打击在1945年摧毁了日本商船队的4/5;轰炸把800万难民赶到了农村,打乱了粮食收获和食品分发。夏季的人均消耗下降到每天1 600卡路里,但这个平均值掩盖了巨大的差异。这一危机令日本的保守派精英担心食物短缺可能引发社会动荡,甚至引发沙皇俄国发生过的那种共产主义革命。1945年6月,裕仁天皇的私人顾问木户幸一警告说,粮食危机很可能意味着"状况会变得无可挽救"。尽管常规空袭和原子弹轰炸导致了普遍的社会混乱,但革命危机并未成为现实,不过裕仁天皇于8月10日最终做出投降的决定至少有一部分是为了避免饥荒灾难的社会后果，而这样的灾难可能会在军事冲突结束前就从内部毁灭日本帝国。[148]

在欧洲和亚洲，饥荒都是战时混乱的最终结果。尽管有时候天灾起了一定的作用，但最大的饥荒主要还是人为造成的。在被占领的希腊，德国军队觉得自己要靠山吃山，于是从1941年4月起他们就夺走了所有储备的粮食，还抢走了驮畜以运输这些粮食。德军的掠夺毫不留情，完全不考虑希腊城市人口的需要。希腊傀儡政府也试图组织配给制，但在130万小农的抵制下失败了，他们拒绝把粮食按规定价格售出，而是私藏起来卖到黑市上。[149] 到1941年秋季，雅典－比雷埃夫斯主城区的粮食需求只有不到1/4能得到满足。面包只能不定期供应，且供应量从每人每天300克减少到100克；红十字会和其他慈善机构开设的施食处只能养活15万人，而挨饿的超过100万人。[150] 9月，虽然饥荒临近，但德国占领军却拒绝施以援手，他们认为这是意大利的占领区，应当由意大利来负责。于是意大利运来了一些粮食，但不足以应对供应和运输方面的危机。从中立国进口粮食也为英国的海上封锁所阻。在雅典，1941—1942年冬季的死亡率达到先前的6倍，大部分虚弱的人因无法继续抵抗饥饿或疾病而死。1942年2月，英国政府在巨大的公众压力下同意放宽封锁，但直到6月，一个旨在组织分发送过封锁线的粮食的瑞典－瑞士救援委员会才得以成立，大批粮食直到秋季才被最终运来。8月，有88.3万雅典人从施食处领取食物，约占人口的80%。[151] 在整个沦陷期间，粮食缺乏始终如影随形，但从1942年到1943年，饥荒还是逐渐缓解。据红十字会统计，在1941到1944年，至少有25万人直接或间接死于饥饿和营养不良。

在亚洲，三场大饥荒夺去了估计超过700万人的生命。其中两场发生在仍处于盟军控制下的地区，即印度东北部的孟加拉邦和中国的河南省；第三场则发生在日占法属印度支那的北部湾地区。饥荒在一定程度上与气候有关——霜冻、暴风或干旱——但自然因素带来的粮食损失还不足以导致大规模饥荒。在这三场饥荒中，粮食匮乏都是战争导致的市场扭曲和分配不公的结果。孟加拉邦遭到了失去缅甸稻米供应的冲击，在1942年，小农场生产的稻米被投机商囤积居奇。米价也从1942年11月的1孟德（约合37千克）9卢比涨到次年5月的30卢比，超过了贫困的失地劳工和过早卖掉仓中稻米的农民的承受能力。印度政府的做法更令情势雪上加霜，他们买走了粮食以供应加尔各答的工人，并允许大米自由交易。当饥荒到来时，政府没能意识到情况的严重性，而且那些原本可以将稻米从富余地区运过来的船只要么被停用，以免被日军夺走（6.65万艘船艇中的2/3），要么被用来打仗了。[152]其他邦的富余粮食没能被用来支援孟加拉。当局花了不少时间才承认出了问题：一位英国总督还指责了印度媒体描绘的死亡和濒死的画面，要求宣传部门反对"无益的恐怖故事"。直到1943年10月，政府才最终采取措施实行配给制并分发手中的稻米，此时已有估计270万—300万孟加拉人饿死。[153]

在中国中北部省份河南，从缅甸和越南进口的稻米减少使得1942年的歉收雪上加霜。大地主和投机商把粮食从贫穷的农民手中买走囤积起来，而耕牛和男性劳动力的流失又降低了当地的生产力。相邻省份不愿提供多余粮食，国民政府也没能采取什么有效救济。从1942年10月到1943年春，约有200万—300万人饿死，约占当地人口的1/3。中南半岛上发生的事情也基本相同，日军于1942年8月和当地维希法国当局签署协议，每年从当地征用100万吨最优质的大米。于是，殖民当局开始向数百万小农征收粮食，而米价上涨则刺激了富商去囤积稻米。于是，从1943年下半年到1945年夏，越南东京地区的民众一直面临着饥荒或半饥荒的状态，1/5的人死亡。[154]在上述三场大饥荒中，粮食缺乏都是由军队对粮食的占用、中间商的贪婪和当局的不称职或冷漠等人为因素造成的。

男工女工加油干

除了财政和粮食，总体战的大规模动员还意味着对健全平民劳动力的大规模动员。这一现象正是战前对"总体战"定义的核心：所有人力资源都要服务于唯一的目标，即夺取胜利。这是个非凡的论断，同样根植于对第一次世界大战胜败的反思，它不仅仅是一个漂亮的新词。所有参战国政府都想要以同样的目标动员起所有的劳动人口，当劳动力资源被证明不够用时（几乎到处都是如此），他们就会想办法在可工作人口边缘动员新的劳动力资源。工人们是在不同于军队的另一条战线上战斗，但对他们的定义与军队相近。美国的宣传机构呼吁工人们将自己视为与海外大兵们并肩作战的"生产战士"。苏联的劳动法真的把工人定义为军人。1941年12月26日的法令将旷工者定义为"逃兵"，最高能判8年劳改。尽管德国工人没有被正式军事化，但盖世太保组织的条件艰苦的"劳教营"却提醒着人们，"战争中每个人都必须贡献出最大的劳动力"，否则后果自负。[155]

参战国及其各个部门别无选择，只能组织起对劳动力的动员和分配。劳动力战略被认为是如此重要，以至于负责劳动力分配的机构实际上享有绝对的权力。这些部门在大多数情况下与掌控战争经济的其他架构相互独立，因此劳动力分配和生产计划的结合从来都不是一帆风顺的。有些情况下，负责劳动力分配的机构本身就是分裂的。在美国，国家战争劳动委员会不得不与战时人力委员会协调政策（这是美国在战争中成立的多得惊人的112个新部门中的2个）。在德国，劳动部不得不与纳粹党党魁操控的两个部门相互竞争，这两个部门是罗伯特·雷（Robert Ley）下属的德国劳工阵线和弗里茨·绍克尔（Fritz Sauckel）下属的劳动力分配全权代表处，后者于1942年成立，以增加对外国劳动力的征用。在这两个案例中，统一劳动力计划的缺失削弱了生产最大化的动力。

在英国，劳动力政策更加集中。劳动力分配（很快改为征召）依据1939年4月的《国家劳动力征召法令》和三个月后发布的《人民动员法令》执行，两者为战争建立了全国范围的劳动力计划。在将工会领导人欧内斯特·贝文（Ernest Bevin）任命为丘吉尔1940年内阁的劳工大臣之后，英国政府发布了《国家勤务法》，以将劳动力分配到需要的地方，并赋予贝文一定程度的执行权，他本人也对内阁同僚承认道："这在这个国家是史无前例的。"[156] 国家就业登记措施的引入让贝文获得了对整个人力结构的全局视角，简化了战争过程中劳动力资源的重新分配。这样的权力在美国是不可能存在的，那里抵触国家控制的传统十分强大。失望的罗斯福最后在1944年1月想要推动国会引入《国家勤务法》以解决劳动力短缺问题，但遭到广泛抵触，法案最终未能通过4月的参议院投票。一名记者称赞说，这次投票决定了"这个国家不会陷入独裁"。尽管如此，美国还是制订了鼓励人们流向战时岗位的劳动力分配计划。美国战时人力委员会把不少于3 500万工人分配到了不同的岗位上，但这些人都是自愿的，而非被征召过来的。[157]

各个参战国就业结构的主要差异在于劳动力向农业集中的程度，这种集中程度在日本、意大利和苏联很高，在英国则非常低，那里的工业和服务业占用了大部分劳动力。在工业化和城市化程度更高的经济体中，核心问题在于将工业劳动力从民用品生产转移到与战争相关的项目上，而非吸收工业之外的劳动力。在德国，直接为战争进行生产的工业劳动力从1939年的22%增加到1943年的61%，制造业工人占比则从28%增加到72%；在英国，重要性较低的工业领域失去了40%的劳动力，而1943年又有1/3的工业劳动力集中到了武器的直接生产中。[158]在有着庞大农业部门的国家,乡村劳动力会被征入工业生产,必要的话还要接受培训。战争期间,日本将190万农业人口征入军备部门当工人;1941年,苏联有近50万年轻人从农村走进劳动预备学校,在那里学习战争工业关键岗位所需的技巧;在意大利,工程技术人员的不足促成了战时培训计划,对象是乡村和手工业行业的人。[159]在美国,农场劳动力在1940—1945年减少了近100万人,而所谓的第一工业集群(囊括了大部分军备制造)的劳动力则从1940年的530万人增加到3年后的1 100万人,它们吸收的不仅有农场工人,还有消费者和白领阶层。各经济体在可用的失业和半失业人力资源的规模方面差异也很大。德国甚至在战争爆发前的1939年就面临彻底的完全就业局面;苏联也说自己没有失业人口可用,这就是为什么年轻女孩子要在恶劣环境下每天工作10个小时。另一方面,英国在1940年夏仍有100万失业人口;美国则有超过800万人失业,另有数百万人就业不足。到战争结束时,美国的失业人数可以忽略不计——6 500万就业人口对67万失业人口——而英国1944年的平均失业人数只占劳动力的0.6%。[160]

无论劳动力结构如何不同,随着战争的进行,所有参战经济体都有一个共同特点,就是工人不足。军队的需要和为其余人口提供至少最低限度供应的需要,决定了为战争提供武器、装备和物资的劳动力的规模。工人尤其是熟练工人的急缺在战争最初几个月里便已显露无余。尽管人们想要把工人们限制在当前的岗位上以控制劳动力流动,但对劳动力的需求还是促使工人们向薪水更高、条件更好的地方迁移,而雇主或工厂主们也会因为急需更多的劳动力而雇用那些没有证件的工人,这让问题雪上加霜。在苏联,尽管有严厉的惩罚,但战争期间上报的工作中的"逃兵"案例还是达到188万起,可许多逃离者只是在别处找了份新工作而已,仍然在为战争做贡献。[161]工作中的"逃兵"在日本也很普遍，有些大雇主会找到办法劝劳动者冒着擅自流动的风险前往新岗位，并为他们伪造必需的证件。有些工厂主会给工人发"黑薪水"，但这与厚生省的努力背道而驰，厚生省想要限定薪资，并将工人流动限制在1941年10月引入的"国家作业体系"和4个月后发布的《劳动变更控制法》的管辖之内。[162]在美国，工人们不会受到法律制裁和劳动营的威胁，因此很难与工会达成关于工人不经批准就不能换工作的战时共识。约有2 500万美国人跨过县界和州界去寻找更好的工作，包括100万来到北方工业城市找机会的南方黑人。而在此时，种族歧视也随着黑人的迁徙而来。兵工厂中只有3%的雇员是黑人，因为雇主认为他们缺乏足够的专业技能。[163]

这些缺口有许多办法能解决。最简单的办法就是延长工作时间和增加班次。无论是男人还是女人，年长还是年幼，10—12小时轮班制成了许多工人在战时的日常，日夜不停。在日本和苏联，工人们要每周工作7天，没有假期，这一要求让许多人常年处于疲病交加之中。在对消费品、艺术、服务行业等非关键岗位进行的所谓劳动力"梳理"中，被重新分配的工人不仅会被征入军队，也会成为军事工业中新的劳动力。在英国，1941年3月启动的"生产集中"计划使得政府有权关闭29个工业部门中的企业，并把它们的资源重新分配到各个行业最大、最高效的核心企业中。[164]德国的"梳理"工作在整个战争中一直在进行，但是最大规模的劳动力迁移则发生在战争头两年。在德国庞大的手工业部门中，1942年有40%的工人被转移到了军工岗位，其中许多人是年长的熟练工人；消费品工业中的男性劳动力在1940年夏季减少了超过50万人，这些人都去军事工业供职了。[165]

生产的"合理化"也能取得很大效果。更有效的工厂布局、专用机器设备的更广泛使用，以及基于更大型工厂流水线生产的规模经济，这些都是降低劳动力投入并增加工人人均产出的途径。在英国和德国，国家调查员会在工厂之间走访，找出不良做法，并强迫企业采取各行业内明星企业的方式。军工业的效率提升十分显著，其中许多做法是根据工厂工人的建议而改进的。在德国，1941年有3 000家企业设有建议体系，1943年则达到3.5万家。提出有效建议的工人会得到奖金或额外口粮。[166] 在英国电气公司，每一架"哈利法克斯"轰炸机的生产在1942年4月需要487名工人，一年后只需要220人。当德国在1943年为III型坦克的生产引入流水线制造时，每辆坦克所需工时从4 000降到了2 000；德国航空发动机的生产合理化使得宝马公司每台发动机的工时数从1940年的3 260降到1943年的1 250。[167] 其结果便是与战争相关的工业企业的生产效率（以人均产出为准）显著提升。在苏联，规模化生产方式被广泛使用以应对战时需要，国防工业工人的人均价值贡献从1940年的6 019卢布增长到1944年的18 135卢布。所有战争经济体都获得了同样的成就，而农业和消费品行业的生产效率则普遍停滞不前或下滑，因为接替被动员者的都是些未受过训练的工人。[168]

为了应对军队的男性流失和战时工农业对劳动力的巨大需求，动员女性也是头等重要的。就像女性志愿参军一样，在大后方的女性也明白自己是所有总体战行为的一分子，而不仅仅是流失的男性的战时替代品，尽管许多关于战时女性动员的叙述都会给人留下这样的印象。女性作为工人、选民、政党党员或志愿者的地位在战前社会中并不亚于男性。无论在哪里，女性在战前的工人队伍中都占据相当大的比例，这个比例在美国和英国稍低（战争爆发时约为26%），在德国和日本较高（分别为37%和39%），在苏联最高，达到40%。在英美两国，女性就业人数都在战争期间大幅增长，而在其他国家女性就业的机会就少得多，女性要么从民用品生产转向军工生产，要么在没有男人的帮助下继续独自操持商店、办公室或农场。导致工业领域女性就业规模差异的主要因素仍然是农业产业的性质。在苏联、日本和德国，农村劳动力约占工作人口的1/3到一半，其中很大一部分是女性。农场中女性对男性的比例随着战争持续而不断提高：在苏联，1941年时集体农场有一半的劳动力是女性，1945年时则有80%；在日本，女性在1940年占农村劳动力的52%，1944年占58%；德国女性在1939年占本地农村劳动力的54.5%，1944年占65.5%。[169] 这些女性对战争来说不可或缺，因为粮食供应是高度优先的，所以不存在把她们重新安排到工业领域的问题。在总体战的背景下，女性农场工人和工业中的女性一样，都是生产一线的一部分。

在英国和美国，女性的动员代表着相当规模的劳动力净增，数百万女性，尤其是已婚女性，选择加入劳动大军。在美国，女性劳动力在1940—1944年增加了520万人，其中340万已婚（大部分情况是她们的孩子已经大了），还有83.2万人是孤身一人。[170] 尽管表面上增幅惊人，但绝大多数美国女性还是待在家里，她们中的许多人在为红十字会做一些志愿工作，如收取债券款，或者帮人照顾孩子。战争期间有200万女性实际上离开了全职岗位，其中许多女性则选择根据自己的需要入职和离职，只有1/5的女性劳动力在制造业工作。那些接替男性的女性大部分在办公室、银行、商店和联邦机构供职。[171] 美国政府拒绝任何征召女性参军的想法。美国社会对寻找战时工作的女性大潮的态度，起先与对女性参军的态度一样三心二意。但随着防务企业出于必要而开始招收和训练女性时，男性管理人员才渐渐放下自己的偏见。

人们很快发现，女性是比许多男性更可靠的工人——她们认真、有组织、机灵，而且富有耐心——于是军工业招收的女性数量从1942年起逐年递增。"让男人见鬼去吧，"一名航空工业主管对记者说，"给我女人。"[172] 到这个阶段，在加利福尼亚州某些新建的大型飞机工厂中，女性超过了一半，这里的规模化生产方式更适合不那么熟练的女性工人，并能降低工作的体力负担。[173]英国的模式也与此大致相同，在战争第一年，新招收的女性工人只有32万人，军工厂雇主不愿意使用女性，因为他们还要去训练她们如何与男性共同工作，许多时候男性工人也讨厌这种对劳动大军的所谓"污染"。英国的女性就业人数从1939年的620万人增加到1943年的770万人，但和在美国一样，许多新参加工作的女性更愿意在白领岗位上接替男性。为了应对战时需要，英国在1942年和1943年少量招收女性来工作：先是招收年轻的单身女性和无孩寡妇，1943年又开始招收没有子女的有夫之妇。大部分女性工厂工人原先已经在民用工业领域工作过，现在只是转入了制造军用装备的工厂而已。[174]

女性工人的岗位调整在德国和苏联经济中也很重要，在这两个国家，职业女性的比例已经很高，实际上在战争开始时这个比例就已超过英美最终达到的水平（见表4.3）。在德国，15—60岁女性的就业率在1939年时已达52%，而美国在战时高峰时也只有36%，英国是45%。

表4.3 本国劳动队伍中的女性比例（%）

	1939	1940	1941	1942	1943	1944
英国	26.4	29.8	33.2	36.1	37.7	37.9
美国	—	25.8	26.6	28.8	34.2	35.7
苏联1	—	38.0	—	53.0	57.0	55.0
苏联2	—	—	52.0	62.0	73.0	78.0
德国	37.3	41.4	42.6	46.0	48.8	51.0
日本	—	37.8	—	42.0	—	—

注：苏联1＝全部公共就业部门；苏联2＝集体农场劳动力。

在苏联，女性加入了所有劳动部门，这与国际惯例是不同的。根据国际惯例，1940年工业劳动力中女性占40%，1943年占53%；战前交通业工人中女性占21%，1943年占40%；诸如此类。在德国和苏联，大部分新增的女性军工工人是从民用工业转来的，她们原先的工厂要么转产军工产品，要么作为非关键性产业而被关闭，她们都不是净增人力。女性在苏联是劳动力征召的对象，只有太老、有病或者照顾孩子走不开的人才不用工作。

在德国，政府曾动过征召全部女性人口的想法，但最终还是只能靠招收年轻的单身女性，她们别无选择只能去工作，德国还鼓励有子女的已婚女性去上6—7个小时的半天班，1944年，在1 480万已经就业的女性之外，又有350万女性选择了这种方式。还有数百万女性在民防、急救部门或纳粹党临时机构中当志愿者。德国原本希望在1944年达成国内劳动人口中女性占比最终超过51%的目标，但这一努力为盟军的轰炸所阻，轰炸把数百万女性和儿童赶到了乡村，让这些妈妈失去了为战争工作的可能性。当日本在1945年遭到猛烈轰炸时，女性构成了国内劳动力的42%，主要是在农业和商业领域。日本从1941年开始征召16—25岁的年轻女孩，并招来了100万人；1943年9月，征召范围扩大到了14—15岁的女孩子，又招来了300万人。女性最终还被送到了矿场，战争期间矿场的女性人数翻了一番。[175]

数百万女性为战争而工作的事实并未能终结性别歧视，也没有促成更多的性别平等。女性很少从事监督、管理之类的工作，也很少做对技能要求很高的工作。那些在白领岗位工作的女性干的常常是文员、秘书或勤务之类的低薪工作。成为匠人、领班或熟练工人的美国女性比例在战争期间仅仅从2.1%增长到了4.4%。1944年，女性的平均收入是每周31美元，男性则能挣55美元，即便干的工作都差不多。在英国，女性的平均薪水仍然只有男性的一半。[176] 成年和未成年女性的工作环境常常不是她们能长期承受的，除了伊丽莎维塔·科谢金娜和其他数百万苏联女工——她们被强迫持续工作，直到身体崩溃。那些习惯于以雇用男性为主的公司在为女性提供休息室和医疗设施时十分迟缓，并希望她们也能适应10个小时的轮班制。当女性由于疲劳、疾病或家庭问题而出现更高的缺勤率时，男性对她们的歧视反而加深了。许多女性面临着更甚于男性的压力，她们需要在工作和睡眠以外的时间里照看小孩，领取配给口粮，并操持家务。为了帮助她们做好这些双重工作，国家会提供儿童日托服务。1944年，德国幼儿园可以接纳120万名婴儿；美国建立了超过3万家日托中心，尽管政府不情愿将此视为国家义务，而这些中心也仅仅吸纳了13万名儿童。媒体曝光了一些看护中心管理糟糕、工作人员对儿童需求漠不关心的情况，导致一些需要外出工作的母亲宁愿将年幼的孩子独自留在家中，这促使全国范围内都开始讨论"钥匙儿童"的困境以及青少年犯罪问题，据说后者是因儿童得不到照顾而变得更加严重的。[177]

对那些"新秩序"帝国来说，还有一处劳动力资源可供开发。它们可以从占领区招收工人以填补国内劳动力的缺口，大部分时候是强征。在占领区的建筑工地、道路和铁路修建工地，以及农场和工厂里，还有数百万人为占领军工作。在欧洲，估计有2 000万人为德国的订单工作，在日本的亚洲新帝国里，也有数不清的人为日本而劳作。在中国东北、内蒙古，以及朝鲜和日本本土，大批中国工人被强征来为日本的战争机器干活儿。1942—1945年，约260万中国人实际上成了奴隶，在恶劣环境下工作，而且没有薪水。[178] 日本殖民地朝鲜的工人们情况稍好一些，因为日本已在朝鲜半岛建立了服务于战争的工业体系，而该体系对当地劳动力的需求量很大。1933年，只有21.4万朝鲜人在工业、建筑业和运输业中工作，到1944年，这一数字就达到了175万人，其中40万人就职于制造业部门。几乎所有朝鲜人都被视为最低等级的劳动力，但从战时生产需求中获益的朝鲜工程师、商人的数量还在增加。[179] 其他朝鲜人就没这么好运了。强制劳动计划也被扩大到了日本殖民地，到战争结束时估计有240万朝鲜人——占日本工业劳动力的1/4——在日本的工厂和矿场中工作，他们的工作条件就远没那么好了。[180]

德国的战争经济规模比日本庞大得多，因此对劳动力的需求也更加迫切。在整个战争期间，这个国家一直依赖于使用非德国劳动力作为劳动大军中越来越大的一部分。到1944年底，有820万外国人在德国和被德国吞并的地区——所谓"大德意志"——与2 800万德国本国工人一同工作。据估计，在整个战争过程中共有1 350万—1 460万外国工人、战俘和劳动营囚犯在德意志的帝国填充德国的人力资源池，1944年时这个数字超过了平民劳动人口的1/5。[181] 外国劳动力来自许多国家，希特勒政府对他们分门别类，予以差别对待。有一小部分外国工人是自愿劳工。早在1939年春，就已有43.5万外国工人为了工作机会和大规模扩军带来的更高薪水而来到德国。他们中的许多人来自一年后就沦为德国占领区的邻国。还有很大一部分人来自德国的盟国意大利，这部分人在1941年时达到27.1万。[182] 1940年德国征服荷兰与法国后，又有相当数量的志愿者越过边界来到德国公司工作：约有10万荷兰工人和18.5万法国工人。1939年，在波兰的被吞并地区，估计有300万波兰人为德国工作。[183] 这些自愿劳动力中许多人并不那么自愿。经济压力有时会伴随着失业率的上升，当被占领国的产能下降时，工人就会到德国去找工作。在意大利，墨索里尼向希特勒承诺不断为德国输送意大利工人，以换取德国提供关键的战争物资。随后，各地法西斯党官员开始鼓励或者迫使意大利农业和工业从业者向德国迁移。两个独裁者之间的一份战时协议迫使意大利政府支付旅德工人需要寄回意大利家里的那部分薪水。这样,德国经济不仅得到了劳动力,还不用承担全部薪酬。[184]

同样占便宜的还有对战俘劳动力的利用。除了苏联和日本外所有参战强国都在1929年的《日内瓦公约》上签了字,公约规定只能在与战争不直接相关的部门使用战俘劳动力。德国人在对待英美战俘时对这一限制多少还抱着谨慎态度。他们对待1939年时被带入德国本土的30万波兰战俘时也遵守了这一公约,这些波兰战俘被送到德国农场工作,这是公约允许的。9个月后,德国军队俘虏了160万法国士兵,其中1/3本来就是农场工人。超过100万法国俘虏被留在德国,其中一半像波兰人一样被送到农业部门。然而,随着工业劳动力需求的激增,德国人也找到了规避《日内瓦公约》限制的办法。既然在德国看来波兰这个国家已经不复存在,那么这些俘虏也就可以被给予国民待遇,去做不受《日内瓦公约》限制的工作了。为了规避国际法对使用法国俘虏的限制,德国在1943年4月创立了一个特殊的俘虏类别:"改造"俘虏。德国每放回一个被强制从法国送到德意志第三帝国的工人,就要有一名俘虏自愿转为"平民工人"在德国工作,这样他就能成为工业劳动力并正常获得薪水。到1944年中期,约有22.2万法国俘虏利用了这一协定。[185]

那些从东欧和南欧抓来的俘虏就远不是这个情况了。使用苏联俘虏没有任何法律问题,因为苏联没有在《日内瓦公约》上签字。在苏德战争的第一年中,大部分俘虏要么自己死去,要么被杀,希特勒直到最后才勉强同意在"大德意志"地区使用苏联战俘。但被使用的苏联战俘的数量一直很少——到1944年8月只有63.1万苏联战俘在德国干活——因为许多俘虏在东方为德国军队和占领当局做事。1943年9月,意大利投降时被前盟友抓作俘虏的意大利士兵也不受公约保护。被送往德国的60万意大利人被定为"军事拘押人员"而非战俘,因此要他们干什么活儿都可以。这些意大利被拘押人员被德国当局和许多德国民众视为轴心国事业的叛徒,因此吃得差,住得差,工作中也备受伤害和侵扰。到战争结束时有4.56万人死于囚禁。[186]

1942年的劳动力短缺是无法靠自愿移民和使用战俘来填补的。1942年春,德国政府更想要在整个德占区的人口中强征劳动力到帝国干活。这一变化的标志是1942年3月图林根州纳粹党大区长官弗里茨·绍克尔被任命为劳动力分配全权代表。强制劳动此前已经被用在了波兰人身上,到1941年底,有超过100万波兰人在德国卖力,大部分是在农业和采矿业工作。[187]绍克尔的职责是找到多得多的工人来扩大军工部门。这一策略在东方实施起来比在西方占领区更容易。1941年12月,德国对当地所有15—65岁的男性和15—45岁的女性实施了普遍劳役制度。也有一些工人是自愿的,一些乌克兰人和白俄罗斯人笑着登上前往德国的火车的照片被用来鼓励其他人一同前往。但同往者寥寥无几,1942年春季,强制劳动演变成了对苏联年轻男女的定期武装抓丁,许多人是被地方协作者抓走的,这些协作者都从德国当局那里领到了劳工数量指标,并可以随意使用任何需要的办法来抓人。第一年有148万人被送往德国,但其中有30万人因为太老、有病或怀了孕而被退了回来。在接下来的几年里,抓人一直在进行,到1944年8月,210万苏联工人被抓到德国,其中女性略超一半。他们都被迫佩戴写有醒目的"O"字母的袖标,意思是"东方工人"(Ostarbeiter)。[188]

在西欧和南欧,征募强制劳工则困难重重,因为那里原有的国家并未因德国的占领而消亡。法国劳工的征募必须与在维希的贝当元帅政府协商一致。1942年6月,绍克尔与法国总理皮埃尔·赖伐尔达成协议,法国要为德国工业提供15万工人。赖伐尔仍然希望德国能打赢，于是同意授权法国劳工当局开始强制登记并分派工人到德国去干两年活儿。这被证明很难实施，于是在 1943 年 2 月，法国实施了强制劳役制度，要求所有 20—50 岁的适合劳动的人为德国服务，无论在法国还是在德国。1944 年，约有 400 万人直接为德国占领军工作，而 1942—1944 年的四次所谓的"绍克尔行动"（"招聘行动"）则网罗了 72.8 万男女并把他们送往德国。[189] 荷兰和比利时的"行动"又另外网罗了约 50 万人。意大利向盟军投降后，绍克尔又来到罗马，要求在德军占领的 2/3 亚平宁半岛上采取相似的行动。他的目标是再拉走 330 万意大利工人，但最后只拉到了微不足道的 6.6 万人，此外还有意大利军事拘押人员和 10 万在意大利退出战争时进入德国的自愿移民。[190] 到了这个时候，各地老百姓已经明白了劳工征募意味着什么。在意大利和法国，年轻男女纷纷离开家园加入抵抗运动，或者找其他办法躲避被抓。由于后期的"行动"收获甚微，加上盟军对德国本土持续不断的轰炸，德国再次改变政策。生产合同现在被分散下发到占领区，这样需要被强制征发到德国本土工作的工人就不需要那么多了。

各类外国工人的待遇各不相同，但都很差，在最差的情况下，恶劣的待遇导致所有强迫劳动者的战时死亡率高达 18%。[191] 那些西欧的工人稍好一些，他们的食品配给水平与德国人差不多，至少在战争最后一年出现普遍粮食短缺前是如此。他们并不是人们常说的奴工，而是领取固定工资。扣除特别税和食宿费之后，每周平均还能剩下约 32 马克，德国工人则是 43 马克。如果生病或遇到事故，他们还能享受与德国人相同的福利。他们会受到宵禁的限制，他们可以使用的生活福利设施和商店也会受到管控，若是违纪或违约，他们会受到与德国工人相同的严苛规章的处罚，如果一直不守规矩，他们也会被送到集中营去。

另一方面，东方工人的待遇就截然不同了。他们通常住在工作地点旁边的简陋工棚里，行动受到严格管控，他们每天工作10—12个小时，扣除质量低劣的伙食费和住宿费后，每周只能挣到不超过6马克。尽管许多人发现这里的条件比他们老家苏联的条件还要优越不少，纪律上也没有太多不同，但东方工人的生产能力起初还是比德国工人和西欧工人低不少。1942年实施的一次对外国工人的调查发现，法国工人（此时大部分还是自愿来的）的生产能力约为德国工人的85%—88%，苏联人的这一数字是68%，波兰人是55%。[192] 当局很快意识到改善食品供应和增加薪水会提高生产能力。于是东方工人的工资在1942年涨到平均每周9.8马克，1943年达到标准的工人更是能拿到每周14马克。最能干的东方工人是女性，她们很快被大量送去制造武器和军用装备。绍克尔很想招收苏联女性，因为在他看来她们加入工业劳动大军时表现出了健康的耐力。"她们能工作10个小时，"1943年1月，他对一名德国官员说，"而且男人能干的活儿她们都能干。"她们如果在开始工作后怀孕，就会被强迫流产或者把婴儿丢在家里，然后被直接拉回工厂。[193] 据1944年时的计算，她们的生产能力是德国工人的90%—100%；而主要在建筑和采矿业工作的苏联男性工人则只能达到德国工人的80%。

所有调查都显示，来自南欧的工人无法有效地工作，至少来自希腊的所有强征劳工是如此。无论在哪里，他们的生产力水平只有德国人的30%—70%。在被送到建筑工地上干活的战俘中，英国战俘是最差的之一，其生产力水平不足德国工人的一半。[194] 在许多地方，他们喜欢磨洋工而又不守纪律，这体现了他们对强迫劳动和对外国人被施加的严厉管控的抗议。尽管如此，来自德国以外的劳工却是不可或缺的。为了从外国劳工身上榨取更多，德国劳工阵线请来工作心理研究所对50万外国劳工做了能力测试，以确保他们都被分配到与其能力相适应的工作中。劳工计划甚至发展到了把身体虚弱的集中营囚犯送到工厂去干活，他们在那里或许活不了几个星期。[195] 所有外国工人都比德国工人更守纪律，尤其是占相当大比例的女工。1944 年，科隆市福特工厂中德国工人的日均缺勤率在高峰时达到 25%，但外国工人平均只有 3%。[196] 1944 年 8 月，外国工人占农村劳动力的 46%，占所有矿工的 34%，占所有工业工人的 1/4。[197] 在军工领域，1/3 的劳动力是外国工人，他们被迫为这个发动侵略、把他们掳掠至此的国家制造军事装备。[198]

1944 年，随着对外国劳工的强征进入尾声，反抗和逃跑也越发普遍，集中营系统提供的工人数量便增长起来。1942 年 8 月德国各个集中营中有 11.5 万名囚犯，到 1944 年 8 月达到 525 286 人，1945 年 1 月更是达到 714 211 人。此时几乎所有的囚犯都不是德国人——有抵抗战士，有政治反对派，还有不听话的外国工人，以及逃过驱逐和灭绝营大规模屠杀的犹太人。1942 年春，海因里希·希姆莱的党卫队组织成立了经济管理总局，以更充分地利用集中营可用的劳动力资源和被迁徙的犹太人。被赶往屠杀营的犹太人中的 1/5 被选出来成为劳动力，主要是年轻男性和女性。这些囚犯实际上就是奴工，他们在党卫队企业里做工，或者被数百家德国企业少量雇用，这些企业每使用一名熟练集中营工人，就要每天向帝国财政部缴纳 6 马克，不熟练的男工和女工则是 4 马克。[199] 到战争结束时，德国各地的集中营数以千计，一队队疲惫而瘦弱的劳工穿着破衣烂衫，被德国看守推搡、胁迫甚至屠杀的场景随处可见。他们的处境格外凶险，尽管德国当局的目标只是尽可能多地从这些不幸的囚犯身上榨取劳动力，这是总体战残酷而荒诞的一幕。

处于劳工生态链最底层的是被动员劳动力中的犹太人受害者。德国劳动管理部门早在 1938 年就引入了犹太人强制劳动计划。犹太男性被迫登记参加强制劳动，到 1939 年夏季，有 2 万犹太人在隔离单位中干活，主要是在德国境内的建筑工地上；1941 年，集中营和分营区的广泛网络中有了 5 万人，有些分营区一次只有几名工人在干活。被占领的波兰也沿用了相同的模式，那里有约 70 万犹太人在强制劳动计划中干活，这一计划与党卫队操纵的集中营系统是相互独立的。[200] 他们此时还不是因犯，但是 1941 年党卫队从常规劳动管理部门手中接管了犹太强制劳动计划；隔离劳动的所有一切都被并入更大的集中营系统，灭绝营中的犹太人也开始被选出来充当劳力而非被立即杀掉。劳动力的短缺意味着迟至 1943 年初还有约 40 万犹太人强制劳工在"大德意志"地区和被占领的波兰做工。犹太劳工的工作生活条件被故意弄得比其他因犯和强制劳工的恶劣，但经济压力也意味着这些人通常不会立刻被累死。当这些被视为德意志的帝国命定之敌的男男女女被榨干最后一丝劳动力之后，死亡才会随着营养不良和疾病而渐渐到来。不同类型的强制劳工和奴工的准确死亡数字很难计算，但党卫队集中营系统中劳工的预期寿命都达不到一年。估计有 270 万劳工死亡，其中许多来自集中营系统，这当中又有很大一部分是来自欧洲各地的犹太人。[201] 这种死亡率显示总体战也有其非理性的局限性，因为政府正在努力解决作为优先事项的种族主义和战时经济需求这对矛盾冲突。

苏联对因犯劳动力的利用也暴露了相同的矛盾。在由 59 所部级劳动营、69 所省级劳动营，以及在战前 10 年里首次建立的强制劳动聚居地组成的国家级体系中，长时间劳作是强制性的。战争期间，约有 2/3 的因犯在工业领域工作，其余在矿业和林业领域，他们的工作环境粗陋而且残酷。营地管理者被要求最大限度地榨取劳动力，并将"工日损失"最小化，但战争期间的粮食不足、每天长达 16 个小时的工作，以及最低限度的健康服务意味着平均有约 1/3 的犯人患病、无法继续工作或者死亡。[202] 斯大林本人也会常常查看犯人的生产表现以确保他们没有脱离为战争而进行的工作。那些工作达不到预设标准的囚犯会逐渐失去供给,而超额完成工作的人则会获得假期和额外的口粮作为奖励。那些病重无法工作的人被放了出去,以为仍有劳动力可供榨取的劳工腾出地方。1943年4月,政府发布"对德国法西斯敌人、奸细和祖国叛徒及其帮凶的惩罚措施"法令,建立了特别的苦役营,里面的囚犯工作时间更长,不分寒暑,没有休假,在体力要求最高的地方干活。这些囚犯和德国奴工系统中的犹太人一样,实际上都会干到累死,为急缺工人的苏联战争机器贡献出自己的最后一点劳动力。从1941年1月到1946年1月,有93.2万名囚犯消失,这证明了一个致力于为总体战榨取劳动力的监狱管理体系根本没有效率。[203]

反抗和生存

这些男工女工在各个国家的工作条件天差地别。在美国和英国(不过帝国领地不含在内),随着战争进行,工人们享受着合理的战时生活标准,收入和储蓄都在增加,还有权加入工会,只要他们愿意。德国的工人队伍(不包括囚犯和强制劳工)吃得没么好,没有工会保护,当城市开始遭到轰炸后还遭遇了工作环境的急剧恶化。苏联和日本的工人队伍在整场战争中都面临着营养不足、超时工作、严酷管理和生活标准快速下降等难题。在车里雅宾斯克,工人们忍受着刺骨的寒冷,得不到充足的供暖,缺乏安全保护,而且不断受到惩罚的威胁。人们经常可以看到有些女孩子工作时穿不上鞋子或靴子,她们的双脚因为冻伤而肿大、溃烂。

尽管经历各不相同,这些工人和消费者都有一个重要的共同点：他们都不得不去对付严厉的工作管理、长时间的工作、无穷无尽的物资短缺（不是数周数月，而是最终长达数年），而且不知道这种苦难何时才能结束。随着战争机器吸走了越来越多通常应该供应给民营经济的资源，总体战动员给平民带来了格外沉重的负担。很难解释他们是如何应对的，也没有一套解释能覆盖差异如此巨大的政体、社会结构和经济系统而不扭曲。总体战成了数百万人的一种生活方式。爱国主义和对敌人的仇恨或许能支撑工人们一段时间，但时间长了就不足以成为工作动力了。胜利或失败的前景显然起了一定的作用，尽管德国和日本民众面对即将到来的军事崩溃时仍然顽强坚持，而英国和美国的公众却在1944年胜利临近时越来越多地显示出消沉的迹象。

要知道，大部分工人的工作动机是出于诸如挣工资之类的个人考虑，并非受宣传影响而为战争全力投入。战争提供了充分就业的机会、挣更多钱的机会（即便在苏联，那些超过生产标准的人也能获得额外的口粮和其他奖励）、为和平到来后恢复花销而存钱的可能性、学习新技术并提高工资水平的机会，或者，对女工而言，挣取比战前更高的工资并以此获得更大独立性的前景。有一个例子或许能说明工人们在多大程度上用他们自己的话语使对他们的动员合理化。1943年，一名瑞典商人对汉堡市的码头工人进行了抽样访谈，想要了解是什么驱动着他们为这个政治上没几个人认同的政府工作。受访者一致表示自己要为了德国的胜利去努力工作，因为他们不想回到大萧条年代的失业和艰难中去。他们说，盟军的胜利可能会导致对德国的肢解（确实如此）和他们自己的贫困。最重要的是，德国工人们不想去冒被指责为"背后捅一刀"、背叛自己国家军队的风险。在战争最后一年里，英国的政治宣传试图鼓励德国工人反抗独裁政府，但是1945年初，从鲁尔-莱茵兰地区秘密获得的报告则显示，工人们既不愿也不会去重演1918年那一幕。"纳粹德国没有革命的环境，"一份报告说,"既没有领导,也没有组织。"工人们已经准备好要在战败后重建一个新德国。[204]

这个问题还有另一面。对大后方的人民来说,他们如果起来抗议长期的战争和遭受的苦难会面临什么样的前景?这正是所有参战国政府都想要避免的结果。然而,第二次世界大战中的工人反抗情况和他们身处的社会与经济条件恰恰相反。在条件至少不逊于平时的美国和英国,尽管工会在战争初期就同意只要政府尊重工人利益就可以推迟罢工活动,但工人抗议还是此起彼伏。在英国,未经许可的罢工行动导致了平均每年180万工日的损失;1940年英国有940起罢工,1944年达到3 714起,尽管90%的罢工持续不到一个星期。有些罢工只是为了些鸡毛蒜皮的小事(例如"女工头太盛气凌人"或者"不想和爱尔兰人一起工作"等),但它们反映的只是工人们因任务分工、纪律、工作替代性或工资等方面的利益而产生的争议,而不是表明他们反对战争本身。[205]

在美国,工会想要维持不罢工的承诺,但战争头几年飞涨的物价和加薪的不公平还是导致了未经准许的工人反抗。战争期间共发生了14 471起"野猫"罢工,尽管这里面也没几次能持续超过一星期,超过两星期的只有6%。美国的罢工也是为了薪水和工作环境,而与战争无关,但政府对此的回应比英国要强硬得多。[206]即便在战争爆发前,当制造了美军1/4战斗机的加利福尼亚州北美飞机工厂发生大罢工时,2 500名士兵就奉命接管工厂,用枪逼着工人复工。战争期间的工人反抗会被公众视同于背叛。1943年,为了回应宾夕法尼亚州无烟煤矿的大罢工,国会没有采纳罗斯福的提议,而是通过了《史密斯-康纳利法》(又称《战时劳工纠纷法》),授权政府接管对战争至关重要的公司,并对不合法罢工的挑头者提起刑事诉讼。当年12月,新法律就派上了用场,当时一场蓄意的铁路罢工使得联邦政府接管整

第四章 动员一场总体战

个铁路网长达三个星期，直至工会出面接受国家制定的薪水方案为止。[207]商业领袖也不能例外。战争后期，一家公司的总裁拒绝接受关于"没有工会的工厂里的新工人必须加入工会"的规定（这让工会人数在战争期间从1 000万增加到1 500万），于是美国总检察长亲自带着一队穿着军服的士兵把他从他的办公室里赶了出去，并接管了这家公司。

在一些国家，无论是轴心国还是盟国，这种程度的工人反抗都是不可能的。在这些国家里，罢工都是非法的，人人都知道参加工厂罢工有多么危险。反抗被视为政治问题，这不是对工人利益的维护，而是要挑战为战争所做的努力、挑战政府。在德国和苏联，屡教不改的违反者会被送进集中营或劳动营。然而在日本、中国和苏联，恶劣的工作环境还是会导致自发的不满，或者引起一些人想要通过换工作来逃避恶劣环境和低工资。日本的工会甚至在1939年之前就受到了限制，1940年更是彻底被禁；1939年工会还有36.5万会员，到1944年一个也就没有了。尽管如此，警方在1944年还是记录了216起工厂抗议，尽管卷入其中的工人总数不足6 000人，只是工人队伍的很少一部分。有些工人的抗议方式是磨洋工或者偷工减料，甚至有时还会抗命不遵。[208]工人队伍中任何可能的共产主义迹象都会受到密切监控，所有嫌疑者都被逮捕并受到酷刑。安全部队对那些捕风捉影的证据做了夸大的报告，以表明共产主义的渗透正在加强，但革命的威胁实际上都是幻觉。[209]在中国国防工业中，工人们都处于军事化管理和严格的工厂制度约束之下，尽管如此还是有数以千计的人冒险逃走，以此作为间接的反抗。企业报告说熟练工人每年都要换掉一半，并责怪共产党煽动劳工前往解放区，但实际上工人们逃走后常常只是随便找一份没有那么多压迫、能多挣些钱或粮食的工作而已。那些被抓住的人会被武装警卫押回来，扣罚工资和粮食。[210]在苏联，工人们可以去向工厂的共产党官员说说委屈,但这常常很危险。工人们除非得到指示,否则不能离开工厂,但擅自旷工成了他们挑战恶劣工作条件或特殊虐待的间接方式。此举表面上看风险很大:根据1942年1月一项政府秘密决定,国防工业中任何工人未经请假擅自离岗,都要在一天内上报军事检察官,他们可以对离岗者判处最高送入劳动营5—8年的惩罚。这个规定很愚蠢,最后大部分判决是缺席审判,因为逃走的工人再也找不到了;有时候,被判罪的工人实际上已经死了,或者被抓去当兵了;在其他情况下,检察官会谴责管理人员没能提供良好的环境从而逼走了工人。[211]

德国工人的工作条件几乎在所有方面都比苏联工人更好。德国所有的工人和雇主都由在1933年希特勒掌权后成立的庞大的德国劳工阵线组织统一代表,尽管工人们无权罢工或抗议,但他们能够让劳工阵线官员为要求雇主提供良好的工作设施或建立有效的防空掩体。除此之外,德国这套系统和苏联模式一样具有强制性。狭义上的违反工作纪律的事件很少:1940年有1 676起,1941年有2 364起。1942年,德国重新定义了违纪行为,对更大范围的违纪行为进行惩处,受罚的案例也在当年增加到1.4万起。越来越多的违纪案件也涉及女工,她们工作和持家的艰苦双重角色令其更容易缺勤或出现工作疏忽。大部分被指控违纪的工人只是受到警告,少部分被送进监狱,极少数人被送进集中营。1941年5月,希姆莱引入了一种新的处罚方式,"劳教营",所有其行为被判定为危及战争且冥顽不化的工人都会被送进来。这些营地由盖世太保掌管,到1944年数量已经超过100座,里面不仅有德国工人,还有数以千计被判犯有破坏或磨洋工罪行的外国强制劳工。"劳教"只是极端恶劣条件和虐待的委婉说法,这些营地实际上和集中营别无二致。[212]处境通常很差的外国工人也会冒险罢工。1942年4月,埃森市克虏伯工厂的600名意大利工人为了抗议吃得太差和没有烟草而放下了工具；同月，汉诺威一家公司的意大利人也因为酒和奶酪不够而罢工。来对付他们的是被派到各个公司维持秩序的劳动警察。1942年5—8月，平均每月有2.15万工人被捕，其中85%是外国工人。被认为是麻烦制造者的意大利人会被送回国，随后被法西斯党警察逮捕。德国工人中的违纪行为从1942年起开始下降。1944年上半年，参与反抗的德国工人只有12 945人，外国工人则有193 024人。这显示德国工人对本国的战争努力越发忠诚，这种共识并非完全是出于政府的强制。[213]

参战国工人的反抗程度并不高，这显示了国家越来越有能力将全国真正投入全面动员的战略之中。这一结果并不仅仅依靠强制（尽管强制力度也确实前所未有），即使在民主国家也是如此。各国通过确保稳定的粮食供应，根据需求灵活调整分配劳动力，以及尽可能大范围地招募人员，展现了其大规模动员的能力。它们在此方面的成功保证了第一次世界大战中的革命暴动及其后遗症没有再次出现，只有意大利除外，在1943年7月墨索里尼被推翻前几个月，即将到来的战败、盟国的轰炸、通货膨胀和粮食短缺给本已愈演愈烈的社会反抗火上浇油。大规模动员有赖于国家和人民之间达成契约，这凸显了现代战争的总体性。在前线和国内，总体战需要国家总动员这一观点从未受到真正的质疑。那些不配合或不理解总体战意义的人会遭到有组织的宣传攻击，这些宣传要求每个人为战争做出贡献，并将不这样做的人孤立起来，宣称他们不爱国，甚至叛国，就像被指控偷懒或玩忽职守的苏联工人和管理人员，或者因涉嫌破坏行为而被同胞向联邦调查局告发的1.8万名美国人那样。[214]无论在何处，组织总体战都需要每个人的参与，但其成效取决于鼓舞民众自我动员的程度。1945年，美国评论家德怀特·麦克唐纳（Dwight Macdonald）总结了在刚刚结束的战争中公民与国家之间的关系：

"正因为实际上这是个人最为无力的领域,所以他的统治者会尽最大努力让国家不仅成为个人实现目标的工具,还要成为个人个性的延伸。"[215]麦克唐纳所指的或许还应该包括"她"。总体战的要求是,所有人,无论男女老少,自由与否,都竭尽所能地为共同的战斗和生产目标做出贡献。这是一个独特的历史时刻,在此之前几乎难以想象,而现在也已经不太可能再次出现了。

1943年7月12日,"哈士奇行动"(盟军登陆西西里)期间,英军士兵在海滩上战斗。在两栖作战中从运输船上登岸是个挑战。士兵们要从吊绳网(在登陆舰侧舷可以看到)上爬下来,带着沉重的装备上岸。
图片来源:Shawshots/Alamy。

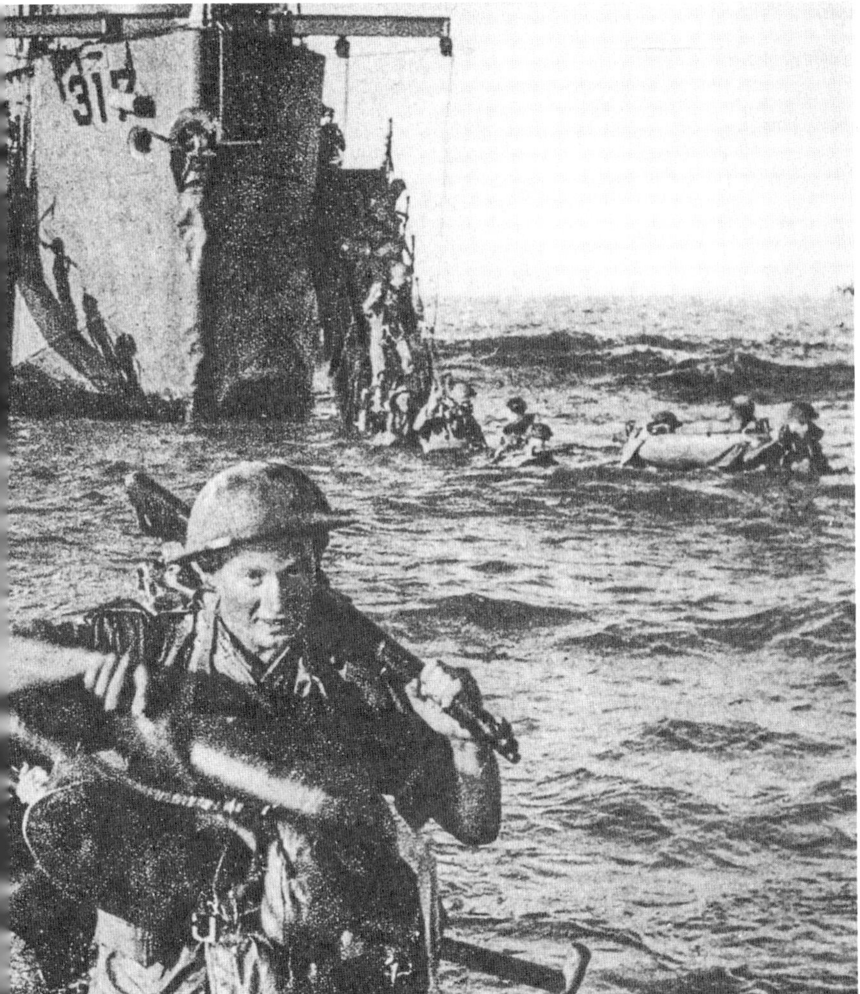

第五章

打一场战争

> 总有一天，人们可以围绕阿道夫·希特勒派过苏联边境的25个装甲师的经历，将一段简单的描述拓展为一个伟大的苏联战争故事。他们是希特勒宝剑的锋刃，是为他的步兵和炮兵开路的机器。他们赢了，德国就赢了。他们败了，德国也就败了。
>
> ——沃尔特·克尔，《苏联军队》，1944年[1]

有一种简单的判断引诱着我们，认为德军装甲师的战败就足以解释德国和欧洲轴心国在"二战"中的失败。沃尔特·克尔代表《纽约先驱论坛报》被派驻莫斯科，战争期间，他在那里和苏联红军将领们谈论他们的经历，直至他在斯大林格勒战役后返回美国为止。他靠着道听途说和对军事的猜测，构建了他对德国装甲部队的看法。这"25个装甲师"只是莫斯科一个流行的夸大说法，关于德军用1.8万辆坦克发动"巴巴罗萨行动"的常见观点也是如此。然而，尽管有各种误传，将装甲师视为现代地面战的核心力量倒不算太错，虽然这个观点不算完善。在第二次世界大战的所有发明中，全机械化部队的组建，将坦克、摩托化步兵和摩托化炮兵结合起来，是对地面作战结果影响最大的因素之一，几乎所有参战方都采用了这个做法。到1945年，苏联红军已经组建了43个坦克军，现在轮到他们来做德国军队曾在1941年做过的事了。

克尔的观察里隐藏着一个大问题，那就是盟军方面是怎样最终赢得了战场胜利，而轴心国方面又是怎样在起初的一连串胜利之后输掉的。答案就在于双方在多大程度上学会了开发和利用各种所谓"力量倍增器"——战役组织、装备、战术和情报——它们大大增加了一支陆军、空军和海军所能发挥的作用，尤其是在开局不利的情况下。尽管主导陆海战场的仍然是那些更传统的力量——战列舰、步兵、炮兵，甚至还有骑兵——其重要性也不应被低估，但决定战场表现的一般是力量倍增器。其中首要的是机械化作战和战术的进步，以及与其配合的地面支援航空兵的发展。组建装甲部队，并将其编入作战序列，这改变了地面战争的打法，首先做到这一点的是德国军队，盟军也紧随其后。战术航空兵早在第一次世界大战中就已崭露头角，但全都装备着更致命武器的高速单翼战斗机、对地攻击机和高性能中型轰炸机的出现，还是改变了飞机在战场的潜力。在海上，空中力量为两栖战的革命做出了巨大贡献，首先是在太平洋战争的日军侵略和盟军反攻过程中，继而是在欧洲战区北非、西西里岛、意大利本土和诺曼底的两栖登陆。这是一种复杂的联合作战行动，海陆空力量要密切配合，在严密设防的敌人海岸上抢得一处跳板，以建立永久性的立足点。对盟军的海上力量来说，两栖战是打击驻守占领区之敌的唯一途径。学会从海上向陆地投送力量之后，盟军获得了成功实现这种打击的手段。

与装甲战、空战和海战一同发展的是电子战的出现和应用。无线电和雷达出现后就成了现代战场上的关键组成部分，而且至今仍然如此。现代无线电技术使得对航空兵单位的集中指挥成为可能，也让指挥官能够更有效地掌控复杂而且瞬息万变的战场；无线电通信引领了全球范围的海战，更是小规模部队的生命线，小部队可以借此召唤支援或者协调彼此间的行动。对无线电波的研究带动了雷达的发展，雷达起初只是为了对跨海而来的敌人飞机进行早期预警，但诸多进一步的重要应用很快就在这一领域内出现。雷达可以对战术攻击机的来袭发出早期预警，对反潜战的胜利做出关键贡献，在海上预先得知敌人舰队的逼近，让陆地或军舰上的火炮获得致命的测距精度，诸如此类。在战争过程中，电子战的优势决定性地倒向了盟军，他们学会了怎样制造和使用这种最前沿科学领域内的技术。

战时情报和反情报作战的核心包括无线电，也包括复杂的欺敌行动的发展。这些是此处提及的最后一种"力量倍增器"。情报战的领域很多，有些能更好地提升战斗力，有些则没这么有效。战役情报和战术情报在帮助军队更有效作战方面作用最为显著。在战争的大部分时候，盟军都享有更充分的情报，并能更有效地对敌人做出评估，即便情报对作战的影响力到底有多么重大仍然难以评判。欺敌行动也应用广泛，但常常不起作用。尽管如此，欺敌一旦奏效，其影响便是决定性的。苏军是欺敌大师。轴心国军在1942年11月"天王星行动"中的毁灭性失败和1944年6月德军中央集团军群的覆灭都是其效果的明证。在诺曼底登陆之前，盟军欺敌行动的价值仍然有待商榷，但它肯定强化了希特勒关于诺曼底只是佯攻、加来海岸才是主要登陆地点的预判。对盟军来说，良好的情报工作和成功的欺敌行动帮助他们抵消了决意死守每一寸新帝国领土的敌人的高超作战技巧。情报战和装甲兵、航空兵、两栖战和电子战一样，军队在多大程度上学会利用它们，决定了第二次世界大战的胜与败。

装甲兵与航空兵

当德军于 1939 年入侵波兰时，全世界都目睹了用作突击先锋的那 6 个装甲师，以及支援其作战的由俯冲轰炸机、水平轰炸机和战斗机组成的空中重锤所代表的军队组织的革命。但德军进攻波兰的胜利被人过分夸大了。坦克被视为打赢战役的主角，这种作战后来被称为"闪电战"，这一称谓在西方至今仍大行其道，但德国军队并没有用过这个词。坦克拥有着几近传奇的名声；同样传奇的还有容克斯 Ju87 俯冲轰炸机，当这种飞机向目标俯冲而下时，它那可怕的"耶利哥号角"*警报器就会发出刺耳的尖啸。在大众看来，德国坦克部队正如沃尔特·克尔描述的那样，是一支"钢铁与火焰"的庞大力量，"正用纳粹的模式"发动战争。[2]

但坦克既不是什么新武器，也绝非德军所独有。波兰战役可以追溯到 20 世纪 20 年代，当时德军对第一次世界大战最后一年到底出了什么问题进行了评估，在那一年的"百日攻势"中，盟军以坦克和飞机为先锋杀进了德军的西部防线。根据《凡尔赛和约》的条款，德国军队被禁止发展或拥有坦克，他们迟至 30 年代中期才重新接触到这种武器。而在其他地方，坦克在战间期得到了广泛发展，其中大部分是轻型坦克或者像日本 94 式那样只有一挺机枪的"小坦克"，30 年代数量最多的作战坦克就是这些。[3] 更重一些的坦克直到 30 年代后半期才开始出现，通常装备有一门中等口径的 37mm 火炮和一挺机枪。1940 年时只有法国军队装备了第一种重型坦克，夏尔 B1-Bis 型，装有 75mm 和 47mm 火炮，以及两挺机枪。坦克和自行火炮要到战争爆发后才会逐渐升级至装备 75mm 或更大口径的火炮。[4] 大部分早期坦克是用于支援步兵或进行侦察。各国对于坦克作为进攻性武器的

---

* 《圣经》中震垮了耶利哥城城墙的号角声。——译者注

态度各不相同。在英国和美国这种坦克部队发源于传统骑兵部队的国家，军队始终倾向于把坦克当作传统骑兵那样来使用；大部分情况下，坦克独立于步兵师之外，为后者提供额外的机动火力并保护步兵的侧翼。受苏联红军参谋长米哈伊尔·图哈切夫斯基的影响，将坦克用作装甲铁拳的核心，砸穿并合围敌人防线的思路一度于30年代初期在苏联盛行，在他1937年被逮捕后便销声匿迹；这一思路在战前的最后几年里最终在德军中出现。

作为一种前线武器，坦克既有优点，也有缺陷。它们是机动力量，与大部分火炮不同，能够跨越各种障碍物和崎岖地形，能用来对付敌人火炮、机枪阵地和轻型堡垒，在更少见的情况下也要对付其他坦克。只装备机枪的轻型坦克可以用来对付敌人步兵，就像日本坦克在侵华战争中所做的那样。然而，坦克也是一种脆弱的武器，它们通常移动缓慢，在战争中坦克越变越重，这一特点也越发凸显。德军的6号"虎式"坦克重达55吨，最大速度只有约每小时30千米，行程不大，而且十分需要日常保养维护，这使得它实际上无法如同最初设想的那样用于突破敌人防线并利用打开的缺口。[5] 所有坦克在机械故障面前都是脆弱的，这就使它们必须有维修营紧随其后，否则那些出现机械故障或受到轻微损伤的坦克就要被抛弃。尽管坦克的装甲在战争中越变越厚实，但即便是最重型的坦克，在面对瞄准其履带或车体侧后方的火力时也是脆弱的。坦克乘员的工作环境也极其恶劣。小型坦克里可供车组使用的空间十分狭小，他们还要在这局促的空间里完成各种任务，但即便是在有4名或5名乘员的中型和重型坦克里，狭窄的内部空间也让有效开火、装弹和无线通信始终困难重重；坦克里视野狭窄，引擎的轰鸣声也会淹没外面敌人行动或友方开火的声音；坦克车体内充满了燃油蒸气，让闷热的车内更加令人难受；坦克随时都可能被击中，乘员在挣扎着逃出狭窄出口时还面临着起火和四散的金属碎片的威胁。"我们一脸血,"一名有此经历的苏联坦克车长写道,"钢铁碎屑四处乱飞,扎进我们的脸颊和额头。我们听不见声音,忍受着火炮硝烟的毒害,在摇晃中筋疲力尽……"[6]

最重要的是,坦克容易受到各种反坦克武器的攻击。尽管坦克看似不可阻挡地向自己隆隆碾来的景象会令士兵们胆战心惊,但这些坦克能够被反坦克的重炮、其他坦克、专用反坦克炮、手榴弹、火箭发射器、帽贝地雷或反坦克步枪打瘫。当坦克在战争中不断升级时,反坦克武器和弹药也变得越来越强。各国军队都发展出了"坦克猎手"步兵小队,他们在战场上四处游荡,攻击被孤立或无法动弹的坦克,他们会熟练使用各种近距离攻击武器,诸如日军的绑在木棍上的"刺雷",这种雷会在攻击坦克时把使用它的士兵一道炸飞(美军士兵称其为"八嘎棍"),还有德军的"双包炸药",它可以挂在敌人坦克的炮管上,几分钟后爆炸,让敌人坦克瘫痪,十分危险。[7]送到前线参战的绝大多数坦克会被击毁击伤。即便是重装甲的"虎式"和"虎王"坦克,造出来的1 835辆中也有1 580辆被摧毁。[8]苏联T-34坦克在战场上的生存时长预期不过两三天。在苏联生产的8.6万辆坦克中,83 500辆彻底报废或被击伤,只有靠迅速回收和维修车辆,苏联才有可能维持机械化作战。[9]装甲车辆的革命也促成了它的克星反装甲武器的进化。抵御装甲部队的能力被认为与装甲部队本身同样重要,就像防空火力的规模和效能与战术航空兵的威胁一同水涨船高一样。装甲师通常既具有机动进攻作战的能力,也具有对敌人装甲部队和航空兵进行机动防御的能力。这被证明是战场生存的关键组合能力。

坦克单靠自己很难有什么作用。在战斗中,甩开步兵的坦克会被孤立,并被反坦克火力摧毁。坦克也无法占领地盘,这方面它们比飞机好不到哪儿去。装甲部队在战争中的成功依赖于多兵种联合作战的发展，其中坦克是装甲部队的核心，与摩托化步兵、牵引式或自行式火炮和反坦克炮、野战防空部队、机动工兵营和维修部队密切协作。正是这种联合作战而非坦克本身，让装甲编队获得了令人生畏的打击力量。多兵种协同作战是装甲部队最终成功的关键，这高度依赖整体的机械化和机动能力。要赢得胜利，所有用来支援装甲作战的兵种都要拥有必不可少的卡车、越野车、装甲运兵车和牵引车，以和坦克共同前进，而不是被落在后面。

正是这些因素使得德国的两大主要盟国日本和意大利未能发展出完整的装甲作战体系。早期的试验让两国都认识到了联合兵种组织方式的优越性，但它们都缺乏推动其军队普遍摩托化和机械化所需的工业资源（尤其是石油）。1934 年，日本组建了最早的专门装甲部队之一，日军独立混成旅团，下辖坦克大队和摩托化步兵大队各一个、工兵中队和炮兵中队各一个，以及一支机动侦察部队，但野战部队对于组建独立部队的主张充满敌意，令这支旅团只能在侵华战争爆发之初昙花一现。旅团被解散，旅团的轻型坦克被分成小股分配给几个步兵师用于支援。1942 年，眼见德军取得了明显的成功，日军最终还是组建了三个合成兵种装甲师，后来还建立了第四个装甲师用于防守本土列岛。这些部队很难用于太平洋上的岛屿战争，这也解释了为什么坦克在日本战时生产中的优先级如此之低。1944 年，日本只生产了 925 辆坦克，1945 年更是只有 256 辆。各个装甲师被化整为零，用于支援步兵；其中一个师 1944 年在菲律宾被消灭，一个师 1945 年 8 月在中国东北投降，第三个师则在华南行军了 1 300 千米后由于缺乏装备补充和维修而瘫痪。[10]

在意大利，最初的多兵种机械化部队于 1936 年组建——摩托化旅，编有一个坦克营，两个步兵连和一个炮兵连。这个旅后来升级成了师，增加了更多支援部队，但是和日军一样，意大利军队在战争中仅仅动用了三个装甲师，并在更大编制的步兵军之下作战。根据意大利陆军的理论，"战斗中的决定性要素"是步兵，而非战斗车辆。[11] 装甲单位起初由装备了效果不佳的 37mm 火炮的菲亚特 3000B 轻型坦克和没有炮塔的机枪载具 CV33 和 CV35 组成，后者在机动装甲作战中的价值几乎可以忽略。1940 年，M11/39 中型坦克列装，但很快由于装甲保护不足而被撤装；随后在 1941 年出现的 M13/40 坦克装有一门经过改进的 47mm 高初速火炮，但装甲厚度也没有超过 30mm。没有一种意大利坦克被证明能满足现代装甲战的需要，而且在整个战争中其总产量也只有 1 862 辆。在三个意军装甲师中，两个在阿拉曼战役中被歼灭，它们到最后连一辆坦克都不剩了。日本和意大利都没能发展出一套成熟的装甲战理论。在太平洋战争中为数不多的几次装甲交战中，冲向敌人防线的日军坦克就像是装甲兵版的"万岁冲锋"，被美军反坦克火力悉数歼灭。

只有在自从 1919 年后长期苦于无权发展现代化军队的德国，机械化和摩托化部队的作战优势才第一次被成功发掘了出来。1919 年战败后，德国陆军就一直在寻找提升部队速度和打击力的途径，这是决战的需要，在第一次世界大战中德军正是败于此。德军的装甲作战理论甚至在获得现代化坦克之前就已成形。1932 年的陆军演习用假坦克演示了机动作战的潜力。受到摩托化部队总监奥斯瓦尔德·卢茨少将和年轻的海因茨·古德里安少校的启发，德军在随后三年里制定出了装甲师的编制方式。1935 年，首批三个装甲师成立。装甲师要优先保证坦克不会受困于机动性受限的支援角色；全师的摩托车、步兵、炮兵、侦察兵、工兵和通信兵部队全部摩托化，让装甲师具备了独立作战的能力。[12] 德军决定把坦克集中部署成为强有力的装甲核心，而不是像有些陆军将领希望的那样，把机械化和摩托化部队分散到整个陆军中。古德里安在 1937 年写道:"集中的装甲部队总是会比分散使用它们更有效。"[13] 由于德国的汽车工业规模仍然不够大,能提供的车辆数量有限,而重新武装的速度又很快,大范围摩托化无论如何也难以实现。这样,德军在第二次世界大战打响时实际上是两支军队:一支是现代化的机动部队;另一支则仍然以行动缓慢的步兵为基础,依靠马匹和铁路进行运动。当希特勒的装甲师杀进苏联时,其后面跟着一支拥有估计 75 万匹马的军队(还有马夫、运草料的车队,以及兽医)。1942 年,德军又从整个欧洲沦陷区征用了 40 万匹马来拖曳火炮和重武器,因为车辆不够用。[14]

与波兰开战时德军有 6 个装甲师,后来又有 10 个装甲师用于 1940 年 5 月的西线作战,这就是步兵长臂前方的装甲铁拳。德国赢下这两场战役后,世界其他国家感受到了德军机动战的剧烈冲击,并纷纷开始仿效其做法,但德军的胜利掩盖了装甲部队快速发展带来的问题以及提供所需装备的困难。在进攻法国和低地国家的 2 574 辆坦克中,523 辆是只装备机枪的 I 型坦克(PKW),955 辆是只有威力不佳的 20mm 主炮的 II 型坦克,334 辆是缴获的捷克斯洛伐克制坦克,只有 627 辆是装有更大口径火炮的 III 型和 IV 型坦克,这些坦克全都无法轻易击穿或打瘫更重型的敌人坦克。许多随之行动的步兵和工兵搭乘的不是装甲运兵车而是卡车。法国军队投入了总共 3 254 辆坦克,其中许多更重,武器也更精良。[15] 尽管德军装甲部队在数量和质量上都居于下风,但在法国战役中德军还是打赢了,这部分是由于空中支援,部分是由于法军将大部分坦克分散配给了步兵部队而没有集中使用,但主要则是因为德军装甲师的机动支援兵种,他们保持着良好的通信,按预想的那样占领地盘和对付敌人车辆。法国战役期间,在比利时小镇让布卢周围爆发的一场大规模坦克对决中,德军指挥官发现法军坦克由于缺乏无线电而无法有效机动，这些坦克只能组成分散的小群而无法形成规模，射击缓慢而且精度不高——这一问题在小型的法国坦克中更加严重，因为单人炮塔要求坦克车长既要负责主炮射击又要指挥车辆行动。[16]这场战斗证明了多兵种联合作战理论带来的优势和想要单独作战的坦克的局限性。

1941年入侵苏联时，德国陆军被迫扩大装甲师的数量并接受其实力的下降。21个装甲师被编成4个大型坦克集群，每个师只有150辆坦克而不再是1939年9月时的328辆。出动的3 266辆坦克中，1 146辆是Ⅲ型和Ⅳ型坦克，其余则是捷克斯洛伐克制坦克和装备不佳的Ⅱ型坦克。在"巴巴罗萨行动"开局当月，苏联红军作战秩序的彻底崩溃让德军装甲兵十分满意。苏军在战争头6个月里损失了其2.8万辆坦克和自行火炮中的20 500辆，但德军的损失也在逐步增加。[17]到1941年8月，德军的坦克实力被削弱了一半；到11月，参加战役的全部50万各种车辆中，只有7.5万辆还能用。德军机械化部队在战争的后几年里一直在走下坡路，高昂的损失和国内迟缓的生产捆住了部队的手脚。1943年，德国只制造了5 993辆各型坦克；同年苏联和美国则生产了共计53 503辆坦克。在1943年7月的库尔斯克战役中，德军每个机械化师平均只有73辆坦克，尽管有几个参与进攻阶段的师的坦克数量多不少。但在库尔斯克的德军第9集团军还需要5万匹马，第4装甲集团军也需要2.5万匹。[18]

随着力量的天平倒向盟军一边，德军的坦克运用理念也必须调整。德军装甲兵原本是以突破敌军防线，随后通过打开的缺口合围敌军为目标的兵种，从1943年中期之后，他们不得不转为防御。但即便是在防御中，装甲兵也能用于攻势行动。在东线，机械化单位被集中编组为装甲战斗群，包括坦克、装甲步兵和牵引火炮，它们被部署在关键的危险地段，以独立多兵种作战的模式战斗。但此时德军的重点已经转为摧毁逼近的敌人装甲部队,为此可以结合运用坦克、反坦克步兵部队,以及反坦克武器,包括自行反坦克炮和突击炮,突击炮装有穿甲能力较强的 75mm 火炮,到战争结束时它们已经成了德国军队中数量最多的装甲战斗车辆。[19] 新型的 V 型坦克"黑豹"装有高初速 75mm 炮,VI 型坦克"虎式"装有能把坦克击碎的 88mm 火炮,它们在德军最后一次战略进攻的库尔斯克战役中短暂使用后,就被重新部署为用于有限规模的反击,偶尔还躲进掩体充当防御火炮而非用于机动作战。德军优先目标的反转真是极具讽刺意味。这支开创了进攻性装甲作战方式的军队却在战争的最后两年里不得不学会防御性的反坦克作战。1943 年,德军组织了专门的"反坦克防线",将反坦克炮隐蔽布置在敌人装甲部队的预计推进路线上予以伏击,这一战术模仿了早先苏军的"火力口袋"——在两翼得到地雷或天然障碍掩护的地段,苏联红军反坦克部队会将德军装甲部队引入火力覆盖区。同年,德军还引入了两种新的反坦克武器,即 88mm RPzB 43 火箭筒(人们常称其为"坦克噩梦")以及一次性的"铁拳"反坦克火箭筒,其射弹的战斗部能击穿厚度超过 140mm 的装甲钢板。它们都是轻型手持式武器,任何受过训练的士兵都能用它们打瘫所有型号的中型和重型坦克。德国制造了超过 800 万的"铁拳",让撤退中的德军获得了有效的武器去延缓重装甲敌军的推进,而这支军队在战争开始时运用的战术也随之一去不返。[20]

与之相反,在 1940 年法国溃败和苏德战争初始阶段苏军溃败之后,盟军不得不认真学习德军的做法,重新思考它们的装甲兵战术理念和组织方式。在英国和美国,装甲部队的发展和扩大几乎要从零开始;在苏联,1941 年夏季,庞大的坦克部队的毁灭迫使它们对装甲部队的使用方式进行彻底变革。英国和美国享有一项优势,它们是战间期所有强国中社会摩托化程度最高的,可以利用庞大的汽车工业和车辆库存来实现军队的深度现代化。美军和英军步兵都乘坐卡车和装甲运兵车，马匹很少。然而，他们的装甲部队也是从传统的骑兵基础上发展起来的。在这两个国家里，这一传统促使它们发展出了以全坦克为主而非多兵种联合的装甲部队，像使用马匹那样大量使用坦克，追击敌人或利用突破口进一步撕开敌人防线。

在英国，20世纪20年代的早期联合兵种试验被没有步兵、没有炮兵的全装甲部队的理念取代。1931年组建的坦克旅就是一种全坦克部队，它成了后来机动师（很快改称为英国装甲师）的核心。[21] 1939年，英军决定把坦克部队分成两类：坦克旅，使用装甲更厚重的中型坦克（"玛蒂尔达"、"丘吉尔"和"瓦伦丁"）作为步兵支援武器，配属于步兵师；装甲师，装备速度更快的"巡洋坦克"，继续扮演传统上属于骑兵的机动战角色。步兵坦克旅常常会升级，装备更大口径的火炮以对付敌人的装甲，但仍然离不开其所支援的步兵。英军的第1个装甲师在法国被歼后，1940年到1941年秋季，他们又组建了7个装甲师。缺乏其他兵种支援而带来的痛苦的脆弱性让英国人最终在1942年对装甲师进行重组，减少坦克数量，增加了摩托化步兵和更强大的反坦克和防空能力。当1943年在北非作战的南非军队组建了第6装甲师之时，它拥有1个坦克旅、1个摩托化步兵旅、3个炮兵团、1个反坦克炮团和1个高射炮团，最终还加入了1个25磅自行火炮团——这就是德国装甲师的模式。[22] 尽管如此，与德国和苏联相比，英国对装甲兵的投入仍然不多，英军坦克的质量也被普遍认为不合格。到战争结束时，英军只有5个装甲师和8个陆军坦克旅，每支部队都严重依赖美制M4"谢尔曼"坦克，从1942年之后，这种坦克便通过《租借法案》大批提供给英军。[23] 英国的更多力量投入了空战和海战中。

美国在 1939 年之前几乎没有装甲部队，而且和英国一样，它在 1939 年发展出的第一支装甲部队，第 7 骑兵旅，也只是用 112 辆用于侦察的小型装甲车替换了马匹。1940 年 7 月，对德军在波兰和法国的胜利进行评估之后，美军创建了首批两个装甲师，但它们装备的坦克太多了。1941 年在路易斯安那州举行的演习，表明了独自作战的大批坦克是多么容易被反坦克武器消灭。于是装甲师被匆匆改组，增加了步兵、炮兵、反坦克武器、一个侦察营、工兵和勤务部队，成了平衡的联合兵种部队。美军装甲师是完全摩托化和机械化的，每个师都拥有 375 辆坦克和 759 辆其他履带式车辆和装甲车，与德军装甲师一样，它们也是被设计用来突破敌人防线的。根据美军装甲部队首任司令阿德纳·查菲将军指导编写的野战手册："装甲师的角色是具有强大实力和机动性的可独立作战的单位，以高度机动方式作战，尤其是进攻性机动……"[24] 然而，美军在突尼斯首战时暴露出的问题迫使他们进行重大调整。计划组建的装甲师数量从 61 个下降至 16 个，其角色也转变为在重装步兵突破敌人防线后实施追击，这一理论在 1944 年 7 月诺曼底突破后得到了成功展示。

美军没有组建更多装甲师，而是建立了 70 个坦克营，每个步兵师一个，这就将整个美军的地面部队有效转变成了装甲部队。美军没有急于要求获得堪与德国及苏联的产品匹敌的重型坦克，因为快速机动被视为胜利的关键，而重型坦克太慢了。M4"谢尔曼"中型坦克及其众多型号，都被设计成既能支援步兵，也能追击敌人，还能用于许多其他任务，比如在太平洋战争中消灭了日军数不清的明碉暗堡。尽管它在坦克对坦克的战斗中无法对抗德军"黑豹"和"虎式"，但它仍是一种坚固的坦克，可用率非常高。它还被大量生产出来，简单地靠数量压垮敌人。1944 年 12 月，德军在西线部署了 500 辆"黑豹"，盟军则有 5 000 辆 M4。[25] 此外，美军机动部队还开发出了许多用来摧毁敌人坦克的武器，包括主要配备反坦克弹药的手持式"巴祖卡"火箭筒。M1"巴祖卡"（得名于喜剧乐器"巴祖管"，它们看起来很像）在"火炬行动"中首次露面，两年后，装有更大威力战斗部的大幅改进型号 M9A1 登场了。美国共生产了 47.6 万支这种火箭筒，全面装备美军装甲师和步兵师。坦克、"坦克杀手"自行火炮、专用反坦克炮、"巴祖卡"和反坦克攻击机的可怕组合挫败了敌人的装甲作战行动，最著名的是德军 1944 年 8 月在莫尔坦的装甲反击。[26]

装甲作战能力变化最大的是苏联。大多数德军坦克正是部署在这里辽阔的苏德前线上，德国装甲部队也正是在这里被最终击败。1941 年苏联装甲部队的失败暴露了许多缺陷。德军入侵前，苏军的数量巨大的坦克中有很大比例无法完全投入使用——14 200 辆坦克中只有 3 800 辆可用——其中大部分还不是闻名遐迩的 T-34，而是更小更轻的型号，德军装甲兵和炮兵如探囊取物一般将其击败。[27] 1941 年 6 月，部署在乌克兰的一支苏联机械化军（在那里，德军装甲师的 586 辆坦克把其遇到的 3 427 辆苏军坦克打得只剩下 300 辆）的军长罗季翁·莫尔古诺夫少将编写的一份报告显示，苏军失利的原因是未能集中机械化部队，情报和通信水平太低，缺乏无线电、零备件和燃油，而且没有任何明确的战术计划。[28] 从 1942 年春季起，苏联装甲部队对 1940 年建立的分散模式进行重组，机械化单位也配属给了步兵集团军。现在他们的基本作战单位是坦克军，装备 168 辆坦克、反坦克炮和高射炮、1 个"喀秋莎"火箭炮营；2 个坦克军和 1 个步兵师可以组合成一个坦克－步兵集团军，相当于德军 1 个装甲师。起初，由于缺乏有经验的指挥官，这些部队打得不好，但随着更多的坦克军建立，装甲部队也越发集中使用，苏联红军也能够像德军那样作战了。从 1942 年 9 月起，坦克集团军中又加入了多兵种联合机械化军，这种军队拥有多达 224 辆坦克，但步兵的比例要高得多，还得到大量反坦克炮和高射炮的支援。随着军队资源供应的扩大，坦克集团军和机械化军都得到了升级。[29] 1943 年，坦克军中坦克的数量从 168 辆增加到了 195 辆。1944 年，它们开始接收升级后的 T-34 中型坦克和分别装备 100mm*、122mm 火炮的 IS-1、IS-2 重型坦克，它们是战争中最先进的坦克。

苏军最终组建了总共 43 个坦克军和 21 个机械化军，这让苏联红军拥有了所有参战国中最为庞大的装甲部队。新的坦克集团军被用来撕开敌人防线的薄弱点，随后追击并合围敌军，就像德军在 1940—1941 年所做的那样。从汽油机改为柴油机，增加了坦克的行程，改善了机动性；指挥和控制则由于无线电的引入而发生了革命性变化。尽管仍然受到训练不足和技术缺陷的拖累，苏军战术运用的改进却仍然在双方的战损比中显露无余。1941—1942 年，苏军要损失 6 辆车才能击毁德军 1 辆车；到 1944 年这一比例变成了 1∶1，这得益于苏军方面出现了更有效的反坦克炮，76mm ZiS-3 和巨大的 100mm BS-3。持续的生产和有效的维修体系意味着到 1944 年底，苏联红军拥有超过 1.4 万辆坦克去对阵德军的 4 800 辆坦克和自行火炮；在西线，盟军则有 6 000 辆坦克对付德军 1 000 辆。盟军充分吸取了 1940 年和 1941 年的教训。

对地支援航空兵的发展也是差不多同样的故事，1939 年时，德国空军在这一领域中无论是理论还是装备都大幅领先。和装甲部队一样，德国空军也是在战争爆发前最后几年才组建起来的，但它充分考虑了德国航空兵们从第一次世界大战经验中学到的所谓"战场空中作

---

* 原文如此，实际应为 85mm 火炮。——译者注

第五章 打一场战争 543

战",以及其中的教训。20世纪20年代,德国国防部组建了超过40个关于空中作战的研究小组,他们几乎全都致力于研究如何在前线上空赢得并保持制空权以支援地面进攻。[30] 1936年《空中作战的实施》手册中将空军的角色定义为关键性进攻力量,与陆军、海军联合作战,击败敌人军队。飞机要首先用于摧毁敌人空军及其组织体系,以在主要战场上空建立制空权;一旦实现,就能支援地面进攻了,首先通过遮断敌人战线后方200千米纵深内的补给、交通和预备队,孤立战场之敌,间接支援进攻,接着用中型轰炸机和对地攻击机直接支援地面部队。[31] 这是对战术空中力量的经典表述。从1935年到战争爆发这段时间里,新设计的飞机型号——容克斯Ju87俯冲轰炸机,亨克尔He111、道尼尔Do17和容克斯Ju88三款中型轰炸机,梅塞施密特Bf109和Bf110战斗机——都是带着"战场空中作战"的思想设计的。它们直到战争结束时仍然是德军战术航空兵的核心,只是在航空技术上大多已落后于盟军,哪怕经过了不断升级。德国空军的组织方式也体现了这种作战优先方向。在每个主要集团军群后方都有一支航空队,航空队囊括了所有机种——侦察机、战斗机、俯冲轰炸机、水平轰炸机和运输机——旨在跟随地面攻势行动;它们是独立指挥、集中控制、机动灵活的,1939年时就已在空空和地空之间建立了有效的无线电通信网络。

这种以支援前线作战为目的的组织方式在整个战争中实际上从未改变过。其成功在入侵法国时一览无余,当时德军集中了超过2 700架作战飞机,压制了盟军空军,攻击敌人的后方补给、增援部队和勤务部门,并攻击敌人的部队和炮兵,提供直接战场支援。得益于地空力量之间的密切联系,德军地面部队几分钟之内就能叫来空中支援,而在法国的英国皇家空军要花3个小时才能对陆军的呼救做出响应。俯冲轰炸机对敌人部队的心理冲击可以是灾难性的,即便轰炸精度很难保证。在德军渡过默兹河时的狂轰滥炸下被俘的一名法军中尉后来写道："我们在那里动弹不得，瞠目结舌，弯着腰缩成一团，张开嘴以免耳膜被震破。"[32] 入侵苏联时德军有2 770架飞机，比一年前多不了多少，这主要是其飞机产量增长缓慢所致，但他们仍然取得了与法国战役时相同的显著效果，在几个星期内就消灭了苏联空中力量，为闯入苏联腹地的装甲部队进攻主力提供直接支援。德军飞机攻击了机场、交通线路、部队集结地和战场据点，有时使用炸弹，有时用机枪和航炮对地扫射。飞行人员得到的指示是攻击接近德军进攻部队从而带来危险的敌人装甲车辆，但他们要学会如何区分德军和苏军装甲车辆。一名Bf110飞机的飞行员在回忆录中写道："通过下方战场上越来越多的燃烧车辆和瘫痪或被丢弃的坦克就能看出我们攻击的累积效果。"[33] 空军的集中使用，和装甲部队的集中使用一样，最大限度地发挥出其作用。面对着组织不力、训练不佳的苏联空军，德国空军一直紧握着前线制空权，直至斯大林格勒战役为止，那时，空中力量的天平就不再如此一边倒了。

德军对战术空中力量的成功运用方式在事后看来或许是简单的常识。但在战争爆发时并没有其他哪一个强国空军能发展出如此有效的战术空中力量运用理念。这主要是由于两种相互矛盾的压力。首先，陆军希望飞机能在自己上方撑起防御性的"空中保护伞"，为地面部队提供非常密切的支援，在陆军能够主导其需求的地方，空中力量要分散配属给各个集团军群。与此相反，有些空军将领则急于发展出独立的空中战略，利用飞机的灵活性和航程在远离战场之处作战，甚至直接打击敌人本土。20世纪30年代陆军对空中力量的看法体现了当时飞机作为战争武器的明显缺陷。1935年，美国陆军准将斯坦利·恩比克总结了飞机的"内在局限性"：

> 它们既不能永久占领，也不能永久控制地盘或海域。不飞行的时候，它们无力且无助，必须依靠大量地面和海上力量来保护它们。它们很脆弱，很容易受到最小导弹的攻击，也无法在恶劣天气下作战，而且成本昂贵。[34]

和坦克一样，飞机也面临着越发完善的反制力量，即高射炮火力，而高射炮正是为了击落飞机或迫使它们远离更有价值的目标而设计的。恩比克其实还能再加上一条，当时的主流技术水平使得空对地作战根本做不到精确攻击，除非飞行高度非常低。战争期间关于飞机是"坦克开罐器"的说法夸大了小型目标被从空中击中的可能性，这一点要到研制出大幅改进的对地攻击武器和弹药才得以实现。

在日本、意大利、法国、苏联和美国，飞机在陆军眼中最多只是个辅助性兵种，最适合在陆军控制下近距离支援地面部队，其航空兵的组织也体现了这种优先目标。只有在1918年率先成立了世界上第一支独立空军的英国，空军才发展出了一套基本无视支援地面作战职责的战略特性，这种特性是其在为了保持独立性而与陆海军长期斗争的过程中形成的。英国皇家空军优先关注的是以防空作战抵御未来敌人的空中轰炸，以及发展出一支能对敌人本土进行轰炸的空中打击力量。这两项能力正体现了空中力量和地面力量在作战方式上的差异，而且切合了英国在20世纪20年代和30年代的地缘政治处境，这里不易受到入侵，而经历了第一次世界大战的血流成河场面的英国人也不愿再想象第二次大规模的地面战。对防空和战略轰炸的关注，阻碍了"战场空中作战"在英国皇家空军中出现，而德国战争计划中却对此有所预见并在战争头几年将其成功实现。

英法空军在 1940 年法国战役中的失败凸显了其与德军的反差。两国空军都没打算首先攻击敌人空军及其支援组织以夺取制空权。法国航空部 1937 年发布的《大型航空单位战术运用指示》坚称"参与地面作战是空军**最基本的任务**"。[35] 法国陆军希望让空军密切从属于各个集团军和集团军群，把侦察敌人炮兵和保护地面部队作为优先目标。其结果便是 1940 年时法军航空兵过于死板和分散，法军原始的通信状况更令情况雪上加霜。[36] 在英国，陆军和空军之间几乎没有为协同作战做任何准备，真令人吃惊。1938 年，英国皇家空军计划部门主任约翰·斯莱瑟和陆军中校阿奇博尔德·奈编写了一份名为《空军在战场上的运用》的小册子，提议建立由战斗机、轰炸机、配合陆军行动的飞机组成的陆军航空单位，交给陆军将领管辖，但该提议却被空军部否决了，因为空军部认为这是在偷偷摸摸地尝试建立独立陆军航空兵。战争爆发后，尽管承受着陆军部和帝国总参谋部为建立所谓"由陆军控制的空中军种"（陆军大臣莱斯利·霍尔－贝利沙所言）而施加的压力，空军参谋部还是顽固拒绝了任何有损于皇家空军独立性的尝试。[37]

最终，英国陆军只能凑合着使用装备过时的轻型轰炸机的前进空中打击部队（结果只能是遭到德国空军的屠杀），以及由战斗机和侦察机组成的小规模空中单位，这种单位隶属于空军参谋部和皇家空军轰炸机司令部、战斗机司令部而非陆军。英国陆军和空军之间没有联合司令部，地空之间联络不畅，也没尝试进行跨军种协同作战。与法国空军一样，面对德军的进攻，英国皇家空军也不得不进行防御作战，因为其装备不足，既不能对付敌人的战斗机，也不能对付数不清的野战高炮连（盟军没有这种单位）。英国皇家空军对参与地面作战的看法完全是负面的。斯莱瑟关于"飞机不是一种战场武器"的主张得到了皇家空军将领的认同。有鉴于航空力量可以轻松隐蔽和转移,对敌人机场的攻击被认为是"不划算的开支"。[38] 1940年5月中旬,皇家空军获得了机会,开始轰炸德国工业城市,以间接削弱入侵法国的德军的战斗力。战术航空力量的惨痛经历似乎证明,未来对敌人本土的"战略"攻击将会是空中力量的更有效运用方式。

对于英国皇家空军而言,从原来的战略偏好转变为发展出到1945年时已经全面而有效的战术能力,是一条漫长的学习曲线。法国战败之后,英国陆军成立了一个以威廉·巴塞洛缪中将为首的委员会来评估到底哪里出了错,还需要做些什么。陆军严厉指责皇家空军没能在英军部队上空撑起空中保护伞来使其免遭敌人飞机攻击,在随后三年里,陆军和空军之间围绕战场航空兵资源的控制权一直在进行格外激烈的争执。[39] 最终,皇家空军是受情势所迫才拿出了战术支援能力。英国地面部队唯一能与轴心国交战的地点是在北非。这里不可能对敌国本土发动远程攻击,因此,皇家空军中东司令部不得不专心建立"战场空中作战",否则就可能被陆军吞并,陆军的总司令阿奇博尔德·韦弗尔将军一直想要让陆军密切控制空军,以防误击英帝国军队。中东空军先后在空军少将阿瑟·朗莫尔和(1941年6月起)空军中将阿瑟·特德的指挥下,开始推行某种与德军的"战场空中作战"更为相似的打法。他们坚持认为,只有空军指挥官才能控制和指挥空中力量,并尝试像德军做过的那样集中空军力量。这正是德军的胜利之道,但这被证明很难复制。陆军指挥官不断要求近距离空中保护,把空中力量浪费在防御性巡逻或对坚固设防地面目标的攻击上,后者导致飞机损失很大。特德想要让空军司令部和陆军司令部比邻而居,以便更好地协调作战策略,但在1941年和1942年上半年的战斗中,它们之间有时会相距远达130千米。[40] 皇家空军在战争头几年里使用的飞机是英制和美制飞机的大杂烩，没有专门的对地攻击机单位，也没什么有效的中型轰炸机。在这堆烂摊子上建立起"战场空中作战"是英军最令人印象深刻的战争成就之一。

战术空军的成功创建在很大程度上要归功于新西兰空军少将"马里"阿瑟·科宁汉姆，他在1941年9月被任命为特德手下的西部沙漠空军司令。他的主要贡献在于坚定地拒绝了陆军对近距离空中掩护的偏好。在阿拉曼战役胜利后草拟的一份关于空地协同作战的手册中，科宁汉姆主张，空中力量只有集中使用，而且必须由空军来指挥和控制，才能有效发挥其作用。"陆军士兵们，"他还说，"绝不能希望或指望对空中打击部队进行直接指挥。"——其实丘吉尔在1941年11月明确拒绝韦弗尔建立陆军航空兵的反复要求时就已得出过这一结论。丘吉尔写道："地面部队绝不能再理所当然地指望飞机保护自己免遭敌人空中攻击。"这是罕见的一次政治对军事理论的直接干涉。[41] 两个军种之间争执的解决最终为成果丰硕的联合作战铺平了道路。

科宁汉姆和特德借鉴德国空军的做法，开发出了一套三段式战术：夺取制空权，孤立战场之敌，再直接支援地面战场。在最后一个阶段里，英军在划定明确的"轰炸线"以免友军被击中方面耗费了很大精力，这个问题一直妨碍着近距离空中支援的实施，直到1942年夏季。最终，空军和陆军司令部搬到了一起，装备了新型的无线电设备、机动雷达和一套空中支援控制单位系统随同陆军进入了战场，响应战场空中支援请求所耗费的时间也从平均两三个小时降低到了仅仅30分钟。[42] 英国皇家空军此时装备了英国第一种有效的对地攻击机，能够用强大火炮进行近距离反坦克作战的"飓风"IID型，以及从美国租借的战斗轰炸机P-40D，又名"小鹰"。1942年夏末，当隆美尔准备进攻埃及时，英国和英联邦空军已经取得了完全的制空权。他们对敌人的打击像两年前德国空军在法国那样成功。8月隆美尔对阿拉姆哈勒法山岭的进攻正是被英国战术航空兵阻止的，当蒙哥马利两个月后在阿拉曼发动反攻时，英军已彻底控制天空。隆美尔后来说，任何一支被迫与拥有制空权的敌人作战的军队"都像是野蛮人和现代欧洲军队作战一样"。[43]

在1942年11月英美联合远征军登陆非洲西北部的"火炬行动"中，盟军不得不痛苦地再学一次从西部沙漠战役中认真吸取的教训。无论是被称为东部空军的皇家空军部队，还是詹姆斯·杜立特少将麾下的美军第12航空军，都没能详细了解战术空军是怎样在埃及和利比亚取得成功的，尽管丘吉尔在10月时再次要求陆军和空军采取"利比亚模式"。[44]在突尼斯，与德意空军的空中作战起初重犯了在西部沙漠花费很大力气才纠正的所有错误：英军和美军航空兵指挥官之间几乎没有联系，因为他们都被要求密切支援各自的地面部队；远征军总司令艾森豪威尔坚持认为陆军应当有权直接指挥航空兵单位；他们几乎没打算对敌人空军发动协调一致的作战，而美军和英军的地面指挥官又坚持要沿前线组织战斗机巡逻以提供空中保护伞；几乎没有专门的对地攻击机，美军战斗机飞行员没有对地扫射的经验，起初连遮断作战用的炸弹挂架都没有。盟军只占领了5座全天候机场，这在暴雨季节里严重限制了空军的机动性。飞机损失很大，而陆军指挥官们又抱怨说，他们那些经验不足的官兵需要不惜一切代价的近距离空中支援（他们第一次见到真实的炮火，精神受创的比例很高）。[45]这些失败显示了远离真实非洲战场的两国航空兵是多么需要吸收和理解"利比亚模式"。

战前美国人对战术航空力量的观点主要是，陆军需要有自己控制下的航空兵对地面部队进行近距离支援。陆军将领们对于航空兵要求更大独立性的主张持敌视态度，但1941年在路易斯安那州进行的大型空地作战演习显示，陆军基本不知道航空兵是如何运作的。陆军航空兵战术学校其实已经提出了德国空军采取的三段式空战战术，但陆军认为近距离支援的优先地位是不可挑战的。战术航空兵的第一份战时战场手册，1942年4月发布的FM-31-35手册，坚称"地面部队指挥官……决定所需的空中支援"。艾森豪威尔的司令部提出"火炬行动"中要优先保障"直接支援地面部队的空中作战"，这就显示出空中力量仍从属于地面部队。[46]英国陆军指挥官肯尼斯·安德森中将带着英国陆军对独立空中作战的歧视，让美军对于地面指挥空中的坚持得到了支持。不出几个星期，盟军在非洲西北部的战术空中力量就很明显成了一场灾难。杜立特尽管身为第12航空军司令，但只能扮演顾问式的角色，他要求盟军"弃用我们当前一无是处的组织结构"，以该用的方式使用空中力量。[47]艾森豪威尔很快认识到自己并不理解战术航空力量的特性，于是，在1943年1月下旬卡萨布兰卡的英美会议上，组织结构被大幅调整，随后便开始采纳西部沙漠的战术经验。第一步是指挥架构集中化。特德被任命为地中海空军总司令，美军航空兵将领卡尔·斯帕茨成为西北非洲航空兵司令，战术航空力量的联合指挥则交给了科宁汉姆。他们立刻终结了"空中保护伞"的做法，取消了陆军指挥官命令空中支援的权力，并向轴心国空军发动了战术性空战攻势。

1943年2月，盟军空中和地面部队指挥官在利比亚港口的黎波里召开高层会议，会上蒙哥马利按照自己对制空权的理解，就独立空中力量的必要性做了演讲，会后，"利比亚模式"被完全采纳。几个月后，一版新的美军战场手册FM-100-20《空中力量的指挥和运用》出炉，其开篇就用大写字母写道："地面力量和空中力量是平等的……谁都不是谁的辅助。"手册采纳了科宁汉姆的三段式战法，这个战法是美军航空兵的将领们带回华盛顿的。[48]尽管航空兵和地面部队之间根深蒂固的不信任一直持续到了后来的战役中，但在北非形成的组织和条令变更主导了战术航空力量的运用，直到战争结束。通信、情报和装备的改善，包括美制P-51"野马"战斗机（它还有另一个编号，A-36"阿帕奇"对地攻击机）和皇家空军能发射火箭的霍克"台风"的出现，都提高了英军和美军战术空中力量发挥的作用。到了1944年6月，从支援登陆法国作战的美军第9航空军和英军第2战术空军身上已经完全看不出"火炬行动"中那支笨拙的空中力量的影子了。事实证明，战术空中力量与机械化作战同样对盟军的胜利具有决定性。与此相反，德国空军作为一支战术力量却崩溃了。它不得不投入2/3的战斗机部队和绝大部分高炮来抵御盟军的轰炸。德国空军所有种类的作战飞机都不足，燃油也不够，还不得不把训练不足的飞行员投入战斗。[49]希特勒的作战处长阿尔弗雷德·约德尔上校在1945年6月把他的想法告诉了审讯人员："最后，在整个作战地区完全掌握制空权决定了整场战争的结局。"[50]

如果把1944年下半年的苏联战术空军也算上，那么双方的差距就更大了。尽管德军的将领们在战时和战后都始终贬低苏联空中力量的重要性，但苏联空军在面对德军初期的胜利时，其战术空中作战的打法也出现了堪比英美空中力量的巨大进步。与装甲部队的条令和组织相似，苏联空中力量也受到20世纪30年代后期改革的影响，当时空军被配属给各个集团军，受陆军直接指挥。苏军条令强调航空兵在直接支援地面部队方面的角色，视其为空地联合进攻力量。与德军的"战场空中作战"和西方的"利比亚模式"不同，苏联空军在条令上并未把夺取制空权与近距离支援地面部队割裂开来，因为夺取制空权靠的不是轰炸远处的敌人机场和补给，而是要在战场上空的战斗中消灭敌人战斗机和轰炸机。在1940年出版的《歼击航空兵作战规则》

中，战斗机是在战斗中夺取制空权的主要工具。[51]尽管1941年6月苏军也进行过攻击德军后方地域的尝试，但无护航的低速轰炸机被德军战斗机无情击落，这促使苏军将空中支援局限在战场层级的战术行动上，分散了力量，制约了苏联空军所能取得的成就。对近距离战场支援的重视在整个战争期间一直保持着。对战线紧后方的有限遮断空袭也被苏军条令视同对地支援作战。战争后期，苏联飞行员也能执行所谓的"自由猎杀"战术，随机追杀地面目标，但距离前线不能超过24千米。[52]与其他所有强国的做法不同，苏军战术航空兵被基本局限在支援地面部队上。具有讽刺意味的是，当德军空中力量不断衰退、地面作战越发艰苦而漫长之时，德军各个航空队渐渐摆脱了"战场空中作战"模式，转而聚焦于密切支援陆军，于是情况变成了德军模仿苏军，而不是相反。

苏军航空兵在1941年夏季表现拙劣，配备给西部各军区的几乎所有飞机都被摧毁，这促使他们开始改变战场支援的组织方式，即便其条令仍然未做变更。1942年4月，在列宁格勒和莫斯科的防空作战中表现杰出的年轻空军将领亚历山大·诺维科夫被任命为空军总司令，他立刻开始改变空军的组织方式。配属给各个集团军和师、由陆军指挥的"集团军航空兵"和"队属航空兵"被取消，就地组成航空集团军，其组织类似于德军的航空队，包括战斗机、轰炸机和对地攻击机。这17个航空集团军都由空军军官集中控制，他们的司令部与其所支援的方面军司令部设在一起。苏联的航空集团军使得战场上的航空力量首次得以集中使用。为了增加关键进攻地段的航空兵密度，苏联最高统帅部还组建了预备战斗机、轰炸机和对地攻击机集群，可以调往任何需要的地方。和装甲部队一样，航空集团军是完全机动的，每个集团军都有4 000辆车辆可以迅速移动到前方基地，或者迅速撤退。诺维科夫和他的幕僚们还进行了其他改组以提升战斗效能。他们用无线电和雷达彻底改造了通信和情报收集，让维护和修理也成了优先任务，还进行有效的伪装和欺骗，以避免1941年那种灾难性覆灭。最显著的是装备的进步。雅克-3和拉-5战斗机/战斗轰炸机足以媲美德军最新型号的Me109和Fw190战斗机，而且可以改装以挂载炸弹或火箭弹。伊尔-2"斯托莫维克"——德军士兵称其为"黑死病"——是战争期间产量最大的对地攻击机；它可以装备火箭弹、炸弹（尤其是德国士兵最害怕的反人员破片弹）或榴弹发射器，1943年它还换上了37mm火炮，用以摧毁坦克。这些飞机产量巨大，几乎统治了前线，摧毁德军装甲车辆，让遭到轰炸的德军士气消沉。

苏联空军花费了一些时间来适应这些新的编制、新的通信网络和新型飞机。苏军的飞行训练课程不足，1942—1943年时其飞行员在作战机型上的飞行时间不过几个小时，这导致了前线损失惨重；长时间的战场飞行也导致飞行员在德军防空火力和地面步兵火力面前身处险境。苏联飞行员要花时间学习依靠无线电通信作战，而在战争期间建成的数量惊人的8 545座机场中，5 531座都只是简单的土跑道，降落时很危险。尽管如此，两支空军之间的较量却在斯大林格勒和库尔斯克变得越发旗鼓相当，自从1943年中期以来，苏军的空中战术也在与德国军队的长期战斗中日臻成熟。苏联的对地攻击机在支援主要装甲部队时表现良好，能为进攻的地面部队打开一条通道，战斗机则通过不间断的进攻性巡逻压制敌人空军。1945年，随着德国敌人的规模和战斗力大大削弱，苏军也能在敌人战线后方进行更大范围的遮断作战了，但这仍然被视为对战场的直接支援。这个阶段，苏联空军的前线已有多达15 500架飞机，是德国敌人的10倍。苏军的空军-装甲兵联合作战体系尽管被后来的研究发现存在各种不足，但仍是一支无法抵挡的力量，这对于盟军的最终胜利是至关重要的，就像 4 年前空军和装甲兵之于德军的胜利一样。

两栖战的兴起

海军将领凯斯勋爵 1943 年在剑桥大学发表了一期利斯·诺尔斯演讲，他在一版讲稿中写道："想要发动并持续进行两栖作战，就必须在行动地域掌握制海权。随着空中力量的出现，海军不仅要拥有在水面和水下作战的手段，还要能在空中作战。"[53] 如果说第二次世界大战中的地面和空中作战不可避免地会被捆绑在一起，那么海战和空战也是一样，最重要的是，和第一次世界大战时不同，两栖作战的成功进行是盟军在欧洲和太平洋战事中获得最终胜利的一个主要因素。

两栖战是个大杂烩，需要全部三个军种联合作战，发动第一轮突击，守住并扩大立足阵地，直至将敌人击败。这和常见的送部队在无抵抗情况下登陆完全不是一回事。两栖战，如其名称所示，是从海上向陆地作战。在战间期，它在大部分国家的海军和陆军中的优先级都很低，这部分是由于各军种对强迫跨军种协同作战的反感，部分则是由于当时的主流观点认为，有了现代化武器，包括飞机，强行在有防御的海岸登陆变得不再可能。1915—1916 年，协约国在加里波利的灾难提醒着人们两栖战的艰难，战间期的两栖战批评者们也常常以它为参照。只有在隔着辽阔的太平洋遥遥相望的日本和美国，两栖战才被认真视为两国之间在未来任何战争中必不可少的战略和战法。地理环境决定了两国都需要在西太平洋的岛链中建立外围基地，而只有从海上才能进攻并夺取这些基地。

美国人对这样一种作战样式的思考可以回溯到第一次世界大战前为可能的对日作战起草"橙色战争计划"之时，但直到 1919 年德国的岛屿领地（马绍尔、马里亚纳和加罗林三个群岛）作为国际联盟托管地被日本接手，美国人才确定，日后倘若与日本开战，就必定是两栖战的形式。日本无视国际联盟的要求，20世纪20年代就开始秘密建设海军设施和机场，它们实际上就成了第二次世界大战中日本在太平洋上漫长防御圈的第一阶段。意识到日本横跨西太平洋的新的战略地位，美国海军开始修订"橙色战争计划"。在1922年修订工作收到的诸多方案中，有一份是海军陆战队情报官"皮特"厄尔·埃利斯中校提交的文件，名为《密克罗尼西亚的前进基地作战》，它为美军的两栖战理论奠定了基础。埃利斯明白，从海上发动登陆战，与陆战和传统海战完全不是一回事。他描述了预期中对设防海岸的作战行动，这与20年后跨越中太平洋的两栖作战如出一辙：需要大批训练有素的海军陆战队；要清理航道中的水雷和障碍物，以让登陆艇靠近海岸；需要舰炮的火力支援，以压制敌人火力；还需要海军航空兵的对地支援；炮兵营和通信营要随队上岸，以支援陆战队建立滩头阵地；人员和物资上岸时要对海滩进行标识和管控；快速进行由舰到岸运动，以将登陆突击的首轮冲击效果最大化。埃利斯总结道，两栖作战"完胜或完败，实际上要在滩头决定"。[54]尽管在20世纪20年代和30年代的大部分时间里美国海军和陆军都想避免在两栖战上投入，但埃利斯的预言被小小的海军陆战队在编写1934年第一版《登陆作战临时手册》时所采纳。这份手册后来成了海军《舰队训练出版物167号：登陆战条令》的核心，这份文件在1938年首次出版，并在整个太平洋战争中一直被使用（也会有一些修订）。埃利斯没能活着看到自己的观点被采纳。作为一个老酒鬼，他于1923年前往日占加罗林群岛执行刺探任务时死亡，死因不明。[55]

日军两栖作战能力的发展就是美军计划的镜像。自从19世纪90

年代这个国家迈出建立海外帝国的第一步起，日本陆军和海军就很明显不得不学会通过海上向任何潜在敌国投送力量，无论是在亚洲大陆还是在太平洋岛屿。1918 年，日本海军和陆军的一份联合手册《军队运用大纲》中就写到了可能对美属菲律宾发起的两栖进攻；1923 年的版本上又增加了关岛的美军基地。对加里波利之战的仔细研究让日本陆军意识到，两栖作战不能靠海军。日本陆军从 1921 年开始训练进攻设防海岸，第一本综合性陆军手册《两栖作战综述》于 1924 年发布，与海军联合起草的最终版《两栖作战大纲》于 1932 年成稿。日军条令十分重视下列需求：迅速由舰到岸运动，海空支援掩护登陆，以专用登陆艇将部队和物资从运输船运到滩头，尽可能选择夜间行动以蒙蔽守军，使用涂有反光漆的信标来指引登陆艇。但陆军和海军都认为只能使用小规模的部队。海军发展出了营级规模（约 1 000 名官兵）的特别海军登陆部队以对防守薄弱的太平洋基地作战；陆军则准备发动师级或更大规模的进攻，但要分散登陆，每处登陆的规模有限。[56]

日本陆军很早就确认，两栖战的关键因素在于专门用来把人员、车辆和补给送到海岸线并能快速卸载的特制登陆舰艇。专用两栖作战舰艇的演进是决定其未来成败的主要因素，对轴心国和盟国都是如此。1930 年，日本陆军拥有两种摩托化登陆艇，能运载 100 人的 I 型（大发）装有跳板，以便部队登上海滩，还有小些的 II 型（小发），可运载 30 人或 10 人 10 马，但没有跳板。两种艇都装有武器和装甲以对抗敌人火力。为了运输这些登陆艇，陆军工程师还开发出了一种 8 000 吨级的船坞登陆舰"神州丸"，设有装有后门的船台甲板。船台甲板浸水后，存放在那里的登陆艇就会浮起来，直接开往海滩。1941 年装备的更大型的"秋津丸"还能搭载飞机。[57] 身在中国的美英观察员在侵华战争第一年就看到了"神州丸"和大发艇是怎么工作的，其中有年轻的美国海军陆战队中尉维克托·克鲁拉克，他向陆战队司令托马斯·霍尔康姆递交了一份报告，还附上了他自己制作的登陆艇模型。霍尔康姆立刻推动建造这种装有舰艏跳板、能直接把部队送上海滩的浅吃水舰艇，但他花了两年多时间才让海军相信这一发明对两栖作战至关重要，耗时如此之久的一大原因是突击舰艇受到了国会中孤立主义势力的反对。最终双双在1943年加入现役的车辆人员登陆艇（LCVP）和船坞登陆舰（LSD），其源头都是日本人在20世纪30年代的发明。[58]

太平洋上的关键位置分布让日本和美国为两栖战做准备变得合情合理，但在欧洲，各国并不打算为一种不太可能发生的作战方式准备部队和装备。它们预期的是一场大规模地面战。即便是在拥有全世界最先进海军和全球帝国的英国，登陆设防海岸也被视为不可能。1918年后，英国人花了很长时间来研究加里波利之战的教训，但1920年成立的一个关于联合作战的跨部门委员会给出的结论是，各军种应当继续保持独立，不要去为人人都反对的登陆战做计划。拥有9 000兵力的皇家海军陆战队得到的任务是防守已有的海外海军基地，而不是担任两栖突击力量的核心。1922年首发的一本《联合作战手册》也没给出什么作战指导。1939年开始为欧洲战争制订计划时，英国陆军还以为英军将会和1918年一样与法军并肩作战。他们完全没有想过英军竟会被赶出欧洲大陆，除了准备向敌人早有准备的防线发动大规模两栖攻击外别无选择，但在1940年夏季，这真的成了他们的唯一选择。英军仅有的两栖战准备，是20世纪20年代登陆艇委员会资助开发的一型小型摩托化登陆艇，但到1938年时海军只有8艘这种艇。同年，英军下令开发用于人员的突击登陆艇和用于车辆的坦克登陆艇，这一偶然的决定为1943年和1944年的战斗带来了两型标准舰艇。[59]除了这些准备，英军发动大规模两栖作战的能力究竟如何，还是未知的。

敌人德国面临的限制更多。占领挪威给海军舰艇带来了巨大损失，而且那也不是作为一场全面两栖突击来组织的。1940年夏季筹备的在大不列颠岛南部登陆的"海狮计划"实际上是从零开始的。尽管德国陆军进行了尽可能全面的准备（包括为喂养送过海峡的马匹所需的草料分配了相当多的海运舱位），其陆海军还是没有专用登陆艇或运输船，没有重型舰艇的侧翼支援，没有在设防海滩卸载的经验，也没有有效的岸舰通信能力。德国人打算使用3 425艘经过改进的汽船和拖曳驳船将22个师送过海峡，这个计划野心勃勃，它完全依赖于在英格兰南部上空建立制空权。陆军参谋长弗朗茨·哈尔德在他的作战计划副本中关于空中优势的段落旁批注道："Conditio sine qua non."（没有它就不可能。）[60] 即便拿到制空权，风险也很大。这场原本可能成为欧洲战场首次大规模两栖作战的战役半途而废，这不仅是由于德军打输了英格兰上空的空战，也是由于德军没有可靠的作战理念，没有专用装备和经过适当训练的部队。希特勒的意大利盟友也遇到了同样的问题，当时是1942年3月，墨索里尼决定夺取马耳他——"一次后果可怕的突袭"。[61] 意大利早就计划好进攻并夺取该岛，当轴心国军把人员和补给通过地中海送到北非前线时，马耳他就是他们的眼中钉肉中刺。作战计划"C.3需求"在20世纪30年代就已起草，1942年进行了更新，以将马耳他的坚固防守纳入考虑。希特勒赞同这一想法但不太积极，因为到当时为止马耳他还没有妨碍隆美尔在沙漠中的作战。当意大利海军开始了解真实情况时，他们对自己所描述的"世界上防御力量最集中的地方之一"胆怯了。[62] 意大利军队没有专用登陆艇，也没有任何向防御良好的海岸线发动两栖突击的经验，何况这里的海岸还能得到岛上空中力量和岛屿周围大量英军潜艇的支援。意大利海军当然夸大了英国守军的实力，但失败的风险确实很高，这次作战在计划阶段就胎死腹中。

两栖战及其作战理念和所用装备在1941年12月太平洋战争爆发伊始迎来了第一次真正的考验。日本军队从海上向马来半岛、荷属东印度群岛、菲律宾，以及太平洋中部南部的英、澳、美控岛屿发动了一系列作战。日军拥有局部制海权和制空权之利，这被认为对两栖突击的成功至关重要，他们还有在中国的海岸和江河三角洲进行登陆的多年经验。尽管日军做好了战斗准备，但他们的登陆在海岸上大多未遇抵抗。黑夜的掩护和进攻前良好的情报工作使得登陆战对兵力有限、准备不足的敌军造成了最大的冲击。首战发生在马来亚东北海岸的哥打巴鲁镇附近，日军面对着的只有印度兵用碉堡组成的一条薄弱防线。尽管损失了几艘登陆艇，还遭到来自附近盟军航空基地的零星轰炸，日军还是在几个小时内就从海滩向内陆推进了数英里，在航空兵的强大支援下渗透到了守军后方。两栖作战阶段很快结束了。最惊动世界的一次战斗是几个星期后山下奉文中将领导的火力和兵力都处于劣势的第25军入侵新加坡岛。1942年2月8—9日夜日军横渡柔佛海峡的行动是两栖突击的范例，尽管它靠的更多是指挥官的随机应变而非作战条令。日军的欺骗计划成功地让英军指挥官确信岛屿东北部是日军主攻目标。但实际上防御更薄弱的西北部才是日军的真正目的地。日军在进攻前进行了猛烈的炮击和轰炸以削弱守军，在日落后的黑暗中，第一批4 000名步兵乘坐充气筏子和摩托艇渡过海峡，登上了抵抗最为薄弱的海岸。一批接一批的日军涉水上岸，从英军防御阵地之间渗透过去，到当天上午，岛屿北面的盟军防线已被突破。超过2万日军连同其补给和武器，包括211辆轻型坦克，被送上了岸。6天后，新加坡向山下奉文投降。[63]

日军成功占领了远达所罗门群岛和部分新几内亚岛的整个太平

洋中南部，这让西方盟国陷入了和欧洲一样棘手的局面。只有向掘壕固守的守军发动两栖作战，才能迫使日军放弃占领区。然而事实证明，对于两栖战的先行者日军来说，两栖战的阶段已经结束了。除了在所罗门群岛和新几内亚发动了少数几次失败的反击性登陆之外，早先的两栖作战再也未能重现。日本陆军开发了一种新的101型运输船，设计目的是向被困占领区的守军输送补给，而不是向被盟军夺回的岛屿发动新的两栖进攻；日本海军新型的"一等输送舰"的设计初衷也是用来干差不多的事情，能高速避开美军的飞机和潜艇。但是这些舰艇数量太少，即便日军想要向美军坚固设防的地区发动大规模两栖作战，也无法实现。

主动权现在落到了美国手中。到1941年下半年，美军的两栖战能力已经比两年前有了较大提升。1933年，美国海军授权陆战队组建一支专司两栖作战的舰队陆战队。1936年，这支仅有1.7万兵力的部队，在陆战队最粗暴的将领"咆哮的疯子"霍兰德·史密斯的率领下已经转型成为一支有效的多兵种联合部队，还有陆战队航空兵予以支援。舰队陆战队是全世界独一无二的专用于两栖进攻的部队，到1941年下半年，其兵力达到5.5万人，1942年夏14.3万人，到战争结束时38.5万人。[64] 1936—1941年的一长串年度舰队演习都模拟了两栖作战，并且提供了从诸多错误中学习的宝贵机会。到1941年第7次演习时，美军已经完全理解了敌前登陆的复杂性。美国陆军意识到未来的两栖作战也需要常规部队参加，于是几乎一字不改地把海军的FTP-167手册变成了陆军的野战手册FM-31-5，并开始训练他们自己的专用两栖战部队。1940年，美国海军终于批准建造一种登陆艇，由新奥尔良的小艇建造商安德鲁·希金斯设计，能够容纳士兵和车辆。车辆人员登陆艇（LCVP）成了标准装备，在1943年还进行了升级，变得体量更大，加装了登陆跳板；在战争期间这种登陆艇制造了超过2.5万艘。第二项发明是履带式登陆车（LVT），这种车由唐纳德·罗布林制造的原本用于佛罗里达州沼泽地的"鳄鱼"履带车发展而来，以"两栖车"之名为人所知。两栖车装有武器和装甲，能够运载人员或一辆车越过许多太平洋岛屿周围水很浅的珊瑚礁盘，它被证明是后来作战的核心支柱；战争期间制造了约18 600辆两栖车，后期的改进型装有车首跳板[*]以便快速下车。最后，陆战队还需要能够运载货物、人员、车辆和登陆艇的运输船。就在战争爆发前的一年内，美国的货船被征用并进行了改造，但美军还是设计了专用的坦克登陆舰（LST），装有巨大的舰艏门，能够开到海岸旁的浅水中卸载人员、车辆和物资。这两栖舰艇三剑客在战时扛起了登陆的重担。[65]

当美军在罗斯福的坚持下于1942年夏季下令向所罗门群岛南部的瓜达尔卡纳尔岛发动第一次大规模两栖进攻时，这些专用两栖战力量还都未能到位。从理念到实践之间隔着一条复杂的学习曲线，不仅对指挥官是如此，对数以千计志愿加入陆战队而又没有真正两栖作战经验的新兵也是如此。受命指挥两栖部队的海军将领，绰号"恐怖特纳"的里奇蒙德·特纳海军少将——这又是个因脾气坏而出名的指挥官——觉得这次任务肯定没有制空权和制海权了。1942年1月在切萨皮克湾进行的大规模两栖登陆演习以一团乱麻告终，没有一支部队能找到指定的海滩。当陆战队部队最终离开新西兰的临时基地，踏上开往瓜达尔卡纳尔岛的旅程时，在斐济的科洛岛进行的一次大规模演习被证明更是一场灾难，没有一艘登陆艇能够绕过珊瑚礁来到滩头。[66]匆忙制订的计划导致船只数量不足；陆战队员们不得不把他们3/4的车辆、半数的必需弹药，以及1/3的口粮留在了新西兰。尽管

---

[*] 原文如此，实际应为车尾跳板。——译者注

如此，8月7日早晨，在日军机场附近发起的主要登陆行动还是沿用了埃利斯的模式，在军舰重炮火力和舰载机的支援下，士兵们从挂在运输船侧面的吊绳网爬到下面的登陆艇中，登陆艇随即被编成批次向海岸冲去。结果，登陆行动并未在海岸遇到抵抗，陆战队很快夺取了机场，但这座小小的桥头堡立刻成了日军空中、海上和地面反复进攻的目标，战斗打了6个月。直到日军放弃这座岛屿为止，战斗始终带有明显的两栖作战特点。

登陆尽管最终成功，但暴露了诸多缺陷。日军未能攻击美军运输船，也没有炸掉堆在沙滩上的物资，但这纯属运气，这场作战完全有可能是一场灾难，从而危及对未来两栖战计划的投入。对战役的仔细研究凸显了需要纠正的地方。最重要的是指挥问题。特纳作为两栖部队指挥官，无法指挥伴随两栖进攻的海军特混舰队。陆战队登陆两天后，法兰克·弗莱彻中将就由于担心日军鱼雷机攻击而撤走了他的航母，把陆战队丢在了日军空袭之下，直到机场修复，美军飞机飞来为止。反过来，特纳也坚称自己有权根据FTP-167手册指挥登陆舰队和上岸后的陆战队。而陆战队指挥官亚历山大·范德格里夫特少将却反对让一名海军军官来指挥已在岸上站稳脚跟的陆战队地面部队，因为海军军官没有地面作战经验。11月，在来自陆战队高层的压力下，太平洋舰队司令尼米兹获得了美国海军总司令金上将的许可去修改条令，海军获得了指挥由舰到岸行动的权力，而一旦在地面立足，陆战队或陆军指挥官就会接过指挥权。由于海军的反对，这一变更被证明很难贯彻，但尽管如此，它还是被证明在后来的作战中至关重要，尤其是在西南太平洋战区，麦克阿瑟的陆军部队在那里发动了26次登陆，几乎全都没有在海滩上遇到抵抗，或者抵抗微弱。

第二个问题是后勤。条令对于在出发港口装货基本未予关注，实际上最重要的货物需要最先被运到海岸并卸载。在瓜达尔卡纳尔岛，船只会在任何可能的时间、可能的地点卸货，导致海滩上的货物堆积如山；海滩管理组未能有效管理海滩，这导致成堆的弹药、燃料、食品和医药混杂在一起，没有伪装也没有保护。三天后，特纳也撤走了陷入险境的运输船，留下陆战队受困六天而再无更多补给。最后，特纳在这些早期无经验的做法基础上重组了后勤链。到1942年11月，美军已经有了将由舰到岸卸载速度最大化的完整指导说明：海滩要用巨幅标志牌清晰标出，海滩管理组要组织分配需要优先靠岸的物资，堆放的物资要尽可能迅速地搬运到安全处。正如埃利斯在20年前预言的那样，海滩的合理组织是两栖战成功的关键。[67]

欧洲战场的第一次两栖战也由于盟军缺乏经验而失败。1940年，丘吉尔坚持建立联合作战司令部，以实现他关于派遣特种部队反复袭击欧洲海岸的想法。这个司令部首先由海军将领罗杰·凯斯掌管，从1942年起又换成了路易斯·蒙巴顿海军中将，他们不仅组织了突击队破袭，还开始为最终两栖突击重返欧陆制订计划和训练部队。为了验证英军多兵种联合部队到底怎么样，他们计划于1942年8月向迪耶普港发动大规模袭击。之所以选择一座港口，是因为他们认为未来的任何登陆战都无法在海滩上进行战斗和补给。8月19日，当范德格里夫特的海军陆战队员们在瓜达尔卡纳尔岛挖掘战壕时，一支由运输船和登陆艇组成的小舰队在区区4艘驱逐舰的护卫下接近了法国海岸。"五十年节行动"是一场混乱的灾难。德军的重型防御部队早早就得到预警，向不幸的登陆艇及其"载货"倾泻火力。登陆的27辆坦克要么被击毁要么被打瘫，33艘登陆艇被摧毁，还有1艘军舰被击沉。登上海岸的6 086名英军和加拿大军中，3 623人死亡、受伤或被俘。海空军还有659人伤亡。作为学习经验，这个代价太高昂了，但学到的东西也很明显。英军对这场灾难的回顾重点指出了强大舰炮火力支援以及对守军空中轰炸和战斗机防空支援的关键性；糟糕的通信引出一个结论，要有一艘专用两栖指挥舰来协调所有的进攻（登陆瓜达尔卡纳尔岛后美军也得出了这一结论，原因大致相同）；最后，还要设计特种车辆来突破和消灭海岸防御工事。皇家海军也发展出了"J舰队"，一支海军突击部队，用于开发两栖战技术和进行训练，这让接下来的整个战争受益匪浅。[68]

迪耶普战役提醒着人们，在欧洲进行一场两栖战与对日本岛屿防御圈的作战完全不是一回事。在欧洲，敌人坐享内部交通线之利，能够进行大规模的增援和补给；即便成功登陆，这也只是大规模地面战役的前奏，两栖战也就结束了。太平洋战争则相反，敌人守军远离主力，其所依靠的补给和增援线路要越过海洋，漫长而且不可靠。在这里，两栖作战直接带来的是胜利，一个岛屿接着一个岛屿的胜利。这有助于解释为什么要在对日本的两栖战中投入大量资源。瓜达尔卡纳尔岛战役后，美国海军和海军陆战队建立起了一支规模远超敌人的作战部队，以确保每一次进攻都能得到必要的局部制海权和制空权。参加瓜达尔卡纳尔岛战役的有 76 艘舰船，1945 年 4 月进攻冲绳岛时则总共有 1 200 艘。这也解释了美军为什么每次都要花很大力气来评估前次作战出了什么问题。即便到了 1943 年 11 月在吉尔伯特群岛中塔拉瓦环礁外围的贝蒂欧岛第一次向防守坚固的海岸发动大规模进攻时，美军仍然有很多东西要学。海军陆战队第 2 师向贝蒂欧岛及岛上日军机场发动的进攻被认为至关重要，它为期待多年的向日本托管岛屿进攻的战役打开了道路，但它面临的挑战与瓜达尔卡纳尔岛战役截然不同。日军在这一小块地域上的防御非常密集：从 500 座加固碉堡里射出的步枪和机枪火力覆盖了整座岛屿，碉堡得到了原木、钢筋、混凝土和珊瑚礁的保护，从地面上方几乎无法看见。日军有重型岸炮、轻型坦克、野战炮和迫击炮配合作战,在海岸上布置了带刺铁丝网、地雷和混凝土四面体障碍物,海滩后还有一道用椰子树干筑起来的墙。这是日本占领的岛链中防御最严密之处。岛上指挥官柴崎惠次少将有一句著名的预言:"美国用100万大兵在100年里也拿不下塔拉瓦。"[69]

美军用了三天代价高昂的战斗就拿下了塔拉瓦,但第一次向坚固的防御目标进攻将美军当时的两栖行动能力逼到了极限。特纳将军和"咆哮的疯子"史密斯之间的指挥权之争烽烟再起,这无助于解决问题,前者再次担任两栖部队指挥官,而后者只能观察而无法直接指挥陆战队作战。在11月20日进攻当天早晨,充当两栖指挥舰的战列舰"马里兰号"出人意料地由于重炮开火而失去了无线电通信能力,美军的指挥和控制立刻受到严重影响。登陆前的舰炮火力支援和空中攻击对岛上的坚固碉堡没起到什么作用。登陆艇靠岸时没有小型舰艇进行近岸炮火支援,这就给日本守军留下了约20分钟的时间来从炮击中恢复过来并拿起武器。登陆艇无法越过环绕在岛屿周围的珊瑚礁,陆战队只能依靠少量两栖车——尽管史密斯愤怒地要求更多,但还是只有125辆——来上岸。在日军岸炮火力之下,货船在协调卸载时困难重重,而且与岸上的陆战队失去了联系。补给运输一团乱,火炮和车辆还难以越过礁盘。尽管出动了732辆车辆用于进攻,但第一天只有很少几辆能登上岸。海滩上的部队要在枪林弹雨中挣扎着清除障碍物。希金斯登陆艇送来第二批部队时,不得不在距离海岸800米处卸下人员,让后者在日军机枪的弹雨中将武器举过头顶,在水中艰难跋涉。炮击尽管基本无效,但还是起到了一个作用,就是摧毁了日军的电话线,让柴崎惠次无法协调防御作战。贝蒂欧的胜利主要归功于执行这次任务的陆战队员们在面对宁死不降的敌人时所表现出的主动性和勇气。陆战队有992人战死，3天的死亡人数与6个月的瓜达尔卡纳尔岛之战几乎一样多。日本海军第7特别陆战队和第3特别基地部队的2 602名水兵中，只有17人被生俘；岛上2 217名不幸的朝鲜劳工也有大量死亡，到战斗完全结束时只有129人幸存。[70]

塔拉瓦战役中犯下的众多错误让美军开始回过头来，探究问题出在哪里。登陆在第一天几乎濒临失败。后续几乎所有对岛链的进攻都会遇到工事内敌军的抵抗，但美军在塔拉瓦战役中学到的教训推动了两栖战条令和实践的最终改革，这确保了如此的混乱不会重演。在登陆法国时受命指挥西部特混舰队的海军少将艾伦·柯克走访了太平洋战场，以亲自学习什么地方出了问题，以及需要怎样做才能避免犯同样的错误。第一步是改进指挥结构。塔拉瓦战役后，美军仍然坚持海军两栖部队司令和地面部队司令分立。为了协调进攻，装有更好无线电通信设备的专用攻击指挥舰取代了最初战斗中使用的经过改造的战列舰。塔拉瓦的炮火支援很猛烈但效果不佳，需要大幅度改进，要用能够对付火炮掩体厚重墙壁的穿甲弹进行时间更久的先期炮击。登陆部队接近海岸时，仍然要以近接炮火支援和俯冲轰炸机持续压制守军。装备的改进被证明对未来作战至关重要。需要多得多的两栖车（陆战队下一次在格洛斯特角发动大规模进攻时，每个师都有了超过350辆两栖车）；轻型坦克换成了"谢尔曼"中型坦克，有些还装备了火焰喷射器。人们发现喷火坦克是清除暗堡和堡垒的最有效手段，部队也装备了背负式便携型喷火器。在贝蒂欧的危机之后，后勤再次被拉出来彻底审视。补给物资的运输要在海岸外掌控，同时设有专门转运点，以确保送到海岸上的正确地点；满载着关键物资的筏子被布放在登陆艇的出发线上，以快速运往岸边；海岸管理组要加强，才能为转运物资的人提供足够支援；最后，美军决定，只要有可能，就用满载的卡车来转运物资，它们可以直接从登陆艇开到海滩上。[71]

从塔拉瓦战役之后一直到1945年4月最后一次进攻冲绳岛，美军的两栖作战取得了长足进步，而从塔拉瓦战役获得的教训对此至关重要。冲绳岛是琉球群岛第一大岛，北距日本1 125千米，进攻冲绳是计划中当年稍晚某个时间点登陆日本本土列岛的前奏。冲绳岛战役在规模上已与登陆欧洲大陆之战相差无几。参战的突击运输船和登陆舰达到433艘，它们在环太平洋各处的11个港口装载部队。人员、车辆和物资颠簸着开过数千千米的洋面，许多人乘坐在浅吃水的舰艇里，在缓慢开往目的地的途中随着每一个浪头起伏摇摆，船舱里到处都是晕船士兵的呕吐物。共有18.3万人的突击部队（2个海军陆战队师，3个陆军师），这是太平洋上为敌前登陆而集结过的最庞大的力量。来到冲绳海岸外，大规模的舰炮炮击开始了，支援炮击的是陆战队自己的空地特遣队，此时他们已经过训练，在部队登陆和建立滩头阵地时提供直接支援。水下爆破组也为登陆清除了障碍物。[72] 突击部队普遍配备了两栖车、中型坦克和火焰喷射器。负责控制和分配上陆装备的海岸管理组多达5 000人，配合行动的还有一个联合突击信号连，这次他们的任务是确保岸舰通信畅通。约有31.3万吨货物被卸下船，按计划堆放起来，并及时前运以支援进攻部队。

这一次日本陆军指挥官也吸取了教训。守岛日军指挥官牛岛满中将放弃了坚守滩头的想法，这种战法每次都会失败，包括在塔拉瓦，他转而利用山洞和暗堡构筑了内陆防线，由超过10万名日军防守。与美军的预期不同，最初的登陆实际上未受抵抗。随后的征服岛屿之战打成了地面战，但得到了来自海上的强大后勤支援。与早前的战役不同，美军花了82天才肃清了冲绳之敌。有7 374名美军死亡，但估计有13.1万日本人和冲绳人要么在坍塌的碉堡和山洞中被活埋，要么被烧死，要么被步兵武器扫倒。然而，太平洋上规模最大的两栖作战可能尚未到来。1944 年 9 月，美国联合战争计划委员会制订了一份进攻日本南部岛屿九州岛的计划：登陆部队 13 个师，由海军和陆军航空兵的 7 200 架飞机和 3 000 艘舰船予以协助。进攻部队将在 3 处不同区域的海滩登陆，夺取机场，并在岛上建立强大的空中支援。最后，随着日本在 1945 年 8 月投降，"奥林匹克行动"和最后对日本主岛本州岛的两栖进攻未能成为现实。准备参加两栖战的海军力量转而在 8 月将盟国占领军运送到了日本，并协助运送中国军队重返被日本占领的沿岸地区。[73]

战争中最大规模的两栖作战仍然是"海王行动"，这是 1944 年 6 月盟军登陆法国西北部的"霸王行动"两栖行动阶段的代号。这次行动与太平洋战场那些在小岛和沿岸的作战截然不同。此战相对而言规模巨大，进攻的是一条防御严密的海岸线，1944 年夏季，敌人在那里集结了约 34 个师（还有更多的师随时待命），他们花了两年时间来建设强有力的海岸防御工事"大西洋壁垒"，在防御指挥官隆美尔元帅的指导下构筑了海滩障碍物和水下障碍物、雷场，以及致命的火力杀伤区。敌人可以经由直达德国的内部交通线获得增援，这至少在理论上是个关键优势。此次行动笼罩在加里波利之战的阴影之下，这或许可以解释丘吉尔和英国军事领导人为什么对它热情不高。给丘吉尔留下后遗症的不仅是加里波利之战，还有挪威战役、敦刻尔克战役、克里特战役和迪耶普战役。但另一方面，尽管同样困难重重，美军指挥官却也有过几次成功的登陆行动，包括登陆北非、西西里岛和意大利本土，以及在劣势条件下夺取瓜达尔卡纳尔岛的胜利。然而，此战的战略风险却比那些岛屿战役和欧洲早先的登陆行动更大。夺取贝蒂欧即便失败也不会对跨越太平洋的进攻带来严重损害，但"海王行动"的失败将会让西方盟国面临一场战略灾难，破坏和斯大林的关系，让第二次尝试遥遥无期，并让美国、英国和加拿大的民众消沉到难以预料的程度。尽管事后看来盟军这次作战是有把握取胜的，但一年半前在欧洲的两栖战经验让英国有足够的理由持保守态度。[74]

盟军在欧洲战场的两栖作战始于 1942 年 11 月的"火炬行动"。在摩洛哥和阿尔及利亚的登陆比袭击迪耶普更能显示盟军还有多少东西要学，尽管这里的"敌人"只是维希法国在北非帝国领地的少量守军和海军舰艇。盟军希望能说服法国人不要抵抗登陆，但法国军事当局将盟军行动视为对法国领地的入侵。和瓜达尔卡纳尔岛的"瞭望塔行动"一样，"火炬行动"的准备时间也很短，充斥着大量的急就章。横渡大西洋的登陆舰和运输船上大部分是些携带战斗装备的新兵，没有受过两栖战的训练。有人后来回忆了这些船员有多么"嫩"："我们此前从未见过大海，更不用说在船上了。"[75]训练是在船上用海滩模型和登陆艇模型草草进行的，但是和太平洋上的陆战队不同，陆军部队还没有完全做好敌前登陆的准备。由于没有船，有些新兵训练时只能坐在汽车上，在起伏不平的地面上开行，以其模拟海浪。摩洛哥的登陆一片混乱，太多的登陆艇由毫无经验的舵手操控，没有合适的地图，靠岸航线也没有有效标识。金属吊绳网被海水打得很滑，士兵们背着陆军坚持使用的 40 千克装备，下船速度很慢，而太平洋上的海军陆战队早就不要士兵背负 40 千克装备了。引擎故障和碰撞时有发生，法军的空袭还对靠岸的登陆艇造成了一场浩劫。有一艘运输船在第一轮登陆中损失了 25 艘登陆艇中的 18 艘，第二轮能用的 9 艘艇又丢掉了 5 艘。盟军努力想在恶劣海况下把坦克送上岸，但结果让许多坦克陷入了流沙。第一天只有 2% 的物资被送上岸。英军和美军在阿尔及利亚的登陆没那么混乱，这要归功于当地用灯光浮标更好地标识出了靠岸航线，但英军对港口的执念导致迪耶普的问题再次出现。奥兰港和阿尔及尔港都未能拿下,直到在海滩登陆的部队赶到为止。[76]法军的所有抵抗最后都被打败,这有利于丢掉"两栖战必败"的思维定式,但是在"火炬行动"和"海王行动"之间还有许多东西要学,就像瓜达尔卡纳尔岛战役和冲绳岛战役之间那样。遗留的许多问题都在1943年9月的萨勒诺登陆战和几个月后的安齐奥登陆战中危险地暴露了出来。

进攻法国要解决的第一个难题是指挥权问题。西方盟军同意让艾森豪威尔担任最高司令,但是作战本身将要由一名海军将领指挥两栖登陆,一名陆军将领指挥陆地作战,太平洋上已经是这么分工的了。两名指挥官都是英国人,伯特伦·拉姆齐海军上将指挥"海王行动",蒙哥马利陆军元帅指挥"霸王行动"的地面部队。对两栖作战至关重要的战术航空兵由一名空军将领特拉福德·利-马洛里中将统一掌控;战略轰炸机部队则违背部队指挥官的建议和本能,被交给艾森豪威尔直接指挥,择机使用。这整场由海向陆作战的计划和组织,其规模是当时的人们无法想象的。900万吨补给被运过大西洋,送到大不列颠岛以保障进攻。约35万男女军民为了组织补给线而忙碌,协助数百万预定参加欧洲之战的人进行训练和部署,以及开发防止大规模登陆战在海滩被击退所需的特种装备。[77]当计划中参加第一轮突击的师从3个增加到5个,在诺曼底的战线变得更加宽广时,所需的航运能力就扩大到了要和地中海、太平洋战场争夺补给和援军的程度了,这让整个两栖作战计划都可能受到妨碍。航运能力原本就是1943年在法国进行大规模登陆遭到反对的理由之一,现在,尽管"海王行动"是西方盟国的首要作战行动,但军舰、运输船和登陆艇的不足仍然是个关键的制约因素。

1943年起草的第一版"海王行动"计划要求出动总共2 630艘登陆艇和不少于230艘最重要的运输船(坦克登陆舰),以及装满这些船只所需的车辆和补给。相对于盟国的总产能，这些需求看起来完全不算多。1940—1945年美国登陆艇的生产量达到惊人的63 020艘，尽管有23 878艘是在1944年6月之后为了满足太平洋战场的需要而生产的。不过，太平洋战区和地中海战区的高昂损失，以及这两个战区那些战略上并不必要的作战行动（包括丘吉尔宁愿让"海王行动"推迟两个月也要顽固坚持的1944年进攻罗得岛的两栖登陆行动）对登陆艇的持续需求，使得诸多需求之间的资源平衡成为难题。[78]第一批突击师的数量的扩大让航运资源的压力更加沉重。登陆舰和登陆艇最后直到1943年8月才获得特别紧急的生产等级，但生产新艇需要时间，而且在塔拉瓦危机之后，众多额外资源被紧急分配给了太平洋方向的生产。

最终，约有4 000艘登陆艇可用——事实证明这足够夺取最初的滩头阵地了。更关键的短缺在于更大型的坦克登陆舰，它们大部分是在美国俄亥俄河沿岸的船台上被制造出来的。这种舰船可以直接靠岸卸载车辆和物资，在没有港口的情况下，它是保证岸上部队补给的关键。艾森豪威尔想要至少230艘，但在1944年，太多的坦克登陆舰仍然被留在地中海以满足当地计议中的两栖作战，他觉得可用的坦克登陆舰数量不足以运送必需的补给。于是从1943年10月起，在罗斯福和金的直接命令下，一套应急生产计划在1943年11月到1944年5月间建成了420艘新的坦克登陆舰，其中许多跨过大西洋太晚，没能赶上登陆，但赶上了后续的补给计划。在缅甸和地中海登陆的行动取消后，可用的坦克登陆舰更多了，到D日时艾森豪威尔可用的坦克登陆舰为234艘。为了应对作战需要，陆军坚持要把所有船都装满，甚至超载，为此海军紧急采取措施，以确保所有坦克登陆舰都可用。到6月1日，距离登陆还有5天之时，不少于229艘这种运输船已经做好了战斗准备。[79]

"海王行动"的准备工作完全不像太平洋战场上许多作战行动中那样仓促。将要渡过英吉利海峡的数百万部队花费了好几个月来进行紧张而无休止的训练,从学习如何下船和登上海滩的小规模演习开始,最后于1944年5月上旬在英格兰南部海岸进行了一系列代号为"法比乌斯"的全规模演习,还使用了实弹和实雷。然而,"海王行动"中的运输船和登陆舰艇严重缺乏受过训练的船员,这还是对行动产生了影响。许多军官在美国只接受了短期训练就直接来指挥登陆艇,其他人则是在英国德文郡南部海岸斯拉普顿沙洲的两栖训练学校进行的训练。皇家海军为此建立了一所临时海军学校,低级军官在此专门接受管理一艘两栖突击艇的训练,无须远海航行。完成训练后,这些年轻新兵在上级眼中就算准备好照拉姆齐司令部无休无止的指令行事了。指导书几乎有1 200页之多,覆盖了两栖登陆阶段的所有方面。盟军还仿效太平洋上的海岸组和滩头组,为此战设置了特种分队和开发了装备。为对付海岸工事,盟军组建了32支海军战斗爆破组;所有战术航空队的飞行员都接受了炮兵观测员训练;一部分自由轮被改造为雷达绘图船以引导战斗机截击;密集的空中侦察提供了远比其他两栖作战更完善的情报。为了快速送坦克上岸,盟军设计了一种两栖型"双驱动"坦克,它们理论上能靠自身的动力游上岸。所谓的"犀牛"渡轮,也就是装着舷外马达的大筏子被造出来以运送物资上岸。最后,盟军还制造了两栖卡车(DUKW),不仅能把物资送上海岸,还能直接送到作战一线。5月15日,拉姆齐向艾森豪威尔报告说,作战已经万事俱备,史上最大的两栖进攻已箭在弦上。5月28日,拉姆齐向麾下的庞大部队下达了命令:"执行'海王行动'。"[80]

诺曼底登陆显示出盟军的两栖战能力从最初的蹒跚学步到现在已经成熟到了何种程度。它与20世纪20年代埃利斯和美国海军陆战队创立的两栖战理论有很多共同之处。作战的先决条件是制海权与制空权，这二者在 1944 年 6 月均已确保无虞。登陆得到了超过 1 000 艘各型军舰的支援，盟军航空兵也能集结起超过 1.2 万架各型飞机。德国空军已被赶回去防卫本土，而且在 1944 年上半年的本土作战中实力大减。在法国北部，德军第 3 航空队在"海王行动"前夕只有 540 架各型飞机，其中战斗机仅有 125 架。[81] 盟军的海上优势是全面的。德军的高速摩托鱼雷艇（E 艇）和潜艇试图前来阻截，但盟军的 7 000 艘舰船组成的庞大舰队仅仅损失了 3 艘小型货轮和 12 艘海军小型舰艇，而前来拦截的 43 艘德军潜艇中却有 12 艘受损，18 艘沉没。[82]

6 月 6 日，第一轮进攻的目标是迅速强行夺取稳固的滩头阵地，消灭海岸防御，并提供足够的后勤保障以确保挡住德军的任何协同反击。盟军在诺曼底海岸的宽大正面上选择了 5 处互不连接的海滩——英加联军负责"金滩""朱诺滩""剑滩"，美军负责"犹他滩"和"奥马哈滩"。特种爆破组消灭了海滩障碍物之后，200 艘扫雷艇在水雷场中清理出几条通道并标识了出来，挤满了晕船、紧张的人们的登陆艇开始驶向海岸，这段航程有时会远达 15 千米。德军防线遭到了盟军海军军舰的炮击，以及大型四发轰炸机的猛烈轰炸，随后是经过改造的登陆艇的近岸火箭弹齐射，同时还伴有俯冲轰炸机和中型轰炸机的战术空袭。这些轰炸未能消灭守军，但其目标在于压制敌人，让登陆部队冲上去打个措手不及。重型轰炸机和舰炮造成的损伤相对较小，但上岸小组和空中"观察员"能够引导盟军炮击海滩后方正在撤退的德军。登陆前预期场面会比较混乱，毕竟许多舰员没有经验，但实际情况要更加有序。看上去像是登陆艇的两栖坦克和成批的浮箱在岸上人员的疑惑中上了岸，岸上也很快恢复了秩序，补给和人员得以被迅速送来，以增援首批登陆部队。到中午时，英军战区的全部三个海滩都已拿下，部队开始向内陆挺进，以建立更坚固的立足点。在美军的"犹他滩"，部队因受轰炸产生的浓烟影响，登陆地点偏离了原定目标一段距离，但巧的是这里恰好防御薄弱。到日落时，"犹他滩"的美军已经进攻到内陆 10 千米处。

D 日的主要战斗发生在美军的第二处海滩，"奥马哈滩"，这里是欧战中的塔拉瓦。和那场太平洋上的作战行动如出一辙，所有能出错的地方都出了错，即便最后美军还是在不利条件下拿下了这里。和贝蒂欧岛战役一样，先期的舰炮炮击时间太短，火箭弹齐射打得太近，重型轰炸机又把炸弹扔在了守军后方过远处，这样，当登陆艇长途跋涉开往海滩时，德国守军便有足够的时间从轰炸中恢复过来，拿起武器。当第一批登陆部队抢滩时，德军的迫击炮、大炮和机枪阵地立刻打出了一道火墙，摧毁了登陆艇，对第一批登陆部队进行了屠杀。恶劣的海况吞没了两栖坦克，把它们连同被困其中的乘员一同沉到海底。下水的 29 辆坦克中只有 2 辆到达了海岸，而在"剑滩"的 34 辆坦克中有 31 辆上岸，在加拿大军"朱诺滩"的 29 辆车有 21 辆上岸。[83] 海军战斗爆破组顶着枪林弹雨首批上岸，他们的人员装备损失惨重，在第二批和第三批步兵抵达前仅仅开辟了 5 条狭窄的通道。在岸边，损毁的登陆艇和装备堵住了后来者的通道，把原本整齐有序的登陆艇批次变成了一团乱麻，它们只能尽可能地在残骸和尸堆中把人员放下来。而从滩头回航在许多方面被证明不可能或者极度危险。

德军炮火仍然无休无止。两个小时后，"奥马哈滩"的进攻看起来可能要失败了。但就和在塔拉瓦一样，幸存美军的勇气和决心最终克服了障碍。接到火力支援的紧急呼救后，12 艘驱逐舰离开舰队主力，冒着搁浅的危险来到距离海岸仅仅数百米处，向德军阵地火力全开。这种近距炮击是从太平洋战场上学到的教训之一，这再次被证明比更重型的舰炮有效得多。由于负责引导炮火的海岸组遭受了严重伤亡，驱逐舰基本上是自由射击。尽管是临机之举，近岸火力支援还是发挥了决定性作用，这使得美军部队得以杀出狭窄的鹅卵石海滩。[84] 到日落时，最可怕的灾难终于被躲过了，美军拿下了一小块滩头阵地，就像在塔拉瓦时一样。美军付出的死亡、受伤和失踪代价至今仍不清楚，但各种估计都认为伤亡大大超过2 000人，与海军陆战队在贝蒂欧的损失相当。

面对着坚定的敌人，没有哪一场两栖登陆能完美地按计划进行，而登陆海岸各处也都会犯错。但最终，尽管"奥马哈滩"的损失几乎肯定会危及战役的进行，盟军还是在第一天就夺取了稳固的立足点。开战第一周，盟军送上海滩的人员、装备和物资数量足以确保希特勒"把盟军赶下海"的指示在军事上不可能成为现实，即便德军没有分兵应对预期中的加来海岸登陆而是把兵力集中到诺曼底也不行。到6月11日，庞大的舰队向滩头送来了32.6万人、5.4万辆车辆和10.4万吨补给；即便在残破不堪的"奥马哈滩"，到17日也有5万吨物资卸船，这天，拉姆齐将军宣布，登陆战的两栖行动阶段胜利完成。[85] 这是欧洲的最后一场大规模两栖作战。在欧洲和太平洋两个战场，盟军在把两栖战理论转变为受过训练的部队、专用装备和战术敏感性的过程中展现出了一条漫长的学习曲线。这对于盟军的最终胜利至关重要。须知，若没有进攻设防海岸并夺取永久立足点的手段，就没有办法把敌人从其强占的地方赶走。加里波利之战的心理障碍终于可以成为历史了。

力量倍增器：无线电与雷达

1945年美国科学信息联合委员会的一份出版物宣称："无线电探测与测距仪"——美国人对它的缩写更广为人知，雷达——"比除了飞机以外的任何其他发明都更大地改变了战争的面貌。"[86]这句话说得有点夸大，但是无论是装甲战、战术空战，还是两栖战和海空战，它们在战争中的发展成熟都在很大程度上仰赖于运用无线电和雷达进行的前线电子战的发展。无线电科学在20世纪30年代后半期迎来了巅峰时刻。在美国，短短一年时间里，海军研究实验室展示了美国的第一台脉冲雷达，前通信部队军官埃德温·阿姆斯特朗发明了调频无线电，美国陆军设计出了一台可以用于探测飞机的脉冲雷达。这一年是1936年，而仅仅五年后，美国被迫卷入战争时，已经建起了一套从巴拿马运河延伸到阿留申群岛的防御雷达网，舰载雷达已能探测水面舰艇并自动引导舰炮射击，舰载机装备了ASV（空对海）雷达，所有坦克都装备了调频无线电，空中截击雷达也已能够指挥陆军飞机作战。在整个战争期间，这一领域都在持续呈指数级发展。

无线电在第一次世界大战中用得很少。静态战线上的通信靠的是有线通信和电话、传令兵、旗语和信鸽。装甲车辆和飞机的出现使得新的通信方式变得重要起来，因为静态的电话网已经没用了。战间期民用无线电技术的新发展具有显然的军事用途。20世纪30年代，全世界的军事研究机构都在探索将无线电用于陆海战场通信的可能性，既用来直接指挥前线作战，也让前线的步兵、炮兵、装甲兵单位能够进行战地通信。大部分国家陆军起初仍然想要有线通信，因为它们更安全，音质也更好，但所有的空军都需要无线电，因为他们除此之外再无其他手段能实现飞机之间或地面控制塔和空中飞机之间的通信。装在水面舰艇和潜艇上的舰载无线电对于舰队和指挥中心之间的战场通信也已变得至关重要。尽管如此，无线电也有一些缺陷有待克服。早期的无线电设备很重，天线长得吓人。20世纪30年代标准的调幅（AI）无线电很容易受到干扰、频率漂移和背景噪声的妨碍。战场无线电的有效距离很短，有时仅仅略高于一千米。调幅无线电在行驶的车辆上几乎无法使用。军舰上的无线电也会受到舰炮射击时的震动影响。在极端温度、高湿度或者暴雨之下，无线电会无法使用，精密的电路还会生锈。无线电通信也不安全，因为它很容易被敌人截获并利用（除非电文事先进行了加密），或者受到敌通信部队的干扰。这样，无线电通信只有在地面快速运动战和空中作战，而且即便被敌人监听也无关紧要的场合才有用。在整个战争中，对无线电的需求变得越发急迫，但这些问题大部分仍然需要面对，而且无线电的安全性和可用性问题从来都没有彻底解决过。

20世纪30年代后期，装甲部队的出现与对更强通信能力的追求相伴而来。德国军队率先探索了使用无线电掌控从指挥高层到前线基层单位全景战场的可能性。1932年6月，德军举行了名为"无线电演练"的大规模陆军演习，在假设的捷克斯洛伐克入侵德国的场景中对通信进行了测试。事实证明，这次演习成了一套复杂的通信条令和做法的基础，而无线电则在其中扮演了关键角色。在西班牙内战中，被派去支援佛朗哥的德军获得的经验证明，装甲车辆只有在通过无线电联系起来后才能发挥最大优势。[87]到1938年，德军的每一个装甲单位都有一辆装甲指挥车进行协调，指挥官带着各种无线电设备置身车内，保持着对他这支部队的控制以及与战术指挥所的联系。1940年，德军有244辆指挥车，到入侵苏联时有330辆——这一创新对其装甲编队有效作战至关重要。[88]所有德军坦克都安装了标准的双工无线电台，在1940年入侵法国和低地国家时，这被证明是一项决定性的优势，当时4/5的法国坦克没有无线电。要控制一支法国坦克部队，有时需要有一名军官跑到一辆一辆的坦克上，打开顶盖向里面吼，好让里面的人听见。[89]与之相反，每一个德军装甲师都拥有一支专业的、装备精良的通信营,以维持整个部队的无线电联络。无线电训练十分严格。所有呼叫都要使用代号(例如"狮子""雕""雀鹰"等),而且要尽量简短,要使用一张简称表中的词语,以免电波拥塞或者把自己的位置暴露给敌人。[90]无线电通信的高水准始终是德军维持其战斗力的重要原因,即便在撤退时也是如此。

在以装甲兵和车辆为核心的战场环境下,无线电被证明对于建立今天所谓的"指挥和控制"至关重要。让坦克独自作战,火炮得不到集中指引,只会使部队始终处于战术劣势。然而,其他国家的装甲部队还需要花费一些时间才能学会德军的做法。直到1935年,英国陆军的战场守则中还完全没有提到无线电。无线电在战争第一年发展很快,但在1940年通信兵和电话仍然是英军前线通信的主要手段。英军坦克最终还是装备了标准的WS19型调幅无线电台,这使得坦克之间和坦克与上级指挥所之间能够进行双工通信,尽管在行驶的车辆中使用调幅无线电很困难。[91]苏联和日本坦克通常没有无线电,除了前线部队的指挥坦克之外,而已有无线电台的质量和性能都很差,或者数量不足。日本装甲部队在作战中下达命令通常要靠手势、信号弹或者由多种颜色和图形组成的复杂旗语系统。[92]苏联在1941年的失败在很大程度上也要归因于在所有层级上都没有无线电台。随着美国和英国供应了24.5万台野战无线电台,情况才逐步改善。电台被普及到了分队级别的指挥坦克上,但是苏军坦克部队的指挥和控制能力始终未能达到德军的水平。

20世纪30年代的美国陆军和英国人一样,认为电话线和传统传令方式是适宜的通信手段,就像1918年在美国战时远征军中那样。但是在新成立的机械化军(很快改编为"装甲部队")的压力下,陆军通信兵实验室开始研发用于坦克和其他车辆的高质调频无线电台,这种电台使用石英晶体形成稳定的频率,接收效果良好,而且不会受到阻塞和干扰。1940年夏季在路易斯安那举行的大规模陆军演习表明，调频电台在为装甲部队建立有效的战场控制网络时表现良好。SCR-508成了标准坦克电台，能够在坦克之间和坦克与战术指挥所之间进行双工通信，并在1944年欧洲的大规模装甲作战中证明了它的价值。[93] 事实证明，这种设备唯一的问题在于调频石英晶体容易因老化而突然失灵。加入通信兵实验室石英晶体部门的美国物理学家弗吉尔·博顿发现了这一现象的原因，并且赶在诺曼底战斗之前解决了它。到1944年，美国军队不仅是每单位电台装备数量在所有参战国中最多，其电台的可靠性和性能也很好。[94]

对于步兵部队，尤其是那些配合坦克推进的步兵部队而言，通信更是个问题。早期的电台又笨又重，而且很难在运动中使用。但由于大部分作战是机动战，因此有必要找到能够让地面单位与装甲兵、炮兵实现通信，并与前线步兵部队建立"通话控制"以确保更有效战术部署的手段。事实证明，很难形成统一通信网，让指挥部与基层部队之间、基层部队彼此之间相互联系，这主要是由于装甲兵、炮兵和步兵使用的是不同电台，频率也不同。英国军队直到1945年才采用统一频率；而步兵－装甲兵通用电台直到1944年的最后几个月才被用来装备美军部队。对于需要坦克和步兵在前线共同作战的美军而言，这是个真正的问题。典型的步兵电台——SCR-586调幅"手持对讲机"（现代手机的原始祖先）和更大型的双人操作的SCR-300调幅"步行对讲机"——都无法与坦克上的SCR-508调频电台兼容。想要召唤支援或者提供情报时，步兵要通过战术指挥中心才能把消息发出去，这一过程太过缓慢，无法实现所需的快速响应。美国人拿出了各种临时办法，以解决这个问题。他们有时会把步兵电台放到坦克里，但其性能在这里会受到噪声和行驶的影响。最常见的办法是把一台野战电话焊在坦克的车尾，并与坦克的车内通话系统相连接。步兵可以直接和车组对话，告知目标和危险，尽管他会危险地暴露在敌人狙击手的枪口前。[95]

前线的无线电通信尽管对基层部队的协同作战和呼叫支援至关重要，但一直遭受着显而易见的难题困扰。除了频率不稳定、阀件损坏或粗制滥造带来的技术问题外，无线电通信还很容易受到暴雨、海水与河水以及不利地形的干扰。大大小小的山峦会减少有效通信距离或者彻底切断通信，盟军部队 1943 年初在突尼斯和在亚平宁半岛的整场战事中就遇到了这个问题。电台要放在骡子背上送到山顶才能起作用。无线电操作员在战斗中也面临更大的危险。沉重的设备偶尔会在两栖登陆时拖着他们沉入水底；敌人狙击手会四处寻找显眼的天线，这让通信兵成了主要目标。尽管如此，随着电台变得越发可靠、轻便，它们常常会被配备给基层部队，用于仅有一两个人的小行动。德军的 Torn Fu. D（"多拉"）和 Torn Fu. G（"古斯塔夫"）就是可靠的袖珍电台，通信距离可远达 10 千米。英军部队的 WS38 "步行对讲机"不那么有效，通信距离不足 1 千米，双人操作的更大型的 WS18 最远通信距离也只有 8 千米。尽管被认为不怎么可靠，英军还是在战争中制造了 18.7 万台便携式 WS38，在全欧洲使用。在整个战争期间，英国陆军装备了 55.2 万台电台，这证明了它们在战斗中不可或缺的价值。[96]

前线电台需要沿一条陡峭的学习曲线发展成熟。在太平洋战场上，美军早期作战中糟糕的无线电通信导致了不必要的高昂伤亡代价。1943 年 11 月进攻塔拉瓦时，指挥舰"马里兰号"的无线电设备没能与登陆滩头的陆战队建立联系。这艘战列舰上的无线电台受到巨炮射击时的震动而损坏，而岸上陆战队的便携式电台，海军 TBX 和 TBY 电台，也由于浸水而损坏和电池寿命太短而使用效果不佳。到 1945 年 4 月登陆冲绳时，负责控制由舰到岸登陆行动的换成了装备着更好电台的专用指挥舰,而在岸上,经过改进的便携式电台则帮助局部战场行动更有条理,减少了伤亡。[97] 1942 年 11 月,英美两军首次在北非发动两栖登陆时,未能用无线电台建立一套可用的通信网。他们的调幅电台受到了暴雨和频道拥塞的影响。许多无线电操作员是在横渡大西洋的船上匆匆训练的,而适用装备的供应和补充也无法满足需要。英美两军的无线电系统互不兼容,必须进行改造才能让两支军队相互通信。通信的表现如此之差,以至于英军成立了一个以阿尔弗雷德·戈德温-奥斯丁陆军少将为首的专门委员会来评估其中教训,好让无线电能够扮演更加有效的角色。他们在 1944 年 3 月及时发布了结论,用以改善登陆诺曼底时无线电的使用。[98] 到 1944 年,无线电台终于融入了英美军队的实战之中。英国陆军中电台的数量是 1940 年时的 10 倍;美国陆军在诺曼底登陆日当天拥有 9 万台无线电发射机,其中大部分是更可靠的石英晶体控制的调频电台,它们全都调到了新的频率,以迷惑德军的通信情报部门。到这个阶段,美国工业每个月能生产 200 万个石英晶体,而战前则只有每年 10 万个。在 1944 年 7—8 月穿越法国追击德军时,无线电证明了自己的价值,它们与地面雷达相互配合,为盟军令人生畏的炮兵火力提供有效的火力指引和控制,这至关重要。[99]

无线电对于战术航空力量在战争中的发展更加关键。航空兵要求获得高性能电台分配上的优先权,并且如愿以偿。英军在 1940 年夏秋的不列颠战役中就给所有飞机安装了甚高频(VHF)电台,让飞行员能够相互之间或者与地面控制站通信,一旦雷达或地面瞭望哨发现来袭敌机,就会引导他们前往目标区域。无线电是掌控作战空域并对抗敌机的唯一手段。在这个方面,空中进攻更难以组织,这种作战不仅依赖于建立前方地面控制中心,与出击飞机保持通话控制,一旦需要压制地面(水面)目标,还要依赖于在飞机和陆军

（或海上舰队）之间建立无线电联系。在早期的波兰和法国战役中，德国空军在此方面取得了成功，尽管陆军和空军的无线电工作频率并不一样。空军联络官被分配给了主要陆军单位，他们在空地联合作战方面扮演了关键角色；入侵苏联之时，德军每个装甲师都得到了空中通信联络组，用于请求空中支援。在1943年的东线作战中，坦克指挥官已经能够与使用相同无线电频道的支援飞机进行直接无线电联系了。[100]

盟军再一次花了几年时间才把战术航空兵的无线电控制完善到了同样水平。在法国灾难之后，英国一个以 J. 伍德尔中校为首的陆空军联合小组设计出了一套协调空中和地面部队角色的方法。他们在1940年9月完成了"伍德尔报告"，提议设立联合控制中心，它要能够从伴随前线部队的通信单位处获得详细的目标信息，并迅速把飞机派往需要的地方。这一体系获得了正式批准，但在北非的沙漠作战中，快速运动战中对飞机的无线电控制被证明很难操作，直到有了足够的飞机和熟练的无线电操作员才有所改观，但陆军仍然很不满。[101]一直到1941年秋，前线空中支援通信专线建立，前线通过无线电召唤空中打击才成为可能，但他们的请求要先送到皇家空军司令部批准，这拖慢了作战响应速度。1942年初，英军终于建立了一套更精密的无线电通信网，航空兵前进司令部与陆军共同行动，能够使用甚高频电台引导空中的飞机逐一攻击地面目标。约有400辆甚高频通信车与陆军同行，通过无线电提供需要空中攻击的敌人阵地的详细信息，他们终于学会并超越了德军的战场通信。[102]

苏联空军也同样不得不学习德军的做法。战争头几年，苏联飞机上都没有无线电，这意味着侦察机要降落回机场才能向其他飞行员发出战斗警报，再带着他们飞往目标。没有无线电，苏联航空兵单位只能跟着长机编队飞行，这让其成为德国对手的活靶子，后者有了无线电，就能采取更加灵活的战术。苏联红军战争经验分析处的报告凸显了航空兵行动中糟糕的协调控制。1942年下半年，新任空军总司令诺维科夫在斯大林格勒前线采取了集中化的无线电引导体系，使用无线电和雷达引导飞机前去攻击空中和地面目标。辅助地面控制站通过无线电与机场和飞机保持联系，它们建在战线后方2—3千米处，间距8—10千米。苏军编写了一份新的野战手册《空军使用无线电进行飞机控制、告知和引导的说明》，德军飞行人员几乎立刻就察觉到苏军的截击变得更有效、目标更明确了。在整个宽大战线上建立无线电网络，以及让苏联飞行员理解和学会利用无线电控制，都需要时间。他们还会用明语发消息，这很容易被德军通信情报部门截获。在1943年7月的库尔斯克战役中，这套系统在防御战中表现没那么好，但在随后夏秋季节的连续反攻中，美制无线电台和4.5万套租借机载电台的到来使得苏联能够更有效地发挥其越发明显的数量优势。[103]

和苏联空军一样，美国的陆军和海军航空兵也经历了一段艰难的学徒期。在1942年8月开始的瓜达尔卡纳尔岛周边的战斗中，能够呼叫空中支援是至关重要的，但美国海军、海军陆战队和陆军航空兵各有其不同的无线电频率。美国人建立了一套"前进空中观察员"体系作为权宜之计，他能够使用经过改造的电台来呼叫后方，电台上装有两个麦克风，这样附近的海军电台也能收到他的呼叫。[104] 1942年11月，在非洲西北部登陆时，参战航空兵也由于物资和人手不足，难以迅速建立一套可靠的无线电和雷达网络，因而没能发挥什么作用。其结果正如航空兵司令卡尔·斯帕茨抱怨的那样，就是一套"无力且无能的通信体系"，英美两军未能统一对空指挥频率，这更是雪上加霜。[105] 盟军在北非学到的教训最终带来了一套更管用的通信体系。在登陆法国时的对地支援作战中，空中支援组与主要陆军部队共同行动，这样他们就能向空中支援指挥所及时发出空中作战请求。到 1944 年夏末，空中支援组会在打头阵的坦克里布置一名带着甚高频电台的无线电操作员，他能够用与航空兵相同的 SCR-522 电台呼叫在上空盘旋的飞机的支援。到了战役的这个阶段，德军飞机已经相对不多见了，这意味着盟军还能使用小型的 L-5"牛虻"联络机在地面进攻部队前方飞行，用无线电把可能的目标报回后方。[106] 无线电现在成了一套精细网络的一部分，这套网络让地面指挥所与飞机、飞机之间以及飞机和地面部队得以互相联系。无论在轴心国军还是盟军，这套体系从来都难称完善，但无线电还是放大了飞机在战场上的冲击力，而随着盟军逐步接近学习曲线的顶端，他们的优势也越来越大。

无论是在空对空还是支援地面和水面部队的作战行动中，有效的飞机无线电指挥的发展成熟都和雷达的演变发展密不可分。利用无线电波进行探测的最初尝试，正是为了找到方法在敌机来袭时进行预警，传统的探测方法是使用大型听音器，这并没有什么实际意义，因为它们能做的仅仅是捕捉一些微弱的声音而已。世界各国都在研究无线电波，因此开发雷达所需的技术自然也就无国界了。雷达的两种关键部件分别来自日本和德国——八木秀次在 1926 年研发的八木天线，以及巴克豪森－库尔兹在 1920 年发明的用于接收机和发射机的磁控管——但其他国家也得到了专利，因此可以直接利用他们的研究成果。20 世纪 20 年代末和 30 年代初，电视在工业化世界普遍得到商业化发展，这也为雷达的演进做出了多方面的重要贡献，包括阴极射线管，它在雷达设备上提供了一种易于显示被发现目标的方式。民用工业还在雷达诞生所需的工程创新方面做出了重要贡献：德国的德律风根公司、美国和英国的通用电气公司，以及日本电子公司等。有鉴于科学技术的跨国性，雷达诞生的思路几乎同时出现在后来所有的主要参战国也就不令人意外了。雷达并不是哪一个人或者哪一个国家"独创"的。

尽管20世纪30年代雷达的发展已是大势所趋，但它最初被发明出来既有远见卓识的功劳，也有偶然的因素。1934年下半年，英国空军部科学研究处主任亨利·温珀里斯对匈牙利物理学家尼古拉·特斯拉所称的"聚集的无线电波可以成为射向来袭飞机的'死亡射线'"的说法印象深刻，于是要求无线电研究所的负责人罗伯特·沃森－瓦特评估这一说法。沃森－瓦特回报说，这在科学上是不可行的，但是无线电波束或许能用于"无线电探测而非无线电摧毁"。根据他利用无线电脉冲及其回波来测量电离层的已有工作，沃森－瓦特于1935年2月26日在距离达文特里的BBC（英国广播公司）发射台几英里处组织了一次实验。一架沿着波束飞行的汉德利·佩奇"赫福德"飞机给地面接收器带来了清晰的回波信号。英国终于有办法抵御敌机的攻击了。受到实验结果的振奋，沃森－瓦特惊呼道："英国再次变成一座岛屿了！"[107]

英国团队常常被认为是他们所谓"测距测向仪"的发明者，但他们不知道的是，美国海军工程局在1934年11月就注册了一项"无线电探测物体"的专利，一个月后海军研究实验室还进行了演示，脉冲雷达能够探测到1.5千米外的飞机；同一年，美国陆军的通信兵实验室也开始了"无线电位置探测"的项目。德国物理学家、德国海军无线电研究所主任鲁道夫·屈恩霍尔德在1934年就开始用无线电波来探测舰船，次年5月，比达文特里的实验晚不到3个月，他就成功演示了脉冲雷达如何使用。[108]苏联的研究开始得更早，1933年8月，炮兵总局便要求列宁格勒的中央无线电实验室启动无线电探测方面的工作，以协助防空。1934年1月3日，帕维尔·奥谢普科夫在列宁格勒一栋楼顶上进行的一次实验显示，远处的物体能够反射无线电信号。[109] 在这几乎所有的案例中，人们都立刻就明白了新发现的军事价值，雷达突然就成了需要保密的东西。

虽然各国都发现了雷达的原理，后续的研发却没有这么顺利。英国、美国和德国采用的脉冲雷达，与基于连续波发射而非间隔脉冲的无线电探测之间存在显著的实用性差异。真正的雷达会发射持续时间约为百万分之一秒的脉冲波，并在百万分之几秒的脉冲间隔里接收来自被发现目标的回波信号。这一过程加强了无线电波束的能量，而且能够测量目标和接收机之间的距离（这是防空作战的关键因素），而不仅是其方向。对高度的评估——所谓测高——难度更大，但还是通过一个附加设备（英国人是用了一个能测量飞机角度的测角仪）得到了解决。连续波对距离、高度和方向的指示没那么完美，甚至完全指示不出来。苏联的研究被人为复杂化了，因为空军坚持要用脉冲雷达，而陆军则认为连续波就能够满足高射炮兵的需要，这一观点被证明是死胡同，因为这种雷达无法测算飞机的距离。1937—1938 年，政治运动打断了该项研究，当时大部分无线电和雷达高级研究人员被逮捕，包括先驱者奥谢普科夫，他被送到一所劳动营关了 10 年。[110] 在日本，海军和陆军在 20 世纪 30 年代都不确定无线电探测能否带来什么好处，当他们于 1941 年最终在中国沿岸和本土列岛建立起原始的雷达系统时，其连续波雷达站只能指示飞机的到来，距离和方位则无从谈起，这使得这套系统实际上没什么用，尽管它在整个战争中都得以保留。日本陆军和海军在雷达开发方面完全没有协作，而致力于无线电研究的科学和工程小团队又因军事机构对民间力量的不信任而被边缘化了。[111] 意大利的情况也相当糟糕。意大利在 1940 年加入战争时完全没有雷达能力，无线电探测研究的优先级也很低。军方倾向于连续波方案，但是没有建立海岸雷达网，哪怕是不合格的雷达也没有。1941 年，意大利终于订购了两个型号的脉冲雷达，用于海岸防御和军舰防御，代号分别为"蹼鸡"和"猫头鹰"，但只生产了 12 台。陆军开发了一种"山猫"对空探测设备，但在意大利投降前只造出了几台。1943 年，意大利国土上终于建立了雷达网，但它们是德国人的，为保护德军而设。[112]

陆军和海军对无线电探测的最初兴趣集中在对来袭敌机早期预警方面，它要能提供足够的信息和时间来组织对空防御，让飞机起飞予以拦截。在英国，这在 20 世纪 30 年代中期就已被视为降低空中轰炸潜在威胁的关键手段，政治家和大众都担心这种轰炸或许会在即将爆发的战争中具有决定性影响。1935 年下半年，达文特里实验之后不到一年，英军就下了首批订单，要在南部和东部沿岸建设 5 座"本土防空网"雷达站。到 1940 年，英国已经建起了 30 座雷达站，从西南部的康沃尔郡一路延伸到遥远北方的苏格兰。为探测低空飞行的飞机，英国人还建设了拥有 31 个站点的"本土低空防空网"。但它们的表现并不理想。早期的雷达只能探测海面上空而不能跟踪陆地上空的飞机，因为会受地面杂波影响；目标高度仍然很难准确测算，这部分是由于许多操作员是匆忙训练出来的，需要在实战中积累经验才能充分学会使用雷达。[113]尽管如此，雷达一旦与无线电网、电话网结合到一起，就立刻在 1940 年迎击德军频繁昼间空袭的战斗中发挥了核心作用，向英军战斗机部队及时发出预警。战争期间，雷达的性能持续改进，而敌人的飞机则越来越少。

美国从 20 世纪 30 年代后期开始架设海岸防御雷达，因为美国担心日本的飞机或者以拉丁美洲为基地的德军飞机可能会发动突然袭击。1937 年，美军批准用雷达进行远程探测，到 1939 年，机动式和固定式雷达设备都已开发了出来。1940 年，首台固定式 SCR-271 雷达建成，用于防御巴拿马运河；同年 2 月，美军成立防空司令部，开始使用与防空部队相联系的雷达站网络展开工作，这与英军的系统别无二致。但这套体系发展很慢，因为受过训练的人员不足，整军备战的需要也分散了资源的投入，这样，到珍珠港遇袭时，美军在东海岸只有2座雷达站，太平洋6座。雷达能够探测目标的方位和距离，但测不出高度。许多雷达按照战争部的指示被架设在山顶上，但那里的状况很糟糕，后来又不得不搬到更低的基地以优化其性能。美军的海岸雷达设备只有经过逐步改进之后才达到了英军的水平。最终，美国太平洋沿岸建立了由65座雷达站组成的庞大网络，东海岸则建立了30座雷达站。到战争后期，地面截击控制雷达SCR-588已能在同一个屏幕上跟踪敌方和我方飞机，并提供距离、方位和高度信息，SCR-516雷达则提供了与英国"本土低空防空网"相当的能力，能探测到超过100千米外的低空飞机。[114]最后，美国的东西海岸都没有遭受空袭，因此这套由雷达、战斗机基地、无线电通信和地面观察员组成的精密网络，虽然在1940年为英国的生存发挥了关键作用，但在美国从未受过考验。与此同时，这些雷达站却要应对大批国内航空兵的训练飞行。仅仅在1942年7月，洛杉矶防空区就管控了11.5万架次训练飞行，却没有见到一架敌机。[115]具有讽刺意味的是，这套在战时未受考验的体系却在需要它的时候表现不佳——日军袭击珍珠港海军基地之时。1941年12月，雷达被装在了瓦胡岛北岸的奥巴纳岭上，2名雷达操作员在12月7日早晨及时地报告说有大批飞机正在接近，结果被上级军官告知它们只是飞来增援太平洋基地的友军轰炸机。当雷达屏幕被地面杂波填满时，2名雷达兵就离开岗位吃早饭去了。[116]

最复杂、最完善的雷达防御屏障是德国空军沿德国西部边境和欧洲沦陷区北部海岸线建立的。这里的空战从1940年5月英军首次空袭直到1945年5月战争结束从来没有停息过。德军的对空预警雷达由两家私营德国公司GEMA公司和德律风根公司开发，之后交给负责防空体系的德国空军通信总监沃尔夫冈·马尔蒂尼将军，供空军使用。GEMA 公司首创了后来的"芙蕾雅"雷达，这款雷达的工作波段很宽，海岸探测距离 130 千米。1939 年装备部队后，这款雷达又进行了改进，增加了测高能力，以更精确地引导战斗机截击。1940 年，"芙蕾雅"性能得到了改进，8 台"芙蕾雅"集中组成了一型代号"宝瓶座"的雷达，工作距离达到 300 千米；1941 年，16 台"芙蕾雅"被连接到一起，组成代号"猛犸象"的雷达，工作距离相似。有了这些改进型雷达，英军飞机只要从英格兰东部的基地起飞就会被发现。德律风根公司的无线电研究实验室主任威廉·伦琴还开发了一型用于高炮火力精确射击的炮瞄雷达，代号"维尔茨堡"。两款雷达都成了德军防空体系的标配。"维尔茨堡"雷达在战争后期得到了"巨型维尔茨堡"和"曼海姆"的补充，这些也是高炮火控雷达，有效距离 30 千米，精度也提高了。1944 年，为对付低空战斗轰炸机的空袭，德军引入了一型机动监控雷达，Fu MG407 型。这款雷达装在经过改造的卡车上，可以四处机动，以填补间距较远的"芙蕾雅"和"维尔茨堡"设施之间的空隙。[117]

这些雷达与战斗机防空部队、探照灯和防空指挥所共同组成了代号"天床"的对空防线，不过这道防线常常被称为"卡姆胡贝尔防线"，得名于德国本土战斗机防空部队的首任指挥官约瑟夫·卡姆胡贝尔将军。雷达防御带从瑞士边界起，穿过法国北部和比利时，一直延伸到德国－丹麦边界那么远的地方。与英国和美国一样，这套系统也不够完善。德军缺乏熟练的操作员，所需雷达的生产也很慢。到 1942 年春季，只有 1/3 的高射炮连配备了"维尔茨堡"炮瞄雷达系统。[118]这些雷达后来被证明极易受到干扰而不能运转，尤其是细小的金属箔片的干扰（英国人称其为"窗户"，美国人称之为"谷壳"）。从 1943 年夏季起，数以十万计的这类箔片被投下，让敌人的雷达屏幕上铺满光点。尽管如此，这道由远程探测、雷达控制高炮、雷达控制战斗机截击组成的防御带，无论在白天还是夜晚，都成功地让英美轰炸机付出了沉重代价，在1943年冬季还几乎扼杀了盟军的空中轰炸。

在20世纪30年代中期人们对雷达有了初步认识之后，海军雷达也紧紧跟了上来。实际上，英国、美国和德国的海军研究机构才是在固定海岸探测之外的更广泛领域推动雷达运用的核心角色。研究的节奏大致反映了一支海军对于"空中力量改变了战舰与飞机在制海权争夺中的平衡"这一点的认同程度。用无线电探测来袭的敌方攻击机是避免空袭沉重打击的唯一手段，它能够及时向舰载机发出警报，或组织战舰的对空防御。雷达还能辅助导航，在战斗或航行中帮助避免碰撞，并且发现水面航行的舰船和潜艇。有了炮瞄雷达，就能击中躲在夜色、云雾之中的敌舰，而挨打的人都还不知道自己处于危险之中——1941年3月28日，马塔潘角夜战中意军战舰的毁灭就是个早期的例子。然而，在海上使用雷达也带来了新的难题。雷达要远离水和冰；天线很容易在恶劣天气和战斗中损坏；雷达需要一个稳定的平台，但舰船会在海上纵摇和横摇；雷达还会因军舰主炮射击时的震动而失灵。德国战列舰"俾斯麦号"上的雷达就在与英国皇家海军的第一次交战中失灵，使得它未能探测到最终打跛了这艘战舰的"剑鱼"鱼雷轰炸机。[119]所有这些问题最终都找到了答案，这让雷达成了海上作战的关键因素，对英国和美国来说尤其如此，在这项新技术的许多应用上，这两个国家的海军雷达研发都处于领先地位。

在英国，海军部研究处从1935年开始独立启动研究计划，因为舰船环境对雷达的要求与为海岸早期预警开发的系统截然不同。到9月，他们就用脉冲雷达成功重现了达文特里实验。1937年，海军通信学校接管了这项研究，一年后开发出了第一台用于探测飞机和水面舰船的实用型海军雷达，79Y型，试装在战列舰"罗德尼号"上。在随后的两年里，这套系统得到了改进，能够在适当射程上引导高炮火力，并能指引军舰主炮攻击远处的水面舰艇。79Y雷达又演变出了多种不同的型号：281型雷达用于探测舰船；282到285型用于为火炮测距，不过这几款雷达起初表现都不佳，直到海军人员更习惯了利用这些新装备的能力才得以改观；为了探测低空飞行的飞机，他们把一款空军的空对海（ASV）雷达改造成了286型舰载雷达。[120] 舰载机也装备了ASV MK 2型雷达，正是这一款雷达使得"胜利号"航母上的"剑鱼"鱼雷轰炸机于1941年5月在浓云低垂、风高浪急、夜色将至之际找到了"俾斯麦号"。在德国雷达发展的相似过程中，海军的角色也同样重要。德军第一台岸基和海基通用的实用型雷达是DeTe-1型，常被称为Seetakt（舰载）型。它在1938年升级成为DeTe-2型，这也成了空军"芙蕾雅"雷达的样本。这款雷达首先被装在了运气不佳的袖珍战列舰"施佩伯爵海军上将号"上。德国海军还在1938年引入了敌我识别（IFF）系统（被称为"长子"），德国空军也采用了这一系统。[121] 飞行员会向己方雷达发射预先设定的脉冲信号，以显示自己不是敌机，这样操作员就知道不要下令开火。到1940年，敌我识别系统已经成了所有强国空军的标准配置，尽管问题也存在：它会被截听并被敌人利用，或者，在美国海岸附近的训练飞行中，大部分飞行员会危险地忘记打开它，因为那里没有敌机。意大利没能开发出敌我识别系统，这让意军抱怨不断，因为他们的德国盟友的高射炮部队会不分青红皂白地向意大利飞机开火。

1934年，美国海军研究实验室也启动了独立雷达研究项目，到1937年4月，在一艘战舰上成功试装了雷达。1939年1月，美国第一台实用型雷达，XAF型，被装上了战列舰"纽约号"。第二年，两名海军军官发明了缩写"RADAR"（音译为"雷达"），这个词被用作了此项研究的保密代称，但它很快就被整个英语世界用作了对所有形式的无线电探测的称呼。接下来，根据海军各项需求对雷达进行改造的进展很快。1941 年下半年引入的 SK 雷达使用了另一项重大创新，平面位置显示器（PPI），它能够显示整个战场情况和周围地形的图像。对于舰载机来说，航母能够辨别自己和空中敌机是十分重要的，于是，1937 年，美国海军版的敌我识别系统开始研发。到 1941 年，所有舰载机都能够加装空对海雷达，研发雷达引导的轰炸瞄准仪的工作也拉开了序幕，它能够让飞机在夜间或穿云轰炸敌方舰船。1944 年驻华美军第 14 航空军宣称，他们利用夜间雷达轰炸小型目标，击沉了 11 万吨的日军船只。到战争结束时，美国生产了 2.7 万台标准空对海雷达。[122] 海军的几乎所有新发明都被陆军和陆军航空兵拿走，改造后投入使用。无论在陆地还是海上，用于火炮精确瞄准的雷达都是个至关重要的配件。英军中雷达引导的 Mk-2 型火炮瞄准仪使得摧毁 1 架飞机所需发射的炮弹数量降低到平均 4 100 枚，而原先没有雷达的 Mk-1 型瞄准仪则需要 18 500 枚炮弹。空中截击雷达能够让飞机在暗夜或者恶劣天气下靠近来袭敌机，在海军使用过之后，各大空军也普遍装备了这种工具，同时辅以地面雷达。1941 年英国皇家空军夜间战斗机部队采用地面指挥截击后，德军的平均损失率从 0.5% 增加到 7%。德军在战争后期开发的"明石"和 SN 2 空中截击雷达对于引导德军夜间战斗机找到盟军的轰炸机群也是不可或缺的。

脉冲雷达所有的早期产品都是在长波上工作的。德国雷达的工作波段是分米波，波长通常是 50 厘米，大部分其他雷达的波长是在 1.5—3 米之间。从 20 世纪 30 年代初期开始，人们就知道在雷达上使用微波能够实现更高的精度和更丰富的用途，但是德国和日本早先的研究显示，当时的真空管无法提供微波雷达所需的能量，这种尝试就被放弃了。然而，就和最初发现无线电回波现象一样，微波技术的关键性突破也是在机缘巧合中到来的。1939年，英国电子管发展协调委员会与牛津大学、布里斯托尔大学和伯明翰大学签了合同，要它们开发一种能够以10厘米波长使用的高能电子管。在伯明翰大学，澳大利亚物理学家马库斯·奥利芬特的研究小组招收了两名年轻的博士生，约翰·兰德尔和亨利·布特。他二人并不了解先前关于速调管和磁控管（这是先前微波研究所基于的两种先进真空管）能否产生厘米波所必需的能量的争论，而是直接把两种真空管组合到一起，组成了后来所称的"谐振空腔磁控管"。首轮试验显示，这种新设备能够输出的能量水平很高。1941年2月21日，他们向奥利芬特和团队成员展示了这种磁控管，表明它能够制造出9.8厘米波长的电波。于是，新设备的生产工作立即被交给了通用电气公司，后者的实验室也获得英国皇家海军的资助，以进行速调管和磁控管的研究。新设备在5月造出工作模型，8月，电报研究所就进行了一次演示，确凿无疑地显示使用了空腔磁控管的脉冲系统即便在面对小物体（这次是放在附近悬崖顶上一个贴了金属板的自行车脚踏板上）时也能产生清晰的回波。当月，一台编号为E1198的空腔磁控管被放在金属匣子里，交由一个以政府科学家亨利·蒂泽德为首的科学交流团带回了美国。9月19日，这个秘密在华盛顿的一次顶级科学家会议上揭开了面纱，并出现了戏剧性的反应。护送空腔磁控管的爱德华·鲍文回忆道，人们突然意识到"放在我们面前桌子上的东西可能会被证明是盟军的胜利之源"。[123]

谐振空腔磁控管改变了英美雷达的面貌。蒂泽德代表团把这种磁控管交给了美国微波委员会，他们明白后者将会组织规模化生产。此事被交给了贝尔电话实验室，到战争结束时生产了超过100万件，其中大部分是1941年为了增加频率稳定性而开发的改进型"捆扎式"空腔磁控管。雷达研究此时已被视为对美国军队具有核心重要性的事情。于是，波士顿的麻省理工学院成立了一个由李·杜布里奇担任主任的"辐射实验室"，他们的主要工作就是开发微波技术。为避免像美国参战第一年那样，因英美两国重复工作而产生浪费，这个实验室又于1943年夏季在英国建立了分支。[124] 现在，有了更精确、功能更丰富的装备，所有早期开发的战场雷达都没用了。起初的优先目标是制造一款微波空中截击（AI）雷达和能用于高射炮自动测距和射击的微波炮瞄雷达。1942年夏，空中截击雷达被开发出来，型号是SCR-520，最后又升级为SCR-720型。美军飞机上装备的全都是这种雷达，而且由于性能先进，它也被英国空军采用，改名为AI-Mk10，用来替换1942年4月参战的AI-Mk7型微波雷达。SCR-584炮瞄雷达是战争中最成功的雷达之一。它在M9射击指挥仪上加装了一台模拟计算机以测算距离和高度，火炮就能向敌机自动准确射击。它不仅被用在高射炮上，还参加了地面战，能够用来跟踪炮弹弹道以侦测敌人的迫击炮，还能穿过烟雾和暗夜探测敌人的车辆，甚至单个士兵。诺曼底登陆日当天，有39台这种设备被送上了岸，让美军的炮兵和高射炮得到了极其精准的指挥。[125]

　　微波雷达的工作波长起先是10厘米，之后是3厘米，最后在战争结束时发展到1厘米。其中3厘米波长的雷达被用来帮助轰炸机侦测地面状况，让目标定位更准确，这也是英美两个盟国因研究竞争而产生分歧的领域之一。当时英国开发出了H2S型设备，波士顿辐射实验室的版本则被称为H2X，双方都不肯放弃自己的产品，改为通用的系统。在设计用于高射炮弹引信的微波系统方面，双方的协作更加卓有成效，这种引信能用一台小型雷达追踪目标，然后在适当时机引爆。1940年，这一设想最初由在英国从事雷达研究的澳大利亚物理学家威廉·布特门特提出，发明计划被蒂泽德代表团带到美国，其概念在接下来的一年里得到了彻底开发。1943年1月，"近炸引信"首次在太平洋战场上击落敌机，这改变了这一战区中舰对空作战的面貌。然而，这种引信在欧洲用得很少，因为担心技术会落入德军手中。不过在英国领空使用是没问题的，于是它们在这个国家抵御V1巡航导弹的防空作战中得到了成功运用，击落了估计50%的来袭导弹。这种引信最终还是于1944年后期被用在了法国和比利时的战役中。在突出部战役中，近炸引信炮弹击落了至少394架德军飞机。到1945年，约有2 200万个近炸引信走下了生产线。[126]

微波雷达在海战中被证明是无价之宝。在英国，海军部推动了能以更高精度探测到德军潜艇的空对海雷达的开发。1941年初，271型雷达准备就绪，这是第一款投入实战的微波雷达。在微波的加持下，它被证明不仅能发现潜艇，甚至还能发现探出海面的潜望镜。1941年11月16日，在直布罗陀外海，英军首次用微波雷达发现并击沉了一艘德军潜艇。皇家海军的舰载微波雷达还被用于更优越的炮瞄设备、辅助导航设备和目标指示器。美国海军始终坚持要在海军研究实验室而非麻省理工学院的辐射实验室研发海军雷达，他们为舰载机、航母和其他军舰制造了多种厘米波雷达。为大型军舰和轻型航母配备的SM和SP雷达就是此类，它们能够在三维空间探测到飞机。1942年下半年，10厘米波长的Mk8雷达的到来让火炮瞄准成了一种更精细的操作，它使得舰炮能够盲射，并跟踪炮弹弹道；它还能在雷达屏幕上显示目标是否被消灭。Mk8炮瞄雷达的首次使用是在瓜达尔卡纳尔岛，当时一艘猝不及防的日舰在夜间被从12千米外击沉。但对大部分军舰的舰长来说，这一新技术还是被证明太有挑战性了。1942年11月，尼米兹上将命令所有大型战舰都建立战斗行动中心，以协调和分发雷达信息，让指挥官腾出手来专心指挥。这一设施后来被称为"战斗情报中心"(CIC),它们以"凯迪拉克工程"为代号在整个美军舰队中普及开来。每个战斗情报中心都有大量无线电和雷达操作员,但关键人物是负责评估战场态势的"评估员",以及负责把空中作战、高炮或军舰主炮所需的信息发出去的"播报员"。[127] 在指挥官们熟悉了这种新技术之后,它便在最后两年的战争中扮演了关键角色。到 1944 年,美国海军在太平洋上的作战已经完全成为电子战,而其日本对手则完全无法与之匹敌。

微波雷达让英美两军的电子战水平完全超越了德国和日本。德国的雷达研究者在战争伊始就造出了使用 50 厘米波长的卓越雷达,但他们在 20 世纪 30 年代前期的微波研究被证明没有成效,在战争中也再未对此项研究重新提起兴趣。战时的雷达研究受到了其所处的保密文化的损害,在这样一个独裁社会中,任何泄密都可能受到惩罚。德国高频研究的代表人物汉斯·普伦德尔在 1940 年被戈林征召,又在 1944 年被解除职务,因为他用了关押在达豪集中营里的犹太科学家来帮助修理雷达,"把秘密材料交给了外人"。他本人最终侥幸地没像汉斯·迈尔那样被关进集中营,后者是西门子电气公司的研究主任,因"出言不慎"被关进了达豪集中营。研发工作还受到了研究中心分散、彼此沟通不畅,以及未能明确优先目标的影响。甚至当 1943 年 2 月一个从坠毁的"斯特林"轰炸机上找来的空腔磁控管落入德军手中时,他们也什么都没做。这个磁控管根据飞机坠毁的城市被称为"鹿特丹设备",它被送到德律风根公司的实验室,后者在 1943 年夏据此造出了几种微波设备,但没有被使用。有一种 10 厘米波长、代号"马尔堡"的炮瞄雷达被开发出来,但德军高射炮部队仅装备了几台;还有一种供德军夜间战斗机使用的名为"柏林"的微波雷达在 1945 年 1 月完成开发,同年 3 月形成战斗力,但为时已晚,德军已无力回天。[128] 德国没能造出近炸引信,而它原本可以在对付盟军空中轰炸的防御战中做出重大甚至是决定性的贡献。

日本的雷达研发受到很多拖累，一是陆军和海军研究机构之间关系紧张，二是军方普遍抵触民间大学和商业机构研究所的科学家参与，据八木秀次所言，他们受到的对待像是"外国人"一样。日本的磁控管研究按国际标准算是先进，但是军方对利用这一优势完全没有表现出什么兴趣。直到1940年和1941年两支日本代表团访问德国，看到了数量有限的几种德国雷达设备后，日本对雷达的态度才认真起来。1942年初在新加坡和科雷吉多尔缴获的英美雷达让日本研究机构得以对其进行逆向工程，以开发一款日本版，但是开发工作迟缓，第一台使用缴获技术的雷达直到1944年才投入使用。和德国一样，日本的研究计划很分散，保密措施也妨碍了研究的便利性。在无线电研究总部，研究磁控管和雷达的半数工程人员都被征入军队，在那里他们最后比一名普通步兵强不到哪里去。物资和熟练人员的短缺打乱了优先项目的研究。许多电子元件的质量很差，这都是因为制作工场经验不足，关键金属材料也不够。日本真正造出来的雷达极易受到美军电子反制的干扰。美军的反制计划是由1942年加入成为无线电研究实验室领导人的弗雷德里克·特曼牵头进行的。在1945年日本本土列岛上空的空中作战中，美军用一种被称为"豪猪"的干扰器产生出强大的无线电噪声，以干扰日本的防卫雷达。在战争后期，日本军队最终还是小范围采用了微波雷达，首先只有一台22型舰载雷达，随后又造出一款用于夜间战斗机的FD-3机载雷达，仅仅造了100台。这些雷达没有平面位置显示器——该装置对掌握战斗态势至关重要——直到1945年7月才最终造出来1台这种显示器。一款能够输出高能量的空腔磁控管直到战争结束时都还在研发之中。[129] 奇怪的是，曾在1934年最初促使罗伯特·沃森-瓦特投身于无线电探测的"死亡射线"的想法却在1945年被日本研究人员捡起来当作最后一搏。他们使用集中的无线电波束，花了10分钟杀死了30米外的一只兔子。几个月后，2枚原子弹被扔在了广岛和长崎，每一枚都装有4个雷达引信。[130]

在盟军方面，无线电和雷达为提高其战斗力做出了重大贡献。这些技术并没有如人们有时说的那样让人打赢这场战争，使用效率不是十分理想，也没能摆脱技术问题，但它们确实在战争的后几年里为盟军的陆军、海军和航空兵提供了重要的领先优势。这一优势反映了其政府、科学家、工程师和军队之间的密切联系。英国和美国的无线电波研究是由政府指定的委员会资助的，资金充足，两国研究者和使用者的开放合作甚至在美国参战前就达到了惊人的水平。由于美国电子工业的先进性，其生产能力极为强大。专业人员训练的规模也很大。仅太平洋舰队雷达中心就在1942—1945年训练了12.5万名官兵。到战争结束时，美国海军和陆军那些进行雷达和无线电研究的实验室聘用了超过1.8万人。[131]这些优势都是其轴心国敌人所无法比拟的。

力量倍增器？情报和欺骗

1944年6月23日，日本运输潜艇伊-52号满载着输送给德国的黄金、钨、钼、鸦片、奎宁、橡胶和锡，在比斯开湾近岸航线上被一枚美军"复仇者"轰炸机投下的声自导鱼雷击沉，当时它刚刚离开与一艘德国潜艇的会合点。美国的作战情报部门已经通过破解这艘潜艇发出的大量无线电信号，而对其准确位置侦测和跟踪了几个星期之久。在法国西海岸的港口洛里昂，一个由德国和日本的达官贵人组成的欢迎团正在不耐烦地等待着这些日本艇员抵达，他们打算为这个封锁线穿越者的到来庆祝一番，并把它作为宣传噱头。但随着时间一分一秒过去，这艘被击沉的潜艇再也没有无线电信号传来，于是人们只好认为它已经被击沉了。随着盟军部队冲出诺曼底桥头堡，这场庆典草草收场。1944年，总共27艘运输潜艇中有18艘因通信情报而暴露位置，被全部击沉。最后一艘突破封锁线的水面船只早在1944年1月就被击沉，原因相同。[132]

盟军利用了来自无线电信号的战术情报，这决定了伊-52号的命运——这种情报常被称为信号情报（SIGINT，尽管这一回称其为通信情报COMINT更合适些）——只要能够成功截获和解读无线电信息，这就是作战前线最重要的战役情报和战术情报来源，没有之一。盟军进攻法国时，关于德国军队的情报信息约有2/3来自无线电通信；而德国情报部门"西线外军处"的首脑则认为信号情报是"所有情报人员的情人"。[133]它虽然无论如何都不是唯一的情报来源，却是其最大的组成部分。除此之外，陆海军情报部门所能依赖的还有来自特工或战俘的所谓"人员情报"，其价值常常存疑（尤其是在特工被敌人成功策反并提供假情报之时）；或者来自缴获文件的情报，它常常只能提供关于敌人意图或布局的一点蛛丝马迹；或者来自航空照相侦察所得的情报，如果照片能被正确解读，那么它就至少是仅次于信号情报的第二大主要情报来源。[134]无线电截获情报的优势在于它覆盖了敌人在广大地理范围内战役行动和战术行动的所有方面，而且情报量巨大。美国海军的破译部门OP-20-G在大西洋战役中截收了11.5万条德国海军的通信；英国政府编码和密码学校（GCCS）在1943年初每个月能截获3.9万条德国恩尼格玛密码机的信息，而从1943年下半年到战争结束则每月平均达到9万条。[135]来自无线电通信的情报十分丰富，这体现了第二次世界大战中无线电与陆海军作战的融合程度。

每个主要参战国都会利用战术情报和战役情报。而关于敌人计划、意图和行动方式的更大范围的"战略情报"的获取难度则大得多，还有许多著名的失败案例——美国军政领导人在1941年12月未能预见到即将到来的日军进攻，日本错误地认为美国人将会士气低落而无法发动全面战争，德国在1941年低估了苏联的实力，斯大林拒绝相信自己收到的超过80次德国即将入侵的警报并由此带来灾难，盟军预计仅通过轰炸就能让德国崩溃，等等。这些执念大部分是有情报支持的，但它们常常会受到一厢情愿的想法、投机、种族和政治歧视的影响，也可能只是受到怀疑态度的影响，哪怕在许多时候情报来自能够轻易破译的低密级外交密电——珍珠港遇袭前美国对日本"魔术"密电的解读就是这种情况。在胜利似乎临近之时，战略情报又常常会成为傲慢的牺牲品。1944年12月，德军"秋雾行动"反击初期的胜利是由于盟军相信德军已经被打败，无法有效反击，即便高级别通信情报提供了相反的证据；同样，德国军队顽固相信苏联军队会在攻击之下崩溃，而所有迹象都显示出情况恰恰相反，苏联也确实顶住了德军的进攻。

作为"力量倍增器"，战役情报和战术情报比战略情报和政治情报突出得多。情报行动的组织和实践反映了特定的军事文化，体现在情报体系建立和实施的方式上，以及情报与更大范围战争机器融合的程度上，但没有任何一个强国会忽略它。日本的军事情报由陆军参谋本部第二部和海军军令部第三部分别管辖。两个军种都不太重视情报，组织战役时都会排斥情报军官。联合舰队司令部只配有一名情报官，每个舰队也都只有一名情报官。军方希望舰队指挥官在战斗中自行判断敌情。[136]日本没有中央机构或委员会来协调陆海军的情报工作，两个军种也基本没有相互协作。陆军破译人员破解了一部分美军的M-94和M-209机器密码时，却对海军守口如瓶。[137]

德军情报机构同样不愿情报人员参与行动，也不愿从民众中广泛招募人员。德国陆军参谋部的1c部门不光要处理情报事务，还负责其他许多事项，包括军队的宣传工作。德国空军有自己的情报处，海军也是。空军的情报部，D5部，在1939年只有29名工作人员，在战争中规模扩大得很缓慢，对作战指挥官的影响也很有限。和陆军一样，空军情报人员也要负责飞行人员的福利、新闻发布和审查以及宣传等杂项事务。[138]德国三军的情报人员都很少，事情很多，而各个层级的德军指挥官也被要求对作战做出自己的判断，咨询或者不咨询他们的情报参谋都可以。和日本一样，德军情报的收集和分发也是各军种各自为政，没有中央机构加以协调。在空中侦察照片的解读方面，每个战场指挥官都能得到低阶情报人员的协助，但德军没有像英国白金汉郡的集中解读中心那样在全军分配情报的机构。[139]各军种的信号情报也没有像英国那样由一个国家中心来集中整合。如果说德军在战术层次上的情报收集常常系统而充分，那么他们在战役层面的情报整合就十分有限。

在英国和美国，情报扮演了更重大的角色，它并非仅仅和各军种有关（他们各有自己的情报部门），而是有广大民众参与。1940年，服务于军事需要的科技情报工作在英国实现制度化，美国一年后也是如此；1936年成立的英国联合情报委员会向战时内阁和军队不断提供关于诸多主题的所需情报；情报工作融入了从战略到战术各个层面的作战计划制订过程中。所有军种的信号情报都在布莱奇利庄园的编码和密码学校集中处理，那里高峰时有多达1万人，大部分是平民，且绝大多数是女性。平民专家的参与体现了民主国家的战时动员特点，军队对于情报人员（无论是军人还是平民）参与战役的计划和评估并没有什么歧视。许多应征担任翻译或从事解码工作的人是在传统或现代语言方面天资聪慧的大学生。皇家空军情报部门在战争期间招收了700人，但其中只有10%是皇家空军正规军官。[140]最重要的是，英美两国能够根据正式协议共享信息和情报评估，最终达成了一定程度（几乎完全不受限制）的情报协作。它们还试图把共享范围扩大到苏联，但这种协作几乎总是单方面的，还面临着泄露西方情报来源的危险。苏联对情报的接收也是无礼到令人尴尬。[141]

在战争爆发前，美国的军事情报体系是列强中发展水平最差的。作战部队没有专门的情报人员，也没有专门的培训设施。1941年，美国陆军和海军都开始扩建情报部门：陆军的G-2处，海军则有海军情报署。但和日本情报部门一样，它们之间的配合也很差。1941年夏季，美国陆军着手建立独立的航空情报处，A-2，但它起初曾严重依赖英国皇家空军无条件提供的材料，以及和澳大利亚情报部队的协作。和英国人一样，美国人别无选择，只能广泛招收平民专家、学者或者有资质的学生。陆军建立了情报部队，它最终在每个团里都设立了一个战场情报小组，这样那些学完德语或日语军事语言课程的人就能审讯战俘或者就地翻译缴获的文件。海军情报部门专注于太平洋战场，1941年时他们对那里一无所知。关于日本飞机的手册上对三菱"零式"战斗机的介绍还是空白，尽管这种飞机的详细信息已经能够搞到。[142]海军情报部门设在华盛顿，但在前线，战场情报小组和照相侦察部队会把情报提供给太平洋战区联合情报委员会，后者则会编制大量情报报告，并分发给太平洋战区的所有作战部队。[143]陆军的信号情报部门建在弗吉尼亚州的阿灵顿市政厅，这是美国版的编码和密码学校。海军也在华盛顿特区设有独立的信号情报基地，但随着战争的进行，两个军种之间建立了密切的协作。到战争后期，情报已经成了美国军队在所有层面上不可或缺的组成部分。

苏联军事情报的组织与其他主要参战国存在着根本性差异。早

第五章 打一场战争　603

在 1941 年之前很久，情报收集（razvedka）就是苏联作战条令的一项核心内容，它已融入了陆军和空军从高层到最小战术单位的每一层级。在更宏观的战役情报方面，来自前线的材料会被提供给苏联红军情报总局，协助构建关于敌人意图的综合图景；除此之外，苏联的方面军、集团军和师级司令部也在收集、分析和分发战役情报与战术情报。每一个指挥层级上都有一个情报主任及其班子与作战指挥官密切配合，后者必须明确他们需要什么情报、获取情报的手段，以及所需力量。在作战中，苏联方面军指挥官每两三个小时就需要一份情报报告，各个集团军级指挥官每一两个小时就需要一份。这些情报实际上全都是从作战前线收集来的战场情报，主要手段是空中侦察（如果有可能的话）、对敌人阵地的突袭和伏击，以及强行武装侦察。从 1942 年起，特工和渗透小组会在游击分队的配合下渗透到敌人战线后方最多 15 千米处。前线观察员冒险藏身于靠近敌人前线的隐蔽处，他们会报回敌人火炮和机枪阵地的位置。5—8 人规模的突袭被用来缴获文件、武器，抓捕俘虏，这些俘虏随后会遭到严刑拷问。人员情报在所需情报中所占的比例非常大，信号情报直到战争后几年才得到更频繁的使用。德国人和日本人对苏联的情报能力深信不疑，因为这是苏联军事行动中最完美无瑕的部分。[144] 1942 年，随着苏联红军和其空军重组，其情报工作的理念和组织也进一步变得严密，从 1943 年起，其情报收集即便未臻完美，也越发协调和系统起来。1943 年 4 月，斯大林向前线情报部门发出指示，要他们加强对敌人集结部队发动进攻的位置的侦察，但是对于库尔斯克战役中德军的力量水平，苏军仍然存在着危险的误判。[145]

然而，情报工作的局限性也显而易见，其实施方式决定了军队指挥官们对其始终半信半疑。情报视图常常是漏洞百出，前后矛盾，阅读敌人电讯的能力始终远远达不到需求，对特工和敌方叛徒提供信息的评估常有差错，或是对空中侦察的解读不力——最臭名昭著的是在西线，1940 年 5 月，盟军飞行员看见了德军装甲部队在阿登大规模集结，但他们的报告被法军指挥官置若罔闻。那些负责对手头所有情报进行评估的人也会犯人们常犯的人为错误——过度乐观、想要把混乱的视图理出头绪、机构的自身利益，诸如此类。保密的障碍无处不在；即便是在很多人参加了情报工作的英国，各个部门之间的交流也是被禁止的。在编码和密码学校担任低级密码员的人不允许知道"超级机密"，以免泄密。"超级机密"在英国只能通过特别联络组，在美国通过特别安全官员来传递，而且都是阅后即焚。[146] 最重要的是，各方对信号情报所使用的密码和编码的每一次例行变更都意味破译者要花上许多个星期或好几个月才能读懂新的密电。英美两国的密码破译人员在 1942 年 2—12 月失去了对德国海军"恩尼格玛"电报的破译能力，1943 年 3 月再次被"拉黑"；德国海军情报部门在 1942 年的大部分时间里和 1943 年上半年都能读懂英国海军的 3 号密码，但在 6 月英军更换了 5 号海军密码后也面临"拉黑"的窘境。[147] 诺曼底登陆 D 日前，盟军能够解读柏林和巴黎德军高级司令部之间的通信，但在正值战役关键时刻的 6 月 10 日，德军更改了密码，盟军就断了线，直到 9 月才恢复破译能力。[148]

即便能够解读出电文，破译结果也要几天后才能送到，对正在进行的战役已为时过晚，难有益处。驻法国的德国潜艇部队总司令部破译的情报大多数无法及时使用。情报的誊写也是个挑战。从截获的通信到最终翻译出来的情报信息要经历多个不同的阶段，从最初无线电接收站监听到的敌人的密电原文，到破译、电文翻译，再到最终打印出来送到情报部门的办公桌上。要想利用这些情报，首先得能把它们翻译出来。英国那些翻译德国和日本电报的人只要有够用的阅读能力就可以了；那些学习日语的人起初只接受了短期的入门课程，用的都是过时的课本和字典。错误不可避免，翻译工作的规模之大只是原因之一。战争期间，缴获文件的数量之多，给原本已经不堪重负的编码和密码学校人员带来了呈指数级增长的翻译需求。海军情报部门在 1943 年上半年有 1 000 份文件要翻译，到次年夏季等候翻译的文件则多达 1 万份。[149] 在美国，日语流利的美国白人完全不够用，这促使军方在 1941 年开始招募日裔美国人担任日语翻译和口译，这一计划甚至到 1942 年美国开始强制拘押日裔美国人后也没有停下来。到 1945 年，有 2 078 名日裔美国人从军事情报语言学校毕业，随着岛屿战争的进行，他们中的许多人冒着死亡或受伤的危险与太平洋战场上的美军并肩作战，审讯日本俘虏。[150] 美国海军不肯接受日裔美国人参军，作为替代，海军和海军陆战队靠的主要是把大学生送到科罗拉多州博尔德市的海军日语学校受训，之后这些对日本军语一知半解的大学生被送到太平洋的残酷战斗中去，他们会在那里想尽办法劝说陆战队战友们不要把敌人杀光，留几个活口进行审讯。[151]

制约情报获取的最重要因素，是对方会想方设法确保所有经由无线电传播的情报不被敌人截获。情报收集者的主要目标在于能及时而全面地打破越发坚固的安全壁垒。面对着越发复杂的无线电文发送机械系统，这被证明是一项艰巨的任务。偶尔会有一些消息是明文，可以直接阅读，这或许能够解决问题，但也可能会是误读。飞行人员许多时候都不注意无线电安全，这种明文通信在他们身上尤其多见，特别是美国和苏联飞行人员，但战斗中的地面部队在编码工作过于繁复，或者信息需要经多支部队转发时也会这么做。苏德前线的德军通信情报部门截获的电报中约 95% 是明文；1944 年 9 月，在意大利前线，德军截获了 22 254 条明文信息，密码信息只有 14 373 条。[152] 但即便是未加密的电报也会带来问题。在英国的一座"Y"无线电监听站，人们首次听到德军飞行人员的明语无线电通话时都很开心，结果却发现在场的没有一个人懂德语。[153] 然而，最重要的信息却几乎总是被用专门对付敌方监听者的方法加了密，尽管安全程度各不相同。问题在于数字的排列。德国的"恩尼格玛"密码机有 52 个变量，日本海军和陆军的电报至少有 55 个变量。[154] 在竭力破解这些秘密的复杂努力中，英美情报部门在整个战争期间都遥遥领先。

英美两国竭力破解敌方通信，是因为它们的战场是全球性的，海军和空中力量也享有优先地位。对于英国皇家空军和皇家海军来说，在战争的头几年里，了解敌人的无线电通信是必不可少的，他们需要保卫英国本土免遭空袭，以及在面对德国和意大利的潜艇、战舰和商船袭击舰时保护海运线畅通。对美国海军来说，日军密码的破译在太平洋战争初期对于避免失败至关重要，而后来又成了最终摧毁日本海军及其商船队的关键性进攻利器。英国密码破译的故事总是和"超级机密"联系在一起，这个称呼最终在 1941 年敲定下来，用以指代破译的德军"恩尼格玛"密码机信息*，丘吉尔则坚持称其为"小店主"。然而，对"超级机密"的过度关注不仅忽略了因密码变更而无法破译电文的时期，也忽略了其他信号情报形式在多大程度上补充、强化甚至有些时候替代了"超级机密"的材料。"恩尼格玛"密电的破译起先仅限于密级较低的德国空军通信，首次破译是在 1940 年 5 月，这要归功于在 1939 年 9 月德国入侵之时逃出来的波兰密码学家提供了"恩尼格玛"设备予以协助。破译情报需要时间，随着设计用来加速破译过程的"炸弹"机电设备投入使用，破译时间逐渐缩短。"炸弹"起初只能破译三转子的"恩尼格玛"密电，后来随着 1943 年美国"炸弹"的到来，它便开始能够破译更具挑战性的四转子密电。

---

* 海军称其为"嘘嘘"（原文为"Hush"，意即不要出声）。——译者注

但它们未能赶上不列颠战役和德军的空中"闪电战",在地中海战场上用得也很少(直到阿拉姆哈勒法战役和阿拉曼战役前才终于切入了德国军队的通信),在大西洋战役的高潮中令人沮丧地中断了10个月,在西欧更是无用武之地,因为沦陷区德军用的都是陆地上的有线通信。"恩尼格玛"密电在了解德军作战序列和一部分后勤与组织信息时是有用的,但对于德军战略和战役意图没能给出什么线索。"超级机密"在起作用的时候能为盟军打开一扇独一无二的了解敌人的窗口,但它的使用必须十分小心,确保德军方面不会发现自己的通信已经泄露。

"超级机密"的作用在很大程度上需要放在更大的情报背景中去考察,通过不列颠战役和大西洋战役中所使用的情报便可见一斑。在英国方面,皇家空军专职负责监听德国空军无线电频道的Y部队也参加了空战,有时候信息就直接用明文,还有些时候用的是低密级的密码和呼号,很容易破译。会说德语的人被以"计算员"的名义招入部队,以提供关于德军空中单位及其动向的即时信息。这些信息资源还得到了本土防御单位的补充,他们使用无线电测向技术来提供关于敌机起飞、航线和高度的即时信息,还能区分轰炸机和战斗机,而这是雷达做不到的。Y部队的主要基地设在曼彻斯特附近的奇德尔,在整个战役期间一直源源不断地向皇家空军战斗机基地提供关键信息,常常只需一分钟就能对敌机来袭发出预警,而雷达在最理想情况下也要四分钟。"超级机密"尽管对摸清德军的作战序列贡献很大,但没能截获什么有用的战术信息。英军战斗机司令部总司令直到10月才得知关于"超级机密"的事,此时德国空军的战役已然结束。[155]

大西洋战役也同样运用了如此多样的信息来源。其中更重要的来源之一是高频测向,执行这一任务的是设在英国、美国和加拿大

（最终遍及世界）的测向站。由于德国海军的通信用的全都是高频，以达到足够的传输距离，那么他们的消息就可以被截获。随着战争进行，德国潜艇或商船袭击舰的位置也被锁定得越发精确。不仅如此，德国潜艇一旦看见船队，就会发出海军《短信号手册》中简短的"Beta"信号；一旦截获这种信息，那就不需要破译了，显然敌人已经来了，船队要抓紧规避。在"超级机密"无法破译德国海军"恩尼格玛"密电的这段时间里，这两种信息都是至关重要的，但除此之外，所有各种信息都会被利用起来，使得常见的"通信量分析"报告就得以显示德军潜艇在哪里作战，力量如何。尽管截获的无线电起初只是防御性的，用来让船队躲避潜艇，但从1943年春天起，它们开始用于进攻，帮助飞机和反潜舰艇猎杀德军"狼群"。它们在击败德军潜艇威胁的战斗中被证明是至关重要的工具。[156]

在太平洋战场上，盟军的信号情报部门对于截获的高密级日本电讯也使用了相同的代号："超级机密"。珍珠港遭袭之前盟军的信号情报被证明彻头彻尾地失败了，情报部门对于破译日本海军的主要密码JN-25b基本没怎么努力过。1941年下半年，菲律宾卡斯特无线电站的美国监听组已能解读出日本通信的零星内容（但海军情报部门基本没有加以使用），但在袭击珍珠港前一周，日本海军采用了新密码，美军无法破译。[157]在1942年春季疯狂的几个星期里，夏威夷的太平洋舰队无线电单位拼命想要掌握日军的新密码，他们及时做到了这一点，预告了日军进攻中途岛的行动。从那之后，负责对日情报的美国海军通信情报部门OP-20-GZ就能几乎不间断地解读JN-25密码了。这里的"超级机密"提供了关于日本船队、护航舰艇和太平洋岛屿守军实力的详细信息。[158]它甚至截获了山本五十六大将飞往吉尔伯特和所罗门群岛视察防御的航线。经尼米兹上将的批准，美军P-38战斗机群飞去截击，击杀了这位日本联合舰队的总司令。即便如此，日军还是没有觉察到自己海军的主要密码已经泄露的事实。1943年6月，美军破译部门最终破解了日本陆军向守军运输补给的船队使用的水运密码。有了这一切，无线电情报使得美军和澳大利亚潜艇与飞机得以找到并消灭了很大比例的日本商船及海军护航舰。

总的来说，陆军的无线电通信被证明更难以监听到如此程度。这部分体现了陆军更倾向于使用有线通信，截获这些信息只能依靠在敌人后方窃听这种危险手段。在战线流动性更强的地方，无线电的应用也更为普遍，不过其通信量还是不足以让人获取稳定而及时的情报。陆军通信情报的缺失需要依靠主动侦察、照相侦察和俘虏审讯来弥补。1939年，日军密码破译人员破解了苏联陆军的OKK5密码，但在当年8月的诺门罕惨败中没能发挥什么作用，之后就再也用不上它了，直到1945年8月苏联对日宣战为止，而此时密码早已更换。[159] 德国陆军在苏联以少量人员破解了前线的低密级密码，在1943—1944年破译了约1/3的通信，但更高指挥层级的通信仍被证明无法突破。[160] 在北非战事中，隆美尔无法常常读到英国陆军的电讯，但能切入其空军和陆军部队之间的通信中，直到1942年夏英军更换密码为止。德军没有像"超级机密"这种长期、稳定的途径来对付西方盟军。其他的信息来源也不可靠。航空侦察的效果大打折扣，这是由于英军对主要工业和军事目标进行了精心的欺骗性伪装，德军侦察机也越发脆弱；特工的风险也很大，他们会被敌方反情报部门策反，或者只能提供一些无关紧要的信息。

盟军可以依靠多条途径切入德国、意大利和日本陆军的通信。在太平洋战争中，盟军起初对于日本陆军电报的破译没有给予太多关注，因为初期的大部分战役是和日本海军打的。1942年夏季，只有25名破译人员在对付日本陆军密码，但一年后就增加到270人。日本陆军密码比 JN-25 密码难破译得多，直到 1944 年初盟军在新几内亚从撤退的日军第 25 师团手中缴获了密码本为止。从那之后，盟军就能持续破译日本陆军的电报了。[161] 在地中海战场，意大利密码——布莱奇利庄园先后赋予其代号"佐格"和"穆索"——被证明几乎不可能破解。它们的编码和译码都是随机的。然而，意大利海运部门使用的更简单的低密级密码还是在 1941 年被破解了，使得盟军得以逐步积累关于北非轴心国军补给和船队运输的情报。[162] 沙漠中德国陆军的"恩尼格玛"密电最终在 1942 年夏季被破解。编码和密码学校在开罗成立了分支机构，以确保在阿拉姆哈勒法战役和阿拉曼战役前能够迅速把德军电报内容传达给盟军部队，但在对轴心国军队长途追击和最终在突尼斯将其击败的过程中，"超级机密"却被证明没那么有用。[163]

在战争的这个阶段，英国的密码破译人员找到了一个比"恩尼格玛"译电更重要的情报来源。德国陆军开发了一种无线电传打字通信方式，它使用洛伦兹公司的"附钥"40 型（后来改为 42 型）设备来发送高密级电讯，而无须用"恩尼格玛"来编译莫尔斯电码。每一条电传打字通信线路都有自己的密码；1943 年德军有 10 条这种线路，1944 年上半年达到 26 条。德国陆军使用这些线路来传递战役信息和战略信息，并视其为绝对安全的。在布莱奇利庄园，这些通信被代称为"鱼"（因为德国人给它们起的代号是"剑鱼"），手动破译工作在 1942 年上半年启动，但成果有限。每一条线路都得到了一种海洋生物的名称作为假名——"多宝鱼"是柏林—哥本哈根线，"水母"是柏林—巴黎线，"康吉鳗"是柏林—雅典线，诸如此类。[164] 率先被破译的是发往巴尔干德国陆军司令部的电讯，接着盟军又在 1943 年 5 月破译了德国人联系位于意大利的凯塞林元帅各集团军的线路所用密码。为加快破译进度，英军最终开发出了第一台作战用计算机。1944

年初的"巨像1号"计算机（1944年6月1日又安装了2号）虽然常常被和"超级机密"的破译能力联系到一起，但它是被设计用来破译"鱼"，而非"恩尼格玛"的。"巨像2号"每秒钟可以处理2.5万个字母，比原先使用的机械处理方式快125倍。[165] 1944年3月，柏林和巴黎的德国陆军总司令之间的战场通信被破译，尽管在1944年9月之前它还是会由于密码时常变更而阶段性"致盲"，但在战争的最后9个月里，"鱼"还是会在"恩尼格玛"更新设置导致"超级机密"价值降低时持续提供德国高级别通信的情报。[166] 反过来，"鱼"也得到了其他情报来源的补充。Y部队从1943年4月开始破译德国陆军的中密级电讯，以及包括坦克密码在内的低密级电讯，他们在当年年底取得了突破，对在诺曼底登陆之前勾画出德军排兵布阵的完整视图做出了贡献。派往法国的特别行动处特工和法国抵抗组织补全了这张视图。这一回，如蒙哥马利的情报主任所承认的那样："奔赴战场的军队中，没几支能比我们对敌人的了解更充分。"[167]

情报收集（尤其是信号情报收集）对战役胜利的贡献程度一直是个有争议的问题，尽管想要证明其至关重要的历史著作汗牛充栋。显然，与敌军盲目作战是不必要的，也是低效的，第二次世界大战中没有哪一支军队会忽略建立情报视图的需要，包括了解敌人的排兵布阵、军事能力、技术创新，有可能的话还要了解其作战意图。但是对情报的运用则依赖于这些信息与所有层级上作战计划相融合的程度，或者是负责判断当下战场态势的指挥官对其相信的程度。情报在复杂的决策层级中流转时太容易被扭曲，这妨碍了对情报的有效作战运用。即便是最好的情报工作也会被证明毫无成果。在德军攻占克里特岛的战役前夕，破译出来的"超级机密"首次向当地的英军指挥官发出警报，但未能阻止英军的失败；1941年3月30日，韦弗尔收到了关于隆美尔即将发动进攻的紧急消息，但不幸的是他选择对此无视。英国的情报科技在 1940 年下半年还有一个更著名的突破，即识别出了德军的空中导航信号波束并有意加以扭曲，但还是没能阻止德军随后几个月的轰炸。实际上，这让德军对港口和工业目标的空袭变得更加不精确，反而加重了平民的伤亡。实际见效的情报的最明显例子出现在海战中，无线电信号是海战中通信的载体，通信的截获和破译对全球所有海上战斗来说都是至关重要的。盟军在这方面的成功为击败轴心国的潜艇战、保护船队以及摧毁敌人的海上补给线做出了实质性的贡献，这些对于盟军在更大范围的战争中顺利作战十分关键。这都是些持久战，其中的情报战明显被证明是盟军的力量倍增器，但情报战的胜利在某种程度上要依赖于好运气，无论是日本海军还是德国海军都没有发现他们的密码和信号已经泄露。尽管间谍与特工、秘密情报和反情报的世界总是充满着魅力和冒险，但在实际的战争中，是日复一日的例行分析和解读工作改变了战局。

评价"二战"中欺骗行动的作用时，也存在同样的矛盾。欺骗与情报是硬币的两个面。欺骗的目的在于让敌人搞不清本方意图，迫使其分兵，以期当战役突然发动时敌人会陷入混乱，从而将欺骗方部队的冲击力最大化，并降低战斗的代价。在现代战争中，欺骗想要发挥作用，唯有向敌方情报部门隐真示假，并尽可能久地维持这种假象。第二次世界大战中的欺骗行动上至掩盖重大战略行动，下至伪装保护军事基地、机场和补给站以免遭空中侦察之类小得多的计划，不一而足。尽管所有战场上的双方都会不时有一些欺敌行动，但战争中将其制度化的只有两个国家，英国和苏联。轴心国只进行过两次主要的战略欺骗，分别是 1941 年 6 月对苏联的突袭，以及同年 12 月日军向珍珠港和东南亚的进攻。两者都算不上太突然。尽管德国花了很大力气保密,但"巴巴罗萨行动"在1941年6月时还是已被苏联人得知,这要归功于苏联广泛的间谍网,只是由于斯大林顽固拒绝面对现实,才让德军得以实现突袭。为了隐蔽,日军在珍珠港作战中,海军袭击舰队在接近夏威夷时进行了几乎彻底的无线电静默,但他们没有提前专门采取任何欺骗美军的措施。这两次其实都是苏联和美国的领导层自己欺骗了自己。

英国人的欺骗行动在其作战中运用得如此广泛,以至于他们战后还专门写了一本这方面的官方战史。[168] 随着战争的进行,欺敌从一开始的小规模使用发展成为宏大的战略目标。最初的欺骗主要是在面对德军可能的空中轰炸时采取的防御性措施,后来在1940年夏又要对付德军入侵的威胁。早在1936年,英军参谋长会议就成立了一个伪装顾问委员会,主要就如何保护重要而且易受攻击的目标免遭敌人轰炸而提出建议。1939年战争爆发后新成立的国内安全部又组建了民防伪装组织,它接管了伪装顾问委员会的职责。[169] 那些伪装专家中有许多是从艺术、建筑、电影和戏剧界召集来的,他们会花上整天整天的时间来遮蔽重要的军工厂,或是尝试把铁路刷成绿色,好让它们在乡间不要太醒目。皇家空军也成立了自己的欺敌单位,以空军部工程处处长约翰·特纳上校为首,负责组织建设假机场,以引诱德军飞机前来攻击而放过真机场;他们建成了超过100座假机场,还有假飞机和假机库,它们吸引的空袭次数是真机场的两倍。[170] 曾在1940年成立的跨军种伪装培训班里受训的电影制作人杰弗里·德·巴卡斯于1940年下半年被派去管理北非战场上一个小型伪装单位,正是在这里,在韦弗尔将军的领导下,英军的欺敌单位作为一个正式作战部门首次成立。

韦弗尔曾目睹了第一次世界大战的巴勒斯坦战役中欺骗土耳其人取得的成功,他确信这是一种力量倍增器:"我始终相信要尽一切可能去扰乱和误导你的对手。"[171]1940 年 12 月，他成功说服原本就相信欺骗价值的丘吉尔，授权他在中东司令部辖下成立一支后来被称为"A 部队"的新单位，负责形形色色的欺骗行动，并任命有趣的达德利·克拉克中校担任主任。克拉克的信条是用尽办法来误导敌人，以作为对作战的支援，但他的主要手段是特工行动、无线电假消息和巴卡斯的伪装单位。其成果起初并不理想，但丘吉尔还是热情满满，他把前陆军大臣奥利弗·斯坦利找来担任伦敦中心的名义首脑，协调欺骗行动。1942 年 5 月，在韦弗尔提交了一份措辞强烈，力陈欺骗行动诸多好处的报告之后，参谋长会议终于同意成立一个正式部门来负责此事。现在所谓伦敦管控处的首脑由斯坦利换成了约翰·贝文中校，这是负责计划、监督和协调英国全球欺骗行动的中央组织。他的任务是找到欺骗手段"让敌人浪费其军事资源"。美国军队尽管对欺骗一事疑虑重重，但还是同意建立一个联络机构，联合安全控制处（JSC，起初只有两名军官），来为美国陆军和海军执行同样的任务。[172]这些部门最初的行动大部分集中于找到在沙漠战役中击败轴心国的方法。那里荒芜的地貌让伪装尤其困难，但是保护盟军部队免遭打击以及迷惑敌人却是至关重要的。他们给港口设施和跑道刷上了大量暗褐色油漆；通过巧妙使用油漆和阴影，机场被伪装成了居民区；就地取材的"遮阳板"被设计出来，好让坦克从空中看起来像是一辆卡车——更困难的是把卡车伪装成坦克，但他们还是用当地出产的荆条做到了这一点。这些隐蔽盟军部队以使其免遭敌人侦察的技巧如此成功，以至于巴卡斯把他的工作写成了训练手册《战场隐蔽》，作为作战要求被采纳，印刷了超过 4 万册。[173]

欺骗行动成功与否总是很难衡量，而且盟军方面不知道的是，隆美尔已能够获得开罗美国大使馆武官发出的电报，以及知晓沙漠空军和第 8 集团军之间的无线电联络，这让他得以完整了解对手的意图和排兵布阵。英军的欺骗行动直到1942年秋季准备第二次阿拉曼战役时才开始发挥作用，此时隆美尔已经失去了上述两项情报来源。这绝对是地中海战场上最为精心的欺骗行动。盟军认为，如果要把此前不可战胜的隆美尔及其意大利盟友拒于开罗和苏伊士运河之外，那这种欺骗行动就绝对是必不可少的。欺敌计划代号"伯特伦行动"，由六个彼此独立的部分组成，全都是为了让敌人相信盟军的主要进攻将落在战线南段，事实则是盟军将在北段用装甲部队发动大规模进攻。伪装是成功的关键。在北段，大批燃油、食品和弹药被巧妙地伪装成卡车停车场；而在南段则建立了假的物资堆栈，从空中看起来和真的一样。真正的卡车和坦克先是停在南段，之后趁夜北上，保持彻底的无线电静默，并在原来的位置放上假的卡车和坦克。在北段，360门大炮被伪装成卡车的样子。英军最终制造了总共8 400假的车辆、火炮和堆栈以让敌人确信蒙哥马利的作战计划是要在南段进攻。达德利·克拉克还组织了25个假电台，进一步强化了德军和意军通过空中侦察获得的"盟军大部分力量集中在南段"的印象。[174]和所有欺骗行动一样，如此大规模和复杂的计划很容易出错，但隆美尔还是上了钩，把他的装甲部队集中在了错误的地方。尽管盟军拥有压倒性的空中优势和多得多的坦克和车辆，但接下来的战斗仍然只是险胜。这一次，盟军微弱的优势是欺骗行动带来的。被俘的德军和意军指挥官供认，他们预计主攻将在南翼，而且直到战斗打响几天后还一直这么认为，此时已为时过晚，战局已难以挽回。

"伯特伦行动"的成功或许很好地解释了英美展开更大范围战略欺骗的决定。1943年夏，作为1944年进攻法国的远期准备工作的一部分，英军参谋长会议批准了一项"掩护和伪装"计划，代号"帽徽行动"，目标是让德国军队相信盟军计划在1943年夏末跨海峡进攻，以此牵制西线德军，帮助在意大利作战的盟军和东线的苏军。美军指挥官对这一计划很热心。但是德军方面看穿了盟军用双面间谍提供虚假预警的拙劣把戏，而且对代号"星号键行动"的有限海空行动无动于衷，该行动旨在模拟为突击登陆所做的各种准备。[175] 在此次和许多其他失败的欺骗行动中，正是由于没有需要掩盖的真实作战，掩护计划的可信度才大打折扣。伦敦管控处的"帽徽行动"的彻底失败本来有可能终结在1944年对敌欺骗的任何前景。另一次代号"雅亿行动"的欺骗行动甚至幻想要让德国人以为地中海将会是英美军在1944年的主要战略区域，与其配合的没有任何地面进攻，只有空中轰炸。美军指挥官正确地意识到这一计划完全不可信，于是取消了"雅亿行动"。[176] 然而盟军还是在1943年7月为计划一年后发动的真正的进攻制订了进一步计划，"激流行动"，以让德军搞不清盟军的真实意图：主攻将指向诺曼底，在加来海峡以少量师进行有限的牵制性佯攻，以防德军对遭受主攻的地域进行增援。这一计划也很快被放弃，因为计划中的佯攻被认为太弱小，无法牵制德军足够长的时间，作用不大。[177]

多亏了丘吉尔，欺骗行动才在盟军的进攻战略中保留了一席之地，他在敲定了诺曼底登陆事宜的德黑兰会议之后再次认为，登陆的成功要依靠误导敌人，令其部队远离法国北部，这一主张体现了他本人对于两栖作战能否成功的怀疑。贝文和伦敦管控处受命执行一项新的欺骗行动，"保镖行动"，力争让德军相信1944年的主要作战将指向巴尔干、意大利北部和斯堪的纳维亚；对法国的进攻最早也要推迟到1944年下半年。但是和"激流行动""帽徽行动"一样，"保镖行动"也基本没能达到目的。到1943年下半年，德国最高指挥层，包括希特勒本人，已经意识到部队在英伦三岛大规模集结正是为了在次年春夏的某个时间点登陆法国。德国也未忽视挪威或巴尔干遭到攻击的可能性，因此这些地方也保留了强大的部队，但德军始终认为进攻这两地并非盟军的首要意图。

诺曼底登陆的欺敌计划最终依赖的还是在地中海战区有过真实欺敌经验的人物。达德利·克拉克的副手诺埃尔·怀尔德于1943年12月被调往伦敦，在新任命的最高指挥官艾森豪威尔将军的司令部里负责欺骗行动。蒙哥马利被任命为第21集团军群司令，负责登陆，这最终扭转了欺骗行动的处境。艾森豪威尔和蒙哥马利二人都愿意进行欺骗行动，并都从中获益过。配合第21集团军群欺骗行动的有一个"特别手段科"，被称为"R"小组，由戴维·斯特兰奇维斯中校领导，他和怀尔德共同制订了一份真正的欺骗行动计划，代号"南部坚忍行动"。原有的"保镖行动"被作为"北部坚忍行动"继续推进，仍在遵照1943年提出的想法，力求让对方相信挪威和瑞典铁矿区仍然有可能被盟军进攻，但是和此前的计划一样，这对于德军的计划并无什么影响，因为挪威已经有了强大的德军，不大可能继续加以增援。

"南部坚忍行动"是中心环节，目的是让德国军政领导人相信诺曼底登陆只是更大规模登陆的前奏，主力将渡过英吉利海峡最窄处，进攻加来海岸。和阿拉曼的"伯特伦行动"一样，此举的目标也是要在一个地区模拟出一个主要威胁，从而掩盖在另一个地区的真正威胁的规模和时间安排。他们在英格兰东南部建立了一个虚假的"美军第1集团军群"，配备了一个真的指挥官——巴顿将军——并配备了虚假的无线电通信和假装备。英格兰东部那成排的假坦克和假大炮充分吸收了沙漠作战时的经验，只是那些假登陆艇被证明太过脆弱，很容易搁浅或损坏（不过从未被次数不多的德军空中侦察发现）。和在阿拉曼一样，盟军可以在英格兰东南部布置一些真实的部队，直至他们被调往英格兰西南部参加登陆。但这次欺骗行动还有个最大的好处，那就是部队调走后，真实的预备队又可以填补他们的位置，与那些只存在于表面上的师级单位继续欺敌。这次欺骗行动的筹划周密到了最细枝末节之处，而且保持了最严格的保密状态。

双面间谍也强化了德军通过信号情报和空中侦察得出的认识。1942 年，英国国内安全部门军情五处破获了在英国的几乎所有德国间谍，并把其中许多人策反为替盟军工作的特工。在"南部坚忍行动"中，盟军代号"嘉宝"（西班牙间谍胡安·普约尔·加西亚）的特工虚构了一张间谍网，并向德国反情报部门提供虚构的高级别情报。1944 年 1—6 月，他向德国上线发出了 500 条消息来让后者认定盟军在英格兰东南部和苏格兰集结兵力，以及登陆将在当年更晚些时候到来，但这一点不如前者那么成功。这个故事中更值得一提的方面是，在欧洲沦陷区的盟军间谍频频被抓的背景下，德国情报部门多年来居然相信他们的英国同行无法跟踪和消灭德国人自己的间谍。特工的信息要传达到作战指挥官那里也不是那么容易，但是战后人们发现，国防军最高统帅部记录在案的关于英国的 208 条报告中，有 188 条都是为盟军服务的双面间谍提供的。[178] 德国军事情报部门面临的问题是，随着登陆日益临近，他们该如何运用手中的大量情报资料。德国陆军的情报部门，西线外军处，在关于英国集结的兵力规模方面被完全误导了。由于"美军第 1 集团军群"的欺骗行动，德军将盟军部队的实力高估了 50%，误以为盟军可能至少计划了两场相互独立的作战，一场在诺曼底，但更大的一场则指向加来海岸。两个地方都是有可能的，这就是为什么希特勒和他的将领们如此难以确定哪边是佯攻，哪边是主攻，尽管 4 月的评估更倾向于认为诺曼底或者布列塔尼是主攻方向。但是到了 5 月中旬，关于"美军第 1 集团军群"的情报越来越多，这转而预示着登陆更可能从英格兰东南部发起，诺曼底会先进攻，但这是辅助性攻势。"超级机密"和"魔

第五章　打一场战争　　619

术"破译的情报令实施欺骗的一方得以判断自己的计谋是否奏效。到5月下旬，很显然，自希特勒以下，众人都将加来海岸视为真正需要认真对待的威胁所在。6月1日，破译的一份日本驻德国大使大岛浩根据近期与希特勒的谈话内容发给东京的电报证实，希特勒预计诺曼底会遭到牵制性进攻，之后盟军会"跨过多佛尔海峡全力以赴开辟第二战场"。[179]

尽管德军情报部门已经意识到双面间谍们努力传达的"推迟到当年晚些时候"的信息只不过是"蓄意掩盖敌人的意图"，但登陆的时间仍然是个谜。[180]他们对真实日期一无所知。从4月到6月，防守海岸的德军部队已经收到了10次最高警戒，已经对这种"狼来了"式的警报熟视无睹。6月5日，就在庞大的登陆舰队开到海岸前几个小时，一份提交给西线德军总司令冯·伦德施泰特的总结报告给出的结论是，即将到来的登陆"似乎还没有迹象"。[181]然而，"南部坚忍行动"的关键要素就在于以虚构的美国集团军群维持"第二次登陆将在诺曼底之后某个时间到来"的假象。对后续登陆的担心没有阻止隆美尔迅速将装甲师调往诺曼底，但德军高层不愿冒让法国东北部门户大开的风险。持续的无线电欺骗，加上双面间谍提供的似乎更可信的进一步消息，让德军指挥官更加相信关于"美军第1集团军群"的消息。大量情报信息（并非都来自双面间谍）显示，美军第1集团军群正在等待诺曼底的战斗吸引走德军预备队，再向法国东北部海岸发动第二次作战。考虑到手头的情报，这种情况是完全可能的，但它意味着约22个德军师在加来海岸一直待到7月，那时德军指挥官最终判定，诺曼底前线的成功促使盟军改变了主意，将美军第1集团军群投入了现有的作战中，而没有发动第二次战役——直到最后，他们都对那个虚假的集团军群信以为真。希特勒直到8月才最终命令加来海岸的部队参加诺曼底的战斗，但为时已晚。[182]尽管盟军面临的所有风险都可能把事情搞砸，但欺骗行动最终还是被证明成功了，因为它让敌人深信了一个似乎完全合理的战略筹划。由此，西线战事中最精心的一次欺骗行动通过诱敌分兵而"倍增"了盟军的力量。其结果是降低了这场战役原本代价很高的风险，而这场战役又是西线盟军输不起的。

当"南部坚忍行动"在西线展开之时，苏军也在东线向白俄罗斯的德国中央集团军群发动了另一场大规模欺骗行动。这场欺骗行动的规模与"霸王行动"那次不相上下，结果导致德军的苏联战线遭到毁灭性打击。和"坚忍行动"一样，为1944年6月22—23日发动的"巴格拉季昂行动"而设计的欺骗计划，也代表着苏军在学习掌握战略级和战役级欺骗的漫长过程中取得的成果。苏联的军事理论在20世纪20年代就意识到了欺瞒和突然性的核心重要性。苏联红军的一系列野战守则也强调了保密带来的优势："突然性对敌人具有震撼性效果。"其目标始终是通过隐蔽部队的集结而向敌人隐瞒意图，随后发动出乎意料的突袭，据后来战时野战守则的说法："让敌人手足无措，摧毁他们的意志，剥夺他们进行有组织抵抗的机会。"[183]因此，苏军在1941年6月被打了个措手不及，还一度丧失了有组织抵抗的能力，这也是件具有讽刺意味的事情。1941年9月，苏联最高统帅部要求在战略、战役、战术这三个层级上都进行欺瞒，于是这一做法便融入了后来几乎全部140次前线战役中。伪装成了苏联士兵的第二天性，他们也学会了战术层面上的隐蔽和埋伏。但更大范围的战役级欺骗要依赖部队小心翼翼的夜间运动，严格保密，绝对的无线电静默（考虑到无线电一开始严重不足，这倒也不难做到），以及对意料之外地形的利用。当1941年末德军被阻于莫斯科城下时，其情报部门对苏军整整三个集团军的出现完全没有察觉。到1942年，每个战役司令部都有一名专职的欺敌参谋，负责欺瞒行动与战役计划的协调，以期这些隐蔽措施帮助苏联红军在节节进逼的德军面前保持战线稳定。

这些改革的成功在1942年11月旨在切断斯大林格勒的德军后路的"天王星行动"、8个月后的库尔斯克战役，以及1944年夏季德国中央集团军群令人震惊的惨败之中显露无余。"天王星行动"若要成功，尽可能地隐蔽是至关重要的。苏军要对轴心国部队过度拉长的侧翼发动反攻，但前往阵地的指挥官、参谋和部队都未被告知为何来此。斯大林坚持要求所有指示都口头传达，不允许有地图或文字文件。严厉的惩罚措施加强了无线电安全，士兵们也接到命令，不能像他们习惯的那样向凌空的敌机射击。[184]在德军通往斯大林格勒的通道的南北两侧，30万人、1 000辆坦克、5 000门火炮和迫击炮悄无声息地各就各位。防守着通道大部分地段的轴心国军，包括匈牙利、意大利和罗马尼亚军队虽觉察到了一些异动，但德军情报部门"东线外军处"的首脑赖因哈德·格伦将军向他们保证说那里不会有大规模进攻。德国陆军参谋长库尔特·蔡茨勒将军也得出结论，称苏军显然没有任何预备队了，这使得红军无法发动"大规模攻势"。就在"天王星行动"打响前一天的1942年11月18日，格伦发给各个受威胁集团军的报告仍然很不明确。[185]接下来的苏军行动成功地把突然性发挥到了极致，当轴心国军回过神来时，却为时已晚。斯大林格勒的德军被切断，救援他们的努力也半途而废。

为了1943年7月的库尔斯克战役，苏军在欺瞒上使出了浑身解数。为了防守突出部周围地区，苏军用尽了办法来迷惑德军的空中侦察，制造了数不清的虚假的炮兵阵地、坦克集结地和指挥中心，同时对所有的真东西进行了复杂的伪装，包括交战区域的雷场，有时候德军装甲部队直到第一辆坦克触雷爆炸才知道雷场的存在。假的无线电通信让德军误判了苏军的实力和布阵，而严格的无线电通信纪律则隐蔽了苏军真实的规模和位置。假机场的建设也很成功，在战役发起前德国空军向苏联空军基地发动的25次空袭中，只有3次炸的是真正的目标。[186]然而，此次欺骗行动的关键因素是在库尔斯克突出部后方集结的大批预备队，这些部队被伪装成防御力量的一部分，但实际上他们准备等到德军部队在防御地带遭到挫败后发动大规模反击。这里苏军也受命进行了复杂的隐蔽工作，以掩盖其真实实力，让敌人误以为他们只是规模有限的预备队，为的只是增援突出部内的守军。德军情报部门完全没有预料到苏军在北线向奥廖尔、南线向别尔哥罗德和哈尔科夫发动的突然反击。精心的欺骗又一次被用来启动新一轮进攻时掩盖前往出发阵地的移动，而南方的大规模佯攻则成功牵制了德军的装甲预备队。1943年8月展开的全线进攻也证明突袭获得了成功，这一轮进攻最终于11月将苏联中部战线上的德军一路击退到了第聂伯河。

1944年6月"巴格拉季昂行动"的欺骗就建立在这所有的经验之上。1944年苏联红军的野战守则提出，伪装和欺骗"是每一次行动和战役不可或缺的作战支援形式"，是苏联战争艺术的内在要素。知道此次作战全部情况的只有5个人——朱可夫、华西列夫斯基和其他3个人——他们在电话、信件和电报中都被严禁提及"巴格拉季昂行动"。在战略层面上，德军方面看到的种种迹象都表明大规模进攻战役将发生在南方的巴尔干轴心国和北方的波罗的海沿岸。德军情报部门已经判断夏季战役的主要压力将落在南线，因此很容易受到欺骗。中央集团军群横跨白俄罗斯，这里才是苏军计划发起主攻的地方，但其指挥官被陆军情报部门告知这里不会受到进攻。[187]欺骗行动还需要向白俄罗斯前线秘密部署9个集团军和11个军的坦克、其他装甲车辆和骑兵，并隐蔽1万门大炮、30万吨燃油和50万罐口粮。在南方，苏军建造了假的大炮、坦克和机场，并用真的防空火力和战斗机巡逻进行保护，以增加欺骗的真实性。保密是个艰巨的任务。前线被要求维持"正常"表现，像平日一样开火，保持例行的无线电通信。所有开进来的新部队都必须完全保持无线电静默，只能在夜间运动，不被允许参加侦察行动（以免被俘），也都不知道作战计划（以防有人叛逃）。工兵们设法隐蔽了在普里皮亚季沼泽北面湿地中建造的木堤道，就像古德里安的坦克部队在法国战役中突然冲出阿登森林一样，苏联装甲部队也将出人意料地涌出这些堤道，冲向目瞪口呆的德国守军。[188] 尽管当地德军指挥官试图指出，自己对面这些都是大规模进攻的准备，但陆军高层认为这只是佯攻，因此中央集团军群所需要的额外资源也不会到来。6月22—23日夜间，进攻开始，几个星期内，白俄罗斯的德军就被消灭殆尽，苏联红军一路打到了维斯瓦河岸边，华沙已遥遥在望，这是德军在战争中最大的惨败之一。

苏军作战中的欺骗行动并不能确保胜利，胜利还有赖于一连几个星期的残酷战斗，但在与德军的所有主要作战中，欺骗行动都达到了蒙蔽敌人的目标，足以让地面和空中部队的任务变得容易得多。如果说其价值还需要证明，那么苏联在战争中的最后一次进攻战役，也即对中国东北的日本关东军发起的进攻就能提供证据。当时日军还没有成为过大规模欺骗行动的目标。美军指挥官对于作为一项战略要素的欺骗行动并不感兴趣，他们认为日军在1941年12月进行的欺骗行动是下三烂的招数。美军的联合安全控制处（成立这个部门是为了与欧洲的英国伦敦管控处相配）很难说服太平洋战场上的指挥官们认真对待欺骗一事。1943年下半年，联合安全控制处的军官们要奉命为美军的作战计划工作编写一份欺敌手册，但前线指挥官很敌视他们的工作。仅有的几次欺骗行动——"婚姻行动""丈夫行动""婴儿行动""情人行动""蓝鸟行动"——都没什么效果，主要是由于日军情报部门压根儿没能发现这些子虚乌有的作战行动，更不用说做出什么反应了。日本军队在1944年对北千岛群岛、1945年对中国台湾的增援几乎肯定是在日本军方看来必不可少的先发制人之举，而非欺骗行动"婚姻行动"（佯装从阿留申群岛发动进攻）和"蓝鸟行动"（佯装在中国台湾和华南海岸登陆）的直接结果。[189]英国人想要利用在印度抓获的日本间谍充当双面间谍的努力也失败了，因为这些特工与日本情报部门的联系并不稳定，而且无从知晓是否有什么假情报对日本的行动造成了影响。[190]

与之相反，对中国东北的进攻却是苏式欺瞒的典范：日军发现了苏军在向东调动，但并未了解其规模。苏军只在夜间靠铁路来移动，接近中国东北的铁路线也用临时修建的隧道遮挡起来，以隐蔽下方行驶的列车。一旦就位，苏军部队就会使出全套伪装和隐蔽技术。日本关东军将苏军的实力低估了约一半，也没能预料到进攻的方向（日军认为装甲部队无法通过当地地形，但苏联红军克服了这一问题）和时间。尽管苏军很明显想要进攻，但评估报告认为苏联红军要到秋末，甚至到1946年春才能做好准备。进攻的到来让日军措手不及，苏军的迅速部署和渗透也让日军陷入了混乱。苏军只用了15天就打完了原计划持续30天的战役，消灭了日军最大的重兵集团，也就是从14年前的1931年起就虎视眈眈的、号称百万之众的日本关东军。[191]

可以肯定地说，精心计划和协调的欺骗行动在盟军的胜利中扮演了重要角色，否则战争会拖得更久，损失也会更大。在阿拉曼、斯大林格勒和库尔斯克，在进攻诺曼底、白俄罗斯和中国东北之时，欺骗毫无疑问被证明是力量倍增器，即便还有其他因素对胜利同样至关重要。在英国和苏联，接二连三的惨败使它们迫不及待想要找到夺回优势的途径，而欺骗正是其中一条道路。它之所以能发挥作用，也是由于盟军情报部门拥有的优势，以及德日两国在情报评估方面的缺陷。尽管如此，情报和欺骗在决定战斗结果方面的贡献大小，仍然比装甲兵和空军、无线电和雷达以及两栖作战更值得历史学家们去辩论。

胜与败：战时学习曲线

"学习曲线"这个词正诞生于战云密布之时，它于1936年首创，在战争中被用来评估美国造船工业的产能发展。尽管它的本意是衡量管理者和工人通过学习来降低每单位产出所耗工时的速率，但它似乎也特别适合形容军队在战争中提升战斗力的途径。这一理论认为有两种学习：组织学习和个人学习。管理者的学习很重要，因为管理者能够进行技术创新，并且观察各项指标以找出哪里需要优化；个人劳动者则要适应不熟悉的环境和设备，并学着掌握它们。[192] 这恰恰正是军队在战争中要做的，尽管并不总是一帆风顺，效果也不一定很理想。军队管理者要评估缺陷，调整战术，并促进技术和组织创新，而普通士兵、水手和飞行人员则要通过训练才能变得更加专业，以及在必要的技术支持下提高战斗效率。在评判战争的输赢双方时，学习和适应能力是个关键。

然而，"学习曲线"指的是评估结果、确定纠正措施、训练队伍所需的时间。对盟军来说，在最初的灾难之后，关键在于要有足够的时间来找出扭转命运所需的东西。尽管所有三个主要盟国在初期都遭受了一连串失败，但轴心国的军队始终未能像德军于1940年在法国所做的那样一开始就决定性地击败敌人。德国和意大利无法入侵英伦三岛，在北非也被顶住；日本无法登陆美国或英国；苏联则被证明在地理上过于辽阔，无法一口吞掉。轴心国全都得到了空间但失去了时间，而且正是这些空间在 1942 年拖慢了它们的推进并让它们停了下来。攻打日本、德国或意大利的本土对于 1942 年的盟军而言还遥不可及，但他们现在有了时间和全球资源来探索如何重组和提升他们的军事能力，这样他们便可在战争的最后两年里攻击敌国本土。他们的军事机构成了组织理论学家特伦特·霍恩所形容的"复杂适应系统"，从而得以走完这条学习曲线。[193]

同样至关重要的是，盟军一方明白自己是多么需要学习和变革，而且他们能发展出一套与此相关的制度化机制。苏联在 1941 年灾难性地损失了大量装备和常备军后，评估和学习的过程就成了它生存的核心。1942 年，苏军总参谋部开始进行广泛评估，了解哪里出了错，哪些需要学习，他们从德军的做法中获益尤其多。随后便是通信和情报收集的长足进步，同时进行的还有装甲部队、步兵师和空军在战役和战术层面上的激进改组。[194] 这种变革的影响十分深远，德军指挥官从自身的损失上就能觉察出来。英国的军事和海上能力也随着实质性的组织改革而逐渐提升，发展出了一支基本机械化的陆军、一支卓有成效的战术空军（这在 1940 年实际上还是零），在迪耶普灾难后还发展出了大规模两栖作战的能力。推动改革的常常是专门学习这些教训的各个委员会——敦刻尔克战役之后的巴塞洛缪委员会，关于空地协同的伍德尔报告，关于通信的戈德温-奥斯丁委员会——但更大的推动力则是一长串丢脸的失败，这种情况直到阿拉曼首次胜利甚至其之后才有所改变。[195] 不仅如此，尽管英军地面部队仍然要依靠猛烈而精确的炮兵火力，以及无处不在的空中支援，但他们在战术上变得更熟练，也不再像战争头几年那样受制于自上而下的指挥结构。蒙哥马利在 1942 年 12 月撰写并下发的《高级军官战斗组织简则》中，赋予了下级指挥官大得多的自主权，让他们运用自己的判断力来完成某项任务，这比今天大部分英国陆军做法的批评者所认为的更加接近德军著名的"Auftragstaktik"（任务式战术）理念。[196]

美国军队别无可为，唯有开始学习。美国陆军和陆军航空兵规模小，技术落后，情报不足，把这支匆忙组建的大部分是新兵的军队转变为专业的军事组织，是一项令人生畏的任务。美国海军的规模更大，资源也更丰富，但仍然有许多要去学。瓜达尔卡纳尔岛和北非的首轮战役暴露了数不清的缺陷，这促使他们立即开始重新评估还需要些什么。在突尼斯卡塞林山口近乎灾难性的惨败后，陆军地面部队司令莱斯利·麦克奈尔中将呼吁建立一支"基于训练"的军队，一支持续学习的军队。在战场上，美军非常重视收集和分享关于敌人战术的信息，找出应对之道。战斗情报中心从过去的战斗经验中汇总信息，再把情报分析和建议发给正在面对和即将面对敌人的部队。在太平洋战场上（在欧洲战场也一样），僵硬执行上级指示的习惯逐渐转变成了允许基层部队军官充分自主决定如何应对日本守军的战术。[197]在欧洲，集中化的指挥和控制并不总是能够实现，面对这种情况，1944年6月位于意大利的第5集团军第2军收到的指示是："指挥官必须依靠自己的责任心、主动性和判断力采取行动。无所作为是不可原谅的。"[198]美国和英国作战部队的转型十分复杂，他们建立了机械化陆军，实现了有效的通信，情报工作更加出色，极大地改进了两栖作战条令和措施，还有了进攻性的战术空军——每一项都是学习曲线上的一个关键台阶。

轴心国军队也在学习，也在增加军事资源的投入，并仔细观察自己的敌人。但是初期胜利的光环让他们不再努力寻求更多的转型变革。在战争（以及战后）的大部分时间里，德军指挥官一直认为自己在所有战线上面对的敌军的水平都很差。1942年，非洲军团在阿拉曼近乎完败之前几个星期，还说他们的敌人"缓慢而笨拙，缺乏主动性和战术计划"。[199]在东线，苏军初期的失败让德国人形成了关于对手的思维定式。1941 年秋，赫尔曼·盖尔将军写道："每个德国士兵都有权觉得自己优于苏联人。"[200] 当这一观点开始改变时，为时已晚。装甲兵和空军的联合作战在德国军队中表现良好，直至斯大林格勒战役，自那之后便停滞不前；德军的无线电和雷达在战争初期领先于盟军，但这种领先地位到 1943 年便不复存在；德军的潜艇战和第一次世界大战时一样，以彻底失败而告终；1940 年在法国或发动"巴巴罗萨行动"时靠出其不意的突然袭击取得的成功此后从未再现过。日本军队也是一样。面对着装备低劣的中国军队，日军高层没有什么改革的压力；两栖战让日军在 1941—1942 年取得了胜利，但这一战法在太平洋防御圈建成后便逐渐消失；最后，盟军在 1942 年初的投降让这支认为应当宁死不降的军队对敌人产生了彻底的蔑视。

与此相反，盟军对各种力量倍增器的运用反映了他们在战争初期军事效能的缺陷，以及调整的必要性。这一过程并不顺利，错误、浪费和技术限制层出不穷，但这仍然足以确保胜利。一直以来都有一个观点，认为轴心国军队只是被盟军巨大的军事资源拖垮的，而他们的军事效能，这主要是指德军，仍显著优于他们面对的任何盟国军队。[201] 但是资源优势的意义并不大——苏联红军就发现，自己于 1941 年时在坦克和飞机数量上的巨大优势被轻易一扫而空——除非它们能经由更好的条令、组织、训练和情报而得到利用。盟军需要在所有这些领域加以改进才能凸显他们的资源优势。战斗才是真正的考验，在太平洋、北非、意大利、法国，以及辽阔的东线，轴心国军队被一路艰难学习而来的盟军最终战胜。根据理论，工业上的"学习曲线"会在末段趋于平缓，因为管理者和工人已经成功充分利用了所学的东西。盟军在 1945 年的胜利正是他们学习曲线的平缓末段。

二战新史

THE GREAT IMPERIAL WAR
1931—1945

RICHARD OVERY
[英] 理查德·奥弗里 著
谭星 译

鲜血与废墟中的世界

下册 Vol. 2

1931—1945

BLOOD AND RUINS

中信出版集团 | 北京

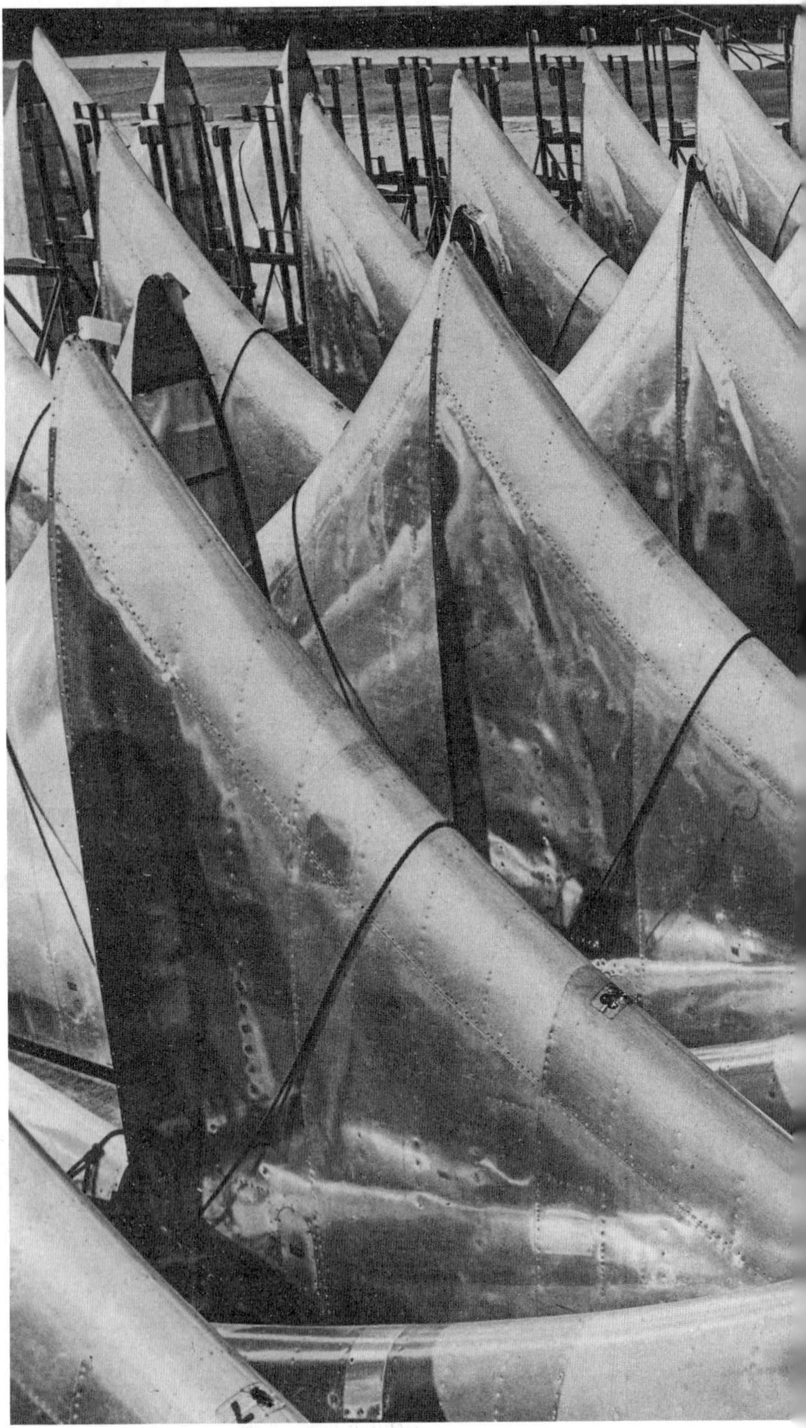

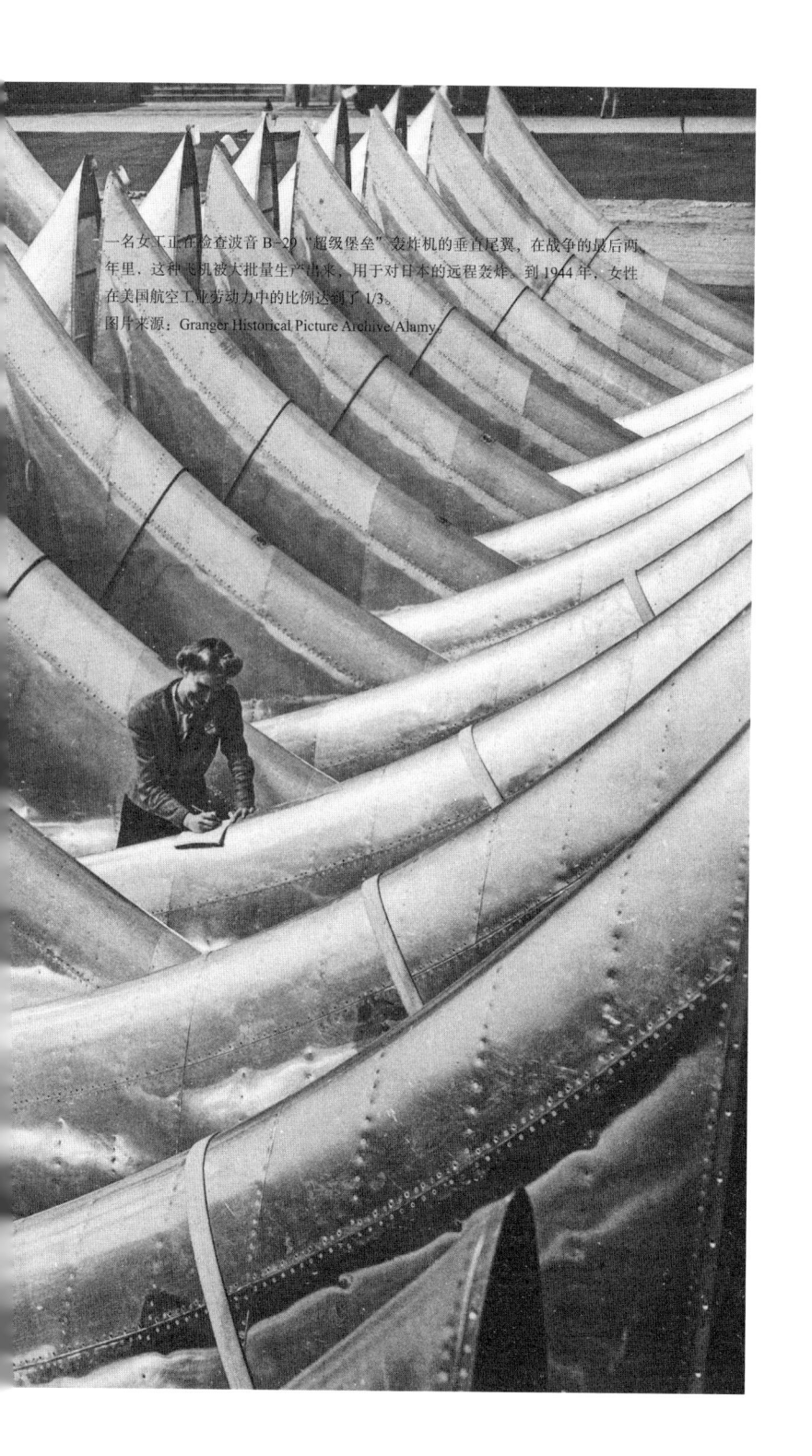

一名女工正在检查波音 B-29 "超级堡垒"轰炸机的垂直尾翼。在战争的最后两年里,这种飞机被大批量生产出来,用于对日本的远程轰炸。到 1944 年,女性在美国航空工业劳动力中的比例达到了 1/3。
图片来源:Granger Historical Picture Archive/Alamy。

第六章
战争经济

美国人在解决生产问题上的工业天赋是全世界都无可比拟的，这种天赋已经被唤醒，它的资源和天赋现在要用起来了。那些手表、农具、莱诺铸排机、点钞机、汽车、缝纫机、割草机和火车头的制造商现在正在生产引信、炸弹架、望远镜架、炮弹、手枪和坦克。

——富兰克林·罗斯福，"炉边谈话"，1940年12月29日[1]

因此，我们必须提升武器和装备的生产效率，要做到：(1)为了让现代主流的规模化生产成为可能，通过对我们武器和装备制造细节的纠正，以此实现我们生产方式的简便化。……

——阿道夫·希特勒，《效率法令》，1941年12月3日[2]

在美国，武器和军事装备的规模化生产是理所当然的。罗斯福总统在1940年5月启动了美军航空兵的重新武装进程，要求每年制造5万架飞机。[3]后来他又插手坦克的生产计划，要求每年生产2.5

万辆。当时有人怀疑这些目标是否能够实现,但罗斯福在1940年12月"炉边谈话"里提到的"美国人……的工业天赋"满足了重新武装和战争的需要。到1943年,仅仅美国的产量就超过了所有敌国的总和。多位军事专家警告过希特勒不要低估美国生产军用品的能力,但这并未能阻止他对美宣战。就在日本袭击珍珠港之前几天,希特勒的总部发布了一份他亲自签发的法案,要求德国军工业采取简化和标准化计划,这样让德国也能进行规模化生产。

希特勒通常并不以战略判断力见长,但他在战争初期就认识到,以能实现的最大规模进行军工生产是赢取胜利的先决条件,事实已经证明了这一点。在1941年12月《效率法令》发布之前几个月,他曾试图以最高统帅的身份插手,让工业界和军方联手寻找利用德国的丰富资源将产能最大化的途径。1941年5月,他和军需部长弗里茨·托特,以及军队各部室首脑举行了一场关于战争经济的会议,格奥尔格·托马斯将军在会上勾勒出了他对于让战争经济更高效的想法。他批评军方过于复杂的技术要求让工业界不堪重负,要求进行"更简单、更耐用的设计",以及"推动简易的规模化生产"。[4] 会后发布的一份指示,要求三大军种减少武器的型号数量和复杂性,随后在夏秋季节发布的几项进一步指示则聚焦于让武器研制适应现代生产方式,直至12月发布的《效率法令》最终阐明了希特勒的期望。1945年,阿尔伯特·施佩尔的副手卡尔-奥托·索尔向审讯他的人回忆道:"重要的是,在德国,这些合理化措施要到希特勒1941年12月3日的《效率法令》发布之后,才为实现各种实用目标而真正实行,而要把它从理论转化为实践,也需要他的干预。"[5] 然而,《效率法令》还不是故事的终章。两年后,德国航空发动机生产的负责人威廉·维尔纳抱怨说,生产仍然"有明显的手工业特点",要求"依照美国的模式"进行流水线生产。[6] 这两种生产文化之间的鸿沟被证明很难跨越,也是影响战争最后结果的一项主要因素。

武器的规模化生产

　　战争期间各大参战国的军工产量空前绝后。然而，尽管产出的规模很大，但只有一部分武器、车辆和舰船是以传统意义上的规模化生产方式制造的。规模化生产离不开"福特主义"，它源于20世纪头几十年里由美国汽车工业（尤其是亨利·福特）引领的制造技术革命。各国对福特主义的理解各不相同：在美国，它是一种将便宜、标准化消费品的产量最大化的手段，它对物资和零部件进行合理化控制，输送到生产线上，在那里，组装工作被分解成了多个易学而且重复的操作环节；在苏联，年轻的共产党政权接纳了福特主义，不仅因为它是苏联现代化的象征，也是由于合理的规模化生产能为新掌权的无产阶级提供廉价的商品。只有德国对福特主义的态度充满了矛盾。尽管仰慕福特生产模式的人在20世纪20年代就在一部分行业里采用了规模化生产的形式，但是1929年后的经济崩溃促使德国人开始抵触美国的生产模式，转而选择德国人看重的专业化生产和高质量工艺，这两个因素都有利于发展出复杂而技术先进的武器生产部门。生产文化上的这些差异就体现在了第二次世界大战中。美国"谢尔曼"和苏联T-34坦克的大批量生产和德国"虎式""黑豹"坦克相对较低的产量就体现了这种差异，两种德国坦克在性能上都远超盟军那些批量生产的装甲武器，但数量则完全不够用。

　　人们所理解的规模化生产是战间期用在标准耐用消费品上的那种生产模式，它在用于现代武器生产时其实有着明显的局限性。在第一次世界大战时，军用装备的批量产出已成为至关重要的事，现代工厂生产的要素被用在了轻武器、弹药和火炮的制造中，以增加工人队伍的生产效率并节约资源。[7]但是第二次世界大战中的批量生产意味着要把产品扩大到从坦克和其他装甲车辆到航空引擎和飞机机体这种复杂的工程产品上。一架军用飞机通常需要超过10万个不同的零部件,这样,单从安排零部件从数百个分包商那里相对顺利地输送到最后的组装车间这一点上看,批量生产就是个格外严峻的挑战。虽然步枪或机枪可以用少数标准部件结合和平时期的生产方法很容易地制造出来,但一架飞机、一辆坦克或一艘潜艇则需要一套特殊的生产流程。美国的共和B-24("解放者")轰炸机要用3万张施工图才能造出来;当亨利·福特试图根据他制造小汽车和卡车的经验来规模化生产这种轰炸机时,生产被分解成了2万个不同的操作环节,需要安装2.1万套生产夹具、紧固件和2.9万个模具。这个生产项目花了太久的时间才运转起来,当生产开始时,该型轰炸机已经过时了。[8]福特自信地认为和平时期的规模化生产可以应用到武器上,这让他在1940年提出可以使用标准化机器工具每天制造1 000架战斗机,但经过考察,他的观点被推翻了,因为廉价的家用轿车的工程标准远远不能和现代航空器生产的要求相提并论。同样的问题也影响了通用汽车公司制造一款现代化高速战斗机XP-75的努力。这家公司试图走个捷径,不制造整个产品,而是从其他飞机设计中引入现成部件。4年后,这个项目于1945年夏宣布彻底失败并解散——这显示了一个大型规模化生产厂商从和平时期的做法转为满足战时需求的做法是多么艰难,却也显示了美国能够在为无效项目付出努力和投入资源的同时,仍然拥有远超所有其他经济体的产能。[9]

先进武器批量生产遇到的诸多难题凸显了和平时期民用品生产和战时经济的差异,前者中生产什么、达到什么质量标准取决于消费市场和民众的喜好,而后者则只有军方一个客户,其需求不确定、多变而且专横。长期生产流程的建立和相关的规模经济常常会受到各种干扰，包括无法预知的战略变化，追赶、超越敌方技术成果的需要，或者军方坚持要为短期的战术调整开发武器所导致的生产流程的中断。在这种情况下，标准模型、可互换零部件生产和流水线生产很难建立。躲不掉的设计变更是战时批量生产的大敌。正如在英国飞机制造部负责计划部门的阿列克·凯恩克劳斯所说："生活就是一场与混乱的持久战。"[10] 德军的容克斯Ju88中型轰炸机在投产的头三年里进行了1.8万项设计变更，彻底消除了任何建立长期固定的生产流程的可能性。设计变更不仅会影响飞机或坦克的最后组装，也会影响到数以百计的零部件供应商，他们的生产必须和主要组装厂相协调。各个供应商参加批量生产的潜力常常会有显著的差别，因为小公司不容易根据新需求进行灵活调整，或者难以采取更高效的生产方式。由于主要零部件不足，美国1942年的坦克产量比计划的4.2万辆少了2万辆。战争中期，德国采取措施，想要确保军用订单的零部件分包商全都采取最佳方式。当时表现最好和最差的供应商的数量为1∶5，经过对工厂工作方法的合理化改革，这一比例降到了1∶1.5。[11]

除了意大利和中国之外，所有的主要参战国最终都发展出了批量生产方式，一部分常规"规模化生产"的要素也被用于其中，尽管更复杂、更昂贵的军事制造工艺带来了诸多问题。各国战时生产的产量见表6.1。汇总的统计数字掩盖了各种截然不同的政治和管理制度对生产记录的影响，也显示不出影响着优先级设定的战略需求差异。日本和英国专注于飞机和舰船的批量生产，因为作为岛国，这种优先安排与它们的战略选择是相匹配的；苏联和德国制造的海军装备数量并不多，但陆军和空军武器的产量水平格外高；唯有美国，得益于整个西半球的资源，能够同时大量生产空军、海军和陆军装备。数字还掩盖了不同产品之间的质量差异。尽管军队当局总是要升级装备，令

第六章 战争经济　　637

表6.1 主要参战国的军工产量(1939—1944)

A：飞机	1939	1940	1941	1942	1943	1944
英国	7 940	15 049	20 094	23 672	26 263	26 461
美国	5 836	12 804	26 277	47 826	85 998	96 318
苏联	10 382	10 565	15 735	25 436	34 900	40 300
德国	8 295	10 247	11 776	15 409	24 807	39 807
日本	4 467	4 768	5 088	8 861	16 693	28 180
意大利	1 750	3 257	3 503	2 821	2 024	—
B：海军舰艇						
英国	57	148	236	239	224	188
美国	—	—	544	1 854	2 654	2 247
苏联	—	33	62	19	13	23
德国(仅潜艇)	15	40	196	244	270	189
日本	21	30	49	68	122	248
意大利	40	12	41	86	148	—
C：坦克						
英国	969	1 379	4 837	8 622	7 217	4 000
美国	—	331	4 052	24 997	29 497	17 565
苏联	2 950	2 794	6 590	24 719	24 006	28 983
德国(a)	794	1 651	3 298	4 317	5 993	8 941
德国(b)	—	394	944	1 758	5 941	10 749
日本	559	1 023	1 216	1 271	891	371
意大利	(1940—1943) 1 862辆坦克，645辆自行火炮					
D：火炮						
英国	1 400	1 900	5 300	6 600	12 200	12 400
美国	—	约1 800	29 615	72 658	67 544	33 558
苏联	17 348	15 300	40 547	128 092	130 295	122 385
德国	约2 000	5 000	7 000	12 000	27 000	41 000

注：海军舰艇数量不包括登陆舰艇和小型辅助船只；德国坦克(a)为坦克，(b)为自行火炮和反坦克装甲车辆；苏联坦克数量包括自行火炮；英国、美国、德国的火炮数量仅限中口径和大口径火炮，苏联的火炮数量包括所有口径。

其不逊于敌人,但当生产部门已经大力投入于早期型号生产时这并非易事,或者干脆超出了经济体的制造能力。然而,质量差异再大也难以弥补数量的不足。随着战时经济的成熟,军队、产业界和政府都在相互协作,聚焦于少数几种经过实战考验的武器,进行高效率的批量生产,而非在大量不必要的型号上浪费精力。

生产型号数量的下降和更有效的改型管理对于武器的批量生产来说是重要的倍增器。更加标准化的生产带来了一个好处,就是批量生产可以集中到那些最好、最大的企业中。这一过程并不顺利,尤其是不同军种对生产资源的争夺会妨碍协作。在日本,海军和陆军的采购政策没有受到任何管控,结果导致海军制造了53个基础型号、112种改进型的飞机,陆军则是37个基础型号和52种改进型。日本海军在1942年还有总共52种发动机型号。这就导致流水线生产难以进行,备件和维护也是问题重重,不过这也没有阻止日本的飞机和航空发动机产量在战争最后两年里飞速增长。[12]在英国,由于技术的迅速升级,选定标准型号的过程也是颇费周折,但是到战争中期,其坦克生产集中于"丘吉尔"和"克伦威尔"(后者又发展出了"彗星"和"挑战者"两种派生型)。飞机生产主要是"兰开斯特"和"哈利法克斯"轰炸机、"喷火"和霍克"台风"战斗机/战斗轰炸机,以及德·哈维兰"蚊式"轰炸机。所有坦克用的都是同一种发动机"流星",航空发动机则是罗尔斯-罗伊斯的"梅林"型。美国从战争伊始就采取了标准型号的批量生产,几乎所有的坦克生产都集中于M4"谢尔曼"及其派生型号,陆军的飞机生产集中于B-17和B-24重型轰炸机,P-38、P-47和P-51战斗机,以及道格拉斯DC-3运输机。美国陆军和海军总共只生产了18种飞机型号。陆军生产的卡车集中于仅仅4种经过验证的型号上,而无处不在的威利斯"吉普"则是主要的小型交通车辆。苏联T-34型坦克及其升级型号的生产贯穿了整个战争，直至战争最后几个月才有 JS-1 重型坦克出现。*苏联空军方面，雅克 1-9 战斗机和伊留申伊尔 -2 "斯托莫维克"俯冲轰炸机都进行了巨量生产，分别制造了 1.67 万和 3.6 万架。[13] 作为德国为数不多的标准化生产的成果之一，梅塞施密特 Bf 109 战斗机在战争中制造了 3.1 万架。一旦选定主要型号并能够进行长期生产，规模效应就会几乎自动显现。

即便有了更稳定的型号选择和标准化计划，批量生产也还是会遇到问题。对在产型号的改动必须和军方协商，而军方优先考虑的是战场表现性能而非不打断生产流程。在英国，飞机型号的改进要尽可能在已有生产线上进行，为此，英国人还制定了限制设计变更的专门政策以避免过度干扰生产。"喷火"战斗机进行了 20 次重大设计升级而没有造成生产中断，也没有进行重大重新设计，但仍足以让 1944 年的型号比 1940 年的型号更加令人生畏。美国人的做法与此相反，他们要进行完整的批量生产，充分利用流水线压缩生产时间，但之后会把完工的飞机送到一处改造中心去（有 20 座改造中心），在那里再花费 25%—50% 的工时完成对每一架飞机的改造，这就抵消了先前规模化生产带来的好处。在福特公司设在密歇根州维罗机场的为 B-24 轰炸机建立的巨大厂房中，生产前进行的改动改变了飞机，也迫使其常常对机械、夹具和紧固件进行改造，这甚至在生产开始前就浪费了时间和资金。1944 年，航空工业被鼓励采用英国人的做法，以避免交付延迟，这也规避了在改造中心满足从前线部队收集的战术需求所带来的混乱。[14]

由于使用了降低成本的措施和不熟练的劳动力，批量生产也会

---

* 原作者此处的描述略有偏差，苏联在"二战"中还批量生产了 KV 系列、T-70 等坦克，JS 重型坦克也是作为 KV 系列的派生型而非 T-34 的替代者。但这些偏差并不影响整体结论。——译者注

影响最终产品的质量。在战争的大部分时间里，英国坦克的组装质量之低劣臭名远扬，常常会导致坦克瘫痪。1942年9月，英国成立了战斗车辆检验部，质检人员的数量从1940年的900人增长到1943年中期的1 650人，到1944年，关于机械故障的报告开始减少。英国军队发现，根据《租借法案》从美国送来援助的"谢尔曼"坦克也存在相似的问题。1942年送到北非的一批38辆坦克被找出146处故障，都是由于组装时的漫不经心或者质检不力。[15]苏联T-34坦克的快速规模化生产中出现了工艺质量的急遽下降。在1943年7月库尔斯克战役之时，生产的坦克中只有7.7%通过了为质量控制而进行的工厂测试。[16]美国工程师在马里兰州的陆军阿伯丁试验场对苏联方面提供的一辆T-34样车进行了检验，发现了许多劣质工艺，完成度也很差。在343千米的行驶测试后，这辆坦克无法修复地瘫痪了，因为从劣质空气过滤器里进来的尘土毁掉了发动机；焊接装甲板上有裂缝，下雨时雨水会渗透到坦克内部；钢质履带的材料质量很差，常常断裂；诸如此类。[17]尽管批量生产看上去很完美，但即便是顶尖的规模化生产厂商也会在提供合格产品方面遭遇重大的障碍。

批量生产的一个例外是日本的侵华战争。中国的军工产能很少，因为工业发展远未成熟，而且日本强占了中国北部和东部，中国的大部分资源基础和有限的工业能力就在这些地区。面对侵略，中国兵工厂的机器和设备大规模撤离，用人力转移到了大西南和陪都重庆周边的工业区。从20世纪30年代后期起，云集在这座城市周围的13家兵工厂提供了全中国至少2/3的军工产品。[18]与其他参战国相比，它们的战时产出微乎其微。这些兵工厂缺乏现代化机器，物资供应也不足，严重依赖手工业。国民党军备部每年只能向这些兵工厂提供1.2万吨钢材，在生产高峰时军备工人也没有超过5.65万人。生产能力大部分投到了轻武器和弹药、一款85mm迫击炮以及手榴弹的生产上。对于一支估计有 300 个师 300 万人的军队来说，1944 年的年度军工产量只有微不足道的 61 850 支步枪、3 066 挺重机枪、10 749 挺轻机枪和 1 215 门迫击炮。1941 年中国开发出了一款 37mm 火炮，但每年只能生产 20 门到 30 门，弹药质量也很差。[19] 中国造不出飞机、重炮和包括坦克在内的装甲车辆。这些数字让人很难理解国民党军队是怎样在装备精良的敌人面前抗战多年的，尤其是在日军的扩张严重制约了中国从海外得到的供应之后。战前库存的进口武器也有，但规模很小，且无法补充。中国军队靠的是在有利地形上进行消耗战，但在开阔地的作战中，资源匮乏的他们常常会陷入无法避免的失败。

日本在侵华战争中的军工生产同样受到重重限制，尽管日本在 1938 年的《国家总动员法》中也要求全力投入战争。从 1937 年到 1941 年，日本工业每年只能为整个战争造出平均 600 辆轻型和中型坦克，陆军和海军有大量不同的飞机机体和发动机型号，其飞机年均产量仅略超 4 000 架。[20] 多得多的资源用在了海军舰艇的建造上，尽管这对中国的战事并无什么影响。从军队组织和机械化装备的角度看，造船和航空工业是相对现代化的领域，但批量生产也是困难重重，这一方面是出于陆军和海军生产圈子截然有别，一方面也是因为生产工作被分散给了大量各种小分包商，其生产效率天差地别。即将到来的太平洋战争改变了日本的军工生产。大量资本涌入军舰、商船和飞机的制造中来。没人想要提升日本陆军的机械化或者摩托化水平了，他们大部分都还深陷中国战场。在太平洋战争的几年间，坦克的产量从 1942 年高峰时的 1 271 辆降到 1944 年的仅有 371 辆；从 1942 年开始生产的装甲汽车，在整个战争中也不过造了 1 104 辆。日本的车辆工业按欧美的标准算是很不发达的，在 4 年里生产的军用和民用大型卡车总共只有 5 500 辆。[21] 当战场上弹药耗尽时，日军士兵就会转而使用军刀和刺刀。钢材和其他金属的短缺，加上美国海上封锁的影响，部分解释了日本低水平的战时产量，但这同样也是关于一个小工业经济体应该专注于生产何种物品的战略决策的结果。

1943年，守卫帝国防御圈所需的飞机生产获得了绝对优先级。最大限度生产飞机的决策给整个战时生产体系带来了严重的压力，于是，在战争已经进行许久的1943年11月，日本政府终于建立了新的军需部以监管飞机生产。到1944年，飞机生产占了制造业全部产值的34%，军需部还制订了精细的计划以进行真正的规模化生产，要在1944年制造超过5万架飞机。[22] 日本建立了飞机工业协会，协会下辖14个专项协会，各自负责制造飞机上的各个主要部件和组件，这是分包业务大量增加所导致的。[23] 事实证明，只有迫使战时经济的每一个角落都集中到飞机生产上来，才有可能在进口铝土矿（用于铝的生产）供应断绝之前的1943年和1944年进行大批量生产。尽管如此，生产还是受到诸多制约，包括对零部件供应商的掌控力不足，国产机床的寿命和精度不高，以及缺乏有批量生产经验的生产工程师。1942年，日本计划建造2座采用规模化生产方式的大型工厂，但是，为了年产飞机5 000架而设计的口座工厂最终只造出60架战斗机，而津市的航空发动机工厂则直到战争结束连一台发动机都没有造出来。[24] 其余飞机工厂拼命想要完成生产计划；但生产的紧迫性和不熟练工人的加入导致了生产质量的下滑，在战争后期的几年里，质量原因给日军航空兵带来的伤亡超过了空中战斗。但产量仍然很低。1944年，日本每工日所能生产的飞机重量约为0.32千克；在美国这一数字约为1.25千克。[25] 即便工人效率能提高，物资的短缺也限制了他们所能取得的成果。在整个战争中，日本经济的军用品产量只有美国的10%。

战争中真正进行规模化生产的国家只有苏联和美国。从1941年到1945年，两国总共生产了443 451架各型飞机、175 635辆坦克和自行火炮，以及676 074门火炮，这一成就令其他主要工业国的产量相形见绌，也是今天的军工产量所无法企及的。美国制造的飞机比其盟国更多，苏联则生产了更多的坦克和火炮，但两国的总产量水平在整个战争中都非常高。然而，这两个主要的规模化生产国所面对的环境却有着深刻的差别。苏联体系是当局控制的经济，中央集权，对管理者或劳动者的任何过失都严肃处理；美国经济则是自由企业，资本主义体系，国家参与程度低，有一套私营企业资产，以及一支自由的劳工队伍。遭到德国入侵前，苏联拥有丰富的物质资源，但随后便失去了 2/3 的煤钢产量，经济总量只剩下一小部分。1942 年，苏联工业剩下的战时产量只有 800 万吨钢，1941 年则是 1 800 万吨；只有 7 500 万吨煤，之前则是 1.5 亿吨；只有 5.1 万吨铝；等等。相比之下，美国获得的资源比其他任何参战国都丰富得多，在 1942 年生产了 7 680 万吨钢、5.82 亿吨煤、52.1 万吨铝。或许最显著的对比还是在战前的军工生产方面。苏联从 20 世纪 30 年代初就开始进行大规模的军工生产，到 1941 年，在纸面上看拥有了全世界最大的空军和坦克部队。尽管"巴巴罗萨行动"带来严重危机，但苏联的工程师和工人们已经有了多年批量生产武器的经验。而美国在 1941 年之前没有这样的经验（只有海军造舰例外），因此在大部分情况下是从零开始重整军备的。1940 年，当克莱斯勒汽车公司的工程师们被邀请访问罗得岛兵工厂以便进行坦克生产时，他们没有一个人见过坦克长什么样。[26] 克莱斯勒加入了进来，但在启动任何生产之前，他们要先在密歇根州的农田上建设一个新工厂——然而，到 1941 年底，这座工厂就能日产 15 辆坦克了，这是美国体系中企业家精神和工程实力的一座丰碑。

1941 年 6 月 30 日，苏联成立了由斯大林亲任主席的国防人民委员会（GKO），对经济拥有绝对的权力。所有关于生产和武器的决策都要由这个委员会集中做出，它把生产的职责分配给了国家各个委员会。与和平时期的严格控制相反,国防人民委员会鼓励官员和工程师们表现出一定程度的灵活性和因地制宜。任何关于零部件和物资供应方面的问题都可以报告给委员会,后者会立刻行动起来解决问题,有时候只需要斯大林生气和不耐烦地打个电话就够了。[27] 围绕战争的工作也享有绝对优先权,所有工厂、机械的投资和原材料供应都会倾向于此。这套体系的有效性几乎立刻就经受了考验,德军入侵两天后苏联便成立了疏散委员会,成功将 5 万家车间和工厂(包括 2 593 座大型工厂)和 1 600 万工人及其家人向东运送到了乌拉尔山脉、西伯利亚和苏联南部的新基地。[28] 工程师和工人们付出了巨大努力才克服由此带来的混乱,在几乎没有生活设施和住房的冰天雪地中奋力恢复生产。1942 年,缩水了的苏联经济生产出了比 1941 年多得多的军用装备,在接下来的整个战争中,苏联工业造出的飞机、坦克、火炮和炮弹都比轴心国敌人更多。不仅如此,这些武器质量很好,都是能用来打仗的。那些负责遴选武器的军人和工程师选择了少量设计适合批量生产、在面对德军技术装备时不落下风、能够对敌人造成最大打击的品种。"喀秋莎"火箭炮就是个好例子。这种多管火箭发射器可以简单地装在卡车上,向敌军抛出大量落点随机的高爆弹药。"喀秋莎"容易制造,容易使用,代表了许多苏式武器简单而管用的特征。

苏联的产量规模要依靠其生产体系的特点才得以实现。苏联工厂在建设时就规模巨大,常常是从计划时就把制造部件和装备的厂房与最后的总装厂结合在了一起。专用的机床让传送带生产成为可能,零部件和预制件由传送带送进组装车间,有些传送带还是用掏空的树干制成的。工厂布局是制造工程师们从减少时间和资源浪费的视角来设计的。乌拉尔山区车里雅宾斯克市的拖拉机工厂就是个显示苏联生产运行方式的例子。德国入侵之后几个月内,拖拉机厂就根据坦克工业部副部长伊萨克·扎尔茨曼的指示转产坦克。约有 5 800 台机器设备从列宁格勒撤退至此，装进了4座巨大的新建厂房，而此时厂房的屋顶还没有完工。命令传来，立刻开始批量生产，到1941年10月，首批 KV-1 重型坦克已经做好了交付准备，但启动马达还没有到位。于是扎尔茨曼命令把马达送到莫斯科附近的一处火车站，之后把坦克用铁路送到首都，在路上安装启动马达。1942年8月，工厂接到命令，要转产 T-34 中型坦克，尽管新坦克型号所需的工具装配遇到很多问题，但拖拉机厂还是在一个月内做好了生产新坦克的准备，到当年年底就交付了超过1 000辆。[29] 工厂的4万工人中有43%年龄在25岁以下，1/3是女性；绝大部分从未在工厂工作过，他们在1940年初新建的工贸学校中接受了快速培训，然后就投入了相对简单的装配线工作中。条件很艰苦，所有玩忽职守的人都会受到惩罚，但由于大规模的标准化制造，人均产出还是得到了显著增长。国防部门的人均净产值在1940年是6 019卢布，但到1944年就达到18 135卢布（按恒定币值计算）。[30] 然而，这个国家体系阴晴不定的本质也从未远离。扎尔茨曼付出了英雄式的努力，把车里雅宾斯克变成了所谓的"坦克格勒"，但这并没有阻止斯大林在战后指责他是反革命派同情者，把他降职为低级的督察。

美国工业的运转基本没有苏联那样的资源限制。但是在体现出的管理力量和主动性方面，巨型克莱斯勒坦克厂的迅速建成和把车里雅宾斯克拖拉机厂改造为传送带式坦克组装厂的壮举并无二致，两座工厂都在建设几个月内便开始日产10辆坦克，都是在许多重复性劳动的组装岗位上使用了技术不那么熟练的工人。在生产领域，这种相似性有助于解释批量生产为何能够取得成功，但是在美国，创造这一成就的体系却与苏联根本不同。罗斯福希望20世纪30年代新政的经验能够让通过国家机构指导军工生产成为可能，但美国没有国家计划的传统，对于如何管控物资和零部件的流动也缺乏理解，这在和平时期通常是由市场力量主导的。将美国工商业界引入战争机器的需要最终带来了一套军工体系，为批量生产创造条件的是体系中的随机应变和企业家精神，而非联邦机构的正式职责。1942 年 1 月成立的战时生产委员会不得不把无须提前批准就下武器和弹药订单的权力交给陆军和海军，这就架空了这个以监管整体产出为目的的委员会。他们制订了一套生产需求计划，目的是用原材料配给来限制陆军和海军的独立性，但它缺乏必要的管理机构来强制执行其优先级分配方案。战时生产委员会在辖下设立了生产实施委员会，想要控制和跟踪关键标准件的分配。后者为 86 种关键部件下达了统一调度令，以确保它们被及时送到最需要的地方，但结果并不好。想要掌控战时经济各部分的机构太多了，造成整个体系管理混乱，各个机构常常相互对立而非协同。[31]

美国的战时经济没有苏联式的严密计划和指导，所能依靠的只有美国私营工商业的机会主义和野心。这一反差集中体现在了通用汽车公司总裁威廉·诺森操办的战时生产委员会的首批举措之一上。他把各个顶级企业的负责人召集起来，当面宣读了一系列优先合同，并要大家自愿报名。这些大公司抓住了这个机会。[32] 第一批合同的 4/5 被交给了仅仅 100 家企业，但是数以千计的零部件和新设备的分包需求让大量更小的企业加入了这场追求生产和收益的大潮中。通用汽车公司主厂区的总装厂用了 1.9 万家供应商，造出了 13 450 架飞机。整个飞机制造业使用了估计 16.2 万家分包商。[33] 战争期间新成立了 50 万家新企业，大多是为了满足对特殊战争物资的大量需求。商人们也被招来帮助运作联邦机构，在商业界和政府行为之间建立了正式联系——通用汽车公司的诺森、西尔斯·罗巴克公司*的唐纳德·纳尔

---

* 一家著名的百货公司，您或许听说过"西尔斯百货"这个名词。——译者注

逊（创始人的继任者）、通用电气公司的查尔斯·威尔逊、投资银行家费迪南·埃伯斯塔特等等。苏联体系靠的是国家管理者的密切监控，美国体系靠的则是反对国家干预的自愿主义传统，以及激烈的竞争和企业家的想象力。[34] 当亨利·福特夸下海口要每天制造1 000架战斗机时，他还提出了一个附加条件，就是联邦政府不能有任何干预。尽管他十分反感官僚主义和繁文缛节，福特的公司最终还是成了许多种武器装备的重要制造商：277 896辆吉普、93 718辆卡车、8 685架轰炸机、57 851台航空发动机、2 718辆坦克、12 500辆装甲汽车。整个汽车工业几乎全部转为军工。1941年它们制造了超过350万辆客车，而在战争高峰时只有139辆。[35]

战时生产管控中的重重困难——以及制造商和国家机构间的争夺带来的不可避免的偶发浪费、腐败或失职——对美国的影响比在任何其他地方都要少得多，因为在这个没有遭到封锁和轰炸的经济体中有着充足的资源和资金。当德国不得不将大量资源用于防卫领空和城市时，美国几乎什么都不用做。现在大部分历史学家认为，如果有更强的集中管理和强制措施，其生产纪录或许会更经济地实现，尽管如此，军工部门的生产效率仍然足够高，这完全是由于生产的规模、组装线和流水生产的广泛使用（甚至在造船时也用上了）带来的规模效应。4年里生产了303 713架飞机和802 161台航空发动机，这反映出联邦政府和工业界的阶段性联盟是个助力而非阻力。每工日生产的飞机重量从1941年7月的约0.48千克增加到3年后的约1.22千克。在大力制造陆军武器之时，海军军舰和商船的建造规模也大得惊人。美国下水了从战列舰到护航驱逐舰的1 316艘海军舰艇，这足以令任何其他海军国家的产量相形见绌；此外还有109 786艘小型舰艇，包括用于两栖战的83 500艘登陆艇。[36] 商船制造业造出了5 777艘大型船只，包括美国规模化生产的最著名例子，"自由轮"，制造商是典型的美国企业家亨利·凯泽。

亨利·凯泽有着白手起家的经典故事，从在纽约开一间小照相馆到成为建造了胡佛水坝和旧金山湾大桥的大建筑公司的老板。他喜欢接受看似不可能的项目带来的挑战。他原本没有造船经验，但当他的建筑公司在1940年开始创建新的造船厂时，他决定连船只一起造了，尽管他从来没见过船只下水。在加利福尼亚州里士满的永久金属公司船厂，他开始用规模化生产的方法建造一款标准的1万吨级货船，以补充被德军潜艇击沉的商船队。自由轮利用标准件和流水线简单设计而成，沿着从海岸延伸数千米的生产线建造；部件和预制组件被24米长的传送带和巨大的滑轮组送来，训练程度有限的工人则在工时研究专家的监督下被分配到生产线各处，进行简单重复的工作。在巴尔的摩一家船厂下水的首艘船的建造耗费了355天和150万工时；到1943年，在凯泽的加利福尼亚船厂，一艘船平均只需要41天、50万工时就能在流水线上建成。到战争结束时，他的船厂建造了1040艘自由轮、50艘护航航母和大量小型舰艇。美国战时造船量的几乎1/3来自凯泽的船厂，这是个人企业家精神和对工业合理化的崇拜所促进的文化产生的结果。[37]

更值得怀疑的是有些批量产品的整体战斗质量。即便是自由轮新颖的焊接船体也会于恶劣海况之下在大洋上断裂。军方坚持使用那些已经在产或者能够迅速完成修改并批量生产的设计，这种采购方式的缺陷只有在实战中才能暴露出来。B-17和B-24轰炸机都被证明在德军防空体系面前易受攻击，它们能够幸存下来只是因为得到了更多先进战斗机的护航。而这些战斗机能够参加德国上空的战斗，则是因为副油箱的引入。1943年下半年，这些副油箱在很短时间内就在美国成功进行了大规模生产。新锐的B-29重型轰炸机直到1944年下半年才得以参战，而一旦参战，又受到了各项设计缺陷的困扰。尽管贝尔XP-59A验证机早在1942年10月就进行了首次喷气动力飞行，但开发工作过于缓慢，无法赶在战争结束前及时造出喷气式飞机参加战斗。[38] 格拉迪恩·巴恩斯少将主持的陆军装备处技术科批准了只使用一种中型坦克设计、坚持制造M4"谢尔曼"及其派生型号的决定，因为这样能够进行快速批量生产，但它逊色于德国和苏联的最新坦克型号。陆军装备处没有任何实际的坦克设计经验，也不熟悉装甲部队的作战需要。其结果便是"谢尔曼"坦克尽管进行了有限的升级，但仍然装甲保护不足，在战场上易受攻击，火炮初速也不足。1943年和1944年，M4坦克的车组人员要利用各种战术去攻击德国坦克的侧后方而不能正面对决，因为正面对决中自己很可能被消灭。某装甲师的一名士官写道："我们得到了一种用来阅兵和训练的好坦克，但在战斗中它们只是活棺材。"一款更重型的替代型号，T26"潘兴"，足以对付德军的"黑豹"和"虎式"坦克，但它们直到战争最后几个星期才少量装备：送到欧洲战场上的只有310辆，分配到坦克部队的只有200辆。[39] 美军在地面作战中能够胜利，主要原因仅仅是他们有足够多的装备来弥补任何产品质量上的不足。

　　战争中的德国原本也有可能成为主要的批量生产国之一。与工业发展相对落后并受到严重资源限制的意大利和日本不同，德国拥有深厚的工业、工程和科技实力可用于战争，到1941年时还获得了大半个欧洲大陆的资源。苏联在1943年生产了850万吨钢，德意志第三帝国生产了3 060万吨；德国在1943年有3.4亿吨煤，苏联只有9 300万吨；1943年德国的铝产量——这对于飞机和许多其他与战争相关的产品都是至关重要的——达到25万吨，苏联的产量只略高于德国的零头，6.2万吨。毋庸置疑，德意志第三帝国并不拥有足够的资源和工业投资。但是单看1943—1944年，尽管主要工业城市遭到猛烈轰炸，德国经济还是开始足够有效地利用这些资源，接近（尽管未能达到)了盟国的批量生产水平。这一矛盾之处曾被解释为希特勒政权因担心得罪工人阶层而不愿意进行全面经济动员,直到1943年因战局变化不得已才采取这一措施,这是1945年美国战略轰炸调查组中的经济学专家得出的结论,他们一直想不明白,德国的军事经济拥有这么多可用的资源,为什么却在战争的头几年只生产了如此少的飞机、坦克和车辆。[40]

但真实的历史完全不是这样。从战争一开始,希特勒作为最高统帅就希望军工产量迅速扩大到超过第一次世界大战末期的水平。1939年12月,德国陆军军备局制作了一份对比表:1918年的产量、当前产量,以及希特勒为1940—1942年军需和武器产量设定的最终目标。1918年生产的火炮达到17 453门,希特勒的最终目标是年产15.5万门;1918年生产机枪196 578挺,希特勒想要每年超过200万挺;炸药的产量在1918年是每月2.61万吨,希特勒想要每月6万吨。希特勒总部发下来的命令是要"全力以赴"把德国经济转入战争状态,达成"获得最大数量的方案"。[41]希特勒在抱怨眼下的军工生产效率不足时,其基准就是这些统计数字。1942年2月被任命为军需部长的阿尔伯特·施佩尔告诉他的战后审讯者,希特勒"知道上一场战争中的详细供给数字,会因1917—1918年的产量高于我们在1942年拿出来的产量而责备我们"。[42]德国的军工生产在1939—1942年有所扩大,但考虑到1942年制造业几乎70%的劳动力在为军队订单而劳作的事实(这一比例远高于英国和美国在战争中曾达到的比例),以及德国庞大钢产量的3/4被分配给了军工经济,其产量远未达到批量生产所能够达到的水平。[43]英国和苏联在战争头几年的产量比德国多,投入的原材料资源和劳动力则更少。

这一差距有很多解释。尽管希特勒对于战时生产往何处发展有自己的见解,但他未能建立像斯大林(实际上还有丘吉尔)那样能够

第六章 战争经济 651

把战略、工业产能和技术发展整合与匹配起来的中央国防委员会。由于没有决策中心，德国的战时生产体系始终无可救药地分散，各个不同的管理部门各自为政——戈林控制的"四年计划"、经济部、劳动部、1940年春成立的军需部、航空部等等。首要的问题则是，军方当局宣称他们拥有绝对权力来控制生产什么，谁来生产，达到何种质量。各军种未能协调他们的计划，各部门都根据自己的需要提出紧急需求，但很少关注工业界能够做到什么。军方本能地不相信规模化生产，他们更喜欢使用已有的承包商来进行传统的专业化、高质量生产，制造按需定制的武器。现代武器需要一定程度的技术含量和精密加工，而德国人认为批量生产无法满足这样的要求。战争末期，施佩尔部门的一名高级官员在被问到为何没能充分动员德国汽车工业及其批量生产的潜力时仍然坚称："它不适合军工生产……我们关注的不是能够批量生产的类型。"[44] 恰恰相反，军事工程师和监察官还坚持要求工业界对根据作战经验提出的无止境的修改要求做出灵活反应，同时还要求提供大量不同型号和试验项目，这让标准化和长流程生产难以实现。1942年，希特勒发现工业界有理由抱怨一种"吝啬的做法——今天一份10门榴弹炮的订单，明天2门迫击炮，诸如此类"。[45] 民用工业界被要求遵守命令；文职工程师或设计师一旦穿上军装，就只能到一线去受罪；甚至连想要提供更多武器的文职人员管理的军需部本身也会被军械部门认为"没经验还多管闲事"。[46] 如此，基本没有计划的战时经济加上军方需求，这就差不多消除了规模化生产的可能性，其结果便是施佩尔的副手索尔所说的，到1941年这个生产体系似乎就已"完全无法合理化"。[47]

希特勒在1941年12月颁布关于合理化的法案，正是一次打破僵局、要求军方允许德国工业界像苏联那样进行批量生产的尝试。但结果仍然未达预期。在希特勒的法案发布后不久，弗里茨·托特的军需部对军工生产的组织方式进行了激进的变革。每一个主要武器工具类别——装甲车辆、轻武器、弹药、机器设备、舰船——都建立了主要委员会，其成员都是工程师和工业界人士，而非军人。然而，吸收了军工生产 40% 资源的飞机生产，仍然独立于托特的部门之外。戈林在航空部里的副手艾尔哈德·米尔希也为飞机、航空发动机和重要部件组建了类似的由主要生产商操持的生产"圈子"，然而 1942 年夏季涌现出的 178 个生产圈子和委员会注定要让生产体系再次不堪重负。[48] 委员会和生产圈子的目的都是让效率最高的企业发挥带头作用。"这个迫使各个企业由最优秀者领导的想法，"造船主要委员会主席奥托·梅尔克声称，"是成功迈向合理化的第一大步。"[49] 1942 年 2 月，托特死于飞机坠毁，希特勒用他喜欢的建筑师，年轻的阿尔伯特·施佩尔，接替担任军需和军工生产部长，他没有武器生产经验，也并非军人。施佩尔继承了托特的事业，3 月，他引入了一个中央计划管理委员会（Zentrale Planung），以争取规范关键原材料的供应；在此之前，其分配基本没有优先级管控，存在大量浪费。希特勒的法案发布后，生产合理化不仅在经济上是必需的，也成了一项政治任务。一名效率专家特奥多尔·胡普费尔被要求报告军事工业的整体生产表现。1945 年，他告诉审讯者，他的调研显示，"德国工业的效率很差，即便在最现代化的公司也是如此"。他发现每个生产环节所耗时间在不同公司间的差异能达到 20 倍，总装也有四五倍之差。他写道，后来战争中的口号就成了"提升效率！范围越大越好，用上一切手段"。[50]

更合理地开发德国工业产能以服务战争的尝试遭到了军队的反对，他们仍要保持军事需求优先的采购政策。施佩尔要到 1944 年夏季才最终建立起对所有军工生产部门的控制，但是有希特勒直接背书的生产合理化的努力是不容轻易挑战的。1942 年上半年采取的关键变革之一是强制采用固定价格合同，取代了陆军合同中的价格加成体系，这是托特的主张，但陆军并不乐意。固定价格可以促使制造商通过降低成本来获得合理收益，价格加成合同则会让公司为了规避军方严格的价格和成本控制而选择那些低效的工厂。在固定价格的框架下，企业如果能以比认可的标准低10%的价格进行生产，就可以获得额外收益；或者，如果他们要接受低于标准的价格，就需要通过高效节约而降低成本，由此获得的额外收益还无须支付特别战争收益税。正如托特于1942年1月告诉一群德国工业主的那样："生产最合理的企业将获得最大收益。"企业在提高效率方面越成功，挣得就越多。[51] 军队只是勉强接受了这一要求，因为他们无法再决定价格了，纳粹党的激进分子也不喜欢托特改革的"资本主义"开放风格；但是1942年5月，施佩尔引入了一种新的固定价格体系，使得企业面临着通不过更高产能测试就会被踢出承包商圈子的威胁。很难评估在生产能力的提升中到底有多少是收益刺激的结果，因为有些军工企业是国有的，但是军方不再制定价格使得工商业界能够自主决定如何生产军用物资。[52]

事实证明，重组混乱的军方订单和标准产品的集中化长流程生产是很难的，但自斯大林格勒战役以来的惨重损失让这变得必不可少。施佩尔在1943年通过奖励更高效的企业、关闭其余企业而成功实现了零部件和机床的集中化生产。1942年有900家企业进行机床生产，到1943年只剩下369家；在产的300种不同型号的棱镜玻璃减少到14种，参与生产的企业也从23家降到7家。[53] 施佩尔组织了一个军备委员会，以求更好地匹配军方的技术需求和工业能力，结果他们与陆军达成一致，将生产的步兵轻武器从14种降到5种，反坦克武器从12种降到1种，高射炮从10种降到2种，车辆从55种降到14种，装甲从18种降到7种。军队高层最后也下令"简化结构"以配合"规模化生产"。[54] 飞机型号从42种先是降到20种，之后是

9种，最后，在1944年春季成立以对付轰炸的临时"战斗机参谋部"的主持下，又降到了5种。[55] 这样，结合运用传送带和滑轮组的机械化生产，选出来的型号及其零部件就能进行长流程生产了。现代工厂的生产方式并未完全普及，还受到猛烈轰炸和分散制造需求的妨碍。德国人更喜欢使用通用机床而非流水线生产所用的专用工具，这让他们在可能的情况下仍然过度依赖熟练工人，但到1944年最终实现大批量生产时，大部分工人是半熟练的外国劳工，更适合进行流水线生产。不同企业的能力天差地别——容克斯飞机工厂的年度产能增长了69%，而亨克尔只有0.3%——但是总体统计显示劳动力生产效率在战争最后两年的增长最高。[56] 据某项估算，德国国防工业的人均产出从1939年的指数100降到1941年的75.9，之后又在1944年增长到160；其他的估算则表明，1939年到1941年间有小幅增长，然后在1942年到1944年间显著上升，这是由于军工业最终跨过了这条学习曲线。然而，战后美国的战略轰炸调查组使用了德国官方统计数字，发现军工相关行业——化工、钢铁、液体燃料——的生产效率在1944年比战争开始时低得多。无论是军工还是相关行业，这些成绩都无法和苏联或美国相提并论。[57]

德国最终实现批量生产之时，恰逢盟军的轰炸和地面推进减少了德国的资源获取，而且和日本在1944年的生产扩大一样，此时盟军的产量已经远远超出了轴心国所可能达到的水平。1943—1945年，飞机和车辆大幅度增产，却被卷入了重度消耗的恶性循环之中，损失的迅速增加让大批量生产原本能形成的军事冲击力消失殆尽。在德国，对武器质量的重视（这对于军方极其重要）则被战时经济的无组织性和新武器开发的失败抵消。德国空军对于新一代飞机的发展估计不足，一直在生产1938年就有的老型号的升级型——Me109、Me110、He111、Do17、Ju52、Ju87和Ju88。重型轰炸机亨克尔He177和重型战斗机梅塞施密特 Me210 都是设计灾难，占据了大量资源却无甚回报。[58] 1943—1944 年，德军迅速开发出了使用喷气发动机的 Me262 战斗机以替代老旧的活塞引擎飞机，因为喷气发动机需要的工时和稀缺材料更少，但是其制造和测试都不过关。在战争结束前造出的 1 433 架喷气式飞机中，只有 358 架能交付部队，数百架报废。[59] 飞机的研发和前线战事已然脱节，而且资源被分散在了大量对战争无甚贡献的尖端研究项目上，包括不成功的"人民战机"，这种火箭动力飞机*亨克尔 He162 和 Me262 一样，都是在战争的最后几个月在地下工厂里粗制滥造的，直到德国投降前三个星期才极少量地加入战斗。[60]

在海上，潜艇的突破性设计，使 XXI 型和 XXIII 型潜艇能够长期潜入水下，但其开发不够快，无法赶上战斗。虎 I 和虎 II 重型坦克尽管威力令人生畏，但它们不仅产量过少，而且技术上过于复杂，由于生产仓促而饱受技术故障困扰。最后，希特勒在 1943 年的干预导致德国决定大规模生产"复仇武器"，即 V1 巡航导弹和 V2 火箭，这两种武器无一真正带来战略红利，而且还占用了大量原本可用于武器生产的产能。尽管德国军方更重视质量而非数量，但到 1944 年时，他们跨过的先进技术门槛不足以弥补德国与其对手盟国在战场资源上越拉越大的差距。德国的军工生产既想学习苏联，又用美国方式，结果却两头落了空：一方面，计划经济没有中央计划，另一方面，资本主义体系没有自由发挥的空间，军方的干预扼杀了企业家的主动性。希特勒在 1941 年的法案中表达出的对规模化生产的态度虽然解决了这一矛盾，但为时已晚。

---

* 原文如此，实际应为喷气动力。——译者注

民主国家的兵工厂:《租借法案》

1941年10月，英美两国代表在莫斯科与苏联政府达成了一项历史性协议，为苏联提供战争所需的武器和装备。在莫斯科的会谈中，即将担任苏联驻美大使的马克西姆·李维诺夫在达成协议时跳起来叫道："现在我们要打赢这一仗了！"[61] 斯大林在就缺乏支援进行了几个星期的冷嘲热讽之后，对此次援助的热情丝毫不亚于李维诺夫。在苏联首都周围激战正酣时，斯大林提笔给罗斯福写信，表达了他对美国所做援助承诺的"最深切的谢意"，并对在战争结束前无须为其付款（如果还需要付款的话）表示"诚挚的感谢"。[62] 就在同日，1941年11月7日，美国总统正式下达指示，将苏联纳入租借援助的接受国。盟国中的其他国家若要获得超出国内生产能力的军用装备，唯一途径就是依赖美国免费提供这些装备的意愿。莫斯科的协议是一场前所未有的世界性后勤大动作的一部分，目的是将资源在对轴心国作战的各个国家间重新分配。在战时一份对租借行动的评论中，哈佛大学政治学教授兼临时军人查尔斯·马歇尔形容它是"一个巨大的国际经济战略体系。占地球表面2/3陆地面积的国家及其人口都参与其中"。[63] 甚至在美国成为实际参战国之前，华盛顿的战略选择就已经改变了盟国的战争经济潜力。罗斯福在1940年12月做出了美国将成为"民主国家的大兵工厂"的承诺，在1945年则以一份价值超过500亿美元的援助计划兑现了该承诺。

轴心国就享受不到这样的优势了，它们没有什么"集权国家的兵工厂"。虽然德国战时经济相对于意大利和日本的地位与美国经济之于盟国差不多，但德国满足自己的军事需求尚且压力巨大，根本无力援助弱小盟友的战时经济。德国输送给盟友的军用物资数量很少，且还要收费，这和美国的"大气"完全不可同日而语。1943年，德国向意大利、芬兰、罗马尼亚、匈牙利、保加利亚和斯洛伐克出口了 597 架飞机（其中大部分还不是作战飞机）以换取自身急需的原油、粮食和矿物；美国则在 1941—1945 年向盟国提供了 4.3 万架飞机和 4.8 万台航空发动机。[64] 意大利和日本向德国提供军事援助则是完全不可能的，即便在运输上有可能实现。欧洲轴心国对日本的援助会受到地理因素和英美海军横行五洋的制约。1943 年，7 架德国飞机和 1 台宝马航空引擎被送到了日本。日本则在确定德国不会在征服法国与荷兰后提出索赔之后，最终同意向德国提供从南方占领区获得的原材料。日本用所谓的"柳条船"突破封锁，送去了 11.2 万吨物资，主要是橡胶和锡。到了 1943 年，盟军对海洋的控制让这种做法再也无法维系。1943 年启程穿越盟军封锁线的 17 483 吨物资中，只有 6 200 吨抵达目的地，只是盟国之间货运量的一个很小的零头。日本转而使用大型货运潜艇向德国运送原材料，但大部分在途中被击沉。在 1944—1945 年送往欧洲的 2 606 吨物资中，只有 611 吨送达。[65] 德国向意大利提供的主要是煤和钢，但柏林方面认为意大利应当根据自己的资源情况调整战略，而不是指望德国人来提供资源。意大利索求的煤和钢中只有一小部分能拿到手。德国企业还担心任何售卖或者交换给意大利的装备都会在战后的市场竞争中被意大利企业抄袭。于是，意大利官员被告知，意大利兵工厂需要的机器设备在供应列表中位居末位，因为要优先为接下德国军事订单的欧洲企业提供工业设备。当 1942 年意大利空军请求提供先进的雷达设备时，主要供应商德律风根公司坚持要求这些设备由德国人员前往意大利操作，以免遭到商业侵权。[66] 三大轴心国之间几乎没有直接的科学和技术互助。1942 年，德国工程师同意向日本运送一台维尔茨堡雷达的样机，但运输这台设备的两艘潜艇中有一艘在途中被击沉。

  轴心国不得不依靠占领区的原材料资源来供应国内的战争机器。额外的军事装备基本上只能来自缴获的敌国武器，这最多只能算是个补充，只具有短期价值或说不清到底有没有价值。德国军队最有用的收获是击败法国后额外缴获的 20 万辆法国和英国机动车辆，以及相当数量的法国飞机。占领期间，德国人还在一直利用法国的航空和汽车工业。法国企业在 1942 年提供了总共 1 300 架飞机，1943 年 2 600 架，尽管其中许多是教练机和辅助机种。这只是德国在战争期间飞机产量的极少一部分，而且还要付钱。[67] 德国陆军也使用了缴获的法国装甲车辆，但数量还是很少：1943 年 5 月德国陆军的一份报告显示，德军所有战线上总共只有 670 辆法国坦克可用。尽管德国陆军高层想要把尽可能多的苏联坦克重新投入使用，但缴获的苏联坦克中状态堪用的非常少。在东线，据估计，德国陆军或治安部队在任何时候最多只有 300 辆苏联 T-34 坦克，1943 年 5 月的同一份报告指出，德国陆军各单位中只有 63 辆 T-34 在用。在惨重的战斗损失之后，到 1945 年 4 月，德军总共只有 310 辆缴获坦克仍然可用。但到那个时候，美国战时提供给盟友的坦克已经达到了 37 323 辆。[68]

然而，美国在无法保证收到相应款项的情况下向对轴心国作战的国家提供支援的决定并不轻松，这不仅是因为 1940 年重新武装开始后美国军方想要在军事资源分配上获得第一优先权，还是因为对于一个尚未参战的国家而言，军事援助会带来重要的法律问题。这一决定源于一个不可辩驳的事实，即英国到 1941 年最初几个月之后就无法再用美元为任何军事订单付款了。自从罗斯福 1939 年成功修改美国中立法案，之后的两年时间里，英国的军事装备订单（主要是飞机和航空发动机）都是用"一手交钱一手交货"的方式进行的。到 1940 年，美国工厂手中已经有了 2.3 万架英国飞机的订单，但英国人的支付能力随着其美元和黄金储备的耗竭而不复存在，但如果失去美援，英国的战争机器会遭到危险的削弱。美国已经在当年夏季卖了大量步枪、机枪、火炮和弹药以弥补英国远征军在法国的损失。1940

第六章 战争经济 659

年9月，罗斯福又批准提供50艘已经生锈的第一次世界大战时的驱逐舰，以帮助英国为船队护航，但前提是英国政府同意美国军队使用从纽芬兰到百慕大的一连串军事基地。这笔交易遭到了不愿参与战争的游说团体的强烈反对，罗斯福只得向国会保证这些基地都是西半球安全的前哨站，而不是美国卷入欧战的跳板。尽管罗斯福完全同情英国的困境，但他明白，美国的大部分民意不仅是反对卷入战争，总的来看还有些仇英。即便是他身边的军事幕僚也十分反对，认为美国的援助会帮助维系英帝国。他们优先关注的是美国未来的安全，援助的理由只能从这个角度来表达。军队高级领导人中最积极的干涉主义者哈罗德·斯塔克海军上将提出，对英国的任何帮助只是为了"保证西半球的现状，并有利于我们的国家利益"。[69] 1941年1月，为英国提供援助的法案被提交给国会时起了一个尴尬的标题：《改善美国国防和其他目的的法案》，在美国最高法院法官费利克斯·弗兰克福特的推动下，这份法案还被赋予了一个爱国（也有反英之意）编号"H. R. 1776"。[70]

"租借"源于丘吉尔写来的一封信。1940年12月9日，罗斯福刚刚在同年11月史无前例地赢得了第三次总统连任，此时正乘坐"塔斯卡卢萨号"巡洋舰在加勒比海度假。这天，一架水上飞机把丘吉尔的信送到了他手上。丘吉尔在信中坦陈，英国无法再用现金向美国支付供应和运输费用的时刻已经到来，而没有这些援助"我们或许会撑不住了"。[71] 英国驻美大使洛西恩勋爵在11月下旬抵达纽约拉瓜迪亚机场时就已经以更直白的方式指出这场危机了。"孩子们，"他对等候在那里的记者们说，"英国破产了。我们需要你们的钱。"12月上旬，罗斯福的内阁就美国是否应该救援英国以改善自身的安全状况进行了辩论，结果，尽管一直有人怀疑英国是否真的像政府声称的那样已经耗尽资财，但他们还是决定援英。[72] 难题在于要找到既能为英国订单付款又不违背中立法和1934年《约翰逊法案》的手段,《约翰逊法案》禁止向第一次世界大战中贷款未还的国家再次贷款,当然也包括英国。人们看见总统在"塔斯卡卢萨号"的甲板上一遍又一遍阅读丘吉尔的信,直到12月11日,他向同在舰上的哈里·霍普金斯吐露了将物资租借给英国而不牵扯"那个愚蠢可笑的老美元符号"的想法,几天后他在一次新闻发布会上就是这么说的。[73] 罗斯福几乎肯定希望支援英国作战能让美国避免战争,至少"租借"(它从一开始就被如此称呼)这个想法是为了阻止英国崩溃或者与轴心国妥协。12月29日,罗斯福发表了"炉边谈话",以向美国人保证这样会让美国"免于战争带来的折磨和痛苦",他正是在这次谈话中提出了"民主国家的兵工厂"的说法。[74] 随后,罗斯福命令按他的决定起草一份法案,1941年1月6日,这份法案被提交给了国会。

丘吉尔对这一结果很开心。"这等同于宣战",他如此告诉他的秘书。[75] 但这并非大部分美国人想要的。就在1941年3月众议院最终批准法案当周,民意调查发现83%的受访者反对美国参战。《租借法案》深刻分裂了美国民意。反对干涉主义的人与丘吉尔看法相同,认为这意味着有实无名的战争。即便是在多年来一直游说要援助民主国家的人中,也有人担心租借这一步迈得太大了。"援助盟友保卫美国委员会"主席威廉·艾伦·怀特辞了职以示对这份法案的抗议,临走时他还留下一句口号:"美国人不会来。"一个孤立主义运动团体把这句话拿去作为一本小册子的标题,卖了30万册。女人们到国会台阶上示威,她们穿着黑色衣服,手举标语牌,上书"杀死1776号法案,而不是我们的儿子"。[76] 那份法案也导致民众对法律授予总统的权力提出了强烈抗议。孤立主义者称其为"独裁者法案",因为这让罗斯福有权决定哪些国家能够获得租借,能获得哪些物资,以及何种规模,这全都无须经过国会。[77] 援助规模上的自主裁量权是前所未有的,但是既然投票显示2/3的人同意这一法案,那么罗斯福也就不再有什么障碍了。在这一过程中他做出了两个重大让步:他同意不让美国去运输那些根据《租借法案》提供的物资,以及《租借法案》的有效期仅为两年。他还同意每季度向国会提交援助进度报告,国会则有权对一系列《国防援助补充法案》所需的资金进行投票表决。[78]

在最终回报方面,罗斯福只是模糊地说会在战后有"某种"补偿。他们也希望英国能够做出重大让步。罗斯福下令占有英国的一些美元资产,并强迫英国购买其他一些商品;美国国务卿科德尔·赫尔也从伦敦要来了一个不情不愿的承诺,保证现有的帝国特惠制将在战后被更开放的贸易框架所取代,这一让步彰显了两国力量关系的变化,以及美国消灭战前帝国经济集团的意图。这一承诺来得并不轻松。关于后来所谓的《租借协议主条约》的谈判拖了七个月,英国官员和政客们都在抵制第7条要求英国在战后开放贸易的内容。协议直到1942年2月23日才签下来,罗斯福这时已经对英国把话挑明,不照办的后果就是停止援助。[79]在公开场合,丘吉尔盛赞《租借法案》是"最无私的法案",但私下里他担心英国将不仅是被扒层皮,而是被"扒到只剩骨头"。人们还怀疑罗斯福是否真的会把答应的东西送来。在华盛顿游说无果后,一名英国官员抱怨说,美国的承诺"常常会逐渐落空"。[80]中国也有同样的疑虑——中国坚持抗战被罗斯福用作将租借范围扩大到中国的依据。罗斯福一开始就承诺要提供广泛援助,通过蒋介石的内兄宋子文在华盛顿开设的中国国防物资供应公司进行。但是紧急供应西方军队的压力使得美国对中国的援助一直只有一点点。承诺与现实之间的鸿沟让蒋介石十分愤怒,1943年他威胁说,若租借不能达到他的期望,他就要和日本议和。[81]

实际上《租借法案》在所有地方的实施速度都很慢。在最初批准的70亿美元中,到1941年底只花出去10亿。1941年从美国送往英国的物资大部分仍是现金购买的；当年的2 400架飞机中只有100架是根据《租借法案》提供的。美国军队自己也在进行大规模重新武装，当他们自己的飞行训练学校教练机不足，陆军还在用假坦克进行演习时，他们对把军事物资分给英国自然也十分反感。《租借法案》最初是由哈里·霍普金斯任主席的一个临时委员会操办的，其背后是罗斯福新获得的执行权，但是租借物资的批准和采购体系往好了说也只是临时凑合的。在运输英国所需的货物方面，罗斯福有些无计可施，民意也不那么积极，因为船队要冒着与德国潜艇作战的风险。当美国海军舰艇开始深入大西洋掩护运输租借物资的英国船队时，罗斯福向公众坚持说那只是"巡逻"而非为船队护航；他还要求政府出版物在提到租借事项时要说货物"将被运送"而不能是"我们将要运送"，以免招来关于美国海军舰艇实际是在为船队护航的猜疑。[82] 1941年，美国对英国商船队的支援基本仅限于将在美国港口内征用的轴心国和中立国船只用来跑英国贸易航线。[83] 尽管可以说罗斯福确实将《租借法案》视为美国介入欧洲战争的垫脚石，但证据仍然不足。他在公众面前通常的说法是，《租借法案》是一种保卫美国利益的策略，它可以帮助那些正在打仗的其他国家，而那些战争是美国无法忽视的。在私下里，这也显然是一种战略眼光。罗斯福在1941年5月写给一名国会议员的信中引用了一篇影响公众对美国战略看法的报纸社论的说法："我们不关心英帝国的事情，但关心我们自己的安全，我们自己贸易的安全，以及我们这块大陆的完整。"罗斯福还说："我觉得这说得很好。"[84] 美国民意仍然坚定地拥护援助英国，但也坚定地反对由此而让美国卷入战争。

1941年6月22日，德国军队入侵苏联，美国向与轴心国作战的国家提供援助的原则再次经受考验。这是一次更为艰难的决定，因为"民主国家的兵工厂"原本并没打算支援红色国家，而且美国民众对苏联和国内的共产主义力量普遍怀有敌意。一位名叫塞缪尔·布雷肯里奇·朗的美国国务院官员在7月的日记中写道："我们绝大部分民众被告知共产主义者是需要打击的，是法律和秩序的敌人。他们不会理解我们怎么能与他们有哪怕一点点联盟关系。"[85]甚至是对援助英国感到满意的干涉主义组织，也对将援助扩大到苏联的主意十分反对，他们的目的，正如干涉主义组织"为自由而战运动"的一份声明所言，是要"扩大民主，而非缩小它"。[86]英国的反应则几乎肯定帮助罗斯福下定了决心。丘吉尔在6月22日当天就承诺要对苏提供无条件支援，一周后，身在伦敦的苏联官员就拿出了一长串清单，写明了苏联想要的援助。最初几批交给苏联的货物是要付费的，但是9月4日英国政府同意用某种类似租借的形式向苏联提供物资，只是不能这么称呼。送给苏联的许多货物其实是美国用同样模式送到英国的。

德国入侵苏联几天后，罗斯福在一次会议上宣布，美国也要"向苏联提供所有力所能及的援助"，他还下令解冻4 000万美元的苏联资金，以使任何供应物资的费用能得到支付。6月26日，苏联大使康斯坦丁·奥曼斯基正式提出了援助请求，几天后，一份夸张的采购单就从莫斯科发了过来，其中不仅包括飞机、坦克和弹药，还包括生产轻合金、轮胎和航空燃油的全套工厂设备。[87]问题是，这不仅远远超过了美国1941年的交付能力，盟国还不确定苏联能否抵挡住德军的进攻。伦敦和华盛顿的主流观点都认为德军将在几个月内赢得胜利，这就意味着西方的援助物资会落入德军手中。直到7月下旬，霍普金斯访问莫斯科归来，确信苏联战争机器不会立刻崩溃，罗斯福才最终在8月2日同意提供"所有能提供的经济支援"，但是和英国的情况一样，苏联得到的援助也是要付费的，而且落实很慢。在伦敦，有人担心美国援助苏联的计划会意味着英国所获的物资会减少。英国供应大臣比弗布鲁克勋爵想要由英国来掌控送给新盟友的援助，从英国收到的租借物资中分配一部分出去，但美国方面拒绝了。[88] 直到 10 月莫斯科会议之后，美苏两国才达成了第一项协议（总共有四项协议），美国要在 1941 年 10 月到 1942 年 6 月间向苏联提供总共 150 万吨物资，从而达成了切实的合作。随着美国民意开始倾向于援助苏联，罗斯福要求国会将援苏物资视为租借出去的并获得了批准，因为"这对于保卫美国至关重要"。从 11 月 7 日起，苏联便不必再付款了。美国现在成了所有国家的兵工厂。

租借计划的规模和力度超过了法案通过时所有人的想象。到战争结束时有价值超过 500 亿美元的租借物资被送到了全世界 40 多个国家。对外援助占了战时美国联邦开支的 16%；英国租借给苏联的物资总共只有 2.69 亿英镑，约占英国战时开支的 9%。[89] 租借成了英美两国的联合行动，军工产品和原材料在两个联合委员会的监管下被送了出去。来到华盛顿的英国军事代表团会和美国军方领导人商谈优先级问题。分配给苏联的份额则要与莫斯科来的官员逐年专门商定。1941 年 10 月 28 日，罗斯福成立了由商人爱德华·斯退丁纽斯负责的租借管理办公室，霍普金斯的临时委员会随即解散。当美国对外援助在 1943—1944 年达到高峰时，有 11 个不同的机构参与到了这些物资的生产、分配和运送之中，造成了大量的争执和重复工作。然而，当 1943 年 3 月《租借法案》需要续期时，美国国会几乎一致通过法案，两年前的激烈辩论未再出现。[90] 美国援助的最大受益国是英帝国，它收到了约 300 亿美元援助，占所有输出物资美元价值的 58%，其中大部分给了英国，少部分给了英国各个自治领。给苏联的援助达 106 亿美元，占总开支的 23%；给战斗法国的援助约占 8%；对中国的援助，由于日本占领缅甸后援助物资难以运达，只占 3%。还有约 1% 作为援助给了拉丁美洲国家。[91]

租借模式起初有这么一个意图，希望接受者能提供某种形式的回报，以实物形式向美国提供物资和服务，尽管丘吉尔对罗斯福直言不讳："租借的债我们是不会还的。"[92] 在美国参战之后，互惠或反向租借的想法就变得可能实现了。1942年2月28日，英国和美国正式签订《互助协定》。从1942年起，英国要为驻英伦三岛的美国陆军和航空兵所使用的资源和服务支付费用，在北非为美军提供燃油和其他勤务，并在需要时提供航运服务。澳大利亚政府要承担太平洋战争中驻扎当地的美军所需的诸多设施和服务的费用。战争期间英国向美国提供的援助达到56亿美元，澳大利亚援助了10亿美元；整个英帝国为美国提供了75亿美元的协助，约占美国外援总额的15%。[93] 苏联也签了援助协议，做了相似的承诺，但最终只回报了可怜的220万美元，与美国在1941—1945年送出的援助相比微不足道。所有的租借协议都明文规定，战争结束后只要有可能就要归还这些物资，就像它们真的是美国借出去而非赠送的一样，罗斯福起初也是希望如此。但几乎所有的武器、原材料和粮食都被战争无底洞般的需求和饥饿的人们消耗掉了，那也就剩不下什么可还的了。据美国战争部统计显示，归还的外援物资总价值只有11亿美元，主要供美国军队使用。归还租借物资的国家主要是中国，因为在战争结束前把所有堆放在印度、打算交给中国的物资送过去太难了。

加拿大和英国之间谈的援助计划并不是正式的租借计划的一部分。在关于租借的叙述中，加拿大的贡献常常被忽视，但这是范围更的大英帝国对英国战争机器的经济支援中的重要组成部分。和美国一样，加拿大的援助也是由于英国用加拿大元支付粮食和弹药的能力耗尽，同时加拿大担心英国可能会把订单转向美国进行租借。加拿大领导人并不想依葫芦画瓢搞租借，因为这与美国规模更大的租借项目相比会黯然失色，但他们也想继续充当民主国家的兵工厂之一。由于法语区魁北克省反对援英，加拿大内阁进行了尴尬的辩论，最后决定让加拿大提供"10亿加元的礼物",以保障1942年1月到1943年3月的英国订单,届时必须重新评估援助情况。加拿大宣布赠送这份礼物时,丘吉尔正在渥太华访问,被加拿大的慷慨所震惊。他怕自己把数字听错了,还特地要别人重复了一遍。加拿大总理麦肯齐·金告诉议会,"英国是因它为保卫自由所做的一切而获得奖赏的",他在向加拿大民众解释这份礼物时也是这么说的,但盖洛普调查显示,认同这一点的加拿大人只是将将过半而已。结果,这种礼物没有再次出现,但一项互助计划在1943年初取而代之,它像《租借法案》一样,把加拿大的资源集中起来提供给联合国(盟国这时候已经被如此称呼),而非只是提供给英国,但要保持加拿大的独立身份。[94]

《租借法案》——以及其他互助或回报计划——提供的物资种类包罗万象,但核心是军用装备和弹药。在提供给英国的租借物资中,军用物资在供应和运输中所占比例在1943年达到高峰,为70%;苏联拿到的工业用品和粮食占比更高,因此其军事援助尽管数量增加了,但总的占比从1942年的63%下降到1945年的41%。美国援助盟国的军用物资总量见表6.2。非军用货物和援助包括燃油、金属和大量粮食。由于海运资源紧张,人们必须找到不太占用宝贵的货运空间就能运送粮食的办法。这里的关键物资就是斯帕姆午餐肉——一种罐装的压缩猪肉——吃它的苏联士兵们戏称其为"第二战场"。尼基塔·赫鲁晓夫后来在回忆录中写道:"没有它,我们很难喂饱我们的军队。"到战争结束时,有将近80万吨肉罐头被送到了苏联。[95]脱水的新鲜食品也能把货运空间压缩超过一半,牛肉脱水能节约90%的空间,鸡蛋和牛奶能节约85%。尽管食用前先加水的吃法不太能引发食欲,但脱水食品还是成了英国人餐桌上的重要补充。英国人反过来提供给驻欧美军的大部分食品则是没有脱水的,此外还有大量的咖啡、糖、可可和果酱，而英国消费者就算能买到这些商品，得到的也只有配给包里的一点点。为了这些背井离乡的美国大兵，英国政府还征用了公共汽车，满载着供人消遣的商品和美食，包括英国面包房里已经见不到的甜甜圈，充作"流动俱乐部"。[96]

表6.2 美国根据《租借法案》提供的军用装备（1941—1945）[97]

装备类型	英帝国	苏联	中国	其他	合计
坦克	27 751	7 172	100	2 300	37 323
装甲汽车	4 361	0	0	973	5 334
装甲输送车	27 512	920	0	1 580	30 012
侦察车	8 065	3 340	139	499	12 043
轻型卡车	119 532	77 972	11 982	30 529	240 015
中型卡车	97 112	151 053	2 616	9 167	259 948
重型卡车	64 646	203 634	10 393	13 768	292 441
牵引车	20 282	888	5 842	17 745	44 757
高射炮	4 633	5 762	208	888	11 491
机枪	157 598	8 504	34 471	17 176	217 749
冲锋枪	651 086	137 729	63 251	28 129	880 195
步枪	1 456 134	1	305 841	126 374	1 888 350
无线电台	117 939	32 169	5 974	7 369	163 451
野战电话	95 508	343 416	24 757	14 739	478 420
飞机	25 870	11 450	1 378	4 323	43 021
航空发动机	39 974	4 980	551	2 883	48 388

英美之间不仅有物资和服务的互通，科技创新的大规模分享也是个重要的方面。与租借一样，这也源自战略上的迫切需要。一旦美国参战，英美之间就没有理由不去分享有助于共同对付轴心国的信息了，尽管在原子能计划的某些特定方面双方关系会更微妙一些。在几

乎整个战争期间，西方国家领导人都认为德国的科学和工程技术更先进，与军事应用的结合更紧密，比盟军的技术更有能力制造出难以预料而且危险的科技发明。尽管今天人们都明白德国的军事科技机构在这一方面被夸大了，但当时人们的焦虑有助于解释这一程度前所未有的跨大西洋科技协作。更值得注意的是，和租借一样，这一协作在美国参战前就开始了。1940 年 8 月，英国政府科学家亨利·蒂泽德爵士率领一支英国科技代表团前往华盛顿，把一些秘密科技信息提供给美国军方和平民科学家们。代表团带来的最重要的秘密是伯明翰大学开发的空腔磁控管，这使得开发更有效的微波雷达成为可能。美国新成立的国防研究委员会主席万尼瓦尔·布什获得了这个为美国军队开发新科技的机会。他在麻省理工学院建立的辐射实验室由此成了美国最先进的雷达研究机构。在蒂泽德代表团之后，美国和英国的科学家在所有军事研究领域都建立了协作机制，直至战争结束，只有核武器开发例外。[98]

原子能或者说核能研究计划代表着技术的最前沿，信息分享无论在民用还是军用方面都太重要了，哪怕是和潜在盟友分享也不行。英国决定要探索用原子能制造炸弹的可能性，于是，在 1940 年 4 月成立了莫德委员会来监管此项研究。1941 年 7 月，委员会报告称制造这种炸弹是可行的，而此时无论是蒂泽德还是他遇到的美国科学家都还觉得这在短期内是不可能的。1941 年 10 月，罗斯福向丘吉尔提出两国可以在核研究方面进行协作，但英国的科学家拒绝了，他们担心如果与美国科学家进行科研交流，秘密就会被无意中泄露出去。到 1942 年夏，美国的研究进度超过了英国，这下轮到英国科学家提出协作问题了。这次是美国的科学家拒绝了，他们担心英国会利用自己的开发成果用于战后商业目的。随后，英国科学家和加拿大科学家建立了蒙特利尔实验室，继续进行核研究，他们使用了美国提供的物

第六章 战争经济 669

资，但接触不到多少美国的技术信息。直到丘吉尔在1943年8月的魁北克盟国会议上明确表示英国不会为了自己的目的而利用美国的研究成果，才有一些英国科学家加入了美国的研究计划，美国还采取各种措施防止他们看到原子弹开发的全过程。美国还有人担心这方面的协作意味着会有其他国家获得核武器，妨碍美国构建战后新秩序的努力。斯大林直到原子弹实际使用前不久的1945年7月才被告知有这样一枚炸弹被造了出来，但伊戈尔·库尔恰托夫领导的苏联核计划从1942年就开始推进了，苏联在美国的间谍网对此起到了帮助作用。具有讽刺意味的是，英国根据魁北克协议派往美国的科学家克劳斯·富克斯就是苏联获取信息的重要来源。[99]

就算"知识的租借"从来都不是完全坦率的交流，这些问题与物资援助计划产生的后勤问题和盟国之间的摩擦相比也是微不足道的。全球配送体系的组建是个困难重重的巨大任务。在《租借法案》生效的头两年里，通往英国的大西洋航线就是个战场。1941年11月美国国会同意再次修改中立法之前，美国船只一直不能用来运输战争物资，盟军商船的运输能力有限。无论是德国潜艇的威胁还是珍珠港遇袭后美国军队的需求，都没能彻底阻断租借物资的运输，但英美双方诉求的矛盾使得优先级问题争议不断，也限制了运抵英国港口的货物的数量。1941年时，英国商船队的规模是美国的三倍，他们所面临的主要问题是任何时候在修的商船吨位都太多——从1941年到1943年3月（德国潜艇的威胁在此之后减退）间每个月平均都有310万吨商船在修。[100] 大部分船只是根据《租借法案》在美国船厂里维修的，但修理的速度始终赶不上对货运空间的需求。直到1943年美国商船建造厂生产出了惊人的1 230万吨新船，罗斯福才得以保证有足够的美国船只用来满足英国的需要，确保军事援助和粮食的运输。到1943年夏，可用的货运空间超过了待运的货物。[101]

更艰难的是把物资送到苏联，这占用了不少大西洋运输线上的英美两国船运力量。所有三条主要路线——北极航线、"波斯走廊"和阿拉斯加—西伯利亚通道——都充满了严峻的后勤挑战。最危险的路线是跨越北冰洋前往苏联北部港口摩尔曼斯克和阿尔汉格尔斯克的船队。在这条航线上，船只不仅要对付糟糕的天气和狂暴的大海，船上结冰也足以产生让船倾覆的威胁，有时还会遇到流冰和冰山，以挪威为基地的德国潜艇、飞机和水面舰艇的威胁更是挥之不去。在如此艰难的条件下，损失实际上却比预计的要低。在从苏格兰和冰岛港口出发走北极航线的42个船队848航次中，共有65艘船因事故以及潜艇和飞机攻击而损失，另有40艘船在返程途中损失。[102] 最著名的惨重损失发生在1942年6月，当时PQ17船队为了躲避德军军舰可能的威胁而分散开来，结果36艘船中损失掉了24艘。这次灾难导致北极航线在1942年夏季暂停了几个月，令苏联领导人大为光火。从1943年起，船队得到了更好的保护，损失也越来越少，船只开始在这条航线上往来不断，直至1945年4月最后一支战时船队从苏格兰的克莱德起航。共有约400万吨物资，对苏援助总数的约22.6%，是通过北极航线运输的。[103]

其他主要的援苏路线就没有这么多敌人和干扰因素的威胁了。其中最重要的是相对安全的北太平洋航线，尽管这里在冬季也会结冰，把船只封在冰上，有时船只还会解体。这条航线上的船只会从日本的北海道岛北方经过，无论是苏联船还是美国船都会挂上苏联国旗，因为苏联和日本在1941年4月签订了《苏日中立条约》，这会保护它们免遭拦截，尽管这些货物是为了帮助德国的敌人，而德国是日本的盟友。约有800万吨物资，对苏援助总数的约47%，是通过这条路线运输的，它们起先被运往苏联的马加丹港，后来又被送到彼得罗巴甫洛夫斯克的新码头。在这里，这些物资要么被存放起来，要么

第六章 战争经济

经由漫长的西伯利亚铁路被送到乌拉尔地区的工业城市或者更遥远的前线。然而，在阿拉斯加到西伯利亚沿线建设和运营设施的成本却远远超过了所运货物的实际价值。[104]

约有 1/4 的军用物资是通过经由波斯（今伊朗）通往苏联的第三条路线运输的，这条路线于 1942 年上半年启用。这是一条危险的路线，因为伊朗的道路状况很差，通往苏联南部阿塞拜疆的只有一条单轨铁路；它也在 1942 年夏秋之际一度受到威胁，当时德军攻向了高加索地区，向斯大林格勒的伏尔加河挺进。英军的波斯和伊拉克司令部负责建立这条路线，这需要进行大量工作来扩建伊朗和伊拉克的港口设施，修建铁路线，以及修缮道路以供重型卡车车队通行。沿途要穿过沙漠，一片片覆盖着盐的地区（这是被称为"卡维尔盐漠"的厚厚黄色泥沼），以及有数百个"之"字形弯道的山路；这是地球上最炎热的地方之一，温度最高能达到 49℃，但在冬季冰封的道路上，温度又会跌到 −40℃。司机中有人冬季在驾驶室里冻死，有人在夏天死于中暑。[105]那些守卫铁路免遭土匪袭击的印度士兵可能会在穿过 220 个黑暗隧道中的某一个时被人干掉，还要冒着在行驶缓慢、过热的火车头喷出的黑烟中窒息的危险。在如此不利的环境下，军人、工程师和劳工们创造了奇迹。这条铁路在 1941 年时每天的运量只有 200 吨，但在 1942 年美国波斯湾司令部接管后，日均运量达到 3 397 吨。随着战争接近尾声，"波斯走廊"被穿过黑海通往苏联南部港口的更容易的路线所取代。[106]

为了配合英美的行动，苏联交通主管部门组织了所谓的"特别任务"，通过 1942—1943 年新建的高速公路把货物和车辆从伊朗南部港口接运到苏联。运输距离超过 2 000 千米，车队饱受事故、偷窃、沙尘暴和暴风雪的蹂躏。英美部队在伊朗和伊拉克南部建立了 6 个组装厂，用来把为了绕过好望角的长途航行而拆卸并装进货轮的车辆组装起来——总共组装了超过 18.4 万辆车。1943 年 8 月，苏联成立了第 1 特别汽车队，他们把货物送达的时间从 1 个月甚至更久成功降到平均 12—14 天。在海拔逐渐升高到 2 000 米以上的土路沿途，设有餐饮站和维修所，以加快运输速度。一旦进入苏联境内，通往前线部队的第二段艰苦而漫长的旅程就开始了。所有 3 条援苏运输线总共运来了 1 600 万吨巨量物资，从北大西洋和西太平洋周围的港口开赴苏联的船只达 2 600 航次。[107]

把租借物资送到中国的路线丝毫不比援苏路线轻松。尽管中国是首批获得援助资格的国家之一，但对华援助的优先级比英国和苏联低很多。许多援华物资被闲置了，它们先是堆放在仰光的码头和火车站，日军入侵缅甸后，又堆在印度东北沿岸的港口里，等着通过孱弱的运输网送过去。在珍珠港遇袭前，对中国的援助可以通过太平洋进行，在那之后就只能走大西洋和印度洋了。送到之后，复杂的地理环境也使得这些物资难以穿过一些全世界最难以通行的地形送到中国军队手中，这里的道路很差，也没有管用的铁路。1941 年，盟军想要修建一条从缅甸北部腊戍到中国南方云南省昆明的铁路，但这一工程饱受恶劣工作环境的拖累，这里有约 10 万中国和缅甸劳工，其中数千人因疟疾或伤寒而病倒，还有大约一半人靠吸食鸦片来苦中作乐。[108] 缅甸线路失守后，唯一的可能性就只剩下把物资从印度的基地飞过喜马拉雅山送到昆明了。这条常被称为"驼峰"的航线极其艰险：飞行时要面对 6 000 米高度山区航线的严寒、凶猛的雷暴、增加油耗和导致飞机迫降的强风，而到了中国，也只有 2 条用碎石铺设的简陋跑道。有至少 700 架飞机和 1 200 名机组人员在空运行动中损失。在 1943 年之前，由于设备、飞机和飞行人员不足，运输量一直微不足道；1943 年之后空运量开始增长，但仍然不可能把重装备、车辆或机器设备空运过去。到 1944 年，所有海运送来的物资中仍有一半在等着送到中国。[109]而送进去的大部分物资被分配给了驻华美军,主要是陈纳德的第14航空军。据中国官方统计,98%的物资被美国人用掉了,但即便这个数字有些过高,蒋介石的美国参谋长史迪威也确实控制了租借援助的分配以实现美国的目的。[110]

各方在后勤上都付出了巨大的努力,而之所以如此,不仅是由于经济援助被视为盟军战略的关键环节,还是因为盟国领导人都直接参加了对援助条款的谈判并关注着结果。然而,尽管后勤努力取得了显而易见的成功,盟国之间围绕供应的进度和物资的优劣还是龃龉不断。英国接收到的美制坦克一直饱受责难,指责者认为M3坦克及其后继者M4"谢尔曼"坦克需要改造才能适应战场;1944年,坦克供应缺口显著,达到3 400辆,1944年下半年所有租借坦克的运输都被突然取消,因为美军装甲部队的损失率超出了预料。[111]更明显的是围绕飞机供应的争议。由于对德轰炸从1940年夏季起就成为优先战略任务,英国皇家空军希望美国航空工业能够到1943年时每月提供500架重型轰炸机,但这些飞机的供应还必须服从美国航空兵的优先需求。当首批B-17和B-24轰炸机送到时,皇家空军又对它们的作战潜力表达了失望,而且讨论要把这些飞机用于次要任务。由于这些飞机都是正在扩编的美军轰炸机部队的掌上明珠,美方对英国的批评十分憎恶,陆军航空兵总司令亨利·阿诺德只承诺在整个1942年提供四五百架轰炸机,最后还没有兑现。另外,据英国空军大臣阿奇博尔德·辛克莱的说法,1940年和1941年美国提供的过时战斗机和轻型轰炸机"几乎毫无价值"。[112]尽管到最后美国向英国及其帝国提供了近2.6万架飞机,但其中B-17只有162架,还有3 697架轻型轰炸机、8 826架教练机和运输机。[113]

对苏援助也同样招来了苏联方面喋喋不休的抱怨。1941年英国政府做的最初承诺兑现太慢,在随后几个月里实际送到的装备中许多又被苏联方面认为是不合格的。"飓风"战斗机被指责缺乏装甲而且武器太弱；英国坦克，尤其是"玛蒂尔达"坦克，被认为不适合苏联环境，它火力不足，而且在严寒中无法启动。英国坦克的可用率平均只有50%。当美制"谢尔曼"坦克开始出现时，苏联工程师又认为它们的装甲防护不足，而且太高，容易被击中。苏联装甲部队（很不友好地）戏称其为"七兄弟的坟墓"*，因为它们在敌人的反坦克火力前十分脆弱。[114] 当然，这两个西方国家都不愿意送出第一流的装备，除非不得已。1942—1943年，英国和加拿大仍在专为供应苏联而生产"玛蒂尔达"坦克，此时这一型号已经被英国装甲部队淘汰了；而当苏联方面要求获得B-17和B-24重型轰炸机时，美国人则予以了回绝。[115]

苏联方面顽固地拒绝西方派人前来帮助训练、维修，以及教授如何利用这些援助，这妨碍了租借装备的有效使用。到1943年，已有大批物资被送到了苏联，但没有苏联的配合，西方无从确认原因，也不知道是否应当继续发送这些东西。苏联的保密措施让当时的人们很难回应关于军援装备不适合作战的众多批评，尽管苏联官方曾做过承诺，但他们还是很少提供关于苏联坦克和飞机开发的信息，除了在1942年向美国送去了一辆T-34坦克之外。"我们还是在尽力满足他们的请求，"美国驻莫斯科军事代表团团长约翰·迪恩向马歇尔将军抱怨道，"而他们对我们的请求却只给最低限度的满足。"[116] 苏联对租借物资的请求包括了战后重建所需的货物，这让西方的疑虑与日俱增，这在1944—1945年达到了顶峰，华盛顿也受到了对援苏设限的压力。1945年8月，日本投降后，杜鲁门总统没有与任何一个主要受援国商量就立刻终止了所有租借物资的运输。[117]

---

* 原文如此，实际上"七兄弟的坟墓"指的并非M4，而是美制M3坦克。——译者注

由于租借计划所涉地域之广以及各方对急需供应品的争夺，相关各国的关系难免紧张，但到最后，以美国富余产品为主的大量资源还是被分给了各个盟国。那么这一成就是不是租借行动主管爱德华·斯退丁纽斯所说的"胜利武器"呢？答案比它看上去复杂得多。战后多年来，苏联官方一直在贬低或彻底忽略租借物资在苏联战争机器中扮演的角色。这是有意地扭曲历史。战争结束不久，苏联就非正式地发出了指导观念（在斯大林治下，任何明智的作家都不可能忽略这一点），称租借物资"在苏联的胜利中没有扮演任何值得重视的角色"。[118] 直到20世纪80年代，苏联的官方口径都坚持说这些租借货物来得太晚，又常常质量不佳，而且数量上只有苏联自产武器的4%。然而在战时，苏联领导人私下里承认了这所有形式的援助有多么重要。赫鲁晓夫在为他的回忆录所做的录音采访中揭示了斯大林对援助重要性的理解，但下面这些文字直到20世纪90年代才得以出版："我几次听到斯大林在周围人的小圈子里提到［租借］。他说……如果要我们一对一地对付德国，我们是应付不了的。"拿下柏林的胜利者朱可夫元帅，在他1969年出版的回忆录里采用了官方口径，但在6年前一次被偷听的对话中，他说如果没有外国援助，苏联"这场战争是打不下去的"。[119]

盟国供应的数量只有苏联产量的4%，这个比例是没错，但这个说法完全掩盖了《租借法案》真实的作用。在战争初期，租借坦克和飞机在苏联装备中所占比例要高得多，因为苏联在战争头几个月里遭到了格外惨重的损失。随着战争的进行，苏联的产量逐渐恢复，租借军用装备的重要性才相应下降。到斯大林格勒战役时，租借坦克的数量是苏联产量的19%。而到了6个月后的库尔斯克战役时（这是战争中最大规模的坦克战），苏军投入了3 495辆苏制坦克和仅仅396辆租借坦克，后者约为前者的11%。[120] 然而，坦克、飞机和武器并非盟国支援的决定性因素。更重要的是苏联通信系统的改造、吃紧的铁路网得到的支持，以及大量原材料、燃料和炸药的供应，若没有这些，苏联全面战争的努力和军事行动将不足以击败德国的大部分军队。战争头几年，苏联在空战和坦克战中的一个主要缺陷在于缺乏电子设备；这对于只能用很差或很少的通信设备来管控广大战场的指挥官来说也是个主要难题。根据《租借法案》，西方盟国总共向苏联提供了 3.5 万台军用电台、38.9 万台野战电话和超过 150 万千米长的电话线。[121] 到 1943 年初，苏联空军终于能够对空战单位进行集中控制了，而在坦克里装上电台这个简单操作也被证明是力量倍增器。无线电在红军卓有成效的欺骗和隐蔽行动中也发挥了作用，这让德国军队时常无法判断苏军规模，也不知道对手在哪里，意图是什么。

最重要的是，租借来的卡车和吉普改变了苏军后勤供应的面貌，这些车辆的数量最终达到 40 万辆，而苏联国产的只有 20.5 万辆。到 1945 年 1 月，苏联红军 1/3 的车辆是根据《租借法案》提供的。[122] 美援还扩大了苏联战争机器所使用的车辆种类：侦察车、装甲运兵车、半履带车、福特两栖车，以及 48 956 辆吉普，这些车上还装有电台，让苏联红军指挥官得以更有效地掌控他们的部队。[123] 人员和装备的铁路运输还要依靠美国提供的 1 900 台火车头（苏联自产只有 92 台），战争期间使用的所有铁路车皮中也有 56% 来自美援。到 1942 年下半年，苏联铁路系统可以每天向斯大林格勒前线的部队运送 15 列火车的货物，而德国平均只有 12 列。[124] 最后，盟军给苏联提供了 58% 的航空燃料、53% 的炸药，还满足了铝材、铜和合成橡胶轮胎的一半需求。[125] 盟国在这方面的供应规模是决定性的。这让苏联工业能够专注于大规模生产武器，把战争经济所需的许多其他供应交给盟国。

《租借法案》对英国战争机器的影响则没有什么可争议的，尽管各种战争回忆录很少会提到它的历史意义。和苏联对待《租借法案》

的态度一样，严重依赖另一个盟国的记忆对一个国家的历史来说并不光彩。然而，这种依赖却是绝对的。若没有美国1941年以来的大力援助，英国的战争机器早就停摆了。英国已没有能力购买以美元结算的资源，尤其是石油，而如果没有美国的工业产品、粮食和原材料，那么英国的战时经济就会很快达到极限，产能远不足以使其维持全球战争和击败德国。英军的全球作战逐渐变得依赖美国武器和美国船只的运输。1941年，租借装备占英国军队装备总数的11%，到1943年几乎达到27%，而在英军作战行动达到高峰的1944年则将近29%。到1942年10月下旬的第二次阿拉曼战役时，美国已经向北非输送了1 700辆中型坦克和轻型坦克、1 000架飞机、2.5万辆卡车和吉普车。[126] 最后，美国总共向英国和英国战区送来了27 751辆坦克、27 512辆装甲运兵车和25 870架飞机。和苏联一样，美国的援助使得英国工业得以专注于其他武器的生产，有些时候还会完全转向其他产品。由于美国的援助，英国的坦克产量在1944年开始下降，而火车头的产量却得以增加，缓解英国铁路网的压力。[127] 两国之间的协议促成了资源的合理分配，事半功倍。英国和苏联的生产记录都反映着美国的援助。对这两国来说，知道自己不必完全依靠自身资源是一项心理优势，这是轴心国所不具备的。而对美国而言，把国内产量的近7%租借出去并不会对国内经济造成太大压力，却带来了巨大的优势，这令主要盟国能够更有效地为美国利益而战，这也正是罗斯福从一开始就希望的。

资源拒止：封锁与轰炸

如果说互助是一种增加战争物资供应的经济策略，那么经济战就是一种减少敌人可用的武器成品和原材料的手段。"经济战"最初就是其字面上的意义——冻结资产、抢购物资、破坏与控制敌国的贸易——到第二次世界大战时则变成了真正的经济战，用潜艇和轰炸机发动，双方都在漫长的经济消耗战中损失了大量的人员和装备。传统的经济战手段在"二战"中仍然在用，但其重要性在用军事手段发动的经济战面前已经黯然失色，后者的目标是运输中的资源或本土经济的资源生产。无限制潜艇战和对城市中心区的轰炸都是常用的经济战策略，轴心国和盟国都一样。

这种广义的经济战的目的是要在敌人的资源到达战场之前予以物理摧毁，其成功的可能性首先取决于参战国展现出的经济脆弱程度。随着战争范围的扩大，交战双方在这方面表现出了鲜明的反差。美国几乎对经济战免疫：地理条件仍然保护着美国工业不受轰炸的威胁，而西半球的丰富资源也保障着美国的军工生产，瓶颈因素只有少量几个，尤其是天然橡胶，但紧急大规模转产合成橡胶弥补了这一不足。1942年的头两个月，德军潜艇曾短暂来到美国东海岸击沉没有护航的船只，但这种情况很快就结束了，对美国的战争机器也没有造成什么影响。在大西洋海运线上，美国的船只就很脆弱了，但绝大部分货物和军用装备还是跨洋送到了目的地。苏联在1941年丢失西部国土后，其工业区原本可能遭到德军远程轰炸机的打击，但德国空军没有手段能做到这一点，于是苏联的生产便继续不受打扰地进行。由于苏联国内自然资源丰富，加上越来越多的租借援助（尽管德国试图阻扰北极船队），针对苏联的经济战策略几乎不可能有太多斩获。盟国中最脆弱的是英国，正是为了打击英国的生产和贸易，德国在1940—1943年发动了海空联合作战。这是轴心国对一个主要敌国发动的、旨在以经济战策略打击其战争机器和战争意愿的最认真的一次尝试。然而，英国的脆弱性也只是相对而言。严重依赖海运供应的粮食、原材料和燃油——后来还有根据《租借法案》提供的军用物

第六章 战争经济

资——意味着英国会把大量资源投入保持海运线畅通的战斗中去。英国拥有全世界规模首屈一指的商船队，尽管并非无穷无尽，但这意味着要击沉非常多的商船吨位才能让英国的贸易到达崩溃点。在美国的支援下，英国组织起了全球商船运输网络，让盟军得以在全世界运输物资（无论这些物资在哪里找到或需要）同时阻止敌人享有相似的优势。要对付这一体系，轴心国需要一套对应的全球海上封锁体系才行，但它们没有这种手段，即便赋予其战略优先地位也不行。

轴心国则普遍脆弱。三个国家都会遭受海上封锁，因为英国和后来的美国都拥有强大的海空力量。尤其是意大利和日本的战争经济更为脆弱，因为两国都没有强大的自然资源基础，它们都依赖海上供给。地中海是一片封闭海域，封锁起来相对容易（1943年之前，英国人发现这种封锁是双向的）；日本则要依赖与东南亚占领区之间的漫长海运线，以及来自中国台湾、中国东北和朝鲜的粮食和原材料。然而，德国受传统的封锁、资产冻结和金融危机影响的程度被证明是高估了，而这些手段曾是1939年英法战略的关键要素。希特勒一直很在意1914—1918年战时封锁所带来的影响，这促使德国在20世纪30年代发展了国内的自给自足。到1939年，德国基础粮食供应的80%来自自产，还开展了石油、纺织品、橡胶和多种其他战争相关物资的合成制造计划。1939年，德国显然没有足够的黄金和外汇来购买军事经济所需的关键物资了，于是德国一边掠夺欧洲资产，一边向欧洲中立国施压，双管齐下，从而克服了这一难题。[128]

西线烽烟初起时，盟军的海上封锁便切断了德国的越洋航运，但1938年以来德国的地域扩张的部分意图正是想要让德国免遭封锁的影响。夺占挪威确保了来自瑞典的铁矿石供应；占领巴尔干地区保障了更多的原材料来源和与土耳其的贸易。1939年8月的《苏德互不侵犯条约》在1941年6月之前为德国带来了源源不断的大量原材料和粮食：1940 年运来了 61.7 万吨石油制品，1939 年只有 5 100 吨；食粮是 82 万吨，一年前则是 200 吨；而铜、锡、铂、铬和镍的供应在 1939 年还是 0。[129] 即便没有苏联的资源，德国在 1938—1941 年建立的"大区经济"也有效终结了传统海上封锁打击德国战争机器的任何可能。三个轴心国都缺乏的一种资源是石油。这是个关键性的短板，因为石油对于日本海军和对于德国的机械化战争同等重要。正是为了寻找石油，日本入侵了东南亚，令希特勒在 1942 年想要夺取苏联的高加索地区。[130] 盟国控制或拥有全球超过 90% 的天然石油产量；轴心国则仅仅控制 3% 的原油产量和 4% 的炼油产能。德国合成石油的产量很大，1943 年达到年产 700 万吨，占德国所用石油的 3/4，但始终不够用。[131] 石油这一轴心国的软肋被证明是西方盟国实现资源拒止战略、夺取最终胜利的核心要素。

对专注于帝国扩张的轴心国而言，发动经济战并不属于它们的任何主要战略计划。在三个国家中，只有德国曾试图通过对英国发动海空封锁来弥补战略劣势，但这在 1939 年时希望渺茫。当时德国海军只有 25 艘远洋潜艇，能够同时在海上作战的只有 6—8 艘，而德国空军致力于夺取制空权以支援地面作战，并没有向敌人航运和工业发动战略性打击的进一步计划。德国海军在 1939 年发布的"Z 计划"想要建设一支庞大的远洋舰队，但其开花结果还遥遥无期。尽管如此，1939 年 11 月，希特勒还是指示军队向英国发动经济战："打倒英国是最终取胜的先决条件。要做到这一点，最有效的途径是通过打击某些决定性地点来打垮英国经济。"[132] 德国空军和海军接到指示要协同行动，在英国航运线上布雷，摧毁港口设施、仓库、储油设施和粮库，击沉船只，轰炸军工业，最重要的是彻底摧毁飞机制造能力。希特勒亲眼见过第一次世界大战中协约国对德国的粮食封锁，因而强调对英国粮食供应的封锁。在登陆英国的流产计划这个短暂的插曲结束后,希特勒又回到了"封锁决定战争胜败"的理念上来,认为用飞机和潜艇协同作战,在可预见的未来就能"瓦解英国的抵抗"。[133]

希特勒关注经济战,而他的军队并没有为此做好准备,这在当时并没有什么战略意义,但反映出在他对战争的设想里,经济力量和军事胜利同样管用。这一观点部分来源于1914—1918年的潜艇战,当时有总吨位1 250万吨的6 651艘船被潜艇和水雷击沉,几乎就要把协约国的战争机器打残了。[134] 这一次,在希特勒乐观态度的鼓舞下,德国海军总参谋部希望打一场他们所说的"历史上最大规模的经济战"。击沉足够吨位是击败英国的关键这一观点得到了德军潜艇部队指挥官卡尔·邓尼茨准将(后升至元帅)的认同,这成了他小小的潜艇部队的首要目标。[135] 即便在美国参战带来大量新的后备商船运力之后,希特勒仍然将经济战视为资源拒止的关键因素。"元首意识到了这个事实,"海军总司令埃里克·雷德尔元帅在1942年6月如此报告,"潜艇战将会最终决定战争的胜败。"[136]

战争第一年,尽管可用于海空封锁的资源相对贫乏,但德国人斩获依旧颇丰。德军飞机攻击了英吉利海峡和北海上的运输船,在大西洋上则是潜艇、商船袭击舰和由远程客机改造而来的福克-乌尔夫200"秃鹰"飞机联合作战,在1939年9月到1940年12月间击沉了1 207艘船,为其提供支援的还有德国海军情报部门,他们能够破译英国关于运输船队的通信内容。1941年,仅仅"秃鹰"飞机就能每月击沉15万吨船只,直至英国战斗机最终飞来此地,寻猎并消灭这些动作迟缓的庞大捕食者为止。1940年,飞机击沉了58万吨商船,1941年超过100万吨,总共500艘船。同期德国潜艇击沉了869艘船,若不是德国鱼雷遭受严重的技术故障,直到1942年秋才最终得以解决,德国本可取得更多战果。海上事故(碰撞、沉船、火灾等)还另外导致了653艘船的损失。这一切使得英国的进口吨位锐减，从 1940 年的 4 180 万吨降至 1941 年的 3 050 万吨。[137]

除了海上战事初见成效，空中封锁也加入了进来。从 1940 年夏季开始，德国空军开始空袭英格兰南部的港口和码头设施。希特勒在 9 月中旬推迟了"海狮行动"登陆作战后，空袭又扩大到了英伦三岛的各大港口城市。尽管当时遭到轰炸的人觉得德军恐怖轰炸的目的在于摧毁英国人士气，但德国空军接到的指示是要摧毁英国越洋贸易的入港港口（主要攻击伦敦、利物浦和曼彻斯特），以及仓库、地下储藏室、储油设施、船只装卸和维修设施，支援海上作战；德军还空袭了其他军事－经济目标，主要是航空发动机制造业集中的大不列颠岛中部。"闪电战"其实是一种经济战形式，从 1940 年 9 月到 1941 年 5 月总共打了 9 个月，都是围绕这一目的进行的。如果封锁成功，德军希望它能削弱英国的战争能力，打击英国民众继续作战的普遍意愿。在 171 次大规模空袭中，141 次是指向港口城市，包括 1939 年承接海外贸易最多的城市伦敦。投下的 3 116 吨燃烧弹中，86% 扔在了港口城市；24 535 吨高爆弹中，这一比例是 85%。[138] 从 1941 年 1 月起，德国空军接到指示，要用大量燃烧弹攻击港口区域，英国堆放在那里的商品很容易燃烧。为应对英国将大西洋进口贸易转向西部港口，包括布里斯托尔、克莱德班克、斯旺西、加的夫和利物浦，德国空军得到新指示，把优先目标转向这些港口。[139] 到德国空军部队因被调往东线而中止轰炸时，英国所有的主要港口都已遭到了猛烈轰炸，赫尔、普利茅斯、伦敦和南安普敦更是遭到反复轰炸。

轰炸的效果被证明远逊于海上作战，但德军高层几乎不可能获得关于轰炸损毁情况的详细情报。希特勒很快就对结果失望了。1940 年 12 月，他觉得轰炸对英国军工业的影响甚微；两个月后他认同了雷德尔的观点，即轰炸反而"坚定"了英国人抵抗的决心，1941 年

第六章 战争经济 683

2月6日，他下达指示，要优先进行提高击沉船只吨位的潜艇战和航空战，这才是更具决定性的经济战形式。[140]但轰炸还在断断续续地进行着，这部分是因为很难向被英国皇家空军空袭了近一年的德国公众解释为什么要放弃对英国的轰炸，部分是为了在秘密推进入侵苏联的准备工作时，让斯大林继续相信英国仍是希特勒的首要关注对象。这一次希特勒的直觉是对的。英国空军部在1941年稍晚做的统计显示，轰炸对英国快速扩大的军工产能造成的影响不超过5%；城市遭到空袭后，通常只需3天至8天就能恢复正常的生产率，只有1940年11月考文垂遭到的大规模轰炸例外，这里花了6个星期才恢复到空袭前的状态。空袭对于英国石油和粮食储备的打击也同样微弱。英国只损失了0.5%的石油储备、5%的面粉磨制能力、1.6%的油菜籽产量和1.5%的冷库设施。供水从来没有中断超过24个小时，正常的战时铁路交通也未被打断，没有任何一条线路中断超过1天。[141]而德国空军却为空袭付出了高昂的代价：1941年1—6月有572架轰炸机损失（其中许多毁于事故）、496架受损。到1941年5月，轰炸机部队有769架轰炸机可用，比一年前入侵法国时少得多。[142]而英国方面最惨重的损失是在1940—1941年有44 652人丧生，男女老幼皆有，他们是无果而终的空中封锁的受害者。

希特勒不再认为轰炸英国目标有助于封锁，他再也不会如此使用空军了。封锁行动转而聚焦于海上的潜艇和航空战。德国水面舰队在此方面贡献不大——它们在整个战争中只击沉了47艘船——现代化的"俾斯麦号"战列舰在1941年5月被击沉后，海军大型舰艇都退出了远洋作战，转而保护从斯堪的纳维亚到德国的供应线，并威胁开往苏联的北极船队。1941年夏，海空战的局势也发生了变化。德国空军总司令戈林对于投入空军资源来支援海上作战原本就不热心，在空军大力投入"巴巴罗萨行动"后就更是如此了。被指定支援海军作战的驻法国第 40 轰炸机大队则从头到尾都受困于各种资源的匮乏。从 1941 年 7 月到 1942 年 10 月，飞机击沉的船平均每月只有 4 艘。[143] 封锁作战的绝对主力成了潜艇。1941 年，潜艇的数量增幅相当大，从一季度的 102 艘增长到年底的 233 艘。然而，受损潜艇缓慢的维修速度，对训练潜艇的巨大需求，以及北海、大西洋和地中海战场的多处分兵，意味着在大西洋上可以用于打击英国海运线的潜艇从未超过 17 艘。被派来支援大西洋作战的一些意大利潜艇被证明无法胜任远洋作战，于是被调到了更安全、更温暖的水域。直到 1942 年，潜艇的数量才开始接近邓尼茨眼中让封锁见效所必不可少的水平：7 月 352 艘，年底 382 艘，在整个 1943 年则超过 400 艘。这一年，同时出海作战的潜艇数量在 1—3 月达到了高峰，为 110 艘。[144]

到了这个时候，盟军在潜艇战中的反制措施已经开始取得显著效果。英国海军部成立了总部设在利物浦的西方航线司令部，在反潜战中指导所有以英国为目的地的贸易航运。司令部运用了潜艇跟踪室提供的关于潜艇动向的情报，这些情报来源很多，包括在 1941 年 5 月到 1942 年 2 月间"超级机密"截获的德国海军"恩尼格玛"电报，在那之后，这种破译由于德国密码变更而中断了 6 个月。这些情报被用来让船队避开守株待兔的潜艇。从 1941 年春季开始发布的"西方航线船队指示"让护航队指挥官的主要目标不再是猎杀潜艇，而是躲避潜艇。从战争伊始，几乎所有船只都要组成船队航行，只有航速 15 节及以上的船只可以独自航行。1941 年，船队的护航力量得到大幅增强，而空中掩护尽管仍远未臻完善，但也能迫使潜艇长时间地潜入水下。护航舰和飞机都装备了能协助探测潜艇的 1.7 米波长雷达和第一次世界大战最后一年发明的 ASDIC 潜艇探测器的改良型号。这些设备在频繁的风暴中和巨浪汹涌的海上效果都不理想，但 1940 年由空腔磁控管带来的雷达开发方面的突破使得雷达可以在更短的波长上工作。从 1941 年中期开始，271 型厘米波雷达被装在了军舰上，之后又上了飞机，让它们甚至在浓雾中、低云里和夜间都能够更加精确地侦测出潜艇。反潜手段的改进并未能导致潜艇损失的显著增长（1941 年仅 19 艘，1942 年 35 艘），但迫使德国潜艇远离它们先前的猎场，来到更遥远的中大西洋"真空地带"，或者向南拦截直布罗陀和塞拉利昂的航线。飞机和潜艇在 1940 年攻击沿岸船队取得的成功再也无法重现。1941 年和 1942 年苏格兰和伦敦之间 608 个船队的 21 570 航次中，只损失了 61 艘船。[145] 1941 年的吨位损失也从 3 月高峰时的 36.4 万吨降到 12 月的仅仅 50 682 吨。

德国封锁行动的高潮出现在 1942 年春到 1943 年春期间，当时击沉船只的吨位突然再次暴增。这一态势的逆转实际上大多是出于环境原因，它掩盖了德军的潜艇战和航空战从长远看因对手更大规模、更富创新性的回应而受影响的程度。1941 年 12 月，美国宣战，这突然为德军带来了攻击几乎毫无防卫的大西洋西岸航运线的机会。12 月 9 日，希特勒取消了对潜艇战所有尚存的限制，美国现在已经不是中立国了。美国的参战让邓尼茨措手不及，起初他只有 6 艘潜艇可用，甚至到了 1942 年 1 月下旬也只有 10 艘而已。远航程的 IXC 型潜艇被派往南面的墨西哥湾和攻击从特立尼达出发的石油和铝土矿航运线；小些的 VII 型潜艇则开往美国海岸附近。它们在这里收获巨大。华盛顿从未想到过潜艇的威胁竟会如此迫近本土。城市的沿岸地带仍然亮着灯，映照出沿岸船只的轮廓，而独自航行的船只也没有什么无线电管制，而且灯火通明。美国海军总司令欧内斯特·金上将认为没有必要编组护航船队，他也没有多少护航舰和飞机可以用于反潜战。其结果便是盟军船只在 1942 年的头 6 个月里遭到了大屠杀，被击沉船只的数量逐月创下新高——2 月被击沉 71 艘，6 月达到 124 艘，这是战争中的最高纪录。船只几乎全都是在美国水域被击沉的，其中 57%

是开往西北大西洋、服务于美国工业和对英租借物资供应的油轮。[146]盟军每月损失的船只吨位开始接近 70 万到 80 万的区间，这正是邓尼茨认为彻底摧毁盟军航运所要达到的水平。对德国而言，潜艇战现在有了新的紧迫性，随着美国参战，较量的实质已从困死英国的经济战转变为阻止美国把人员和装备运过大洋以帮助欧洲盟国作战的战役。

在接下来的一年里，情况对德军更加有利了。大西洋西北部是规模迅速扩大的加拿大皇家海军的责任区。护航舰艇的不足、护航军官低下的训练水平、老旧的潜艇探测器，以及护航到大西洋中部的需求让这支海军濒于崩溃。1942 年夏秋，德军潜艇向西北移动，进入圣劳伦斯湾作战时，只遇到了微弱的抵抗：5 艘潜艇击沉了 19 艘船，迫使湾内停止商船航运。[147]金上将最终引入了护航舰艇和空中保护后，美国和加勒比海域遭到的攻击便减弱了。邓尼茨把他的潜艇"狼群"调回了盟军空中巡逻尚无法覆盖的中大西洋"真空地带"。新一轮作战还得益于德国海军改变"恩尼格玛"设置的决定，这让英国在 2—12 月失去了"超级机密"情报，躲避潜艇更加困难，尽管仍有可能。虽然英国皇家海军护航力量更强，还得到了厘米波雷达的助力，但空中巡逻覆盖范围的缺口仍是个关键因素。皇家海军要求空军向海岸司令部提供更多的远程飞机，主要是经过改进的 B-24 "解放者"轰炸机，但封闭缺口的主要障碍被证明是丘吉尔。在 1942 年的危机月份里，他一直坚持认为最需要投入空中力量的是对德轰炸，他更喜欢进攻性的经济战，而非护航这种防御性需求。他认为轰炸潜艇制造厂会比在海上攻击潜艇战果更大，这一观点得到了轰炸机司令部总司令阿瑟·哈里斯中将的大力支持，但没什么可靠的证据。直到英国的进口将在 1943 年下降到无法维持的低水平这一可怕事实展现在丘吉尔眼前时，他才同意把更多空中力量转到海上作战中来，但还是希望不要影响对德轰炸。1943 年春末，每个月的船只损失超过 60 万吨，丘吉尔终于批准把远程飞机调来进行反潜战；与此同时，罗斯福也意识到船队的损失有多么严重，他强令陆军航空兵向加拿大空军移交15架"解放者"轰炸机，从西边填补缺口。到5月，约41架超远程飞机最终全程覆盖了大西洋航线。[148]

德军潜艇部队在1942年和1943年上半年的成功在许多方面其实都是一种假象。德军的成功有赖于美国海军对潜艇威胁的冷淡态度，和盟军暂时未能提供在大西洋中部驱赶德国"狼群"所需的不算多的航空兵资源。尽管损失惨重，但统计数字还是显示有大量船只完好无损地开完全程。从1942年5月到1943年5月间的174支船队中，105支没有被德军发现，其余69支被德军潜艇发现的船队中，23支躲过了攻击，30支受到轻微损失，只有10支遭到重创。在德军取得的大部分成功中，被击沉的都是掉队者或者未加入船队独立航行的更为脆弱的船只——1942年上半年，308艘被击沉的船中277艘是在美国水域被击沉的。而在从新斯科舍基地出发的代号HX和SC的主要船队中，1942年的损失比1941年更少：从116艘降到69艘。[149]随着战役的进行，单艘潜艇击沉的船只吨位开始锐减：1940年10月达到每天920吨，而到了1942年11月，在大西洋"真空地带"击沉吨位达到顶峰时，这一数字只有220吨。[150]1942年，盟军方面陆续获得了众多技术和战术优势：厘米波雷达、能够对任何使用无线电的潜艇进行准确测向的新型高频测向设备、第一批为船队护航的护航航母、更好的炸药、能在飞机距离过近而雷达无法有效工作时照亮前方海面的"利式"探照灯，以及1942年10月在东地中海俘获的U-559号潜艇上找到的新的四转子恩尼格玛机的密码本，这让盟军在12月又能解读"恩尼格玛"电报了。西方航线司令部在新任司令、潜艇部队将领马克斯·霍顿的领导下，改革了护航指挥官的训练，并引入了由海军舰艇组成的攻击力强大的支援大队，在"狼群"开始聚集时予以寻歼。尽管在 1943 年 3 月战役高潮时仍有 SC121 和 HX229 两支船队遭到沉重打击，损失了 21 艘船，但在所有海域的潜艇损失也突然激增到开战以来的最高值：2 月被击沉 19 艘，3 月 15 艘。

所有这些因素结合在一起，令封锁的威胁戛然而止。来自美国的更多商船使得英国的进口吨位从 1942 年的 2 280 万吨增长到次年的 2 640 万吨。让丘吉尔忧心忡忡的"进口危机"只是个短期危机，主要是由于部分船只被调往太平洋战场和用于盟军在北非的登陆。德国海军情报部门估计，盟军在 1942 年新建的商船不会超过 500 万吨，但实际上盟军在 1942 年建造了商船 700 万吨，1943 年则是 1 450 万吨。尽管盟军商船在 1942 年和 1943 年上半年损失惨重，其建造能力却让德国的消耗战略难以通过击沉足够船只带来决定性影响。1942 年 12 月，英国积蓄的粮食和原材料库存为 1 840 万吨，到 1943 年 2 月降到 1 730 万吨，6 月恢复到 1 830 万吨。[151] 由于美国造船工业的加入，1943 年新增的商船比损失的多出 1 100 万吨。1944 年，德国海军对于源源送过大西洋的用于登陆法国的装备和人员已经无能为力。

大洋上的战局已经彻底逆转。1943 年 5 月 11 日，一支慢速船队 SC130 从新斯科舍出发前往英国，由一支强大的护航舰队专司护航。船队在中大西洋遭遇了"狼群"，而新的"解放者"巡逻机此刻也出现在其上方。结果，6 艘潜艇被击沉，商船无一损失。这个月，大西洋上有 33 艘德军潜艇被击沉，所有战区共计损失了 41 艘。这是德国可用潜艇的 1/3。邓尼茨的结论是，如此损失是无法承受的。5 月 24 日，他命令潜艇撤回基地，直到能让战场再次转而对自己有利的新装备出现为止。5 月 31 日，他把暂时的失败汇报给了希特勒，后者还是一如既往地拒绝撤退："不许提放弃潜艇战的事。大西洋是我西线防御的第一条防线……"[152] 然而，直到战争结束，封锁也未能再建立起来。1943 年下半年，潜艇的损失超过了商船。1944 年，盟军在所有战区的商船损失只有17万吨，只是1942年损失的3%。盟军反潜兵力的扩大和升级让德军的潜艇作战难以维系，变成了一种自杀：1943年被击沉了约237艘，1944年为241艘。新装备XXI和XXIII型潜艇已经呼之欲出，这才是真正的潜艇，能够在水下隐蔽行动，在水下开火，作战航程可远达开普敦；但由于盟军轰炸和资源被其他更急迫的需求占用，其研发进展缓慢。新一代潜艇的首艇直到1945年4月30日才可使用，到德国战争机器完结之时，它正在开往泰晤士河口的途中。[153]

与轴心国不同，英国和美国的战前计划中就包含了强有力的经济战打算，这基本上是由地理现实决定的。两国都不会遭到地面入侵，从而能够自由地在海上和空中投送主要力量。美国的对日战争计划可以追溯到第一次世界大战之前的几年，它基于这样一个前提：日本如果想要把美国赶出西太平洋，就要对其进行经济封锁。橙色（指代日本的颜色）战争计划在首次构想之后的25年里屡经改动，但对无限制经济战的关注一以贯之。美国内战中联邦对南部同盟围困封锁的成功就是个范例。阻绝所有海外资源，摧毁航运，以及商业和金融孤立，都是用来给橙色敌人制造"贫困和枯竭"的手段。[154]美国的经济实力在面临全力以赴的对日战争时是能够确保摧毁日本经济的。20世纪30年代，美军的规划人员把空中力量也加了进去，将轰炸和封锁作为经济战的补充手段。1936年版本的橙色计划中就预见到可以从太平洋岛屿出发，对日本工业和交通目标进行远程轰炸，而航程足以做到这一点的飞机要过很久才会出现，在长期的孜孜以求之后，这一目标在横跨中太平洋的战役后期最终成为现实。[155]当德国成为潜在敌人之后，飞机也成了欧洲战场经济战计划的核心。在这里，轰炸是立刻可以实现的，关于其目标，美国军方规划人员在1941年夏末达成了一致，就是要"打垮其工业和经济结构"。[156]

英国经济战的典范就是第一次世界大战，人们普遍认为，同盟国崩溃的主要原因之一就是海上封锁，它使得资源和粮食无法运入，导致了1918年的产业危机和社会危机。在那场战争行将结束之际，轰炸德国工业的前景已经作为经济战的形式之一被纳入了封锁计划。协约国计划在1919年用数以百计的多引擎轰炸机进行大规模空中攻击，却因1918年11月的停战而未能实现，但是从空中围困敌人经济的想法在随后20年里始终是英国空军的关键设想。1928年，皇家空军参谋长休·特伦查德元帅写道，一支空军在战争中的核心目标在于打击敌人的工业城市及其民众的战争意愿："这是他最难以防守也最易遭受攻击的地方。"[157]直到1940年5月轰炸攻势开始之时，这一目标仍然是航空兵的核心任务，此后空中轰炸成了总体封锁战略的组成部分。在两次大战之间，从海上对敌人经济进行常规封锁仍是一个固定选项，到1937年，战争计划为可能爆发的对德战争提出了更具体的指示。"对德经济施压委员会"于1937年7月成立，它对德国经济弱点的思考帮助英国形成了将对德经济战视为总体战略中主要组成部分的思路。1938年9月慕尼黑危机时，英国还一度成立了"经济战争部"。起了这么个名字，是为了将"经济战"的概念（这个名词在1936年被首次提出）从单纯的海上封锁扩大到阻止德国获得货物、资金和服务的所有可能形式，包括将进攻行动作为其"作战部分"。这些职责最终扩大到了为轰炸机司令部选择和评估经济战的目标。[158]1939年9月，这个部门作为英国战争机构的组成部分之一正式成立。

然而，西方国家在经济战中用潜艇和飞机攻击商船和敌国工业，却可能会受到法律约束。1936年的《伦敦潜艇条约》——包括德国和日本在内的列强都签了字——将潜艇的合法攻击目标限定为运兵船、有海军护航的船队中的商船，以及参加战斗行动的任何武装商船。无限制潜艇战被宣布为非法。攻方应该让商船停下来，登船搜查违禁品，并保障船员的安全。飞机也受到同样限制。根据英国空军部1940年初发布的指示，飞机只能攻击军舰；如果要从空中对商船下手，那么目标就应是争取迫使其偏离原有航线。[159] 由于潜艇和飞机都无法轻易执行"停船搜查"的合法举措，这些规定对海上经济战的影响就几乎可以被忽略了。盟军轰炸德国目标时也面临相似的问题。英国政府和总参谋部于1939年发布指示，宣布所有故意攻击平民、攻击目标无法确认为军用目标（这就意味着无法穿云轰炸和夜间轰炸），以及疏忽导致平民死亡的作战行动，全部为非法。[160]

这两种限制都在1940年间被英国政府取消了。英国认为，德国军队已经极其粗暴地践踏了国际法，自己也就不必再对德国遵守这些限制了，于是，对德国工业城市的轰炸在1940年5月拉开了序幕。到10月，所有限制都被取消，这就为1941年中期故意将工业城市的平民人口作为合法目标的战略铺平了道路。[161] 潜艇战方面也用了相同的逻辑。既然德国已经显然采取了无限制潜艇战——实际情况并不完全如此——那么对德国航运进行无限制战争也就没什么法律争议了。从德国进攻挪威开始，英国就为本方军舰和飞机划定了有界线的"发现即击沉"区。这些区域在第二年逐渐扩大，此时所有的轴心国船只都成了无限制战争的目标。对美国而言，日本对珍珠港的偷袭让所有法律问题大为简化。遭到袭击的基地指挥官在6个小时后收到一封电报："对日本执行无限制航空战和潜艇战。"[162]

无限制经济战首次出现在地中海战场上。1940年6月13日，一艘意大利潜艇在意大利海军标记为"危险"的海域未经警告就击沉了一艘挪威油轮。意大利在布设雷场的时候显然也没有如国际法要求的那样正式公开声明。7月中旬，英国战时内阁辩论后批准了对意大利船只"发现即击沉"，适用这一指示的首先是利比亚沿岸海域，随后是距离任何意大利领地海岸 50 千米之内的水域。潜艇、水面舰艇和飞机能够放手摧毁意大利的贸易以及向北非作战前线运输的军用装备和人员。[163] 然而，英国的行动要收到实效仍需假以时日。1940 年，英国在地中海只有 10 艘潜艇，全都是老旧的 O 级和 P 级潜艇，它们在这片内陆海的浅水和高能见度之下显得体积过大，下潜太慢。飞机数量太少，而且都用来防御埃及了。1941 年，新型的 T 级和更小型的 S 级、U 级潜艇开始大量出现，它们更适合地中海的环境。1940 年 10 月，英国海军缴获了意大利的潜艇密码本，1941 年 6 月又破译了意大利的 C38m 密码，从而获得了意大利船队出航和航线的详细信息。[164] 更大规模的空中行动、更广泛的布雷，以及专门猎杀船队的水面舰队，给意大利和德国航运（后者的船只被租借给意大利人，但仍然悬挂德国旗帜）带来了不可逆转的损失，使意大利商船队逐步被消灭。

在 1943 年 1—5 月这戏剧性的最后几个月里，意大利船队勇敢地穿过盟军雷场之间狭窄的航道，去补给被困在突尼斯的轴心国军队。结果它们遭到了来自附近英美军基地的空袭和水面舰艇、潜艇的攻击，损失惨重，几乎没有机会全身而退。意大利水手们称其为"死亡航线"。海军舰艇的损失意味着可用的护航驱逐舰从来未超过 10 艘，到 2 月只剩下 5 艘，它们不得不夜以继日地往来奔波。3—4 月有 41.5% 的补给沉入了海底；意大利投降前不久的 5 月，这一数字达到了 77%。在"死亡航线"上，从头到尾共有约 243 艘补给船被击沉，242 艘受损。[165] 在 3 年的战役中，意大利商船队的 310 万吨船只中损失了 280 万吨，这包括了意大利、德国和缴获来的船只；共有 1 826 艘货船和油轮被击沉，其中 42% 毁于潜艇，41% 毁于飞机，17% 毁于水面舰艇和水雷。[166] 然而，这些行动对轴心国北非战事产生的效果并不理想。盟军使出浑身解数去攻击船队，送达非洲的补给估计只有

15%。而这里的小港口又无法容纳大批货物，结果受困于此的船只和物资纷纷被中东的皇家空军部队无休止的空袭所毁，或者在开赴前线的漫长运输线上损失掉。[167]问题并不在于船队在海上的实际损失水平，而是能用来运输物资的船只越发匮乏。因为资源不足，数以千计吨位的船只在意大利的船厂里等待维修而无法行动。向北非运送货物的月度高峰出现在1941年2—6月；1942年7—12月的月均运量只有先前的62%，而需要补给的部队规模却要大得多。[168]

对意大利商船航运的打击导致了意大利军工生产的下滑和石油的短缺，这是毋庸置疑的。盟军的封锁不仅针对其与非洲的交通，还针对意大利港口的日常贸易，意大利工业依靠这些贸易获得关键原材料和燃油，意大利民众也靠它们获得粮食供应。对意大利航运的摧毁和打击在这一方面的影响程度不如非洲补给线那般引人注意，也更难以用统计数字展示。据意大利军队估算，该国每年需要830万吨原油进口，但1940—1943年平均每年只能获得110万吨；铜和锡15.9万吨的需求只能靠进口得到平均3万吨；每年运来的铝只有5 000吨，需求却是3.3万吨。[169] 1942年棉花和咖啡的供应只有1940年的1%，羊毛只有4%，小麦11%，钢铁13%，等等。[170]这些缺口中有多少是盟军的经济战直接导致的尚待探讨，但意大利到1943年夏损失了90%的战时船运能力，这本身就能说明不少问题了。

对德经济战的规模要大得多。和地中海上的补给战不同，对德打击大部分是空中作战，最初由英国皇家空军担纲。从1942年起，驻扎在英国的美军第8航空军也加入了进来，从1943年下半年起还有驻意大利南部的第15航空军。对德国海上运输的封锁被证明作用有限，因为德国能够从欧洲的沦陷区和中立国获得资源。战争期间英国潜艇在欧洲北部水域仅击沉了81艘船，海岸司令部的飞机击沉366艘，尽管其中许多是轻型近岸船只。水雷还击沉了估计638艘船，大部分是小艇。[171] 德国的远洋商船航运遭到了英国海军舰艇的拦截，后者执行了所谓的"违禁品管控"行动，战争物资和高价值货物都遭到了扣押，但这些货物的数量在 1939 年秋很快就大幅度下滑。在那之后，冲击封锁线的船只就很少了，有些是德国船，有些是日本船，但很大一部分被击沉或俘获，它们的战略影响微乎其微。甚至在战争爆发前，人们就认为阻止德国战争机器获得资源的战略最好是由远程飞机从源头上加以攻击来实现。在战争爆发前的几个月里，英国空军部制订了多达 16 套西线航空作战计划，但实现这些一厢情愿的计划远远超过了轰炸机司令部的能力。关键的计划是 W.A.5 "攻击德国生产资源计划"（目标包括德国的整体军工业、鲁尔工业区和石油资源），以及 W.A.8，夜间攻击德国军事仓库的计划。1940 年 5 月中旬，两套计划是共同付诸行动的，当时丘吉尔的战时内阁批准了难免带来平民伤亡的夜间行动。[172] 这些初期的空袭掀起了一场针对德国大后方和欧洲沦陷区产能的长达 5 年的战役，其时间之长和规模之大超出了几乎所有人的意料。英国和美国的航空兵都预计从空中发动的经济战会立竿见影，但是，就和海上的消耗战一样，对经济资源的打击被证明是一个缓慢的、令人沮丧的、代价高昂的过程。

实际上，英军轰炸机司令部在战役的头两年几乎未能发挥任何有效作用。尽管丘吉尔全力支持空中轰炸，视之为将战火烧到德国人家里的唯一途径，但认为此举能够严重破坏德国工业和交通的想法却与实战情况相悖，德国轰炸对英国生产能力的有限影响就是证明。轰炸机司令部的飞机太少，没有重型轰炸机，没有现代化的轰炸瞄准具或导航辅助器材，只能装载小口径高爆炸弹和少量燃烧弹，还要面对多到令人畏惧的高炮阵地，它们保卫着通往德国西部关键目标的路径。轰炸机司令部一名飞行员回忆说，1940 年对指定军事经济目标的行动"漫无目的"，许多机组甚至找不到他们要去轰炸的城市。很大比例的炸弹被扔在了旷野中，还有很多被证明是哑弹。[173] 1941年8月，丘吉尔的科学顾问弗雷德里克·林德曼要求年轻的统计学家戴维·本苏曾－巴特对轰炸机司令部的飞机拍摄的650张照片进行分析以评估轰炸精度，于是这些失败变得世人皆知。巴特发现，在鲁尔工业区上空，每5架飞机中只有1架能飞到距离目标8千米之内的地方——在莱茵兰更是每10架中只有1架，在无月或浓雾弥漫的夜晚，每15架中只有1架。两个月后，轰炸机司令部新成立的作战研究处发现，秋季的空袭更为糟糕：只有15%的飞机在距离目标不到8千米的范围内投弹。[174]

其实早在巴特的报告出炉前，轰炸机司令部的经济战策略就已根据在当时条件下轰炸必定不精确的问题进行了调整。通过分析德国轰炸英国所产生的影响，空军部得出结论，燃烧弹轰炸带来的损伤远高于高爆弹，应当置于优先地位；另外，轰炸工人及其居住的城区将会比徒劳地攻击某个特定工厂更有效地降低敌人的军工产能。1941年4月，一份对轰炸政策的评估提出要"向德国城镇中工人阶级居住区的中心发动精心计划的、集中而且连续的'闪电'攻击"。航空情报主任指出，工人们"流动性最差，面对全面空袭也最为脆弱"。[175] 经济战争部也在几乎同时得出结论，如果去摧毁"工人们"的居住和购物中心而非具体的工厂，那么经济战战略就会更加成功，他们也催促空军部对整个城市下手。[176] 在英国人的思维里，工人变成了有吸引力的经济战目标。认定了这个想法后，1941年7月，一项全新的指示下发到了轰炸机司令部，要求把3/4的行动用于打击工人阶级居住区和工业区，其余行动则是在有可能时打击交通运输目标。1942年2月14日又下发了第二项指示：交通运输不再作为有效目标（对它的攻击几乎从未成功过），作战行动将以打击敌人城市人口尤其是产业工人的士气作为首要目标。他们对德国工业城的分区突出了脆弱的居民区："1类区，市中心，建筑全覆盖；2（a）类区，密集居住区，建筑全覆盖"，直到"4类区，工业区"。他们希望轰炸机司令部空袭1类和2（a）类居住区，避免在更为分散的工业区浪费炸弹。[177] 经济战争部制订了一份58座城市的列表（所谓的"轰炸机指南"），根据对关键工厂数量的分析为每个城市的经济价值打了分。柏林的得分最高，545分；后来在火焰风暴中被摧毁的维尔茨堡，得分只有11分。此举并非为了鼓励精确轰炸，而是为了确保当一整片城区被毁灭时会有许多重要生产商因工人的死伤和补充而受到影响。这份列表后来又扩大到了120座城市。1942年2月被任命为轰炸机司令部总司令之后，哈里斯始终把这份列表带在身上，并把那些他认为已经被摧毁到足够程度的城市抹去。到1945年4月，当轰炸城市的行动在德国投降前几天最终停止时，哈里斯已经在他的列表上抹去了72座城市。[178]

美国陆军航空兵对其在经济战中的潜力持有完全不同的观点。1940年，借助英国航空情报部门整理的材料，美国航空情报处从德国经济体系中选出了一系列目标，他们认为打击这些地方最能够彻底摧毁德国的战争机器。1941年8月，当他们接到战争部指示，要制订一份航空作战计划以作为罗斯福"胜利计划"的一部分时，分析人员选择了电力、运输、燃油和士气（这体现了英国的影响）作为空中战略打击的首要目标。和英国的所有计划都不同，美军的AWPD-1计划将德国空军与支撑空军的工业和基础设施视为至关重要的"中间目标"，合理地将摧毁这些目标视为有效摧毁其他目标的先决条件。[179] 1942年，当第8航空军正在渡过大西洋进驻英格兰之时，最初的计划也进行了修订。1942年9月，AWPD-42计划不再将士气作为有效目标，而是把潜艇建造、合成橡胶和制铝产业加入关键目标。AWPD-42计划经过了精细测算，1941年有154个具体目标，1942

年扩大到177个。[180] 作战计划制订者对所需的轰炸机部队规模和打击力度也进行了测算。他们认为，使用有效轰炸瞄准具的美国轰炸机能够昼间飞到德国上空，向确定为首要目标的工厂发动精确空袭。美军计划认为，一旦指定目标被摧毁，其效果"将会是决定性的，德国将无法维系其战争"。[181] 这与英国皇家空军的夜间轰炸反差鲜明，并在1943年1月的盟国卡萨布兰卡会议上最终达成的"联合轰炸行动"协议中得到了正式确认。六个月后发布的进攻直接指示明确区分了两种经济战形态———一是昼间对特定工业目标进行系统打击，二是要通过夜间空袭摧毁德国工人们延续战争的能力和意愿。这两种战略泾渭分明，但绝非水火不容，尽管美国航空兵领导人始终怀疑英军的空袭无论在政治上还是在经济上都无法取得任何决定性成果。"士气在极权社会中无关紧要，"美国驻欧战略航空兵司令卡尔·斯帕茨将军总结道，"只要控制模式行之有效就是如此。"[182]

第一年，美军第8航空军经历了一段艰难的学徒期。那份意在让夸张列表上的177个指定目标瘫痪的计划被证明在当时条件下完全不可能实现。被吹上天的"诺顿"轰炸瞄准具在轰炸高度超过4 500米时只是个拙劣的工具；德国工业城市常常被云层或工厂的黑烟笼罩，从1943年到1945年，几乎3/4的美国炸弹是在雷达辅助下"盲投"的，这与英国的区域轰炸无异；而昼间没有战斗机护航的轰炸也导致了无法承受的损失率。1943年8月和10月，美军对仅仅一个指定的关键目标——施韦因富特滚珠轴承厂——发动了两次大规模空袭，结果让轰炸机部队损失惨重：8月的空袭损失了31%的飞机，包括被摧毁的、受到重创的或被迫飞往北非基地的；10月，出击的229架轰炸机中损失了65架。[183] 这样的损失率是无法承受的，于是在1944年2月前，美军第8航空军只能选择轰炸德国北部沿岸或欧洲沦陷区那些更容易打击的目标。

1944年2月重启对德国工业的昼间空袭时,战场环境已经发生了天翻地覆的变化。1943年下半年,斯帕茨被任命为欧洲所有美国战略航空兵的总司令。1944年1月,詹姆斯·杜立特少将接掌美军第8航空军,在他们的领导下,经济战需要让德国空军在保卫德国工业的战斗中彻底败北。其中就有经济因素,因为飞机制造业是优先打击的工业目标。1944年2月19—26日,驻英国的美军第8航空军和从意大利起飞的美军第15航空军向18家飞机组装厂发动了一轮猛烈攻击,此次行动被称为"大礼拜行动"。它造成了很大的破坏,但并不致命。真正的打击来自战术的变化。和海上的商船一样,轰炸机群也需要护航。从1943年下半年起,美国战斗机——P-38"闪电"、P-47"雷电"和高性能的P-51"野马"(由美国得到授权后生产的英国"梅林"发动机驱动)——加装了副油箱,这样就可以深入德国空域了。在保护脆弱的轰炸机的同时,一些战斗机也获准执行"自由猎杀行动",在轰炸机编队数英里外飞行,寻猎敌人的战斗机、空军基地和其他设施。尽管1944年德国战斗机的产量大幅增长,但美军护航战斗机给其带来的消耗率被证明是灾难性的。2月,德国空军损失了战斗机部队的1/3,4月这一数字则达到43%。[184] 有经验的飞行员的损失无法及时填补,飞行员的训练水平也随之下降。事实证明,德国无法承受这种损失率,尽管1944年德国的飞机产量顶着轰炸持续处于高水平,但德国空军还是在德国上空制空权的争夺中败下阵来。

德国空军的崩溃让美军轰炸机得以在轰炸机数量大幅增长的助力下重返经济战中来。这一回,早先的计划想要打击的大范围目标体系被放弃,轰炸集中在了德军的燃油供应上。1944年3月,"敌人目标委员会"的一份报告提出,燃油是最易受攻击的目标,也很可能是能对德军整体战斗力造成显著影响的目标。尽管轰炸机要被转去支援盟军计划在6月发动的对法国的进攻，但斯帕茨还是下令批准了针对石油的轰炸行动。4月，美军对罗马尼亚普洛耶什蒂的油田发动了毁灭性空袭，这是德国天然原油的主要来源。5—6月，合成燃料的主要生产厂和石油精炼设施也遭到了猛烈空袭。即便绝大部分炸弹仍然落在目标区之外，但落在燃油目标上的炸弹还是足以造成严重破坏。[185] 航空燃油的产量从3月的18万吨跌到6月的5.4万吨，再跌到10月的2.1万吨。合成石油的产量在4月是34.8万吨，到9月则只有2.6万吨。除了攻击无法轻易疏散或隐蔽的资本密集型工厂，美军还决定打击军需生产所需的其他基础化工领域。1944年，氮气产量下降了3/4，甲醇下降了4/5，苏打60%，硫酸55%，诸如此类。合成橡胶成了另一项与石油并列的关键军用资源，其产量从1944年3月的1.2万吨降到11月的2 000吨。[186] 日积月累，德国关键资源的库存大为减少，仗再打下去就撑不过1945年春季了。

　　除了对主要石油和化工厂的打击之外，从1944年9月起，艾森豪威尔还向美国和英国航空兵发出指示，要他们在轰炸石油工业同时也集中轰炸交通网络。哈里斯抵制任何让轰炸机司令部偏离城市轰炸的做法，但同意对有石油和铁路目标的城市进行区域轰炸。对指定目标体系的最后打击，包括对德国空军的持续压制，大部分是斯帕茨执行的。从经济角度看，从1944年9月起对铁路和水运目标发动的一轮打击被证明是决定性的。莱茵河的水道因科隆－米尔海姆大桥刚好被击中而堵塞；连接鲁尔－莱茵兰工业区和德国中部的米德兰运河在当年的最后几个月里也实际上无法使用；在德国铁路系统的25万节货车车厢中，到11月已有一半无法使用。煤和钢无法运出鲁尔，只好在火车站堆积如山，等候运输；从1944年9月到1945年1月，德国的铁路货运总量跌了近一半。[187] 这让德国不再是一个统一经济体，而碎裂为多个经济区，随着资源耗尽，军工产量也迅速下滑。负责德国军工生产的官员、商人在战后的审讯中几乎都特别提到交通系统的瘫痪是经济危机的首要原因。而与此相反，军队领导人则将石油的损失视为军事崩溃的关键因素。"没有石油，没人能打仗。"戈林如此认为。[188]

战后，美国战略轰炸调查组和规模小一些的英国轰炸调查团对经济战进行了战后调查，其结果大体上印证了审讯得出的观点。这些调查聚焦于经济战的影响，而非政治和军事后果。没人想要掩盖这样一个事实，尽管遭到了5年130万吨炸弹的轰炸，德国的军工生产却一直在显著扩大，直至1944年秋：战斗机产量增长了13倍，坦克增长了5倍，重炮增长了4倍。[189]产量增长最快的阶段正是盟军能够猛烈而持续地轰炸的那几年。毫无疑问，若没有轰炸，产量还会更高，但轰炸终究只是影响战争经济表现的因素之一。美军《总体报告》的作者测算，轰炸在1942年让德国经济损失了潜在产能的2.5%，1943年为9%，1944年为17%，此时美军对德国工业目标的打击终于有效起来，尽管这些统计数字也包含了非军用物品的生产。和战后审讯一样，这份报告也得出结论，摧毁石油设施和交通线是打垮德国战争机器的主要因素，尽管调查组石油分组的报告显示，所有投向石油设施的炸弹中只有3.4%击中了工厂和管道，84%则落在目标区之外。[190]美国的报告推断说英国的空中轰炸"对生产几无影响"，一年后英国轰炸调查团的报告出炉后，美国人的断言被证明十分正确。对21座工业城市进行的研究显示，轰炸在1942年只让产能下降0.5%，1944年也仅有1%。调查还发现，被轰炸城市的产量增长还快于14座未遭轰炸的城市。[191]英国的报告认为，美国选择打击运输业的策略是正确的。空袭确实摧毁了德国几乎40%的建筑区，导致超过35万男女老幼死亡，但即便是这种空前的打击力度，也未能阻止德国的军工生产始终处于上扬趋势中，直到1944年秋季。

在集中打击交通运输和石油设施前，轰炸行动可怜的经济效果可以用多种原因来解释。参加德国经济调查的一名经济学家尼古拉斯·卡尔多声称，现代工业经济在战时环境下有一定程度的"缓冲"来减弱轰炸的影响。在德国，这种缓冲部分来自欧洲沦陷区的资源和劳动力，部分来自军工生产系统的合理化改造，部分来自有意识的分散化生产举措。[192] 美国经济学家 J. K. 加尔布雷思也参加了调查工作，他的结论是德国经济"具有扩张性和弹性，而非静态的和脆弱的"，盟军情报也表明了这一点。[193] 1941 年英国皇家空军和经济战争部制定的策略旨在通过轰炸让士气低落的工人队伍出现高缺勤率，但即便是这个目标最后也未能实现。几乎所有遭到猛烈轰炸的城市都能在 3 个月内恢复到空袭前产能的 80% 以上，6 个月内恢复到 100%，甚至更高。在汉堡，1943 年 7 月的火焰风暴之后，超过 90% 的工人到 9 月时就已复工。[194] 在轰炸达到高潮的 1944 年，空袭导致的缺勤只让工业工时数损失了 4.5%，尽管在潜艇和飞机制造这种目标行业中缺勤率会更高一些。[195] 到了这个阶段，工人队伍中有多达 1/3 的人是外国强制劳工，他们被迫在城市废墟中和空袭下继续劳动。德国战时经济的主要成本在于为轰炸受害者提供的福利和安置计划，以及民防、救援和维修占用人手带来的劳动力损失。在交通系统被毁前，这到底在多大程度上妨碍了军工生产的上扬趋势，很难用数据来统计，在 1945 年时也没人想要去统计，但这些为应对空袭而占用的资源就算可以用于军工生产，看上去也完全不可能促使其大幅度增长。

德国在军事上付出的代价则要沉重得多。到 1944 年秋，80% 的战斗机部队集中在德国本土以抵抗轰炸，轰炸机产量则跌到战斗机的 1/10，这样前线就既没有了战斗机，也没有了轰炸机。1944 年德国本土部署了 5.64 万门高射炮，产量达到每月 4 000 门；防空力量消耗了电子工业的半数产量和光学工业 1/3 的产量。[196] 这种大规模的资源占用是盟军在发动轰炸之初没能预料到的，但意外地在战争的关键时刻让前线德军手中的装备大大缩水。

与此相反，对日本发动的经济战主要是在海上打的。重型轰炸机飞往日本本土列岛所需的基地要到 1944 年下半年和 1945 年初美军夺取马里亚纳群岛后才到手。轰炸作为一种摧毁日本军工产能的策略，要到太平洋战争的最后 6 个月才得以形成规模。海上的作战是一种间接的经济战形态，旨在阻止日本军工业获得原材料，阻止日本陆军和海军获得燃油，阻止日本民众获得粮食。"橙色计划"的本意即是如此，但其最初计划假设的前提是美军仍可在西太平洋立足。可是日本夺取了菲律宾和关岛、威克岛的美军基地，这意味着封锁只能依靠潜艇和海军飞机来进行，直至安全的陆上基地和港口重回美军手中为止。

日本领导人明白，对进口尤其是来自南太平洋和东南亚占领区进口的严重依赖，让搜罗足够的商船运力来弥补可能的损失成了迫不及待的事情。1941 年和 1942 年的物资动员计划是根据可用的船只供应能力设计的，正是船只供应的因素主导了日本战时经济的发展，直到 1945 年。根据 1942 年 3 月发布的《战时海运管制令》，日本成立了"航运运营委员会"以掌控所有航运的需求、调动和运转。[197] 商船成了战时生产的优先领域。1941 年 12 月，日本可用的商船吨位是 520 万吨；通过扩建既有船坞，新建 6 座大型新船坞，以及对船只设计和建造合理化改进，事实证明，日本在战争中再多造 350 万吨商船是可能的。[198] 在战争的大部分年月里，日本经济面临的首要问题是，陆海军为了支援从北太平洋偏远的阿留申群岛到印度洋旁缅甸的辽阔大洋上的作战行动，会征用大量商船。补充部队和装备的需求是不可避免的，但其结果是居高不下的军方需求使得用来向本土列岛运送粮食、原材料和石油的可用民用船只吨位在战争大部分时间里达不到200万吨。仅仅是1942—1943年冬季瓜达尔卡纳尔岛的关键战役就占用了41万吨商船；1943年6月在缅甸的有限作战行动中，军方也从民用部门拿走了16.5万吨货运力。[199]

美国军队花了几乎两年时间才把日本海外运输线的脆弱性利用起来。1942年，美军的潜艇数量相对于辽阔的海洋战场来说过于稀少，也没有明确的运用策略。在近两年时间里，美军的标准鱼雷遭受了和德军鱼雷同样的问题，磁性引信和触发引信都时常失灵。战争期间，美军潜艇用了14 748枚鱼雷，击沉了1 314艘商船和军舰。1942年，日本只损失了180艘船，总吨位72.5万吨。[200]但到1943年，在查尔斯·洛克伍德海军中将的指挥下，美军在珍珠港和澳大利亚的弗里曼特尔、布里斯班都扩建了基地，其潜艇开始前往日本帝国周围的主要航运线上巡逻，猎杀商船和油轮，如果可能，也会攻击敌人军舰。当年，共有180万吨日本船只被击沉，到这一年结束时，被击沉的船只数量超过了新补充的数量。同时，日本的进口吨位从1 950万吨下降到1 640万吨，虽尚不致命，却已危险。潜艇作战的有效性还得到了许多助力，包括来自密码破译的优质情报（在太平洋战场上它也被称为"超级机密"）、雷达探测技术的发展，以及最终型号鱼雷Mk XIV和Mk XVIII的研发，它们装有更好的炸药和更坚固的引信，能更可靠地击沉船只。美军潜艇部队从来都不算规模庞大，但是其标准1 500吨舰队潜艇的航程远达1万英里，能够携带航行60天所需的补给，这两点对于跨越太平洋的漫长航程都是必不可少的。1944年上半年，给日军带来沉重打击的潜艇部队仍然只有75艘艇。在整个战争中，美国海军共有288艘潜艇服役，比大西洋战事中德国工厂建造的潜艇少得多。[201]

尽管可用的商船在迅速减少——到 1943 年底，可用于所有非军事用途的只剩下 150 万吨——日本海军却没有像西方盟国在大西洋上那样采取措施来保护它们脆弱的海上贸易。由于没有短波雷达（这要到 1944 年秋才可用），也没能设计出使用深水炸弹或无线电测向仪的最有效战术，日军的反潜战深受限制。美军潜艇的损失大部分发生在攻击护航更加严密的军用补给船队之时：1943 年被击沉 15 艘，1944 年为 19 艘，但这始终不足以阻止美军针对商船的漫长消耗战，而这种攻击商船的战略在美军中享有优先地位。直到 1943 年，日军才开始在主要航线上频频组织护航船队，但优先照顾的是为海军和陆军运输补给的船。为此，日军成立了海上护卫总队，还有第 901 航空队提供支援，但这些军舰和飞机过于分散，无法组织起有效的反潜巡逻。投入反潜作战的日军飞机大部分在 1944 年被美军舰载机摧毁，4 艘小型护航航母也被击沉了 3 艘。[202] 1944 年，美军飞机也加入进来，和潜艇一起猎杀商船，日军对此束手无策，只能一条接一条地关闭主要航运线。来自中国长江的铁矿石供给受到美军大面积布雷的阻扰，供应量下降了 3/4；来自南洋的石油输入从每月 70 万吨下降到 1944 年 12 月的 20 万吨，到 1945 年 2 月则完全停止。[203] 日本人采取了救急措施，却也于事无补。他们的物资不再走海路，而是用铁路运到中国和朝鲜的港口，但送到本土列岛还是要通过海运，仍有遭受飞机和潜艇攻击的危险。日军征用了小船——中式帆船和舢板——来增加可用的运输吨位，由于钢材短缺，他们还用木头来造船。但是到 1944 年，美军潜艇已经找不到值得打的目标了，开始连极小的船都给击沉，理由是这些船上都装着军用物资，许多船也确实如此。[204]

从 1944 年 11 月起，除了美国海军对敌人航运的海空打击，美国陆军航空兵也开始了对日本本土列岛的战略轰炸。航空兵的规划人员想要在原有的广泛封锁的效果之上再加上对日本本土工业的直接摧毁，但是波音 B-29"超级堡垒"轰炸机初期的空袭受到各种困难的拖累：日本上空的气象条件难以预判（强大的高空急流使得高空精确轰炸几乎不可能），目标城市常常被云层和工业雾霾所笼罩，而从欧洲使用的 H2X 雷达基础上发展而来的标准雷达设备 AN/APQ-13 也无法给出目标区域足够清晰的图像。[205] 和欧洲一样，美国陆军航空兵的优先任务也是要摧毁飞机和航空引擎组装厂，但到 1945 年 1 月，还没有一个指定目标被有效命中。这些作战的不利现实导致了对优先级的重新评估，就像 1941 年英国所做的那样。早在 1943 年，美国陆军航空兵的作战分析委员会就提出可以对日本的 6 个主要工业城市进行区域轰炸，他们的理由与英国皇家空军、经济战争部如出一辙，即产业工人及其周遭环境是合理的经济目标，这一提议在 1944 年 10 月被重新拿出来，成了优先目标，并促使美军在 1945 年春决定对日本城市进行火攻，而这种火攻是由 3 月 10 日夜间东京的火焰风暴拉开帷幕的。[206]

对飞机工厂的精准空袭一直持续到战争结束，只要天气条件允许就会进行；但后来的大部分作战行动是区域轰炸。和欧洲战事不同，石油和交通目标并未作为潜在的决定性因素被单独挑出来。关于日本的经济情报指出，其生产单位广泛分散在藏身于主要城市居民区的小作坊之中。燃烧弹空袭正是要利用日本城市建筑的极度易燃性，美军公开声称其目的就是要让其工人死亡或残废，摧毁他们的住宅和生活设施，烧毁小作坊，以期这些毁灭能够影响到"数十家兵工厂"的产能。[207] 驻马里亚纳群岛的美军第 21 轰炸机司令部指挥官柯蒂斯·李梅将军眼见精准空袭被证明无效，终于祭出了夜间低空燃烧弹空袭的撒手锏。他后来在为他的部队制造的火焰风暴所做的辩护中，正是以"这是对付日本工业分散策略的唯一办法"为理由。他在回忆录中写道："你要做的只是走访一处被我们烧焦的目标，看看那么多小房子的废墟，查看每个住户的废墟里都有些什么。他们所有人都行动了起来，为制造那些飞机和战争军需而工作……"[208]这一判断最后被证明无法确认，作战分析委员会和1945年夏季在太平洋战场成立的美国战略轰炸调查组后来都声称，家庭作坊当时已不再广泛使用，不可作为区域轰炸的依据。[209]但无论如何，这一断言给经济战做了一个注脚，表明它实际上是针对平民及其所居城市的屠杀式打法。

事实证明，战略轰炸对日本经济的影响比德国难以评估得多，因为到1945年，日本的军工生产和军事机器已经由于海上封锁的收紧而濒临崩溃，这些封锁在日本投降前一年达到了高峰。日本军需品的产量在1944年9月轰炸开始之前达到了高峰，而这却只能靠消耗库存原材料并把民众的消费削减到最低水平来维系。尽管新工厂带来大量产能，机器工具的数量也在扩大，但是一旦海外的原材料补充枯竭，军工产量就会迅速下降。军工产量指数（1941年设为100）在1944年9月是332，1945年7月只剩下156。[210]大宗商品进口量在1944年跌到1 010万吨，只有1941年数字的一半，到1945年更是跌到270万吨以下。到1945年第二季度，日本只剩下89万吨商船可用，但其中大部分被封锁在了日本海周围的港口里，此时美军潜艇已开始潜入日本本土水域冒险。作为海上作战的补充，美军第21轰炸机司令部开始了布雷行动，在日本海岸周围布放了1.2万枚水雷，在1945年3—8月导致另外293艘船沉没。日本总共损失了890万吨商船，超过其在1942—1945年商船总吨位的90%。[211]日本商船吨位的损失及其对战略物资进口的影响可见表6.3。

对日经济战进行了数年的消耗战，但到1945年春，日本的工业生产和粮食供应已接近枯竭。靠着残存的工业产能，日本经济撑过这一年年底的希望渺茫。

第六章　战争经济　707

表6.3 日本商船航运和商品贸易，1941—1945（单位：千吨）[212]

	1941	1942	1943	1944	1945
商船（grt）	5 241	5 252	4 170	1 978	1 547
可用民船总吨位	1 513	2 260	1 545	896	594
商船建造	210	260	769	1 699	503
商船损失（grt）	—	953	1 803	3 834	1 607
大宗商品进口	20 004	19 402	16 411	10 129	2 743
炼焦煤	6 459	6 388	5 181	2 635	548
铁矿石	6 309	4 700	4 298	2 153	341
铝土矿	150	305	909	376	15
生橡胶	67	31	42	31	18
大米	2 232	2 269	1 135	783	151

注：商船吨位数字取每年10—12月的平均值，1945年为8月数值；1945年的商品仅为1—8月数据；grt = 登记总吨位。

经济战本质上就是一种缓慢见效的策略，其结果也难以评判。"你无法摧毁一个经济体。"英国政府科学家亨利·蒂泽德爵士在1947年评价英国的轰炸行动时写道。[213]确实，大规模的现代工业经济在面对攻击时比战前预期的更富有弹性。人们对于经济战见效速度和决定性作用的所有评估都是过度乐观的，考虑到各主要参战国对此种战争是多么缺乏准备，就更是如此了。德军认为他们的海空封锁能在不到一年时间里终结英国的抵抗，英国和美国的航空兵指挥官则希望轰炸可以在几个月内打垮敌人的战争机器。实际上，经济战只有在找准目标、通过波及更大范围的经济而产生倍增效应时才会收到最好的效果。对日本商船的成功打击和对德国石油、交通系统的轰炸就是如此，但即便在这些成功的例子中，经济战的效果也要很久之后才能体现，那时德国和日本在战争前线已濒临失败，其原因并不仅仅在于经济资源的丧失。值得关注的是，苏联并未试图加入经济战，这部分是由于地理限制让其没有这种机会，但主要还是因为苏联军事条令更强调战场和击败敌人军队的首要地位。于是苏联转而依靠大规模生产和盟国援助来为胜利奠定经济条件。而即便是在经济战中，军事斗争也决定了其过程和结果。德国对英封锁的失败是因为其潜艇部队败于盟军海空力量之手，而美军对德轰炸的最终胜利则有赖于对德国空军的打击和持续压制，日本和意大利商船队伍的毁灭则是军舰、护航舰和潜艇之间经年累月的小规模战斗的结果。事实上，经济战的前线就是军事前线。

经济战也让双方付出了沉重代价。要拒止敌方资源，就要投入大量资源。1940—1941年德国对英国和1940—1945年英国对德国的轰炸都占用了很大比例的军工产出，反过来这也迫使防御一方将资源投入防空，即便双方轰炸对经济的影响在大部分时候都十分有限甚至是微弱的。英军轰炸机司令部有47 268人战死，美国对德作战的战略航空兵也死了30 099人。两支轰炸机部队总共损失了26 606架飞机。[214]而针对敌人经济和工人士气的轰炸作战导致了65万德国和日本平民丧生。德国潜艇部队在战争中被消灭，志愿加入的人中超过4/5死于非命（潜艇损失也达到惊人的781艘），最终还没能成功封锁住敌人。商船水手也死伤惨重，尽管是平民身份，但他们通常会被当作军人对待。在英国的航运线上，有29 180名水手死亡；日本死亡、失踪或残疾的商船水手则达到11.6万人。[215] 美军潜艇部队尽管大获成功，但其损失率是美军各军种中最高的：3 501名官兵死亡，占这支志愿兵种的22%。[216] 与此同时，还有数以千计的轰炸机成为地上的大量碎片，数百万吨商船沉入海底。资源拒止与总体战思路一致，但最终的事实证明，批量生产和军用物资的分享才是胜利更可靠的经济保障。

位于波兰的奥斯维辛－比克瑙集中营。
图片来源：Wikipedia。

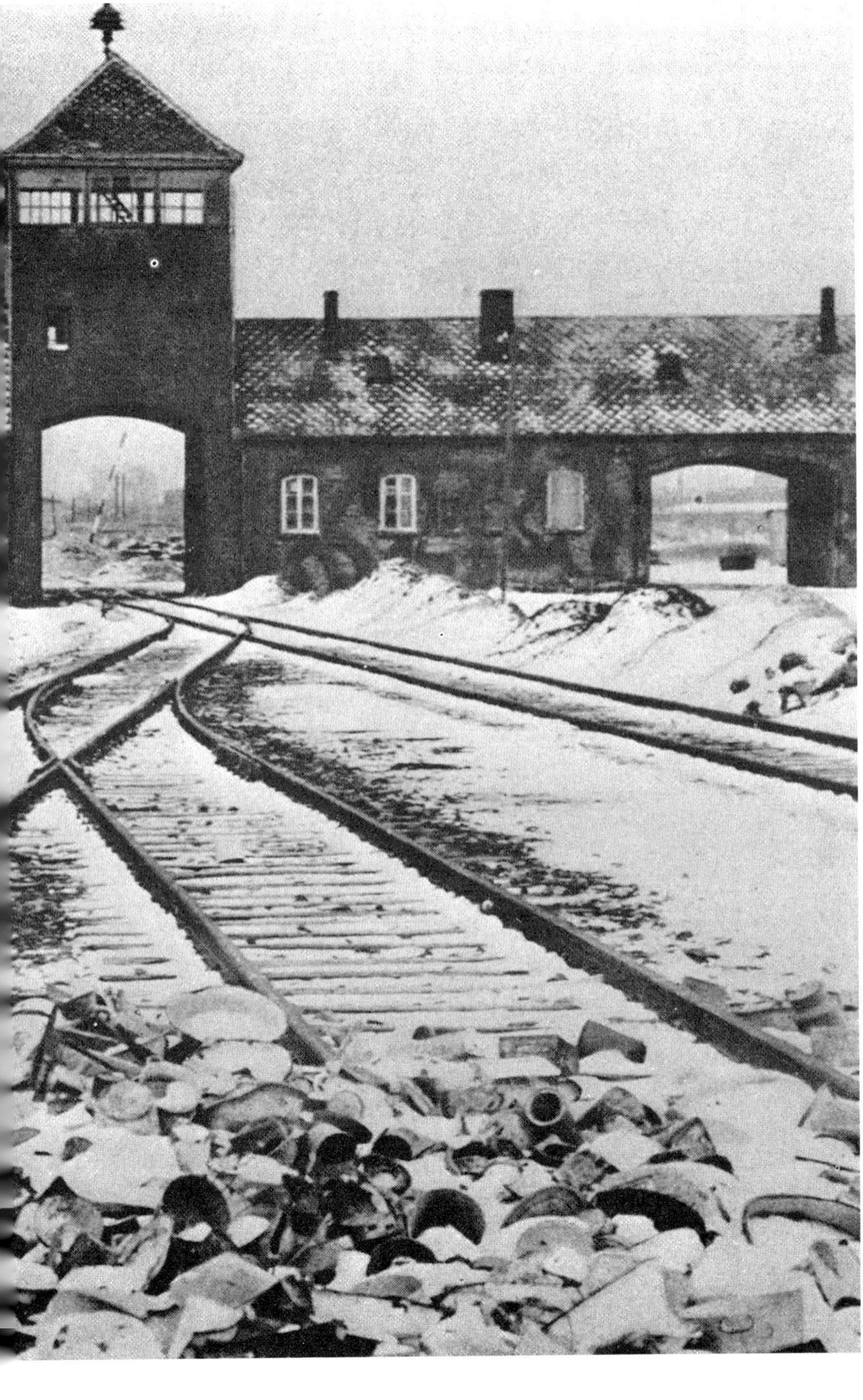

第七章

正义战争？非正义战争？

> 道德和伦理问题在总体战中无关紧要，除非保持良心或道德沦丧能影响到最终的胜利。总体战中人类行为的唯一准绳不是道德，而是利害。
>
> ——丹尼斯·惠特利，《总体战》，1941 年[1]

第二次世界大战中的所有参战国都觉得自己打的是正义战争。尽管这出于不同的理由和道德观，但谁都没有罪恶感。为战争正义性所找的理由很快便转变成了认定战争必然正义的信条。战后的各种文字资料几乎异口同声地认为，侵略国声称的为正义而战的说法是荒谬的，但这解释不了为什么这些国家几乎所有人都会全力参与战争并坚持到底。要想理解这一点，就必须意识到双方都相信自己站在正义的一边。轴心国和盟国都花费很大力气来让民众相信，自己的战争是正当的，而敌人是邪恶的，由此将战争转变为不同类型"文明"的搏斗，这种搏斗必须持续到彻底胜利方能结束。那些从伦理角度公开反对战争的人只是被孤立的极少数。

本章开头引用了丹尼斯·惠特利关于战争道德的观点，这位广受欢迎的英国作家于 1940 年被招入英国军方的联合计划参谋部，负责撰写关于总体战特点及其道德影响的文件。在战争的高潮时期，他的描述或许会得到所有参战列强的认同。"必须清楚地意识到，清楚地说明白，"惠特利写道，"总体战对于一个参战国来说只有两个可能的选择：要么全面胜利，要么彻底消亡。"在这严酷的环境下，惠特利认为，任何能够缩短战争进程并夺取胜利的行动路径在道德上都是正当的，"而无须考虑其'合法'还是'非法'"。[2] 第二次世界大战打法的极端性在历史上是独一无二的。参战双方政权都祭出了"要么胜利要么灭亡""要么国家毁灭要么国家幸存"的说法。不惜一切代价追求胜利，这是维系战争机器的道德黏合剂。尽管彻底毁灭的威胁在大部分时候被大幅夸大了，但这一可能性提供了一种现成的道德必要性，强迫人们绝对服从战争行为，让参战双方（轴心国和盟国）最极端的国家措施正义化。为生存而战在所有地方都被理所当然地视为正义之战，这就扭曲了传统上从合法性和伦理层面对这个概念的描述，这些传统观点认为，决定战争是否正义的是自然正义，而非达尔文式的生存斗争。

为战争找理由

20 世纪 30 年代，当轴心国侵略者开始在亚洲、非洲和欧洲抢地盘以扩张帝国时，他们也不希望变成这种极端的总体战。他们的野心是区域性的，为对外征服找的借口依据一种假设，即自己在既定的世界权力结构中没能得到合理的资源份额，尤其是没有足够的地盘。这个意义上的正当性来自一个先验假设，即有些人因为种族和文化的优越性而适合建立帝国，另一些人只适合被殖民，这一观点的依据显然植根于近代以来的欧洲扩张史。20 世纪 30 年代的全球秩序之所以被认为不合法，是因为它旨在限制这些主张；而从 1931 年日本入侵中国东北到 1939 年德国入侵波兰的帝国扩张战争则承诺"纠正"这样一种"不公"：活跃的民族没有途径建立帝国，也不能更公平地获得世界的自然资源。[3] 1940 年 9 月，三个轴心国签订了《德意日三国同盟条约》，为每个签约国指定了在欧洲、地中海南岸和东亚的帝国新秩序。该条约宣称，和平只有在全世界所有国家（实际上指的是所有"先进"国家）"获得其应得的空间"[4]时才能维系，并提出新秩序应当建立在更牢靠的国际正义之上。正如一名日本官员抱怨的那样，为什么英国统治印度在道德上可以接受，而日本统治中国就不行？

轴心国对新领土帝国的追求是犹豫不决的，也没有什么周详的计划，很大一部分原因在于这三个国家明白自己的主动扩张不大可能被更广泛的国际社会认为是正义的。1939 年 9 月战争爆发之时，西方立刻形成了一个观点，觉得轴心国的侵略是统治世界的更大计划的一部分，这种认为轴心国阴谋征服世界的想法在盟国对敌人的理解中贯穿始终，一直持续到战后对主要战犯进行审判之时，审判中对他们的主要指控就是密谋发动侵略战争。盟国从未明确宣称轴心国，尤其是希特勒的德国，想要"统治世界"，但这个提法被用作一种修辞武器，来最大限度地夸大侵略国的邪恶。事实上，他们并没有为统治世界进行协调一致的计划或专门搞什么阴谋，无论这个"统治"如何定义。事实上，轴心国对此事的看法截然相反。当其区域性帝国野心最终在 1937 年以后的亚洲和太平洋以及 1939 年以后的欧洲遭遇反抗时，它们发现自己必须换个理由来证明战争的正当性，称其为一场保卫自己的总体战，对抗的是那些已经霸占帝国扩张成果和大量土地、资源的国家不共戴天的敌意和赤裸裸的自私自利行为。英法的宣战让德国对波兰的侵略得以被忽视，德国宣称这是英法又一次尝试"包围"德国，以扼杀德国取得与其他帝国平起平坐的地位这一合理诉求。一名德国年轻人回忆道,1939年9月时,德国的普遍观点是"我们受到了攻击,我们不得不保卫自己",搞阴谋的是西方列强,不是德国。[5] 在敌人面前保卫德国的核心利益成了德国人民压倒一切的道义责任,这样就将德国非正义的侵略战争变成了保卫国家生存的正义战争。

这种道义上的颠倒黑白在所有轴心国都很普遍。在它们看来,盟国势力在搞阴谋,不仅要限制它们对领土的公正诉求,甚至还要消灭其国家本身。墨索里尼就反复宣称,意大利被"财阀列强"困在地中海,列强相互勾结,阻挠这个国家作为一个文明势力获得生存空间以建立新文明的权利。建立帝国的追求成了将战争正当化的借口。[6] 在日本,人们对西方的态度转变抱有强烈的不满:西方原本在第一次世界大战中愿意拉日本作为盟国,并联合起来对中国施加不平等条约,但到20世纪30年代却对日本在亚洲的野心表示强烈反对。日本侵华战争爆发后西方对中国的援助也被看作更大范围阴谋的一部分,这一阴谋在日本侵占中国东北后逐步成形,旨在阻挠日本对帝国的"合理"诉求。在日本的军方、政客和知识分子精英中,这种所谓的"白祸"正危及日本的国体,而在这种历史传承的国体之下,日本的神圣使命就是将亚洲人民置于日本帝国的"保护"之下。永井柳太郎写道,日本的道义责任就是要"推翻白人在全世界的独裁统治"。[7] 尽管冒险对美国和英帝国开战的最终决定根源于十足的军事和经济原因,但日本首相东条英机却说,西方想要创建一个"小日本",并终结其2 600年的皇国荣耀,因此日本开战是为了保卫这个古老的皇国免遭西方威胁。[8] 就在袭击珍珠港当天,日本政府发布了《信息与宣传政策大纲》,将战争归咎于西方"想要征服世界的自私欲望"。[9] 日本民众对总体战的道义认同源于和德国相同的颠倒黑白,把对中国和太平洋地区的侵略说成是对抗白人势力包围的自卫战争。1941年12月,日本诗人高村光太郎总结了日本人对与西方交战的观点:

我们为的是正义和生存，

他们为的是利益；

我们在保卫公平，

他们为了利益而征伐；

他们傲慢地昂着头，

我们则在建设东亚大家庭。

一年之后，《日本时报》告诉读者，这场自卫战争是"绝对正义"的。[10]

最精心设计、最恶毒的阴谋论在德国站稳了脚跟。对希特勒和纳粹党领袖而言，阴谋对德国人民发动战争的真正敌人是"全世界犹太人"。从1939年9月欧洲战争爆发时起，希特勒就把与西方盟国的战争和更广泛的对犹太人的战争联系到了一起。敌国被认为仅仅是邪恶的国际犹太人网络的工具，他们不仅密谋要阻挠德国对帝国领地的合理诉求，还要消灭德国人民。这一幻想有其牢固的战前根源。德军在1918年的失败长期以来一直被激进民族主义者说成是大后方的犹太失败主义者和煽动者"背后捅刀子"导致的。20世纪20年代初，规模尚小的纳粹党的领袖希特勒在他的演讲中把这一说法夸张成了世界末日般的"生死之战"，一场"犹太人和德国人"之间的真正战争。[11]

希特勒和他的反犹支持者们始终从世界历史的角度来看待与犹太人的冲突。在纳粹党的宣传中，想要"统治世界"的是犹太人，不是德国人；想要发动世界大战的是犹太人，不是德国人。就在开战几年前的1936年，党卫军头子，后来的犹太人种族屠杀的组织者海因里希·希姆莱写道，德国的主要敌人是犹太人，"他们的愿望是统治世界，他们的快乐是毁灭，他们的未来是灭绝……"1938年11月，希姆莱警告一众党卫军高官，如果战争爆发，犹太人就会试图消灭德

第七章 正义战争？非正义战争？ 717

国并灭绝其人民："说德语和妈妈是德国人都会成为罪过。"[12] 这两段话声称犹太人想要与德国开战并密谋促成此事，以及犹太人计划消灭德国人——或者说"雅利安人"——这彰显了纳粹党党徒思维中战争和犹太人罪行之间的联系。1939年1月30日，希特勒终于选择在举办于国会大厦的当选总理六周年庆典中公开发表臭名昭著的预言，称如果犹太人再次得以把欧洲拖入战争（据说1914年他们就是这么干的），那么后果就会是犹太种族在欧洲的灭亡。历史学家们对于从字面上理解这一讲话态度比较谨慎，然而在随后的几年里，希特勒会一次又一次地强调这一点，宣称战争之所以会降临和扩大，背后都是因为"全世界犹太人"在恶意和蓄意地挑唆。[13]

国家之间的战争与对抗暗中密谋的"全世界犹太人"的战争从一开始便交织在一起。1939年9月4日，希特勒在对德国民众的广播演讲中将英法对德宣战归罪于"犹太－民主主义国际敌人"，宣称是他们迫不及待地让两个西方强国发动了一场它们原本不想要的战争。[14] 反犹杂志《世界服务》（*Weltdienst*）走得更远，它声称西方的宣战让伪造的《锡安长老议定书》（这本书在德国销售了15万册）中关于全球战争的第七条"协议"成为现实："还有什么比这更能说明犹太人的战争计划？"[15] 当世界犹太复国主义组织主席哈伊姆·魏茨曼在9月晚些时候公开号召支援英国时，《犹太人问题》杂志告诉读者们，英国面对着"全世界的最大敌人：各国的犹太人，权力饥渴、充满仇恨的全世界犹太人"。[16] 这场"保家卫国之战"实际是两场战争同时打：一场是与盟国的战争，另一场是与暗中的犹太敌人的战争。法国战败后英国拒绝接受议和，这也被说成是犹太人对丘吉尔的影响（老生常谈）。德国对苏联的进攻有着明确的经济和领土的动机，却被说成是对伦敦和莫斯科之间所谓的犹太人密谋的先发制人。如果没有这种说法，德国宣传机器捏造的"财阀列强"和布尔什维主义结盟的谎言便完全不会让人相信。[17]

从 1941 年 8 月标志着英美合作启动的《大西洋宪章》发表到当年 12 月美国参战，这场世界大战全面爆发前的最后几个环节被德国领导人公开说成是犹太人阴谋的最终证据（如果还需要证据的话），而德国正是犹太人的这场消灭德国人民的阴谋的受害者。不知名作者西奥多·考夫曼在美国自费出版的 100 页小书《德国必须灭亡》于 1941 年 7 月传到德国，这被当作美国领导层跟着犹太人的节奏跳舞的铁证。7 月 23 日的纳粹党报头条写着："罪恶的犹太虐待狂的产物：罗斯福想要清洗德国人民！" 8 月 14 日《大西洋宪章》发表后，纳粹党报的头条则称"罗斯福的目的是让犹太人统治世界"，此时希特勒命令德国的犹太人都戴上黄色六芒星标志，好让德国人民清楚地辨别出身边的敌人。[18]当 12 月 11 日希特勒在国会大厦的演讲中对美宣战时，反犹主义者们理所当然地认定又是犹太人的阴谋让罗斯福卷入了战争。珍珠港遭袭次日，发言人在德国的每日媒体发布会上宣称，亚洲的战争"是战争贩子、全世界的罪人罗斯福干的好事，作为犹太人的帮凶，他和丘吉尔连续多年为发动战争而乐此不疲"。[19]希特勒没有把美国的参战视为日本侵略的结果，而是在国会大厦演说中宣称"充满了撒旦式邪恶的犹太人"才是其原因。[20]美国的参战坐实了希特勒宣传部长在给媒体的指示中屡次提到的一个说法："布尔什维主义和资本主义同为全世界犹太人的幌子，只是形态不同……"[21]

德国反复强调犹太人的世界阴谋论，以此来解释德国为什么会陷入直面灭亡危险的自卫战争，但这显然不仅仅是为了让德国人民把战争视为合法的生存之战而使用的话术。即使不提到犹太人，这种话术也能奏效。这些说法在今天看来完全是无稽之谈——当时许多德国人必定也是如此认为的，但不得不说，希特勒和他周围的人真的想要相信它们。一个从未被质疑过的标准说法是，德军在第一次世界大战中的失败是犹太人的罪过;那么犹太人在第二次世界大战中的罪行也可由此推导出来。犹太人阴谋论成了一个强有力的历史隐喻,让希特勒及其周围的人得以把发动侵略战争的罪责推到犹太人身上。对于纳粹党魁和许多官兵来说,犹太人阴谋论可以解释自从英法宣战以来诸多出乎预料的转折性事件,包括英国在1940年夏拒绝议和、不可避免的对苏战争,以及美国参战。"了解犹太人,就是理解战争的意义。"1944年秋发布给各地纳粹党发言人的宣传手册中如此写道。[22]希特勒在1945年春向马丁·鲍曼口述他最后的记录时说,犹太人扮演的角色解释了为什么这么多事情都没能如他期待的那样发展。早在1933年"犹太人就秘而不宣地决定向我们开战";与英国达成和平是不可能的,"因为犹太人不愿意。他们的狗腿子丘吉尔和罗斯福会阻止这一点";罗斯福不是为了回应日本的攻击才宣战的,而是"在犹太人的催促下,已经决心发动消灭民族社会主义的战争"。希特勒认为,从来没有一场战争是"如此典型而又如此彻底的犹太人战争"。[23]即便在战后他们被逮捕时,盟军审讯人员发现这种信条仍旧存在,此时它原本早该被扔进垃圾堆了。被指责为反犹主义时,德国劳工阵线前首脑罗伯特·雷认为这不公平,他要让盟军明白为什么犹太人应当被挑选出来:"我们纳粹党员……把这场现已结束的战争完全视为与犹太人的战争——而不是与法国、英国、美国或苏联的战争。我们相信它们仅仅是犹太人的工具……"[24]

所谓的犹太人阴谋,被用来让这场德国发动的战争看上去似乎是正当的。"雅利安人"和犹太人之间的这场搏斗是生死之战,每个德国人都有道德义务竭尽全力打好这一仗。它还被用来让1941年开始的种族灭绝合法化;德国人把犹太人描绘成敌人,正在与德国作战,所有的犹太人族群都被莫名其妙地当作了非正规的军事组织,这样杀掉他们就是正义的了。通过把犹太人要消灭德国人的想法扩大到

"全世界犹太人"身上，一次又一次地公开威胁要消灭、灭绝、毁灭或根除犹太人，似乎成了完全正义的回应，甚至成了保卫种族群体的道义之举。真正的战争与幻想的与犹太人的战争，在正在进行种族屠杀的希特勒及其随从的思维中形成了一个可怕的关联，让他们认为消灭敌人士兵和屠杀犹太人在道义上并无二致。对犹太人从驱逐、隔离转变为大规模屠杀，其直接原因仍无定论，但被希特勒和周围人视为犹太人阴谋产物的这场战争，和希姆莱后来所说的种族灭绝的"铁一般的理由"之间的关联却似乎是不言而喻的。[25] 无论最后发展为大屠杀有多少偶然性，塑造当权者战争观的思维框架都是个至关重要的前提条件。1943 年 5 月，约瑟夫·戈培尔在日记中写道："元首没有别的哪句预言能如此毫无疑问地应验了，他预言说，如果犹太人成功促成第二次世界大战，那么结果不会是雅利安民族的毁灭，而将是犹太人的灭绝。"此时，大部分犹太人受害者已经遇害。[26]

这种认定自己在与全世界犹太人阴谋对抗的执迷不悟的想法也影响到了德国的盟国，意大利和日本，它们也提到了"犹太人问题"。日本领导层与犹太人社会没有长期接触，这意味着他们对此基本保持中立。20 世纪 30 年代，两名坚定的反犹主义者被招来研究犹太人事务，他们是陆军的安江仙弘大佐（他把《锡安长老议定书》翻译成了日语）和海军的犬冢惟重大佐。尽管犬冢惟重把犹太人形容为"世界之癌"，但他和安江仙弘都没能发展出体系化的犹太人阴谋观，也没什么影响力。二人都希望利用大部分住在上海的 2 万欧洲犹太难民来参与犹太人的金融，并改善与美国的关系。当这一前景随着《德意日三国同盟条约》的签订而消失时，日本官方对犹太难民的态度也收紧了，但这和德国的做法完全不是一回事。他们在上海为所有难民建立了犹太人居住区，尽管其条件远远算不上理想，但毕竟没像欧洲的聚集区和集中营那样，而且反犹主义也没有成为日本战时宣传的议题。[27]

意大利的情况则不一样，那里针对犹太人的种族法律在1938年就已颁布，而且没有受到来自德国的任何压力，这为严格的犹太人种族隔离创造了基础，但即使在这里，也是直到1943年下半年墨索里尼的傀儡"意大利社会共和国"成立之后，在疯狂的反犹主义者、当过神父的乔瓦尼·普里齐奥西（他在1921年出版了他翻译的《锡安长老议定书》）的促使下，声称这场战争为的是反抗世界之敌犹太人的说法才被纳入法西斯为这场战争辩护所使用的理由中。墨索里尼的新国家1943年发布的《维罗纳宣言》特地把犹太人确认为"敌对民族"。[28] 其宣传海报上画着反犹图案，把盟国领导人说成是全世界犹太人的走狗。法西斯党的报纸在指责犹太人间谍和恐怖主义行为的同时，还说犹太人是"这场战争的最大支持者"，"正在执行一个疯狂的统治世界的计划"，但这些宣传并不系统，也不像希特勒的世界观那样，以犹太人阴谋论为核心。意大利人更多是因为1943年墨索里尼被推翻时犹太人的"背叛"而指责他们，认为他们是国内的威胁，而非国际的。[29]

盟国就没必要刻意把侵略战争伪装成对付外部威胁、异族或其他什么的自卫性正义战争了。盟国的战争理由原本就是正义的。不过英国和法国不太好宣称这是一场自卫战，因为是它们向德国宣战而不是相反，而且在1939年9月之前两国都没有受到德军入侵的直接威胁。在这两个国家，自卫被形容为更一般意义上的防御，应对的是德意志第三帝国的领土野心和赤裸裸的暴力威胁，在德国的扩张真正挑战西方利益之前就必须阻止它。保卫波兰反而是个次要的考虑，在波兰战败之前，没有哪个国家认真考虑过此事；然而，为了波兰而宣战已经足以让法国和英国在前线直面德国军队了，一旦希特勒决定进攻而不是选择防御（这同样行得通），这种对峙对英法来说就很容易转变为字面意义上的保家卫国。其他那些或大或小的盟国则可以毫无疑义地把自己当作无端遭受侵略的受害者并奋起反击。例如，斯大林在1941年11月的十月革命24周年庆典讲话时说道："战争有两种：征服的战争，是非正义战争；解放战争，或者说是正义战争。"[30] 保卫祖国，抵抗法西斯侵略，这成了苏联战时宣传的中心主题。苏联在战争中自始至终使用了"伟大的卫国战争"这个概念，它是在战争爆发次日，即1941年6月23日的官方党报《真理报》上首次提出的。[31] 在美国，珍珠港遇袭对美国舆论起到了电击般的效果，而在1941年12月之前，美国舆论在孤立主义者和干涉主义者两派之间一直存在着严重分歧。将这几乎不可能联合的各派政治力量联合在一起的黏合剂，便是齐心协力地想要保卫美国，抵抗罗斯福所称的想要奴役人类的"强大而狡猾的匪帮"。[32] 在所有这些国家，自卫都和正义战争传统相一致。

盟国的战争理由完全不难找到。1939年9月3日，内维尔·张伯伦在英国宣战的无线电广播讲话的末尾清楚地阐明了战争的理由："很不幸，我们将要和暴力、恶意、不公、压迫和迫害战斗，面对这些，我确信正义将会胜利。"[33] 斯大林在1941年红场大阅兵时的讲话中告诉听众，德国人"道德败坏"到了"野兽的程度"。1942年，罗斯福面对着三个轴心国敌人，将美国的这场战争定义为一场"将长期以来的邪恶和弊病清除出这个世界"的战斗。[34] 同年，蒋介石在全面抗战五周年之际发言说，中国人民打的也是一场"道德与罪恶，'公理与强权'的战争"，这让中国拥有"道德上的权威"。[35] 向对手先发动战争被看成不可救药的邪恶，这在接下来的战争中会让挑起战争的一方很难将此举正当化。20世纪30年代的证据让人认为敌人是邪恶的，当时西方国家尽管没有什么行动，但还是公开谴责了轴心国的暴力扩张和独裁专制。战争爆发时，这种道义反差显得不言而喻，盟国便一次又一次地祭出道德谴责的老话来营造一致的声势，认人相信只

第七章 正义战争？非正义战争？　723

要能打败邪恶的敌人，任何手段都是正当的。当 1940 年 5 月中旬英国战时内阁辩论是否应当允许轰炸德国目标并造成平民死亡时，丘吉尔列出了德国的长长的罪状来为这种行动赋予"充足的正义性"。[36] 在英国公众看来，对德国敌人的仇恨让这场较量几乎如同《圣经》般神圣。和平主义作家 A. A. 米尔恩在 1940 年放弃了他对战争的反对，因为与希特勒战斗是："真正与魔鬼、敌基督者战斗"。另一个灰心丧气的和平主义者，神学家莱因霍尔德·尼布尔觉得，历史从来没有给正派人士呈现过"比这定义更清楚的'邪恶'"。[37] 在美国，弗兰克·卡普拉的系列电影《我们为何而战》第一集中有一段半官方的旁白，在片头的一段预告中说，这部纪录片是有史以来拍摄过的最伟大的黑帮片："比你见过的任何恐怖电影都更加邪恶……更加败坏……更加恐怖。"[38]

为战争炮制出正当的理由就要复杂得多。丹尼斯·惠特利在《总体战》中指出，尽管几乎全世界都相信英国的战争是正义的，但英国在主动参战与和平目的中仍然如他所说的那样"令人遗憾地缺乏精神弹药"。[39] 在美国，被罗斯福选出来掌管政府一部分宣传工作的阿奇博尔德·麦克利什在 1942 年 4 月的一份备忘录中试图阐明哪些因素能让人愿意打仗：

  1. 这场战争能否被当作一场圣战？
  2. 如果可以，为何而圣战？人们想要得到什么？ a. 秩序还是安全？世界秩序之类的？ b. 更好的生活？
  3. 你怎样才能实现这些？[40]

最终，盟国说自己是在从残忍而毁灭性的轴心国敌人手中拯救文明和人性，从而对这场战争的道德属性有了正面叙述。1939 年的英法两国傲慢地声称它们是在保卫文明价值，这其实反映了两国知识分子和政治精英们十分担心20世纪30年代经济大崩溃所导致的危机以及政治独裁主义和军国主义或许真的意味着西方所理解的文明确实已岌岌可危。[41] 希特勒和希特勒主义成了西方各种焦虑的焦点，因此1939年对德开战并不仅仅是为了恢复力量平衡，还是决定世界未来命运的根本性较量。这都是非常宏观的说法。1939年下半年，英国下议院议员哈罗德·尼科尔森在《英国为何参战》中写道："我们的责任崇高而可怕。"他说，英国是在为自己的生存而战，但也将"会为了拯救人性"而奋战到底。[42] 法国也是这么说的。法国总理爱德华·达拉第在1939年12月法国参议院的一次讲话中解释了法国为何要全力应战。"同时我们也在为其他国家而战，最重要的是，我们是为了最高的道义标准而战，文明非此无以延续。"这场战争毫无疑义地被视为正义战争，因为正如法国哲学家雅克·马利坦在1939年所说，"这是为了那些使人类生命具备人性的基本事实。"[43]

尽管如此，英法打仗是为了保卫文明这一观点在表达方式上仍有模糊之处。有批评者认为，这些声明对民众来说过于不切实际，而且含混不清，他们想要得到的承诺是，未来的战后世界将会更美好、更安全。"文明"本身也没有定义，因为默认的看法是西方民众可以明白其含义，无须解读" 过细。许多文字强调民主的生活方式和自由传统的存续，但尴尬的是，有些人将这场战争视为拯救"基督教文明"的圣战，另一些人则从更世俗的角度去理解现代文明意味着什么，二者令人尴尬地南辕北辙。尽管丘吉尔在1940年6月法国陷落后宣布"不列颠之战"即将到来的著名讲话中用到了"基督教文明"的说法，但他很少从宗教层面表达英国的战争目的。英法两国的基督教作家对任何声称要拯救基督教文明的说法都持批评态度，因为基督教价值观在西方民众中显然已经衰落得不成样子了。[44] 1945年2月，"轰炸限制委员会"编写的《致全体基督徒的呼吁》在英国流传开来,文中称,"普遍存在一种让人深感痛苦但并未表达出来的基督徒的良心,反对以无底线的暴力追求胜利"。[45]

最尴尬的是这两个盟国(包括英国的白人自治领)的双重标准,它们一边反复说自己是为了保卫民主价值观,一边却又都控制着广大的殖民帝国,而且战时和战后都没打算在殖民地践行这些价值观。1939年的现实是,英国和法国打仗不仅是为了保卫民主的母国,也是为了守住更广大的殖民帝国。尼科尔森写道,失去了帝国领地,英国将不仅"失去其权威、财富和资产,还会失去它的独立"。[46]丘吉尔在整场战争中始终坚信大英帝国将在战争结束后长期存在。其结果便是在战争期间,保卫民主文明的说法和维持英帝国主义的愿望始终自相矛盾。在致力于挽救西方民主及其公民自由的同时,对殖民地的统治靠的却还是拒绝给予自由,和镇压任何对不民主殖民统治的抗议。战争期间,强调帝国团结重要性的宣传表示,帝国领地和母国拥有共同的道义目标,但这一说法掩盖了一个不那么确定的历史事实。1940年的一本工党手册宣称:"盟国的胜利将巩固世界上最伟大的帝国,帝国将会让纳粹们知道什么是集中营,在这个帝国里,像甘地和尼赫鲁那样的人大半辈子都蹲在了监牢里⋯⋯"[47]印度是战时的一个典型例子。1942年秋,圣雄甘地为了抗议英国政府拒绝让印度战后自治而发动"退出印度"运动时,数以千计的印度民族主义者被逮捕入狱,还有数百人在军警向抗议人群开枪时被打死。非裔美国神学家霍华德·瑟曼觉得甘地"戳穿了英国说要'为自由而战'的道德虚伪"。[48]

在美国,人们一开始不确定如何从自卫战以外的角度描述这场战争,后来这种不确定被明确的国际主义所取代,而推动这一点的正是罗斯福本人的观点,即更广大的世界应在胜利后获得他定义的自由。他对创造一个更美好世界的道德承诺早在美国被迫参战前就已经有了。1941 年 1 月,他定义了他所认为的基本自由——免于匮乏的自由、免于恐惧的自由、宗教信仰自由和言论自由。这"四大自由"成了战时美国的公开叙事解释为何要打这一仗的基础。画家诺曼·洛克威尔把它们画成了四幅画,在战争中印刷了无数份;1943 年,这四幅画被印在了 250 万张传单上,用来鼓励人们购买战争债券。[49] "四大自由"中的两个被载入了罗斯福关于其道义意图的第二次战前声明,即《大西洋宪章》之中。这份文件是 1941 年 8 月 9—12 日罗斯福和丘吉尔在纽芬兰岛普拉森舍湾首次峰会的成果。这最多只能算是个计划外的声明,因为罗斯福和丘吉尔来此开会的主要目的都不是发表这一宣言,尽管罗斯福总统希望能如此。这两名政治家都有些动机不纯。罗斯福想要发表某种声明来强化国内干涉主义的力量;丘吉尔和英国政府则希望这份声明(但并非承诺)能象征美国公开站到盟国一边,甚至把美国彻底拖入战争。[50]

《大西洋宪章》本身只是用高调的国际主义语言写就的八条声明,与罗斯福在表达对更美好世界的期望时所说的很多话相一致。《大西洋宪章》中的"共同原则"包括了对战后裁军、公海航行自由以及胜败双方在经济上保持平等的愿望。第三条声明最为重要:"所有民族都有权选择他们愿意生活于其下的政府形态。"但文中并没有解释在击败"纳粹暴政"后如何才能做到这些。[51] 英国对《大西洋宪章》的反应比较冷淡。丘吉尔格外不愿意把这些原则用在英帝国身上。他回国后告诉下议院,《大西洋宪章》"不适用于殖民帝国的有色人种",只适用于欧洲的国家和民族。[52] 斯大林的苏联也认同《大西洋宪章》,这仅仅是向支援其战争的盟国做出的一种友好姿态。在中国,蒋介石认为《大西洋宪章》过度局限于欧洲,但他还是决定以宽松的标准解读"纳粹暴政",认为日本也包括在内。1942 年 1 月,蒋介石正式请罗斯福把《大西洋宪章》适用于殖民统治下的亚洲人民；失望后，他在1943年11月与罗斯福、丘吉尔举行的开罗会议上再次提出将《大西洋宪章》适用于全世界，却再次未果。[53]

尽管如此，罗斯福还是在美国参战后让《大西洋宪章》成了国家政策的主轴。这标志着美国致力于建立一种道德水平更高的战后秩序，这种秩序不仅符合美国的利益，还具有全球性的影响。在1942年2月的"炉边谈话"广播中，罗斯福告诉他的美国听众，在自己看来，《大西洋宪章》不仅适用于大西洋周边国家，也适用于全世界。他还把建立"四大自由"纳入盟国的原则中来，尽管《大西洋宪章》中只列入了免于恐惧和免于匮乏的自由。[54]此时，在丘吉尔的勉强同意下，罗斯福把盟国更名为"联合国"，并召集各国一起签署了一份宣言，该宣言在1942年1月1日发布，重申了《大西洋宪章》陈述的原则。但这还不等同于支持成立一个战后国际组织，因为罗斯福还在犹豫，他不想重蹈伍德罗·威尔逊没能让美国参加国际联盟的覆辙。但是，到1943年1月，国务院已经完全说服了他，要维护美国的全球利益，最好的方式就是通过一个旨在促进和平和人权的新的国际机构。[55]罗斯福的目标是要确保盟国正式占据道德制高点，无论在共同奋战的大旗下团结民主国家、帝国强权和专政政权时存在何种矛盾和不明确之处。1943年1月卡萨布兰卡会议上发出的无条件投降的呼吁强调了《大西洋宪章》和《联合国宣言》中做出的道德承诺，明确表示不会与被视为道德败坏的国家达成协议。罗斯福在1942年1月的年度国情咨文中已公开表示："善恶之间从未有过妥协——也不会有妥协。"这样的对比让盟国得以扫除任何在战争中可能遇到的道德顾忌。[56]

随着战局不利于轴心国，它们也开始花费更大气力去想办法从更国际的角度来证明其战争的正义性。从1943年起，德国宣传机器开始说，这是一场保卫欧洲文明、抵抗布尔什维克"强盗"的自卫战争。日本宣传机器则费力地想要把日本打扮成把亚洲从白人压迫者手里解放出来的救星。面对迫在眉睫的战败，所有这些宣传都苍白无力。到 1945 年，两个国家都开始做最后的拼死挣扎，以避免它们认为真要亡国灭种的前景。盟国在公开为战争辩护方面享有的主要优势在于，它们强调自己捍卫的是普世权利，而轴心国则始终声称要保卫特定人群及其征服土地的权利。这一对比在 1945 年纽伦堡、1946 年东京的军事法庭审判中被制度化（不过没有包括意大利，它在 1945 年已经是盟国的战友了）。丘吉尔及其战时内阁的部分成员想要把德国领导人宣布为罪人，一旦罪名确立就可以尽快将其处决。[57] 但美国和苏联政府则想要进行一次正式审判，这样战时关于轴心国邪恶和盟国正义的说法就会在全世界推而广之。

两场审判中的主要指控都是发动侵略战争。由于发动战争并不违背国际法条款，盟国公诉人便引用了 1928 年签订的《白里安－凯洛格公约》，该公约的最终签字国达到 62 个，包括了后来所有的主要参战国。这份公约要求签约国放弃将战争作为一种政策工具，否则它们将被视为"违背国际法"。[58] 尽管它被更多地视为一种道德意向声明而非国际法工具，但人们也认为它有足够的效力，足以用于对德国和日本领导人的审判。在纽伦堡审判开场时，美国的检察长罗伯特·杰克逊代表某种未定义的"文明社会"指控被告对世界其他地区犯有蓄意的、恶毒的和毁灭性的罪行。尽管"胜者正义"会带来许多程序性和司法问题，审判还是想要把战争区分为非正义战争和正义战争。1946 年 12 月，在纽伦堡审判时阐明的各项原则被联合国组织（这是战时非正式"联合国"的继承者）正式载入国际法，这就是七条"纽伦堡原则"，直到 21 世纪仍然有效。[59]

第七章 正义战争？非正义战争？ 729

都不是好东西

轴心国明白,自己在世界主流民意中处于道德洼地。但它们对盟国自称的道德制高点并不认同。1945年4月,就在德国战败前不久,希特勒对美国充满优越感的"幼稚"声明表达了蔑视:"就是道德标榜,满是傲慢而荒唐的大道理和所谓的'基督教义'。"[60] 日本的评论员会把西方的民主说教和其殖民压迫、国内种族主义的事实放在一起对比,他们很喜欢报道印度的每一次帝国镇压和美国的每一次私刑与种族暴动,以此作为英美虚伪的证据。有一份报纸表达了日本一种普遍存在的观点,即美国人是"强盗":"如果看到他们对印第安人、黑人和华人的暴行,你就会对他们戴着的文明假面具感到惊讶……"[61] 盟国一方的批评者也同样对本国的宣传不屑一顾,认为这只是战时为了掩盖其道义黑幕而做的特殊抗辩。美国的老牌民权运动家W. E. B. 杜波依斯在战后声称:"没有哪种纳粹暴行是欧洲基督教文明没有做过的,这个文明不久前还在对世界所有地方的有色人种如此行事——集中营、批量摧残和屠杀、对女性的玷污,以及对童年的可怕亵渎。"[62] 最重要的是,盟国坚持说战后审判是轴心国反人类、反和平罪行的大展台,这带来了一个尴尬的问题:既然如此,西方国家又怎么能与它们口中"野蛮"的苏联结盟?后者还曾与德国密谋撕毁1919年后东欧的协定。两个资本主义大国,一个共产主义国家,这种显然水火不容的联盟让轴心国直到战争结束都在幻想着盟国会分崩离析。

西方盟国和苏联之间出人意料的联盟带来了一个突出的结果,即三大国得以在整个战争期间抛弃彼此间深刻的政治和道德分歧。在苏德战争爆发前,西方列强对苏联的态度比对希特勒统治下的德国好不了多少,认为共产主义在其国内外都是对民主生活方式和民主价值观的深刻威胁。1939年8月《苏德互不侵犯条约》签订,随后苏联在 9 月攻入波兰东部，11 月攻入芬兰，这些事件强化了这种关于斯大林和希特勒是一丘之貉的看法。尽管在英国和美国都有一些自认为进步的圈子会同情苏联的共产主义实验，但主流观点都会公开谴责这个可能和法西斯敌人合作的政权。苏军进攻芬兰之后，苏联驻英国大使伊万·麦斯基发现英国公众和政治人物中出现了"狂暴的反苏运动"。他在日记中写道："问题是，谁才是头号敌人？德国还是苏联？"[63] 1940 年 3 月，他旁观了英国下议院关于芬兰被迫休战一事的愤怒激辩，议员们在辩论中显得"愤怒……强烈的、极度恼怒而无法抑制的愤怒"。[64] 芬兰战争也被证明是罗斯福和其他许多亲苏开明人士态度的转折点。1939 年末，罗斯福总统对听众说，斯大林的苏联是"一个与世界其他独裁政权完全一样的独裁政权"，他要求美国出于道义而禁止向苏联出口其需要的武器和装备。他强烈谴责这种他所称的"对芬兰的粗暴侵犯"。[65] "红色恐惧"在美国一度重现，但民众对共产主义的反对更多地指向苏联体系和斯大林本人，华盛顿的天主教大主教就说斯大林是"全世界见过的头号杀人犯"。[66] 1939 年 12 月 14 日，苏联被驱逐出国际联盟。1940 年春，伦敦和巴黎都在认真筹划，以应对与苏联及其新盟友德国同时作战的可能性。罗斯福则担心德国-苏联在欧洲的胜利会让西方文明陷入危险。[67]

如果说西方世界认为苏联在道德上不可容忍，那么苏联领导人对其边界之外资本主义世界的评价也同样糟糕。他们所处的道德世界与西方自由价值观格格不入，这隐藏在一种与史实相反的表达中。在 1939 年战争爆发前的许多年里，斯大林一直认为资本主义国家会出于历史必然性而在某个时间出手消灭苏联的共产主义实验。对战争的恐惧让苏联人一直认为资本主义是和平的首要威胁，而资产阶级领导人则是不道德的阶级压迫的代理人。[68] 从这个角度看，1939 年 8 月与希特勒签订的《苏德互不侵犯条约》可被这个政权作为挫败资本主义国家"祸水东引"阴谋的手段来正当化，而芬兰战争的结局则被解释成共产党"苏联和平政策的胜利"，因为它先发制人地阻止了英国和法国对苏德联盟发动全球战争的计划。[69]西线的战事被说成是英法统治阶级发动的帝国主义战争。莫斯科方面告诉英国共产党，"资本主义的堡垒是拥有巨大殖民帝国且反苏维埃的英国"，而非法西斯德国。相比之下，1939年9月对波兰东部工人阶级的解放则显示苏联才是"所有爱好和平力量的强大堡垒"。与德国的条约被撕毁前，苏联始终认定英帝国主义才是主要敌人，而德国则被视为和平的力量，只是被帝国主义列强逼着进行防御性进攻。1940年末，斯大林甚至考虑过苏联加入当年9月轴心国签订的《德意日三国同盟条约》的可能性。[70]英国《工人日报》在1941年1月被政府关闭前一天还在称颂各地的大众都在通过列宁式的斗争手段"寻求摆脱帝国主义战争的道路"。[71]

1941年6月22日，轴心国入侵苏联，苏联和西方之间的道德谴责便烟消云散了。入侵几天后，麦斯基发现英国民众已由于巨大的转变而陷入困惑："不久前'苏联'还被视为德国的暗中盟友，英国的一个敌人。突然，24小时内，它就成了朋友。"[72]丘吉尔在6月22日晚发表了著名的广播讲话，表达了对苏联人民斗争的支持，但他还是加了一句解释，以说明自己不会收回长期以来顽固的反共态度。对丘吉尔和西方的许多人来说，希特勒是世界上最大的邪恶，丘吉尔还说："任何与纳粹作战的人或国家，都将得到我们的援助。"罗斯福也持有同样观点，德国的威胁迫在眉睫而且更加严重，应当将对苏联的道德顾虑弃置一旁。在一次例行的"炉边谈话"中，罗斯福对美国广播听众说，没有什么无法解决的隔阂能把美国和苏联分隔开来："我们真的能够和他［指斯大林］与苏联人民友好相处。"[73]

在莫斯科，战争的爆发使得对帝国主义资本主义的抨击戛然而止。就在德国入侵苏联的当天，斯大林告诉共产国际领导人格奥尔基·季米特洛夫,新的口径是"要赶走法西斯主义",在国外立刻停止再提社会主义革命。通过将战争定义为"抵抗法西斯强盗的卫国战争",苏联领导人希望西方强大的反法西斯潮流能够迅速认可苏联的抵抗并提供援助。[74] 最后,苏联和西方都准备利用"别西卜"来赶走德国的"撒旦"。由此而来的协作对双方来说都不容易,但这在军事上是必需的,双方还盼着共产主义和资本主义在构建和平战后秩序时或许能找到一些共同立场。[75] 苏联对西方的态度因关于开辟欧洲第二战场和租借物资交付速度的争论而变差;西方的善意也屡受考验,这一方面是由于西方驻苏联人员会受到诸多小限制,另一方面则是因为越来越多的迹象表明,苏联领导人想要用共产主义的方式在东欧引入"民主"。双方都不完全信任对方不会和希特勒达成某种妥协。但是西方领导人选择对苏联在1939—1941年的军事行动及其国内的政治行为睁一只眼闭一只眼,至少在公众面前是如此,因为三个盟国共同的最迫切道义目标都是打败德国。

英国和美国民众掀起了支持苏联战争努力的热潮,这进一步巩固了西方领导人吸纳苏联作为伙伴和盟友的意愿。这种热潮部分源于官方宣传,在西方和苏联都一样。这在英国引发了一个尴尬的问题,即怎样才能宣传支持苏联的战争而又不认同其意识形态。丘吉尔在6月22日的讲话中就做到了这一点,他说的是"俄国"而非苏联。负责政治宣传的英国政治战执行局接到通知,"只要有可能就说'俄国政府',而不要说'苏联政府'",同时要确保各种展览和演讲强调俄国的历史、艺术和文学,但不能提俄国政治。[76] 在美国,战时新闻局里满是普遍支持苏联共产主义实验的开明派,他们在美国公众面前塑造了一个理想化而打动人的苏联形象,俄国英雄主义电影——《北极星》《反击》《俄罗斯之歌》——和大众媒体也强化了这一印象。1943年3月的《生活》杂志告诉读者们,苏联人民"长得像美国人,穿衣服像美国人，思维方式也像美国人"，并将斯大林称为"年度人物"。[77] 苏联在西方的宣传努力也有助于塑造这种对"俄国"有好感的看法，并打造斯大林致力于和平和民主的形象，这些形象被西方民众不假思索地接纳了，他们对苏联现实情况的认识完全来自外在宣传。1944年11月，当英苏团结全国顾问委员会主席切姆斯福德主教在伦敦召集会议时，他将盟国称为"三大民主国家"。参加会议的另一位教士则谈到了"苏联政府真正的宗教成就"，以及苏维埃政权在"生活道德方面"做出的巨大贡献。[78]

然而，大部分民众对苏联的热情拥护是发自内心的，他们为苏联对轴心国侵略的坚决抵抗而欢欣雀跃，相比之下英美自己的军队取得的成就则乏善可陈。收复斯大林格勒被他们当作西方自己的胜利一样来对待。麦斯基在日记中提到了1942年2月对苏联红军"欣喜若狂的赞美"，当年6月"狂热的亲苏主义"，以及斯大林格勒战役后"毫无保留、毫无限制的"普天同庆。[79] 从1941年起，各种"友谊和援助"委员会和社团在英国各地如雨后春笋般涌现；到1944年，这样的组织已经超过了400个，由英苏团结全国顾问委员会统一管理。据估计有约345万人在为苏联的战事而工作，或在对苏友好组织中供职。[80] 在美国，"苏美友谊委员会"也在鼓动民众热情方面扮演了相似的角色，在美国各地都组织了售旗募捐日活动、巡展和资金募集委员会。在这两国，反苏现在被看作恶意甚至是背叛。1938年美国成立了以国会议员马丁·戴斯为首的旨在调查反美行为的众议院委员会，其主要目的是要根除共产主义颠覆行动，它在战争期间仍在运行，但遭到了众口一词的敌视和批评，批评者说它同情法西斯主义。反苏运动从1941年之前的社会主流沦为了战时政治的边缘。[81]

给苏联及其反法西斯战争披上道德光环的做法，无论是官方的还是非官方的，都没能消除一直以来对共产主义的不信任和敌视，尤其是那些自发形成的运动。在英国,即便在苏联出乎意料地成为盟友之后,军情五处(F分支)仍在密切监视英国共产党。1943年,英国共产党书记道格拉斯·斯普林霍尔被控搜集机密情报并被判处7年监禁。内政大臣赫伯特·莫里森警告丘吉尔,由于对苏联的普遍同情,他们更需要对此提高警惕。他说,共产主义者"没有义务忠于一个'资本主义国家'"。[82] 丘吉尔并不需要这种提醒。1943年4月,麦斯基记录了一次晚餐后的谈话,丘吉尔在谈话中表达了对苏联的赞许和对其当前政治体制的厌恶:"我不要共产主义……要是有人来这里希望在我们的国家建立共产主义制度,我就会像现在对纳粹那样狠狠地对付他。"[83] 即便是普遍更同情苏联事业的工党,也出版了一本战时小册子《共产党与战争:对欧洲工人的虚伪和背叛史》。[84] 在美国,由于共产主义运动的参与者达到了约10万人,支持苏联战事的人们开始更加警惕共产主义可能对国内造成的威胁。美国共产党急于表明自己是不错的爱国者,于是在1944年自我解散,之后重组为共产主义政治联盟,不过到那时美国国内的共产主义得到的支持已经减弱,就和在英国一样。

在战争的最后一年,战前曾出现在西方和苏联的那种"共产主义和资本主义在道义上水火不容"的观点开始重现。对苏联领导人来说,苏联与西方的联盟一直都是美国驻莫斯科军事代表团团长约翰·迪恩所说的"权宜婚姻"。[85] 在莫斯科,法西斯和民主国家之间在道义上从来就没什么区别,反正都是资本主义。随着德国即将战败,苏联外交人民委员维亚切斯拉夫·莫洛托夫声称:"现在对付资本主义更容易了。"尽管斯大林也希望在战争结束后能达成某种形式的和平共存,但他在1945年初还是认为打败法西斯势力之后的未来战争将是"与资本主义势力的对决",苏联于是再次回到了熟悉的对抗状态。[86] 1946年秋,尼古拉·诺维科夫被派往华盛顿担任大使并

第七章 正义战争?非正义战争?

评估美国的意图，他向莫斯科报告说，美国关于未来战争的准备"是按照对苏联作战的可能性来进行的，在美国资本家眼中苏联是他们统治世界的主要障碍"。[87]

苏联不愿在红军解放的东欧国家建立西式民主，这一迹象导致其失去了美国大部分开明派和进步民意的支持。左翼期刊《国家》的一名编辑路易斯·费希尔在1945年5月愤而辞职，以抗议他的同僚们决意将英国和美国视为"魔鬼"而将斯大林视为"大天使"。费希尔列出了一份长长的清单，历数苏联违背《大西洋宪章》原则之举，作为他这一决定的依据。[88]尽管罗斯福提醒批评者们苏联并未签署或官方批准《大西洋宪章》，但其精神时常被用于反对与苏联无原则的合作。1944年，前总统赫伯特·胡佛抱怨说，《大西洋宪章》已被"送进医院动大手术，切除掉了国家间的自由"。罗斯福的最后一任驻苏联大使埃弗里尔·哈里曼原本是对苏合作的热情拥护者，但他在1945年警告他的上司，苏联的计划"是要建立极权主义，消灭我们所认识并尊重的个人自由和民主"。几个月后，他要求罗斯福的继任者杜鲁门尽一切可能阻止"强盗入侵"欧洲。[89]在战争的最后几个月与和平的最初几个月里，西方与苏联之间温柔的蜜月烟消云散，双方都明白这场"权宜婚姻"再也维持不下去了。

然而，在建立联合国组织和对德国主要战犯进行战后审判时，西方还是要对苏联的污点视而不见，在这两件事里苏联扮演着和其他战时盟国同等重要的角色。苏联政府不允许任何讨论涉及其战前在波兰和芬兰的军事行动，以及其吞并立陶宛、拉脱维亚、爱沙尼亚以及罗马尼亚北部省份的行径。美国审判团知道瓜分波兰的"苏德密约"（1939年一名德国外交官将此交给了美国驻苏联大使），但这份文件在归档时抹去了"侵略"字样，也从未在审判中被提及。[90]苏联审判团想要把密谋发动侵略战争的罪名仅用于德国的入侵行为而不作为更广泛的原则，西方检察官们勉强同意了。1945年11月，一支特别安全团队从莫斯科来到纽伦堡，试图确保那里不会提起苏联的相关行为。苏联政府对此讳莫如深，以至于苏联检察官在审判的开场发言中甚至没有提及德军对波兰的入侵，以免引发尴尬。苏联前检察长安德烈·维辛斯基命令苏联律师，在参加庭审时一旦有辩护人或被告人试图提到任何关于苏联在1939—1940年领土扩张的事，就要予以打断。有一次庭审提到了苏芬战争的事，结果导致了苏联的干涉。[91]

尽管苏联有些勉强，但盟国还是同意以"反人道罪"起诉德国被告人，以将纳粹政府对德国人民施行的恐怖统治和对非德国人犯下的罪行纳入指控，包括驱逐、强制劳动和大规模屠杀。对于斯大林政权的一些行为，西方不仅是视而不见，而且还根本没什么可靠信息，因为那些被认为敌视苏联体系或与之难以相容的人受到的真实待遇蒙着一层无法看透的面纱，无论是在苏联还是东欧占领区，无论是战争之前还是结束之后，都是如此。

没有哪个西方盟国会像苏联那样进行领土扩张，并为自己开脱，然而轴心国拿种族问题来指责西方不像它们自己标榜的那样民主，却暴露了西方国家道德立场中的一大软肋，尤其是美国。与英国不同，美国尤其看重对民主自由的维护。美国的主要种族问题在于对非裔少数族群长期以来的歧视、隔离和暴力。美国黑人不享有完整的民权，白人社会对于种族隔离也普遍认同，这在美国南方成了主流，而罗斯福政府在战前10年里对此一直避而不谈，很大一部分原因在于总统要依靠国会中那些南方民主党人的支持，后者坚决反对与黑人少数族群进行任何妥协。随着战争的到来和对国家团结、捍卫自由的呼吁，黑人领袖们将此视为一个机会来表达他们对现存不平等的愤懑，此外他们还表示，希望保卫"民主"的战争也意味着黑人的解放。杜波依斯乐观地宣布，这场战争也是一场"种族平等之战"。[92]

第七章　正义战争？非正义战争？

1942年1月，密苏里州的赛克斯顿市发生了战时第一次私刑事件，一名黑人嫌疑人在300名围观者面前被浇了约19升汽油烧死。同月，《匹兹堡信使报》刊登了一个年轻黑人食堂工人詹姆斯·汤普森的来信，信中呼吁美国黑人为"双V，双重胜利"而战。他解释道，第一个"V"是对美国外部敌人的胜利，"第二个'V'则是对我们国内敌人的胜利"。[93] 对于许多反对非裔美国人二等公民地位的黑人和白人而言，若不能认识到民主理想还未照顾到非白人少数族群，那么这场保卫民主、对抗独裁的战争便没有意义。"我如此信仰民主/我想让美国的所有人都有一些/黑人……他们也应当有一些……"诗人洛扎·沃克在1942年9月写道。[94] 黑人活动家们明白，在罗斯福政府保证致力于实现"四大自由"和《大西洋宪章》中的承诺之时，拿德国的种族主义和美国黑人受到的待遇做对比是令人难堪的。圣路易斯市一份战时民权小册子的标题是"让我们阻止国内未来的希特勒们——民主要一边宣扬，一边践行"，这一观点贯穿了整个民权运动。[95] 当非裔美国人媒体组织的民意投票问及黑人是否认同罗斯福及其政府所表达的万丈豪情时，82%的人回答"不认同"。[96] 战争让人们有机会看到官方战时宣传和千百万美国黑人现实处境之间的反差，这导致了黑人运动迅速发展。战争期间，黑人出版物的印刷量增长了40%；以沃尔特·怀特为首的"全国有色人种协进会"（NAACP）成员数量在战争期间翻了10倍；1941年由A.菲利普·伦道夫领导的更为激进的"向华盛顿进军运动"更是在美国四处开花。[97] 对平等的追求在战前久已有之，但战争提供了一个能够更公开、更全面挑战白人种族观的适宜环境。

黑人运动蓬勃发展的结果并不理想。黑人越抗议，白人在许多时候反而会越顽固。南方的国会议员们相信，黑人对民权和经济平等的要求会给国家带来灾难。"没什么威胁比这更大了。"有人如是说。[98] 在南方各州，黑人选民被禁止投票，白人还想办法把农村黑人劳动力禁锢在农场里。在有些地方，黑人被迫佩戴写有其主人名字和工作日程的徽章，否则就要被逮捕。白人认为这种"要么干活，要么坐牢"的文化可以压制任何黑人造反的可能性。[99] 对于美国北方的许多黑人而言，战时加入军队，或者在日益扩大的国防行业工作，让他们遭遇到了前所未见的种族隔离和歧视。当雇主们对劳工的要求越来越多时，黑人工人通常只能得到非技术性的体力活儿，而无论其资质如何。军队中也普遍实行种族隔离。黑人新兵的居住条件更差，只能在食堂里打杂或者充当苦力。在美国南方有些地方，他们如果穿着军装在军营外被抓住，甚至有被私刑处死的危险。"如果有奴隶制，那现在就是。"一名士兵在写给《匹兹堡信使报》的信中抱怨道，这封信是在一个入伍黑人只能睡地板、用水桶解手的军营中写的。[100] 黑人士兵的特殊待遇因管理层的歧视而雪上加霜。另一名幻想破灭的新兵写道，美国军队"和希特勒的纳粹军队一样"。[101] 1944年，战时新闻局向白人军官发放了一份关于"黑人的某些特点"的秘密手册，其中包括这样一些内容："善于交际、外向……热情……懒于思考，记忆力差、健忘……受本能和情绪而非理性的支配……节奏感强……不够坦率……撒起谎来很容易、很频繁、很自然。"[102] 看到纽约哈莱姆区种族暴力的新闻后，一名黑人士兵在从欧洲战场寄回国的信中写道，黑人战士常常问自己："我们为何而战？"[103]

战争暴露出来的反差最终导致了一轮种族暴力的浪潮。战争头几年，白人工人参加了所谓的"仇恨罢工"，针对的正是黑人就业人数的增加。白人种族隔离主义者为了死守他们的纯白人社区和学校而进行了暴力对抗。随着战时的劳工动员让100万黑人移民北方和西部城市，种族紧张也随之加剧，暴力冲突在1943年达到了顶峰。这一年，美国各地47座城市爆发了估计有242次种族冲突。[104] 亚拉巴马州的莫比尔市、宾夕法尼亚州的切斯特港、密西西比州的森特维尔、加州的洛杉矶和新泽西州的纽瓦克都爆发了暴动和街巷斗殴。死人最多的事件发生在1943年夏季，先是在底特律，然后是哈莱姆。6月20日的底特律暴力冲突源于白人工人对黑人新工人涌入的酝酿已久的仇恨；在秩序恢复之前有37人死于斗殴（其中25人是黑人），700人受伤。8月1日，哈莱姆爆发暴动，6人死亡，1 450座仓库被焚毁或者洗劫一空。罗斯福听从了别人的劝说，不对种族问题做公开声明，这部分是由于顾虑南方白人的民意，部分是为了避免承认存在种族差异带来进一步的种族紧张。实际采取的对策是，用越来越多的关于潜在危机爆发点的情报来预判未来的暴力冲突，同时在地方层面上设计手段来解决任何社会冲突而不至于妨碍战争的进行。[105]

　　罗斯福对于日益加剧的种族紧张局势的消极反应，显示了他处理更大范围的民权和种族平等问题的方式。南方民主党在国会里的支持对他的政治地位至关重要，因此他不愿给予黑人民意任何帮助，以免危及这些支持。在战争爆发前的1941年，他做出的一次让步是听从了民权领袖的游说（或者用他的媒体秘书斯蒂芬·厄利的话说，在"有色人群的长期怒吼"之后），签发了第8802号总统令，成立了"公正就业实施委员会"，试图消除国防领域的种族歧视。战争期间，国防工业中黑人雇员的占比从1942年初的3%增长到1944年高峰时的8%，但是黑人家庭的平均收入仍然只有白人的40%—60%。不过，新的公正就业机构在1942年被并入战时人力委员会，这就限制了其战胜种族不公的可能性。在南方，政府当局为帮助白人农场提升产量提供了补贴和培训课程，而对战时变革带来的对黑人工人更加严格的束缚视而不见。[106]一面高举自由大旗，一面容忍国内的种族隔离和歧视继续存在，面对这一矛盾，总统基本保持了沉默。

　　尽管罗斯福个人认为殖民帝国是一种道德堕落，应当交给国际托管或准予独立，但他对种族主义的态度同样适用于英帝国，他对此十分谨慎，以免伤及战时联盟。当 1942 年 8 月英国当局逮捕了甘地及其"退出印度"运动的其他数万印度支持者时，罗斯福没有发表任何公开声明谴责这一做法及其伴生的暴力行为。"全国有色人种协进会"的书记沃尔特·怀特取消了原计划代表战时新闻局发表的抗议演讲，转而向罗斯福发去了一封电报，将民权运动与世界范围内为了从西方帝国主义手下获得解放而进行的斗争联系到了一起："太平洋地区的 10 亿棕色皮肤、黄色皮肤的人无疑会认为，如果联合国打赢了，印度领袖和人民遭到的粗暴待遇将会成为白人对待有色人种的典型方式。"[107]

随着战争的进行，美国民权斗争和更大范围的全球殖民地解放运动之间的联系也越发紧密。1944 年走访了北非和欧洲战场之后，沃尔特·怀特写下了《一阵风起》，这本回忆录就是为了显示"美国的黑人斗争是印度、中国、缅甸、非洲、菲律宾、马来亚、西印度和南美人民反抗帝国主义和剥削压迫的斗争的一部分"。[108] 当各国代表于 1945 年 5 月齐聚旧金山共商成立联合国组织大计时，黑人游说团也试图让美国代表将人权声明纳入其中，这一声明不仅要体现美国黑人的权利，也要把权利给予"被殖民、被奴役的人民"，但他们的游说没能带来对种族歧视的正面回应。身为美国代表之一的约翰·福斯特·杜勒斯担心人权话题会凸显"美国南方黑人问题"。[109] 1948 年，当联合国在巴黎开会讨论包括起草《人权宣言》在内的一众事项时，人权委员会主席、罗斯福的遗孀埃莉诺驳回了杜波依斯起草的请愿信《向世界呼吁》，这封信要把美国的黑人压迫与人权议程直接联系起来，这会导致政治问题。各主要国家代表想要确保关于普遍权利的声明不会暗示其他国家有权干涉明显侵犯这些权利的国家。[110] 尽管这场战争是为了保卫民主，但美国和帝国主义列强在 1945 年仍然怀着西方固有的种族歧视。

如果说盟国在国内种族主义方面的劣迹配不上它们的战时宣传，它们对敌人种族主义的应对方式就更是模棱两可，其中最突出的是反犹主义。在第二次世界大战中，种族灭绝和大屠杀给公众留下的深刻印象让人觉得与德国及其欧洲轴心国盟友打仗的一大要素是阻止屠杀，解放剩余的犹太人。但这基本上是幻觉。打这场仗并不是为了拯救欧洲犹太人，实际上所有三个主要盟国的政府都担心公众会这么想。盟国的目的是把轴心国赶出被占领土，为所有被征服和被奴役的人民恢复国家主权，解放犹太人只是顺带的。盟国方面对犹太人的态度时而无视，时而谨慎，时而自相矛盾，时而不那么高尚。

盟国方面看待所谓"犹太人问题"的方式一方面源于战前对德国反犹主义带来的挑战的回应，一方面来自锡安主义者*和犹太建国主张的兴起。苏联对犹太人的政策尤其取决于对锡安主义者愿望的敌视，这种愿望挑战了犹太人对苏维埃体系的忠诚。斯大林长期以来一直认为苏联犹太人无法融入新的苏联国家，因此他将后者的愿望视为"分离主义"而予以仇视。锡安主义者们于是遭到迫害，不得不转入地下；20世纪30年代初，移民苏联的犹太人大幅减少，从1934年起被完全禁止；犹太工人不允许请假去过安息日，数百座犹太教会堂被关闭。[111] 1939年和1940年，随着苏联占领波兰东部和波罗的海沿岸国家，又有200万犹太人受到苏联统治，他们传统的生活方式也被摧毁。在这些地方，估计有25万犹太人被迁移到苏联内地，数以千计的拉比和领袖被逮捕并送入苏联集中营，犹太教会堂则被关闭或改为他用，其产业被收归国有，犹太民众的宗教和文化礼仪也被禁止。当1941年德军打过来之时，那里犹太人族群小镇的传统生活已经被

---

* 此即犹太人独立建国的势力。——译者注

打压很久了。[112]

在英国和美国,犹太人问题与种族迫害加剧带来的大规模犹太人移民所引发的担忧密不可分,在英国,人们还担心犹太移民会不会打破他们在中东的国际联盟托管地的脆弱的安全。尽管两国都没有明确或公开反犹,但是对于无限制接纳犹太移民的社会和政治后果的担忧主导了两国政府的反应。尽管如此,20 世纪 30 年代还是有相当数量的犹太移民成功逃离德国和 1938—1939 年被德国吞并的地区,1933—1939 年共有约 36 万人逃离。其中 5.7 万人在美国落脚,5.3 万人来到英国的巴勒斯坦托管地,5 万人来到英伦三岛。20 世纪 30 年代,还有许多欧洲犹太移民从其他那些反犹已成尖锐问题的国家逃出。1933—1939 年移民到巴勒斯坦的犹太人共有 215 232 人,让当地犹太人口翻了一倍。[113] 正是这一人口流动给英国政府对犹太难民问题的态度造成了最大的影响。1936 年,随着新一批犹太人从欧洲涌入巴勒斯坦,阿拉伯人开始四处起义。1936—1939 年,这些起义牵制了大量原本规模就很小的英国军队,而且危及英国在中东的战略地位。其结果是英国在 1939 年做出最终决定,于 5 月发布白皮书,将未来 5 年内犹太移民的数量限制在 7.5 万人,之后就要完全停止移民,除非阿拉伯人同意,但这是不太可能的。作为对大规模非法入境的惩罚,英国首先实施了 6 个月的移民禁令。1939 年,只有 1.6 万人获准合法进入巴勒斯坦,但另有 1.1 万人钻了空子非法进入。在伤口上撒盐的是,政府文件还断绝了犹太人独立建国的可能性,而独立建国正是锡安主义者的主要目标。[114] 1939 年春季定下的指导思想主导了整个战争期间的英国政策,灾难性地封闭了犹太难民最重要的逃离路线之一。

1938 年 11 月"水晶之夜"后,德国对犹太人的歧视和迫害达到一个新水平,此时犹太人向英国本土的移民也受到了限制。一些没

第七章 正义战争? 非正义战争?　　743

有大人照料的孩子通过所谓的"儿童转移"（Kindertransport）获准移民，到 1939 年 7 月有 7 700 人由此来到英国，但成年难民要想达到英国的入境标准和获得必要的护照却面临着更大的麻烦。英国当局想要那些能够得到犹太人组织资助并有一技之长的犹太移民，或者能满足劳动力市场短缺的人，但内政部则更喜欢那些承诺来到英国后再次向他国移民的犹太人。随着战争临近，这种移民的可能性也越来越小。西方世界普遍对移民进行了定额限制。在美国，这种限制并非直接针对犹太人，因为他们只是被视为所在国的普通公民，但这意味着他们要长时间等待签证排队，最长可达两年之久，而且一旦某个国家的限额已满，美国就不再接纳该国移民。这一次，美国政府拒绝为欧洲犹太人面临的特殊危机做出妥协。当"水晶之夜"后有人向罗斯福施压，要他允许犹太人更容易地入境时，他只是说："时机还不成熟。"罗斯福一直很在意民意投票，而投票显示 75% 的美国人认为犹太人有"不讨喜的特性"，72% 的人则反对任何增加犹太移民之举。[115] 1939 年 1 月，一份法案被提交给国会（即所谓的"儿童法案"），申请允许在两年时间里让 2 万儿童难民入美，公众对此毫无反应，总统也不予支持，最后在委员会审议阶段就宣告失败。民意投票再次显示了公众对犹太人的强烈反感。

英国人不愿面对绝望的难民如洪水般涌来的可能前景，于是提出可以把犹太人送往南美的殖民地圭亚那。（"以此让英国政府在欧洲犹太人的问题上不至于良心难安。"一名外事官员直白地说道。）但由于担心当地人反对，这一计划无果而终。在美国，有人提出要在阿拉斯加建立一块犹太人专属地，但罗斯福因担心这会成为犹太人的国中之国而否决了这一主张。[116] 两个国家都不愿增加犹太人在大后方的比例，而无论道义上多么应该这么做。罗斯福的驻苏联大使劳伦斯·斯坦哈特在 1940 年看到了难民运动带来的压力，总结了他的政府面临的选择:"我觉得,即便人道主义和美国利益发生冲突的可能性还很遥远,前者都必须为后者让道。"[117]

战争的爆发反而增强了这些信条。从1939年9月起,英国就再也不打算准许来自德国或欧洲德占区的犹太人移民英国了。"就我们和法国的考虑而言,"一名英国外交部官员写道,"现在犹太人在德国的处境并不具有现实重要性。"[118]在美国,国会的反对决定了本已紧张的配额体系不会更改。此时的德国当局还急于驱逐尽可能多的犹太人,直到1941年10月,希姆莱最终禁止移民,赞成消灭犹太人,而有幸能找到前往西方途径的犹太人只是需要逃离者的很少一部分。向巴勒斯坦移民的配额虽仍有富余,但人数从未达到白皮书许可的水平,因为没人去想办法方便犹太人从欧洲飞来。犹太人有39个月的时间能够离开德国及其新帝国,而其中15个月英国当局都彻底禁止了移民以作为对越来越少的非法移民的惩罚。1940年移民美国的犹太人数量是36 945人,但还有数以千计的犹太人因名额已满而在欧洲继续等待。那些千方百计来到英国的人还会受到进一步侮辱:由于公众对"第五纵队"感到恐慌,英国政府在1940年6月下令,大部分移民应当被视为敌国侨民加以拘留。大部分被拘押者后来被释放了,但他们起初在英国、加拿大和澳大利亚临时营地里受到的待遇是恶劣而屈辱的。[119]

欧洲犹太人面临的压倒性危机促使他们想方设法绕过西方设下的限制逃离欧洲。而英国当局却表现出一副铁石心肠,完全违背了他们关于英国是为了正义价值观而战的说辞。当三艘超载的船只满载着从中欧逃出来的饥饿而惊恐的犹太难民驶离罗马尼亚来到巴勒斯坦海岸时,这些亡命者先是被禁止下船,之后又被带到岸上关进简陋的营地,同时英国人还在想办法把他们赶出巴勒斯坦。当局决定把其中一部分人送到岛屿殖民地毛里求斯去,但是因饱受怠慢而绝望、消沉的难民们拒绝了。被送走当天,他们赤身裸体躺在床上以示抗议。殖民地警察用棍棒殴打这些人,之后把一丝不挂的男男女女押送上船,他们的财产则被扔进海里或没收出售,卖的钱充作巴勒斯坦政府费用。在开往毛里求斯途中,有超过40人死于伤寒或身体虚弱;到达后,他们又被圈禁在铁丝网后面,有武装警卫看守。他们只是从一种暴政统治跳入了另一种当中。他们始终被拘押着,男人被迫与妻子儿女分离,直至战争最后几个月。英国殖民地部代理副大臣约翰·沙克伯勒爵士认为,这些抗议显示"犹太人没有幽默感,没有分寸感"。[120] 从1941年春季起,再也无人非法进入巴勒斯坦。

1941年夏季,对犹太人的种族屠杀突如其来,先是在东欧,之后扩大到整个欧洲沦陷区,盟国官方对犹太人命运的冷漠便难以维系了。尽管一开始很难把所有传到伦敦和华盛顿的众多信息碎片拼起来,但到1942年夏初,欧洲犹太人遭到全面大规模屠杀似乎已经是不争的事实了。同年5月,波兰地下抵抗组织向波兰流亡政府发去了一份报告,即所谓的"邦德报告",详细说明了波兰犹太人被灭绝的情况。6月,BBC获准向欧洲广播这份报告的结论:70万犹太人已经遇害,但是英国外交部觉得这个情报可疑,担心这可能是为了给犹太人进一步向巴勒斯坦移民找借口。[121] 8月上旬,日内瓦的世界犹太复国主义组织代表格哈特·里格纳通过英国外交部向英国下院议员希尼·西尔弗曼发去了一封长电报,详细描述了灭绝营和毒气室,还引用了德国资料作为佐证。电报是8月8日发的;外交部尽管对未经核实的情报始终存疑,但还是在17日把电报转发给了西尔弗曼,并警告他不要拿这一消息做文章。[122] 这份电报也发给了华盛顿的国务院以转交给世界犹太复国主义组织首脑,大拉比斯蒂芬·怀斯,但美国官方认定其"指控荒谬",并拒绝转发。不过美国审查官错过了西尔弗曼直接发给怀斯的第二封电报,里格纳报告的内容就含在其中。然而当怀斯想要美国国务院同意公布这一消息时，后者花了三个月才勉强同意。[123] 英美两国的官方对这些被认为未经证实的情报都很警惕，担心犹太人游说集团会利用这些坏消息来要求政府采取行动。

到 1942 年 12 月，公开信息已经足以让英美两国政府承受的民众压力与日俱增了。英国的一次盖洛普调查显示，82% 的受访者愿意接纳更多的逃亡犹太人。[124] 为了平息人们对盟国无所作为的抗议，英国外交大臣安东尼·艾登提出要代表盟国在英国下议院发表一份声明，突出强调德国人对犹太人的杀戮，并承诺要在战后清算责任人。在华盛顿，国务院觉得这份声明只会导致更多的犹太人抗议，可能"对战争起到负面影响"。最终，美国官方还是妥协了，但这发生在把关于种族灭绝的"来自欧洲毋庸置疑的报告"修改为"来自欧洲的大量报告"后，这就仍然留下了怀疑的空间。就在声明发表一个星期前，罗斯福在战争中唯一一次会见了犹太人领袖，以讨论如何应对种族屠杀。会面中 4/5 的时间是他在说，只给真正的议题留了两分钟，而且他没有给出任何承诺。[125] 在莫斯科，内务人民委员部安全部队从 1941 年夏季起就收集并整理了大量种族屠杀的直接证据（尽管没有交给西方），他们对盟国单独将犹太人而非整体将苏联人民视为受害者的声明也是疑虑重重，但苏联还是在战时唯一一次关于犹太人灾难的声明上签了字。[126] 12 月 17 日，艾登在下议院宣读了声明，议员们全体自发起立默哀两分钟。对全世界的犹太人组织而言，盟国似乎有可能放松其限制并对欧洲犹太人的请求做出正面回应。而对于那些被困在轴心国的犹太人而言，盟国的公开表态也没什么结果："我们应当为了他们对我们命运的'关心'感到高兴，"亚伯拉罕·莱温在他的华沙犹太区日记中写道，"但这对我们会有什么用呢？"[127]

事实证明，1942 年 12 月的声明就是盟国政府对大屠杀消息所做回应的高潮了，盟国对仍然活着的欧洲犹太人的政策几乎没有做出任何显著改变。在苏联，犹太人反法西斯委员会（1942年经斯大林批准成立，并受到安全部门的密切监视）被容许存在，因为它能吸引美国资金，但它并不打算配合采取主动措施救援或援助德占区的苏联犹太人，这些犹太人大部分在1942年底已经遇难。在英国，内政大臣赫伯特·莫里森拒绝了接纳更多犹太难民的呼吁，并要求外交部考虑选择其他遥远的目的地，包括马达加斯加，1940年时德国也曾一度考虑要把犹太人送到这里。为了平息更多批评，战时内阁成立了一个委员会来负责接纳和安置犹太难民，但委员会的名称中没有使用"犹太"一词，以免显得对某一特定受害者群体有特殊优待。1943年1月，这个委员会认为其目标主要是"消灭那些觉得有可能大规模移民英国本土和英国殖民地的想法"。莫里森唯一的提议是，可以再多接受1 000—2 000名难民，如果他们能证明自己对英国的战争机器有用的话。[128]

1942年12月的声明发布之后，美国没有立刻采取任何实质性措施。罗斯福和国务院对犹太游说集团的提议要么弃置一旁，要么视而不见。1943年1月，英国政府建议华盛顿方面考虑就难民问题进行一次最高级别的峰会，被美国人拖延许久之后，这次会议最终于同年4月中旬在加勒比海的英国岛屿殖民地百慕大召开。双方一致同意讨论所有难民而不仅仅是犹太人的问题，而且不会讨论被视为乌托邦的救援提议。据英国代表团团长报告，会议收效"甚微"。会议同意重建原本在1938年首创的政府间难民委员会，但在随后几年里，它在援助犹太人方面的作用微乎其微。会议对于在既定限额之外接纳更多犹太难民进入英国、巴勒斯坦或美国没有做出任何让步，尽管1944年罗斯福最终在压力之下，在纽约州安大略堡为仅仅1 000名难民提供了战时庇护所。在百慕大讨论的可以在盟军控制的北非为从西班牙逃出来的犹太难民建立难民营的想法花了一年时间才实现。而出于对穆斯林民意影响的担忧，加上法国的反对，最终建成的难民营并没有像预期的那样容纳数千人，而仅能容纳 630 人。[129] 用艾登的话说，会议的主要结论就是什么事都做不了，"直到赢得最终胜利"。巧合的是，会议召开之时，华沙犹太区的犹太战士们发动了最终未能成功的起义。当代表们在百慕大的酒店里为了怎样摆脱难民问题而辩论之时，犹太反抗者们已经和他们的压迫者展开了注定要失败的战斗，而波兰国家军对他们援助甚少，盟国则完全没有援助。从被摧毁的犹太区发出的最后一封电报简单地写道："自由和公正的世界什么话都没有说，什么事都没有做。"[130]

这个评价很尖刻，却不无道理。西方盟国对犹太人遭受的迫害和灭绝的回应力度远远无法和大屠杀的恐怖相比。相反，那些想要逃离欧洲的犹太难民和试图发起救援行动的犹太人组织却面对着数不清的阻碍和断然拒绝，只有偶尔地勉强获得支持。了解所有真相的战后几代人在批评盟国动机不道德时同样严厉。不道德的理由有很多。首先，20 世纪 30 年代对于犹太难民问题的应对导致了强烈的负面反响，人们反对提供更多援助，巴勒斯坦的英国统治当局尤其如此。其次，可信度也是个问题。当恐怖的事情逐渐为人们所知时，西方民众乍一看都无法相信，甚至犹太人社群也是一样。"要相信难以置信的。"世界犹太复国主义组织的伦敦分部向纽约总部写道。[131] 有了第一次世界大战的经历之后，西方对待战争暴行的报道都比较谨慎，从欧洲报道细节的记者们不得不去打破莱昂·库博维茨基在 1948 年世界犹太复国主义组织的演讲中所说的"怀疑的硬壳"。媒体也不愿一遍遍重复相同的报道，因为其新闻价值逊色于战争新闻。美国最大的日报《纽约时报》在战争期间共发表了 2.4 万篇头版文章，但只有 44 篇涉及犹太人问题。其出版人，美国犹太人阿瑟·苏兹贝格不愿用他的报纸谈论太多的犹太人悲剧，担心会疏远读者，或者引发反犹反应。结

第七章 正义战争？非正义战争？

果，公众只能断断续续且不完整地了解大屠杀，这更容易引发怀疑而非同情。"犹太人陷入的生死斗争，"库博维茨基在他的讲话中说道，"对常人来说不仅难以置信，还难以理解。"[132]

这种不道德还可以用反犹主义来解释，但这种说法也比它看上去更复杂。在所有三个主要盟国里，原始种族主义形态的反犹主义都是存在的，但并没有成为主流，也没有到达政府层面。在美国，民众的反犹主义在20世纪30年代有所抬头。在30年代罗斯福经济改革期间，极右翼甚至抛出了"新政 = 犹太政"（New Deal = Jew Deal）的口号。影响最大的反犹者中有这样一些代表：威廉·佩利和他的1.5万名法西斯"银衬衫"；杰拉尔德·温罗德牧师，他的反犹作品《守护者》拥有10万美国读者；还有出现在无线电广播里的《锡安长老议定书》信徒，查尔斯·库格林神父，在1942年被他的大主教叫停之前，他的反犹长篇讲话的听众达到上百万人。战争期间，犹太教会堂遭到的亵渎和犹太人遭到的攻击也是层出不穷。[133] 英国的反犹主义主要存在于极端右翼中，但他们在30年代后期就已经被边缘化了。到1940年，英联邦的活跃法西斯分子都被拘押了。尽管如此，显然还是有许多西方政客和官员是从歧视和不容忍的立场来应对"犹太人问题"的，许多民众也是如此。人们对"犹太人"的刻板印象导致了消极反犹，这对更积极地应对犹太人危机产生了不利影响。筹划了1942年12月声明的安东尼·艾登在一年前曾对他的私人秘书如是说："如果我们一定要做选择的话……我选阿拉伯人，不选犹太人。"那些不得不应对巴勒斯坦或难民问题的外交部、殖民地部官员的文字中也充满随意的种族主义言论。"在我看来，"有一个人在1944年写道，"这个办公室里有太多的时间被浪费在这些哀号的犹太人身上了。"[134] 和他的内阁同僚不同，丘吉尔毫不掩饰地支持锡安主义，而且关心那些被困在轴心国的犹太人，但在战争期间他也没办法扭转周围人对犹太人的冷漠和敌视。与之相反，罗斯福没有为解决犹太难民问题或回应犹太危机做什么事，除非觉得民意要求如此，最后还是政治算计取代了人道主义考虑。

反犹主义还可以从另一个意义上解释西方的冷漠反应。犹太组织和游说团体始终担心战前和战时的犹太激进主义会带来集体反犹抵制，让各地犹太人的处境更加糟糕。英国和美国的犹太人领袖对于从中东欧再接纳大量犹太人移民的可能性并不热心，担心他们可能会冲击已有的犹太人族群，并难以融入。他们还担心犹太人的鼓动工作可能会让人觉得犹太人是不忠诚的少数族群，斯大林就是如此看待苏联犹太人的。当怀斯拉比在1943年8月就任美国犹太复国主义组织主席时，他宣布："我们是美国人，始终如此。"[135] 非犹太政客们也有着相似的担忧，担心德国的所作所为导致的犹太难民入境需求激增会导致反犹主义兴起。在英国，这种人口流入的可能性在战争的大部分时间里始终存在，即便在希特勒欧洲治下的大部分犹太人已经死亡时也是如此。在英美两国，单独将犹太人视为欧洲战争的受害者被认为在政治上是有问题的，因为它似乎给了犹太人特殊重视而忽略了欧洲沦陷区的其他受害人群。（因此，1943年1月英国成立难民临时委员会时决定在其名称中删除"犹太"一词。）最后，无论是犹太还是非犹太领导人都担心，更积极地回应犹太人危机会被德国宣传机器利用，使这场针对德国的战争看上去确实是"犹太人的战争"。

最重要的是，对大屠杀的回应是以政治需要和军事必要为前提的。相对于更大范围战争的结果而言，西方民众对犹太难民的事情没么关注。即便是在同情犹太人的地方，那也常常被当作对轴心国占领下所有受害人民的更广泛担忧的一部分。在对欧洲的宣传中，英国官方也在小心翼翼地避免形成"没有组成'国家'的犹太人比有国家的人民更优先"的印象。处在伦敦的欧洲流亡政府同样担心，他们沦落敌手的人民可能会反感关注犹太人而忽略了他们自己的苦难。有人建议自由法国领导人戴高乐将军"千万不要成为把犹太人带回来的人"。法国右翼把1940年的失败归罪于犹太人，波兰民族主义者指责犹太人在1939年9月把国家出卖给了苏联。流亡政府则急于避免在战时和战后引来他们自己的"犹太人问题"，英国宣传机构也尊重了这些政治考量。[136] 甚至当德国允许中立国接纳持有本国护照和证件的犹太人回国时，这些中立国的回应也是谨慎地拖延以遵从国内民族主义者的民意。在5 000名持有西班牙证件的犹太人中，1943—1944年只有667人进入西班牙，而且条件是他们入境后必须再次移民。当中立国官员为了入境要求和证件认定而争论不休时，成千上万人已死于非命。[137]

胜利被视为解放犹太人的关键，但在胜利之后，西方对待犹太人灾难的反应仍然是模棱两可。在1945年提审德国主要战犯的国际军事法庭审议中，来自波兰的犹太律师拉斐尔·莱姆金首创了"种族灭绝"（genocide）一词，他是1941年来到美国的。他对这个词的定义并不是指代他的犹太同胞遭受的命运，而是描述从政治、文化和社会方面阉割被占领区人民的民族认同。犹太人遭到的大屠杀直到最后一刻才被加入公诉，因为很难把犹太人定义为"民族"（nation），而且苏联反对把犹太人单独挑出来而不是包括在所有国家的受害者之内。[138] "种族灭绝"这个词在审判中用得很少，最终判决中则完全没有使用。莱姆金努力想让联合国把灭绝种族罪定义为国际罪行，但支持他的只有印度、巴拿马和古巴，没有主要强国。1948年12月，《防止及惩治灭绝种族罪公约》和《世界人权宣言》同时获批，但这是顶着英国、法国、苏联和美国的抵制通过的，它们全都担心这一公约会被用在它们对殖民地人民的待遇或是对国内少数族群的镇压上。在美国，《防止及惩治灭绝种族罪公约》难以获批与人们对更多民权运动的担忧不无关联。确实，1951 年，民权活动家保罗·罗伯逊和威廉·帕特森向联合国提交请愿书《我们指控种族灭绝》，指的就是美国黑人受到的对待。莱姆金后来后悔把犹太人受到的苦难与黑人相提并论："受到不公对待和去死是不一样的。"最后，美国政府直到 1986 年才批准《防止及惩治灭绝种族罪公约》。[139]

战争期间，盟国在相互协作、国内种族主义、协助欧洲犹太人方面采取了相对正面的道义立场，这让它们没有沦落到和轴心国一样的地步，但事实也确实挑战了盟国关于全面代表进步和人道价值观的自我标榜。还在战争进行之时，盟国就已开始构建自己在打"正义战争"的叙事，这也一直是所有战争记忆的中心要义。[140] 但事实并不是那么非黑即白。战时道德和政治的权宜之计带来了这样的一段历史：盟国出于战略和政治必要性的考虑，或者是在意识形态信念的驱使下，做出了败坏其战争叙事的道德选择。

人民战争：打造"道义共同体"

各国在解释战争目的时都会拿道义来使自己正当化，而由于需要其国民为此做出牺牲，说服绝大部分国民相信战争是一场值得支持的较量就至关重要了。真若被问到，绝大部分人几乎肯定不想打仗，无论是实际上还是道义上都是如此。1943 年，英国议会和平目标小组领袖写道："首先，我们必须认识到，任何文明国家的普通人都不承担什么战争责任。他们是被统治者拖入战争的，被廉价的语言安抚，并被迫遭受所有的恐惧和屈辱……"[141] 如果说这一判断似乎更适用于轴心国而非盟国，那么所有参战国政府都必须确保人民相信战争不是自己国家挑起的，甚至在面临危机或战败时也能对战争保持道义认可。若做不到这一点会怎样？第一次世界大战就是例子。

确保这种认可的主要手段是构建"道义共同体",在这个共同体中,所有人都要在表面上表示要团结一致,把战争进行到底。这种共同体反映了现代战争是总体战的思想,打仗的是全社会,而不仅仅是政府和军队。这个共同体作为有组织的战时社群,由责任感和牺牲精神所主导。这样想的绝不仅限于集权国家。蒋介石在1942年初对中国人民的演讲中就抓住了这种道义构建的基本特点:

> 大家须知现代的民族战争,不仅是武力的竞胜,而是整个国力的斗争,不仅是将士的作战,而是全体国民的作战,所以并世各国,一遇战事发动,莫不立刻管制全国人民的生活……集中全国人力物力,供战争的使用,为国家而效命。在国民方面,一到对外战争的时候,也就应该立刻觉悟到国家的安危,就是个人的安危……承受一切艰难困苦,抛弃个人的自由与安乐……整个社会,应该特别有紧急生动整齐严肃的气象,有享受能力的人,要为战时而抛弃享受,没有享受能力的人,也都以享受为可耻……总之一句话,在战时绝对的国家至上,而全国人民所努力以求的,是胜利第一。[142]

定义备战行为的文字中都使用了道义共同体这个概念。在英国,这场战争起初被称为"人民战争",以区别于过去那些只为了少数精英人群而打的战争;"普通人"团结起来对抗暴政,这成了战争叙事的中心特征。[143] 在德国,20世纪30年代民族社会主义意识形态和宣传的一个主导特征是种族排他的"民族共同体"概念,这在战争期间很容易转变为保卫人民的"战斗共同体"概念,随着战败临近,则成为致力于忍受艰苦兽犹斗的"命运共同体"。[144] 苏联则被当作斯大林所说的纯粹的"战斗营",去进行伟大的卫国战争,赶走法西斯侵略者。战争头几周的苏联流行歌曲"voina narodnaia"(《一场人民的战争》)就体现了这种人民战争的思想。1942年秋，斯大林宣布，苏联进行的也是一场"人民战争"，每一个身体健全的公民，无论男女，都要上阵杀敌。[145] 在美国，由于个人主义价值观占据主导地位，战时道义共同体的打造就困难得多，但罗斯福在珍珠港事件后的第一次战时广播中就表达了这一理念："我们都身处其中，自始至终。每一个男人、女人、儿童，都是如此……"[146]

中国和意大利的情况是例外，它们的战争早在20世纪30年代就已打响，以其相对较弱的经济而言付出了巨大的代价。1940年，当墨索里尼最终决定冒险向其他列强开战时，其重要部门的军政精英和许多民众对扩大战争的胃口并不大。因此，他们并未像其他国家加入大战时那样推动打造新的道义立场，结果便是从1940年之后，其国家和民众之间的裂痕越来越大。早期的战败让意大利民众普遍悲观；警方的报告显示，人们对胜利的信心越发衰微，担心美国参战，以及渴望着结束战争。1940年11月热那亚的一份报告就是个典型，该报告强调人们"对战争及其目的完全没有热情"。[147] 于是墨索里尼对实施总动员一直犹豫不决，结果置身于战争之外的意大利人比英国、德国、苏联的多得多。在中国，尽管蒋介石明白实现对战争的普遍认同是多么必要，但这种认同很有限。1942年下半年，蒋介石在重庆的国民参政会大会开幕式上因未能实现他对总体战的要求而对国人大加斥责："一般社会，除了少数爱国有识之士以外，多是优游安逸，过其平时的生活……全不念前方将士的艰重，战区同胞的痛苦，更不想到国家前途危险，也不知奋发向上……"[148] 中国的问题足以解释国民为何缺乏集体努力意识。中国有半壁江山沦丧于日本敌手，那些地方还有许多机会主义者投靠了敌人；蒋介石的国民党政府和中国共产党之间还暗战不断，后者在其解放区进行的"全民抗战"要成功得多；

第七章 正义战争？非正义战争？　　755

在农村，千百万中国农民及潮水般的难民和征粮者激烈争斗，还要抵抗无处不在的土匪，为国而战的思想对他们并无触动；而在未被占领的地区，腐败无处不在，而且十分严重，商人们囤积居奇，富人花钱让他们的儿子免于兵役。[149]蒋介石谴责了这些不团结的表现，他称其为"一盘散沙"，人人为己。[150]

大凡是成功建立战时道义共同体的地方，共同体都要包罗万象，只有那些被明确排除的人除外，例如美国从1942年起被关进集中营的12万日本侨民、德国的犹太人和外国工人，或者苏联的各种"人民公敌"。国家的所有人，包括儿童和青少年，都被期望为维持战争和应对必需的牺牲做出某些贡献，无论多么微不足道。在德国、苏联和日本，参与战事都是共同体更大范围严格管理的一部分，大部分人不可避免要为了共同体的目标而主动参与。在这些情况下，构建享有道德共识的战时集体是对既有共同体承诺的一种延伸。在德国，1939年，加入青年团、纳粹党、服务社或民防和劳工勤务组织的人口总数估计达到6 800万人，而德国总人口为8 000万人。[151]开战之后，所有这些组织都在大后方为战斗做出了贡献。在日本，内务省在1940年建立了一套"町内会"（意即邻里协会）网络，通过建立正式组织结构而把人民纳入战争机器。到当年年底已有18万个町内会，在城市每一个町内会包含数百个家庭，在农村则是每个村一个町内会。与此同时日本还建立了超过100万个小一些的邻里会，一般由八九个家庭组成。这被认为能够把地方社区更紧密地团结起来，服务于更大范围的战争目标，并易于孤立任何不愿遵从道德义务的人。[152]而在英国和美国，为国奉献依靠的更多是个人良知，而非有形的集体组织。美国的战时叙事和日本社会的组织特性截然相反，其公民义务较少，靠的是公民的自愿主义来让个人明白自己对其他人的义务。"你今天为自由做了什么？"一张美国海报上写道。[153]鼓励参与战争的宣传形成了让人不得不遵从的强大社会压力。那些没有牺牲意愿的人和不肯参加当地社会活动的人都会被发掘并报道出来。在英国，尽管阶级和宗教各不相同，但大家都有一个共同的思想，那就是短期的战时集体让每个有能力的人都背负上了为胜利而拼搏的道德义务。

这些战时共同体是格外强有力的道德和情感组织。人们很难置身于战斗团体之外，而在某些国家，这么做还是有危险的。在大部分参战国，加入战时共同体是作为道德义务而广受支持的，无论个人是否怀有保留意见。所有被认为是推卸责任者、失败主义者和反战主义者的人在道德上都是被排斥的，在苏联他们还可能会被处决。宣传是不可或缺的，但战时共同体的构建还有赖于形成更广泛的参与文化，其中媒体、青年组织、教堂、女性社团以及西方国家的商业广告都发挥了作用。儿童在战时共同体中的参与成了一个格外值得一提的例子，体现了战时共同体组建和扩大的方式。珍珠港事件后不久，美国出版的一份关于"胜利教育"的读本提出，教师应该尽力让儿童理解当前的道德主旨："通过培养对民主理想的理解，明白美国为何而战……明白美国为民主原则而进行的斗争是人类为自由而做的长期斗争的一部分。"《儿童道德守则》印发了50万册，教育儿童要忠于家庭，忠于学校，忠于国家和民族，最重要的是，"忠于人性"。当财政部长亨利·摩根索打出"储蓄、服务、节约"的口号呼吁3 000万年轻美国人加入为自由而战的行列时，2.8万所学校也参与其中。小孩子们会存钱买战争债券票*，挨家挨户收集废金属、纸张和润滑油，并参加当地的社会工作。[154]

在日本，孩子们从小就知道要为社会做贡献。学童们要在十几年里一直学习文部省下发的品德课本，被教育要服从、忠诚和勇敢。

---

* 这是"二战"时美国发行的价值10—25美分的小额战争债券票，可兑换战争债券。——译者注

第七章 正义战争？非正义战争？

1941年出版的课本进行了改版，纳入了各种民族主义象征和思想（"日本是个美好的国家/纯粹的国家。/全世界/唯一的神国。"）以及各种普通民众愿意为天皇献身的事例。模范故事会鼓励孩子们为战争回收废旧物品，给海外的士兵写信，并为自己成为帝国大家庭的一员而感恩。与课本配套的教师手册解释说，新的"国民道德"包括了社会和个人两个道德领域。到1945年，孩子们还发现自己常常要在班里唱军歌，并参加军事训练，为最后的日本保卫战做准备。一个小女孩在日记中记载了一天的"精神训练"，包括徒手格斗、作为手榴弹训练的投球练习、木枪战斗，最后还要训练刺杀："真有意思。我很累，但我发现即便是一个人也能杀死很多敌人。"[155]

然而，战时共同体的创建受到明显的制约。观点、年龄、利益和期望各不相同的人们不会自动保持战时的投入状态。为了确保战时道义共同体为正义而战的重要叙事维系下去，所有参战国政府都采取了对民意的全面监督、新闻审查和选择性宣传，以确保任何明显存在不同意见，或者表现出怀疑主义和破灭感的地方都能被识别出来，并采取措施加以安抚或压制。形容战争时期民众精神状态的一个常用词是"士气"。这个概念在第一次世界大战中被广泛使用，在战间期嵌入了人们对国内民众是否具有韧性的认识中。例如，1940年，耶鲁大学学者阿瑟·波普组建了一个非官方的"国家士气委员会"来探索能让美国在战时维持士气的方法；他们的研究帮助政府就如何在战争中维持美国资源投入有了成形的认识。[156]"士气"很难准确定义，更加难以衡量。英国为了评估公众对战时努力满意度而进行的民意投票结果在战争期间变化很大，从1942年初低谷时的35%到战争最后一年的高峰75%—80%。[157]在苏联，在战争第一年的危机时刻，失败主义的迹象十分普遍，叛逃到德军的约20万士兵就尤其能说明这一点。而内务人民委员部的严厉政策确保了这种失败主义态度不会获得广泛的基础。[158]在任何情况下，民众对于战争进程的担忧都不一定会转化为对士气的损害，除了意大利。然而，无论对士气的定义是多么宽松，对其的监控都被认为是维系道义共同体存在的关键手段；国家在监控自己公民方面扮演的角色，其范围和力度都大大超过第一次世界大战。

了解民众情绪的任务在集权国家要容易得多，因为它们在战前就已经有机构来向政府提供关于民意和民众举动的详细报告。由于没有自由媒体和开放的政治体系，集权政府要依靠无处不在的眼线来报告国内外民众对政府行为的反应。德国的体系就是精心组织的典范。20世纪30年代，保安处就有一个分支机构专门报告国内消息。1939年9月，这个分支被改组为新成立的中央保安局的第3处，以党卫军指挥官奥托·奥伦道夫为首。10月9日，这个办事处开始汇编首份正式的《国内政治情况报告》。11月，报告更名为《帝国内部报告》，并一直汇编到1944年夏，直至情报的悲观论调引发了对失败主义的批判，例行通报才告一段落。奥伦道夫的办事处划分为18个（后来24个）分组，负责在所有可能的方面收集有关民意和士气的情报。估计有3万—5万名情报人员在四处收集信息，他们的报告会经过地方和省级办事处的筛选后再送往柏林。那里会生成一份汇总报告，呈交给纳粹党首和宣传部。情报人员来自各种专业背景——医生、律师、公务员、警官——他们的任务，据一名地区长官所说，是和家人、朋友及同僚谈论热点话题，并且在工作地、公交车、商店、理发店、市场和酒吧里旁听他人谈话。[159]除了这些报告，还有盖世太保的工作，他们有一套自己的情报网络，负责找出可能有害的失败主义和不满的声音，之后采取各种办法予以打压。

意大利和苏联也有相似的体系在运转。意大利秘密政治警察（OVRA）从1940年夏开始就利用一套情报和特工网络每周发回关于

第七章 正义战争？非正义战争？ 759

民意状况的报告。当大部分民众有多么悲观和不满显而易见之时,情报人员的数量便突然膨胀起来。[160] 除了秘密警察情报,还有各地方行政区的报告,所有这些都会被送到罗马的内政部,最后来到墨索里尼的办公桌上。在苏联,地方社会始终受到当地共产党官员、党员外加内务人民委员部的一大群情报人员的密切关注。任何失败主义的苗头和对政府的批评都会被上报给警察。对这些人的公开批判被制度化到了相当高的程度,以至于每个苏联公民都可能被发展为情报提供者。[161] 无论战争期间压在头上的种种要求让苏联百姓实际上变得多么消沉,众所周知,抱怨的危险还是足以让人们维持一种消极的士气状态。尽管如此,这些国家还是在强迫和妥协之间达成了一些平衡。民众关心的通常是比打仗及其是否道德小得多的事情,当局只要做出适当应对或者有针对性地施以强制措施即可缓解。

英国和美国的情况则十分不同。它们并没有现成的民意状况信息收集网络。20 世纪 30 年代后期开始出现民意投票,但到战争爆发时它作为公众士气的测试工具仍然未臻成熟。罗斯福在白宫里有他自己的一套监控民意的体系,这靠的是对每天收到的数以千计的信件进行详细分析,他的幕僚们也会每天监控超过 400 份美国报纸。1939 年 9 月,政府报告局成立。虽然叫这个名字,但它的目的是跟踪民意的变化。1940 年,罗斯福和抽样调查的先驱之一哈德利·坎特里尔达成了私下协议,后者要定期向他提供民意调查结果。到 1942 年,罗斯福每两周就能收到一次投票结果。[162] 战争期间,美国政府成立了若干个部门,既用来监控民意,也用来以适当的信息教育民众。1942 年 6 月成立的以哥伦比亚广播公司新闻记者埃尔默·戴维斯为首的战时新闻局下设一个国内情报科,用来定期报告国家的士气状况。他们在各地从商人、神职人员、编辑和工会领袖(新闻署称这些是"警觉而且善于表达的一部分人")中招募情报人员,这些人会定期报告当地民意，并在可能的时候影响民意。[163] 这些情报人员由 1941 年 5 月成立的以纽约市长菲奥雷洛·拉瓜迪亚为首的民防局组织，他们是所谓的"士气守望者"，把各地的情况报告给战时新闻局。除了这些民意调研，战时新闻局还设计了各种计划来帮助塑造民意：广播局（其听众达到 1 亿人）、电影局（每周影片的观看人数估计有 8 000 万—9 000 万人），以及绘图和印刷局，负责在所有公共场所张贴海报和宣传画。美国的士气计划并没有进行粗暴的宣传，而是专注于以清晰的信息帮助培育民意而非一味灌输，还会鼓励私营商业部门通过广告投放来强化那些说教。[164]

英国的监控体系是从战争的头几个月才开始缓慢建立起来的。1939 年 12 月，BBC 的一名制作人玛丽·亚当斯被任命为情报部本土情报处的负责人，职责是提供"持续不断的可靠情报"作为政府宣传的基础，以及"评估国内士气"。本土情报处从 1940 年 5 月开始发布日报，从 9 月起改为周报，提交给各主要部门和战时内阁。[165] 由于没有系统收集民意信息的经验，亚当斯在同年 4 月招募了私营的"大众观察组织"来提供关于士气的详细调研并报告失败主义的迹象。大众观察组织是科学家汤姆·哈里森和诗人查尔斯·马奇于 1937 年成立的，目的是要用抽样访谈的方法作为资料来源，对社会行为和态度进行调研。这一方法立刻被用在了士气评估的任务中。他们每发布一份报告都会进行约 60 次访谈，访谈中的问题都很普通，围绕着热门新闻和事件。样本数量太少，而且地域受限，这会损害报告的可信度，但大众观察组织每周一和周四汇编的《新闻摘要》还是一直编发到 1945 年 5 月，成为情报部自己的士气报告的关键信息来源。[166]

除了这些报告，情报部还有自己的眼线，他们也是来自医生、律师、公务员、神职人员、商店老板和旅店老板，另外还有 1940 年 6 月由伦敦经济学院的学者们组建的"战时社会调查组织"的工作，他们都会提供详细报告，不仅限于士气，还包括多种社会事务。战时社会调查组织主要由社会心理学家组成，能更专业地评估公众的看法。到1944年10月，它已经进行了101次调研，不少于29万次登门访谈。[167]此时，向内阁定期提交士气报告的做法已经暂停，因为从1942年下半年起大部分战争新闻已是正面的了。从1941年7月起，情报部一直由丘吉尔的心腹布伦丹·布雷肯掌管，和美国一样，他们也从民意情报中学会了把战时宣传从劝诫式的说教转变为身体力行，再到直白的解释和教育。和其他大国一样，在英国，监控士气时发现的问题不足以妨碍将战争坚持到底的道义共同体的主导叙事。民众的批评和担忧很多，但往往都是为了让战争机器更加有效，让社会影响更加公平，不会损害集体努力的更广泛的道义基础。

关于民众对战争态度的密切监控带来了一个问题，那就是国家利用宏大叙事在广大民众中为战争正名的做法到底有多少效果。如果说大部分情况下人们还支持战时共同体把一场正义战争打下去的话，那么让他们理解战时宣传中讲述的更复杂的战争道义目标，就似乎更困难了。对于大量身陷战火数年的普通人来说，对其进程和目的的理解难免偏颇、模糊，依据不足，而且易变。如果说今天的历史视角让人能够从总体上理解这场战争，那么当时的人们就只能从被动角度，在战时事件和无法预知的战争前景影响下来看待它。他们自然会受到自己能知道什么和能说出什么的限制，而各个参战国在这方面的差异是很大的。所有国家的新闻无一例外都会受到审查，既有军方审查，也有文官当局的审查；在集权国家，新闻是由负责决定民众能看到什么内容的中央机构管理的；而在民主国家，媒体没有中央管控，但也不能随心所欲地发布或广播。例如，在澳大利亚，政府对批评意见始终很敏感，尤其是涉及美国盟友的批评，他们在1942—1945年围绕媒体文章的审查发布了不少于2 272道指令。[168]所有地方的出版社都要依赖官方新闻稿，它们或多或少都会对事实有所隐瞒，很难完全相信。1941 年 2 月米兰的一份报告显示了城市民众对于充满了"大话、无根据或过时的预言……以及幼稚的发言"的新闻报道是多么"痛感失望"。[169] 在中国，国土沦陷后正常日报出版的崩溃导致地方性小报纷纷涌现，它们只能复述枯燥的政府声明，或者由于没有专门的战地报道而充斥着满是谣言和推测的新闻。即便是在少量识字的人中，新闻媒体的可信度也很差。对占社会大多数的文盲而言，消息只能来自那些为村民朗读新闻报道的活跃分子，或是四处流传的谣言。[170]

战争期间，所有地方的谣言——或者说是"假消息"——都在补充官方消息方面扮演着重要的角色。所有种类的谣言都提供了某历史学家所称的"私下空间"，让前线和后方的普通人得到了一些对战争及其目的表达看法的权力。[171] 在集权国家，谣言成了一种挑战在公共场合禁止开口的规定的手段，让人重新获得一种自由感。德国负责国内新闻的保安处在 1939 年 10 月到 1944 年 7 月间发现了 2 740 条流传的谣言，其内容从鸡零狗碎的小事到希特勒死了，政府被推翻了，以及有人能以光速环游世界之类。1941 年 3 月 13 日的法令对谣言和玩笑做了区别，将有一些正面价值的言论定为玩笑，而对任何被抓住散布"居心不良、有害于国家"的谣言的人予以严厉惩罚。[172] 在意大利，可靠消息的缺失让谣言四处横行，各地的法西斯分子被鼓励一旦抓到造谣者就要痛揍他们，或者给他们灌蓖麻油。[173] 苏联对谣言的反应则是抓捕失败主义者和"煽动性谣言的散布者"。1941 年 6—12 月的 6 个月里，共有 47 987 人被当作造谣者和失败主义者而逮捕。[174]

在英国，谣言是由情报部负责侦查的，警察也被鼓励去追究那些"恶毒的造谣者"，但 1940 年夏，最初的一连串重刑导致民众强烈抗议之后，这种指控就在 8 月停了下来。之后，英国就转而通过更好的信息公开来应对谣言了。[175] 在美国，尤其是在那些远离战争现实的偏远社区，谣言也很流行。战时新闻局在尤金·霍罗威茨管理的公开调查局成立了谣言管制组，任务是寻找谣言的起源，并通过提供必需的信息来平息它们。志愿者的"谣言诊所"也建立了起来，当地市民会识别、上报谣言，并在可能的地方使用地方媒体和广播来纠正谣言带来的误解。[176] 日本的谣言也很多，这部分是由于媒体上发布的关于日军"胜利"的难以相信的虚假报道。从1937年秋到1943年春，1 603条触犯军规的谣言被立案侦查，646人被捕。从1942年起，日本还根据"和平与秩序训令"调查了数百人，以阻止谣言引发民众担忧。[177] 荒诞的谣言和战争时期涌现的诸多迷信一样，成了恐惧的解药。美国的"谣言诊所"发现，相信谣言者的数量在受众的1/5到4/5之间波动，取决于其可信度。当局对此很重视，这解释了当局为什么要费力气去监控它们的来源和传播路径，但没什么迹象表明它们能以任何危险的方式挑战主流叙事。

总的来说，人们对于身处其中的战争的理解是有局限的，广大民众接受战争的道德合理性的艰难过程就是个体现。普通民众和军人在想要表达其态度和感受时，他们的日记和信件中会反复出现战时官方宣传的内容。然而，战时宣传中关于战争道义目标的话语还是过于抽象和理论化，无法满足民众的需要。美国的民意投票显示，能够理解罗斯福宏大叙事的受访人比例低到令人失望：约有35%的人听说过"四大自由"，但只有5%的人能记得其中"免于恐惧"和"免于匮乏"的自由；到1942年夏，只有1/5的受访者听说过《大西洋宪章》。[178]1943年，《生活》杂志发现，"军队里的小伙子们对战争的意义感到迷惘"。意大利战场上的美军士兵短文比赛中的一名获胜者在提及他们打仗的原因时只说了两个短句："我为什么要打仗？我是被抓来的。"[179]

一个更引人注目的例子是德国民众在多大程度上相信纳粹党和政府所言的"犹太人要对战争负责和德国人民有道德义务去保卫国家免受犹太人威胁"这个说法。很大一部分德国人知道对犹太人的驱逐，而且通过流言和来自东线的口耳相传，或者是通过直接听德国领导人公开说要消灭犹太人的威胁，他们也明白犹太人正在被系统地屠杀，这已经没什么疑问了。一份评估指出，有1/3的人知道或怀疑存在种族灭绝，不过实际数字可能会更高。但这是否就意味着人们认可了政府的宣传，还十分有待探讨。[180] 没有几个德国人会不觉得铺天盖地的反犹宣传和转向实行种族灭绝息息相关。战争中期，民众受到官方关于犹太人威胁论的反复轰炸。1941年11月，戈培尔下令制作一种黑色传单，上面印着犹太人的六芒星以及一行字"德国人，这是你的死敌"，与每周的配给卡一同发放。当年冬天的海报则称犹太人"为了摧毁德国才想要发动这场战争"。[181] 数以百万计的海报和传单都在重复这样的信息；一本《犹太人问题手册》卖出了33万本；1941年秋，戈培尔的部门根据考夫曼的《德国必须灭亡》制作的一份关于"世界财阀的战争目的"的小册子，印数达到了500万。[182]

然而，德国民众到底在多大程度上相信这些宣传，用它们来为这场战争找借口，则仍然没有清楚的依据。来自日记和信件中的大量文字显示，有一小部分德国人，当然包括纳粹党员，还有军人，把与世界之敌犹太人作战的宣传当了真。一名没有加入纳粹党的高级公务员格奥尔格·马肯森在1944年的一份手稿中揭示了德国政府造就的反犹文化在民众对战争的理解中深入到了何种程度："这不是一场普通的战争——为了王朝或者为了土地。不！这是对立的两种意识形态、两个种族间的搏斗……这边是我们雅利安人，那边是犹太人。这是我们西方文明的存亡之战……"[183] 另一方面，也有大量证据表明，人们对当局的犹太人政策持怀疑、不确定甚至敌视的态度，而这暗示着他们也反对这样一种说法,即这是场对抗世界敌人犹太人的战争,而非抵抗真实敌人的普通战争。人们对主流叙事的保留态度并不排斥反犹思想,也不排斥通过排挤犹太人获利,人们对犹太人的命运漠不关心的态度——这都很普遍——同样并未改变,但这的确说明希特勒将战争视为"典型的犹太战争"的观点并没有得到普遍支持。到了战争最后几年,随着盟军轰炸日益猛烈和苏联红军逼近,德国的宣传机器开始无休止地声称,如果输掉战争,犹太人就会进行可怕的复仇,人们相信了,支持和怀疑当局犹太人政策的两群人才开始殊途同归。但这种恐惧更多来自他们确信或部分知道希特勒德国对欧洲犹太人做了些什么,而不是因为到此时才接受全世界犹太人阴谋的理论。[184]

对于各个参战国的广大民众而言,道德关切通常比主流叙事提出的那些更有限和更具体。无论是军人还是平民,都会构建属于自己的个人叙事,以理解他们周围的战争和自己在其中的位置。对国家事业的认同让家庭得以把所爱之人的死视为有价值的甚至崇高的,而非荒谬的或无意义的。关键的当务之急是结束这场战争,这就是为什么更广泛的集体努力会得到普遍支持,即便是在人们普遍暗暗怨恨斯大林及其统治的苏联,或是在人们对战争和国家的说法私下不认同的日本,也是如此。[185]在服从(无论是不是自愿的)之外,人们还需要找到适应战时环境同时保留私人生活的办法。这里,道德义务的对象扩大到了亲人和朋友、同事以及没有参加战斗的男男女女;对男女军人来说,它扩大到了每一支部队的战友之间,无论是步兵连、轰炸机的机组成员,还是潜艇艇员。在美国,许多战时个人叙事说的都是要保卫家庭和正常的家庭生活,从而把抽象的义务转化成了个人的责任感。诺曼·洛克威尔画的"四大自由"表现了国内生活的常见场景——感恩节晚餐、睡在床上的儿童、城镇会议——将丰富多彩的个人生活和更笼统的道德说辞关联到了一起。[186]在能够自由表达并探讨愿望的西方，研究显示，大部分人想要的是回归平常，回归没有战争的生活。在英国，牛津大学纳菲尔德学院在战争中期进行的社会重建调查发现，人们对于宏大的战后计划并无什么热情，但普遍希望回到正常的私人生活，没有太多的国家干扰，能得到更多的经济安全承诺。在美国，民意调查发现了相似的愿望，人们的目的更加直接而具体，想的都是就业、住房和人身安全，没人想当什么世界的良知。[187]

没有理由不相信德国人、苏联人和日本人也会把私人生活中的责任以及个人的期待、希望与战争的公共世界区分开来。苏联百姓希望自己的付出能在战后挣来更好的生活，少受些管制和经济困顿。战争初期，苏联当局就意识到为马列主义理想而战的号召并不是普通民众想要的。于是宣传转而体现了另一个主流事实，即苏联士兵和工人们从个人而非国家视角去看待战争——保卫家庭、家园和家乡。国家媒体允许刊登个人的信件，信中充满了子女对父母的感情和对爱人的忠诚，这些在20世纪30年代都是被忽视的，但是显然符合民众的普遍心态，他们为个人动机而战时更能克服为共产主义国家而战的犹豫。[188]在德国，个人的焦虑和期待很难被公开表达，但也足够真实。1945年，地中海战场德国俘虏之间一段被偷听到的对话，揭示了一名年轻的德军中尉是怎样看待战斗义务和战争对日常生活的破坏之间的紧张关系的：

> 当我想到战争让我和我这一代人失去了什么时，我震惊了！……我生命中最好的几年被丢掉了——宝贵的6年，我原本可以拿到我的化学博士学位，结婚，开始抚养我的家庭，为我的时代和国家做出一些贡献。在这些真正有价值的事情上，我现在比6年前要困乏得多。[189]

这种情感在他还在打仗时是不能公开表达的。因此，即便是在集权国家里，维持战争努力所需的公共义务伦理和牺牲精神，与对战争的广泛个人看法（包括批评、怀疑、不相信，以及冷漠）之间也并非完全不能并存。只有在墨索里尼的意大利，个人的委屈才突破了集体的约束，而且这种情况也只出现在遭到进攻和战败迫在眉睫之时。而在其他地方，选择拒绝加入战争从而打破维持社会奋斗的道德约束的只是个别人。

反战：和平主义的两难处境

1942 年，纽约社区教会创始人、圣雄甘地"非暴力不合作"运动的美国追随者杰·霍尔姆斯·史密斯牧师提出，要对抗总体战，就需要有"总体和平主义"。[190] 这被证明是个具有挑战性的主张。即便是在允许出于良知拒服兵役的国家，彻底拒绝战争的绝对和平主义也只是绝对少数人的立场。为总体战贡献力量已经成了一种道德义务，比出于良知拒绝暴力更重要，即便反对者是战前曾谴责重启战端的教会和教士。尽管呼吁为战争做贡献的宣传铺天盖地，但战争到来后和平主义仍有一席之地。对战时暴力的道义拒绝，这种不同声音具有强大的战前根源，在 1945 年之后的战后历史中也长期存在。

在 1939 年之后持反战道义立场的人如此之少，这从历史角度看是个奇怪的事，因为 20 世纪 20 年代和 30 年代反战思潮曾在西方世界风行。20 年代的反战，既是对刚刚结束的那场战争的回应，也是对国际联盟成立所体现的新一轮国际理想主义的拥戴。反战运动分为很多个派别，都信奉激进的和平主义，彻底反对任何军国主义表现：基督教和平主义者声称战争和基督的教义是根本不相容的；对社会主义者和共产主义者来说，和平是个理想的愿望；而更保守些的反战团体尽管不是严格意义上的和平主义者，但仍然在为世界和平而努力奋斗。各派别反战团体的外在形态五花八门，唯一的共同点就是不惜代价避免战争的愿望。然而，这些秉持反暴力伦理的人群之间却始终关系紧张，尤其是基督教和平主义者和那些追求和平却并不排斥有正义理由的战争的人之间，前者激进的和平主义行为甚至发展到在更大范围的政治上反对带来战争的行政体系和政府。

最大的反战团体出现在1918年的战胜国中，不过战败的德国也在20世纪20年代出现了各种各样的和平主义团体，它们组成了"德国和平联盟"这一松散组织。其中最成功的德国组织是《另一个德国》杂志创始人弗里茨·屈斯特领导的"不再有战争运动"，直到它和所有和平组织一起被希特勒政府取缔，领导人坐牢为止。[191]在法国、英国和美国，20世纪和平主义和反战潮流的高峰出现在20世纪20年代和30年代。法国的和平主义拥有最广泛的支持者，包括曾参加第一次世界大战的老兵，他们反对任何重燃战火的前景。20世纪30年代初，法国至少有50个团体宣布了某种形式的和平主义计划，从在政治上反对"帝国主义战争"到站在道德立场上反对所有形式暴力的人，都在追求所谓的"全面和平"。最成功的运动团体之一是1930年由维克托·梅里克创建的"国际战士和平联盟"，成员多达2万人。这个联盟在第一次呼吁中就坚持提出，政治、哲学和宗教都会对主要目标形成干扰："重要的事情只有一个——和平。"[192] 1936年，法国社会党领导人兼总理莱昂·勃鲁姆亲率百万之众在巴黎街头游行，呼吁和平。同年9月，法国和平主义者们推动成立了"国际和平运动"（Rassemblement pour la paix），将西方民主国家的反战运动联合到了一起，包括英国的国际团结联盟，其名义成员人数达到约100万，这让它成了欧洲最大的反战团体。

第七章 正义战争？非正义战争？ 769

英国的和平团体在20世纪20年代就已联合起来,他们创建了国家和平委员会,这是个联合组织,在总体上代表着众多下属组织,包括"不再有战争运动",但更激进的"战争抵制者国际"被排除在外,这是英国和平主义者H.拉纳姆·布朗在自己的伦敦北部的家里成立的组织。这些战争抵制者坚决秉持"战争是对人类的犯罪"理念,认为卷入任何类型的战争都应当被绝对禁止,无论是直接卷入还是间接卷入。[193] 英国民众对和平的追求广很普遍而且无党派之分。1934年,国际团结联盟与其他和平运动组织一起,发动了全国性的行动,呼吁人们投票支持联盟。这场活动很快得到了"和平投票"的称呼,近1 200万人投票支持联盟促进和平的工作。作为英国和平主义的象征,这次行动被视为一场大捷。联盟首脑罗伯特·塞西尔勋爵在1934年写道,世界面临的选择是"要合作与和平,还是要混乱与战争"。[194] 这一年,后来成为最大的绝对和平主义游说团体的"和平誓约联盟"(PPU)成立。英国圣公会牧师迪克·谢泼德要求男性(后来女性也被纳入其中,但参加者寥寥)在一份永不参加或支持未来战争的誓约上签字。到1936年誓约运动正式成为"和平誓约联盟"时,其成员已经达到12万人。到1939年,这一组织在英国全国已经有了1 150个分支。1937年10月,谢泼德在他的办公桌旁去世,前来瞻仰遗容的人排了足足两天的长队。前往圣保罗大教堂为他送葬的队伍两侧挤满了人。尽管发出绝对和平主义声音的只是一小部分反战支持者,但这体现了英国公众对和平更广泛的渴求。[195]

在美国,由于第一次世界大战的经历,对和平的追求已经制度化。人们普遍相信美国是被狡猾的欧洲人欺骗才参战的,他们从新大陆拿走了钱和人,却没有任何回报。尽管美国参议院在1920年拒绝加入国际联盟,但对和平的追求仍被视为美国价值观的核心。一同建立于1910年的"卡内基国际和平研究所"和"世界和平基金会"在

1919 年之后成了追求减少世界战争的主要机构；一个"战争起因与治愈国家委员会"代表了约 600 万女性；1921 年，芝加哥的律师所罗门·莱文森创办了"美国拒绝战争委员会"；"女性和平团体"则试图让国会在宪法中增加一条修订内容，"任何目的的战争皆为非法"，但未获成功。[196] 1928 年，美国国务卿弗兰克·凯洛格和法国外交部长阿里斯蒂德·白里安联手说服 59 个国家签署了一份条约，即《白里安－凯洛格公约》，判定用战争作为解决争端的手段是非法的。和平运动仿佛实现了国际联盟列强没有做到的事情。在美国参议院通过了这份条约之后，美国杂志《基督世纪》宣称："今天，文明禁绝了国际战争。"[197]

到了 20 世纪 30 年代，面对日益凸显的国际危机和政治上的孤立与中立运动，民众的反战情绪也扩大开来。各大主要和平主义组织——战争抵制者联盟、唯爱社、和平与自由女性国际联盟——都在这 10 年里增加了成员。女性国际联盟成立于 1915 年，到 30 年代已拥有 5 万成员，分布在 25 个国家。[198] 其创办人、美国社会学者简·亚当斯还获得了 1931 年的诺贝尔和平奖。为了显示这一代人是多么不愿意卷入战争，75 万名大学生组织了追求和平的罢课游行，包围抗议不同意他们立场的教授们。普林斯顿大学的学生们组织了非正式的游说团，打出了讽刺性的横幅"未来战争的老兵们"，这一做法很快在全美 300 所大学中扩散开来。一份对 2.1 万名大学生进行的投票调查显示，39% 的人是"不肯妥协的和平主义者"。[199] 罗斯福总统并不是和平主义者，但他也和他的民众一样渴望避免战争。1939 年 4 月，他在纽约世界博览会上发表公开讲话，把美国的未来与"一颗星"联结到了一起，"那是一颗国际友爱之星，最重要的是，一颗和平之星"。随着世界滑向战争，博览会的组织者也把展会主题从"未来世界"改成了"和平与自由"。[200]

第七章 正义战争？非正义战争？

大西洋两岸数百万人参与的拒绝战争运动，并没能让他们躲过席卷世界的危机。1939年9月3日，英国议会投票时只有一票投了反对开战，投票人是和平主义社会活动家约翰·麦戈文。在解释自己的立场时，他对议会说，自己在宣战一事中看不到理想主义，只有"为了追逐利益而展开的残酷无情且折磨人的物质斗争"。[201] 在美国，即便是在反战号召达到疯狂程度的1941年，珍珠港遇袭后也只有一票反对开战，投反对票的是和平主义老将，蒙大拿州共和党代表，珍妮特·兰金。反战运动的终结在1939年9月欧洲战争到来之前就已经很明显了。20世纪30年代，在政治风向倒向开战（无论是为了种族的未来而战，还是为了革命的未来而战）的集权国家，和平主义和反战思潮都没有存在的空间。在希特勒德国，知名的和平主义者们要么被驱逐出境，要么被送进监牢或是集中营，因为在一个刚刚启动军事化的社会里，他们的反战信念在政治上被认为是不可接受的。1939年，有人问希特勒要如何对待那些站在道德立场上反对军事化的人，他的答复是，在国家处于紧急状况之时，个人信念要让位于"更高层次的伦理目标"。[202] 斯大林的苏联同样不重视和平主义，反军事化被视为倒向资产阶级。原本的主要和平主义组织，托尔斯泰素食者协会，在1929年被取缔；以和平主义为核心理念的宗教派别都被迫放弃其立场，或者接受更严重的惩罚。[203]

民主国家的和平主义者不会遭到直接逮捕，但愈演愈烈的战争危机让众多反战运动出现了无可修复的裂痕。西班牙内战被证明是这一变化的分水岭，许多世俗的和平主义者发现自己对法西斯主义的仇恨很难与反战道义相容。知名的和平主义领袖们纷纷放弃了原有理念，转而拿起了用正义战争对抗邪恶的主张。资深和平活动家芬内尔·布罗克韦在回忆录中写道："当法西斯主义的威胁出现时，我无法再为和平主义辩解了。"[204] 1939年，随着德国的威胁再度出现，法国的和平主义消失了。莱昂·勃鲁姆声称："今天，呼吁武力就是呼吁和平。"[205] 在美国，著名的神学家、和平主义者莱因霍尔德·尼布尔抛弃了和平主义，并建立了民主行动联盟，呼吁"全面军事介入"以根除法西斯主义的威胁。1940 年成立的对抗美国征兵的"和平主义者团结委员会"发现在 1941 年不再有人支持自己了，因为人们开始指责和平主义要么是共产主义渗透，要么是美国极右翼的身份掩护。[206]

对于各地那些更温和的反战游说团体而言，国际联盟的失败和军备竞赛的重启带来了一个困境，要解决它只能靠一个似乎自相矛盾的办法：为了恢复和平，战争或许会被证明无可避免。这在先前的"和平投票"中已经很明显了：被问及是否应当将战争用作阻止侵略的最终手段时，680 万人选择"是"。绝大部分参加反战运动的人并非和平主义者，在面对战争的现实时，他们也同意别无选择，只能先放下反战，并为更好的战后世界做计划。绝对的和平主义者成了越来越少的极少数，越来越多的人怀疑他们是在帮助敌人，无论是不是蓄意的。战争爆发后，人们对和平誓约联盟在伦敦的活动越发不安，于是有人提出要取缔这一组织，尽管政府不同意立刻禁止，但绝对和平主义者们还是受到了秘密勤务部门的密切监控。有 6 名官员因张贴"人人拒绝作战，战争就会停止"的海报而受到指控。[207] 1942 年 12 月，和平誓约联盟秘书长斯图尔特·莫里斯被控违反《官方机密法案》，根据第 18B 条令被捕。[208] 各主要绝对和平主义团体的成员们，面对着在战间期挽救和平运动的明显失败和人们对战时异见者的敌视，也难以自处。即便是其他的和平主义者也会怨恨不妥协立场带来的难题。英国的和平主义者薇拉·布里坦抱怨道，这些"不可救药的少数派"的所作所为对于保留和平的道义追求有害无益。[209]

仅存的和平主义支持者或许还希望能从基督教会那里得到某种支持，因为许多教士在 20 世纪 30 年代参加过反战道德的塑造。伦敦

第七章 正义战争？非正义战争？ 773

圣保罗大教堂的主任牧师威廉·英奇宣称："作为基督徒，我们理应是和平主义者。"[210] 基督教和平主义者们从耶稣的教义中获取了灵感，尤其是"不要抵抗邪恶"的教义。美国卫理公会在 1936 年正式宣称，战争是"对基督理想的背离"。[211] 1939 年 10 月，作为对战争爆发的回应，美国基督教会联邦委员会通过决议，称战争"是与基督的意愿相悖的恶行"。[212] 1940 年夏季，英国圣公会神职人员中的和平主义者们想要劝说大主教呼吁和平，宣称反对战争就是在表达"耶稣基督的真心和明意"。[213] 然而，圣公会高层从来都不是彻底的和平主义者。早先在 1935 年，坎特伯雷大主教科斯莫·兰受到挑战，有人要他解释基督徒可以参加战争的悖论。他声称，如果强制性彻底消失，结果就会是无政府主义的混乱："我无法相信基督教会强迫我得出这个结论。"一年后，兰和约克大主教威廉·坦普尔向和平主义的神职人员解释道，情况可能会致使"卷入战争不再与他们的基督教职责相违背"。[214] 甚至连奇切斯特主教、现代战争的英国头号批判者乔治·贝尔，也在 1940 年声称，现在这场战争的降临是"上帝的裁决"，是当前"人和国家之间充满着暴力、残酷、自私、仇恨"的无法逃避的后果，对此，基督徒们可以问心无愧地拿起武器。他引用了圣公会《三十九条信纲》的第三十七条中的"基督徒奉长官的命令武装作战，是合法的"，并认为在一场对付"邪恶强盗"的战争中更是如此。[215] 只有一名圣公会主教，伯明翰的欧内斯特·巴恩斯，在战时还保持着和平主义信念。"现在这个时候"，他抱怨道，为了战争，"基督教都被糟蹋坏了"。[216]

和圣公会一样，各国的基督教会都在团结一致为国家的战争提供道义支持和实际支持，就像他们在第一次世界大战中做的那样。甚至在那些教会受到世俗国家当局歧视和迫害的国家，也依旧如此。教会这样做不仅是出于慰藉受苦会众和为国家战争祈祷这种传统道义承诺，也是出于自身利益的考虑。对战争的无条件支持保证了宗教和国家的协作，并保护教会的利益，这一态度能更充分地解释教会支持战争的意愿。在德国，尽管希特勒政权具有反宗教特性，教会总体上仍然是支持战争的。路德宗的主教觉得与波兰的战争没什么不正义的，他们在1939年9月"为了我们的元首和帝国，为了军队，为了那些为祖国尽职的人祈求宽恕"。宣信会是1934年由新教徒教职人员组建的反对国家宗教政策的独立教会，然而他们在每个阶段都在支持战争，根据圣保罗的《罗马书》第13章的要求，对既有当局绝对服从。这场战争是否真的是神学意义上的"正义战争"，这始终不太清楚，但即便是最激进的神职人员也接受了这样一种信条，即必须"顺从神示"和遵从国家。[217]宣信会的信徒们愿意加入军队并对任何反对意见加以谴责，这种向政府靠拢的做法保证了教会在战时遭受的国家打压更少。天主教会在20世纪30年代当局的反基督教行动中受到的打击尤甚于新教，天主教的主教们在支持战争时也就更为谨慎——很明显的迹象就是他们没有为胜利而祈祷，而是为了"正义和平"祈祷——但即便在这种情况下，这些主教也把这场战争视为传统意义上的"正义战争"，并接受了自己的爱国者角色，支持那些履行士兵职责的人。因谴责杀害残疾人的"安乐死计划"而闻名的加伦主教，也会赞扬那些死在东线的士兵，称他们是"反对魔鬼意识形态体系"的十字军。[218]十字军圣战的画面常常被用来定义这场针对无神论苏联的战争。在芬兰，1941年被派到军队的第一位战场主教约翰内斯·比约克隆德呼吁芬兰的路德宗人士共同加入"全欧洲对布尔什维主义的十字军运动"，将军队和教会团结起来进行"圣战"。芬兰的战场教士们始终维持着上帝之战的形象，如其中一位教士所言，打仗的是"十字军勇士，旗帜上画着十字的军人"。[219]

苏联和日本不是名义上的基督教国家，教会通过支持战争来表达忠诚并避免更多的国家打压和监控。1941年战争爆发时,俄罗斯正教会的处境极其危险。此前已有约7万名教士和平信徒被杀,8 000座教堂和宗教设施被关闭。然而,在战争的第一天,列宁格勒都主教谢尔盖就要求会众们保卫祖国,"把法西斯敌军碾碎到泥土里"。[220]东正教的爱国主义足够真诚,延续了支持俄国打仗的悠久传统。战争伊始,教会就开始从东正教信徒中收集捐赠物品,为伤员提供照料和医护,为士兵和难民提供衣物,并出钱购买武器,打造了"为了祖国"航空中队。在整个战争过程中,教会捐赠了估计3亿卢布。由于长期没有真正的宗教自由,东正教基督徒们自然而然地想要重开教堂,推动斯大林放松反宗教举措,并任命新的教会牧首。对战争的道义支持并没有让教会同时拥护苏联政府。在1945年2月的主教会议上,神职人员们呼吁全世界的基督徒记住基督的话:"凡动刀的,必死在刀下。"他们将这场战争当作对法西斯主义的基督徒圣战,而不是苏联政权的胜利。[221]不出意料,斯大林的宗教宽松政策在战争结束两年后就结束了,但是教会的支持对苏联的战时努力起到了帮助作用,因为它为东正教信徒们提供了另一种途径,使其得以将战争视为正义的。[222]

  日本的情况更复杂一些。在昭和天皇裕仁的统治下,日本土生土长的神道教转变成了"国家神道",全体日本人都要到神社进行崇拜仪式来表达他们对天皇的忠诚。服从"皇国"的文化已经深入日本社会。对于日本的主要基督教派而言,这给其基督信仰带来的挑战并不比在欧洲赞颂集权国家更难。基督徒们忠于上帝也忠于天皇,二者被视为并行不悖而非相互冲突。在漫长的亚洲战争中,绝大部分基督教会(只有一个除外)认同这场战争是正义战争或圣战,目的是在亚洲驱逐欧洲势力,建立所谓"纯基督教",摆脱欧洲传统包袱。1942年10月,日本"教会团结成就协会"发布的一份声明清楚地描述了战争和建立日本式基督教之间的关系：

> 我们这些基督的信徒共同确信，我们的伟大责任就是消灭敌人传播思维方式和意识形态的意图，根除英国和美国的颜色、气息和味道，清除依赖英国和美国的宗教、神学、思想和组织，为建立纯基督教服务并做出贡献。[223]

只有一心等候基督复临的圣洁会和耶和华见证会拒绝接受天皇的主张，拒绝支持战争，其信徒由于挑战了1928年的宗教组织法和国家的神圣性而被关进监狱。

天主教的情况则完全不同，因为教皇的权威是国际性的，而非代表某一个国家。教皇及其枢机团代表了各方参加战斗的很大一部分人。在战争中，梵蒂冈被证明既不愿谴责侵略，也不愿说在这场挑战基督教价值观的战争中有什么违背天主教教义的东西。庇护十二世在战争爆发前的1939年成为教皇，他将保持不偏不倚的重要性视作自己的出发点，就像教皇本笃十五世在第一次世界大战中所做的那样。他宣称他考虑的主要是要在所有天主教徒战斗的地方"拯救灵魂"，而拯救之路便是忏悔和祈祷，但他也明白，自己如果过度激怒独裁者，会给教会组织带来什么样的风险。梵蒂冈地理上就位于法西斯国家的首都之内；1943年9月，这座首都还落入了德军之手。庇护十二世确实谴责了不公和暴虐（尽管并非针对犹太人遭受的压迫），但他想要让教会远离任何可能迫使他选边站的动议。庇护十二世有一次重要的干预，他在1939年平安夜向枢机主教宣告了他的五项设想，以此为光荣而正义的和平打下基础。第一项设想明显考虑到了不久前天主教国家波兰的命运："保障所有国家的生存和独立权，无论其大小强弱。"第五项设想则呼吁政治家们牢记《登山宝训》*和"对正义的道德渴求",以博爱为指导,并表现出建立在"上帝律法神圣而不可违背的标准"之上的责任感。[224]这份和平计划含蓄地谴责了轴心国的侵略,但他的倡议失败了,庇护十二世此后不愿再被卷入结束战争的努力。

他私下里认为希特勒是个被恶魔控制的人。庇护十二世还秘密进行了多次远程驱魔仪式,以把希特勒从魔鬼手中解放出来,但是直到1945年战争结束后他才告诉枢机主教,他认为希特勒是真正的撒旦。[225]不过,梵蒂冈的战时立场却因轴心国入侵苏联而变复杂了,因为天主教高层集团和神职人员中的许多人希望轴心国能消灭无神论的布尔什维主义。天主教的反共态度让它难以去指责德国侵略者及其轴心国盟友的所作所为,即便在梵蒂冈当局了解了德国种族灭绝计划的规模后也还是如此。"整个世界在燃烧,"的里雅斯特主教在与庇护十二世会面时讨论了犹太人问题之后抱怨道,"而他们在梵蒂冈只会冥想那些永恒的事实并醉心于祈祷。"[226]这回庇护十二世也相信谨慎才是一种更勇敢的选择。他告诉意大利军医院的斯卡维齐神父,关于犹太人的命运,"自己为他们感到痛苦,与他们同在",但担心教皇的干预会弊大于利,导致"更加严酷的迫害"。[227]在战场上,天主教徒可以同自己的良知和解,但在他们是否应当打这一仗方面,梵蒂冈保持了谨慎的中立,而各国的天主教会则竭力想要避免显得自己不够爱国。

那些教会和各色教徒面对着更加复杂的道义困境,因为和平主义本是神学的题中应有之义。贵格会、卫理公会、基督复临安息日会、门诺会、公理会、浸礼会等各种派别都因此而反对战争,但是在

---

* 《圣经》的《马太福音》中耶稣在山上所说的话。——译者注

这场被普遍定义为基督教文明与黑暗势力大碰撞的战争中，和平主义的教会们也发现自己不得不做出妥协。苏联的门诺会在1941年转型为战斗组织以免遭迫害。德国的少数贵格会教徒在1935年曾发表了"和平声明"，重申这个宗派致力于和平主义，但是这对组织成员并无强制限制，而且绝大部分受到征召的教徒（只有一人例外）作为非战斗人员服了役。[228] 在英国，主要的非国教派别对这场似乎绝对正义的战争持有不同的态度。浸礼会花了四年时间才决定会众是否能够参加战争，卫理公会把这个问题留待讨论，贵格会教徒则被允许保留拒绝暴力的立场，因为他们同时也在鼓励积极参与本土和前线的民防和医疗救护，例如被矛盾地称为"前线和平主义服务"的工作。[229] 在珍珠港事件前的几年里，美国新教教会对爆发战争的巨大可能性的思考也有着相似的矛盾之处。所谓的"和平教会"并不都是严格的和平主义者，但他们都秉持着"不要抵抗邪恶"的教义，拒绝使用暴力。1940年的卫理公会大会做出决议，教会"将不会正式拥护、支持或参与战争"，但在1941年之后，卫理公会信徒们就能自由选择是否参与了，因为尽管他们没有正式参战，但上帝和教会都已处于战火之中。在1944年的卫理公会集会上，代表们最终拒绝了不为战争祈福的决定，并同意让大家"为胜利祈祷"。[230] 长老会大会直到1943年才认可这场战争是"必须打而且正义的"，此时他们的许多会众已穿上了军装。公理会基督徒在他们的1942年集会上以499∶45的投票结果支持战争，因为"轴心国势力的侵略是如此难以言表地残酷无情，它们的意识形态对我们所珍视的自由是毁灭性的……"。[231] 门诺会和基督复临安息日会坚持了他们不抵抗的态度，但两个宗派的成员们还是以其他方式为战争服务。英国和美国的宗教和平主义者们避免了直接拒绝参与战争，由此暗示认可了战争的道义目标。

只有一个横跨盟国和轴心国的教会拒绝参与任何战争行为。国际学生查经会,更知名的名称是"耶和华见证会"(1931年在纽约设立总部时改名的),它在任何时候都不仅反对战争和反对为战争服务,还反对国家对民众的索取。然而,这个组织并不是绝对和平主义的,因为耶和华见证会在期待着"哈米吉多顿",就是传说中撒旦和上帝的军队的最后决战。他们只会服务于"上帝的军队",而不会响应凡人国家的征召,并始终坚持反对战争。[232] 他们在所有地方都会由于其坚定的信念而受到惩罚,甚至在英国和美国这些和平时期能够容忍他们的国家也是如此,尤其是因为他们坚持认为战争是黑暗力量的表现。在德国,这个宗派在1933年下半年被禁,不得不转为秘密集会和组织。2.3万耶和华见证会会众中有约1万人被关押或送进集中营,包括女性,儿童则被交给国家监护。只有那些公开宣布放弃信仰的人才会被释放,但几乎没人这么做。1939年之前,拒服兵役可以判一年徒刑,但是1939年8月26日新发布的兵役法令则可以对拒服兵役者判处极刑。那些被帝国军事法庭审判的人中,耶和华见证会教徒占了很大比例。在408名被控"破坏国家军事力量"的耶和华见证会教徒中,258人被处决。德国海军将领马克斯·巴斯蒂安主持的法庭原本可以轻判放弃信仰的耶和华见证会信徒,但是德国和普鲁士的军事法令的传统是鼓励重判。[233] 在日本,耶和华见证会拒绝天皇是"现人神"的观念,将其视为魔鬼的主张,并因拒绝参军而受害,尽管受害者数量只有5个人。[234] 在英国和美国,耶和华见证会被从各种和平主义和反战团体中挑出来予以格外严厉的对待。在美国,因拒绝征召而坐牢的人中有2/3都是耶和华见证会的;暴徒也会因耶和华见证会的不爱国而对其施以暴力。(在亚利桑那州的弗拉格斯塔夫,一群人围殴了一名耶和华见证会教徒,嘴里喊着:"纳粹间谍!把他吊起来!把他的头砍下来!")[235] 在英国,耶和华见证会宣称其1.4万成员中的每个人都是一个教堂牧师,肩负着劝人皈依的使命,但他们受到了无视，他们的组织也没有被认可成为一个宗派。根据第 39E 国防条令，耶和华见证会的集会受到了禁止。[236] 尽管与反基督力量的最后决战或许永远都不会到来，但耶和华见证会对上帝之战和其他战争的区别对待被当作证据，证明他们并非真正反战，因此他们无权以违背良心为由反对当前的战争。[237]

  最终，能够以道义理由拒绝参战的只有那些以个人名义宣布反战的男性（以及一部分女性）。面对着公众的坚决敌视和战时国家的强制性，这是个勇敢的立场。我们永远不会知道还有多少人在被训练或命令去杀人时会表现出道德上的不安，但肯定有这样的人。当懦夫的羞耻感和惩罚的威胁会强有力地劝阻他们。不仅如此，公民履行在战时保卫自己国家和族群的义务才被当作真正有良知的行为；拒绝这么做的人被视为违背了这种更高的道德义务。允许合法拒绝参战的只有美国和英联邦，而且还要在严格的条件之下。在其他国家，顽固拒绝战争的情况在战争爆发之时就已被消除。在苏联，始于 1919 年的自由法令原本允许出于良知而反战，但是国家对和平主义思想的敌意越发浓厚，这意味着到 1930 年这种反战就已经基本消失。拒服兵役者会被送进监狱或劳动营，最多关 5 年。1937—1939 年，没有人提出拒服兵役的申请。1939 年，原先拒服兵役的权利被从法典上删除了。[238] 在德意志第三帝国，1935 年生效的征兵法不允许拒服兵役，拒服兵役者会被视为逃兵并关进监狱。德国政府则直接跳过军事审判，坚持要把拒服兵役者送进集中营，其中大部分是耶和华见证会的人。1939 年 9 月，首例拒服兵役者被处决的案件发生在萨克森豪森集中营；战争期间还有约 300 人因此被杀。在这样一个用死刑来消除兵役遭到的道义反对的政权之下，坚持拒服兵役需要深刻的信仰和特别的勇气。[239]

  英国、美国和英国自治领允许拒服兵役的决定不仅反映了它们对第一次世界大战中拒服兵役者所受待遇的担忧，还体现了在有一小群和平主义者可以发声的自由民主国家靠征兵来建立军队的挑战。在所有的民主国家，良知的自由被拿来和轴心国敌人的专制做对比，这就使得它们很难拒绝某些公民来行使这一自由，出于良知拒绝兵役。战时制订战后福利国家计划的威廉·贝弗里奇认为，国家愿意允许拒服兵役"是英式自由的极端例子"。[240]鉴于拒服兵役者受到的对待，这一观点并不准确。和美国一样，在英国，世俗对兵役的拒绝通常并不被认为是可接受的道德立场。有一个地方法庭想要判断拒服兵役者是否真的有宗教信仰，其主席要法庭同事们牢记，"一个人如果相信战争可怕、无意义、不必要，就可能会相信打仗是错误的"，但尽管如此，其他审判官还是对世俗的和平主义心存疑虑。一名审判官表示，最绝对的政治反对者会是法西斯分子。[241]大部分被登记并带到法庭的拒服兵役者被要求证明他们确实虔信宗教，因为出于宗教而拒服兵役被认为是可以接受的道义立场。

英国6万名基于良知而拒服兵役者中只有很少人能被无条件免除任何形式的战争工作。在法庭上，拒服兵役者会受到强硬的交叉询问，其目的是揭示他们思想中的道德矛盾之处。有一名拒服兵役者声称，"宇宙中的终极力量是爱而非暴力"，但这是不够的；想要获得无条件免役（占申请拒服兵役者的4.7%）或者在农业和民防方面服其他形式的劳役（占申请者的38%）的权利，对和平主义教会信仰的长期坚守和神职人员的支持是最重要的。其余人中，27%被安排到军队里的非作战岗位上，剩下的约30%则被从登记的免役名单中剔除，因为他们拿不出合适的证据向法庭证明自己。在那些顽固拒绝兵役的人中，5 500人被关进监狱，包括500名女性，还有1 000人被送上军事法庭，关进军事监狱。由于文职人员也需要征召，另有610名男性和333名女性因拒绝在军工业领域工作而被判有罪。[242]对于有些适合做社区工作的拒服兵役者而言，他们可以到和平主义者建立的小型乡村社区去，拒服兵役者在那里可以加入"基于良知而拒服兵役者中央委员会"的某个团体，他们后来被称为"战争海洋中的反战孤岛"。[243] 战前就已建立的"基督教和平主义林场和土地单位"为拒服兵役者提供了一个不像其他地方那样饱受公众敌视的环境。和平誓约联盟经营着一个约120公顷的农场，拒服兵役者在那里可以接受社区土地培训协会的培训以适应农业工作。[244] 对于那些被分配到民防部门的人来说，由于民防岗位的半军事性质，他们还有其他一些障碍需要克服。约有2 800人因拒绝民防体检而被判有罪，他们拒绝体检则是因为体检需要进行他们已经拒绝的军事流程；有些自愿参加消防队的拒服兵役者发现自己可能需要使用枪支来守卫消防站。[245] 1939年成立的拒服兵役者中央委员会向内政大臣赫伯特·莫里森施压（他也曾是第一次世界大战中的拒服兵役者），要他确保和平主义者不会被要求做任何违背其反对意愿的事情。1943年下半年，他最终同意，获得拒服兵役者地位的人不能被要求做任何"违背其良心"的事，这就确认了他们的道德立场应该受到尊重。

在美国，基于良知而拒服兵役者得到了更多的政治关注。1940年的《选征兵役法》在和平主义者和教会的压力下进行了修订，将因宗教立场拒服兵役的权利纳入其中，此外其他理由的拒服兵役则是非法的。[246] 几个主要和平主义教会成立了"全国宗教拒服兵役者服务委员会"，政府则将他们视作所有登记拒服兵役者的代表。尽管法律允许拒服兵役，但它并不受公众欢迎，也没几位政治领袖支持。罗斯福不想"让它太容易"，希望军方来对付他们；他的继任者哈里·杜鲁门总统则觉得自己见过的拒服兵役者"不过是胆怯的退缩者"。[247] 负责选征兵役计划的路易斯·赫尔希将军认为，为了他们自己的利益，对拒服兵役者而言"最好是没有人听说过他"。[248] 征兵委员会不太知

第七章　正义战争？非正义战争？

道该怎样对付这些声称是因良知而拒服兵役的人。一名官员发现，"良知无法识别，无法形容，只能藏在一个人的心里和灵魂中"。由于人们认为只有出于宗教理由拒服兵役者才算是有一些道义基础，很少有不信教的申请者能获得批准。那些以政治立场为由拒服兵役的通常都是抗议种族歧视的黑人应征者。在一起这样的案例中，法官朗读了希特勒《我的奋斗》里关于这位独裁者对黑人态度的一段话。他说："你怎么能若无其事地坐在那里，说'我不会对那个觉得我的种族不配称为真正人类的人做出任何反抗'？"结果他得到了一个尴尬的回应："这里有许多人同意他。"[249] 如果坚持政治抗议的话，一个人就会被判坐牢，但因世俗案件入狱的只占被关押者的 6%。[250]

在 1 200 万被动员的美国人中，总共只有 4.3 万人拒绝兵役。这里的人员分类中没有英国那样的无条件拒服兵役类目。I-A-O 类拒服兵役者可以执行非作战勤务；IV-E 类允许拒服兵役者执行"对国家重要"的工作。这两类拒服兵役者都会被军队定义为应征入伍者，而不论他们愿意与否。[251] 绝对拒绝服兵役的人中，6 000 人被判了长期监禁，2.5 万人在军队中获得了非作战职位，新成立的文职公共勤务机关也吸纳了约 1.2 万拒服兵役者，在那些"对社会确实有用但与战争并不直接相关"的项目中工作。文职公共勤务计划由和平主义教会通过拒服兵役者服务委员会运营，但要接受军方当局的统一管控，他们最终建立了 151 个营地，里面的拒服兵役者每个月要支付 35 美元的生活费。[252] 这些有意与世隔绝的基地的生活条件通常不算好，这些不熟练工人在农田和林场中的工作也很难说对国家重要。1942 年，那里的拒服兵役者针对被他们视为强迫劳动或奴隶劳动的做法（因为这些人干活不拿钱）以及这个体系的军方控制而发起了一轮抗议。[253] 抗议者们最后被关进大牢，和那些绝对和平主义者和耶和华见证会信徒一样。在狱中，拒服兵役者们还在继续通过绝食和非暴力不合作进行抗议，部分目的是要挑战被拘押者之间的种族隔离。1942年在芝加哥，黑人和平主义者詹姆斯·法默受到这些抗议的鼓舞，创立了"种族平等大会"，运用甘地的非暴力方式反抗种族歧视。[254] 就这样，对战时兵役的道义拒服和美国人更广泛的道义诉求缠绕在了一起。1945年，杜鲁门总统拒绝赦免还关在牢里的6 000拒服兵役者，这引发了以特赦委员会为首的又一轮抗议浪潮。1945年10月白宫外的一次游行示威打出了写着"联邦监狱——美国集中营"的标语牌。杜鲁门仍然拒绝大赦，尽管许多人最终还是在他的总统任期内被放了出来。一名曾长期绝食示威的拒服兵役者伊戈尔·鲁登科后来写道："民主和自由只有在国内得以实现的情况下才能输出。"[255] 这些基于良知而拒服兵役者尽管数量很少，但还是在有可能的地方坚守着这样一条原则：即便是在总体战中，拒绝社会施加的道德绑架，坚守个人的道义选择也是可能的。

战争期间，和平主义者们仍然在证明，他们认为战争无价值和道德败坏的观点是正确的，这常常要付出巨大牺牲。参战国的绝大多数人口会自愿或者不自愿地拥护他们国家的道德主张，无论是通过沉默、顺从、热情还是冷漠。虽然战前广泛的反战运动被证明软弱无力，但和平主义还是成了重要因素之一，迫使各国采取控制、监视和道德建设策略来确保其战争能被视为合法和正义的，尽管在很多情况下并非如此。

1944年，波兰国家军的"左斯卡营"，这见在1944年8—10月参加了失败的华沙起义的众多部队之一，这场起义遭到了德国军队和安全部队的残酷镇压。
图片来源：UtCon Collection /Alamy

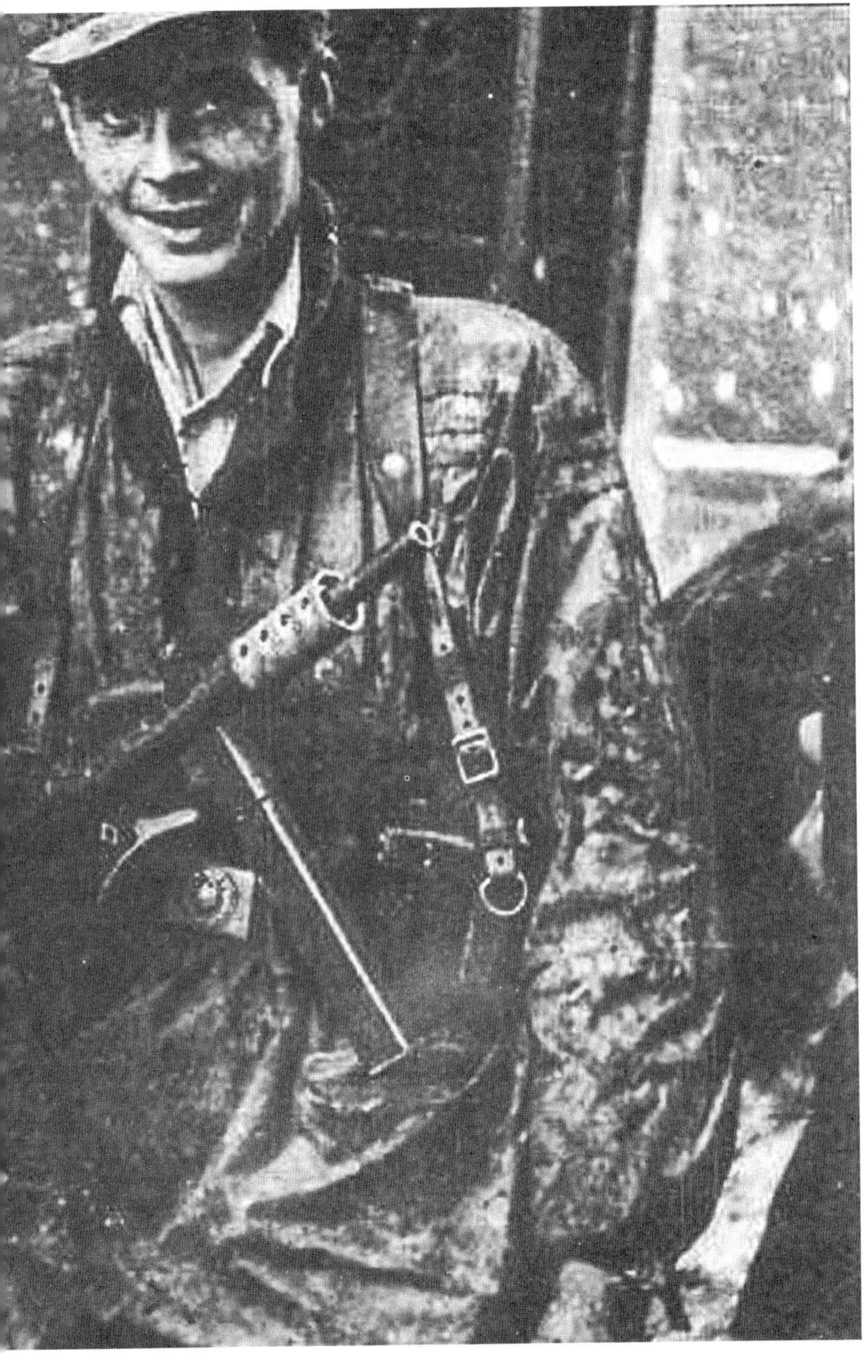

第八章

全民战争

> 如今的战争不是单在战场上进行或取得胜利的，也不是在交战国的庞大舰队之间决出胜负的。打仗的是宣传部，是忠实的公务员，是在工厂里埋头干活的男男女女；是职员和市政人员，是面朝黄土背朝天的农民……还有不起眼的家庭主妇，她们在完成一整天的工作后还要离开家到黑灯瞎火的街道上巡逻……今天的战争是靠各种各样的人用各种各样看似平常的方式打的。
>
> ——雷蒙德·丹尼尔，1941 年[1]

现在人们都知道死于第二次世界大战的平民比军人多千百万人，和第一次世界大战刚好相反。当美国记者雷蒙德·丹尼尔发现自己在伦敦身处德军的"闪电战"轰炸之下时，英国每死亡 1 名军人，就会死亡约 10 名平民。遭受轰炸的伦敦流传着一个笑话，说一个女孩在男朋友说自己要参军时送给他一根白羽毛*。人们发现，回到遭受空袭

---

* 意即嘲笑他胆怯。——译者注

的城市后,军人们比周围的平民更加紧张。在1914—1918年的战争中,平民也很难免于战火,尤其是在敌占领土或是在以暴力革命结束战争的国家,但平民直接卷入战争暴力的情况还是有限的。然而,1918—1921年的苏俄内战和1936—1939年的西班牙内战却预示了1939—1945年这场战争的"全民化",战争中的平民会为了保卫自己的社区和信仰而战,而死。

虽然平民总是被描绘成战时洪水般暴力肆虐的被动受害者,但实际上其中很大一部分人也会为了保卫自己和自己的信仰而战,从战争的旁观者变成积极主动的参与者。战争年代一个醒目的特点是,平民们愿意为了自己的需要而对抗空袭、入侵和占领,或者在对犹太人大屠杀的极端情况下,抵抗灭绝的威胁。他们此举面临着格外高的危险,而且得不到法律或其他方面的保护,不像军人。民防人员在每个空袭之夜都会处于突然死亡的危险之中;抵抗运动的战士,无论是正规军游击部队还是非正规的起义军,都明白自己得不到战争法的保护,一旦被俘就可以被随意枪决;在沦陷区民众因土地被占领而产生种族或意识形态分裂时,平民战士们常常发现自己既要抵抗占领者,又要和同胞打一场残酷的内战。于是,有平民卷入的战线会更加混乱,也比在军中服役更加危险。由抵抗和内战造成的暴力行为会比大部分军事交战更加直接和发自内心,而猛烈轰炸的后果会让民防人员遭受极其不寻常的肢体伤害。全民战争是更大范围战事的一部分,但独有其特点。

让一部分平民转变为战士的原因随环境、机会和个人性格而各不相同。绝大部分民众并未成为民防队员、抵抗者或游击队员,但还是会寻找其他办法让自己的个人世界和周围的战争相互兼容。在英国和德国,1%—2%的人口加入了正式的民防队伍;有人估算,仅有1%—3%的法国人参加了某种形式的主动抵抗,尽管这种统计数据不可能得到证实。[2] 参与抵抗的这一小部分人普遍相信，这场战争并不会在战场上就结束，还要在后方进行，无论是抵御轰炸、参加政治颠覆，还是作为游击队员参战。各种抵抗者，包括那些组建或率领游击队的被打败的军人，都拒绝认同军事失败或投降意味着战争结束，这就颠覆了一种军事惯例，即停战或军事占领意味着敌对行动的终止。总体战是全社会参与的战事，这一逻辑解释了为什么民众会将自己的搏斗视为更大范围的军事交锋的组成部分，而不是反常现象。其结果与其说是战争的全民化，不如说是全民的军事化。

对那些勇于跨过平民主动参战门槛的人而言，他们的个人动机多种多样，无法用同一个理由来解释。爱国主义、意识形态信仰、对战后新秩序的追求、对敌人的深仇大恨、绝望、复仇的渴望，甚至追逐利益，都可以在一定程度上解释参战者为何如此选择。有些时候，平民是被迫参战而非自愿。协助民防在许多情况下都是法定强制而非自由选择的。而对武装抵抗的支援也不全是自愿，同样有被迫现象。苏联的游击队常常把可能加入队伍的人从村民中挑出来带走，若非如此他们是不会参战的。在乌克兰的村庄迪亚基夫卡，游击队张贴的招兵令直白地写道，拒绝服从的人"将被枪毙，他们的家会被烧掉"。[3] 还有其他人被迫参加抵抗以逃避占领军的劳役或者迁徙的威胁，虽然不情愿，但还是成了平民战士。在那些民间暴力转变成内战的地方，分裂双方的平民都会发现自己莫名其妙成了战士，无论他们愿意与否。希腊内战中的一名女游击队员后来说，是当时的环境把人们不情愿地推向了战斗："生活逼着你成为英雄，没人想当英雄。"[4] 面对如此意料之外的要求，平民们发现自己不得不做出无法回避的道义选择，是参与其中还是置身事外，还要考虑根据什么条件来选择。

民防

战时的民防工作是平民不再置身事外而是直接参与战争的最大原因。对城市的远程轰炸消除了将城市平民人口及其民间生活环境与前线战斗隔开的那条分界线，无论这些轰炸是针对军事－经济目标还是为了打击士气。对远离前线的地方进行轰炸，这在第一次世界大战中出现过，但是规模很小：德国出动飞艇和飞机轰炸了英国的沿岸城市和伦敦，英国则轰炸了德国西部的城镇，奥地利和意大利偶尔也会轰炸更远处的城市目标。尽管这些早期的试验规模有限，但空中轰炸在1914—1918年战争中的出现还是让人在战间期对未来战争展开了一种想象：对城市的轰炸或许能迅速造成社会和政治动荡，并让战争快速结束。其中最著名的预言来自意大利的朱利奥·杜黑将军，他在1921年出版于意大利的《制空权》一书中主张，只有用空中力量无情打击敌人的城市、基础设施和人口，把平民后方转变为主要战略目标，让敌人军队保卫人民的努力落空，才能打赢未来战争，而且是速胜。[5]对战争祸及平民的启示录般的想象十分普遍，尽管这与1939年之前传统空中力量的实际情况基本没什么关系。然而，人们之所以关注未来的灾难，主要不是因为忌惮当前受到技术限制的军事能力，而是因为相信现代城市人口尤其易受空袭带来的恐慌和绝望的冲击，毕竟现代城市缺乏牢固的社区意识。[6]英国军事理论家J. F. C.富勒认为，对伦敦发动空袭将会把这座首都变成"巨大狂乱的疯人院……交通会停滞，无家可归者会一片哀号，城市会陷入骚乱"。[7]另一个认为这会带来灾难后果的英国人、剑桥大学哲学家戈兹沃西·洛斯·迪金森则表示，敌机能够在3个小时内毒死伦敦的全部人口，由此得出结论，空中战争现在标志着灭绝，"不仅是士兵，还有平民和文明"。[8]

列强的国民普遍担心轰炸对城市社会的巨大影响，但这暴露了未来战争是总体战这一推断的自相矛盾之处：如果城市社会能如此容易地被几天的轰炸摧毁，那么对国家资源进行总动员的准备工作就没什么意义了，因为战争会在动员充分完成之前结束。20世纪30年代，随着大规模战争的前景越发明显，关于未来战争的这两种不同观点之间的鸿沟被民防措施的到来所填补。尽管民防在第一次世界大战中就作为对早期远程轰炸（很快就被称为"战略轰炸"）试验的回应而小规模出现，但国家级民防组织是在第二次世界大战爆发前的10年间建立起来的。这是一种新奇且被证明独一无二的经历，它的出现不仅是由轰炸威胁推动的，还因为人们普遍认为，平民无法指望在下一次战争中不受伤害。民防将平民和战争现实紧密联系到了一起，而且给了他们一种第一次世界大战中没有体验过的参与感和价值感。其目的是要把平民动员起来保卫他们自己的族群，以避免众多灾难预言家提过的那种危机发生。这是一种前所未有的雄心壮志。让大规模动员平民保卫现代社会成为必要的，是轰炸机的出现，但它也符合总体战的逻辑。于是，民防也成了国家监督民众日常参与总体战努力的另一种手段。遵守强制性全面灯火管制，投入强制防空演习，参加防火检查，都属于为总体战做贡献。为了将作战前线和平民战线联系起来，民防人员变成了准军事人员，有军队式的纪律，穿军装，受训练。意大利从1940年8月起将他们定义为"动员民"（mobilized civilians），以赋予后方更正式的军事地位，并防止民防人员开小差。[9] 英国国内安全大臣赫伯特·莫里森在战争结束之际回忆起数百万参与民防者时，将他们形容为"普通人勇士"组成的"公民军"，无论男女。[10]

民防措施最后普及了全球，甚至那些根本不可能遭到轰炸的地方也采用了此类措施。参加过民防工作的总人数难以统计，这主要是因为无法把那些全职民防队员和兼职队员区分开来，后者包括空袭警报员、辅助消防员、掩体门卫、见习急救员和看护人员，以及数百万被指派进行防空训练、承担防空任务的房主和年轻人，他们都不是穿制服的正规民防队员。这第二类人员包括数以千万计的大量城市（有时候还有乡村）居民；国家期待居民们在正规民防组织监督下，对家庭和工作场所的"自我保护"（德国当局的说法）承担一部分职责。民防人员及其大量辅助人员的任务通常是保护他们自己的社区，很少离开自己居住的地区或城镇，这是他们能在艰难岁月里竭力保护熟悉的地方的一个重要因素。民防工作具有社会包容性，不分性别，女性也在社区自卫工作中获得了重要的角色，这和她们在正规军事机器中的有限角色对比鲜明。随着地方社区中的年轻男性越来越少，大批女性自愿承担了众多民防勤务。在德国，民防组织中约有20万全职官员是女性；在英国，1940年有15.1万全职或兼职女性民防人员，包括辅助消防员，此外还有15.8万女性要配合急救工作。[11]在美国，华盛顿几乎2/3的本土防卫志愿者是女性；在底特律，则有约一半是女性。[12]学校里的男生和女生也加入进来，承担了某些任务：英国的志愿童子军带着紧急消息勇敢地在空袭观察所之间跑来跑去；苏联共青团里的年轻人加入了救援队，或者在屋顶上观察敌人的燃烧弹；在对德轰炸的最后几个月里，希特勒青年团团员们成了辅助高射炮手，在空军正规部队不敷分配时操作高射炮。

最大的民防组织出现在日本、德国和苏联，在这些国家，保护地方社区免遭轰炸影响几乎成了普遍义务。日本的准备工作可以回溯到20世纪20年代末，当时各个大城市都举行了全民参加的灯火管制训练和防空演习。1937年4月的《国家防空法》推出了一项全国性方案，让遍布城乡的"町内会"和更小的邻组负责并确保所有平民都转变为潜在的民防队员。两年后，日本政府又建立了辅助消防员和辅助警察队伍，从平民社区中拉人出来协助对付空袭。这种民防的基础是传统的集体行动，没有什么不同意见的空间。苏联和德国建立的大型民防组织也同样是集体主义的，反映出这两个国家都有动员民众广泛参与各项工作的决心，旨在巩固他们对国家共同体目标的投入。苏联的"国防协助协会"始建于1927年，到1933年时至少有1 500万成员，包括300万女性，此时轰炸的威胁还微不足道。他们都接受了防空、应对毒气攻击和轰炸后急救的基础训练。1941年7月的一份"普遍且强制性"的防空战备法令把每个公民都转变成了临时民防队员。到1944年，据说已有惊人的7 100万老少苏联公民接受过某种形式的民防训练。在更容易遭受轰炸威胁的城市里，当局建立了城市"自卫单位"以协助消防和救援，到战争结束时这些单位人数达到了2 900万。这些应征者被要求全面承担起让社区准备好应对轰炸和轰炸后效的任务。除了建立这些平民组成的民防队之外，苏联还在1932年成立了"地方防空总局"（MPVO），正式负责训练民防人员，建设掩体体系（主要是在居民楼内），并在空袭后进行消防和救援。地方防空总局工作人员都是准军事民防队员，在战争高峰时其人数进一步达到74.7万。[13]

1933年由新成立的德国航空部组建的"帝国防空协会"迅速扩大成为对公众进行防空教育和训练的首要机构。1937年5月，德国发布"自我防卫"法，强令所有房主给自己的住房和建筑做好防空准备，配合参加对公共建筑和办公室的空袭保护，或者参加对工厂的"工作保护"。[14]就像在苏联和日本一样，由于德国政府坚持把社区自卫作为一项义务，这个协会的成员数在1937年为1 100万人，1939年为1 300万人，1943年达到2 200万人，占德国总人口的1/4。1942年，这个组织本身还有150万职员，运行着3 400所负责进行基础训练的"防空学校"。[15]防空警察、防火警察和德国空军地区司令部还共同操办了一个正式的防空保护机构，但他们的工作要大量依靠防空协会会员的志愿参与，去组织和检查地方社区的防空准备工作以确保"自我防卫"能完全可控，以及为民防各项工作提供所需的男女

第八章 全民战争

人员。

　　与此相反，西方国家的民防体系更多靠的是响应政府号召承担战时公民义务的志愿者。英国直到20世纪30年代后期才开始成规模地招募民防人员。这里没有堪比德国和苏联的大规模防空自卫组织，但是当轰炸在1940年秋季到来时，政府从鼓励志愿参与转变为把一部分民防工作变成普遍义务。1937年下半年，由于担心战争临近，英国政府通过了《空袭防备法案》，要求所有地区当局建立民防体系，并指派一名空袭防备管制官（通常是高级市政管理者），以及一个在轰炸到来时负责监管民防的战争应急执行委员会。1939年，英国建起了一套地区特派员网络以协调地方的行动，并充当中央政府和地方社区之间的桥梁。[16] 这套机构几乎完全是民间的，陆军和空军只负责用火炮和战斗机进行主动防空作战。为了凸显其民间属性，1939年战争爆发时，所有的民防工作都交由文职的国内安全大臣管辖。到1940年夏，英国共有62.6万民防队员，其中1/5是全职，另外还有35.4万兼职人员，可在紧急情况下动员起来。除此之外，消防队也从1937年的5 000名正规消防员扩大到了1940年的8.5万全职和13.9万辅助消防员，男女都有；同时，1938年下半年成立的女性志愿防空勤务队在战争高峰时也号称近百万人。[17]1940年下半年启动工厂和公共建筑强制防火措施之后，新增的兼职民防队员超过了400万人，约占全部人口的1/10。[18] 即便在没有强制的地方，民众也会一条街一条街地组织起对其居住社区的防卫工作，和德国一样，每一个家庭都被要求加入对其自身的保护中来。

　　法国和意大利两国在20世纪30年代后期或许都预料到了会在某个时间点遭到轰炸，但它们的民防组织的规模仍然小得多。1935年，法国在政府的坚持下建立了一套"被动防御"体系，强制要求所有地方社区像英国一样设置防空措施，并训练当地民众开展民防。但直到法国1940年6月投降，这套系统都没有真正经受过考验。在维希政府治下，民防措施在英国空军和美军先后开始轰炸法国目标之前无甚起色。贝当政府不愿动员民众，因为法国表面上已经退出了战争，也不必承担大范围民防系统的成本，但是在德国人的压力下，各个地方的省长和市长还是再次恢复了被动防御的责任，尽管他们始终极度缺乏资金和人力。[19] 在意大利，政府于1934年3月签署法案，强令各省省长建立分散化的区域民防体系，但是由此而来的省级空袭防卫监管部门还是没有获得资源分配的优先权。[20] 意大利的民防要依靠国家防空保护联盟（UNPA）的志愿成员，这个组织由战争部于1934年8月组建，旨在建立一支民防队伍，但到1939年其人数只有15万人，当1940年与英法的战争爆发时，还有数千人脱离了队伍。民防官员往往是法西斯党党员，他们也没花什么力气来协调在主要城区动员和组织民众进行训练和"自我防卫"。[21]

美国尽管远离欧洲和东亚的主要威胁，但仍然认为民防不仅是战略必需，也是动员和训导民众为战争履行公民义务的方式。"我相信，我们已经来到了一个历史时刻，"马歇尔将军于1941年11月对美国的无线电听众说，"公民绝对应当在国家的全面备战中守好自己的岗位……"[22] 1941年5月，美国根据总统令成立民防局以提前安排民间志愿人员，这不仅是为了防备日本或德国找到办法轰炸美国西海岸或东海岸，还是为了鼓励民众参与多种其他战时社会计划。民防局起初由纽约市长菲奥雷洛·拉瓜迪亚负责，随后于1942年2月由哈佛大学法学教授詹姆斯·兰迪斯接管，在他管理下，数百万美国人被招入民防部门，担任空袭警报员、辅助消防员、急救志愿者和救援队等。共有700万—800万人志愿加入，还有数百万人，包括学童，在工作岗位或学校里接受了民防基础训练。[23] 一份民防杂志被命名为《民众前线》，明确指出民众直接参与了美国的总体战。兰迪斯在1943年写道，民防"肯定是一项军事任务，就和一支武装特遣队奉命去攻占敌人阵地并守住一样"。[24] 尽管德国空军找到理想的"美洲轰炸机"的野心落了空，美国本土从未受到轰炸，但美国的民防人员一直在进行训练，空袭警报员也一直在沿岸城市的街道上巡逻，直到战争结束。英帝国的遥远领地也是如此，在1941年12月太平洋战争爆发后，空袭的威胁对这些地方而言并不遥远（对中国香港、新加坡和澳大利亚北部来说则已构成实际的威胁）。在和美国一样从未遭到轰炸的新西兰，1942年3月成立的应急防备部门仿效了英国的民防组织方式，设有警报（每500人中设1人）、急救、看护和救援队伍。同样，这里的民防也每天提醒着民众，现代战争不仅仅是军队的事，还需要全民参与。"英联邦的公民们要准备好，"招募标语上写道，"战争也会来到这里。"[25]

实际上，对民防人员保卫自己社区的要求随着时间和空间的不同而天差地别。欧洲和亚洲的许多地方只被炸过一次，有些则完全没有遭到过轰炸。即便是遭到多次空袭的地方，也可能只是几个月或者几年才来一次。在德国，被轰炸超过200次的城市——汉堡、科隆、埃森——是例外，不是常态。而在亚洲的战事中，只有中国的陪都重庆在1938—1941年被轰炸了218次，堪比德国。[26] 轰炸机的载弹量差异也很大：一支600架"兰开斯特"重型轰炸机的机群能够投下毁灭性数量的高爆弹和燃烧弹，足以把整个市中心夷为平地；而50架中型轰炸机的小部队的载弹量就比较少，虽能在局部造成严重损伤，但不足以形成大规模毁坏。对大部分民防队员而言，空袭是间歇性发生的，而且很短暂；许多人见不到几次轰炸，甚至从未见过，有时会一连数年如此。日本的民防体系在1944年末首次遭到轰炸之前保持了四五年的戒备状态，随着时间的推移，这甚至在队员中产生了麻木和怨恨。日本的民防体系直到太平洋战争的最后6个月，日本城市进入美军轰炸机的作战范围后，才最终接受了考验。但民防规定仍然在民防大军的监督下得到了执行，以防轰炸机不期而至。在日本各地，民防的要求，包括进行灯火管制、检查防火用的水和沙子，都在有效地每天提醒着人们，他们是在一条新的民众战线上。"每一次有防空演练，"东京一名女性在1943年写道，"我们就会被要求站成一排，报数，谁家没来人就会被许多人小声抱怨……"[27]无论在哪里，违反灯火管制规定的事情一发生都会被处罚。国家的战时干预成了几乎每一个居民日常生活的直接现实。

  经历的不同也取决于对平民空袭策略的不同。在第二次世界大战中，几乎所有的轰炸都是不精确的，常常波及一大片，但是其目标通常都是通过打击远方的军事目标和军事经济目标来摧垮敌人的军事能力。轰炸策略是蓄意摧毁民间社会环境和杀死平民的情况只有三种：日军对重庆的轰炸；英国皇家空军轰炸机司令部从1941年夏季之后对德国城市的轰炸；美军第21轰炸机司令部对日本城市的轰炸，始于1945年3月向东京投掷燃烧弹，终于丢下两枚原子弹。英国皇家空军通过有意识地摧毁城区来打击敌人士气的策略源于20世纪30年代，当时关于未来轰炸策略的讨论认为，现代战争中已不再有战士和非战士之分。平民也被视为目标，因为他们会在物质上为敌人战争机器的维系做出贡献，这一观点和民众认为自己的承受力很可能在未来战争中成为攻击目标的观点互为镜像。1944年，英国皇家空军负责宣传的理查德·佩克少将在为无差别攻击平民城区的做法辩护时提出：

> 工人是工业军——他们的工作服就是一种军服——每个男性都是由军队留下来，为军队服务的；每个女性都会填补男性留下的空缺——她们住在附近的城镇里——她们的住宅相当于

第八章　全民战争　799

军人的临时居所或后备堑壕。[28]

轰炸德国工业城市的行动为的正是对工人阶级居住区和生活设施予以最大程度的破坏，杀死工人，要做到这一点，最容易的办法是向城市的中心居住区高密度投掷燃烧弹。[29] 这是一场与民防队之间的战斗。燃烧弹里混入了少量高爆弹以炸开窗户和屋顶，让民防队员不敢行动。为进一步震慑民防队，混在燃烧弹里的炸弹（约占10%的载弹量）设置了不同的引信起爆时间。1942年，航空炸弹里还增加了小型的杀伤炸弹。其目的就是炸死或炸残任何不幸靠近它们的民防队员。[30]

日本上空的美国陆军航空兵也采取了相似的方法来打残日本的民防体系。日本城市的易燃性众所周知。在珍珠港事件前不久的一次秘密媒体会上，马歇尔将军告诉记者们，如果战争来临，日本的"纸城市"将会被点燃："轰炸平民时不会有丝毫犹豫——这将会是全力一战。"[31] 然而，只有到了1945年，美军轰炸机才接近到足以猛烈实施燃烧弹空袭的距离。它们的目标很明确，就是摧毁城市，炸死炸残日本劳动人口，并打击劳工队伍的士气。1945年，美国陆军航空兵的代理司令伊拉·埃克将军认为："烧毁整个城区，杀死熟练工人是很有意义的。"[32] 和英国皇家空军一样，他们也对何种作战条件最有利于让对方的消防和应急人员不堪重负做了仔细研究。他们在空袭之前几年就开始研究怎样才能最有效地烧毁日本的房屋，英国人还将自己对于燃烧弹毁伤特性科学计算的经验分享给美国以提供帮助，盟国之间很乐意交换此类信息。对平民生活环境和城市平民人口的大规模消灭本身就是目标，就像德国上空的英国皇家空军一样。这也是一场航空兵和民防队之间的直接较量。

在这些专门针对平民人口的战斗中，民防经受了最严峻的考验，但是在所有遭受过轰炸的地方，民防队员都要拼命对付这样一个事实，即在任何一次坚决的轰炸中，大部分轰炸机都会突破进来把满载的炸弹倾泻在下方的平民区上。即便是最精密的防空体系也要应对这种情况。1944 年，德军建立了其他任何地方都难以媲美的由雷达、高射炮、战斗机（包括夜间战斗机）组成的对空防线，即所谓的"卡姆胡贝尔防线"（根据创立它的约瑟夫·卡姆胡贝尔将军的名字命名），然而，尽管盟军轰炸机部队被不断消耗，进攻机群还是一晚接一晚、一天接一天地飞临目标区周围。在那些防御薄弱或根本没有防御的地方，轰炸机甚至能免受敌人战斗机和有效高炮火力的威胁。日军于 1938 年后期对中国共产党革命根据地延安的空袭起初显然没有遇到抵抗，直到后来城中的宝塔山上架设了几挺高射机枪为止。在重庆，中国兵力薄弱的战斗机部队被扫荡一空，高炮火力也很有限，让日军轰炸机得以狂轰滥炸。[33] 即便是在英国，虽然其战斗机部队在 1940 年 9 月"闪电战"最初几天的白天能够对来袭的德军轰炸机造成沉重打击，但随着德军转为夜间轰炸，英国城市也只能依靠高炮火力——那打不下几架轰炸机来，只是迫使它们飞得更高，轰炸精度更差——和完全无效的夜间战斗机部队，这一状况直到 1941 年春雷达引导截击出现后才有所改观。[34] 就这样，民防成了轰炸者和被轰炸者之间清楚明确的战线，一条独一无二的、你看不见对面敌人的脸的战线。

1940—1941 年冬春两季，对英国城市持续了 9 个月的轰炸让民防队伍得到了一个机会来展示一支组织有效的民防队伍能做到些什么。起初的经历突出了明显的问题。人们不知道恐慌由何而来，以及如何化解。资深精神分析师爱德华·格洛弗在 1940 年写到轰炸带来的恐惧，他只能建议神经坚强的人们随身带一小瓶白兰地或一包饼干来安抚他们过于激动的同胞，权当是对恐慌的解药。[35] 在有些情况下，民众普遍感到恐慌和逃离城市，不过迅速提供防空掩体和照料通常能化解任何潜在的社会危机。后来人们将此称为"远足"。最严重的"远足"出现在普利茅斯、南安普敦和赫尔,所有这些港口都遭到了反复轰炸。1940年11月下旬,南安普敦遭到的轰炸如此猛烈,以至于民防体系一度瘫痪,如地方负责人所言,"被巨大的灾难压垮了"。粮食部的一名官员发现,人们在轰炸次日"茫然,晕头转向,无所事事,没有得到任何指示"。[36] 通信的崩溃和防空中央指挥所的损失都妨碍了民防。尽管244人死亡的结果相比战争后期盟军大轰炸造成的损失而言不算严重,但人们还是搬到了附近的森林和村庄里。

早期的失败推动了民防体系的迅速重组,它开始更加重视有效的通信和信息,设置数量更多、物资储备更足的救济中心和应急厨房,以及——也是最重要的——推行迅速修复易于维修的住房的计划。防空警报员大军的任务是在警报响起时通知街坊邻居,对他们来说,一个主要难题就是执行避难纪律,这是个减少伤亡的明确途径。在德国和苏联,寻找庇护是强制性的,警察有责任在需要时以尽可能严厉的手段配合当地警报员维持避难纪律(在德国,警察还要负责不让犹太人和外国强制劳工进入留给"雅利安"德国人专用的避难所)。而英国的警报员就没有法律制裁可用,因此遵守避难纪律完全是个人决定而非法律义务。英国政府也倾向于采用一套分散式防空洞体系,避难场所为地下室和地窖,或者是有院子的人在自家地里挖的"安德森防空洞"。只有一半的受威胁人口去过指定的防空洞,而且这些防空洞也几乎没有一个能真正防弹。战争后期的研究显示,在那些家里没有防空洞的家庭中,只有9%会寻求使用公共防空洞。[37] 公共防空洞很快被证明建造粗陋,卫生也差,几乎全都没有合适的睡觉设施。即便政府从1940年12月起积极采取措施提供床铺、看护服务和提高卫生水平,公众对那里的信任度仍然很低。成千上万的人选择拒绝民防系统,转而留在家里,要么躺在床上,要么躲在楼梯下或桌子下,这一事实有助于解释在轰炸规模远不如战争后期德国和日本遭到的那种毁灭性空袭的情况下，为何还有如此严重的伤亡。在英国，只有3%的城区面积被毁，而这一比例在德国是39%，在日本更是高达50%。[38]

这种饱和轰炸为的就是砸碎敌人的民防架构，为无限制的毁灭开路，而产生这种毁灭效果的几乎都是火。当巨大的火焰风暴到来时——1943年7月落在汉堡，三个月后是卡塞尔，1945年2月落在德累斯顿——民防系统被压垮了。遭到燃烧弹轰炸时，汉堡有3.4万名消防员、军人和临时民防人员，但他们能做到的仅仅是不让火灾蔓延到城市远郊。城市的警察局长在他关于7月27—28日夜火焰风暴的报告中承认，民防系统面对火焰风暴无能为力——他在试着描述发生的事情时写道，"语言是无力的"——但他提议对民防队员对付火灾威胁的方法进行重大改变：检查所有防空洞（防弹掩体）以确保都有应急出口，防止里面的人在火焰耗尽氧气后窒息，汉堡就是这样；在市中心规划出人人都认识的逃离路线，这样人们能在被火焰风暴吞没前逃走。[39]民防人员还被建议训练所有房主在空袭中立刻扑灭燃烧弹，防止小火焰连成大火灾，把更多平民暴露在通常仅危及民防队员的危险之中。1944年德国的170万消防员中大部分是平民志愿者，包括27.5万妇女和女孩。约10万志愿者被编组成700个应急分队，以跨地区调动到需要灭火的地方。1943年8月，德国建立了特别"自我防卫小组"，以通过法律迫使所有民众积极参加集体民防，而非只是各守各家。[40]汉堡遭袭还促使人们更加关注向被炸区域提供食品、临时掩体和医疗救助；和在英国一样，有效信息、粮食和看护服务的提供，结合撤离和迅速安置计划（部分是由集中营劳工实施的），显示了组织合理的民防和救援服务防止被炸城市社会崩溃的能力。汉堡估计有61%的住房损毁，但在几个月内，留城人口的90%，50万住户中的30万户，重新住进了房屋中，这些房屋是修复的或用预制板建造的。[41]

第八章 全民战争

对日本城市的燃烧弹轰炸同样造成了民防措施在极端重压下的崩溃。日本当局预计其经济和军事目标会遭到精确轰炸，美国航空兵在 1944 年末到 1945 年 2 月的第一轮轰炸中就是这么干的，效果不彰。而从 3 月 9—10 日夜间东京大轰炸开始的燃烧弹投掷则会制造被证明不可能控制的巨大火灾。民防志愿人员受过的训练只能对付规模小得多的空袭；当大火迅速吞没一整个城区时，平民住户们所受的空袭训练就完全不够用了。1945 年 5 月，日本的一位母亲给疏散出去的女儿写信道：“如果空袭来了，就当房子已经没了吧。”[42] 安全掩体的空间只够容纳 2% 的城市人口。日本城市的建筑都是由木头和纸建成的，受到燃烧弹攻击时极其脆弱；东京 98% 的建筑是用易燃材料建造的，而主城区的人口密度又格外高。[43]

日本海军航空兵早先在 1939 年和 1940 年对中国陪都重庆的轰炸已经显示了这样的城市有多么脆弱。街道狭窄而拥挤，两侧都是以竹木为主要材料的建筑，这即便在规模很小的燃烧弹攻击中都十分有利于火灾蔓延。仅仅一小群敌机的区区几次空袭，就导致城市商业中心的约 4/5 被完全烧毁。[44] 为了避免日本本土遭到相似的灾难，民防当局下令拆除了数量惊人的 346 629 栋房屋以在城区建设防火通道。然而，美军巨大的波音 B-29 轰炸机的低空轰炸，在一片严格划定的区域里投下了数千吨燃烧弹，填满了整个目标城区。投在日本的 16 万吨炸弹中，9.8 万吨是燃烧弹。[45] 东京遭到轰炸时，857 个急救站中的 449 个，275 座医院中的 132 座，以及数百座提前准备的看护站被毁，让崩溃的民防雪上加霜。负责维系士气和避免恐慌的单位——所谓"政治思想队"——被优先保障，但结果是救援队和救灾队发现自己人手、重装备或特殊救援设备严重不足。因此东京的伤亡格外惨重，在 3 月 9—10 日的火焰风暴中估计有 8.7 万人死亡。据官方统计，在仅仅 5 个月的轰炸中，所有被轰炸的城区有 269 187 人死亡、109 871 人重伤、195 517 人轻伤。[46]

以平民为主的惨重伤亡在所有遭到猛烈轰炸的地方是常态，但即便是在轰炸轻微得多的地方，民防也无法阻止民众的死伤和广泛的毁坏。在德国，今天人们估计有35.3万到42万人丧生（1956年的官方数据是62.5万人）；对英国的轰炸导致60 595人死于炸弹、火箭和巡航导弹之下；对德占欧洲国家的轰炸，尽管已经尽可能地避免用燃烧弹填满城区以减少伤亡，但还是在法国造成了估计5.3万到7万平民死亡，比利时估计1.8万人死亡，荷兰还有1万人；意大利在1943年9月投降前是轴心国之一，后来被德国占领到1945年5月，战后官方数据显示，两段时期相加的轰炸死亡人数达到59 796人；德国对苏联目标的轰炸尽管规模不大，但官方数据还是显示有51 526人死亡；而在中国死于轰炸的人估计至少也有95 522人。[47]此外还有在空袭中受重伤的人，这在大部分时候会让伤亡人数再翻一倍。约有100万人死亡，还有差不多同样多的人重伤，这或许表明巨大的民防努力总的来说是直接失败了。这条战线显然是一场非对称战争：一边是带着可怕航空武器的轰炸机，一边是手无寸铁的民防队员，大部分还是兼职的平民志愿人员。然而，尽管实力悬殊，民防队员和大批充当辅助人员的平民还是用诸多自卫方式对抗着敌人的空中力量，甚至是在遭到燃烧弹轰炸的城市，以避免战前小说和军事未来学中预言过的无法控制的社会崩溃。

毋庸置疑，若没有民防队员，伤亡和城市社会混乱的程度会糟糕得多，轰炸的影响也会更接近朱利奥·杜黑的预言。许多地方的民防都崩溃了，在这些地方，尤其是在遭受火焰风暴袭击时，危机通常能在被袭城市之外的紧急支援下得到控制。英国被袭港口的"远足"习惯并未导致持续性的社会危机。周边乡村的看护服务也构成了一条应急"缓冲带"，家庭成员可以住在那里，工人也能每天乘车进城上

第八章 全民战争　　805

班。所有被袭地区采取的正式和非正式的大规模疏散也拯救了许多生命。在德国，到1945年初有近900万人离开了城市；在日本，这个数字到战争结束时接近800万人。民防队也从空袭中直接救下了不少人，因为他们会立刻采取行动，确保在有防空洞可用的地方说服民众有秩序地躲进防空洞。如果出现了突然恐慌，后果可能会是灾难性的，就像1941年6月5日日军对重庆进行长时间空袭之后的情况那样。当防空隧道里的人想要离开时，其他人却听信了日军正带着毒气弹再来轰炸的谣言，拼命想要挤进来，两拨人迎头相撞。结果，据警方记录显示，有1 527人死于踩踏。[48] 1943年3月3日，在伦敦贝斯纳尔绿地的地铁站，空袭警报带来的恐慌使得太多人挤进湿滑昏暗的楼梯间，导致173人死于踩踏和窒息。[49]

但这些都只是特例。警报员们在管控受威胁社区和确保人们有序进入掩体或监督使用家庭防空洞方面勇敢地发挥了作用。消防员和急救人员会顶着仍在落下的炸弹，冒着生命危险履行使命。哪怕是在重庆，这个在山坡上草草凿出了超过1 000个隧道掩体的地方，警报员们通常也能够在警报声提醒人们退入隧道时成功维持人群秩序。1937年，这座近50万人口城市的防空洞只能容纳7 000人，但到了1941年则能容纳37万人。[50] 1939年，这座城市平均每落下2枚炸弹就会有11人伤亡；但到1941年这个数字就变成了平均每落下3.5枚炸弹，伤亡人数只有1人。[51]英国遭受的"闪电战"轰炸的伤亡高峰出现在1940年9—11月，此时民防体系仍在学习应对空袭。无论何处，民防队员们都在竭尽所能地挽回轰炸的最恶劣影响及其直接后效。在当时关于空袭的报道中有许多平民表现出个人英雄主义的故事。在德国，报纸上的死亡名单会在殉职的民防队员名字旁画一个铁十字勋章，就像阵亡士兵一样；活下来的英雄会被授予军事铁十字勋章。英国在遭受"闪电战"时，乔治六世国王会向表现格外英勇的平民颁发乔治奖章，以奖励诸多在炸弹下表现勇敢的人。首批获奖者中有多佛尔辅助消防队的两名消防官员和一名辅助消防员，他们拯救了一艘装着爆炸物被炸弹击中的船；还有萨福克的两名女性救护车驾驶员，她们在一次空袭中救了一个受重伤的人。

民防队员们和数百万并肩作战的民众，在阻止轰炸对士气的打击和减轻空袭的创伤效应方面扮演了关键角色。在这个时候，他们成了政府的代表，提供了一个管理地方民众的组织，将遭袭社区和国家更大范围的维持士气的努力联结在了一起，同时帮助控制炸弹打击造成的破坏。当然，这是一个曲折的成功故事，但民防工作总的来说还是在某种意义上帮助维持住了地方社区的团结，若没有这种帮助，中央政府是做不到这一点的。遭到轰炸之后，民众对国家的依赖与日俱增，但国家满足这种依赖靠的是所有参加民防、看护和救援的人，是他们在哪怕反复的空袭之下维持着社区的活力。对抗轰炸的全民战争同样把地方社区和战争的现实更紧密地联系到了一起，而通过监督日常民防纪律，以及对数百万平民进行训练，大后方也变成了一种作战前线。温斯顿·丘吉尔在1941年7月12日对民防人员的讲话中用了军事词语来形容他们："训练民众部队，为与火灾的战斗准备弹药，动员、锻炼并装备这支消防大军……"[52] 当然，平民志愿者不是军人，甚至穿上制服也不是，而是为了特殊形式的作战而接受训练的无武装的平民。在炸弹的打击下，民众发现他们打的是一场不平等的战争，自己会承受沉重的伤亡，而且常常是一连数年如此。没有其他任何事情能像民防战争这样清楚地代表战争的全民化。

抵抗运动的方方面面

民间抵抗则是另一条与民防完全不同的战线。这不再是为了面对共同威胁维持族群团结，而是要让敌人占领下的社会动摇。抵抗针对的是那些打败了自己国家或帝国的军队、此刻正以征服者的身份控制整个平民区的敌人。然而，民防的定义相对简单，民众抵抗则被证明不可能一言以蔽之，无论当时还是今天皆然。抵抗有很多形式，无论是秘密的还是公开的。那些小的不顺从之举或者不同意见十分常见，但都难以和战时的抵抗图景相提并论。1940年8月，法国记者让·特希耶匿名发表了《给被占区人民的33条建议》，但他只是枚举了法国公众避免接触、同情德国敌人甚至避免与之对话的方法。[53] 对占领者的这种消极态度是抵抗的最常见形式。大部分民众是在坐等解放，这种态度被法国抵抗者和意大利游击队不屑一顾地称为"观望主义"，"作壁上观"。[54] 想要不引人注意、不冒风险地在敌人的占领下存活下来，这种愿望可以理解，在欧洲和亚洲的沦陷区也很普遍。战后有一种观点，认为沦陷区都是两极化的，在法国要么是抵抗者要么是投敌者，在中国沦陷区要么抗日要么当汉奸，但历史并非如此。[55] 数以百万计没有积极抵抗的普罗大众在这两个极端之间找到了广泛的空间，他们会因形势所迫两边倒，但在其他情况下都会尽力保护自己的个人生活免遭占领者及其本地代理人的戕害。无论是自愿还是非自愿，抵抗者与投敌者始终都只是沦陷区的很少一部分人。

更积极意义上的抵抗则是五花八门。从根本上看，几乎所有的主要抵抗运动都是为了获得民族解放，这一目标体现在了抵抗组织的名称上：意大利的"民族解放委员会"、法国的"民族抵抗委员会"、希腊的"民族解放阵线"和"人民解放军"、南斯拉夫的"人民解放军"等等。但是这些民族运动掩盖了众多不同的抵抗方式，掩盖了那些规模更小、常常是地方性的运动，它们在意识形态、政治或战术方面并不总是和广泛的民族解放行动相一致。"抵抗"最好概括为对占领当局任何形式的主动对抗，在对抗中违背占领者的规则，或挑战其政治和军事存在。有些时候这意味着破坏性的政治活动——出版报纸、手册或海报,组织非法集会和网络——并不一定是要再前进一步,组织游击队或恐怖主义活动。法国最受欢迎的抵抗报纸《保卫法国》,是在索邦市的一个地下室里印刷的,这就是与占领当局文化对抗的一种形式,但其出版者并未参与积极的暴力活动。[56] 在中国,沦陷区农村里常见的传统秧歌舞台被用于某种形式的文化抵抗,演出抗战主题的短剧——《参加游击队》《抓叛徒》等——农民观众很容易看懂。[57] 然而,在大部分地方,抵抗包含着对占领军的暴力攻击,即便是那些起初只是想要进行政治斗争并回避恐怖主义的组织或团体,也是如此。1944年3月,被德国粗暴地压迫了数年之后,《保卫法国》发表了一篇头版文章《杀人的责任》:"我们的责任很明确:必须杀人。杀死德国人,清理我们的土地。杀他们是因为他们在杀我们的人民。杀了他们,夺回自由。"[58]

武装抵抗有许多不同的形式:有自发的、个人的恐怖行为;有通过更大的抵抗者网络组织起来执行破坏和刺杀任务的团体;最后还有在敌后组建的成规模的游击队,能够袭扰和威胁其军队。区区几百名抵抗者组织的一张尽可能隐秘的不见天日的地下网络,和一直活跃到战争结束的大规模游击部队之间有着天壤之别。中国共产党领导的军队到1945年达到了90万人;希腊人民解放军在1944年拥有8万人的前线部队,外加5万人的预备役;南斯拉夫人民解放军出动了8个师收复塞尔维亚,还有多达6.5万名游击队员配合苏联红军夺取了贝尔格莱德。[59] 决定这些武装抵抗不同形式的部分是地理因素,部分是时机问题。对于在欧洲战斗的游击队来说,他们能够利用意大利的大片山区和山脉沿线的茂密森林,南斯拉夫和希腊的大小山峦,或者是波兰东部、苏联西部的广袤森林和沼泽地。当抵抗者试图在西欧的城市或乌克兰、俄罗斯的大平原上作战时,他们很容易遭到猎杀。在

第八章 全民战争　809

法国，抵抗者最终从1943年之后大批集中在中央高原和法国境内阿尔卑斯山的森林和群山之中，他们用科西嘉语"maquis"（马基游击队），或用"灌木林"这种适宜的地形术语来自称。在亚洲，菲律宾和缅甸的雨林，华中华北广大的山区、高原和河谷提供了在过于分散薄弱的敌人面前相对安全的地域，并让抵抗力量得以大规模集结。

时机是所有抵抗运动，无论规模大小，都必须面对的问题。早期的抵抗通常是对入侵的自发回应，注定无果而终。之后的抵抗者就必须判断战争的进行方式，以决定如何以及何时动手。即便是在战争胜负未明的漫长岁月里，抵抗仍在进行，但是有时候他们会尽可能避免武装行动以保存人员和装备，留到盟国的胜利看起来更确定时再起事。波兰国家军在整个沦陷区构建了一张预备人员网络，待到解放即将到来之际发动最终起义时使用。其总司令斯特凡·罗韦茨基在1943年春声称，其策略就是"全副武装地等候，不要投入会带来惨重失败的匆忙行动"。[60]中国的国民党军队在华北被日军一边倒地击败之后，毛泽东要共产党的抵抗转变为小规模的游击队作战，甚至可以长期蛰伏，以积累力量等候打赢抗战的时机："战略的持久战，战役和战斗的速决战，这是　件事的两方面，这是国内战争的两个同时并重的原则，也可以适用于反对帝国主义的战争……"[61]其他抵抗运动也认为与占领军的消耗战意义更大，不必去考虑这种离解放遥遥无期的抵抗是否无效，是否会损伤士气。1941年9月，希腊民族解放阵线发表了关于运动目标的宣言："战斗必须随时随地进行……在市场，在咖啡店，在工厂，在街道，在庄园，在所有地方。"[62]

和军队一样，抵抗运动的成员具有各种背景，而且随时间不断变化。早期的抵抗运动主要依靠少量知识分子、专业人员和学生的贡献，他们都会参与到运动目标的塑造中来，编写和出版关于抵抗运动的文字，并建立网络。战败军队的军官只要能躲过被俘和被送进战俘营,也会在鼓动抵抗时扮演领头角色。在未沦陷的法国南部,首批主要抵抗群体反映了这些积极分子的社会背景:"战斗"成立于1941年夏,组织者是持格外激进观点的法军上校亨利·弗雷内;"解放南方"的创建者则是左翼记者埃马纽埃尔·达斯蒂耶·德拉维热里。在沦陷区,1940年12月成立的"解放北方"的创始人是前法国情报部官员克里斯蒂安·皮诺,以及一众工会官员。[63] 随着战争的进行,抵抗成了大众运动,其社会组成也随之变化。许多早期领袖和积极分子被抓住处决,更年轻的积极分子则紧随其后。1943年和1944年,数以千计的法国年轻人加入游击队以避免被送到德国去强制劳动;在意大利,1943年投降后,数以千计的意大利年轻人逃进了游击队以免被征入法西斯傀儡国家的军队或者被送到德国去强制劳动。[64]

人员构成的变化大多是欧洲共产党在轴心国入侵苏联、自己不再受到《苏德互不侵犯条约》妨碍之后愿意加入抵抗所致。在意大利的游击战中,共产党的部队数量最多,他们的"加里波第旅"占游击队实力的约50%。[65] 法国成立于1942年的共产党抵抗组织"狙击手和游击队"成了最大的抵抗组织之一,到1944年拥有6万活跃成员。[66] 在希腊、南斯拉夫和苏联,组建抵抗游击队的关键在于共产党对以农民为主的大批民众的组织和动员,他们加入抵抗运动后将会接受共产党官员和通常(但并非全部)具有城市工人阶级背景的成员的组织管理。尽管共产党游击队战士们最终成了军事化单位,但很大一部分人是志愿或被迫参军的平民,为了生存,他们不得不适应准军事作战中的严酷环境和纪律。在中国共产党领导的军队中,新入伍的人只有一个月的训练时间。除了军队,共产党还组织了地方民兵,完全由农民组成的自卫队,包括由18—24岁年轻人组成的"青年抗日先锋队"和年龄更大的人组成的"模范队"。到1945年,这种地方民兵达到近300万人,专司保卫自己的村落。[67]

第八章 全民战争 811

很大一部分抵抗积极分子是女性。她们的参与清楚地表明，抵抗战斗和参加民防一样，也是民众不分性别的选择。女性参加了所有阶段、所有形式的斗争，无论是武装的还是非武装的。尽管在关于抵抗的叙事中，女性常常以辅助人员的形象出现，帮助游击队提供补给，担任通信员和瞭望哨，掩护躲避追杀者，或者照料伤员，但所有这些举动都会被敌人当作抵抗行为（实际上也的确是抵抗行为），他们会像对待武装游击队员一样施以残酷惩罚。然而，女性还有一些特有的考虑。女性会广泛参加针对配给口粮供应不足或工作福利条件的抗议，这影响着数以千计接替男性的女工；对许多女性来说，无论是否参加了抵抗，保护家庭都是第一位的。在法国，据统计至少有239次关于家庭的女性抗议示威。[68]对有些女性来说，政治抵抗还是一种挑战男性主导地位、为女性自立铺路的手段，这样可以同时追求两种形式的解放。这种考虑不一定会在积极抵抗中表达出来，但是那些为了家务或家庭而出来抗议的女性和在抵抗网络中工作的女性，并无截然不同的分野。法国抵抗组织的许多男性把女性为自己提供的食品、掩护和医疗照顾视为家务的扩大而非迈向战斗的一步，法国女性也几乎没有参战。[69]在南斯拉夫，估计有100万主要是农民的女性在暗中支持为数不多的女性战士。她们许多人属于"反法西斯女性阵线"，这个组织到1945年已有超过200万成员，她们有自己的区域委员会和地方委员会，还有自己的报纸。[70]在意大利，1943年11月成立的"女性自卫团"会为家庭、工作女性和轰炸后的无家可归者提供照料和援助，参加非法报刊和传单的印制和分发，还以其他更直接的形式支援游击队。组织的创始章程强调了她们的抵抗宗旨："强盗们掠夺、蹂躏、杀戮。我们不能屈服，我们必须为解放而战。"[71]

许多女性与男性并肩作战，从而进入了原本男性专属的领域。法国"解放南方"组织的地方领袖玛格丽特·戈内在被里昂的德国法庭要求解释为什么拿起武器时，她回答道："因为男人们放下了武器。"[72] 一个年轻女性怀里抱着枪的标志性画面并不仅仅是宣传。在意大利，估计有 3.5 万女性加入了森林和群山中的游击队；其中有 9 000 到 1.1 万人战死、受伤、被捕、遭到驱逐或处决，这一伤亡水平没有几支正规军能承担得起。[73] 在希腊，女人们参加人民解放军，与轴心国展开了游击战，后来她们占到了共产党领导的"希腊民主军"的 20%—30%，既参加战斗也充当辅助角色。[74] 在南斯拉夫，1942 年 2 月，共产党领导层做出决策，允许女性除了继续从事传统的医护和辅助角色之外还能拿起武器，之后有 10 万女性加入了人民解放军。女游击队员约占游击队的 15%，她们在男女混编部队中参加战斗，也承受了沉重伤亡，约占参战女性的 1/4。她们总的来说训练不佳，对手中的装备不甚熟悉，周围的男性对于女性（绝大部分非常年轻）的加入持有敌意或者袖手旁观。据女性老兵回忆，男人们想要她们在参加战斗之外还承担日常的营区杂务和护理工作。怀孕的女性会被迫丢掉婴儿或者一出生就将其杀死，苏联游击战中的女性也有同样的强制要求。[75]

这种男女兼收的抵抗作战是一种特殊的作战样式，与正规军之间的战斗有很大差别。由于抵抗军与世隔绝，他们很难获得足够的信息来了解其他队伍在做什么，在哪里行动。而战斗一旦到来，就必定十分残酷：要么杀人，要么被杀。这种战斗完全没有法律可循，不仅是因为抵抗者身处现有战争法的管辖范围之外，占领军可以对其任意处置，还由于抵抗者的行为放在和平时期都是严重犯罪。确实，1945 年之后，意大利的审判系统对许多前游击队员进行了审判，因为他们对法西斯党官员和民兵的谋杀与现存法律相违背，当予以惩罚。但抵抗运动有其自己的道义准则，这是抵抗者所处的极度危险的环境导致的。许多人会发下血誓，就像某些秘密社团一样，只要背叛或逃离，就要付出生命代价。任何被怀疑背叛的抵抗者，或者任何由于粗心而让其他人失去生命的人，都只有可能得到严厉的处罚，就像年轻的法共成员、蒙冤受害的马蒂尔德·达登特，此人被枪决后，尸体一丝不挂地出现在了巴黎的布洛涅森林公园里。[76] 真正的叛徒一旦被发现，就会被立刻杀死或者被找到后刺杀，不过对于那些受到贿赂、威胁或是希望破灭的人来说，从抵抗者转变为叛徒只是一念之差。游击队也需要尊重当地民众，否则后果严重，因为"犯罪"就必然会疏远那些游击队需要其帮助的人，但许多人还是达不到民众的期望。希腊民族解放运动在控制的农村建立了地方性的"人民法庭"，那些偷窃、宰杀牲畜或强暴民女的游击队员会遭到处决。[77] 游击队对于间谍的破坏有一种偏执的担忧。"我们最神圣的职责，"一份希腊抵抗期刊写道，"就是保持警惕。"[78]

对他们自己的新兵施加严厉判决反映了抵抗者们始终身处危险之中。和正规军士兵不同，他们知道自己一旦被抓住就会遭到酷刑折磨，被送上特别法庭审判（如果有审判的话），没有上诉机会，通常会被处决。许多时候他们会被直接就地枪决或吊死，如果敌人士兵或民兵不幸落入他们手里，遭遇也会是一样的。白俄罗斯的一名少年游击队员目睹了别人仿照处决游击队员的方式处决7名德国士兵：他们先是被扒光衣服，然后站成一排被枪毙。[79] 抵抗战争毫无怜悯之心，无论哪一方，无论在哪里。游击队会发动毫无征兆的快速突袭，这让占领军及其投靠者深感恐惧。毛泽东在1938年写下《论持久战》后便成了抗日战争中游击战术的顶级拥护者，他要求他的部队以小规模战斗打击被孤立的日军分队，利用伏击、夜色的掩护和突袭，之后遁入乡间。[80] 在城市里，破坏和刺杀靠的是完全保密、攻击迅速，执行任务的人也不能太多。这是为了避免在城区与敌人正面交锋，在这里正规军士兵可以利用他们更好的训练和武器，而执行任务者逃跑也更为困难。抵抗者只能利用"打了就跑"的战术来部分弥补自己在军事上的巨大劣势。

抵抗装备精良、组织良好的对手的战争是不对等的，而获得武器、装备甚至是军服的巨大困难更是令其雪上加霜。在人们熟悉的许多关于抵抗战士的照片里，画面上一群群男男女女穿着五花八门的衣服，有些是军人，有些压根儿不是，大部分人没有头盔——与军人的整洁截然相反。戴高乐将军在土伦市解放后检阅当地的法国游击队时，被面前士兵们的衣冠不整震惊了，游击队员穿衣服都是这样的。一名英国派往希腊抵抗军的代表回忆了他们糟糕的外表："他们穿着普通的衣服，破破烂烂，许多人实际上光着脚……在雪地上行走。他们的枪都很旧，有些已经有60年了……"[81]武器本就很少，而持续作战所需的弹药则更加难以获得。重武器堪称罕见，只有东线或南斯拉夫的一些游击队例外，他们的装备更好一些。然而即便是南斯拉夫人民解放军的无产阶级第1师，也只能让其8 500名士兵的一半拿到枪。[82]波兰国家军在发动起义之前花了数年来储存武器，其资源比大部分抵抗运动更多，但当第27师最终于1944年1月投入战斗时，其7 500人中只有4 500支步枪和140支冲锋枪。这支部队打了两个月就被消灭了。[83]华北的中国共产党军队到1940年时尽管表面力量庞大，但只有一半的新兵能拿到作战武器，对有枪的人来说，弹药也很少，很珍贵。[84]当英国人开始向欧洲抵抗组织空投补给时，因为英国的策略优先关注破坏，所以他们送去了大量塑性炸药和引信，而抵抗者真正想要的作战武器却少得多。和正规军不同，抵抗者的后勤保障时有时无，零星散乱，而且几乎总是不到位。

抵抗作战的对象并不仅限于占领军。抵抗者们对敌人残酷，对投敌者同样残酷，有时还对其他抵抗运动也是如此。敌人的定义有许多种。投敌者是特别有价值的目标，他们易于受到攻击，有时没有武器，而他们的死也会警告沦陷区的其他人不要为敌人效劳。在中国，那些想要在日本占领下保护自身利益的地方士绅和军阀中很多是投敌者。华北共产党地方政府保存的统计数据显示，1942年他们消灭了5 764名叛徒；次年的数字更加惊人，33 309名叛徒。[85] 在菲律宾，人民抗日军会对被认为是间谍和投敌者的人下狠手，这些人在胡克起义的2.5万受害者中占很大比例。[86] 希腊民族解放运动的游击队会在其控制区内报复任何被怀疑与傀儡政府合作的人，一场残酷的恐吓与刺杀行动甚至将被认为亲英的人纳入其中，据说其罪行是想要让英国干预希腊事务。[87]

在东线的游击战争中，真真假假的投敌者都会被全家杀光。一支由奥列斯基·费奥多罗夫指挥的游击队屠杀了整个里亚霍维奇村，因为他们认为村里人投靠了反叛者。一名目击者回忆了那次无差别的屠杀：

> 他们杀了见到的所有人。最先被杀的是斯捷潘·马奇克和他的邻居马特里娜及其8岁的女儿，还有尼古拉和马里娜·霍夫西克夫妇及其10岁的女儿……他们杀了伊万·霍夫斯克全家（他妻子、儿子、侄女和婴儿），把他们扔进燃烧的房子里……50名无辜平民丧命。[88]

尽管游击部队向莫斯科夸口说他们每杀死1个投敌者就会杀掉10个德国人，但有些德国记录显示，这一比例更像是1.5∶1，而游击队员的回忆录则显示这一比例可能还要大得多。投敌者都会遭到酷刑折磨，甚至有时会被扒皮或者活埋。[89] 在西欧和南欧，抵抗者花在刺杀和恐吓投敌者，或者摧毁那些为德国战争机器生产物资的设备和工厂方面的努力更是高得不成比例。

那些似乎是同一阵营、共同面对着轴心国敌人的派别，彼此之间也并不手软。在希腊，最大的抵抗运动组织，由希腊共产党有效掌控的民族解放阵线，想要迫使小一些的其他抵抗组织并入自己。1944年4月，希腊解放军的游击队员攻击并消灭了竞争对手，希腊民族和社会解放运动，处决了其领导人德米特里奥斯·普萨罗斯上校。希腊民主民族联盟尽管武装冲突不断，但还是幸存了下来，这仅仅是因为其领导人拿破仑·泽瓦斯将军得到了英国的大力支持。希腊共产党四处寻找被认为是托派的抵抗者并将其刺杀，法国共产党也做了同样的事。[90] 截然不同的意识形态信仰和政治主张令这种斗争火上浇油。在南斯拉夫，共产党领导的人民解放军和德拉扎·米哈伊洛维奇领导的"切特尼克"起义军之间也由于对战后南斯拉夫建国方式的意见相左而发生了武装冲突，一方是共产党，另一方则是保王党。[91] 在中国，尽管蒋介石的国民党与中国共产党起初形成了抗日统一战线，但在日军后方的游击战中还是冲突频发。国民党的首脑私下里将日军和共产党都视为敌人。1941年1月，共产党新四军在皖南遭国民党军队伏击，约7 000人阵亡。自此之后，统一战线名存实亡。[92] 各地的抵抗都伴随着政治野心和个人竞争。在共同敌人的离间下，抵抗者们会像杀戮投敌者和占领军一样相互杀戮。

所有的抵抗都存在着针对投敌者和同行对手的某种形式的内战，但在中国、南斯拉夫和希腊，抵抗运动与内战融为一体，因为共产党领导的游击队会利用战争的机会来改造其控制区的社会和政治面貌，甚至在与外敌展开游击战时也是如此。这些战争打的是国家的未来，是自己的地位，显然大家都认为轴心国的新秩序必将失败。到1945年，中国共产党掌握了广大的解放区，拥有1亿人口。在这里，共产党为了大部分农民的利益，要求地主减租减息。1937年中共中央政治局发布的"抗日救国十大纲领"中蕴含着致力于社会平等和扩大地方民主的努力。地方士绅和地主反对实施改造,但农民们获得了从未有过的参与地方政治体系的权利。[93] 到1945年,共产党与国民党已经为更激进的暴力阶级斗争做好了准备,这很快就转变成公开内战。

在希腊,共产党主导的民族解放运动及其武装力量也对乡村生活发起了相似的改造。有这样一个传奇故事:1942年6月,年轻的希腊共产党员阿里斯·维罗齐奥提斯带着15个武装人员、一面旗帜和一把小号来到了距离雅典300千米的山村多姆尼斯塔,宣布"革命的旗帜"不仅针对敌人,也针对旧的阶级体系。[94] 无论这个传奇是真是假,游击队掌控的各地农村都建立了最初在克莱斯托斯村推行的、以"自治和人民平等"模式为基础的地方人民民主。每个村庄都有他们的游击队委员部和一名地方"第一负责人"来组织村里的生活,像中国共产党控制的解放区一样,农民也有机会投票选举地方理事会和委员会来为自己服务。[95] 每个村子都有自己的"人民法庭",它们每周日例行开庭审理当地的案件。民族解放运动的宣传强调了其对"人民专政"的承诺,这一主张不需要过于明确的定义,就能让大多是文盲的农村人口轻松理解。[96] 那些反对新秩序或质疑其合法性的人会面临着被武断处死的危险。而即便对那些服从者来说,情况也远不算理想,收获的庄稼要交公粮,要纳税供养游击队,还时不时会出现当地家族之间因宿怨而生的冲突。[97] 几年后,共产党领导扬尼斯·约安尼季斯用文字解释了暴力的泛滥:"打内战的时候你无法沉湎于多愁善感……你要用一切手段消灭敌人。"[98] 这种改革旨在为根本性的社会革命和阶级斗争创造条件,当德军在1944年秋最终退出占领时,游击队——抵抗者称之为"自由希腊"——解放的地区就成了希腊共产党尝试掌握国家政权的基地,将沦陷时期原本的内战转变成公开的战后冲突。共产党起义军和1944—1945年重建的希腊人民军之间围绕希腊的未来进行了战争,导致估计15.8万人丧生,其中只有4.9万是军人，其他都是平民，幸存者也要经历数年的颠沛流离。[99]

在南斯拉夫，战争年代与抵抗作战如影随形的还有毫无遮掩的内战。这场内战混杂着民族、宗教和政治的冲突，民众则陷入了极度暴力的天罗地网，无论是作为参与者还是受害者。最乐观的估计也认为有超过100万南斯拉夫人死于战火，其中大部分死于南斯拉夫同胞之间的战斗，而非与敌人的战斗。南斯拉夫的抵抗有双重意义：抵抗占领军，以及与国内的敌人作战。1941年4月德军的入侵摧毁了脆弱的南斯拉夫王国，以一套占领机构取而代之，由此引发国内冲突。法西斯领袖安特·巴维列奇统治的名义上独立的天主教国家克罗地亚有着大量的少数族群，即波斯尼亚穆斯林和塞尔维亚东正教徒；意大利控制着斯洛文尼亚和黑山；德国则通过人称"塞尔维亚的贝当"的米兰·奈迪奇的亲德傀儡政府控制着残余的塞尔维亚。克罗地亚新政府想要维持自身独立并建立一个单一民族的国家；塞尔维亚的"切特尼克"想要一个大塞尔维亚，恢复君主制，但不接纳穆斯林；南斯拉夫共产党则想要建立一个反对法西斯敌人的共同阵线，并与上述所有这些运动展开艰苦战斗，这些运动在未来规划中都拒绝与共产主义者合作。[100]

内战几乎立刻就爆发了。克罗地亚杀戮或驱逐塞尔维亚族人；塞尔维亚的"切特尼克"屠戮了波斯尼亚的穆斯林，摧毁了他们的村庄，将受害者割喉杀害；共产党游击队则与塞尔维亚保王党和克罗地亚法西斯展开了战斗。[101]数以千计的志愿者组成了非正规军来保护自己的族群和运动。"切特尼克"的南斯拉夫国家军把大部分精力花在了屠杀波斯尼亚人、克罗地亚人和共产党人上。约瑟普·布罗兹（铁托）率领的共产党人民解放军则既要对付德国的镇压和保卫自己，也要与"切特尼克"、克罗地亚"乌斯塔莎"民兵和准法西斯的塞尔维亚志愿兵团积极作战。各地的民众会组成临时自卫队，以抵抗面临的众多威胁——穆斯林的"绿骨干"、穆罕默德·潘德扎的穆斯林解放运动、斯洛文尼亚反共联盟。[102] 暴力持久而残酷。"死亡司空见惯,"共产党人米洛万·德热拉斯在战争回忆录中写道,"除了生存,生活已失去所有意义。"[103] 德国和意大利占领者会挑动各派相互争斗,或暂时达成一致,合作对付共同的对手共产党。到 1944 年,铁托的解放运动开始获得广泛支持,甚至包括一些前保王党的支持,因为它承诺未来建立新的联邦制民族国家,并声称尊重宗教和民族,从而超越其间的差异。共产党游击队控制的乡村和小城镇也像希腊和中国一样进行了社会改造和政治改造。[104] 铁托的运动在塞尔维亚进展最小。1944 年秋,在解放塞尔维亚的最后战斗中,对阵双方都是南斯拉夫人。德军只能出动一些警察和几个党卫军营,依靠"切特尼克"和塞尔维亚志愿兵团的数千名士兵,并由苏联反共志愿人员配合作战。1944 年秋,塞尔维亚战争的结束同时也是内战的结束。[105]

给内战火上浇油的意识形态和政治分歧只是抵抗运动在战争中面临的众多障碍中的两项。由于每一块沦陷区的绝大部分人不会积极反抗,民众对那些有时是公开造反的人始终怀有一种矛盾心理。在有大规模游击队运动的地方,游击队会从当地村民那里夺走资源和粮食。有些时候,农民会和敌人合作,庄稼汉们会觉得游击队比占领军好不了多少,都是要夺取他们的粮食并杀死不肯交出来的人。在苏联,被孤立在敌后的部队、掉队者或逃兵可以投奔土匪活下来,这时他们就要放下所有"抵抗者"的自我标榜了。德军后方出现了临时拼凑的小队人马,他们不管周围村落的死活,一心想让自己活下来。基辅附近一支地方苏联游击队的指挥官在报告中指责了独立行动的"家族游击队"部队:"他们打仗时喝得醉醺醺的,抢夺群众财物……不听分队指挥官的指挥。"[106] 斯捷潘·班德拉的"乌克兰国民军",即班德拉派,当地村民谐音其为"bandity"(意即"贼")。他们偷牲畜,杀害不同情班德拉运动的人而无论其是不是乌克兰人，烧光敌对的村庄，并掠夺他们自称要去解放的族群。[107] 中国华北甚至在日本入侵前就已盗匪横行，随着有效国家权力的丧失，小股匪帮便趁势而起。在抵抗战争中，有些土匪头子假称抗日保民，但从他们号称要保卫的村民那里抢劫和勒索。有个叫胡金秀的土匪头子就乐此不疲，他纠集了五千之众，没有保护民众，而是像匪徒那样打家劫舍。[108] 对于沦陷区的一些中国农民来说，优先需求是稳定下来，任何形式的都行，哪怕这意味着要支持日军对付当地游击队。共产党新四军在进入一个小镇时，惊讶地发现一些居民挥舞着日本旗欢迎自己。[109] 在这种混乱和暴力之下，唯一的秩序便是自然原始的秩序。

占领军会对他们视为恐怖罪行的抵抗行动实施报复，而当地民众也时常成为这种残酷报复的受害者。他们希望这么做能让民众因害怕无辜受害而拒绝抵抗运动。在东南欧和东欧，每有 1 名德国士兵被杀，德国当局就要处死最多 100 名无辜的平民人质；在占领军暴行比较克制的法国，这一比例固定为死 1 个德国兵杀 5 个人质。[110] 在这种环境下，公众对于抵抗的代价是否太高的担忧是显而易见的。1940 年和 1941 年发生在法国的一轮早期刺杀受到了公众以及伦敦的自由法国当局的广泛谴责，其原因正是德国抓了大批人质，并如其威胁过的那样杀死了人质。当"荷兰抵抗运动委员会"于 1943 年春成立时，流亡政府拒绝批准对德国人采取暴力行动，原因大致也是如此。[111] 抵抗者常常面临着这样的道义困境：他们的行动会伤害无辜同胞，而对占领军造成的打击却很小甚至微不足道。镇压从一开始就是无差别的，因为其目的就是恐吓其他民众，让他们听话。侵华日军指挥官为打击共产党游击队的袭击，命令部队在已知有游击队活动的地区采取臭名昭著的"抢光、烧光、杀光"的"三光"政策，而在战争前期，日军为打击游击部队也有过多次摧毁沿途村庄、杀死居民、掠夺财物的例子。[112] 在欧洲，入侵者对抵抗的反应大致也是如此。在城市，抵抗者受到审判、驱逐或者处决，人质也会被枪杀以作为报复，常常是公开枪决。在乡村，整个整个的村庄被烧掉，居民被屠杀，这仅仅是由于占领者怀疑他们庇护了游击队员或者"狙击手"。1942年，捷克斯洛伐克的里迪斯村被摧毁以作为赖因哈德·海德里希被刺杀的报复；1944年6月，党卫军"帝国"师的一个团夷平了格拉讷河畔奥拉杜尔村并屠杀了所有村民，包括女人和儿童——这只是对个人的抵抗行动进行残酷的全员报复的冰山一角。在乌克兰，党卫军将领埃里希·冯·登·巴赫-察莱夫斯基指挥的德军安全部队和正规军烧掉了335个村庄，根据他们准确而病态的统计，屠杀了49 294名男女老幼，其中2/3是在1943年游击队活动高峰时屠杀的。在希腊，70 600人在报复行动中被杀害。[113]

占领军还会向游击队发动更大规模的军事行动，对抵抗力量造成严重打击。在南斯拉夫，1943年1—3月的"白色行动"和同年5—6月的"黑色行动"虽然未能消灭人民解放军，但令其损失惨重；在乌克兰，1943年6—7月的"塞德利茨行动"导致5 000名游击队员死亡。1944—1945年之交的冬季，占领军在意大利北部进行的反游击战斗中屠杀了游击队各旅，令其损失了估计7.5万男女队员。在法国和低地国家，盖世太保不停地进行调查，常常还能得到当地警察的配合，他们到1944年春已摧毁了大部分早期的抵抗运动及其网络。有些被征召来打击抵抗运动的人是兵匪——包括乌克兰民兵、党卫军"圣刀"师的波斯尼亚穆斯林、意大利的一个哥萨克师——他们在大部分时候很享受这些任务的残酷。面对坚决的打压，抵抗运动能做的其实很有限。盟国越晚打退轴心国的进攻，抵抗运动就会越绝望。久候不来的解放令人士气消沉，甚至产生对盟国的敌视，但是由于没有足够的重武器和有效的部队结构（即便是在有庞大游击兵团的地方也是如此），抵抗者靠自己获得解放的可能性就算有也是微乎其微。这带来了一个具有挑战性的矛盾处境：想要更有效抵抗，就需要盟国实际援助和送来装备，但要接受这种帮助就需要让独立获得解放的愿望做出妥协，对国家的未来影响重大。法国"战斗"组织的领导人亨利·弗雷内写道："我们建立的游击团队更想要为自己的解放而战，而不是打击入侵者……"[114]

抵抗与盟国

支援解放运动并不是盟国的优先事项。抵抗运动对它们的价值主要在于其对打败敌人所能做的贡献。在有可能向抵抗力量提供援助的时候，盟国也只有在对方明白这些装备要用于实现其战略目的且盟国战略意图能够得到尊重的情况下才会提供。英国的欧洲特别行动参谋长回忆道："我们不得不从极为实际的角度出发，评价每一份方案和每一个合作者，看它能否对打赢战争做出贡献。"[115]盟国在考虑战争的政治影响时并不会忽略抵抗运动，但是战时的政策还是以军事需求为主的，像英国政府在1943年从支持南斯拉夫保王党的米哈伊洛维奇转变为支持共产党的铁托，就仅仅是因为后者的人民解放军能更有效地打德国人。（具有讽刺意味的是，斯大林却并不反对支援米哈伊洛维奇的"切特尼克"部队，但他也对铁托的共产党抱有戒心，担心他们让他与西方盟国关系恶化。）另一方面，对于主要的抵抗运动来说，击败敌人只是手段，并非目的。在中国、意大利、法国和巴尔干国家，解放就是要在胜利在握之后建立一个完全不同的新社会，它比被外敌入侵所推翻或者挑战的旧社会更加民主，更加公正，也更加包容。法国一支名叫"服务国家"的马基游击队首领米歇尔·布吕特对比了他自己和盟国对于抵抗的观点："没有起义就不会有解放……与其追求这些行动在眼下的战略价值,还不如为起义训练更多的战士。"[116]

尽管如此,各主要盟国对抵抗运动的利用方式是不一样的。在苏联,国土上的游击队抵抗会与战线另一侧的苏联战争机器密不可分。1943年和1944年苏军的每一次胜利都让对解放的期望与日俱增,而且和英美不同,苏联红军和那些配合其推进的游击队一样,都是为了解放他们自己的土地和人民。甚至在苏军1944年打到旧边境之前,游击队的抵抗行动就已接近尾声,游击队员们也加入了正规军。直到此后,苏联盟军才开始参与东欧更多的抵抗行动,结果则好坏参半。尽管如此,苏联游击队在外部援助方面还是面临着诸多与欧洲其他地方的抵抗运动相同的困难。1941年苏联红军撤退时,政府组织了敌后单位以组建游击队,但这些部队很难自保,斯大林也不如他在战争后期那么看重其潜力。留在乌克兰的216支分队中,到1943年只剩下了12支,仅仅241人。为其伞降援军的尝试由于易被发现而遭到挫败。早期征召进游击队的老百姓训练太差,无法满足游击战的需要,还容易叛变或开小差。[117]不仅如此,当地民众尽管表面上也支持通过游击战加快解放,恢复苏联政权,但对那些抢夺民众粮食和物资、让整个村子处于占领军报复威胁之下、不怎么保护村庄的抵抗战士心怀矛盾。

1942年5月,随着白俄罗斯党中央第一书记波诺马连科被任命为莫斯科的游击战中央司令部领导人,情况有所改善,但想要与所有部队建立无线电联系或者为其提供足够的弹药和炸药被证明困难重重。直到斯大林格勒战役胜利后,公众才没那么反对游击战,而苏联红军提供的装备和渗透到德军战线后方的红军专业人员也让组成游击队的非正规队伍逐渐军事化。在整个1943年里,游击队越来越有效,数量也增加了;到同年7月,官方记录的游击队人数达到139 583人,尽管损失仍然很大。1943 年渗透到德军后方地域的人中活下来的仅仅略超过一半，被征入游击分队而欠缺训练的众多农民的损失率甚至更高。[118] 然而，游击战最终还是为苏联最高统帅部带来了明确的战略收益。1943 年春，游击队控制着白俄罗斯约 90% 的森林地带，以及当地 2/3 的粮食和肉类生产，使得占领军无法获得这些资源。[119] 对德军交通线的攻击也在这一年下半年达到了顶峰，超过 9 000 次；仅仅在 1943 年 8 月，德军在库尔斯克大败而回之际，德军记录就显示有超过 3 000 千米铁路被毁，将近 600 个火车头无法使用。而苏联方面的统计声称，游击队在行动高峰期间摧毁了 1.2 万座桥梁、6.5 万车辆，尽管这一说法可能并不完全符合事实。[120] 每个游击队员每月消灭"至少 5 个法西斯分子和叛徒"这一预期目标的实际完成情况，从统计数据中无从得知。1944 年 1 月，游击战中央司令部关闭，已解放地区的游击队被纳入了苏联红军。

1944 年上半年，苏军打过了乌克兰，打到了原来的苏联国界线。斯大林此时在东欧和东南欧面临着新的抵抗环境，那里的共产党武装正在对抗那些不愿苏联取胜、不愿获得共产主义式解放的非共产党抵抗运动。即便是当地的共产党抵抗武装——主要是南斯拉夫和希腊——也未必会听从甚至理解来自莫斯科的共产党领导。苏联对于抵抗运动贡献的态度要么轻蔑，要么居高临下。一名苏联军官认为，希腊人民解放军"只是一帮武装的乌合之众，不值得支援"；另一名红军指挥官觉得铁托的游击队都是些"很不错的业余人士"，但仍然只是业余人士。[121] 最悲惨的是波兰。这里最主要的抵抗组织"国家军"强烈地反共反苏，尽管各大主要盟国中只有苏联能够直接参与波兰解放的事实就摆在眼前。然而，国家军尽管最大，却不是唯一的抵抗组织。战前持有激进反资本主义计划的农民党组建了"农民营"，他们与强烈支持国家军的保守社会力量对抗，保护农民利益。波兰共产党有他们自己的抵抗组织"人民军",他们拒绝与其他抵抗力量合作。到 1944 年,他们已经像俄罗斯德占区的苏联游击队那样从迫近的苏联红军那里获得支援了。共产党战士人数很少——1943 年全国有约 1 500 人,1944 年在华沙有 400 人——但他们享有一个优势:在乌克兰和白俄罗斯横扫德军的钢铁洪流是红色的。[122]

1944 年之前波兰的抵抗很少,主要是由于国家军想要避免不成熟的起义。1944 年招募的 40 万准备起义的战士中的很大一部分接受了军事训练,包括数以千计的波兰女性,尽管他们此时在名义上仍然是平民。这支军队按正规军方式进行编组,在全国各地都隐藏了许多武器和粮食,等候起事的最佳时机。但这个时机很难确定,因为它取决于更大范围上盟军对德战争的进程。伦敦的波兰流亡政府意识到了主要抵抗运动面临的困境。1943 年,波兰流亡政府和苏联的政治关系急剧恶化,而到了 1944 年 6 月,斯大林把他的支援完全转而投向了波兰共产党组成的民族解放委员会,即所谓的"卢布林委员会"。国家军司令部与打过来的苏联红军指挥高层建立联系的努力被苏联方面完全无视,苏联的意图也不明朗。国家军司令塔德乌什·布尔-科莫罗夫斯基将军被伦敦方面告知,行动时"完全不要考虑苏联的军事或政治态度"。[123] 盟国也没有支援波兰起义的计划。从 1941 年初到 1944 年 6 月,西方送来的装备和武器总共只有区区 305 吨。1943 年和 1944 年,有几百名波兰志愿人员从西方伞降到波兰,但他们优先关注的是通过破坏帮助盟军开展军事行动。1944 年夏,斯大林对丘吉尔说,波兰的非共产党抵抗都"短暂而无甚影响"。曾保卫斯大林格勒的瓦西里·崔可夫将军在 1944 年 6—7 月苏军的夏季攻势,即"巴格拉季昂行动"中率军攻入了波兰领土,他觉得波兰国家军"根本没去打德国人"。[124]

1944 年情况就变了。布尔-科莫罗夫斯基自行决定,命令国家军和农民营准备与撤退的德军作战所需的阵地。他们取出了隐藏的武器，储备好了食品，也做好了"莫洛托夫鸡尾酒"燃烧瓶。这支军队装备很差，军服简陋，佩戴着红白相间的波兰国旗色臂带。1944年1月，抵抗军向波兰东部的德国军队发动了"风暴行动"，期望能赶在苏联红军到来前由波兰战士自行解放那里的波兰城镇。这次战役暴露了波兰关于在苏军即将到来时独立实现国家解放的想法是多么理想化。抵抗者们不知道的是，斯大林已经于1943年11月命令红军指挥官们解除所有国家军部队的武装。1944年1—10月，2.1万波兰抵抗军被苏军解除武装；他们的军官被迁移到了苏联，士兵们则被关进刚刚清空的德军集中营，包括苏联红军在7月解放的马伊达内克劳动和灭绝营。[125] 布尔-科莫罗夫斯基和华沙军团指挥官安东尼·赫鲁泽尔（Antoni Chruściel）将军已经知道苏联不会容忍民族主义者的抵抗。苏联对乌克兰的民族主义者就实施了同样的惩罚。就和1939年9月的波兰一样，1944年夏季的国家军发现自己再次身陷都对自己充满敌意的苏德两军之间。

这一尖锐现实让布尔-科莫罗夫斯基及其指挥官们在1944年8月1日发动华沙大起义的决定更容易被理解。战局并不完全清楚，但他们知道苏联红军距离从华沙穿城而过的维斯瓦河的东岸只有数千米之遥，而华沙及其周边的德国军事和非军事当局似乎正在准备弃城而走。从7月下旬起，莫斯科的无线电广播中就呼吁华沙人起来反抗压迫者，但这一呼吁针对的只是规模小得多的共产党人民军，这或许会让其他抵抗者警觉到自己在苏联占领下肯定会面临的危险。伦敦的波兰流亡政府发出的声音小心翼翼，他们不确定西方盟军会不会提供任何形式的支援；赫鲁泽尔也反对以如此少的武器和数量不可靠的抵抗者来冒险。决定最终取决于一项原则：抵抗运动想要赶在苏军到来前解放华沙，以表明波兰的国家主权可以仅仅通过波兰人的鲜血赢得，而无须依赖盟国支援。国家军指挥官估计他们最多只有四五天时间来赶走德军,然后迎接作为盟友而非解放者到来的苏联人。布尔-科莫罗夫斯基后来写道,从这一点上说,民族起义"似乎是真实可行的"。[126] 7月31日,抵抗运动领导人会面决定怎么干。起初大家仍未达成共识,直到消息传来——偏偏是个错误的消息——称苏联坦克正在进入华沙东郊。这一消息促成了一致意见:机不可失,时不再来。第二天开始起义的命令发出后,情报传来,苏联红军并未行动。但布尔-科莫罗夫斯基拒绝收回成命。[127]

实际上起义注定要失败,恢复波兰国家主权只是个不可能实现的愿望。但是对抵抗者来说这似乎是个绝妙的复仇时机。一名假装成波兰人的犹太人幸存者卡吉克回忆道:"我们的胜利似乎已十拿九稳……民间洋溢着造反的气氛……一时兴高采烈。"[128] 8月1日凌晨5点,国家军向全城各处惊恐的德国人发动同时袭击。据估计有超过5万人加入国家军,其中约4万人参加了起义。武器很少,只够让8 500名战士拿到有效装备。有些志愿者是女性。还有数千名儿童组成了"灰军衔"组织,波兰童子军协会的准军事分支;但只有超过16岁的人才被允许参战,其中4/5的人战死。[129] 抵抗者们的面前是成群的德国陆军和党卫军部队,他们刚被匆匆派往维斯瓦河防线对付逼近的苏联红军。当起义的消息传到希特勒那里时,他下令把华沙从地图上抹掉,把市民全部杀光,这是他对于所有抵抗运动的最极端病态的反应。两个以残暴闻名的旅——一个是奥斯卡·迪勒万格控制的党卫军单位,另一个则由苏联叛徒布罗尼斯拉夫·卡明斯基指挥——被调来监督遵守希特勒的命令。在国家军未能掌控的区域,进攻方如狂欢一般大肆屠杀和破坏,把抵抗者驱赶进了城区越来越小的包围圈中。有数量不明的平民冒险加入起义,但还有数以千计的人未加入。估计有15万人死于轰炸、炮击和大屠杀,这是欧洲战争中最大的一起战争暴行。直到残酷反游击战的老将，此时指挥所有镇暴部队的党卫军将军巴赫-察莱夫斯基到达后，这种对所有居民的蓄意杀戮才转变为对躲过屠杀者的大规模流放。

盟军对起义的援助微乎其微。有一种乐观的预期认为，一旦起义军赶走德国人，苏联红军就会来到华沙，但事实几乎立刻证明这种乐观的预期是误判。1944年8月1日，在与撤退的德军进行了40天不间断的残酷战斗后，苏联红军的攻势陷入了停顿。进抵维斯瓦河的苏军已是筋疲力尽，没有继续推进并夺取华沙的计划；即便苏联最高统帅部下达了这样的命令，罗科索夫斯基元帅的部队也已无力跨过河障进一步突击，而德军正在迅速增援这里，以发动大规模反击。事实上，苏军还要再进行6个星期的战斗才能击退德军的反击；9月中旬前，他们不可能支援起义。而且，在白俄罗斯碾碎德军中央集团军群后，斯大林的目标是在北线向波罗的海沿岸国家推进，以及在更容易打的南线向巴尔干和中欧推进，以确保苏联控制这些地区。[130] 他对于援助波兰民族主义者毫无兴趣，对他们的起义不屑一顾："没有大炮、坦克和空军，那是什么样的军队？他们甚至连手持武器都不够。他们在现代战争中什么都不是……"斯大林在8月中旬发给丘吉尔的一封电报中形容这场起义最多只是一次"鲁莽而可怕的赌博"。[131] 结果出乎所有人的预料，波兰抵抗者们不是打了四五天，而是打了几个星期，斯大林这才在与苏联红军并肩作战的波兰部队和西方盟国的压力下摆了摆政治姿态。从9月13—14日夜间起，苏军开始向波兰空投补给，持续了两周，但是飞机必须飞得很低才能找到抵抗者很小的阵地，结果许多绑在空投箱上的降落伞都未能打开，许多装备和食品都摔坏了。从意大利飞来的英国飞机和从英国飞来的美国飞机也空投了一些补给，但是大部分投下来的金属罐落入了德军之手。在美军第3航空师投下的1 300个金属罐中，抵抗军只成功收到了388个。英国和波兰机组发现飞到华沙十分困难,而且伤亡惨重。出动的199架飞机中只有30架能把补给直接投到华沙,波兰抵抗者还只能拿到这些物资中的一小部分。[132]

盟军的援助固然会推迟不可避免的结果,但到10月2日,对于那些支离破碎、绝望的抵抗军残部来说,战斗还是结束了。布尔-科莫罗夫斯基和1.63万起义军被俘,包括3 000名女性;他们获得了战俘待遇,这对非正规军来说是难得一见的。对抵抗者所受损失的估计各不相同,但是1.7万人的保守数字似乎更接近事实。巴赫-察莱夫斯基在战后令人难以置信地宣称他手下有近1万人死亡和7 000人失踪,但他在战时的原始报告给出的数字是1 453人死亡和8 183人受伤。这些数字本身就是战斗艰苦的明证,这场战斗和斯大林格勒战役一样,都是逐屋逐巷进行的。"灰军衔"幸存的年轻人被送进了劳动营。后来盟军轰炸机误炸了布洛克维茨的一处营地,炸死了许多想尽办法从起义中活下来的年轻波兰人,这真是个可怕的讽刺。

起义的失败宣告了波兰人有组织抵抗的终结。在1945年1月苏联红军发动大规模攻势渡过维斯瓦河前的4个月里,波兰社会为失败付出了可怕代价。约35万首都居民作为难民被流放,前途未卜,还有数以千计的人被送到德国充当强制劳力。10月9日,希特勒重申了他的要求,华沙必须变为真正的废墟;于是德国人将这座城市洗劫一空,之后系统性地摧毁了超过50%的建筑。约有2.35万节铁路车皮满载着掠夺来的赃物开回了德国。[133]此事给其余抵抗运动带来了负面的影响。苏军发现了一份据认为来自布尔-科莫罗夫斯基的呼吁书:"利于苏联人的行为是对祖国的背叛……与苏联战斗的时刻到了。"之后,苏联在红军占领区内对国家军的打击便加强了。[134]德军占领区里的农民营和国家军都解散了。由于华沙的恐怖下场,人们对于抵抗者的厌恶与日俱增,甚至超过了对施暴者的厌恶。11月,波兰地下政府编写的一份报告说，民众"感到无力"，普遍反对进一步抵抗："事情做得太过了。受害者数量太大，战果却太少……"[135]

在整场战争中，苏联对抵抗运动的态度都远远不算明确，即便对那些明显由共产党领导的抵抗运动也是如此。斯大林甚至不信任在1944年抵抗运动中参战的波兰共产党，因为他们过于独立，不受当时斯大林支持的"莫斯科波兰人"控制。从莫斯科发给各地共产党的电报小心翼翼，要他们避免与非共产党组织起冲突，要寻求合作。从20世纪30年代起，斯大林对中国共产党就格外警惕，他们的行动与莫斯科的共产国际基本没有关联。毛泽东后来跟一位苏联大使说，他感到斯大林并不怎么相信他，觉得斯大林把他看作半个铁托。这位苏联领袖想要毛泽东不和国民党打仗，让他与蒋介石结成统一战线来对付日本人；战争结束后，斯大林对于向毛泽东部队提供军事装备仍然三心二意，对于中国共产党统一中国的意愿也怀有敌意。[136]苏联遭到入侵后，重视与非共产党的统一战线便成了官方政策。在共产党领导主要抵抗运动的希腊和南斯拉夫，斯大林想要避免革命危机，这主要是由于他不想因为鼓励共产党接管对英国具有明显战略优先地位的地区而得罪西方盟国。对于希腊革命，苏联政府不屑一顾。[137]斯大林要希腊共产党避免使用革命语言或制订什么起义计划，专注于自卫就行。苏联几乎没有向希腊解放军提供什么东西。1944年下半年，斯大林建议当地共产党加入英国支持的联合政府，并拒绝支持正在酝酿的内战。[138]

在南斯拉夫，共产国际试图说服铁托，让他不要发动共产党一家独大的行动，要和其他反法西斯运动合作，但内战有其自己的走势，斯大林无法控制。结果，直到1944年斯大林都还在支持流亡国王及其政府，并鼓励铁托接纳所有反希特勒力量，包括保王党的"切特尼克"。直到确定他的西方盟国不会反对，他才于1944年6月认可了铁托的临时政府。[139] 到了苏联能够向南斯拉夫游击队提供军事支援之时，斯大林的最高统帅部大本营于当年9月向红军发出指示，坦言："不要攻入南斯拉夫，那会分散我们的力量。"[140] 当月稍晚铁托会见斯大林之后，这位苏联领导人同意从红军挺进匈牙利的部队中分出一小部分兵力来帮助铁托夺取贝尔格莱德，但前提是苏联红军打完这一仗就走。斯大林无法确定南斯拉夫的政治结局，于是允许部队在配合铁托游击队的同时也配合"切特尼克"。[141] 1944年10月，拿下贝尔格莱德后，苏联红军真的走了，让铁托的游击队自己去解放国家。英国对于共产党即将掌管南斯拉夫感到不安，这促使铁托与西方盟国决裂，后者在此之前一直通过提供补给和空中打击来支援铁托的部队。"我，作为主席和最高统帅，"他对英国使者说，"我的行动不对任何我国以外的人负责。"[142] 1945年3月，铁托组建了政府，29名内阁成员中23人是共产党员，盟国别无选择，只能承认其为合法政府。向萨瓦河沿岸德军防线发动的最后一轮血腥突击一直打到德国无条件投降一周后的5月15日，之后，南斯拉夫终于在没有盟军直接军事参与的情况下赢得了国家的解放，这是"二战"抵抗运动的坎坷历史中独一无二的辉煌胜利。

在西欧，盟国并未像苏联1945年胜利后在波兰和其他东欧国家一直做的那样孤立和打压抵抗运动，但他们的态度是把打败德国作为首要任务。在其他方面，他们对待抵抗运动都很小心。西方盟国想要在解放后解除所有游击队的武装，并限制抵抗组织影响解放区政治重建的权力，这和苏联一样，但目标是限制而非促进共产主义的传播。西方对抵抗者的支援源于1940年7月英国做出的决定：由于没有其他策略可选，英国决定寻找间接对付德国战争机器的途径。一条途径是海上封锁；另一条是轰炸德国工业；第三条路径则是促使抵抗组织向占领军发动破坏行动和恐怖袭击，或者用丘吉尔那句著名的话来说："让欧洲燃烧起来。"这在现代战略中还是头一回。这种要民众发动起义并耐心等候解放的想法在 1940 年几乎没有现实意义，事实上英国也没做什么促进抵抗的事，直到重返欧洲大陆变得可能之时。

尽管如此，该战略还是立刻付诸实施。经济战争大臣、工党政客休·多尔顿被指派负责组建一个向欧洲投送特工、资金和补给的秘密组织。内维尔·张伯伦获邀起草新部门的成立纲领，他发明了"特别行动处"（SOE）一词来描述之。[143]多尔顿想象着欧洲被压迫的工人阶级可能会起来革命，觉得这场"发自内心的战争"爆发的可能性非常大。[144]除了特别行动处，政府还批准动用各种宣传手段向欧洲沦陷区鼓动抵抗，包括 BBC 的无线电广播，以及从空中投下的传单。在战争的高峰时期，BBC 每天用 23 种不同的语言播放 16 万字词的内容，供全欧洲那些渴望获得这类信息的人收听，他们想了解比轴心国广播更可靠的消息；在整个战争中，军用飞机和气球投下了 15 亿份传单、报纸和杂志。人们对这些宣传品如饥似渴，即便持有哪怕一张盟军宣传品也可能会招致死刑。[145]

第二个组织，政治战执行局，由前外交官罗伯特·布鲁斯·洛克哈特主持成立，负责从 BBC 设在伦敦市中心布什大厦的总部协调宣传战。政治战的目的是保持沦陷区的士气，并鼓励抵抗者进行"打击或掏空"敌人的秘密行动。[146]其最终目标则是扩大抵抗运动的范围，以在关键时刻动员起来配合盟军作战。洛克哈特和同僚们提出了许多计划，希望能激发人们起来反抗。有个面向欧洲农民的"农民起义"行动，在每天早晨的广播（"黎明农民"）中呼吁他们拒绝德国人的征粮。和许多其他行动一样，这次行动也混合着猜测和幻想。一份乐观的报告写道："如果农民不配合，纳粹党独裁者的战争机器就总有一天会停下来。"[147]第二个行动，代号"特洛伊木马"，面向的是被征到德国充当强制劳工的欧洲工人。1944 年起草的策略文件声称，工人

第八章 全民战争 833

队伍构成了"独一无二的革命力量",一旦盟军开始进攻,他们就可以被召唤起来反抗。尽管没有任何可信证据,对强制劳工所处的环境也没有真正理解,但政治战执行局还是成功说服艾森豪威尔的司令部采纳这一行动作为政策。[148] 捷克斯洛伐克流亡政府的外交部警告洛克哈特,英国的政治战距离欧洲的实际情况差了十万八千里,他们的评估更加实际。战争结束时,英国联合情报委员会的主席维克托·卡文迪什-本廷克的结论是,政治战恐怕连"缩短这场战争一个小时进程"的效果都没有达到。[149]

美国参战后,1942年7月成立的以威廉·多诺万将军为首的战略情报局辖下组建了与英国特别行动处对应的美国特别行动处(SO),还有一个仿效英国政治战执行局工作的士气科(后来改为政治战科)。[150] 英美两国的特别行动处都组织和训练了特工,派其渗透到敌占区,一旦到达,他们就会和当地抵抗运动建立联系,以执行破坏行动或收集情报。盟军担心,若没有这些特工,那些平民抵抗者只是效率低下的业余人士。两个组织在全世界开展行动,他们按地理划分行动范围,以免重复工作和让秘密战争陷入混乱。在亚洲,美国特别行动处的行动组承担了大部分工作,只有缅甸例外,这里是英美共担。欧洲是英国特别行动处主导。1944年1月英美特别行动处合并后,美国行动人员在许多时候会并入英国特别行动处既有的单位。特别行动处最终拥有了13 200名男女成员,其中约一半在前线充当特工。和当地抵抗者一样,他们也由于叛徒和敌人侦探而遭受了惨重伤亡。美国战略情报局在战争结束时有2.6万人,其中一部分在特别行动处供职,另一部分则在美国秘密情报处。[151]

有些特工会说当地话,他们是从逃往英国的难民或美国的移民族群中招来的,但也有些特工不会说。一旦跳伞来到敌占区,他们就身处危险而致命的环境中。他们的特点,如特别行动处最后一任战时首脑柯林·格宾斯少将所言,就是"持续焦虑,整天如此,每天如此"。[152] 他们的危险处境不仅是由于视其为恐怖分子的敌人的存在,还由于他们与当地抵抗者的关系不确定,后者与盟军特工合作主要是因为盟军还带来了资金、武器和炸药,没有这些,抵抗运动就会难以为继。但他们之间还存在一种紧张关系:盟军希望抵抗者的行动能符合自己的战略和战术优先需要,而抵抗者们普遍为的是国家解放,盟军对此却不太想予以支援。第一个与铁托面对面接触的英国特工彼得·威尔金森向特别行动处总部报告说,游击队更感兴趣的似乎是发动内战,而非对付德军。"就是这样,"他在报告里写道,"尽管能够做得到,但不会有人去做破坏工作,重复一遍,不会。"[153] 那些跳伞来到希腊的特工对自己原本要帮助的农村游击队的战斗潜力甚至更加蔑视,这些男男女女常被丘吉尔蔑称为"可怜的匪盗"。[154] 西方的援助总是有条件的:希望他们进行所有类型的破坏活动以服务于打败轴心国的核心目标。武器不是给他们拿来打内战的。当希腊在 1944 年秋季获得解放后爆发内战时,英国军队于同年 12 月插手进来,阻止拿着盟军武器的人民解放军代表共产党接管雅典。这就是盟军部队与抵抗组织打仗的例子,后者曾受到前者的援助以对抗轴心国。[155]

西方国家坚持认为,对抵抗者的援助原则上应当匹配其军队的战略优先需求,这在它们提供物资和空投特工的统计数字上就能看出来。1943—1945 年,从英国基地起飞的皇家空军飞机向法国抵抗者空投了 8 455 吨补给、比利时 484 吨、荷兰 554 吨、波兰 37 吨、捷克斯洛伐克只有 1 吨,飞行人员和飞机需要承担过度风险才能飞到这里。它们向牵制至少 6 个德军师的南斯拉夫游击队供应了 16 500 吨物资,但对于被认为军事价值存疑的意大利游击队,则只在意大利战场关键性的 1944 年 6—10 月空投了 918 吨。[156] 时机还取决于盟军的军事计划。盟国对法国的供应起先一直不足，直到1944年初开始希望抵抗运动能实施破坏行动以支援诺曼底登陆之后才改变。从1941年到1943年底，空投只有602吨，但1944年1—9月英美航空兵则投下了9 875吨，其中几乎2/3是6月登陆后提供的。空降到法国以配合盟军登陆的特工数量也和物资供应相配：1941—1943年派去了约415人，而1944年1—9月则达到1 369人，其中995人是在诺曼底登陆后送去的。[157]"皇家空军是虚构的吗……？"一名从弗留利回到总部的特别行动处特工暴怒地写道，"如果司令部无意于此，那就不该承诺给他们武器和物资……给［游击队］虚假的希望……"[158] 在法国，靠近盟军登陆地域的布列塔尼，抵抗者们在登陆后获得了2.9万件武器，而在遥远的法国东部边境，阿尔萨斯－阿登－摩泽尔地区只得到2 000件。[159] 这种优先安排对盟军自然是有实际意义的，但让远离前线的游击队员们感到沮丧，他们将此当作故意无视他们在战斗中的贡献。

盟军对敌后非正规部队的回应是不明确的，这在战争后期的意大利和法国表现得淋漓尽致。在这两处，盟军都想要对游击队实施某种形式的直接控制，甚至是指挥。这在意大利被证明很难，因为意大利的民族解放运动更倾向于可能发动的民众起义暴动，而非正式服从盟军最高统帅部和正规军事计划。主要的反法西斯抵抗组织——意大利共产党、行动党和社会主义者——于1943年3月达成一致，联合呼吁民族起义，他们在随后的两年里始终关注全民解放战争。在9月意大利投降、盟军登陆意大利本土之后，第一次起义暴动就在没有盟军援助的情况下从德军手中解放了那不勒斯市。这场起义原本只是针对粮食短缺和德国占领军的掠夺（意大利投降才几个小时，德军就开始把意大利人当作敌人对待）的自发反应，另外也是在反抗德军把所有适龄男性迁往德国的要求。德国军队和各种武装民众、意大利军逃兵之间的零散交火从 9 月 28 日开始，规模迅速扩大。次日的一份德军报告写道："[游击队]团伙的行动已经扩大到了全民造反的程度。"[160] 经过 4 天毫无准备的战斗，德军被赶出了城市，而集结在那不勒斯湾的卡普里岛和伊斯基亚岛上的英军则作壁上观，拒绝了为起义军提供人员和弹药的请求。起义让估计 663 名意大利人失去了生命，其中 1/5 是女性，城市遭到了广泛毁坏，但这是一场人民的胜利。抵抗领袖路易吉·隆哥写道，那不勒斯人的起义是个"范例"，为号召意大利其他沦陷区起义的呼吁提供了"意义和价值"。[161]

那不勒斯胜利之后，德军占领以来在意大利兴起的游击运动已成燎原之势。据估计，游击队到 1944 年夏季已有了 8 万—12 万男女。[162] 他们接受 1943 年 9 月成立的"上意大利民族解放委员会"（CLNAI）的松散协调，这个委员会与基地设在南部盟军占领区的主要"民族解放委员会"彼此独立。尽管也和英国特别行动处和美国战略情报局的特工保持联系，但游击队员们在努力将德国人赶出半岛其余地方时，其行动基本上并不受盟军的控制。意大利占领区的战略情报局负责人马克斯·科尔沃后来发现，想要说服上意大利民族解放委员会"控制他们的准军事行动，和正规军事计划配合"是一件极其困难的事。[163] 盟军高层对抵抗运动的政治野心十分警觉，他们最担心的是共产党发动社会革命的可能性。在解放的城市里，英国人试图建立由当地贵族掌权的临时当局，但被地方解放委员会所阻，也遭到民众的怨恨。特别行动处的意大利总部（1 号别动队）的一份报告警告说："共产党团体正在准备夺权。"于是盟军对游击队的援助送到了那些他们认为军事作用最大但政治威胁最小的地方。[164] 结果，盟军对抵抗运动的态度基本上是将其视为工具。对于那些不怎么需要或是被认为价值存疑的抵抗运动，盟军高层便会持冷漠甚至敌视的态度。当

第八章 全民战争 837

1944年8月8日数千志愿民众和游击队一起在佛罗伦萨发动武装起义时,业已逼近的盟军部队不愿予以协助,德军撤退后,他们还把坦克开到了游击队营区的外围,迫使这些非正规部队放下武器。当进攻的盟军最终于10月在德军"哥特防线"前停下脚步时,更往北的抵抗组织实际上就被抛弃了。同月,空投的补给只有110吨,而之前承诺的却是600吨。[165] 更糟的是,随着盟军在冬季几个月里停止进攻,德军和法西斯部队发现自己能够进行残酷的反游击战而无须担心盟军干扰了。

1944年11月13日,意大利盟军总司令哈罗德·亚历山大将军通过抵抗力量的"战斗意大利"无线电台直白地播发了一则声明,宣布盟军将在冬季月份停止战斗,建议游击队停止攻击,保存武器,等候春季的新指示。[166] 当德军意识到自己可以集中力量对付游击队时,抵抗力量便大祸临头了。自从10月战线趋稳之后,德国军队连同法西斯党"黑衫旅"和一个哥萨克志愿师就已经开始向游击队发动大规模战役。亚历山大广播之后,德军的镇压行动骤然收紧;他们成立了"反游击"特别裁判所,不仅针对武装抵抗人士,还包括任何被怀疑帮助或支持游击运动的人。游击队在山区撤退途中遭到攻击,数千游击队员战死,还有数千人要么逃走,要么被逼入波河河谷的平原,他们在那里很容易遭到打击和追杀。到年底,仍然拿着枪的人减少到了估计两三万人。[167] 盟军支援的断绝让游击队陷入了重大危机,他们甚至连最基本的衣服、靴子和粮食都不够用。那些曾在夏季支援游击队的当地社区遭到了反游击部队的残暴戕害,导致他们对继续与游击队合作表现出了越发强烈的反感。而游击队员们的情绪,特别行动处的官方叙述后来承认道,是"迷茫和绝望"。盟军很快意识到亚历山大发表那次声明是不当之举,但还是让抵抗者自生自灭。有人认为亚历山大故意牺牲游击队员以消除共产党起义的可能性,这个说法仍然得不到证实，但这是有可能的。这份声明反而反映出盟军高层未能理解非正规战争的真正特性，它们根本不可能根据盟军的意图而随意开启或停止。"游击战不会有间歇期，"马克斯·科尔沃在他的回忆录中就这次危机写道，"没有暂停，没有喘息。"[168]

12月，上意大利民族解放委员会领导人来到罗马，争取让盟军提供更多实质性支持，并承认他的组织及其非正规武装代表德军战线后方的主政当局。盟军对第二项的认可小心翼翼，因为他们不想在自己解放的地区鼓励政治极端主义；更多直接支援的要求得到了接受，但这仅仅是由于盟军将从1945年1月开始准备向波河河谷的德军发动最后进攻，此时正需要游击队再一次破坏德军的交通和补给。这一切后来被称为"罗马协议"，它改变了亚历山大所犯错误的后果。尽管在冬季数月的危机十分严重，但是意大利人很快就能随着盟军恢复进攻而解放北部城市，这一前景还是带来了新一拨加入者；盟军提供的补给突然大批涌来，那些几个月没有物资可用的部队现在也能重新武装自己了。到初春，每个月会有超过1 000吨补给来到游击队手中，游击队规模也迅速恢复，到3月估计有8万人，一个月后达到15万人。[169]盟军和罗马政府当局希望这些游击部队只和德国人作战。3月，上意大利民族解放委员会同意"将军事力量只用于战争目的"，但是尽管对德国交通线的破坏行动与日俱增，游击队员们还是更想要准备向占领军及其法西斯盟友发动最后一次起义暴动——战士和民众都要参加。[170]当盟军于4月10日发动战役时，美军将领马克·克拉克命令游击队"没有盟军最高司令部的授权"不要行动。但游击队对此基本置若罔闻。[171]

随着盟军迅速突破德军防线，开始冲过波河河谷，解放组织（武装和非武装一起）开始筹划赶在盟军抵达前将德军赶出主要城市的行动。如果这被证明可行，他们希望能控制各地的司法系统，清洗那些曾支持法西斯傀儡政府的意大利人，必要时施以暴力。上意大利民族解放委员会宣布，任何被确定为战争罪犯或叛徒的人可以即刻处决，这种粗暴执法的受害者中就包括了贝尼托·墨索里尼和他的情妇克拉拉·贝塔西，他们在试图逃过瑞士边界时于1945年4月28日被抓住枪决。在4月的最后两周里，武装抵抗力量在大批当地民众志愿者和遍地开花的袭击运动的配合下，解放了一座又一座的城市：博洛尼亚4月20日，米兰和热那亚（这里有1.8万德军向小股游击队投降）4月25—26日，都灵4月28日。整个意大利北部有许多小城镇因起义而自由，或因德军撤离而解放，总数达到惊人的125座。[172]盟军几天内就赶到了这里，他们急于监督行政机关的建立并掌控司法，以避免激进革命运动先入为主的可能性。游击队员们不愿交出武器，把数以千计的武器藏了起来，只上交了那些损坏或过时的枪支。盟军无力阻止这席卷整个意大利北部的对法西斯党及其投靠者的暴力仇杀，据最有效的估计，共有1.2万—1.5万人丧生。[173]无论游击战对盟军的军事行动给予了多少帮助，抵抗力量最想要的还是消灭法西斯分子，而且像波兰一样赶在盟军到来和战争结束前获得民族解放。5月2日，德军正式向盟军投降，而意大利早在4月25日就已经在庆祝胜利了，彰显了军事行动正式结束和一个星期前起义胜利的时间差别。

  盟军在法国的经历在许多重要方面和意大利不同。法国是被占领的盟国，意大利则是以前的敌人；英国有一个戴高乐将军领导下的法国解放运动，而意大利则没有外部解放运动；法国抵抗运动最终都交由戴高乐设在英国的自由法国统一指挥，其行动在1944年也尽可能配合盟军作战，而意大利可以行使的指挥权始终在民族解放运动手里，尽管盟军竭力想要加以操控；1944年，已经有一支完整的法国军队与西方盟军并肩作战以重新确立法国的强国地位，而获得解放的意大利贡献的主要只是一支辅助力量，作战部队很少。最后，意大利游击运动抓住了1945年的时机，靠自己的力量解放了意大利北方的城市，大部分法国城市则是被盟军解放的，而盟军中也包括了重整旗鼓的法军。

法国抵抗运动的集中指挥并不是轻松实现的，而且和意大利一样，盟国也在地方层面上遭到怨恨和拒绝，因为那些天天都要冒打仗风险的人和在伦敦安全的环境中试图决定抵抗优先目标的人之间关系并不太好。戴高乐花了很长时间，不仅让他的权威在法国获得认可，还让公认的盟友英美两国也接受了这一点。1942年10月，主要的抵抗组织——"战斗""解放""狙击手和游击队"——在战斗法国的指导下进行了资源共享，并接受了总的统一名称"Armée Sécrete"（秘密军），由退役法国将领夏尔·德莱斯特兰松散指挥。1943年1月，各个抵抗团体正式联合组建"联合抵抗运动"。地下军宣称的人数最多只能算是猜的。同年3月，据说它们有12.6万人，但有武器的可能最多不超过1万人；到1944年1月，随着盟军提供的援助成倍增加，武装人员达到4万人。1943年，戴高乐在法国的代表让·穆兰建立了"民族抵抗委员会"以协调抵抗运动的政治和军事行动，但随着穆兰在6月被捕遇害以及盖世太保发现了秘密军和联合抵抗运动的档案，众多顶级骨干成为德军恐怖政策的牺牲品，抵抗运动再次星散。民族抵抗委员会在盟国那里找到了庇护，搬到了新收复的阿尔及尔城，最终成了候任政府。全国抵抗运动恢复后，盟军便想要让他们更直接地参与计划中的登陆法国之战。

早在1943年春，盟军就已着手协调诺曼底登陆前后的计划了，当时特别行动处和抵抗组织的情报与行动局共同成立了联合计划委员会。他们制订了"绿色""紫色""龟""蓝色"计划，分别要破坏铁路、通信、援军运输和供电。尽管盟军对野心勃勃的戴高乐并不信任，对抵抗运动的军事价值也有疑虑，但他们还是于1944年3月同意了创立由战斗法国将领马里-皮埃尔·柯尼希统率的"法国内地军"(FFI),这一组织实际上受戴高乐的全盘指挥。艾森豪威尔坚持要把内地军纳入他的最高司令部管辖,让柯尼希不仅负责法国抵抗力量,还要负责盟军的特种部队;他们组建了一个法国国防委员会来控制抵抗行动,要他们在前线和后方为西方盟军服务。

有法国抵抗者不喜欢这个结果,但它满足了盟军和戴高乐战斗法国的需要,这不仅是因为破坏行动是登陆计划的关键要素,还由于它为抵抗运动建立了一套中央指挥机构,有利于军事行动,避免纠缠于解放过程中关于政治的争论。为了确保常常由未受训练的平民执行的抵抗行动行之有效,英美特别行动处的特工经由英方的 F 分支渗透到敌后,组织抵抗者网络进行破坏行动,并训练抵抗者使用炸药。到 D 日时,估计有 50 个抵抗者网络投入了战斗;D 日后,代号"杰德堡"(这是苏格兰一个村庄的名字)的多个三人特工小组被派到了敌占区,共有 92 个小组从英国出发进行渗透,还有 25 个来自地中海地区。[174] 其结果便是破坏行动的大幅增长。1944 年 4—6 月发生了 1 713 次对法国铁路网的破坏行动;在当年的头 6 个月里,抵抗者摧毁或击伤了 1 605 个火车头和 7 万节货车车厢。盟军飞机的攻击又另外干掉了 2 536 个火车头和 5 万节车厢。[175] 拖延德军增援诺曼底前线的"龟"计划更多地要依赖特别行动处和抵抗力量去摧毁桥梁,封锁道路。此举效果显著:他们让 6 月 16 日就到达洛林的德军第 9 和第 10 装甲师又花了 9 天时间才来到法国西部,让第 27 步兵师用了 17 天才行军 180 千米。[176]

盟军动员那些被纳入治下的抵抗力量的做法,与苏联军队、安全机构对被解放的苏联游击队的做法相似。在盟军打过法国北部时解放的地区,从 8 月起还有法国南部,那些自愿加入的役龄内地军战士被作为正规军士兵编入了法国军队,就像苏联的游击队员那样。大部分法国城镇还等着盟军赶来解放。对212处地点的研究显示，其中179处由盟军解放或者因德军自行撤退而解放，另有28处则发生了与逼近的解放者相配合的小规模起义暴动。[177] 在这个阶段，武装抵抗遭到了德国占领军——党卫军、盖世太保和军队都一样——尤为残暴的对待，因此保持观望主义到战争结束便有了实际意义。[178] 尽管如此，在登陆前让人们奋起支援抵抗活动的那种起义冲动并未完全消失，是共产党对于大规模"武装起义"的呼唤激发了这种冲动。1944年6月8日，共产党抵抗力量主导的"巴黎解放委员会"呼吁人民开始起义，杀死占领军及其维希政权盟友："巴黎的男人和女人们：[消灭]每个德国鬼子，每个维希民兵，每个叛徒！" 6天后，抵抗组织以巴黎为根据地的军事委员会（他们曾拒绝了盟军控制游击队行动的意图）呼吁内地军与"广大民众"协同配合，作为发动"民族起义"的第一步。[179]

在里尔、马赛、利摩日、梯也尔、图卢兹、卡斯特尔、布里夫以及一众小城，抵抗力量在盟军赶到前成功解放了城市，但并未发动全面起义。在图卢兹，共产党主导的内地军在解放后控制了城市，但是面对一个法军正规师赶来恢复临时政府权力的威胁，共产党领导人放弃了。[180] 最重大的起义发生在巴黎，起义民众和内地军组成的一支杂牌军决定拒绝接受柯尼希和民族解放委员会从阿尔及尔发来的指示，该指示要求避免擅自与大股德国守军作战，等候盟军到来。8月，随着盟军冲出诺曼底桥头堡，横扫法国北部，起义达到了高潮。艾森豪威尔原本并不打算解放巴黎，而是想要从南北两翼渡过塞纳河，合围德国守军。但是德军在法国西北部被击败的消息使首都民众提前了计划中的起义发动的时间。8月17日，抵抗领袖召开会议讨论各种可能方案。与会各方意见并不统一，谨慎些的人不仅留意到戴高乐不想要民众暴动，还意识到了华沙的抵抗军当时正面临着的危机。最终,发动起义的选项占据了优势,会议记录写道:"不能不经起义就让[盟军]进来。"181

8月18日,游击队抵抗军的共产党领导人亨利·罗尔-唐吉下令在全城张贴告示,号召民众加入次日开始的起义,即便他估计他这支或许由2万男女组成的部队只有不超过600件武器。和华沙的苦战不同,后来这里只发生了一些零星战斗,其结果也没什么决定性意义。双方一度达成短暂停火协议,但是一心想要证明自己的内地军战士们却违反了协议。工人阶级聚居区里匆匆构筑了街垒,这是巴黎悠久革命史中的标志性象征。"自由正在归来,"作家让·盖埃诺在日记中写道,"我们不知道它在何处,但今夜它就在我们周围。"182 由于胜负未分,8月20日,罗尔-唐吉派出一名代表前往盟军最高统帅部求援,第二天,戴高乐就劝说艾森豪威尔分出由菲利普·勒克莱尔将军指挥的一个法国师去解放巴黎,并避免共产党接管城市。正规军于8月24日抵达,此时起义军已经打败了士气低落的德国守军,最终实现了其目的。一天后,巴黎德军指挥官迪特里希·冯·肖尔蒂茨将军无视希特勒要求打到最后一人,把这座城市像华沙一样化为灰烬的命令,向勒克莱尔和罗尔-唐吉投降。183 然而,同时抵达的戴高乐却盖过了民众起义的光芒。游击队抵抗力量不得不接受柯尼希的管辖,将内地军交给盟军以及得到英美当局勉强支持的戴高乐政府,后者起初还想要在由自己解放的法国地区实行军管。最后,内地军的35个团和营被并入了法军第1集团军,兵力至少达到5.7万人。还有数以千计的人没有加入正规军继续作战,而是解甲归田,有些人重操旧业,有些人累得不想继续干了,还有些人习惯了秘密抵抗的魅力和危险,不愿走进严格的正规军生活。184

对西方盟军而言,抵抗队伍的价值可以通过其行动对敌人作战的破坏和拖延程度,以及对敌人资源的打击程度来衡量,就像在苏联一样。而盟军只会在他们自己的主要作战行动需要支援时才会广泛提供装备和大规模派特工渗透。没有几个抵抗者会同意特别行动处参谋长理查德·巴里准将在 1958 年第一次抵抗史研究会上说的话，他当时对听众说，若没有盟军的援助，"没有几个抵抗运动能搞得起来，即便有也是屈指可数"。[185] 在没有盟军援助的欧亚各地，抵抗运动仍然风生水起，其时间跨度和目标更多地取决于当地的环境和可能性，而非盟军的需要。那些具有卓越勇气去抵抗的人，主要由平民男女组成，包括一小部分退役军人和逃兵，其目的就是向占领军表明他们不能恣意妄为，国家内部也会有人为了当地族群和国家的解放而战。人们想要作为民众起义军参与战争，这个愿望是一种政治和道义声明，而非仅仅是为了胜利，这就是华沙、米兰和巴黎为什么决定揭竿而起而不是被动地接受盟军的解放。这些最后的起义之举是一种对抵抗者及其参加了数年之久的战斗的认可。意大利北部布雷西亚的一名年轻的女游击队员在她的日记中回忆道，在游击队赶在美军到来之前解放城市的那一天，"我们的男孩子们骄傲地走过，他们的机枪已上膛。他们的眼中闪烁着胜利的喜悦。他们赢下了这座城市，它此刻正在他们的手中……心在歌唱。城市自由了"。[186]

"我们输了，但我们必须打下去"：犹太人的抵抗

欧洲犹太人平民族群的抵抗和所有其他形式的抵抗都有着本质的不同。和那些为了从占领军手中解放国家而斗争，或者为了战后国家的面貌而相互攻击的抵抗军以及游击队不同，欧洲犹太人对抗的政权正在一场战争中全力让犹太人灭绝。他们的抵抗意味着要用反击来限制或挑战其灭绝计划，或者，如果有可能，要设法通过隐藏或逃离来躲避难以避免的命运。并不存在某个犹太国家或者政治未来为斗争

指引方向。犹太人以犹太人的身份去抵抗，是因为尽管怎么做都是死，他们更想要让自己来选择如何去死，而不是按照德国凶手及其帮凶准备的方式。一位犹太人游击队领导人伊西斯科尔·阿特拉斯医生在1942年说："我们输了，但我们必须打下去。"当年晚些时候，他在波兰东部的游击战中牺牲。[187]

要想定义何为犹太人的抵抗，这并不简单。首先，有些犹太抵抗者将自己视为民族抵抗运动的一部分，不希望被人视为专门服务于犹太人的需求。那些融入了民族共同体的犹太人普遍持此态度，在法国就是如此，这里的许多犹太抵抗者想要和更大范围的爱国运动保持一致，而不愿被指责只为了犹太人的利益服务。"我是个法国人，"犹太抵抗战士莱昂·尼桑德在他的回忆录中写道，"我们的家人也是法国人，因为……我们与我们的共和国荣辱与共。"[188]法国犹太人在当地早期的非犹太抵抗运动中扮演了杰出的角色：1940年聚集起来的"人类博物馆"抵抗组织的创始人是犹太人；1941年7月"解放"组织的发起人中一半是犹太人，在巴黎他们是格外活跃的抵抗者；而1942年7月到1943年7月间所有袭击中的2/3都有犹太人的影子。[189]欧洲的犹太人共产党员也出现了分歧，一部分人想要用某种方式帮助受害的犹太人族群，其他人则要坚持以对抗法西斯主义的阶级斗争为先。1941年之后，在苏联的德占区，有些逃入森林加入或组建游击队的犹太人发现，保护自己最好的方法是混入那些为了重建苏联权力而战却对苏联犹太人的命运漠不关心的非犹太人部队。年轻的犹太人只要没被当作德国人的走狗而遭到枪毙，就会被鼓励起个苏联人的名字以躲避反犹暴力的真正危险。结果是个悖论：他们必须表现得不像犹太人，才能去和犹太人的敌人战斗。[190]

其次，在犹太人种族灭绝的背景下，我们对抵抗的意义很难做出更准确的定义。政治抵抗意义不大，因为犹太人大屠杀并不是什么政治压迫。常有人认为武装斗争是唯一适用于犹太人抵抗的定义。然而德国灭绝机器的目的是要杀掉每一个犹太人，只有少部分人能活到其劳动力被榨干为止，因此抵抗也包括藏匿犹太人，支援他们的战斗，或者为他们提供假身份——许多非犹太人也在其中做出了贡献。所有这些做法都让人们得以阻止行凶者得到机会杀害欲害之人，从而对当局实现这一重点目标构成了挑战。活下来本身就是对灭族意图的一种抵抗，在轴心国占领下，欧洲各地的犹太人都需要对付这种意图，只有东欧和苏联那些逃进森林和沼泽地的人除外，他们的逃脱要仰赖那些勇于拒绝加害者的非犹太居民。救援行动在西欧更为普遍，这里的犹太人族群常常更加团结，民众也更愿意拒绝德军的要求；在法国，约有75%的本地犹太人逃过了大灭绝，意大利则有约80%。[191]与之相反，在东欧的沦陷区，人们普遍讨厌犹太人，而且这种厌恶常常是发自内心的，因此很难找到愿意冒险出手相助的非犹太人。尽管如此，还是有估计2.8万波兰犹太人藏身于犹太区外的华沙城中，他们约有2/5活过了战争。白俄罗斯和乌克兰的有些住户也藏匿了犹太人，但通常不会太久，因为在东欧逃亡的犹太人都会尽可能前去寻找藏于密林之中、相对安全的小型犹太人社区。[192]

作为抵抗的一种形式，藏匿会带来和政治对抗、军事对抗一样的危险：搜家，警察审讯，邻居告发——至少在东线，邻居们都很想要得到抓住犹太人的奖赏，每抓住一个犹太人就奖一包糖或盐。和普通的抵抗者一样，任何家庭或机构中因藏匿犹太人而获罪的人都会被判处死刑或者关进集中营。据估计，有2 300—2 500个波兰人因帮助犹太人而被处死，但由于他们会被当场杀死而无须走法律程序，实际数字几乎肯定会高得多。在有救援网络的地方，救援者可能会遭到严刑逼供，以招出其他人的名字和"安全"居所的位置，这一对待等同于政治抵抗者。盖世太保的搜查人员格外关注儿童，他们更易于隐藏，也最容易找到家庭来收养。在犹太人救助委员会（Żegota）的资助下，波兰约有2 500名犹太儿童被人冒着巨大风险救出并藏了起来，要么寄养在家庭中，要么送进孤儿院，要么交给天主教会照料。然而一旦被抓到，这些儿童（大部分是孤儿或弃儿）都会遭遇和庇护他们的非犹太人相同的下场，要么被送进灭绝营，要么被就地杀害。当盖世太保发现华沙的西里西亚兄弟会的修士们庇护了几名犹太儿童时，他们和这些孩子都被吊死在车水马龙的街道旁人人可见的高大阳台上，他们的遗体就被丢在那里任其腐烂，以儆效尤。犹太人救助委员会的救助者们努力确保那些只会说意第绪语的小孩子可以被教会用波兰语读天主教祷文，以帮助其伪装身份，但是一名6岁的小女孩巴西亚·库基尔因为在盖世太保官员面前背不出祷文而被带走杀害。[193] 任何形式的藏匿都会被定罪并遭到残酷惩罚，我们必须把这种环境下的被救者和救助者都当作抵抗者。

和藏匿、救助犹太人的行为一样，犹太人的武装抵抗也与其他反抗轴心国占领军的形式有着重要差异。由于犹太人的抵抗应对的是轴心国迫害方式的变化，决定其时机的不是更大范围世界大战的进展，而是希特勒迫害犹太人的进程。在欧洲和亚洲的大部分地区，抵抗运动直到战争的最后18个月才达到高峰，这时侵略者已经很明显迟早要失败了。而与此不同，犹太人的抵抗主要发生在1942年和1943年，回应的是将犹太人大规模逐出东欧犹太区和西欧其余地区的计划。在法国，战争中期其他抵抗队伍都更为谨慎之时，犹太人的武装抵抗显得独树一帜。在波兰，犹太人的行动与国家军的追求截然相反，后者想要避免与占领军的对决，直至敌人的失败即将到来之时。没人指望犹太人的抵抗能帮助盟军的战争机器（尽管它有时也会捎带着帮点忙），盟军也没有像对待其他游击运动那样为犹太人队伍提供武器或资金。在特别行动处勉强同意训练的240名巴勒斯坦犹太人志愿者中，只有 32 人在 1944 年伞降来到欧洲，且为时过晚，难以救助陷于困境中的犹太人族群。[194] 犹太战士基本都是平民，军事经验很少或是没有，凭低劣的装备也难以对抗装备精良的德国安全部队及其大量非德国辅助部队——立陶宛人、拉脱维亚人、俄罗斯人、乌克兰人或波兰人。在残酷的种族灭绝面前，抵抗者能够取得各种各样的小胜，但大部分犹太抵抗者明白自己的反抗注定会失败。如一名犹太战士所说，反抗德军的战争是"有史以来最绝望的宣战"。[195]

犹太人的积极抵抗有两种相反的表现形式：一是想办法确保至少一小部分受威胁的犹太人能躲过驱逐，以及在地形允许的情况下建立自卫队或游击队来保卫这些被搜捕的族群；二是组织暴动，这些暴动尽管从一开始就注定要失败，但也能向德国施暴者表明，犹太人面对命运并不都是束手就擒，而是如年轻的锡安主义领导人赫希·别林斯基所说，要"有尊严地死去，而不做待宰的羔羊"。[196] 实际上这两类犹太人的命运并没有什么差别。"每个犹太人都被判了死刑。"华沙犹太区的编年史家埃马努埃尔·林格勃鲁姆如是说。[197] 积极抵抗的危险性和手头武器的匮乏可以解释为何那些注定会死的犹太人中只有很少一部分参加战斗。1943 年春季，留在华沙犹太区的居民中，估计只有 5% 实际参加了起义战斗。1943 年 3 月，庞大的维尔纳犹太区中的抵抗运动只有 300 名战士。[198] 那些逃出犹太区和集中营加入武装队伍的人只是一小部分；来到相对安全的森林避难处的人则更少，准军事部队和警察会兴高采烈地猎杀这些逃亡者。

生还机会固然不大，但是还有诸多其他限制因素可以解释为什么其他人不去抵抗。各地的犹太人族群中只有很少一部分人明白自己正在遭受什么，还有一种很强烈的倾向想要去相信最糟糕的事情不会是真的。华沙犹太区的一名日记作者甚至批评了这种"可怕的谣言……是某种过度幻想的产物"。[199] 人们有一种现实的担忧，怕武装行动或许会让情况更糟，会加速驱逐和杀戮，或者导致德军的残酷报复。潜在的抵抗者们面临着一个艰难的道义选择，是保护自己的家庭和族群，还是抛弃他们拿起武器。保护家庭，尤其是保护孩子们，这是犹太区人们不进行暴力抵抗的强烈动机。[200] 犹太人族群内部也有复杂的政治和宗教分歧，尤其是在偏保守的犹太人和各种犹太共产党组织之间，这让协作更加复杂，有时候则根本不可能。许多正统派犹太人不认为人们有权去阻挡须由上帝主宰的命运，并呼吁会众面对压迫时专注于强化自己的精神力量。[201] 最重要的是他们还抱有一种可怜的幻想，相信只要和德国当局合作，那些犹太区的居民，尤其是在德国工厂干活的犹太人，或许就能活到看到德国失败和解放。维尔纳犹太区未能出现抵抗运动，是由于人们广泛支持犹太人领袖雅各布·金斯，他的服从策略似乎比徒劳的起义更有可能拯救生命。[202] 犹太区的一名警察回忆道，没有人会进行英雄式的抵抗，"只要还有一丝希望，他们就会一直如此"。赫尔曼·克鲁克在他的维尔纳犹太区日记中写道，希望，"是犹太区最糟的一种病"。[203]

　　关于整个欧洲沦陷区里有多少人成功逃脱被关入犹太区和集中营的命运，各种估计差异较大，在4万到8万人之间，这些人绝大部分集中在东欧，这里的地形条件更为有利。在波兰总督府，1942年其辖区人口中有300万犹太人，另有人估计多达5万人逃进了卢布林和拉多姆周围的森林成为难民，尽管数字无法确认。[204] 一旦逃到那里，逃亡者们就面临着几个无法回避的选择。有些人组成了独立的犹太人游击队，人数从几个人到数百人不等，许多人（或许是大部分人）这么做都是由于渴望向施暴者复仇。[205] 他们使用偷来和偶尔买来的武器，其目标不仅是生存下去，还要打击敌人，他们会发动小规模的袭扰，之后消失在密林或沼泽中。另一些人则组成了所谓的"大家庭"，那是些秘密组建的犹太人社区，其主要目标是确保至少一部分人能从战争中活下来。苏联沦陷区的"大家庭"里估计生活着6 000—9 500人。[206]这些队伍的武器很差，会尽可能避免直接战斗，手头仅有的武器用来保卫社区。例如，沙洛姆·佐林率领的队伍顶住了苏联游击队要他们作为协同部队参加军事行动的压力，只为非犹太人游击队寻找食物，并提供医疗和手工勤务。著名的别尔斯基"新耶路撒冷旅"，其难民数量最多时达到1 200人，他们常常在各处藏身地之间转移以避免战斗。"不要急着去战斗和送命，"据报道，图维亚·别尔斯基如此说过，"我们的人所剩无几，我们不得不保全生命。"[207]

森林和沼泽地里的生活极度艰难，藏匿和战斗皆然。大部分逃亡者来自城镇，不熟悉野外生活的种种要求。食物很难搞到，想要说服农民提供粮食也要冒巨大风险，他们已经被德军要求供粮，还遭到苏联或波兰游击队的掠夺，很难再提供更多食物了。由于可依赖的林中食物——植物、坚果、水果——都是季节性的，想要食物就只能去偷，偶尔还能有些交换。犹太逃亡者于是得到了"盗贼"和"罪犯"这种糟糕的名声，即便在其他非犹太抵抗者眼中也是如此。一名犹太幸存者后来回忆说，逃亡者有时候既是英雄，也是强盗，"我们必须活下去，不得不从农民那里剥夺他们微薄的财产"。[208]找到吃的时，逃亡者们不得不抛开任何犹太教义对食物的限制和禁忌。一名女性幸存者回忆了别人给她一块猪头肉吃的时候是多么左右为难。烹煮也会带来危险，火光会暴露藏身地的位置。前来帮助的农民会教会这些人怎样用燧石和苔藓取火，以及哪些木材不会发出暴露位置的烟或者只发出少量的烟。衣服只能临时凑合，鞋子是用橡树皮或桦树皮做的。[209]医疗卫生十分原始，疾病、饥饿和虚弱的状态无处不在。在冬天，能否活下来要看运气。

相比于被发现后必死无疑带给人的恐惧，所有这些困难就不值一提了。猎杀这些逃亡者的有德国警察部队、波兰投敌者"蓝警"，从1942年起还有苏联所谓"东方军团"的辅助队伍。[210]他们还会成为其他游击队的牺牲品,有波兰的、乌克兰的,包括"波兰民族武装部队"(NSZ),偶尔还有波兰国家军的部队,反犹主义在他们中间也很普遍。波兰游击队里的一名犹太幸存者在监狱里学会了基督教仪式,把自己假装成天主教徒。"我不能是犹太人,"他回忆道,"否则他们就会杀了我。"据估计,遇害的犹太逃亡者中有1/4死于非犹太游击队之手。[211]苏联游击队员都被告知不要相信犹太人,他们可能是德国人派来的间谍,这进一步导致了荒唐的暴力。一群女性犹太逃亡者被游击队抓住,被扒光衣服强暴后,用带刺铁丝网捆在一起烧死。[212]对于躲藏起来的犹太人来说,区分敌友并非易事,而且朋友很少。在那些逃脱迫害的人中,估计有80%—90%消失了,他们死于暴力、疾病、寒冷和饥饿。

积极武装抵抗的危险丝毫不亚于此。参与者中至少有4/5的人死亡,还有数以千计的人被困于双方的交火中,或者沦为无差别残酷报复的牺牲品。德国领导层的反应是,将所有武装行动当作犹太敌人多么危险的证据,而非为阻止种族灭绝狂潮所做出的不顾一切的努力。"人们能从中看到,当犹太人设法拿到武器时,预计会发生什么事情。"1943年5月华沙犹太区起义期间,约瑟夫·戈培尔在他的日记中写道。[213]在法国,不少犹太抵抗组织是为了追求犹太人的利益而出现的。1940年,一群大多由移民组成的犹太人在图卢兹建立了"强手"组织,致力于对抗维希政权的反犹政策;一年后的1941年8月,这个组织改称"犹太军",后来又变成"犹太战斗军"。它服从的不是法国抵抗组织,而是总部设在巴勒斯坦的锡安主义组织"哈加纳"。[214]这个组织不仅负责救援和照料法国的犹太人,还会常常向德国和维希法国目标发动武装袭击,包括刺杀他们发现的把犹太人出卖给盖世太保的法国个人。组织成员面临着格外高昂的危险，为此常常遭到谴责，甚至被逮捕和处决。就在盟军登陆前，犹太军被 1943 年的三轮大规模逮捕最终摧垮。1944 年这个组织试图重建，却也遭遇了相似的命运。[215]

在东欧，森林藏匿处之外的武装抵抗由众多暴动组成，这些暴动基本都是对驱逐或劳动营和集中营中的恶劣环境的自发回应，而对那些负责焚烧灭绝营中被毒死者尸体的囚犯"特遣队"来说，暴动代表着破坏杀人机器的短暂努力。这样的回应无处不在。7 个大犹太区和 45 个小些的犹太区都发生过暴动，估计所有犹太区的 1/4 有抵抗运动存在。集中营里有过 5 次起义，强制劳动营里还有 18 次。[216] 在索比堡灭绝营，1943 年 10 月 14 日的暴动导致 11 名党卫军人员和集中营指挥官丧命，300 名囚犯逃进了森林；1943 年 8 月 2 日的特雷布林卡暴动杀死了守卫，烧了营地，600 人逃走，不过他们大部分后来被射杀或抓了回来。在奥斯维辛集中营，1944 年 10 月 7 日的囚犯特遣队暴动导致 663 名成员中的 450 人死亡，另 200 人后来被处死。[217] 暴动之后逃跑是有可能的，但对于大部分参加者来说，这就是他们的最后一次行动了。希姆莱对于暴动的反应是下令消灭所有犹太工人。1943 年 11 月 3 日，马伊达内克劳动营中的 1.84 万犹太男女遇害。[218]

最大规模的武装暴动展示了那些决定反击的犹太人面临的诸多难题。他们认为反抗是一种深刻的道德宣言，要在拿自己不当人的敌人面前恢复自主权和某种意义上的自尊，即便只是暂时恢复。在 1942 年夏季的大规模犹太区人口驱逐之后，1943 年 4 月 19 日，华沙犹太区起义了。这次的暴动远不是自发的。1942 年秋，左翼锡安主义者在莫迪凯·阿涅莱维奇的领导下建立了"犹太战斗组织"（ZOB）；由于不信任这个支持共产主义的组织，锡安修正主义者们又建立了"犹太军事联盟"（ZZW）；社会主义犹太人团体拒绝加入，但同意配合。此外，在主要起义组织之外，还有不少"野"团体。到起义爆发时，犹太战斗组织有约22个战斗组，犹太军事联盟有10个，分散在犹太区各处。当以党卫军上校费迪南德·冯·萨梅恩－弗兰肯内格为首的德国当局于1943年1月开始新一轮的驱逐计划时，起义者措手不及，但还是进行了4天的短暂战斗，这足以警告德国人，下一阶段的驱逐很可能会遇到更坚定的反抗。希姆莱下令，只要有可能就尽快清理犹太区。于是，大批党卫军、警察和乌克兰辅助部队集结了起来，准备在重武器的支援下执行下一次大规模驱逐行动。萨梅恩－弗兰肯内格在最后一刻被党卫军少将于尔根·斯特鲁普接替，上级期望他下手无情，迅速彻底荡平任何反抗。[219]

提前收到德军正在筹划大规模行动的警报后，两个主要战斗组织终于协作起来，建立了抵抗阵地，并将能搞到的有限武器收集了起来。到起义之时，犹太战斗组织只有一支冲锋枪，几支步枪，手枪、手榴弹和"莫洛托夫鸡尾酒"燃烧瓶则多一些。波兰国家军为这支基本独立的民众武装提供了有限的训练和少量武器，但不肯拿出更多，因为未来的总起义还需要这些武器。[220]当以德军为首的大约2 000人的军队开进犹太区时，他们面对着的是750—1 000个守在关键地点的起义者。随后的战斗完全挫败了德军的计划。一名幸存者还记得当他看到想要躲避突然出现的地雷和狙击手的"德国士兵恐慌地尖叫着乱跑"时是多么开心。[221]尽管起义者的资源少得可怜，但对仅有资源的精心运用以及初始时的突然性，使起义持续到了5月的第一周。德军改变了战术，依靠火炮、空中轰炸和纵火，一条街一条街地摧毁犹太区。在一处战士们藏身的脆弱碉堡里（这样的碉堡有很多），阿涅莱维奇为了避免被俘而自杀。小规模的游击队作战延续到夏季，已被夷为平地的犹太区的废墟被清理，最后的犹太人都被送到特雷布林卡处死。估计有7 000人战死，包括犹太战斗组织和犹太军事联盟的大部分战士，可能另有5 000—6 000人在大火中丧生。绝大多数死者是躲藏的犹太人，他们被火焰喷射器和毒气弹逼出来，或者被进攻方引燃的大火活活烧死。斯特鲁普宣称仅损失了 16 人，有鉴于战斗的旷日持久，这似乎不可能，但更高的数字只是猜测。[222]

起义只不过把驱逐行动推迟了几个星期，让更多犹太人逃出犹太区而已。尽管注定要失败，这次起义还是清楚地向全世界表明，犹太人在战斗。而对于德国人来说，这次起义只是个麻烦，他们的计划依旧在整个 1943 年里照常实施，直到华沙犹太区的最后一个居民被消灭。和欧亚其余地方的抵抗运动不同，犹太人的抵抗的独特背景在于种族灭绝，而不是更大范围的世界大战，在大战中，犹太人的命运原本并不重要。只有当犹太人加入更大范围的非犹太抵抗和游击运动时，他们的角色才是为自由而战。在这种时候，犹太人会陷入双重危险，既是抵抗者，又是德国人所认为的种族敌人，何况德国人觉得大部分武装抵抗是犹太人推动的。对付种族灭绝的战斗并未成规模，也不可能成功，战斗的一方是武器匮乏甚至手无寸铁的平民，另一方则是武装到牙齿的安全部队。犹太民众没有想过会打这样的仗，也没有做好准备，无论在什么意义上都是如此。1939—1945 年，在所有类型的全民战争中，犹太人对大屠杀的抵抗是最不对等，也是牺牲最大的。

1943年7月库尔斯克战役时两名年轻的苏联士兵,其中一人在等待战斗时手里拿着十字架。世界各地的士兵们都要依靠这种小东西或者是护身符来化解对战斗的恐惧。

图片来源:Albatross /Alamy.

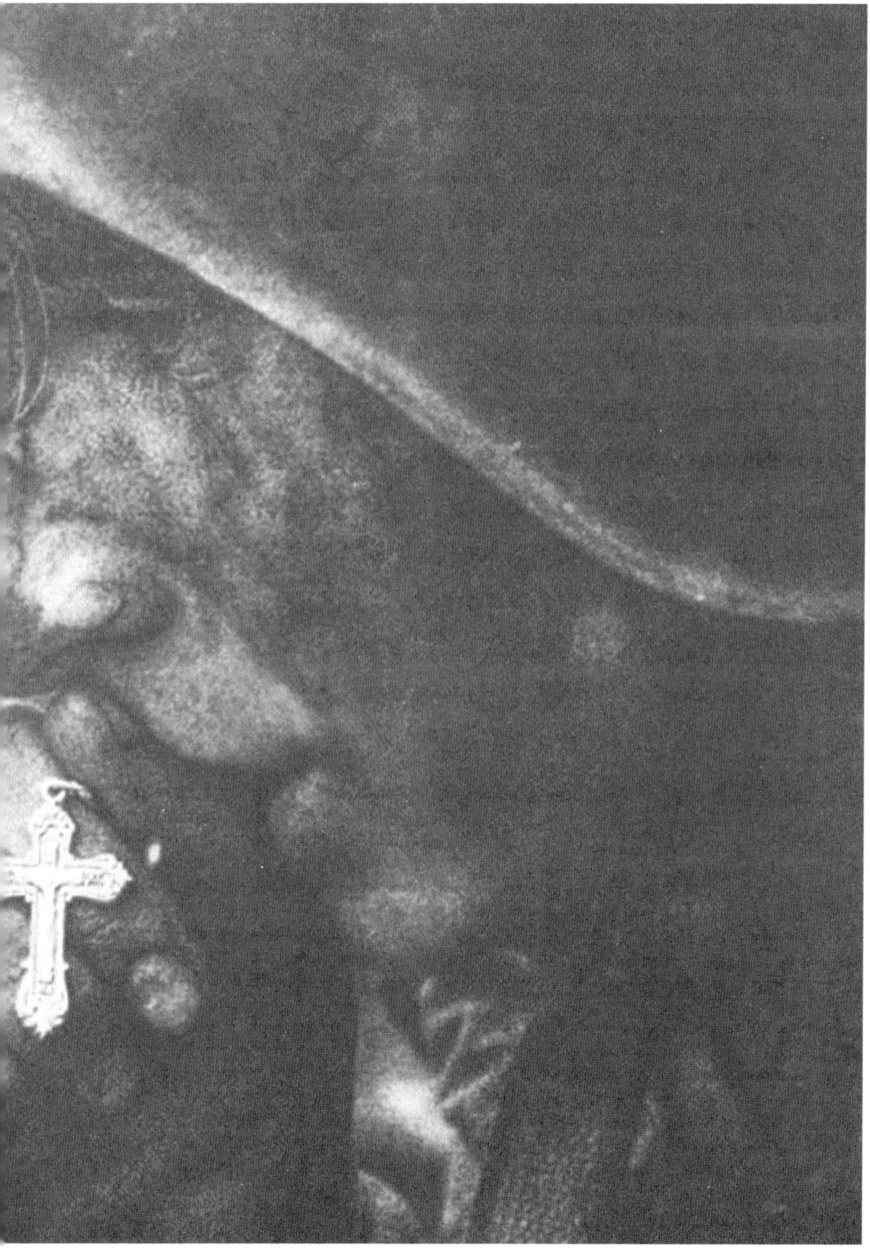

第九章

战争中人们的心理、精神和情绪

过去几个晚上我一直在哭，我受不了了。我看到一个同志也在哭，但他的原因不同。他哭是为了他失去的坦克，他对那辆坦克极度骄傲……我在过去三个晚上哭是为了那个死掉的苏联坦克驾驶员，是我杀了他……夜里我像个孩子一样放声大哭。

——摘自斯大林格勒某个士兵的最后一封信，1943 年 1 月[1]

德国士兵从斯大林格勒发出的最后的信件最终未能送到他们的亲友手中。德国陆军接到命令，要把从斯大林格勒包围圈里发出来的最后 7 个邮包的信件扣住，这样就能对必死无疑的士兵们的士气状况进行一些评估。结果并不是他们想看到的。对这些信件的分析显示，只有 2.1% 的人对战争表示认同，37.4% 的人表现出疑虑或麻木，60.5% 的人则是质疑、否定或强烈反对。有人计划把这些信件用在以伏尔加河畔英勇战斗为主题的宣传册上，约瑟夫·戈培尔拒绝了："这整个事情就是在送葬！"所有这些信件都按照希特勒的命令被销毁了。有约 39 封信被宣传官员复制了下来，他准备把它们写在一本书里，并在战后出版。[2] 就像本章开篇中那位哭泣的士兵一样，这些德国士兵的观点和举止与英勇的种族战士形象完全不符,他们本应与布尔什维克的威胁斗争,以解放欧洲。一名幸存者写道:"我们周围满是死者——有些没有胳膊,没有腿,没有眼睛,还有一些肚子被撕开。应该有人来拍一部电影,那些光荣的死法从此就再也没人信了。这是一种肮脏的死法……"[3]

斯大林格勒的人们的情绪反应在第二次世界大战中并非独有。这是士兵们对共同身处的恐怖战场和幸存希望渺茫的反应。这种反应在极端的情况下会导致严重的精神或身心反应,让数十万军人暂时或永久失能。对于那些面对各种形式战斗的人,包括经历了飞机和大炮轰炸的平民,他们共有的主要情绪通常被定义为恐惧。作为一个通用词,"恐惧"不过是个大筐,许多不同的情绪状态都能装进去——长期焦虑、惊恐、歇斯底里、恐慌、急性抑郁,甚至好斗——它还会导致同样广泛的神经病、精神或身心症状。这种反应是由极端形态的恐惧造成的,今天人们更普遍地将其理解为创伤性应激反应,尽管这在战争中很普遍,但它并不一定会让经历它们的人失能。战斗中的士兵们常常面临着令人抓狂的多种情绪。一名在缅甸作战的英国士兵被"吓得要死但没有变傻",他形容自己的情绪状况是乱七八糟地混杂着"暴怒、恐怖、高兴、放松和惊喜"。[4]一名苏联前线部队的女性回忆道,当进攻开始时,"你会摇晃,会颤抖。但那都是在开第一枪前……当你听到命令,你就不会再想其他事了;你会和其他人一起站起来向前跑。你再也不会想到要害怕了"。不同的是,她总结道,战争让参战者"爆发出某种兽性"。[5]对于军队领导人和战时政府来说,这种战争暴力导致的情绪状况只有在可能转化为失能的情况下才会成为问题,所谓失能包括降低军队效能,或者在大后方造成大规模恐慌和士气消沉。管理军人和平民对于战斗现实的真实情绪反应成了每个参战国战争行为的重要方面。另一方面,应对战争创伤则是数千万身陷总体战的男男女女的尖锐现实。可他们的精神病反应常常得不到照料，在战后那些关于战争岁月的讲述中也常常被忽略。

"战争神经症源于战争"

军队中普遍出现情绪危机的情况必须放在第二次世界大战的特定战争背景中去理解。当时的军队规模格外庞大，几乎完全依靠征召民众参军（其中很少一部分人做过一段时间的军事工作），他们的预期和价值观都是来自其平民社会背景。战时的军队代表着他们来自众多不同的社会层面，其社会阶层、教育程度、个性和性情也有巨大不同。尽管军队机构努力按自己的需要塑造这些男男女女，但并不存在标准化的军人性格。年轻的老百姓面对着的是最极端的压力形态：被杀的危险和杀人的要求。[6] 因此可以确定，在现代战场上，军人们会表现出大量不同的生理和精神反应。而由于武器的先进性，作战环境也让精神伤害的可能性最大化。飞机在战场上对部队的空袭和在远程轰炸中对平民的打击都会对地面上的人造成一种无力感，加之不知道打击会落在何处，因此人们感到格外恐怖。在地面战斗中，众多类型的现代火炮的威力，以及坦克隆隆碾过暴露的步兵阵地带来的威胁，对最勇敢的人也是一种考验。如战时一名精神病学家所写的，"持续不断的爆炸、冲击波、机枪的嗒嗒声、炮弹的呼啸声、迫击炮的砰砰声、飞机引擎的嗡嗡声"，所有这一切加在一起"会消磨人的抵抗力"。[7] 普通士兵（还有遭到轰炸的平民）不得不去接受常常出现的死亡和残缺不全的尸体、堆满残肢烂肉的战场或街道，这种可怕的场面是日常平民生活中从未见过的。而军队的环境本身，由于其刚性纪律、反个人主义，以及对本性的压制，导致在远未到达战场之时就出现了澳大利亚精神病学家所说的"精神翻船"。[8] 1941年，驻扎在本土的英国军队每个月都会出现1 300例精神受创者。在遥远北方的阿留申群岛驻守的美军士兵在没有参加战斗时也会被诊断为"战斗疲劳症"。对从新几内亚归来的澳大利亚士兵进行的精神病学筛查发现，2/3的精神神经受创者并未参加过战斗，由此得出结论，没有证据证明战斗是精神神经问题的唯一诱因。[9]

这种情况下，精神受创的人数可能会很庞大，事实也证明确实如此。美国因精神神经问题拒收了200万应征新兵，但还是有130万人在战争中被诊断为精神受创，其中50.4万人退出了部队。在欧洲战场，美军全部伤亡人员中的38.3%被确定患有某种精神障碍。据估计，所有从诺曼底战役中活下来的步兵中有98%受到过某种精神创伤。[10]同一场战役中，英国陆军10%—20%的伤亡是精神问题导致的，加拿大陆军则是25%。在英美陆军因需要治疗而退役的人中，1/3是精神受创。[11]美国海军的这一比例要低得多，这部分是由于战场完全不同，没有面对面的杀戮，激烈的战斗也只有很短时间。从海军退役的人中只有3%患有精神障碍。[12]德国和苏联军队中的这一数字则更难判断，因为神经症在那里常被忽略或被当作器质性症状对待，受其影响者会被列入卫生减员。有一份估算认为苏联红军中有100万精神受创者，另一份估算则认为只有10万人，但这不太可信。[13]德国军队中，精神病例在"巴巴罗萨行动"的初期突然激增，成为最重要的减员原因。到1944年1月，估算显示德军每月有2万—3万名精神受创者，而到1944—1945年之交时多达每月10万人。1943年之前的数字显示，德军退役者中19.2%是精神病例，但随着战场环境的恶化、伤亡可能性的增加，以及更年轻和更年老的人被征入军队，这一数字在1944—1945年肯定更高。[14]意大利的记录过于残缺，无法提供整体统计数字，但地方上的证据显示意大利士兵也遭受着和其他军队同样的削弱战斗力的精神障碍。[15]

除了精神问题，也还有其他一些方式可以避免参加战斗，躲避危险，但那些自伤、当逃兵，或者向敌人投降的士兵中，有很大一部分也或多或少遭受着恐惧、悲惨经历或是军旅生活的压抑带来的精神反应。自伤很危险（有时也会死人）。他们通常是往自己的手上或脚上开枪。记录显示，大部分军队都会发生这种自伤，但数量很少。在欧洲西北部的战役中，美军约有1 100名军人选择用这种方式来让自己相对安全；1944年的这场战役中加拿大军队也有232例自伤记录。在苏联红军中，自伤的人很快就会被处决；他们都会被视作放弃职责的可耻例子。在美国的军队医院中，此类伤员都会被挑出来在病床上方挂上"SIW"标识，受到医护人员的歧视待遇，尽管不会有什么正式惩罚。[16]

逃兵就是另一回事了。在苏联红军中，逃兵（包括那些投敌者）的数量达到了惊人的438万人。其中280万人被定性为战线苏联一侧的开小差者或逃避兵役者，21.24万人始终未被找到（可能实际上已经死了）。许多人并不是严格意义上的逃兵，而是在1941—1942年的大撤退中和部队失去了联系，或是在合围战中设法溜过了德军封锁线，这些士兵通常都会回到部队。[17]在那些被列入逃兵名单的人中，有一些是叛逃到了德军防线上，有些是出于对苏联体制的幻想破灭，有些是由于条件恶劣或领导太差，或者仅仅是希望能有更大的生存概率（事实表明这是不可能的）。据估算，1942—1945年至少有11.6万人叛逃，1941年则可能多达20万人，尽管这两个数字都可能错得离谱。[18]全球美国军队共有4万逃兵，其中欧洲有1.9万人。英国军队的战时逃兵总数为110 350人，其高峰是在相对平静的1941—1942年，其原因在于没有行动和离家太近，而非战斗经历。德国军队的逃兵人数仅涵盖了被抓住并作为逃兵被判死刑的人，仅此就有3.5万人。在关于亚洲战事的记述中，日本和中国军队的逃兵被抓住都会被枪毙，但是战场太过混乱,没法指望有准确的统计数字。根据日本陆军的官方数字,1943年和1944年分别只有1 023和1 085名逃兵,外加60人投敌,但是当时还有许多士兵逃入丛林或山区躲避敌人,无法计入统计数字。[19]当逃兵的原因很多,有些是出于情感因素,有些是因为战争导致的神经症,有些是因为犯了罪,有些则是以此作为政治抗议和基于良知的抗议,但他们全都被当作想要逃避战斗来对待。逃兵的规模会给军队系统带来防止大规模恐慌的严重压力,尽管大部分逃兵没有被枪毙,但他们还是会受到惩罚和羞辱,以免逃跑行为扩散开来。[20]

放弃战斗或躲回去对付精神神经危机的决定显然并不多见。这更多地取决于士兵们所面对的具体环境而非其本人的个性。在死伤惨重的战场上,人们面对求助无门的困境、亲密战友的突然死亡,或是在身旁爆炸的炸弹或炮弹,出现应激反应的可能性非常高。在1942年的北非战役中,英帝国和英联邦军队在与装备更精良、统帅更杰出的敌人战斗时士气低落,使得选择放弃战斗投降以及擅离职守的人数激增。1942年3—7月,英军第8集团军有1 700人死亡,但"失踪"人数高达5.7万,大部分是投降了。[21]在人员补充体系把新兵一点点送进陌生单位的情况下(美国陆军就是这种情况),新兵阵亡或精神崩溃的比例就很高。在一些对人的耐受力要求很高的战场地形中——中国的水网和山地、东南亚的丛林、冬季的苏联前线,或是意大利山区前线的艰苦环境,霜冻、大雪、泥泞和疾病都会让人们付出沉重代价。在意大利南部的第一次冬季战役中,盟军精神受创的比例激增;在缅甸战役中,热带丛林的可怕环境,连同通常会产生应激反应的疾病,让找不到准确病因的减员比例居高不下。[22]

从所有战线可以得出一个共同的结论:在最极端的环境下,没人能够对精神崩溃免疫。美国精神神经病学家罗伊·格林克和约翰·施皮格尔在1943年写道:"战争神经症源于战争。"[23] 美国陆军研究处于 1941 年 10 月成立，以监控军队的社会与心理状况。他们得出结论，战争期间没人能免于战斗的心理扭曲效应。在军事精神病学家约翰·阿佩尔来到意大利进行了为期六周的战场考察之后，美国卫生局长诺曼·柯克在 1944 年 12 月向全体陆军指挥官发布了官方报告，认为"精神受创就像枪伤和弹片伤一样不可避免"。[24] 即便是对"健全人也会在火力下崩溃"的观点常常怀有敌意的德国陆军总司令部，也在 1942 年给出了神经症治疗指导意见，承认"战斗力突出的军人"并不比任何其他人更能对情绪压力免疫。[25] 1944 年，军事精神病学家对于普通士兵能忍受多少天的战斗进行了争论。英国的估计是 400 天，但要频繁间歇和有短期休息；美国医生则觉得无论在哪里极限也就是 80—200 天。1945 年 5 月，美国陆军将参战上限规定为 120 天。对于对德作战的轰炸机组来说，15—20 次出击被认为是上限，但机组通常都会飞 30 次任务，有些人还会重返前线飞第二个 30 次。由于只有 16% 的人能从第二轮 30 次任务中活下来，大部分飞行人员在被归类为精神耗竭者之前就已经死了。现代研究则显示，在 60 天的战斗后，军人便不再有战斗力。[26]

第二次世界大战中的所有军事机构都不得不建立和发展出一套体系来应对情绪创伤，这能够减少正常人遭受情绪"污染"的可能性，并让尽可能多的人重返前线。早先第一次世界大战中战斗疲劳症（常被认为是"弹震症"）的经验对这场新战争中的军方预期有一定影响，但是当时的许多教训要么被遗忘，要么被神经医学和精神病学的新发展所替代。[27] 最重要的进展是战间期的弗洛伊德革命，这让人们普遍相信某些人格更容易受到童年经历带来的无意识心理冲突的影响。尽管精神科的医生们并不信任弗洛伊德及其同僚的心理学主张，但遗传学关于精神缺陷遗传的思考所取得的进展强化了这种关于"易感性"的思想，这让精神病学家们相信，是"易感性"以某种方式决定了精神反应。[28] 精神病学和心理学都在与神经病学竞争，神经病学的执业医师们认为，所有的精神障碍都有其大脑运作和神经系统方面的器质性原因，对心理"疾病"的说法不予认同。所有这些观点以及代表并捍卫它们的科学家都在战时军事精神病学的发展中发挥了作用，但结果是，在何为正确的治疗方式这一问题上，出现了大量悬而未决的争议和困惑。对于那些鼓励把精神崩溃视为可接受的卫生减员形式的医学从业者，军方许多将领表现出了不信任，这让情况雪上加霜。在爱达荷州一处征兵站，一名被招来评估应征者状况的心理学家被主管军官直白地告知，这里不需要他的帮助："我知道怎样对付那些脑子里有屎的人。"[29]

不同文化和学科对情绪压力的理解存在差异，这能够解释第二次世界大战中军事精神病学在各国应用的显著不同。它完全融入了美国的军事机器，这反映了美国公众对心理学发展的广泛热情。而它在德国、苏联和日本军事体系中融入的程度最低。[30] 在美国军队中，陆海两军都在最高层级上建立了神经精神病学部门。战前，美国有3 000名执业的精神科医生，但只有37人在陆军医疗队供职。[31] 战争爆发后，情况发生了变化，2 500名精神科医生被招募进了军队的卫生和医疗部门。1943年，每个陆军师都分配了一名精神科医生。美国海军则于1940年成立了神经精神病学处，在全军建立了多个精神病学单位，各包括一名精神科医生、一名心理医生和一名神经学家，如此安排或许是为了缓解他们彼此间的学术矛盾。[32] 精神病学融入英国军队是个缓慢的过程。起初军队招募的精神科医生非常少，直到1940年4月英军才决定给每个集团军司令部配备一名精神病学顾问。而照料和处置精神病例的官方系统的建立则要到1942年1月，陆军精神病学部门的建立则要到当年4月，这或许反映了丘吉尔的偏见："精神病学"可能很容易沦为骗术"。到1943年，整个英国陆军中仍然仅有 227 名精神科医生，其中仅有 97 人在海外。[33] 在战争头几年里频频出战的英国皇家空军，于 1940 年成立了神经精神病学处，由一名英国顶尖神经病学家率领，应对战斗飞行的压力问题。其辖下的特别中心最终达到 12 个，以评估被推定为"未诊断的神经症"的情绪创伤。分配给皇家空军的大部分医生是精神科医生和神经科医生。[34]

在德国和苏联，精神科医生是被军方拒之门外的。这部分是由于两国政府对心理科学的不信任，他们对集体健康的重视远胜于个人需求。他们认为军人（苏联还有女性）应当献身于意识形态，在此鼓励下克服情绪危机。1934 年，苏联军事医学院精神病学系的系主任写道："苏联红军士兵的士气水平，长期的阶级觉悟，会让他更容易地克服精神病反应。"[35] 对于德国士兵而言，一名精神病学家写道，在真实的危险环境下自我保护的简单动机"已被他追求高级价值观和完美主义的信念所征服和克服"。[36] 在德国，精神科医生和心理医生被招进军队协助招募兵员，在战争期间则在各个主要集团军群里充当咨询顾问。德国军队卫生处主任手下最终有 60 名精神科医生，为陆军和空军就士气和医疗护理提供建议，但在战地，病患的照料则是军医的职责。心理医生和精神科医生在空军医疗部门中融入得更加彻底。1939 年德国空军成立了心理治疗处，他们最终建立了 11 所精神病医院以医治因应激症状而失能的飞行人员。但是在 1942 年，正当民主国家扩建其军事心理学机构之时，希特勒的命令却让德国军队在此方面一夜归零，先是 5 月在空军，继而两个月后轮到陆军。精神病学在前线的地位一直摇摇欲坠，那里的人们认为精神崩溃者需要的是严厉的士兵价值观教育，而非各种各样的治疗。[37]

精神病学在苏联的处境更加紧张，苏联始终缺少受过精神病学教育的人手，并强烈认为精神症状没有器质性根源，能够由普通医护人员解决。军事卫生总局下属的精神病学家们最终于 1941 年 9 月被要求建立精神科医院,但他们仅去对付最棘手的病例。军医院为精神病患者分配了仅仅30张床位。1942年,一部分精神科医生被派到各大方面军担任顾问,有些人还下到了师里。而苏联绝大部分情绪崩溃的病例是在前线由那些没什么经验和同理心的医生来应对的。[38] 日本军队先入为主地认为军人应当表现得不怕死,因此几乎毫无精神病学照护。他们认为那些崩溃者都是罪犯或者怪人,于是把他们送进军队的"惩戒队",当作精神堕落者对待。军队中为数不多的精神病学家特别需要针对为什么有些士兵会做出精神变态的犯罪行为(包括时常出现的杀害军官的行为)进行解释,但不是为了维持军队其余人员的精神健康。[39]

精神病学和心理学在军队中存在两种截然不同的运用方式,反映了两派科学观点的冲突,一派倾向于认为人的易感性决定精神崩溃,另一派则将精神受创视为战斗对人心理和生理双重高要求的产物。有了第一次世界大战的经验,人们普遍相信更有效的入伍选拔流程能够提前排除那些背景或个性更容易导致精神崩溃的人。一旦战斗打响,人们还有一个同样普遍的观点,即相信那些表现出失能情绪状况的人原本就会如此,如一名澳大利亚军官所言:"越脆弱的船越容易散架。"[40] 只有美国军队坚持要让精神科医生或心理医生参加每个征兵选拔小组。精神状况访谈通常耗时3—15分钟,这样的时长基本不足以真正发现人的焦虑状况或精神异常。评估者被告知要关注那些表现出22种可能状况中任何一种的人,从"孤单"(lonesomeness)到"公认的古怪"(recognized queerness)再到"同性恋倾向"(homosexual proclivities)。如此武断的筛选机制导致超过200万应征者被拒之门外。美国的精神病学家都认同家庭背景和个性是最重要的——"战争神经症是'美国制造'"——只需要简单测试就能测出来。[41] 澳大利亚和美国军队中的精神病学家们都提出了标准化的问题以排除潜在的精神受创人员。典型的问题是："你常常担忧吗？"或"你很容易灰心吗？"但这些问题不太可能得到坦白或有用的回答。[42] 为帮助那些入选参军的人，美国陆军制作了一份手册，《战斗中的恐惧》，解释说人们都会感到恐惧，但恐惧也可以通过一套情感"调整"过程而加以克服。[43]

  英国军队精神病学筛选的发展要慢得多，只有 1.4% 的应征者由于明显的精神病症状而被拒收，美国新兵的这一比例为 7.3%。英国的选拔者更关注候选人是否有某种特别天赋来匹配正确的岗位，尽管他们也试图筛除明显"生性怯懦和易于焦躁"的人。[44] 在德国，心理学家也被派到选拔中心，因为德国人认为排除所有被判定为"反社会"或是具有明显人格缺陷的人在种族和军事上都是必要的，德国政府在更大范围上也想要将其消灭或者逐出族群。由于纳粹试图批量打造一代"阳刚"军人而非潜在的歇斯底里者，参加过"一战"的德国老兵们对"战争神经症"的歧视变本加厉，这体现在德国的参军筛选过程中。德国军队十分想要避免重演堑壕战带来的弹震恐慌，而且不想被迫去对付那些被视为开小差和"混养老金"的人。[45] 陆军卫生检查处的精神病学顾问奥托·乌斯把人分成"有意愿"和"无意愿"两类，精神病学家则被用来筛除那些第二类的人，他们被认为是精神崩溃者和麻烦制造者。在战争的头两年，随着机动速胜，1914—1918 年时艰苦的堑壕战再未重现，德军中精神受创的比率很低，这似乎证明了精神筛查确实消除了战争神经症。那些有记录的病例大部分被归因于易感性。"这些人没有充分的精神价值，"一名精神病学家在 1940 年写道，"我们考虑的不是医学意义上的真正病症，而是价值较低的［人］。"[46]

  由于各参战国的应征入伍者中都普遍存在精神崩溃迹象，强调易感性导致军人心理崩溃的观点受到了挑战。但这种观点并未完全消失，因为在人员基数如此大的群体中显然会有不少严重精神障碍者，

第九章 战争中人们的心理、精神和情绪

而认为有些人生来就是懦夫或者推卸责任者的这种观点则与军队中已经存在的偏见相符。最著名的例子发生在西西里小镇尼科西亚的美国战地医院，美军登陆西西里部队的总指挥乔治·巴顿打了一名疑似精神受创者的耳光，认为他是在装病（实际上这名士兵是被误诊为疟疾）。他后来在报告中写道："这种人就是懦夫。"[47]巴顿为此受到了打压，但军方对精神受创不愿容忍的态度是本能的。英国皇家空军轰炸机司令部总司令阿瑟·哈里斯由于鄙视那些在战斗重压下崩溃的"弱者和动摇者"而臭名昭著，但这种歧视已经融入了皇家空军对飞行机组人员的待遇中。1940年4月，空军向各指挥官发出了所谓的"动摇者信件"，建议他们迅速处理任何可以被定义为"缺乏道德品质"（LMF）的精神崩溃的迹象。"缺乏道德品质"于是成了对所有那些据说是装病或胆怯而被解除勤务的机组人员的标准描述。尽管大部分精神受创者在前线的精神医生那里得到了更有同情心的照顾，但这些军人还是有责任向他的上级证明自己不是懦夫。[48]英国皇家空军优先关注的是要赶在健康机组人员受到影响之前找出并移走那些情绪出问题的病例："精神医生的重要任务不是修补劣等货，而是要在它出问题之前消除它。"[49]澳大利亚军队在整场战争期间的精神病学工作一直是把易感性作为首要因素的。对新几内亚澳大利亚士兵的一份研究确证，51%的病例是由心理先决条件导致的。于是精神科医生开始寻找那些出身孤儿院、有神经症家族史，或是父母酗酒的人，以此避免招来"酒囊饭袋和精神变态"。[50]

然而，随着战争的进行，事实也越发明显：易感性、性格不佳或是所谓的种族低劣无法解释为何有那么高的伤亡率被界定为精神受创所导致的，尤其是美国和德国军队，他们都花了很大力气来按照心理状况是否适应军事职责的要求来选拔应征者。对于战场上的精神科医生而言，他们看到的显然就是极端残酷或漫长的战斗导致的应激反应,有些只是生理和心理疲劳所致,有些真正痛苦的心理反应还会导致更严重的精神障碍。人们表现出的症状和第一次世界大战时相似。一名美军士兵回忆道:"暗淡的眼睛人不人鬼不鬼,深深陷入眼眶,穿着过于肥大的衣服,一支接一支地抽烟,手在抖,神经质地抽搐着。"[51] 人们无法自控地颤抖,哭泣,运动失调,大小便失禁,像胎儿那样蜷成一团,或是变得呆滞冷漠。许多人还出现了身心异常——失聪、失语、口吃、惊厥、胃溃疡(这在德国军队中很流行)。在战争爆发前,有些神经科学家就已经理解了极度恐惧对身体功能造成影响的生理原因,但还没有应用到精神受创方面。大便失禁(据一份调查显示,1/4 的美国士兵经历过)常常被指责为胆怯,但这只是交感神经系统导致的正常生理反应。军事当局也逐渐认识到战斗中的大部分人既不是懦夫也没有推卸责任,只是长期危险所致压力的受害者。解决办法是发展出适当的治疗方法而非指责军人士气不高。[52]

苏联和德国军队对精神病患者对作战的影响看得比民主国家更清楚,因为他们更倾向于将精神反应当作器质性疾病,只把一小部分精神病患者视为真正由精神障碍带来的减员。德国军队早在 20 世纪 30 年代就已把此类疾病分成四类以便在前线就地治疗:神经疲劳和暂时性精神反应(与经历相关)可以在前线及其附近治疗;强烈的歇斯底里反应和精神病则只能到后方医院治疗,或者送回家。当 1941 年秋季东线战争开始造成大量伤亡时,心理原因导致的失能者首先会在前线兵站或康复中心予以治疗,那里的美食、床铺、麻醉治疗、心理辅导和陪伴都是为了让这些人尽快重返前线。德国空军在距离前线稍远处为被判定为"abgeflogen"(字面意思为"飞走",意指"飞行压力过大")的空勤人员建立了休养中心,1940 年设了 3 座,分别位于巴黎、布鲁塞尔和科隆,到 1943 年又多了 8 所。[53] 苏联红军也采取了相同的前方医疗中心体系,希望那里的美食和卫生环境能让在战斗中筋疲力尽的人变回足以返回前线的健康士兵。西方军队则要花费更长的时间才意识到这个问题，并提供后来所称的"前方精神治疗"。北非的新西兰军队率先于1942年引入了野战休养中心，突尼斯战役中的英军和美军很快也予以效仿。美国陆军神经精神病学部门主任罗伊·哈洛伦批准成立专门的前线单位以提供精神照料，因为他们参战不久就意识到，让人离开前线太久会使情况恶化而非缓解，因为这些人会发现自己成了精神病人。第一个前方诊所于1943年3月在突尼斯建立试点。试验立刻取得了成功，于是前线康复中心便在全军推广开来。[54]英国陆军也建立了相似的体系，首先是专司精神看护的前方救护单位，之后又在1943年成立了前方筛选单位和军属疲劳休养中心。到战争结束时，已有大批战争疲劳症患者在前线或后方得到了照料。[55]

即便有了前线康复中心，关于应激反应以及以何种途径能最有效地将其最小化的不同观点间的争论仍在持续产生矛盾，并无数次导致误诊（不过很少有人会遭受缅甸前线的精神受创者那样的羞辱，他们的原始医疗记录直接称其为"疯子"）。[56]在对待建设性疗法的态度上，专业竞争也发挥了作用。德国的军事精神病学家反对空军医院在心理分析治疗实践影响下产生的认同长期疗法的趋势，他们提出，许多空勤人员其实都是"医术失效"的幸运受益者，而且他们违反了"军人气质纪律"。[57]于是，德国的精神医生很快开始处罚打击那些假装精神受创的人；实际上，在治疗制度中这种惩罚的威胁似乎也为鼓励人们自愿重返前线发挥了作用。苏联红军也是一样，主流军事文化坚持认为懒汉和爱哭鬼不应有立足之地，而士兵也知道被当成这样的人意味着什么，这肯定有助于加快他们精神状态的恢复速度，这种恢复的过程已在战友情谊和睡眠的帮助下开始了。[58]

描述精神受创的那些用词本身就反映了精神病学声称需要治疗

的病症的混乱之处，以及军方领导层对什么能真正算作病症的猜疑态度。在太平洋战争的第一次大规模战役瓜达尔卡纳尔岛战役中，美军"亚美利加"师中唯一的精神科医生由于担心人们对精神崩溃者的态度，而把他们描述成军人更易于理解的"爆炸脑震荡"；苏联军医使用"挫伤"一词也是出于这个原因。[59]在英国，"弹震"一词在战前就被废弃，以免让士兵们觉得火力下的精神崩溃是可接受的，但是新词——"努力综合征""疲劳综合征"——也照样发挥着这些作用，直到"战斗疲劳症"一词在诺曼底战役中被引入为止。[60]在美国军队中，由于意识到绝大部分病例是战斗环境导致的结果，陆军士兵经常被诊断出"战斗疲劳症"，空勤人员则是"行动过劳症"。精神科医生们自己也会把那些无法在前方站点康复的病人划分成多个不同的医疗类别，这既反映出战间期他们在理解精神损伤方面的进步，同时也促使那些不想返回前线的人自视为患有某种得到承认的病症且满足了因病退役的标准。

最后，战争期间的精神类药物试验达到了让显出疲劳症状或是更严重精神和心理状况的士兵都能重返部队的程度。精神病学家和心理学家承受着巨大的压力，要显示他们在军事医疗体系中的地位是值得的；职业焦虑几乎必然意味着他们会把那些无论如何都算不上"治愈"，只是不再明显丧失工作能力的人送回前线或非战斗岗位。人们采用了许多不同的疗法来帮助克服疲劳和恐惧，包括麻醉剂、暗示疗法、注射胰岛素（以增加体重），有时候还会以药物诱导状态让患者在精神医生的引导下回忆某一惨剧，以释放被压抑的恐惧感。[61]各个神经精神病科宣布的归队率差别很大，大部分归队者被安排到前线或后方担任一些非战斗任务，但意大利前线的精神病医院只把16%的患者派回原部队，绝大部分精神受创人员还是被送回了意大利。[62] 1943年3月，突尼斯前线的美军精神科医生们宣称，士兵们在经过仅30

个小时的休息和治疗后，归队率为30%，48小时则为70%，但其他的估算则显示只有2%的人真正重返战场。[63] 1943年英军精神受创者一周内归队的整体估计在50%—70%之间，但大部分人回归的也都是些非战斗岗位。在英国空军中，精神受创的飞行人员即使没有被正式定性为"缺乏道德品质"，也通常不会重返飞行岗位了。对于那些重新上天的人，也没人去了解他们的复发率。有些战时研究显示，再次受创的人数量很少，但对个别单位的研究则表明结果远没有这么好。一份对1943年意大利战场上346名精神受创后重返战场的步兵的研究显示，3个月后他们中只有75人仍在继续战斗。[64] 在诺曼底几个星期的艰苦战斗之后，那些被送到前线疲劳休养中心的人中只有15%能回到自己的部队，被送回英国的则达到一半。[65] 大部分被视为足够健康而重返前线的人已不再是有战斗力的战士。其结果便是新兵们不得不接替那些无法再打下去的人，他们常常缺乏足够的训练，在前线混乱的战斗中会迅速晕头转向，有很大概率会很快也成为精神受创者。

对于那些无法得到前线精神病医院帮助的人来说，他们在经过后方医院和精神病诊所一路返回时会有多种不同命运等待着他们。有些人只是被简单地认定为体力耗尽就没人管了。而后来所称的"老中士综合征"（英国军队中称之为"禁卫军歇斯底里"）则是盟军在1943—1944年的意大利战役中发现的，那里有越来越多的作战记录完美无瑕的军官和士官会在前线待几个月后崩溃。这些人被认为无法康复，于是光荣退役。[66] 在英国，那些被诊断为患有精神或心理方面疾病的人会被送回家康复，如果症状不可能好转就会退役，如果被判定足以胜任体力劳动，就会被留在军队里在基地和仓库工作，从而把健全人腾出来派到前线。[67] 另一方面，在某些国家，人们认为那些精神崩溃者会假装或夸大自己的症状，德国精神病学家称其为"Kriegsflucht"，即战场逃亡。在苏联红军中，被判为推卸责任或是装病的人会被送到惩戒营，他们在那里很可能死得更快。在德国，那些被送回后方诊疗机构的人会被故意安排痛苦的电击疗法，有多少人在电击中发生心脏病或者骨折就无从知晓了。他们如果继续抵制治疗，或者拒绝返回部队，就会被送进后方惩罚性的"特别部门"，那里的条件和集中营差不多，而从1942年4月起他们还有可能被送进前线的惩戒营。1943年，德国陆军决定把那些因心理负担而得胃病或出现听障症状的人送进所谓的"疾病营"，把常规部队从守备和堡垒防御任务中替换出来。很少一部分被认定为"反社会"性格而不可救药的人会被送去"安乐死"。[68]

精神受创人数之多，返回战斗岗位的比例之低，以及尚未对前线的严酷要求做好准备的新兵纷纷涌入，意味着所有参战军队都会随战争的进行而越发低效。人数的减少被大规模军工生产和部队在战役战术方面的实质性进步所掩盖，但是艰苦条件下的漫长战斗影响了部队充分利用这些物质升级的能力。尤其是在沉重的损失下步履维艰的地面部队，就像是被打得晕头转向的拳击手，发现战斗拖得越久，越难打出决定性一击。在所有战场上的小部队里，前线恐慌的例子随处可见。在当时关于中国抗日战争的描述中，流动、混乱的战场上常能见到人们四散奔逃，如一名中国军官所言："抱头鼠窜。"[69] 然而，集体恐慌或是纪律彻底崩溃的例子却很少见。英军于1940年在挪威溃败，1942年初在新加坡岛上纪律崩溃，或是图卜鲁格的意大利师面对着6 000名弹药耗尽的波兰士兵的刺刀冲锋时受到惊吓而投降，这样的事并不常见。大规模投降（至少在战争的最后几天之前）主要发生在战争初期——1940年的法国和比利时，1941年的东非和苏联——或是再也打不下去的时候，例如斯大林格勒战役。即便是在军队一度崩溃的战例中——1940年的法军，1942年夏顿河草原上的苏联红军，以及1944年在法国大溃逃的德军——最终也还是以新防线建立，恐

第九章 战争中人们的心理、精神和情绪

慌的士兵重整旗鼓，他们的恐惧得到控制而收场。尽管现代战争具有可怕的心理冲击，精神受创也如同第一次世界大战时一样普遍，但人们还是在继续战斗。

维持"士气"

如果说数以十万计的男女军人的战时情绪压力大到难以承受，其原因不难理解，那么没有陷入短期或长期精神危机的大部分人是如何克服他们对战斗的反应，并坚持作战的？这个问题的答案就是维持士气，但是"士气"这个词本身的含义也是模糊不清的。它不仅用来指代关于人们为什么要打仗的许多种可能解释，还用来形容他们所有可能的反应状态，而他们在知识、社会背景、心理状况或个人处境方面的差异必定会让任何对其士气或情绪状态的单一理解都无法成立。第二次世界大战中的军事机构倾向于认为，由于有了有效的训练和动员教育，军人们都可以是整齐划一的。英国陆军副官长罗纳德·亚当在1943年写道："绝大部分人可以像受训对付德国人那样接受训练对付恐惧。"[70] 即便是精神科医生也想象着会有一种标准类型的人能够适应现代战争和军队生活，而不会像那些"内敛或害羞、扭捏而犹豫"（一名英国精神科医生所言）的人那样无法做到。[71] 主流观点是，大部分人被命令要克服恐惧时就可以克服恐惧。英国陆军精神病顾问医生J.R.里斯写道："这一信条背后的想法是，勇敢还是懦弱都是每个人的自由选择，这超越了任何情绪压力……如果他被告知必须勇敢，他就能够勇敢。"[72]

尽管各主要参战国的军事环境存在着重大的文化和社会差异，战场环境也千差万别，但有一点是差不多的，他们都认为绝大多数人都能为战斗做好准备，只有少部分人会因精神状态差而出局。战时的叙事中有许多讲的是优秀领导的重要性，或胜利前景使得士气高涨的重要性，但这些都不像"人们能够通过训练变得勇敢"那样具有普遍解释力。德国和日本军队在面对迫在眉睫的战败时仍在以坚定的决心继续战斗；盟军部队则在胜利似乎就要来临时明显变得越发小心翼翼，不愿拿生命去冒险。美国陆军参谋长乔治·马歇尔将军直到1944年才引入了士气部门，此时胜利看起来已是囊中之物。[73] 在苏联，1943—1944年态势的逆转并没有为部队的状况带来什么值得期待的改变。"打了三年，"一名苏联红军战士在1944年说，"苏联士兵们能量耗尽了，生理上和士气上都是如此。"[74] 1943—1944年，意大利南部安齐奥滩头的美军部队并未因糟糕的整体指挥和战役误判而停止战斗，1944年末在许特根森林的灾难性战役也是如此，当时美德双方都为了无甚意义的作战遭受了可怕的伤亡。军队会在最打击士气的环境下坚持作战，没有什么关于士气的概括性说法能对此给出理想的解释。

最明显（也许不太受欢迎）的解释是军事强制力。所有军事组织天然具有强迫性，尽管惩罚并不相同。在第二次世界大战中，军队从平民社会的各个角落招募军人，并迫使他们适应军队生活的组织结构、纪律和日常要求。军事审判系统也得到了扩大，以解决此举可能带来的问题，但是军事司法的关注点和民事司法领域截然不同，因为它们旨在约束几乎所有的选择自由，并对从训练场到战场为数不多的可接受行为做出规定。日常的纪律习惯是故意侵扰、拘束，而且无处不在，消磨着个性，强调集体的力量。在军事活动的每个层级，每个战场，每个兵种，军事胁迫都维系着组织，并让人们的战斗力能够被任意使用。除了纪律，还有训练（其严苛程度则随军事文化不同而变化），有政治和意识形态教育，有专为激发士气的行动，以及（对少部分人）晋升和奖励的机会。这些因素对那些在现代战争的陌生环境下生活和工作的人来说，显然也有着重大影响，但强制力和惩罚的威胁仍然是军队对数千万以前是平民的参战者加以招募、训练和惩戒的基石。

然而，强制的程度却随着各国军事环境的差异而不同；总的来说集权国家军队的惩罚措施要比民主国家的军队更严厉。德国和日本的军事文化是以其荣誉和服从的传统为基础的——日本士兵则要战斗到死。日本士兵可以因为任何一点胆怯或不服从的表现而被当众棒打，甚至因为任何一点失职而让战友对其棍棒相加。[75] 这是一种心理强制文化，要求每位军人在最艰苦的环境下也要绝对服从并坚决履行责任，这是军人的最高价值观，即便这不是总能做得到。[76] 军事司法体系和军事纪律在苏联和德国达到了极致，它们对逃兵和精神崩溃的容忍程度是最低的。在这两个国家的军事惩罚体系中，对意识形态目标的任何形式的背离都会遭到严惩。这是一场为了德国种族的未来或是保卫苏联祖国的战争，任何未能或不愿参战者都会被视为政治背叛和违反军人行为准则，不可原谅。在意大利，法西斯党也持基本相同的观点。有130名士兵因逃兵罪（尽管其中只有一小部分是真的被抓的逃兵）被最高军事法庭判处死刑，以作为"典型例子"杀鸡儆猴。[77]

在苏联，处决所有逃兵和懦夫的命令于1941年8月从莫斯科下达到各方面军委员会，随后传达到集团军和军。为阻止大规模逃跑或撤退，苏联红军于同年9月以后方部队或内务人民委员部安全人员组建了所谓的"督战队"。他们的主要任务是拦住打了败仗溜回来的惊慌或落单的士兵，并把他们送回原部队。在德军入侵的最初几个月里，督战队抓住了657 364人，但大部分被送回了前线，只有10 201人由于逃跑行为被认为过于严重，足以处死。1942年7月，斯大林下达了227号命令，"不许后退一步"，从而明确表示，放弃阵地的军人必定受到惩罚。在整个战争过程中，估计有15.8万人因为当逃兵、当懦夫、犯罪或政治背叛而被处决。[78] 从1943年起，苏联军人的任何背叛行为都交给新成立的安全组织"锄奸团"（Smersh）来调查；除了追查叛变的迹象，锄奸团军官还要负责对付逃兵、懦夫和自伤者。此举的目的是让士兵们害怕惩罚甚于害怕敌人。[79] 由于政府还威胁要惩罚逃兵或投降者的家人，促使苏联士兵们克服情绪危机并坚持战斗的压力又多了一层。

德国军队认为，那些放弃战斗的人，无论是真正当了逃兵还是内心里当了逃兵，都不再是同胞，理应因放弃争取德国未来的战斗而遭到惩罚。随着人力短缺迫使军方把能力和适应力更差的军人投入前线，惩罚的威胁——在政府的词语表上叫"特殊待遇"（Sonderbehandlung）——也被更多地用来逼人听话。对"战场逃亡"或损害军事纪律之举的军事审判也根据军人行为准则第51条得到加强；案例中常常需要一名精神科医生提交一份报告证明犯事者不是严重的精神病例，因此能够加以惩罚。[80] 惩罚在许多时候意味着处死，而且和苏联军队一样，对放弃职责后果的恐惧会让人们坚持战斗。[81] 即便德国军队不像苏联红军那样肆意挥霍人力，但其处决人数也让德军在第一次世界大战中处决48人的数字相形见绌。估计有3.5万军人被判处死刑，其中22 750人被真正处死，其中约1.5万人是逃兵，但是实际被杀的军人总数几乎肯定比这个更高。[82] 在战争的最后一年，德国国内到处都有逃兵被吊死在路灯柱上示众，或是被宪兵就地枪毙，这些人都没有登记在统计记录中。小一些的判罚就更多了，他们主要都被送进了军事监狱。战争期间被判监禁的军人总数约为300万人；其中约37万人的刑期超过6个月，23 124人被判处长期从事重体力劳动。[83] 这一统计数字反映了苏德两军的一个悖论：对惩罚的恐惧并未能吓住人们。东线的搏斗格外漫长、残酷和血腥。两军都用严格的纪律来确保军人们明白放弃职责的代价，但这从来不足以阻止人们过度恐惧或对打下去不再抱幻想。

在民主国家军队中，在组织和日常现实中也存在强制力，但并

第九章 战争中人们的心理、精神和情绪　879

没有什么过度的惩罚性军事审判的威胁。当逃兵和犯罪都会受罚,但战争中只有一名美军士兵因当逃兵而被枪决,英军则一个都没有,即使英国陆军北非总司令克劳德·奥金莱克上将强烈要求对放弃战斗的人恢复死刑也无济于事。[84] 他们的重点更多地放在了对那些没有合理医学理由而放弃战斗的人进行羞辱上,包括开除军籍,或者举行正式的公开降级仪式。那些受到"缺乏道德品质"调查的英国飞行人员会被剥夺军服上的勋章和标识,游街示众,这一切都是在其精神和生理状况得到正式判定之前进行的。[85] 对那些逃跑的人而言,惩罚体系还是有的,只不过没什么危险。在战争的最后一年里,8 425 名英国军人被判为逃兵。[86] 英军在整个战争中进行了 30 299 次军事法庭审判;接近 2.7 万人是因为当逃兵或擅离职守,265 人因为自伤,只有 143 人因胆怯。[87] 美国陆军组织了 170 万次法庭审判,大部分是为了审判战场上的轻微违规问题,但有 2.1 万人因当逃兵而坐牢。

除了强制力,还有一种更正向的方法来维持士气,这需要通过精心安排的计划来实现。在通过常态化政治教育和士气提振谈话来激励军事人员方面,集权国家的军队同样比民主国家更加激进。在1939 年的军事改革中,每一支苏军部队都设置了一名政治委员,他们的任务是提高应征兵员的政治觉悟,辨别任何政治过失,并惩处政治任性行为。讨论话题和宣传内容都是从莫斯科发出来的,士兵们都会尽可能参与其中。即便是政委的实际地位在 1942 年因军事领导人的坚持而下降之后,政治教育的任务也没有被放弃。苏联军报《红星报》上既有战争新闻,也有意识形态说教,它被印制了数百万份,发放到所有军人手中。苏联的战时文化中有许多可歌可泣的英雄故事,其目标是在士兵个人和只有靠更多的无私勇敢之举才能成为的理想化模范人物之间建立情感纽带。数百万在战斗中表现杰出的男女军人都获得了直接成为共产党员的机会。[88] 在德国军队中,政治教育和鼓舞士气也在促进人们认同共识方面扮演了重要角色，这些共识包括德国是在为生存而战，是与犹太敌人的战争，以及纳粹党的"民族共同体"价值观。1939 年 4 月，军队宣传部成立，它组建了宣传连以提高士气，并下发前线读物。1940 年 10 月，军队教育大纲出炉，基于四个基本要素："德国人民""德意志帝国""德国的生存空间""民族社会主义是基础"。[89] 1943 年 10 月，就在苏联军队政治教育开始降级之时，希特勒下令成立"民族社会主义领导班子"，其任务是为军队各单位指派政委。到同年 12 月，德军中已有 1 047 名全职政委，另有 4.7 万名军官要兼顾常规军事任务和提升士气的任务。[90]

很难判定这些精心筹划的计划在帮助士兵认同战争理由和维持其纪律方面事实上起到了何种效果。在某种程度上，所有军队都知道作战的敌人是谁，也知道胜利的必要性，但这对于支撑军人度过枯燥和危险交替的日子并没有什么有价值的意义。苏联军人常常对战斗如此疲惫，以至于调动他们投入战斗的情绪不太可能再起到什么作用，尽管他们都明白失败主义言论或政治反感无论如何都会受罚。"你变得冷漠了，"一名苏联红军士兵说，"你甚至都不乐意再活下去了。"[91] 1944 年，德国士兵中也几乎没人会再为了早先的理想而战了，如果说原先还有人这么想的话。一名年轻的坦克兵在同年 7 月的日记中写道，他和他的战友们"参加战斗仅仅是出于灌输给他们的责任感"。[92] 理想当然也无法支撑被困于斯大林格勒的人。最后的那批信件中有一名士兵写道："没有哪个人能告诉我，我的同志们死时嘴里会说出'德国万岁'或者'希特勒万岁'这样的话。"[93] 只有美国军队对士兵的观点进行了调研，以了解他们对自己所代表的事业的认识程度。在受访者中，太平洋战场上有 37% 的人，欧洲战场上有 40% 的人说自己完全不在乎为何而战。当盖洛普要求士兵们说出罗斯福承诺要通过战争来保卫的"四大自由"时，能想起哪怕仅仅一条的人也只有

13%。[94]一名老兵告诉陆军研究处,他参军时"爱国至极",但战斗改变了他:"你在为你的安全而战……前线没什么爱国主义。"[95]在英军部队中,军方教育部门发现士兵们更愿意谈论胜利后的世界,但是战争的性质和怎样努力打赢战争乏人问津。精心筹划的士气提升措施或许比强制性的纪律框架更有意义,但它是否能够激励士兵克服眼下对恐惧、绝望和危险的反应,却有待商榷。

激发对敌人的集体仇恨可以说也是一样。仇恨或许能被视为战争特有的一项前提,有充足的例子显示,在某一时刻,仇恨(或者更恰当地说是突然爆发的愤怒)会刺激人们为死去的同志复仇,反击无休止的狙击手或机枪火力,或是对见到的战争罪行发起报复。在中国抗日战争中,从诸多日记的字里行间可以看到对仇恨的自发表达,以此作为对抗危险而且常常隐蔽的敌人的一种自我激励。[96]尽管如此,有许多证据显示,向军人灌输仇恨的官方做法不一定会有好结果。正如英国一名顶级心理学家在1940年所言,仇恨是"间歇性的且多变的",这种情绪难以维持太长时间。[97]英国陆军在1942年决定建立作战学校时就加入了仇恨训练的内容,如一个BBC的节目所称,这是为了"教人们……仇恨敌人,以及如何利用这一仇恨"。在人们搞清楚仇恨训练包括参观屠宰场,新兵会被故意弄一身血之后,民众抗议便随之而来。这一做法在时任东南军区总司令的蒙哥马利的坚持下被废止,他认为仇恨对激发斗志无甚帮助。[98]社会人类学家约翰·多拉德在1943年一份关于战场恐惧的研究中发现,"对敌人的仇恨"在全部九项动机中只排第八,仅仅比"别闲着"高几个百分点。[99]美国陆军的士气调查发现,欧洲有40%的军人完全不把仇恨当作一项动机;这一数字在太平洋战场上是30%,但是他们在这里看到的宣传都把日本人写得尤其可恨。[100]这种感觉是相互的。日本军人也会经常受到反美国"强盗"的仇恨宣传。战后美军对日军士气的调查发现,40%的人表现出对敌人的极端仇恨、愤怒和蔑视，没有这些情绪的只有 1/10。[101]

要想解释军人们怎样解决战斗的情绪负担而不至于在压力下崩溃，一个更可信的途径是到战场上去看看他们每天的经历。大规模军队当然不是一群乌合之众，而是数以千计的小型军事社会——一个步兵连，一个潜艇艇员组，一个炮兵组，一个轰炸机组——的有序组合。大量关于战时士气的文字强调了军人所处单位的重要性，它们聚焦于忠诚、投入和情绪支持方面。在前线，大部分军人甚至是军官不太知道军队的其他部分是怎么打仗的：他们不了解自己为之服务的大战略，获得的所有类型的信息都仅限于他们执行特定行动所需。对于驻扎在偏僻的太平洋岛屿、新几内亚和缅甸丛林的日本士兵来说，他们甚至无从了解战争是否能打得赢，通过官方渠道传来的消息（如果有的话）从来都是乐观的。只有历史学家才能有幸看到全局并评估其结果。在每日经历的层面上，大部分军人（苏联还有女军人）的优先事项是配合他们自己所属的小集体，这是确保生存机会的唯一手段。战士们所关心的都是些平凡的小事，就像那个德国坦克手会因为失去了他的坦克而哭泣。每个小集体都是社会心理学家所称的"责任共同体"，其中每个成员的生存都要依靠与其他人的互助。[102] 他们的首要道德承诺对象和情感投入对象是共担危险的人，而不是任何更大范围的责任共同体。尽管人们常认为士气是自上而下带动的，但自下而上的自我管理往往才是维持士气的原因。

这个小环境包含了一系列不同的情绪反应。人们对小团体的情感投入和忠诚，以及对放弃职责或崩溃可能带来的羞愧和自责的真心恐惧，促使着他们坚持执行任务。对数百万人来说，真正的勇敢并不是随机的英雄主义之举，而是克服恐惧的压迫感，为了身边的人行动起来的能力。一名美军老兵写道："我发现，吓破胆和成为懦夫之间的差别在于是否被其他人发现。"[103] 人们发现即便是伤员也会强忍泪水，因为鼓励公开表现男子汉气概的军事文化会让他们因流泪而背上耻辱。[104] 精神病专家发现身体和精神受伤者会因自己无法忍受伤痛而感到羞愧，急于向战友们再次证明自己。对美国军人进行的调查发现，在两大战场中都有 87% 的人相信不丢下身边的人是至关重要的。如一名老兵所说，无论作战理由多么正义，"这也不如人们之间的相互尊重来得重要"。[105] 对苏联和德国军队的社会学研究证实，小团队的凝聚力极其重要，尽管惨重的损失意味着小团队常常会迅速解体，但随着新人补入部队，部队无论损失多大都可以保持认同感，在必要时得以重建。[106] 评论家们正确地观察到，这种纽带同样可以存在于团乃至师一级，也可以完全不存在，它可以因共同致力于主流意识形态或价值观体系而形成，但对于参加战斗的基层单位来说这都是外部因素，其内部的投入感才是最重要的，无论这些基层单位的来源、构成和见解存在何种差异。[107] 在空战中，轰炸德国的轰炸机组遭受着格外高的损失率，但一旦登上飞机，即便某一名新组员没有时间和其他人相互熟悉，这个封闭的共同体也别无选择，唯有为了自己的生存而通力协作。出于这个原因，人们觉得在战斗中迅速移走薄弱环节（无论其心理原因是什么）以免影响其他人是至关重要的。[108] 没有任何两个这样的小单位是完全相同的，它们会受到任何人群中都常见的情绪紧张的干扰，或是受到心理崩溃或军事灾难的干扰，但大规模军队的战斗只能依靠被战争环境塑造的无数这种小型的临时共同体来维系。

在这些小的团结集体中，每日生活都是由一些简单的因素决定的。获得粮食和物资是始终不变的考虑（尽管供应缺乏不会让人们停止战斗）；劫掠任何东西尤其是食物的可能性是随时存在的，每一支军队都会抢劫，这从德军 1939 年入侵波兰时就开始了。[109] 小的特权，无论多小都会给每一个小单位的士气带来重要影响。英国陆军花了很大力气来向即便是最遥远的战线供应茶叶，以让士兵们能够经常泡茶喝，这使得美军和英联邦士兵们在看到英国士兵甚至在战斗中也能喝茶时大为惊讶。苏联当局决定大规模免费发放口琴，这或许会对疲惫而情绪低落的部队起到提振士气的效果。[110] 只要能找得到，所有地方的军队都会用酒精和药物来缓解恐惧的影响。苏联士兵会喝甲醇和防冻液，然后因此而死；意大利的盟军军人能够得到从中东港口持续供应的非法麻醉剂；日本士兵用陆军下发的大量酒精来缓解战场上的恐怖。[111] 对于通常远离家乡的男性而言，性缺乏也是个问题。各国军队要么对各地的嫖娼行为视而不见，要么建立受控的妓院，并发放预防性器具以避免性病流行。日本军队野蛮地在中国和东南亚建立了性奴服务站，所谓的"慰安妇"会被强制关进这些实质上的监狱，并常常遭受日军士兵的强暴，而苏联军队专横的性侵犯也是众人皆知。这两件事都会在下一章中深入探讨。[112] 问题不仅限于单身男性会寻求性爱，已婚男性也会面临着参军后的各种情绪问题。对常常远在千里之外的妻子和家庭的担心，加上看不到回家的前景，这是军队日常生活中最令人消沉的方面之一。美国女性承受着广泛的公众压力，社会要她们对被派往海外的伴侣保持忠诚，但结果显然有好有坏。1945 年 1 月，美国红十字会公开谴责了那些写信给现役军人批判其妻子不忠的人，因为这会影响军队的士气。各国要花很大力气才能维持国内和前线之间的邮路畅通。德国为军人家庭建立了一套专用的邮递服务，好让前线的人知道家人在轰炸中还活着。收不到家信，或是家信带来了坏消息，这看起来比即将开战的前景更会打击士气。[113]

　　在军队生活日复一日的小焦虑和小惊喜中，男女军人们学会了各种各样安慰自己的办法。迷信和护身符在所有军队中都很普遍。美国潜艇兵们会随身携带小佛像，并在战斗前擦亮佛像的大肚子，作为好运的象征。有时候军人们会确信护身符能保证自己不受伤害。尽管精神病专家认为此种依赖是精神危机迫在眉睫的危险信号，就像其他

第九章　战争中人们的心理、精神和情绪　　885

伤员在思考自己可能会死亡时所表现出的宿命论式的恍惚一样，但这些迷信显然有助于部分人应对面临的压力。[114] 对有些军队（尽管不是全部）来说，宗教作为应对战斗恐惧的一种方法被认为越发重要。日本士兵们明白自己在战斗中的牺牲具有至关重要的宗教意义，尽管人们必然无法确定这能否让他们更容易接受死亡的可能性。在苏联军队中，宗教是受到共产主义意识形态排斥的，但在战争中斯大林放松了反宗教措施，教堂重新开启，无神论者对宗教主张的猛烈攻击也降低了调门。尽管如此，上帝并不是苏联士兵的首选寄托对象。在德国，政府对宗教的敌视反映在了陆军高层把牧师纳入部队的曲折经历中。最终这支600万人的军队只招募了约1 000名牧师，而且他们若想上前线还会受到严格控制。[115] 宗教对普通士兵的意义从斯大林格勒留存下来的信件中就能看出来，其中既有人祈求上帝保佑，也有人说信仰已被这里的经历砸碎。

美国和英联邦军队中的牧师就多得多，他们对宗教行为也没有歧视。美国军队中有来自许多教派的8 000名牧师，英国军队有3 000名，规模小得多的加拿大军队有900名。英国牧师常常在"随军牧师时刻"举行讨论，有一个议题的名称或许很恰当："我们能否相信永生？"BBC的广播随军牧师在1941年时拥有700万听众。美军牧师接到的慰藉请求和援助需求太多，应接不暇，有些人一天就要进行50次接访；艾森豪威尔将军坚持要把"宗教慰藉"列入军事医疗记录。1943—1944年对美国军人的调查显示，79%的受访者说自己对上帝的信仰在战争中得到了强化。对欧洲部队的调查发现，94%的人认为祈祷对化解战斗压力有很大帮助。[116] 宗教文化氛围浓厚的国家的应征士兵似乎会求助于"散兵坑信仰"，这引发了关于士兵在危急时刻是否能够像一名牧师说的那样进行"真正的祈祷"的争论，但对士兵们来说问题并不在于他们信仰的程度，而是祈祷能在多大程度上暂时缓解自己在战斗中经历的长期恐惧。在战争结束时进行的研究证实了祈祷和压力之间的关联。[117] 对于那些在前线幸存下来还要继续战斗的人来说，祈祷是缓解战争伤害性心理影响的众多方法之一。

大后方的情绪

参战国的平民人口（军队正是从其中招募而来）也承受着他们自己的情绪压力，但历史学家对它的关注远远比不上对军队的心理和士气的关注。恐惧和不安始终存在，尽管它们传播的方式各不相同，也很少成为一种持续性的情绪状况。分离的焦虑、对亲朋死亡或受伤消息的担忧、对敌人的愤怒、对未来的绝望，混合成了居家生活日复一日的情绪现实。各国危险和贫困的程度差异非常大：美国社会从未受到战争的直接影响，但美国精神医学协会在1939年就已采取了准备措施以帮助美国人面对战争带来的"不安全和恐惧"，1940年一群学院教授又成立了"国家士气委员会"以帮助打造"强烈而持久的情绪联结性"。[118] 另一方面，苏联社会要拼命从长时间劳动、糟糕的粮食供应中活下来，并对付那个吸走了绝大部分苏联男性的前线，无暇他顾。在这两个极端之间，还有不少国家的平民遭到轰炸，让大后方的人们似乎也经历了前线的体验。英国、德国、意大利和日本的城市人口在战争中遭到了长期猛烈轰炸（共有约75万平民死亡）；法国和轴心国控制下的欧洲大部分地区，其工业或战术目标也挨了炸，但其轰炸规模之大导致平民也无法避免大量死伤。在整个战争中，约有100万平民死于空袭，重伤者数量也大致相当，其原因已在第八章进行了全面探讨。[119] 反复遭到空中轰炸的经历带来的创伤及心理的情绪体验，只有集中营的恶劣环境和驱逐所造成的影响可以相提并论。

1939年世界大战到来之前，人们普遍认为民众士气很可能在任何未来战争中成为打击目标，对城市区域混合使用常规炸弹、毒气和生物武器将会迫使惊恐的民众逼迫政府议和。关于未来战争的许多流行作品都强调了民众的心理脆弱性，他们没有受过士兵的训练，无力回击，被认为很容易受到集体恐慌和情绪崩溃的影响。各国政府都意识到了民众遭到轰炸给未来的战争努力带来的潜在危害，尤其是意识到了受威胁的工厂里受惊吓的工人当"经济逃兵"从而损害战争经济的风险。于是各地都进行了民防准备，建立对空防御，同时还准备好为受到威胁的社区提供照料援助和防空洞，对于轰炸可能带来的精神受创人潮，也做好了医疗服务准备。英国和德国的心理学家都认同轰炸除了生理伤害还会导致情绪崩溃的观点，于是精神病院都清空了病人，为战时受伤人员腾出空间。[120]

当常态化的远程战略轰炸于1940年启动时，其情绪上的后果似乎远没有先前预期的那么严重。城市人口并未陷入集体恐慌，精神病院也没有塞满严重情绪紊乱的病患。在德军对英"闪电战"轰炸期间，心理学家和精神病专家开始探究长期或顽固性情绪紊乱患者如此之少的原因。[121]对经常使用伦敦同一个防空洞的1 100名市民的研究发现，只有1.4%的人表现出长期的心理问题。英国精神健康应急委员会的一名官员在造访1940年9月遭到猛烈轰炸的东伦敦时，发现"没有明显的情绪紊乱病例"。[122]当英国国内安全部1941年在遭到猛烈轰炸的港口城市赫尔组织精神健康调查时，精神病专家报告称，他们几乎找不到"歇斯底里"的迹象（这是最常预计出现的症状）并得出结论说赫尔的人民精神稳定。[123]大部分英国精神病专家认为，那些确实精神崩溃的人原本就有这样的倾向，就像应征军人一样。一份关于"空袭恐惧症"的研究证实，那些为数不多向医院坦承的精神受创者全都有精神障碍病史。[124]有些精神病患者甚至被发现因轰炸压力而好转了，还有些人据说享受身体遭到的生理威胁。[125]其他遭到轰炸的人群中也出现了同样的现象。在德国，1945年接受美国轰炸调查组访谈的精神病专家证实，他们的诊疗机构接待的"器质性神经疾病或精神障碍"的病例少得惊人。即便是在日本，研究者也发现，在两枚原子弹爆炸之后，抑郁的水平并没有什么特别的，人们只是持续地忧虑。和英国、德国一样，在整个轰炸战役中接受精神治疗的人被认为屈指可数。[126]

慢性疾病和高住院率表面上没有出现，但这掩盖了严酷得多的现实。出于种种原因，轰炸导致的精神受创的真正程度被那些带着专业兴趣衡量它的人低估了。这部分是由于如此多的精神科医务人员被征入军队，留下来照看其余民众的人便大为减少。与军事精神病学在战争中得以发展不同，民众无法得到常态化的精神卫生服务，也会为了既有医疗系统不堪重荷而沮丧。英国的有些高级精神病专家觉得民众太喜欢夸大自己的症状了，只要一杯茶和一通强硬的谈话就足以治好他们。[127]结果，大部分暂时精神受创的民众，或是遭受严重身心反应乃至更长期精神紊乱的人，只能自己照料自己的情绪危机。和士兵们一样，许多精神遭到冲击者起初被当作遭受了器质性而非心理性伤害对待，受害者也被列入了普通医疗伤亡名单，如果不是完全被遗漏的话。根据英国对布里斯托尔两条被轰炸街道上的100人的观察，人们发现很大比例的人出现了躯体上的反应，认为这可以通过成药加以治疗，而有些具有明显精神反应的人则羞于承认自己的症状。[128]

这些伤者被英国列为"暂时性神经创伤症"，被德国列为"闪现式反应综合征"。他们的数量无法计算（一名英国心理学家提出实际数字至少比观察到的病例多5倍），但现有证据表明轰炸带来的情绪反应导致人们普遍精神受创，即便常常只是暂时性的。和士兵们一样，那些被精神病专家看作最容易遭受心理创伤的人并非必然是易感者，而是具有被人称为"死里逃生"经历的人——被活埋，房子被毁，或是家人遇难。个人的卷入是导致严重情绪反应的关键因素,战后德国医生在接受访谈时也证实了这一因素。[129] 其症状在有些方面与遭到猛烈轰炸或炮击的士兵相仿:过度颤抖,尿失禁,感官和运动障碍,陷入恍惚,明显抑郁,平民女性还会闭经。身心反应也很常见,包括暂时性失语、失聪、手脚瘫痪,在德国还流行消化系统溃疡。[130] 尽管精神病专家给出了乐观的结论,但赫尔港调查中积累的案例研究证据还是显示出现了大范围的情绪障碍。有些女性受害者说她们一听到空袭警报声就会昏厥、尿失禁或呕吐,男性则承认有明显的消化不良、失眠、抑郁、酗酒和易怒。大部分人拒绝去看医生,男性会在几天或几周内重返工作岗位,尽管他们仍处于焦虑状态中。[131] 和所有其他遭到轰炸的城市一样,轰炸造成的精神损失在这里也被当作个人危机来解决,被招来评估德国轰炸受害者的美国士气小组成员、作家詹姆斯·斯特恩称其为"隐性伤害"。[132] 有些战后研究发现,强烈的悲惨经历对民众造成的影响是长期持续的,就像斯特恩在德国见过的女性受访者,每次听到突然的声响就会颤抖和哭泣。1948年在列宁格勒工作的医生在围城幸存者身上发现了一种"列宁格勒高血压综合征",可以想见,饥饿、炮击和轰炸结合在一起,导致了严重的心理创伤。[133]

尽管如此,让政府感到担忧的是轰炸的心理反应会在多大程度上导致集体恐慌和士气迅速消沉。然而,即便是在最严峻的环境下,轰炸也不会让社会瘫痪。轰炸的前景和现实产生的恐惧确实引发了短期的恐慌迹象,但其形式只是逃离具体轰炸地点,这种愿望可以理解,军人们就没法如此选择了。在遭到猛烈轰炸时,民众会涌出城市前往附近的乡村,但这是出于理性判断,而非恐慌。英国城市如此,尤其是诸如南安普敦、赫尔、普利茅斯或克莱德班克这类在"闪电战"中遭受重击的较小的集合型城市;德国城市同样如此,当局并不喜欢民众逃离,但这在短期内是不可避免的;1945年的日本城市也是如此，遭到燃烧弹轰炸的人们纷纷逃往农村。所有被轰炸的国家都采取了正式的疏散计划，以防止逃离发展成社会危机。在英国约有 100 万女性和儿童被疏散，意大利估计有 220 万，但在德国，这一数字到战争结束时几乎达到 900 万，日本则是 800 万。关于如此大规模的人口迁移可能会损害战争经济的担忧被证明没有事实依据。对英国劳动力的研究发现，几乎所有工人都会在遭袭后几天内重返工作岗位，即便他们得每天乘车往返于工作地点和周边乡村之间。在德国，1943—1944 年猛烈而持续的轰炸并未导致过高的缺勤率。只有 2.5% 的工时损失能直接归因于轰炸；战争经济部门在 1944 年 3—10 月的总工时数实际上还增加了，不过 1944 年的许多新劳工都是被迫顶着空袭劳动的外籍工人和集中营囚犯。[134]

关于遭到轰炸的城市作为社会和经济单位为何没有崩溃，有很多解释。公共当局在构建"情绪管理体制"方面发挥了作用，这种管理体制能鼓励民众接受牺牲并避免消沉的情绪表现。这些管理体制各不相同，它们确实反映了各参战国之间独特的文化差异。在日本，死亡和牺牲文化让当局致力于在民众中建立起堪比军队的对战争机器的情感投入。[135] 在英国，"闪电战"期间的主流宣传口号"英国能撑住"突出了英国人面对危机时冷静坚定的典型形象。来自被炸城市的图片显示，人们仍在每天早上步行穿过瓦砾堆去上班，愉快的女性分发着茶杯。[136] 在德国，独裁政权强调民众和士兵已结成"命运共同体"，在为了民族生存的搏斗中，个人的焦虑必须被弃置一旁。这些宣传图像显示了人们在面对集体的共同牺牲时严肃的决心，以及对英雄式死亡的病态痴迷。德国军队拒绝让精神病患者退役回德国，因为若让不英勇的崩溃现实出现在民众面前，这可能会对平民产生影响。苏联政府同样强调集体牺牲和英雄式奋斗，但在做法上会避免德国敌人的那种病态。[137]

尽管死亡对于遭到轰炸的平民和士兵家庭来说始终是个挥之不去的现实，但固定形式的葬礼将其与人们的情感隔离开来，这些葬礼表达了公众的决心而非悲伤。在日本，整个社区都会通过精心组织的繁杂仪式来纪念"英灵"的逝去。展现平民死亡的影像被查禁，而在英国，轰炸期间详细的伤亡数字被有意识地压下来不予公布或限制公布，显然是为了避免恐慌。[138] 表达歇斯底里的情绪是不被允许的，当这出现在公共防空洞里时，民防队员可以在支持之下把冒犯者赶出去。"情绪管理体制"成了民众的样板，面对它，人们能够检验自己的被动忍受力和情绪稳定性。个人调整自己的情绪状况以适应战时常态现实的程度各不相同，但是这种规范性框架为维持士气提供了支撑。公共形象和个人行为的一致性得到了社会压力和政府行为的强化，于是那些无法应对压力的人成了情绪不正常的人，需要像战场上的士兵那样接受帮助或纪律约束。

物质援助对于应对轰炸后果同样至关重要。赫尔的精神病专家得出结论："民众的精神健康的稳定性更多地依赖于其营养状况。"国家提供粮食、看护、经济补偿和住宅重建计划的努力总体上被证明收效良好，足以防止大范围的社会抗议和士气低落。对于直接受害者，休息中心和急救站提供一种"前置心理治疗"（尽管主要是随机提供的），这里还供应食品、睡眠和谈论大家近期最糟糕经历的机会，不过并没有正规的精神治疗。英国的精神病专家对正在遭受痛苦的民众采取了一种并非没有意义的应对方式，他们提出可以进行形式简单的"精神急救"——坚定的语言和轻拍后背。在他人面前隐藏恐惧被认为是优先事项，但据说激动的人可以通过一包饼干、糖或者一小口白兰地而平静下来。[139] 公共防空洞也被视为小型的自持型社区，在这里，通过合作组织积极的地下社区生活，人们能够淡化恐惧感。即便是在德国遭到轰炸最严重的地区，防空洞也被心理学家当作"心理治疗"

场所，能够让人控制情绪并帮助那些崩溃的人克服恐惧和震惊带来的后果。[140] 精神病专家留意到了那些经常遭到轰炸的民众适应这种经历的能力，这不同于那些多次参加前线战斗的人，后者的反复参战会导致相反的效果。战后在德国进行的一项调研发现，66%的受访者声称在遭到轰炸后恐惧感不会变化或者更少，只有28%的人会更加害怕。[141] 当"闪电战"期间英国人被问到最害怕的事情是什么时，粮食供应受到威胁在两次调查中都位列榜首；轰炸则得票率最低，1940年11月只有12%，4个月后只有8%。[142]

和战场上的军人一样，许多民众也依靠其他应对机制来对付自己的恐惧。其形式包括迷信，依靠护身符，或是对生存的前景抱着宿命论或是听天由命的态度。日本民众被告知要在头上放个洋葱来抵挡炸弹的威胁，英国的商店里摆满了"好运"驱邪物和幸运饰品。1941年，英国的大众观察组织进行了一项关于迷信的调研，发现84%的受访女性和50%的男性承认自己会受到迷信的影响。[143] 在德国和意大利，一项主流的迷信认为民众正在因为其政府的罪行而遭受惩罚，只有"善举"能阻止那些轰炸机。在意大利有一种影响力很强的迷信，认为有那么一架来路不明的飞机，绰号为"皮波"，会在亚平宁半岛的城市上空飞行，寻找做坏事的人进行惩罚，或者按有些人的说法，对即将到来的空袭发出警告。[144] 遭到轰炸的民众也会用宿命论来应对自己的恐惧，要么相信"写有你名字"的炸弹无法躲避，要么通过精神病专家描述为"无敌状态"的心理应对机制，在这种机制下，个人会由于把自己的生存交给超自然力量而承受不合理的危险。[145]

最后，和军人一样，有些民众开始更多地依赖宗教作为弹雨下的庇护所和抚慰。各地的观察家都发现去教堂的人增多了，或者说依靠祈祷的人越来越多，但轰炸也会炸毁教堂，驱散教众，从而妨碍宗教活动。在德国，希特勒要求教会活动在时间上不得与优先保障的民防和空袭后恢复工作相冲突。1943年,莱茵兰主教请求希特勒放宽限制以帮助人们解决空袭带来的"巨大的心理压力和越发严重的神经紧张",但被拒绝。[146] 20世纪40年代的英国已经过于世俗,宗教难以再发挥这样的作用了,尽管"危机祈祷"迹象明显,每年9月还会举行国家祈祷日,但教会的存在感还是从1942年开始下滑。[147] 在天主教社群中,宗教是个更有用的宽慰,他们通过祈祷、祈求神助和圣徒介入来获得安慰的文化很容易适应轰炸战争的环境。在受威胁的意大利城市,住户会为圣母马利亚或主保圣人建立小圣坛以抵挡炸弹的威胁;他们还创造了针对空中作战的祈祷,祈求圣母马利亚让轰炸机折回去。在那些圣母像在废墟中幸存的地方,教众会将其视为拯救的奇迹。在意大利北部的弗利,轰炸中完好无损的《浴火的圣母马利亚画像》前有4万人顶礼膜拜。在德国和意大利,对马利亚的信仰被强化了。当意大利贝加莫镇的一名乡村女孩说自己13次见到马利亚时,数以万计的意大利人便涌到当地寻求保护、慰藉,或是结束战争的承诺。官方的说法淡化了异象和奇迹的证据,但是对许多意大利天主教徒来说,教会已取代国家成了在炸弹之下提供实际帮助和心理救助的主要组织。[148]

在平民遭受的各种苦难之中最为极端的是,在苏德战争的巨大战区,千百万平民陷入了被驱逐出境、种族灭绝屠杀、大规模暴行和战争的旋涡。这里没有"前置心理治疗",没人想要阻挡最极端创伤压力的粗暴影响,没人关心情绪管理体制或管控病态。在遭到轰炸的列宁格勒城中,一名饥饿的幸存者写道:"死亡统治了一切,死亡成了每次转身都能看到的事情。人们已经习以为常,无动于衷……同情消失了。没人在乎他们。"[149] 千百万受害者的情绪和心理状况,从幸存者的回忆、口述证词或当时的日记和信件中可见一斑,但加害者从未顾及这些，千百万死者也没有留下任何记录。历史学家们没有足够的记录来了解当时创伤性反应的样子，那正是不受制约的暴力（不同于战场上有控制的暴力）把人类推向野蛮边缘的时刻。上文那个列宁格勒的日记作者写道："我们回到了史前时代。"[150]

当苏联红军解放了苏联西部被德军占领了两年多的地区时，苏联精神病专家突然有了机会去了解情绪伤害的程度。他们特别关注了能找到的儿童的状况，数以千计的儿童都在占领军的暴力之下遭受了深刻的心灵创伤。恐怖不仅指向成人，还指向他们的孩子。德国占领军把孩子们都当作疑似游击队员或未来的强制劳动力对待，甚至是那些9—10岁的孩子也无法幸免。有时占领军还会杀害他们取乐，女孩则被送进战地妓院。许多儿童成了孤儿，不得不在街上靠偷窃食物为生，这更让他们成了占领军肆意施暴的对象。[151] 这就是沦陷区千百万身陷战火者的日常生活经历。在解放区，苏联医生照料了最极端的精神崩溃病例，他们见到的孩子们要么目睹了双亲或邻居被害，要么从屋子里逃走但全村人都被烧死，或是见过了酷刑折磨和肢体残缺的场景。1943—1944年进行的一次大规模研究发现，生活在"长期恐惧和焦虑"中的孩子们要么表现出常见的焦虑症状——昏厥，梦游，尿床，头痛，极端易怒——要么就是有麻痹、神经性抽搐、口吃、失语或恍惚状态之类的躯体化反应。报告显示，患儿对休息和安全环境的反应相当好，但是反应综合征很顽固。巨大的声响或爆炸会让他们感到一阵恶心，大便失禁，颤抖和浑身冒汗，其反应很像那些遭到轰炸的人或是在战斗中精神受创的士兵。[152] 极端恐惧带来的心理反应会在危险过去后很长时间里持续存在，但急缺资源和人手的苏联精神医学单位只能照料很少一部分精神受创者。

有少量苏联儿童是逃脱灭绝的犹太人，但见识过大屠杀又活到1945年的人，即所谓"幸存残余"，只是很少一部分。似乎没什么人

第九章 战争中人们的心理、精神和情绪

想要照顾或观察那些幸存者的情绪状态,因为大部分时候他们似乎更需要医疗而非心理康复,而"解放"文化也制造出了一种悲惨经历已经结束的错觉,尽管它对快要饿死且不知所措的集中营囚犯没什么意义。[153] 在欧洲战争结束三个星期后的一场"解放音乐会"上,在一家满是犹太病人的医院工作的扎尔曼·格林贝格医生试图捕捉那些经历过磨难者的情绪状态:

> 我们属于那些在集中营中被毒死、吊死、折磨死、饿死、劳作和蹂躏致死的人……我们并没有活着,我们仍然已经死了……在我们看来,现在的人类还不理解我们在这期间遭遇了什么,经历了什么。在我们看来,我们在未来也不会被理解。我们忘了怎么笑,我们再也不能哭,我们不理解我们的自由,这或许是因为我们仍然处于我们死去的同志当中。[154]

对于幸存者们来说,大部分人遇害了,他们自己还活着,这也会带来负罪感和羞耻感。发现家人和朋友已经遇害带来的痛苦情绪常常会持续很久。据一名观察者说,在"难民营"里,犹太幸存者起初居住的环境令人消沉,他们一直处于"持续的恐惧、焦虑和不安心的状态"。想要解决难民营管理问题的官员们在幸存者身上发现了破坏性、神经质、不配合行为的迹象,包括尿床、回归幼稚、小偷小摸和不讲卫生,这显然体现了严重精神创伤和持续不安定带来的精神反应。[155] 更令人惊讶的是犹太幸存者营地里出现了积极重建犹太文化和族群的迹象。尽管精神创伤带来的焦虑会导致营地中出现阳痿和永久性闭经,但1948年犹太幸存者的出生率在全世界位居前列,是幸存德国人的出生率的7倍。[156]

直到战争结束一年之后,心理学家才获准造访德国的难民营,绝大部分剩余的犹太幸存者住在这里。在西方，人们更感兴趣的是通过识别和描述"纳粹思维"来理解加害者的情绪状态，而不太关注确凿的迫害行为在情绪上对受害者意味着什么。[157] 1946 年 4 月，急于研究"压抑对人类思维的影响"的波兰心理学家塔德乌什·格里吉尔获准找一批当过集中营囚犯和强制劳工的人作为研究素材，但是犹太人难民营拒绝了他的申请，格里吉尔将这一结果归因于"极端压抑"的影响。[158] 同年 7 月，一名俄裔美国生理心理学家戴维·博德（原名阿隆·门德尔·迈克尔逊）也获准在难民营进行访谈计划。他对于研究"前所未有压力下的人格"感兴趣，将犹太集中营幸存者看成明显的目标人群。他本人就是犹太人，因而没有遇到格里吉尔碰到的问题，研究了很多幸存者，其中既有从集中营里幸存下来的犹太人，也有生活在战时德国好得多的环境下的外籍强制劳工。[159]

博德起先使用了标准的"主题统觉测验"，向受访者展示一组图片，认为受访者会做出相应的反应。他很快发现测验几乎给不出什么结果，因为他的受访者常常不予回应，或是怀疑对方无法准确理解受迫害者的情绪世界。18 岁的阿布·莫恩勃鲁姆问道："心理学家们现在真的如此先进，能这么好地理解人的本性了吗？"当博德表示心理学正在探索新途径时，他的受访者反驳道，心理学家们"绝对没有能力评估真正可能发生的事情"。[160] 博德随后显然放低了姿态，因为幸存者们向他详细讲述了他们的经历，他作为心理学家的目标和那些幸存者面对的难以想象的现实之间的脱节令他震惊。他把最终于 1949 年出版的一系列记录命名为《我没有访问死者》。报告中他建立了他所谓的"创伤索引"（在后来的版本中更名为"创伤清单"），其中包含了 12 个他用来定义"这些人心理上发生了什么"的类别。这份索引覆盖了他们方方面面的经历，这些经历剥夺了他们在当前的文明世界中本来应有的正常情感和健康状态，转而将他们抛入了原始而野蛮的过去,例如第 7 条:"生理和精神耐受力持续超负荷"。[161] 尽管博德对"创伤"一词的用法与当前以之描述遭到压抑的应激反应的用法并不一致,但他的意图是要描述受迫害的经历给这一小群幸存的受害者留下的累积心理创伤。他最后试图用"灾难单位"来对他们遭受的苦难进行量化,并毫不意外地发现,集中营幸存者承受的创伤负担至少比外籍劳工大 3 倍。[162]

战争期间有千百万遭受情绪危机的人没能从战斗前线或炸弹下活下来,或者是沦为了暴行、饥荒和种族灭绝的平民牺牲品。到战争结束时,德国、苏联和日本军队共有约 1 800 万人死亡,西方军队也死了约 100 万人。这意味着西方军队中还有千百万人要回家并重新融入平民社会。就和集中营幸存者一样,男女军人们现在要带着遥远战场留给他们的情绪和精神包袱,去适应价值观颇为不同的世界,学着重建平民行为规范和传统情感纽带,这不会是个一帆风顺的过程。只有在美国,精神调整才被当作一件急事。1945 年美国出版了数不清的指导手册,包括《老兵亲友精神科学入门》,书中解释说回家的军人很容易"不耐烦,具有攻击性,以及招人厌"。[163] 人们普遍担忧回家的军人会引发一轮犯罪浪潮,或者他们的精神障碍会挑战和平时期社区的复苏,这让美国陆军在 1945 年资助了两部公益电影,一部是关于"战斗疲劳症"的,另一部则不恰当地被命名为《精神神经病患者的归来》。第二部影片由约翰·休斯顿执导,介绍了纽约精神病院帮助严重障碍患者恢复正常生活的疗法;但是陆军认定,美国公众尚未认识到战争给屏幕上被称为"获救者"的人带来了多么严重的心理伤害,这些画面对他们来说过于病态。于是,尽管电影被改名为《上帝说要有光》,但陆军还是禁止了其公映,直至 1981 年。[164]

战后在军人中进行的一些调研,显示了战争的情绪伤痕会在和平时期继续存在。在美国，41% 的老兵因为精神障碍而领取了残疾补贴。战争部于 1946 年发表的另一份调研报告则显示，战争中所有接受医疗救治者中 40%—50% 是战斗疲劳症患者。[165] 在英国，人们进行了不少小规模调查来跟踪战时退役回归社区的精神病患者。调查显示，他们中的许多人难以守住一份工作，或是难以重建自尊。尽管德国、苏联和日本似乎没有对回归平民生活的老兵进行系统性调研，情感的重新融入仍然是个艰难的过程，这一过程在德国和日本有时还会被长期拖延，因为英国、法国和苏联决定把德国或日本俘虏留下来在战后重建中长期充当苦力，其时间之久超过了《日内瓦公约》允许的期限。[166] 当日本俘虏在 20 世纪 50 年代初最终被从苏联放回日本时，民众普遍对这些曾经屈辱被俘、现在又被证明会在回归平民生活时引发混乱和"好争吵"的人忧心忡忡。[167]

只有美国要求把国外的战死者的遗体尽可能于 1945 年后运回国。那些在海外服役的盟国和轴心国的男女军人一般都会在战死的地方就地埋葬。美国公众则极其强烈地希望死在数千英里之外的海洋上的军人能重新被埋葬在美国的土地上。其结果便是打破了战时美国的情绪管理体制，当时的官方宣传想要掩盖战死人员的事实和规模，现在美国第一次允许进行片刻的集体哀悼，只要组织好就行。1947 年 10 月，首批 6 200 具棺材从欧洲送了回来。他们随机挑选了一位不知名的军人遗体，庄严的马车队抬着他的棺材，当着 50 万人的面沿纽约第五大道行进；中央公园还为 15 万观众组织了服务站。[168] 有些人哭了，有些人不忍卒睹，这一刻捕捉到了人们在战争年代被压抑的情绪。"那是我的儿子。"人群中一名妇女哭道。数年来，千百万男女军人不得不应对他们个人的恐惧及焦虑与军队对于纪律及自我牺牲的要求之间的紧张关系，而全世界的平民也必须生活在强调忍耐的公共文化和个人现实的悲哀伤痛之间的矛盾中。

第九章 战争中人们的心理、精神和情绪　　899

一群犹太小孩被送到波兰的海乌姆诺集中营,他们将被送进毒气室用一氧化碳毒死。大屠杀的组织者想要杀死小孩,以确保犹太民族不会复苏,不会再威胁德意志的帝国。
图片来源:Prisma/Schultz Reinhard /Alamy。

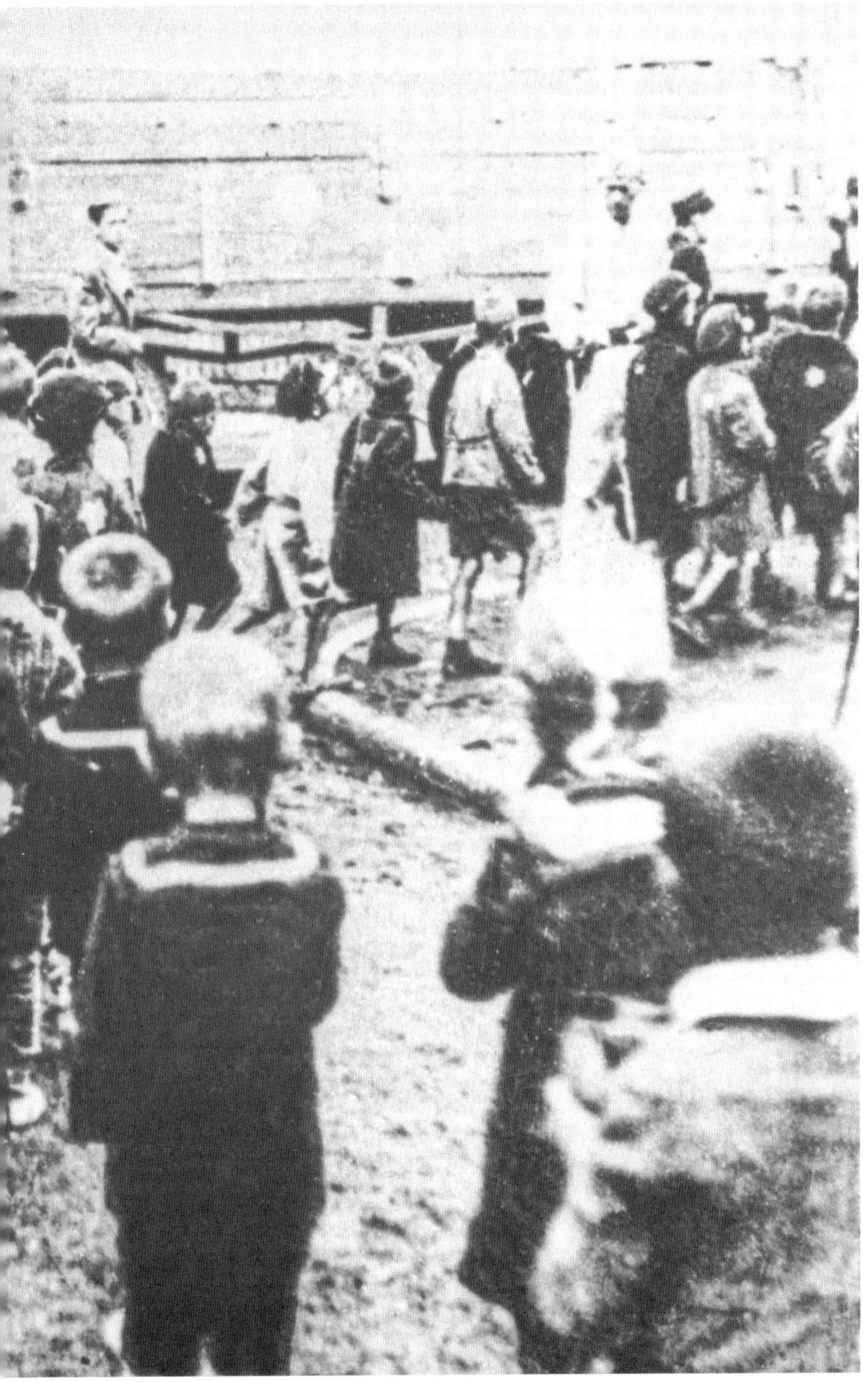

第十章
罪行和暴行

当犹太人被从房间带走枪毙时，一位学校教师丽萨·洛金斯卡娅找个地方躲了起来。第二天，大规模枪杀之后，盖世太保掐住了她的喉咙。匪徒们把她拖到市场广场，把她绑在电话线杆上，开始用锋利的匕首捅她。野兽们在她脖子上挂了一块牌子，上面写着："我妨碍德国官员执行法律和规章。"

——证词记录，《德国人在莫济里》[1]

有一次有个德国兵被抓住带到［游击队］基地。他们甚至没打算审他，几乎直接把他撕碎了。那是一幅恐怖的画面；女人和老人扑上去扯下了他的头发。每个人都喊着"为了我的儿子，为了我的丈夫"，等等。

——对列昂尼德·奥孔的访谈[2]

第二次世界大战是一场充满暴行的战争。士兵、安保人员和民众的行为中自始至终充斥着罪行和暴行，其规模之大和无情的程度都是先前难以想象的。暴行带来了暴行，冤冤相报。那个回忆了丽萨·洛金斯卡娅命运的村民还记得有名苏联女游击队员被抓住，因为"妨碍"德国警察和地方辅助人员的"工作"而遭到同样的命运，他们的"工作"就是把附近的白俄罗斯犹太人赶到村外的大坑里枪杀，一次杀一层。

年轻的列昂尼德·奥孔从明斯克犹太区里逃出来，他加入游击队时只有一个想法："我要每时每刻去战斗，我要报仇。"[3]德国人和他们的帮凶生活在对这种复仇的恐惧中，他们的焦虑引发了新一轮的残酷暴力行动，以阻止威胁。这只是关于战时暴行的叙述中提到的众多战线之一。威胁并不局限于某一形式，也没有单一的原因能加以解释；第二次世界大战的阴暗面是由许多部分组成的。有些暴行是常见的战争罪行，公然藐视了既有的战争法和战争惯例。有些是深刻的种族仇恨和歧视的产物。有些更容易掩盖的，则是男性对女性长期暴力的结果。

在时人眼中，"战争罪"的概念通常被理解为违反某些关于战争的国际公约规定的行径，这些公约包括1907年《海牙公约》关于陆地战争的附件（它决定了"陆战法规与惯例"）和最初于1864年达成一致的《日内瓦红十字公约》。按这样的定义，军队犯的战争罪要么是针对战场上或战俘营里的敌人军队，要么是针对敌国平民，根据"文明人"中存在的"人道法则"，这些平民理应受到保护，免于暴力。[4]但这些公约并不适用于被定义为"半开化"或"未开化"的殖民地人口。罪行的特性并没有十分准确的定义，也未明确会受到怎样的调查或惩处，因为还没有建立过国际法庭来执行这些协议。第一次世界大战中，双方都违反了习惯和惯例，但并没有系统性地违反，因为交战长期局限于堑壕战，火线上不会有游击队，也不会有平民。尽管如此，这场战争还是促使人们把其他一些"罪行"归类为违背《海牙公约》的行为。在第一次世界大战结束时，战胜国列出了一份包含 32 项罪行的目录，作为判定犯罪行为的指导，包括"杀戮和屠杀"（特指土耳其人杀害亚美尼亚人）、"系统性恐怖主义"、"折磨平民"以及对非战斗人员进行驱逐和强制劳动。[5] 1919 年 2 月，协约国指派了一个战争责任及行为委员会，这个委员会又成立了一个关于违犯战争法行为的次级委员会，负责起诉敌人已知的战争罪行。然而，美国不同意通过一个国际法庭来审判德国和土耳其被指控犯下的战争罪行。最后，德国和土耳其政府在协约国的推动下进行了一些象征性的审判，而法国和比利时则审判了仍在手中的 1 200 名俘虏并将其定罪。德国的一个调查局也整理了 5 000 份关于协约国战争罪行的卷宗，但 1919 年的审判是战胜国说了算，而不是被打败的敌国。[6]

1919 年暴露出来的定义和操作流程上的明显问题，使得各国在随后的 10 年里致力于就何种战时行为可以接受达成更准确的国际共识。战争期间双方都轰炸了平民，而尽管 1907 年《海牙公约》禁止"空中轰炸"，但没有专门的国际法实体来管理空中战争。1923 年，继上一年的华盛顿海军会议达成决议之后，海牙的一个国际法学家委员会起草了《海牙空战规则》。尽管这份规则没有得到任何一国政府批准，但它还是被认为具有国际法效力，尤其是关于不应向平民的生命财产发动攻击，只能攻击确认的军事目标的条款。[7] 1925 年，各国在日内瓦就禁止使用（但并不禁止拥有）毒气和细菌武器的公约达成一致。四年后，各国又起草了一份进一步规定战俘待遇的公约，在《海牙公约》已有的基础上扩大了对战俘的保护。1936 年，新的海上战争规则成文，将第一次世界大战中使用过的无限制潜艇战定为非法；对于被怀疑为敌国运送物资的商船，海军舰艇要先停船再搜查，并为其船员提供安全保障，而不能一看到就将其击沉。

这些额外的安全保障协议中有许多在 20 世纪 30 年代就已经被打破了。意大利在侵略埃塞俄比亚时、日本在侵略中国时使用了毒气；

日军飞机在侵华战争中轰炸了平民，意军和德军飞机在西班牙内战中也是这么干的；中国战俘会被日本军队当场杀害。在第二次世界大战中，所有的国际条约都被某个或某些参战方违反，许多时候违约行为的规模之大是在国际法工具起草之时从未想到过的。当有证据表明暴行规模大到难以想象，20 世纪人类对战争罪行的理解被拉到了极限，甚至超过了极限。到战争结束时，一个新的概念被设计出来以应对这种战争暴行的后果，并对大规模驱逐、剥削和杀戮平民人口的暴行施加惩罚。这些令人震怒的事情现在都被列入了"反人道罪"这一大类下。[8] 1945 年，战胜的盟国重新定义了战争罪行的特征。除了被控发动侵略战争的所谓甲级战犯，还有乙级战犯（违反战争习惯和惯例）和因反人道罪被控的丙级战犯。

违背"战争的法规与惯例"

狭义的战争罪，即对阵两军之间和军队与平民之间违法的暴力罪行，被证明无法通过一纸协议来约束。战场上的违规行为数不胜数，其原因显而易见。与第一次世界大战中的堑壕战不同，在"二战"的开放式机动作战中，混战十分常见。在这种环境下，有时候射杀敌军降兵或伤员要比专门分出一部分兵力把他们送到后方简单得多。在步兵战斗中，那些杀死敌人几分钟后想要投降的士兵会被当场杀掉；狙击手一旦被俘，常常会被处死，因为他们被视为一种特殊类型的杀手。在苏德战争和亚洲的战争中，伤员一旦落入敌手，通常会被杀掉。在激战正酣时，士兵们的脑子里根本想不到什么《日内瓦公约》，各国的军官们似乎也没怎么约束他们的人，有些时候还会主动鼓励和怂恿手下犯下战争罪行。海上的战场完全不同，但当水兵和部队落入水中挣扎时，违反既有条约的机会还是会有的，要么是蓄意射击救生艇，要么是用机枪把幸存者打死。只有在空对空战斗中大家会更关注规则，但用机枪射击跳伞飞行人员的罪行仍时有发生；另一方面，空对地战斗则由于轰炸和对地面扫射的不准确性甚至是随机性而屡现尴尬。最重要的是，远程"战略"轰炸会引发复杂的伦理问题，因为这种作战行动会大量炸死平民，有时甚至是故意的，还会无差别地摧毁医院、学校、教堂和文化宝藏。

大部分乙级战争罪是在战场上犯下的，那里的士兵们面对面，要么杀人，要么被杀。"这里只有一条规则，"太平洋战争中的一名美军工兵在他的日记中写道，"杀！杀！杀！"[9] 尽管激战时的暴行很常见，但各国军队战争暴行的规模和特性还是会由各个战区的众多因素来决定——地理、意识形态和宣传、军事文化、约束程度等。罪行犯下之时，犯事者的脑海里不大可能有什么想法，除了知道没人管。在缺乏约束或是军事当局蓄意违反规定之时，战场上的士兵们就会随暴力本能恣意妄为。例如，1941年12月，希特勒就告诉在苏联打仗的军队，那里的战争"没什么骑士精神，也没有《日内瓦公约》"，希望他的军人们自己做出决定。但在对西方列强的战争中，他却要军队尽可能遵守各方认可的战斗规则，当1944年末党卫军在马尔梅迪屠杀美国士兵的消息传到他耳中时，他又向他的军队重申了这一点。[10] 尽管在西方军队中这种情况要少得多，但他们有时也会把规则置之脑后。美军在1944年进攻关岛之前，欢呼的陆战队和陆军士兵被告知不留活口。[11]

然而，战役的更广泛背景解释了各个战区之间在战场犯罪的规模和残酷性上的天差地别。在西欧和地中海地区的战斗中，对阵双方基本上遵守了国际条约的规定。有一个例外是西线与武装党卫军的战斗，后者被普遍认为自行其是，狂热追随希特勒，做起事来肆无忌惮。在1944—1945年意大利和德国边界沿线的恶战中，被俘的党卫军有时会被就地处决。当关于党卫军暴行的消息传到盟军部队时,他们也会做出自己的决定。在突出部战役中,鲜有党卫军成员走进战俘营的围栏。"战争就是这样,人也是这样。"一名美国老兵后来回忆道,"一个人常常会陷入暴怒,无法控制自己,只能听凭情绪摆布。"[12] 英国军队偶尔也会有这种反应,始建于1941年的特种空勤团就极少抓俘虏。德军在北非、意大利和西欧对其他国家士兵犯下的战争罪行,相对于苏联和中国战场的暴行规模来说,只能算是些相对孤立的案例。这些战区暴行的受害者通常有几十人到数百人,而在苏联和亚洲则是数十万人。在海上战事中,各方都进行了1930年《伦敦海军条约》禁止的无限制潜艇战,但双方总的来说都不会杀害那些弃船船员,英国皇家海军在大部分时候还会救援落水者。[13]

东欧和亚洲的战事就完全是另一种面貌了。在这两个战区,守方军队很快就明白了杀过来的敌人想要打的是什么样的战争,于是以牙还牙。结果便是暴行不断升级,每一次残酷的报复都会促使双方部队的暴力行为进一步升级。"战争的野蛮化"——这个词由历史学家白德甫首创,以形容德国军队在苏联发动的野蛮战争——是德军和日军故意为之的,但也有许多环境压力促使双方那些其他时候不会施暴的人变成凶恶的杀人犯。[14] 地理就是个重要因素。士兵们会发现自己在最荒凉的环境下战斗,远离家乡,回家无望。缅甸和遥远南太平洋岛屿上的丛林环境、华中的高山大川,或是辽阔的苏联大草原,夏季骄阳似火,尘土漫天飞扬,冬季天寒地冻,这些都对军人构成了严峻的考验,显然也是战斗残酷的一部分原因。在这些偏远地区,战斗、疾病、受伤带来的普遍大量死亡导致了一种深刻的病态文化,敌人的死亡被完全漠视。德国士兵发现苏联红军近乎自杀的战术难以理解,但结果让他们将苏联士兵完全当作炮灰对待。在日本的军事体系中,每个新兵都被灌输了"玉碎"的思想,要战斗到死。[15] 日军的自杀式进攻和自杀式防守让美军、澳军和英军对日本人的死亡变得感觉迟钝。日本人的尸体被丢在路上无人掩埋，很快就被盟军车辆碾成干扁的印迹。

日本的侵华战争从一开始就没怎么打算遵守现代战争的规则。在日本军队进攻时，投降的中国士兵通常会被就地枪杀或砍头。伤员会被刺刀、军刀或是日本兵喜欢的任何其他武器杀掉。尽管日军飞机会撒下传单鼓励中国国民党士兵投降，并保证说日军"不会伤害俘虏"，但日本士兵的日记清楚地表明这种保证不过是个骗局。一名进攻河北省的日本士兵记录了他用石头砸死中国伤员、用军刀把俘虏剖腹时感受到的乐趣。当他的部队随着撤退的中国军队进入山西省时，他又写道，杀死逃跑的敌人士兵是个愉快的事，"玩弄那些伤员，让他们自杀，也是件愉快的事"。[16] 这些日记也显示了在推进的日军士兵中十分普遍且强烈的不安和恐惧，他们常常遭到中国士兵的伏击，后者从战场上消失后转而采取了非正规的游击战术。日本军队在向前推进时伤亡惨重，士兵们也会暴虐地向敌人复仇。

暴行的高峰出现在日军攻占中国的首都南京之时，估计有30万中国士兵和平民被屠杀。两个日本兵一夜之间在日本成了明星，因为他们比拼谁能先砍下100个中国人的人头，消息传到了日本；"百人斩竞赛"持续到了1938年，到3月，有个中尉已经砍下374个人头。诗歌、歌曲，甚至儿童书上都在宣扬这种"爱国百人斩"。[17] 各个地方都有中国士兵被抓住，以各种残酷的方式被处死——俘虏们被钩住舌头吊死，活埋，烧死，用来练习刺杀，扒光衣服丢进冬季河流的冰洞里"捞鱼"。[18] 一个日本兵在南京经过了一片地方，那里有2 000具残缺不全的中国人尸体，他们本来已经打着白旗投降了。他写道，他们都"被用各种不同的方法杀死"，并丢在路边任其腐烂。[19] 这种不受约束的暴力源于日本军方将中国士兵定义为匪徒的做法，这为他们

第十章 罪行和暴行　909

杀害被俘的中国士兵消除了法律障碍。日本政府没有批准关于战俘的《日内瓦公约》，但即便他们批准了，这一国际法带来的限制也不会传达给日军的哪怕高层指挥官。[20] 当日本士兵们在残酷战斗中变得残暴无情，屠杀伤员和敌人俘虏的习惯也就成了一种生活方式。"我毫不在意地踏过中国兵的尸体，"一个南京大屠杀的参与者在日记中写道，"因为我的心已经变得野蛮而病态。"[21]

当日本在1941年12月进攻美国、英国与荷兰在东南亚和南太平洋的领地时，其大部分士兵参加过侵华战争，这和他们面对的那些没有或只有很少战斗经验的盟军完全不同。日本兵把他们在四年战斗中养成的习惯用到了对殖民地部队的战斗中。他们原本已有残暴的名声，但西方军人还是被震惊了，不仅是因为他们低估了日本敌人的战术技巧，还因为他们以为日军在与白人的战斗中会遵守国际惯例，对无限制暴力加以约束。当中国香港的英国总督在1941年圣诞节这天向日军投降时，侵略军在沦陷区横冲直撞，杀害俘虏，用刺刀挑死医院里的伤员，强暴并杀害护士（而就在仅仅几天前，英国军队和警察还用机枪大批杀害中国抢劫者，还有一次把70名据说是第五纵队的人拉出来，头上套上麻袋，逐一枪杀）。[22] 在进攻马来亚时，日军在沿半岛南下途中杀死俘虏，屠杀伤员，在整个太平洋的战斗中他们都是这么干的。在新几内亚的战斗中，日本人常常濒临饿死，弹药供应也不足，但人们后来还是发现被俘的澳大利亚士兵被扒光衣服绑在树上进行刺杀练习，或是用军刀砍碎，有不少人还被饥饿的日本兵割肉吃掉。[23] 美军发现了残缺不全、遭到酷刑的战友尸体，还在日军尸体的口袋里找到了从美国人身上拿走的战利品。在海上，日本海军会击沉看到的船只，之后要么让幸存者淹死，要么用机枪把他们打死在水中；入侵东印度群岛（今印度尼西亚）的海军岸上部队在安波那岛（安汶岛）屠杀了数百名被俘的澳大利亚和荷兰士兵，执行者可以选择砍头或者用刺刀刺穿胸膛。[24] 美国海军也从战争一开始就采取了无限制潜艇战。到1945年美军潜艇已经没什么东西可以打了，于是转而攻击渔船和近岸舢板，这也违反了他们的交战规则。在海里挣扎或挤在救生艇上的日本幸存者是被抛下还是被打死，完全看指挥官个人的良心，而不是什么法律问题。[25]

对日本侵略者来说，他们对盟军部队的暴行被证明完全适得其反。既然日本人不打算遵守战争惯例，那么其军队在战场上就面临着以牙还牙的报复。不是每名盟军士兵或是每个日本兵都会无视国际法，但在太平洋战争中这种违规行为俯拾即是，美国陆军和陆战队士兵们也不认为这样做会受到处罚。美国军人的态度受到了珍珠港遭袭后自发的愤怒浪潮的影响。海军作战部长哈罗德·斯塔克海军上将在战争爆发几个小时后就宣布，美军将"对日本实施无限制航空战和潜艇战"，在战斗真正开始前就推翻了自己的国际承诺。罗斯福的私人顾问威廉·莱希说得很明白，和"日本野蛮人"战斗时现有的战争法"必须被抛弃"，而威廉·哈尔西中将则向他的航母舰队的官兵们发出信号："杀死日本鬼，杀死日本鬼，杀死更多的日本鬼。"[26] 在这种环境下，就不会有什么法律约束能制止美国军人了，在他们亲眼看见日军的暴行后，这种约束只会更加无力。"杀死那些杂种"成了美国军人阅读的宣传资料中的标准主题。日军在防守时不守任何规则，甚至毫无底线：他们会利用休战旗来伏击走过来的敌人；躺在战场上装死然后开火；投降时胳膊上绑着拉了弦的手榴弹，把他们自己和前来抓他们的人一同炸死；有时候，他们还会全体举刀向敌人的机枪冲锋。[27]

美国陆战队员和陆军士兵们对敌人普遍怀有仇恨和蔑视态度，那些把敌人描绘成毫无人性的禽兽，称其为难以理解的异域文化产物的宣传更是火上浇油。在战场上，"死日本鬼子"才是"好鬼子"，俘虏便几乎没有。日本伤兵或许会被割喉杀掉。美军会从日军尸体上

第十章 罪行和暴行　　911

割取纪念品,有些死尸会被剥下头皮,金牙也会被拔掉,放进装纪念品的小袋子里。肉体残害是如此普遍,以至于美国战争部于1942年9月命令所有指挥官禁止这种残暴的收藏纪念品的行为,但收效甚微。当战后马里亚纳群岛上的日军遗骨被运送回国时,人们发现其中60%没有头骨。甚至有人把一柄用日本人骨头雕刻的开信刀送给了罗斯福,他则坚持应该把这把刀还给日本。[28] 有些日本俘虏无法接受自己没能死在战斗中,于是拼命反抗,美军只好成全他们。在所罗门群岛瓜达尔卡纳尔岛的战斗中,找到一个活的日本人回来审讯是如此困难,以至于"亚美利加"师的人都被承诺只要能带一个回来就有威士忌和额外的啤酒。[29] 到1944年10月,仗打了3年后,盟军手中只有604个日本人。在整个太平洋战场上,最终只有4.1万日本陆海军士兵被俘虏,几乎全都是在战争结束时被俘的。日军知道美军和澳军通常不抓俘虏,这又强化了他们要求士兵宁死不受辱的战场行为守则。缅甸的战事也是如此,英国、西非和印度部队在看到日军的暴行之后,也经常杀死日本俘虏和伤员,以至于日本士兵根本没有投降的动机。有一次,印度士兵活活烧死了120名受伤日军,还有一次他们活埋了日军超过20人。受伤的日军通常会被刺刀刺死或枪杀,死者也会被捅几刀以确保真的死了。一名副旅长评论道:"他们是禽兽,理应受到如此对待。"[30]

东线的战争也表现出了许多同样的要素。德国军队在1939年波兰的战争中已经表现出了他们的残暴,约有1.6万名被俘的波兰士兵被枪杀以作为报复。甚至在与苏联的战斗开始之前,德国军队就收到了一份指导手册《你了解敌人吗?》,它让他们准备好应对苏联军人"难以预料、阴险和无情"的战斗方式,这一偏见部分基于对第一次世界大战中俄国军队做法的记忆。[31] 对"犹太-布尔什维主义"的种族歧视和敌视让军队指挥官们认同了1941年3月传达下来的希特勒的主张，即在苏联的战役是一场"灭绝之战"，德国人需要"摒弃敌我军人间同行情谊的想法"。参加进攻的第18集团军指挥官格奥尔格·冯·屈希勒尔上将告诉他的军官们，他们将要与"异族士兵"作战，这些敌人在战斗中"不值得同情"。[32] 尤根·穆勒少将把德国士兵们在苏联的战斗方式形容为回到海牙和日内瓦规定作战规则之前的"早期战争形式"。[33] 就在入侵前不久的5—6月，希特勒的最高统帅部发布了三条指示，定义了这一"早期战争形式"是什么。德军在苏联的行为准则是要在消灭所有形式的抵抗时完全残酷无情；"政治委员命令"指示要把所有被俘的苏联军队政委——他们是"亚洲形式战争"的化身——直接交给党卫军处死；最后，限制军事司法权的指示赦免了任何对敌方士兵和平民犯下国际法罪行的士兵。尽管有些德军指挥官担心这些指示会造成沃尔特·冯·赖歇瑙元帅所描述的无纪律的"胡乱射杀"，但大部分人似乎还是认可了这些，并在随后的战争中表现得毫无怜悯之心。[34]

从1941年6月展开的战事证明了德国人对苏军战斗方式的偏见似乎确有道理。德军士兵在推进途中发现了他们战友残缺不全的尸体——有的人舌头被钉在桌子上，俘虏被吊死在肉钩子上，还有些人被用石头砸死。苏军暴行的故事，无论是真是假，很快在进攻的德军部队中流传开来，于是在战役开始后的头几个星期，被俘的小股苏联红军士兵通常会在投降时被当场枪杀。1941年9月，德军高层将所有在德军战线后方发现的苏联士兵定性为游击队，无须多说，直接处决。[35] 和日军一样，苏联士兵也常常在绝境中打到最后一个人，或是躲起来从后方伏击德国军队，或是装死然后开火，或是受了重伤仍继续作战。和日本人一样，苏联士兵也不应该被俘，他们强调为了集体自我牺牲的价值观。苏联政府在1941年8月签发了270号命令，指责所有投降或是成为俘虏的人是"祖国的叛徒"，并惩罚他们的家人。[36] 在早期的拼死战斗中，苏联红军很少抓俘房；战争后期红军快速推进时，被俘的敌兵也会成为拖累。1944年末，一名在森林里迷路的年轻德国士兵逃脱了他的部队其他人的命运；当他再次找到他的战友们时，他们在一处空地上躺成一排，脑袋被砸碎，肚子被用刺刀剖开。[37]

苏联士兵没有义务遵守什么规则。他们会用任何手段作战，无论正当与否，因为他们应该履行的核心道德义务是从法西斯侵略者手中拯救苏联祖国。关于德军暴行的故事也在苏联全体官兵中传播开来，强化了敌人不值得怜悯的观点。[38] 他们的任务就是杀死德国人。就像美国在太平洋战争中的宣传文字一样，苏联红军杂志上也满是充满仇恨的杀戮布道。诗人伊利亚·爱伦堡在《红星报》上写道："没有什么比德国人的尸体更能让我们快乐了。"苏联士兵们被鼓励在可能时每天至少杀一个德国人。1941年大撤退中的掉队者组成游击队，他们常常破坏德军的交通线，经常折磨和杀死任何落入他们手中的德国人。在这种环境下，遵守不切实际的战争法对于拼死在意想不到的侵略者面前扭转战局的军人们来说毫无意义。尽管如此，还是有数百万人在1941年的大合围战中被俘。消息很快传回来，说数以千计的俘房被抓捕他们的德国人系统性地屠杀了。总的来说，德国军队被证明忠实执行了杀死俘房中政委、共产党员和犹太人的指示，战时总共杀害了估计60万人。反过来，德国士兵也发现自己的俘房如德国外交部向莫斯科抗议时说的那样，"被用野兽般难以描述的方式杀害和折磨"。[39] 两军都没打算限制这种暴力，因为这是上面同意的。从1942—1943年起，杀死战俘的数量开始下降，这仅仅是因为两国政府都想要利用战俘在战争经济中充当劳力，但到那时所有被俘德军士兵中的一半、德军手中苏军士兵的2/3都已经遇害。

在远离前线的地方，战俘的命运反映了前线本身对战争规则的不同理解。幸存率就清楚地显示了这种差异。英帝国和美国手中的战俘不会受到严酷的惩罚或折磨，也不会濒临饿死，尽管 1945 年战争结束时抓到的大批俘虏带来了意料之外的住房和粮食供应问题，新建的临时营地里也出现了高于预期的死亡率。在英国和美国手里的 54.5 万意大利人中，只有 1% 没能活下来。[40] 而德国或意大利手中的西方俘虏也是按照《日内瓦公约》的要求对待的，353 474 名俘虏中，9 300 人死亡（约占 2.6%），其中大部分死于伤病；与此相反，被日军俘虏的 132 134 人中，35 756 人或病死或被杀（约占 27%）。在太平洋战场上被俘的美国人和澳大利亚人最为恐惧：被俘的 4.3 万人中死了 1/3。[41] 战争结束前被俘的日军相对较少，因为大部分人在前线死掉了。在缅甸，1 700 名日军被俘，但有 18.5 万人死亡；只有 400 名健全的幸存者，他们全都想要走个仪式自杀。[42] 由于苏德战争的规模巨大，尽管杀害降兵的事情频发，战争中还是有巨量的士兵成为俘虏。在 520 万苏联士兵俘虏中，估计有 250 万—330 万人在被俘期间死亡（约占 48%—63.5%）；在 288 万最终走进苏军战俘营的德国人中，35.6 万人死亡（约占 12.4%）。意大利、罗马尼亚、匈牙利和奥地利还有 110 万轴心国军人被俘（与德国人分开统计），其中 16.2 万人死亡（约占 14.7%）。1945 年 8 月苏军攻占中国东北时俘虏的 60 万日军中，61 855 人死亡（约占 10.3%）。[43] 苏军手中的例外是 1941 年被墨索里尼派去与布尔什维克作战的意大利人的命运：在 48 947 名进入战俘营者中，27 683 人死亡（约占 56.6%）。[44]

德军手中的苏联俘虏和日军手中的盟军俘虏死亡率格外高，是缘于那些从战场的悲惨遭遇中活下来的人遭到了蓄意虐待、漠视和杀害。20 世纪 30 年代，日军对战俘的态度完全是负面的，当时"为天皇英勇牺牲，决不投降"的意识形态达到了高峰。以被俘为耻的观念已经被灌输到了每个日本新兵的心里。1941 年 1 月，日本陆相东条英机大将向所有士兵发了一本小册子《战阵训》，再三警告他们"生不受虏囚之辱"。[45]结果便是日本军队将敌人俘虏完全视若草芥。被俘的中国人会被当作"匪徒"杀害，一名日本军官说他们不是人，而是"猪"。[46]随着1942年2月新加坡投降，三个月后科雷吉多尔投降，大批盟军战俘落入日军手中，他们面对着捕捉者的怀疑和蔑视，也常常遭受虐待。日本在1929年关于战俘的《日内瓦公约》上签了字但没有批准，不过1942年1月日本政府提出，如果盟军遵守其规定的话，日军也会这么做。值得注意的是，日本人同意遵守的规定中不包含禁止使用战俘为敌国战争机器充当劳力的条款，东条英机（现在是首相了）发布了命令，要求将战俘视为资源，用来为日本军队修筑道路、机场和铁路。事实上，盟军俘虏没有得到《日内瓦公约》的保护，那些负责管理战俘营并看守战俘的日军也没被要求遵守公约。日本俘虏情报局的负责人上村干男中将喜欢残酷对待这些俘虏，作为向被征服的殖民地人民显示"日本民族优越性"和白种人衰落的方式。[47]

　　随之而来的高死亡率有着多种不同的具体原因。战俘营的看守大部分来自朝鲜和中国台湾，他们被灌输的观念要他们把俘虏当作禽兽，他们能够随意地用自己喜欢的方式对待俘虏。看守们常常会遭到日本士兵和军官的野蛮对待，自己的粮食和医药也常常不够，于是就把自己的沮丧发泄到了被关押者身上。他们普遍认为俘虏的处境应当比日本兵自己本已恶劣的处境更加恶劣。战俘营指挥官和工作班子的首要任务是完成指派给他们的任务，而不是保护俘虏免遭虐待。俘虏们得不到足够的口粮和医药供应，几乎都患上了热带疾病和地方性痢疾。他们会对俘虏随意施暴，用棍棒和鞭子殴打，折磨被认为懈怠的人，因为一点小小的违规行为就把俘虏长时间关入黑牢。关入黑牢的人三天没水喝，七天没饭吃。他们如果尝试逃跑，就会被枪毙。负责政治监控的"宪兵队"特勤队一旦怀疑俘虏有抵抗的计划，就会严刑逼供。为达目的，他们不择手段。其中有一种"米刑"，受刑者会被喂食大量生米，之后灌水；米会在胃里膨胀，让人疼痛数天。为了让毒打更难以忍受，他们会往受刑者的皮肤上揉湿沙子，让被打的地方满是血痕。[48] 挨打的人要么在受审时当场死亡，要么屈打成招，供出各种离奇的密谋。一旦他们招供，一个私设法庭就会宣判他们死刑或是长期监禁。受刑者都已经遭受长期饥饿和疾病的折磨，能不能活下来要看运气，取决于当地日军军官的一念之间，如果遇到疾病不那么流行、看守不那么有施虐倾向的情况，就算幸运了。

在轴心国和苏联的战争中，俘虏的高死亡率主要是出于意识形态因素。由于德国军队被告知要无视《海牙公约》和《日内瓦公约》，他们便没有义务体面地对待被俘的苏联士兵和飞行人员。1941年9月，此时已有数百万苏联士兵被俘，德国中央保安局的首脑赖因哈德·海德里希发布了一份指示，称既然苏军战俘不比罪犯强多少，他们就无权要求"作为荣誉士兵的待遇"，德军应当相应地以对待罪犯的态度来对待他们。[49] 鉴于巨大的俘虏数量，对他们的食品供应严重不足。被俘苏军会被赶进临时营地，他们常常不得不步行数百英里才能到达那里。战俘营也不过是用带刺铁丝网和机枪围起来的野地；没有水，食物稀少而且质量很差，没有医疗服务，除非被俘苏军自己有医护人员。军服和靴子会被德国看守抢走。尝试逃跑的人会被枪毙；在战俘营中被枪毙的不仅有被德国安全部队找出来的犹太人和共产党员，还有任何触犯了严酷营规的士兵，比如有一次两名俘虏不愿意像其他人那样饿死，因为吃人而被枪毙。[50] 那些仍然足够健康的人被送去干活，但是除了斑疹伤寒的流行，他们还要忍受严寒和饥饿。有些人之所以在 1941—1942 年的囚禁中活下来，仅仅是因为他们同意作为"志愿勤务人员"为德国军队做事，但是大批俘虏会在被囚禁几个星期内不再具有有效的劳动能力，于是被抛弃等死。到1942年2月时，已有200万苏军俘虏死亡；德国人也没花什么心思来让他们活着。[51]

和日本一样，苏联也没有批准1929年《日内瓦公约》，而且不再承认十月革命前沙俄政府签订的所有条约，包括两次《海牙公约》。1941年6月下旬，苏联政府试图通过国际红十字会去让德国人同意双方都应当尊重俘虏应有待遇的条款，但德国政府拒绝了。到了那个阶段，两军都已经违反了任何可能达成一致的条款。由于战争突如其来，苏联军队完全没有准备好接纳战俘。到1941年底，苏联只有3个战俘营，仅能容纳8 427名想方设法从前线屠杀中活下来的德国兵；到1943年，营地数量增加到31个，可容纳人数最高达到20万人。根据1941年7月1日关于使用战俘劳动力的法案，俘虏们被送去干活。他们被当作劳动营的苏联囚犯对待，得到的伙食也是相同的。和苏联囚犯一样，他们也能通过努力工作来挣得更多食物，但是帐篷和简陋营房的恶劣环境，加之越来越少的粮食供应，让许多俘虏过于虚弱，无力劳动。德国俘虏并没有像苏联俘虏那样被故意饿死，但是1942—1943年粮食供应体系的崩溃让苏联劳动营的数十万囚犯同样死于非命。1942—1943年冬季，轴心国囚犯的死亡率达到52%；11.9万人死于极端营养不良。从1941年6月到1943年4月，296 856名被俘人员中有171 774人死于疾病、寒冷和缺医少药。[52]

从1943年春季起，根据苏联国防人民委员会和内务人民委员部的命令，恶劣的条件开始逐步得到改善，到战争结束时，死亡率降到了4%。此时苏联当局开始尝试对德国俘虏进行再教育，把他们从法西斯主义者变为共产主义者；活下来的人中有1/5参加了共产主义"自由德国"运动。[53]意大利俘虏的大量死亡也不是政策有意为之，而是忽略、饥饿和严寒导致的。在苏联于斯大林格勒击败轴心国后建立的首批战俘营中，死亡率格外高。来到这里的俘虏已经遭受了几个星期的粮食不足，而且在冰点低温中无力御寒，已经十分虚弱。在切伦诺沃战俘营，1943年1月的26 805名俘虏中，两个月后只剩298人还活着。这一次，战俘营指挥官因无视内务人民委员部关于战俘待遇的指示而被逮捕，他们的劳动力此时对于苏联的战争机器已然至关重要。意大利俘虏对他们将要经受的磨难没有准备，他们所在的战俘营也是最差的。1943年1—6月又有31 230人死亡，有些死在前往战俘营的途中，有些死在最初的收容中心，大部分则在到达的营区中死于饥饿、体温过低和流行性斑疹伤寒，就像那么多死在德国人手里的苏联俘虏一样。[54]

各国议定的作战规则无人遵守，战俘待遇也没人尊重，这显示了所有国际条约在制止战争罪行可能性方面的无力。《海牙公约》的初衷之一就是要找到一些各方同意的手段来保护平民在战争中免遭伤害，但是如同军人之间的罪行在第二次世界大战的战斗环境下激增一样，军人对平民也是罪行累累。平民在战争中的安全被总体战的需要所拖累，这不仅是因为平民完全可以被视作敌方战争机器的一部分，也由于在许多情况下平民们会选择自己动手对抗占领军。同样的拖累还有军事力量的庞大规模，数百万人的军队在敌我双方领土上横冲直撞，丝毫不顾及其路线上的不幸平民。那些在1907年起草了《海牙公约》的人根本想不到签约国对平民安全的侵犯能达到何种程度。

所有军队都免不掉的一种违法行为是劫掠，尽管在世界大战的战争环境下，国家才是最主要的责任方。海牙的《陆战法规与惯例公约》的第46和47款规定"不得罚没个人财产"以及"禁止掠夺"。[55]但它并未定义清楚什么是劫掠。根据国际法，征服者有权利用被征服国家的公共财产，包括黄金库存和货币储备，但需确保被占领国民众的经济和社会需求得到充分满足。国家能拿走许多财物，个人士兵却被要求尊重民众的个人财产，完全禁止掠夺。[56]这甚至在起草时就已经是个过于理想的愿望。在第二次世界大战中，法律约束几乎不可能起作用，而对于那些本应强制执行限制规定的军官和宪兵而言，这项任务即便有心，却也无力。欧洲盟军最高指挥官艾森豪威尔将军命令美国军队不许抢劫，但士兵们还是在大规模劫掠，甚至是抢劫那些正在被这支军队解放的民众。[57] 在入侵苏联的最初几个星期，德军指挥官命令部队从农民手里拿走东西时要付钱，不能直接抢夺，但是几个星期之后抢劫就被认为无法避免也无法控制，干脆认可了。[58] 抢劫或掠夺的程度和性质随环境和时机而不同。有人在被用作军队临时住所的民房里偷一些货品、食物和酒，有人则毁灭性地将财物洗劫一空。抢劫在有些时候还伴随着对住户家女人和女孩的强暴，把她们当作性战利品；在东线战事中被德国士兵和民兵抢走了最后一点财产的犹太人那里，劫掠是被屠杀的前奏。这都是些综合性的暴行，本章后文部分将会论及。

占领国将劫掠视作理所当然。从1939年德军攻打波兰的最初几天起，士兵们就会随意取用波兰人的财产。一名波兰医生齐格蒙特·克鲁科夫斯基在日记中记载了这日复一日的掠夺——"到处破坏和抢劫仓库""德国人特别喜欢找好吃的、酒、烟草、雪茄和银器""今天就连德国军官也开始搜查犹太人的家，拿走所有现金和珠宝"。他还看到德国士兵从当地天主教堂里偷东西，宪兵就站在旁边，视若无睹。[59] 在德国征服西欧时，劫掠总的来说要克制一些，但还是有成车皮的食品、饮料和家具被送回到德国家庭里。在它征服巴尔干时，劫掠和在波兰时一样。在希腊，城市里的一切都被抢走了，从博物馆的珍宝到家里的东西，军官士兵都一样醉心于此。雅典一名震惊的旁观者想不通为什么德国人"都变成了贼"。他看到"他们把屋子里所有看上眼的东西都洗劫一空……从当地的穷人家里抢走床单和毯子……甚至连门的金属把手都被拆掉了"。[60]

德军从 1941 年入侵前夕就已准备好要对苏联城乡的平民进行彻底的抢掠。和入侵中国、东南亚的日军一样，德国军队也要尽可能地不依靠本土而生存。在苏联和中国广大的沦陷领土上，入侵军队会从沿途的贫穷农夫那里夺走任何能找到的东西，没人想要维持当地的生活水平。这些地方的生活水平原本就很低，搜罗战利品的机会也相应很少。尽管如此，沦陷区的德国军队和日本军队还是如同蝗虫一样突然降临。日本在 1940 年发布了应对中国人游击战的指示，在其推动下，日军对当地人民施以恐怖政策，中国的受害者称其为"抢光、烧光、杀光"的"三光"政策。[61] 在战火蔓延的华中和华南各省，牲畜被抢走，村舍被烧成平地，乡村被毁灭，城镇也被炸为废墟。在苏联，行进中的军队会夺走任何可以用作补给的东西，德国士兵们会随意掠夺苏联人的厚衣服以抵御严寒。德军为了维持进攻，进行了彻底的掠夺。一名向列宁格勒推进的德军士兵评论说，部队"别无选择，只能掠夺庄园……被辎重队抢走的东西都是那时穷人们赖以为生的。我们后面还有其他队伍也会这么干……"。另一名军官看到部队从穷困的农民那里夺走了所有饲料和牲畜，知道能抢的东西已经所剩无几："我们所过之处，寸草不留。"[62]

当盟军在德国被最终击败和占领前的几个月开始大规模抢劫时，其动机更加复杂。英美军队在 1944 年下半年穿越法国时开始擅自劫掠。早在 1940 年，英军的劫掠就已难以控制，当时的英国远征军常常偷东西，这让当地法国民众对他们产生了敌视，而 1944 年的劫掠规模更是要大得多。英国政府最终花了 6 万英镑来补偿英国士兵的偷窃行为。美国军人会抢走食品和饮料，以及暖和的衣服和毯子来对付 1944—1945 年极端寒冷的冬季；难民留下的空房子也成了对盗贼们的公然邀请。而一旦踏上德国土地，劫掠对部队来说就不再是偷窃，而是胜利者猎获战利品的正当之举，后来这被称为"解放德国人"。

只有那些被宪兵现场抓住、人赃俱获的人才可能受到处罚,如果说有人因此受罚的话。"我们就是毁灭,"一名美军中士在1945年4月的一封信中写道,"我们所过之处什么都剩不下——照相机没了,手枪没了,手表没了,珠宝剩不下多少,见鬼的处女也没几个。"[63] 被德军从法国抢走的大批酒水,现在又被解放者抢了回去。在科布伦茨,甚至当最后的战斗还在进行时,一名年轻士兵就发现了一间堆满香槟酒的酒窖。他的部队把这些酒倒进了洗澡池,轮流进去"洗酒浴","就像某部电影裸星那样",希望德国人不要来反击。[64]

开进德国领土的苏联士兵也洗劫了能找到的任何一种酒,甚至会喝掉有毒的酒精。有士兵被发现淹死在地窖里,淹死他的是从酒桶弹孔里流出来的酒。有人故意破坏医院以寻找任何喝起来像酒的东西。但是苏联士兵的大肆劫掠还有其他动机。经历了数年的困苦之后,掠夺战利品被当作无法抑制的战争特权。他们沿途的住宅和农舍被抢掠一空,还常常被故意毁掉。激起普通苏联红军士兵怒火的是贫困的苏联生活和相对富裕的德国生活之间的显著差别。他们想不通,已经享受如此富足生活的侵略者为什么要来抢苏联人那点少得可怜的财产。6年前,正是同样的反差让苏联人在占领波兰东部和波罗的海沿岸国家时进行了劫掠;现在,大肆抢劫的行为爆发了,军官和普通士兵都卷入其中。[65] 偷窃得到了官方支持,士兵们获准每个月向苏联家庭寄回5千克包裹,军官则是14.5千克。军用邮政系统被洪水般送回苏联家庭的物品淹没,他们已经几年没见过精美的食品和消费品了。[66]

劫掠仅仅是对平民所犯罪行的冰山一角。从20世纪30年代中期到40年代末的整个过程中,千百万平民被杀害或饿死,其中不知道有多少是践踏其土地的军队和安全部队所犯暴行的受害者。就像军队之间的罪行一样,平民死亡也是由诸多不同动机和环境造成的。然而,想要找出遇难人数和暴行目的却被证明困难重重,因为从来没有过关于遇难人数和总体损失的准确记录。有一个例外是在意大利发生的暴行，整个半岛上的受害者人数和各种暴行的具体情况都已被登记在册。在1943—1945年，德国军队和意大利法西斯党民兵（墨索里尼的傀儡"意大利社会共和国"的军队）有5 566起对平民的暴力行为，导致23 479人遇难。他们被杀要么是作为对意大利游击队袭击的报复，要么是作为对其在军队眼中的反抗之举的集体惩罚，有几次还是由于村民在接到离开前线地区的命令时拒绝行动。几乎1/3的受害者是在未持有武器的情况下被围捕抓住的男女游击队员，他们不受法律保护。尽管在不少次臭名昭著的事件中女性和儿童也遭到大量杀害，但意大利87%的遇难者是男性，大部分是兵役年龄。[67]对女性和儿童的杀戮只发生在几次格外残暴的惩罚性屠杀中，包括发生在博洛尼亚附近索洛山的暴行，770人遇害，从而成为西欧战场上单次被杀人数最多的暴行。[68]在法国，最臭名昭著的暴行是党卫军第2"帝国"装甲师部队在格拉讷河畔奥拉杜尔村的屠杀和毁村事件，事件中有642人遇害，其中有247名女性和205名儿童，这次屠杀是作为对当地法国抵抗运动的报复。德军对法国平民的屠杀导致了在盟军进攻诺曼底期间法国游击队袭击的升级，在此前的数年里，他们一直在尽可能避免采取暴力。1944年6月，7 900名平民遇害，其中4 000人是被"帝国"师杀害的。[69]

在东欧、东南欧和亚洲的战争中，被杀、饿死或遭受折磨的平民数量让西欧的暴力完全相形见绌。在轴心国与苏联的战争中，平民死亡总数估计达到1 600万人（其中150万是苏联犹太人）；死于波兰者达到600万人，其中一半受害者是犹太人。没有关于中国遇害平民的准确数字，但估计在1 000万到1 500万之间。在太平洋战争中，日占区也有数十万平民丧生，其中菲律宾在日本占领的最后阶段死了15万人。约有10万冲绳人（都是日本公民）在这座岛屿的残酷攻防战中死亡，死于日美两军之手；他们身陷残酷的前线，死于空袭和炮击，被双方夺走了食物，被赶出避难所而被机枪火力扫倒，如果他们想要投降，就会被日本士兵用刺刀捅死或是炸死。[70] 在游击战争中，平民们一旦被怀疑与敌人合作，或是想要故意隐藏粮食，不交给前来征粮的游击队，就会死于游击队的暴力之下。在缅北，有些游击队半兵半匪，他们掠夺当地民众，把村庄夷为平地，杀害抵抗其掠夺的农民。乌克兰的苏联游击队对待本应要去解放的民众毫不留情，会公开绞死疑为投敌者的人。[71] 苏联的民众也会由于被疑投敌，而成为他们自己政府的牺牲品。战争期间，数百万人被驱逐到苏联境内流放地，包括1939—1941年被苏联占领的波兰和波罗的海沿岸国家的数十万人：1941年，伏尔加德裔（18世纪移居俄国的人口）的后裔被整体指控为从事第五纵队活动；女性和儿童被送到中亚的临时营地，男性则被送到劳动营，数以千计的人死在那里。1944年，轮到了克里米亚和高加索的非俄罗斯人，他们被赶出家园，迁徙到西伯利亚。每个苏联公民都有可能因为轻微的违法或渎职行为而被指控为蓄意破坏或失败主义，这可能会让他们被送进劳动营，1940—1945年有97.4万人丧生于此。

即便如此，欧洲和亚洲的绝大部分遇难平民是死于前来征服的德国军队和日本军队之手。占领欧亚大陆之举带来了无法避免的困难。日本军队发现自己占领了一块有1.6亿人的地盘，自己的军队和军事管理机构在沦陷区已不堪负荷；德国和其他轴心国军队占领了有6000万人的苏联地区，而守卫这些地方的军事和安全部队只有几十万人。治安对于日本和德国的指挥官来说都是优先事项，但是这一任务之艰巨令人生畏，抵抗行动无处不在，难以预料。苏联和中国有着仿佛无穷无尽的空间，危险也同样无穷无尽。侵略者怀着恐惧和蔑视态度戕害当地民众；这都是些被认为适合殖民的地区，他们对民众的残酷对待也呼应了暴力殖民扩张的漫长历史。那些抵抗殖民计划的人是得不到国际法保护的。德军对待东方民众的态度与西欧和北欧截然不同。[72] 殖民地模式同样被意大利人用在对付战前埃塞俄比亚民众抵抗和战时利比亚起义的暴行中，那里的军队和意大利非洲警察在镇压阿拉伯人和柏柏尔人起义时使用的方法——大规模处决、公开绞刑和鞭笞——被认为在殖民过程中是可接受的。当地殖民者自己也会报复起义者，有些起义者被用手榴弹炸死，有些被活活烧死，有些被拿来当作打靶练习。[73] 意大利殖民地警察会配合德国安全部队，为德国自己的东方殖民地警备部队提供顾问和训练。相似的安全措施也扩大到了意大利在希腊和南斯拉夫的统治，他们在那里焚烧村庄，处决平民，这都呼应了他们在非洲的所作所为。[74]

侵略者在苏联和中国的治安策略都是出于一种需要，即为在遥远前线作战的军队主力营造安全的后方地域。在这两国，侵略者发现自己面对着的不仅是对方的正规部队，还有各种非正规抵抗，这些抵抗来自脱离了自己部队的士兵、民兵，还有决心抵抗殖民计划的民众。在中国，正规军士兵会脱掉军服，混入民众，加入在日军后方活动的大量游击队。在苏联，有些社区很难监管，抵抗者可以扮作普通工人而不被注意，就像那个在德国白俄罗斯政委威廉·库贝的明斯克总部里将其刺杀的年轻女孩那样。在这两国，日本军队和德国军队都把非正规军的反抗视作对其军队的安全和状态的深刻威胁，要坚决而残酷地加以解决。在日本，军队被准许用"严重处分"或在战场上"现地处分"来对付反抗。当地指挥官经常面临着伏击、刺杀和狙击的威胁，基本可以恣意妄为，让部队随意杀害平民，烧毁村庄，以及不加限制地处死人质。德军从侵苏战争开始时起，就获准使用所有手段来确保治安。1941年7月，希特勒在他的东普鲁士大本营要求将领们尽可能快地安定被征服地区，"枪毙任何哪怕只是看起来可疑的人"。7月25日，陆军总司令部签发一份指示，要求"无情镇压"所有对德国军队的非正规攻击和暴力行为，如果找不到袭击者，就要采取"集体暴力措施"。这些指示从战争伊始就为针对任何疑似威胁的极端暴力打开了通路。非正规军人被公开绞死，杀鸡儆猴，村庄被夷为平地。德军在入侵几周内就处死了数以千计的人质。安全部队首脑赖因哈德·海德里希在当月发布了一份指示，允许在战场上处决所有"激进分子（破坏者、造势者、狙击手、刺客、煽动者等）"，为无限制的暴力松开了缰绳。[75]

随着苏联和中国的战事进入僵持阶段，对平民和游击队威胁的处置变得激进。到1941年5月，中国战场上估计有46.7万游击队员，他们有些是共产党员，有些则是从国民党控制的西南地区渗透进来破袭日军交通线的部队，其总数比利用日军后方法外之地捞取好处的匪帮成员多一些。[76]日本士兵日益增加的不安全感和恐惧，被投射到了游击队出没地区的无助民众身上。前来惩罚的日军对待中国平民十分极端。日本兵不仅会把他们的沮丧、受到的残暴训练和持续焦虑发泄在沿途的民众身上，还常常会带有蓄意而丑陋的虐待倾向。有时候这是部队推进时突发的暴力冲动的产物，就像他们在南京的肆意屠杀正是由胜利狂热和复仇心态的恶性结合所致。有些时候他们似乎纯粹是为了通过残酷的景象来取乐，就像新几内亚一个美国特派团的年轻姑娘被捂住嘴砍掉脑袋，或是荷兰小孩被迫爬上椰子树，直到力尽跌落，摔在下面等着他们的刺刀上。有时候这是古怪计划的产物，最奇怪的是南太平洋新爱尔兰岛上30名被拘押平民的死，包括7名德国神职人员，他们是日本的德国盟友的人。这些人不是简单地被枪毙，日本军官蓄意安排了令人惊恐的杀人方法。日本人让被拘者背个包去码头边，等着坐船去另一个地方。随后他们被一次一个地带过去坐在码头边，彼此互不知晓。到了这里，他们头上被套上一条帽兜，之后站在两边的人迅速拉紧绳套。无声的勒杀之后，他们的尸体被用绳子绑在一大块混凝土上，然后被扔到大海里。[77]

随着非正规抵抗愈演愈烈，德军的镇暴行动也变得激进。和日本一样，残酷的集体惩罚也被用来警告民众不要对抗德国的要求，也不要为游击队提供任何帮助。德国的回应措施由正规军和在后方工作的警察单位共同执行，他们的任务是维持秩序和对付游击活动，安全警察和保安处都会参与其中。他们围捕嫌疑者，严刑审讯，大部分时候会将其处死。[78]德国当局认为自己打的是一场老式的恐怖战争，自己可以合法地以足够严酷的恐怖手段来阻止更多的恐怖行动。从1941年起，德占区各地的暴动者都被定性为"匪徒"或"匪帮"，以强调他们的罪犯身份，避免任何让他们被当作战士的危险可能性。反恐的论调渗透在了各种各样的命令和指示中，从希特勒的指挥部发出，沿着指挥链传播开来。1942年8月，希特勒指责了"多到无法忍受"的恐怖袭击，下令采取"灭绝政策"。这道命令之模糊，足以让前线部队肆意屠杀。12月，希特勒最终批准了使用"最残酷的手段……女性和儿童也适用"，尽管德军部队和安全人员早就在反击扫荡中杀害女性和儿童了。1944年7月30日，希特勒的最高统帅部发布了关于"与恐怖分子和破坏者的战斗"的进一步指示，明确在需要采取激烈措施时不应顾虑平民。[79]在地方层面，指挥官们也会用自己的理解来解读中央指示。1943年在克罗地亚的大规模镇暴行动中，德军指挥官发布了这样的指示："所有能确保部队安全的手段……都是合法的……没人会因为过度残暴的行为而承担责任。"从乌克兰调到法国担任指挥官的卡尔·基青格将军指示说"更强硬的方法"总是"正确的那个"。[80]研究显示，并不是所有单位都会如此行事，但军官们还是受到巨大压力，上面要求他们不要羞于屠杀平民。驻法德国空军副司令胡戈·施佩勒元帅警告他的指挥官们，他们如果行动"软弱而犹豫"就会受罚，但是"太残酷的措施"是可以容忍的。士兵们也被告知，那些怀有道德顾忌的人是在"对德国人民和前线士兵犯罪"。[81]

德国极端的镇暴政策覆盖了整个族群，男女老幼皆不能置身于事外，这并不是凭空出现的。抵抗者确实使用了恐怖战术来对付占领军，想要打一场1945年后在全球蔓延的那种非对称战争。占领军（尤其是在战场后方地域）那种深刻的恐惧感和不安全感源于对手无法预知的行动，这些对手藏身于视线之外的遥远群山密林之间，或隐于城市人群中。反抗者知道自己一旦被抓将不会有法律保护，因此对敌人也毫不留情。在苏联，被游击队抓住的德国士兵通常都会被处死。一名年轻的游击队员后来回忆道，两名德国兵被抓住时就连"小孩都想要至少用棍子揍他们"。这种报复在苏联游击队员中实在算是太柔和了，他们还会毒打俘虏，挖掉他们的眼睛，割下耳朵和舌头，再把他们的俘虏砍头或者淹死。[82] 一名意大利游击队员乔瓦尼·佩谢在战后撰文，讲述了这场双方都毫不留情的战斗："我们用恐怖对抗敌人的恐怖，用报复对抗敌人的报复，用伏击对抗敌人的围捕，用突然袭击对抗敌人的抓捕。"[83] 在米兰几个星期的战斗中，佩谢的旅取得的成绩显示了他经历的战役的恐怖性：

> 7月14日（1944年），两名游击队员重伤了法西斯党奸细奥迪拉·贝托罗蒂，当天晚上，两名游击队员在突尼斯大街摧毁了一辆大型德国卡车。一名想来阻挡的德国军官被打死了。从7月20日到8月8日，八辆大型卡车和两辆德国军官车被毁。三辆大型卡车被用"莫洛托夫鸡尾酒"燃烧瓶烧掉。在莱奥帕尔迪街，一辆德国坦克被烧，两名军官被打死。[84]

佩谢等人进行的恐怖活动的代价落到了当地平民身上，德军下发的指示中称他们为"匪徒的帮凶"，他们的村庄被摧毁，居民则被一轮轮暴行屠杀。最后，轴心国对恐怖袭击的打击导致数百万平民丧生，而其目的只是要消灭数千危及其部队的人。

盟军地面部队一般不会杀戮沿途平民，因为他们是作为解放者而战，也希望人们能如此看待他们。苏联红军确实会报复那些与轴心国占领军合作的苏联人，但通常都是先审判再处决。在东普鲁士，第一支踏上德国土地的苏联红军部队对进入的首批村镇进行了断断续续但极度暴力的毁灭，是他们途经的被毁灭的苏联乡村让他们如此愤怒。"当你驱车穿过燃烧的德国城镇时，快乐是发自内心的，"一名士兵在家信中写道，"我们在为所有一切复仇，我们的复仇是正义的。以火还火，以血还血，以死亡还死亡。"[85] 但在最初几天的暴行后，苏联指挥官开始以更严格的纪律减少对财物的毁坏和对德国平民的杀戮（但对大量的强奸睁一只眼闭一只眼）。有多少平民死在最初的复仇渴望中已不可知，但那些以各种形式为希特勒独裁政权服务的德国平民后来被抓起来，送进前德国集中营，那里在1945—1946年有超过4.3万人死亡，主要死于营养不良和疾病。

另一方面，盟军航空兵——英军、美军和加拿大军队——却在欧洲和太平洋的轰炸中炸死了约90万平民；其中超过14万受害者是他们要去解放的人，而由于他们未能保障平民不受伤害，这给任何法律或伦理审判又增加了一层复杂性。对敌方平民的杀害达到何种程度能构成战争罪，这一直是个有争议的问题。无疑，炸弹会在地面上带来可怕的后果，让整个市中心陷入火海，成千上万人死于爆炸、窒息或严重烧伤。在1943年7月27—28日这单单一个晚上的空袭中，汉堡市就有超过1.8万德国人被烧死，他们死于空袭导致的火焰风暴，街道上堆着烧焦的尸体，地堡里满是由于空气中的氧气被耗尽而缓慢窒息而死的人。1945年3月10日的东京空袭中有8.7万平民死亡，当年8月用原子弹轰炸广岛和长崎时20万人死亡,这都刷新了任何参战国单次行动杀死平民人数的战时纪录。

战争期间所有进行过远程战略空袭的国家都明白,主流的法律观点谴责那些在空袭中故意或"非故意"伤及平民及其社会环境的轰炸。《海牙空战规则》优先考虑的是通过严格限制哪些目标可以合法攻击来保护平民免遭空袭。尽管没有正式获批,这些规则还是被视为具有国际法效力。西方观点认为,20世纪30年代日军对中国城市的空袭,西班牙内战中意军和德军的轰炸都是恐怖攻击,它们不仅对《海牙空战规则》明知故犯,还违犯了国际法。英国人在合法性方面的立场很明确。1939年秋季欧洲战火初燃时,英国空军部和英军参谋长会议便宣布,根据主流战争法,轰炸平民城区的军事目标,或者在夜间无法辨认目标时实施轰炸,再或者蓄意攻击平民及其社区,均为非法。[86] 1940年,当对已被妖魔化为野蛮人的敌人的夜间轰炸开始成为常态时,这些法律限制对英国飞行人员的束缚便被逐步解除了,而美军在评估可以接受何种轰炸时也基本没有考虑这些。[87] "我从未觉得陆军航空兵的领导人们有什么道德顾虑,"1942—1943年时任美军第8航空军司令的伊拉·埃克声称,"一个军人必须学会和习惯于做该做的事……"[88] 明显会炸死大量平民的轰炸,无论蓄意与否,对那些发动远程战略空袭的航空兵来说都是可接受的。对这种危及平民及其社区的作战的法律顾虑,基本上都要让位于如何向敌人的大后方发动最有效空中打击的实际考量。

在从法律角度判断时,人们常认为轴心国在镇暴作战中当面杀戮平民和轰炸造成平民死亡有着显著不同。被轰炸的城市几乎总是会得到战斗机和高射炮火的保护(尽管对中国城市而言这种保护并无效果),飞行人员在飞行时也会觉得自己进行的是常规军事战斗,并不是在屠杀平民。在轰炸行动中,那些投弹的人和地面上的人无论是实际上还是心理上都有着遥远的距离，这种距离造成了一种错觉，让人觉得轰炸在某种意义上非人力所为。理论上，人们可以自由离开受威胁的地区，而遭到报复的受害者则不行。实际上，有鉴于完全撤离会带来很大问题，这种自由非常有限，但它改变了人们对平民受害者的看法。最后，大部分国家的航空兵指示轰炸机部队空袭的是最广义的军事目标，包括维持其国内战争机器所需的工业和港口目标，而不是故意攻击平民。他们这么做时知道平民会被炸死，或许还会被炸死很多，这肯定违背了1923年的《海牙空战规则》，但其意图是毁坏物质设施，而不是这样去杀人——不过这种微妙的法律区分对遭到轰炸的人并没有什么意义。

主要的例外是英国对德国的轰炸和1945年美国对日本城市的轰炸。尽管开战初期的指示称"非故意"导致平民伤亡的轰炸属于非法，但英国皇家空军还是在政府的批准下把"军事目标"的定义扩大到了为战争机器工作的整个城市及其平民人口。从1941年7月和1942年2月的指示开始，轰炸机部队就被要求打击工人阶级的士气，直接攻击他们，摧毁平民社区。尽管英国人在为这种策略的变化辩解时称，杀死工人和让他们无家可归也是经济战的一项职能，因此这不算是故意轰炸平民，但空军部在丘吉尔隔三岔五的热情推动下发出的要轰炸"每个德国佬的洞穴"的秘密指示，却让人明确地看到杀死平民和烧掉居民区就是行动的目标。1942年12月，空军参谋长查尔斯·波特尔中将向参谋部同僚们说，下一年的目标是炸死90万德国人，再致残100万。[89] 1943年秋，一名隶属于轰炸机司令部的科学家撰文表达了他对最近的空袭没能对德国城市造成"毁灭一切的灾难"的遗憾。[90] 英军激进的轰炸策略始于阿瑟·哈里斯，他从1942年2月起担任轰炸机司令部总司令，是理想的推动者。他毫无顾忌地宣称自己的目标就是大范围地摧毁城市，杀死平民。有人在战争临近结束时间他为什么还要继续轰炸那些已经被先前的空袭抹平的地区，他在来信旁草草写下几笔，称他这么做只是"为了杀德国佬"。[91] 而杀死法国、荷兰、比利时和意大利平民在道德上就更有问题了。英美高层将其解释为军事必要性：既然这些平民是为了其同胞的解放而遇难的，那就不能算是蓄意攻击了。而杀死德国平民，那就是故意的，盟军还在科学和技术上付出了大量努力来寻找杀死更多德国平民的最好方法。这一策略显然违背了英国军政领导人在1939年首次公布的关于空中力量使用的法律规定，也违背了1914年之前旨在保护平民免遭蓄意伤害的《海牙公约》精神。

同样的法律和道德约束若是有效，美国也就不会向日本城市发动大规模燃烧弹攻击了，航空兵规划人员此举的意图正是要让日本平民工人死亡和致残，摧毁他们工作的民居工业环境。[92] 驻欧美国战略航空兵总司令卡尔·斯帕茨被日本遭受的火攻震撼了，他在1945年8月的日记中写道："我从未想过城市能被毁灭成这样，居民都死光了。"[93] 美国战争部长亨利·史汀生后来就轰炸一事向杜鲁门总统抱怨说，他不想"让美国背上比希特勒更坏的名声"。[94] 然而，从战争爆发时马歇尔将军下令向日本实施无限制航空战和潜艇战时起，任何法律和伦理顾虑就都被弃置一旁了。由于房屋密集，大部分又是木质建筑，日本城市被认为尤其脆弱。1944年2月，美国陆军航空兵总司令亨利·阿诺德向罗斯福提议，要以"无法控制的大火"烧毁日本城市和散布其间的日本军事工业。日本工人也像德国工人一样被视为敌国战争机器中的合法目标。1945年7月，日本政府宣布动员全体公民加入战争后，一名航空兵情报官写道："日本没有平民了。"[95] 在日本上空，美军飞行人员在烧死日本平民时并不觉得自己是在犯罪，而是在加快结束这场与被妖魔化为禽兽、疯子和罪犯的敌人之间的战争。"我们知道在轰炸那座城市［指东京］时会杀死许多妇孺，"太平洋战区第 21 轰炸机司令部指挥官柯蒂斯·李梅将军写道，"但不得不如此。"[96] 实际上，这种攻击不仅违背了传统的战争法，也违背了 1939 年 9 月罗斯福呼吁参战国限制轰炸敌国城市的精神。这还与美军在欧洲战场的做法截然不同，欧洲的美军努力想要让自己的轰炸打法和英国轰炸德国城市居民区的做法保持距离，后者被认为在军事上是无效的。为了对付日本，急迫的军事必要性成了抛弃关于屠杀平民的传统道德顾虑的借口。对于英国和美国领导层来说，他们在战后对战犯的审判中不愿把轰炸作为罪行是可以理解的。当 1945 年夏季此事在伦敦被提出来时，英国外交部坚持要删除此项指控，否则就会让西方盟国同样难辞其咎。[97]

种族罪行

在对平民人群犯下的众多暴行中，最核心的是针对种族的极端暴力。这种种族和民族的差异足以催生一类特定的战争罪，第一次世界大战前起草的任何国际法律条款都没有预见到这些。然而，1919 年，胜利的协约国探索了指控制造亚美尼亚大屠杀的奥斯曼帝国凶手的可能性，这一倡议可能会把关于种族暴行的条款庄严地载入国际法。当时还没有"种族灭绝"这个概念——这个词于第二次世界大战末期首创——人们也没有普遍期望用国际法律流程来处理种族灭绝问题。由于没有各方认可的法律条款和足以胜任的国际法庭，奥斯曼帝国的先例最后被证明太过难于执行。在一个由殖民帝国统治的世界里，种族差异是一种决定性特征，种族化甚至种族灭绝式暴力都屡见不鲜，种族暴力成了一件很难被谴责的事情。当 1919 年凡尔赛会议上日本代表团要求在成立国际联盟的条约中插入一条种族条款，以确保日本人不会被当作亚洲人而受到种族歧视时，其他协约国却拒绝了。种族差异根植于欧洲白人主导的帝国世界之中。现代生物科学也被拿来证明种族有优劣之分，但种族歧视主要还是依靠人们眼中的文化差异而存在的。欧洲帝国主义国家的人认为世界其余部分大多是半开化甚至未开化的，于是认为即便在欧洲人的统治下，种族也不可能是平等的。[98]这种种族主义世界观导致了对其他种族的深刻歧视，这不仅发生在殖民领地，也发生在东欧和中欧的民族大熔炉里。1919年的《凡尔赛和约》迫使这里的大量少数民族生活在主要民族群体的统治之下，还让前沙皇帝国的犹太人聚居区横跨在人们尚不熟悉的新国界线上，欧洲的大部分犹太人住在那里。

在种族差异和种族优劣扮演着如此决定性角色的世界上，种族必然会成为20世纪30年代建立新帝国、守卫老帝国的议题之一；在一片混乱的战争中，种族仇恨不可避免地会成为导致战争罪行的因素之一。希特勒德国绝不是唯一推动用种族主义看待敌人，并用种族为极端暴力开脱的国家。20世纪30年代和40年代日本人和意大利人的帝国扩张也是靠种族主义支撑起来的，他们和早期的欧洲帝国主义者一样，都认为新纳入统治的人民天然比殖民种族更低劣，可以拿专用于被殖民者的极端蔑视来对待。在太平洋战争中，双方的残暴行为都体现了针锋相对的种族意识形态——日本人敌视白人对手，盟国则对日本人怀有种族蔑视。在大多数情况下，种族主义都不是暴力的唯一解释，但提供了一个普通军人都能理解的理由，这同时还为军事暴力找到了借口，否则施暴者就会觉得自己明显是在犯罪。

在亚洲和太平洋的战争中，大大小小的战斗和对平民的残暴行径中都弥漫着对敌人的种族态度。日本军方对沦陷区中国民众的态度源于他们相信日本人是特殊的种族，历史选择了自己来统治其占领的地区和管辖的民族。他们认为中国人不过是动物，若是反对日本的帝国扩张，中国人就会受到残酷对待。在东南亚的日占区，当地华人族群是被单独挑出来施暴的。在新加坡，1942年2月英军投降后，日本军队和秘密警察开始蓄意"肃清华侨"，残暴地屠杀了多达1万名华人居民。在与欧洲列强和美国的战斗中，日本对于"白人联合战线"想要打击日本种族未来的焦虑转变成了对白人敌人日益增长的蔑视和对战场暴力的漠不关心。日本媒体把美国描绘成了一个野蛮国家，其野蛮特性体现在罗斯福拿着用日本人前臂骨雕刻成的开信刀的媒体照片上。[99] 日本人对白人敌人的种族敌意源于对西方列强几十年来插手东亚的怨恨，以及西方种族主义世界观中对日本的种族诋毁。这种"白祸"的威胁将因日军征服东南亚而被彻底打破。[100] 中国香港陷落后，一群破衣烂衫的白人殖民者队伍被游街示众，以向外部世界显示白人自称的优越性其实是子虚乌有。

美国和澳大利亚对日本人的看法也来自几十年来的长期歧视，但是这两国在太平洋战争中的种族敌视是被日军的侵略及其战斗时的残忍性所激发的。这一态度在一定程度上继承了他们早年对美洲原住民和澳大利亚原住民的灭绝性暴力。历史学家艾伦·内文斯认为，或许是"没有哪个敌人像日本人这样招人恨……于是自打最残酷的印第安战争以来被遗忘的情绪被唤醒了……"。[101] 美国公众和军队都想让日本敌人灭绝；在对太平洋战场老兵的一次投票调查中，42%的人想要把日本人消灭光。在太平洋上对日本人毫无约束的暴力是由盟国媒体表现出的极端种族歧视以及部队对这种歧视的全盘接纳所塑造的。一名美军中尉写道，日本士兵"生活像老鼠，号叫像猪，动起来像猴子"。一本关于"日本鬼子兵"的陆军训练手册声称他们通常都会散发出"动物一样的气味"。[102] 由此，士兵们把日本人当作猎物，以猎杀其为乐。"鬼子开猎季"成了流行的车贴，还有大量关于捕猎的隐喻，强调了美国西部拓荒传奇和太平洋上新前沿之间的联系。[103] 澳大利亚军队也抱有相似的种族敌视态度，说日本人是"丑陋黄种人"或

"脏兮兮的黄色浑蛋",他们行动起来,用一名士兵的话说,就像是"有一些人类特征的聪明禽兽"。在 1943 年向澳大利亚军队发表的一次讲话中,托马斯·布莱米将军告诉他的属下们,日本人是"一个奇怪的物种——是人类和类人猿之间的过渡"。[104] 面对在种族上被贬损地如此不堪的敌人,过度暴力也就变得普遍了,就像过去几十年来亚洲人和西方打交道时的情况一样。

欧洲战争的种族性特点则完全不是一回事。西欧的战事带来了强烈的敌意,其中有些是对于敌人残忍程度的刻板印象的产物,但这场战争并不是一场种族战争。美国的投票显示只有 1/10 的受访者认为德国人应当被消灭或清除干净。有一个例外,是德国人对于法国在 1940 年法国战役中使用黑人部队的反应,种族暴行在这种情况中层出不穷,尽管这些暴行并非蓄谋的。对于法国使用殖民地黑人士兵的敌意可以追溯到第一次世界大战和 1923 年法国占领鲁尔-莱茵兰时期,当时这些黑人士兵被法国用来强化对赔款的声索。当德军部队遇到来自西非的塞内加尔步兵时,他们几乎不抓俘虏,在 1940 年 5—6 月的一系列暴行中杀害了可能多达 1 500 人。黑人士兵会顽强战斗,有时会潜伏起来从侧后方攻击德军部队。德军军官们认为黑人都是野蛮人,会用他们传统的砍刀残害德国俘虏。不是所有德军部队都会杀害黑人士兵,但后者被俘后的生活环境比白人士兵更差,还会成为种族歧视者的嘲弄对象。死去的黑人士兵不会有葬礼,也没有墓碑。[105]

德军在东线的战事从一开始就是种族性的,从波兰战役到入侵苏联的"巴巴罗萨行动"皆然。在这里,暴行不仅是战场环境导致的,还是德国军政领导层制定、由国家机构执行的有意为之的政策。前文已论述(见第二章)德国以种族清洗和野蛮殖民为核心的帝国扩张,但是 1941—1942 年德国士兵、警察和安全机构在前线当面杀害苏联犹太人的罪行是独一无二的种族暴行，这反映了德国政府的种族观。德国在镇暴和治安行动中对非犹太人的杀戮也有其种族因素，但他们是在德国人残酷的无差别安全行动中遇害的，并非主要出于种族原因。而在欧洲还有估计21.2万吉卜赛人被杀，这反映了德国人认为流浪民族很可能是奸细、罪犯或破坏者的偏见，种族歧视显然在这种迫害中起到了一部分作用。在东线，他们会被当作游击队员或其同伴对待，这意味着"被当作犹太人对待"，常常被混入犹太受害者群体，全家被杀。[106]施暴者对苏联犹太人的杀戮很快扩大到了消灭所有男女老幼，这就不完全是种族问题了。德军把苏联犹太人挑出来作为"布尔什维克病毒宿主"的做法为他们的种族灭绝提供了一个虚假的政治掩饰，关于犹太人是损害德国军队的首要叛乱者的说法从一开始就被用来当作大屠杀的借口。党卫军将领埃里希·冯·登·巴赫－察莱夫斯基于1941年9月声称："哪里有游击队，哪里就有犹太人；哪里有犹太人，哪里就有游击队。"[107]这一粗暴的推论掩盖了一个事实，那就是在1941年夏秋，犹太人无论年龄和性别，全都遭到了屠杀。

针对犹太人的暴行从对苏作战的最初几天就开始了，他们用了一个牵强的借口，说犹太人想要阻碍德国军队推进。尽管原因仍不清楚，军队却总是夸大平民的潜在威胁。希特勒最高统帅部发出的"犯罪命令"明言要消灭苏联共产党和国家机关中的男性犹太人，但没有任何命令明确指示军队和安全部队无差别杀害所有犹太人。很快，所有役龄男性犹太人都被加入了可以加害的名单。但即使对特定犹太人的杀害会得到希特勒和希姆莱的批准，德国领导层在最初几个星期里还是担心德国公众和东线的普通官兵会对大规模暴行的迹象有什么负面反应。很快他们就明白事实远非如此。从1941年7月起，安全部队、警察和军队，以及四支被分配到东线参加战役的"特别行动队"都被鼓励协作找出并消灭犹太人，这是在整个占领区进行的更大范围清洗行动的一部分。[108]

到了此时,对犹太人的大规模屠杀已经开始。1941年6月23日,在立陶宛小镇加尔格日代,德国保安处以对抗德国军队的罪名抓捕了201名犹太人(包括一名女性和一名儿童),次日由当地警察部队处死。6月27日,在比亚韦斯托克(这里在1939年苏联入侵前曾属于波兰东部),德军正规军治安警察的一个营奉陆军第221安全师之命杀死了2 000名犹太人,其中有500名男女老幼被关在犹太教会堂里活活烧死。没人下达过杀死女性和儿童的指示,但是到7月下旬,或许是由于希姆莱的坚持,杀害妇孺被批准为标准做法。当月,C特别行动队指挥官弗里德里希·耶克尔恩在日托米尔附近的清洗行动中命令党卫军第1旅杀害1 658名犹太男女。7月30日,第9特别行动组在其指挥官因未能执行新要求而遭到申斥后,在维列伊卡枪杀了350名犹太男女。从8月起,女性和儿童便经常被纳入屠杀对象。[109]

对犹太人大屠杀的迅速升级发生在所谓"自我清洗"的背景之下,此时,波罗的海沿岸国家以及波兰和罗马尼亚的非德国人利用苏联势力突然崩溃的机会,向当地犹太人发泄了他们自己残暴的复仇情绪,这里的犹太人受到各种指责,包括被指责与苏联占领军合作。这些暴行有些时候是自发的,有些时候是德国施压的结果。在波兰东北部1939—1941年被苏联统治的地区,当地人在苏军撤退、德国当局建立之前的空白期内在至少20个城镇里屠杀了犹太人。德军东进后,波兰人又自己组织了治安会来进行复仇。1941年6月23日在科尔诺,德国士兵看着当地波兰人残杀了整个犹太人家庭;在格拉耶沃,根据战后证词,数百名犹太人被关进犹太教会堂,遭到变态的酷刑折磨,他们的手上被捆上带刺的铁丝,有些人的舌头和指甲被拔掉,所有人每天早晨都要被抽打100鞭。在拉济武夫,波兰人杀害和强暴了他们的犹太人邻居,之后把幸存者赶进一座粮仓,然后再付之一炬;其他一些藏起来的犹太人被找到后被逼着爬上梯子跳进火中。有时候，当地波兰官员在采取行动前会询问德国人是否允许杀死犹太人。一名德国官员答道，犹太人"没有任何权利"，波兰人可用自己认为合适的方法处置。[110] 柏林的德国当局密切关注着这些暴行，但没有出手阻止。"不应在'自我清洗'的道路上设置障碍，"海德里希在1941年6月如此告知特别行动队，"相反，它们应当被鼓动、加强，并引导到正确的路线上，这当然不能明说。"[111]

当罗马尼亚于1941年7月2日加入侵苏战争时，罗马尼亚军队和警察也出现了一阵针对犹太人的残酷暴行。随着苏联红军匆匆撤离苏联在1940年6月占领的前罗马尼亚省份比萨拉比亚和北布科维纳，当地社群开始对他们的犹太人邻居进行一连串屠杀，这次犹太人的罪名同样是曾经帮助"犹太-布尔什维克"入侵者。几天后罗马尼亚军队赶到时，大屠杀已经在进行中了；据估计，战争最初几天的死亡人数在4.35万人到6万人之间。罗马尼亚军队和警察的到来让暴行升级。7月4日，在北布科维纳的斯托罗金内特，士兵们枪杀了200名男女老幼，受害者的邻居们则把他们的家洗劫一空。这个省的乌克兰农民进行了格外残暴的复仇，他们用农具杀害了自己的犹太人邻居；一个还没断气的犹太教屠夫被人用他自己的工具锯成了碎块。[112] 德军D特别行动队各部与罗马尼亚人共同行动，但是这些暴行超出了党卫军所煽动的程度。就连德国观察员都被罗马尼亚军队及其当地帮凶们表现出的残暴和无纪律的程度震惊了，这种情况一直延续到罗马尼亚和德军占领敖德萨城之后。

罗马尼亚和波兰的暴行既有战前的反犹主义文化的原因，也有对犹太人在苏联占领期间据说扮演的角色发自内心的憎恨。德国当局很快行动起来，制止这种无约束的暴力和对犹太人财产的大肆掠夺。但是在1941年6—9月，德军占领的全部地区都对犹太人普遍展示出敌意，这打消了德国对于升级反犹暴行的可能性尚存的任何顾虑。实际上可以这么说，德国安全部队看到了对犹太族群的无限制屠杀之后，自己会受到鼓舞以采取更具灭绝性的做法。事实还证明，当德国的人手显然不足以扩大屠杀时，他们在波罗的海沿岸国家和比萨拉比亚、乌克兰的苏联沦陷区的警察和民兵队伍中很容易找到热心的反犹志愿者。他们组成了辅助队伍以帮助辨别、围捕和看守犹太人，并把他们赶进杀人基地。1941年末，这种辅助人员（Schutzmänner）达到3.3万人，1942年夏达到16.5万人，1943年高峰时达到30万人。有时候白俄罗斯人会主动杀害当地的犹太人，1941年10月对白俄罗斯的鲍里索夫犹太区的清洗便是如此，其6 500—7 000名居民遇害。[113]到处都有人告发那些躲藏起来的犹太人或是想要隐藏其犹太人身份的人，于是德国当局建立了正式的情报所来鼓励密报；提供准确情报者可以获得100卢布赏金，有时当局还会承诺把犹太人原先的住宅奖给密报者。[114]

在苏联的犹太人大屠杀中扣动扳机的几乎总是德国人。从1941年7月起，希姆莱和治安警察头子库尔特·达吕格大幅度扩大了参加杀戮的人数。起初只有3 000人的特别行动队增加了约6 000名警察预备营的治安警察和1万名党卫军成员。尽管常常有人被开除或替换，但在随后的大屠杀期间，德国刽子手的人数始终维持在2万人上下。有需要时，这些单位可以得到保安处和安全警察的支持，还有军队野战秘密警察和野战宪兵的协助。虽然不太常见，但他们可以请求军队提供武器、弹药和补给，军队也愿意这么做，偶尔他们还会请求军队派兵来杀人。绝非所有的军队指挥官都会在明白对犹太人的杀戮是无差别的之后还热情配合，但是第6集团军司令冯·赖歇瑙元帅的看法并不少见。1941年10月，他向部下宣称："必须以粗暴但公正的方式向不配为人的犹太种族索取赎罪。"[115]1941年8月上旬，在逮捕 2 名被认为是内务人民委员部特工的犹太男性后，冯·赖歇瑙集团军的部队配合 C 特别行动队下属的 4a 特遣队在日托米尔围捕了 402 名主要是老年男性的犹太人并将其处死。在一处墓地进行的杀戮凸显了一些在早先的屠杀中已经遇到过的问题：行刑队在事先挖好的大坑旁枪杀受害者，但人们发现约有 1/4 的人落进坑里时还活着；射击受害者的头部被证明很难，刽子手会被喷一身脑浆和血；最后那些半死之人被后续的尸体和一层泥土掩埋。这次处决后，党卫军和军队官员们开了个会来讨论更有效的杀人方法和如何减少他们自己人承受的精神压力。[116]

在随后的几个月里，党卫军、警察和军队逐渐为每个杀人基地发展出了一套有章法的操作流程。1941 年 9 月，在被占城市莫吉廖夫驻地军队指挥官的推动下，当地组织了一次关于如何处决犹太人/游击队员的课程。课程结束时还实际演示处死了 32 名犹太男女。这种实例教学很普遍。有些刽子手很难对女性和儿童下手，于是他们允许女性抱着自己的孩子，这些孩子会在父母被杀前先行被枪杀。当杀死女性和儿童的命令传达到特别行动队时，第 11b 特遣队的头子向他的手下亲自演示，先射杀一名婴儿，接着是其母亲。[117]在治安警察单位里，常常有一名军官先向他的手下展示如何从脑后开枪杀人，之后要手下照办一次。在 1942 年初春开始的第二轮大规模屠杀中，上一年的经验被用来确保以减轻刽子手压力而且杀人效率最高的方式进行屠杀。杀人方式中还有对各个工种的精确分工，有些人被指定为当天的"射手"，有些人负责守卫把受害者运往坑旁的车队，有些人驾驶卡车，还有些人负责把坑里的尸体排整齐以容纳下一层尸体。一名在塔诺波尔遇害的犹太人留下了一封未能寄出的信，描述了屠杀看上去是多么有条理："不仅如此，他们还会先整理墓穴里的死人，好充分利用里面的空间，很有章法。整个过程用不了多久。"[118]刑场上犯错的人会被批评（不过一般不会受罚），杀手们则被期望保持超然和冷漠，就像那是一场有难度的外科手术而非令人厌恶的暴行。如果党卫军成员表现得格外残暴——这种人有很多——别人觉得他们的作为不像党卫军成员，有损这个组织的风气，那么他们有时就要面对受到纪律惩罚的风险。尽管如此，1943年在审议对一名党卫军军官的判决时，慕尼黑党卫军法庭提出，无论这个军官的行为多么有辱身份，"犹太人都必须被消灭；消灭他们中的任何人都不会有什么大的损失"。[119]

德军在前线对苏联犹太人的暴行一直持续到1942年，为了对欧洲犹太人进行种族毁灭而建设死亡营的项目于年初就已启动。党卫军领导层建立死亡营，部分是为了减少在苏联进行屠杀的成千上万刽子手的心理压力。然而，随着德军在这一年中继续推进，前线的屠杀仍在继续，把那些想要作为难民逃离上一年被占地区的犹太人收进了种族灭绝的大网。1942年9月，在德军前往斯大林格勒途中遇到的偏远村庄比雷格卢兹诺，德军第4装甲集团军的一支通信兵小部队围捕了所有的犹太居民和难民——不分男女老幼，还有婴儿——借口是他们正在把情报送往遥远的苏联防线。并没有上级命令指挥官弗里茨·费舍尔中尉这么做。他是个坚定的纳粹党员和反犹主义者，他这么做或许只是想要为庞大的灭绝计划做出自己的小小贡献。这些犹太人被连夜装进几辆卡车，由一小群自愿参加或不反对军官要求的士兵驾驶着开到草原上。第一辆停下来，放犹太人下车，之后在他们四散奔逃时把他们射杀。为避免在一堆死人和将死之人中完成杀死下一批人这个令人不适的任务，这些卡车沿着道路又开了200米，来到一处干净的屠场。这些人干完活并返回营地后还来得及吃早饭。[120]

比雷格卢兹诺的屠杀只是数以千计的同类事件之一，它也带来了德军在当面处死犹太人时都会遇到的问题。这些杀戮和波兰、罗马尼亚或波罗的海沿岸国家的大屠杀不一样，那里的人会在民族仇恨引发的阵发性极端暴力中杀害身边的犹太人，掠夺大多只会持续一天，最多数天。而德国人的杀戮则是系统的，持续的。执行了大部分杀戮任务的治安警察单位发现自己要做的不是一次屠杀，而是一次又一次屠杀。预备役警察第101营于1942年7月13日在约瑟夫乌杀害了约1 500名犹太人，这是他们屠杀生涯的起点，但9个月后，这个单位就已参与杀害了超过8万犹太男女老幼。[121]和那些怂恿当地人发起大屠杀的煽动者不同，这些德国刽子手并不认识他们的受害者（尽管他们要靠当地奸细来帮助找到这些人），本身也没有理由恨他们。这些杀手只是冷血地执行任务，这和20世纪其他种族暴力的事例相反，和本章介绍的其他类别罪行也都不同。这些刽子手怎么能若无其事而且无差别地杀人，追杀每一个只有抱定赶尽杀绝之心才能找到的犹太人，这一直挑战着历史学和心理学上的各种解释。

我们很容易认为当局的反犹意识形态在各个施暴者群体中足够深入人心，得以让他们为自己的行为找到借口，并打消他们任何可能的顾忌。显然，所有参与屠杀的人都知道自己服务的是一个反犹的当局，把犹太人妖魔化为德国人民的主要敌人是其核心主题。面向前线人员的宣传旨在强调，现在战争的核心目标之一就是打造"一个没有犹太人的欧洲"，1941年12月的一份出版物就是这么说的。[122]而那些普通士兵和警察能在多大程度上把关于犹太人是德国"世界之敌"的说法和他们杀害的那一群群惊恐、迷茫和穷困的人联系到一起，则更值得怀疑。关于东线屠杀单位的大部分记述强调了煽动者的重要性，也就是那些安全部队和警察部队中的中低级军官，他们接受了额外的政治教育，包括要定期上课，课上讲的一个核心内容就是全世界犹太人阴谋的邪恶本质。关于犹太人威胁的想象在安全部队、党卫军和军队的对话和通信中频繁出现，足以显示德国政府在用妄想来为大规模屠杀开脱这方面准备得多么充分。1944年时一名德军士兵对战败前景的理解是:"那时犹太人就会骑在我们头上,消灭德国人的一切,会发生残酷而可怕的屠杀。"[123] 有些部队的军官和士官中纳粹党员或党卫军成员的比例很高,他们之间明显存在竞相用残酷高效的方式执行任务的因素。[124] 军警官兵中的杀人者很难用单一模式来理解。他们代表着德国社会的不同部分,有些人全心投入当局的事业,有些则不是。但无论他们是否有疑虑,热情还是漠然,那些没想到被招来充当杀手角色的人都很少拒绝参加。

关于施暴的社会心理学表明,人们会找到各种办法来对付他们被命令执行的任务,而不是简单地服从命令。[125] 刽子手们出身背景不同,个性也各不相同,他们会用自己的办法来让自己适应这种杀戮。一旦标准流程建立,分工就让每支部队中的一部分人可以自愿担任司机、警卫或办事员,从而完全避免了杀人。拒绝参与也是可能的,但是有些拒绝过的人总有一天会接受另一次任务,因为当他们的同伴不得不接替了自己的工作时,他们会感到羞耻。其他一些人则会在第一次杀戮之后对杀人表现出积极的热情,他们有时甚至不得不克制一下。很可能有些人对受害者生出了仇恨,认为当初是后者的命运逼着自己不情愿地成了杀人者,将发生的一切怪罪给犹太人而不是自己。无理由的残暴无处不在,士兵和警察为受害者被酷刑折磨时的场景拍照的做法也是一样。围观人群的数量使得盖世太保头目海因里希·穆勒发出了指示。1941年8月,他告诉特别行动队,"大规模处决时要防止人群围观"。[126] 在希姆莱的坚持下,有人会发给刽子手们大量的酒,常常是在杀人前或者杀人时下发。乌克兰辅助人员醉酒后的残暴臭名昭著,据说他们会把小孩扔到空中然后像打鸟一样射杀。在杀人的盛宴后,这些人会被鼓励聚在一起彻夜痛饮狂欢。在基辅附近的娘子谷大规模处死3.3万犹太人和苏联战俘后,杀手们大摆宴席来纪念这一事件。这种夜宴是党卫军领导层专门用来淡化杀人的心理冲击的，不这样做的话，这种心理冲击就可能会损害刽子手们的"头脑和性格"。希姆莱希望他们能够像进行困难工作的正常德国人那样团结起来，防止滑向残暴和"忧郁"。[127] 有些杀人者会被天天杀人的压力压垮，神经崩溃。他们会被送回德国，作为考验神经的艰难任务的受害者进行治疗。

有观点认为行凶者在某种意义上也是其暴行的受害者，也需要安慰和恢复，这种观点只是让德国的屠杀得以维持的众多黑白颠倒的说法之一。关心屠杀参与者的健康导致真正的受害者完全得不到考虑，在刽子手及其指挥官所处的扭曲的道德世界中完全不被看见。犹太人群完全处于杀人者的道德世界之外，杀人者只对本部队的其他人和完成任务负责。这些被现代神经科学称为"他者化"的心理过程的影响是深刻的。犹太受害者在毁灭他们的残忍仪式中只是个工作对象。在屠杀单位幸存者的所有记述和证词中，几乎找不到杀人者对要杀的人表现出哪怕一丝一毫同情姿态的例子，因为同情会把受害者纳入自己的道德世界。相反，刽子手们会抛开一切负罪感，转而担心自己表现出任何犹豫或心软的迹象而让战友们失望。他们都属于共担罪责的人群，这让他们得以完全不将其视为一般意义上的犯罪。

性暴力与战争

在第二次世界大战中，对女性的犯罪一直说不清到底是狭义的战争罪行，还是反人道罪行。敌军对待女性受害者当然是毫无人性的，这样的例子数不胜数。1941年6月德军入侵拉脱维亚时，来自符腾堡－巴登掷弹兵团的一群人从里加大学抓来两名女学生，把她们脱光衣服绑在两把椅子上，把椅子的软垫抽掉换成锡皮板，在下面点起两个汽油炉，然后围着挣扎扭动的受害者跳舞。一年后，当德军重新攻入克里米亚的城镇时，他们发现了一些被苏联士兵折磨、强暴的红十字会护士一丝不挂的尸体，有些乳房被割掉，有些阴道里插着扫帚柄。在亚洲的战事中，对女性的暴力很常见。在华北的北票县，日军当着其家人的面强暴了所有女性。一名孕妇被扒光绑在桌子上遭到强暴，并被用刺刀挑出胎儿。日本兵们还会拍下照片来纪念这些可怕的场景。[128]

这些丑恶的事显示出他们都是些无底线的虐待狂；他们常常残暴地利用女性来取悦男性，从而导致了这些"二战"中特有的暴行。尽管其出现并无规律，但这种事会一而再、再而三地在各种不同背景下发生。由于罪行和受害者的性质，国际法对这种战时性侵女性的行径基本上保持沉默。在1907年的《海牙公约》中，对"家庭荣誉和权利"的保护是不允许伤害平民的要求之一，其中"荣誉"通常被理解为女性在战时不应受到侵犯。1929年的《日内瓦公约》特别要求女性俘虏得到"因其性别而所需的所有考虑"。但是性犯罪直到1949年第四个《日内瓦公约》中才获得定义，"强奸、强迫为娼，或其他任何形式的非礼之侵犯"最终被定为非法。[129]然而，强奸在大部分军事审判体系中被视为犯罪。就像士兵们不能劫掠敌人或友军一样，猎艳也被视为一种会让军队蒙羞并危及军队纪律的罪行。然而就像打劫一样，性犯罪也无处不在，尽管其规模不可能搞清楚。性犯罪或其他被定义为"性骚扰"的行为的女性受害者也不愿提及自己的遭遇，或找不到途径让她们受到的侵犯得到严肃对待。[130]社会不认同公开揭露性犯罪，男性也不愿接受，这都强化了这种羞耻文化。

在战时，性肯定是个大问题。数千万男性一连数年远离家乡，身处几乎全是男性的环境中，离开部队回到家乡的家人或伴侣身边的机会也越发渺茫。他们许多人长期处于高压和不正常的攻击性环境下，这进一步强化了他们的性意愿和性压抑感。军方当局理解这些问题，但也明白性需求不加管束或男性得不到足够安全用品而可能导致性病流行的风险。日本军部认为，向部队提供妓院服务对这些人的心理健康和战斗精神有"特别好处"。军部的一份指示声称，提供性抚慰会"有助于提升士气，维持纪律，并防止犯罪和性病"。战争期间他们向部队发放了3 200万个安全套以防性病蔓延，但发放时间不固定，当局鼓励士兵们把它们洗干净再次使用。[131] 海因里希·希姆莱觉得不仅德国士兵定期逛妓院能提高效率，强制劳工和集中营囚犯也是一样。于是他们在德国、奥地利和波兰的营地里开设了10个妓院营区，为获得优待的囚犯提供服务。[132] 这也是控制性病的一种方法。为了保证士兵和党卫军成员们不会依靠错误的解决办法，希姆莱禁止了一切形式的安全用品，只有安全套例外，而且还免费提供。[133] 发给部队的关于性行为的指导意见书要求"约束自己，尊重异性"，但军队和党卫军还是为治疗性病建立了卫生所，毕竟优先问题不在于羞辱不约束自己的人，而是把他们送回作战部队。[134]

英国军队不提供妓院，一般也不反对军人们去逛妓院，只有开罗的"贝尔卡"红灯区例外，那里的性病太多了。军队卫生当局的态度是假定英国士兵们会举止得体，拒绝嫖娼，或拒绝任何形式的性行为。军官们被认为应当为了荣誉拒绝买春，若这么做是可以被开除军籍的。中东英军医疗勤务总监 E. M. 考埃尔少将宣称，节制性欲"是一个人自己的责任，为了他的家庭和战友"。军方鼓励进行剧烈运动以作为替代，但那些未能顶住欲望的士兵还是能够得到预防性器具（肥皂、药棉、消毒药膏）。"沉湎于肉欲的蠢家伙。"一名高级性病学家如此说他们。如果英军士兵得了性病去治疗，他们就会被迫戴上红领带以示羞辱；如果患了病不报告，他们就会失去军饷或被降军衔。在中东战场上，英军的性病感染率从1940年的每千人34人到1942年的每千人25人不等，但在意大利，战争结束时的感染率是每千人

71人。这些比例不算高，表明英军关于自我约束和健康运动的呼吁也不算全错。[135]

对于德国和日本军队而言，妓院成了他们战时文化的核心特点。早在1936年，德国军方当局就认定"急需"军妓。1939年9月9日，德国内政部下令建造专门的营区，以把娼妓集中起来为军人服务。在这里，她们会例行接受体检，士兵们也受到管束，平均每个月只能来此造访五六次。军妓院在东线战场上增加得很快，这和西欧的情况截然相反，西线的士兵们可以直接利用已有的红灯区。那些被抓起来送往军队的娼妓实际上都是被关押了起来；拒绝为军队服务的人会面临被送进集中营的威胁，20世纪30年代已经有一些妓女因所谓"自私"而被送了进去。为了填满军妓的定额，警察会把那些据说生活放荡和水性杨花的女性或女孩作为扩充军妓的候选人送过去。妓院里来自东欧沦陷区的女性、吉卜赛女性甚至是犹太女性越来越多，尽管与犹太人发生性关系已被1935年的《纽伦堡法案》所禁止。很难找到苏联女性来当妓女，因为在她们所处的社会中很少有人从事这个行业，这意味着许多人仅仅是由于饥饿和贫困带来的绝望才"自愿"来到妓院的。一名在苏联为意大利军队服务的意大利警察描述了来到满是当地女性的妓院时看到的荒凉景象："［她们］瘦弱，吃不饱，身体很差，衣衫褴褛，双眼惊恐，坐在冰冷、肮脏的凹室里。"很大一部分因艰难所迫前来报名当妓女的女孩是处女，许多人被打发了回去。德国组织者开始征召波兰女性，而意大利的妓院老板则开始从罗马尼亚引进女孩子。[136] 当1943—1944年德军撤离占领的苏联领土时，"焦土政策"也用到了那些被迫充当妓女的女性身上。当德军于1943年11月离开基辅时，100具妓女的尸体被扔进了娘子谷。[137]

规模最庞大、最具强迫性的军妓服务是日本军队安排的。从1931—1932年中国东北和华北的战争初期到战争的最后阶段（当时有数以千计的强征军妓在战败之辱来临时的暴力高潮中被杀害），日本军方建立了庞大的性服务体系，包括常设军妓院、随同战线行动的临时或短期性服务所，还有规模较小而且通常未经许可的拘押中心，女性被关押在里面遭到强暴。其中有些是中国的投敌者操办的，他们使用当地的妓女或把成年和未成年的女性绑架来满足日军的要求。这诸多不同的设施通常都以一个讽刺性的称呼"慰安所"来指代，里面是所谓的"慰安妇"。"慰安"一词意指战争的受害者是男性，而不是这些被强迫卖淫或遭受性奴役的女性。这一体系的规模非常大。据日本军方当局计算，每 70 万日本军人就需要约 2 万女性。一个女性平均每天要"服务"的男性数量在 30 人到 35 人之间。[138] 有些女性是日本警察从日本的大量娼妓中征来的；朝鲜娼妓无论愿意与否也被强征来为军队提供性服务，还有不明数量的朝鲜女性被绑架或诱骗而来。"慰安妇"人数估计在 8 万到 20 万之间，其中 4/5 是来自朝鲜。[139] 日本妓女的环境最好，可以签合同，还能收小费；其中许多人被放在为军官建立的慰安所里，他们付钱也更多。但她们也不能自由来去，奇怪的是她们还会像军人一样因擅离职守而受罚。

对于数万被关押在更多而且常常是非正式的性服务场所中的成年和未成年女性来说，她们是被强迫的。在中国的沦陷区，以及之后在马来亚、缅甸、荷属东印度和菲律宾，女性被用虚假的工作机会诱拐，或被其家人卖掉以满足日军不断扩大的性需求。有些被俘的欧洲女性也会被以死亡相威胁来强迫其卖身。所有这些受害女性都是字面意义上的"性工具"。她们在日军后勤组织中被列为"军需品"。在中国，可能有多达 20 万女性在性服务所里受虐，她们被作为囚犯关押，想要逃跑就会受到重罚，有时候，一个逃跑女性的全家都会被砍头以作为惩罚和对其他女性的警告。各部队建立的众多前线性服务所受到的监管很少或是干脆没有；有些拘押所（有时被称为"堡垒"）关押着几名女性，她们会被那里的士兵反复强暴。幸存下来的中国人提到了频繁的暴力、糟糕的食物和迅速垮掉的健康。在沦陷的海南岛上有超过60个站点为占领军小部队服务。在岛上被迫成为性奴的300名中国女性中，到战争结束时有200人死亡。她们遭的罪基本没人过问，因为只要再诱拐一批人来替代她们就行了。怀孕或生病的女性通常会被杀掉。在华中的一处"慰安所"里，在多次强暴中怀孕的女性会被赤裸地绑在柱子上，供先前对她们施虐的士兵进行刺杀训练。[140] 再多的诡辩和文字游戏也无法掩盖这些被迫提供性服务的女性所付出的可怕代价。她们遭受到从第一个到最后一个所有士兵的强暴，任何被迫卖身而又在虐待之下存活了100天的女性都可能会被强暴多达3 000次。

日本"慰安"体系有诸多残酷的讽刺之处，其中之一是日本军方当局声称希望这能减少不受管束的强暴和疾病蔓延的风险，同时向当地人保证，这种安抚手段不会导致性犯罪无法约束。但恰恰相反，日本军队一边用军妓院"慰安"，一边在占领区到处随意强暴女性。强暴是战争期间女性遭受的苦难中最极端的形式，但性骚扰还有其他算不上性侵的形式。女性俘虏常常被迫脱光衣服接受审讯，以增加她们的焦虑感和羞耻感；男性的贴身搜查侵犯了女性的自尊；对女性的折磨常常包括殴打生殖器官或威胁强暴。[141] 虽然男性一直在为怎么样才算"同意"而争执，但强暴的定义是很明确的：未经女性同意而对其进行性侵犯。尽管如此，当时对强奸罪的审判方式却在评估罪行程度方面留下了许多灰色地带，而且影响了男性军事机构看待强暴的方式。威廉·沃顿是名小说家兼战时老兵，他后来回忆道，那些"像追逐一头鹿或一只兔子"那样追逐女性的苏联兵和用香烟、口粮来引诱绝望女性的美国大兵并无太大差别，后者"十分接近强奸了，只是不算肆无忌惮地施暴"。[142] 实际上，数以千计的女性都要依靠短期卖身来缓解艰难和饥饿，这就把自愿性行为的概念延伸到了极限。

女性很难向一个由男性组成的机构去控诉强暴，也很难获得适当的赔偿。在苏联，德国军事审判当局坚持只有当女性提出正式控告并能找出肇事者时才会对强奸案进行调查，这一决定意味着实际上大部分强奸案不会上报也不会被调查。[143] 羞耻感或是家人的不接受也会降低受害者站出来揭露自己所受欺凌的意愿。这么一来，战争期间所有战区发生的强奸案数量就无从知晓了。1945 年被苏联士兵强暴的德国女性数量的估计值从 20 万一直到 200 万。近期有人估算，美国军人在欧洲的强暴次数约为 1.8 万，这是根据始于 20 世纪 50 年代的一项声称只有 5% 的强奸案会被举报的犯罪学调查所做的估算，这种外推的结论无法被证实。[144] 新近还有人根据德国的私生子女数量记录进行估算，认为美军在占领期间发生了 19 万次强暴。所有这些估算都只是统计猜测。[145] 真正受到调查的美军强奸案只有 904 起，但显然还有许多未被记录在案。1946 年对中国 4 个省的法庭调查显示，日本占领军犯下的强暴案达到 36.3 万起，而在亚洲战区，数以千计的女性遭到强暴后被杀害，这让战后调查几乎无从着手。[146]

强暴的定义很简单，但它在战时有许多表现形式，也是多种不同动机的产物。在有历史记录的许多强暴罪行中，轮奸很常见，有时只涉及两三名男性，有时则有多得多的人反复凌虐一个受害者。在新几内亚战役中，澳大利亚士兵路过一具巴布亚女性的尸体，尸体被四肢摊开绑在屋檐下，周围散落着一堆用过的安全套，数量多达 70 个。[147] 在侵华战争中，日本兵常常多人对受害者施暴，有时会把她们关在她们自己家里轮奸数日。在苏军攻入德国的最初几周，人们可以看见成群的苏联士兵围在躺在路边的德国成年和未成年女性周围，等着轮到自己。[148] 也有些强奸案是罪犯孤身犯案，随机发生，这更像是和平时期社会上的强奸案，但轮奸的目的不仅是追求性满足，还想要把人们团结成一个团体，并强化被战争的恐怖和危险弱化了的阳刚之气。如果某名士兵对加入其中犹豫不决，他可能宁愿被迫加入，也不愿让人怀疑他没有男子气概或是被人指指点点。有名苏联军官战后撰文回忆了他在犹豫是否接受从一群受害者中挑出来的一个德国女孩时的紧张，因为他担心别人觉得他阳痿或是懦夫。[149] 大规模的强暴常常都是在酒精助推下干出来的，这时候任何仅存的克制都会无影无踪，许多时候他们还会表现出一副虐待狂的样子，旁观的和参与的士兵都一样享受，1944年华沙大起义中奸杀红十字会女护士的精神变态的迪勒万格旅就是如此。大规模强暴后，他们把赤身裸体的女护士绑住脚倒挂在阿道夫·希特勒广场上，枪击她们的胸腹，周围则挤满了色眯眯的德国兵、苏联盗匪和希特勒青年团成员。[150]

在近期的战争中，强暴被用作一种蓄意的策略，以行使男性权力和统治、打击敌国社会。在第二次世界大战中，这些大规模或系统性强暴的影响范围很大，其背后的动机则更难以确定。所谓"补偿性强暴"显然是沮丧而紧张的士兵们想要以性为战利品的原因之一，他们认为这是男性的一项战争特权。[151] 用强暴来展示对敌国族群的彻底统治，则表明施暴者更公开地将强暴作为一种策略来实施。在中国和德国，日本士兵和苏联士兵常常当着其家人的面强暴成年或未成年女性，将任何前来阻止的男性枪杀或砍头，从而凸显敌国男性的无力和施暴者的权力。1945年柏林的大规模强暴，据一名受害者写道，不亚于"男性的失败"。由于任何年龄或状况的女性都能成为强暴对象，因此统治的欲望是无差别的。[152] 在几个月艰苦的战斗之后，胜利的前景突然到来，压力的释放也让更多大规模的强暴随之出现。在意大利中部，法国军队，尤其是来自北非的殖民地部队，对意大利女性的强暴，是对德军防线崩溃和劫掠、侵犯当地民众的机会突然出现的一种反应——有些殖民地士兵根据自己对殖民地暴力的亲身经历，将这一前景视作理所当然。1945年在德国和同年稍后在日本，上报的美军士兵强暴事件突然增多，也是同样的"胜利淫欲"的产物。在德国，上报的美军强暴事件为552起，而在法国和比利时只有181起。在美军攻打冲绳时，估计有1万名女性遭到强暴、绑架，有时还会被杀害。[153] 日本本土列岛被占领时，美国和英联邦士兵也爆发了一阵轮奸热潮，敌人自己的性暴力似乎得到了某种形式的公平报复。在日本的一个县，被占领的头10天里就报告了1 336起案件。为了保护日本女性免遭更多侵犯，日本当局于1945年8月下旬批准建立"慰安所"，并起了个委婉的名称"休闲娱乐协会"，由2万名日本妓女来替代其他女性承受强暴。[154] 在一座港口城市，妓女们被告知，她们必须满足美军的性欲来拯救日本民族："这是来自神的旨意……你们肩负着全体日本女性的命运。"[155]

在所有的军事司法中，强奸无疑都是一项罪行，但是其非法属性和军方是否愿意很严肃地对待这一罪行之间还有很大区别。在欧洲战场上被实际指控强暴的904名美军士兵中只有461人被定罪。性侵只占美国军事法庭审判案件的3.2%。然而，那些被定罪者却遭到了十分严厉的惩罚以阻止其他人犯罪，还有70名被定罪者遭到处决。大部分被定罪者是黑人或拉美裔士兵（占72%），这表明对性犯罪的管制也有着强烈的种族主义特征。[156] 在意大利，法军当局对强暴浪潮的反应也是重罚北非部队。当地意大利人一般都会责怪"那些摩洛哥人"，尽管法国白人士兵也有参与，有时还是和他们的北非战友一起轮奸。性侵浪潮主要于1944年5—7月发生在意大利的拉齐奥和托斯卡纳两个大区；在突破德军古斯塔夫防线，夺取罗马和向佛罗伦萨推进的3个月期间，意大利当局统计到1 117起强暴或强暴未遂案件。在恢复纪律的努力中，他们仅给156名士兵定了罪——比强暴的数量少得多——其中144人是来自摩洛哥、阿尔及利亚、突尼斯和马达加斯加的殖民地士兵。同期，意大利当局报告的美军士兵强奸案只有

第十章 罪行和暴行　　953

35起，英帝国部队只有18起；这些案件中有40起是黑人或印第安人干的，这又是个与白种军人相对数量不成比例的数字。[157]

德国军方也将强暴判为犯罪，但他们对性犯罪的态度并不是出于关心受害者，而是担心军人荣誉受损和强暴给治安策略带来的威胁。强暴在西线战场得到了更多关注，在这里犯罪很容易被抓住，当地人也可能起来抗议——尽管如一名德军军官向来访的法国地方官所说："我们是胜利者！你们被打败了！……我们的士兵们有权取乐。"[158]尽管如此，在法国只有16起强奸案被送上法庭，6人被定罪并被判劳役；在意大利，这样的案件也很少，因为德国军方想要防止民众反对1943年9月开始的德国占领。[159]强暴在东线战争中更加常见，密切监督在那里更为困难，而且德军对苏联和波兰女性的态度也受到了殖民计划的影响。德军士兵们明白关于种族玷污的法律应该限制他们在东线对性的渴望，但是证据表明军方大部分时候会对这些法律睁一只眼闭一只眼。种族玷污在德国国内被当作管束机制，那里的波兰和苏联战俘或强制劳工如果被发现和德国人交往，就会被绞死或送进集中营。1943年1月司法部下发的指导意见警告那些与敌人战俘发生两性关系的德国女性，她们"背叛了前线，给国家荣誉带来了巨大伤害"。这些女性一旦被发现，就会失去公民权并面临牢狱之灾。[160]

然而，在东线广大的德占区里，性犯罪的机会还有很多，虽然没什么轮奸的迹象。德军士兵和安全人员会以搜查反抗者为借口，对被逮捕或搜查的女性进行性骚扰；他们进行性折磨时也不会有什么愧疚。德军士兵尤其痛恨苏联女狙击手，即所谓的"猎枪夫人"。她们一旦被俘，就会面临性折磨、生殖器受损和被强暴的前景。她们的尸体有时会被四肢摊开扔在街道上，身上只套着一件军服外套，以此警告女性不要在男性的世界里挑战男性。[161]军事审判机构确实调查并惩处了一些强暴案例，尤其是如果这些强暴案还涉及其他形式的无正当理由的暴力或杀人，有些时候还会重判。但大部分性犯罪换来的只是两个月到两年的刑期，大部分时候要在惩戒营里做事，若工作表现杰出还能减刑。更优先的事情是要送这些人重返现役。强暴并没有被定为"重罪"，也没人同情苏联女性——据德国人对苏联社会的看法，她们本身也"不干净"。保留下来的案例显示，这些人获罪不仅是由于强暴，还有玩忽职守或反社会行为，对军队的影响很坏，阻碍平定广大东方地区的努力："损害了德国军队的利益"，"损害了军队的声誉"，危害"治安工作"，等等。这些"自私的"士兵受到了重得多的处罚。[162] 和其他地方一样，这里打击性犯罪是由于其对占领区男性军队的声誉的影响，而不是由于施暴者的道德败坏或是受害者遭受的恐惧。

有两个地方性犯罪十分普遍且不受惩罚，因为那里的军事机构接受了过分的性行为，而且不打算限制它们。尽管强暴违反了日本的军人守则，军人行为守则中专门将其作为一个子类别加以规定，但在战争期间只有28名士兵因强暴而被军事法庭定罪，同期其国内刑事法庭的同类判罚却有495人。[163] 在战场上，士兵们把那些国破家亡的女性的脆弱和无力利用到了极限。在南京，估计有2万名女性遭到侵犯、骚扰或杀害，尽管这一数字很难证实。当有人向一名日本军官抱怨城中护士遭到集体强暴时，他答道："她们应当为受到一名日本皇军军官的强暴而感到光荣。"这么说肯定不是为了讽刺。[164] 在漫长的战争中，强暴成了日本军事文化的流行病，日军高层还普遍认为性活动有助于恢复男性的战斗精神，甚至在不加约束的暴行中也是如此，这起到了火上浇油的作用。由于日本军队已经有了所有军队中最庞大的军妓院组织，因此在"慰安所"体系外仍然屡见不鲜的大规模强暴就揭示了更为根本性的问题，那就是当时日本人把女性尤其是敌国女性只当作满足兽欲的对象，而不是当作人。既然强暴如此普遍，它显然没有被视为任何通常意义上的犯罪。日军士兵接受的指导要他们在一个封闭的道德体系中行事，这个体系要求他们集体忠于天皇，而对体系之外的人类基本毫无尊重。

苏联军队的大规模强暴和日军并不相同，其差别不仅在于其极端的性暴力基本局限在苏联红军向胜利最后冲刺，即突入东欧和德国的一年时间里。尽管强暴在苏联军事守则中也被定为犯罪，但它很少被用来指控侵犯了敌国女性的士兵们。性犯罪在战争期间是得到容忍的。当1945年著名的南斯拉夫共产党人米洛万·德热拉斯向斯大林抱怨苏联红军士兵强暴南斯拉夫女性时，斯大林解释道，毕竟红军士兵经历了那么多可怕的事，"他找个女人乐一乐又算什么呢"。[165] 一名苏联军官列夫·科佩列夫试图阻止士兵强暴，结果反被指责"资产阶级人道主义"和"同情敌人"，被判10年劳改。这里同样有一个封闭的道德世界，它赞许对敌人残酷无情的惩罚，犯下罪行者也会被赦免。军方当局只会在力所能及的情况下才予以制约，但这是因为强暴会导致纪律崩溃和引发民众敌意，而不是因为他们必须反对这么做。[166] 苏联红军宣传机构为暴行的开始铺平了道路。"用力量打破日耳曼女人的种族傲慢！"伊利亚·爱伦堡告诫士兵们，"把她们当作合法的战利品！"[167] 苏军军人根本不需要激励。甚至在他们打到苏联边境前，对沿途投敌者和非俄裔民众的强暴就已经开始了。在1944年占领布加勒斯特和1945年初占领布达佩斯之后，士兵们在城中四处强暴女性，任何能找到的酒精都让其火上浇油。在匈牙利，估计有5万女性被强暴，尽管在战后的多年里布达佩斯的共产党政府一直坚称苏联红军是模范解放者，性活动都是两相情愿。[168] 在整个东普鲁士和通往柏林的路上，所有年龄的女性都会遭到轮奸，有时会因反抗而伤残或遭到杀害，有时对她们的折磨和残害只是为了取乐。"女性不够用，"一名老兵回忆道，"我们找来非常年轻的女性，十二三岁的样子……如果她哭，我们就打她，用东西塞进她嘴里。她很痛苦，我们却很快乐。"[169]刺激苏联红军士兵们的还有对敌人的深刻仇恨，这些女性在他们眼里不仅仅是发泄性欲的对象，还是那些曾经侵犯了苏联社会的人和国家被自己踩在脚下的标志。强暴也是一种戳破德国人虚幻的种族优越感的方式。侵犯无法控制而且无差别，许多时候针对的都是女性难民，她们远离家乡人群，更加脆弱。甚至是在集中营里找到的女囚犯也不能幸免，还有不少犹太女性，她们在迫害犹太人的年月里想方设法躲藏起来，结果刚刚离开藏身之处，就遭到了解放者的强暴。

战争岁月让犹太女性暴露在了双重危险之下，她们既是种族迫害的受害者，也是性暴行的受害者。尽管德国关于种族玷污的法律起初是专为禁止德国人和犹太人发生性关系而颁布的，但几乎没有士兵、党卫军成员或警察因藐视这一法律而受罚。一名德国官员要求华沙的一名犹太人社区领袖亨利克·佐斯基斯争取招一些年轻的犹太女孩送进一处军妓院："不要让种族法律困扰你。战争就是战争，这种情况下所有理论都不作数了。"[170]由于对犹太女性的性暴行被认为是越轨行为，所以许多证据都消失了。在东线，掩盖这些暴行很容易，由于犹太人本来就是要被灭绝的，许多女性会在被杀害之前先遭到强暴，就像有人在基辅郊外的娘子谷看见七名士兵轮奸并杀害了两名犹太女孩。[171]党卫军官员有时会把犹太女性留作妾室，之后再把她们杀害或送往集中营；在各个犹太区，都有党卫军成员和士兵们冲进来寻找犹太女孩施暴的记录；有些犹太女性会被送到军妓院强制卖身，她们的种族标识则会被军方当局藏起来；藏起来的犹太女性也会被保护她们的男性所威胁。[172]

由于犹太人被定性为常规司法范围之外的受害者，她们也就不会因被强暴或侵害而得到赔偿。她们孤立无援，遭受迫害，这令其也成为非德国人的"软柿子",施暴者包括乌克兰民兵,还有波罗的海沿岸国家沦陷区里在大屠杀或当地反犹期间为德国人服务的看守。在罗马尼亚,罗马尼亚军队进攻和夺回比萨拉比亚和北布科维纳,并把罗马尼亚犹太人赶到德涅斯特河沿岸之后,军队和警察也参与了对犹太人群的大规模性侵犯。罗马尼亚士兵在犹太区的街道和市场上东游西逛,绑架年轻女性,将其送往当地军营。1942年夏季在伯沙德犹太区,一群女孩被绑走,被迫"排着队"进入兵营,据说她们在那里被强暴至死。[173] 大部分关于犹太女性遭到强暴的战后证词都围绕着集中营,那里的犹太女性完全孤立无助,是随意和侮辱性的性暴力的受害者。在这个基于种族的性犯罪随处可见的可怕而怪诞的世界里,犹太女性不得不去承受双重侵害。

罪与罚

绝大部分战争罪行没有受到惩罚,通常也没有记录,只有那些有目击者证词留存的除外。无论如何,不是所有军人都会犯罪。对太平洋战场上的美国军人所犯战争罪行的粗略计算显示,干过坏事的人不超过5%;根据战时一项调查,只有13%的美国军人承认看到过罪行,尽管有45%的人有过耳闻。[174] 但在规模巨大的军队中,即便只是5%的比例也会在全世界造成或许500万人次的犯罪,从战场上的偶发暴力到劫掠、强暴、大规模处决和杀戮。只有被派往苏联和亚洲战区的警察和安全部队才会常常犯下暴行,他们的首要任务是在东欧和苏联"肆意屠杀"犹太人,但他们同时还身处残酷的镇暴作战背景之下。在这两种情况下,他们都不会把自己的所作所为视为犯罪。

普通军人对犯罪的态度差异很大,有人强烈反对,有人愤世嫉俗地认为总体战的矛盾致使罪行无可避免;另一个极端则是拒绝接受把自己做过的事明确地定性为犯罪。关于战时过度暴行的回忆录通常会把人性的扭曲归责给战争环境。威廉·沃顿写道:"当你解除束缚时,人类能变得多么恶劣啊。"[175] 在许多情况下,施暴者给自己的行为找的借口是,那只是一种抽象的外部强迫的结果,个人的道德选择在其中完全不存在。东史郎在他后来出版的日记中记述了杀害 7 000 名中国俘虏一事——当时他意识不到这些罪行是"不人道或是可怕的"。他还写道:"在战场上,人命并不比一把米更有价值。我们的性命都被丢进了一个叫战争的巨大垃圾箱······"[176]

德国人在东欧杀戮犹太人时,在许多面对面的屠杀现场,关注的重点是在编排好的屠杀流程中维持一种秩序感,甚至连埋葬被害人的壕沟的精确尺寸都会得到具体指示,犹太人还被勒令站成整齐队列等候处决。[177] 当一名押送一队犹太人从里加犹太区前往屠场的警察被问及他为什么要在沿途射杀老人或病弱者时,他答道:"我们是完全根据收到的指示行事。我们必须严格遵守让队伍行进到指定地点的时间表,因此我们要杀掉队伍中每个会拖慢节奏的人。"[178] 秩序和命令让施暴者感到有义务从命,同时也使他们不再需要尊重受害者的人性。"但总有人要去做,"东线的一名警官在被问及为何这么做时答道,"命令就是命令。"[179] 在轰炸作战中,这种个体的主动性被取代的情况也显而易见。无论是德国的、英国的还是美国的飞行人员都不会把自己视为大规模屠杀平民的执行者(尽管结果就是如此),而只是执行任务的军人,任务就是把炸弹从基地带到命令所指的目标,他们只是要规避敌人的高炮火力和敌机的威胁,扔下炸弹,然后返回。几乎没有一个轰炸机组人员在回忆录中提到过侵犯平民安全带来的任何道德沦丧感,它们反而揭示了机组人员彼此间强大的道德承诺,以及对自身生存的优先关注。

那数百万大大小小的行凶者并不是职业虐待狂或精神变态者,

一般来说这些正常人（其中有一些是女性）并不愿意在他们自己的家乡社区进行偷窃、强暴或杀人。可他们并不算是"普通人"，如克里斯托弗·布朗宁在他关于东欧种族灭绝犯罪的开创性著作中提出的那样，因为他们就是士兵和安全人员，他们被遴选、训练就是为了杀死敌人，残酷地对付暴乱，或遵守命令消灭任何可能对本种族构成威胁的人。尽管军队组织通常都会试图排除队伍中任何明显疯狂的人，但在数以百万计的军人和警察中，有些人明显具有精神变态倾向，这在他们的平民生活中或已有之。"正常人"的嬗变是在他们自己身处的特殊环境中形成的，在这里，原本能在家乡决定其行为的道德准则作用微弱，或者被完全抛弃。在亚洲、太平洋和东欧战斗的道德荒漠中，施暴者变得习惯于这个极端暴力的扭曲世界，对虐待狂行为和杀人的普遍限制在这里都不复存在；这种行为获得了认可，甚至在一名历史学家所称的"杀人之旅"中成了娱乐。[180] 在这些怪异的环境中，兽化成了一个日积月累的过程，而每一次未受惩罚的行为都会让暴行得寸进尺。一名德国警察在其东线的杀戮生涯结束时对他的妻子说："他能够一边吃三明治一边枪杀一个犹太人。"

没有可靠的道德准则，这意味着没多少施暴者会在当时或事后有什么后悔的表现。许多暴行是集体行为，责任由群体共担，也就让个人免于通常的负罪感。战场罪行由于没有任何管控规范而特别难以界定。一名美军潜艇艇长在战后声称，如果有人问他是否会为所有那些被他留在水中听天由命的水手和士兵感到良心不安，他将会回答："不。事实上，我觉得杀掉这些浑蛋让我感到十分荣幸。"[181] 20 世纪60 年代有人收集了曾在东线杀害犹太人的安全警察在受审时的众多陈述，其中没有对受害者流露出半点歉疚之情，他们只在让队友失望或未能完成职责的时候才会感到愧疚。[182] 20 世纪 90 年代，从仍然在世的英国皇家空军轰炸机机组人员处广泛收集的口述证词中，只有一个人承认自己后悔曾经"像恐怖分子一样"向平民扔炸弹。[183] 在所有这些例子中，战后回忆里都基本没有关于犯罪的想法。而在战时，罪责被转而推给了受害人群，把他们作为深刻仇恨的对象。叛乱被认为是非法的，于是对叛乱者的残酷惩罚在道德上也就没有问题了；犹太人在纳粹党的世界观中被定义为想要消灭德国人民的密谋者，他们的"罪行"让德国人的极端回应变得正当；甚至性犯罪都被当成了那些女性应得的报应，而非施加给她们的不该有的暴行。

那些罪行和暴行的实施并没有一个统一的模式。它们在西欧和北欧的规模和强度都比较小，当地的国家机构和司法系统在占领下仍然存在，罪行更容易被发现和上报。在战争中最残暴的地区，战场罪行、种族罪行和性犯罪大规模交叠，国家机构薄弱或是在入侵和占领中被推翻，因难民或移民而发生大规模人口替代，正常司法难以维系或被基本废弃。在这些特殊环境下，当地社群在敌人洪水般涌来时就会极其脆弱。仅仅是战役的规模就足以让宪兵和司法当局无法约束所有的犯罪事件。然而，在亚洲和东欧让军人和安全部队的行为尤其残暴的并不是缺乏管束，尽管这也发挥了一部分作用，而是军政领导层对暴力的主动引导、认可和纵容。德军的"犯罪命令"、日军的"三光政策"、斯大林在1941年11月命令苏联红军用自己的"灭绝之战"去对抗德军的暴行，都对当时的战争惯例和战争法造成了破坏。反过来，一方的残暴会激起对方的残暴回应，而战场指挥官基本都会予以容忍，就像美国军人的经历那样。"我们不能把面对的敌兵当人看，"瓜达尔卡纳尔岛上"亚美利加"师的一名老兵回忆道，"他们折磨……俘虏，残害我们的死者和伤员。我们觉得他们是最低级的生物。"[184] 在这些战争暴行中，受害者完全没被当作人。那个写了杀害中国战俘一事的日本日记作者形容这些战俘是"一群兽类"，把他们当作人类的敌人是"不可想象的"。[185] 威廉·哈尔西将军觉得日本兵"如同野兽……他们在丛林中就像是他们在那里长大一样，而且如同有些野兽，你在他们死掉之前从来见不到他们"。[186] 即便是轰炸作战也要用委婉的语言掩盖其目标是人类的事实。当美国基督教会联邦委员会秘书长要求杜鲁门为投掷原子弹做出解释时，总统给出了一句著名的回答："你要去对付野兽，就必须拿他们当野兽对待。"[187]

战争中幸存下来的大部分犯下罪行和暴行的人都完全逃脱了惩罚。1945年盟军的胜利消除了任何可能不利于盟国的主张，只留下几个被抓住并被定罪的士兵蹲在大牢里。在苏联，受到审判的有批评苏军罪行的人和被指控为懦夫或投敌的归国战俘，但不包括任何施暴者。在轴心国一方，许多背负战争罪和反人道罪行的人到战争结束时已经死去，使得追踪和起诉已知的犯罪者的任务在许多情况下都变得多余。大部分活下来的施暴者也重新融入了平民社会，回到了正常的司法和道德约束框架下，把他们的劫掠、强暴和杀戮丢在了身后。联邦德国司法当局等了20年才开始逮捕并起诉那数百名曾在波兰和苏联参与犹太人大屠杀的后备警察，但考虑到其中许多人都帮助屠杀了数万男女老幼这个事实，他们的刑期显得太短了。在日本，基本没人想要因战争罪行而起诉任何陆海军人，尽管日本警方不得不配合盟军追捕那些被胜利者认为是罪犯的军人。在1945年之后的年月里，日本社会始终认为军方的行为是有道理的，是在服务于天皇的理想，因此完全不能被定为犯罪。一名军官在战后撰文指责了西方把他参加过的大屠杀形容为"暴行"的做法："在和平时期，这些举动是完全无法想象而且不人道的，但在战场的特殊环境中，它们都是自然而然的。"[188]

但是，打赢了的盟军想要利用自己的胜利来强调其敌人的邪恶。他们没有去寻找那数百万参与罪行的人，而是聚焦于中高级军官，这些人能够为其麾下部队在战场上所犯的罪行负责。用国际法来起诉个人而不是起诉抽象的国家或机构，这本身就是个值得一提的创新。然而，对战争罪和反人道罪的定罪却遇到重大困难，因为1907年《海牙公约》并没有把其禁止的行为明确定义为犯罪，只是将其作为各签字国一致同意应予避免的战时暴力行为。这些关于战俘待遇和劫掠行为的限制（《海牙公约》第22、23和28条）被用作战争罪行讨论的起点，但是在德国和日本建立的旨在审判主要战犯的国际军事法庭（IMT）需要把他们的行为定性为犯罪。盟国审判人员主张，关于何种行为违犯战争法存在共同或约定俗成的理解，因此根据惯例，军事法庭可以直接把这些违法行为视为犯罪而无须借助《海牙公约》。[189] 1944年各主要盟国同意的《伦敦宪章》（即《欧洲国际军事法庭宪章》）在第6（b）条中回溯性地定义了战争罪，这样法庭就有了可以拿来指控受审人的依据。对罪行的一般定义仍然是"违反战争习惯和惯例"，包括但不限于对占领区平民的"杀戮、虐待或驱赶为奴工"，对战俘和"海上人员"的杀害或虐待，杀害人质，掠夺私人和公共财产，以及恶意摧毁城、镇、村，或任何其他在军事上非必要的毁坏行为。这是个大胆的步骤，因为苏联政府和军队在战场上也屡次在一定程度上违反了这一清单中的许多条款，而即将到来的核攻击会让"军事必要性"这一概念超出任何法律限制。当远东国际军事法庭于1946年宣布其宪章时，罪行定义的复杂性被回避了，第6（c）条"常规战争罪行"下只发布了统领性的总体原则："违反战争习惯和惯例"。到了这个阶段，"反人道罪"这一提法已经囊括了所有严重的种族和政治迫害形式，包括"屠杀、灭绝、奴役、流放"，并在欧洲法庭提交的最终诉状中与一般的战争罪区分开来，以确保战争中所有方面的残暴行为都会被定罪，东京法庭也采纳了这一区分。[190]

这些定义也被当时和后来在亚洲和欧洲举行的众多审判采纳，用来指控那些已知的施暴者，他们都是些曾经下令或组织过战争罪行的军队指挥官、安全人员和警察。在亚洲，横滨、马尼拉、吕宋、南京、广州和其他城市也都组织了法庭,有5 600人受审,4 400人被定罪,920人被处决。法国政府在西贡建立了永久军事法庭来追查那些在战争最后6个月里杀害过法国军人和平民的日本士兵,但这个法庭只关注杀害法国侨民的事,对于中南半岛非白人人民遭受的持续而普遍的暴行并不关心。在4年时间里,法国审判了230名受审人,判处63人死刑,其中37人是缺席审判,这证明了追查和引渡被指控人是多么困难。20世纪40年代末,法国当局对追查战争罪行失去了兴趣,为了在对付越南独立同盟的战争中服务于法国利益,一些已知战犯中的杰出者被法国招募了。[191] 总数差不多的人也在欧洲受到审判,在这里追查已知和指定被告人也同样困难,有些人已经逃往国外,有些则已在苏控欧洲,命运不详,下落不明。在随后由一支美国审判团在德国进行的国际军事法庭审判中,177人受审,142人被定罪,25人被处决。其他欧洲国家也对被指控违反军事和民事条款的战争罪犯进行了自己的审判:英国军事法庭定罪了700人,判处230人死刑;法国法庭审判了2 100人,定罪1 700人,处死104人。在1947—1953年的全部战争罪犯审判中,共有5 025名被告人被定罪,其中1/10被判死刑。[192] 在这一时期,死刑通常都会被减刑为普通有期徒刑,而其他那些犯下重罪的人也有办法被法庭宽大处理或避免被起诉。当费舍尔中尉最终于1964年被逮捕并因比雷格卢兹诺屠杀而受审时,法庭判定——与所有证据相悖——他没有犯下联邦德国刑法规则中定义的谋杀罪,因为他的举动并非故意残暴,也不是什么卑鄙动机的产物,他没有表现出任何"蓄意和非法杀人所独具的应受指责的特征……"[193]

盟国想要在国际法中定义战争罪的努力体现在了《联合国宪章》第六章中,所谓"纽伦堡原则"被载于此处,它定义了反和平罪、战争罪和反人道罪。这一原则得到了1946年12月14日联合国大会的拥护。同月，联合国第 96（1）号决议将种族灭绝定义为国际法中的一项罪行，两年后，《防止及惩治灭绝种族罪公约》发布。1949 年新版《日内瓦公约》达成协议：3 号公约《关于战俘待遇》和 4 号公约《关于战时保护平民》。各方在 1977 年又达成了若干协议，第一次为未来轰炸中的潜在受害者提供了更明确的保护。根据 1949 年的 4 号《日内瓦公约》，国际社会首次明确认可对女性"荣誉"的侵犯是非法的；这一规定将强暴纳入了适用范围，尽管它仍然被当作道德侵犯而非极端的生理和心理侵犯行为。直到 1977 年，《日内瓦公约》的第一和第二《附加议定书》中才把"荣誉"的部分替换为"对人身尊严的侵犯"，包括强奸、强迫为娼，以及其他形式的非礼之侵害。[194] 针对女性的暴力行为在 1993 年发布的《消除对妇女的暴力行为宣言》中得到了特别关注，但这并不构成法律约束。直到 20 世纪 90 年代，战争罪中的性暴行才在对前南斯拉夫和卢旺达的特别法庭审判中第一次受到指控。

如果有了更可靠的战争法协议或是各方认可的国际人道主义法律，第二次世界大战中的罪行和暴行是否能得到约束，这仍然是个谁也说不准的事情，因为它们在后来发生的大部分战争中并没能做到这一点。这看起来也不太可能做到，因为即便是在人们知晓并理解现有《日内瓦公约》和《海牙公约》的地方，它们也没有法律效力。当一名受伤的日本军官在冲绳被俘时，他对抓他的人说，根据《日内瓦公约》他应当被送往医院接受治疗。他得到的答复是"去你的浑蛋！"和就地一枪。[195] 第二次世界大战中罪行的无处不在反映了战争的巨大规模、激烈程度，以及各方的战斗决心。最重要的是，它反映了不同形式的冲突和暴力的多样性，从残酷的战场遭遇战到镇暴行动、全民战争、殖民地治安、种族灭绝和性犯罪，每一样都会产生独有的暴行形式和各种各样不幸的受害者。

贾瓦哈拉尔·尼赫鲁在1955年4月印度尼西亚的万隆亚非会议上发言,这是亚洲和非洲国家组织的第一次大型国际会议,其中许多国家刚刚挣脱欧洲和日本帝国主义,已获得自由或者即将获得自由。尼赫鲁旁边是加纳(黄金海岸)代表克瓦米·恩克鲁玛、坦桑尼亚代表朱利叶斯·尼雷尔和埃及独立后的领导人贾迈勒·阿卜杜勒·纳赛尔。
图片来源:UtCon Collection/Alamy。

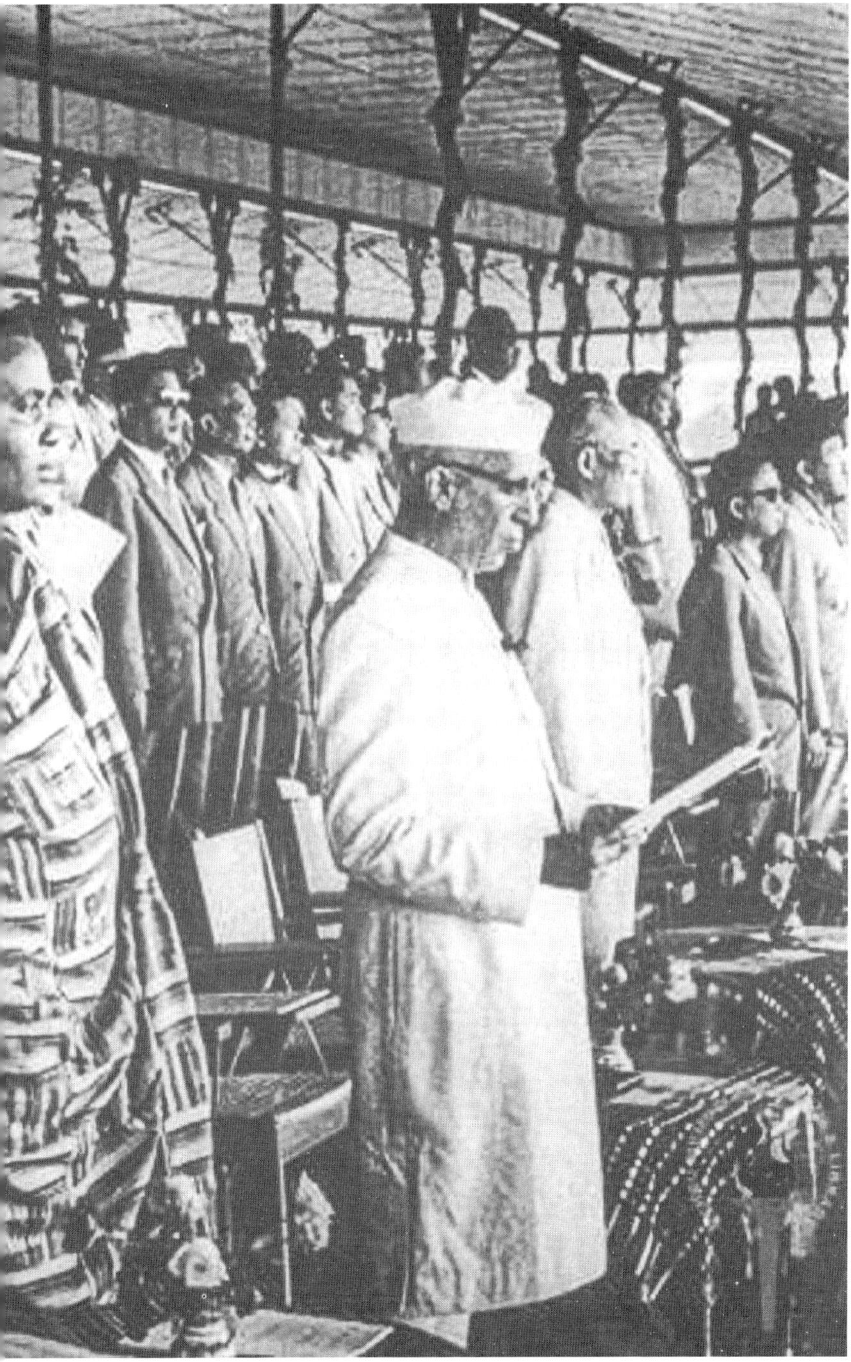

第十一章

从帝国到民族国家：
一个不同的全球时代

旧秩序正在崩塌，一种新秩序正在它原来的地方崛起。在全世界，一伙人骑在其他人头上作威作福的旧社会的基础正在被砸碎。地球上被欺压的人民正在扭转他们悲惨和潦倒的命运，他们正在反击……但帝国主义不会自行消失。

——阿曼科·奥卡福，《尼日利亚：
我们为什么要为自由而战》，1949 年[1]

战争结束四年后，尼日利亚的法律系学生兼共产党员乔治·阿曼科·奥卡福（他的举动遭到了英国安全部门的密切监视）在伦敦编写和出版了一本小册子，从而拉开了战后非洲从欧洲人殖民统治下独立的序幕。[2] 美国民权运动家兼歌手保罗·罗伯逊为这本小册子写了序言，赞许了全非洲"摆脱殖民主义枷锁"的运动。到 1945 年，意大利、日本和德国都已被击败并清算，这导致民众普遍反对战胜国英国、法国和被解放的比利时、荷兰继续推行帝国主义。尽管战胜国列强决意坚持对仍然生活在"原始未开化国家"（战后英国劳工大臣佩斯维克-劳伦斯勋爵的说法）的人民实施帝国统治，但大战最显著的地缘政治结果便是整个欧洲的帝国体系在不超过20年的时间里完全崩溃，以及一个民族国家世界的出现。1960年，英国手中最大的殖民地尼日利亚获得独立，用奥卡福的话说，这是恢复了"非洲人民的尊严"。[3]

在战后最初几年的历史中，最为突出的是战争导致的巨大人道主义危机，西方主导下全新的全球经济协作和国际合作体系的发展，以及最重要的，第二次世界大战前盟友之间冷战的开始。人们对帝国主义瓦解的关注固然不多，然而新老帝国的解体却是人道主义危机、新国际主义形成和冷战出现的大背景。轴心国帝国被击败和灭亡后，轴心国想要取而代之的旧帝国的临终剧痛也很快随之降临。在亚洲、中东和非洲，随着欧洲列强和日本的退出，地缘政治结构发生了剧烈变化，代替它们的是一套一直延续到21世纪的政治地理局面。

帝国的终结

1945年德国和日本的战败和投降，以及早先意大利于1943年的投降，导致从1931年日本侵略中国东北以来长达14年的暴力帝国扩张突然而戏剧性地结束了。在三个轴心国里，曾经对新帝国主义大加支持的人都没打算复活它，也不想去维持曾经助长了新帝国主义的激进民族主义。这三个帝国的毁灭揭示了这种帝国主义给人类带来的惨痛代价，此时这种代价降临到了被困在德国、日本和意大利短暂占据为殖民地或帝国领地之处的大量人口身上。消灭新帝国是从1942年1月起被称为"联合国"的盟国的一项核心目标，这个词是罗斯福在1941年12月丘吉尔访问华盛顿期间凭空想出来的，但是它很快被用来定义作为一个整体的盟国。[4] 在关于轴心国投降的讨论中，各国认为德国（包括其欧洲盟友罗马尼亚、保加利亚和匈牙利）要放弃其所有占领的领土；意大利要被没收它在非洲的殖民地和在欧洲的占领区；日本则会失去它在东亚和太平洋周围所有的殖民地、托管地和保护国。所有这三个国家都将被限制在战胜国为其划定的国家边界内。它们仍然会是国家，但不再是"民族-帝国"了。

最激进的国家重构发生在德国。盟国不仅决心要把德国限制在1919年《凡尔赛和约》后的领土内，与斯大林在雅尔塔会议上达成一致后，还决定让波兰从德国东部切走一大块地盘以补偿1939年9月被苏联占去的东部领土。三大盟国还同意把德国剩下的地盘划成三个军管区由三国瓜分，而新德国的最终划分方式则仍悬而未决；在1944年法国临时政府的施压下，法国也在德国南部得到了一小块占领区。伦敦政府甚至有人提议把德国暂时转为英国自治领，让德国人学学什么是民主。[5] 最后，各占领国还是未能就建立一个统一的德国达成一致，于是在1949年建立了两个独立国家：苏联占领区的德意志民主共和国，以及三个西方国家占领区合并组成的德意志联邦共和国。日本的情况则简单得多。那里只有盟军最高指挥官道格拉斯·麦克阿瑟麾下的一个占领当局。朝鲜、中国台湾、中国东北和战前那些国际联盟托管岛屿都不再是日本的了。琉球群岛中最大的岛屿冲绳被美国管到了1972年。根据美国和苏联之间的协议，朝鲜被从北纬38°线一分为二，就和1904年日本和俄国首次界定势力范围时一样。苏军占领北方，美军占领南方。中国的台湾和东北还给了中国，后者则在中国东北的利益方面向苏联做了部分让步。太平洋岛屿作为联合国托管地交给了美国。

如何对待意大利是个更棘手的问题，因为从1943年9月起意大利就已经与盟国并肩作战，到1945年5月时它已经恢复为1919年边界之内的统一国家了。战争结束时英军和南斯拉夫铁托游击队之间就亚得里亚海港口的里雅斯特的未来归属问题相持不下，以这座城市重归意大利而告终；在意大利西部阿尔卑斯山区的瓦莱达奥斯塔与法军的另一场对峙则阻止了法国对意大利领土的吞并。[6] 意大利的前殖民地全部交给了英国军管，埃塞俄比亚 1941 年就在重登皇位的海尔·塞拉西皇帝的领导下恢复了独立国家的身份。罗马有一个民族主义游说团，希望收回意大利的部分或全部前殖民地，以此在重新洗牌的帝国世界中建立威望，但 1945 年的环境和 1919 年完全不一样了。战后的反殖民潮流意味着国际上不会有人同情意大利的这一努力，1947 年 2 月意大利签署的和平条约第 23 条特地禁止了任何重建帝国统治的企图。但这并未解决前战时盟友之间关于如何处置意大利丢掉的殖民地的激烈争执。在 1945 年 7 月的波茨坦会议上，苏联政府要求托管至少一处意大利领地。英国和美国不想让苏联插足非洲，坚持拒绝苏联参与此事，这一态度在原本有可能实现的东西方战后合作的棺材上又钉了一颗钉子。美国也不想搞出一个助长英国在非洲帝国地位的解决方案，因此拒绝了英国关于允许其在非洲之角和未来的利比亚继续保持势力的提案。[7] 最终，盟国各方未能达成一个可接受的妥协方案，于是把问题提交给了联合国。1949 年 5 月，联合国大会拒绝了意大利推翻和平条约裁定的外交努力，也没有让英国实现根据自己的利益重组这一地区的愿望。利比亚获得了独立，厄立特里亚最终与埃塞俄比亚组成联邦；最后，1950 年 12 月，大会同意把索马里的联合国托管地交给意大利，这是意大利最穷最小的前殖民地。面对已经组织起来的索马里民族主义者，意大利很难为执行托管找到所需的资金和人员，鉴于此，意大利官方准备让这一地区独立。1960 年 6 月 30 日，意大利帝国主义的最后一丝余烬也熄灭了。[8]

随着轴心国帝国的终结，那些仍留在现已不再是其帝国的土地上的意大利人、德意志人和日本人纷纷逃离，有些是自愿的，有些则是被迫的。他们大部分不是新的殖民者，而是早在 20 世纪 30 年代暴力扩张开始前就定居已久的人群，有些德意志人已经在当地居住几百年了，但他们还是作为帝国野心的某种代表遭到了惩罚（其中有一部分人确实可以代表这种野心）。[9] 许多意大利移民在 1945 年之前就已经回国了，包括 5 万从埃塞俄比亚回国的人，但在意属索马里还有超过 4 000 人，厄立特里亚有 3.7 万人，利比亚东部约有 4.5 万人；到 40 年代末，从非洲返回意大利的总人数超过了 20 万人。此外还有 25 万人从意大利短暂的欧洲帝国伊斯特里亚和达尔马提亚逃离或被赶了出来。这些殖民者很难重新融入意大利社会；许多人被安置在难民营里，这些难民营直到 20 世纪 50 年代初才被清理完毕。[10] 然而，这个数字和数以百万计迁回母国的日本人及德意志人相比就很少了。当 1945 年 8 月战争结束时，估计有 690 万日本军人和平民散布在中国、东南亚和太平洋上。盟军为遣送日本军人回国做了计划，但对平民则没什么明确的政策。美国率先提出有必要迁走日本平民，此举部分是为了保护他们免受暴力侵袭，部分也是作为其帝国扩张失败的标志。[11] 许多平民已经长期扎根于殖民地，他们被命令离开时会失去所有的资产；其他人则是新近迁往中国东北和华北的移民，或是使帝国得以运转的官员和商人。

同为被遣返或驱逐的人，其经历却是天壤之别。在中国东北，日本人大部分是孤立无援的妇孺，他们会遭到苏军的袭扰和侵犯，也没什么交通手段，很难得到食物。他们的处境最为艰难，被遗弃在充满敌意的民众和占领军中间长达 9 个月甚至更久。当苏联红军杀到时，22.3 万农民定居者开始向东逃离，但许多人（或许是大部分人）的财产和食物都丢掉了，数以万计的人不得不靠乞讨或偷窃为生。最终只有 14 万人回到了日本，7.85 万人死于暴力、疾病或饥饿。[12] 对中国东北其余日本人的有组织的遣返直到 1946 年夏才开始，当时超过 100 万平民被迁往日本的难民营。在美国和中国控制的地区，遣返计划开始得更早，由于美国提供了航运，遣返工作不像中国东北那般艰难，尽管如此，强迫迁徙和财物损失仍然存在。在美军占领的朝鲜半岛南半部，日本投降不久后的1945年9月17日当局就宣布强制遣返日本军民，而且当月就开始将其运回日本；然而许多平民选择留下来，于是1946年3月他们被强令必须在4月之前离开，否则就会面临处罚。美国军政府只允许他们携带少量财产。在中国台湾，中国国民党政府也发出了相似的通知，1946年3月宣布强制遣返，4月底就要完成。在几个星期的时间里，44.7万日本人乘船返回日本，放弃了他们的殖民历史。在日本本土列岛，从遣返中心到正常平民生活的漫长调整期随之开始。本土的日本人在自己和这些被赶回来的人之间树起了一道看不见的屏障，后者始终是失败的帝国计划及其惨痛代价的象征。[13]

在中国大陆，主要由美国船只执行的平民遣返始于1945年11月，在次年夏季便基本完成；而与此相对，许多日军部队则被中国国民党政府留下来在上海和北平维持公共秩序，以及对付中国共产党。最慢的遣返出现在路易斯·蒙巴顿勋爵的东南亚司令部辖区。这里日本士兵和平民的处境特别糟糕。被俘军人被重新定义为"投降的军事人员"而非战俘，这样英国当局就能规避《日内瓦公约》的要求。他们被留下来充当强制劳工，即便是到了大部分日军已被最终遣返的1946年夏（这次用的还是美国船只），还有10万人被留下来充当苦力，直至1949年初，这是违反《日内瓦公约》的。[14]平民的过渡比较困难，许多人被安置在管理混乱的营地里干重体力活。印度尼西亚的一名日本政府官员回忆了在他被拘押的英国战俘营里那些痛苦的日常，在那里，打着赤膊的囚犯被逼迫顶着烈日用钢丝刷清理机场跑道，水和食物都很少；后来他被转移到新加坡旁加朗岛上一处与世隔绝的营地，那里没有遮阳棚，没有天然水源，每天的口粮只有不到半杯大米。直到红十字会前来检查后，环境才有所改善。[15]

到此时为止，在从新帝国涌出的被驱逐者和难民当中，规模最大的是那些在第三帝国扩张到整个中欧、东欧和东南欧的过程中无意间成为帝国一部分的德意志人，包括德国在《凡尔赛和约》中丢掉的领土上的德意志居民，这些土地在1939年后被德国夺回，现在又丢了。迁往德国占领区的人数估计在1 200万—1 400万之间（更准确的数字已不可考）；他们大部分来自捷克斯洛伐克和波兰的"补偿领土"，后者原本属于德国东部，但此时已划给了波兰。也有人从罗马尼亚、南斯拉夫和匈牙利被赶回德国领土，还有设法随同撤退的德军向西逃离的苏联伏尔加德裔居民，数量不明。苏联军队还从罗马尼亚和匈牙利把14万德意志人驱逐到了另一个方向，向东赶进了苏联境内的劳动营。[16]被驱逐的人大部分是女性、儿童和老人，许多精壮男性被当局留下来，为恢复当地的经济充当劳力。尽管盟国在波茨坦大会上表达了人员迁徙应当"有序且人道"的意愿，但德国战败后的报复性暴力浪潮还是无差别地落到了德裔少数民族身上，既不有序，也不人道。人们对被驱逐者死亡人数的估算差异很大，从50万到200万不等，但毫无疑问的是有数十万人确实死于饥饿、严寒、疾病和蓄意杀害。[17]战争结束后的最初6个月是所谓的"野蛮驱逐"时期，德国侨民被迫长途跋涉、跨过国境，进入四个盟国占领区，或是被塞进肮脏的火车车厢，在他们前往德国领土的漫长而令人疲惫的旅程中几乎没有食物和衣物。在第一轮报复中，警察和士兵们以当年前往东方的犹太人所受对待的方式来对待德意志人。在1945年6月的一次暴行中，捷克斯洛伐克士兵逼迫265名苏台德德裔在霍尔尼·蒙斯特尼斯下火车。这群人中有120名女性和74名儿童，他们被迫在火车站后面挖了一个巨大的墓坑，之后他们被从脑后一枪射杀，扔进坑里。[18]许多时候，被驱逐者只提前几个小时接到通知，有时只提前几

第十一章 从帝国到民族国家：一个不同的全球时代　　975

分钟，因而随身带不了什么东西。闷罐车被塞得满满的，因此被驱逐者只能站立着，相互倚靠，火车出发时车上也没有水和食物；死去的人就在沿途车站被丢出去。有些人起初被关在临时营地里，男性充当强制劳工，其环境和所有集中营都差不多——糟糕的食物、虱子、斑疹伤寒，还常常挨打。

对盟国来说，有些地方的德意志人面对的粮食和善后问题已经足够困难，在这些地方，头几轮人员驱逐是个难以对付的事。有时候接收地当局会拒绝他们进入。美国官员们担心，这些当局是串通好了做这种事的，有人称之为"可怕而且没人性的事"。英国官员们向伦敦报告了他们看到的日常暴行，但外交部的观点是要避免指责捷克人和波兰人，以免英国背上"毫无必要地对德意志人心软"的名声。[19] 最终，盟国同意要给驱逐行动强加上某些秩序。1945年10月，"联合遣返行动处"成立，负责设计运输方案，把被驱逐者运往德国和把"难民"运回原籍国，总运量超过600万人。11月，盟国管制委员会公布协议，为每个占领区分配了被驱逐者的数量（苏占区275万人，美占区225万人，英占区150万人，法占区15万人），并提出第二年还将继续在盟国监管下进行驱逐行动。尽管盟国已努力为被驱逐的德意志人的待遇和运输建立规范，他们的处境仍然糟糕，不过德国国内的条件也好不到哪里去。盟国没有预计到会有如此多的德意志人离开东欧和中欧，这些人于是被安置在临时营地甚至是前集中营里，食物和生活设施很有限，就业的前景也不乐观。到1945年底，苏占区有625个营地，西方占领区还有数千个。和在日本一样，被驱逐者重新融入社会的过程被证明漫长而艰难，本地德国居民中的很多人不信任这些新来者，而且不同意为供养他们而花钱。[20]

当被驱逐者从新帝国朝德国国内的方向流动时，在战争中流离失所的难民、孤儿、强制劳工或俘虏等千百万男女老幼却在相向而行，他们要么是回家，要么是到海外寻找新家。这些新一轮帝国扩张的受害者数以千万计，他们遭受了规模前所未有的强制迁徙。在东亚，最大规模的强制迁徙发生在中国，蒋介石政府估计在战争结束时已有4 200万人"背井离乡"。而据战后估算，全部难民人口，包括那些迁徙了不止一次的人，达到9 500万人，全国人口的1/4 在战争的某个时刻离开了家乡。在北方和东部的沦陷省份，逃离的人口占比在35%到44%之间。其中大部分人会竭尽所能地返回前沦陷区，这常常要经过数月跋涉，而国家却只能为其中不超过200万人提供协助。有些人放弃了返乡的努力，永久留在了迁居地。那些返乡的难民发现他们的家庭网络已经解体，家园和财产都被留下来的人占据，这一结果使得他们对没有逃离日占区、反而可能投靠日本的人越发怨恨。[21] 安排那些强制劳工、被征入日军的殖民地部队以及大量被强迫卖淫的"慰安妇"返乡则是美英占领当局的义务。1945年，当局基于对国籍的大致估计，实施了遣返计划，送他们回家。

在欧洲战场，战时盟国在战争结束前很早就意识到，通过剥削奴隶劳工、激进流放和恐怖政策建立的第三帝国已经造成了可能无限严重的移民问题。在这里，流动人员并非德国新秩序之下的难民，他们大部分是从家乡被带走为德国战争机器服务或送进集中营的人。其中有些人是自愿为德国军事机器服务的东方沦陷区的人，现在因德国战败而滞留。1943年，在正式的联合国组织成立的两年前，试运营阶段的"联合国"创办了"善后救济总署"（UNRRA），试图提前为解决德国及其盟友被击败后需要面对的此类问题做准备。用罗斯福的话说，要向"德国和日本野蛮行径的受害者"提供救助。[22] 善后救济总署最终在欧亚16个国家采取行动，于1945—1947年发放了价值100亿美元的食品援助。在西欧，它以小组的形式开展工作，每个小组13人，包括医疗人员、福利救济人员、神职人员和组织人员，其中超过一半来自欧洲大陆，以解决预计会出现的语言问题。在苏联的地盘上，善后救济总署代表团可以和波兰、捷克斯洛伐克、乌克兰和白俄罗斯的地方当局协作，但物资必须在港口或边境移交，由政府机构而不是善后救济总署进行分发。[23] 在1945年夏季，有322个小组管理着德国西部地区的约227个难民中心和奥地利的25个中心；到1947年，意大利、奥地利和德国的中心达到762个。[24]

非德意志人口的迁徙总数估计为1400万人，但准确数字同样不可能统计出来。由于善后救济总署无法直接在苏联地盘工作，苏联红军占领区的迁徙人数无法确定。战争结束后的几周内，就有数百万人在美国卡车和享有优先通行权的火车的协助下踏上了归途。在德国的120万法国被驱逐者和俘虏中，到1945年6月只有40 550人还留在德国。到7月，有320万难民回了家，留下180万人还在善后救济总署设置的难民中心里。起初的条件一片混乱，难民都被安置和供养在临时营房里。尽管难民获得了优先关注，但食物仍然很少。到1947年，营地中仍住着超过50万难民，他们每人每日的热量摄入只有1600卡路里，远远低于维持完全健康所必需的水平。[25]

西方盟国认为，所有那些背井离乡的人在经历磨难后都想要回家，但实际上遣返一事远不是一帆风顺。犹太人难民获得了一个特殊地位"联合国国民"，以保护他们不被送回到会迫害他们的地方。[26] 主要问题在于数百万东欧人不愿回到以前的生活中。到1945年9月，约有200万苏联公民从欧洲各地回了家，但西方并不知道这种迁徙对这些男男女女来说意味着什么。他们在回归时受到的对待就像是接触法西斯主义后被污染了一样。经过内务人民委员部和军事情报机构"锄奸团"的筛查后，有些人被放回了家，其他一些人则被迫前往苏联的偏远地区，还有数以千计的人被送到劳动营。在被遣返的550万苏联军民中，约有300万人受到了某种形式的惩罚。约240万人被放回家，但其中 63.8 万人后来又被再次逮捕。[27] 苏联要员和军官来到西方的难民营地，寻找那些被算作待遣返苏联公民的人。西方军队起初会配合，强行把那些不情愿的被驱逐者交到苏联人手中，唯一的例外是波罗的海沿岸共和国的国民，这些国家已因 1939—1941 年被苏联占领而不再独立。数千曾经与铁托游击队作战或是支持保王党的南斯拉夫人被英军强行送了回去，他们在回国后就被杀或被监禁。[28]

到 1945 年 10 月，那些回到苏联的人再遭磨难的证据已经足够多了，作为西方盟军最高司令的艾森豪威尔正式发出指示，允许来自这些地区的难民自行选择是否返回。尽管苏联强烈抗议，这一决定还是得到了 1946 年 2 月联合国大会的认可。苏联代表安德烈·维辛斯基哀叹道："这种所谓的宽容，在历史上有个名词：绥靖！"[29] 尽管如此，在随后的两年里，善后救济总署及其后继者"国际难民组织"还是花了很大力气来劝说苏联人、波兰人和南斯拉夫人回家。有 45 万最坚决的苏联军民拒绝返回。最后，由于战后劳动力短缺，西方国家干脆同意大量难民移民。在英国，11.5 万曾在西线作战的波兰部队老兵被允许留下来；到 1951 年底，加拿大接收了 15.7 万人，澳大利亚接收了 18.2 万人。在跨党派游说团体"难民公民委员会"的压力下，杜鲁门总统被说服，于 1948 年 6 月和 1950 年 6 月通过了两项授权法，允许 40 万难民在美国定居。到 1952 年，无去向的难民只剩下 15.2 万人，大部分是些老人、残疾人或患有慢性肺结核的人。1957 年，联邦德国政府关闭了最后一个难民中心。[30]

用鲜血换独立

联合国在着手解决轴心国帝国的遗留问题初期，曾期望对民族自决的尊重能得到更广泛支持，这一原则被载入了《联合国宪章》第一条，并于1945年6月最终获得同意。这不仅仅是对一些国家毁于轴心国帝国之手的回应，它还暗示其他那些资格更老的殖民帝国，应当把德国、日本和意大利帝国主义的毁灭视为一个更大范围的全球计划的前奏，该计划最终将会消灭所有领土帝国。"殖民的日子过去了，"罗斯福的共和党竞争对手温德尔·威尔基在1942年环游世界时宣称，"……这场战争必须终结帝国主义国家对其他国家的欺压。"没几个美国人会不同意这一点。[31] "帝国主义就是帝国主义，无论是老是新，" 1945年2月《美国信报》的一篇社论写道，"维持旧暴政所需的日复一日的暴力几乎和新的侵略一样不可原谅。"[32]

1945年的终战带来了和1919年彻底不同的结果。1919年时民众要求自决的呼声在帝国主义势力的抵制面前烟消云散，而1945年时四大战胜国中的三个——美国、苏联和中国——都反对帝国势力和殖民地制度继续存在。尽管英国和法国作为联合国的重要成员和安理会的常任理事国，希望这个新的国际组织能帮助它们在多年的战争危机后恢复帝国统治，但它们也很快醒悟了过来。这场战争是欧洲帝国的分水岭。反殖民主义者主张，这场对抗轴心国的战争为的是让所有民族获得政治独立，而非只是让被解放的欧洲国家独立。尼日利亚民族主义者纳姆迪·阿齐克韦（尼日利亚独立后的首任总统）借用了1941年的《大西洋宪章》和伍德罗·威尔逊"十四点"中的词句，于1943年起草了《自由宪章》，以保障包括生存权、表达和结社的自由以及自决权在内的各种权利。阿齐克韦提出，先前这两份文件证明了"所有人民都有权选择自己要在其下生活的政府形式"。[33] 伊拉克首相努里·赛义德给丘吉尔写信说，他相信《大西洋宪章》的起草者们不会找不到办法让联合国为阿拉伯人［独立］提供保障……"[34] 结果，联合国直到1950年12月才把"民族自决"确定为一项重要权利，而到1960年12月联合国第1514号决议以压倒性多数通过后，这个决定才具备法律约束力，这份决议的标题是《给予殖民地国家和人民独立宣言》。英国殖民地部评论道，这成了"联合国的神谕"。[35]

这不是欧洲帝国主义列强想要的结果。它们原以为1945年的情况将和1919年十分相似，自决原则会在欧洲重新建立（尽管在苏联控制区会以完全不同的面貌出现），但不会用在帝国领地。在战争的善后工作中，所有帝国主义强国都会优先重建和平时期的经济和开发帝国领地，以此在战时政治和道义权威突然崩塌后重建政治信任和威望。美国战略情报局发给华盛顿的一份报告提醒道，1945年7月取代战时联合政府的英国工党政府"和丘吉尔的前任保守党政府一样满是帝国思维"。[36]新任英国首相克莱门特·艾德礼认为，"简单交出"殖民地领土"既不情愿也不可行"。当升任英帝国总参谋长的蒙哥马利于1947年11—12月访问非洲时，他向政府报告说他认为非洲仍然"完全未开化"。他倾向于继续剥削帝国殖民地"以让英国存续下去"。[37]1944年，戴高乐将军在法属刚果的布拉柴维尔会议上呼吁殖民地和法国要更加团结，摒除"任何自治的想法，任何向法国帝国集团之外演变的可能性"。[38]荷兰政府回到本国后立刻开始在重建的帝国中发展一种新的"荷兰联邦"模式，此时，任何让荷兰人到东面被打败的德国定居的前景都已不复存在。[39]战时所有的帝国主义盟国都明白，想要在新的战后秩序中获得尊重，它们就不得不重视对帝国领地经济和社会发展的投入，就像它们在战间期所做的那样，同时还要避免给予独立的承诺。

对英国和法国来说，战争结束时力量平衡的变化是难以接受的。凭借着帝国领地的存在，它们在1939年时曾是世界两大强国，现在想要恢复其大国地位，或许仍然要靠帝国领地。英国代表团在联合国成立大会上甚至还宣称帝国统治是"保卫自由的庞大机器"，应当被保留。[40]两国政府都担心美国会在1945年5月成立联合国时坚持把

第十一章　从帝国到民族国家：一个不同的全球时代　　981

所有殖民地都变成托管地，交由国际监管。它们在旧金山会议上成功在《联合国宪章》中引入了第二条第七款，确定殖民统治是一项国内事务，不应被干涉，这就允许两国再次发展其帝国统治以巩固其全球地位。英国外交大臣欧内斯特·贝文是帝国主义的坚定维护者，他秉持着英国外交部于1945年5月提出的"三元体系"的主张，将帝国统治视为在苏联和美国之外建立"第三势力"的手段，以确保欧洲战胜国能获得与苏美对等的待遇。[41] 贝文反对印度独立，希望把英帝国扩张到利比亚，而且不喜欢联合国托管模式。他们十分想要拓展"英联邦"这个概念，使之被视为全球第三势力，而所谓的英联邦是个独立国家组成的松散联盟（定义也很松散），由英国主导。[1949年，"British Commonwealth"（英联邦）这个表述中的"British"被去掉，以避免被指责为"新殖民主义"。][42] 贝文还让外交部拿出了另一项主张，提议建立一个欧洲帝国集团——英国、法国、比利时——利用"欧非"（Eurafrica）来确保"与西半球集团及苏联集团地位平等"，1948年1月他在内阁就是这么说的。[43] 财政大臣休·多尔顿觉得，通过利用非洲的资源，"我们将会让美国依赖我们"。[44] 由于法国对此的态度不冷不热，这一计划渐渐无疾而终。法国自己的计划是为其帝国建立一套新的宪法框架，向殖民地被奴役人民许诺公民地位和有限的地方自主，从而把殖民地与宗主国法国更紧密地绑定在一起。在1946年的一次全民公决之后，"法兰西联邦"成立，但人们很快就明白此举是要确保殖民关系长期存续，殖民地人民无法享受和法国人相同的选举权、民权、福利或经济机会。联邦无意让民族独立，它只是意味着把帝国更加牢固地捆绑在一起。[45]

恢复帝国的计划大部分只是一厢情愿。英国、法国和低地国家面临着恢复经济的严峻问题。英国因战争而几乎破产，法国经济也在数年沦陷中遭到严重破坏。对美国经济援助的依赖是无可避免的，而帝国作为经济力量的来源，其复兴之路也受到美国的阻碍，后者在1944年《布雷顿森林协议》签订后坚持要废除封闭的帝国贸易体系和货币区，代之以全球自由贸易体系。1947年"欧洲复兴计划"（通常被称为"马歇尔计划"）的启动，让欧洲帝国更加依赖美国。当英国拒绝了美国无条件获得牙买加铝土矿的要求时，1949年的马歇尔援助贷款便改成以英国低头为条件了。[46] 如果说帝国是一种市场和原材料来源，那它也是要付出代价才能得到的。为表现得不那么殖民化，英国和法国都拿出了开发计划——1945年英国的《殖民地开发和福利法案》，以及一年后的法国经济和社会发展资金项目——但大部分资金被用来资助帝国领地里那些有助于恢复宗主国人口生活水准的经济项目，而非被统治人民所需。英国为了避免花费本国纳税人的钱而耍了个花招，这些项目所需的资金都是来自战争期间被扣在伦敦的未付出的殖民地借款。

帝国主义列强也没有意识到，帝国的存亡之争会把联合国变为一个战场，成为战时联盟转变为冷战的一个主要因素。从1946年起，苏联选择重新启动了反帝措施，这一做法原本已在苏德战争开始时就被抛弃了。在1947年一次向欧洲共产主义组织（共产党和工人党情报局）代表们做的被广为传播的演讲中，安德烈·日丹诺夫宣布，苏联认为现在的世界上有"两大阵营"，帝国主义者和反民主阵营，以及反帝国主义和民主阵营。苏联的目标是要与"新战争和帝国主义扩张"做斗争。[47] 英国殖民地部开始监控苏联作为"殖民地人民捍卫者"的一举一动。1948年，贝文向所有外交使团发出指示，要求他们"反击苏联对殖民主义的攻击"。[48] 1947年4月，一名法国内政部官员警告美国大使，苏联共产党的主要目标之一是"瓦解现有的殖民地归属关系"以削弱殖民强国，让它们更容易被"共产主义最终统治"。[49] 处于批判殖民主义和要求民族自决（包括1960年苏共中央第一书记尼基塔·赫鲁晓夫对联合国第1514号决议的支持）第一线的人是苏联派驻联合国代表团。然而，联合国大会中的主要潮流本来就反对保留帝国，1948年《世界人权宣言》通过后更是如此了，之后的反殖民运动常常引用这一文件。一名英国官员在1947年发现，自从两年前联合国成立以来，"世界的注意力就集中在殖民地问题上"。十年后，英国一份联合国工作报告正确地总结道，这"相比于国际联盟成立时，对西欧的利益极其不利"。[50]

然而，旧帝国崩溃的主要驱动力来自被殖民世界日甚一日的民族主义和反殖民浪潮，正是战争的过程和结果激励了它们。即便没有战争，对于自治和独立的要求也已在挑战着殖民体系，1919年时便是如此，但1945年之后旧帝国之所以加速消失，是因为全世界都对传统形式的帝国抱有敌意，而且战时动员之后产生了反帝网络。这一变化的象征是1945年10月泛非会议在曼彻斯特举办，当时来自60个国家和反殖民运动的代表齐聚一堂，以推动实现脱离殖民统治并终结种族歧视的目标。战时工会和劳工队在帝国招募人员，为有组织地抗议提供了另一项基础，让它们与特立尼达人乔治·帕德莫尔等马克思主义者的运动联系到了一起，从经济权利的角度来看待与帝国的斗争。[51] 牙买加的"人民民族党"创始人诺曼·曼利曾与在纽约哈莱姆成立的"牙买加进步联盟"合作，他劝说美国黑人工人不仅要为自己的权利而战，还要为"全世界的少数民族和殖民地族群"而战。[52] 这些网络甚至能够触达殖民帝国最偏远的角落。1945年，在战争中最具戏剧性之一的战役发生地瓜达尔卡纳尔岛，战时曾是所罗门群岛劳工队一名中士的乔纳森·斐斐在与美国黑人士兵们并肩奋斗后，想要创建一项民族政治运动。"我们感到愤怒，"他后来回忆道，"我们被英国人当作垃圾一样对待。"他和其他人援引《联合国宪章》，共同发起了"进军法则运动"（Maasina Ruru，意为"兄弟会法则"），在运动中建立了一套替代性的部落权力体系，拒绝纳税并抵制英国的"原住民委员会"。对此，英国当局的回应是在所罗门群岛进行"灭虱行动"以镇压这项运动。到20世纪50年代初，已有数千人因煽动叛乱而被关进监狱。[53]

这次反帝民族主义浪潮被证明无可逆转，旧帝国势力对此软硬兼施，既报以权宜妥协，也施加了极端暴力。帝国危机的到来并非不可预测，就像地震一样，但其影响也同样宛如地震般深远。1946—1954年，欧洲帝国的亚洲领地在短短8年时间里土崩瓦解，终结了几个世纪的帝国扩张。这正是英国的一个核心顾虑，因为从印度、缅甸到马来亚和新加坡这片巨大的帝国弧线是其整个帝国中最大最富庶的部分；因此有人主张，它对于维持英国在亚洲的势力及其全球地位是至关重要的。1942年"退出印度运动"导致的印度战时危机已经被镇压下去，但是战争年代也催生了一轮群众运动。民众的想法是，在战争中承担义务并付出牺牲后，自由和自治必须随之而来。"我们在战争中受了苦，"一名印度士兵于1946年说道，"……我们忍受了这些，因为我们可能会获得自由。"1945年，超过50万印度人被复员，回到了已经被战争改变了的村庄和城镇。[54]政治精英在20世纪30年代维持着从英国统治下独立的愿望，现在这个愿望已经成了最流行的大众呼声。"全印穆斯林联盟"从20年代末仅仅超过1000名成员的小党成长为1946年时200万人的大党。1940年，这个联盟发布了"拉合尔决议"，开始寻求建立由穆斯林掌权的巴基斯坦。[55]到战争结束时，印度国民大会党成了受民族主义力量欢迎的大联盟，在城乡都有众多追随者。1945年6月14日，当国民大会党领袖最终被从监狱里放出来，继续推动结束英国统治时，他们发现这一运动已经不一样了。重获自由的该党主席贾瓦哈拉尔·尼赫鲁警告新上台的英国工党财政大臣斯塔福德·克里普斯，独立已不可避免："人民越来越绝望……不能再搪塞他们了。"[56]

艾德礼政府的态度并不明朗，但迫在眉睫的这场危机之重大不容任何怀疑。粮食短缺，普遍的工人抗议，以及1946年春孟买港印度水兵发动的全军哗变，都被大众媒体和当地印度政治家拿来和更大范围的印度自由一事联系到了一起。印度政府错误地决定把印度国民军成员送上法庭，审判他们与日本敌人勾结一事，这成了一件轰动全国的大事，导致了暴力抗议。实际上英国的势力过于薄弱，无法掌控住一块对英国继续统治涌动着敌意的次大陆。1946年，整个印度只有估计9.7万英国人，而军队和警察大部分是印度人。1946年春举行的大选让改革者获得了压倒性的优势。穆罕默德·真纳的全印穆斯林联盟赢得了所有穆斯林占多数的邦，国民大会党则控制了其他邦。印度总督韦弗尔元帅在把这场逐渐展开的政治大戏通报给伦敦政府时，表现出了越来越强烈的悲观情绪；印度到1946年夏季时已经快要无法统治了。伦敦政府对于局势变得多么危急理解有限，但他们最终决定派出一支以印度事务大臣佩斯维克-劳伦斯为首的内阁代表团前往印度，为英国治下的独立印度自治领商量出一个合乎宪法的未来。1946年6月，代表团最终拿出了一套复杂的联邦制架构，全印度中央政府负责国防和外交政策，而以穆斯林为主或以印度教信徒为主的省级邦则负责大部分国内事务。要选出一个选举人大会，同时组建印度临时政府。这一提案很快失败了：国民大会党担心英国人计划把印度"巴尔干化"；全印穆斯林联盟则想要在巴基斯坦独立建国一事上得到可靠承诺，并开始支持分裂。英国人发现自己已不可能制止愈演愈烈的暴力，于是地方政府被很快交到印度人手里。

到了1946年8月中旬，英国政府显然已经无法挽回印度的危机了。真纳在回应英国提案时呼吁在"直接行动日"展开行动，当天在加尔各答，对立的穆斯林和印度教信徒之间爆发了激烈的冲突骚乱。

这次暴力冲突与在印度北部宗教断层线上的旁遮普邦和孟加拉邦一年多来发生的冲突如出一辙，但规模更大，死人更多。成群的暴徒在城市里横冲直撞，用自制武器互相杀戮和残害，把商店、房屋连同其居民一起烧成灰烬，绑架和强暴成年和未成年女性，但印度总督直到6天后才命令英军、印军和廓尔喀部队进入平乱。对死亡人数的估计差异很大，从官方数字4 000人到多达1.5万人不等，超过10万人受伤。接下来的加尔各答骚乱调查委员会什么也决定不了，英国人的军事力量太少，无力阻止暴力进一步蔓延。[57] 1946—1947年冬，杀戮不断升级，这部分是由于人们一直搞不清英国人在内阁代表团失败后想要做什么，而且生活于其处于少数地位的地区的印度教信徒和穆斯林族群害怕自己被划在宗教分界线的错误一侧。

1947年3月，蒙巴顿勋爵接替韦弗尔担任印度总督，伦敦政府给他的指示是，找到任何能让英国脱身的解决方案。他断定，把印度分裂成两个国家，一个伊斯兰国家和一个印度教国家，是不可避免的了。在英国内阁被说服之后，他就于1947年6月3日通过广播宣布，南亚次大陆将被分为两个有独立主权的英国自治领，印度和巴基斯坦。这一决定以并不恰当的草率方式实施了。独立日期被定为1947年8月15日，英国军队和官员的撤离则是立即开始。分治边界很快便划定了下来，数以百万计的穆斯林、印度教信徒和少数锡克人（他们的意见基本上被忽略）发现自己身陷一个实际上处于内战中的国家。接下来的死亡人数无法准确估计，但大致在50万人到200万人之间；还有300万难民跨过了宗教分界线。英国突然对印度撒手，这留下的后遗症花了几年时间才得以解决。1949年，两个新国家都成了共和国，拒绝继续保持英国治下自治领的地位。

没什么能比印度和巴基斯坦独立更加有力地确定帝国的终结了。1950年，锡兰（今斯里兰卡）成了第一个获准独立的英国直辖殖民地。当印度处于独立的阵痛中时，缅甸民族主义者也在日本治下短暂"独立期"的刺激下开始了赶走英国人的行动。昂山（人们常称其为"将军"）麾下的缅甸独立军已经换了边，从配合日本转为与盟军并肩作战，他们希望英国放弃其早已名声败坏的统治。昂山是主要民族主义政党的首脑，这个组织有个奇怪的名称，"反法西斯人民自由同盟"。在他的推动下成立了准军事单位，"人民志愿军"，以动员乡村参与民族事业，并贮存战时遗留下来的英制和日制武器。在印度发生的事情的迹象激励了缅甸的民族主义者。缅甸也在1946年变得几乎无法管理，大片农村地区实际上已经脱离了英国的控制。秋季的一轮罢工浪潮让国家面临瘫痪的威胁，而所有迹象都表明，一场反对英国统治的武装起义很可能就要发生。蒙哥马利告诉参谋长会议，由于不能再用印度部队来镇压反英起义，英国的人手不足以守住缅甸。1946年12月20日，艾德礼在议会宣布，英国现在将要"尽快提前缅甸实现独立的时间"。不过，他仍然希望缅甸能留在英联邦内，并通过贸易和国防条约而紧密依靠英国。[58] 1947年1月，昂山访问伦敦，双方达成协议，缅甸将于1948年1月独立。1947年7月，昂山被腐败的右翼政客吴素于下一群全副武装的民兵刺杀，此人想要与英国保持紧密的贸易关系。他因此被审判、定罪并绞死。1948年1月4日，缅甸成为独立国家，但它是一个共和国，不是英联邦成员。直到此时，这个国家内部的民族主义、共产主义和分裂主义三股不稳定势力才开始长期武装对抗。和印度一样，这次英国也是赶在不得不由英军来面对暴力之前就撤离了。[59]

东南亚其他地方的情况就不是这样了，那里沦入日军之手的殖民地又被通过一轮轮暴力镇压夺了回去，马来亚、法属印度支那和荷属东印度群岛都是如此。和放弃印度及缅甸的做法相反，英国、法国与荷兰都在1945年之后的几年里派出了大批军队夺回这些殖民地，并阻止民族主义运动迅速终结殖民统治。对所有这三个帝国主义强国而言，东南亚作为经济资源的重要性始终存在，尤其是能够贡献它们急需的美元收入；对这三国来说，对共产主义蔓延的担忧能够在一定程度上解释它们为何最终施加如此程度的暴力——它们已将共产主义视为击败轴心国后新的全球对手。最重要的是，起义队伍针对撤退的殖民者表现出来的暴力，导致了旨在重建控制权的残酷战争，这在许多方面和轴心国在欧亚发动的镇暴行动十分相似。在印度尼西亚，日本人资助了独立运动，并最终在投降前夕向民族主义领袖苏加诺和穆罕默德·哈达授予"独立权"，致使印度尼西亚于1945年8月17日宣布独立。和缅甸、印度一样，战争期间民粹主义运动也是遍地开花，致力于实现从殖民压迫下获得自由独立的理想。爪哇年轻人成立的"青年团"造就了激进、叛逆的一代人，他们专注于暴力抵抗荷兰人的归来。"我们这些极端主义者，"充满号召力的青年领袖苏托摩公开宣布，"……宁愿看到印度尼西亚淹入血海，沉入海底，也不愿看到再次被殖民！"[60] 然而，西方盟国认为它们能够恢复某种形式的荷兰统治，于是1945年9月，英帝国部队被派往爪哇和苏门答腊，次年春天第一支荷兰分遣队也跟着来到。英军指挥官发现回来的荷兰官员在恢复控制的问题上丝毫不肯妥协。战时他们许多人在澳大利亚的"哥伦比亚难民营"里度过，等待恢复原来的殖民习惯，对民意的变化毫无察觉。当目光短浅的副总督许贝特斯·范·穆克于1945年10月来此重新履职时，迎接他的是一片他看不懂的标语。他的助手小心翼翼地告诉他，标语写的是"范·穆克去死"。[61]

英军在那里待到1946年11月，夹在荷兰人拒绝承认的印度尼西亚共和国政府、对印度尼西亚民众滥施暴力的荷兰军警，以及不停收走荷兰人性命的无组织起义者三方之间。这并未阻止青年团将英国视为赢得独立的另一个障碍。英帝国部队在撤离前，于1945年11月在港口城市泗水与民族主义军队打了一场恶战。青年团民兵凭借即将撤离的日军提供的装备全副武装，夺取了城市，杀死了当地英军指挥官，对被困在城中的荷兰人和欧洲人进行了残忍的报复性屠杀，割掉他们的头颅、四肢和生殖器。[62] 英军的回击规模大得多。先是舰炮猛轰，之后是 2.4 万人的部队、24 辆坦克和 24 架飞机发动突击，把泗水大部分地区化为废墟，打死的印度尼西亚人估计有 1.5 万人，大部分人是死于交叉火力之下，英军也死了 600 人。如此毁灭带来的后果却不如预想中那般严重；英国人与起义者商议停火，并赋予印度尼西亚共和国半独立地位，但 1947 年夏，谈判破裂了。

荷兰强硬派坚持要求军事报复。1945—1949 年，荷兰向印度尼西亚派出了 16 万人的军队和 3 万名武装警察，以及一支"打击部队"（由雷蒙德·威斯特林率领的"驻地特别部队"），以让民族主义抵抗者畏惧。[63] 荷兰的战时抵抗和对印度尼西亚人的残酷镇压之间并无联系，甚至那些主张镇压的政客自己曾经就是抵抗者。[64] 一句流行语——"如果东印度丢了，就把它变成废墟"——让荷兰公众投入了一场违背了传统交战规则的战争。为了避免被控战争罪，荷兰军队将他们的战役称为"警察行动"。不审而拘，严刑拷问，以及任意杀人，这成了镇暴的结构性要素。"在这里你必须铁石心肠，"一名荷兰士兵写道，"你不能让痛苦和悲惨落到你头上。"从荷兰来到此地的士兵们的警句是："赶在你被击中前开枪，不要相信任何黑人！"[65] 在 4 年的冲突中，估计有 10 万—15 万印度尼西亚人被杀，有些死于交叉火力之下，其他则是民族间暴力的受害者。荷兰政府为这场战争付出的生命代价和金钱代价最终被证明过于高昂，无法向越发挑剔的民众交代。1949 年 12 月 27 日，在达成两国将会是平等的"联邦伙伴"的协议之后，朱丽安娜女王主持仪式，将权力移交给了苏加诺总统。[66] 但这一协议很快便由于荷兰坚持要保留新几内亚西部的剩余部分以安抚国内殖民势力而失败。把这里打造成模范殖民地的计划也未能实现，而且印度尼西亚的主张几乎把两国再次拖入战争，直到荷兰把这一地区交给联合国组织后，危机才告化解，而联合国立刻就于1963年把这里交给了印度尼西亚。[67]

蒙巴顿的东南亚司令部起初也是在越南的对峙线上，当时英帝国部队占领了这个国家北纬16°以南的南部，中国国民党军队则控制了北部。和印度尼西亚一样，日本的投降在这里也被共产党领导的越盟民族主义组织用作了尽快宣布独立的机会。越南共产党领导人胡志明于1945年8月下旬来到河内，9月2日日本正式投降当天，他引用了联合国对民族自决、民族平等的承诺，向大批情绪高涨的人群宣布越南民主共和国独立。[68]管辖被占越南全境的临时政府随之成立。几天后，英国陆军将领道格拉斯·格雷西成为越南南部司令，法国将领菲利普·勒克莱尔也带着一支远征军不日抵达此地，他们的目的，用勒克莱尔的话说，似乎是重建"白种人在亚洲的未来"。[69]解放后的法国士兵最早的行动之一就是绞死西贡越盟"人民委员会"的一些成员，他们是河内政权的代表。英国人对装备低劣的越盟向西贡的进攻反应激烈，他们实施了战时法律，命令部队看到任何"武装的安南人"都予以射杀。[70]法国殖民地部队的猛烈反攻很快就让英军的镇压相形见绌，下令反攻的是被任命为法国高级专员的海军将领乔治-蒂埃里·达让利厄，他是个狂热的基督徒、前教士，想要越南人接受基督教文明的权威。达让利厄没有听从巴黎的指示，而是建立了一个独立的"交趾支那共和国"（这也是后来南越的核心），并在越南南部残暴地实施法国统治。在北方，越盟于1946年10月在河内召集全国大会，选举胡志明为主席。当确定法国想要越南成为法兰西联邦的准成员而非独立国家时，越盟和法国之间的公开战争便爆发了，尽管有时也会尝试妥协，但战争还是持续了8年。

第十一章 从帝国到民族国家：一个不同的全球时代

在美国日益加强的支援下，法国与越盟游击队打了一场消耗战。1949年，为了达成折中方案，法国当局选择了前安南皇帝保大作为法兰西联邦中统一的越南国家的领导人，他曾在1945年由日本人短暂扶植。这个临时中央政府于1949年7月2日正式成立。法国仍然有效控制着越南，而保大的任命也没有给战争带来丝毫改变，因为越南拒绝接受除了完全独立之外的任何方案。到20世纪50年代初，越南有15万人的法国和殖民地部队，配合其作战的还有新招募的约10万人的本地越南人部队，这些人由法国军队训练并由法国人担任军官，去打这场对他们来说是内战的战争。[71]驻扎在中部和北部地区的法军部队并不安全，基本上以共产党为核心的越盟控制着广大农村。此时，越南起义者已经得到了中国和苏联的支持，中国共产党已经在解放战争中打败了蒋介石的国民党，而斯大林在1950年之后终于承认了越南民主共和国。结果，这场战争现在成了冷战的一个侧面。[72]这片地区现在出现了两个不同的政府，一个是西贡政府，另一个位于胡志明在国家中部和北部控制的农村地区。1954年初，法军司令亨利·纳瓦尔将军计划与越盟军队最后摊牌；他们选择了北越与老挝边境附近的小村奠边府，在此引诱对手前来会战。这里被改造成了一座巨大的堡垒，1.32万名伞兵飞来以加强当地实力。纳瓦尔希望越盟会以无效的正面进攻来攻打这座堡垒，从而被消灭。

纳瓦尔预计这场战役将会决定法国在越南的未来，事实证明，确实如此。在来自北方友邦的重武器增援下，越盟指挥官武元甲率领10万士兵和辅助人员翻山越岭包围了奠边府。1954年3月，他们开始围攻法军基地而没有发起正面攻击。越军重炮摧毁了临时起降场，阻止了法军获得更多空中增援。法军布置在主要堡垒以外的小型火炮被逐一摧毁，持续的炮击也让缺粮少弹又没有医疗物资的守军疲惫不堪。5月6—7日夜，法军投降。第二天，在英国和苏联召集的日内瓦会议上,旨在解决越南危机的谈判便开始了。法国的失败令其殖民愿望不可避免地破灭了。各方达成一致,法国放弃中南半岛,越南、老挝和柬埔寨成为独立主权国家。双方都付出了巨大的伤亡代价,尽管并不对等。估计有 50 万越南人在为了独立而进行的第一场战争中丧生,法军和殖民地部队则死亡 4.6 万人——比 1940 年战败时遭受的损失少不了多少。[73]

当法国在越南打一场全面战争之时,英国则对马来亚和新加坡恢复了殖民统治。英国在马来亚成功避免了像印度尼西亚和越南那样的大规模起义,这常常被归功于英国赢得了"民心",而不是去打一场残酷却失败的治安战役。但这里的起义者还是发动了一场持久而残酷的战争,从 1948 年一直打到 20 世纪 50 年代后期,这是亚洲的最后一场殖民战争。日军的占领在这里塑造了一种鼓励拒绝殖民统治的氛围。而中南半岛上的大量华人,约占总人口的 38%,组成了马来亚人民抗日军和马来亚共产党,他们在对抗日军占领的过程中发挥了主要作用。战争结束时,军队解散了,但战争年代的激进主义留了下来,而日本占领时期的动荡导致的大面积饥荒和失业,更是火上浇油。在战争结束后的两年里,针对英国军管和随后重建的文官殖民政府治下恶劣的工作条件的罢工和抗议屡见不鲜。战争还带来了重建殖民势力的合法性危机,以及当地对英国再次商业掠夺中南半岛的仇恨。与共产党并肩作战的还有马来亚国民党和"青年觉醒一代"(API),后者仿效了印度尼西亚青年运动的模式,打着"Merkuda dengan darah"(用鲜血换独立)的口号要求结束帝国统治,这个口号正是其领袖艾哈迈德·博思达曼 1947 年被定罪时的原话。[74] 英国人指望利用马来亚的政治和民族分歧来阻止一场统一的起义,并于 1947 年建立了更有利于马来亚多数民族的马来亚联合邦,但秩序崩溃的迹象还是在这个半岛的部分地区出现了。随着殖民政府对待媒体和政党的态度越发专制，一场全面冲突最终于1948年酝酿成形。1948年6月，英国总督宣布进入"紧急状态"，这是基于1939年战争爆发时通过的《应急权力法案》的一项法律措施，允许这里的殖民政府（后来还有肯尼亚、塞浦路斯和阿曼的殖民政府）不仅可以审判抓人，把嫌疑人关进拘留所，刑讯逼供，实施宵禁，给"反政府言论"定罪，甚至可以就地杀死通缉犯。最初的遇害者之一是前抗日游击队的指挥官，三年前他曾率领马来亚特遣队参加伦敦的胜利阅兵，1948年7月警察对一栋偏远小屋发动武装突袭时将其杀害。[75]

紧急状态又持续了10年时间，其间英军和马来亚安全部队用尽手段来扑灭抵抗。马来亚民族解放军中活跃的起义部队最多不过七八千人，但他们得到了民众的广泛支持。就像在抗日战争中一样，起义军大部分是华人，但并非全部是华人。尽管他们不全是共产党，但英国当局却不这么认为，于是这场起义也和帝国对更大范围的冷战的恐惧联系到了一起。和印度尼西亚一样，西方回应这里的力度也大得不成比例。尽管英军在当时和后来始终坚称自己只使用了"最小规模部队"，但野战手册只提到了必不可少的最小规模部队，这是可以任意解读的。英国国防大臣告诉议会，这必需的部队"也将是相当多的部队"。[76]英军经常凭推测用舰炮炮击小规模游击队营地；在1955年"拿骚行动"的8个月间，舰炮的轰鸣声几乎每晚都会响起。[77]在1952年高峰时，当地有4万英军、6.7万警察和25万武装的马来亚人"地方军"（他们大部分是敌视华人和共产主义的马来人）来强制执行紧急状态。在这个只有600万人口的地方，这个安全警戒水平是格外高的。[78]

当局对待反抗者时几乎完全不顾合法性。为了给镇压找借口，殖民当局没有使用"起义者"一词，而是用了"匪徒"，就像大战中德军在欧洲对付游击队时所做的那样。1949年时的总督亨利·格尼爵士私下里承认，"警察和军队每天都在犯法"。[79] 直到 1952 年，殖民当局才禁止在以搜查敌人为目的的反游击行动中取人头颅。同年，"匪徒"一词被弃用，换成了冷战专用缩略语 CT（当局眼中的"共产党恐怖分子"）。紧急管控让"合理使用武力"表面上合法化，这被解读成可以在所谓的"自由射击区"里射杀嫌疑人而不遭到起诉；可以建立拘留所，嫌疑人不经审判也可被关押在此；紧急条例第 17C 条赋予了当局驱逐权，这让当局把 2 万华人驱逐到了中国。[80] 为了阻止当地民众支援起义者，英军最终批准了一项强制安置计划。约 50 万华人被从密林旁的村庄迁移到围着带刺铁丝网、架着炮楼、入口有人看守的"新村"里。村民们被要求说出游击战士在哪里，说不出来就会面临减少口粮、关店和宵禁的惩罚。到 1954 年，当地已经有了480 座新村，另外还有 60 万劳工被搬迁以便控制。3 年后，超过 2/3 的起义者已死亡，共产主义的威胁真的结束了。1957 年，马来亚在东古·阿卜杜勒·拉赫曼的领导下获得独立，他在 1955 年第一次全国大选中获得了绝对多数的选票而获胜。

大战结束之后，战时的暴力和强迫在东南亚又维持了长达 10 年，才让这里迎来了帝国的终结。独立既是当地人赢来的，也是帝国主义强国给予的，因为它们不清楚怎样才能对丢失的地盘重新殖民。1955 年 4 月 18—24 日，印度尼西亚城市万隆举行了亚非会议，这成了全亚洲帝国崩溃的历史性里程碑，也是最终胜利的庆典。参加这次会议的有 29 个国家（包括中国）和地区，代表着 15 亿人口，超过全世界人口的一半。会议总结了在独立运动中形成的明确拒绝"西方化"的主张。会议最后的公报呼吁消灭所有仍然残存的殖民主义或新殖民主义做法。会议的组织者、印度尼西亚总统苏加诺赞扬这是"世界历史的新起点"，亚洲和非洲国家在此终于获得了"自由、主权和独立"。

非洲那些殖民地、保护国和托管地的自由仍有待争取。在第一波去殖民化浪潮之后,这里成了全世界仍然由帝国主义列强实施明显殖民统治的唯一地区。殖民者相信,一旦战争的干扰结束,他们在非洲的地位就会稳固。亚洲的民族主义已经成了一支难以对付的力量,而非洲的民族运动则还没有发展起来。尽管法国、英国和比利时在口头上说自己正在把非洲地区发展成为"自由帝国主义"的样板,但它们普遍认为,对于这些尚不适合管理自己的人来说,民族自决还是个遥不可及的目标。英国殖民大臣亨利·霍普金森于1954年宣称,有些地区"永远也别指望完全独立"。[81] 英国历史学家休·塞顿-沃森痛惜地说,把民主扩大到非洲人就意味着"文明的悲剧性衰退"和"向野蛮开倒车"。他还说,欧洲人将会被"山羊、猴子和丛林"替代。[82] 尽管如此,根据《联合国宪章》的条款,帝国主义国家还是要"承担义务……保障属民的进步",这就包括迈向民族自决的进步。当全亚洲都已获得独立时,再要阻止民族自决向非洲殖民地和保护国扩展就难以在政治上站得住脚了,对于联合国的托管地来说更是如此,它们大部分在非洲。这时的托管国正是先前作为国际联盟托管国掌管这些地区的国家,但现在它们的托管行为要受到联合国一个特别委员会的监管,而为委员会提供信息的则是"非自治地区和托管顾问委员会"。这个顾问委员会中有8名成员来自托管国,但另有8人是从联合国大会参与国中选出来的。这样,特别委员会成了殖民者和其批评者之间的战场,因为其许多成员来自刚刚独立的地区。英国和法国拒绝在托管地年度报告中提供关于政治和宪法方面的信息,认为这些都是内部事务,外国无权干涉。但1951年联合国通过了一项决议,要求托管国提交额外的人权信息。帝国主义国家此刻发现,自己对待非洲人民的方式受到了审查,这一因素推动了他们在20世纪50年代末和60年代初竞相放弃殖民地模式。[83]

即便是在审查之下,托管地还是会有政治镇压出现。在法属喀麦隆，1948年，独立运动"喀麦隆人民联盟"在"民族自决现已成为正式人权"的原则上成立，但遭到法国殖民当局无止境追杀，并于1955年被当作共产主义组织，因而遭到禁止，这是托管地区首个被禁的政党。运动领导人逃亡到了相邻的托管地英属喀麦隆，但法国人还是找到了他们，并刺杀了其主席。英国人也于1957年6月仿效法国查禁了这个组织，把几位领导人驱逐到了苏丹。纽约的人权监督机构"国际人权联盟"认定，法国和英国至少违反了联合国《世界人权宣言》的五项主要条款。仅仅在1956年，联合国就从喀麦隆收到4.5万封涉及侵犯人权的请愿信。[84]

在托管委员会审查不涉及的地方，殖民统治就会和东南亚一样残酷。在肯尼亚，基库尤人起义反抗土地被占和白人殖民者的剥削，导致了1952年10月当局再次宣布进入紧急状态。"茅茅人"（字面意思是传统部落权威的"贪吃者"）组织了一支土地自由军，其有些领导人还曾在缅甸和英军一同打过日本人。有人宣称："我们不会再接受那种欧洲人比非洲人优越的看法。"[85]秋后算账的时候到了，他们拿着现代武器和传统武器组成队伍，随意杀戮白人农场主和他们的家人。[86]当局对这次起义的回应是英国所有镇暴行动中最极端的。基库尤人被无差别地指责为暴力的罪魁祸首，要对另一场殖民地内战中施加到反抗者头上的大部分暴力事件负责，即便当地也有些基库尤人在配合殖民政府的"本土自卫军"中服役。[87]和在马来亚一样，"新村"体系得到了强化，100万基库尤人被赶了进去；在偏远地区建立了拘押中心，被收押人员在高峰时达到7万人，他们进行着繁重的劳动，常常挨打，而执行者则是其他那些为殖民当局工作的肯尼亚人。[88]超过1 000名茅茅头领被绞死，11 503人在"自由射击区"和治安清剿过程中被杀（这是官方数字）。被拘押者会受到正式审讯，审讯目的是从那些宣誓加入茅茅的人处获取口供，但审讯中免不了经常出现折磨、殴打、威胁阉割，以及捆住双手或头朝下吊起来的情况。当局对这些暴行都是睁一只眼闭一只眼，直到霍拉拘留所（这里因多年恶行而臭名昭著）有11名被拘者被打死的消息最终于1959年公之于众为止。[89] 在遭遇数年的镇压之后，起义的基库尤人被迫屈服，乔莫·肯雅塔领导的温和派民族主义者向政府求和，保证尊重白人定居者的权利以换取独立。1963年，肯雅塔如愿以偿。到了这个阶段，英法政府开始意识到自己已经没有理由再拒绝独立了，于是1959—1961年，有23个非洲国家获得了独立。

只有一个非洲国家例外，这里出现了帝国终结过程中最暴力的一幕。20世纪50年代，法国政府放弃了"法兰西联邦"的想法，转而想要组建由前殖民地组成的法兰西共同体，各国可以作为普通的独立国家相互合作，同时又与法国保持紧密联系，正是利用这一框架，几乎所有法国非洲殖民地都在国内全民投票后于1962年之前获得了独立。北非的阿尔及利亚却是个例外。尽管这里的阿拉伯人和柏柏尔人都被当作殖民地人口对待，但它不是殖民地，而是法国的一部分，被划分为若干个行政区，有大批法国定居者选民。大战中，阿尔及利亚先是忠于维希政权，直至1942年11月被盟军占领为止，当时有数以千计的阿尔及利亚人被动员起来加入了战斗法国军队。1945年，当欧洲人在欢庆欧洲胜利日时，法国定居者（他们因欧洲人穿的鞋子而被称为"黑脚"）和抗议的阿拉伯人在塞提夫爆发了激烈的冲突，导致约3 000阿尔及利亚反抗者在随后的镇压中丧生，这标志着漫长的阿尔及利亚独立战争的开始，这场战争一直打到1962年。[90]

由于阿尔及利亚被巴黎的政客们当作法国的一部分，阿尔及利亚民族主义也就被视为复杂的内部威胁，即便阿尔及利亚本土社会与宗主国法国的现实相距甚远。1955年1月，雅克·苏斯戴尔被任命为阿尔及利亚总督，他宣布阿尔及利亚和法国是不可分割的："法国不会丢掉阿尔及利亚，就像它不会丢掉普罗旺斯和布列塔尼。"[91] 而就在几个月前，"民族解放阵线"（FLN，其有些领导人是塞提夫起义的老兵，坐了很长时间的牢）已经开始行动，向法国管理者、定居者和阿尔及利亚"投敌者"发动零星的恐怖袭击。法国人则回以新一轮暴力镇压，并且像在肯尼亚那样加快建设更大规模的移民社区，以便进行有效保护。熟悉的镇暴行动又开始了，伴有随意拘押、自由射击，经常杀害手无寸铁的嫌疑人，以及对游击队和其所谓的同伙滥用酷刑。但这么做的结果适得其反：民族解放阵线部队的数量增加了，战斗力也增强了。他们强迫当地民众协助自己，并把民众放在双方之间的火线上。到1956年，阿尔及利亚有45万法军，其中大部分是应征兵员。最终共有250万法国士兵先后参加过阿尔及利亚战争，这体现了法国回应的规模。在这些法军士兵中有1.8万人战死。阿尔及利亚人的死亡数字据统计为50万人，包括因战争、报复性屠杀、饥荒和疾病而死的人。[92]

　　法国决定模仿东南亚的重新安置计划，这摧毁了阿尔及利亚社会。在莫里斯·帕蓬（此人在战时负责把法国犹太人送去处死）的指示下，政府启动了一项旨在将反抗者与广大民众隔绝开的计划，采取了重新安置政策，迫使被安置者住进粗陋的现代村庄里，从而摧毁了传统的村落和游牧生活方式。当局在村庄周围采取了焦土政策，还为任何愚蠢到擅闯其中的人准备了自由射击区。到1961年，当地建起了2 380个重新安置中心；官方数字显示被安置人数为190万人，但新近的估计数字为230万人，这是该农村人口的1/3。撒哈拉沙漠边缘的约40万牧民被重新安置，他们失去了90%的牲畜。大规模的迁徙重创了阿尔及利亚的农业：从1954年到1960年，小麦和大麦作物的产量下降了3/4，让数以千计的人陷于饥荒的威胁之下。阿尔及利亚全国的森林面积中估计有75%被凝固汽油弹摧毁。[93] 这种孤立策略和大规模兵力投入最终沉重打击了民族解放阵线的军事基础，其规模到1958年估计只剩下5万人。在法军、6万"哈吉斯"（harkis，为法国人效力的阿尔及利亚民兵）和定居者自发武装力量的追杀下，游击队的实力到1959年时已被削弱一半。[94]但是此时，任务棘手和代价高昂的镇压行动已经导致了法兰西第四共和国的垮台和战时领袖夏尔·戴高乐的回归。他明白，法国公众已经受够了这场打不赢的殖民战争，对反殖民化浪潮的抵抗毫无意义。1959年9月16日，他宣布自己将寻求停战，进行特赦，组织选举并开始推动阿尔及利亚民族自决。移民人群的激烈反抗于1960—1961年达到高峰，当时，支持秘密军组织进行残酷反游击作战的将军们发动了一场失败的政变，掀起了一轮暴力浪潮。1962年7月，阿尔及利亚在民族解放阵线首脑艾哈迈德·本·贝拉领导下独立，他是战时参加过意大利战役的老兵，因在卡西诺战役中的贡献而获得过勋章。

就像轴心国帝国完结时一样，旧帝国漫长的崩溃过程导致再次出现一轮重新安置的浪潮，英国、法国、荷兰和比利时的殖民者、官员和警察要去找新家了。"黑脚"们离开了阿尔及利亚，138万人移民法国，5万人去了西班牙；30万荷兰人离开了印度尼西亚；9万比利时人则于1960年比属刚果最终获得独立时离开了这里。据估计，在大战之后及其漫长而暴力的余波中，有540万—680万人从前帝国领地回到了欧洲。对被殖民国家来说，赶走帝国的最后一击在所有起义地区都造成了大量的人死于战火、民族冲突、宗教冲突、饥荒和疫病——从印度尼西亚到阿尔及利亚或许死了多达100万人，尽管大部分统计只是推测。不仅如此，强迫劳动、不审而拘、强制迁居、流放和驱逐也都让当地社会陷入混乱，并让强权者得以大规模地肆意凌虐。这是西方的第一场"恐怖战争"，它们违反的不只是联合国《世界人权宣言》，还有在审判德国主要战犯后获得认可的《纽伦堡原则》。这些恶性事件通常都不会公开，施暴者也没有受到惩罚。殖民地的"战后之战"为新领土帝国主义时代提供了一个混乱而暴力的尾声，这个时代始于19世纪70年代，在20世纪40年代达到高潮，到60年代崩溃。

一个民族国家的世界

　　帝国主义在亚洲和非洲的终结改变了联合国的面貌。当联合国阵线于1942年成立时，罗斯福和丘吉尔在其名称里用的词就是"民族国家"（nation），即便英国和法国都是帝国（empire）。两位领导人主要考虑的是欧洲和新大陆已有的国家，在此之外的考虑不多，但是20年来的去殖民化让来自亚洲、非洲的"第三世界"独立国家占据了这个组织的绝大多数。尽管帝国世界的边界划分并没怎么考虑到文化和民族差异，但1945年之后的大部分独立运动还是不得不在殖民国家设定的边界内来进行。超越国家概念束缚的联邦或共同体的观念在非洲说法语的地区尤其流行，但最后还是败在了民族认同的迷人吸引力面前。[95] 联合国成立大会有51个国家出席。它们都是不迟于1945年3月8日向轴心国宣战的国家。出席国家中包括在盟国间引起诸多争议的乌克兰和白俄罗斯，它们并不是严格意义上的国家；包括印度，它还没有独立；还包括波兰，是否承认这个国家是冷战期间争论的焦点，而此时它还要先为了自己的独立而战。到1955年万隆会议召开时，联合国有了76个会员国，包括前轴心国奥地利、匈牙利、罗马尼亚和意大利。到阿尔及利亚和肯尼亚分别在1962年和1963年获得独立时，联合国成员达到112个国家，包括了所有主要殖民地，仅有葡属安哥拉和莫桑比克例外，它们分别要到1975年和1976年才最终独立。日本于1956年获得承认，两德则要到1973年。

尽管联合国组织在当时和今天都一直因其在保证和平和促进人权方面的能力而备受批评,但它十分明显地象征着一个全球帝国的世界演变成了民族国家的世界。

1945年在旧金山参加联合国成立大会的主权国家中有一些中东国家:埃及、伊拉克、伊朗、叙利亚和黎巴嫩。它们的到来掩盖了一个完全不同的事实。1945年时这些国家全都处于英帝国军队和官员的占领之下,这一战时的结果实质上损害了它们的主权;根据1941年秋达成的协议条款,伊朗的一半还在苏联手中。战争期间,保住这一地区成了英国总体战略的核心优先事项,而所有这五个国家名义上的独立早已被英国军队践踏。此外,巴勒斯坦和外约旦仍然作为国际联盟托管地由英国掌控,其托管地位在联合国初建时一度得以保留。然而,到1945年时,战前英国和法国的统治很明显再也维持不下去了。叙利亚和黎巴嫩在1941年维希法军被英军打败后宣布独立。1944年,这两国得到了苏联和美国的承认。战争结束时,戴高乐的战斗法国希望恢复法国在叙利亚的地位。1945年5月下旬,当地法国驻军开始炮击大马士革市中心,以作为对反殖民示威的报复。英国军队制止了此举,英军指挥官宣读了战争法,并把法国部队赶回兵营。英国和美国都不愿意看到法国在中东重建势力,因此它们也就乐于支持独立了。1945年6月21日,叙利亚和黎巴嫩政府联合起来,拒绝了法国在托管地保留权力的任何主张,其独立因而得到了保障。最后一支盟军部队于1946年夏离开了这里。[96]在与阿卜杜拉国王达成协议后,英国在外约旦的托管也迅速画上了句号。根据协议,英国可继续在当地驻军,甚至可能会支持国王的个人野心,帮他缔造一个由邻近地区组成的"大叙利亚",直至美国国务院拒绝了约旦人扩张的任何可能性为止。1946年3月,外约旦成了一个独立国家,但由于它与英国利益的联系过于紧密,美国和苏联未予承认,直至1949

年这个被称为约旦的国家取得联合国席位为止。[97]

法国被逐出中东后,英国在这一地区的主要考虑就反映了战时的优先需要:阻止苏联染指中东,保护英国在伊拉克和伊朗的石油利益,并维持对苏伊士运河的战略掌控,它是通往东方帝国的要道。其中伊朗的情况看上去最为危险,在这里,英国人对苏联插手的担忧和对伊朗石油供应受威胁的顾虑是密切相关的。战时协议规定,英国和苏联军队要在战争结束六个月后离开伊朗。英军于1946年3月撤出,苏军却没有撤走。苏联政府试图向此时由民族主义者艾哈迈德·卡瓦姆领导的伊朗政府施压,要求其交出该国北部的石油特许经营权,并支持伊朗北部阿塞拜疆人建立自治区的努力。1946年5月,苏联觉得卡瓦姆已经同意签约,接受苏联要求,便撤走了军队,但是在美国和英国的强大压力下,伊朗政府拒绝了条约。斯大林又一次让步了,他不想在忙于东欧政治重构之时再来一场战争。[98]然而,随着伊朗人民党的兴起和一轮罢工与民众抗议的浪潮出现,共产主义的影响仍然存在。于是,英国外交部和盎格鲁－伊朗石油公司的地方官员们发动了一场反共宣传行动,并为此贿赂了官员和报纸编辑,当1946年7月人民党发动的大罢工冲击阿巴丹油田时,欧内斯特·贝文命令部队开进伊拉克巴士拉的英军基地作为威胁。罢工虽然结束了,但从次月起,卡瓦姆就再也不接受外国对伊朗事务的任何干涉了。[99]将近五年后的1951年3月,伊朗新首相穆罕默德·摩萨台获得了议会支持,将英国石油资产国有化。贝文死后继任英国外交大臣的赫伯特·莫里森想要派遣7万人的部队去伊朗保护英国利益,但美国要求他们谨慎行事——美国国务卿迪恩·艾奇逊说他们"完全是疯了"。1951年10月,英国被赶出了伊朗。"他们在中东已经失去威望了。"一家埃及报纸报道说。[100]这话说早了。1953年,英国秘密部门与美国中央情报局密切配合,在德黑兰发动政变,推翻了摩萨台政府。石油仍然继续流向设于伊朗的英国和美国公司,直至1979年伊斯兰革命为止。[101]

伊拉克也处于英国阻击苏联威胁的最前沿,英国在这里拥有空军基地,能够对苏联目标开展行动。伊拉克尽管名义上独立,但从1941年起义被镇压到大战结束,仍然如同托管地。当地政客接受了英国势力的存在,而在战争结束后,伊拉克虽然至少在名义上恢复了独立,但英国势力仍然没有离开。伊拉克是贝文在中东建立"条约帝国"(empire by treaty)的愿望的主要样板。尽管到1947年时英国行政机关和大部分英帝国军队已离开伊拉克,双方还是谈妥了1930年独立条约的补充条款,谈判地点是在英帝国扩张的象征、朴次茅斯港中的"胜利号"战列舰上。1948年1月,双方达成了《朴次茅斯条约》(不要和1906年在美国缅因州的朴次茅斯签订的结束日俄战争的条约混淆了),允许英国继续在伊拉克拥有军事特权。但是和其他地方一样,英国在这里也低估了反帝潮流的力量。在遍地开花的反英暴动后,伊拉克摄政王阿卜杜拉拒绝签订条约,英国在这里的利益也就一日不如一日了。1948年,伊拉克退出英镑区,四年后又达成协议,英国把利用石油经营特权获得的一半收入付给伊拉克。1955年,两处英国空军基地被移交给伊拉克,英国原打算从这里发动空袭以对付苏联威胁。1958年,一场军事政变最终结束了伊拉克与英国仅存的联系。[102]

对英国来说,没什么比在苏伊士运河两岸保持势力更重要的了,在战争初期,英国一直死守在这里。参谋长会议将这条运河视为连接英国及其亚洲帝国的关键大动脉,甚至在印度和巴基斯坦独立后也仍然如此,认为想要对付东方阵营,就需要基地来向可能受苏联威胁的地区投送空中和地面力量。英国执着于在此维持军事力量,因此有两件事格外重要:一是与埃及政府达成协议;更重要的是要稳定英国在巴勒斯坦的托管地,当时关于阿拉伯人和犹太人未来的问题已争论多年。英国与埃及国王及政府的关系在战争期间就不怎么样，盟军胜利后更是迅速恶化，因为美国已替代英国成为当地的主要投资者和商业援助来源。[103] 埃及国王法鲁克想要废除 1936 年的防卫互助条约，正是这一条约在大战期间让英帝国军队得以在埃及土地上作战。1945 年时，英国控制的苏伊士运河区是世界上最大的军事基地，有 10 座机场、34 座陆军兵营和 20 万人的部队。[104] 战后，军队人数随复员而下降。1946 年，英帝国军队从其他埃及领土上撤离了，唯独把守着运河区。但埃及政府坚持要英国人全部撤走，并废除 1936 年的防卫互助条约，这让把守苏伊士的英军再次增兵，达到 8.4 万人。这一地区在埃及非正规武装（包括穆斯林兄弟会）的持续袭击面前变得难以防守，而英军对这些袭击的暴力反击却又招致了美国的强烈谴责。

1952 年法鲁克国王被军事政变推翻后，英国继续谈判，试图在埃及保持势力，以避免丘吉尔（他现在又是首相了）所称的"在全世界面前遭受长期耻辱性打击"。[105] 然而，他还是在两年后的 1955 年 10 月同意关闭运河基地，撤走英军。但故事还没完。1956 年 7 月，贾迈勒·阿卜杜勒·纳赛尔上校领导的埃及政府将苏伊士运河收归国有，引发了英法帝国主义在中东的最后一搏。英法决定与以色列政府合作，强行夺取运河区，这个决定是一场灾难。战争于 10 月 24 日打响，但到 11 月 6 日英法就在国内民意和联合国的共同压力下被迫停火后撤。[106] 而随着前自治领对英国行动的谴责，连英联邦都面临崩溃的危险——"就像发现一个受爱戴的叔叔因强奸被捕一样。"加拿大总理抱怨道。[107] 苏伊士危机真正结束了英国在中东保持重要地位的努力，也是旧帝国传统的最后一次徒劳挣扎。

鉴于对埃及的占领出了问题，英国政府从 1945 年起开始寻求利用巴勒斯坦托管地作为替代的战略基地，这个基地由英国直接掌控，而不依靠条约。实际上这却是个战略幻想。巴勒斯坦是 1945 年大战结束以来长期军事危机的发生地，阿拉伯民众普遍要求恢复独立的阿拉伯巴勒斯坦国，而犹太人则希望让自己重返这里的家园，并成立犹太民族国家。关于如何处置巴勒斯坦的问题被推迟到双方冲突结束后再定。英国人倾向于避免做任何会疏远阿拉伯民意的事情，他们需要得到民意的支持才能在中东维持势力，这就意味着他们不会对犹太人的建国要求做出任何妥协。英国的政策仍然取决于1939年5月的白皮书，限制犹太人向巴勒斯坦移民，并拒绝赋予犹太人自治权。然而，在战争期间，代表着居住在托管地的约65万犹太人的犹太事务局却为建国的可能性做好了准备。"犹太人应当如同自己就是巴勒斯坦的国民一样行事，"事务局负责人戴维·本-古里安宣称，"而且应当一直如此，直至那里建立一个犹太国家。"[108]犹太事务局设有一个犹太人"议会"、一个执行处和非法的准军事武装"哈加纳"，必要时可动员起至少4万名战士。1942年5月，锡安主义者们在纽约的一家酒店开会，起草了《比尔特莫尔宣言》，要求在巴勒斯坦建立犹太人自治行政区，并由犹太人来控制移民。美国对他们的支持不仅来自提供了大批资金的无数美国犹太人，也来自美国领导层。1944年10月，罗斯福呼吁"开放巴勒斯坦，不限制犹太移民"，英国在当时和战后初期一直坚决反对这一政策。[109]于是犹太民族主义运动的激进派开始将英国视为犹太建国的最大敌人，尤甚于德国。在战争期间，有两个组织开始向英国目标发动恐怖袭击，分别是"莱希"（意即"以色列自由战士"，更知名的名称是因其领导人亚伯拉罕·斯特恩而得名的"斯特恩帮"）和"伊尔贡"（意即"民族军事组织"，其领导人之一是梅纳赫姆·贝京）。"哈加纳"在公开场合反对暴力，但在私下里支持恐怖分子们的目标。1944年11月，埃及代理国务部长莫因勋爵被"莱希"组织成员刺杀，就连原本支持锡安主义目标的丘吉尔也被震惊到要重新考虑他"过去如此坚持"的信条。[110]

英国更同情阿拉伯人的目标。1945年3月,埃及、叙利亚、黎巴嫩、伊拉克和沙特阿拉伯成立了阿拉伯联盟,其优先目标之一就是要为所有阿拉伯国家(包括未来的巴勒斯坦)的天赋主权而战。[111]英国在托管地重新开放党禁之后出现了6个阿拉伯组织,其中最重要的是贾迈勒·胡塞尼领导的巴勒斯坦阿拉伯党,他们的要求最高——建立独立的阿拉伯巴勒斯坦国。大战结束后的几个月里,在英国的默许下,分成小群的阿拉伯"纳吉达"(字面意思是"准备救援")武装分子以运动俱乐部网络的名义四处活动,他们实际上是一支准军事部队,在为即将到来的危机进行训练。1946年2月,阿拉伯联盟鼓励巴勒斯坦民族主义者在阿拉伯高级执行处下属的高级别委员会下行事,领导这个执行处的是大穆夫提阿明·胡塞尼。还有其他一些准军事组织,包括"圣战军"和"救助军",他们主要由流亡的巴勒斯坦和叙利亚志愿人员组成,基地设在叙利亚,这两支力量都致力于以暴力消灭犹太国的威胁,但训练和装备都太差,难以胜任真正的战斗。[112]面对刚刚抬头的内战,英国政府的反应是向巴勒斯坦派驻了10万人的军队,由2万名武装警察配合。街头英国军人的处境是如此危险,以至于他们的基地被戏称为"贝文格勒",得名于把他们派到这里来的人。

犹太恐怖分子的袭击越发频繁。1945年10月的仅仅一个晚上,当地铁路系统就遭到了150次袭击。1946年6月,英国高级专员被授予自由行事权,以对付突发的犹太人暴力。英帝国总参谋长蒙哥马利坚持了他不恰当的指示,要求犹太人"必须被彻底打败,他们的非法组织要被永远砸碎"。[113]同年夏天,英国托管当局已经把犹太事务局和恐怖行动直接联系到了一起。6月29日,占领军发动了"阿加莎行动",突袭了事务局总部,逮捕了2 700名嫌疑人。执行此次突袭的英国士兵们被恐怖主义搞烦了,他们反复喊着"我们需要的是毒气室",还在打下来的建筑上涂抹上"犹太人去死"的文字。作为回应,贝京下令对英军司令部所在的耶路撒冷大卫王酒店进行炸弹袭击,这家酒店于7月22日被炸毁,困在其中的91人死亡,其中28人是英国人。这次爆炸袭击成了一个转折点,让英国公众开始反感代价高昂、牺牲惨重的占领,使驻巴勒斯坦的英军面临着在公众眼皮底下进行残酷镇暴行动的前景。当几个月后英方宣布实施军事管制时,这一举措因涉及政治风险而被推迟了两周。

这并没有阻止英国当局用粗暴的手段阻止犹太人绕过仍然有效的硬性限制向巴勒斯坦非法移民。移民船在巴勒斯坦领海之外被非法拦截,船员被关进监狱,难民们则被送到塞浦路斯的难民营,像美国锡安主义者们捐款建造的"本·赫克特号"就遇到了这种情况。贝文发出秘密指示,允许英国特工在欧洲港口里破坏用于运送犹太难民的船只,包括污染粮食和水,并使用水雷。最著名的是1947年的"出埃及号"事件,船上挤满了因病弱而被挑选出来的难民——老人、孕妇和儿童——该船遭到两艘英国驱逐舰的撞击而受损(它险些没能躲过用水雷将其击沉的计划)。它被拖到巴勒斯坦的港口,乘客们被赶下船,重新登上三艘移民船,被送往汉堡,等着他们的是拿着水龙带、催泪瓦斯和警棍的英国军警,其任务是把这些筋疲力尽的犹太人拉下船并送回德国难民营。[114] 此举的结果是一场公关灾难。殖民地部一名官员写道:"我们如此顽固地视而不见的明显事实是,在这次紧急拘留事件中,我们是在照着纳粹的样子做事……"[115]

移民问题成了英国最终放弃托管职责的核心原因。它让美国与英国对巴勒斯坦危机的回应产生了分歧,而且损害了英国的国际声誉。1945年夏季,德国西部和奥地利起初只有约2.7万犹太难民,但是波兰和苏联政府以"无法遣返"的名义从东欧源源不断送回来的犹太人很快就加入了他们,此举表面上是站在人道主义立场,但实际上是为了赶走犹太人以规避战后反犹气氛中的人口融合问题。到 1946 年夏，当地犹太难民的数量估计达到 25 万人，他们大部分住在环境更友好的美国难民营里。难民营的居民有着一种压倒性的愿望，要向英国托管地移民。善后救济总署对 1.9 万名犹太难民进行了问卷调查，以了解他们想把新家园安在哪里，结果 18 700 人写了巴勒斯坦。1945 年，一位犹太老者解释道："我们在外人的土地上劳作和奋斗得太久了，我们必须建立我们自己的地盘。"[116] 杜鲁门总统派遣政府间难民委员会的一名代表厄尔·哈里森去调研欧洲犹太人的困境。他的报告成了对犹太人处境的血泪控诉，而且毫不含糊地支持他们移民巴勒斯坦的权利。杜鲁门要求艾德礼接受 10 万移民，但英国政府支吾搪塞。贝文希望移民数量足够"安抚犹太人的情绪"就行了，而让大批难民涌入巴勒斯坦只会激化危机并得罪阿拉伯民意。[117] 尽管人们认为，杜鲁门此举只是旨在讨好美国庞大的犹太选票集团的政治赌博并避免由美国自己接纳大量犹太难民，但美国的意见对英国的立场通常至关重要，美国希望英国政府能对犹太人的移民愿望做出更圆满、更人道的回应。欧洲的难民组织开始将犹太难民定义为"无国籍者"，之后又定义为"无领地民族"，这实际上承认了他们的民族国家地位。1946 年 10 月 4 日，杜鲁门呼吁建立"可实现的犹太人国家"以满足犹太人的建国要求。对英国政府而言，棘手的巴勒斯坦冲突已经和印度危机一样，不再是能够单方面解决的了。1947 年 2 月，贝文提出了让双民族的巴勒斯坦作为托管地由英国再统治至少 5 年的方案，但很明显当地无论哪一方都不会接受它。同月，英国把问题提交联合国解决。贝文最后留下一句话："巴勒斯坦或许是要分治了。"[118]

联合国巴勒斯坦问题特别委员会也得出结论，认为把这里划分成犹太和阿拉伯两个国家是唯一的解决办法了。他们的报告得到了美国和苏联的强烈支持，并在 1947 年 11 月 29 日联合国大会上戏剧性地投票通过，美国在会前向拉美和西欧国家施加了强大压力，以确保这些国家服从。英国在投票中弃权，并拒绝执行特别委员会起草的分治方案。英国政府转而宣布自己将于1948年5月15日前单方面撤出托管地，驻扎在巴勒斯坦的大量部队将不再走出兵营。内战由此爆发，犹太人和阿拉伯人开始在特别委员会设计的分治地图上划给本方或对方的各个地区打了起来。阿拉伯"救助军"在来自波斯尼亚、德国、英国和土耳其其反犹志愿兵的配合下，从叙利亚基地渗透进入巴勒斯坦。阿卜杜拉国王麾下受过英国军官训练的阿拉伯军团也开进约旦河西岸，以保卫耶路撒冷免遭犹太人攻击。犹太事务局指示"哈加纳"发动进攻，他们此时已有3.5万到4万武装人员，包括5 000名战时犹太旅的老兵。经过一系列规模不大但格外血腥的战斗，犹太人控制住了划给自己的地区，并进攻了阿拉伯人定居点，以争取占据更多土地。[119] 与其阿拉伯人对手相比，犹太人部队的装备、纪律和领导更好，到英军撤离前一天，即5月14日本-古里安宣布以色列国成立之时，犹太国家已经足够稳固，能够立刻开始运转了。阿拉伯联盟随即宣布发动战争，消灭新来者，但是阿拉伯军队资源匮乏，也未能相互配合。联合国提出临时停战，但基本无人理会。到1949年，巴勒斯坦已有65万阿拉伯人成为难民，超过其阿拉伯总人口的一半。建立独立的阿拉伯国家没能成为现实；约旦控制了大部分巴勒斯坦难民临时居住的约旦河西岸，埃及则控制了加沙地带。联合国最终于1949年促成了一系列停火协议，当年5月11日，以色列国得到联合国承认。1948—1951年，331 594名欧洲犹太人移民到了以色列。[120]

缺席了联合国最初几十年的一个重要国家是中华人民共和国，这是共产党赢得解放战争后于1949年10月建立的国家。当时代表中国的是台湾当局，蒋介石于1949年带着他的国民党和军队残部逃到了这里。在1945年后塑造了战后全球新秩序的所有剧变中，无论从短期还是长期看，最重要的事件都是中国共产党成功把抗日战争留下的战火频仍而且分裂的中国打造成了一个统一的民族国家。抗日战争结束时，国共双方都认为自己能够利用战争的混乱和动荡来建立新秩序。从 1945 年 8 月下旬起，共产党的主要谈判人员毛泽东和周恩来应蒋介石邀请赴重庆谈判，10 月 10 日签署《双十协定》后，毛泽东即返回延安，周恩来留在重庆继续谈判，以探索能否通过谈成合作带来一个新中国，但这次会谈却暴露了双方对新中国前景的展望明显存在分歧。[121] 在解放区政权和军队等根本问题上，尽管中国共产党多次做出让步，蒋介石仍坚持所谓军令政令"统一"，以致双方在这些问题上未能达成一致。不久，蒋介石撕毁《双十协定》，挑起内战。甚至当谈判正在进行之时，双方的战斗就已经在长江流域和北方省份爆发了，而共产党军队也开始在苏联红军占领部队的密切关注下进入东北。

由于东北有苏联军队，南方有美军军事顾问和装备，战后中国的未来也成了一个重要的国际问题。蒋介石的战时西方盟友对于中国如何适应新的世界秩序持有不同观点。罗斯福起初坚持让中国成为维护战后安全的"四警察"之一，1946 年，中国成为联合国安理会成员。[122] 在丘吉尔看来，中国要求成为大国的主张只是"装模作样"。英国官员们也依然以类似的态度看待中国，还认为它将可能再次成为英国的"非正式帝国领地"，英国曾于 1943 年不情愿地放弃了这一地位，当时蒋介石坚持要求废除让西方人在中国的各个主要贸易港口享有治外法权的"不平等条约"。[123] 英国内阁的远东委员会提出要全力以赴地"尽可能恢复我们先前在中国的影响力"，但主要强调的是经济特权。1945 年 9 月，英国带着这个意图进行试探，皇家海军违反了与蒋介石达成的允许中国军队收复香港的协议，重新占领了这里。美国拒绝接受既成事实，用尽办法来确保英国无法恢复先前地位。1944年末,罗斯福就派遣帕特里克·赫尔利将军作为自己的特使来到中国,明确提出要中国"提防欧洲帝国主义"。[124] 美国庞大的在华军事势力和商业势力阻碍了英国的行动,但主要的障碍还是蒋介石,国民党一直坚持认为欧洲和日本影响下的旧秩序已经灭亡,他无意改变这一点。

1945年之后的英国想要中国虚弱而分裂,这样或许仍能让英国榨取到区域特权,但是它面对的美国政府致力于实现乔治·马歇尔将军(他接替赫尔利担任驻华特使)所描述的"强大、民主、统一"的中国。[125] 英国在华的势力受到了削弱,中国人也几乎不再容忍英国势力,而美国对战后中国却大量介入。1945—1948年,美国向中国提供了总价值8亿美元的援助,超过整个"二战"期间对华援助的总价值。美国军事顾问对国民党部队的16个师进行了全面训练,并为另20个师提供了基本训练,蒋介石80%的军事装备也来自美国。[126] 美国的政策是明确支持蒋介石而非共产党,但条件是其领导人要愿意让中国迅速走向美式民主,这一要求显示了美国在战时结盟四年后,对中国的了解是多么少。1945年12月,杜鲁门派遣马歇尔前往重庆充当调停人,推动两大政治派别"以和平、民主的方式"达成合作。[127] 他组织起由马歇尔、周恩来和国民党外交官张群组成的"军事三人小组",以再次商量出一个协议来。1946年1月,该小组商量出了一套双方停火、建立联合政府并整合双方军队的解决方案。蒋介石随即启动了中国的民主化工作,毛泽东也提出了中国的民主主张。[128] 马歇尔对这一结果很开心:"我们在看起来不可能的条件下解决了问题,这是惊人的……在我们来之前什么都做不成。"他乐观得太早了。蒋介石在他1946年1月下旬的日记中说,马歇尔完全不了解中国的政治。他写道:"马歇尔尚不觉悟共党之失信背约也。"而毛泽东告诉他的军队将领们,一切决定于战场胜负。[129]

当马歇尔觉得自己已经达成了可靠协议之时，国民党却完全无视了名义上 1 月中旬生效的停战协议，在华北和东北挑起战端。东北成了主战场，与重庆谈判相去甚远。对蒋介石来说，控制这片地区是一个优先事项，主要是因为 1931 年漫长的第二次世界大战正是在这里打响的，而当时国民党的回应彻底失败了。1945 年 8 月，蒋介石成功与斯大林达成协议，苏军把占领的中国东北还给中国政府。8 月 14 日签订的《中苏友好同盟条约》允许苏联控制东北的两处关键港口，苏联也承诺为蒋介石在整个中国获得无可争议的统治权提供"道义、军事和其他物质援助"。[130] 中国共产党不是条约的签约方，也搞不清斯大林的态度。在抗战结束的最初几个月里，十几万人的共产党军队在林彪的指挥下开到这一地区，开展土地改革，并在农村建立地方党支部。而进入东北城市的努力却遭到了苏联红军的反对，因为斯大林已经把这块地盘许诺给了蒋介石。从 1945 年末起，国民党在美国海军的帮助下把 22.8 万人的部队及其装备运到东北，包括蒋介石最精锐的部队，新一军和新六军；在随后几个月里，蒋介石的 70% 的军队来到了东北。[131] 1946 年 3—4 月，苏军开始撤离，混战立刻发展成大规模战役。3 月，苏军撤出了沈阳，4 月，共产党领导的东北民主联军就消灭了长春的国民党守军。毛泽东和蒋介石都知道，停火必定无法实现。这几个月发生的事让马歇尔幡然醒悟，他最终说服杜鲁门对蒋介石的军队进行武器禁运，令其手中的美制武器在随后的战役中始终缺乏弹药和零备件。解放战争现在有了自己的原动力，无论是美国还是苏联都已不再能够加以控制了。

这场决定中国未来的战争并没有预先注定的结局。在停火被打破后的 18 个月里，国民党军队攻占了共产党在南方、华东和北至长城范围内控制的城市、乡镇和农村。到 1946 年底，共产党失去了 165 座城镇和 17.4 万平方千米的土地。1947 年 3 月，国民党将领胡

第十一章 从帝国到民族国家：一个不同的全球时代 　1013

宗南向陕西发动大规模进攻，以夺取中共中央领导机关所在地延安。由于提前得到了消息，毛泽东和共产党领导层把所有东西都从这座城市搬迁到了北面和东面的基地里。留下来的象征性防守延安的部队被击退，但胡宗南得到的只是共产党丢下的一座空城。攻占延安被国民党领导层和媒体吹嘘成了一场历史性胜利，甚至是这场战争的胜利巅峰。[132]然而，这场"胜利"却是个错觉，因为中国共产党尽管在18个月的战争中损失惨重，但仍然扎根于华北和东北的大部分农村地区。在抗日战争中，共产党的策略是建立和保卫根据地，并发动朱德所称的"麻雀战"，向孤立之敌发动短促而突然的袭击，之后遁入周围地区，以此消耗敌人。共产党的口号是"农村包围城市"，正是在广大农村，通过发动社会变革，共产主义在中国赢得了最终的胜利。[133]

战后的中国局势更有利于实现共产党对未来的设想，而非国民党的设想。战争的动荡导致了人们普遍流离失所和倾家荡产；人们对政府的信任随着日本占领的重压和国民党战局不利而瓦解，再加上家庭的破碎，主导家庭生活和对权威的态度的传统儒家价值观也随之崩溃。中国的年轻人尤其会受到秩序崩溃和挣脱传统社会束缚的新思潮的影响。那些加入中国共产党和解放军的人中，一半都在20岁以下。对于大部分中国农民来说，战争是个痛苦的经历。1944—1946年，湖南省连续发生饥荒。地主、黑市商人和匪徒在中国各地剥削和掠夺村民。在共产党管控的地区，农民可以得到保护，并进行土改。1946年5月4日中共中央发布的《关于土地问题的指示》要求没收地主阶级的土地，并重新分给在其上耕作的人。在抗日战争期间一度暂停的阶级斗争现在成了共产党号召力的核心。北方的农村举行了"诉苦大会"，当地农民和劳工被鼓励站出来揭露那些曾经压迫自己的人。此举的目的是要促进穷苦农民认识到其贫困的根源，并集中力量打击阶级敌人。有些受过教育的"诉苦人"被派到社区,他们要表现出自己的凄苦并激发民众的怒火。[134] 人们对剥削者的报复是严厉的,常常是就地正法;那些投靠了日本人或国民党的人也会遭到惩罚。

对蒋介石和国民党来说,战时应急措施导致的财政和社会危机在战后几年里反而恶化了。恶性通货膨胀仍在继续,耗费几乎 2/3 国家支出的军费开支更令其雪上加霜。中国法币兑美元的汇率从 1946 年 6 月的 1 美元换 2 655 法币跌到一年后的 1 美元换 36 826 法币,再到 1948 年 1 月的 1 美元换 18 万法币。这种巨大的通胀对国民党统治下的中国城市的消费者和储蓄者影响很大,但对共产党扎根的更能自给自足的农村地区,其影响则要小一些。当蒋介石坚持要把日占区货币以 1∶200 的比例兑换成法币时,那些为日本占领军工作或是在黑市上暴富的人便遭到了重创。[135] 那些投靠了日本人或是被认为投靠过日本人的人被从家里赶了出来,他们的财产被冲进来的国民党党徒抢掠一空,此举得罪了许多过去的商界和政界精英,而在罚没中暴富的新精英却从中获益。随着人们为了有利地位甚至仅仅是为了生存而你争我夺,那些曾严重拖累了战争努力的腐败和犯罪行径在战后几年里始终难以消除。真心想做事的善后救济总署的中国分支机构看到了大规模的腐败,物资被劫掠一空或卖给商人,而未能送到急需它们的赤贫难民手中。[136] 尽管在战场上占据了优势,但持续的战争和好战的蒋介石政府疏远了中国人民。1948 年 2 月,蒋介石在他的日记中提到,各地的人民正在失去信心。[137]

蒋介石面临的最大难题是消除共产党的抵抗,巩固在华北和东北的胜利。在战略上选择重视东北对蒋介石来说是合理的,因为这里的战斗可以确保实现斯大林关于将这些省份交还给中国的承诺,而共产党军队也将会被受过美国训练的美械部队消灭。然而,东北却被证明难以增援,那里如此遥远,只有一条铁路线,且很容易被对手破坏，而美国的武器禁运也让美械装备的优势因缺乏弹药供应而荡然无存。马歇尔对自己的角色变成"信使"而失望透顶，1947年1月初，他离开中国，回国担任国务卿。[138] 美国政府也开始避免直接支援蒋介石，因为进一步军援所需的代价很可能没有回报。援助直到1948年9月才再次抵达，但为时已晚。[139]

既然共产党的力量退入了农村，国民党军队也就只能困守各大城市，除非彻底胜利，否则无法回到南方。北方的恶劣气候和环境使国民党军队的士气日渐低落。在1946—1947年的失利之后，共产党进行了整编，从城市中被压迫的贫困年轻人中补充了新一批志愿加入者，并在东北中苏边境利用苏联的装备支持重建了解放军。到1947年秋，东北解放军再次达到了将近100万人，有男有女。同年12月，在零下35摄氏度的严寒中，东北人民解放军发动冬季攻势，包围沈阳城，拉开了解放东北城市的序幕。约20万人的国民党军队在这座400万人口的城市中被围困了10个月，导致粮食和燃料极度匮乏。共产党部队切断了主要铁路线，让东北国民党军队失去了获得支援的一切可能。共产党没有空军，但4倍的炮兵优势足以弥补这一缺憾，苏联技术顾问也帮助这支游击队转变成为能够进行大规模作战的现代军队。[140] 1948年5月，林彪包围了更北面的长春。[141] 全面围攻战从5月一直打到10月。长春外围设有一圈由带刺铁丝网、碉堡和堑壕构成的防线。当蒋介石命令国民党东北"剿总"副总司令郑洞国争取突围时，他的半数部队发生了兵变。10月19日，郑洞国投降，长春获得了解放。[142]

长春解放后，接着是沈阳，经过激烈的肉搏战之后，沈阳国民党军于11月1日投降。1948年11月，为了攻占铁路枢纽徐州市，双方爆发了解放战争中最大规模的战役。在这些围绕城市的战斗中，蒋介石失去了他的大部分最精锐的军队，总损失估计高达150万人。

共产党的每一次胜利都会让大批敌军士兵倒戈加入，而许多精英人士——所谓的"风派"——也弃暗投明，以期获得更多利益。东北的失败让国民党在其他地方的失败变得几乎无法避免。接下来的战事在地理上和10年前日军的进攻如出一辙。北平被包围了40天，最终于1949年1月22日开城，20余万人的国民党军队起义加入了人民解放军。天安门城楼上悬挂的蒋介石画像也被换成了毛泽东画像。由于无法承受北平的丢失和各地的战败，蒋介石于1949年1月21日下野，把总统一职交给了他的副手李宗仁，李宗仁得到了"代"总统一职，以及一个无法完成的任务：谈判结束内战。蒋介石在日记里抱怨道，失败是由于一直未能给难管教的国民党建立起行之有效的"制度"，以及军队未能改组。[143]共产党军队此时已经遍布华北。在南方，蒋介石的首都南京于4月23日被解放，之后是武汉，接着在5月是上海。尽管蒋介石在当月赶在对手到达前来到了这座城市，宣称上海将是中国的斯大林格勒，但事实并非如此。英国大使莱昂内尔·兰姆在给伦敦的信中写道，南方的中国人现在都认为"中央政府的垮台已经注定"。[144]

几个月前，斯大林再度出手干涉，要求毛泽东看在苏联的面子上不要南渡长江。他想要中国南北分治，就像朝鲜那样。他的动机似乎是担心共产党治下的统一中国不仅他自己难以认清，也会打乱与美国商定的利益划分，得罪美国。南北分治的想法在中国历史上是有过先例的，而英国和美国政府则担心就算蒋介石能保住南方，分治也不会有利于他。[145]但是毛泽东拒绝了斯大林的提议，共产党军队尽管在连续数月的残酷战斗中损失不小，也不确定南方的民众会如何反应，但他们还是跨过长江。到10月，他们已经夺取了南方的主要港口城市广州。蒋介石再次逃往重庆，但是不同于日军，解放军夺取了这座战时陪都。蒋介石只好于1949年12月9日飞往台湾。有些地方的国民党负隅顽抗，把战斗拖到了 1950 年，但一个新的统一国家已经成了现实。在 9 月召开的中国人民政治协商会议第一届全体会议上，毛泽东胜利宣布，国民党政府及其帝国主义后台已经完蛋了："我们的民族将再也不是一个被人侮辱的民族了，我们已经站起来了。"[146] 来到北京后，1949 年 10 月 1 日，毛泽东向聚集在天安门广场上的热情民众宣告，中华人民共和国成立了。那一天他"如此充满希望，如此开心；剥削和苦难，外国人的压迫，全都一去不复返了"。[147] 具有讽刺意味的是，首批承认中华人民共和国的西方国家中有英国。它于 1950 年 1 月 6 日违背美国意愿承认了中华人民共和国，这个中国百余年来的帝国主义宿敌，仍然希望获得与中国贸易的机会。联合国对中华人民共和国地位的承认还要再等上约 20 年。1971 年 7 月，阿尔巴尼亚提出动议，当年 10 月 25 日，联合国大会投票表决是否承认中华人民共和国是中国唯一合法政府。蒋介石的"中华民国"代表辩称国民党为打赢第二次世界大战做出的贡献证明其会员地位是正当的，但这一主张被驳回，他也被赶出了会场。中华人民共和国恢复了在联合国大会和安理会中的席位。

新帝国是不是老一套？

世界大战催生了两个超级大国，美国和苏联。它们都加入了后帝国时代秩序的重建之中，并成了冷战中的主要对手，这在很大程度上是有关帝国灭亡的诸多危机所造成的。1945 年之后不久，时人便开始反思这两个超级大国自己是否会变成"帝国"，成为已灭亡的旧秩序的继承者。在随后的几十年里，"苏联帝国"和"美帝国"成了在冷战背景下对这两个联邦国家霸权的常见描述。1955 年参加万隆会议的许多国家领导人担心旧帝国主义的灭亡只是为新形式的帝国铺平了道路。伊拉克代表贾拉勒·阿布杜警告其他领导人，新的苏联式侵略者会"以新的形式复活殖民主义"，并颠覆好不容易才得来的"人民的主权和自由"。[148] 相应地，马克思主义支持者们则将1945年之后崛起的美国全球势力视为披着伪装的帝国。苏联对美国实行全球帝国主义的指责融入了共产主义者的话语体系中，直到1991年苏联集团终结为止。美国国内反对帝国主义的自由派批评者也同样乐于用这个说法形容美国对后殖民时代的越南战争的长期介入。在1991年苏联解体后，"美帝国主义"这个词也在美国单极强权的背景下得到了普遍接受。[149]

苏联和美国利用它们从"二战"时继承下来的巨大军事优势，成为战后世界的强权力量，并都有着向全球施加影响力的政治野心，这是毫无争议的。但它们在战时和战后也都是反殖民的力量。在1943年11月的德黑兰会议上，斯大林谴责了帝国主义，并接受了罗斯福关于所有殖民地在战后都要交给国际监督的主张。在冷战开始时，苏联领导人想要的并非只是托管，而是普遍的民族自决。"社会主义"和"帝国主义"之间的两极对抗成了从20世纪40年代末以来苏联战略计划和战略思维的中心支柱。[150] 在1960年11月一次争吵激烈的联合国会议上，苏联代表瓦莱里安·佐林指责帝国主义是"人类生活中最可耻的现象"，并要求所有殖民地人民在一年内获得独立。英国代表则指责苏联对"过时的列宁主义口号"老调重弹，并强调苏联加盟共和国没有民族自决，但苏联在意识形态和实际策略上都正式致力于在符合自身利益的情况下介入殖民解放斗争。[151]

美国战时领导人反对殖民主义，不仅是因为罗斯福推崇自由理想主义，也同样出于一个实用主义愿望，即通过废除战前帝国经济体系中的贸易特惠来建立开放式全球经济。1943年前往中东的罗斯福特使赫尔利将军抱怨道，英国拿了美国援助"不是为了建设一个

第十一章 从帝国到民族国家：一个不同的全球时代　1019

以《大西洋宪章》和'四大自由'为基石的美好新世界，而是为了英国的征服、英国的帝国统治和英国的贸易垄断"。[152] 1944年布雷顿森林会议之后国际货币基金组织和世界银行的成立，以及后来1947年《关税及贸易总协定》的签署，都是美国为了废止战前和战时帝国经济体系中标志性的封闭集团、贸易和货币限制所采取的重要措施。经济野心和去殖民化的计划是紧密交织在一起的。美国国务院地区委员会从1942年就开始探索在战后让未独立地区与封闭的帝国统治脱钩的途径。当年11月，委员会提出了"国际托管"的想法，这后来体现在了新的联合国托管组织中。[153] 罗斯福是终结传统帝国主义的领衔代言人。他想要对所有未独立地区实施普遍托管，而且早在1945年之前制订计划时就以结束传统的帝国构架为明确目标，尽管其英国盟友反对这样。战争结束时，华盛顿基于向"民族自决结合国际经济援助"发展的理想，为未独立世界设想了一些不同形式的托管。

英国和法国的强烈反对意味着全面托管体系在联合国启动大会上未能通过，但罗斯福的继任者哈里·杜鲁门对于恢复旧帝国的态度并不比其前任宽松，这从其政府对英国试图在中国和伊朗恢复传统的"非正式帝国领地"的敌视态度上就能看出来。然而，美国对于重建殖民地的反对确实不够坚决，因为对苏联共产主义日甚一日的担心让美国领导层不再那么坚持把全面托管作为各地快速实现独立的道路。在加勒比地区，尽管1948年成立的美洲国家组织一直在游说要结束新世界所有殖民统治，但美国担心如果英国受到的去殖民化压力太大，其南翼会受到威胁，于是便转而支持英国努力识破和对付共产主义者为争取独立而发动的"敌人渗透"行动。[154] 在中南半岛，罗斯福对恢复法国殖民统治的强烈反对，在1945年后因担心没有美国支持将会导致越南共产主义化而让了步。另一方面，在印度尼西亚，由于共产主义威胁不大，杜鲁门便有了更多的回旋空间来促使荷兰实施民族自决并结束镇暴行动，荷兰若不同意就可能受到制裁。

美国政策对反殖民的重视在1945年后美属领地的去殖民化进程中也能看出来，战时的动荡和贫困在那些地区引发了对美国势力及投靠美国者的激烈抗议。1946年，菲律宾获得了早在战前的1934年就被允诺过的独立，但社会冲突引发了一直持续到1954年的内战，并让菲律宾人的民族主义大为强化。波多黎各民族主义者在佩德罗·阿尔比祖·坎波斯的领导下发动了暴力抗议行动，包括枪击美国众议院，甚至计划要刺杀杜鲁门总统。[155]1952年，波多黎各获得了"自由联邦"地位，发展资金也纷纷涌入，以压制各种激进要求。1954年，民主党在夏威夷群岛的选举中获胜，随后，这里于1959年从保护国变成了美国的一个州。美国在1898年美西战争中夺取的古巴名义上获得了独立，但密切依赖美国，这一状况直到1959年革命后菲德尔·卡斯特罗上台才告终止，两国的关系随即中断了超过半个世纪。艾森豪威尔政府确信这是共产主义在加勒比地区的"渗透"，于是采取了孤立和消灭卡斯特罗政府的政策。其结果是古巴和莫斯科建立了短暂但密切的联盟，而此前几乎从未出现过这样的联系。[156]

苏联和美国显然不能被直接称为"帝国"。但"帝国"是个很有弹性的概念，被不太精确地用在从古典世界到21世纪的众多历史事例上。1945年发生的变局终结的是一种定义特征更为明确的"帝国"：让当地人民直接成为属民并失去主权的领土帝国，无论是在殖民地、保护国、托管地、特殊定居点，还是在共管地区。"二战"时的德国、意大利和日本以及那些老牌欧洲帝国都具有这样的特征，有些老帝国的历史已长达400年。两个超级大国拥有的霸权地位并非基于这种形式的领土帝国，这种帝国形式在1945年之后就再未死灰复燃过。事实证明，前帝国主义国家广泛实施新帝国主义，许多时候还很成功，甚至在对方独立很久之后仍能在前殖民地保持其文化、经济和防务利益。

说苏联是帝国，主要是由于它与1944—1945年从第三帝国手中解放出来的中东欧地区之间建立的权力关系。在这些地方，苏联红军和安全部队与乌克兰、波兰、斯洛伐克和波罗的海沿岸国家那些不愿接受苏联统治的民族主义运动进行了旷日持久的战斗。这些大规模平叛行动始于1944年苏军收复白俄罗斯和乌克兰领土，在爱沙尼亚、拉脱维亚和立陶宛重新并入苏联的过程中延续下去，在波兰同样打响战斗，当地国家军的民族主义者们仍在抵抗苏联统治的前景。暴乱分子也使用残暴手段胁迫当地民众被动或主动地支持自己。乌克兰民族主义组织夸口说，他们从不顾惜自己原本要去解救的民众，其军事联队的指挥官告诫下级："不用打招呼，直接消灭。不要担心人们可能会指责我们残暴。"[157]这种解放战争让双方都付出了高昂的代价。1944—1946年，游击队的抵抗导致了2.6万名苏联警察、士兵、官员和平民死亡；1945—1946年则估计有10万暴乱分子丧生，其中很大一部分死在乌克兰西部。战斗一直持续到20世纪50年代初最后的游击队被逮住消灭才告结束。从1944年到1953年，2万立陶宛游击队员被杀，但在抵抗的最后一年只有188人死亡。[158]苏联会把暴乱者及其家人大规模驱逐到苏联的流放地去。大规模的驱逐不仅是为了清除各地民族主义者的抵抗，还要通过消灭"阶级敌人"——富农、地主、神职人员、民族主义政客，以及被认为投靠德军的人——来实现东欧的社会重建。1945—1952年，108 362人被逐出立陶宛；在乌克兰西部（原先是波兰领土，后被并入苏联），203 662名"匪徒帮凶"和富农被流放到了苏联的"特殊定居点"。[159]1949年3月，拉脱维亚有4.3万民族主义者、被抓住的游击队员、富农及其家人被大规模驱逐到西伯利亚。此外还有15万人因被苏联定性为政治犯而受罚。[160]

除了驱逐阶级敌人和"匪徒"——几乎所有反抗苏联的游击队员

都被如此称呼——苏联当局还在新占领地区实施了大规模的民族重构计划,以防从 1919 年以来就一直困扰着东欧新成立国家的民族冲突问题在战后导致抵抗。到 1945 年 11 月,100 万波兰人从乌克兰和白俄罗斯被驱逐到新的波兰国家,51.8 万白俄罗斯人和乌克兰人则从波兰回到苏联。在从捷克斯洛伐克吞并了外喀尔巴阡乌克兰后,苏联和捷克斯洛伐克签署协议,将多达 3.5 万捷克人和斯洛伐克人从这一地区遣返。[161] 这种民族和社会重构计划意在巩固东欧和东南欧那些被苏军解放的地区出现的人民民主。斯大林最初的反应并非实施共产主义统治,而是鼓励广泛协作,这样对共产主义的支持就会随着社会和经济沿社会主义道路的发展而自然而然地增长。1946 年 7 月,斯大林对捷共领导人克莱门特·哥特瓦尔德说:"打败希特勒德国后,第二次世界大战之后……统治阶级被消灭……广大人民觉醒了。"[162] 事实证明,很难做到用多条道路实现社会主义,这也与斯大林想要建立亲苏国家屏障来确保前敌人们不会再威胁苏联安全的优先事项相矛盾。[163] 共产党主导了保加利亚、罗马尼亚、波兰和匈牙利的新政府。随着冷战局面于 1947 年确定下来,苏联领导人开始对西方可能的干涉忧心忡忡。马歇尔的"欧洲复兴计划"正是斯大林这一担心的象征,而捷克斯洛伐克政府却又十分想要加入。于是东方集团拒绝了这一计划,将其视为"强化帝国主义、准备发动新的帝国主义战争"的工具。[164] 1948 年 2 月,总统贝奈斯领导的捷克斯洛伐克联合政府被推翻,共产党政府上台。到 1949 年德国苏占区成为德意志民主共和国时,东欧国家已全部由共产党领导,并站到了苏联这一边。

但这就是苏联帝国了吗?反对这一说法的理由也很明显。是的,波罗的海沿岸国家确实被并入苏联,成为社会主义加盟共和国。但东欧重建的那些国家原本是第三帝国殖民计划中的一部分地区,现在恢复成了主权国家,它们的人民也受到了公民而非奴仆的待遇,尽管还没有通常所说的公民权。如斯大林在1946年2月的一次演讲中所言，其目标是"恢复［共产党所理解的］民主自由"，而构建"人民民主"的倡议部分来自当地的共产党，他们坚持认为自己有权决定自己人民的未来。[165] 在万隆会议上，尼赫鲁尽管并不喜欢共产党，但还是为红色阵营做了辩护，因为"如果我们承认它们的主权，这就不是殖民主义"。尽管它们的政治体系并不是任何西方形式的民主，但那和一位总督奴役属民的统治完全不是一回事。尽管你可以怀疑共产党的经济发展数据，但东欧的新国家确实经历了工业和城市化的快速发展，并普遍制定了社会福利政策。

苏联的野心本身也是有限的。斯大林在1945年之后的希腊内战中没有援助希腊共产党；铁托的南斯拉夫于1948年3月与斯大林当局决裂，并在6月被赶出共产党和工人党情报局（共产国际的继承者）；阿尔巴尼亚也于1961年跟随其后，指责苏联违背了反帝国主义路线。斯大林尊重了芬兰主权，并坚持让意大利和法国庞大的共产党配合恢复传统的西方民主。在欧洲以外，斯大林也表现得不愿意被拖入去殖民化的战事。他同意把苏军占领的中国东北交还给蒋介石而不是毛泽东；他直到胡志明的越南民主共和国成立五年后才予以承认，且没怎么提供直接支援，不像毛泽东领导的中国那样全力以赴；他在伊朗没有选择和英国对峙；1950年时他鼓励朝鲜试探美国的决心，又在随后的战争中退避三舍，中国则再次被卷入战争；在南亚、中东和非洲，苏联对民族主义和解放运动没有给予什么支持，尽管西方对此一直很担心。而苏联的安全部门克格勃，也只是在最后一轮去殖民化和独立浪潮中的1960年才为撒哈拉以南非洲开设了一个部门。[166]

说美国是帝国也同样有问题。美国新建立的权力是通过政治施压、经济威胁、全世界的情报监控和全球驻军而表现出来的，但这并不是领土帝国。在德国、意大利和日本的美占区，军政府帮助恢复公共服务，为重建项目提供资金，并为这些前敌国恢复议会制政体下的完整主权做了准备。从那之后美国的势力是由驻扎在专用基地的陆空军组成的，但既然这些也同样存在于英国，那么它们就很难被认为是帝国主义的证据，除非进行粗略的类比。不过美帝国被形容为"基地帝国"。到 21 世纪，美军在至少 38 个不同国家里设有 725 个基地，全球每个区域都有其司令部。[167] 这些军事基地让美国得以向全球投送力量，但这和英国、法国作为殖民强国时的所作所为并不相同。当罗斯福思考是否应当接管加勒比海的英国殖民地以守卫通过 1940 年"驱逐舰换基地"协议获得的新军事设施时，他选择了拒绝，因为这与美国的反殖民主义精神相悖。和斯大林一样，美国领导人最关心的也是安全问题，尤其是对抗想象中的共产主义威胁，而不是想要建立任何历史意义上的"帝国"。因此，各种区域安全条约纷纷签订，其中规模最大、持续时间最久的是 1949 年生效的北大西洋公约。

后殖民冲突中出现的最大挑战落在了美国头上。在朝鲜半岛，1945 年商定的以北纬 38°线为界分割的方案让美军对这块失去宗主国的前殖民地承担起了责任。约翰·霍奇将军麾下驻朝鲜半岛南方的第 14 军面临着令人生畏的任务。他的军官们几乎无人会说朝鲜语，对当地的详细情况和近期的过往也是一无所知。朝鲜人强烈要求自己组织政党，结果到 1945 年 10 月就有了 54 个，到 1947 年更是差不多有 300 个政党。[168] 美国人建立了以阿奇博尔德·阿诺德少将为首的军政府，但早期的组织工作还要严重依赖前日本官员的协助，他们在被遣返前向新政府提供了 350 份详细的备忘录。朝鲜人想要民族自决和经济重组，结果几个月里就到处出现了罢工和农村抗议。1946 年 10 月的一次民意调查显示，几乎一半的投票者更喜欢日本人的统治，而非美国人的统治。[169] 在北方，苏军扶持前抗日游击队指挥官金日成担任当地共产党领袖。由于担心朝鲜半岛南方农村如雨后春笋般冒出来的各种人民委员会被共产党渗透，美国人便无力关注这些前日本属民对民族自治的广泛要求。

1945年9月，朝鲜半岛南方的民族主义者宣布成立朝鲜人民共和国，但三个月后就被霍奇喊了停，他觉得这个国家太共产主义了。在1945年12月27日的莫斯科会议上，苏联、英国、中国和美国同意对朝鲜半岛再进行至少四年的联合托管。但是朝鲜民族主义者们十分敌视这种要让他们的国家再等上几年才能独立的主张，这让事情陷入了死局。在苏联的掌控下，金日成及其共产主义伙伴们在朝鲜半岛北方发起了彻底的变革，其中最重要的是土地的重新分配，这是北纬38°线两边的农民都渴望的。1946年，祖国统一民主主义战线成立，未来的共产党国家已具雏形。在朝鲜半岛南方，军政府取缔了工会，禁止了罢工权。1946年9月，大邱市爆发的起义遭到了暴力镇压。与苏联进行的关于建立一个统一而独立的朝鲜的进一步谈判归于失败，美国又急于摆脱这代价高昂而又困难重重的占领，于是同样在9月，美方要求联合国承担责任。一个联合国朝鲜临时委员会开始组织全国大选以组织新议会，但苏联对此拒绝承认，因此大选只能在朝鲜半岛南方举行。这个仅代表一部分朝鲜人的"全国大会"批准了宪法，并选举久经考验的民族主义者李承晚担任1948年8月15日成立的大韩民国的首任总统，此人从1919年向伍德罗·威尔逊请愿时起就开始了他的独立运动。北方也召集了"全国大选"和最高人民大会，其中包括了南方来的共产党，他们于1948年9月9日成立了朝鲜民主主义人民共和国。朝鲜半岛的分裂堪比一年后两德的划分。南北双方都声称自己代表朝鲜民族，而联合国只承认大韩民国是合法政府。[170] 1950年，联合国成立了朝鲜统一复兴委员会，但其成功的希望随着朝鲜战争的爆发及其漫长的余波而烟消云散。一直到1991年9月，韩国和朝鲜才得以双双成为联合国会员国。[171]

美国于1949年撤离了韩国，但不到一年就又回来了。朝鲜半岛南北都希望国家统一，但南方不愿意接受共产主义，北方则不愿被李承晚的民族主义和反共政府统一。1950年6月，朝鲜战争爆发。韩国的小规模军队被击退到了半岛最南方的釜山港周围的一小块区域里。联合国安理会在苏联缺席的情况下决定派出军队援助韩国。这下朝鲜军队被击退到中朝边境。1950年10月，中国人民志愿军入朝作战，"联合国军"被再次击退至三八线。此后战线便稳定在了三八线附近。1951年7月，双方开始了停战谈判。最终的签字停火还要等到1953年7月，在此期间美国战略空军向朝鲜扔下的炸弹比大战期间投向德国的还要多。北方的大城市被摧毁了75%—90%。这场战争的代价远远超过其他任何一场殖民和后殖民战争：估计有75万军人死亡，平民死亡人数最少80万，最多近200万人。[172]

朝鲜半岛的战事显示出去殖民化过程中的危机爆发点对冷战的火上浇油能达到何种程度，后来的越南战争也是如此。但其结果并不太能表明这是一场美苏"帝国"之战而非意识形态对抗。其中的差别并不仅仅在于字面上。朝鲜半岛在35年的殖民经历后分成了两个独立主权国家，打了三年仗之后它们仍然各自独立。苏联和美国的霸权在战争的结果和余波中都扮演了自己的角色，中华人民共和国也发挥了作用，但1945年日本帝国的终结并没有让这里被再次殖民。

从20世纪30年代一直到充满暴力的战后岁月，漫长的第二次世界大战不仅终结了通常形式上的帝国主义，还让这个词的漫长历史声名扫地。牛津大学非洲学家玛格丽·佩勒姆在1961年BBC的"睿思讲座"上指出，在战后常受到谴责的所有"旧权威"中，"没哪个比帝国主义更令人反感"。她相信这是个深刻的历史转变。她还说：

"在六千年来多多少少有记载的历史中,帝国主义,即一个国家将其政治权力扩大到另一个国家……作为已有秩序的一部分被视为理所当然。"大战之后,人们现在唯一可以接受的权威,"是根据他们自己的意愿选出,或能够看上去如此的政府"。[173] 因此,各地竞相获得独立国家地位,2019年联合国总共有了193个成员。显然,得到了国际机构和区域条约认可的新的民族国家实体并未能消灭战争,无论是国际战争还是内战都依然存在,但和存在于这场规模空前的帝国战争之前的那个时代相比,这又是一个完全不同的时代。第二次世界大战比资产阶级革命、拿破仑战争和第一次世界大战都更有力地为政治秩序的变革创造了条件,并非仅是在欧洲,而是在全球。领土帝国的最后阶段并没有如伦纳德·伍尔夫1928年预言的那样被"和平地埋葬",而是充满"鲜血与废墟"。

注释

缩写

AHB　Air Historical Branch, Northolt, Middlesex
BAB　Bundesarchiv-Berlin
BA-MA　Bundesarchiv-Militärarchiv, Freiburg
CCAC　Churchill College Archive Centre, Cambridge
IWM　Imperial War Museum, Lambeth, London
LC　Library of Congress, Washington, DC
NARA　National Archives and Records Administration, College Park, MD
TNA　The National Archives, Kew, London
TsAMO　Central Archive of the Russian Ministry of Defence, Podolsk
UEA　University of East Anglia, Norwich
USMC　United States Marine Corps
USSBS　United States Strategic Bombing Survey

前言

1. Frederick Haberman (ed.), *Nobel Lectures: Peace, 1926–1950* (Amsterdam, 1972), 318.
2. Christopher Browning, *Ordinary Men: Reserve Police Battalion 101 and the Final Solution in Poland* (London, 1992). See too Richard Overy, '"Ordinary men", extraordinary circumstances: historians, social psychology, and the Holocaust', *Journal of Social Issues*, 70 (2014), 515–30.

3. See recently Gordon Corrigan, *The Second World War: A Military History* (London, 2010), Antony Beevor, *The Second World War* (London, 2013), Max Hastings, *All Hell Let Loose: The World at War 1939–1945* (London, 2011) and Andrew Roberts, *The Storm of War: A New History of the Second World War* (London, 2009). 那些不太关注军事的著作中最好的有 Gerhard Weinberg, *A World at Arms: A Global History of World War II* (Cambridge, 1994), Evan Mawdsley, *World War Two: A New History* (Cambridge, 2012), 以及 Gordon Wright 的经典作品, *The Ordeal of Total War, 1939–1945* (New York, 1968); 更新近的作品有 Andrew Buchanan, *World War II in Global Perspective: A Short History* (Hoboken, NJ, 2019), 以及 Victor Hanson, *The Second World Wars: How the First Great Global Conflict was Fought and Won* (New York, 2019)。关于战斗结果的争议, 还有一本颇具启发性的著作: Phillips O'Brien, *How the War was Won* (Cambridge, 2015)。

4. Reto Hofmann and Daniel Hedinger, 'Axis Empires: towards a global history of fascist imperialism', *Journal of Global History*, 12 (2017), 161–5. See too Daniel Hedinger, 'The imperial nexus: the Second World War and the Axis in global perspective', ibid., 185–205.

5. 关于世界大战及其对帝国的影响, 见 Robert Gerwarth and Erez Manela, 'The Great War as a global war', *Diplomatic History*, 38 (2014), 786–800; Jane Burbank and Frederick Cooper, 'Empires after 1919: old, new, transformed', *International Affairs*, 95 (2019), 81–100。

6. 关于"军事史"的局限性, 可参见 Stig Förster 的颇具启发性的讲话, 'The Battlefield: Towards a Modern History of War', German Historical Institute, London, 2007 Annual Lecture, 以及 Jeremy Black, *Rethinking World War Two: The Conflict and its Legacy* (London, 2015)。

序　章　"鲜血与废墟": 帝国战争的时代

1. Leonard Woolf, *Imperialism and Civilization* (London, 1928), 17.
2. Ibid., 9–12.
3. Birthe Kundrus, *Moderne Imperialisten: Das Kaiserreich im Spiegel seiner Kolonien* (Cologne, 2003), 28. See too Helmut Bley, 'Der Traum vom Reich? Rechtsradikalismus als Antwort auf gescheiterte Illusionen im deutschen Kaiserreich 1900–1938', in Birthe Kundrus (ed.), *Phantasiereiche: zur Kulturge-*

schichte des deutschen Kolonialismus (Frankfurt am Main, 2003), 56–67.
4. Nicola Labanca, *Oltremare: Storia dell'espansione coloniale Italiana* (Bologna, 2002), 57.
5. Louise Young, *Japan's Total Empire: Manchuria and the Culture of Wartime Imperialism* (Berkeley, Calif., 1998), 12–13, 22–3; Frederick Dickinson, 'The Japanese Empire', in Robert Gerwarth and Erez Manela (eds.), *Empires at War 1911–1923* (Oxford, 2014), 198–200.
6. "民族－帝国"的提法得到了广泛探讨。尤其可参见 Gary Wilder, 'Framing Greater France between the wars', *Journal of Historical Sociology*, 14 (2000), 198–202, 以及 Heather Jones, 'The German Empire', in Gerwarth and Manela (eds.), *Empires at War*, 56–7。
7. Birthe Kundrus, 'Die Kolonien–"Kinder des Gefühls und der Phantasie"', in *idem* (ed.), *Phantasiereiche*, 7–18.
8. Paul Crook, *Darwinism, War and History* (Cambridge, 1994), 88–9. See too Mike Hawkins, *Social Darwinism in European and American Thought 1860–1945* (Cambridge, 1997), 203–15.
9. Friedrich von Bernhardi, *Germany and the Next War* (London, 1914), 18.
10. Benjamin Madley, 'From Africa to Auschwitz: how German South West Africa incubated ideas and methods adopted and developed by the Nazis in Eastern Europe', *European History Quarterly*, 35 (2005), 432–4; Guntram Herb, *Under the Map of Germany: Nationalism and Propaganda 1918–1945* (London, 1997), 50–51.
11. Timothy Parsons, *The Second British Empire: In the Crucible of the Twentieth Century* (Lanham, Md, 2014), 8; Troy Paddock, 'Creating an oriental "Feindbild"', *Central European History*, 39 (2006), 230.
12. Madley, 'From Africa to Auschwitz', 440.
13. 在下面这本书里可以看到关于帝国理念的有益探讨：Pascal Grosse, 'What does German colonialism have to do with National Socialism? A conceptual framework', in Eric Ames, Marcia Klotz and Lora Wildenthal (eds.), *Germany's Colonial Pasts* (Lincoln, Nebr., 2005), 118–29。
14. Martin Thomas, *The French Empire between the Wars: Imperialism, Politics and Society* (Manchester, 2005), 1; Wilder, 'Framing Greater France', 205; Parsons, *Second British Empire*, 5, 83–4.

15. Giuseppe Finaldi, '"The peasants did not think of Africa": empire and the Italian state's pursuit of legitimacy, 1871–1945', in John MacKenzie (ed.), *European Empires and the People: Popular Responses to Imperialism in France, Britain, the Netherlands, Germany and Italy* (Manchester, 2011), 214.
16. Kundrus, *Moderne Imperialisten*, 32–7; Bernhard Gissibl, 'Imagination and beyond: cultures and geographies of imperialism in Germany, 1848–1918', in MacKenzie (ed.), *European Empires and the People*, 175–7.
17. Kristin Kopp, 'Constructing racial difference in colonial Poland', in Ames, Klotz and Wildenthal (eds.), *Germany's Colonial Pasts*, 77–80; Bley, 'Der Traum von Reich?', 57–8; Kristin Kopp, 'Arguing the case for a colonial Poland', in Volker Langbehn and Mohammad Salama (eds.), *German Colonialism: Race, the Holocaust and Postwar Germany* (New York, 2011), 148–51; 'deepest barbarism' in Matthew Fitzpatrick, *Purging the Empire: Mass Expulsions in Germany, 1871–1914* (Oxford, 2015), 103.
18. Kopp, 'Constructing racial difference', 85–9; Gissibl, 'Imagination and beyond', 162–3, 169–77.
19. Robert Nelson, 'The Archive for Inner Colonization, the German East and World War I', in idem (ed.), *Germans, Poland, and Colonial Expansion to the East* (New York, 2009), 65–75. See too Edward Dickinson, 'The German Empire: an empire?', *History Workshop Journal*, 66 (2008), 132–5.
20. Young, *Japan's Total Empire*, 89–90.
21. Daniel Immerwahr, 'The Greater United States: territory and empire in U. S. history', *Diplomatic History*, 40 (2016), 377–81.
22. 数据来自 Parsons, *Second British Empire*, 32。
23. 关于意大利人将他们的"无产阶级"帝国主义与"贵族"和"资产阶级"帝国主义进行对比,见 Finaldi, '"The peasants did not think of Africa"';还可见 Lorenzo Veracini, 'Italian colonialism through a settler colonial studies lens', *Journal of Colonialism and Colonial History*, 19 (2018)。
24. Labanca, *Oltremare*, 104–17.
25. Richard Bosworth and Giuseppe Finaldi, 'The Italian Empire', in Gerwarth and Manela (eds.), *Empires at War*, 35; Finaldi, '"The peasants did not think of Africa"', 210–11; Labanca, *Oltremare*, 123–4.
26. 近年来关于1914年危机的最好的分析可见 Christopher Clark, *The Sleepwalkers:*

How Europe Went to War in 1914 (London, 2012); Margaret MacMillan, *The War that Ended Peace: How Europe Abandoned Peace for the First World War* (London, 2013)。

27. 相关讨论见 Robert Gerwarth and Erez Manela, 'The Great War as a global war', *Diplomatic History*, 38 (2014), 786–800。

28. William Mulligan, *The Great War for Peace* (New Haven, Conn., 2014), 91–2, 104–6; Bosworth and Finaldi, 'The Italian Empire', 40–43; Labanca, *Oltremare*, 117–27.

29. 细节见 Jones 'German Empire', 63–4。

30. Dickinson, 'The Japanese Empire', 199–201; Nicholas Tarling, *A Sudden Rampage: The Japanese Occupation of Southeast Asia, 1941–1945* (London, 2001), 24–6.

31. John Darwin, *The Empire Project: The Rise and Fall of the British World System, 1830–1970* (Cambridge, 2009), 315–18; David Fieldhouse, *Western Imperialism and the Middle East, 1914–1958* (Oxford, 2006), 47–51.

32. Jones, 'German Empire', 62；有关德国破坏敌方帝国稳定的计划的细节，见 Jennifer Jenkins, 'Fritz Fischer's "Programme for Revolution": implications for a global history of Germany in the First World War', *Journal of Contemporary History*, 48 (2013), 399–403; David Olusoga, *The World's War* (London, 2014), 204–7, 224–8。

33. Fieldhouse, *Western Imperialism*, 57–60.

34. Vejas Liulevicius, *War Land on the Eastern Front: Culture, National Identity and German Occupation in World War I* (Cambridge, 2000), 63–72.

35. Cited in Jones, 'The German Empire', 59, from Andrew Donson, 'Models for young nationalists and militarists: German youth literature in the First World War', *German Studies Review*, 27 (2004), 588.

36. Paddock, 'Creating an oriental "Feindbild"', 230; Vejas Liulevicius, 'The language of occupation: vocabularies of German rule in Eastern Europe in the World Wars' in Nelson (ed.), *Germans, Poland, and Colonial Expansion*, 122–30.

37. Cited in Darwin, *The Empire Project*, 313. 关于非洲的内容，见 Jones, 'The German Empire', 69–70。

38. Robert Gerwarth and Erez Manela, 'Introduction', in *idem* (eds.), *Empires at War*, 8–9; Philip Murphy, 'Britain as a global power', in Andrew Thompson (ed.),

Britain's Experience of Empire in the Twentieth Century (Oxford, 2012), 39–40.
39. Richard Fogarty, 'The French Empire', in Gerwarth and Manela (eds.), *Empires at War*, 109, 120–21. 关于征召的士兵人数，Berny Sèbe, 'Exalting imperial grandeur: the French Empire and its metropolitan public' 一文中给出了 60.7 万这个更高的数字。该文见 MacKenzie (ed.), *European Empires and the People*, 34。
40. Erez Manela, *The Wilsonian Moment: Self-determination and the International Origins of Anticolonial Nationalism* (Oxford, 2007), 23–4, 43–4; Trygve Throntveit, 'The fable of the Fourteen Points: Woodrow Wilson and national self-determination', *Diplomatic History*, 35 (2011), 446–9, 454–5.
41. Manela, *The Wilsonian Moment*, 37; Marcia Klotz, 'The Weimar Republic: a postcolonial state in a still colonial world', in Ames, Klotz and Wildenthal (eds.), *Germany's Colonial Pasts*, 139–40.
42. Edward Drea, *Japan's Imperial Army: Its Rise and Fall, 1853–1945* (Lawrence, Kans, 2009), 142–5. 关于欧洲对布尔什维主义的恐惧，可见 Robert Gerwarth and John Horne, 'Bolshevism as fantasy: fear of revolution and counter-revolutionary violence, 1917–1923', in idem (eds.), *War in Peace: Paramilitary Violence in Europe after the Great War* (Oxford, 2012), 40–51。
43. Manela, *The Wilsonian Moment*, 59–65, 89–90.
44. Cited in Manela, *The Wilsonian Moment*, 149.
45. Ibid., 60–61.
46. 更多详情可见 Susan Pedersen, *The Guardians: The League of Nations and the Crisis of Empire* (Oxford, 2015), 1–4, 29–32。
47. Ibid., 2–3, 77–83.
48. Ibid., 24–6.
49. Wilder, 'Framing Greater France', 204–5; Thomas, *French Empire between the Wars*, 31–4.
50. Thomas, *French Empire between the Wars*, 94–8, 103.
51. Henri Cartier, *Comment la France 'civilise' ses colonies* (Paris, 1932), 5–6, 24.
52. Sèbe, 'Exalting imperial grandeur', 36–8; Thomas, *French Empire between the Wars*, 199–202.
53. Brad Beaven, *Visions of Empire: Patriotism, Popular Culture and the City, 1870–1939* (Manchester, 2012), 150–51, 164; Matthew Stanard, 'Interwar pro-Empire propaganda and European colonial culture: towards a comparative research

agenda', *Journal of Contemporary History*, 44 (2009), 35.

54. William Fletcher, *The Search for a New Order: Intellectuals and Fascism in Prewar Japan* (Chapel Hill, NC, 1982), 31–2; Dickinson, 'The Japanese Empire', 203–4; John Darwin, *After Tamerlane: The Global History of Empire since 1405* (London, 2007), 396–8; Hosoya Chihiro, 'Britain and the United States in Japan's view of the international system, 1919–1937', in Ian Nish (ed.), *Anglo-Japanese Alienation 1919–1952: Papers of the Anglo-Japanese Conference on the History of the Second World War* (Cambridge, 1982), 4–6.

55. Tarling, *A Sudden Rampage*, 26.

56. Sarah Paine, *The Wars for Asia 1911–1949* (Cambridge, 2012), 15–16; Jonathan Clements, *Prince Saionji: Japan. The Peace Conferences of 1919–23 and their Aftermath* (London, 2008), 131–6.

57. Fletcher, *Search for a New Order*, 29–33, 42; Tarling, *A Sudden Rampage*, 25–7; Paine, *Wars for Asia*, 21–2; Young, *Japan's Total Empire*, 35–8.

58. MacGregor Knox, *Common Destiny: Dictatorship, Foreign Policy and War in Fascist Italy and Nazi Germany* (Cambridge, 2000), 114–15.

59. Bosworth and Finaldi, 'The Italian Empire', 41.

60. Spencer Di Scala, *Vittorio Orlando: Italy: The Peace Conferences of 1919–23 and their Aftermath* (London, 2010), 140–41, 170–71.

61. Claudia Baldoli, *Bissolati immaginario: Le origini del fascism cremonese* (Cremona, 2002), 50–53; Mulligan, *The Great War for Peace*, 269, 275–7, 281.

62. Di Scala, *Vittorio Orlando*, 156–7, 173.

63. See John Gooch, *Mussolini and His Generals: The Armed Forces and Fascist Foreign Policy, 1922–1940* (Cambridge, 2007), 62–8.

64. Greg Eghigian, 'Injury, fate, resentment, and sacrifice in German political culture, 1914–1939', in G. Eghigian and M. Berg (eds.), *Sacrifice and National Belonging in Twentieth-Century Germany* (College Station, Tex., 2002), 91–4.

65. Dirk van Laak, *Über alles in der Welt: Deutscher Imperialismus im 19. und 20. Jahrhundert* (Munich, 2005), 107; Shelley Baranowski, *Nazi Empire: German Colonialism and Imperialism from Bismarck to Hitler* (Cambridge, 2011), 154–5.

66. Wolfe Schmokel, *Dream of Empire: German Colonialism, 1919–1945* (New Haven, Conn., 1964), 18–19.

67. Christian Rogowski, '"Heraus mit unseren Kolonien!" Der Kolonialrevisionismus

der Weimarer Republik und die "Hamburger Kolonialwoche" von 1926', in Kundrus (ed.), *Phantasiereiche*, 247–9.

68. Uta Poiger, 'Imperialism and empire in twentieth-century Germany', *History and Memory*, 17 (2005), 122–3; Laak, *Über alles in der Welt*, 109–10; Schmokel, *Dream of Empire*, 2–3, 44–5; Andrew Crozier, 'Imperial decline and the colonial question in Anglo-German relations 1919–1939', *European Studies Review*, 11 (1981), 209–10, 214–17.

69. David Murphy, *The Heroic Earth: Geopolitical Thought in Weimar Germany, 1918–1933* (Kent, Ohio, 1997), 16–17; Woodruff Smith, *The Ideological Origins of Nazi Imperialism* (New York, 1986), 218–20.

70. Murphy, *The Heroic Earth*, 26–30; Smith, *Ideological Origins*, 218–24; Laak, *Über alles in der Welt*, 116–19.

71. Herb, *Under the Map of Germany*, 77.

72. Ibid., 52–7, 108–10.

73. Vejas Liulevicius, *The German Myth of the East: 1800 to the Present* (Oxford, 2009), 156.

74. Pedersen, *The Guardians*, 199–202；关于去殖民化，见 Laak, *Über alles in der Welt*, 120。经济学家 Moritz Julius Bonn 的观点也与此相同。

75. Fletcher, *The Search for a New Order*, 40–41; Hosoya Chihiro, 'Britain and the United States', 5–6, 7–10.

76. Knox, *Common Destiny*, 121–2, 126–8.

77. Labanca, *Oltremare*, 138–9, 149–52, 173–5; A. de Grand, 'Mussolini's follies: Fascism and its imperial and racist phase', *Contemporary European History*, 13 (2004), 128–32; Gooch, *Mussolini and His Generals*, 123–6.

78. 这一观点在最近对这场危机的最佳叙述中得到了支持，见 Robert Boyce, *The Great Interwar Crisis and the Collapse of Globalization* (Basingstoke, 2012), esp. 425–8。

79. Laak, *Über alles in der Welt*, 127–8.

80. Boyce, *Great Interwar Crisis*, 299.

81. Jim Tomlinson, 'The Empire/Commonwealth in British economic thinking and policy', in Thompson (ed.), *Britain's Experience of Empire*, 219–20; Thomas, *French Empire between the Wars*, 93–8.

82. Takafusa Nakamura and Kōnosuke Odaka (eds.), *Economic History of Japan*

1914–1955 (Oxford, 1999), 33–7.
83. Paine, *Wars for Asia*, 22–3; Fletcher, *Search for a New Order*, 40–42.
84. 德国的情况可见 Horst Kahrs, 'Von der "Grossraumwirtschaft" zur "Neuen Ordnung"', in *idem* (ed.), *Modelle für ein deutschen Europa: Ökonomie und Herrschaft im Grosswirtschaftsraum* (Berlin, 1992), 9–13。
85. Joyce Lebra, *Japan's Greater East Asia Co-Prosperity Sphere in World War II: Selected Readings and Documents* (Oxford, 1975), 74–5.
86. 'Report on the work of the Central Committee to the Seventeenth Congress of the CPSU, 26 January 1934', in Joseph Stalin, *Problems of Leninism* (Moscow, 1947), 460.

第一章　民族－帝国与全球危机，1931—1940

1. Cited in Louise Young, *Japan's Total Empire: Manchuria and the Culture of Wartime Imperialism* (Berkeley, Calif., 1998), 57–8.
2. Ibid., 39–41; Sarah Paine, *The Wars for Asia, 1911–1949* (Cambridge, 2012), 13–15; Edward Drea, *Japan's Imperial Army: Its Rise and Fall, 1853–1945* (Lawrence, Kans, 2009), 167–9.
3. A. de Grand, 'Mussolini's follies: fascism and its imperial and racist phase', *Contemporary European History*, 13 (2004), 137.
4. Young, *Japan's Total Empire*, 146–7.
5. Nicholas Tarling, *A Sudden Rampage: The Japanese Occupation of Southeast Asia, 1941–1945* (London, 2001), 28.
6. See Michael Geyer, '"There is a land where everything is pure: its name is land of death": some observations on catastrophic nationalism', in Greg Eghigian and Matthew Berg (eds.), *Sacrifice and National Belonging in Twentieth-Century Germany* (College Station, Tex., 2002), 120–41.
7. Steven Morewood, *The British Defence of Egypt 1935–1940: Conflict and Crisis in the Eastern Mediterranean* (London, 2005), 25–6.
8. CCAC, Christie Papers, 180/1/4, 'Notes of a conversation with Göring' by Malcolm Christie (former British air attaché, Berlin): 'Wir wollen ein *Reich*' [Christie's emphasis].
9. Aurel Kolnai, *The War against the West* (London, 1938), 609.

10. De Grand, 'Mussolini's follies', 136; Davide Rodogno, *Fascism's European Empire: Italian Occupation during the Second World War* (Cambridge, 2006), 44–6.
11. Gerhard Weinberg (ed.), *Hitler's Second Book* (New York, 2003), 174.
12. Young, *Japan's Total Empire*, 101–6, 116–32.
13. Rainer Zitelmann, *Hitler: The Politics of Seduction* (London, 1999), 206–7；关于反西方思潮，见 Heinrich Winkler, *The Age of Catastrophe: A History of the West, 1914–1945* (New Haven, Conn., 2015), 909–12。
14. Patrick Bernhard, 'Borrowing from Mussolini: Nazi Germany's colonial aspirations in the shadow of Italian expansionism', *Journal of Imperial and Commonwealth History*, 41 (2013), 617–18; Ray Moseley, *Mussolini's Shadow: The Double Life of Count Galeazzo Ciano* (New Haven, Conn., 1999), 52.
15. Nicola Labanca, *Oltremare: Storia dell'espansione coloniale Italiana* (Bologna, 2002), 328–9; De Grand, 'Mussolini's follies', 133–4. 到1935年，意大利的帝国领地只贡献了全国进口的4.8%。关于阿尔巴尼亚，可见 Bernd Fischer, *Albania at War, 1939–1945* (London, 1999), 5–6。
16. Ramon Myers, 'Creating a modern enclave economy: the economic integration of Japan, Manchuria and North China, 1932–1945', in Peter Duus, Ramon Myers and Mark Peattie (eds.), *The Japanese Wartime Empire, 1931–1945* (Princeton, NJ, 1996), 148; Paine, *Wars for Asia*, 13–15, 23; Tarling, *A Sudden Rampage*, 27–8.
17. Karsten Linne, *Deutschland jenseits des Äquators? Die NS-Kolonialplanungen für Afrika* (Berlin, 2008), 39.
18. CCAC, Christie Papers, 180/1/5, 'Notes from a conversation with Göring', 3 Feb. 1937, p. 51.
19. Weinberg (ed.), *Hitler's Second Book*, 16–18, 162. 关于德国经济思路的变化，可见 Horst Kahrs, 'Von der "Grossraumwirtschaft" zur "Neuen Ordnung"', in Kahrs et al., *Modelle für ein deutsches Europa: Ökonomie und Herrschaft im Grosswirtschaftsraum* (Berlin, 1992), 9–10, 12–14; E. Teichert, *Autarkie und Grossraumwirtschaft in Deutschland, 1930–1939* (Munich, 1984), 261–8。关于希特勒的经济思考，可见 Rainer Zitelmann, *Hitler: Selbstverständnis eines Revolutionärs* (Hamburg, 1989), 195–215。
20. 关于这方面的内容，见 Patricia Clavin, *The Failure of Economic Diplomacy: Britain,*

Germany, France and the United States, 1931–1936 (London, 1996), chs. 6–7。
21. Otto Tolischus, *Tokyo Record* (London, 1943), 32.
22. George Steer, *Caesar in Abyssinia* (London, 1936), 401.
23. Malcolm Muggeridge (ed.), *Ciano's Diplomatic Papers* (London, 1948), 301–2.
24. Drea, *Japan's Imperial Army*, 182–6.
25. Wilhelm Treue, 'Denkschrift Hitlers über die Aufgaben eines Vierjarhresplan', *Vierteljahreshefte für Zeitgeschichte*, 3 (1954), 204–6.
26. Kathleen Burke, 'The lineaments of foreign policy: the United States and a "New World Order"', 1919–1939', *Journal of American Studies*, 26 (1992), 377–91.
27. G. Bruce Strang, 'Imperial dreams: the Mussolini-Laval Accords of January 1935', *The Historical Journal*, 44 (2001), 807–9.
28. Richard Overy, 'Germany and the Munich Crisis: a mutilated victory?', *Diplomacy & Statecraft*, 10 (1999), 208–11.
29. Susan Pedersen, *The Guardians: The League of Nations and the Crisis of Empire* (Oxford, 2015), 289–90, 291–2.
30. Paine, *Wars for Asia*, 25.
31. Benito Mussolini, 'Politica di vita' [*Il popolo d'Italia*, 11 Oct. 1935] in *Opera Omnia di Benito Mussolini: vol. XXVII* (Florence, 1959), 163–4.
32. Chad Bryant, *Prague in Black: Nazi Rule and Czech Nationalism* (Cambridge, Mass., 2007), 41–4.
33. Kristin Kopp, 'Arguing the case for a colonial Poland', in Volker Langbehn and Mohammad Salama (eds.), *German Colonialism: Race, the Holocaust and Postwar Germany* (New York, 2011), 150–51; David Furber, 'Near as far in the colonies: the Nazi occupation of Poland', *International History Review*, 26 (2004), 541–51.
34. James Crowley, 'Japanese army factionalism in the early 1930s', *Journal of Asian Studies*, 21 (1962), 309–26.
35. Drea, *Japan's Imperial Army*, 183–6; Tarling, *A Sudden Rampage*, 40–43.
36. 细节来自 Paine, *Wars for Asia*, 34–40; Takafusa Nakamura, 'The yen bloc, 1931–1941', in Duus, Myers and Peattie (eds.), *Japanese Wartime Empire*, 1789。
37. Paine, *Wars for Asia*, 15.
38. Takafusa Nakamura and Kōnosuke Odaka (eds.), *Economic History of Japan 1914–1945* (Oxford, 1999), 49–51; Paine, *Wars for Asia*, 24–30; Myers, 'Creating a modern enclave economy', 160.

39. Yoshiro Miwa, *Japan's Economic Planning and Mobilization in Wartime, 1930s–1940s* (Cambridge, 2015), 62–4; Nakamura and Odaka (eds.), *Economic History of Japan*, 47–51; Akira Hari, 'Japan: guns before rice', in Mark Harrison (ed.), *The Economics of World War II: Six Great Powers in International Comparison* (Cambridge, 1998), 283–7.
40. Hans van de Ven, *China at War: Triumph and Tragedy in the Emergence of the New China 1937–1952* (London, 2017), 58–64.
41. Ibid., 66–70; Paine, *Wars for Asia*, 128–9.
42. Rana Mitter, *China's War with Japan 1937–1945: The Struggle for Survival* (London, 2013), 73–4.
43. Van de Ven, *China at War*, 68–76; Odd Arne Westad, *Restless Empire: China and the World since 1750* (London, 2012), 256–7.
44. Paine, *Wars for Asia*, 128–9.
45. Hans van de Ven, *War and Nationalism in China, 1925–1945* (New York, 2003), 194–5.
46. Paine, *Wars for Asia*, 181–2.
47. Mitter, *China's War with Japan*, 128–35；关于南京大屠杀，见 Iris Chang, *The Rape of Nanking: The Forgotten Holocaust of World War II* (New York, 1997), chs. 3–4。
48. Van de Ven, *War and Nationalism*, 221–6.
49. Diana Lary, *The Chinese People at War: Human Suffering and Social Transformation, 1937–1945* (Cambridge, 2010), 60–62; Mitter, *China's War with Japan*, 158–61.
50. Paine, *Wars for Asia*, 134–5, 140–42; Mark Peattie, Edward Drea and Hans van de Ven (eds.), *The Battle for China: Essays on the Military History of the Sino-Japanese War of 1937–1945* (Stanford, Calif., 2011), 34–5.
51. Dagfinn Gatu, *Village China at War: The Impact of Resistance to Japan, 1937–1945* (Copenhagen, 2007), 415–17.
52. Paine, *Wars for Asia*, 165–7.
53. MacGregor Knox, *Common Destiny: Dictatorship, Foreign Policy and War in Fascist Italy and Nazi Germany* (Cambridge, 2000), 69.
54. Morewood, *British Defence of Egypt*, 32–45; Labanca, *Oltremare*, 184–8.
55. Alberto Sbacchi, *Ethiopia under Mussolini: Fascism and the Colonial Experience* (London, 1985), 13–14; Morewood, *British Defence of Egypt*, 25–7.

56. Claudia Baldoli, 'The "northern dominator" and the Mare Nostrum: Fascist Italy's "cultural war" in Malta', *Modern Italy*, 13 (2008), 7–12; Deborah Paci, *Corsica fatal, malta baluardo di romanità: irredentismo fascista nel mare nostrum (1922–1942)* (Milan, 2015), 16–19, 159–67.
57. Matteo Dominioni, *Lo sfascio dell'impero: gli italiani in Etiopia 1936–1941* (Rome, 2008), 9–10; Sbacchi, *Ethiopia under Mussolini*, 15–18.
58. Steer, *Caesar in Abyssinia*, 135–6, 139; Sbacchi, *Ethiopia under Mussolini*, 16–18.
59. Angelo Del Boca, *I gas di Mussolini* (Rome, 1996), 76–7, 139–41, 148. 意军总共发动了103次毒气攻击，使用了281枚芥子气炸弹和325枚光气炸弹。
60. 关于这场战争，见 Labanca, *Oltremare*, 189–92; Giorgio Rochat, *Le guerre italiane 1935–1943* (Turin, 2005), 48–74; Sbacchi, *Ethiopia under Mussolini*, 25–8。
61. 数据来自 Sbacchi, *Ethiopia under Mussolini*, 33。
62. Labanca, *Oltremare*, 200–202; Sbacchi, *Ethiopia under Mussolini*, 36–7.
63. Giulia Barrera, 'Mussolini's colonial race laws and state-settler relations in Africa Orientale Italiana', *Journal of Modern Italian Studies*, 8 (2003), 429–30; Fabrizio De Donno, '"La Razza Ario-Mediterranea": Ideas of race and citizenship in colonial and Fascist Italy, 1885–1941', *Interventions: International Journal of Postcolonial Studies*, 8 (2006), 404–5.
64. John Gooch, *Mussolini and His Generals: The Armed Forces and Fascist Foreign Policy, 1922–1940* (Cambridge, 2007), 253.
65. Vera Zamagni, 'Italy: How to win the war and lose the peace', in Harrison (ed.), *The Economics of World War II*, 198; Rochat, *Le guerre italiane*, 139. 关于入侵埃塞俄比亚战争的花费，有多种不同的估算，根据对战争及其后治安战所涉及范围的理解不同，从573亿里拉到753亿里拉不等。
66. Haile Larebo, *The Building of an Empire: Italian Land Policy and Practice in Ethiopia* (Trenton, NJ, 2006), 59–60.
67. Sbacchi, *Ethiopia under Mussolini*, 98–100; De Grand, 'Mussolini's follies', 133; Haile Larebo, 'Empire building and its limitations. Ethiopia (1935–1941)', in Ruth Ben-Ghiat and Mia Fuller (eds.), *Italian Colonialism* (Basingstoke, 2005), 88–90.
68. Barrera, 'Mussolini's colonial race laws', 432–4.
69. Alexander Nützenadel, *Landwirtschaft, Staat und Autarkie: Agrarpolitik im faschistischen Italien (1922–1943)* (Tübingen, 1997), 144, 317, 394.

70. Rochat, *Le guerre italiane*, 117–21.
71. De Grand, 'Mussolini's follies', 128–9; Rodogno, *Fascism's European Empire*, 46–7.
72. De Donno, 'La Razza Ario-Mediterranea', 409.
73. Fischer, *Albania at War*, 5–7; Moseley, *Mussolini's Shadow*, 51–2.
74. Nicholas Doumanis, *Myth and Memory in the Mediterranean: Remembering Fascism's Empire* (London, 1997), 41–4.
75. Fischer, *Albania at War*, 17–20.
76. Ibid., 20, 35, 37–40, 90–91; Moseley, *Mussolini's Shadow*, 53–5; Rodogno, *Fascism's European Empire*, 59–60.
77. Albert Speer, *Inside the Third Reich* (London, 1970), 72.
78. Christian Leitz, 'Arms as levers: *matériel* and raw materials in Germany's trade with Romania in the 1930s', *International History Review*, 19 (1997), 317, 322–3.
79. Pierpaolo Barbieri, *Hitler's Shadow Empire: Nazi Economics and the Spanish Civil War* (Cambridge, Mass., 2015), 180–82, 260.
80. Treue, 'Denkschrift Hitlers', 204–5, 206.
81. BAB, R261/18, 'Ergebnisse der Vierjahresplan-Arbeit, Stand Frühjahr 1942'. 本文总结了该项计划自 1936 年以来的各项措施。
82. Richard Overy, *War and Economy in the Third Reich* (Oxford, 1994), 20–21.
83. Manfred Weissbecker, '"Wenn hier Deutsche wohnten": Beharrung und Veränderung im Russlandbild Hitlers und der NSDAP', in Hans-Erich Volkmann (ed.), *Das Russlandbild im Dritten Reich* (Cologne, 1994), 9.
84. Milan Hauner, 'Did Hitler want a world dominion?', *Journal of Contemporary History*, 13 (1978), 15–32.
85. 'Colloquio del ministro degli esteri, Ciano, con il cancelliere del Reich, Hitler', 24 October 1936, in *I documenti diplomatici italiani, 8 serie, vol v, 1 settembre–31 dicembre 1936* (Rome, 1994), 317.
86. Bernhard, 'Borrowing from Mussolini', 623–5.
87. Wolfe Schmokel, *Dream of Empire: German Colonialism, 1919–1945* (New Haven, Conn., 1964), 21–2, 30–32; Willeke Sandler, *Empire in the Heimat: Colonialism and Public Culture in the Third Reich* (New York, 2018), 3, 177–83.
88. Robert Gordon and Dennis Mahoney, 'Marching in step: German youth and colonial cinema', in Eric Ames, Marcia Klotz and Lora Wildenthal (eds.), *Germany's Colonial Pasts* (Lincoln, Nebr., 2005), 115–34.

89. Linne, *Deutschland jenseits des Äquators?*, 39.
90. CCAC, Christie Papers, 180/1, 'Notes of a conversation with Göring', 3 Feb. 1937, pp. 53–4.
91. Colonel Hossbach, 'Minutes of the conference in the Reich Chancellery, November 5 1937', *Documents on German Foreign Policy*, Ser. D, vol. I, (London, 1954), 29–39.
92. Geoffrey Megargee, *Inside Hitler's High Command* (Lawrence, Kans, 2000), 41–8.
93. Bryant, *Prague in Black*, 29–45; Alice Teichova, 'Instruments of economic control and exploitation: the German occupation of Bohemia and Moravia', in Richard Overy, Gerhard Otto and Johannes Houwink ten Cate (eds.), *Die 'Neuordnung' Europas: NS-Wirtschaftspolitik in den besetzten Gebiete* (Berlin, 1997), 84–8. See too Winkler, *Age of Catastrophe*, 658–60.
94. Teichova, 'Instruments of economic control', 50–58.
95. 详情可见 Ralf Banken, *Edelmetallmangel und Grossraubwirtschaft: Die Entwicklung des deutschen Edelmetallsektors im 'Dritten Reich', 1933–1945* (Berlin, 2009), 287–91, 399–401。
96. Overy, *War and Economy*, 147–51.
97. Ibid., 319–21; Teichova, 'Instruments of economic control', 89–92.
98. Bryant, *Prague in Black*, 121–8.
99. Teichova, 'Instruments of economic control', 103–4.
100. Roman Ilnytzkyi, *Deutschland und die Ukraine 1934–1945*, 2 vols.(Munich, 1958), i., 21–2.
101. 对这一主张最强烈的推崇，见 Gerhard Weinberg, *The Foreign Policy of Hitler's Germany: Starting World War II, 1937–1939* (Chicago, Ill., 1980)，以及 Adam Tooze, *The Wages of Destruction: The Making and Breaking of the Nazi Economy* (London, 2006), 332–5, 662–5。另一种不同的理解，可见 Overy, *War and Economy*, 221–6。
102. Overy, *War and Economy*, 238–9.
103. IWM, Mi 14/328 (d), OKW minutes of meeting of War Economy Inspectors, 21 Aug. 1939; OKW, Wehrmachtteile Besprechung, 3 Sept. 1939.
104. Richard Overy, *1939: Countdown to War* (London, 2009), 31–40.
105. Hildegard von Kotze (ed.), *Heeresadjutant bei Hitler 1938–1945: Aufzeichnungen*

des Majors Engel (Stuttgart, 1974), 60, entry for 29 August; IWM, FO 645, Box 156, testimony of Hermann Göring taken at Nuremberg, 8 Sept. 1945, pp. 2, 5.

106. Cited in John Toland, *Adolf Hitler* (New York, 1976), 571.
107. Vejas Liulevicius, 'The language of occupation: vocabularies of German rule in Eastern Europe in the World Wars', in Robert Nelson (ed.), *Germans, Poland, and Colonial Expansion in the East* (New York, 2009), 130–31.
108. Alexander Rossino, *Hitler Strikes Poland: Blitzkrieg, Ideology, and Atrocity* (Lawrence, Kans, 2003), 6–7.
109. Ibid., 7, 24–5, 27.
110. Winfried Baumgart, 'Zur Ansprache Hitlers vor den Führern der Wehrmacht am 22 August 1939', *Vierteljahreshefte für Zeitgeschichte*, 19 (1971), 303.
111. Elke Fröhlich (ed.), *Die Tagebücher von Joseph Goebbels: Band 7: Juli 1939– März 1940* (Munich, 1998), 87, entry for 1 Sept. 1939; Christian Hartmann, *Halder: Generalstabschef Hitlers 1938–1942* (Paderborn, 1991), 139.
112. 关于军事平衡，可见 Klaus Maier, Horst Rohde, Bernd Stegmann and Hans Umbreit, *Das Deutsche Reich und der Zweite Weltkrieg: Band II: Die Errichtung der Hegemonie auf dem europäischen Kontinent* (Stuttgart, 1979), 102–3, 111。
113. Halik Kochanski, *The Eagle Unbowed: Poland and the Poles in the Second World War* (London, 2012), 84–5.
114. Ibid., 84; Maier et al., *Das Deutsche Reich und der Zweite Weltkrieg: Band II*, 133. Soviet figures in Alexander Hill, 'Voroshilov's "lightning" war–the Soviet invasion of Poland, September 1939', *Journal of Slavic Military Studies*, 27 (2014), 409.
115. 关于空军，见 Caius Bekker, *The Luftwaffe War Diaries* (London, 1972), 27–78, 466。
116. Jürgen Zimmerer, 'The birth of the *Ostland* out of the spirit of colonialism: a postcolonial perspective on the Nazi policy of conquest and extermination', *Patterns of Prejudice*, 39 (2005), 197–8.
117. Furber, 'Near as far in the colonies', 552, 570. 关于殖民地模式，见 Shelley Baranowski, *Nazi Empire: German Colonialism and Imperialism from Bismarck to Hitler* (Cambridge, 2011), 237–9。
118. M. Riedel, *Eisen und Kohle für das Dritte Reich* (Göttingen, 1973), 275–6, 301–

2; Kochanski, *The Eagle Unbowed*, 100.
119. Catherine Epstein, *Model Nazi: Arthur Greiser and the Occupation of Western Poland* (Oxford, 2010), 135–7, 140.
120. Lora Wildenthal, *German Women for Empire, 1884–1945* (Durham, NC, 2001), 197–8.
121. Rossino, *Hitler Strikes Poland*, 10–13; Edward Westermann, *Hitler's Police Battalions: Enforcing Racial War in the East* (Lawrence, Kans, 2005), 124–8.
122. Jürgen Matthäus, Jochen Böhler and Klaus-Michael Mallmann, *War, Pacification, and Mass Murder 1939: The Einsatzgruppen in Poland* (Lanham, Md, 2014), 2–7.
123. Ibid., 20.
124. Timothy Snyder, *Bloodlands: Europe between Hitler and Stalin* (London, 2010), 126–8.
125. Furber, 'Near as far in the colonies', 562–3; Robert van Pelt, 'Bearers of culture, harbingers of destruction: the *mythos* of the Germans in the East', in Richard Etlin (ed.), *Art, Culture and Media under the Third Reich* (Chicago, Ill., 2002), 100–102, 127–9; Kopp, 'Arguing the case for a colonial Poland', in Langbehn and Salama (eds.), *German Colonialism*, 146–8, 155–7.
126. Christian Ingrao, *The Promise of the East: Nazi Hopes and Genocide 1939–43* (Cambridge, 2019), 5.
127. Isabel Heinemann, '"Another type of perpetrator": the SS racial experts and forced population movements in the occupied regions', *Holocaust and Genocide Studies*, 15 (2001), 391–2; Michael Burleigh, *Germany Turns Eastwards: A Study of* Ostforschung *in the Third Reich* (Cambridge, 1988), 159–60, 162–3; Baranowski, *Nazi Empire*, 243–52.
128. 近年来关于诺门罕的叙述，可见 Alistair Horne, *Hubris: The Tragedy of War in the Twentieth Century* (London, 2015), 133–56。
129. Keith Neilson, *Britain, Soviet Russia and the Collapse of the Versailles Order, 1919–1939* (Cambridge, 2005), 328–9.
130. Ibid., 257–61.
131. London School of Economics archive, National Peace Council papers, 2/5, minutes of Executive Committee, 13 Mar., 17 Apr. 1939.
132. Josef Konvitz, 'Représentations urbaines et bombardements stratégiques, 1914–1945', *Annales*, 44 (1989), 823–47.

133. Daniel Hucker, 'French public attitudes towards the prospect of war in 1938–39: "pacifism" or "war anxiety"?', *French History*, 21 (2007), 439, 441.
134. Gerald Lee, '"I see dead people": air-raid phobia and Britain's behaviour in the Munich Crisis', *Security Studies*, 13 (2003), 263.
135. Lawrence Pratt, *East of Malta, West of Suez: Britain's Mediterranean Crisis 1936–1939* (Cambridge, 1975), 3.
136. Ibid., 239–40.
137. Hucker, 'French public attitudes', 442–4; Donald Watt, 'British domestic politics and the onset of war', in Comité d'Histoire de la Deuxième Guerre Mondiale, *Les relations franco-brittaniques de 1935 à 1939* (Paris, 1975), 257–8; Charles-Robert Ageron, 'Vichy, les Français et l'Empire', in Jean-Pierre Azéma and François Bédarida (eds.), *Le Régime de Vichy et les Français* (Paris, 1992), 122.
138. Donald Low, *Eclipse of Empire* (Cambridge, 1991), 11, 29.
139. Matthew Hughes, *Britain's Pacification of Palestine: The British Army, the Colonial State and the Arab Revolt, 1936–1939* (Cambridge, 2019), 377–84.
140. League Against Imperialism, 'The British Empire', July 1935, 4–5.
141. Martin Thomas, *The French Empire between the Wars: Imperialism, Politics and Society* (Manchester, 2005), 226–32; Timothy Parsons, *The Second British Empire: In the Crucible of the Twentieth Century* (Lanham, Md, 2014), 86–96.
142. Claude Quétel, *L'impardonnable défaite* (Paris, 2010), 206–7.
143. TNA, AIR 9/8, Air Staff memorandum, 15 Jan. 1936; Air Ministry (Plans) to Deputy Chief of Air Staff, 24 Sept. 1936.
144. 关于绥靖的历史脉络，可见 Brian McKercher, 'National security and imperial defence: British grand strategy and appeasement 1930–1939', *Diplomacy & Statecraft*, 19 (2008), 391–42; Sidney Aster, 'Appeasement: before and after revisionism', ibid., 443–80。
145. 例见 Martin Thomas, 'Appeasement in the late Third Republic', *Diplomacy & Statecraft*, 19 (2008), 567–89。
146. 例见 Pierre Guillen, 'Franco-Italian relations in flux, 1918–1940', in Robert Boyce (ed.), *French Foreign and Defence Policy, 1918–1940: The Decline and Fall of a Great Power* (London, 1998), 149–61; Greg Kennedy, '1935: a snapshot of British imperial defence in the Far East', in Greg Kennedy and Keith Neilson (eds.), *Far-Flung Lines: Essays on Imperial Defence in Honour of Donald Mackenzie*

Schurman (London, 1996), 190–210; Thomas, 'Appeasement', 578–91。

147. Sidney Paish, 'Containment, rollback, and the origins of the Pacific War, 1933–1941', in Kurt Piehler and Sidney Paish (eds.), *The United States and the Second World War: New Perspectives on Diplomacy, War and the Home Front* (New York, 2010), 42–3, 45.

148. Orlando Pérez, 'Panama: nationalism and the challenge to canal security', in Thomas Leonard and John Bratzel (eds.), *Latin America during World War II* (New York, 2006), 65–6.

149. Neill Lochery, *Brazil: The Fortunes of War* (New York, 2014), 39–40, 61–2, 70.

150. Sean Casey, *Cautious Crusade: Franklin D. Roosevelt, American Public Opinion and the War against Nazi Germany* (New York, 2001), 23.

151. Chamberlain Papers, University of Birmingham, NC 18/1/1108, Chamberlain to his sister, Ida, 23 July 1939.

152. George Peden, 'Sir Warren Fisher and British rearmament against Germany', *English Historical Review*, 94 (1979), 43–5; Robert Shay, *British Rearmament in the Thirties* (Princeton, NJ, 1977), 159, 223; Joe Maiolo, *Cry Havoc: The Arms Race and the Second World War 1931–1941* (London, 2010), 99–101.

153. Morewood, *British Defence of Egypt*, 1, 95–6, 180–86.

154. Franco Macri, *Clash of Empires in South China: The Allied Nations' Proxy War with Japan, 1935–1941* (Lawrence, Kans, 2012), 119–20, 154–7; Ashley Jackson, *The British Empire and the Second World War* (London, 2006), 17–19.

155. Eugenia Kiesling, '"If it ain't broke, don't fix it": French military doctrine between the wars', *War in History*, 3 (1996), 215–18; Robert Doughty, *The Seeds of Disaster: The Development of French Army Doctrine, 1919–39* (Mechanicsburg, Pa, 1985), 95–105, 108–10.

156. Thomas, *French Empire between the Wars*, 312–13, 323–5, 333–4.

157. Morewood, *British Defence of Egypt*, 37–48.

158. Peter Jackson, *France and the Nazi Menace: Intelligence and Policy Making 1933–1939* (Oxford, 2000), 289–96.

159. Hans Groscurth, *Tagebuch eines Abwehroffiziers* (Stuttgart, 1970), 124. 关于《慕尼黑协定》的这一观点，见 Overy, 'Germany and the Munich Crisis', 193–210。

160. *Akten zur deutschen Auswärtigen Politik*, Series D, vol. 2, 772, minutes of meeting between Hitler and Horace Wilson, 27 Sept. 1938; Wacław Jędrzejewicz (ed.),

Diplomat in Berlin, 1933–1939: Papers and Memoirs of Józef Lipski (New York, 1968), 425, letter from Lipski to Josef Beck.

161. H. Michaelis and E. Schraepler (eds.), *Ursachen und Folgen vom deutschen Zusammenbruch 1918 bis 1945. Vol. 12: Das sudetendeutsche Problem* (Berlin, 1976), 438–40, Fritz Wiedemann über seine Eindrücke am 28 Sept. 1938.

162. Groscurth, *Tagebuch*, 128, entries for 28, 30 Sept. 1938.

163. André Maurois, *Why France Fell* (London, 1941), 21–2.

164. Jean Levy and Simon Pietri, *De la République à l'État français 1930–1940: Le chemin de Vichy* (Paris, 1996), 160–61.

165. TNA, AIR 9/105, chiefs of staff, 'British Strategical Memorandum, March 20 1939', pp. 6–7. 关于英法联合战争计划，见 William Philpott and Martin Alexander, 'The Entente Cordiale and the next war: Anglo-French views on future military cooperation, 1928–1939', *Intelligence and National Security*, 13 (1998), 68–76。

166. John Darwin, *The Empire Project: The Rise and Fall of the British World-System, 1830–1970* (Cambridge, 2009), 494–7; Christopher Waters, 'Australia, the British Empire and the Second World War', *War & Society*, 19 (2001), 93–4.

167. Thomas, *French Empire between the Wars*, 314–25; Martin Thomas, 'Economic conditions and the limits to mobilization in the French Empire 1936–1939', *Historical Journal*, 48 (2005), 482–90.

168. Hucker, 'French public attitudes', 442, 446; George Gallup (ed.), *The Gallup International Public Opinion Polls: Great Britain, 1937–1975* (New York, 1976), 10, 16, 21.

169. Richard Overy, *The Morbid Age: Britain and the Crisis of Civilization between the Wars* (London, 2009), 21–2.

170. Neilson, *Britain, Soviet Russia*, 314–15.

171. TNA, PREM 1/331a, note on Italian proposals, 2 Sept. 1939。

172. Brian Bond (ed.), *Chief of Staff: The Diaries of Lieutenant General Sir Henry Pownall: Volume One* (London, 1972), 221.

173. TNA, PREM 1/395, translation of Hitler speech of 6 Oct. 1939 for the prime minister, p. 18.

174. Winkler, *The Age of Catastrophe*, 670–71.

175. Quétel, *L'impardonnable défaite*, 216–17.

176. Maurois, *Why France Fell*, 73.
177. Speer, *Inside the Third Reich*, 163.
178. Megargee, *Inside Hitler's High Command*, 76; Nicolaus von Below, *At Hitler's Side: The Memoirs of Hitler's Luftwaffe Adjutant 1937–1945* (London, 2001), 40–41.
179. TNA, PREM 1/395, Lord Halifax, draft response to Hitler, 8 Oct. 1939; Churchill to Chamberlain, 9 Oct. 1939; minute for Chamberlain from Alexander Cadogan (Foreign Office), 8 Oct. 1939.
180. Willi Boelcke (ed.), *The Secret Conferences of Dr. Goebbels 1939–1943* (London, 1967), 6, directive of 16 Dec. 1939; *Fuehrer Conferences on Naval Affairs 1939–1945* (London, 1990), 60, Conference of Department Heads, 25 Nov. 1939.
181. Megargee, *Inside Hitler's High Command*, 76.
182. Karl-Heinz Frieser, *The Blitzkrieg Legend: The 1940 Campaign in the West* (Annapolis, Md, 2012), 63–8; Mungo Melvin, *Manstein: Hitler's Greatest General* (London, 2010), 136–7, 142, 149–51, 154–5; von Below, *At Hitler's Side*, 40–41.
183. Martin Alexander, 'The fall of France, 1940', *Journal of Strategic Studies*, 13 (1990), 13–21; Julian Jackson, *The Fall of France: The Nazi Invasion of 1940* (Oxford, 2003), 75–6.
184. TNA, PREM 1/437, press communiqué on meeting of the Supreme War Council, 15 Nov. 1939.
185. Brian Bond, *France and Belgium 1939–1940* (London, 1990), 40–41, 49–51, 58–9.
186. Martin Alexander, '"Fighting to the last Frenchman?" Reflections on the BEF deployment to France and the strains in the Franco-British alliance, 1939–1940', in Joel Blatt (ed.), *The French Defeat of 1940: Reassessments* (Providence, RI, 1998), 323–6; Bond, *France and Belgium*, 76–7.
187. Quétel, *L'impardonnable défaite*, 237; Robert Desmond, *Tides of War: World News Reporting 1931–1945* (Iowa City, Iowa, 1984), 93.
188. Gallup (ed.), *International Opinion Polls*, 22, 30.
189. Quétel, *L'impardonnable défaite*, 246; Alan Allport, *Browned Off and Bloody-Minded: The British Soldier Goes to War 1939–1945* (New Haven, Conn., 2015), 44.
190. Talbot Imlay, 'France and the Phoney War 1939–1940', in Boyce (ed.), *French Foreign and Defence Policy*, 265–6.

191. TNA, WO 193/144, War Office Memorandum for the Supreme War Council, 15 Dec. 1939; Director of Military Operations report, 'Operational Considerations affecting Development of Equipment for Land Offensive', 12 Apr. 1940.
192. Richard Overy, 'Air Power, Armies, and the War in the West, 1940', 32nd Harmon Memorial Lecture, US Air Force Academy, Colorado Springs, 1989, 1–2.
193. Guillen, 'Franco-Italian relations in flux', 160–61.
194. Morewood, *British Defence of Egypt*, 139–47.
195. Macri, *Clash of Empires in South China*, 195–201, 214–15.
196. Geoffrey Roberts, 'Stalin's wartime vision of the peace, 1939–1945', in Timothy Snyder and Ray Brandon (eds.), *Stalin and Europe: Imitation and Domination 1928–1953* (New York, 2014), 234–6; Martin Kahn, *Measuring Stalin's Strength during Total War* (Gothenburg, 2004), 87–9.
197. TNA, WO 193/144, War Office memorandum 'Assistance to Finland', 16 Dec. 1939 ('we cannot recommend that we should declare war on Russia'); Kahn, *Measuring Stalin's Strength*, 90–92.
198. Gabriel Gorodetsky (ed.), *The Maisky Diaries: Red Ambassador at the Court of St James's, 1932–1943* (New Haven, Conn., 2015), 245, entry for 12 Dec. 1939.
199. Patrick Salmon, 'Great Britain, the Soviet Union, and Finland', in John Hiden and Thomas Lane (eds.), *The Baltic and the Outbreak of the Second World War* (Cambridge, 1991), 116–17; Thomas Munch-Petersen, 'Britain and the outbreak of the Winter War', in Robert Bohn et al.(eds.), *Neutralität und totalitäre Aggression: Nordeuropa und die Grossmächteim Zweiten Weltkrieg* (Stuttgart, 1991), 87–9; John Kennedy, *The Business of War* (London, 1957), 47–8.
200. TNA, PREM 1/437, Reynaud to Chamberlain and Lord Halifax, 25 Mar. 1940.
201. TNA, PREM 1/437, memorandum for the prime minister, 'Possibilities of Allied Action against the Caucasus', March 1940, p. 3. 关于此次行动的详情，可见 C. O. Richardson, 'French plans for Allied attacks on the Caucasus oil fields January-April 1940', *French Historical Studies*, 8 (1973), 130–53。
202. Edward Spears, *Assignment to Catastrophe* (London, 1954), 102–6; Jackson, *Fall of France*, 82–4.
203. Walter Warlimont, *Inside Hitler's Headquarters 1939–45* (London, 1964), 66–72.

204. *Fuehrer Conferences on Naval Affairs*, 63–7, 80–84.
205. Maier et al., *Das Deutsche Reich und der Zweite Weltkrieg: Band II*, 212–17; British Air Ministry, *The Rise and Fall of the German Air Force* (London, 1983), 60–63.
206. Maier et al., *Das Deutsche Reich und der Zweite Weltkrieg: Band II*, 224.
207. Robert Rhodes James (ed.), *The Diaries of Sir Henry Channon* (London, 1993), 244–50, entries for 7, 8, 9 May 1940.
208. Frieser, *Blitzkrieg Legend*, 36–48. 关于空中力量的统计数据各不相同，主要是由于每一天的战备状况和对"后备力量"的定义不同。Patrick Facon, *L'Armée de l'Air dans la tourmente: La Bataille de France 1939–1940* (Paris, 1997), 151–69，给出了颇为不同的数据：盟军5 524架飞机，德军3 959架飞机。亦可参见Ernest May, *Strange Victory: Hitler's Conquest of France* (New York, 2000), 479，他给出了双方轰炸机和战斗机的数量：德军2 779架，盟军5 133架。
209. Frieser, *Blitzkrieg Legend*, 45; Facon, *L'Armée de l'Air*, 169, 205; Jackson, *Fall of France*, 15–17.
210. Jackson, *Fall of France*, 21–5. 关于德军的马拉后勤，见 Richard Dinardo, *Mechanized Juggernaut or Military Anachronism? Horses and the German Army of WWII* (Mechanicsburg, Pa, 2008), 24–6。
211. Quétel, *L'impardonnable défaite*, 246.
212. Frieser, *Blitzkrieg Legend*, 93.
213. Henri Wailly, 'La situation intérieure', in Philippe Ricalens and Jacques Poyer (eds.), *L'Armistice de juin 1940: Faute ou necessité?* (Paris, 2011), 48–9.
214. Von Below, *At Hitler's Side*, 57.
215. Frieser, *Blitzkrieg Legend*, 107–12.
216. Ibid., 161.
217. Jackson, *Fall of France*, 45–7.
218. David Dilks (ed.), *The Diaries of Sir Alexander Cadogan 1938–1945* (London, 1971), 284, entry for 16 May; Spears, *Assignment to Catastrophe*, 150.
219. Megargee, *Inside Hitler's High Command*, 85.
220. Hugh Sebag-Montefiore, *Dunkirk: Fight to the Last Man* (London, 2006), 3.
221. Max Schiaron, 'La Bataille de France, vue par le haut commandement français', in Ricalens and Poyer (eds.), *L'Armistice de juin 1940*, 3–5.
222. Stephen Roskill, *Hankey: Man of Secrets, Volume III 1931–1963* (London, 1974),

477-8.
223. Claude Huan, 'Les capacités de transport maritime', in Ricalens and Poyer (eds.), *L'Armistice de juin 1940*, 37-8.
224. Frieser, *Blitzkrieg Legend*, 301-2.
225. Allport, *Browned Off and Bloody-Minded*, 55-6.
226. Sebag-Montefiore, *Dunkirk*, 250-53.
227. Paul Gaujac, 'L'armée de terre française en France et en Afrique du Nord', in Ricalens and Poyer (eds.), *L'Armistice de juin 1940*, 15-16.
228. Huan, 'Les capacités de transport maritime', 38-9. 关于波兰士兵的情况，见 Kochanski, *The Eagle Unbowed*, 212-16。
229. Jacques Belle, 'La volonté et la capacité de défendre l'Afrique du Nord', in Ricalens and Poyer (eds.), *L'Armistice de juin 1940*, 150-57; Gaujac, 'L'armée de terre française', 20-22.
230. Schiaron, 'La Bataille de France', 7-8.
231. Ibid., 9-11; Elisabeth du Réau, 'Le débat de l'armistice', in Ricalens and Poyer (eds.), *L'Armistice de juin 1940*, 65-9.
232. Schiaron, 'La Bataille de France', 11-12; Jackson, *Fall of France*, 143.
233. Gilles Ragache, 'La bataille continue!', in Ricalens and Poyer (eds.), *L'Armistice de juin 1940*, 142-5.
234. Rochat, *Le guerre italiane*, 239.
235. Gooch, *Mussolini and His Generals*, 494-8, 508-11; Robert Mallett, *Mussolini and the Origins of the Second World War, 1933-1940* (Basingstoke, 2003), 214-17.
236. Gooch, *Mussolini and His Generals*, 510.
237. Galeazzo Ciano, *Diario 1937-1943*, ed. Renzo di Felice (Milan, 1998), 429, 435, 442, entries for 13 May, 28 May, 10 June 1940.
238. Rodogno, *Fascism's European Empire*, 25-6. Ciano, *Diario*, 444, entry for 18/19 June 1940.
239. Ciano, *Diario*, 443, entry for 18/19 June 1940.
240. Ragache, 'La bataille continue!', 143-4.
241. Rochat, *Le guerre italiane*, 248-50.
242. Karine Varley, 'Entangled enemies: Vichy, Italy and collaboration', in Ludivine Broch and Alison Carrol (eds.), *France in an Era of Global War, 1914-1945: Occupation Politics, Empire and Entanglements* (Basingstoke, 2014), 153-5;

Rodogno, *Fascism's European Empire*, 26–7. 德国方面的情况，见 Thomas Laub, *After the Fall: German Policy in Occupied France 1940–1944* (Oxford, 2010), 36–9。

243. Roberts, 'Stalin's wartime vision of the peace', 236–7.
244. Ciano, *Diario*, 443, entry for 18/19 June 1940.
245. Randolph Churchill (ed.), *Into Battle: Speeches by the Right Hon. Winston S. Churchill* (London, 1941), 255–6, 259.
246. John Colville, *The Fringes of Power: Downing Street Diaries 1939–1955: Volume 1 1939–October 1941* (London, 1985), 267, entry for 20 Aug. 1940.
247. Gorodetsky, *Maisky Diaries*, 304, entry for 20 Aug. 1940.
248. Ibid., 287, entry for 17 June 1940.
249. Hastings Ismay, *Memoirs* (London, 1960), 153.
250. James (ed.), *The Diaries of Sir Henry Channon*, 261–2.
251. Srinath Raghavan, *India's War: The Making of Modern South Asia, 1939–1945* (London, 2016), 47–8.
252. 苏联的态度，见 Sergei Kudryashov, 'The Soviet perspective', in Paul Addison and Jeremy Crang (eds.), *The Burning Blue: A New History of the Battle of Britain* (London, 2000), 71–2。法国的情况，见 Robert Tombs and Isabelle Tombs, *That Sweet Enemy: Britain and France* (London, 2007), 10, 571–3。
253. Colville, *Fringes of Power*, 176, entry for 6 June 1940.
254. Robert Self, *Neville Chamberlain: A Biography* (Aldershot, 2006), 434；关于丘吉尔的引述，见 Spears, *Assignment to Catastrophe*, 70。正是 Spears 报道了丘吉尔的名句："我们完全能够独立打败德国人。"
255. Paul Addison and Jeremy Crang (eds.), *Listening to Britain: Home Intelligence Reports on Britain's Finest Hour May–September 1940* (London, 2011), 80, 123, 126, entries for 5 June, 17 June and 18 June 1940. See too Richard Toye, *The Roar of the Lion: The Untold Story of Churchill's World War II Speeches* (Oxford, 2013), 51–9.
256. John Charmley, *Lord Lloyd and the Decline of the British Empire* (London, 1987), 251.
257. John Ferris and Evan Mawdsley, 'The war in the West', in idem (eds.), *The Cambridge History of the Second World War: Volume I: Fighting the War* (Cambridge, 2015), 350.
258. Richard Toye, *Lloyd George and Churchill: Rivals for Greatness* (London, 2007),

342, 363–9, 380; Antony Lentin, *Lloyd George and the Lost Peace: From Versailles to Hitler, 1919–1940* (Basingstoke, 2001), 121–7.
259. Self, *Neville Chamberlain*, 433.
260. Richard Hallion, 'The American perspective', in Addison and Crang (eds.), *The Burning Blue*, 83–4.
261. Richard Overy, *The Bombing War: Europe 1939–1945* (London, 2013), 252–4.
262. Toye, *Roar of the Lion*, 54.
263. Richard Toye, *Churchill's Empire: The World that Made Him and the World He Made* (New York, 2010), 203–4.
264. Jackson, *The British Empire and the Second World War*, 21–3.
265. Parsons, *The Second British Empire*, 108–9; K. Fedorowich, 'Sir Gerald Campbell and the British High Commission in wartime Ottawa, 1938–40', *War in History*, 19 (2012), 357–85; Toye, *Churchill's Empire*, 209; Jonathan Vance, *Maple Leaf Empire: Canada, Britain, and Two World Wars* (Oxford, 2012), 149–50, 179; Darwin, *The Empire Project*, 495–7.
266. Clair Wills, *The Neutral Island: A History of Ireland during the Second World War* (London, 2007), 41–8; Toye, *Churchill's Empire*, 196–7, 207.
267. Raghavan, *India's War*, 13–16, 38–9, 52–60, 69–70.
268. Dilks (ed.), *Diaries of Sir Alexander Cadogan*, 311, entry for 5 July 1940; Tarling, *A Sudden Rampage*, 54–5.
269. Morewood, *British Defence of Egypt*, 174–7, 193–8.
270. Ageron, 'Vichy, les Français et l'Empire', 122.
271. Schmokel, *Dream of Empire*, 144–54.
272. Gerhard Schreiber, Bernd Stegemann and Detlef Vogel, *Germany and the Second World War: Volume III* (Oxford, 1995), 282–8; Schmokel, *Dream of Empire*, 140–44.
273. Donald Nuechterlein, *Iceland: Reluctant Ally* (Ithaca, NY, 1961), 23–36.
274. William Roger Louis, *Imperialism at Bay: The United States and the Decolonization of the British Empire, 1941–1945* (Oxford, 1977), 158, 175–7; Neil Smith, *American Empire: Roosevelt's Geographer and the Prelude to Globalization* (Berkeley, Calif., 2003), 353–5.
275. Guy Vanthemsche, *Belgium and the Congo 1885–1980* (Cambridge, 2012), 122–6, 130.

276. Jonathan Helmreich, *United States Relations with Belgium and the Congo, 1940–1960* (Newark, NJ, 1998), 25–40.
277. Jennifer Foray, *Visions of Empire in the Nazi-Occupied Netherlands* (Cambridge, 2012), 3–5.
278. Ibid., 50–51, 54, 109–15.
279. Ibid., 50–53; Tarling, *A Sudden Rampage*, 66–8.
280. Marcel Boldorf, 'Grenzen des nationalsozialistischen Zugriffs auf Frankreichs Kolonialimporte (1940–1942)', *Vierteljahresschrift für Wirtschafts-Sozialgeschichte*, 97 (2010), 148–50.
281. Ageron, 'Vichy, les Français et l'Empire', 123–4, 128–9; Frederick Quinn, *The French Overseas Empire* (Westport, Conn., 2000), 219–20.
282. Tarling, *A Sudden Rampage*, 53–4; Martin Thomas, *The French Empire at War 1940–45* (Manchester, 1998), 45–6.
283. Charmley, *Lord Lloyd*, 246–7.
284. Tombs and Tombs, *That Sweet Enemy*, 561, 572–3.
285. Ibid., 562–3; Christopher Bell, *Churchill and Sea Power* (Oxford, 2013), 197–9; Raymond Dannreuther, *Somerville's Force H: The Royal Navy's Gibraltar-based Fleet, June 1940 to March 1942* (London, 2005), 28–34.
286. Martin Thomas, 'Resource war, civil war, rights war: factoring empire into French North Africa's Second World War', *War in History*, 18 (2011), 225–48.
287. Varley, 'Entangled enemies', 155–6.
288. Quinn, *French Overseas Empire*, 221–2; Thomas, *French Empire at War*, 52–8.
289. Robert Frank, 'Vichy et les Britanniques 1940–41: double jeu ou double langage?', in Azéma and Bédarida (eds.), *Le Régime de Vichy et les Français*, 144–8. 关于达喀尔之战，见 Thomas, *French Empire at War*, 75–6; Bell, *Churchill and Sea Power*, 209。
290. Foray, *Visions of Empire*, 93, 103.
291. Varley, 'Entangled enemies', 155–8.
292. Ciano, *Diario*, 449, 452, entries for 2 July, 16 July 1940.
293. Max Domarus, *Hitler: Reden und Proklomationen 1932–1945*, 3 vols. Volume II, *Untergang* (Munich, 1965), 1538.
294. Elke Fröhlich (ed.), *Die Tagebücher von Joseph Goebbels: Sämtliche Fragmente*, 4 vols.(Munich: K. G. Saur, 1987), iv, 221, 227, entries for 28 June, 4 July 1940.

On the 'go-betweens' see Karina Urbach, *Go-Betweens for Hitler* (Oxford, 2015).
295. Domarus, *Reden und Proklamationen*, ii, 1537–8, Halder's notes of meeting at the Berghof, 13 July 1940; von Below, *At Hitler's Side*, 67–8.
296. Gerwin Strobl, *The Germanic Isle: Nazi Perceptions of Britain* (Cambridge, 2000), 84, 92–4.
297. Domarus, *Reden und Proklamationen*, ii, 1557–8.
298. Fröhlich (ed.), *Tagebücher: Sämtliche Fragmente*, iv, 246–7, entry for 20 July 1940.
299. Colville, *Fringes of Power*, 234, entry for 24 July 1940.
300. Fröhlich (ed.), *Tagebücher: Sämtliche Fragmente*, iv, 250, entry for 24 July 1940.
301. Walter Hubatsch (ed.), *Hitlers Weisungen für die Kriegführung* (Frankfurt am Main, 1962), 71–2, Directive No. 16.
302. Von Below, *At Hitler's Side*, 68–9, entry for 21 July 1940.
303. Domarus, *Reden und Proklamationen*, ii, 1561, General Halder's report on meeting with the Führer, 21 July 1940.
304. Toye, *Lloyd George and Churchill*, 376.
305. Domarus, *Reden und Proklamationen*, ii, 1561; Fröhlich (ed.), *Tagebücher: Sämtliche Fragmente*, iv, 249.
306. BA-MA, I Fliegerkorps, 'Gedanken über die Führung des Luftkrieges gegen England', 24 July 1940. 关于德国的准备工作，见 Horst Boog, 'The Luftwaffe's assault', in Addison and Crang, *Burning Blue*, 40–41。
307. Bell, *Churchill and Sea Power*, 199.
308. Overy, *The Bombing War*, 251–2.
309. TNA, AIR 16/212, No. 11 Group Operational Orders, 'Measures to Counter an Attempted German Invasion, Summer 1940', 8 July 1940, p. 2.
310. AHB, 'Battle of Britain: Despatch by Air Chief Marshal Sir Hugh Dowding', 20 Aug. 1940, 569.
311. Hubatsch (ed.), *Hitlers Weisungen für die Kriegführung*, 75–6; AHB, German Translations, vol. 1, VII/21, OKW directive 'Operation Sea Lion', 1 Aug. 1940.
312. TNA, PREM 3/29 (3), Fighter Command Order of Battle, 6 Sept. 1940.
313. TNA, AIR 22/72, report on German propaganda, Aug. 1940.
314. Percy Schramm (ed.), *Kriegstagebuch/OKW: Band 1, Teilband 1* (Augsburg,

2007), 59–60, entry for 3 Sept. 1940.
315. TNA, AIR 16/432, Home Security intelligence summary, 'Operations during the Night of 5/6 September'.
316. Ibid., reports for 24/25, 25/26 and 28/29 Aug. 1940. 第一晚，伦敦有3个区被炸弹袭击，第二晚有5个区，第三晚则达到11个区。
317. Overy, *The Bombing War*, 83–4; Fröhlich (ed.), *Tagebücher: Sämtliche Fragmente*, iv, 309.
318. Allport, *Browned Off and Bloody-Minded*, 68.
319. David French, *Raising Churchill's Army: The British Army and the War against Germany 1919–1945* (Oxford, 2000), 185, 189–90; Alex Danchev and Daniel Todman (eds.), *War Diaries: Field Marshal Lord Alanbrooke, 1939–1945* (London, 2001), 108, entry for 15 Sept. 1940.
320. TNA, AIR 8/372, minute by chief of the air staff, 22 May 1940; Cripps to War Cabinet, 26 June 1940; Foreign Office minute for Churchill, 3 July 1940.
321. TNA, INF 1/264, Home Intelligence, Summary of daily reports, 4 Sept. 1940.
322. Virginia Cowles, *Looking for Trouble* (London, 1941), 448–9, 452.
323. Warlimont, *Inside Hitler's Headquarters*, 114.
324. Ibid., 115–7; von Below, *At Hitler's Side*, 72.

第二章 帝国的幻想与现实，1940—1943

1. F. C. Jones, *Japan's New Order in East Asia* (Oxford, 1954), 469. 这段文字由德文翻译而来。其原稿为英文，英文版的写法为"each its own proper place"（都有其恰当的地方），与德文版的"the space to which it is entitled"（获得其应得的空间）有所不同。德文版中加入了"空间"（Raum）一词，以使得"新秩序"一词体现出更明显的地域属性。
2. Galeazzo Ciano, *Diario 1937–1943*, ed. Renzo de Felice (Milan, 1998), 466–7; William Shirer, *Berlin Diary: The Journal of a Foreign Correspondent 1934–1941* (London, 1941), 417–20, entry for 27 Sept. 1940.
3. 英文版见 *Akten der deutschen auswärtigen Politik: Band XI:1* (Göttingen, 1964), 153–4, von Mackensen to the German Foreign Office, 24 Sept. 1940, and 140–41, von Ribbentrop to von Mackensen, 24 Sept. 1944; Otto Tolischus, *Tokyo Record* (London, 1943), 30 (speech of 27 Jan. 1941).

4. Horst Kahrs, 'Von der "Grossraumwirtschaft" zur "Neuen Ordnung"', in Kahrs et al., *Modelle für ein deutschen Europa: Ökonomie und Herrschaft im Grosswirtschaftsraum* (Berlin, 1992), 17–22; Gustavo Corni, *Il sogno del 'grande spazio': Le politiche d'occupazione nell'europa nazista* (Rome, 2005), 61–8; Paolo Fonzi, *La moneta nel grande spazio: Il progetto nazionalsocialista di integrazione monetaria europea 1939–1945* (Milan, 2011), 116–17, 121, 167–9.

5. Geoffrey Megargee, *Inside Hitler's High Command* (Lawrence, Kans, 2000), 90–91; Nicolaus von Below, *At Hitler's Side: The Memoirs of Hitler's Luftwaffe Adjutant 1937–1945* (London, 2001), 72–3.

6. 关于这些会谈的最理想讲述，可见 Norman Goda, *Tomorrow the World: Hitler, Northwest Africa, and the Path toward America* (College Station, Tex., 1998)；也可见 H. James Burgwyn, *Mussolini Warlord: Failed Dreams of Empire 1940–1943* (New York, 2012), 22–9。

7. Gabriel Gorodetsky, *Grand Delusion: Stalin and the German Invasion of Russia* (New Haven, Conn., 1999), 17–18.

8. Joachim von Ribbentrop, *The Ribbentrop Memoirs* (London, 1954), 149–52.

9. Von Below, *At Hitler's Side*, 74–5.

10. Sönke Neitzel, *Der Einsatz der deutschen Luftwaffe über dem Atlantik und der Nordsee 1939–1945* (Bonn, 1995), 55–6, 68.

11. Christopher Bell, *Churchill and Sea Power* (Oxford, 2013), 215.

12. W. J. R. Gardner, *Decoding History: The Battle of the Atlantic and Ultra* (Basingstoke, 1999), 177; Marc Milner, *The Battle of the Atlantic* (Stroud, 2005), 40, 46.

13. Milner, *Battle of the Atlantic*, 40–41; Bell, *Churchill and Sea Power*, 216, 224.

14. Milner, *Battle of the Atlantic*, 43–4.

15. 各项数据出自 Arnold Hague, *The Allied Convoy System 1939–1945: Its Organization, Defence and Operations* (London, 2000), 23–5, 107–8。

16. Ralph Erskine, 'Naval Enigma: a missing link', *International Journal of Intelligence and Counter-Intelligence*, 3 (1989), 497–9.

17. Richard Overy, *The Bombing War: Europe 1939–1945* (London, 2013), 84–5; Percy Schramm (ed.), *Kriegstagebuch/OKW: Band 1, Teilband 1* (Augsburg, 2007), 76, entry for 14 Sept. 1940.

18. BA-MA, RL2 IV/27, 'Grossangriffe bei Nacht gegen Lebenszentren Englands,

12.8.1940–26.6.41'.
19. TsAMO, f. 500, o. 725168, d. 110, Luftwaffe Operations Staff report on British targets and air strength, 14 Jan. 1941; *Fuehrer Conferences on Naval Affairs, 1939–1945* (London, 1990), 179, 'Basic Principles of the Prosecution of the War against British War Economy'.
20. Michael Postan, *British War Production* (London, 1957), 484–5; Klaus Maier, Horst Rohde, Bernd Stegmann and Hans Umbreit, *Das Deutsche Reich und der Zweite Weltkrieg: Band II: Die Errichtung der Hegemonie auf dem europäischen Kontinent* (Stuttgart, 1979), 402–4.
21. C. B. A. Behrens, *Merchant Shipping and the Demands of War* (London, 1955), 325. 1941年，英国库存的粮食和进口原材料达到近1 700万吨。
22. John Darwin, *The Empire Project: The Rise and Fall of the British World-System 1830–1970* (Cambridge, 2009), 510–11.
23. Warren Kimball, '"Beggar my neighbor": America and the British interim finance crisis 1940–41', *Journal of Economic History*, 29 (1969), 758–72; idem (ed.), *Churchill & Roosevelt: The Complete Correspondence*, 3 vols.(London, 1984), i, 139, Churchill memorandum, 1 Mar. 1941.
24. Nigel Nicolson (ed.), *Harold Nicolson: Diaries and Letters 1939–45* (London, 1967), 144–5, letter to W. B. Jarvis.
25. Orio Vergani, *Ciano: una lunga confessione* (Milan, 1974), 97.
26. Davide Rodogno, *Fascism's European Empire: Italian Occupation During the Second World War* (Cambridge, 2006), 38, diary entry by General Bongiovanni.
27. Mario Cervi, *Storia della Guerra di Grecia, ottobre 1940–aprile 1941* (Milan, 1986), 51.
28. Vergani, *Ciano*, 88.
29. Marco Bragadin, *The Italian Navy in World War II* (Annapolis, Md, 1957), 28–9; Simon Ball, *The Bitter Sea* (London, 2009), 52–3.
30. Lucio Ceva, 'Italia e Grecia 1940–1941. Una guerra a parte', in Bruna Micheletti and Paolo Poggio (eds.), *L'Italia in guerra 1940–43* (Brescia, 1991), 190; Burgwyn, *Mussolini Warlord*, 38–9.
31. Ceva, 'Italia e Grecia', 191–2.
32. Cervi, *Storia della Guerra di Grecia*, 40, 51–2; Ball, *Bitter Sea*, 50–52; Giorgio Rochat, *Le guerre italiane 1935–1943: Dall'impero d'Etiopia alla disfatta* (Turin,

2005), 261.
33. Ceva, 'Italia e Grecia', 192; Rodogno, *Fascism's European Empire*, 29–30.
34. Mario Luciolli, *Mussolini e l'Europa: la politica estera fascista* (Florence, 2009), 220 (first published in 1945).
35. Ceva, 'Italia e Grecia', 193–201; Rochat, *Le guerre italiane*, 262–3, 274.
36. Bragadin, *Italian Navy in World War II*, 41–2; Gerhard Schreiber, Bernd Stegmann and Detlef Vogel, *Germany and the Second World War: Volume III: The Mediterranean, South-east Europe and North Africa, 1939–1941* (Oxford, 1995), 426–9.
37. Leland Stowe, *No Other Road to Freedom* (London, 1942), 182–3.
38. Ceva, 'Italia e Grecia', 201–2; Bragadin, *Italian Navy in World War II*, 42, 79.
39. Rochat, *Le guerre italiane*, 279–80. Ceva, 'Italia e Grecia' 提供的意军死亡人数更多，高达4万人。还有数以千计的人在战线后方死于冻伤和疾病，对于死亡人数统计的巨大差异或许正是由此而来。
40. Jack Greene and Alessandro Massignani, *The Naval War in the Mediterranean* (London, 1998), 103–7; Bragadin, *Italian Navy in World War II*, 44–6.
41. Bragadin, *Italian Navy in World War II*, 90–95.
42. 关于未能夺取的黎波里，见 Klaus Schmider, 'The Mediterranean in 1940–1941: crossroads of lost opportunities?', *War & Society*, 15 (1997), 27–8。
43. Schreiber, Stegmann and Vogel, *Germany and the Second World War: Volume III*, 92–5. 关于作战的实施，见 Rochat, *Le guerre italiane*, 268–77。
44. Richard Carrier, 'Some reflections on the fighting power of the Italian Army in North Africa, 1940–1943', *War in History*, 22 (2015), 508–14.
45. Schreiber, Stegelmann and Vogel, *Germany and the Second World War: Volume III*, 454–6.
46. Walter Warlimont, *Inside Hitler's Headquarters 1939–45* (London, 1964), 128.
47. John Kennedy, *The Business of War: The War Narratives of Major-General Sir John Kennedy* (London, 1957), 72–5.
48. Vergani, *Ciano*, 100.
49. Kennedy, *Business of War*, 101–3.
50. Nicolson, *Diaries and Letters*, 161, entry for 4 Apr. 1941; Daniel Todman, *Britain's War: Into Battle 1937–1941* (London, 2016), 565.
51. Ashley Jackson, *Persian Gulf Command: A History of the Second World War in Iran and Iraq* (New Haven, Conn., 2018), 56–7.

52. Jeffrey Herf, *Nazi Propaganda for the Arab World* (New Haven, Conn., 2009), 60–61.
53. Jackson, *Persian Gulf Command*, 88.
54. Ibid., 99.
55. Ibid., 94–104; Herf, *Nazi Propaganda*, 57–8, 61.
56. Walther Hubatsch (ed.), *Hitlers Weisungen für die Kriegführung 1939–1945* (Munich, 1965), 139–41, 'Weisung Nr. 30: Mittlerer Orient'; 151–5, 'Weisung Nr. 32: Vorbereitungen für die Zeit nach Barbarossa'.
57. Herf, *Nazi Propaganda*, 36–9.
58. David Motadel, *Islam and Nazi Germany's War* (Cambridge, Mass., 2014), 84–9.
59. Ibid., 107–9.
60. Ibid., 111–12, 130. 关于意大利人对待利比亚民众的方式，见 Patrick Bernhard, 'Behind the battle lines: Italian atrocities and the persecution of Arabs, Berbers, and Jews in North Africa during World War II', *Holocaust and Genocide Studies*, 26 (2012), 425–46。
61. Nicholas Tamkin, 'Britain, the Middle East, and the "Northern Front" 1941–1942', *War in History*, 15 (2008), 316.
62. David Fieldhouse, *Western Imperialism in the Middle East 1914–1958* (Oxford, 2006), 325–6.
63. Stefanie Wichhart, 'Selling democracy during the second British occupation of Iraq, 1941–5', *Journal of Contemporary History*, 48 (2013), 515.
64. Ibid., 523.
65. Gerry Kearns, *Geopolitics and Empire: The Legacy of Halford Mackinder* (Oxford, 2009), 155.
66. W. H. Parker, *Mackinder: Geography as an Aid to Statecraft* (Oxford, 1982), 150–58; Geoffrey Sloan, 'Sir Halford J. Mackinder: the heartland theory then and now', in Colin Gray and Geoffrey Sloan (eds.), *Geopolitics, Geography and Strategy* (London, 1999), 154–5.
67. Geoffrey Sloan, *Geopolitics in United States Strategic Policy 1890–1987* (London, 1988), 31–6; Kearns, *Geopolitics and Empire*, 15–17.
68. Benjamin Madley, 'From Africa to Auschwitz: how German South West Africa incubated ideas and methods adopted and developed by the Nazis in Eastern Europe', *European History Quarterly*, 35 (2005), 432–4.

69. Andrew Gyorgy, *Geopolitics: The New German Science* (Berkeley, Calif., 1944), 207–8, 221.
70. Kearns, *Geopolitics and Empire*, 20; L. H. Gann, 'Reflections on the German and Japanese empires of World War II', in Peter Duus, Ramon Myers and Mark Peattie (eds.), *The Japanese Wartime Empire, 1931–1945* (Princeton, NJ, 1996), 338.
71. Volker Ullrich, *Hitler: Downfall 1939–45* (London, 2020), 145; Warlimont, *Inside Hitler's Headquarters*, 140.
72. Max Domarus, *Hitler: Reden und Proklamationen 1932–1945*, 3 vols., *Volume II, Untergang* (Munich, 1965), 1731, Hitler's Proclamation to the German People, 22 June 1941.
73. Warlimont, *Inside Hitler's Headquarters*, 139.
74. Von Ribbentrop, *Memoirs*, 153.
75. Ullrich, *Hitler: Downfall*, 145.
76. Albert Kesselring, *The Memoirs of Field Marshal Kesselring* (London, 1953), 87.
77. Michael Bloch, *Ribbentrop* (London, 1992), 317.
78. Hugh Trevor-Roper (ed.), *Hitler's Table Talk 1941–1944: His Private Conversations* (London, 1973), 15, entry for 27 July 1941.
79. Stephen Fritz, *The First Soldier: Hitler as Military Leader* (New Haven, Conn., 2018), 132–8.
80. David Stahel, *Operation Barbarossa and Germany's Defeat in the East* (Cambridge, 2009), 47–53.
81. Megargee, *Inside Hitler's High Command*, 114–15.
82. Fritz, *First Soldier*, 151–2.
83. Warlimont, *Inside Hitler's Headquarters*, 140.
84. Jürgen Förster, 'Hitler turns East: German war policy in 1940 and 1941', in Bernd Wegner (ed.), *From Peace to War: Germany, Soviet Russia and the World, 1939–1941* (Oxford, 1997), 129; Andreas Hillgruber, 'The German military leaders' view of Russia prior to the attack on the Soviet Union', in Wegner (ed.), *From Peace to War*, 171–2, 180. 关于德国人对种族歧视的利用，见 Andrei Grinev, 'The evaluation of the military qualities of the Red Army in 1941–1945 by German memoirs and analytic materials', *Journal of Slavic Military Studies*, 29 (2016), 228–9。
85. Fritz, *First Soldier*, 124–5; Elke Fröhlich (ed.), *Die Tagebücher von Joseph*

Goebbels: Sämtliche Fragmente: Band 4 (Munich, 1987), 695, entry for 16 June 1941.
86. Stahel, *Operation Barbarossa*, 74.
87. R. L. Dinardo, *Mechanized Juggernaut or Military Anachronism? Horses and the German Army of WWII* (New York, 1991), 36–9.
88. Stahel, *Operation Barbarossa*, 78, 132–3.
89. Klaus Schüler, 'The eastern campaign as a transportation and supply problem', in Wegner (ed.), *From Peace to War*, 207–10.
90. F. Seidler and D. Zeigert, *Die Führerhauptquartiere: Anlagen und Planungen im Zweiten Weltkrieg* (Munich, 2000), 193–6; Warlimont, *Inside Hitler's Headquarters*, 162.
91. Johannes Kaufmann, *An Eagle's Odyssey: My Decade as a Pilot in Hitler's Luftwaffe* (Barnsley, 2019), 97.
92. Christian Ingrao, *The Promise of the East: Nazi Hopes and Genocide 1939–43* (Cambridge, 2019), 21–2, 99–101.
93. Horst Boog et al., *Das Deutsche Reich und der Zweite Weltkrieg: Band 4: Der Angriff auf die Sowjetunion* (Stuttgart, 1983), 129–35.
94. Stephen Fritz, *Ostkrieg: Hitler's War of Extermination in the East* (Lexington, Ky, 2011), 61–2; Alex Kay, '"The purpose of the Russian campaign is the decimation of the Slavic population by thirty million": the radicalization of German food policy in early 1941', in Alex Kay, Jeff Rutherford and David Stahel (eds.), *Nazi Policy on the Eastern Front, 1941: Total War, Genocide, and Radicalization* (Rochester, NY, 2012), 107–8.
95. Stahel, *Operation Barbarossa*, 114–16.
96. Oula Silvennoinen, 'Janus of the North? Finland 1940–44: Finland's road into alliance with Hitler', in John Gilmour and Jill Stephenson (eds.), *Hitler's Scandinavian Legacy* (London, 2013), 135–6.
97. Joumi Tilli, '"Deus Vult!": the idea of crusading in Finnish clerical rhetoric 1941-1944', *War in History*, 24 (2017), 364–5, 372–6.
98. Silvennoinen, 'Janus of the North?', 139–40.
99. Dennis Deletant, 'Romania', in David Stahel (ed.), *Joining Hitler's Crusade: European Nations and the Invasion of the Soviet Union, 1941* (Cambridge, 2018), 66–9.
100. Ibid., 9, 69–70.

101. Jan Rychlík, 'Slovakia', in Stahel (ed.), *Joining Hitler's Crusade*, 123–4; Ignác Ramsics, 'Hungary', ibid., 88–9, 92–5, 100–101.
102. Jürgen Förster, 'Freiwillige für den "Kreuzzug Europas" gegen den Bolschewismus', in Boog et al., *Das Deutsche Reich und der Zweite Weltkrieg: Band 4*, 908–9.
103. Thomas Schlemmer, *Invasori, non Vittime: La campagna italiana di Russia 1941–1943* (Rome, 2019), 9–12.
104. Von Below, *At Hitler's Side*, 111.
105. Alessandro Massignani, 'Die italienischen Streitkräfte unde der Krieg der "Achse"', in Lutz Klinkhammer, Amadeo Guerrazzi and Thomas Schlemmer (eds.), *Die 'Achse' im Krieg: Politik, Ideologie und Kriegführung 1939–1945* (Paderborn, 2010), 123–6, 135–7.
106. Eugen Dollmann, *With Hitler and Mussolini: Memoirs of a Nazi Interpreter* (New York, 2017), 192–3. Dollmann 用自己当时撰写的报纸文章记录了这些事件。
107. K. Arlt, 'Die Wehrmacht im Kalkul Stalins', in Rolf-Dieter Müller and Hans-Erich Volkmann (eds.), *Die Wehrmacht: Mythos und Realität* (Munich, 1999), 107–9.
108. David Glantz, *Stumbling Colossus: The Red Army on the Eve of World War* (Lawrence, Kans, 1998), 95–6, 103–4; R. E. Tarleton, 'What really happened to the Stalin Line?', *Journal of Slavic Military Studies*, 6 (1993), 50; C. Roberts, 'Planning for war: the Red Army and the catastrophe of 1941', *Europe-Asia Studies*, 47 (1995), 1319.
109. Glantz, *Stumbling Colossus*, 239–43; Christopher Andrew and O. Gordievsky, *KGB: The Inside Story* (London, 1990), 209–13; David Glantz, *The Role of Intelligence in Soviet Military Strategy in World War II* (Novato, Calif., 1990), 15–19.
110. 这是老生常谈的话题，见 Klaus Schmider, 'No quiet on the Eastern Front: the Suvorov debate in the 1990s', *Journal of Slavic Military Studies*, 10 (1997), 181–94; V. Suvorov, 'Who was planning to attack whom in June 1941, Hitler or Stalin?', *Military Affairs*, 69 (1989)。
111. R. H. McNeal, *Stalin: Man and Ruler* (New York, 1988), 238.
112. Georgii Zhukov, *Reminiscences and Reflections: Volume I* (Moscow, 1985), 217–29; Alexander Hill, *The Red Army and the Second World War* (Cambridge, 2017), 205–7.

113. Von Below, *At Hitler's Side*, 103.
114. J. Schecter and V. Luchkov (eds.), *Khrushchev Remembers: The Glasnost Tapes* (New York, 1990), 56.
115. Henrik Eberle and Matthias Uhl (eds.), *The Hitler Book: The Secret Dossier Prepared for Stalin* (London, 2005), 73; von Ribbentrop, *Memoirs*, 153.
116. W. J. Spahr, *Zhukov: The Rise and Fall of a Great Captain* (Novato, Calif., 1993), 43; A. G. Chor'kov, 'The Red Army during the initial phase of the Great Patriotic War', in Wegner (ed.), *From Peace to War*, 417–18.
117. Victor Kamenir, *The Bloody Triangle: The Defeat of Soviet Armor in the Ukraine, June 1941* (Minneapolis, Minn., 2008), 247–54.
118. Von Below, *At Hitler's Side*, 107.
119. Evan Mawdsley, *Thunder in the East: The Nazi–Soviet War 1941–1945* (London, 2005), 19.
120. Kamenir, *The Bloody Triangle*, 21–5.
121. Roberts, 'Planning for War', 1307; Chor'kov, 'Red Army', 416; R. Stolfi, *Hitler's Panzers East: World War II Reinterpreted* (Norman, Okla, 1991), 88–9.
122. James Lucas, *War on the Eastern Front: The German Soldier in Russia 1941–1945* (London, 1979), 31–3.
123. G. F. Krivosheev, *Soviet Casualties and Combat Losses in the Twentieth Century* (London, 1997), 96–7, 101.
124. Trevor-Roper (ed.), *Hitler's Table Talk*, 17, 24, entries for 27 July, 8/9 Aug. 1941.
125. Megargee, *Inside Hitler's High Command*, 132–3.
126. Martin Kahn, 'From assured defeat to "the riddle of Soviet military success": Anglo-American government assessments of Soviet war potential 1941–1943', *Journal of Slavic Military Studies*, 26 (2013), 465–7.
127. Johannes Hürter (ed.), *A German General on the Eastern Front: The Letters and Diaries of Gotthard Heinrici 1941–1942* (Barnsley, 2015), 68, letter of 6 July 1941.
128. Ibid., 73–4, letters of 1 and 3 Aug.; 78, letter of 28 Aug. 1941.
129. Hans Schröder, 'German soldiers' experiences during the initial phase of the Russian campaign', in Wegner (ed.), *From Peace to War*, 313.
130. Stahel, *Operation Barbarossa*, 182.

131. Dinardo, *Mechanized Juggernaut*, 45–9; Stahel, *Operation Barbarossa*, 183–5.
132. Dinardo, *Mechanized Juggernaut*, 53; Stahel, *Operation Barbarossa*, 234.
133. Fritz, *Ostkrieg*, 129–32.
134. Peter Longerich, *Hitler: A Biography* (Oxford, 2019), 753.
135. Dmitri Pavlov, *Leningrad 1941–1942: The Blockade* (Chicago, Ill., 1965), 75, 79, 84, 88; N. Kislitsyn and V. Zubakov, *Leningrad Does Not Surrender* (Moscow, 1989), 116–18. 关于1941—1942年冬季全面封锁期间的死亡人数均为估算，但这是根据现有证据而做出的公认的最接近的估算，见 Richard Bidlack and Nikita Lomagin, *The Leningrad Blockade 1941–1944* (New Haven, Conn., 2012), 270–73。
136. Megargee, *Inside Hitler's High Command*, 135.
137. Domarus, *Reden und Proklamationen*, ii, 1758–67.
138. Jack Radey and Charles Sharp, 'Was it the mud?', *Journal of Slavic Military Studies*, 28 (2015), 663–5.
139. Ibid., 667–70.
140. Fritz, *Ostkrieg*, 161.
141. Klaus Reinhardt, 'Moscow 1941: the turning point', in John Erickson and David Dilks (eds.), *Barbarossa: The Axis and the Allies* (Edinburgh, 1994), 218–19; Fritz, *Ostkrieg*, 189–90.
142. Fritz, *Ostkrieg*, 187–9.
143. Spahr, *Zhukov*, 74–5.
144. *Kriegstagebuch des Oberkommandos der Wehrmacht*, 5 vols.(Frankfurt am Main, 1961–3), i, 1120；数据来自 Fritz, *Ostkrieg*, 192。
145. 关于苏联的弱点，见 Hill, *Red Army*, 302–3。
146. Christian Hartmann, *Operation Barbarossa: Nazi Germany's War in the East 1941–1945* (Oxford, 2015), 54–5.
147. Hürter (ed.), *A German General on the Eastern Front*, 126, letter of 2 Jan. 1942.
148. Carl Boyd, *Hitler's Japanese Confidant: General Ōshima Hiroshi and Magic Intelligence 1941–1945* (Lawrence, Kans, 1993), 27–30.
149. Klaus Reinhardt, *Moscow–The Turning Point: The Failure of Hitler's Strategy in the Winter of 1941–42* (Oxford, 1992), 58.
150. Gerhard Krebs, 'Japan and the German–Soviet War', in Wegner (ed.), *From Peace to War*, 548–50, 554–5; John Chapman, 'The Imperial Japanese Navy

and the north–south dilemma', in Erickson and Dilks (eds.), *Barbarossa*, 168–9, 177–9.
151. Warlimont, *Inside Hitler's Headquarters*, 207–9.
152. Eri Hotta, *Japan 1941: Countdown to Infamy* (New York, 2013), 6–7.
153. Hans Boberach (ed.), *Meldungen aus dem Reich: Die geheimen Lageberichte des Sicherheitsdienst der SS 1938–1945* (Herrsching, 1984), viii, 3073, report for 11 Dec. 1941; ix, 3101–2, report for 19 Dec. 1941; Will Boelcke (ed.), *The Secret Conferences of Dr. Goebbels 1939–1941* (London, 1967), 194, conference of 18 Dec. 1941.
154. *Fuehrer Conferences on Naval Affairs*, 245, Report by the C-in-C Navy to the Fuehrer, 12 Dec. 1941.
155. Eberle and Uhl, *The Hitler Book*, 79.
156. Ben-Ami Shillony, *Politics and Culture in Wartime Japan* (Oxford, 1981), 134–6, 142–5; Nicholas Tarling, *A Sudden Rampage: Japan's Occupation of Southeast Asia 1941–1945* (London, 2001), 127–8.
157. Boyd, *Hitler's Japanese Confidant*, 44.
158. Friedrich Ruge, *Der Seekrieg: The German Navy's Story 1939–1945* (Annapolis, Md, 1957), 252–5.
159. Dollmann, *With Hitler and Mussolini*, 204. 这一观点见 Tobias Jersak, 'Die Interaktion von Kriegsverlauf und Judenvernichtung: ein Blick auf Hitlers Strategie im Spätsommer 1941', *Historisches Zeitschrift*, 268 (1999), 345–60。
160. Christian Gerlach, 'The Wannsee Conference, the fate of the German Jews, and Hitler's decision in principle to exterminate all European Jews', *Journal of Modern History*, 70 (1998), 784–5. 关于12月12日的这次会议，见 Martin Moll, 'Steuerungsinstrument im "Ämterchaos"? Die Tagungen der Reichs und Gauleiter der NSDAP', *Vierteljahreshefte für Zeitgeschichte*, 49 (2001), 240–43。
161. Tolischus, *Tokyo Record*, 30, citing speech to the Diet, 20 Jan. 1941.
162. Sean Casey, *Cautious Crusade: Franklin D. Roosevelt, American Public Opinion and the War against Nazi Germany* (New York, 2001), 39.
163. Jonathan Marshall, *To Have and Have Not: Southeast Asian Raw Materials and the Origins of the Pacific War* (Berkeley, Calif., 1995), 36–41; Sidney Pash, 'Containment, rollback, and the origins of the Pacific War, 1933–1941', in Kurt Piehler and Sidney Pash (eds.), *The United States and the Second World*

War: New Perspectives on Diplomacy, War and the Home Front (New York, 2010), 43–4.

164. Pash, 'Containment, rollback', 46–51; Sarah Paine, *The Wars for Asia 1911–1949* (Cambridge, 2012), 175–82; Tarling, *A Sudden Rampage*, 71–3. 格鲁的话引自 Joseph Grew, *Ten Years in Japan* (London, 1944), 257。

165. Hotta, *Japan 1941*, 4–7.

166. Krebs, 'Japan and the German–Soviet War', 550–51.

167. Tarling, *A Sudden Rampage*, 73–4; Sarah Paine, *The Japanese Empire: Grand Strategy from the Meiji Restoration to the Pacific War* (Cambridge, 2017), 147–8, 153.

168. Pash, 'Containment, rollback', 53–5, 57–8; Marshall, *To Have and Have Not*, 147–50.

169. Marshall, *To Have and Have Not*, 163.

170. Hotta, *Japan 1941*, 265–8.

171. Tarling, *A Sudden Rampage*, 77.

172. Krebs, 'Japan and the German–Soviet War', 558–9.

173. Alan Zimm, *Attack on Pearl Harbor: Strategy, Combat, Myths, Deceptions* (Philadelphia, Pa, 2011), 15.

174. Hotta, *Japan 1941*, 234–5; Chapman, 'Imperial Japanese Navy', 166.

175. Richard Hallion, 'The United States perspective', in Paul Addison and Jeremy Crang (eds.), *The Burning Blue: A New History of the Battle of Britain* (London, 2000), 101–2.

176. Zimm, *Attack on Pearl Harbor*, 151–4; Paine, *Wars for Asia*, 187–8.

177. Zimm, *Attack on Pearl Harbor*, 223–4, 228–9.

178. David Roll, *The Hopkins Touch: Harry Hopkins and the Forging of the Alliance to Defeat Hitler* (Oxford, 2015), 158.

179. Andrew Buchanan, *American Grand Strategy in the Mediterranean during World War II* (Cambridge, 2014), 23–4, 31–2; Mark Stoler, *Allies in War: Britain and America against the Axis Powers* (London, 2005), 42–5.

180. Debi Unger and Irwin Unger, *George Marshall: A Biography* (New York, 2014), 148–9

181. Tarling, *A Sudden Rampage*, 81–2.

182. Evan Mawdsley, *December 1941: Twelve Days that Began a World War* (New

Haven, Conn., 2011), 230–34.
183. Tarling, *A Sudden Rampage*, 91–2; David Kennedy, *The American People in World War II: Freedom from Fear* (New York, 1999), 102–5.
184. Alan Warren, *Singapore 1942: Britain's Greatest Defeat* (London, 2002), 46, 301–2; Christopher Bayly and Tim Harper, *Forgotten Armies: The Fall of British Asia 1941–1945* (London, 2004), 146.
185. Warren, *Singapore 1942*, 272–4, 290–92; Richard Toye, *Churchill's Empire: The World that Made Him and the World He Made* (New York, 2010), 217–18.
186. Bayly and Harper, *Forgotten Armies*, 156.
187. Hans van de Ven, *China at War: Triumph and Tragedy in the Emergence of the New China 1937–1952* (London, 2017), 162–3; Tarling, *A Sudden Rampage*, 95–6.
188. William Grieve, *The American Military Mission to China, 1941–1942* (Jefferson, NC, 2014), 188–90.
189. Ibid., 108–16, 191.
190. Jay Taylor, *The Generalissimo: Chiang Kai-Shek and the Struggle for Modern China* (Cambridge, Mass., 2011), 190.
191. Van de Ven, *China at War*, 164; Grieve, *American Military Mission*, 196–7, 202.
192. Taylor, *Generalissimo*, 197–200.
193. Srinath Raghavan, *India's War: The Making of Modern South Asia, 1939–1945* (London, 2016), 209.
194. Rana Mitter, *China's War with Japan 1937–1945: The Struggle for Survival* (London, 2013), 256–61; Tarling, *A Sudden Rampage*, 98–100; Francis Pike, *Hirohito's War: The Pacific War 1941–1945* (London, 2016), 303.
195. Bayly and Harper, *Forgotten Armies*, 169, 177–8, 196–7; Pike, *Hirohito's War*, 299–300.
196. Mitter, *China's War with Japan*, 260.
197. Paine, *Wars for Asia*, 128.
198. Daniel Hedinger, 'Fascist warfare and the Axis alliance: from *Blitzkrieg* to total war', in Miguel Alonso, Alan Kramer and Javier Rodrigo (eds.), *Fascist Warfare 1922–1945: Aggression, Occupation, Annihilation* (Cham, Switzerland, 2019), 205–8.
199. Warren, *Singapore 1942*, 60; Ken Kotani, *Japanese Intelligence in World War II* (Oxford, 2009), 111–13.

200. Bayly and Harper, *Forgotten Armies*, 5–7; Kotani, *Japanese Intelligence*, 116–17.
201. Gerald Horne, *Race War: White Supremacy and the Japanese Attack on the British Empire* (New York, 2004), 72–4; Philip Snow, *The Fall of Hong Kong: Britain, China and the British Occupation* (New Haven, Conn., 2003), 66–72.
202. David Horner, 'Australia in 1942: a pivotal year', in Peter Dean (ed.), *Australia 1942: In the Shadow of War* (Cambridge, 2013), 18–19.
203. Craig Symonds, *World War Two at Sea: A Global History* (New York, 2018), 235–7.
204. Arthur Marder, M. Jacobsen and J. Horsfield, *Old Friends, New Enemies: The Royal Navy and the Imperial Japanese Navy, 1942–1945* (Oxford, 1990), 155–9; James Brown, *Eagles Strike: South African Forces in World War II, Vol. IV* (Cape Town, 1974), 388–400.
205. Horne, *Race War*, 217–18.
206. Neil Smith, *American Empire: Roosevelt's Geographer and the Prelude to Globalization* (Berkeley, Calif., 2004), 349–50; William Roger Louis, *Imperialism at Bay: The United States and the Decolonization of the British Empire 1941–1945* (Oxford, 1977), 173–6.
207. Simon Rofe, 'Pre-war postwar planning: the phoney war, the Roosevelt administration and the case of the Advisory Committee on Problems of Foreign Relations', *Diplomacy & Statecraft*, 23 (2012), 254–5, 258–9.
208. Louis, *Imperialism at Bay*, 149.
209. Roll, *The Hopkins Touch*, 188–9; M. Subrahmanyan, *Why Cripps Failed* (New Delhi, 1942), 5–11, 25.
210. Horne, *Race War*, 215–17.
211. Yasmin Khan, *The Raj at War: A People's History of India's Second World War* (London, 2015), 191; Kaushik Roy, *India and World War II: War, Armed Forces and Society, 1939–45* (New Delhi, 2016), 176.
212. Roy, *India and World War II*, 177–8; Raghavan, *India's War*, 272–4.
213. Khan, *The Raj at War*, 191.
214. Louis, *Imperialism at Bay*, 156–7, 181.
215. Matthew Jones, *Britain, the United States and the Mediterranean War 1942–44* (London, 1996), 223.
216. Mitter, *China's War with Japan*, 216–19; Timothy Brook, 'The Great Way govern-

ment of Shanghai', in Christian Henriot and Wen Hsin Yeh (eds.), *In the Shadow of the Rising Sun: Shanghai under Japanese Occupation* (Cambridge, 2004), 67–8.
217. David Barrett, 'The Wang Jingwei regime, 1940–1945: continuities and disjunctures with Nationalist China', in David Barrett and Larry Shyu (eds.), *Chinese Collaboration with Japan, 1932–1945: The Limits of Accommodation* (Stanford, Calif., 2001), 104–12.
218. Timothy Brook, *Collaboration: Japanese Agents and Local Elites in Wartime China* (Cambridge, Mass., 2005), 35–8.
219. Ibid., 41–7.
220. Mark Peattie, 'Nanshin: the "Southward Advance" 1931–1941, as a prelude to the Japanese occupation of Southeast Asia', in Duus, Myers and Peattie (eds.), *The Japanese Wartime Empire*, 236–7.
221. Takuma Melber, *Zwischen Kollaboration und Widerstand: Die japanische Besatzung Malaya und Singapur (1942–1945)* (Frankfurt am Main, 2017), 186–9; Paul Kratoska, *The Japanese Occupation of Malaya 1941–1945* (London, 1998), 52–4.
222. Tarling, *A Sudden Rampage*, 84–5; Kratoska, *Japanese Occupation of Malaya*, 85–7.
223. Kiyoko Nitz, 'Japanese military policy towards French Indo-China during the Second World War: the road to *Meigo Sakusen*', *Journal of South East Asian Studies*, 14 (1983), 331–3.
224. Melber, *Zwischen Kollaboration und Widerstand*, 189; Tarling, *A Sudden Rampage*, 127, 133–4.
225. Peter Duus, 'Imperialism without colonies: the vision of a Greater East Asia Co-prosperity Sphere', *Diplomacy & Statecraft*, 7 (1996), 58–9, 62, 68–9.
226. Ethan Mark, *Japan's Occupation of Java in the Second World War* (London, 2018), 116–19, 163.
227. Tarling, *A Sudden Rampage*, 127–8.
228. Mark, *Japan's Occupation of Java*, 1, 129–30.
229. Ibid., 232.
230. Ibid., 107–8.
231. Melber, *Zwischen Kollaboration und Widerstand*, 325–33; Kratoska, *Japanese Occupation of Malaya*, 94–7.

232. Tarling, *A Sudden Rampage*, 167–8.
233. Melber, *Zwischen Kollaboration und Widerstand*, 289.
234. Chong-Sik Lee, *Revolutionary Struggle in Manchuria: Chinese Communism and Soviet Interest 1922–1945* (Berkeley, Calif., 1983), 271, 291–4.
235. Li Yuk-wai, 'The Chinese resistance movement in the Philippines during the Japanese occupation', *Journal of South East Asian Studies*, 23 (1992), 308–9.
236. Melber, *Zwischen Kollaboration und Widerstand*, 520.
237. Ibid., 521.
238. Li, 'The Chinese resistance movement', 312–15.
239. Ben Hillier, 'The Huk rebellion and the Philippines' radical tradition: a people's war without a people's victory', in Donny Gluckstein (ed.), *Fighting on All Fronts: Popular Resistance in the Second World War* (London, 2015), 325–33.
240. Melber, *Zwischen Kollaboration und Widerstand*, 545, 549–53.
241. Tarling, *A Sudden Rampage*, 152.
242. Kratoska, *Japanese Occupation of Malaya*, 223–44.
243. USSBS, *The Effects of Strategic Bombing on Japan's War Economy* (Washington, DC, 1946), 121, 190; Nicholas White, J. M. Barwise and Shakila Yacob, 'Economic opportunity and strategic dilemma in colonial development: Britain, Japan and Malaya's iron ore, 1920s to 1950s', *International History Review*, 42 (2020), 426–33.
244. Kratoska, *Japanese Occupation of Malaya*, 223, 241.
245. Robert Goralski and Russell Freeburg, *Oil and War: How the Deadly Struggle for Fuel in WWII Meant Victory or Defeat* (New York, 1987), 150–52; Daniel Yergin, *The Prize: The Epic Quest for Oil, Money, and Power* (New York, 1991), 355–66.
246. USSBS, *Effects of Strategic Bombing*, 135 (figures for fiscal years 1940/41 and 1944/5).
247. Gregg Huff and Sinobu Majima, 'The challenge of finance in South East Asia during the Second World War', *War in History*, 22 (2015), 192–7.
248. Ibid.; Paul Kratoska, '"Banana money": consequences of demonetization of wartime Japanese currency in British Malaya', *Journal of South East Asian Studies*, 23 (1992), 322–6.
249. Paul Kratoska (ed.), *Food Supplies and the Japanese Occupation in South East*

Asia (London, 1998), 4–6.
250. Kratoska, *Japanese Occupation of Malaya*, 183–200.
251. Mark, *Japan's Occupation of Java*, 263–5.
252. Ju Zhifen, 'Labor conscription in North China 1941–1945', in Stephen MacKinnon, Diana Lary and Ezra Vogel (eds.), *China at War: Regions of China 1937–45* (Stanford, Calif., 2007), 217–19.
253. Tarling, *A Sudden Rampage*, 230, 238; Mark, *Japan's Occupation of Java*, 259–65.
254. Kratoska, *Japanese Occupation of Malaya*, 44–5; Joyce Lebra, *Japan's Greater East Asia Co-Prosperity Sphere in World War II: Selected Readings and Documents* (Kuala Lumpur, 1975), 92.
255. Tarling, *A Sudden Rampage*, 128.
256. Raghavan, *India's War*, 284–94; Kratoska, *Japanese Occupation of Malaya*, 104–8.
257. Tarling, *A Sudden Rampage*, 155–7; Joyce Lebra, 'Postwar Perspectives on the Greater East Asia Co-Prosperity Sphere', 34th Harmon Memorial Lecture, US Air Force Academy, Colorado Springs, 1991, 5–6.
258. Tarling, *A Sudden Rampage*, 167–72.
259. Mark, *Japan's Occupation of Java*, 271–2.
260. Nitz, 'Japanese military policy', 337–46.
261. Trevor Barnes and Claudio Minca, 'Nazi spatial theory: the dark geographies of Carl Schmitt and Walter Christaller', *Annals of the Association of American Geographers*, 103 (2013), 676–7; Timothy Snyder, *Black Earth: The Holocaust as History and Warning* (London, 2015), 144–5.
262. Wolfgang Benz, 'Typologie der Herrschaftsformen in den Gebieten unter deutschen Einfluss', in Wolfgang Benz, Johannes ten Cate and Gerhard Otto (eds.), *Die Bürokratie der Okkupation: Strukturen der Herrschaft und Verwaltung im besetzten Europa* (Berlin, 1998), 15–19.
263. Karen Gram-Skjoldager, 'The law of the jungle? Denmark's international legal status during the Second World War', *International History Review*, 33 (2011), 238–46.
264. Nicola Labanca, David Reynolds and Olivier Wieviorka, *La Guerre du désert 1940–1943* (Paris, 2019), 188–9, 193–7.
265. Rodogno, *Fascism's European Empire*, 36–8.

266. 关于吞并的这一细节和其他情况，见上书，9-10, 73-102。
267. Srdjan Trifković, 'Rivalry between Germany and Italy in Croatia, 1942-1943', *Historical Journal*, 31 (1995), 880-82, 904.
268. Alessandra Kersevan, *Lager italiani: Pulizia etnica e campi di concentramento fascisti per civili jugoslavi 1941-1943* (Rome, 2008), 100-103.
269. Rodogno, *Fascism's European Empire*, 168-71, 177-8, 357-9.
270. Jürgen Förster, 'Die Wehrmacht und die Probleme der Koalitionskriegführung', in Klinkhammer et al.(eds.), *Die 'Achse' im Krieg*, 113.
271. M. Pearton, *Oil and the Romanian State* (Oxford, 1971), 231; Anand Toprani, 'Germany's answer to Standard Oil: the Continental Oil company and Nazi grand strategy 1940-1942', *Journal of Strategic Studies*, 37 (2014), 956-9.
272. Dieter Eichholtz, *Deutsche Ölpolitik im Zeitalter der Weltkriege: Studien und Dokumente* (Leipzig, 2010), 345-9.
273. Trifković, 'Rivalry between Germany and Italy', 884-7.
274. Rodogno, *Fascism's European Empire*, 232-40.
275. Nuremberg Trials, Case XI, Prosecution Document Book 113, pp. 1-3, Göring decree on the distribution of smelting works in Lorraine and Luxembourg, 5 Feb. 1941.
276. Patrick Nefors, *La collaboration industrielle en Belgique 1940-1945* (Brussels, 2006), 180-82, 223-5, 236-7.
277. Henry Picker (ed.), *Hitlers Tischgespräche im Führerhauptquartier* (Wiesbaden, 1984), 62, 69, entries for 1 Aug. and 8/9 Aug. 1941; Trevor-Roper (ed.), *Hitler's Table Talk*, 15, 33, 35, 68-8, entries for 27 July, 17 Sept. and 17 Oct. 1941.
278. Brendan Simms, *Hitler: Only the World was Enough* (London, 2019), 422-3.
279. Jürgen Matthäus and Frank Bajohr (eds.), *The Political Diary of Alfred Rosenberg and the Onset of the Holocaust* (Lanham, Md, 2015), 239, entry for 11 Apr. 1941.
280. Karel Berkhoff, *Harvest of Despair: Life and Death in Ukraine under Nazi Rule* (Cambridge, Mass., 2004), 50.
281. Klaus Arnold, 'Die Eroberung und Behandlung der Stadt Kiew durch die Wehrmacht im September 1941: zur Radikalisierung der Besatzungspolitik', *Militärgeschichtliche Mitteilungen*, 58 (1999), 35.
282. Ben Kiernan, *Blood and Soil: A World History of Genocide and Extermination from Sparta to Darfur* (New Haven, Conn., 2007), 422.

283. Elissa Mailänder Koslov, '"Going East": colonial experiences and practices of violence among female and male Majdanek camp guards (1941–44)', *Journal of Genocide Research*, 10 (2008), 567–70.
284. Johannes Enstad, *Soviet Russians under Nazi Occupation: Fragile Loyalties in World War II* (Cambridge, 2018), 51–3, 66–8.
285. Jonathan Steinberg, 'The Third Reich reflected: German civil administration in the occupied Soviet Union, 1941–4', *English Historical Review*, 110 (1995), 628.
286. Trevor-Roper (ed.), *Hitler's Table Talk*, 34, entry for 17 Sept. 1941.
287. Nicholas Terry, 'How Soviet was Russian society under Nazi occupation?', in Claus-Christian Szejnmann (ed.), *Rethinking History, Dictatorship and War* (London, 2009), 134–6.
288. Berkhoff, *Harvest of Despair*, 48–9.
289. Grzegorz Rossolinśki-Liebe, 'The "Ukrainian National Revolution" of 1941: discourse and practice of a fascist movement', *Kritika*, 12 (2011), 83, 93–106.
290. Matthäus and Bajohr (eds.), *Political Diary of Rosenberg*, 253–7.
291. Theo Schulte, *The German Army and Nazi Policies in Occupied Russia* (Oxford, 1989), 65–8.
292. Roland Clark, 'Fascists and soldiers: ambivalent loyalties and genocidal violence in wartime Romania', *Holocaust and Genocide Studies*, 31 (2017), 411.
293. Steinberg, 'Third Reich reflected', 615.
294. Theo Schulte, 'Living standards and the civilian economy in Belorussia', in Richard Overy, Gerhard Otto and Johannes Houwink ten Cate (eds.), *Die 'Neuordnung Europas': NS-Wirtschaftspolitik in den besetzten Gebieten* (Berlin, 1997), 176; Steinberg, 'Third Reich reflected', 635.
295. Wendy Lower, 'The *reibungslose* Holocaust? The German military and civilian implementation of the "Final Solution" in Ukraine, 1941–1944', in Gerald Feldman and Wolfgang Seibel (eds.), *Networks of Nazi Persecution: Bureaucracy, Business and the Organization of the Holocaust* (New York, 2005), 246–7.
296. Terry, 'How Soviet was Russian society?', 131; Kim Priemel, 'Occupying Ukraine: great expectations, failed opportunities, and the spoils of war, 1941–1943', *Central European History*, 48 (2015), 39.
297. Richard Overy, *Goering: The Iron Man*, 3rd edn (London, 2020), 131–2.
298. Kim Priemel, 'Scorched earth, plunder, and massive mobilization: the German

occupation of Ukraine and the Soviet war economy', in Jonas Scherner and Eugene White (eds.), *Paying for Hitler's War: The Consequences of Nazi Hegemony for Europe* (Cambridge, 2016), 406–7.
299. Overy, *Goering*, 132–3.
300. Priemel, 'Occupying Ukraine', 37–9, 48, 50–52.
301. Eichholtz, *Deutsche Ölpolitik*, 450–60.
302. Priemel, 'Occupying Ukraine', 42–8.
303. Christoph Buchheim, 'Die besetzten Länder im Dienste der deutschen Kriegswirtschaft während des Zweiten Weltkrieges', *Vierteljahrshefte für Zeitgeschichte*, 34 (1986), 123, 143–5.
304. Arnold, 'Die Eroberung und Behandlung der Stadt Kiew', 36.
305. Ibid., 39.
306. Sergei Kudryashov, 'Labour in the occupied territory of the Soviet Union 1941–1944', in Overy, Otto and ten Cate (eds.), *Die 'Neuordnung Europas'*, 165–6; Schulte, 'Living standards and the civilian economy', 179–80.
307. Priemel, 'Scorched earth, plunder', 405–6.
308. Schulte, *German Army and Nazi Policies*, 96–7.
309. Gustavo Corni and Horst Gies, *Brot, Butter, Kanonen: Die Ernährungswirtschaft in Deutschland unter der Diktatur Hitlers* (Berlin, 1997), 553–4, 574.
310. Stephan Lehnstaedt, *Imperiale Polenpolitik in den Weltkriegen* (Osnabrück, 2017), 433.
311. Isabel Heinemann, '"Ethnic resettlement" and inter-agency cooperation in the Occupied Eastern Territories', in Feldman and Seibel (eds.), *Networks of Nazi Persecution*, 217–22; idem, '"Another type of perpetrator": the SS racial experts and forced population movements in the occupied regions', *Holocaust and Genocide Studies*, 15 (2001), 391–2.
312. Dietrich Beyrau and Mark Keck-Szajbel, 'Eastern Europe as "sub-Germanic space": scholarship on Eastern Europe under National Socialism', *Kritika*, 13 (2012), 694–5.
313. Barnes and Minca, 'Nazi spatial theory', 670–74; Ingrao, *Promise of the East*, 99–100, 144–8.
314. Lehnstaedt, *Imperiale Polenpolitik*, 447; on Moscow and Leningrad 'den

Erdboden gleichzumachen', Arnold, 'Die Eroberung und Behandlung der Stadt Kiew', 27.

315. Ingrao, *Promise of the East*, 101.

316. Gerhard Wolf, 'The Wannsee Conference in 1942 and the National Socialist living space dystopia', *Journal of Genocide Research*, 17 (2015), 166; Andrej Angrick, 'Annihilation and labor: Jews and Thoroughfare IV in Central Ukraine', in Ray Brandon and Wendy Lower (eds.), *The Shoah in Ukraine: History, Testimony, Memorialization* (Bloomington, Ind., 2008), 208–11.

317. Markus Leniger, *Nationalsozialistische 'Volkstumsarbeit' und Umsiedlungspolitik 1933–1945* (Berlin, 2011), 89.

318. Ingrao, *Promise of the East*, 108–9.

319. Heiko Suhr, *Der Generalplan Ost: Nationalsozialistische Pläne zur Kolonisation Ostmitteleuropas* (Munich, 2008), 18–20; Lehnstaedt, *Imperiale Polenpolitik*, 450.

320. Daniel Siemens, '"Sword and plough": settling Nazi Stormtroopers in Eastern Europe, 1936–43', *Journal of Genocide Research*, 19 (2017), 200–204.

321. Kiernan, *Blood and Soil*, 452.

322. Geraldien von Frijtag Drabbe Künzel, '"Germanje": Dutch empire-building in Nazi-occupied Europe', *Journal of Genocide Research*, 19 (2017), 241, 248–51; Siemens, '"Sword and plough"', 204.

323. Ingrao, *Promise of the East*, 108–14; Michael Wildt, *Generation des Unbedingten: Das Führungskorps des Reichssicherheitshauptamtes* (Hamburg, 2002), 663–5, 669–70.

324. www.holocaustresearchproject.org, Speech of the Reichsführer-SS at the SS Group Leader Meeting in Posen, 4 Oct. 1943, p. 16.

325. http://prorev.com/ wannsee.htm, Wannsee Protocol, 20 Jan. 1941, p. 5.

326. Snyder, *Black Earth*, 5–8.

327. Wilhelm Treue, 'Hitlers Denkschrift zum Vierjahresplan, 1936', *Vierteljahrshefte für Zeitgeschichte*, 3 (1955), 204–5.

328. Peter Longerich, *The Unwritten Order: Hitler's Role in the Final Solution* (Stroud, 2001), 155.

329. Alon Confino, *A World without Jews: The Nazi Imagination from Persecution to Genocide* (New Haven, Conn., 2014), 195.

330. Domarus, *Reden und Proklamationen*, ii, 1866–7, speech of 26 Apr. 1942 (author's

translation).
331. Gustavo Corni, *Hitler's Ghettos: Voices from a Beleaguered Society 1939–1944* (London, 2002), 23–5.
332. Leni Yahil, *The Holocaust: The Fate of European Jewry 1932–1945* (New York, 1990), 164.
333. Wolf Gruner, *Jewish Forced Labour under the Nazis: Economic Needs and Racial Aims, 1938–1944* (Cambridge, 2006), 232–52.
334. Ullrich, *Hitler: Downfall*, 251–3.
335. Ibid., 267.
336. Lower, 'The *reibungslose* Holocaust?', 250.
337. Waitman Beorn, 'A calculus of complicity: the Wehrmacht, the anti-partisan war, and the Final Solution in White Russia 1941–42', *Central European History*, 44 (2011), 311–13.
338. Christian Ingrao, *Believe and Destroy: Intellectuals in the SS War Machine* (Cambridge, 2013), 148–50.
339. Leonid Rein, 'The radicalization of anti-Jewish policies in Nazi-occupied Belarus', in Kay, Rutherford and Stahel (eds.), *Nazi Policy on the Eastern Front*, 228.
340. Walter Manoschek, *'Serbien ist judenfrei': Militärische Besatzungspolitik und Judenvernichtung in Serbien 1941/42* (Munich, 1993), 102–8.
341. Alexander Kruglov, 'Jewish losses in Ukraine, 1941–1944', in Brandon and Lower (eds.), *The Shoah in Ukraine*, 278–9.
342. Stephen Lehnstaedt, 'The Minsk experience: German occupiers and everyday life in the capital of Belarus', in Kay, Rutherford and Stahel (eds.), *Nazi Policy on the Eastern Front*, 244–5.
343. Corni, *Hitler's Ghettos*, 34–6.
344. Kruglov, 'Jewish losses in Ukraine', 275.
345. Berkhoff, *Harvest of Despair*, 75.
346. Matthäus and Bajohr (eds.), *Political Diary of Alfred Rosenberg*, 263–4.
347. Christian Gerlach, *The Extermination of the European Jews* (Cambridge, 2016), 84–8; Wolf, 'Wannsee Conference', 165–6, 167–8.
348. Robert Gerwarth, *Hitler's Hangman: The Life of Heydrich* (New Haven, Conn., 2011), 206–7.
349. Bertrand Perz, 'The Austrian connection: the SS and police leader Odilo Globo-

cnik and his staff in the Lublin district', *Holocaust and Genocide Studies*, 29 (2015), 400.
350. Gerlach, *Extermination of the European Jews*, 90.
351. Dieter Pohl, 'The murder of Ukraine's Jews under German military administration and in the Reich Commissariat Ukraine', in Brandon and Lower (eds.), *The Shoah in Ukraine*, 50–52.
352. Gruner, *Jewish Forced Labour*, 258–62, 270.
353. Frediano Sessi, *Auschwitz: Storia e memorie* (Venice, 2020), 279–80.
354. William Brustein and Amy Ronnkvist, 'The roots of anti-Semitism in Romania before the Holocaust', *Journal of Genocide Research*, 4 (2002), 212–19.
355. Dennis Deletant, 'Transnistria and the Romanian solution to the "Jewish question"', in Brandon and Lower (eds.), *The Shoah in Ukraine*, 157–8; Clark, 'Fascists and soldiers', 409–10, 417–21; Waitman Beorn, *The Holocaust in Eastern Europe: At the Epicentre of the Final Solution* (London, 2018), 185–7.
356. Deletant, 'Transnistria', 172–9.
357. Eduard Nižňanskí, 'Expropriation and deportation of Jews in Slovakia', in Beate Kosmola and Feliks Tych (eds.), *Facing the Nazi Genocide: Non-Jews and Jews in Europe* (Berlin, 2004), 210–23, 230.
358. Krisztian Ungváry, 'Robbing the dead: the Hungarian contribution to the Holocaust', in Kosmola and Tych (eds.), *Facing the Nazi Genocide*, 233–44; Pohl, 'The murder of Ukraine's Jews', 29–31.
359. Gerlach, *Extermination of the European Jews*, 114–15.
360. Frederick Chary, *The Bulgarian Jews and the Final Solution, 1940–1944* (Pittsburgh, Pa, 1972), 35–8, 41–4, 54–5, 58–9, 184–7; Beorn, *Holocaust in Eastern Europe*, 195–9.
361. Peter Staubenmaier, 'Preparation for genocide: the "Center for the Study of the Jewish Problem" in Trieste, 1942–44', *Holocaust and Genocide Research*, 31 (2017), 2–4.
362. Jonathan Steinberg, *All or Nothing: The Axis and the Holocaust 1941–43* (London, 1991), 54–61.
363. Liliana Picciotto, 'The Shoah in Italy: its history and characteristics', in Joshua Zimmerman (ed.), *Jews in Italy under Fascist and Nazi Rule, 1922–1945* (Cambridge, 2005), 211–19.

364. Liliana Picciotto, 'Italian Jews who survived the Shoah: Jewish self-help and Italian rescuers 1943–1945', *Holocaust and Genocide Studies*, 30 (2016), 20–28; Simon Levis Sullam, 'The Italian executioners: revisiting the role of Italians in the Holocaust', *Journal of Genocide Research*, 19 (2017), 21–7.
365. Gerlach, *Extermination of the European Jews*, 375–6.
366. Anne Grynberg, *Les camps de la honte: les internés juifs des camps français 1939–1944* (Paris, 1991), 151–3.
367. Michael Meyer, 'The French Jewish Statute of October 5 1940: a reevaluation of continuities and discontinuities of French anti-Semitism', *Holocaust and Genocide Studies*, 33 (2019), 13.
368. Ibid., 6–7, 15.
369. Julian Jackson, *France: The Dark Years, 1940–1944* (Oxford, 2001), 354–9.
370. Ibid., 362; Gerlach, *Extermination of the European Jews*, 95–6.
371. Orna Keren-Carmel, 'Another piece in the puzzle: Denmark, Nazi Germany, and the rescue of Danish Jewry', *Holocaust Studies*, 24 (2018), 172–82; Gerlach, *Extermination of the European Jews*, 301–3.
372. Simo Muir, 'The plan to rescue Finnish Jews in 1944', *Holocaust and Genocide Studies*, 30 (2016), 81–90.
373. Hugh Trevor-Roper (ed.), *The Testament of Adolf Hitler: The Hitler-Bormann Documents* (London, 1959), 105, notes of 25 Apr. 1945.

第三章 民族－帝国的灭亡，1942—1945

1. Carl Boyd, *Hitler's Japanese Confidant: General Ōshima Hiroshi and Magic Intelligence 1941–1945* (Lawrence, Kans, 1993), 72.
2. Gerhard Krebs, 'Gibraltar oder Bosporus? Japans Empfehlungen für eine deutsche Mittelmeerstrategie im Jahre 1943', *Militärgeschichtliche Mitteilungen*, 58 (1999), 66–77.
3. Boyd, *Hitler's Japanese Confidant*, 94.
4. John Gooch, *Mussolini's War: Fascist Italy from Triumph to Collapse 1935–1943* (London, 2020), 325.
5. Ikuhiko Hata, 'Admiral Yamamoto's surprise attack and the Japanese war strategy', in Saki Dockrill (ed.), *From Pearl Harbor to Hiroshima: The Second World War in*

Asia and the Pacific, 1941–45 (London, 1994), 66.

6. Sarah Paine, *The Wars for Asia 1911–1949* (Cambridge, 2012), 192; Hans van de Ven, *China at War: Triumph and Tragedy in the Emergence of Modern China 1937–1952* (London, 2017), 162; Edward Drea and Hans van de Ven, 'An overview of major military campaigns during the Sino-Japanese War 1937–1945', in Mark Peattie, Edward Drea and Hans van de Ven (eds.), *The Battle for China: Essays on the Military History of the Sino-Japanese War of 1937–1945* (Stanford, Calif., 2011), 38–43.
7. Ronald Lewin, *The Other Ultra: Codes, Ciphers, and the Defeat of Japan* (London, 1982), 85–106.
8. Craig Symonds, *World War II at Sea: A Global History* (New York, 2018), 283–92; J. Tach, 'A beautiful silver waterfall', in E. T. Wooldridge (ed.), *Carrier Warfare in the Pacific: An Oral History Collection* (Washington, DC, 1993), 58.
9. Symonds, *World War II at Sea*, 332–3, 345–6.
10. Lucio Ceva, *Storia delle Forze Armate in Italia* (Turin, 1999), 315–17.
11. Niall Barr, *Pendulum of War: The Three Battles of El Alamein* (London, 2004), 12–13.
12. Ibid., 16–21.
13. Andrew Buchanan, 'A friend indeed? From Tobruk to El Alamein: the American contribution to victory in the desert', *Diplomacy & Statecraft*, 15 (2004), 279–89.
14. Gabriel Gorodetsky (ed.), *The Maisky Diaries: Red Ambassador to the Court of St. James's 1932–1943* (New Haven, Conn., 2015), 442, entry for 3 July 1942.
15. Bernd Wegner, 'Vom Lebensraum zum Todesraum. Deutschlands Kriegführung zwischen Moskau und Stalingrad', in Jürgen Förster (ed.), *Stalingrad: Ereignis, Wirkung, Symbol* (Munich, 1992), 20–21.
16. Geoffrey Roberts, *Stalin's Wars: From World War to Cold War, 1939–1953* (New Haven, Conn., 2006), 123–4.
17. Robert Citino, *Death of the Wehrmacht: The German Campaigns of 1942* (Lawrence, Kans, 2007), 102–8.
18. Wegner, 'Von Lebensraum zum Todesraum', 23–4; Citino, *Death of the Wehrmacht*, 108–14.
19. David Glantz, *The Role of Intelligence in Soviet Military Strategy in World War 2* (Novato, Calif., 1990), 49–51.

20. Citino, *Death of the Wehrmacht*, 266.
21. Walther Hubatsch, *Hitlers Weisungen für die Kriegführung 1939–1945* (Munich, 1965), 227–30.
22. Mikhail Heller and Aleksandr Nekrich, *Utopia in Power: The History of the Soviet Union from 1917 to the Present* (London, 1982), 391; David Glantz and Jonathan House, *When Titans Clashed: How the Red Army Stopped Hitler* (Lawrence, Kans, 1995), 121.
23. Joachim Wieder, *Stalingrad und die Verantwortung der Soldaten* (Munich, 1962), 45.
24. David Horner, 'Australia in 1942: a pivotal year', in Peter Dean (ed.), *Australia 1942: In the Shadow of War* (Cambridge, 2013), 18–20, 25.
25. Debi Unger and Irwin Unger, *George Marshall: A Biography* (New York, 2014), 173–6.
26. Mark Stoler, *Allies and Adversaries: The Joint Chiefs of Staff, The Grand Alliance and U.S. Strategy in World War II* (Chapel Hill, NC, 2000), 76–8.
27. Maury Klein, *A Call to Arms: Mobilizing America for World War II* (New York, 2013), 302–3; John Jeffries, *Wartime America: The World War II Home Front* (Chicago, Ill., 1996), 153–5; Sean Casey, *Cautious Crusade: Franklin D. Roosevelt, American Public Opinion and the War against Nazi Germany* (New York, 2001), 48–50. 在1941年12月到1942年3月的历次民意调查中，平均有62%的人同意集中力量对付日本，同意集中力量对付德国的只有21%。
28. David Roll, *The Hopkins Touch: Harry Hopkins and the Forging of the Alliance to Defeat Hitler* (New York, 2013), 183–4.
29. Ibid., 197–8.
30. David Kennedy, *The American People in World War II* (New York, 1999), 148–50.
31. Matthew Jones, *Britain, The United States and the Mediterranean War 1942–44* (London, 1996), 19.
32. Unger and Unger, *George Marshall*, 150–55, 171–2; Roll, *The Hopkins Touch*, 204–8.
33. Stoler, *Allies and Adversaries*, 88.
34. Kennedy, *The American People in World War II*, 153–4; Stoler, *Allies and Adversaries*, 79–85; Unger and Unger, *George Marshall*, 172–7; Roll, *The Hopkins Touch*, 214–21; Andrew Buchanan, *American Grand Strategy in the Mediterranean during World War II* (Cambridge, 2014), 48–9.

35. Hastings Ismay, *The Memoirs of Lord Ismay* (London, 1960), 279–80.
36. 这段描述来自官方战史：Frank Hough, *The Island War: The United States Marine Corps in the Pacific* (Philadelphia, Pa, 1947), 41, 61, 84–5。
37. John Lorelli, *To Foreign Shores: U.S. Amphibious Operations in World War II* (Annapolis, Md, 1995), 43–4; Richard Frank, *Guadalcanal* (New York, 1990), 33–44.
38. David Ulbrich, *Preparing for Victory: Thomas Holcomb and the Making of the Modern Marine Corps, 1936–1943* (Annapolis, Md, 2011), 130–32.
39. Lorelli, *To Foreign Shores*, 46–50; Hough, *Island War*, 45–8.
40. Meirion Harries and Susie Harries, *Soldiers of the Sun: The Rise and Fall of the Imperial Japanese Army* (London, 1991), 339–40.
41. Symonds, *World War II at Sea*, 328–9.
42. Ibid., 366–71; Trent Hone, '"Give them hell": the US Navy's night combat doctrine and the campaign for Guadalcanal', *War in History*, 13 (2006), 188–95.
43. Frank, *Guadalcanal*, 559–61, 588–95.
44. Harries and Harries, *Soldiers of the Sun*, 341–2; Hough, *Island War*, 79–85; Frank, *Guadalcanal*, 611–13; Francis Pike, *Hirohito's War: The Pacific War 1941–1945* (London, 2016), 574–5. 关于日军的死亡数据，Frank 给出了一个略低的数据：30 343 人。
45. Frank, *Guadalcanal*, 618–19.
46. Ashley Jackson, *Persian Gulf Command: A History of the Second World War in Iran and Iraq* (New Haven, Conn., 2018), 254.
47. Glyn Harper, '"No model campaign": the Second New Zealand Division and the Battle of El Alamein, October–December 1942', in Jill Edwards (ed.), *El Alamein and the Struggle for North Africa: International Perspectives from the Twenty-first Century* (Cairo, 2012), 88.
48. John Kennedy, *The Business of War: The War Narrative of Major-General Sir John Kennedy* (London, 1957), 251.
49. Gooch, *Mussolini's War*, 312–13.
50. Jonathan Fennell, *Fighting the People's War: The British and Commonwealth Armies and the Second World War* (Cambridge, 2019), 179–80.
51. Nigel Hamilton, *Monty: Master of the Battlefield 1942–1944* (London, 1983), 9; Harper, '"No model campaign"', 75.
52. Fennell, *Fighting the People's War*, 268–9.

53. Richard Hammond, *Strangling the Axis: The Fight for Control of the Mediterranean during the Second World War* (Cambridge, 2020), 141–3.
54. Barr, *Pendulum of War*, 218–19.
55. Fennell, *Fighting the People's War*, 268; Citino, *Death of the Wehrmacht*, 213–14.
56. David French, *Raising Churchill's Army: The British Army and the War against Germany 1919–1945* (Oxford, 2000), 256.
57. Horst Boog et al., *Das Deutsche Reich und der Zweite Weltkrieg, Band 6: Der globale Krieg* (Stuttgart, 1990), 694.
58. French, *Raising Churchill's Army*, 243.
59. Peter Stanley, '"The part we played in this show": Australians and El Alamein', in Edwards (ed.), *El Alamein*, 60–66 on the Australian experience; Harper, '"No model campaign"', 73–5, 86–8, on the New Zealand division.
60. French, *Raising Churchill's Army*, 246–54; Fennell, *Fighting the People's War*, 276–8, 283–90.
61. Buchanan, 'A friend indeed?', 289–91.
62. Fennell, *Fighting the People's War*, 301; Ceva, *Storia delle Forze Armate in Italia*, 319–20; Boog et al., *Das Deutsche Reich und der Zweite Weltkrieg: Band 6*, 694, 该书指出，英国皇家空军在中东战区的总兵力有超过1 500架飞机。
63. Barr, *Pendulum of War*, 276–7; Richard Carrier, 'Some reflections on the fighting power of the Italian Army in North Africa, 1940–1943', *War in History*, 22 (2015), 508–9, 516; Domenico Petracarro, 'The Italian Army in Africa 1940–1943: an attempt at historical perspective', *War & Society*, 9 (1991), 115–16.
64. Rick Stroud, *The Phantom Army of Alamein: The Men Who Hoodwinked Rommel* (London, 2012), 183–209. 关于这一欺敌计划的更多细节见第五章。
65. Simon Ball, *Alamein* (Oxford, 2016), 16–22.
66. Fennell, *Fighting the People's War*, 308–12; Ball, *Alamein*, 37–41; Barr, *Pendulum of War*, 398–401.
67. Barr, *Pendulum of War*, 404; Ceva, *Storia delle Forze Armate in Italia*, 320; Ball, *Alamein*, 47; Gooch, *Mussolini's War*, 322.
68. Barr, *Pendulum of War*, 406–7.
69. David Glantz, *Colossus Reborn: The Red Army at War, 1941–1943* (Lawrence, Kans, 2005), 37.
70. Boog et al., *Das Deutsche Reich und der Zweite Weltkrieg: Band 6*, 965–6; Citino,

Death of the Wehrmacht, 254.
71. Citino, *Death of the Wehrmacht*, 257.
72. Geoffrey Megargee, *Inside Hitler's High Command* (Lawrence, Kans, 2000), 181–7.
73. Alexander Statiev, *At War's Summit: The Red Army and the Struggle for the Caucasus Mountains in World War II* (Cambridge, 2018), 130–31, 264.
74. Roberts, *Stalin's Wars*, 142.
75. Evan Mawdsley, *Thunder in the East: The Nazi-Soviet War 1941–1945* (London, 2005), 205–7.
76. Alexander Hill, *The Red Army and the Second World War* (Cambridge, 2017), 392–3.
77. Stephen Fritz, *Ostkrieg: Hitler's War of Extermination in the East* (Lexington, Ky, 2011), 291–2.
78. Wegner, 'Vom Lebensraum zum Todesraum', 32.
79. Vasily Chuikov, *The Beginning of the Road: The Story of the Battle of Stalingrad* (London, 1963), 14–27, 93–102.
80. Fritz, *Ostkrieg*, 295.
81. Roberts, *Stalin's Wars*, 145–7.
82. Kurt Zeitzler, 'Stalingrad', in William Richardson and Seymour Frieden (eds.), *The Fatal Decisions* (London, 1956), 138.
83. Boog et al., *Das Deutsche Reich und der Zweite Weltkrieg: Band 6*, 995–7.
84. Hill, *Red Army*, 395–7; Roberts, *Stalin's Wars*, 151.
85. John Erickson, *The Road to Stalingrad* (London, 1975), 447–53; Glantz and House, *When Titans Clashed*, 133–4.
86. Williamson Murray, *Luftwaffe: Strategy for Defeat* (London, 1985), 141–4.
87. Fritz, *Ostkrieg*, 316.
88. Ibid., 319–20.
89. Ibid., 318–19.
90. Thomas Kohut and Jürgen Reulecke, '"Sterben wie eine Ratte, die der Bauer ertappt": Letzte Briefe aus Stalingrad', in Förster (ed.), *Stalingrad*, 464.
91. 苏联方面损失的计算见 G. Krivosheev, *Soviet Casualties and Combat Losses in the Twentieth Century* (London, 1997), 124–8；德国的损失见 Rüdiger Overmans, *Deutsche militärische Verluste im Zweiten Weltkrieg* (Munich, 2004), 279；意大利的损失见 Gooch, *Mussolini's War*, 296。

92. David Glantz, 'Counterpoint to Stalingrad: Operation "Mars" (November–December 1942): Marshal Zhukov's greatest defeat', *Journal of Slavic Strategic Studies*, 10 (1997), 105–10, 117–18, 133
93. *La Semaine*, 4 Feb. 1943, p. 6.
94. TNA, WO 193/856, Military attaché Ankara to the War Office, 23 July 1943.
95. Henrik Eberle and Matthias Uhl (eds.), *The Hitler Book: The Secret Dossier Prepared for Stalin* (London, 2005), 91, 130, 133.
96. Fabio De Ninno, 'The Italian Navy and Japan: the Indian Ocean, failed cooperation, and tripartite relations', *War in History*, 27 (2020), 231–40, 245.
97. Bernd Martin, 'The German-Japanese alliance in the Second World War', in Dockrill (ed.), *Pearl Harbor to Hiroshima*, 158–9.
98. Rotem Kowner, 'When economics, strategy, and racial ideology meet: inter-Axis connections in the wartime Indian Ocean', *Journal of Global History*, 12 (2017), 237–42; Bernd Martin, 'Japan und Stalingrad: Umorientierung vom Bündnis mit Deutschland auf "Grossostasien"', in Förster, *Stalingrad*, 242–6.
99. Jones, *Britain, The United States and the Mediterranean War*, 38–9.
100. Buchanan, *American Grand Strategy*, 72–4; Martin Thomas and Richard Toye, *Arguing about Empire: Imperial Rhetoric in Britain and France, 1882–1956* (Oxford, 2017), 184–6.
101. Jones, *Britain, The United States and the Mediterranean War*, 75–6.
102. Ibid., 33.
103. Buchanan, *American Grand Strategy*, 70.
104. Ibid., 76–80.
105. Ibid., 21; Stoler, *Allies and Adversaries*, 117; Richard Toye, *Churchill's Empire: The World that Made Him and the World He Made* (New York, 2010), 245–6.
106. Stoler, *Allies and Adversaries*, 168.
107. Marco Aterrano, 'Prelude to Casablanca: British operational planning for metropolitan Italy and the origins of the Allied invasion of Sicily, 1940–1941', *War in History*, 26 (2019), 498–507.
108. Steve Weiss, *Allies in Conflict: Anglo-American Strategic Negotiations 1938–1944* (London, 1996), 70–71.
109. Gooch, *Mussolini's War*, 342–5; Giorgio Rochat, *Le guerre italiane 1935–1943: Dall'impero d'Etiopia alla disfatta* (Turin, 2005), 358.

110. Jones, *Britain, The United States and the Mediterranean War*, 50–52.
111. Fennell, *Fighting the People's War*, 317–18; Megargee, *Inside Hitler's High Command*, 194. 有各种各样的囚犯人数估计，从 22 万到 27.5 万不等，但现在看来较高的数据似乎更有可能。
112. Symonds, *World War II at Sea*, 423–4.
113. Jones, *Britain, The United States and the Mediterranean War*, 57–9; David Jablonsky, *War by Land, Sea and Air: Dwight Eisenhower and the Concept of Unified Command* (New Haven, Conn., 2010), 95–6.
114. Symonds, *World War II at Sea*, 424–5.
115. Alfred Chandler (ed.), *The Papers of Dwight David Eisenhower. The War Years: IV* (Baltimore, Va, 1970), 1129, Eisenhower to Marshall, 13 May 1943.
116. Gooch, *Mussolini's War*, 378–80.
117. Symonds, *World War II at Sea*, 438–9; Stoler, *Allies and Adversaries*, 118.
118. Jones, *Britain, The United States and the Mediterranean War*, 62.
119. Gooch, *Mussolini's War*, 383.
120. Philip Morgan, *The Fall of Mussolini* (Oxford, 2007), 11–17, 23–6.
121. Eugen Dollmann, *With Hitler and Mussolini: Memoirs of a Nazi Interpreter* (New York, 2017), 219.
122. Helmut Heiber and David Glantz (eds.), *Hitler and his Generals: Military Conferences 1942–45* (London, 2002), 252, 255, Meeting of the Führer with Field Marshal von Kluge, 26 July 1943.
123. Megargee, *Inside Hitler's High Command*, 198; Gooch, *Mussolini's War*, 389, 404.
124. Elena Rossi, *Cefalonia: La resistenza, l'eccidio, il mito* (Bologna, 2016), 53–60, 113–15.
125. Lutz Klinkhammer, *L'occupazione tedesca in Italia, 1943–1945* (Turin, 1996), 48–54; Frederick Deakin, *Storia della repubblica di Salò*, 2 vols.(Turin, 1963), ii, 740–48.
126. Deakin, *Storia della repubblica di Salò*, ii, 766, 776–8, 817.
127. Jones, *Britain, The United States and the Mediterranean War*, 146–8.
128. Ibid., 150, Montgomery diary entry for 26 Sept. 1943.
129. Symonds, *World War II at Sea*, 454–8; Carlo D'Este, *Eisenhower: Allied Supreme Commander* (London, 2002), 452–3.
130. Lorelli, *To Foreign Shores*, 94–6.

131. Ibid., 163–4; Symonds, *World War II at Sea*, 488–9.
132. Lorelli, *To Foreign Shores*, 94–5, 98–9.
133. Symonds, *World War II at Sea*, 475.
134. Pike, *Hirohito's War*, 671–2, 695; Lorelli, *To Foreign Shores*, 156–61.
135. Pike, *Hirohito's War*, 680–91, 695.
136. Hough, *Island War*, 126.
137. Ibid., 146.
138. Ibid., 145.
139. Lorelli, *To Foreign Shores*, 117.
140. Ibid., 193–4.
141. Ibid., 193–204.
142. Kennedy, *The American People in World War II*, 162.
143. David Reynolds and Vladimir Pechatnov (eds.), *The Kremlin Letters: Stalin's Wartime Correspondence with Churchill and Roosevelt* (New Haven, Conn., 2018), 263–9, Churchill to Stalin, 20 June 1943; Stalin to Churchill, 24 June 1943.
144. Roberts, *Stalin's Wars*, 165–6.
145. Reynolds and Pechatnov, *Kremlin Letters*, 354; Roberts, *Stalin's Wars*, 180.
146. Reynolds and Pechatnov, *Kremlin Letters*, 269.
147. Mawdsley, *Thunder in the East*, 252–6.
148. Megargee, *Inside Hitler's High Command*, 193–4.
149. Fritz, *Ostkrieg*, 336–8.
150. Roman Töppel, 'Legendenbildung in der Geschichtsschreibung-Die Schlacht bei Kursk', *Militärgeschichtliche Zeitschrift*, 61 (2002), 373–4.
151. Valeriy Zamulin, 'Could Germany have won the Battle of Kursk if it had started in late May or the beginning of June 1943?', *Journal of Slavic Military Studies*, 27 (2014), 608–9; Lloyd Clark, *Kursk: The Greatest Battle* (London, 2011), 188–90.
152. Georgii Zhukov, *Reminiscences and Reflections: Volume II* (Moscow, 1985), 168–79; Konstantin Rokossovskii, *A Soldier's Duty* (Moscow, 1970), 184–90; Clark, *Kursk*, 211.
153. Töppel, 'Legendenbildung', 376–8; Fritz, *Ostkrieg*, 339–40.
154. Clark, *Kursk*, 199; Fritz, *Ostkrieg*, 343. Of these 200 were 'Panthers', 128 'Tigers'.

155. William Spahr, *Zhukov: The Rise and Fall of a Great Captain* (Novato, Calif., 1993), 119–21.
156. Glantz, *The Role of Intelligence*, 100–103; Zhukov, *Reminiscences*, 180–83.
157. Hill, *Red Army*, 439–40; Von Hardesty and Ilya Grinberg, *Red Phoenix Rising: The Soviet Air Force in World War II* (Lawrence, Kans, 2012), 226 提供了空军数据；Alexander Vasilevskii, 'Strategic planning of the Battle of Kursk', in *The Battle of Kursk* (Moscow, 1974), 73。稍微有些不同的数据见 Clark, *Kursk*, 204。
158. Fritz, *Ostkrieg*, 343.
159. Charles Sydnor, *Soldiers of Destruction: The SS Death's Head Division 1933–1945* (Princeton, NJ, 1977), 233–8.
160. Töppel, 'Legendenbildung', 381–5; Hill, *Red Army*, 450–52; Fritz, *Ostkrieg*, 349–50.
161. Valeriy Zamulin, 'Soviet troop losses in the Battle of Prochorovka, 10–16 July 1943', *Journal of Slavic Military Studies*, 32 (2019), 119–21.
162. Clark, *Kursk*, 402.
163. Töppel, 'Legendenbildung', 389–92; Clark, *Kursk*, 399–402.
164. Hill, *Red Army*, 454; Fritz, *Ostkrieg*, 367; Töppel, 'Legendenbildung', 396–9.
165. Fritz, *Ostkrieg*, 378.
166. Hill, *Red Army*, 466.
167. Alexander Werth, *Russia at War 1941–1945* (London, 1964), 752–4.
168. Mawdsley, *Thunder in the East*, 273–5.
169. Boris Sokolov, *Myths and Legends of the Eastern Front: Reassessing the Great Patriotic War* (Barnsley, 2019), x.
170. Glantz, *Colossus Reborn*, 60–62.
171. Stoler, *Allies and Adversaries*, 165–6; Theodore Wilson, 'Coalition: structure, strategy and statecraft', in Warren Kimball, David Reynolds and Alexander Chubarian (eds.), *Allies at War: The Soviet, American and British Experience 1939–1945* (New York, 1994), 98.
172. Robert Dallek, *Franklin D. Roosevelt: A Political Life* (London, 2017), 533; Jones, *Britain, The United States and the Mediterranean War*, 153.
173. Buchanan, *American Grand Strategy*, 159.
174. Sally Burt, 'High and low tide: Sino-American relations and summit diplomacy in the Second World War', *Diplomacy & Statecraft*, 29 (2018), 175–8.

175. Jay Taylor, *The Generalissimo: Chiang Kai-Shek and the Struggle for Modern China* (Cambridge, Mass., 2009), 247–8.
176. Valentin Berezhkov, *History in the Making: Memoirs of World War II Diplomacy* (Moscow, 1983), 282.
177. Ibid., 287; Keith Eubank, *Summit at Teheran* (New York, 1985), 350–51.
178. Wenzhao Tao, 'The China theatre and the Pacific war', in Dockrill (ed.), *Pearl Harbor to Hiroshima*, 137–41.
179. Taylor, *Generalissimo*, 256–61.
180. Alex Danchev and Daniel Todman (eds.), *War Diaries 1939–1945: Field Marshal Lord Alanbrooke* (London, 2001), 458, 490, entries for 7 Oct., 3 Dec. 1943.
181. Keith Sainsbury, *The Turning Point: Roosevelt, Stalin, Churchill, Chiang Kai-Shek, 1943* (Oxford, 1986), 288–96.
182. John Buckley, *Monty's Men: The British Army and the Liberation of Europe* (New Haven, Conn., 2013), 253–4.
183. Hough, *Island War*, 298–300; Waldo Heinrichs and Marc Gallicchio, *Implacable Foes: War in the Pacific 1944–1945* (New York, 2017), 160–63.
184. Douglas Delaney, 'The Eighth Army at the Gothic Line, August-September 1944: a study of staff compatibility and coalition command', *War in History*, 27 (2020), 288–90.
185. Wang Qisheng, 'The Battle of Hunan and the Chinese military's response to Operation Ichigō', in Peattie, Drea and van de Ven (eds.), *Battle for China*, 404–10; Hara Takeshi, 'The Ichigō Offensive', ibid., 392–5.
186. Rana Mitter, *China's War with Japan 1937–1945: The Struggle for Survival* (London, 2013), 327–9.
187. Hara, 'Ichigō Offensive', 399–401; Wang, 'Battle of Hunan', 410–12.
188. Christopher Bayly and Tim Harper, *Forgotten Armies: The Fall of British Asia 1941–1945* (London, 2004), 381–2, 388.
189. Srinath Raghavan, *India's War: The Making of Modern South Asia* (London, 2016), 427–8.
190. Taylor, *Generalissimo*, 280–86.
191. Mitter, *China's War with Japan*, 334–5; Peattie, Drea and van de Ven (eds.), *Battle for China*, 46.
192. Louis Allen and David Steeds, 'Burma: the longest war, 1941–45', in Dockrill (ed.),

Pearl Harbor to Hiroshima, 114.
193. Lorelli, *To Foreign Shores*, 208–9.
194. Heinrichs and Gallicchio, *Implacable Foes*, 62–7.
195. Lorelli, *To Foreign Shores*, 234–5.
196. Richard Muller, 'Air war in the Pacific, 1941–1945', in John Olsen (ed.), *A History of Air Warfare* (Washington, DC, 2010), 69–70.
197. Heinrichs and Gallicchio, *Implacable Foes*, 103–8.
198. Hough, *Island War*, 245–6.
199. Heinrichs and Gallicchio, *Implacable Foes*, 115–23; Lorelli, *To Foreign Shores*, 243–7.
200. Boyd, *Hitler's Japanese Confidant*, 157.
201. Frederick Morgan, *Overture to Overlord* (London, 1950), 134–6, 142–4; John Ehrman, *Grand Strategy: Volume V: August 1943 to September 1944* (London, 1946), 54–6.
202. TNA, AIR 8/1103, CCS meeting minutes, 4 June 1943; Charles Webster and Noble Frankland, *Strategic Air Offensive against Germany: Volume IV* (London, 1961), 160, Directive to Harris, 3 Sept. 1943.
203. TNA, AIR 14/783, Portal to Harris encl. 'Extent to which the Eighth U.S.A.A.F and Bomber Command have been able to implement the G.A.F. Plan', p. 1.
204. TNA, AIR 14/739A, 'Conduct of the Strategic Bomber Offensive before Preparatory Stage of "Overlord"', 17 Jan. 1944; LC, Spaatz Papers, Box 143, Arnold to Spaatz, 24 Apr. 1944.
205. Air Force Historical Research Agency, Maxwell, Ala, Disc A1722, 'Army Air Forces Evaluation Board, Eighth Air Force "Tactical Development August 1942–May 1945"', pp. 50–55; Stephen McFarland and Wesley Newton, *To Command the Sky: The Battle for Air Superiority over Germany, 1942–44* (Washington, DC, 1991), 141, 164–6.
206. Horst Boog et al., *Das Deutsche Reich und der Zweite Weltkrieg: Band 7: Das Deutsche Reich in der Defensive* (Stuttgart, 2001), 11; Richard Davis, *Carl A. Spaatz and the Air War in Europe* (Washington, DC, 1993), 322–6, 370–79; Murray, *Luftwaffe*, 215.
207. Boog et al., *Das Deutsche Reich unde der Zweite Weltkrieg: Band 7*, 293. 有198架能服役的轰炸机。

208. Günter Bischof and Rolf Steininger, 'Die Invasion aus der Sicht von Zeitzeugen', in Günter Bischof and Wolfgang Krieger (eds.), *Die Invasion in der Normandie 1944* (Innsbruck, 2001), 68.
209. Ian Gooderson, *A Hard Way to Make a War: The Italian Campaign in the Second World War* (London, 2008), 260; Jones, *Britain, The United States and the Mediterranean War,* 154–6.
210. Lorelli, *To Foreign Shores*, 187–8.
211. Jones, *Britain, The United States and the Mediterranean War*, 157.
212. Lorelli, *To Foreign Shores*, 188–90; Gooderson, *Hard Way to Make a War*, 268–71.
213. James Parton, *'Air Force Spoken Here': General Ira Eaker and the Command of the Air* (Bethesda, Md, 1986), 363–5.
214. Gooderson, *Hard Way to Make a War*, 271–8; Peter Caddick-Adams, *Monte Cassino: Ten Armies in Hell* (London, 2012), 211–12.
215. Caddick-Adams, *Monte Cassino*, 225–7; Halik Kochanski, *The Eagle Unbowed: Poland and the Poles in the Second World War* (London, 2012), 473–5.
216. Jones, *Britain, The United States and the Mediterranean War*, 163–5; Gooderson, *Hard Way to Make a War*, 278–9.
217. Stephen Roskill, *The War at Sea: Volume IV* (London, 1961), 25–8.
218. TNA, AIR 37/752, Harris memorandum, 'The Employment of the Night Bomber Force in Connection with the Invasion of the Continent', 13 Jan. 1944; LC, Spaatz Papers, Box 143, Spaatz to Eisenhower [n.d. but April 1944].
219. Stephen Ambrose, *Eisenhower: Soldier and President* (New York, 1991), 126; Davis, *Carl A. Spaatz*, 336–8.
220. Andrew Knapp and Claudia Baldoli, *Forgotten Blitzes: France and Italy under Allied Air Attack, 1940–1945* (London, 2012), 29；关于死亡人数，见 Richard Overy, *The Bombing War: Europe 1939–1945* (London, 2013), 574。
221. Wesley Craven and James Cate, *The Army Air Forces in World War II: Volume III* (Chicago, Ill., 1983), 158. 关于攻击桥梁的作战，见 Stephen Bourque, *Beyond the Beach: The Allied War against France* (Annapolis, Md, 2018), ch. 9。
222. Detlef Vogel, 'Deutsche Vorbereitungen auf eine allierte Invasion im Westen', in Bischof and Krieger (eds.), *Die Invasion in der Normandie*, 52.
223. Bischof and Steininger, 'Die Invasion aus der Sicht von Zeitzeugen', 56.
224. Vogel, 'Deutsche Vorbereitungen', 45; Olivier Wieviorka, *Histoire du*

Débarquement en Normandie: Des origins à la liberation de Paris 1941–1944 (Paris, 2007), 191–3.
225. Vogel, 'Deutsche Vorbereitungen', 46–8.
226. Gordon Harrison, *Cross Channel Attack: The United States Army in World War II* (Washington, DC, 1951), 154–5, 249–52; Friedrich Ruge, *Rommel und die Invasion: Erinnerungen von Friedrich Ruge* (Stuttgart, 1959), 174–5.
227. Danchev and Todman (eds.), *War Diaries*, 554, entry for 5 June 1944.
228. D'Este, *Eisenhower*, 518–22.
229. Eberle and Uhl (eds.), *The Hitler Book*, 149.
230. *Report by the Supreme Commander to the Combined Chiefs of Staff on the Operations in Europe of the Allied Expeditionary Force* (London, 1946), 32.
231. Vogel, 'Deutsche Vorbereitungen', 50–51; Bischof and Steininger, 'Die Invasion aus der Sicht von Zeitzeugen', 66.
232. Fennell, *Fighting the People's War*, 534.
233. Volker Ullrich, *Hitler: Downfall 1939–45* (London, 2020), 427–9.
234. Alistair Horne and David Montgomery, *The Lonely Leader: Monty, 1944–1945* (London, 1994), 207; L. Ellis, *Victory in the West: Volume I: The Battle for Normandy* (London, 1962), 329–30.
235. Percy Schramm (ed.), *Kriegstagebuch des Oberkommandos der Wehrmacht*, 4 vols.(Munich, 1963), iv, 326; Eddy Bauer, *Der Panzerkrieg*, 2 vols.(Bonn, 1965), ii, 104–5, 125–6; John English, *The Canadian Army and the Normandy Campaign* (New York, 1991), 227–31.
236. Joachim Ludewig, *Rückzug: The German Retreat from France, 1944* (Lexington, Ky, 2012), 34–5, 40.
237. Ralph Bennett, *Ultra in the West: The Normandy Campaign of 1944 to 1945* (London, 1979), 112–16; Martin Blumenson, *Breakout and Pursuit: U.S. Army in World War II* (Washington, DC, 1961), 457–65.
238. Klaus-Jürgen Müller, 'Die Zusammenbruch des deutschen Westheeres: Die operative Entwicklung im Bereich der Heeresgruppe B Juli bis Ende August', in Michael Salewski and Guntram Schulze-Wegener (eds.), *Kriegsjahr 1944: im Grossen und im Kleinen* (Stuttgart, 1995), 31–2.
239. D'Este, *Eisenhower*, 572.
240. Milton Shulman, *Defeat in the West* (London, 1947), 175.

241. Jones, *Britain, The United States and the Mediterranean War*, 183.
242. Ludewig, *Rückzug*, 58–62.
243. D'Este, *Eisenhower*, 567.
244. Ludewig, *Rückzug*, 73.
245. 关于戴高乐的角色和巴黎沦陷后继续战斗的法国人，见 Wieviorka, *Histoire du Débarque-ment*, 402–8。
246. Fennell, *Fighting the People's War*, 565.
247. Bischof and Steininger, 'Die Invasion aus der Sicht von Zeitzeugen', 65.
248. David Kahn, *Hitler's Spies: German Military Intelligence in World War II* (London, 1978), 440–41.
249. John Erickson, *The Road to Berlin: Stalin's War with Germany* (London, 1983), 253; David Glantz, 'The red mask: the nature and legacy of Soviet deception in the Second World War', in Michael Handel (ed.), *Strategic and Operational Deception in the Second World War* (London, 1987), 213–17; S. L. Sokolov and John Erickson, *Main Front: Soviet Leaders Look Back on World War II* (New York, 1987), 177–8, 192.
250. Stephen Fritz, *The First Soldier: Hitler as Military Leader* (New Haven, Conn., 2018), 320–21; Gerd Niepold, 'Die Führung der Heeresgruppe Mitte von Juni bis August', in Salewski and Schulze-Wegener (eds.), *Kriegsjahr 1944*, 61–3; Rolf Hinze, 'Der Zusammenbruch der Heeresgruppe Mitte', ibid., 97.
251. Fritz, *First Soldier*, 296；来自苏联资料的稍微低一些的数据，见 Soviet sources see Hinze, 'Der Zusammenbruch der Heeresgruppe Mitte', 79–80。
252. Paul Winterton, *Report on Russia* (London, 1945), 23.
253. Karl-Heinz Frieser et al., *Das Deutsche Reich und der Zweite Weltkrieg: Band 8: Die Ostfront 1943/44* (Munich, 2007), 814–15.
254. Oula Silvennoinen, 'Janus of the North? Finland 1940–44', in John Gilmour and Jill Stephenson (eds.), *Hitler's Scandinavian Legacy* (London, 2013), 141–2; Juhana Aunesluoma, 'Two shadows over Finland: Hitler, Stalin and the Finns facing the Second World War as history 1944–2010', ibid., 205–7.
255. Deborah Cornelius, *Hungary in World War II: Caught in the Cauldron* (New York, 2011), 256–9, 271–80.
256. Peter Sipos, 'The fascist Arrow Cross government in Hungary (October 1944– April 1945)', in Wolfgang Benz, Johannes Houwink ten Cate and Gerhard

Otto (eds.), *Die Bürokratie der Okkupation: Strukturen der Herrschaft und Verwaltung im besetzten Europa* (Berlin, 1998), 50, 53–5.
257. Ben-Ami Shillony, *Politics and Culture in Wartime Japan* (Oxford, 1981), 62–3.
258. Theodore Hamerow, *On the Road to the Wolf's Lair: German Resistance to Hitler* (Cambridge, Mass., 1997), 320–21; Klemens von Klemperer, *German Resistance against Hitler: The Search for Allies Abroad* (Oxford, 1992), 432–3.
259. Randall Hansen, *Disobeying Hitler: German Resistance in the Last Year of WWII* (London, 2014), 38–44.
260. Ullrich, *Hitler: Downfall*, 475–7.
261. Sönke Neitzel, *Tapping Hitler's Generals: Transcripts of Secret Conversations, 1942–45* (Barnsley, 2007), 263，该文记录了海因兹·埃伯巴赫将军和海因兹·欧根·埃伯巴赫上尉父子在1944年9月20—21日的对话。
262. Nick Stargardt, *The German War: A Nation under Arms, 1939–45* (London, 2016), 452–3; Ian Kershaw, *The End: Hitler's Germany 1944–45* (London, 2011), 31–3.
263. Shillony, *Politics and Culture in Wartime Japan*, 51–2, 59–60, 71–4.
264. John Dower, *Japan in War and Peace: Essays on History, Race and Culture* (London, 1993), 102–7.
265. Ibid., 129.
266. Frank Gibney (ed.), *Sensō: The Japanese Remember the Pacific War* (New York, 2007), 169–78; Samuel Yamashita, *Daily Life in Wartime Japan 1940–1945* (Lawrence, Kans, 2015), 163–72.
267. Alfons Kenkmann, 'Zwischen Nonkonformität und Widerstand', in Dietmar Süss and Winfried Süss (eds.), *Das 'Dritte Reich': Eine Einführung* (Munich, 2008), 150–52.
268. Kershaw, *The End*, 36–7.
269. Hansen, *Disobeying Hitler*, 209–10.
270. Ralf Bank, *Bitter Ends: Die letzten Monate des Zweiten Weltkriegs im Ruhrgebiet, 1944/45* (Essen, 2015), 232.
271. Michael Sellmann, 'Propaganda und SD–"Meldungen aus dem Reich"', in Salewski and Schulze-Wegener (eds.), *Kriegsjahr 1944*, 207–8.
272. Stargardt, *The German War*, 477–80.
273. Benjamin Uchigama, *Japan's Carnival War: Mass Culture on the Home Front 1937–1945* (Cambridge, 2019), 241.

274. Ibid., 242–3.
275. Aaron Moore, *Writing War: Soldiers Record the Japanese Empire* (Cambridge, Mass., 2013), 237–8.
276. Thomas Kühne, *The Rise and Fall of Comradeship: Hitler's Soldiers, Male Bonding and Mass Violence in the Twentieth Century* (Cambridge, 2017), 160, 171.
277. Thomas Brooks, *The War North of Rome: June 1944–May 1945* (New York, 1996), 363.
278. Stargardt, *The German War*, 476.
279. Jeffrey Herf, *The Jewish Enemy: Nazi Propaganda During World War II and the Holocaust* (Cambridge, Mass., 2006), 257–61.
280. Robert Kramm, 'Haunted by defeat: imperial sexualities, prostitution and the emergence of postwar Japan', *Journal of World History*, 28 (2017), 588–91.
281. Richard Frank, *Downfall: The End of the Japanese Imperial Empire* (New York, 1999), 188–90.
282. Stargardt, *The German War*, 456–7; Stephen Fritz, *Endkampf: Soldiers, Civilians, and the Death of the Third Reich* (Lexington, Ky, 2004), 91.
283. Kennedy, *The American People in World War II*, 358.
284. Klein, *A Call to Arms*, 681–6.
285. Daniel Todman, *Britain's War: A New World 1943–1947* (London, 2020), 582, 591, 654.
286. Martha Gellhorn, *The Face of War from Spain to Vietnam* (London, 1967), 142.
287. Geoffrey Picot, *Accidental Warrior: In the Front Line from Normandy till Victory* (London, 1993), 196–7, 201.
288. Paul Fussell, *The Boys' Crusade: American GIs in Europe: Chaos and Fear in World War II* (London, 2003), 93–9.
289. Catherine Merridale, *Ivan's War: The Red Army, 1939–45* (London, 2005), 230–32, 242–3.
290. Klein, *A Call to Arms*, 676–83, 717–19.
291. Heinrichs and Gallicchio, *Implacable Foes*, 424–6.
292. Todman, *Britain's War*, 655–6.
293. Heinrichs and Gallicchio, *Implacable Foes*, 422.
294. Fritz, *First Soldier*, 336–7.
295. Mitter, *China's War with Japan*, 342.

296. Van de Ven, *China at War*, 196–7.
297. Shillony, *Politics and Culture in Wartime Japan*, 76.
298. Tohmatsu Haruo, 'The strategic correlation between the Sino-Japanese and Pacific wars', in Peattie, Drea and van de Ven (eds.), *Battle for China*, 438–9.
299. Christopher Baxter, 'In pursuit of a Pacific strategy: British planning for the defeat of Japan, 1943–45', *Diplomacy & Statecraft*, 15 (2004), 254–7; Nicholas Sarantakes, 'The Royal Air Force on Okinawa: the diplomacy of a coalition on the verge of victory', *Diplomatic History*, 27 (2003), 481–3.
300. Mark Jacobsen, 'Winston Churchill and a Third Front', *Journal of Strategic Studies*, 14 (1991), 349–56.
301. Todman, *Britain's War*, 673; Sarantakes, 'Royal Air Force on Okinawa,' 486.
302. Heinrichs and Gallichio, *Implacable Foes*, 150–54.
303. Ibid., 180–90.
304. Symonds, *World War II at Sea*, 585–7.
305. Chandler (ed.), *Papers of Dwight David Eisenhower*, 2115, Eisenhower to all commanders, 4 Sept. 1944.
306. Ibid., 2143–4, Eisenhower to Marshall, 14 Sept. 1944; Eisenhower to Montgomery, 15 Sept. 1944.
307. Gooderson, *Hard Way to Make a War*, 281–4.
308. Brooks, *The War North of Rome*, 254–8, 304.
309. Chandler (ed.), *Papers of Dwight David Eisenhower*, 2125–7, Eisenhower to the CCS, 9 Sept. 1944.
310. Buckley, *Monty's Men*, 240.
311. Fennell, *Fighting the People's War*, 582.
312. D'Este, *Eisenhower*, 626–7.
313. Ludewig, *Rückzug*, 206–7.
314. Alistair Noble, *Nazi Rule and the Soviet Offensive in Eastern Germany 1944–1945* (Eastbourne, 2009), 102–17.
315. Bastiann Willems, 'Defiant breakwaters or desperate blunders? A revision of the German late-war fortress strategy', *Journal of Slavic Military Studies*, 28 (2015), 353–8.
316. Fritz, *Ostkrieg*, 432–4; Mawdsley, *Thunder in the East*, 303–5. 苏联方面宣称，在1945年5月10日库尔兰的德军投降时俘虏了27.4万人。

317. Krisztián Ungváry, *Battle for Budapest: 100 Days in World War II* (London, 2019), 4–6, 49–56.
318. Ibid., 330–31.
319. Ludewig, *Rückzug*, 204–5.
320. Ullrich, *Hitler: Downfall*, 507.
321. Ibid., 508.
322. Ibid., 509.
323. Walter Warlimont, *Inside Hitler's Headquarters 1939–45* (London, 1964), 486; Ullrich, *Hitler: Downfall*, 514.
324. Buckley, *Monty's Men*, 259; Chandler, *Papers of Dwight David Eisenhower*, 2355, Eisenhower to Brehon Somervell, 17 Dec. 1944.
325. D'Este, *Eisenhower*, 635–6.
326. Charles MacDonald, *The Battle of the Bulge* (London, 1984), 608; British Air Ministry, *The Rise and Fall of the German Air Force 1933–1945* (London, 1986), 376–80.
327. Richard Overy, *The Air War 1939–1945* (London, 1980), 77.
328. Chandler (ed.), *Papers of Dwight David Eisenhower*, 2407, Eisenhower to the CCS.
329. Warlimont, *Inside Hitler's Headquarters*, 487–9.
330. Jablonsky, *War by Land, Sea and Air*, 129–30.
331. D'Este, *Eisenhower*, 658; Harry Butcher, *Three Years with Eisenhower: The Personal Diary of Captain Harry C. Butcher, 1942–1945* (London, 1946), 626–8.
332. Chandler (ed.), *Papers of Dwight David Eisenhower*, 2419, Eisenhower to Marshall, 10 Jan. 1945.
333. Heinrich Schwendemann, 'Strategie der Selbstvernichtung: Die Wehrmachtführung im "Endkampf" um das "Dritte Reich"', in Rolf-Dieter Müller and Hans-Erich Volkmann (eds.), *Die Wehrmacht: Mythos und Realität* (Munich, 1999), 228.
334. Hough, *Island War*, 732–3.
335. Nicolaus von Below, *At Hitler's Side: The Memoirs of Hitler's Luftwaffe Adjutant 1937–1945* (London, 2001), 223.
336. Michael Geyer, '*Endkampf* 1918 and 1945: German nationalism, annihilation, and self-destruction', in Alf Lüdtke and Bernd Weisbrod (eds.), *No Man's Land of Violence: Extreme Wars in the 20th Century* (Göttingen, 2006), 45–51.

337. Werner Maser (ed.), *Hitler's Letters and Notes* (New York, 1974), 346–50.
338. Boog et al., *Das Deutsche Reich und der Zweite Weltkrieg: Band 7*, 105.
339. Davis, *Carl A. Spaatz*, Appdx. 8; Henry Probert, *Bomber Harris: His Life and Times* (London, 2006), 305–6.
340. Webster and Frankland, *Strategic Air Offensive*, 174–6, Directive from Bottomley to Harris, 13 Oct. 1944; pp. 177–9, '1st November 1944: Directive No. 2 for the Strategic Air Forces in Europe'.
341. Overy, *The Bombing War*, 391–4.
342. Mawdsley, *Thunder in the East*, 325.
343. S. M. Plokhy, *Yalta: The Price of Peace* (New York, 2010), 330.
344. Roberts, *Stalin's Wars*, 235; Plokhy, *Yalta*, xxv.
345. Fraser Harbutt, *Yalta 1945: Europe and America at the Crossroads* (Cambridge, 2010), 305, 313–17.
346. Plokhy, *Yalta*, 331–4, 343–4.
347. Richard Bessel, *Germany 1945: From War to Peace* (New York, 2009), 21–2.
348. Brooks, *War North of Rome*, 371; L. P. Devine, *The British Way of Warfare in Northwest Europe, 1944–5* (London, 2016), 163–7.
349. Bessel, *Germany 1945*, 17–18.
350. Martin Moll (ed.), *Führer-Erlasse: 1939–1945* (Stuttgart, 1997), 486–7, 'Zerstörungsmassnahmen im Reichsgebiet', 19 Mar. 1945.
351. Buckley, *Monty's Men*, 278; D'Este, *Eisenhower*, 681.
352. Buckley, *Monty's Men*, 286.
353. Kershaw, *The End*, 304–5.
354. D'Este, *Eisenhower*, 683, 696–7.
355. Fritz, *Endkampf*, 15–19.
356. Chandler (ed.), *Papers of Dwight David Eisenhower*, 2569, Eisenhower to the CCS, 31 Mar. 1945.
357. Fritz, *Endkampf*, 40–41.
358. Brooks, *The War North of Rome*, 363–6.
359. Merridale, *Ivan's War*, 243.
360. Mawdsley, *Thunder in the East*, 355–6.
361. Hill, *Red Army*, 523–31.
362. Zhukov, *Reminiscences*, 353–5.

363. Ivan Konev, *Year of Victory* (Moscow, 1969), 171–2; Erickson, *The Road to Berlin*, 809–11.
364. Eberle and Uhl (eds.), *The Hitler Book*, 219.
365. Moll (ed.), *Führer-Erlasse*, 495–6, Directive, 24 Apr. 1945.
366. Ibid., 241, footnote 2.
367. Geyer, '*Endkampf* 1918 and 1945', 51.
368. Alvin Coox, 'Strategic bombing in the Pacific 1942–1945', in R. Cargill Hall (ed.), *Case Studies in Strategic Bombardment* (Washington, DC, 1998), 296–7. 1945. 1944年11月至1945年1月，日军轰炸机还攻击了B-29所在的机场。
369. Heinrichs and Gallicchio, *Implacable Foes*, 231–3.
370. Ibid., 248–55.
371. Ibid., 255–6.
372. Ibid., 358–9.
373. Ibid., 265–6.
374. Hough, *Island War*, 342–3.
375. Heinrichs and Gallicchio, *Implacable Foes*, 281–3; Symonds, *World War II at Sea*, 606.
376. Frank, *Downfall*, 69–70.
377. Symonds, *World War II at Sea*, 619–26.
378. Frank, *Downfall*, 70.
379. Ibid., 271; Heinrichs and Gallicchio, *Implacable Foes*, 400–401.
380. Theodore Roscoe, *United States Submarine Operations in World War II* (Annapolis, Md, 1949), 523.
381. USSBS, *The Effects of Strategic Bombing on Japan's War Economy* (Washington, DC, 1946), 180–81; Akira Hari, 'Japan: guns before rice', in Mark Harrison (ed.), *The Economics of World War II: Six Great Powers in International Comparison* (Cambridge, 1998), 245; Roscoe, *United States Submarine Operations*, 453.
382. Barrett Tillman, *Whirlwind: The Air War against Japan 1942–1945* (New York, 2010), 139–45.
383. Coox, 'Strategic bombing in the Pacific', 317–21.
384. Ibid., 340–48.
385. USSBS, Pacific Theater, Report 1, 'Summary Report', Washington, DC, 1 July 1946, p. 19.

386. Frank, *Downfall*, 84–5, 182–4.
387. Ibid., 96–8.
388. Thomas Hall, '"Mere drops in the ocean": the politics and planning of the contribution of the British Commonwealth to the final defeat of Japan, 1944–45', *Diplomacy & Statecraft*, 16 (2005), 101–4, 109.
389. Sarantakes, 'Royal Air Force on Okinawa', 479.
390. Barton Bernstein, 'Truman and the A-bomb: targeting non-combatants, using the bomb, and his defending his "decision"', *Journal of Military History*, 62 (1998), 551–4.
391. Frank, *Downfall*, 134–45.
392. Heinrichs and Gallicchio, *Implacable Foes*, 515.
393. Elena Agarossi, *A Nation Collapses: The Italian Surrender of September 1943* (Cambridge, 2000), 14–22.
394. David Ellwood, *Italy 1943–1945* (Leicester, 1985), 22–3.
395. Agarossi, *A Nation Collapses*, 14–26.
396. Ibid., 28–32.
397. Ibid., 64–72, 80–87; Morgan, *Fall of Mussolini*, 91–3; D'Este, *Eisenhower*, 449–52.
398. Ellwood, *Italy*, 41–6.
399. Marc Trachtenberg, 'The United States and Eastern Europe 1945: a reassessment', *Journal of Cold War Studies*, 10 (2008), 106, 124–31.
400. Allen Dulles, *The Secret Surrender* (London, 1967), 97–100, 177–8.
401. Reyonolds and Pechatnov (eds.), *The Kremlin Letters*, 570–71, 578–9, Stalin to Roosevelt 3 Apr. 1945; Stalin to Roosevelt, 7 Apr. 1945.
402. TNA, WO 106/3974, Military Mission Moscow to AGWAR, 24 Apr. 1945; Moscow Mission to SHAEF, 25 Apr. 1945.
403. Giorgio Bocca, *Storia dell'Italia partigiana, settembre 1943–maggio 1945* (Milan, 1995), 506, 519–20; Max Corvo, *OSS Italy 1942–1945: A Personal Memoir of the Fight for Freedom* (New York, 2005), 267–9.
404. J. Lee Ready, *Forgotten Allies: Volume 1, European Theater* (Jefferson, NC, 1985), 426–7.
405. TNA, CAB 106/761, Instrument of Local Surrender of German and Other Forces, 29 Apr. 1945; PREM 3/198/3, Churchill cable to Stalin, 29 Apr. 1945.

406. TNA, PREM 3/198/3, Alexander to Eisenhower, 2 May 1945; Richard Lamb, *War in Italy 1943–1945: A Brutal Story* (London, 1993), 293–5; Bocca, *Storia dell'Italia partigiana*, 523.
407. David Stafford, *Mission Accomplished: SOE and Italy 1943–1945* (London, 2011), 325; Bocca, *Storia dell'Italia partigiana*, 521–2; Lamb, *War in Italy*, 262–5.
408. Stafford, *Mission Accomplished*, 318–19.
409. TNA, PREM 3/193/6, JIC report 'German strategy and capacity to resist', 16 Oct. 1944, p. 2.
410. Eberle and Uhl (eds.), *The Hitler Book*, 269.
411. Dulles, *Secret Surrender*, 176–8.
412. Von Below, *At Hitler's Side*, 239.
413. Brendan Simms, *Hitler: Only the World was Enough* (London, 2019), 516; TNA, FO 1005/1701, CCG (British Element), Bulletin of the Intelligence Bureau, 28 Feb. 1946, interrogation of von Below (Hitler's air adjutant).
414. Dulles, *Secret Surrender*, 178.
415. TNA, PREM 3/197/4, telegram from John Deane to the British Foreign Office, 7 May 1945.
416. Kershaw, *The End*, 367–70.
417. TNA, WO 106/4449, Moscow embassy to Foreign Office, 12 May 1945; Eisenhower to the CCS, 7 May 1945.
418. John Galbraith, *A Life in Our Times: Memoirs* (London, 1981), 221–2; Albert Speer, *Inside the Third Reich* (London, 1970), 498–9.
419. TNA, PREM 3/197/4, minute from Churchill to Orme Sargent, Foreign Office, 14 May 1945; Foreign Office minute on General Busch, 12 May 1945.
420. Richard Overy, '"The chap with the closest tabs": Trevor-Roper and the hunt for Hitler', in Blair Worden (ed.), *Hugh Trevor-Roper: The Historian* (London, 2016), 192–206.
421. TNA, WO 219/2086, SHAEF G-3 Report, 'Arrest of members of Acting German Government', 23 May 1945.
422. Gerhard Krebs, 'Operation Super-Sunrise? Japanese–United States peace feelers in Switzerland 1945', *Journal of Military History*, 69 (2005), 1081, 1087, 1115–17.
423. Shillony, *Politics and Culture in Wartime Japan*, 77–8, 81.

424. Krebs, 'Operation Super-Sunrise?', 1087–96.
425. 这些思想在 Yukiko Koshiro, 'Eurasian eclipse: Japan's end game in World War II', *American Historical Review*, 109 (2004), 417–26, 434–7 中得到了进一步阐述。
426. Jeremy Yellen, 'The specter of revolution: reconsidering Japan's decision to surrender', *International History Review*, 35 (2013), 209–10, 213–14.
427. Shillony, *Politics and Culture in Wartime Japan*, 85; Yellen, 'The specter of revolution', 214.
428. Heinrichs and Gallicchio, *Implacable Foes*, 523–6.
429. Eric Fowler, 'Will-to-fight: Japan's imperial institution and the United States strategy to end World War II', *War & Society*, 34 (2015), 47–8.
430. Heinrichs and Gallicchio, *Implacable Foes*, 512–13, 541; Andrew Rotter, *Hiroshima: The World's Bomb* (Oxford, 2008), 162–4.
431. Michael Neiberg, *Potsdam: The End of World War II and the Remaking of Europe* (New York, 2015), 244–5.
432. David Holloway, 'Jockeying for position in the postwar world: Soviet entry into the war with Japan in August 1945', in Tsuyoshi Hasegawa (ed.), *The End of the Pacific War: Reappraisals* (Stanford, Calif., 2007), 172–5.
433. Phillips O'Brien, 'The Joint Chiefs of Staff, the atom bomb, the American military mind and the end of the Second World War', *Journal of Strategic Studies*, 42 (2019), 975–85.
434. Heinrichs and Gallicchio, *Implacable Foes*, 552.
435. LC, Arnold Papers, Reel 199, note 'Atomic Bomb Cities' [n.d.].
436. Rotter, *Hiroshima*, 191–3.
437. Sumio Hatano, 'The atomic bomb and Soviet entry into the war', in Hasegawa (ed.), *End of the Pacific War*, 98–9.
438. Ibid., 99–101.
439. Yellen, 'The specter of revolution', 216–17.
440. Yamashita, *Daily Life in Wartime Japan*, 173–9; Gibney (ed.), *Sensō*, 215.
441. Cited from the Japanese in Yellen, 'The specter of revolution', 219.
442. Ronald Spector, 'After Hiroshima: Allied military occupation and the fate of Japan's empire', *Journal of Military History*, 69 (2005), 1122–3; Shillony, *Politics and Culture in Wartime Japan*, 89.
443. Van de Ven, *China at War*, 203–5, 209–13.

444. Sarah Paine, *The Japanese Empire: Grand Strategy from the Meiji Restoration to the Pacific War* (Cambridge, 2017), 167–70.
445. Christian Goeschel, *Suicide in Nazi Germany* (Oxford, 2009), 149–52.
446. Haruko Cook and Theodore Cook (eds.), *Japan at War: An Oral History* (New York, 1992), 364–5.
447. Yamashita, *Daily Life in Wartime Japan*, 188.

第四章 动员一场总体战

1. Cited in Lennart Samuelson, *Tankograd: The Formation of a Soviet Company Town: Cheliabinsk 1900–1950s* (Basingstoke, 2011), 230.
2. Ibid., 229, 231.
3. 国家收入数据取自 Mark Harrison (ed.), *The Economics of World War II: Six Great Powers in International Comparison* (Cambridge, 1998), 21。
4. Edward Drea, *Japan's Imperial Army: Its Rise and Fall, 1853–1945* (Lawrence, Kans, 2009), 160.
5. Thomas Hippler, *Governing from the Skies: A Global History of Aerial Bombing* (London, 2017), 15–16, 112–13.
6. Erich Ludendorff, *The Nation at War* (London, 1935), 22–3.
7. *Akten zur deutschen auswärtigen Politik*, Ser. D, vol. vi (Göttingen, 1956), 481, Führer conference with military commanders, 29 May 1939.
8. Rudolf Absolon, *Die Wehrmacht im Dritten Reich: Band IV, 5 February 1938 bis 31 August 1939* (Boppard-am-Rhein, 1979), 9–11.
9. Roxanne Panchasi, *Future Tense: The Culture of Anticipation in France between the Wars* (Ithaca, NY, 2009), 81, 84.
10. Cyril Falls, *The Nature of Modern Warfare* (London, 1941), 7.
11. TNA, AIR 9/39, Air Vice-Marshal Arthur Barrett, 'Air Policy and Strategy', 23 Mar. 1936, pp. 5–6.
12. United States Air Force Academy, Colorado Springs, McDonald Papers, ser. V, Box 8, 'Development of the U.S. Air Forces Philosophy of Air Warfare', pp. 13–15.
13. 关于日本的情况，见 Samuel Yamashita, *Daily Life in Wartime Japan 1940–1945* (Lawrence, Kans, 2015), 11–14；关于德国和苏联的情况，见 Richard Overy, *The*

Dictators: Hitler's Germany and Stalin's Russia (London, 2004), 459–67。

14. Hans van de Ven, *War and Nationalism in China 1925–1945* (London, 2003), 279–81.
15. Stephen King-Hall, *Total Victory* (London, 1941).
16. *Total War and Total Peace: Four Addresses by American Leaders* (Oxford, 1942), 29, from a speech given on 23 July 1942.
17. USSBS, Pacific Theater, Report 1, 'Summary Report', Washington, DC, 1 July 1946, pp. 10–11.
18. IWM, Speer Collection, Box S368, Schmelter interrogation, Appendix 1, 'The call-up of workers from industry for the Armed Forces', pp. 7–8; Alan Bullock, *The Life and Times of Ernest Bevin: Volume II. Minister of Labour 1940–1945* (London, 1967), 55.
19. Maury Klein, *A Call to Arms: Mobilizing America for World War II* (New York, 2013), 340–41, 691–4.
20. Anna Krylova, *Soviet Women in Combat: A History of Violence on the Eastern Front* (Cambridge, 2010), 146–51; John Erickson, 'Soviet women at war', in John Garrard and Carol Garrard (eds.), *World War 2 and the Soviet People* (London, 1993), 50–76.
21. Drea, *Japan's Imperial Army*, 198–9, 234. 1938年5月时，侵华日军中只有11%的人是常备军，22.6%是第一预备役（24岁至28岁），45.2%是第二预备役（29岁至34岁）。
22. Diana Lary, *The Chinese People at War: Human Suffering and Social Transformation 1937–1945* (Cambridge, 2010), 160–61; van de Ven, *War and Nationalism in China*, 255–8, 269–71; Joshua Howard, *Workers at War: Labor in China's Arsenals, 1937–1953* (Stanford, Calif., 2004), 171–2.
23. Mark Stoler, *Allies and Adversaries: The Joint Chiefs of Staff, the Grand Alliance, and U. S. Strategy in World War II* (Chapel Hill, NC, 2000), 48–9, 54–5.
24. Stephen Schwab, 'The role of the Mexican Expeditionary Air Force in World War II: late, limited, but symbolically significant', *Journal of Military History*, 66 (2002), 1131–3; Neill Lochery, *Brazil: The Fortunes of War: World War II and the Making of Modern Brazil* (New York, 2014), 230–34.
25. Harrison (ed.), *The Economics of World War II*, 14, 253.
26. Halik Kochanski, *The Eagle Unbowed: Poland and the Poles in the Second World*

War (London, 2012), 209–10, 467.

27. David French, *Raising Churchill's Army: The British Army and the War against Germany 1919–1945* (Oxford, 2000), 186; Ulysses Lee, *The Employment of Negro Troops* (Washington, DC, 1994), 406.

28. Wesley Craven and James Cate, *The Army Air Forces in World War II: Volume VI: Men and Planes* (Chicago, Ill., 1955), 429–30; Allan English, *The Cream of the Crop: Canadian Aircrew, 1939–1945* (Montreal, 1996), 19.

29. Emma Newlands, *Civilians into Soldiers: War, the Body and British Army Recruits 1939–1945* (Manchester, 2014), 31–2; Jeremy Crang, *The British Army and the People's War 1939–1945* (Manchester, 2000), 7–11, 14–15.

30. Domenico Petracarro, 'The Italian Army in Africa 1940–1943: an attempt at historical perspective', *War & Society*, 9 (1991), 104–5.

31. Parliamentary Archives, London, Balfour Papers, BAL/4, 'The British Commonwealth Air Training Plan, 1939–1945', Ottawa, 1949, pp. 3–8.

32. Klein, *A Call to Arms*, 340–41; Steven Casey, *Cautious Crusade: Franklin D. Roosevelt, American Public Opinion and the War against Nazi Germany* (New York, 2001), 86.

33. Krylova, *Soviet Women in Combat*, 114.

34. Klein, *A Call to Arms*, 694.

35. Hugh Rockoff, *America's Economic Way of War: War and the US Economy from the Spanish–American War to the Persian Gulf War* (Cambridge, 2012), 160.

36. *Statistical Digest of the War* (London, 1951), 11.

37. French, *Raising Churchill's Army*, 244–6.

38. Rüdiger Overmans, *Deutsche militärische Verluste im Zweiten Weltkrieg* (Munich, 2004), 261–6; G. F. Krivosheev (ed.), *Soviet Casualties and Combat Losses in the Twentieth Century* (London, 1997), 85, 87; David Glantz, *Colossus Reborn: The Red Army 1941–1943* (Lawrence, Kans, 2005), 135–9.

39. Overmans, *Deutsche militärische Verluste*, 266; Krivosheev, *Soviet Casualties and Combat Losses*, 96–7.

40. Bernhard Kroener, 'Menschenbewirtschaftung. Bevölkerungsverteilung und personelle Rüstung in der zweiten Kriegshälfte', in Bernhard Kroener, Rolf-Dieter Müller and Hans Umbreit, *Das Deutsche Reich und der Zweite Weltkrieg: Band 5/2: Organisation und Mobilisierung des deutschen Machtbereichs* (Stuttgart, 1999), 853–9; Overmans, *Deutsche militärische Verluste*, 244.

41. Geoffrey Megargee, *Inside Hitler's High Command* (Lawrence, Kans, 2000), 202.
42. Carter Eckert, 'Total war, industrialization, and social change in late colonial Korea', in Peter Duus, Ramon Myers and Mark Peattie (eds.), *The Japanese Wartime Empire, 1931–1945* (Princeton, NJ, 1996), 28–30.
43. Rolf-Dieter Müller, *The Unknown Eastern Front: The Wehrmacht and Hitler's Foreign Soldiers* (London, 2012), 169, 176, 212, 223–4; David Stahel (ed.), *Joining Hitler's Crusade: European Nations and the Invasion of the Soviet Union, 1941* (Cambridge, 2018), 6–7.
44. Oleg Beyda, '"La Grande Armée in field gray": the legion of French volunteers against Bolshevism, 1941', *Journal of Slavic Military Studies*, 29 (2016), 502–17.
45. Joachim Hoffmann, *Die Geschichte der Wlassow-Armee* (Freiburg, 1984), 205–6; Müller, *Unknown Eastern Front*, 235.
46. F. W. Perry, *The Commonwealth Armies: Manpower and Organisation in Two World Wars* (Manchester, 1988), 227.
47. Kaushik Roy, *India and World War II: War, Armed Forces, and Society, 1939–1945* (New Delhi, 2016), 12, 16–17, 28, 35, 37, 53, 80; Tarak Barkawi, *Soldiers of Empire: Indian and British Armies in World War II* (Cambridge, 2017), 51–4.
48. Ashley Jackson, *The British Empire and the Second World War* (London, 2006), 1–2.
49. David Killingray, *Fighting for Britain: African Soldiers in the Second World War* (Woodbridge, 2010), 44.
50. Stephen Bourne, *The Motherland Calls: Britain's Black Servicemen and Women 1939–1945* (Stroud, 2012), 10–12.
51. Killingray, *Fighting for Britain*, 35–40, 42, 47–50, 75.
52. Bourne, *The Motherland Calls*, 11, 23–4.
53. Morris MacGregor, *Integration of the Armed Forces, 1940–1965* (Washington, DC, 1985), 17–24.
54. Sherie Merson and Steven Schlossman, *Foxholes and Color Lines: Desegregating the U. S. Armed Forces* (Baltimore, Md, 1998), 67, 77–8, 82–3; Chris Dixon, *African Americans and the Pacific War 1941–1945* (Cambridge, 2018), 59–60.
55. Dixon, *African Americans*, 53, 63–5
56. Lee, *Employment of Negro Troops*, 411–16; MacGregor, *Integration of the Armed Forces*, 24; Mershon and Schlossman, *Foxholes and Color Lines*, 64–5.

57. Mershon and Schlossman, *Foxholes and Color Lines*, 63.
58. Lee, *Employment of Negro Troops*, 286; MacGregor, *Integration of the Armed Forces*, 28-30. 关于"塔斯基吉飞行员",见 J. Todd Moye, *Freedom Flyers: The Tuskegee Airmen of World War II* (New York, 2010); William Percy, 'Jim Crow and Uncle Sam: the Tuskegee flying units and the U. S. Army Air Forces in Europe during World War II', *Journal of Military History*, 67 (2003), 775, 786-7, 809-10; Stanley Sandler, *Segregated Skies: All-Black Combat Squadrons in World War II* (Washington, DC, 1992), ch. 5。
59. Robert Asahima, *Just Americans: How Japanese Americans Won a War at Home and Abroad* (New York, 2006), 6-7; Brenda Moore, *Serving Our Country: Japanese American Women in the Military during World War II* (New Brunswick, NJ, 2003), xi-xii, 19.
60. 例如,关于标准岗位的列表,见 Rosamond Greer, *The Girls of the King's Navy* (Victoria, BC, 1983), 14-15, 144。
61. Gerard DeGroot, 'Whose finger on the trigger? Mixed anti-aircraft batteries and the female combat taboo', *War in History*, 4 (1997), 434-7.
62. Birthe Kundrus, 'Nur die halbe Geschichte: Frauen im Umfeld der Wehrmacht', in Rolf-Dieter Müller and Hans-Erich Volkmann (eds.), *Die Wehrmacht: Mythos und Realität* (Munich, 1999), 720-21.
63. Franz Siedler, *Blitzmädchen: Die Geschichte der Helferinnen der deutschen Wehrmacht* (Bonn, 1996), 169.
64. *Statistical Digest of the War*, 9, 11; Jeremy Crang, *Sisters in Arms: Women in the British Armed Forces During the Second World War* (Cambridge, 2020), 2-3, 30, 36, 310.
65. Greer, *Girls of the King's Navy*, 14-16.
66. Klein, *A Call to Arms*, 352-3.
67. Jeanne Holm, *In Defense of a Nation: Servicewomen in World War II* (Washington, DC, 1998), 1, 41, 75.
68. Craven and Cate, *Army Air Forces: Volume VI*, 102-4.
69. Holm, *In Defense of a Nation*, 48-9, 57-9.
70. Bourne, *The Motherland Calls*, 121.
71. Helena Schrader, *Sisters in Arms: The Women who Flew in World War II* (Barnsley, 2006), 8-16.

72. Kathleen Cornelsen, 'Women Airforce Service Pilots of World War II', *Journal of Women's History*, 17 (2005), 111–12, 115–16; Bourne, *The Motherland Calls*, 120–21; Schrader, *Sisters in Arms*, 138–45.
73. Krylova, *Soviet Women in Combat*, 3; Erickson, 'Soviet women at war', 52, 62–9.
74. Roger Reese, *Why Stalin's Soldiers Fought: The Red Army's Military Effectiveness in World War II* (Lawrence, Kans, 2011), 104–5, 114.
75. Reina Pennington, *Wings, Women and War: Soviet Airwomen in World War II* (Lawrence, Kans, 2001), 1–2.
76. Krylova, *Soviet Women in Combat*, 158–63.
77. Ibid., 151–2, 168–9.
78. Svetlana Alexievich, *The Unwomanly Face of War* (London, 2017), 8, from the testimony of Maria Morozova.
79. Roy, *India and World War II*, 96–9.
80. Sandler, *Segregated Skies*, 68–72.
81. Lynne Olson, *Those Angry Days: Roosevelt, Lindbergh, and America's Fight over World War II, 1939–1941* (New York, 2013), 351–2.
82. Newlands, *Civilians into Soldiers*, 57; Roy, *India and World War II*, 128–30.
83. USSBS, Special Paper 4, 'Food and Agriculture', exhibits G. J. M; BAB, R26 iv/51, Four Year Plan meeting, Geschäftsgruppe Ernährung, 11 Mar. 1942.
84. IWM, FD 5444/45, Protokoll über die Inspekteurbesprechung, 22 Feb. 1942, 'Ersatzlage der Wehrmacht'; IWM, EDS Al/1571, Wirtschaft und Rüstungsamt, Niederschrift einer Besprechung, 9 Jan. 1941.
85. Overy, *The Dictators*, 452–3.
86. IWM, FD 3056/49, 'Statistical Material on the German Manpower Position', 31 July 1945, Table 7; Lennart Samuelson, *Plans for Stalin's War Machine: Tukhachevskii and Military-Economic Planning 1925–1941* (London, 2000), 191–5; N. S. Simonov, '*Mobpodgotovka* : mobilization planning in interwar industry', in John Barber and Mark Harrison (eds.), *The Soviet Defence Industry Complex from Stalin to Khrushchev* (London, 2000), 216–17.
87. Richard Toye, 'Keynes, the labour movement, and "How to Pay for the War"', *Twentieth Century British History*, 10 (1999), 256–8, 272–8.
88. BAB, R7 xvi/7, Report from the 'Professoren-Ausschuss' to Economics Minister Funk, 16 Dec. 1939.

89. Sheldon Garon, 'Luxury is the enemy: mobilizing savings and popularizing thrift in wartime Japan', *Journal of Japanese Studies*, 26 (2000), 51–2.
90. Jingping Wu, 'Revenue, finance and the command economy under the Nationalist Government during the Anti-Japanese War', *Journal of Modern Chinese History*, 7 (2013), 52–3.
91. Rockoff, *America's Economic Way of War*, 166–7; Stephen Broadberry and Peter Howlett, 'The United Kingdom: victory at all costs', in Harrison (ed.), *The Economics of World War II*, 50–51; *Statistical Digest of the War*, 195; Willi Boelcke, 'Kriegsfinanzierung im internationalen Vergleich', in Friedrich Forstmeier and Hans-Erich Volkmann (eds.), *Kriegswirtschaft und Rüstung 1939–1945* (Düsseldorf, 1977), 40–41; Akira Hara, 'Japan: guns before rice', in Harrison (ed.), *The Economics of World War II*, 256–7; Mark Harrison, 'The Soviet Union: the defeated victor', in idem (ed.), *The Economics of World War II*, 275–6.
92. Jonas Scherner, 'The institutional architecture of financing German exploitation: principles, conflicts and results', in Jonas Scherner and Eugene White (eds.), *Paying for Hitler's War: The Consequences of Nazi Hegemony for Europe* (Cambridge, 2016), 62–3.
93. Hein Klemann and Sergei Kudryashov, *Occupied Economies: An Economic History of Nazi-Occupied Europe, 1939–1945* (London, 2012), 210–11; Broadberry and Howlett, 'United Kingdom', 52–3. 这些英镑债务包括欠印度的1.321亿英镑，这是最大的单笔欠债。
94. Karl Brandt, Otto Schiller and Franz Ahlgrimm (eds.), *Management of Agriculture and Food in the German-Occupied and Other Areas of Fortress Europe*, 2 vols. (Stanford, Calif., 1953), ii, 616–17; Srinath Raghavan, *India's War: The Making of Modern South Asia* (London, 2016), 342–7.
95. Sidney Zabludoff, 'Estimating Jewish wealth', in Avi Beker (ed.), *The Plunder of Jewish Property during the Holocaust* (New York, 2001), 48–64; H. McQueen, 'The conversion of looted Jewish assets to run the German war machine', *Holocaust and Genocide Studies*, 18 (2004), 29–30.
96. Lary, *The Chinese People at War*, 36, 157; Jingping Wu, 'Revenue, finance and the command economy', 49–50.
97. Rockoff, *America's Economic Way of War*, 166–7; James Sparrow, *Warfare State: World War II America and the Age of Big Government* (Oxford, 2011), 123–5.

98. Bruce Johnston, *Japanese Food Management in World War II* (Stanford, Calif., 1953), 167; Bernd Martin, 'Japans Kriegswirtschaft 1941–1945', in Forstmeier and Volkmann (eds.), *Kriegswirtschaft und Rüstung*, 280; Garon, 'Luxury is the enemy', 55.
99. 'National finances in 1944', *The Banker*, 74 (1945), 66; Sidney Pollard, *The Development of the British Economy 1914–1967* (London, 1969), 308; R. Sayers, *Financial Policy* (London, 1956), 516.
100. BAB, R7 xvi/8, Statistisches Reichsamt report, 'Zur Frage der Erhöhung des Eikommens-und Vermögenssteuer', 3 Feb. 1943; NARA, microfilm collection T178, Roll 15, frames 3671912–7, Reich Finance Ministry, 'Statistische Übersichten zu den Reichshaushaltsrechnungen 1938 bis 1943', Nov. 1944.
101. Pollard, *Development of the British Economy*, 328; H. Durant and J. Goldmann, 'The distribution of working-class savings', in University of Oxford Institute of Statistics, *Studies in War Economics* (Oxford, 1947), 111–23.
102. BAB, R7 xvi/22, memorandum 'Die Grenzen der Staatsverschuldung', 1942, p. 4; R28/98, German Reichsbank, 'Die deutsche Finanz-und Wirtschaftspolitik im Kriege', 8 June 1943, pp. 11–12. On 'noiseless finance' see Willi Boelcke, *Die Kosten von Hitlers Krieg* (Paderborn, 1985), 103–4.
103. Wolfgang Werner, *'Bleib übrig': Deutsche Arbeiter in der nationalsozialistischen Kriegswirtschaft* (Düsseldorf, 1983), 220–21.
104. Kristy Ironside, 'Rubles for victory: the social dynamics of state fundraising on the Soviet home front', *Kritika*, 15 (2014), 801–20.
105. Garon, 'Luxury is the enemy', 42–6, 56–7.
106. Martin, 'Japans Kriegswirtschaft', 280; Takafusa Nakamura and Konosuke Odaka (eds.), *Economic History of Japan 1914–1945: A Dual Structure* (Oxford, 1999), 82.
107. Yamashita, *Daily Life in Wartime Japan*, 30–32.
108. Garon, 'Luxury is the enemy', 61.
109. Sparrow, *Warfare State*, 127–9.
110. Ibid., 129, 134–46; Theodore Wilson, 'The United States: Leviathan', in Warren Kimball, David Reynolds and Alexander Chubarian (eds.), *Allies at War: The Soviet, American, and British Experience 1939–1945* (New York, 1994), 182.
111. BAB, RD-51/21–3, Deutsche Reichsbank, 'Deutsche Wirtschaftszahlen', Mar.

1944, p. 2.
112. Johnston, *Japanese Food Management*, 170–73.
113. Richard Rice, 'Japanese labor in World War II', *International Labor and Working-Class History*, 38 (1990), 38–9; Benjamin Uchiyama, 'The munitions worker as trickster in wartime Japan', *Journal of Asian Studies*, 76 (2017), 658–60, 666–7.
114. Howard, *Workers at War*, 138–9.
115. Ina Zweiniger-Bargielowska, *Austerity in Britain: Rationing, Controls and Consumption 1939–1945* (Oxford, 2000), 46–7.
116. *The Collected Writings of John Maynard Keynes, Volume XXII* (Cambridge, 2012), 223, 'Notes on the Budget', 28 Sept. 1940.
117. Rockoff, *America's Economic Way of War*, 174–8; Wilson, 'The United States', 178–80.
118. Zweiniger-Bargielowska, *Austerity in Britain*, 54.
119. Hugh Rockoff, 'The United States: from ploughshares to swords', in Harrison (ed.), *The Economics of World War II*, 90–91.
120. Zweiniger-Bargielowska, *Austerity in Britain*, 53–4.
121. Richard Overy, *War and Economy in the Third Reich* (Oxford, 1994), 278–85. 'Spartan throughout' from Lothrop Stoddard, *Into the Darkness: Nazi Germany Today* (London, 1941), 80.
122. Garon, 'Luxury is the enemy', 41–2.
123. Akira Hara, 'Wartime controls', in Nakamura and Odaka (eds.), *Economic History of Japan*, 271–2, 282; Martin, 'Japans Kriegswirtschaft', 279.
124. Harrison, 'The Soviet Union', 277–9, 290–91.
125. C. B. Behrens, *Merchant Shipping and the Demands of War* (London, 1955), 198.
126. Rockoff, 'The United States', 93.
127. Rockoff, *America's Economic Way of War*, 179; Wilson, 'The United States', 179.
128. Mark Harrison, *Soviet Planning in War and Peace, 1938–1945* (Cambridge, 1985), 258–9; William Moskoff, *The Bread of Affliction: The Food Supply in the USSR during World War II* (Cambridge, 1990), 121–2.
129. Gustavo Corni and Horst Gies, *Brot. Butter. Kanonen. Die Ernährungswirtschaft in Deutschland unter der Diktatur Hitlers* (Berlin, 1997), 478–9; Zweiniger-Bargielowska, *Austerity in Britain*, 37.

130. Moskoff, *Bread of Affliction*, 222–4.
131. Alberto De Bernardi, 'Alimentazione di guerra', in Luca Alessandrini and Matteo Pasetti (eds.), *1943: Guerra e società* (Rome, 2015), 129–30; Vera Zamagni, 'Italy: how to lose the war and win the peace', in Harrison (ed.), *The Economics of World War II*, 191.
132. Takafusa Nakamura, 'The age of turbulence: 1937–54', in Nakamura and Odaka (eds.), *Economic History of Japan*, 71–3; Johnston, *Japanese Food Management*, 161–4; Yamashita, *Daily Life in Wartime Japan*, 38–9.
133. Corni and Gies, *Brot. Butter. Kanonen*, 424–38; Freda Wunderlich, *Farm Labor in Germany 1810–1945* (Princeton, NJ, 1961), 297–9.
134. Alec Nove, 'The peasantry in World War II', in Susan Linz (ed.), *The Impact of World War II on the Soviet Union* (Totowa, NJ, 1985), 79–84.
135. Broadberry and Howlett, 'The United Kingdom', 59, 61–3.
136. Johnston, *Japanese Food Management*, 116–18.
137. 关于英国和美国的情况，见 Lzzie Collingham, *The Taste of War: World War Two and the Battle for Food* (London, 2011), 390, 418；关于日本的情况，见 Yamashita, *Daily Life in Wartime Japan*, 55。
138. Moskoff, *Bread of Affliction*, 108–9, 175.
139. Collingham, *Taste of War*, 388–9; De Bernardi, 'Alimentazione di guerra', 131; William D. Bayles, *Postmarked Berlin* (London, 1942), 18–20, 24; Johnston, *Japanese Food Management*, 202.
140. Owen Griffiths, 'Need, greed, and protest: Japan's black market 1938–1949', *Journal of Social History*, 35 (2002), 827–30.
141. Van de Ven, *War and Nationalism in China*, 285–6.
142. Corni and Gies, *Brot. Butter. Kanonen*, 414–15.
143. Zweiniger-Bargielowska, *Austerity in Britain*, 54.
144. Corni and Gies, *Brot. Butter. Kanonen*, 494–7; Johnston, *Japanese Food Management*, 169–70.
145. De Bernardi, 'Alimentazione di guerra', 131 (based on research by the demographer Luzzatto Fegiz in post-war Trieste).
146. Wendy Goldman, 'The hidden world of Soviet wartime food provisioning: hunger, inequality, and corruption', in Hartmut Berghoff, Jan Logemann and Felix Römer (eds.), *The Consumer on the Home Front: Second World War Civilian*

Consumption in Comparative Perspective (Oxford, 2017), 57–65.
147. Johnston, *Japanese Food Management*, 136; Yamashita, *Daily Life in Wartime Japan*, 37.
148. Jeremy Yellen, 'The specter of revolution: reconsidering Japan's decision to surrender', *International History Review*, 35 (2013), 213–17.
149. Klemann and Kudryashov, *Occupied Economies*, 281–2.
150. Mark Mazower, *Inside Hitler's Greece: The Experience of Occupation 1941–1944* (New Haven, Conn., 1993), 27–30.
151. Violetta Hionidou, 'Relief and politics in occupied Greece, 1941–4', *Journal of Contemporary History*, 48 (2013), 762–6.
152. Roy, *India and World War II*, 129–30; Sugato Bose, 'Starvation among plenty: the making of famine in Bengal, Honan and Tonkin, 1942–45', *Modern Asian Studies*, 24 (1990), 715–17.
153. Yasmin Khan, *The Raj at War: A People's History of India's Second World War* (London, 2015), 208.
154. Bose, 'Starvation among plenty', 718–21.
155. Sparrow, *Warfare State*, 161–2; Martin Kragh, 'Soviet labour law during the Second World War', *War in History*, 18 (2011), 535; Werner, *'Bleib übrig'*, 178.
156. TNA, LAB 8/106, memorandum by the minister of labour for the War Cabinet, 'Labour Supply Policy since May 1940', 17 July 1941; Bullock, *Life and Times of Ernest Bevin*, ii, 55.
157. Sparrow, *Warfare State*, 163; Klein, *A Call to Arms*, 626–88, 748–50.
158. IWM, FD 3056/49, 'Statistical Material on the German Manpower Position during the War Period 1939–1943', FIAT report EF/LM/1, July 1945, table 7; G. Ince, 'The mobilisation of manpower in Great Britain in the Second World War', *The Manchester School of Economic and Social Studies*, 14 (1946), 17–52; William Hancock and Margaret Gowing, *British War Economy* (London, 1949), 453.
159. Johnston, *Japanese Food Management*, 95, 99.
160. 1944年，英国的失业人数仅有5.4万人，见 Henry Parker, *Manpower: A Study of Wartime Policy and Administration* (London, 1957), 481。
161. Kragh, 'Soviet labour law', 540.
162. Rice, 'Japanese labor', 31–2; Uchiyama, 'The munitions worker as trickster',

658–60.
163. Sparrow, *Warfare State*, 113–14.
164. G. C. Allen, 'The concentration of production policy', in Norman Chester (ed.), *Lessons of the British War Economy* (Cambridge, 1951), 166–77.
165. IWM, EDS/AL 1571, 'Arbeitseinsatz und Einziehungen in der nicht zum engeren Rüstungsbereichgehörenden Wirtschaft', OKW report, 9 Jan. 1941, p. 3; Rolf Wagenführ, *Die Deutsche Industrie im Kriege* (Berlin, 1963), 47–8.
166. Lutz Budrass, Jonas Scherner and Jochen Streb, 'Fixed-price contracts, learning, and outsourcing: explaining the continuous growth of output and labour productivity in the German aircraft industry during the Second World War', *Economic History Review*, 63 (2010), 131.
167. 英国的数据取自 TNA, AVIA 10/289, memorandum for Ministry of Aircraft Production, 'The supply of labour and the future of the aircraft industry programme', 19 May 1943；德国的数据取自 IWM, Box 368, Report 65, interrogation of Ernst Blaicher, head of Main Committee Tanks, p. 12; IWM, 4969/45, BMW report, 'Ablauf der Lieferungen seit Kriegsbeginn', n.d., p. 25。
168. 德国的数据取自 Rüdiger Hachtmann, *Industriearbeit im 'Dritten Reich'* (Göttingen, 1989), 229–30；苏联的数据取自 Harrison, 'The Soviet Union', 285–6。
169. Harrison, 'The Soviet Union', 284–5; Wunderlich, *Farm Labor in Germany*, 297–9; Johnston, *Japanese Food Management*, 244.
170. Rockoff, 'The United States', 101–3.
171. John Jeffries, *Wartime America: The World War II Home Front* (Chicago, Ill., 1996), 95–6, 102; David Kennedy, *The American People in World War II* (New York, 1999), 351–3.
172. Klein, *A Call to Arms*, 354.
173. Gerald Nash, *World War II and the West: Reshaping the Economy* (Lincoln, Nebr., 1990), 77–8.
174. Geoffrey Field, *Blood, Sweat and Toil: Remaking the British Working Class, 1939–1945* (Oxford, 2011), 129–30, 145.
175. Yamashita, *Daily Life in Wartime Japan*, 16; Martin, 'Japans Kriegswirtschaft', 281; Johnston, *Japanese Food Management*, 244.
176. Parker, *Manpower*, 435–6; Jeffries, *Wartime America*, 96.
177. Leila Rupp, *Mobilizing Women for War: German and American Propaganda*

(Princeton, NJ, 1978), 185; Jeffries, *Wartime America*, 90–91; Klein, *A Call to Arms*, 710.
178. Lary, *The Chinese People at War*, 161.
179. Eckert, 'Total war in late colonial Korea', 17–21, 24–5.
180. Hara, 'Japan: guns before rice', 246; Michael Seth, *A Concise History of Modern Korea: Volume 2* (Lanham, Md, 2016), 83.
181. Mark Spoerer, *Zwangsarbeit unter dem Hakenkreuz* (Stuttgart, 2001), 221–3; Johann Custodis, 'Employing the enemy: the economic exploitation of POW and foreign labor from occupied territories by Nazi Germany', in Scherner and White (eds.), *Paying for Hitler's War*, 79.
182. Ulrich Herbert, *Fremdarbeiter: Politik und Praxis des 'Ausländer-Einsatzes' in der Kriegswirtschaft des Dritten Reiches* (Bonn, 1985), 56–8; Gustavo Corni, 'Die deutsche Arbeitseinsatzpolitik in besetzten Italien, 1943–1945', in Richard Overy, Gerhard Otto and Johannes Houwink ten Cate (eds.), *Die 'Neuordnung Europas': NS-Wirtschaftspolitik in den besetzten Gebieten* (Berlin, 1997), 137–41.
183. Spoerer, *Zwangsarbeit*, 50, 59–60, 66; Bernd Zielinski, 'Die deutsche Arbeitseinsatzpolitik in Frankreich 1940–1944', in Overy, Otto and ten Cate (eds.), *Die 'Neuordnung Europas'*, 119.
184. Corni, 'Die deutsche Arbeitseinsatzpolitik', 138–9.
185. Spoerer, *Zwangsarbeit*, 45–7, 62–5; Zielinski, 'Die deutsche Arbeitseinsatzpolitik', 111–12.
186. Corni, 'Die deutsche Arbeitseinsatzpolitik', 143–9.
187. Herbert, *Fremdarbeiter*, 83–90, 99.
188. Spoerer, *Zwangsarbeit*, 73–80; Herbert, *Fremdarbeiter*, 157–60, 271.
189. Zielinski, 'Die deutsche Arbeitseinsatzpolitik', 121–3, 131; Spoerer, *Zwangsarbeit*, 64–5. Zielinski 给出的被驱逐者的人数是85万至92万，其中包括在四次"行动"之外被驱逐的人。
190. Corni, 'Die deutsche Arbeitseinsatzpolitik', 150–60.
191. Custodis, 'Employing the enemy', 95.
192. Cesare Bermani, Sergio Bologna and Brunello Mantelli, *Proletarier der 'Achse': Sozialgeschichte der italienischen Fremdarbeiter in NS-Deutschland 1937 bis 1943* (Berlin, 1997), 222.
193. Elizabeth Harvey, 'Last resort or key resource? Women workers from the Nazi-

occupied Soviet territories, the Reich labour administration and the German war effort', *Transactions of the Royal Historical Society*, 26 (2016), 163.

194. Spoerer, *Zwangsarbeit*, 186. 这些数据是根据1943—1944年德国的四项彼此独立的调研结论得出的。
195. Rüdiger Hachtmann, 'Fordism and unfree labour: aspects of work deployment of concentration camp prisoners in German industry between 1942 and 1944', *International Review of Social History*, 55 (2010), 496.
196. IWM, Speer Collection, FD 4369/45, British Bombing Survey Unit, 'Manuscript Notes on Ford, Cologne'.
197. Spoerer, *Zwangsarbeit*, 226; Herbert, *Fremdarbeiter*, 270–71.
198. Custodis, 'Employing the enemy', 72.
199. Hachtmann, 'Fordism and unfree labour', 505–6. 关于在这里使用"奴工"一词是否恰当的争论，见 Marc Buggeln, 'Were concentration camp prisoners slaves? The possibilities and limits of comparative history and global historical perspectives', *International Review of Social History*, 53 (2008), 106–25。
200. Wolf Gruner, *Jewish Forced Labor under the Nazis: Economic Needs and Racial Aims, 1938–1944* (New York, 2006), 63–75, 282.
201. Spoerer, *Zwangsarbeit*, 228–9.
202. Golfo Alexopoulos, *Illness and Inhumanity in Stalin's Gulag* (New Haven, Conn., 2017), 160–61, 208–9, 216.
203. Ibid., 197–8; Wilson Bell, *Stalin's Gulag at War: Forced Labour, Mass Death, and Soviet Victory in the Second World War* (Toronto, 2019), 8–9, 157–8.
204. TNA, FO 371/46747, Col. Thornley to G. Harrison (Foreign Office), enclosing the 'Jupp Report', 26 Feb. 1945.
205. TNA, LAB 10/132, Trade Stoppages: weekly returns to the Ministry of Labour 1940–1944; Field, *Blood, Sweat, and Toil*, 102–3.
206. James Atleson, *Labor and the Wartime State: Labor Relations and Law during World War II* (Urbana, Ill., 1998), 142; Richard Polenberg, *War and Society: The United States 1941–1945* (Philadelphia, Pa, 1972), 159–72.
207. Kennedy, *The American People in World War II*, 213–19; Klein, *A Call to Arms*, 624–6.
208. Rice, 'Japanese labor in World War II', 34–5, 38.
209. Martin, 'Japans Kriegswirtschaft', 282; Yellen, 'The specter of revolution',

207–11.
210. Howard, *Workers at War*, 172–5.
211. Kragh, 'Soviet labour law', 537–40.
212. Werner, *'Bleib übrig'*, 172–89.
213. Bermani, Bologna and Mantelli, *Proletarier der 'Achse'*, 210–11, 220–22; Werner, *'Bleib übrig'*, 189–92.
214. Sparrow, *Warfare State*, 82–3.
215. Robert Westbrook, *Why We Fought: Forging American Obligations in World War II* (Washington, DC, 2004), 11.

第五章 打一场战争

1. Walter Kerr, *The Russian Army* (London, 1944), 69.
2. Ibid., 69–70.
3. Steven Zaloga, *Japanese Tanks 1939–1945* (Oxford, 2007), 7–10.
4. Peter Chamberlain and Chris Ellis, *Tanks of the World 1915–1945* (London, 2002), 39.
5. Christopher Wilbeck, *Sledgehammers: Strengths and Flaws of Tiger Tank Battalions in World War II* (Bedford, Pa, 2004), 182–9.
6. Victor Kamenir, *The Bloody Triangle: The Defeat of Soviet Armor in the Ukraine, June 1941* (Minneapolis, Minn., 2008), 187.
7. Gordon Rottman, *World War II Infantry Anti-Tank Tactics* (Oxford, 2005), 19–20, 57.
8. Wilbeck, *Sledgehammers*, 186; Markus Pöhlmann, *Der Panzer und die Mechanisierung des Krieges: Eine deutsche Geschichte 1890 bis 1945* (Paderborn, 2016), 527.
9. Gary Dickson, 'Tank repair and the Red Army in World War II', *Journal of Slavic Military Studies*, 25 (2012), 382–5.
10. Gordon Rottman and Akira Takizawa, *World War II Japanese Tank Tactics* (Oxford, 2008), 3–6.
11. MacGregor Knox, 'The Italian armed forces, 1940–3', in Allan Millett and Williamson Murray (eds.), *Military Effectiveness: Volume III: The Second World War* (Cambridge, 1988), 151.
12. Pöhlmann, *Der Panzer*, 190–91, 207–12; Richard Ogorkiewicz, *Tanks: 100 Years*

of Evolution (Oxford, 2015), 129–30; Robert Citino, *The Path to Blitzkrieg: Doctrine and Training the German Army, 1920–39* (Mechanicsburg, Pa, 2008), 224–31.

13. Heinz Guderian, *Achtung-Panzer!* (London, 1992), 170（由 1937 年德文版翻译而来）。
14. R. L. Dinardo, *Mechanized Juggernaut or Military Anachronism? Horses and the German Army of WWII* (Mechanicsburg, Pa, 2008), 39, 55–7.
15. Karl-Heinz Frieser, *The Blitzkrieg Legend: The 1940 Campaign in the West* (Annapolis, Md, 2005), 36–42.
16. Jeffrey Gunsburg, 'The battle of the Belgian Plain, 12–14 May 1940: the first great tank battle', *Journal of Military History*, 56 (1992), 241–4.
17. G. F. Krivosheev, *Soviet Casualties and Combat Losses in the Twentieth Century* (London, 1997), 252.
18. Dinardo, *Mechanized Juggernaut*, 67; Richard Ogorkiewicz, *Armoured Forces: A History of Armoured Forces & Their Vehicles* (London, 1970), 78–9; Matthew Cooper, *The German Army 1933–1945* (London, 1978), 74–9. 关于库尔斯克战役中参战的坦克数据，见 Lloyd Clark, *Kursk: The Greatest Battle* (London, 2011), 197–9。
19. Ogorkiewicz, *Tanks*, 1523; Pöhlmann, *Der Panzer*, 432–4.
20. Rottman, *World War II Infantry Anti-Tank Tactics*, 46–7, 49–52.
21. Giffard Le Q. Martel, *Our Armoured Forces* (London, 1945), 40–43, 48–9.
22. Willem Steenkamp, *The Black Beret: The History of South Africa's Armoured Forces: Volume 2, The Italian Campaign 1943–45 and Post-War South Africa 1946–61* (Solihull, 2017), 35–9.
23. Ogorkiewicz, *Tanks*, 120–23; Wilbeck, *Sledgehammers*, 203–4.
24. Steven Zaloga, *Armored Thunderbolt: The U.S. Army Sherman in World War II* (Mechanicsburg, Pa, 2008), 16–17.
25. Ibid., 24, 329–30.
26. Rottman, *World War II Infantry Anti-Tank Tactics*, 29–32.
27. Krivosheev, *Soviet Casualties*, 241. Alexander Hill, *The Red Army and the Second World War* (Cambridge, 2017), 691，该书给出的数据是，苏军拥有 12 782 辆坦克，其中只有 2 157 辆为新型号，且无须保养就能使用。
28. Kamenir, *Bloody Triangle*, 255–6, 280–81.

29. David Glantz, *Colossus Reborn: The Red Army at War, 1941–1943* (Lawrence, Kans, 2005), 225–34.
30. James Corum, 'From biplanes to Blitzkrieg: the development of German air doctrine between the wars', *War in History*, 3 (1996), 87–9.
31. Karl-Heinz Völker, *Dokumente und Dokumentarfotos zur Geschichte der deutschen Luftwaffe* (Stuttgart, 1968), 469, doc. 200 'Luftkriegführung'; Michel Forget, 'Die Zusammenarbeit zwischen Luftwaffe und Heer bei den französischen und deutschen Luftstreitkräfte im Zweiten Weltkrieg', in Horst Boog (ed.), *Luftkriegführung im Zweiten Weltkrieg* (Herford, 1993), 489–91.
32. Ernest May, *Strange Victory: Hitler's Conquest of France* (New York, 2000), 429.
33. Johannes Kaufmann, *An Eagle's Odyssey: My Decade as a Pilot in Hitler's Luftwaffe* (Barnsley, 2019), 117.
34. NARA, RG 165/888.96, Embick memorandum, 'Aviation Versus Coastal Fortifications', 6 Dec. 1935.
35. Forget, 'Zusammenarbeit', 486 (emphasis in original).
36. P. Le Goyet, 'Evolution de la doctrine d'emploi de l'aviation française entre 1919 et 1939', *Revue d'histoire de la Deuxième Guerre Mondiale*, 19 (1969), 22–34; R. Doughty, 'The French armed forces 1918–1940', in Alan Millett and Williamson Murray (eds.), *Military Effectiveness: Volume II: The Interwar Period* (Cambridge, 1988), 58.
37. David Hall, *Strategy for Victory: The Development of British Tactical Air Power, 1919–1945* (Westport, Conn., 2007), 30–42.
38. 斯莱瑟的评论，见 Peter Smith, *Impact: The Dive Bomber Pilots Speak* (London, 1981), 34; TNA, AIR 9/99, 'Appreciation of the Employment of the British Air Striking Force against the German Air Striking Force', 26 Aug. 1939, p. 5; TNA 9/98, 'Report on Trials to Determine the Effect of Air Attack Against Aircraft Dispersed about an Aerodrome Site', July 1938。
39. Matthew Powell, 'Reply to: The Battle of France, Bartholomew and Barratt: the creation of Army Cooperation Command', *Air Power Review*, 20 (2017), 93–5.
40. David Smathers, '"We never talk about that now": air–land integration in the Western Desert 1940–42', *Air Power Review*, 20 (2017), 36–8.
41. Richard Hallion, *Strike from the Sky: The History of Battlefield Air Attack, 1911–1945* (Washington, DC, 1989), 131–3, 182.

42. Smathers, '"We never talk about that now"', 40–43; Robert Ehlers, 'Learning together, winning together: air–ground cooperation in the Western Desert', *Air Power Review*, 21 (2018), 213–16; Vincent Orange, 'World War II: air support for surface forces', in Alan Stephens (ed.), *The War in the Air 1914–1994* (Maxwell, Ala, 2001), 87–9, 95–7.
43. Hallion, *Strike from the Sky*, 159–61.
44. David Syrett, 'The Tunisian campaign, 1942–43', in Benjamin Cooling (ed.), *Case Studies in the Development of Close Air Support* (Washington, DC, 1990), 159–60.
45. B. Michael Bechthold, 'A question of success: tactical air doctrine and practice in North Africa', *Journal of Military History*, 68 (2004), 832–8.
46. Ibid., 830–34.
47. Syrett, 'The Tunisian campaign', 167.
48. Hallion, *Strike from the Sky*, 171–3; Syrett, 'The Tunisian campaign', 184–5.
49. Richard Overy, *The Air War 1939–1945* (3rd edn, Dulles, Va, 2005), 77. 根据书中的数据，参战的有46 244架美军飞机、8 395架英军飞机，以及6 297架德军飞机。
50. NARA, United States Strategic Bombing Survey, Interview 62, Col. Gen. Jodl, 29 June 1945.
51. Kenneth Whiting, 'Soviet air–ground coordination', in Cooling (ed.), *Case Studies in Close Air Support*, 117–18.
52. Von Hardesty and Ilya Grinberg, *Red Phoenix Rising: The Soviet Air Force in World War II* (Lawrence, Kans, 2012), 204–5, 261–2.
53. Lord Keyes, *Amphibious Warfare and Combined Operations* (Cambridge, 1943), 7.
54. Edward Miller, *War Plan Orange: The U.S. Strategy to Defeat Japan 1897–1945* (Annapolis, Md, 1991), 115–19; John Lorelli, *To Foreign Shores: U.S. Amphibious Operations in World War II* (Annapolis, Md, 1995), 10–11.
55. Allan Millett, 'Assault from the sea: the development of amphibious warfare between the wars–the American, British, and Japanese experiences', in Allan Millett and Williamson Murray (eds.), *Military Innovation in the Interwar Period* (Cambridge, 1996), 71–4; Lorelli, *To Foreign Shores*, 13–14; Miller, *War Plan Orange*, 174. 关于埃利斯的命运，见John Reber, 'Pete Ellis: Amphibious warfare prophet', in Merrill Bartlett (ed.), *Assault from the Sea: Essays on the History of*

Amphibious Warfare (Annapolis, Md, 1983), 157–8。

56. Hans von Lehmann, 'Japanese landing operations in World War II', in Bartlett (ed.), *Assault from the Sea*, 197–8; Millett, 'Assault from the sea', 65–9.
57. Lehmann, 'Japanese landing operations', 198; Millett, 'Assault from the sea', 81–2.
58. David Ulbrich, *Preparing for Victory: Thomas Holcomb and the Making of the Modern Marine Corps, 1936–1943* (Annapolis, Md, 2011), 95, 187–8.
59. Millett, 'Assault from the sea', 59–60, 78–9.
60. TsAMO, Sonderarchiv, f.500, o. 957972, d. 1419, Army commander-in-chief, von Brauchitsch, 'Anweisung für die Vorbereitung des Unternehmens "Seelöwe"', 30 Aug. 1940, pp. 2–5, Anlage 1; OKH, general staff memorandum 'Seelöwe', 30 July 1940, p. 4. See too Frank Davis, 'Sea Lion: the German plan to invade Britain, 1940', in Bartlett (ed.), *Assault from the Sea*, 228–35.
61. Renzo de Felice (ed.), *Galeazzo Ciano: Diario 1937–1943* (Milan, 1990), 661, entry for 26 May 1942.
62. IWM, Italian Series, Box 22, E2568, 'Esigenza "C.3" per l'occupazione dell'isola di Malta', pp. 25–7; see too Mariano Gabriele, 'L'operazione "C. 3" (1942)', in Romain Rainero and Antonello Biagini (eds.), *Italia in guerra: Il terzo anno, 1942* (Rome, 1993), 409 ff.
63. Alan Warren, *Singapore: Britain's Greatest Defeat* (London, 2002), 60–64, 221–32.
64. Ulbrich, *Preparing for Victory*, xiii, 123; Robert Heinl, 'The U.S. Marine Corps: author of modern amphibious warfare', in Bartlett (ed.), *Assault from the Sea*, 187–90.
65. Craig Symonds, *Operation Neptune: The D-Day Landings and the Allied Invasion of Europe* (New York, 2014), 149–52; Ulbrich, *Preparing for Victory*, 61–2, 84; Frank Hough, *The Island War: The United States Marine Corps in the Pacific* (Philadelphia, Pa, 1947), 212–15.
66. Lorelli, *To Foreign Shores*, 38, 49; Hough, *The Island War*, 36.
67. Lorelli, *To Foreign Shores*, 53–6; Ulbrich, *Preparing for Victory*, 130–32, 138–9.
68. Lorelli, *To Foreign Shores*, 58–9; Symonds, *Operation Neptune*, 75–6.
69. USMC Command and Staff College paper, 'Tarawa to Okinawa: The Evolution of Amphibious Operations in the Pacific during World War II', 9.
70. Ibid., 9–11, 17–20; Lorelli, *To Foreign Shores*, 162–76; Hough, *The Island War*,

132–8.
71. USMC Command and Staff College, 'Tarawa to Okinawa', 14–25; Lorelli, *To Foreign Shores*, 178–81.
72. Hough, *The Island War*, 215–16; USMC Command and Staff College, 'Tarawa to Okinawa', 11–12.
73. Lorelli, *To Foreign Shores*, 307–13.
74. Frederick Morgan, *Overture to Overlord* (London, 1950), 146–8.
75. Lorelli, *To Foreign Shores*, 63.
76. Ibid., 71–9; Symonds, *Operation Neptune*, 88–91.
77. Robert Coakley and Richard Leighton, *Global Logistics and Strategy: Volume 2, 1943-1945* (Washington, DC, 1968), appendix D-3, 836, appendix D-5, 838; Dwight D. Eisenhower, *Report by the Supreme Commander to the Combined Chiefs of Staff* (London, 1946), 16.
78. Coakley and Leighton, *Global Logistics*, 805–7, 829; Symonds, *Operation Neptune*, 163–4.
79. Coakley and Leighton, *Global Logistics*, 309–11, 348–50, 829; Lorelli, *To Foreign Shores*, 215–16, 222.
80. Symonds, *Operation Neptune*, 196–210, 220–21; Lorelli, *To Foreign Shores*, 215–22.
81. British Air Ministry, *Rise and Fall of the German Air Force 1919–1945* (Poole, 1983; orig. publ. 1947), 323–5, 327–32.
82. Friedrich Ruge. 'The invasion of Normandy', in Hans-Adolf Jacobsen and Jürgen Rohwer (eds.), *Decisive Battles of World War II: The German View* (London, 1965), 336, 342–3; Royal Navy Historical Branch, Battle Summary No. 39, *Operation Neptune* (London, 1994), 132; British Air Ministry, *Rise and Fall of the German Air Force*, 329.
83. Symonds, *Operation Neptune*, 256–7.
84. Ibid., 291–9.
85. Eisenhower, *Report by the Supreme Commander*, 32. 希特勒的指示见 Hugh Trevor-Roper (ed.), *Hitler's War Directives 1939–1945* (London, 1964), 220, Directive 51, 3 Nov. 1943。
86. Joint Board on Scientific Information, *Radar: A Report on Science at War* (Washington, DC, 1945), 1.

87. Citino, *The Path to Blitzkrieg*, 208–11; Pöhlmann, *Der Panzer*, 269.
88. Riccardo Niccoli, *Befehlspanzer: German Command, Control and Observation Armored Combat Vehicles in World War Two* (Novara, 2014), 2–6, 88.
89. Karl Larew, 'From pigeons to crystals: the development of radio communications in U.S. Army tanks in World War II', *The Historian*, 67 (2005), 665–6; Gunsburg, 'The battle of the Belgian Plain', 242–3.
90. Wolfgang Schneider, *Panzer Tactics: German Small-Unit Armor Tactics in World War II* (Mechanicsburg, Pa, 2000), 186–91.
91. Richard Thompson, *Crystal Clear: The Struggle for Reliable Communications Technology in World War II* (Hoboken, NJ, 2012), 5–6; Simon Godfrey, *British Army Communications in the Second World War* (London, 2013), 6–12.
92. Rottman and Takizawa, *World War II Japanese Tank Tactics*, 27–8.
93. Thompson, *Crystal Clear*, 13–14, 20–22
94. Ibid., pp. 145–57.
95. Zaloga, *Armored Thunderbolt*, 151–3.
96. Godfrey, *British Army Communications*, 233; Gordon Rottman, *World War II Battlefield Communications* (Oxford, 2010), 29–30, 35–6; Anthony Davies, 'British Army battlefield radios of the 1940s', *Proceedings of the International Conference on Applied Electronics*, 2009, 2–4.
97. USMC Command and Staff College, 'Tarawa to Okinawa', 14–15.
98. Godfrey, *British Army Communications*, 12–13, 144; Thompson, *Crystal Clear*, 51–2.
99. Thompson, *Crystal Clear*, 163–7; Larew, 'From pigeons to crystals', 675–7.
100. Williamson Murray, 'The Luftwaffe experience, 1939–1941', in Cooling (ed.), *Case Studies in Close Air Support*, 79, 83, 98; Hermann Plocher, *The German Air Force Versus Russia, 1943* (New York, 1967), 263–4.
101. Smathers, '"We never talk about that now"', 33–6, 42–3.
102. Robert Ehlers, *The Mediterranean Air War: Air Power and Allied Victory in World War II* (Lawrence, Kans, 2015), 103, 186; Hallion, *Strike from the Sky*, 154.
103. Hardesty and Grinberg, *Red Phoenix Rising*, 121, 129–31, 147–9, 257–8; Whiting, 'Soviet air–ground coordination', 130–34, 139–40; Hallion, *Strike from the Sky*, 241–2, 183.
104. Hallion, *Strike from the Sky*, 165.

105. Thompson, *Crystal Clear*, 49–52.
106. Bechthold, 'A question of success', 831–2; W. Jacobs, 'The battle for France, 1944', in Cooling (ed.), *Case Studies in Close Air Support*, 254–6, 265, 271–2; Hallion, *Strike from the Sky*, 181, 199.
107. Raymond Watson, *Radar Origins Worldwide: History of Its Evolution in 13 Nations through World War II* (Bloomington, Ind., 2009), 43–6.
108. Ibid., 115–25, 233–41; H. Kummritz, 'German radar development up to 1945', in Russell Burns (ed.), *Radar Development to 1945* (London, 1988), 209–12.
109. John Erickson, 'The air defence problem and the Soviet radar programme 1934/5–1945', ibid., 229–31; Watson, *Radar Origins Worldwide*, 280–87.
110. Louis Brown, *A Radar History of World War II: Technical and Military Imperatives* (London, 1999), 87–9.
111. Watson, *Radar Origins Worldwide*, 319–20; Shigeru Nakajima, 'The history of Japanese radar development to 1945', in Burns (ed.), *Radar Development*, 243–58.
112. Watson, *Radar Origins Worldwide*, 342–5; M. Calamia and R. Palandri, 'The history of the Italian radio detector telemetro', in Burns (ed.), *Radar Development*, 97–105.
113. Colin Dobinson, *Building Radar: Forging Britain's Early Warning Chain, 1935–1945* (London, 2010), 302–5, 318.
114. Wesley Craven and James Cate, *The Army Air Forces in World War II: Volume 6, Men and Planes* (Chicago, Ill., 1955), 82–5, 89, 96–8.
115. Ibid., 103–4.
116. Takuma Melber, *Pearl Harbor: Japans Angriff und der Kriegseintritt der USA* (Munich, 2016), 129–30.
117. G. Muller and H. Bosse, 'German primary radar for airborne and ground-based surveillance', in Burns (ed.), *Radar Development*, 200–208; Watson, *Radar Origins Worldwide*, 236–41; Kummritz, 'German radar development', 211–17.
118. Alfred Price, *Instruments of Darkness: The History of Electronic Warfare, 1939–1945* (London, 2005), 55–9.
119. Alan Cook, 'Shipborne radar in World War II: some recollections', *Notes and Records of the Royal Society*, 58 (2004), 295–7.
120. Watson, *Radar Origins Worldwide*, 73–85.

121. Ibid., 236–8; Kummritz, 'German radar development', 211, 219–22.
122. Watson, *Radar Origins Worldwide*, 115–29; Joint Board on Scientific Information, *Radar*, 19–22, 26–7.
123. Watson, *Radar Origins Worldwide*, 142–7, 157–8; Russell Burns, 'The background to the development of the cavity magnetron', in Burns (ed.), *Radar Development*, 268–79.
124. Chris Eldridge, 'Electronic eyes for the Allies: Anglo-American cooperation on radar development during World War II', *History & Technology*, 17 (2000), 11–13.
125. Brown, *A Radar History*, 398–402; Watson, *Radar Origins Worldwide*, 210–12; Eldridge, 'Electronic eyes for the Allies', 16.
126. Edward Bowen, 'The Tizard Mission to the USA and Canada', in Burns (ed.), *Radar Development*, 306; Brown, *A Radar History*, 402–5; Guy Hartcup, *The Effect of Science on the Second World War* (Basingstoke, 2000), 39–43.
127. Trent Hone, *Learning War: The Evolution of Fighting Doctrine in the U.S. Navy, 1898–1945* (Annapolis, Md, 2018), 206–14; Watson, *Radar Origins Worldwide*, 167–9, 185–6, 208–10; Joint Board on Scientific Information, *Radar*, 20–21, 40–41; Brown, *A Radar History*, 368–70.
128. Watson, *Radar Origins Worldwide*, 250–60; Kummritz, 'German radar development', 222–6.
129. Nakajima, 'History of Japanese radar development', 244–52, 255–6.
130. Brown, *A Radar History*, 424–5.
131. Joint Board on Scientific Information, *Radar*, 44; Watson, *Radar Origins Worldwide*, 223.
132. Carl Boyd, 'U.S. Navy radio intelligence during the Second World War and the sinking of the Japanese submarine I-52', *Journal of Military History*, 63 (1999), 340–54.
133. David Kahn, *Hitler's Spies: German Military Intelligence in World War II* (New York, 1978), 210.
134. 与照相侦察的重要性有关的问题，见 Taylor Downing, *Spies in the Sky: The Secret Battle for Aerial Intelligence in World War II* (London, 2011), 327–34。
135. Jeffrey Bray (ed.), *Ultra in the Atlantic: Volume 1: Allied Communication Intelligence* (Laguna Hills, Calif., 1994), 19; F. H. Hinsley, 'An introduction to FISH', in F. H. Hinsley and Alan Stripp (eds.), *Code Breakers: The Inside Story of Bletchley*

Park (Oxford, 1993), 144.
136. John Chapman, 'Japanese intelligence 1919–1945: a suitable case for treatment', in Christopher Andrew and Jeremy Noakes (eds.), *Intelligence and International Relations 1900–1945* (Exeter, 1987), 147, 155–6.
137. Ken Kotani, *Japanese Intelligence in World War II* (Oxford, 2009), 122, 140, 161–2.
138. Samir Puri, 'The role of intelligence in deciding the Battle of Britain', *Intelligence and National Security*, 21 (2006), 420–21.
139. Downing, *Spies in the Sky*, 337–9.
140. Sebastian Cox, 'A comparative analysis of RAF and Luftwaffe intelligence in the Battle of Britain, 1940', *Intelligence and National Security*, 5 (1990), 426.
141. 关于这方面复杂关系的全面介绍，见 Bradley Smith, *Sharing Secrets with Stalin: How the Allies Traded Intelligence 1941–1945* (Lawrence, Kans, 1996)。
142. Douglas Ford, 'Informing airmen? The US Army Air Forces' intelligence on Japanese fighter tactics in the Pacific theatre, 1941–5', *International History Review*, 34 (2012), 726–9.
143. Wilfred J. Holmes, *Double-Edged Secrets: U.S. Naval Intelligence Operations in the Pacific War During World War II* (Annapolis, Md, 1979), 150–53; Karl Abt, *A Few Who Made a Difference: The World War II Teams of the Military Intelligence Service* (New York, 2004), 3–4.
144. David Glantz, *The Role of Intelligence in Soviet Military Strategy in World War II* (Novata, Calif., 1990), 109–12, 219–20.
145. Valerii Zamulin, 'On the role of Soviet intelligence during the preparation of the Red Army for the summer campaign of 1943', *Journal of Slavic Military Studies*, 32 (2019), 246, 253.
146. Alan Stripp, *Codebreaker in the Far East* (Oxford, 1989), 117–18.
147. W. Jock Gardner, *Decoding History: The Battle of the Atlantic and Ultra* (London, 1999), 137–9.
148. Hinsley, 'Introduction to FISH', 146–7.
149. Hilary Footitt, 'Another missing dimension? Foreign languages in World War II intelligence', *Intelligence and National Security*, 25 (2010), 272–82.
150. James McNaughton, *Nisei Linguists: Japanese Americans in the Military Intelligence Service during World War II* (Washington, DC, 2006), 18–23, 328–9,

331.

151. Roger Dingman, 'Language at war: U.S. Marine Corps Japanese language officers in the Pacific war', *Journal of Military History*, 68 (2004), 854–69.
152. Kahn, *Hitler's Spies*, 203–4.
153. Footitt, 'Another missing dimension?', 272.
154. Stripp, *Codebreaker*, 65–6.
155. Arthur Bonsall, 'Bletchley Park and the RAF "Y" Service: some recollections', *Intelligence and National Security*, 23 (2008), 828–32; Puri, 'The role of intelligence in deciding the Battle of Britain', 430–32; Cox, 'A comparative analysis of RAF and Luftwaffe intelligence', 432.
156. Ralph Erskine, 'Naval Enigma: a missing link', *International Journal of Intelligence and Counterintelligence*, 3 (1989), 494–504; Gardner, *Decoding History*, 126–31; Bray (ed.), *Ultra in the Atlantic*, xiv–xx, 19–24.
157. Brian Villa and Timothy Wilford, 'Signals intelligence and Pearl Harbor: the state of the question', *Intelligence and National Security*, 21 (2006), 521–2, 547–8.
158. Edward Van Der Rhoer, *Deadly Magic: Communications Intelligence in World War II in the Pacific* (London, 1978), 11–13, 49, 138–46; Stephen Budiansky, *Battle of Wits: The Complete Story of Codebreaking in World War II* (London, 2000), 320–23.
159. Kotani, *Japanese Intelligence*, 122.
160. Kahn, *Hitler's Spies*, 204–6.
161. Budiansky, *Battle of Wits*, 319–22.
162. Patrick Wilkinson, 'Italian naval decrypts', in Hinsley and Stripp (eds.), *Code Breakers*, 61–4.
163. F. H. Hinsley, 'The Influence of Ultra', in Hinsley and Stripp (eds.), *Code Breakers*, 4–5.
164. Jack Copeland, 'The German tunny machine', in *idem* (ed.), *Colossus: The Secrets of Bletchley Park's Codebreaking Computers* (Oxford, 2006), 39–42.
165. Thomas Flowers, 'D-Day at Bletchley Park', in Copeland (ed.), *Colossus*, 80–81.
166. Hinsley, 'Introduction to FISH', 141–7.
167. F. H. Hinsley et al., *British Intelligence in the Second World War: Volume 3, Part 2* (London, 1988), 778–80; David Kenyon, *Bletchley Park and D-Day* (New Haven, Conn., 2019), 246.

168. Michael Howard, *Strategic Deception in the Second World War* (London, 1990).
169. Rick Stroud, *The Phantom Army of Alamein* (London, 2012), 23–8.
170. Charles Cruickshank, *Deception in World War II* (Oxford, 1981), 4–5.
171. Michael Handel, 'Introduction: strategic and operational deception in historical perspective', in *idem* (ed.), *Strategic and Operational Deception in the Second World War* (London, 1987), 15–19.
172. Howard, *Strategic Deception*, 23–8.
173. Stroud, *Phantom Army*, 80–86; Cruickshank, *Deception*, 20–21.
174. Niall Barr, *Pendulum of War: The Three Battles of El Alamein* (London, 2004), 299–301; Cruickshank, *Deception*, 26–33; Stroud, *Phantom Army*, 193–7, 212–18.
175. John Campbell, 'Operation Starkey 1943: "a piece of harmless playacting"?', in Handel (ed.), *Strategic and Operational Deception*, 92–7.
176. Howard, *Strategic Deception*, 104–5.
177. Campbell, 'Operation Starkey', 106–7.
178. Handel, 'Introduction', 60.
179. Thaddeus Holt, *The Deceivers: Allied Military Deception in the Second World War* (London, 2004), 565–6.
180. Howard, *Strategic Deception*, 122.
181. Ibid., 122, 132.
182. Ibid. 186–93; T. L. Cubbage, 'The German misapprehensions regarding Overlord: understanding failure in estimative process', in Handel (ed.), *Strategic and Operational Deception*, 115–18.
183. David Glantz, 'The Red mask: the nature and legacy of Soviet military deception in the Second World War', in Handel (ed.), *Strategic and Operational Deception*, 175–81, 189.
184. Hill, *The Red Army*, 399–400; Glantz, 'Red mask', 204–5.
185. Glantz, 'Red mask', 206–9; Kahn, *Hitler's Spies*, 437–9.
186. David Glantz, *Soviet Military Deception in the Second World War* (London, 1989), 152–3; Hill, *The Red Army*, 444–5.
187. Kahn, *Hitler's Spies*, 440–41.
188. Jonathan House and David Glantz, *When Titans Clashed: How the Red Army Stopped Hitler* (Lawrence, Kans, 1995), 205–6.

189. Katherine Herbig, 'American strategic deception in the Pacific', in Handel (ed.), *Strategic and Operational Deception*, 260–75; Holt, *The Deceivers*, 730–43.
190. Cruickshank, *Deception*, 214–15; Handel, 'Introduction', 50–52.
191. Glantz, 'Red mask', 192, 233–8.
192. Louis Yelle, 'The learning curve: historical review and comprehensive survey', *Decision Sciences*, 10 (1979), 302–12.
193. Hone, *Learning War*, 3.
194. Glantz, *Colossus Reborn*, 123–41.
195. David French, *Raising Churchill's Army: The British Army and the War against Germany 1919–1945* (Oxford, 2000), 212–35，介绍了英军在沙漠作战中的缺陷。
196. Patrick Rose, 'Allies at war: British and US Army command culture in the Italian campaign, 1943–1944', *Journal of Strategic Studies*, 36 (2013), 47–54. See too L. P. Devine, *The British Way of Warfare in Northwest Europe, 1944–5* (London, 2016), 178–82.
197. Douglas Ford, 'US assessments of Japanese ground warfare tactics and the army's campaigns in the Pacific theatres, 1943–1945: lessons learned and methods applied', *War in History*, 16 (2009), 330–34, 341–8.
198. Rose, 'Allies at war', 65.
199. French, *Raising Churchill's Army*, 5.
200. Andrei Grinev, 'The evaluation of the military qualities of the Red Army in 1941–1945 by German memoirs and analytic materials', *Journal of Slavic Military Studies*, 29 (2016), 228–32.
201. John Cushman, 'Challenge and response at the operational and tactical levels, 1914–45', in Millett and Murray (eds.), *Military Effectiveness*, iii, 328–31; Richard Carrier, 'Some reflections on the fighting power of the Italian Army', *War in History*, 22 (2015), 193–210; French, *Raising Churchill's Army*, 4–10.

第六章 战争经济

1. Russell Buhite and David Levy (eds.), *FDR's Fireside Chats* (Norman, Okla, 1992), 172.
2. IWM, EDS Mi 14/433 (file 2), Der Führer, 'Vereinfachung und Leistungssteigerung unserer Rüstungsproduktion', 3 Dec. 1941, p. 1.

3. Jeffery Underwood, *Wings of Democracy: The Influence of Air Power on the Roosevelt Administration 1933–1941* (College Station, Tex., 1991), 155. 罗斯福还希望陆军和海军的航空兵拥有5万架飞机的实力。
4. IWM, EDS Mi 14/463 (file 3), OKW 'Aktenvermerk über die Besprechung bei Chef OKW, Reichskanzler, 19 Mai 1941', pp. 2–3.
5. IWM, Speer Collection, Box 368, Report 901, 'The Rationalisation of the German Armaments Industry', p. 8.
6. Rüdiger Hachtmann, 'Fordism and unfree labour: aspects of the work deployment of concentration camp prisoners in German industry between 1941 and 1944', *International Review of Social History*, 55 (2010), 501. 关于这方面的全局性讨论，见 Richard Overy, *War and Economy in the Third Reich* (Oxford, 1994), ch. 11。
7. Charles Maier, 'Between Taylorism and technocracy: European ideologies and the vision of industrial productivity in the 1920s', *Journal of Contemporary History*, 5 (1970), 33–5, 45–6.
8. Jonathan Zeitlin, 'Flexibility and mass production at war: aircraft manufacturers in Britain, the United States, and Germany 1939–1945', *Technology and Culture*, 36 (1995), 57.
9. Irving B. Holley, 'A Detroit dream of mass-produced fighter aircraft: the XP-75 fiasco', *Technology and Culture*, 28 (1987), 580–82, 585–91.
10. Alec Cairncross, *Planning in Wartime: Aircraft Production in Britain, Germany and the USA* (London, 1991), xv.
11. IWM, Speer Collection, Box 368, Report 90 IV, 'Rationalization of the Munitions Industry', p. 4.
12. Yoshiro Miwa, *Japan's Economic Planning and Mobilization in Wartime: The Competence of the State* (New York, 2016), 413–15.
13. John Guilmartin, 'The Aircraft that Decided World War II: Aeronautical Engineering and Grand Strategy', 44th Harmon Memorial Lecture, United States Air Force Academy, 2001, pp. 17, 22.
14. Zeitlin, 'Flexibility and mass production', 53–5, 59–61; John Rae, *Climb to Greatness: The American Aircraft Industry 1920–1960* (Cambridge, Mass., 1968), 147–9; Wesley Craven and James Cate, *The Army Air Forces in World War II: Volume VI, Men and Planes* (Chicago, Ill., 1955), 217–20, 335–6.
15. Benjamin Coombs, *British Tank Production and the War Economy 1934–1945*

(London, 2013), 91–3, 102.
16. Steven Zaloga, *Soviet Lend-Lease Tanks of World War II* (Oxford, 2017), 31–2.
17. Boris Kavalerchik, 'Once again about the T-34', *Journal of Slavic Military Studies*, 28 (2015), 192–5.
18. Joshua Howard, *Workers at War: Labor in China's Arsenals, 1937–1953* (Stanford, Calif., 2004), 51–5.
19. Ibid., 64–73.
20. USSBS, Pacific Theater, 'The Effects of Strategic Bombing on Japan's War Economy, Over-All Economic Effects Division', Dec. 1946, p. 221.
21. Ibid., pp. 220–22.
22. Tetsuji Okazaki, 'The supplier network and aircraft production in wartime Japan', *Economic History Review*, 64 (2011), 974–9, 984–5.
23. Akira Hara, 'Wartime controls', in Takafusa Nakamura and Kōnosuke Odaka (eds.), *Economic History of Japan 1914–1955* (Oxford, 1999), 273–4.
24. Miwa, *Japan's Economic Planning*, 422–3, 426–7; Masayasu Miyazaki and Osamu Itō, 'Transformation of industries in the war years', in Nakamura and Odaka (eds.), *Economic History of Japan*, 289–92.
25. Bernd Martin, 'Japans Kriegswirtschaft 1941–1945', in Friedrich Forstmeier and Hans-Erich Volkmann (eds.), *Kriegswirtschaft und Rüstung 1939–1945* (Düsseldorf, 1977), 274–8; Jerome Cohen, *Japan's Economy in War and Reconstruction* (Minneapolis, Minn., 1949), 219; Irving B. Holley, *Buying Aircraft: Material Procurement for the Army Air Forces* (Washington, DC, 1964), 560.
26. Maury Klein, *A Call to Arms: Mobilizing America for World War II* (New York, 2013), 252–4.
27. S. R. Lieberman, 'Crisis management in the USSR: the wartime system of administration and control', in Susan Linz (ed.), *The Impact of World War II on the Soviet Union* (Totowa, NJ, 1985), 60–61.
28. F. Kagan, 'The evacuation of Soviet industry in the wake of Barbarossa: a key to Soviet victory', *Journal of Slavic Military History*, 8 (1995), 389–406; G. A. Kumanev, 'The Soviet economy and the 1941 evacuation', in Joseph Wieczynski (ed.), *Operation Barbarossa: The German Attack on the Soviet Union, June 22 1941* (Salt Lake City, Utah, 1992), 161–81.
29. Lennart Samuelson, *Tankograd: The Formation of a Soviet Company Town:*

Cheliabinsk 1900s to 1950s (Basingstoke, 2011), 196–204.
30. Mark Harrison, 'The Soviet Union: the defeated victor', in *idem* (ed.), *The Economics of World War II: Six Great Powers in International Comparison* (Cambridge, 1998), 285–6; Mark Harrison, *Accounting for War: Soviet Production, Employment and the Defence Burden 1940–1945* (Cambridge, 1996), 81–5, 101.
31. Hugh Rockoff, *America's Economic Way of War* (Cambridge, 2012), 183–8; Theodore Wilson, 'The United States: Leviathan', in Warren Kimball, David Reynolds and Alexander Chubarian (eds.), *Allies at War: The Soviet, American and British Experience 1939–1945* (New York, 1994), 175–7, 188.
32. Alan Clive, *State of War: Michigan in World War II* (Ann Arbor, Mich., 1979), 25.
33. Craven and Cate, *Army Air Forces, Volume VI*, 339.
34. 有一个不错的例子，可见 Jacob Meulen, *The Politics of Aircraft: Building an American Military Industry* (Lawrence, Kans, 1991), 182–220。
35. Allen Nevins and Frank Hill, *Ford: Decline and Rebirth 1933–1961* (New York, 1961), 226; Francis Walton, *Miracle of World War II: How American Industry Made Victory Possible* (New York, 1956), 559; Clive, *State of War*, 22.
36. *U. S. Navy at War: 1941–1945. Official Reports to Secretary of the Navy by Fleet Admiral Ernest J. King* (Washington, DC, 1946), 252–84.
37. Kevin Starr, *Embattled Dreams: California in War and Peace 1940–1950* (New York, 2002), 145–9; Frederic Lane, *Ships for Victory: A History of Shipbuilding under the U.S. Maritime Commission in World War II* (Baltimore, Md, 1951), 53–4, 224ff.; Walton, *Miracle of World War II*, 79; David Kennedy, *The American People in World War II* (New York, 1999), 225–8.
38. Hermione Giffard, *Making Jet Engines in World War II: Britain, Germany and the United States* (Chicago, Ill., 2016), 37–41.
39. Steven Zaloga, *Armored Thunderbolt: The U.S. Army Sherman in World War II* (Mechanicsburg, Pa, 2008), 43–5, 289–90; David Johnson, *Fast Tanks and Heavy Bombers: Innovation in the U.S. Army 1917–1945* (Ithaca, NY, 1998), 189–97.
40. Overy, *War and Economy in the Third Reich*, 259–61; USSBS, 'Overall Report: European Theater', Sept. 1945, 31.
41. IWM, Speer Collection, FD 5445/45, OKW Kriegswirtschaftlicher Lagebericht, 1 Dec. 1939; EDS, Mi 14/521 (part 1), Heereswaffenamt, 'Munitionslieferung im Weltkrieg'; BA-MA, Wi I F 5.412, 'Aktenvermerk über Besprechung am 11

Dez. 1939 im Reichskanzlei'.
42. IWM, Speer Collection, Box 368, Report 54, Speer interrogation 13 July 1945.
43. 关于劳动力的情况，见 IWM, FD 3056/49, 'Statistical Material on the German Manpower Position during the War Period 1939-1944', 31 July 1945, Table 7。战时德国为军工服务的劳动力占比，1939 年为 28.6%，1940 年为 62.3%，1941 年为 68.8%，1942 年为 70.4%，统计口径为每年 5 月 31 日的数据。
44. NARA, RG 243, entry 32, USSBS Interrogation of Dr Karl Hettlage, 16 June 1945, p. 9.
45. Hugh Trevor-Roper (ed.), *Hitler's Table Talk 1941-44* (London, 1973), 633.
46. IWM, Speer Collection, Box 368, Report 83, 'Relationship between the Ministry and the Army Armaments Office', Oct. 1945. 在施佩尔看来，参谋部"对技术和经济问题完全不了解"。
47. IWM, Speer Collection, Box 368, Report 90 I, interrogation of Karl-Otto Saur, p. 4.
48. Lutz Budrass, *Flugzeugindustrie und Luftrüstung in Deutschland 1918-1945* (Düsseldorf, 1998), 742-6; Rolf-Dieter Müller, 'Speers Rüstungspolitik im totalen Krieg: Zum Beitrag der modernen Militärgeschichte im Diskurs mit der Sozial- und Wirtschaftsgeschichte', *Militärgeschichtliche Zeitschrift*, 59 (2000), 356-62.
49. IWM, Speer Collection, Box 368, Report 90 IV, 'Rationalization of the Munitions Industry', p. 44.
50. IWM, Speer Collection, Box 368, Report 85 II, p. 4. ["提升效率"（INCREASED EFFICIENCY）在原始文献中为大写。]
51. Lotte Zumpe, *Wirtschaft und Staat in Deutschland: Band I, 1933 bis 1945* (Berlin, 1980), 341-2; Müller, 'Speers Rüstungspolitik', 367-71.
52. Müller, 'Speers Rüstungspolitik', 373-7.
53. Dieter Eichholtz, *Geschichte der deutschen Kriegswirtschaft 1939-1945: Band II: Teil II: 1941-1943* (Munich, 1999), 314-15; IWM, Speer Collection, Box 368, Report 90 V, 'Rationalization in the Components Industry', p. 34.
54. IWM, EDS, Mi 14/133, Oberkommando des Heeres, 'Studie über die Rüstung 1944', 25 Jan. 1944.
55. IWM, EDS AL/1746, Saur interrogation, 10 Aug. 1945, p. 6; see too Daniel Uziel, *Arming the Luftwaffe: The German Aviation Industry in World War II* (Jefferson, NC, 2012), 85-90.
56. Lutz Budrass, Jonas Scherner and Jochen Streb, 'Fixed-price contracts, learning, and

outsourcing: explaining the continuous growth of output and labour productivity in the German aircraft industry during the Second World War', *Economic History Review*, 63 (2010), 124.

57. Eichholtz, *Geschichte der deutschen Kriegswirtschaft: Band II*, 265. 此处的数据系根据"帝国统计局"官方编制的武器装备索引估算得出的。据美国战略轰炸调查组统计，同期德国金属加工业的人均产出增长了48%，见 'Industrial Sales, Output and Productivity Prewar Area of Germany 1939–1944', 15 Mar. 1946, pp. 21–2, 65。另见 Adam Tooze, 'No room for miracles: German output in World War II reassessed', *Geschichte & Gesellschaft*, 31 (2005), 50–53。

58. Willi Boelcke, 'Stimulation und Verhalten von Unternehmen der deutschen Luftrüstungsindustrie während der Aufrüstungs-und Kriegsphase', in Horst Boog (ed.), *Luftkriegführung im Zweiten Weltkrieg* (Herford, 1993), 103–4.

59. Hermione Giffard, 'Engines of desperation: jet engines, production and new weapons in the Third Reich', *Journal of Contemporary History*, 48 (2013), 822–5, 830–37.

60. Uziel, *Arming the Luftwaffe*, 259–61. 关于研发队伍与战事脱节的情况，见 Helmut Trischler, 'Die Luftfahrtforschung im Dritten Reich: Organisation, Steuerung und Effizienz im Zeichen von Aufrüstung und Krieg', in Boog (ed.), *Luftkriegführung*, 225–6。

61. W. Averell Harriman and Elie Abel, *Special Envoy to Churchill and Stalin, 1941–1945* (London, 1945), 90–91.

62. David Reynolds and Vladimir Pechatnov (eds.), *The Kremlin Letters: Stalin's Wartime Correspondence with Churchill and Roosevelt* (New Haven, Conn., 2018), 62–3, Stalin to Roosevelt, 7 Nov. 1941.

63. Charles Marshall, 'The Lend-Lease operation', *Annals of the American Academy of Political and Social Science*, 225 (1943), 187.

64. 德国数据取自 IWM, Reich Air Ministry records, FD 3731/45, Deliveries to neutrals and allies, May 1943–Feb. 1944; 美国数据取自 Office of Chief of Military History, 'United States Army in World War II. Statistics: Lend-Lease', 15 Dec. 1952, 33。

65. IWM, FD 3731/45, Position of deliveries to neutrals and allies, 18 June 1943, 18 Aug. 1943; Berthold Puchert, 'Deutschlands Aussenhandel im Zweiten Weltkrieg', in Dietrich Eichholtz (ed.), *Krieg und Wirtschaft: Studien zur deutschen Wirtschaftsgeschichte 1939–1945* (Berlin, 1999), 277; Rotem Kowner, 'When

economics, strategy and racial ideology meet: inter-Axis connections in the wartime Indian Ocean', *Journal of Global History*, 12 (2017), 231–4, 235–6.
66. Richard Overy, *The Bombing War: Europe 1939–1945* (London, 2013), 515–16.
67. Figures from Combined Intelligence Objectives Sub-Committee, 'German Activities in the French Aircraft Industry', 1946, Appendix 4, pp. 79–80.
68. Jochen Vollert, *Panzerkampfwagen T34-747 (r): The Soviet T-34 Tank as Beutepanzer and Panzerattrappe in German Wehrmacht Service 1941–45* (Erlangen, 2013), 16, 33–4; 美国数据取自 Office of Chief of Military History, 'Statistics: Lend-Lease', p. 25。
69. Mark Stoler, *Allies and Adversaries: The Joint Chiefs of Staff, the Grand Alliance, and U.S. Strategy in World War II* (Chapel Hill, NC, 2000), 29–30; Matthew Jones, *Britain, the United States and the Mediterranean War, 1942–44* (London, 1996), 6, 11–13.
70. Ted Morgan, *FDR: A Biography* (New York, 1985), 579; Klein, *A Call to Arms*, 134–5.
71. Warren Kimball (ed.), *Churchill & Roosevelt: The Complete Correspondence: Volume 1, Alliance Emerging* (London, 1984), 102–9, Churchill to Roosevelt by telegram, 7 Dec. 1940.
72. Kennedy, *The American People in World War II*, 40–42.
73. David Roll, *The Hopkins Touch: Harry Hopkins and the Forging of the Alliance to Defeat Hitler* (New York, 2013), 74–5.
74. Buhite and Levy (eds.), *FDR's Fireside Chats*, 164, 169–70.
75. John Colville, *The Fringes of Power: The Downing Street Diaries, 1939–1955* (London, 1986), 331–2, entry for 11 Jan. 1941.
76. Andrew Johnstone, *Against Immediate Evil: American Internationalism and the Four Freedoms on the Eve of World War II* (Ithaca, NY, 2014), 116–21; Morgan, *FDR*, 580–81.
77. Kennedy, *The American People in World War II*, 45–6.
78. Hans Aufricht, 'Presidential power to regulate commerce and Lend-Lease transactions', *Journal of Politics*, 6 (1944), 66–7, 71.
79. Richard Overy, 'Co-operation: trade, aid and technology', in Kimball, Reynolds and Chubarian (eds.), *Allies at War*, 213–14.
80. Gavin Bailey, '"An opium smoker's dream": the 4000-bomber plan and Anglo-

American aircraft diplomacy at the Atlantic Conference, 1941', *Journal of Transatlantic Studies*, 11 (2013), 303; Kennedy, *The American People in World War II*, 50. 关于英国的让步，见 Cordell Hull, *The Memoirs of Cordell Hull*, 2 vols. (New York, 1948), ii, 1151–3。

81. William Grieve, *The American Military Mission to China, 1941–1942: Lend-Lease Logistics, Politics and the Tangles of Wartime Cooperation* (Jefferson, NC, 2014), 155–7.
82. J. Garry Clifford and Robert Ferrell, 'Roosevelt at the Rubicon: the great convoy debate of 1941', in Kurt Piehler and Sidney Pash (eds.), *The United States and the Second World War: New Perspectives on Diplomacy, War and the Home Front* (New York, 2010), 12–17.
83. Kevin Smith, *Conflicts Over Convoys: Anglo-American Logistics Diplomacy in the Second World War*, (Cambridge, 1996), 67–9.
84. Elliott Roosevelt (ed.), *The Roosevelt Letters: Volume Three, 1928–1945* (London, 1952), 366, letter to Senator Josiah Bailey, 13 May 1941.
85. Fred Israel (ed.), *The War Diary of Breckinridge Long: Selections from the Years 1939–1944* (Lincoln, Nebr., 1966), 208.
86. Johnstone, *Against Immediate Evil*, 156–7.
87. *Foreign Relations of the United States (FRUS)*, 1941, 1, pp. 769–70 and 771–2, Memorandum of conversation with Soviet Ambassador, 26 June 1941; letter from Steinhardt to Cordell Hull, 29 June 1941.
88. Richard Leighton and Robert Coakley, *Global Logistics and Strategy, 1940–1943* (Washington, DC, 1955), 98–102; *FRUS*, 1941, 1, pp. 815–16, Sumner Welles to Oumansky, 2 Aug. 1941.
89. Ministry of Information, *What Britain Has Done, 1939–1945*, 9 May 1945 (reissued, London, 2007), 98–9.
90. Aufricht, 'Presidential power', 74.
91. Chief of Military History, 'Statistics: Lend-Lease', 6–8.
92. Cited by Edward Stettinius in his wartime diary, *The Diaries of Edward R. Stettinius, Jr., 1943–1946* (New York, 1975), 61, entry for 19 Apr. 1943.
93. H. Duncan Hall, *North American Supply* (London, 1955), 432; British Information Services, 'Britain's Part in Lend-Lease and Mutual Aid', Apr. 1944, 3–4, 15–16.
94. Hector Mackenzie, 'Transatlantic generosity: Canada's "Billion Dollar Gift" for

the United Kingdom in the Second World War', *International History Review*, 34 (2012), 293–308.

95. Alexander Lovelace, 'Amnesia: how Russian history has viewed Lend-Lease', *Journal of Slavic Military Studies*, 27 (2014), 593; 'second fronts' in Alexander Werth, *Russia at War, 1941–1945* (London, 1964); H. Van Tuyll, *Feeding the Bear: American Aid to the Soviet Union 1941–1945* (New York, 1989), 156–61.

96. British Information Services, 'Britain's Part', 6–8; Marshall, 'The Lend-Lease operation', 184–5.

97. Chief of Military History, 'Statistics: Lend-Lease', 25–34.

98. David Zimmerman, 'The Tizard mission and the development of the atomic bomb', *War in History*, 2 (1995), 268–70.

99. John Baylis, *Anglo-American Defence Relations 1939–1984* (New York, 1984), 4–5, 16–32; Donald Avery, 'Atomic scientific co-operation and rivalry among the Allies: the Anglo-Canadian Montreal laboratory and the Manhattan Project, 1943–1946', *War in History*, 2 (1995), 281–3, 288.

100. Smith, *Conflicts Over Convoys*, 61–7.

101. Ibid., 177–83.

102. Arnold Hague, *The Allied Convoy System 1939–1945* (London, 2000), 187.

103. V. F. Vorsin, 'Motor vehicle transport deliveries through "lend-lease"', *Journal of Slavic Military Studies*, 10 (1997), 154.

104. Ibid., 155; Zaloga, *Soviet Lend-Lease Tanks*, 43.

105. British War Office, *Paiforce: The Official Story of the Persia and Iraq Command 1941–1946* (London, 1948), 97–105.

106. Ashley Jackson, *Persian Gulf Command: A History of the Second World War in Iran and Iraq* (New Haven, Conn., 2018), 297–307, 348–9.

107. Vorsin, 'Motor vehicle transport', 156–65.

108. Grieve, *American Military Mission*, 32–3, 135–8.

109. Ibid., 151–5; Edward Stettinius, *Lend-Lease: Weapon for Victory* (London, 1944), 166–70.

110. Jay Taylor, *The Generalissimo: Chiang Kai-Shek and the Struggle for Modern China* (Cambridge, Mass., 2011), 271.

111. Coombs, *British Tank Production*, 109, 115, 125.

112. Bailey, '"An opium smoker's dream"', 294–8.

113. Chief of Military History, 'Statistics: Lend-Lease', 33–4.
114. Alexander Hill, 'British Lend-Lease aid to the Soviet war effort, June 1941–June 1942', *Journal of Military History*, 71 (2007), 787–97; Zaloga, *Soviet Lend-Lease Tanks*, 10–11, 26–7, 31–2.
115. Coombs, *British Tank Production*, 109; Robert Coakley and Richard Leighton, *Global Logistics and Strategy 1943-1945* (Washington, DC, 1968), 679.
116. John Deane, *The Strange Alliance: The Story of American Efforts at Wartime Co-Operation with Russia* (London, 1947), 84.
117. G. C. Herring, 'Lend-Lease to Russia and the origins of the Cold War 1944–1946', *Journal of American History*, 61 (1969), 93–114.
118. Lovelace, 'Amnesia', 595–6.
119. Boris Sokolov, 'Lend-Lease in Soviet military efforts, 1941–1945', *Journal of Slavic Military Studies*, 7 (1994), 567–8; Jerrold Schecter and Vyacheslav Luchkov (eds.), *Khrushchev Remembers: The Glasnost Tapes* (New York, 1990), 84.
120. Denis Havlat, 'Western aid for the Soviet Union during World War II: Part I', *Journal of Slavic Military Studies*, 30 (2017), 314–16; Zaloga, *Soviet Lend-Lease Tanks*, 30.
121. Van Tuyll, *Feeding the Bear*, 156–7; Joan Beaumont, *Comrades in Arms: British Aid to Russia, 1941–1945* (London, 1980), 210–12.
122. Vorsin, 'Motor vehicle transport', 169–72.
123. Alexander Hill, 'The bear's new wheels (and tracks): US-armored and other vehicles and Soviet military effectiveness during the Great Patriotic War', *Journal of Slavic Military Studies*, 25 (2012), 214–17.
124. H. G. Davie, 'The influence of railways on military operations in the Russo-German War 1941–1945', *Journal of Slavic Military Studies*, 30 (2017), 341–3.
125. Sokolov, 'Lend-Lease', 570–81.
126. Havlat, 'Western aid', 297–8.
127. Coombs, *British Tank Production*, 122–3.
128. Neville Wylie, 'Loot, gold and tradition in the United Kingdom's financial warfare strategy 1939–1945', *International History Review*, 31 (2005), 299–328.
129. Edward Ericson, *Feeding the German Eagle: Soviet Economic Aid to Nazi Germany, 1933–1941* (Westport, Conn., 1999), 195–6.
130. See Dietrich Eichholtz, *Krieg um Öl: Ein Erdölimperium als deutsches Kriegsziel*

(1938–1943) (Leipzig, 2006), 90–100.
131. USSBS, Report 109, Oil Division Final Report, 25 Aug. 1945, 18–19.
132. Walther Hubatsch (ed.), *Hitlers Weisungen für die Kriegführung, 1939–1945* (Munich, 1965), 46, Weisung Nr. 9 'Richtlinien für die Kriegführung gegen die feindliche Wirtschaft', 29 Nov. 1939.
133. Ibid., 118–19, Weisung Nr. 23 'Richtlinien für die Kriegführung gegen die englische Wehrwirtschaft', 6 Feb. 1941.
134. Hague, *Allied Convoy System*, 19.
135. Sönke Neitzel, *Der Einsatz der deutschen Luftwaffe über dem Atlantik und der Nordsee 1939–1945* (Bonn, 1995), 49–50.
136. *Fuehrer Conferences on Naval Affairs, 1939–1945* (London, 1990), 285, Report on a conference between the C.-in-C. Navy and the Fuehrer, 15 June 1942.
137. Smith, *Conflicts Over Convoys*, 249; Hague, *Allied Convoy System*, 107–8; Edward von der Porten, *The German Navy in World War II* (London, 1969), 174–8; Stephen Roskill, *The War at Sea 1939–1945*, 4 vols.(London, 1954–61), i, 500, 603.
138. BA-MA, RL2 IV/7, Otto Bechtle lecture 'Grossangriffe bei Nacht gegen Lebenszentren Englands, 12.8.1940–26.6.1941'.
139. TsAMO, Moscow, Fond 500/725168/110, Luftwaffe Operations Staff, report on British targets, 14 Jan. 1941.
140. Nicolaus von Below, *At Hitler's Side: The Memoirs of Hitler's Luftwaffe Adjutant, 1937–1945* (London, 2001), 79; *Fuehrer Conferences on Naval Affairs*, 177–8.
141. Overy, *The Bombing War*, 113–14.
142. AHB Translations, vol. 5, VII/92, 'German Aircraft Losses (West), Jan–Dec 1941.
143. Neitzel, *Einsatz der deutschen Luftwaffe*, 125.
144. David White, *Bitter Ocean: The Battle of the Atlantic 1939–1945* (New York, 2006), 297–8.
145. Hague, *Allied Convoy System*, 120.
146. Marc Milner, *Battle of the Atlantic* (Stroud, 2005), 85–9; Michael Hadley, *U-Boats against Canada: German Submarines in Canadian Waters* (Montreal, 1985), 52–5.
147. Hadley, *U-Boats against Canada*, 112–13.

148. Christopher Bell, *Churchill and Sea Power* (Oxford, 2013), 259–79.
149. Hague, *Allied Convoy System*, 116; Milner, *Battle of the Atlantic*, 85–9; Jürgen Rohwer, *The Critical Convoy Battles of March 1943* (Annapolis, Md, 1977), 36; Patrick Beesly, *Very Special Intelligence: The Story of the Admiralty's Operational Intelligence Centre 1939–1945* (London, 1977), 182.
150. Karl Dönitz, *Memoirs: Ten Years and Twenty Days* (London, 1959), 253, 315.
151. Smith, *Conflicts Over Convoys*, 257.
152. *Fuehrer Conferences on Naval Affairs*, 334, minutes of the conference of the C.-in-C. Navy with the Fuehrer, 31 May 1943.
153. Milner, *Battle of the Atlantic*, 251–3.
154. Edward Miller, *War Plan Orange: The U.S. Strategy to Defeat Japan, 1897–1945* (Annapolis, Md, 1991), 21–8.
155. Ibid., 344, 348–50.
156. Conrad Crane, *American Airpower Strategy in World War II: Bombs, Cities, Civilians and Oil* (Lawrence, Kans, 2016), 30.
157. TNA, AIR 9/8, 'Note upon the Memorandum of the Chief of the Naval Staff', May 1928.
158. William Medlicott, *The Economic Blockade: Volume I* (London, 1952), 13–16.
159. Richard Hammond, 'British policy on total maritime warfare and the anti-shipping campaign in the Mediterranean 1940–1944', *Journal of Strategic Studies*, 36 (2013), 792–4.
160. TNA, AIR 14/429, 'Air Ministry Instructions and Notes on the Rules to be Observed by the Royal Air Force in War', 17 Aug. 1939; AIR 41/5, J. M. Spaight, 'International Law of the Air 1939–1945', p. 7.
161. Joel Hayward, 'Air power, ethics and civilian immunity during the First World War and Its aftermath', *Global War Studies*, 7 (2010), 127–9; Peter Gray, 'The gloves will have to come off: a reappraisal of the legitimacy of the RAF Bomber Offensive against Germany', *Air Power Review*, 13 (2010), 13–14, 25–6.
162. Clay Blair, *Silent Victory: The U.S. Submarine War against Japan* (Philadelphia, Pa, 1975), 106.
163. Hammond, 'British policy on total maritime warfare', 796–7.
164. Jack Greene and Alessandro Massignani, *The Naval War in the Mediterranean*

1940-1943 (London, 1998), 266-7; Hammond, 'British policy on total maritime warfare', 803.

165. Marc'Antonio Bragadin, *The Italian Navy in World War II* (Annapolis, Md, 1957), 245-9.
166. Ibid., 364-5; Hammond, 'British policy on total maritime warfare', 807. 关于轴心国舰船在地中海的损失，有多个不同的估算数据。英国海军部的估算显示，在整场战争中轴心国有1 544艘船被击沉，但总吨位为420万吨。见Robert Ehlers, *The Mediterranean Air War: Airpower and Allied Victory in World War II* (Lawrence, Kans, 2015), 403。
167. This is the conclusion of Martin van Creveld, *Supplying War: Logistics from Wallenstein to Patton* (Cambridge, 1977), 198-200.
168. Bragadin, *Italian Navy*, 356. 1941年的运量为89 563吨，1942年则为56 209吨。
169. Vera Zamagni, 'Italy: how to win the war and lose the peace', in Harrison (ed.), *The Economics of World War II*, 188
170. Istituto centrale di statistica, *Statistiche storiche dell'Italia 1861-1975* (Rome, 1976), 117.
171. Hammond, 'British policy on total maritime warfare', 808; Christina Goulter, *Forgotten Offensive: Royal Air Force Coastal Command's Anti-Shipping Campaign, 1940-1945* (Abingdon, 2004), 296-8, 353.
172. Charles Webster and Noble Frankland, *The Strategic Air Offensive against Germany 1939-1945: Volume IV* (London, 1961), 99-102, 109.
173. Cited in Edward Westermann, *Flak: German Anti-Aircraft Defences, 1914-1945* (Lawrence, Kans, 2001), 90.
174. Webster and Frankland, *Strategic Air Offensive*, iv, 205, 'Report by Mr. Butt to Bomber Command, 18 August 1941'; Randall Wakelam, *The Science of Bombing: Operational Research in RAF Bomber Command* (Toronto, 2009), 42-6.
175. CCAC, Bufton Papers, 3/48, Review of the present strategical air offensive, 5 Apr. 1941, App. C, p. 2.
176. TNA, AIR 40/1814, memorandum by O. Lawrence (MEW), 9 May 1941.
177. Richard Overy, "The weak link"? The perception of the German working class by RAF Bomber Command, 1940-1945', *Labour History Review*, 77 (2012), 25-7.

178. RAF Museum, Hendon, Harris Papers, Misc. Box A, Folder 4, 'One Hundred Towns of Leading Economic Importance in the German War Effort', n.d.
179. Haywood Hansell, *The Air Plan that Defeated Hitler* (Atlanta, Ga, 1972), 81–3, 298–307.
180. Stephen McFarland and Wesley Newton 'The American strategic air offensive against Germany in World War II', in R. Cargill Hall (ed.), *Case Studies in Strategic Bombardment* (Washington, DC, 1998), 188–9.
181. Crane, *American Airpower Strategy*, 32–3.
182. LC, Spaatz Papers, Box 67, 'Plan for the Completion of the Combined Bomber Offensive. Annex: Prospect for Ending War by Air Attack against German Morale', 5 Mar. 1944, p. 1.
183. Friedhelm Golücke, *Schweinfurt und der strategische Luftkrieg* (Paderborn, 1980), 134, 356–7; Richard Davis, *Bombing the European Axis Powers: A Historical Digest of the Combined Bomber Offensive, 1939–1945* (Maxwell, Ala, 2006), 158–61.
184. Richard Davis, *Carl A. Spaatz and the Air War in Europe* (Washington, DC, 1993), 322–6, 370–79; Williamson Murray, *Luftwaffe: Strategy for Defeat 1933–1945* (London, 1985), 215.
185. Overy, *The Bombing War*, 370–71.
186. USSBS, Oil Division Final Report, 17–26, figs. 49, 60.
187. Alfred Mierzejewski, *The Collapse of the German War Economy: Allied Air Power and the German National Railway* (Chapel Hill, NC, 1988), 191–3; AHB, German translations, vol. VII/23, 'Some Effects of the Allied Air Offensive on German Economic Life', 7 Dec. 1944, pp. 1–2 and vol. VII / 38, Albert Speer to Wilhelm Keitel (OKW), 'Report on the Effects of Allied Air Activity against the Ruhr', 7 Nov. 1944.
188. LC, Spaatz Papers, Box 68, USSTAF HQ, Ninth Air Force Interrogation of Hermann Göring, 1 June 1945.
189. Webster and Frankland, *Strategic Air Offensive*, iv, 469–70, 494, Appendix 49 (iii) and 49 (xxii); Rolf Wagenführ, *Die deutsche Industrie im Kriege 1939–1945* (Berlin, 1963), 178–81.
190. USSBS, Overall Report (European Theater), 25–6, 37–8, 73–4; USSBS, Oil Division Final Report, Fig. 7.

191. Sebastian Cox (ed.), *The Strategic Air War against Germany, 1939–1945: The Official Report of the British Bombing Survey Unit* (London, 1998), 94–7, 129–34, 154.
192. UEA, Zuckerman Archive, SZ/BBSU/103, Nicholas Kaldor typescript, 'The Nature of Strategic Bombing', pp. 4–6; Kaldor typescript, 'Capacity of German Industry', pp. 2–5.
193. LC, Spaatz Papers, Box 68, Galbraith memorandum, 'Preliminary Appraisal of Achievement of the Strategic Bombing of Germany', p. 2.
194. Werner Wolf, *Luftangriffe auf die deutsche Industrie, 1942–45* (Munich, 1985), 60, 74.
195. BAB, R3102/10031, Reichsministerium für Rüstung und Kriegswirtschaft, 'Vorläufige Zusammenstellung des Arbeiterstundenausfalls durch Feindeinwirkung', 4 Jan. 1945.
196. Webster and Frankland, *Strategic Air Offensive*, iv, 494–5, 501–2; Cox (ed.), *The Strategic Air War*, 97.
197. Miwa, *Japan's Economic Planning*, 240; Akira Hara, 'Japan: guns before rice', in Harrison (ed.), *The Economics of World War II*, 241–3.
198. Miyazaki and Itō, 'Transformation of industries in the war years', in Nakamura and Odaka (eds.), *Economic History of Japan*, 290–91; Theodore Roscoe, *United States Submarine Operations in World War II* (Annapolis, Md, 1949), 523.
199. Hara, 'Wartime controls', in Nakamura and Odaka (eds.), *Economic History of Japan*, 271, 277; idem, 'Japan: guns before rice', 245.
200. Blair, *Silent Victory*, 118–19, 361.
201. Samuel Eliot Morison, *The Two-Ocean War: A Short History of the United States Navy in the Second World War* (Boston, Mass., 1963), 494–9; Blair, *Silent Victory*, 552.
202. Roscoe, *United States Submarine Operations*, 215–17.
203. USSBS, Pacific Theater, 'The Effects of Strategic Bombing', 35–42; Blair, *Silent Victory*, 816. 全面的论述，可见 Phillips O'Brien, *How the War Was Won* (Cambridge, 2015), pp. 432–44。
204. Michael Sturma, 'Atrocities, conscience, and unrestricted warfare: US submarines during the Second World War', *War in History*, 16 (2009), 455–6; Hara, 'Wartime controls', 277.

205. Thomas Searle, '"It made a lot of sense to kill skilled workers": the firebombing of Tokyo in March 1945', *Journal of Military History*, 66 (2002), 108–12.
206. William Ralph, 'Improvised destruction: Arnold, LeMay, and the firebombing of Japan', *War in History*, 13 (2006), 502–3.
207. Searle, '"It made a lot of sense to kill skilled workers"', 119–21.
208. Conrad Crane, 'Evolution of U.S. strategic bombing of urban areas', *Historian*, 50 (1987), 36–7.
209. Ralph, 'Improvised destruction', 521–2.
210. USSBS, Pacific Theater, 'The Effects of Strategic Bombing', 205.
211. Roscoe, *United States Submarine Operations*, 523; Hara, 'Japan: guns before rice', 245; Barrett Tillman, *Whirlwind: The Air War against Japan 1942–1945* (New York, 2010), 194–9.
212. Roscoe, *United States Submarine Operations*, 453; Hara, 'Japan: guns before rice', 245; USSBS, Pacific Theater, 'The Effects of Strategic Bombing', 180–81.
213. UEA, Zuckerman Archive, SZ/BBSU/3, Rough Notes on Exercise Thunderbolt, 13–16 Aug. 1947.
214. TNA, AIR 20/2025, Casualties of RAF, Dominion and Allied Personnel at RAF Posting Disposal, 31 May 1947; AIR 22/203, War Room Manual of Bomber Command Operations 1939–1945, p. 9; US figures in Davis, *Carl A. Spaatz*, App 4, 9.
215. Hague, *Allied Convoy System*, 107; Roscoe, *United States Submarine Operations*, 523.
216. Roscoe, *United States Submarine Operations*, 493; Blair, *Silent Victory*, 877.

第七章 正义战争？非正义战争？

1. Dennis Wheatley, *Total War: A Paper* (London, 1941), 17.
2. Ibid., 18, 20.
3. Davide Rodogno, *Fascism's European Empire: Italian Occupation during the Second World War* (Cambridge, 2006), 44–9.
4. F. C. Jones, *Japan's New Order in East Asia* (Oxford, 1954), 469. 这是从条约的德文版翻译而来的。原文是用英文起草的，这里写的是 "each its own proper place"（都有其恰当的地方）而非 "the space to which it is entitled"（获得其应

得的空间）。德文版加入了"空间"的主张，以让新秩序具有更明显的地域性。
5. Eric Johnson and Karl-Heinz Reuband, *What We Knew: Terror, Mass Murder and Everyday Life in Germany* (London, 2005), 106. See too Nick Stargardt, *The German War: A Nation under Arms, 1939–45* (London, 2015), 15–17.
6. Rodogno, *Fascism's European Empire*, 46–50.
7. Peter Duus, 'Nagai Ryutaro and the "White Peril", 1905–1944', *Journal of Asian Studies*, 31 (1971), 41–4.
8. Sidney Paish, 'Containment, rollback and the origins of the Pacific war 1933–1941', in Kurt Piehler and Sidney Paish (eds.), *The United States and the Second World War: New Perspectives on Diplomacy, War and the Home Front* (New York, 2010), 53–5, 57–8.
9. John Dower, *War without Mercy: Race and Power in the Pacific War* (New York, 1986), 205–6.
10. Ben-Ami Shillony, *Politics and Culture in Wartime Japan* (Oxford, 1981), 136, 141–3.
11. Werner Maser (ed.), *Hitler's Letters and Notes* (London, 1973), 227, 307, notes for speeches 1919/20.
12. André Mineau, 'Himmler's ethic of duty: a moral approach to the Holocaust and to Germany's impending defeat', *The European Legacy*, 12 (2007), 60; Alon Confino, *A World without Jews: The Nazi Imagination from Persecution to Genocide* (New Haven, Conn., 2014), 152–3.
13. Randall Bytwerk, 'The argument for genocide in Nazi propaganda', *Quarterly Journal of Speech*, 91 (2005), 37–9; Confino, *A World without Jews*, 153–5.
14. Heinrich Winkler, *The Age of Catastrophe: A History of the West, 1914–1945* (New Haven, Conn., 2015), 87–91.
15. Randall Bytwerk, 'Believing in "inner truth": The Protocols of the Elders of Zion and Nazi propaganda 1933–1945', *Holocaust and Genocide Studies*, 29 (2005), 214, 221–2.
16. Jeffrey Herf, *The Jewish Enemy: Nazi Propaganda during World War II and the Holocaust* (Cambridge, Mass., 2006), 61–2.
17. Ibid., 64–5.
18. Tobias Jersak, 'Die Interaktion von Kriegsverlauf und Judenvernichtung: ein Blick auf Hitlers Strategie im Spätsommer 1941', *Historische Zeitschrift*, 268 (1999),

311–74; Bytwerk, 'The argument for genocide', 42–3; Herf, *The Jewish Enemy*, 110.
19. Helmut Sündermann, *Tagesparolen: Deutsche Presseweisungen 1939–1945. Hitlers Propaganda und Kriegführung* (Leoni am Starnberger See, 1973), 203–4.
20. Confino, *A World without Jews*, 194.
21. Sündermann, *Tagesparolen*, 255, press directive of 13 Aug. 1943.
22. Bytwerk, 'The argument for genocide', 51, citing a *Sprechabendsdienst* (evening discussion service) circular for Sept./Oct. 1944.
23. François Genoud (ed.), *The Testament of Adolf Hitler: The Hitler-Bormann Documents February-April 1945* (London, 1961), 33, 51–2, 76, entries for 1–4 Feb., 13 Feb., 18 Feb. 1945.
24. NARA, RG 238 Jackson Papers, Box 3, translation of letter from Ley to attorney Dr Pflücker, 24 Oct. 1945 (not sent).
25. Mineau, 'Himmler's ethic of duty', 63, from a speech to Abwehr officers in 1944: 'The only thing that had to prevail was iron reason: with misplaced sentimentality one does not win wars in which the stake is life of the race'; see too Claudia Koonz, *The Nazi Conscience* (Cambridge, Mass., 2003), 254, 265; Christopher Browning, 'The Holocaust: basis and objective of the *Volksgemeinschaft* ', in Martina Steber and Bernhard Gotto (eds.), *Visions of Community in Nazi Germany* (Oxford, 2014), 219–23.
26. Bytwerk, 'The argument for genocide', 49.
27. Gao Bei, *Shanghai Sanctuary: Chinese and Japanese Policy toward European Jewish Refugees during World War II* (Oxford, 2013), 20–5, 93–4, 104–7, 116–25.
28. Amedeo Guerrazzi, 'Die ideologischen Ursprünge der Judenverfolgung in Italien', in Lutz Klinkhammer and Amedeo Guerrazzi (eds.), *Die 'Achse' im Krieg: Politik, Ideologie und Kriegführung 1939–1945* (Paderborn, 2010), 437–42.
29. Simon Levis Sullam, 'The Italian executioners: revisiting the role of Italians in the Holocaust', *Journal of Genocide Research*, 19 (2017), 23–8.
30. Joseph Stalin, *The War of National Liberation* (New York, 1942), 30, speech of 6 Nov. 1941.
31. Oleg Budnitskii, 'The Great Patriotic War and Soviet society: defeatism 1941–42', *Kritika*, 15 (2014), 794.
32. R. Buhite and D. Levy (eds.), *FDR's Fireside Chats* (Norman, Okla, 1992), 198, talk of 9 Dec. 1941.

33. Keith Feiling, *The Life of Neville Chamberlain* (London, 1946), 416.
34. Stalin, *War of National Liberation*, 30; Susan Brewer, *Why America Fights: Patriotism and War Propaganda from the Philippines to Iraq* (New York, 2009), 87.
35. Chinese Ministry of Information, *The Voice of China: Speeches of Generalissimo and Madame Chiang Kai-shek* (London, 1944), 32–3, address to the Chinese people, 7 July 1942.
36. Martin Gilbert, *Finest Hour: Winston S. Churchill, 1939–1941* (London, 1983), 329–30.
37. Keith Robbins, 'Britain, 1940 and "Christian Civilisation"', in Derek Beales and Geoffrey Best (eds.), *History, Society and the Churches: Essays in Honour of Owen Chadwick* (Cambridge, 1985), 285, 294.
38. Dower, *War without Mercy*, 17.
39. Wheatley, *Total War*, 33, 54.
40. Brewer, *Why America Fights*, 88.
41. 关于那个年代的焦虑心态，见 Richard Overy, *The Morbid Age: Britain and the Crisis of Civilization* (London, 2009); Roxanne Panchasi, *Future Tense: The Culture of Anticipation in France between the Wars* (Ithaca, NY, 2009)。
42. Harold Nicolson, *Why Britain is at War* (London, 1939), 135–6, 140.
43. Jacques Maritain, *De la justice politque: Notes sur la présente guerre* (Paris, 1940), 23; Hugh Dalton, *Hitler's War: Before and After* (London, 1940), 102.
44. Robbins, 'Britain, 1940 and "Christian Civilisation"', 279, 288–91; Maritain, *De la justice politique*, ch. 3, 'Le renouvellement moral'.
45. Friends House, London, Foley Papers, MS 448 2/2, 'An Appeal Addressed to All Christians', 8 Feb. 1945.
46. Nicolson, *Why Britain is at War*, 132–3.
47. University Labour Federation, 'How we can end the War', Pamphlet No. 5, 1940, 4–5.
48. Penny Von Eschen, *Race against Empire: Black Americans and Anticolonialism 1937–1957* (Ithaca, NY, 1997), 31 (quoted in the American newspaper *Courier*).
49. James Sparrow, *Warfare State: World War II Americans and the Age of Big Government* (New York, 2013), 44–5; Robert Westbrook, *Why We Fought: Forging American Obligation in World War II* (Washington, DC, 2004), 40–46.
50. David Roll, *The Hopkins Touch: Harry Hopkins and the Forging of the Alliance to*

Defeat Hitler (New York, 2013), 142–5.
51. H. V. Morton, *Atlantic Meeting* (London, 1943), 126–7, 149–51.
52. Von Eschen, *Race against Empire*, 26.
53. Gerhard Weinberg, *Visions of Victory: The Hopes of Eight World War II Leaders* (Cambridge, 2005), 86–9; Jay Taylor, *The Generalissimo: Chiang Kai-Shek and the Struggle for Modern China* (Cambridge, Mass., 2011), 186.
54. Buhite and Levy (eds.), *FDR's Fireside Chats*, 217, broadcast of 23 Feb. 1942.
55. Stephen Wertheim, 'Instrumental internationalism: the American origins of the United Nations, 1940–3', *Journal of Contemporary History*, 54 (2019), 266–80.
56. Michaela Moore, *Know Your Enemy: The American Debate on Nazism, 1933–1945* (New York, 2010), 119.
57. Richard Overy, *Interrogations: The Nazi Elite in Allied Hands* (London, 2001), 6–8.
58. International Law Association, *Briand–Kellogg Pact of Paris: Articles of Interpretation as Adopted by the Budapest Conference 1934* (London, 1934), 1–2, 7–10.
59. Howard Ball, *Prosecuting War Crimes and Genocide: The Twentieth-century Experience* (Lawrence, Kans, 1999), pp. 85–7.
60. Genoud (ed.), *The Testament of Adolf Hitler*, 108, entry for 2 Apr. 1945.
61. Ben-Ami Shillony, *Politics and Culture in Wartime Japan* (Oxford, 1981), 146.
62. David Mayers, 'Humanity in 1948: the Genocide Convention and the Universal Declaration of Human Rights', *Diplomacy & Statecraft*, 26 (2015), 464.
63. Gabriel Gorodetsky (ed.), *The Maisky Diaries: Red Ambassador to the Court of St. James's, 1932–1943* (New Haven, Conn., 2015), 244–5, entry for 12 Dec. 1939.
64. Ibid., 258–9, entry for 13 Mar. 1940.
65. Elliott Roosevelt (ed.), *The Roosevelt Letters: Volume Three, 1928–1945* (London, 1952), 290, Roosevelt to Lincoln MacVeagh, 1 Dec. 1939.
66. George Sirgiovanni, *An Undercurrent of Suspicion: Anti-Communism in America during World War II* (New Brunswick, NJ, 1990), 33–4, 36; David Mayers, 'The Great Patriotic War, FDR's embassy Moscow and US–Soviet relations', *International History Review*, 33 (2011), 306–7.
67. Roosevelt (ed.), *Roosevelt Letters*, 292–3, letter from Roosevelt to William Allen White, 14 Dec. 1939.
68. James Harris, 'Encircled by enemies: Stalin's perception of the capitalist world 1918–1941', *Journal of Strategic Studies*, 31 (2008), 534–43.

69. Fridrikh Firsov, Harvey Klehr and John Haynes, *Secret Cables of the Comintern 1933–1943* (New Haven, Conn., 2014), 140–41, 175.
70. Ibid., 153–7, 164.
71. *Daily Worker*, 21 Jan. 1941, 4.
72. Gorodetsky (ed.), *The Maisky Diaries*, 368, entry for 27 June 1941.
73. Sirgiovanni, *Undercurrent of Suspicion*, 3–5; Buhite and Levy (eds.), *FDR's Fireside Chats*, 277–8, broadcast of 24 Dec. 1943.
74. Firsov, Klehr and Haynes, *Secret Cables of the Comintern*, 184–5.
75. 关于协作的意愿，可见 Martin Folly, *Churchill, Whitehall, and the Soviet Union, 1940–1945* (Basingstoke, 2000), 78–9, 165–6。
76. TNA, FO 800/868, Desmond Morton to Lord Swinton, 11 Nov. 1941; Morton to Robert Bruce Lockhart, 15 Nov. 1941.
77. Sirgiovanni, *Undercurrent of Suspicion*, 3–5; Frank Warren, *Noble Abstractions: American Liberal Intellectuals and World War II* (Columbus, Ohio, 1999), 181–4.
78. 'Britain, Russia and Peace', Official Report of the National Congress of Friendship and Co-operation with the USSR, 4–5 Nov. 1944, 14–15.
79. Gorodetsky (ed.), *Maisky Diaries*, 411, 436, 475, entries for 15 Feb., 24 June 1942, 5 Feb. 1943.
80. 'Britain, Russia and Peace', 3–4.
81. Sirgiovanni, *Undercurrent of Suspicion*, 49–56.
82. Daniel Lomas, 'Labour ministers, intelligence and domestic anti-communism 1945 1951', *Journal of Intelligence History*, 12 (2013), 119; Christopher Andrew, *The Defence of the Realm: The Authorized History of MI5* (London, 2009), 273–81.
83. Gorodetsky (ed.), *Maisky Diaries*, 509–10.
84. Andrew Thorpe, *Parties at War: Political Organisation in Second World War Britain* (Oxford, 2009), 39–40.
85. John Deane, *The Strange Alliance: The Story of American Efforts at Wartime Co-Operation with Russia* (London, 1947), 319.
86. Jonathan Haslam, *Russia's Cold War: From the October Revolution to the Fall of the Wall* (New Haven, Conn., 2011), 23–32; Geoffrey Roberts, 'Stalin's wartime vision of the peace, 1939–1945', in Timothy Snyder and Ray Brandon (eds.), *Stalin and Europe: Imitation and Domination 1928–1953* (New York, 2014), 249–59.
87. John Iatrides, 'Revolution or self-defense? Communist goals, strategy and tactics

in the Greek civil war', *Journal of Cold War Studies*, 7 (2005), 24.
88. Warren, *Noble Abstractions*, 172–4.
89. Sirgiovanni, *Undercurrent of Suspicion*, 58, 85–6; Mayers, 'The Great Patriotic War', 318–24.
90. NARA, RG 238, Box 32, translation of 'Secret Additional Protocol to the German–Soviet Pact of 23.8.39'; Mayers, 'The Great Patriotic War', 303.
91. Arkady Vaksberg, *The Prosecutor and the Prey: Vyshinsky and the 1930s Show Trials* (London, 1990), 259; S. Mironenko, 'La collection des documents sur le procès de Nuremberg dans les archives d'état de la federation russe', in Anna Wiewiorka (ed.), *Les procès de Nuremberg et de Tokyo* (Paris, 1996), 65–6.
92. Ronald Takaki, *Double Victory: A Multicultural History of America in World War II* (New York, 2000), 6.
93. David Welky, *Marching Across the Color Line: A. Philip Randolph and Civil Rights in the World War II Era* (New York, 2014), 86–9.
94. Thomas Sugrue, 'Hillburn, Hattiesburg and Hitler: wartime activists think globally and act locally', in Kevin Kruse and Stephen Tuck (eds.), *Fog of War: The Second World War and the Civil Rights Movement* (New York, 2012), 91.
95. Welky, *Marching Across the Color Line*, 89.
96. Sugrue, 'Hillburn, Hattiesburg and Hitler', 91–2.
97. Ibid., 93–4; Welky, *Marching Across the Color Line*, xx–xxi, 112.
98. Julian Zelizer, 'Confronting the roadblock: Congress, Civil Rights, and World War II', in Kruse and Tuck (eds.), *Fog of War*, 38–40.
99. Daniel Kryder, *Divided Arsenal: Race and the American State during World War II* (Oxford, 2000), 208–10, 248–9.
100. Takaki, *Double Victory*, 28–9.
101. Chris Dixon, *African Americans and the Pacific War 1941–1945: Race, Nationality, and the Fight for Freedom* (Cambridge, 2018), 68.
102. Welky, *Marching Across the Color Line*, 112.
103. Takaki, *Double Victory*, 53.
104. Kryder, *Divided Arsenal*, 3.
105. Ibid, 229–32; Welky, *Marching Across the Color Line*, 121–2; Robert Dallek, *Franklin D. Roosevelt: A Political Life* (London, 2017), 520.
106. Kryder, *Divided Arsenal*, 208–10; Takaki, *Double Victory*, 43–4.

107. Kenneth Janken, 'From colonial liberation to Cold War liberalism: Walter White, the NAACP, and foreign affairs, 1941–1955', *Ethnic and Racial Studies*, 21 (1998), 1076–8.
108. Ibid., 1079; Von Eschen, *Race against Empire*, 2–5
109. Elizabeth Borgwardt, 'Race, rights and nongovernmental organisations at the UN San Francisco Conference: a contested history of human rights without discrimination', in Kruse and Tuck (eds.), *Fog of War*, 188–90, 192–6; Von Eschen, *Race against Empire*, 81–2.
110. Janken, 'From colonial liberation', 1082; Mayers, 'Humanity in 1948', 457–9.
111. J. B. Schechtman, 'The USSR, Zionism and Israel', in Lionel Kochan (ed.), *The Jews in Soviet Russia since 1917* (Oxford, 1978), 118; Nora Levin, *Paradox of Survival: The Jews in the Soviet Union since 1917*, 2 vols.(London, 1990), i, 275–6.
112. Ben-Cion Pinchuk, *Shtetl Jews under Soviet Rule: Eastern Poland on the Eve of the Holocaust* (London, 1990), 39, 55, 129–31.
113. Bernard Wasserstein, *Britain and the Jews of Europe 1939–1945* (Oxford, 1979), 7, 11.
114. Ibid., 18–20; Louise London, *Whitehall and the Jews 1933–1948: British Immigration Policy, Jewish Refugees and the Holocaust* (Cambridge, 2000), 140.
115. Takaki, *Double Victory*, 195; Joseph Bendersky, 'Dissension in the face of the Holocaust: the 1941 American debate over anti-Semitism', *Holocaust and Genocide Studies*, 24 (2010), 89.
116. Wasserstein, *Britain and the Jews*, 46–7; Takaki, *Double Victory*, 195–6.
117. Mayers, 'The Great Patriotic War', 305.
118. Wasserstein, *Britain and the Jews*, 52.
119. Leah Garrett, *X-Troop: The Secret Jewish Commandos who Helped Defeat the Nazis* (London, 2021), 26–41.
120. Wasserstein, *Britain and the Jews*, 54–76.
121. Michael Fleming, 'Intelligence from Poland on Chelmno: British responses', *Holocaust Studies*, 21 (2015), 172–4, 176–7; Jan Láníček, 'Governments-in-exile and the Jews during and after the Second World War', *Holocaust Studies*, 18 (2012), 73–5.
122. Fleming, 'Intelligence from Poland', 174–5.

123. David Wyman, *The Abandonment of the Jews: America and the Holocaust 1941–1945* (New York, 1984), 43–5; Zohar Segev, *The World Jewish Congress during the Holocaust: Between Activism and Restraint* (Berlin, 2017), 23–6.
124. London, *Whitehall and the Jews*, 207–8.
125. Wyman, *Abandonment of the Jews*, 73–5.
126. Leonid Smilovitskii, 'Antisemitism in the Soviet partisan movement 1941–1945: the case of Belorussia', *Holocaust and Genocide Studies*, 20 (2006), 708–9; Jeffrey Herf, 'The Nazi extermination camps and the ally to the East: could the Red Army and Air Force have stopped or slowed the Final Solution?', *Kritika*, 4 (2003), 915–16; Alexander Gogun, 'Indifference, suspicion, and exploitation: Soviet units behind the front lines of the Wehrmacht and Holocaust in Ukraine, 1941–44', *Journal of Slavic Military Studies*, 28 (2015), 381–2.
127. Láníček, 'Governments-in-exile', 76.
128. London, *Whitehall and the Jews*, 205–6, 218; Wasserstein, *Britain and the Jews*, 183, 188.
129. Wasserstein, *Britain and the Jews*, 190–203; Shlomo Aronson, *Hitler, the Allies and the Jews* (New York, 2004), 85–100; Takaki, *Double Victory*, 205–6.
130. Wasserstein, *Britain and the Jews*, 304.
131. Segev, *The World Jewish Congress*, 26–30.
132. Laurel Leff, *Buried by the Times: The Holocaust and America's Most Important Newspaper* (New York, 2005), 330–41.
133. Bendersky, 'Dissension in the face of the Holocaust', 89–96; Takaki, *Double Victory*, 189–91.
134. Wasserstein, *Britain and the Jews*, 34, 351.
135. Segev, *The World Jewish Congress*, 41.
136. Láníček, 'Governments-in-exile', 81–5; Wasserstein, *Britain and the Jews*, 295–302.
137. Rainer Schulze, 'The *Heimschaffungsaktion* of 1942–3: Turkey, Spain and Portugal and their responses to the German offer of repatriation of their Jewish citizens', *Holocaust Studies*, 18 (2012), 54–8.
138. Overy, *Interrogations*, 48–9, 178–9.
139. Bendersky, 'Dissension in the face of the Holocaust', 108–9; Mayers, 'Humanity in 1948', 448–55.

140. Kenneth Rose, *Myth and the Greatest Generation: A Social History of Americans in World War II* (New York, 2008), 1–7.
141. Parliamentary Peace Aims Group, 'Towards a Total Peace: A Restatement of Fundamental Principles', 1943, 4.
142. Chinese Ministry of Information, *The Voice of China*, 12, broadcast to the nation, 18 Feb. 1942.
143. Sonya Rose, *Which People's War? National Identity and Citizenship in Wartime Britain 1939–1945* (Oxford, 2003), 286–9.
144. Frank Bajohr and Michael Wildt (eds.), *Volksgemeinschaft: Neue Forschungen zur Gesellschaft des Nationalsozialismus* (Frankfurt/Main, 2009), 7–9; Detlef Schmiechen-Ackermann, 'Social control and the making of the *Volksgemeinschaft*', in Steber and Gotto (eds.), *Visions of Community*, 240–53.
145. Michael David-Fox, 'The people's war: ordinary people and regime strategies in a world of extremes', *Slavic Review*, 75 (2016), 552; Anika Walke, *Pioneers and Partisans: An Oral History of Nazi Genocide in Belorussia* (New York, 2015), 140.
146. Buhite and Levy (eds.), *FDR's Fireside Chats*, 199, broadcast of 9 Dec. 1941.
147. Luigi Petrella, *Staging the Fascist War: The Ministry of Popular Culture and Italian Propaganda on the Home Front, 1938–1943* (Bern, 2016), 142–3; Romano Canosa, *I servizi segreti del Duce: I persecutori e le vittime* (Milan, 2000), 387–93.
148. Chinese Ministry of Information, *The Voice of China*, 40, speech by Chiang Kai-shek, 22 Oct. 1942.
149. 关于中国抗战的战争动员，见 Rana Mitter, *China's War with Japan 1937–1945* (London, 2013), 177–82；关于汉奸的概述，可见 David Barrett and Larry Shyu (eds.), *Chinese Collaboration with Japan, 1932–1945* (Stanford, Calif., 2001), 3–12；关于共产党的动员，可见 Lifeng Li, 'Rural mobilization in the Chinese Communist Revolution: from the anti-Japanese War to the Chinese Civil War', *Journal of Modern Chinese History*, 9 (2015), 97–104。
150. Chinese Ministry of Information, *The Voice of China*, 46, speech by Chiang Kai-shek, 31 Oct. 1942.
151. Bajohr and Wildt (eds.), *Volksgemeinschaft*, 7.
152. Samuel Yamashita, *Daily Life in Wartime Japan* (Lawrence, Kans, 2015), 13–14.

153. Sparrow, *Warfare State*, 72–3; Westbrook, *Why We Fought*, 8–9.
154. William Tuttle, *'Daddy's Gone to War': The Second World War in the Lives of American Children* (New York, 1993), 115–16, 118, 121–3.
155. Yamashita, *Daily Life in Wartime Japan*, 66–70, 87.
156. Sparrow, *Warfare State*, 65.
157. Ian McLaine, *Ministry of Morale: Home Front Morale and the Ministry of Information in World War II* (London, 1979), endpapers.
158. Budnitskii, 'The Great Patriotic War', 771–81; Mark Edele, *Stalin's Defectors: How Red Army Soldiers became Hitler's Collaborators, 1941–1945* (Oxford, 2017), 21, 29–31. 关于叛逃的人数没有准确数据，20万人很可能是上限。
159. Hans Boberach (ed.), *Meldungen aus dem Reich: Die geheimen Lageberichte des Sicherheitsdienstes der SS 1938–1945: Band I* (Herrsching, 1984), 11–16, 20; David Welch, 'Nazi propaganda and the Volksgemeinschaft: constructing a people's community', *Journal of Contemporary History*, 39 (2004), 215.
160. Mimmo Franzinelli, *I tentacoli dell'Ovra: agenti, collaboratori e vittime della polizia politica fascista* (Turin, 1999), 386–8; Canosa, *I servizi segreti*, 380–85.
161. Amir Weiner, 'Getting to know you: the Soviet surveillance system 1939–1957', *Kritika*, 13 (2012), 5–8.
162. Sparrow, *Warfare State*, 43.
163. Ibid., 69; Brewer, *Why America Fights*, 93–6, 103.
164. Neil Wynn, 'The "good war": the Second World War and postwar American society', *Journal of Contemporary History*, 31 (1996), 467–70; Sparrow, *Warfare State*, 67–8, 87–8; Westbrook, *Why We Fought*, 49–50, 69–70.
165. Paul Addison and Jeremy Crang (eds.), *Listening to Britain: Home Intelligence Reports on Britain's Finest Hour, May to September 1940* (London, 2011), xi–xii.
166. James Hinton, *The Mass Observers: A History, 1937–1949* (Oxford, 2013), 166–7
167. McLaine, *Ministry of Morale*, 256–7, 260; Addison and Crang (eds.), *Listening to Britain*, xiii–xiv; Hinton, *Mass Observers*, 179–80.
168. John Hilvert, *Blue Pencil Warriors: Censorship and Propaganda in World War II* (St Lucia, Qld, 1984), 220–22.
169. Petrella, *Staging the Fascist War*, 136.
170. Chang-tai Hung, *War and Popular Culture: Resistance in Modern China, 1937–1945* (Berkeley, Calif., 1994), 181–5.

171. Peter Fritzsche, *An Iron Wind: Europe under Hitler* (New York, 2016), 10–13.
172. Boberach (ed.), *Meldungen aus dem Reich: Band I*, 25.
173. Petrella, *Staging the Fascist War*, 136–8.
174. Budnitskii, 'The Great Patriotic War', 791.
175. McLaine, *Ministry of Morale*, 80–84.
176. Sparrow, *Warfare State*, 86–8.
177. John Dower, *Japan in War and Peace: Essays on History, Race and Culture* (New York, 1993), 129.
178. Sparrow, *Warfare State*, 45.
179. Rose, *Myth and the Greatest Generation*, 64.
180. Johnson and Reuband, *What We Knew*, 194, 224.
181. Frank Bajohr and Dieter Pohl, *Der Holocaust als offene Geheimnis: Die Deutschen, die NS-Führung und die Allierten* (Munich, 2006), 35–6, 56–7; Herf, *The Jewish Enemy*, 114–22.
182. Bytwerk, 'The argument for genocide', 43–4; Bytwerk, 'Believing in "inner truth"', 215.
183. Schmiechen-Ackermann. 'Social control and the making of the *Volksgemeinschaft*', 249.
184. Peter Longerich, *'Davon haben wir nichts gewusst!': Die Deutschen und die Judenverfolgung, 1933–1945* (Munich, 2006), 317–21, 326–7; Bytwerk, 'The argument for genocide', 53–4.
185. See Edele, *Stalin's Defectors*, 169–74; Yamashita, *Daily Life in Wartime Japan*, 165–71.
186. Westbrook, *Why We Fought*, 8–9, 40–50.
187. José Harris, 'Great Britain: the people's war', in Warren Kimball, David Reynolds and Alexander Chubarian (eds.), *Allies at War: The Soviet, American and British Experience 1939–1945* (New York, 1994), 244–51; Brewer, *Why America Fights*, 115–17.
188. Lisa Kirschenbaum, '"Our city, our hearths, our families": local loyalties and private life in Soviet World War II propaganda', *Slavic Review*, 59 (2000), 825–30.
189. LC, Eaker Papers, Box I:30, MAAF Intelligence Section, 'What is the German saying?' [n.d. but March 1945], entry (g).

190. Timothy Stewart-Winter, '"Not a soldier, not a slacker:" Conscientious objection and male citizenship in the United States during the Second World War', *Gender & History*, 19 (2007), 533; Barbara Habenstreit, *Men Against War* (New York, 1973), 142–3.
191. Rennie Smith, *Peace verboten* (London, 1943), 45–8.
192. Norman Ingram, *The Politics of Dissent: Pacifism in France 1919–1939* (Oxford, 1991), 134–9. 关于"国际和平运动"（法语为 Rassemblement universel pour la Paix），可见 Overy, *The Morbid Age*, 257–9。
193. H. Runham Brown, *The War Resisters' International: Principle, Policy and Practice* (London, 1936 [?]), 1–5.
194. Storm Jameson (ed.), *Challenge to Death* (London, 1935), p. xii. On the 'Peace Ballot' see Martin Caedel, 'The first referendum: the Peace Ballot 1934–35', *English Historical Review*, 95 (1980), 818–29.
195. Overy, *The Morbid Age*, 243–50; D. C. Lukowitz, 'British pacifists and appeasement: the Peace Pledge Union', *Journal of Contemporary History*, 9 (1974), 116–17.
196. Habenstreit, *Men Against War*, 126–33.
197. Gerald Sittser, *A Cautious Patriotism: The American Churches and the Second World War* (Chapel Hill, NC, 1997), 18–19.
198. Ibid., 133–4; Scott Bennett, 'American pacifism, the "greatest generation", and World War II', in Piehler and Pash (eds.), *The United States and the Second World War*, 260–61.
199. Haberstreit, *Men Against War*, 138–9.
200. *The Public Papers and Addresses of Franklin D. Roosevelt: 1939 Volume: War and Neutrality* (New York, 1941), 300, 'President Opens the New York World's Fair, April 30 1939'; Marco Duranti, 'Utopia, nostalgia, and world war at the 1939–40 New York World's Fair', *Journal of Contemporary History*, 41 (2006), 663.
201. *Parliamentary Debates*, vol. 351, col. 298, 3 Sept. 1939.
202. Graham Jackman, '"Ich kann nicht zwei Herren dienen": conscientious objectors and Nazi "Militärjustiz"', *German Life and Letters*, 64 (2011), 205.
203. Peter Brock, *Against the Draft: Essays on Conscientious Objection from the Radical Reformation to the Second World War* (Toronto, 2006), 329–31, 340.

204. Tobias Kelly, 'Citizenship, cowardice and freedom of conscience: British pacifists in the Second World War', *Comparative Studies in Society and History*, 57 (2015), 701.
205. Mona Siegel, *The Moral Disarmament of France: Education, Pacifism and Patriotism 1914–1940* (Cambridge, 2004), 192–201.
206. Carrie Foster, *The Women and the Warriors: The U. S. Section of the Women's International League for Peace and Freedom 1915–1946* (Syracuse, NY, 1995), 263–4, 284–5.
207. Neil Stammers, *Civil Liberties in Britain during the 2nd World War* (London, 1989), 93–4; Lukowitz, 'British pacifists and appeasement', 115–28.
208. TNA, MEPO 3/3113, extract from parliamentary debates, 6 Mar. 1940, 26 Nov. 1941; MEPO 3/2111, file on trial of Stuart Morris.
209. Martin Caedel, *Pacifism in Britain, 1914–1945: The Defining of a Faith* (Oxford, 1980), 299; Vera Brittain, *One Voice: Pacifist Writings from the Second World War* (London, 2005), 39, 'Functions of a Minority'.
210. Peter Brock and Nigel Young, *Pacifism in the Twentieth Century* (Syracuse, NY, 1999), 165.
211. Sittser, *A Cautious Patriotism*, 19.
212. Ray Abrams, 'The Churches and the clergy in World War II', *Annals of the American Academy of Political and Social Science*, 256 (1948), 111–13.
213. John Middleton Murry, *The Necessity of Pacifism* (London, 1937), 106; London School of Economics Archive, Women's International League for Peace and Freedom Papers, 21AW/2/C/46, 'Report of a deputation of Pacifist Clergy to the Archbishops of Canterbury and York', 11 June 1940.
214. Overy, *The Morbid Age*, 242–3.
215. George Bell, *Christianity and World Order* (London, 1940), 78–81.
216. Stephen Parker, 'Reinvigorating Christian Britain: the spiritual issues of the war, national identity, and the hope of religious education', in Tom Lawson and Stephen Parker (eds.), *God and War: The Church of England and Armed Conflict in the Twentieth Century* (Farnham, 2012), 63.
217. Donald Wall, 'The Confessing Church and the Second World War', *Journal of Church and State*, 23 (1981), 19–25.
218. Thomas Brodie, 'Between "national community" and "milieu": German Catholics

at war 1939–1945', *Contemporary European History*, 26 (2017), 428–32.
219. Jouni Tilli, '"Deus Vult!": the idea of crusading in Finnish clerical war rhetoric', *War in History*, 24 (2017), 369–75.
220. Roger Reese, 'The Russian Orthodox Church and "patriotic" support for the Stalinist regime during the Great Patriotic War', *War & Society*, 33 (2014), 134–5.
221. Jan Bank with Lieve Grevers, *Churches and Religion in the Second World War* (London, 2016), 506.
222. Reese, 'The Russian Orthodox Church', 144–5.
223. 这一段内容见 John Mitsuru Oe, 'Church and state in Japan in World War II', *Anglican and Episcopal History*, 59 (1990), 202–6。
224. Bell, *Christianity and World Order*, 98–100.
225. Frank Coppa, 'Pope Pius XII: from the diplomacy of impartiality to the silence of the Holocaust', *Journal of Church and State*, 55 (2013), 298–9; Gerard Noel, *Pius XII: The Hound of Hitler* (London, 2008), 3–4.
226. Bank and Grevers, *Churches and Religion*, 483–94.
227. Coppa, 'Pope Pius XII', 300.
228. Brock, *Against the Draft*, 350–52; Anna Halle, 'The German Quakers and the Third Reich', *German History*, 11 (1993), 222–6.
229. Kelly, 'Citizenship, cowardice and freedom of conscience', 701–2; Richard Overy, 'Pacifism and the Blitz, 1940–1941', *Past & Present*, no. 219 (2013), 217–18.
230. W. Edward Orser, 'World War II and the pacifist controversy in the major Protestant Churches', *American Studies*, 14 (1973), 7–10; Sittser, *A Cautious Patriotism*, 35–6.
231. Orser, 'World War II and the pacifist controversy', 12–18.
232. Gabriele Yonan, 'Spiritual resistance of Christian conviction in Nazi Germany: the case of the Jehovah's Witnesses', *Journal of Church and State*, 41 (1999), 308–9, 315–16; Stewart-Winter, '"Not a soldier, not a slacker"', 532.
233. Thomas Kehoe, 'The Reich Military Court and its values: Wehrmacht treatment of Jehovah's Witness conscientious objection', *Holocaust & Genocide Studies*, 33 (2019), 351–8; Yonan, 'Spiritual resistance', 309; Jackman, '"Ich kann nicht zwei Herren dienen"', 189, 193.
234. Oe, 'Church and state in Japan', 210.
235. Sittser, *A Cautious Patriotism*, 186–7.

236. Denis Hayes, 'Liberty in the War', pamphlet published by *Peace News*, Sept. 1943, 5–6.
237. Bennett, 'American pacifism', 267; Stewart-Winter, '"Not a soldier, not a slacker"', 532; Kelly, 'Citizenship, cowardice and freedom of conscience', 710.
238. Brock, *Against the Draft*, 329–30.
239. Jackman, '"Ich kann nicht zwei Herren dienen"', 189–93, 197–8.
240. Kelly, 'Citizenship, cowardice and freedom of conscience', 699.
241. National Library of Wales, Stanley Jevons Papers, I IV/103, Notes by the Chairman of the South-East Tribunal (n.d. but Sept.–Oct. 1941); Kelly, 'Citizenship, cowardice and freedom of conscience', 709.
242. Brock and Young, *Pacifism in the Twentieth Century*, 158–9. 引文出自 Kelly, 'Citizenship, cowardice and freedom of conscience', 69。
243. Denis Hayes, *Challenge of Conscience: The Story of Conscientious Objectors of 1939–1949* (London, 1949), 210.
244. Andrew Rigby, 'Pacifist communities in Britain during the Second World War', *Peace & Change*, 15 (1990), 108–13.
245. Rachel Barker, *Conscience, Government and War: Conscientious Objection in Britain, 1939–45* (London, 1982), 58; Overy, 'Pacifism and the Blitz', 222–3.
246. Sittser, *A Cautious Patriotism*, 131–2.
247. Scott Bennett, '"Free American political prisoners": pacifist activism and civil liberties, 1945–48', *Journal of Peace Research*, 40 (2003), 424; Stewart-Winter, 'Not a soldier, not a slacker', 527–8.
248. Stewart-Winter, 'Not a soldier, not a slacker', 522.
249. Ibid., 522–6.
250. Bennett, 'American pacifism', 267.
251. Nicholas Krehbiel, *General Lewis B. Hershey and Conscientious Objection during World War II* (Columbia, Miss., 2011), 5–6, 97.
252. Ibid., 260, 265–6; Stewart-Winter, 'Not a soldier, not a slacker', 521.
253. Krehbiel, *General Lewis B. Hershey*, 112–16.
254. Habenstreit, *Men Against War*, 151–2; Bennett, 'American pacifism', 264, 272–3, 275–7; Bennett, 'Free American political prisoners', 414–15.
255. Bennett, 'Free American political prisoners', 413–14, 423–30.

第八章 全民战争

1. Raymond Daniell, *Civilians Must Fight* (New York, 1941), 4–5.
2. Mark Edele, *Stalin's Defectors: How Red Army Soldiers became Hitler's Collaborators, 1941-1945* (New York, 2017), 177；关于英国民防的数据，见 Fred Iklé, *The Social Impact of Bomb Destruction* (Norman, Okla, 1958), 163–4。
3. Alexander Gogun, *Stalin's Commandos: Ukrainian Partisan Forces on the Eastern Front* (London, 2016), 155–7.
4. Margaret Anagnostopoulou, 'From heroines to hyenas: women partisans during the Greek civil war', *Contemporary European History*, 10 (2001), 491, from the author's interview with a veteran partisan.
5. Giulio Douhet, *The Command of the Air* (Maxwell, Ala, 2019), 14–24; see too Thomas Hippler, *Bombing the People: Giulio Douhet and the Foundations of Air-Power Strategy, 1884-1939* (Cambridge, 2013), ch. 4.
6. 这些说法见 John Konvitz, 'Représentations urbaines et bombardements stratégiques', *Annales*, 44 (1989), 823–47; Susan Grayzel, '"A promise of terror to come": air power and the destruction of cities in British imagination and experience, 1908–39', in Stefan Goebel and Derek Keene (eds.), *Cities into Battlefields: Metropolitan Scenarios, Experiences and Commemorations of Total War* (Farnham, 2011), 47–62。
7. Ian Patterson, *Guernica and Total War* (London, 2007), 110.
8. Goldsworthy Lowes Dickinson, *War: Its Nature, Cause and Cure* (London, 1923), 12–13.
9. Franco Manaresi, 'La protezione antiaerea', in Cristina Bersani and Valeria Monaco (eds.), *Delenda Bononia: immagini dei bombardamenti 1943-1945* (Bologna, 1995), 29–30.
10. Foreword to Stephen Spender, *Citizens in War–and After* (London, 1945), 5.
11. Terence O'Brien, *Civil Defence* (London, 1955), 690, Appendix X. 关于两性分工的情况，见 Lucy Noakes, '"Serve to save": gender, citizenship and civil defence in Britain 1937–41', *Journal of Contemporary History*, 47 (2012), 748–9。
12. Matthew Dallek, *Defenseless Under the Night: The Roosevelt Years and the Origins of Homeland Security* (New York, 2016), 248–9.
13. Richard Overy, *The Bombing War: Europe 1939-1945* (London, 2013), 215–17.
14. BAB, R 1501/823, Luftschutzgesetz, 7 Durchführungsverordnung, 31 Aug. 1943.

15. Bernd Lemke, *Luftschutz in Grossbritannien und Deutschland 1923 bis 1939* (Munich, 2005), 254–6.
16. O'Brien, *Civil Defence*, chs. 3–5; Lemke, *Luftschutz*, 342–62.
17. TNA, HO 186/602, Statistics on Civil Defence Personnel, Summary of all Services, 30 June 1940, 14 Nov. 1940; HO 187/1156, historical survey, 'Manpower in the National Fire Service'; Shane Ewen, 'Preparing the British fire service for war: local government, nationalisation and evolutionary reform, 1935–41', *Contemporary British History*, 20 (2006), 216–19; Charles Graves, *Women in Green: The Story of the W. V. S.*(London, 1948), 14–20.
18. O'Brien, *Civil Defence*, 548–58, 690.
19. Claudia Baldoli and Andrew Knapp, *Forgotten Blitzes: France and Italy under Allied Air Attack, 1940–1945* (London, 2012), 51–5, 92–3; Service historique de l'armée de l'air, Vincennes, Paris, 3D/44/Dossier 1, 'Formations et effectifs réels, Défense Passive', 15 Jan. 1944.
20. Nicola della Volpe, *Difesa del territorio e protezione antiaerea (1915–1943)* (Rome, 1986), 194–203, doc. 17 'Istruzione sulla protezione antiaerea'.
21. Ibid., 46–8; Baldoli and Knapp, *Forgotten Blitzes*, 54.
22. Larry Bland (ed.), *The Papers of George Catlett Marshall: Volume 2 'We Cannot Delay'* (Baltimore, Md, 1986), 607–8, Radio broadcast on the Citizens' Defense Corps, 11 Nov. 1941.
23. Dallek, *Defenseless Under the Night*, 223–5.
24. NARA, RG107, Lovett Papers, Box 139, James Landis, 'We're Not Safe from Air Raids', *Civilian Front*, 15 May 1943.
25. Cambridge University Library, Bernal Papers, Add 8287, Box 58/2, E.P.S. Bulletin No. 1, March 1942.
26. Tetsuo Maeda, 'Strategic bombing of Chongqing by Imperial Japanese Army and Naval Forces', in Yuki Tanaka and Marilyn Young (eds.), *Bombing Civilians: A Twentieth-century History* (New York, 2009), 141.
27. Samuel Yamashita, *Daily Life in Wartime Japan, 1940–1945* (Lawrence, Kans, 2015), 28.
28. RAF Museum, Hendon, Bottomley Papers, AC 71/2/31, Address to the Thirty Club by Richard Peck, 8 Mar. 1944, p. 8. 关于轰炸策略改为对工业城市进行区域性轰炸的转变，全面讨论见 Richard Overy, '"The weak link"? The perception of the

German working class by RAF Bomber Command, 1940–1945', *Labour History Review*, 77 (2012), 24–31。

29. TNA, AIR 14/783, Air Staff memorandum, 7 Oct. 1943：区域轰炸的目的是"摧毁工人的住房，杀害熟练工人，并使公共服务普遍陷入混乱"。
30. Overy, *The Bombing War*, 328–30.
31. Bland (ed.), *The Papers of George Catlett Marshall: Volume 2*, 678, report of press conference, 15 Nov. 1941.
32. Thomas Searle, '"It made a lot of sense to kill skilled workers": the firebombing of Tokyo in March 1945', *Journal of Military History*, 66 (2002), 116–19.
33. Rana Mitter, *China's War with Japan 1937–1945: The Struggle for Survival* (London, 2013), 191–2; Maeda, 'Strategic bombing of Chongqing', 146–9.
34. Overy, *The Bombing War*, 99–105.
35. Edward Glover, *The Psychology of Fear and Courage* (London, 1940), 35, 63.
36. TNA, HO 186/608, Report of the Regional Commissioner South, 14 Dec. 1940; Ministry of Food report, 'Brief Visit to Southampton, December 3 1940', 5 Dec. 1940.
37. Dietmar Süss, 'Wartime societies and shelter politics in National Socialist Germany and Britain', in Claudia Baldoli, Andrew Knapp and Richard Overy (eds.), *Bombing, States and Peoples in Western Europe, 1940–1945* (London, 2011), 31–3; University of East Anglia, Zuckerman Archive, OEMU/59/13, draft report 'Shelter Habits', Table B, Table C.
38. Kevin Hewitt, 'Place annihilation: area bombing and the fate of urban places', *Annals of the Association of American Geographers*, 73 (1983), 263.
39. TNA, AIR/20/7287, 'Secret Report by the Police President of Hamburg on the Heavy Raids on Hamburg July/August 1943', 1 Dec. 1943, pp. 22–3, 67–8, 87–99.
40. Hans Rumpf, *The Bombing of Germany* (London, 1957), 186–7; Andreas Linhardt, *Feuerwehr im Luftschutz 1926–1945: Die Umstrukierung des öffentlichen Feuerlöschwesens in Deutschland unter Gesichtspunkten des zivilen Luftschutzes* (Brunswick, 2002), 171–82.
41. Iklé, *Social Impact of Bomb Destruction*, 67–8.
42. Yamashita, *Daily Life in Wartime Japan*, 102, from a letter sent in May 1945. See too Aaron Moore, *Bombing the City: Civilian Accounts of the Air War in Britain*

and Japan 1939–1945 (Cambridge, 2018), 112–14.
43. USSBS Pacific Theater, Report 11, 6, 69.
44. China Information Committee, *China After Four Years of War* (Chongqing, 1941), 174–5.
45. USSBS Pacific Theater, Report 11, 69, 200.
46. Ibid., 2, 9–11.
47. 统计数据来自下列资料：France, Jean-Charles Foucrier, *La stratégie de la destruction: Bombardements allies en France, 1944* (Paris, 2017), 9–10; China, Diana Lary, *The Chinese People at War: Human Suffering and Social Transformation, 1937–1945* (Cambridge, 2010), 89。
48. Mitter, *China's War with Japan*, 231–2.
49. Bernard Donoughue and G. W. Jones, *Herbert Morrison: Portrait of a Politician* (London, 2001), 316–18.
50. Edna Tow, 'The great bombing of Chongqing and the Anti-Japanese War, 1937–1945', in Mark Peattie, Edward Drea and Hans van de Ven (eds.), *The Battle for China: Essays on the Military History of the Sino-Japanese War of 1937–1945* (Stanford, Calif., 2011), 269–70, 277–8.
51. China Information Committee, *China After Four Years of War*, 179.
52. CCAC, CHAR 9/182B, Notes for a speech to civil defence workers, County Hall, London, 12 July 1940, pp. 4–5.
53. Matthew Cobb, *The Resistance: The French Fight against the Nazis* (New York, 2009), 39–40.
54. Tom Behan, *The Italian Resistance: Fascists, Guerrillas and the Allies* (London, 2008), 67–8; Cobb, *The Resistance*, 163–4.
55. 关于中国的情况，见 Poshek Fu, 'Resistance in collaboration: Chinese cinema in occupied Shanghai, 1940–1943', in David Barrett and Larry Shyu (eds.), *Chinese Collaboration with Japan 1932–1945* (Stanford, Calif., 2002),180, 193。
56. Robert Gildea, *Fighters in the Shadows: A New History of the French Resistance* (London, 2015), 70–71, 143–4.
57. Chang-tai Hung, *War and Popular Culture: Resistance in Modern China, 1937–1945* (Berkeley, Calif., 1994), 221–30.
58. Cobb, *The Resistance*, 223–4.
59. Gaj Trifković, '"Damned good amateurs": Yugoslav partisans in the Belgrade

operation 1944', *Journal of Slavic Military Studies*, 29 (2016), 256, 270; Yang Kuisong, 'Nationalist and Communist guerrilla warfare in north China', in Peattie, Drea and van de Ven (eds.), *The Battle for China*, 325; John Loulis, *The Greek Communist Party 1940–1944* (London, 1982), 153.

60. Shmuel Krakowski, *The War of the Doomed: Jewish Armed Resistance in Poland 1942–1944* (New York, 1984), 5.

61. Svetozar Vukmanović, *How and Why the People's Liberation Struggle of Greece Met with Defeat* (London, 1985), 41, citing Mao Zedong in *The Strategic Problems of the Chinese Revolutionary War*.

62. L. S. Stavrianos, 'The Greek National Liberation Front (EAM): a study in resistance organization and administration', *Journal of Modern History*, 24 (1952), 43.

63. Cobb, *The Resistance*, 60–63.

64. Olivier Wieviorka and Jack Tebinka, 'Resisters: from everyday life to counter-state', in Robert Gildea, Olivier Wieviorka and Annette Warring (eds.), *Surviving Hitler and Mussolini; Daily Life in Occupied Europe* (Oxford, 2006), 158–9.

65. Behan, *The Italian Resistance*, 45–8.

66. Philippe Buton, *Les lendemains qui déchantant: Le Parti communiste français à la Libération* (Paris, 1993), 269.

67. Kuisong, 'Nationalist and Communist guerrilla warfare', 323–5; Daoxuan Huang, 'The cultivation of Communist cadres during the war of resistance against Japanese aggression', *Journal of Modern Chinese History*, 10 (2016), 138.

68. Julia Ebbinghaus, 'Les journaux clandestins rédigés par les femmes: une résistance spécifique', in Mechtild Gilzmer, Christine Levisse-Touzé and Stefan Martens, *Les femmes dans la Résistance en France* (Paris, 2003), 141–4, 148–50; Jean-Marie Guillon, 'Les manifestations de ménagères: protestation populaire et résistance féminine spécifique', ibid., 115–20.

69. Julian Jackson, *France: The Dark Years 1940–1945* (Oxford, 2001), 491–4.

70. Barbara Jancar, 'Women in the Yugoslav National Liberation Movement: an overview', *Studies in Comparative Communism*, 14 (1981), 150, 155–6.

71. Jomane Alano, 'Armed with the yellow mimosa: women's defence and assistance groups in Italy 1943–45', *Journal of Contemporary History*, 38 (2003), 615, 618–20.

72. Gildea, *Fighters in the Shadows*, 131.

73. Alano, 'Armed with the yellow mimosa', 616.
74. Anagnostopoulou, 'From heroines to hyenas', 481–2.
75. Jelena Batinić, *Women and Yugoslav Partisans: A History of World War II Resistance* (Cambridge, 2015), 128–9, 143–8, 156–7; Jancar, 'Women in the Yugoslav National Liberation Army', 155–6, 161.
76. Cobb, *The Resistance*, 185.
77. Stavrianos, 'The Greek National Liberation Front', 45–50; Dominique Eudes, *The Kapetanios: Partisans and Civil War in Greece, 1943–1949* (London, 1972), 22–3.
78. Spyros Tsoutsoumpis, *A History of the Greek Resistance in the Second World War* (Manchester, 2016), 226.
79. Anika Walke, *Pioneers and Partisans: An Oral History of Nazi Genocide in Belorussia* (New York, 2015), 191–2.
80. Hans van de Ven, *China at War: Triumph and Tragedy in the Emergence of the New China, 1937–1952* (London, 2017), 139–41; Kuisong, 'Nationalist and Communist guerrilla warfare', 309–10.
81. Eudes, *The Kapetanios*, 22.
82. Trifković, 'Damned good amateurs', 271.
83. Halik Kochanski, *The Eagle Unbowed: Poland and the Poles in the Second World War* (London, 2012), 389–90.
84. Kuisong, 'Nationalist and Communist guerrilla warfare', 319–20.
85. Peter Seybolt, 'The war within a war: a case study of a county on the North China Plain', in Barrett and Shyu (eds.), *Chinese Collaboration with Japan*, 221.
86. Ben Hillier, 'The Huk rebellion and the Philippines radical tradition', in Donny Gluckstein (ed.), *Fighting on All Fronts: Popular Resistance in the Second World War* (London, 2015), 327.
87. Mark Mazower, *Inside Hitler's Greece: The Experience of Occupation, 1941–44* (New Haven, Conn., 1993), 289–90, 318–20.
88. Gogun, *Stalin's Commandos*, 109.
89. Hans-Heinrich Nolte, 'Partisan war in Belorussia, 1941–1945', in Roger Chickering, Stig Förster and Bernd Greiner (eds.), *A World at Total War: Global Conflict and the Politics of Destruction, 1937–1945* (Cambridge, 2005), 268–70, 271–3.
90. Loulis, *The Greek Communist Party*, 85–90, 122; Stavrianos, 'The Greek National

Liberation Front', 42–3; John Iatrides, 'Revolution or self-defense? Communist goals, strategy, and tactics in the Greek civil war', *Journal of Cold War Studies*, 7 (2005), 7–8.
91. Stevan Pavlowitch, *Hitler's New Disorder: The Second World War in Yugoslavia* (London, 2008), 114–15.
92. Van de Ven, *China at War*, 146–9.
93. Lifeng Li, 'Rural mobilization in the Chinese Communist Revolution: from the anti-Japanese war to the Chinese civil war', *Journal of Modern Chinese History*, 9 (2015), 97–101.
94. Eudes, *The Kapetanios*, 5–6, 13–14.
95. Stavrianos, 'The Greek National Liberation Front', 45–8.
96. Mazower, *Inside Hitler's Greece*, 265–79.
97. Tsoutsoumpis, *History of the Greek Resistance*, 8–9, 214–18.
98. Iatrides, 'Revolution or self-defense?', 6.
99. André Gerolymatos, *An International Civil War: Greece, 1943–1949* (New Haven, Conn., 2016), 287–8.
100. John Newman, *Yugoslavia in the Shadow of War* (Cambridge, 2015), 241–61.
101. David Motadel, *Islam and Nazi Germany's War* (Cambridge, Mass., 2014), 178–83; Pavlowitch, *Hitler's New Disorder*, 115–17, 124–32.
102. Motadel, *Islam and Nazi Germany's War*, 183, 212; Pavlowitch, *Hitler's New Disorder*, 142–5.
103. Pavlowitch, *Hitler's New Disorder*, 106.
104. Blaž Torkar, 'The Yugoslav armed forces in exile', in Vít Smetana and Kathleen Geaney (eds.), *Exile in London: The Experience of Czechoslovakia and the Other Occupied Nations 1939–1945* (Prague, 2017), 117–20.
105. Gaj Trifković, 'The key to the Balkans: the battle for Serbia 1944', *Journal of Slavic Military Studies*, 28 (2015), 544–9.
106. Gogun, *Stalin's Commandos*, 10.
107. Jared McBride, 'Peasants into perpetrators: the OUN-UPA and the ethnic cleansing of Volhynia, 1943–1944', *Slavic Review*, 75 (2016), 630–31, 636–7.
108. Seybolt, 'The war within a war', 205–15.
109. Li, 'Rural mobilization', 98–9.
110. Geraldien von Künzel, 'Resistance, reprisals, reactions', in Gildea, Wieviorka

and Warring (eds.), *Surviving Hitler and Mussolini*, 179–81.
111. Mark Kilion, 'The Netherlands 1940–1945: war of liberation', in Gluckstein (ed.), *Fighting on All Fronts*, 147–8.
112. Seybolt, 'The war within a war', 219–20.
113. Gogun, *Stalin's Commandos*, 187–8; Wieviorka and Tebinka, 'Resisters', 169.
114. Cobb, *The Resistance*, 163.
115. *European Resistance Movements 1939–1945: First International Conference on the History of the Resistance Movements* (London, 1960), 351–2.
116. Cobb, *The Resistance*, 183–4.
117. Gogun, *Stalin's Commandos*, 45–6.
118. Ibid., 56–9.
119. Nolte, 'Partisan war in Belorussia', 274–5.
120. Gogun, *Stalin's Commandos*, xv–xvi; A. A. Maslov, 'Concerning the role of partisan warfare in Soviet military doctrine of the 1920s and 1930s', *Journal of Slavic Military Studies*, 9 (1996), 892–3.
121. Trifković, 'Damned good amateurs', 261; Loulis, *The Greek Communist Party*, 81–2.
122. Anita Prazmowska, 'The Polish underground resistance during the Second World War: a study in political disunity during occupation', *European History Quarterly*, 43 (2013), 465–7, 472–4.
123. Tadeusz Bór-Komorowski, 'Le mouvement de Varsovie', in *European Resistance Movements*, 287.
124. Kochanski, *The Eagle Unbowed*, 385–6, 395.
125. Ibid., 390–92, 396–7.
126. Bór-Komorowski, 'Le mouvement de Varsovie', 288–9.
127. Alexandra Richie, *Warsaw 1944: The Fateful Uprising* (London, 2013), 176–80.
128. Kazik (Simha Rotem), *Memoirs of a Warsaw Ghetto Fighter* (New Haven, Conn., 1994), 119, 122.
129. Ewa Stańczyk, 'Heroes, victims, role models: representing the child soldiers of the Warsaw uprising', *Slavic Review*, 74 (2015), 740; Kochanski, *The Eagle Unbowed*, 402, 424–5.
130. David Glantz, 'Stalin's strategic intentions 1941–45', *Journal of Slavic Military Studies*, 27 (2014), 687–91; Alexander Statiev, *The Soviet Counterinsurgency in*

the Western Borderlands (Cambridge, 2010), 120–22.
131. Valentin Berezhkov, *History in the Making: Memoirs of World War II Diplomacy* (Moscow, 1983), 357–8; David Reynolds and Vladimir Pechatnov (eds.), *The Kremlin Letters: Stalin's Wartime Correspondence with Churchill and Roosevelt* (New Haven, Conn., 2018), 459, Stalin to Churchill 16 Aug. 1944.
132. TNA, AIR 8/1169, Despatches from MAAF on Dropping Operations to Warsaw [n.d.]; Norman Davies, *Rising '44: The Battle for Warsaw* (London, 2003), 310–11; Kochanski, *The Eagle Unbowed*, 408–11.
133. Richie, *Warsaw 1944*, 610, 617.
134. Statiev, *Soviet Counterinsurgency*, 122.
135. Krakowski, *War of the Doomed*, 8–9.
136. Dongill Kim, 'Stalin and the Chinese civil war', *Cold War History*, 10 (2010), 186–91.
137. Loulis, *The Greek Communist Party*, 81–2.
138. Iatrides, '"Revolution or self-defense?"', 11–12, 16–18, 19–21.
139. Tommaso Piffer, 'Stalin, the Western Allies and Soviet policy towards the Yugoslav partisan movement 1941–4', *Journal of Contemporary History*, 54 (2019), 424–37.
140. Glantz, 'Stalin's strategic intentions', 690, Directive of 5 Sept. 1944.
141. Trefković, '"Damned good amateurs"', 254–5, 276–7.
142. Pavlowitch, *Hitler's New Disorder*, 236.
143. Michael Foot, *SOE: The Special Operations Executive 1940–46* (London, 1984), 20–21.
144. Olivier Wieviorka, *The Resistance in Western Europe 1940–1945* (New York, 2019), 27.
145. TNA, FO 898/457, 'Annual Dissemination of Leaflets by Aircraft and Balloon 1939–1945'.
146. Richard Overy, 'Bruce Lockhart, British political warfare and occupied Europe', in Smetana and Geaney (eds.), *Exile in London*, 201–4.
147. TNA, FO 898/338, PWE 'Special Directive on Food and Agriculture', 1 Aug. 1942; PWE memorandum 'The Peasant in Western Europe', 5 Apr. 1943; Major Baker to Ritchie Calder (PWE), 'The Peasant Revolt', 13 Feb. 1942.
148. TNA, FO 898/340, Patrick Gordon-Walker, 'Harnessing the Trojan Horse', 31 Mar. 1944; SHAEF Political Warfare Division, 'Propaganda to Germany: The

Final Phase', 4 July 1944.
149. TNA, FO 800/879, Dr Jan Kraus to Lockhart, 10 Nov. 1942; FO 898/420, 'Suggested Enquiry into the Effects of British Political Warfare against Germany', 12 July 1945.
150. Ian Dear, *Sabotage and Subversion: The SOE and OSS at War* (London, 1996), 12–13.
151. Ibid., 12–14.
152. Foot, *SOE*, 171.
153. Peter Wilkinson, *Foreign Fields: The Story of an SOE Operative* (London, 1997), 148.
154. Mazower, *Inside Hitler's Greece*, 297–8, 352.
155. Gerolymatos, *An International Civil War*, 138–41.
156. Mark Seaman, '"The most difficult country": some practical considerations on British support for clandestine operations in Czechoslovakia during the Second World War', in Smetana and Geaney (eds.), *Exile in London*, 131-2; David Stafford, *Mission Accomplished: SOE and Italy 1943–45* (London, 2011), 225.
157. Michael Foot, *SOE in France* (London, 1966), 473–4.
158. Stafford, *Mission Accomplished*, 223.
159. Olivier Wieviorka, *Histoire de la résistance 1940–1945* (Paris, 2013), 498–9.
160. Gabriella Gribaudi, *Guerra Totale: Tra bombe alleate e violenze naziste: Napoli e il fronte meridionale 1940–44* (Turin, 2005), 197.
161. Ibid., 197–8; Behan, *The Italian Resistance*, 37–8.
162. Santo Peli, *Storia della Resistenza in Italia* (Turin, 2006), 121–3.
163. Max Corvo, *OSS Italy 1942–1945* (New York, 1990), 215.
164. Peli, *Storia della Resistenza*, 152–3.
165. Tommaso Piffer, *Gli Alleati e la Resistenza italiana* (Bologna, 2010), 177–81; Stafford, *Mission Accomplished*, 226; Behan, *The Italian Resistance*, 89–2.
166. Corvo, *OSS Italy*, 227; Peli, *Storia della Resistenza*, 113–14.
167. Peli, *Storia della Resistenza*, 114, 123–5, 139.
168. Corvo, *OSS Italy*, 228.
169. Stafford, *Mission Accomplished*, 217; Peli, *Storia della Resistenza*, 137–9,
170. Claudio Pavone, *A Civil War: A History of the Italian Resistance* (London, 2013),

603–4.
171. Peli, *Storia della Resistenza*, 160–61.
172. Piffer, *Gli Alleati e la Resistenza*, 227–8.
173. Pavone, *A Civil War*, 609–10.
174. Dear, *Sabotage and Subversion*, 155, 182–3.
175. Georges Ribeill, 'Aux prises avec les voies ferrées: bombarder ou saboter? Un dilemme revisité', in Michèle Battesti and Patrick Facon (eds.), *Les bombardements alliés sur la France durant la Seconde Guerre Mondiale: stratégies, bilans matériaux et humains* (Vincennes, 2009), 162; CCAC, BUFt 3/51, SHAEF report 'The Effect of the Overlord Plan to Disrupt Enemy Rail Communications', pp. 1–2.
176. Wieviorka, *Histoire de la résistance*, 504–5.
177. Buton, *Les lendemains qui déchantent*, 104–5.
178. 关于 1944 年占领当局报复性政策的细节，见 Thomas Laub, *After the Fall: German Policy in Occupied France 1940–1944* (Oxford, 2010), 277–80。
179. Wieviorka, *Histoire de la résistance*, 507, 522–3; Buton, *Les lendemains qui déchantent*, 91–2.
180. Raymond Aubrac, *The French Resistance, 1940–1944* (Paris, 1997), 35–7; Gildea, *Fighters in the Shadows*, 386–8.
181. Gildea, *Fighters in the Shadows*, 394–5.
182. Jean Guéhenno, *Diary of the Dark Years, 1940–1944: Collaboration, Resistance, and Daily Life in Occupied Paris* (Oxford, 2014), 270, entry for 21 Aug. 1944.
183. Jean-François Muracciole, *Histoire de la Résistance en France* (Paris, 1993), 119–20; Gildea, *Fighters in the Shadows*, 395–401.
184. Philibert de Loisy, *1944, les FFI deviennent soldats: L'amalgame: De la résistance à l'armée régulière* (Paris, 2014), 187–9, 192–3, 258–9.
185. Richard Barry, 'Statement by U.K. representatives', in *European Resistance Movements*, 351.
186. Maria Pasini, *Brescia 1945* (Brescia, 2015), 40–41.
187. Nechama Tec, *Defiance: The Bielski Partisans* (New York, 1993), 81–2.
188. Léon Nisand, *De l'étoile jaune à la Résistance armée: Combat pour la dignité humaine 1942–1944* (Besançon, 2006), 21.
189. Renée Poznanski, 'Geopolitics of Jewish resistance in France', *Holocaust and Genocide Studies*, 15 (2001), 256–7; idem, 'Reflections on Jewish resistance and

Jewish resistants in France', *Jewish Social Studies*, 2 (1995), 129, 134–5.
190. Walke, *Pioneers and Partisans*, 132–4; Zvi Bar-On, 'On the position of the Jewish partisan in the Soviet partisan movement', in *European Resistance Movements*, 210–11.
191. Christian Gerlach, *The Extermination of the European Jews* (Cambridge, 2016), 407, 409–10.
192. Kochanski, *The Eagle Unbowed*, 303; on Belorussia, Walke, *Pioneers and Partisans*, 121–5.
193. Kochanski, *The Eagle Unbowed*, 319–21; Janey Stone, 'Jewish resistance in Eastern Europe', in Gluckstein (ed.), *Fighting on All Fronts*, 113–18.
194. Philip Friedman, 'Jewish resistance to Nazism: its various forms and aspects', in *European Resistance Movements*, 198–9.
195. Rachel Einwohner, 'Opportunity, honor and action in the Warsaw Ghetto 1943', *American Journal of Sociology*, 109 (2003), 665.
196. Ibid., 661.
197. Krakowski, *War of the Doomed*, 163–5.
198. Gustavo Corni, *Hitler's Ghettos: Voices from a Beleaguered Society 1939–1944* (London, 2002), 306–7.
199. Ibid., 293–7.
200. James Glass, *Jewish Resistance During the Holocaust: Moral Uses of Violence and Will* (Basingstoke, 2004), 21–2; Friedman, 'Jewish resistance', 196–7.
201. Friedman, 'Jewish resistance', 201–2; Corni, *Hitler's Ghettos*, 303.
202. Eric Sterling, 'The ultimate sacrifice: the death of resistance hero Yitzhak Wittenberg and the decline of the United Partisan Organisation', in Ruby Rohrlich (ed.), *Resisting the Holocaust* (Oxford, 1998), 59–62.
203. Ibid., 63; Einwohner, 'Opportunity, honor and action', 660.
204. Suzanne Weber, 'Shedding city life: survival mechanisms of forest fugitives during the Holocaust', *Holocaust Studies*, 18 (2002), 2; Krakowski, *War of the Doomed*, 10–11.
205. Glass, *Jewish Resistance*, 3, 14. 在作者 Glass 收集的参加游击运动的犹太幸存者的口述证词中，复仇的想法非常普遍。
206. Walke, *Pioneers and Partisans*, 164–5; Glass, *Jewish Resistance*, 80.
207. Walke, *Pioneers and Partisans*, 180–81; Tec, *Defiance: The Bielski Partisans*,

81–2; Friedman, 'Jewish resistance', 191; Glass, *Jewish Resistance*, 9–10.
208. Tec, *Defiance: The Bielski Partisans*, 73; Krakowski, *War of the Doomed*, 13–16.
209. Weber, 'Shedding city life', 5–14, 21–2.
210. Krakowski, *War of the Doomed*, 12–13; Weber, 'Shedding city life', 23–4.
211. Glass, *Jewish Resistance*, 3, 93; Bar-On, 'On the position of the Jewish partisan', 235–6.
212. Amir Weiner, '"Something to die for, a lot to kill for": the Soviet system and the barbarisation of warfare', in George Kassimeris (ed.), *The Barbarisation of Warfare* (London, 2006), 119.
213. Stone, 'Jewish resistance in Eastern Europe', 102; Saul Friedländer, *The Years of Extermination: Nazi Germany and the Jews 1939–1945* (London, 2007), 525.
214. Gildea, *Fighters in the Shadows*, 229–30.
215. Poznanski, 'Geopolitics of Jewish resistance', 250, 254–8.
216. Stone, 'Jewish resistance in Eastern Europe', 104; Rohrlich (ed.), *Resisting the Holocaust*, 2.
217. Frediano Sessi, *Auschwitz: Storia e memorie* (Venice, 2020), 316.
218. Friedländer, *The Years of Extermination*, 557–9.
219. 关于此事的详细描述，见 Krakowski, *War of the Doomed*, 163–89; Friedländer, *The Years of Extermination*, 520–24。
220. Kochanski, *The Eagle Unbowed*, 309–10.
221. Kazik, *Memoirs of a Warsaw Ghetto Fighter*, 34.
222. Krakowski, *War of the Doomed*, 211–13; Stone, 'Jewish resistance in Eastern Europe', 101–2; Friedman, 'Jewish resistance', 204; Corni, *Hitler's Ghettos*, 317–20.

第九章 战争中人们的心理、精神和情绪

1. *Last Letters from Stalingrad*, trs. Anthony Powell (London, 1956), 61–3.
2. Ibid., v–vii.
3. Ibid., 24–5.
4. Cited in Pat Jalland, *Death in War and Peace: A History of Loss and Grief in England 1914–1970* (Oxford, 2010), 172–3.
5. Svetlana Alexievich, *The Unwomanly Face of War* (London, 2017), 135–6, interview

with Olga Omelchenko.
6. David Grossman, 'Human factors in war: the psychology and physiology of close combat', in Michael Evans and Alan Ryan (eds.), *The Human Face of Warfare: Killing, Fear and Chaos in Battle* (London, 2000), 10. 今天，精神病学家和神经学家都认为，被杀和杀人的风险是战斗环境下的主要"压力源"。
7. Thomas Brown, '"Stress" in US wartime psychiatry: World War II and the immediate aftermath', in David Cantor and Edmund Ramsden (eds.), *Stress, Shock and Adaptation in the Twentieth Century* (Rochester, NY, 2014), 123.
8. Ann-Marie Condé, '"The ordeal of adjustment": Australian psychiatric casualties of the Second World War', *War & Society*, 15 (1997), 65–6.
9. Emma Newlands, *Civilians into Soldiers: War, the Body and British Army Recruits 1939–1945* (Manchester, 2014), 156; Condé, '"The ordeal of adjustment"', 64–5; Walter Bromberg, *Psychiatry Between the Wars 1918–1945* (New York, 1982), 162.
10. Grossman, 'Human factors in war', 7; Paul Wanke, '"Inevitably any man has his threshold": Soviet military psychiatry during World War II–a comparative approach', *Journal of Slavic Military Studies*, 16 (2003), 92; Paul Wanke, 'American military psychiatry and its role among ground forces in World War II', *Journal of Military History*, 63 (1999), 127–33.
11. Robert Ahrenfeldt, *Psychiatry in the British Army in the Second World War* (London, 1958), 175–6, 278; Terry Copp and Bill McAndrew, *Battle Exhaustion: Soldiers and Psychiatrists in the Canadian Army* (Montreal, 1990), 126.
12. Frederick McGuire, *Psychology Aweigh! A History of Clinical Psychology in the United States Navy 1900–1988* (Washington, DC, 1990), 99–100.
13. Wanke, '"Inevitably any man has his threshold"', 94. 该文提出，参照美军伤亡人员中的精神受创者占比，红军18 319 723名伤亡人员中，精神原因造成的伤亡者约为1 007 585人。也有人给出的数字没那么高，见Catherine Merridale, *Ivan's War: The Red Army 1939–1945* (London, 2005), 232。真实的数据当然会更高，因为许多病例没有接受诊疗，还有许多人在精神症状确诊前就已战死或被俘。
14. Peter Riedesser and Axel Verderber, *'Maschinengewehre hinter der Front': Zur Geschichte der deutschen Militärpsychiatrie* (Frankfurt/Main, 1996), 146–7, 168; Klaus Blassneck, *Militärpsychiatrie im Nationalsozialismus* (Würzburg, 2000), 35–7.

15. Paolo Giovannini, *La psichiatria di guerra: Dal fascismo alla seconda guerra mondiale* (Milan, 2015), 73–6.
16. Bromberg, *Psychiatry Between the Wars*, 163; Copp and McAndrew, *Battle Exhaustion*, 135; Roger Reese, *Why Stalin's Soldiers Fought: The Red Army's Military Effectiveness in World War II* (Lawrence, Kans, 2011), 238–9.
17. Reese, *Why Stalin's Soldiers Fought*, 173–5.
18. Mark Edele, *Stalin's Defectors: How Red Army Soldiers Became Hitler's Collaborators, 1941–1945* (Oxford, 2017), 30–31, 111.
19. Samuel Yamashita, *Daily Life in Wartime Japan 1940–1945* (Lawrence, Kans, 2015), 159.
20. 美国的数据取自 Paul Fussell, *The Boys' Crusade: American G.I.s in Europe: Chaos and Fear in World War Two* (London, 2004), 108；英国的数据取自 Ahrenfeldt, *Psychiatry in the British Army*, Appendix B, 273；德国的数据取自 Dieter Knippschild, '"Für mich ist der Krieg aus": Deserteure in der deutschen Wehrmacht', in Norbert Haase and Gerhard Paul (eds.), *Die anderen Soldaten: Wehrkraftzersetzung, Gehorsamsverweigerung und Fahnenflucht im Zweiten Weltkrieg* (Frankfurt/Main, 1995), 123, 126–31；意大利的数据则来自 Mimmo Franzinelli, *Disertori: Una storia mai racconta della seconda guerra mondiale* (Milan, 2016), 133–49。
21. Jonathan Fennell, 'Courage and cowardice in the North African campaign: the Eighth Army and defeat in the summer of 1942', *War in History*, 20 (2013), 102–5.
22. 关于意大利的情况，见 Albert Cowdrey, *Fighting for Life: American Military Medicine in World War II* (New York, 1994), 149–50; Copp and McAndrew, *Battle Exhaustion*, 50–51。关于印缅战区的情况，见 B. L. Raina, *World War II: Medical Services: India* (New Delhi, 1990), 40–41。
23. Brown, '"Stress" in US wartime psychiatry', 127.
24. Cowdrey, *Fighting for Life*, 151; G. Kurt Piehler, 'Veterans tell their stories and why historians and others listened', in G. Kurt Piehler and Sidney Pash (eds.), *The United States and the Second World War: New Perspectives on Diplomacy, War, and the Home Front* (New York, 2010), 228–9; Rebecca Plant, 'Preventing the inevitable: John Appel and the problem of psychiatric casualties in the US Army in World War II', in Frank Biess and Daniel Gross (eds.), *Science and Emotions*

after 1945 (Chicago, Ill., 2014), 212–17.
25. Blassneck, *Militärpsychiatrie im Nationalsozialismus*, 20.
26. Grossman 'Human factors in war', 7–8; Edgar Jones, 'LMF: the use of psychiatric stigma in the Royal Air Force during the Second World War', *Journal of Military History*, 70 (2006), 449; Cowdrey, *Fighting for Life*, 151; Ahrenfeldt, *Psychiatry in the British Army*, 172–3; Plant, 'Preventing the inevitable', 222.
27. 关于第一次世界大战中的情绪危机，例见 Michael Roper, *The Secret Battle: Emotional Survival in the Great War* (Manchester, 2009), 247–50, 260–65。
28. 关于德军对"弹震症"态度的变化，见 Jason Crouthamel, '"Hysterische Männer?" Traumatisierte Veteranen des Ersten Weltkrieges und ihr Kampf um Anerkennung im "Dritten Reich"', in Babette Quinkert, Philipp Rauh and Ulrike Winkler (eds.), *Krieg und Psychiatrie: 1914–1950* (Göttingen, 2010), 29–34。美国的看法见 Martin Halliwell, *Therapeutic Revolutions: Medicine, Psychiatry and American Culture 1945–1970* (New Brunswick, NJ, 2013), 20–27；英国的看法见 Harold Merskey, 'After shell-shock: aspects of hysteria since 1922', in Hugh Freeman and German Berrios (eds.), *150 Years of British Psychiatry: Volume II: The Aftermath* (London, 1996), 89–92。
29. Bromberg, *Psychiatry Between the Wars*, 158.
30. Paul Wanke, *Russian/Soviet Military Psychiatry 1904–1945* (London, 2005), 91–2.
31. Wanke, 'American military psychiatry', 132.
32. Gerald Grob, 'Der Zweite Weltkrieg und die US-amerikanische Psychiatrie', in Quinkert, Rauh and Winkler (eds.), *Krieg und Psychiatrie*, 153; Cowdrey, *Fighting for Life*, 139; McGuire, *Psychology Aweigh!*, 35–41.
33. Edgar Jones and Simon Wessely, *Shell Shock to PTSD: Military Psychiatry from 1900 to the Gulf War* (Hove, 2005), 70–71, 76; Ben Shephard, *A War of Nerves: Soldiers and Psychiatrists, 1914–1994* (London, 2000), 195.
34. Jones, 'LMF', 440, 445; Sydney Brandon, 'LMF in Bomber Command 1939–1945: diagnosis or denouement?', in Freeman and Berrios (eds.), *150 Years of British Psychiatry*, 119–20.
35. Wanke, '"Inevitably any man has his threshold"', 80–81.
36. Blassneck, *Militärpsychiatrie im Nationalsozialismus*, 21.
37. Geoffrey Cocks, *Psychotherapy in the Third Reich: The Göring Institute* (New Brunswick, NJ, 1997), 308–16; Blassneck, *Militärpsychiatrie im Nationalsozialismus*,

41–5; Riedesser and Verderber, *'Maschinengewehre hinter der Front'*, 135–8.
38. Wanke, '"Inevitably any man has his threshold"', 92–7.
39. Janice Matsumura, 'Combating indiscipline in the Imperial Japanese Army: Hayno Torao and psychiatric studies of the crimes of soldiers', *War in History*, 23 (2016), 82–6.
40. Condé, '"The ordeal of adjustment"', 65.
41. Brown, '"Stress" in US wartime psychiatry', 123–4 (the quotation is from a 1944 publication by Merrill Moore and J. L. Henderson); Bromberg, *Psychiatry Between the Wars*, 153–8; Halliwell, *Therapeutic Revolutions*, 25; Ellen Herman, *The Romance of American Psychology: Political Culture in the Age of Experts* (Berkeley, Calif., 1995), 86–8. 关于同性恋，见 Naoko Wake, 'The military, psychiatry, and "unfit" soldiers, 1939–1942', *Journal of the History of Medicine and Allied Sciences*, 62 (2007), 473–90。
42. McGuire, *Psychology Aweigh!*, 101–2; Condé, 'The ordeal of adjustment', 67–8.
43. Herman, *Romance of American Psychology*, 110–11; Shephard, *War of Nerves*, 235.
44. R. D. Gillespie, *Psychological Effects of War on Citizen and Soldier* (New York, 1942), 166–72; Shephard, *War of Nerves*, 187–9.
45. Crouthamel, '"Hysterische Männer?"', 30–34; Manfred Messerschmidt, *Was damals Recht war . . . NS-Militär-und Strafjustiz im Vernichtungs krieg* (Essen, 1996), 102–6.
46. Riedesser and Verderber, *'Maschinengewehre hinter der Front'*, 103–5, 115–17; Blassneck, *Militärpsychiatrie im Nationalsozialismus*, 17–20, 22–3.
47. Cowdrey, *Fighting for Life*, 138–9.
48. Jones, 'LMF', 439–44; Brandon, 'LMF in Bomber Command', 119–23. 关于轰炸机组精神状况的全面介绍，见 Mark Wells, *Courage and Air Warfare: The Allied Aircrew Experience in the Second World War* (London, 1995), 60–89。
49. Allan English, 'A predisposition to cowardice? Aviation psychology and the genesis of "Lack of Moral Fibre"', *War & Society*, 13 (1995), 23.
50. Condé, '"The ordeal of adjustment"', 65–72.
51. John McManus, *The Deadly Brotherhood: The American Combat Soldier in World War II* (New York, 1998), 193.
52. Grossman, 'Human factors in war', 9–10, 13–15; Brown, '"Stress" in US wartime

psychiatry', 130–32.
53. Blassneck, *Militärpsychiatrie im Nationalsozialismus*, 55–6; Cocks, *Psychotherapy in the Third Reich*, 309–12; Riedesser and Verderber, *'Maschinengewehre hinter der Front'*, 145–6.
54. Hans Pols, 'Die Militäroperation in Tunisien 1942/43 und die Neuorientierung des US-amerikanischen Militärpsychiatrie', in Quinkert, Rauh and Winkler (eds.), *Krieg und Psychiatrie*, 133–8.
55. Edgar Jones and Simon Wessely, '"Forward psychiatry" in the military: its origin and effectiveness', *Journal of Traumatic Stress*, 16 (2003), 413–15; Mark Harrison, *Medicine and Victory: British Military Medicine in the Second World War* (Oxford, 2004), 171–3.
56. Raina, *World War II: Medical Services*, 41.
57. Riedesser and Verderber, *'Maschinengewehre hinter der Front'*, 135–7.
58. Catherine Merridale, 'The collective mind: trauma and shell-shock in twentieth-century Russia', *Journal of Contemporary History*, 35 (2000), 43–7.
59. Merridale, *Ivan's War*, 232; Cowdrey, *Fighting for Life*, 137.
60. Gillespie, *Psychological Effects of War*, 32–3, 191–4; Edgar Jones and Stephen Ironside, 'Battle exhaustion: the dilemma of psychiatric casualties in Normandy, June–August 1944', *Historical Journal*, 53 (2010), 112–13.
61. Pols, 'Die Militäroperation in Tunisien', 135–7.
62. Giovannini, *La psichiatria di Guerra*, 74–6.
63. Ibid., 137–9.
64. Ahrenfeldt, *Psychiatry in the British Army*, 168–70; Jones and Wessely, '"Forward psychiatry"', 411–15.
65. Jones and Ironside, 'Battle exhaustion', 114.
66. Cowdrey, *Fighting for Life*, 149–50; Pols, 'Die Militäroperation in Tunisien', 140–42; Harrison, *Medicine and Victory*, 114.
67. Ahrenfeldt, *Psychiatry in the British Army*, 155–6.
68. Blassneck, *Militärpsychiatrie im Nationalsozialismus*, 47–53, 73–85; Riedesser and Verderber, *'Maschinengewehre hinter der Front'*, 118–23, 140–43, 153–6.
69. Aaron Moore, *Writing War: Soldiers Record the Japanese Empire* (Cambridge, Mass., 2013), 94, 95, 127.
70. Harrison, *Medicine and Victory*, 177.

71. Gillespie, *Psychological Effects of War*, 166.
72. Ahrenfeldt, *Psychiatry in the British Army*, 167.
73. Halliwell, *Therapeutic Revolutions*, 27.
74. Merridale, *Ivan's War*, 282.
75. Matsumura, 'Combating indiscipline', 82–3, 90–91.
76. 这在磁带记录的德国战俘关于军人道德的对话中很明显。见 Sönke Neitzel and Harald Welzer, *Soldaten: Protokolle vom Kämpfen, Töten und Sterben* (Frankfurt/Main, 2011), 299–307。
77. Franzinelli, *Disertori*, 115–16.
78. Reese, *Why Stalin's Soldiers Fought*, 161–5, 173–5.
79. Ibid., 171.
80. Blassneck, *Militärpsychiatrie im Nationalsozialismus*, 47–50; Riedesser and Verderber, '*Maschinengewehre hinter der Front*', 109, 115–16, 163–6.
81. Omer Bartov, *Hitler's Army: Soldiers, Nazis, and War in the Third Reich* (New York, 1991), 96–9.
82. Knippschild, '"Für mich ist der Krieg aus"', 123–6.
83. Fietje Ausländer, '"Zwölf Jahre Zuchthaus! Abzusitzen nach Kriegsende!" Zur Topographie des Strafgefangenenwesens der deutschen Wehrmacht', in Haase and Paul (eds.), *Die anderen Soldaten*, 64; Jürgen Thomas, '"Nur das ist für die Truppe Recht, was ihr nützt . . ." Die Wehrmachtjustiz im Zweiten Weltkrieg', ibid., 48.
84. Fennell, 'Courage and cowardice', 100.
85. Jones 'LMF', 448; Brandon, 'LMF in Bomber Command', 120–21.
86. Alan Allport, *Browned Off and Bloody Minded: The British Soldier Goes to War 1939–1945* (New Haven, Conn., 2015), 251, 256.
87. Newlands, *Civilians into Soldiers*, 137–8.
88. Merridale, 'The collective mind', 49–50; Bernd Bonwetsch, 'Stalin, the Red Army, and the "Great Patriotic War"', in Ian Kershaw and Moshe Lewin (eds.), *Stalinism and Nazism: Dictatorships in Comparison* (Cambridge, 1997), 203–6; T. H. Rigby, *Communist Party Membership in the USSR, 1917–1967* (Princeton, NJ, 1968), 246–9.
89. Arne Zoepf, *Wehrmacht zwischen Tradition und Ideologie: Der NS-Führungsoffizier im Zweiten Weltkrieg* (Frankfurt/Main, 1988), 35–9.

90. Jürgen Förster, 'Ludendorff and Hitler in perspective: the battle for the German soldier's mind 1917–1944', *War in History*, 10 (2003), 329–31.
91. Reese, *Why Stalin's Soldiers Fought*, 156–8.
92. Günther Koschorrek, *Blood Red Snow: The Memoirs of a German Soldier on the Eastern Front* (London, 2002), 275–6.
93. *Last Letters from Stalingrad*, 27, letter 12.
94. McManus, *Deadly Brotherhood*, 269–72; Michael Snape, 'War, religion and revival: the United States, British and Canadian armies during the Second World War', in Callum Brown and Michael Snape (eds.), *Secularisation in a Christian World: Essays in Honour of Hugh McLeod* (Farnham, 2010), 146.
95. Piehler, 'Veterans tell their stories', in Piehler and Pash (eds.), *The United States and the Second World War*, 226.
96. Moore, *Writing War*, 112–13, 120.
97. Edward Glover, *The Psychology of Fear and Courage* (London, 1940), 82, 86.
98. Ahrenfeldt, *Psychiatry in the British Army*, 200–202.
99. Fennell, 'Courage and cowardice', 110–11.
100. McManus, *Deadly Brotherhood*, 269–70.
101. Irving Janis, *Air War and Emotional Stress* (New York, 1951), 129–31.
102. Helen Fein, *Accounting for Genocide: National Responses and Jewish Victimization during the Holocaust* (New York, 1979). 关于心理小集体的论述，也可见 Barbara Rosenwein, 'Problems and methods in the history of emotions', *Passions in Context*, 1 (2010), 10–19。
103. William Wharton, *Shrapnel* (London, 2012), 155.
104. Newlands, *Civilians into Soldiers*, 164–7.
105. McManus, *Deadly Brotherhood*, 323–4.
106. Simon Wessely, 'Twentieth-century theories on combat motivation and breakdown', *Journal of Contemporary History*, 41 (2006), 277–9.
107. Thomas Kühne, *The Rise and Fall of Comradeship: Hitler's Soldiers, Male Bonding and Mass Violence in the Twentieth Century* (Cambridge, 2017), 107–11.
108. Richard Overy, *The Bombing War: Europe 1939–1945* (London, 2013), 351–2.
109. 例见 S. Givens, 'Liberating the Germans: the US Army and looting in Germany during the Second World War', *War in History*, 21 (2014), 33–54。
110. Newlands, *Civilians into Soldiers*, 63; Merridale, 'The collective mind', 53–4.

111. Matsumura, 'Combating indiscipline', 92–3; Merridale, *Ivan's War*, 271, 288–9.
112. Peipei Qiu, Su Zhiliang and Chen Lifei, *Chinese Comfort Women: Testimonies from Imperial Japan's Sex Slaves* (New York, 2013), 21–34; Newlands, *Civilians into Soldiers*, 124–35.
113. Hester Vaizey, *Surviving Hitler's War: Family Life in Germany 1939–1948* (Basingstoke, 2010), 65; Ann Pfau, 'Allotment Annies and other wayward wives: wartime concerns about female disloyalty and the problem of the returned veteran', in Piehler and Pash (eds.), *The United States and the Second World War*, 100–105.
114. Michael Snape, *God and Uncle Sam: Religion and America's Armed Forces in World War II* (Woodbridge, Suffolk, 2015), 349, 358–9; Janis, *Air War and Emotional Stress*, 172–4. 关于飞行人员的情况，见 Simon MacKenzie, 'Beating the odds: superstition and human agency in RAF Bomber Command 1942–1945', *War in History*, 22 (2015), 382–400。
115. Snape, 'War, religion and revival', 138.
116. Details ibid., 138–49; McManus, *Deadly Brotherhood*, 273–5.
117. Snape, *God and Uncle Sam*, 327, 332–3, 343.
118. James Sparrow, *Warfare State: World War II Americans and the Age of Big Government* (New York, 2011), 65–7; Bromberg, *Psychiatry Between the Wars*, 152.
119. 关于欧洲轰炸作战的详情，可见 Overy, *The Bombing War*, passim。关于对日空中作战的详情，可见 Kenneth Werrell, *Blankets of Fire: U. S. Bombers over Japan during World War II* (Washington, DC, 1996); Barrett Tillman, *Whirlwind: The Air War against Japan 1942–1945* (New York, 2010)。
120. Edward Glover, *War, Sadism and Pacifism: Further Essays on Group Psychology and War* (London, 1947), 161–6; Edgar Jones et al., 'Civilian morale during the Second World War: responses to air raids re-examined', *Social History of Medicine*, 17 (2004), 463–79; Shephard, *War of Nerves*, 178–9.
121. Janis, *Air War and Emotional Stress*, 72; Dietmar Süss, *Death from the Skies: How the British and Germans Survived Bombing in World War II* (Oxford, 2014), 344–6.
122. Gillespie, *Psychological Effects of War*, 107–8; Janis, *Air War and Emotional Stress*, 72.
123. UEA, Zuckerman Archive, OEMU/57/3, draft report, 'Hull' (n.d. but Nov.

1941).
124. E. Stengel, 'Air raid phobia', *British Journal of Medical Psychology*, 20 (1944–46), 135–43.
125. Janis, *Air War and Emotional Stress*, 78–9.
126. Ibid., 59–60, 73–7.
127. Shephard, *War of Nerves*, 181–2.
128. Janis, *Air War and Emotional Stress*, 78; M. I. Dunsdon, 'A psychologist's contribution to air raid problems', *Mental Health (London)*, 2 (1941), 40–41; E. P. Vernon, 'Psychological effects of air raids', *Journal of Abnormal and Social Psychology*, 36 (1941), 457–76.
129. Janis, *Air War and Emotional Stress*, 103–4, 106–8.
130. Ibid., 88–91; Gillespie, *Psychological Effects of War*, 126–7.
131. UEA, Zuckerman Archive, OEMU/57/5, Hull report, Appendix II, Case Histories.
132. James Stern, *The Hidden Damage* (London, 1990), first published 1947.
133. Merridale, 'The collective mind', 47–8.
134. Overy, *The Bombing War*, 462–3.
135. Yamashita, *Daily Life in Wartime Japan*, 13–14, 17–34.
136. 例见 Mark Connelly, *We Can Take It! Britain and the Memory of the Second World War* (Harlow, 2004)。
137. 关于德国的情况，见 J. W. Baird, *To Die for Germany: Heroes in the Nazi Pantheon* (Bloomington, Ind., 1990); Neil Gregor, 'A *Schicksalsgemeinschaft*? Allied bombing, civilian morale, and social dissolution in Nuremberg, 1942–1945', *Historical Journal*, 43 (2000), 1051–70; Riedesser and Verderber, '*Maschinengewehre hinter der Front*', 105–6, 163–4；关于苏联的情况，见 Merridale, 'The collective mind', 43–50。
138. 关于英国的情况，见 Jalland, *Death in War and Peace*, 132–7；关于日本的情况，见 Yamashita, *Daily Life in Wartime Japan*, 20–21。
139. Glover, *Psychology of Fear and Courage*, 62–5.
140. Cocks, *Psychotherapy in the Third Reich*, 312–14.
141. Janis, *Air War and Emotional Stress*, 110–11.
142. George Gallup (ed.), *The Gallup International Public Opinion Polls: Great Britain 1937–1975*, 2 vols.(New York, 1976), i, 37, 43.

143. Vanessa Chambers, '"Defend us from all perils and dangers of this night": coping with bombing in Britain during the Second World War', in Claudia Baldoli, Andrew Knapp and Richard Overy (eds.), *Bombing, States and Peoples in Western Europe, 1940–1945* (London, 2012), 162–3.
144. Claudia Baldoli, 'Religion and bombing in Italy, 1940–1945', ibid., 146–8; Claudia Baldoli and Marco Fincardi, 'Italian society under the bombs: propaganda, experience and legend, 1940–1945', *Historical Journal*, 52 (2009), 1030–32; Alan Perry, 'Pippo: an Italian folklore mystery of World War II', *Journal of Folklore Research*, 40 (2003), 115–16, 120–23.
145. Janis, *Air War and Emotional Stress*, 172–4.
146. Süss, *Death from the Skies*, 263–6.
147. Chambers, '"Defend us from all perils"', 156–7.
148. Baldoli, 'Religion and bombing', 139–49; Süss, *Death from the Skies*, 267–8, 271–2.
149. Elena Skrjabina, *Siege and Survival: The Odyssey of a Leningrader* (Carbondale, Ill., 1971), 39–41, entries for 15 and 26 Nov. 1941.
150. Ibid., 24, entry for 5 Sept. 1941.
151. Olga Kucherenko, *Little Soldiers: How Soviet Children went to War 1941–1945* (Oxford, 2011), 204–6, 226–7.
152. 关于这些报告和病例的详情，可见 Wanke, *Russian/Soviet Military Psychiatry*, 74–8。
153. Ruth Gay, *Safe Among the Germans: Liberated Jews after World War II* (New Haven, Conn., 2002), 44–5; Dan Stone, *The Liberation of the Camps: The End of the Holocaust and its Aftermath* (New Haven, Conn., 2015), 1–26.
154. Gay, *Safe Among the Germans*, 74–5.
155. Joseph Berger, 'Displaced persons: a human tragedy of World War II', *Social Research*, 14 (1947), 49–50; Ralph Segalman, 'The psychology of Jewish displaced persons', *Jewish Social Service Quarterly*, 23/24 (1947), 361, 364–5.
156. Gay, *Safe Among the Germans*, 67–8.
157. Daniel Pick, *The Pursuit of the Nazi Mind: Hitler, Hess and the Analysts* (Oxford, 2012).
158. Tadeusz Grygier, *Oppression: A Study in Social and Criminal Psychology* (London, 1954), xii, 20–23, 27, 42.

159. David Boder, 'The impact of catastrophe: I: assessment and evaluation', *Journal of Psychology*, 38 (1954), 4–8.
160. Alan Rosen, *The Wonder of Their Voices: The 1946 Holocaust Interviews of David Boder* (Oxford, 2010), 134–5, 183–6. 访谈的完整内容被译成德文并出版，见 David Boder, *Die Toten habe ich nicht befragt*, ed. Julia Faisst, Alan Rosen and Werner Sollors (Heidelberg, 2011), 125–238。
161. Rosen, *The Wonder of Their Voices*, 195–8; Boder, *Die Toten habe ich nicht befragt*, 16–17.
162. Boder, 'The impact of catastrophe', 4, 16, 42–7.
163. Pfau, 'Allotment Annies', 107–9.
164. Halliwell, *Therapeutic Revolutions*, 20–22; Erin Redfern, 'The Neurosis of Narrative: American Literature and Psychoanalytic Psychiatry during World War II', doctoral dissertation, Northwestern University, Evanston, Ill., 2003, 16–25.
165. Halliwell, *Therapeutic Revolutions*, 20, 25.
166. Axel Schildt, 'Impact of experiences and memories of war on West German society', in Jörg Echternkamp and Stefan Martens (eds.), *Experience and Memory: The Second World War in Europe* (New York, 2010), 200–201.
167. Lori Watt, *When Empire Comes Home: Repatriation and Reintegration in Postwar Japan* (Cambridge, Mass., 2009), 134–5, 202–3.
168. Stephen Casey, *When Soldiers Fall: How Americans Have Confronted Combat Losses from World War I to Afghanistan* (New York, 2014), 49–59, 99.

第十章　罪行和暴行

1. Joshua Rubenstein and Ilya Altman (eds.), *The Unknown Black Book: The Holocaust in the German-Occupied Soviet Territories* (Bloomington, Ind., 2008), 273–4, testimony recorded by M. Grubian.
2. Anika Walke, *Pioneers and Partisans: An Oral History of Nazi Genocide in Belorussia* (Oxford, 2015), 191, testimony of Leonid Okon.
3. Rubenstein and Altman (eds.), *The Unknown Black Book*, 274; Walke, *Pioneers and Partisans*, 191.
4. Howard Ball, *Prosecuting War Crimes and Genocide: The Twentieth-Century*

Experience (Lawrence, Kans, 1999), 73–4.
5. NARA, RG107, McCloy Papers, Box 1, United Nations War Crimes Commission memorandum, 6 Oct. 1944, Annex A.
6. Jürgen Matthäus, 'The lessons of Leipzig: punishing German war criminals after the First World War', in Jürgen Matthäus and Patricia Heberer (eds.), *Atrocities on Trial: Historical Perspectives on the Politics of Prosecuting War Crimes* (Lincoln, Nebr., 2008), 4–8; Alfred de Zayas, *The Wehrmacht War Crimes Bureau, 1939–1945* (Lincoln, Nebr., 1989), 5–10.
7. Joel Hayward, 'Air power, ethics, and civilian immunity during the First World War and its aftermath', *Global War Studies*, 7 (2010), 107–8; Heinz Hanke, *Luftkrieg und Zivilbevölkerung* (Frankfurt/Main, 1991), 71–7.
8. William Schabas, *Unimaginable Atrocities: Justice, Politics, and Rights at the War Crimes Tribunals* (Oxford, 2012), 25–32.
9. Peter Schrijvers, *The GI War against Japan: American Soldiers in Asia and the Pacific during World War II* (New York, 2002), 208.
10. Mary Habeck, 'The modern and the primitive: barbarity and warfare on the Eastern Front', in George Kassimeris (ed.), *The Barbarisation of Warfare* (London, 2006), 91; de Zayas, *Wehrmacht War Crimes Bureau*, 118.
11. Schrijvers, *The GI War against Japan*, 222.
12. John McManus, *The Deadly Brotherhood: The American Combat Soldier in World War II* (New York, 1998), 227–30.
13. De Zayas, *Wehrmacht War Crimes Bureau*, 107–8.
14. Omer Bartov, *The Eastern Front 1941–45, German Troops and the Barbarisation of Warfare*, 2nd edn (Basingstoke, 2001). See too George Kassimeris, 'The barbarisation of warfare', in idem (ed.), *Barbarisation of Warfare*, 1–18.
15. Yuki Tanaka, *Hidden Horrors: Japanese War Crimes in World War II* (Boulder, Colo., 1996), 195–8.
16. Aaron Moore, *Writing War: Soldiers Record the Japanese Empire* (Cambridge, Mass., 2013), 90, 111.
17. Benjamin Uchiyama, *Japan's Carnival War: Mass Culture on the Home Front, 1937–1945* (Cambridge, 2019), 54–64.
18. Ball, *Prosecuting War Crimes and Genocide*, 67–9.
19. Moore, *Writing War*, 123.

20. Meirion Harries and Susie Harries, *Soldiers of the Sun: The Rise and Fall of the Imperial Japanese Army, 1868–1945* (London, 1991), 408–9; Tanaka, *Hidden Horrors*, 21–2.
21. Moore, *Writing War*, 119.
22. Gerald Horne, *Race War: White Supremacy and the Japanese Attack on the British Empire* (New York, 2004), 71–2.
23. Mark Johnston, *Fighting the Enemy: Australian Soldiers and Their Adversaries in World War II* (Cambridge, 2000), 94–9.
24. Raymond Lamont-Brown, *Ships from Hell: Japanese War Crimes on the High Seas* (Stroud, 2002), 68–9.
25. Michael Sturma, 'Atrocities, conscience and unrestricted warfare: US submarines during the Second World War', *War in History*, 16 (2009), 450–58.
26. Ibid., 449–50; John Dower, *War without Mercy: Race and Power in the Pacific War* (New York, 1986), 36.
27. Johnston, *Fighting the Enemy*, 78–80, 94–5; McManus, *Deadly Brotherhood*, 210–11.
28. James Weingartner, 'Trophies of war: U. S. troops and the mutilation of Japanese war dead, 1941–1945', *Pacific Historical Review*, 61 (1992), 56–62; Simon Harrison, 'Skull trophies of the Pacific war: transgressive objects of remembrance', *Journal of the Royal Anthropological Institute*, 12 (2006), 818–28.
29. Schrijvers, *The GI War against Japan*, 207–10; Johnston, *Fighting the Enemy*, 80–82; Craig Cameron, 'Race and identity: the culture of combat in the Pacific war', *International History Review*, 27 (2005), 558–9.
30. Tarak Barkawi, *Soldiers of Empire: Indian and British Armies in World War II* (Cambridge, 2017), 208–17.
31. Theo Schulte, *The German Army and Nazi Policies in Occupied Russia* (Oxford, 1989), 317–20.
32. Jeff Rutherford, *Combat and Genocide on the Eastern Front: The German Infantry's War 1941–1944* (Cambridge, 2014), 69, 81.
33. Habeck, 'The modern and the primitive', 85; see too Alex Kay, 'A "war in a region beyond state control?" The German–Soviet war 1941–1944', *War in History*, 18 (2011), 111–12.
34. Felix Römer, 'The Wehrmacht in the war of ideologies', in Alex Kay, Jeff Rutherford

and David Stahel (eds.), *Nazi Policy on the Eastern Front, 1941: Total War, Genocide, and Radicalization* (New York, 2012), 74–5, 81.
35. Sönke Neitzel and Harald Welzer, *Soldaten: Protokolle vom Kämpfen, Töten und Sterben* (Frankfurt/Main, 2011), 135–7; Rutherford, *Combat and Genocide on the Eastern Front*, 86–90; Bartov, *Eastern Front 1941–1945*, 110.
36. Amaon Sella, *The Value of Human Life in Soviet Warfare* (London, 1992), 100–102.
37. Günther Koschorrek, *Blood Red Snow: The Memoirs of a German Soldier on the Eastern Front* (London, 2002), 275.
38. Catherine Merridale, *Ivan's War: The Red Army 1939–1945* (London, 2005), 110–14.
39. De Zayas, *Wehrmacht War Crimes Bureau*, 88.
40. Maria Giusti, *I prigionieri italiani in Russia* (Bologna, 2014), 132.
41. Felicia Yap, 'Prisoners of war and civilian internees of the Japanese', *Journal of Contemporary History*, 47 (2012), 317; Ball, *Prosecuting War Crimes and Genocide*, 84.
42. Niall Ferguson, 'Prisoner taking and prisoner killing: the dynamic of defeat, surrender and barbarity in the age of total war', in Kassimeris (ed.), *Barbarisation of Warfare*, 142.
43. 关于苏联的数据，我十分感谢 James Bacque 向我提供统计数据，这些数据来自 Prison Department of the Soviet Ministry of Foreign Affairs, on 'war prisoners of the former European armies 1941–1945', 28 Apr. 1956；另见 *Russkii Arkhiv 13: Nemetskii Voennoplennye v SSSR* (Moscow, 1999), Part 1, 9。关于日本俘虏的情况，见 S. I. Kuznetsov, 'The situation of Japanese prisoners of war in Soviet camps', *Journal of Slavic Military Studies*, 8 (1995), 612–29。关于苏联俘虏的情况，见 Alfred Streim, *Sowjetische Gefangene in Hitlers Vernichtungskrieg: Berichte und Dokumente* (Heidelberg, 1982), 175; Christian Streit, 'Die sowjetische Kriegsgefangenen in den deutschen Lagern', in D. Dahlmann and Gerhard Hirschfeld (eds.), *Lager, Zwangsarbeit, Vertreibung und Deportationen* (Essen, 1999), 403–4。
44. Giusti, *I prigioneri italiani*, 133
45. Eri Hotta, *Japan 1941: Countdown to Infamy* (New York, 2013), 93.
46. Ball, *Prosecuting War Crimes and Genocide*, 63.

47. Yap, 'Prisoners of war and civilian internees', 323–4; Tanaka, *Hidden Horrors*, 16–18.
48. Tanaka, *Hidden Horrors*, 26–7.
49. Habeck, 'The modern and the primitive', 87.
50. Christian Hartmann, 'Massensterbung oder Massenvernichtung? Sowjetische Kriegsgefangenen im "Unternehmen Barbarossa"', *Vierteljahreshefte für Zeitgeschichte*, 49 (2001), 105; Merridale, *Ivan's War*, 122–3; Bartov, *Eastern Front 1941–1945*, 111–12.
51. Christian Streit, *Keine Kameraden: Die Wehrmacht und die sowjetischen Kriegsgefangenen, 1941–1945* (Bonn, 1978), 128.
52. Stefan Karner, *Im Archipel GUPVI: Kriegsgefangenschaft und Internierung in der Sowjetunion 1941–1956* (Vienna, 1995), 90–94; *Russkii Arkhiv 13*, Part 2, 69, 76, 159–60; Giusti, *I prigionieri italiani*, 127.
53. Karner, *Im Archipel GUPVI*, 94–104.
54. Giusti, *I prigionieri italiani*, 100–102, 110–11, 125–9.
55. Seth Givens, 'Liberating the Germans: the US army and looting in Germany during the Second World War', *War in History*, 21 (2014), 35–6.
56. Neville Wylie, 'Loot, gold, and tradition in the United Kingdom's financial warfare strategy, 1939–1945', *International History Review*, 31 (2009), 301–2; Ball, *Prosecuting War Crimes and Genocide*, 15–16.
57. Givens, 'Liberating the Germans', 35–6.
58. Rutherford, *Combat and Genocide on the Eastern Front*, 107–8.
59. Zygmunt Klukowski, *Diary of the Years of Occupation 1939–1944* (Urbana, Ill., 1993), 28–30, 47, entries for 20, 23 Sept., 30 Oct. 1939.
60. Mark Mazower, *Inside Hitler's Greece: The Experience of Occupation, 1941–44* (New Haven, Conn., 1993), 23–4.
61. Ball, *Prosecuting War Crimes and Genocide*, 64; Harries and Harries, *Soldiers of the Sun*, 411.
62. Rutherford, *Combat and Genocide on the Eastern Front*, 105–10.
63. Givens, 'Liberating the Germans', 33, 46–7.
64. William Wharton, *Shrapnel* (London, 2012), 182–3.
65. Amir Weiner, '"Something to die for, a lot to kill for": the Soviet system and the barbarisation of warfare', in Kassimeris (ed.), *Barbarisation of Warfare*, 102–5.

66. Givens, 'Liberating the Germans', 45–6.
67. Gianluca Fulvetti and Paolo Pezzino (eds.), *Zone di Guerra, Geografie di Sangue: L'atlante delle stragi naziste e fasciste in Italia (1943–1945)* (Bologna, 2016), 96–122.
68. Massimo Storchi, *Anche contro donne e bambini: Stragi naziste e fasciste nella terra dei fratelli Cervi* (Reggio Emilio, 2016), 11–12.
69. Peter Lieb, 'Repercussions of Eastern Front experiences on anti-partisan warfare in France 1943–1944', *Journal of Strategic Studies*, 31 (2008), 797–9, 818–19.
70. Alastair McLauchlan, 'War crimes and crimes against humanity on Okinawa: guilt on both sides', *Journal of Military Ethics*, 13 (2014), 364–77.
71. Hans van de Ven, *War and Nationalism in China 1925–1945* (London, 2003), 284; Weiner, 'Something to die for', 119–21.
72. 关于东线德国占领当局的殖民性质，见 Wendy Lower, *Nazi Empire-Building and the Holocaust in Ukraine* (Chapel Hill, NC, 2005), 19–29。关于德军在东线和西线的不同做法，见 Lieb, 'Repercussions of Eastern Front experiences', 797–8, 802–3。
73. Patrick Bernhard, 'Behind the battle lines: Italian atrocities and the persecution of Arabs, Berbers and Jews in North Africa in World War II', *Holocaust and Genocide Studies*, 26 (2012), 425–32.
74. Patrick Bernhard, 'Die "Kolonialachse". Der NS-Staat und Italienisch-Afrika 1935 bis 1943', in Lutz Klinkhammer and Amedeo Guerrazzi (eds.), *Der 'Achse' im Krieg: Politik, Ideologie und Kriegführung 1939–1945* (Paderborn, 2010), 164–8. 关于意大利军队所犯暴行的总体研究，见 Gianni Oliva, *'Si Ammazza Troppo Poco': I crimini di guerra italiani 1940–43* (Milan, 2006)。
75. Alex Kay, 'Transition to genocide, July 1941: Einsatzkommando 9 and the annihilation of Soviet Jewry', *Holocaust and Genocide Studies*, 27 (2013), 411–13; idem, 'A "war in a region beyond state control?"', 112–15.
76. Van de Ven, *War and Nationalism in China*, 283–4.
77. Tanaka, *Hidden Horrors*, 186–92; Harries and Harries, *Soldiers of the Sun*, 405.
78. Henning Pieper, 'The German approach to counter-insurgency in the Second World War', *International History Review*, 57 (2015), 631–6; Alexander Prusin, 'A community of violence: structure, participation, and motivation in comparative perspective', *Holocaust and Genocide Studies*, 21 (2007), 5–9.

79. Storchi, *Anche contro donne e bambini*, 29; Ben Shepherd, 'With the Devil in Titoland: a Wehrmacht anti-partisan division in Bosnia-Herzegovina, 1943', *War in History*, 16 (2009), 84; Edward Westermann, '"Ordinary men" or "ideological soldiers"? Police Battalion 310 in Russia, 1942', *German Studies Review*, 21 (1998), 57.
80. Lieb, 'Repercussions of Eastern Front experience', 806; Shepherd, 'With the Devil in Titoland', 84–5.
81. Storchi, *Anche contro donne e bambini*, 23; Lieb, 'Repercussions of Eastern Front experience', 798.
82. Walke, *Pioneers and Partisans*, 191–2; Weiner, 'Something to die for', 117–21.
83. Giovanni Pesce, *And No Quarter: An Italian Partisan in World War II* (Athens, Ohio, 1972), 211.
84. Ibid., 176.
85. Merridale, *Ivan's War*, 269.
86. TNA, AIR 41/5 J. M. Spaight, 'The International Law of the Air 1939–1945', 1946, pp. 1–15.
87. Richard Overy, *The Bombing War: Europe 1939–1945* (London, 2013), 247–9; Peter Gray, 'The gloves will have to come off: a reappraisal of the legitimacy of the RAF bomber offensive against Germany', *Air Power Review*, 13 (2010), 15–16.
88. Ronald Schaffer, 'American military ethics in World War II: the bombing of German civilians', *Journal of American History*, 67 (1980), 321.
89. Charles Webster and Noble Frankland, *The Strategic Air Offensive against Germany*, 4 vols.(London, 1961), iv, 258–60. See too Richard Overy. '"Why we bomb you": liberal war-making and moral relativism in the RAF bomber offensive, 1940–45', in Alan Cromartie (ed.), *Liberal Wars: Anglo-American Strategy, Ideology, and Practice* (London, 2015), 25–9.
90. TNA, AIR 14/1812, Operational Research report, 14 Sept. 1943.
91. TNA, AIR 14/1813, minute from A. G. Dickens for Arthur Harris, 23 Feb. 1945 (Harris marginal notes).
92. Thomas Earle, '"It made a lot of sense to kill skilled workers": the firebombing of Tokyo in March 1945', *Journal of Military History*, 66 (2002), 117–21.
93. Conrad Crane, 'Evolution of U. S. strategic bombing of urban areas', *Historian*,

50 (1987), 37.
94. Cameron, 'Race and identity', 564.
95. Tsuyoshi Hasegawa, 'Were the atomic bombs justified?', in Yuki Tanaka and Marilyn Young (eds.), *Bombing Civilians: A Twentieth-Century History* (New York, 2009), 118–19.
96. Crane, 'Evolution of U. S. strategic bombing', 36.
97. Richard Overy, 'The Nuremberg Trials: international law in the making', in Philippe Sands (ed.), *From Nuremberg to The Hague: The Future of International Criminal Justice* (Cambridge, 2003), 10–11.
98. 关于殖民地暴力和种族灭绝，可见 Michelle Gordon 近年的著作 'Colonial violence and holocaust studies', *Holocaust Studies*, 21 (2015), 273–6; Tom Lawson, 'Coming to terms with the past: reading and writing colonial genocide in the shadow of the Holocaust', *Holocaust Studies*, 20 (2014), 129–56。
99. Horne, *Race War*, 266, 270.
100. Peter Duus, 'Nagai Ryūtarū and the "White Peril", 1905–1944', *Journal of Asian Studies*, 31 (1971), 41–7.
101. Ronald Takaki, *Double Victory: A Multicultural History of America in World War II* (Boston, Mass., 2001), 148.
102. McManus, *Deadly Brotherhood*, 202; Schrijvers, *The GI War against Japan*, 218–19.
103. Harrison, 'Skull trophies of the Pacific war', 818–21.
104. Johnston, *Fighting the Enemy*, 85–7.
105. Raffael Scheck, '"They are just savages": German massacres of black soldiers from the French army, 1940', *Journal of Modern History*, 77 (2005), 325–40.
106. 例见 Mikhail Tyaglyy, 'Were the "Chingené" victims of the Holocaust? Nazi policy toward the Crimean Roma, 1941–1944', *Holocaust and Genocide Studies*, 23 (2009), 26–40。关于东方的吉卜赛人的命运，见 Johannes Enstad, *Soviet Russians under Nazi Occupation: Fragile Loyalties in World War II* (Cambridge, 2018), 66–70; Brenda Lutz, 'Gypsies as victims of the Holocaust', *Holocaust and Genocide Studies*, 9 (1995), 346–59。
107. Thomas Kühne, 'Male bonding and shame culture: Hitler's soldiers and the moral basis of genocidal warfare', in Olaf Jensen and Claus-Christian Szejnmann (eds.), *Ordinary People as Mass Murderers: Perpetrators in Comparative Perspective*

(Basingstoke, 2008), 69–71.
108. Jürgen Matthäus, 'Controlled escalation: Himmler's men in the summer of 1941 and the Holocaust in the occupied Soviet territories', *Holocaust and Genocide Studies*, 21 (2007), 219–20.
109. Lower, *Nazi Empire-Building*, 75–6; Kay, 'Transition to genocide', 422; Matthäus, 'Controlled escalation', 223.
110. Sara Bender, 'Not only in Jedwabne: accounts of the annihilation of the Jewish shtetlach in north-eastern Poland in the summer of 1941', *Holocaust Studies*, 19 (2013), 2–3, 14, 19–20, 24–5.
111. Leonid Rein 'Local collaboration in the execution of the "final solution" in Nazi-occupied Belorussia', *Holocaust and Genocide Studies*, 20 (2006), 388.
112. Simon Geissbühler, '"He spoke Yiddish like a Jew": neighbours' contribution to the mass killing of Jews in Northern Bukovina and Bessarabia, July 1941', *Holocaust and Genocide Studies*, 28 (2014), 430–36; *idem*, 'The rape of Jewish women and girls during the first phase of the Romanian offensive in the East, July 1941', *Holocaust Studies*, 19 (2013), 59–65.
113. Rein, 'Local collaboration', 392–4; Eric Haberer, 'The German police and genocide in Belorussia, 1941–1944: part I: police deployment and Nazi genocidal directives', *Journal of Genocide Research*, 3 (2001), 19–20.
114. Rein, 'Local collaboration', 391.
115. Kühne, 'Male bonding and shame culture', 57–8, 70. 一个引人关注的案例研究是 Peter Lieb, 'Täter aus Überzeugung? Oberst Carl von Andrian und die Judenmorde der 707 Infanteriedivision 1941/42', *Vierteljahrshefte für Zeitgeschichte*, 50 (2002), 523–4, 536–8。
116. Lower, *Nazi Empire-Building*, 78–81.
117. Andrej Angrick, 'The men of *Einsatzgruppe D* : an inside view of a state-sanctioned killing unit in the "Third Reich"', in Jensen and Szejnmann (eds.), *Ordinary People as Mass Murderers*, 84.
118. Dick de Mildt, *In the Name of the People: Perpetrators of Genocide in the Reflection of Their Post-War Prosecution in West Germany* (The Hague, 1996), 2.
119. Matthäus, 'Controlled escalation', 228–9.
120. Waitman Beorn, 'Negotiating murder: a Panzer signal company and the destruction of the Jews of Peregruznoe 1942', *Holocaust and Genocide Studies*, 23 (2009),

185-95.
121. Christopher Browning, *Ordinary Men: Reserve Police Battalion 101 and the Final Solution in Poland* (London, 1992), 141-2.
122. Jürgen Matthäus, 'Die Beteiligung der Ordnungspolizei am Holocaust', in Wolf Kaiser (ed.), *Täter im Vernichtungskrieg: Der Überfall auf die Sowjetunion und der Völkermord an den Juden* (Berlin, 2002), 168-76.
123. Stephen Fritz, *Ostkrieg: Hitler's War of Extermination in the East* (Lexington, Ky, 2011), 374.
124. 例见 Westermann, '"Ordinary men" or "ideological soldiers"?', 43-8。在第310营中，每个警察连的党员比例从38%到50%不等。
125. 今天，关于那场浩劫中各种罪行的社会心理学著作已是汗牛充栋，见 Richard Overy, '"Ordinary men", extraordinary circumstances: historians, social psychologists and the Holocaust', *Journal of Social Issues*, 70 (2014), 513-38; Arthur Miller, *The Social Psychology of Good and Evil* (New York, 2004), ch. 9。
126. Rein, 'Local collaboration', 394-5.
127. Edward Westermann, 'Stone-cold killers or drunk with murder? Alcohol and atrocity during the Holocaust', *Holocaust and Genocide Studies*, 30 (2016), 4-7.
128. Ilya Ehrenburg and Vasily Grossman, *The Complete Black Book of Russian Jewry*, ed. David Patterson (New Brunswick, NJ, 2002), 382; de Zayas, *Wehrmacht War Crimes Bureau*, 189; Peipei Qiu with Su Zhiliang and Chen Lifei, *Chinese Comfort Women: Testimonies from Imperial Japan's Sex Slaves* (New York, 2013), 22.
129. Gloria Gaggioli, 'Sexual violence in armed conflicts: a violation of international humanitarian law and human rights law', *International Review of the Red Cross*, 96 (2014), 506, 512-13.
130. Nomi Levenkron, 'Death and the maidens: "prostitution", rape, and sexual slavery during World War II', in Sonja Hedgepeth and Rochelle Saidel (eds.), *Sexual Violence against Jewish Women during the Holocaust* (Waltham, Mass., 2010), 15-17.
131. Tanaka, *Hidden Horrors*, 96-7; George Hicks, 'The "comfort women"', in Peter Duus, Ramon Myers and Mark Peattie (eds.), *The Japanese Wartime Empire* (Princeton, NJ, 1996), 310.
132. Nicole Bogue, 'The concentration camp brothel in memory', *Holocaust Studies*,

22 (2016), 208.
133. Annette Timm, 'Sex with a purpose: prostitution, venereal disease, and militarized masculinity in the Third Reich', *Journal of the History of Sexuality*, 11 (2002), 225–7; Janice Matsumura, 'Combating indiscipline in the Imperial Japanese Army: Hayno Torao and psychiatric studies of the crimes of soldiers', *War in History*, 23 (2016), 96.
134. Regina Mühlhäuser, 'The unquestioned crime: sexual violence by German soldiers during the war of annihilation in the Soviet Union 1941–45', in Raphaëlle Branche and Fabrice Virgili (eds.), *Rape in Wartime* (Basingstoke, 2017), 35, 40–42.
135. Emma Newlands, *Civilians into Soldiers: War, the Body and British Army Recruits 1939–45* (Manchester, 2014), 124–35; Mark Harrison, *Medicine and Victory: British Military Medicine in the Second World War* (Oxford, 2004), 98–104.
136. Raffaello Pannacci, 'Sex, military brothels and gender violence during the Italian campaign in the USSR, 1941–3', *Journal of Contemporary History*, 55 (2020), 79–86.
137. Timm, 'Sex with a purpose', 237–50; Levenkron, 'Death and the maidens', 19–20; Helene Sinnreich, 'The rape of Jewish women during the Holocaust', in Hedgepeth and Saidel (eds.), *Sexual Violence against Jewish Women*, 110–15; Jeffrey Burds, 'Sexual violence in Europe during World War II, 1939–1945', *Politics & Society*, 37 (2009), 37–41.
138. Peipei, *Chinese Comfort Women*, 1, 9–11, 37–8; Hicks, 'The "comfort women"', 311–12.
139. Hicks, 'The "comfort women"', 312; Tanaka, *Hidden Horrors*, 98–9; Michael Seth, *A Concise History of Modern Korea* (Lanham, Md, 2016), 81–2.
140. Peipei, *Chinese Comfort Women*, 30–38, 48. 用活人进行刺杀训练的事情是由日军第14师团的一名老兵讲出来的，战争末期他驻扎在华北。
141. Brigitte Halbmayr, 'Sexualised violence against women during Nazi "racial" persecution', in Hedgepeth and Saidel (eds.), *Sexual Violence against Jewish Women*, 33–5; Mühlhäuser, 'The unquestioned crime', 37–8.
142. Wharton, *Shrapnel*, 189.
143. David Snyder, *Sex Crimes under the Wehrmacht* (Lincoln, Nebr., 2007), 137.
144. J. Robert Lilly, *Taken by Force: Rape and American GIs in Europe during World*

War II (Basingstoke, 2007), 11; Elisabeth Krimmer, 'Philomena's legacy: rape, the Second World War, and the ethics of reading', *German Quarterly*, 88 (2015), 83–4.

145. Miriam Gebhardt, *Crimes Unspoken: The Rape of German Women at the End of the Second World War* (Cambridge, 2017), 18–22.
146. Peipei, *Chinese Comfort Women*, 37–8.
147. Johnston, *Fighting the Enemy*, 98–9.
148. Weiner, 'Something to die for', 114–15.
149. Merridale, *Ivan's War*, 268.
150. Alexandra Richie, *Warsaw 1944: The Fateful Uprising* (London, 2013), 283, 302.
151. Elisabeth Wood, 'Conflict-related sexual violence and the policy implications of recent research', *International Review of the Red Cross*, 96 (2014), 472–4.
152. James Messerschmidt, 'Review symposium: the forgotten victims of World War II: masculinities and rape in Berlin 1945', *Violence Against Women*, 12 (2006), 706–9.
153. Schrijvers, *The GI War against Japan*, 210–12; McLauchlan, 'War crimes and crimes against humanity', 364–5.
154. Lilly, *Taken by Force*, 12; Tanaka, *Hidden Horrors*, 101–3; Joanna Bourke, *Rape: A History from 1860 to the Present* (London, 2007), 357–8.
155. Robert Kramm, 'Haunted by defeat: imperial sexualities, prostitution, and the emergence of postwar Japan', *Journal of World History*, 28 (2017), 606–7.
156. Lilly, *Taken by Force*, 22–3.
157. Julie Le Gac, *Vaincre sans gloire: Le corps expéditionnaire français en Italie (novembre 1942–juillet 1944)* (Paris, 2014), 432–46.
158. Annette Warring, 'Intimate and sexual relations', in Robert Gildea, Olivier Wieviorka and Annette Warring (eds.), *Surviving Hitler and Mussolini: Daily Life in Occupied Europe* (Oxford, 2006), 113.
159. Snyder, *Sex Crimes under the Wehrmacht*, 149, 157–8.
160. Birthe Kundrus, 'Forbidden company: domestic relationships between Germans and foreigners 1939 to 1945', *Journal of the History of Sexuality*, 11 (2002), 201–6.
161. Walke, *Pioneers and Partisans*, 152; Mühlhäuser, 'The unquestioned crime',

38–9.
162. Snyder, *Sex Crimes under the Wehrmacht*, 138–42; Mühlhäuser, 'The unquestioned crime', 41–2.
163. Peipei, *Chinese Comfort Women*, 28–9.
164. Matsumura, 'Combating indiscipline', 91.
165. Milovan Djilas, *Conversations with Stalin* (New York, 1962), 161.
166. Gebhardt, *Crimes Unspoken*, 73–5.
167. Krimmer, 'Philomena's legacy', 90–91.
168. James Mark, 'Remembering rape: divided social memory of the Red Army in Hungary 1944–1945', *Past & Present*, no. 188 (2005), 133, 140–42.
169. Svetlana Alexievich, *The Unwomanly Face of War* (London, 2017), xxxvi.
170. Helene Sinnreich, '"And it was something we didn't talk about": rape of Jewish women during the Holocaust', *Holocaust Studies*, 14 (2008), 10–11.
171. Anatoly Podolsky, 'The tragic fate of Ukrainian Jewish women under Nazi occupation', in Hedgepeth and Saidel (eds.), *Sexual Violence against Jewish Women*, 99.
172. Levenkron, 'Death and the maidens', 16–19; Sinnreich, 'The rape of Jewish women', 109–15; Zoë Waxman, 'Rape and sexual abuse in hiding', in Hedgepeth and Saidel (eds.), *Sexual Violence against Jewish Women*, 126–31; Westermann, 'Stone-cold killers', 12–13; Burds, 'Sexual violence in Europe', 42–6.
173. Podolsky, 'The tragic fate of Ukrainian Jewish women', 102–3; Geissbühler, '"He spoke Yiddish like a Jew"', 430–34.
174. Schrijvers, *The GI War against Japan*, 220–21.
175. Wharton, *Shrapnel*, 252.
176. Moore, *Writing War*, 145.
177. Neitzel and Welzer, *Soldaten*, 158–9.
178. Ehrenburg and Grossman, *The Complete Black Book*, 388–9.
179. Christopher Browning, *Nazi Policy, Jewish Workers, German Killers* (Cambridge, 2000), 155–6. 关于秩序对心理的重要影响，见 Harald Welzer, 'On killing and morality: how normal people become mass murderers', in Jensen and Szejnmann (eds.), *Ordinary People as Mass Murderers*, 173–9。
180. Theo Schulte, 'The German soldier in occupied Russia', in Paul Addison and Angus Calder (eds.), *Time to Kill: The Soldier's Experience of War in the West*,

1939–1945 (London, 1997), 274–6. 关于杀戮受到的约束被解除的观点，见 Dorothea Frank, *Menschen Töten* (Düsseldorf, 2006), 12。

181. Sturma, 'Atrocities, conscience and unrestricted warfare', 458.
182. Overy, '"Ordinary men," extraordinary circumstances', 518–19, 522–3.
183. 这些是 1995—1996 年为 BBC 一部关于轰炸机司令部的纪录片做的采访，访谈例子见 Richard Overy, *Bomber Command, 1939–1945* (London, 1997), esp. 198–201。
184. McManus, *Deadly Brotherhood*, 206.
185. Moore, *Writing War*, 145.
186. Hasegawa, 'Were the atomic bombs justified?', 119.
187. Andrew Rotter, *Hiroshima: The World's Bomb* (Oxford, 2008), 128, in a letter to Samuel Cavert, 11 Aug. 1945.
188. Moore, *Writing War*, 245.
189. Andrew Clapham, 'Issues of complexity, complicity and complementarity: from the Nuremberg Trials to the dawn of the International Criminal Court', in Sands, (ed.), *From Nuremberg to The Hague*, 31–3, 40; Ball, *Prosecuting War Crimes and Genocide*, 73.
190. Clapham, 'Issues of complexity', 40–41; Ball, *Prosecuting War Crimes and Genocide*, 77; Norbert Ehrenfreund, *The Nuremberg Legacy: How the Nazi War Crimes Trials Changed the Course of History* (New York, 2007), 115–21.
191. Beatrice Trefalt, 'Japanese war criminals in Indochina and the French pursuit of justice: local and international constraints', *Journal of Contemporary History*, 49 (2014), 727–9.
192. Ball, *Prosecuting War Crimes and Genocide*, 56–7, 74–6; Cameron, 'Race and identity', 564.
193. Beorn, 'Negotiating murder', 199.
194. Gaggioli, 'Sexual violence in armed conflicts', 512–13, 519–20.
195. McManus, *Deadly Brotherhood*, 211.

第十一章　从帝国到民族国家：一个不同的全球时代

1. Amanke Okafor, *Nigeria: Why We Fight for Freedom* (London, 1949), 6.
2. TNA, KV2/1853, Colonial Office to Special Branch, 22 Sept. 1950; Security

Liaison Office to Director General, MI5, 20 Oct. 1950, 'G. N. A. Okafar'; Director General to Security Liaison Office, West Africa, 12 June. 1950.
3. Okafor, *Nigeria*, 5, 30, 39.
4. David Roll, *The Hopkins Touch: Harry Hopkins and the Forging of the Alliance to Defeat Hitler* (New York, 2013), 173–4.
5. TNA, FO 898/413, Political Warfare Executive, 'Projection of Britain', propaganda to Europe: general policy papers.
6. Jean-Christophe Notin, *La campagne d'Italie 1943–1945: Les victoires oubliées de la France* (Paris, 2002), 692–3; Richard Lamb, *War in Italy 1943–1945: A Brutal Story* (London, 1993), 259–60; David Stafford, *Endgame 1945: Victory, Retribution, Liberation* (London, 2007), 354, 469–70.
7. Nicola Labanca, *Oltremare: Storia dell'espansione coloniale italiana* (Bologna, 2002), 428–33; Saul Kelly, *Cold War in the Desert: Britain, the United States and the Italian Colonies, 1945–52* (New York, 2000), 164–7.
8. Antonio Morone, *L'ultima colonia: Come l'Italia è tornata in Africa 1950–1960* (Rome, 2011), 131–3, 176–7, 383; Kelly, *Cold War in the Desert*, 169–71.
9. Ian Connor, *Refugees and Expellees in Post-War Germany* (Manchester, 2007), 8–10 on early German settlements.
10. Labanca, *Oltremare*, 438–9; Gerard Cohen, *In War's Wake: Europe's Displaced Persons in the Postwar Order* (New York, 2012), 6.
11. Lori Watt, *When Empire Comes Home: Repatriation and Reintegration in Postwar Japan* (Cambridge, Mass., 2009), 1–3, 43–4.
12. Louise Young, *Japan's Total Empire: Manchuria and the Culture of Wartime Imperialism* (Berkeley, Calif., 1998), 410–11.
13. Watt, *When Empire Comes Home*, 43–7, 97.
14. Ibid., 47–50.
15. Haruko Cook and Theodore Cook (eds.), *Japan at War: An Oral History* (New York, 1992), 413–15, testimony of Iitoyo Shōgo, official in the Ministry of Commerce and Industry.
16. Connor, *Refugees and Expellees*, 13.
17. Raymond Douglas, *Orderly and Humane: The Expulsion of the Germans after the Second World War* (New Haven, Conn., 2012), 1–2, 93–6.
18. Ibid., 96.

19. Ibid., 126, 149.
20. Ibid., 124–5, 160–11, 309; Ruth Wittlinger, 'Taboo or tradition? The "Germans-as-victims" theme in the Federal Republic until the mid-1990s', in Bill Niven (ed.), *Germans as Victims* (Basingstoke, 2006), 70–73.
21. Diana Lary, *The Chinese People at War: Human Suffering and Social Transformation, 1937–1945* (Cambridge, 2010), 170.
22. G. Daniel Cohen, 'Between relief and politics: refugee humanitarianism in occupied Germany', *Journal of Contemporary History*, 43 (2008), 438.
23. Jessica Reinisch, '"We shall build anew a powerful nation": UNRRA, internationalism, and national reconstruction in Poland', *Journal of Contemporary History*, 43 (2008), 453–4.
24. Mark Wyman, *DPs: Europe's Displaced Persons, 1945–1951* (Ithaca, NY, 1998), 39, 46–7.
25. Ibid., 17–19, 37, 52. 1946年3月有844 144名难民依赖联合国善后救济总署，1948年8月为562 841人。
26. Cohen, 'Between relief and politics', 445, 448–9.
27. R. Rummell, *Lethal Politics: Soviet Genocide and Mass Murder since 1917* (London, 1996), 194–5; Mark Edele, *Stalin's Defectors: How Red Army Soldiers became Hitler's Collaborators, 1941–1945* (Oxford, 2017), 139–42.
28. Nicolas Bethell, *The Last Secret: Forcible Repatriation to Russia 1944–1947* (London, 1974), 92–118; Keith Lowe, *Savage Continent: Europe in the Aftermath of World War II* (London, 2012), 252–62.
29. Cohen, *In War's Wake*, 26.
30. Wyman, *DPs*, 186–90, 194–5, 202–4.
31. James Barr, *Lords of the Desert: Britain's Struggle with America to Dominate the Middle East* (London, 2018), 22.
32. Jessica Pearson, 'Defending the empire at the United Nations: the politics of international colonial oversight in the era of decolonization', *Journal of Imperial and Commonwealth History*, 45 (2017), 528–9.
33. Jan Eckel, 'Human rights and decolonization: new perspectives and open questions', *Humanity: An International Journal of Human Rights, Humanitarianism and Development*, 1 (2010), 114–16.
34. Stefanie Wichhart, 'Selling democracy during the second British occupation of

Iraq, 1941–5', *Journal of Contemporary History*, 48 (2013), 525–6.

35. Eckel, 'Human rights and decolonization', 118; Dane Kennedy, *Decolonization: A Very Short Introduction* (Oxford, 2016), 1; W. David McIntyre, *Winding up the British Empire in the Pacific Islands* (Oxford, 2014), 90–91.

36. Lanxin Xiang, *Recasting the Imperial Far East: Britain and America in China 1945–1950* (Armonk, NY, 1995), 38.

37. Peter Catterall, 'The plural society: Labour and the Commonwealth idea 1900–1964', *Journal of Imperial and Commonwealth History*, 46 (2018), 830; H. Kumarasingham, 'Liberal ideals and the politics of decolonization', ibid., 818. Montgomery citation from 'Tour of Africa November–December 1947', 10 Dec. 1947.

38. Kennedy, *Decolonisation*, 34–5.

39. Geraldien von Frijtag Drabbe Künzel, '"Germanje": Dutch empire-building in Nazi-occupied Europe', *Journal of Genocide Research*, 19 (2017), 251–3; Bart Luttikhuis and Dirk Moses, 'Mass violence and the end of Dutch colonial empire in Indonesia', *Journal of Genocide Research*, 14 (2012), 260–61; Kennedy, *Decolonization*, 34–5.

40. Mark Mazower, *No Enchanted Palace: The End of Empire and the Ideological Origins of the United Nations* (Princeton, NJ, 2009), 150–51.

41. Anne Deighton, 'Entente neo-coloniale? Ernest Bevin and proposals for an Anglo-French Third World Power 1945–1949', *Diplomacy & Statecraft*, 17 (2006), 835–9; Kumarasingham, 'Liberal ideals', 815–16.

42. Christopher Prior, '"The community which nobody can define": meanings of the Commonwealth in the late 1940s and 1950s', *Journal of Imperial and Commonwealth History*, 47 (2019), 569–77.

43. Harry Mace, 'The Eurafrique initiative, Ernest Bevin and Anglo-French relations in the Foreign Office 1945–50', *Diplomacy & Statecraft*, 28 (2017), 601–3.

44. Deighton, 'Entente neo-coloniale?', 842–5.

45. Martin Thomas, *Fight or Flight: Britain, France and Their Roads from Empire* (Oxford, 2014), 86–90.

46. Jason Parker, 'Remapping the Cold War in the tropics: race, communism, and national security in the West Indies', *International History Review*, 24 (2002), 337–9.

47. Geoffrey Roberts, *Stalin's Wars: From World War to Cold War, 1939–1953* (New

Haven, Conn., 2006), 318–19.
48. Leslie James, 'Playing the Russian game: black radicalism, the press, and Colonial Office attempts to control anti-colonialism in the early Cold War, 1946–50', *Journal of Imperial and Commonwealth History*, 43 (2015), 511–17.
49. Balázs Szalontai, 'The "sole legal government of Vietnam": the Bao Dai factor and Soviet attitudes toward Vietnam 1947–1950', *Journal of Cold War Studies*, 20 (2018), 16.
50. Eckel, 'Human rights and decolonization', 122, 126.
51. Penny Von Eschen, *Race against Empire: Black Americans and Anticolonialism 1937–1957* (Ithaca, NY, 1997), 45–50; James, 'Playing the Russian game', 509, 512.
52. Parker, 'Remapping the Cold War in the tropics', 322–3; Von Eschen, *Race against Empire*, 47.
53. McIntyre, *Winding up the British Empire*, 24–6.
54. Yasmin Khan, *The Great Partition: The Making of India and Pakistan* (New Haven, Conn., 2007), 25.
55. Mary Becker, *The All-India Muslim League 1906–1947* (Karachi, 2013), 225–9; Khan, *Great Partition*, 38.
56. Christopher Bayly and Tim Harper, *Forgotten Wars: The End of Britain's Asian Empire* (London, 2007), 77.
57. Ranabir Samaddar, 'Policing a riot-torn city: Kolkata, 16–18 August 1946', *Journal of Genocide Research*, 19 (2017), 40–41, 43–5.
58. Bayly and Harper, *Forgotten Wars*, 253–7.
59. Thomas, *Fight or Flight*, 108–9.
60. Bayly and Harper, *Forgotten Wars*, 163–5, 173.
61. Ibid., 170–71.
62. William Frederick, 'The killing of Dutch and Eurasians in Indonesia's national revolution (1945–49): a "brief genocide" reconsidered', *Journal of Genocide Research*, 14 (2012), 362–4.
63. Petra Groen, 'Militant response: the Dutch use of military force and the decolonization of the Dutch East Indies', *Journal of Imperial and Commonwealth History*, 21 (1993), 30–32; Luttikhuis and Moses, 'Mass violence', 257–8.
64. Jennifer Foray, *Visions of Empire in the Nazi-Occupied Netherlands* (Cambridge,

2012), 296–7, 301–3.
65. Gert Oostindie, Ireen Hoogenboom and Jonathan Verwey, 'The decolonisation war in Indonesia, 1945-1949: war crimes in Dutch veterans' egodocuments', *War in History*, 25 (2018), 254–5, 265–6; Bart Luttikhuis, 'Generating distrust through intelligence work: psychological terror and the Dutch security services in Indonesia', *War in History*, 25 (2018), 154–7.
66. Kennedy, *Decolonization*, 53–4; John Darwin, *After Tamerlane: The Global History of Empire since 1405* (London, 2008), 435–6, 450–51.
67. Vincent Kuitenbrouwer, 'Beyond the "trauma of decolonization": Dutch cultural diplomacy during the West New Guinea question (1950–1962)', *Journal of Imperial and Commonwealth History*, 44 (2016), 306–9, 312–15.
68. Robert Schulzinger, *A Time for War: The United States and Vietnam 1941-1975* (New York, 1997), 16–17.
69. Bayly and Harper, *Forgotten Wars*, 148–9.
70. Ibid., 20; Thomas, *Fight or Flight*, 124–5.
71. François Guillemot, '"Be men!": fighting and dying for the state of Vietnam (1951–54)', *War & Society*, 31 (2012), 188–95.
72. Szalontai, 'The "sole legal government of Vietnam"', 3–4, 26–9.
73. Kennedy, *Decolonization*, 51, 54.
74. Bayly and Harper, *Forgotten Wars*, 355–6.
75. Ibid., 428–32; David French, 'Nasty not nice: British counter-insurgency doctrine and practice, 1945–1967', *Small Wars and Insurgencies*, 23 (2012), 747–8.
76. Bruno Reis, 'The myth of British minimum force in counter-insurgency campaigns during decolonization (1945–1970)', *Journal of Strategic Studies*, 34 (2011), 246–52; French, 'Nasty not nice', 748–9.
77. Steven Paget, '"A sledgehammer to crack a nut"? Naval gunfire support during the Malayan emergency', *Small Wars and Insurgencies*, 28 (2017), 367–70.
78. Keith Hack, 'Everyone lived in fear: Malaya and the British way of counter-insurgency', *Small Wars and Insurgencies*, 23 (2012), 671–2; Thomas, *Fight or Flight*, 139–40.
79. French, 'Nasty not nice', 748.
80. Hack, 'Everyone lived in fear', 681, 689–92.
81. Kumarasingham, 'Liberal ideals', 816.

82. Ian Hall, 'The revolt against the West: decolonisation and its repercussions in British international thought, 1945–75', *International History Review*, 33 (2011), 47.
83. Pearson, 'Defending the empire', 528–36; Meredith Terretta, '"We had been fooled into thinking that the UN watches over the entire world": human rights, UN Trust Territories, and Africa's decolonisation', *Human Rights Quarterly*, 34 (2012), 332–7.
84. Terretta, '"We had been fooled into thinking . . ."', 338–43.
85. Daniel Branch, 'The enemy within: loyalists and the war against Mau Mau in Kenya', *Journal of African History*, 48 (2007), 298.
86. Thomas, *Fight or Flight*, 218–19, 223–6.
87. Branch, 'The enemy within', 293–4, 299.
88. Timothy Parsons, *The Second British Empire: In the Crucible of the Twentieth Century* (Lanham, Md, 2014), 176–7.
89. David Anderson, 'British abuse and torture in Kenya's counter-insurgency, 1952–1960', *Small Wars and Insurgencies*, 23 (2012), 701–7; French, 'Nasty not nice', 752–6; Thomas, *Fight or Flight*, 232–3.
90. Jean-Charles Jauffert, 'The origins of the Algerian war: the reaction of France and its army to the two emergencies of 8 May 1945 and 1 November 1954', *Journal of Imperial and Commonwealth History*, 21 (1993), 19–21.
91. Thomas, *Fight or Flight*, 288.
92. Kennedy, *Decolonization*, 56–7.
93. Keith Sutton, 'Population resettlement-traumatic upheavals and the Algerian experience', *Journal of Modern African Studies*, 15 (1977), 285–9.
94. Thomas, *Fight or Flight*, 318–28.
95. 关于法国在这方面的情况，见 Frederick Cooper, *Citizenship between Empire and Nation: Remaking France and French Africa* (Princeton, NJ, 2014), 5–9。
96. David Fieldhouse, *Western Imperialism in the Middle East, 1914–1958* (Oxford, 2006), 299–302, 326–7; Aiyaz Husain, *Mapping the End of Empire: American and British Strategic Visions in the Postwar World* (Cambridge, Mass., 2014), 14–15, 135–42; Thomas, *Fight or Flight*, 68–70.
97. Barr, *Lords of the Desert*, 94–6; Fieldhouse, *Western Imperialism*, 232–3.
98. Edward Judge and John Langdon, *The Struggle against Imperialism: Anticolonialism and the Cold War* (Lanham, Md, 2018), 11–12.

99. Alexander Shaw, '"Strong, united, and independent": the British Foreign Office, Anglo-Iranian Oil Company and the internationalization of Iranian politics at the dawn of the Cold War, 1945–46', *Middle Eastern Studies*, 52 (2016), 505–9, 516–17.
100. Barr, *Lords of the Desert*, 126–30, 134–9.
101. Calder Walton, *Empire of Secrets: British Intelligence, the Cold War, and the Twilight of Empire* (London, 2013), 288–92.
102. Fieldhouse, *Western Imperialism*, 107–11.
103. Robert Vitalis, 'The "New Deal" in Egypt: the rise of Anglo-American commercial competition in World War II and the fall of neocolonialism', *Diplomatic History*, 20 (1996), 212–13, 234.
104. Parsons, *The Second British Empire*, 124; John Kent, 'The Egyptian base and the defence of the Middle East 1945–1954', *Journal of Imperial and Commonwealth History*, 21 (1993), 45.
105. Kent, 'Egyptian base', 53–60; Judge and Langdon, *The Struggle against Imperialism*, 78–9.
106. Martin Thomas and Richard Toye, *Arguing about Empire: Imperial Rhetoric in Britain and France 1882–1956* (Oxford, 2017), 207–12, 215–27.
107. Walton, *Empire of Secrets*, 298.
108. Husain, *Mapping the End of Empire*, 29.
109. Barr, *Lords of the Desert*, 24–8, 61; Fieldhouse, *Western Imperialism*, 184–5.
110. Fieldhouse, *Western Imperialism*, 205–6.
111. Stefanie Wichhart, 'The formation of the Arab League and the United Nations, 1944–5', *Journal of Contemporary History*, 54 (2019), 329–31, 336–41.
112. Eliezir Tauber, 'The Arab military force in Palestine prior to the invasion of the Arab armies', *Middle Eastern Studies*, 51 (2016), 951–2, 957–62.
113. Barr, *Lords of the Desert*, 73–4; Fieldhouse, *Western Imperialism*, 187–8.
114. Barr, *Lords of the Desert*, 84–8; Thomas, *Fight or Flight*, 117.
115. Walton, *Empire of Secrets*, 105–6.
116. Wyman, *DPs*, 138–9, 155; Cohen, *In War's Wake*, 131–40.
117. Barr, *Lords of the Desert*, 63–4.
118. Ibid., 88–90.
119. Tauber, 'The Arab military force in Palestine', 966–77; James Bunyan, 'To what

extent did the Jewish Brigade contribute to the establishment of Israel?', *Middle Eastern Studies*, 51 (2015), 40–41; Fieldhouse, *Western Imperialism*, 193–5.
120. Wyman, *DPs*, 155.
121. Hans van de Ven, *China at War: Triumph and Tragedy in the Emergence of the New China 1937–1952* (London, 2017), 213–14.
122. Beverley Loke, 'Conceptualizing the role and responsibility of great power: China's participation in negotiations toward a post-war world order', *Diplomacy & Statecraft*, 24 (2013), 213–14.
123. Robert Bickers, *Out of China: How the Chinese Ended the Era of Western Domination* (London, 2017), 230–31; Xiaoyan Liu, *A Partnership for Disorder: China, the United States, and Their Policies for the Postwar Disposition of the Japanese Empire* (Cambridge, 1996), 153.
124. Xiang, *Recasting the Imperial Far East*, 4, 25–6.
125. Ibid., 55.
126. Ibid., 94–5; Sarah Paine, *The Wars for Asia 1911–1949* (Cambridge, 2012), 234.
127. Debi Unger and Irwin Unger, *George Marshall: A Biography* (New York, 2014), 371.
128. Jay Taylor, *The Generalissimo: Chiang Kai-Shek and the Struggle for Modern China* (Cambridge, Mass., 2009), 339–43.
129. Odd Arne Westad, *Decisive Encounters: The Chinese Civil War 1946–1950* (Stanford, Calif., 2003), 35; Taylor, *Generalissimo*, 343; Unger and Unger, *George Marshall*, 375.
130. Liu, *Partnership for Disorder*, 282.
131. Taylor, *Generalissimo*, 350; Paine, *Wars for Asia*, 239–40.
132. Westad, *Decisive Encounters*, 47, 150–53.
133. Diana Lary, *China's Civil War: A Social History, 1945–1949* (Cambridge, 2015), 3; Paine, *Wars for Asia*, 226.
134. Lifeng Li, 'Rural mobilization in the Chinese communist revolution: from the anti-Japanese war to the Chinese civil war', *Journal of Modern Chinese History*, 9 (2015), 103–9.
135. Lary, *China's Civil War*, 89–90.
136. Bickers, *Out of China*, 264–6.
137. Taylor, *Generalissimo*, 381.

138. Unger and Unger, *George Marshall*, 379–81.
139. Paine, *Wars for Asia*, 245, 251.
140. Van de Ven, *China at War*, 244–7.
141. Frank Dikötter, *The Tragedy of Liberation: A History of the Chinese Revolution 1945–57* (London, 2013), 4–5.
142. Ibid., 6–8.
143. Taylor, *Generalissimo*, 400.
144. Van de Ven, *China at War*, 251.
145. Donggil Kim, 'Stalin and the Chinese civil war', *Cold War History*, 10 (2010), 186–91.
146. Odd Arne Westad, *Restless Empire: China and the World since 1750* (London, 2012), 292.
147. Dikötter, *Tragedy of Liberation*, 41.
148. Roland Burke, *Decolonization and the Evolution of International Human Rights* (Philadelphia, Pa, 2010), 27–8.
149. Dane Kennedy, 'Essay and reflection: on the American empire from a British imperial perspective', *International Historical Review*, 29 (2007), 83–4. Joshua Freeman, *American Empire: The Rise of a Global Power, the Democratic Revolution at Home* (New York, 2012) 或许是一个典型的例子。
150. Alexander Gogun, 'Conscious movement toward Armageddon: preparation of the Third World War in orders of the USSR War Ministry, 1946–1953', *Journal of Slavic Military Studies*, 32 (2019), 257–79.
151. McIntyre, *Winding up the British Empire*, 88–9.
152. Simon Davis, '"A projected new trusteeship": American internationalism, British imperialism, and the reconstruction of Iran', *Diplomacy & Statecraft*, 17 (2006), 37.
153. Neil Smith, *American Empire: Roosevelt's Geographer and the Prelude to Globalization* (Stanford, Calif., 2003), 351–5.
154. Parker, 'Remapping the Cold War in the tropics', 319–22, 328–31.
155. Daniel Immerwahr, 'The Greater United States: territory and empire in U. S. history', *Diplomatic History*, 40 (2016), 373–4.
156. A. G. Hopkins, 'Globalisation and decolonisation', *Journal of Imperial and Commonwealth History*, 45 (2017), 738–9.
157. Alexander Statiev, *The Soviet Counterinsurgency in the Western Borderlands*

(Cambridge, 2010), 131.
158. Ibid., 117, 125, 133.
159. Ibid., 177, 190.
160. Commission of the Historians of Latvia, *The Hidden and Forbidden History of Latvia under Soviet and Nazi Occupations 1940–1991* (Riga, 2005), 217–18, 251.
161. Ibid., 182.
162. Roberts, *Stalin's Wars*, 247–8.
163. Mark Kramer, 'Stalin, Soviet policy, and the establishment of a communist bloc in Eastern Europe, 1941–1948', in Timothy Snyder and Ray Brandon (eds.), *Stalin and Europe: Imitation and Domination 1928–1953* (New York, 2014), 270–71.
164. Ibid., 280–81; Roberts, *Stalin's Wars*, 314–19.
165. Norman Naimark, *Stalin and the Fate of Europe: The Postwar Struggle for Sovereignty* (Cambridge, Mass., 2019), 18–25.
166. Walton, *Empire of Secrets*, 224–5.
167. Kennedy, 'Essay and reflection', 98–9.
168. Michael Seth, *A Concise History of Modern Korea* (Lanham, Md, 2016), 105; Ronald Spector, 'After Hiroshima: Allied military occupation and the fate of Japan's empire', *Journal of Military History*, 69 (2005), 1132.
169. Spector, 'After Hiroshima', 1132–4.
170. Seth, *Concise History of Modern Korea*, 101–5.
171. *Basic Facts about the United Nations* (New York, 1995), 89–90.
172. Seth, *Concise History of Modern Korea*, 120–21.
173. Margery Perham, *The Colonial Reckoning: The Reith Lectures* (London, 1963), 13.

地图

1 意大利帝国，1935—1941 年
2 德国的军事扩张，1936—1941 年 6 月
3 地中海和中东，1940—1942 年
4 东线的德国占领区，1941—1943 年
5 日本的南进，1941—1944 年
6 盟军在太平洋上的反攻，1942—1945 年
7 西线战事，1943—1945 年
8 苏德战争，1943—1945 年

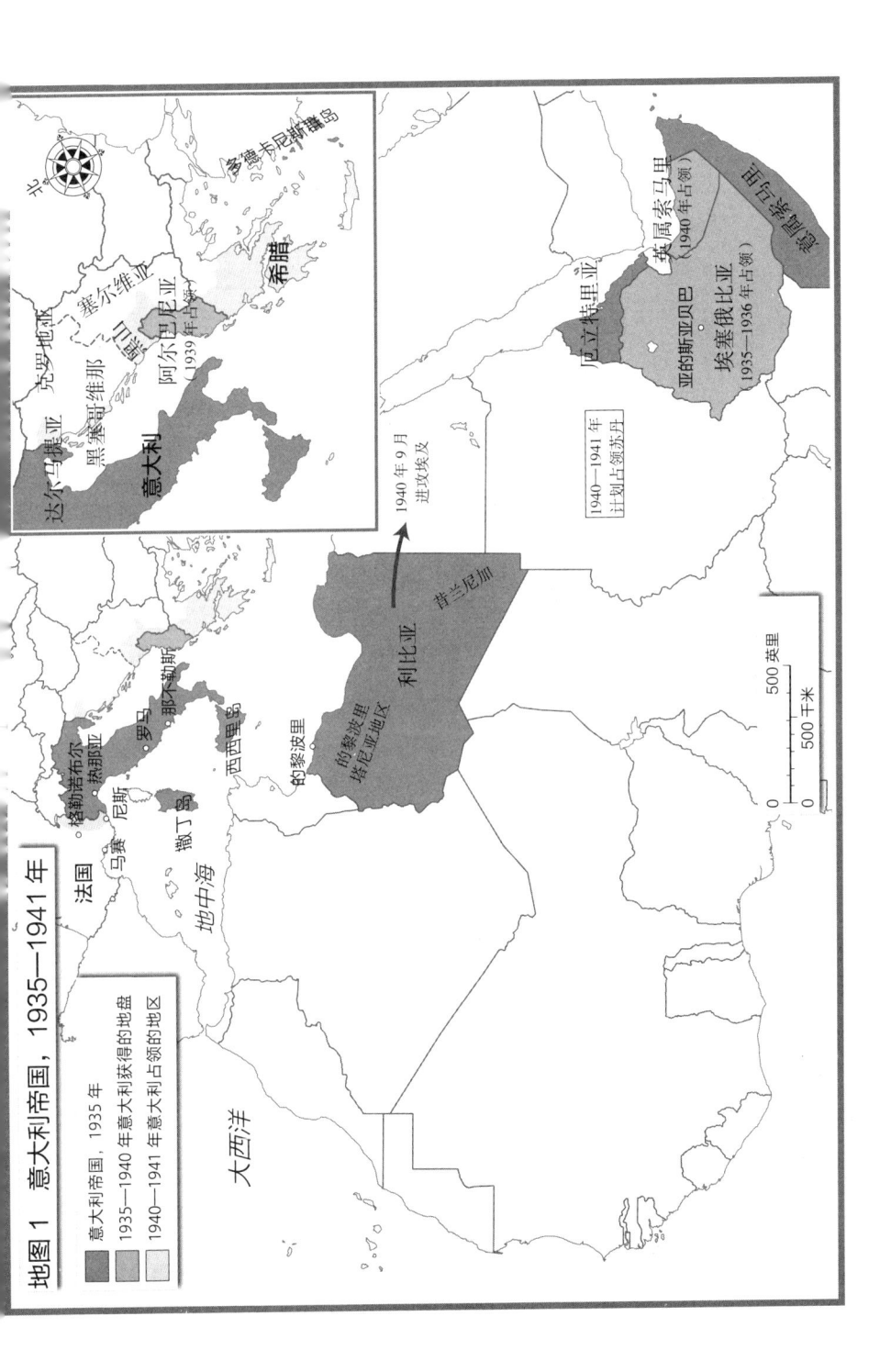

地图 1 意大利帝国，1935—1941 年

- 意大利帝国，1935 年
- 1935—1940 年意大利获得的地盘
- 1940—1941 年意大利占领的地区

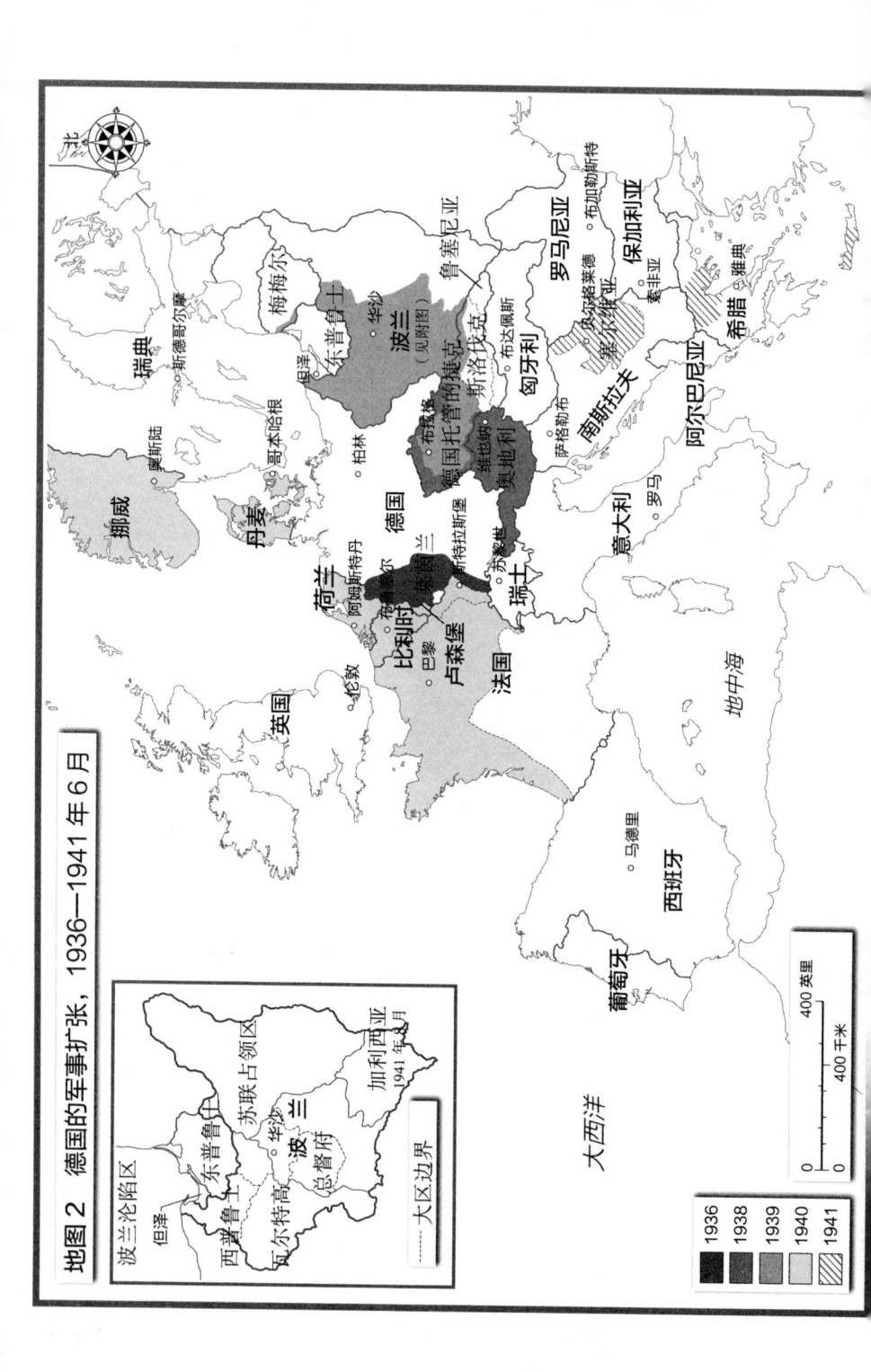

地图 2　德国的军事扩张，1936—1941 年 6 月

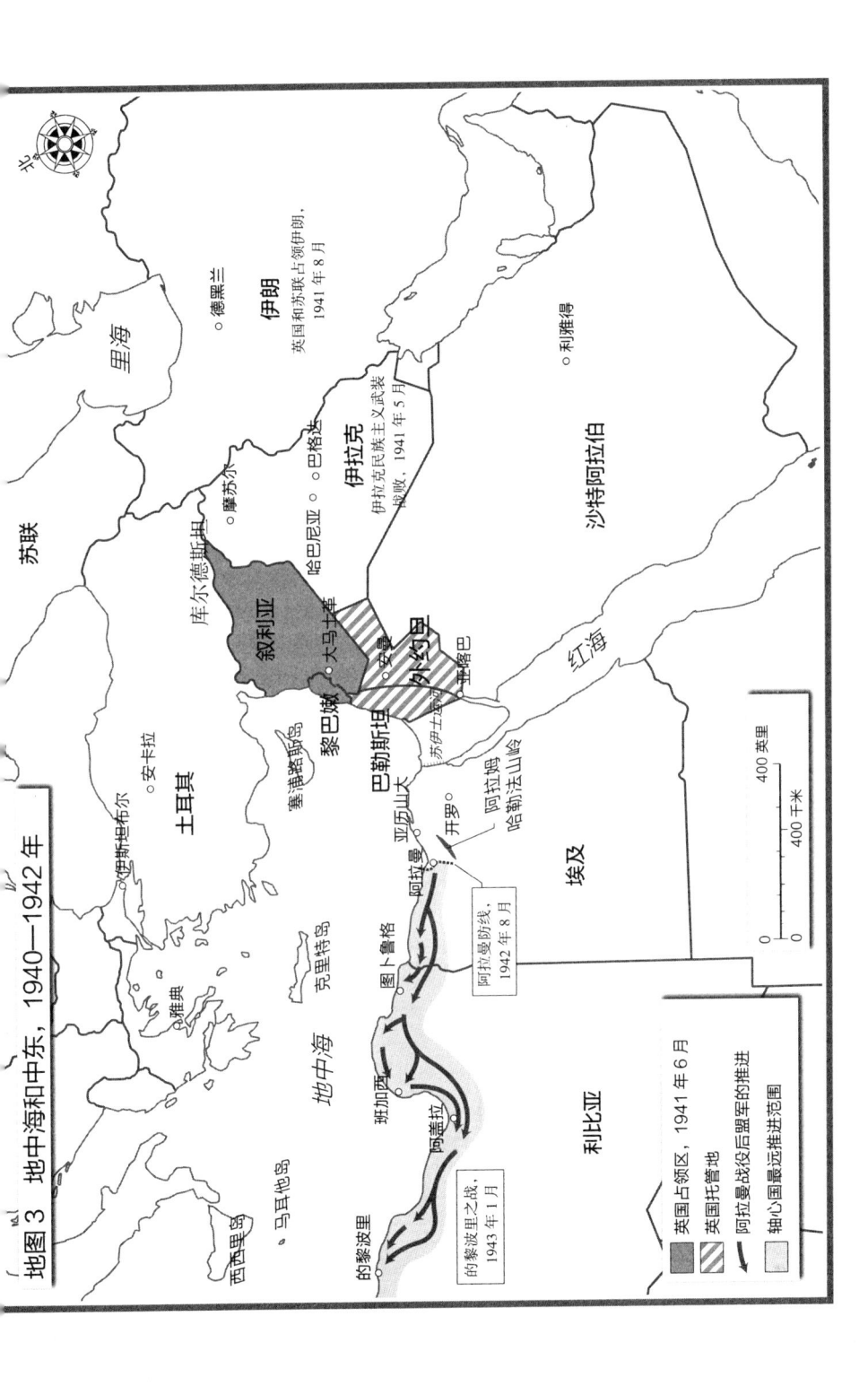

地图 3 地中海和中东，1940—1942 年

- 苏联
- 里海
- 伊朗
  - 德黑兰
  - 英国和苏联占领伊朗，1941 年 8 月
- 伊拉克
  - 摩苏尔
  - 哈巴尼亚
  - 巴格达
  - 伊拉克民族主义武装被败，1941 年 5 月
- 沙特阿拉伯
  - 利雅得
- 土耳其
  - 伊斯坦布尔
  - 安卡拉
  - 库尔德斯坦
- 塞浦路斯岛
- 叙利亚
  - 大马士革
- 黎巴嫩
  - 贝鲁特
- 巴勒斯坦
- 外约旦
  - 安曼
  - 亚喀巴
- 红海
- 埃及
  - 亚历山大
  - 开罗
  - 阿拉姆哈勒法山岭
  - 阿拉曼防线，1942 年 8 月
- 阿拉曼
- 托卜鲁克
- 班加西
- 阿盖拉
- 的黎波里
- 的黎波里之战，1943 年 1 月
- 利比亚
- 地中海
- 克里特岛
- 雅典
- 马耳他岛
- 西西里岛

图例：
- 英国占领区，1941 年 6 月
- 英国托管地
- 阿拉曼战役后盟军的推进
- 轴心国最远推进范围

比例尺：400 英里 / 400 千米

北

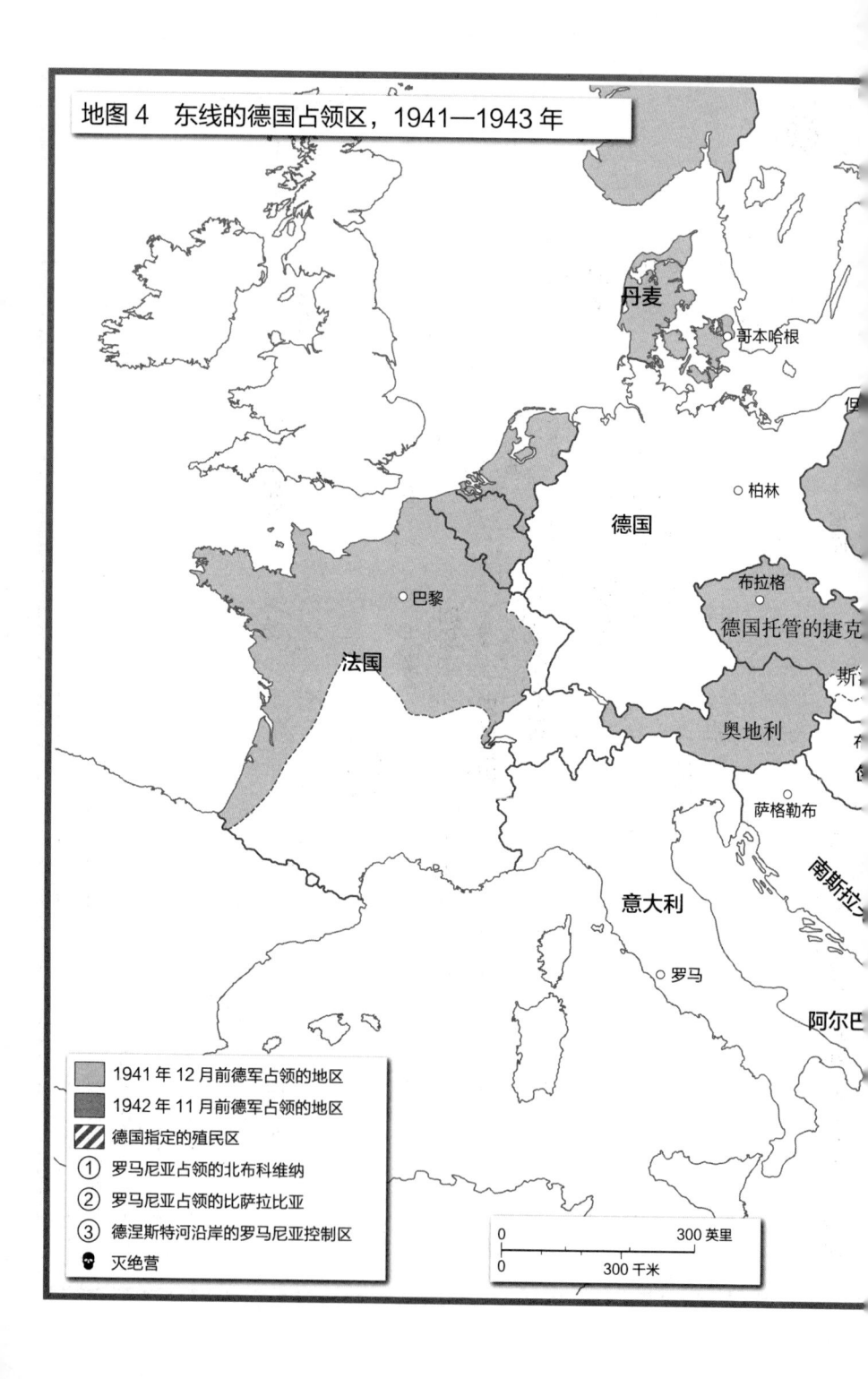

地图 4　东线的德国占领区，1941—1943 年

丹麦
哥本哈根
柏林
德国
巴黎
布拉格
德国托管的捷克
法国
奥地利
萨格勒布
南斯拉夫
意大利
罗马
阿尔巴

图例：
- 1941 年 12 月前德军占领的地区
- 1942 年 11 月前德军占领的地区
- 德国指定的殖民区
- ① 罗马尼亚占领的北布科维纳
- ② 罗马尼亚占领的比萨拉比亚
- ③ 德涅斯特河沿岸的罗马尼亚控制区
- 灭绝营

0　　　　300 英里
0　　　　300 千米

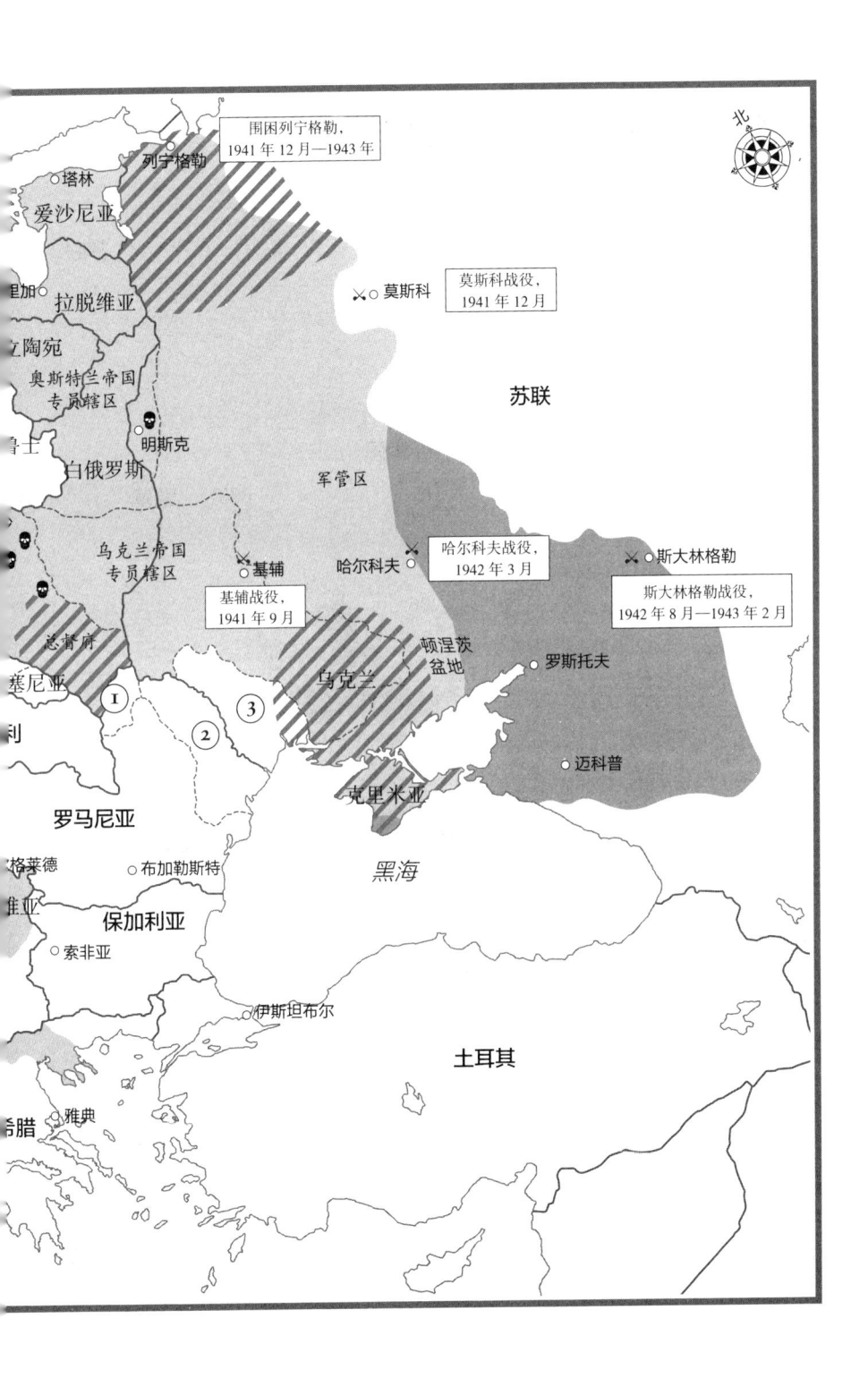

围困列宁格勒，1941年12月—1943年

莫斯科战役，1941年12月

哈尔科夫战役，1942年3月

斯大林格勒战役，1942年8月—1943年2月

基辅战役，1941年9月

北

塔林
爱沙尼亚
里加
拉脱维亚
立陶宛
奥斯特兰帝国专员辖区
普士
白俄罗斯
明斯克
列宁格勒
莫斯科
苏联
军管区
乌克兰帝国专员辖区
基辅
哈尔科夫
斯大林格勒
总督府
顿涅茨盆地
罗斯托夫
尼亚
乌克兰
迈科普
① ② ③
克里米亚
罗马尼亚
布加勒斯特
黑海
保加利亚
索非亚
伊斯坦布尔
土耳其
雅典
希腊

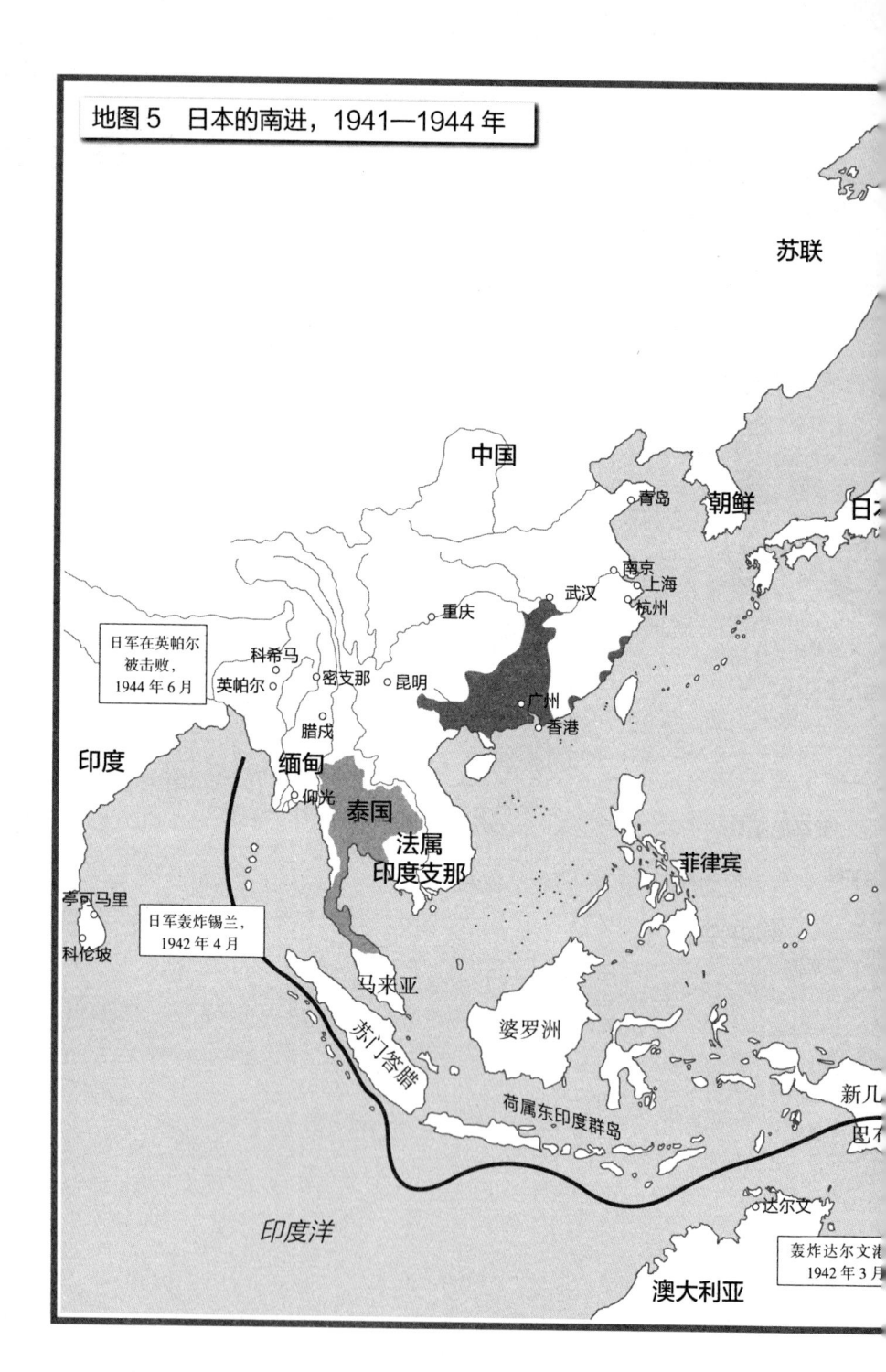

地图 5 日本的南进，1941—1944 年

- 苏联
- 中国
- 青岛
- 朝鲜
- 日本
- 重庆
- 武汉
- 南京
- 上海
- 杭州
- 昆明
- 广州
- 香港
- 日军在英帕尔被击败，1944 年 6 月
- 科希马
- 英帕尔
- 密支那
- 腊戍
- 印度
- 缅甸
- 仰光
- 泰国
- 法属印度支那
- 菲律宾
- 亭可马里
- 科伦坡
- 日军轰炸锡兰，1942 年 4 月
- 马来亚
- 苏门答腊
- 婆罗洲
- 荷属东印度群岛
- 新几内亚
- 达尔文
- 印度洋
- 澳大利亚
- 轰炸达尔文港，1942 年 3 月

美国

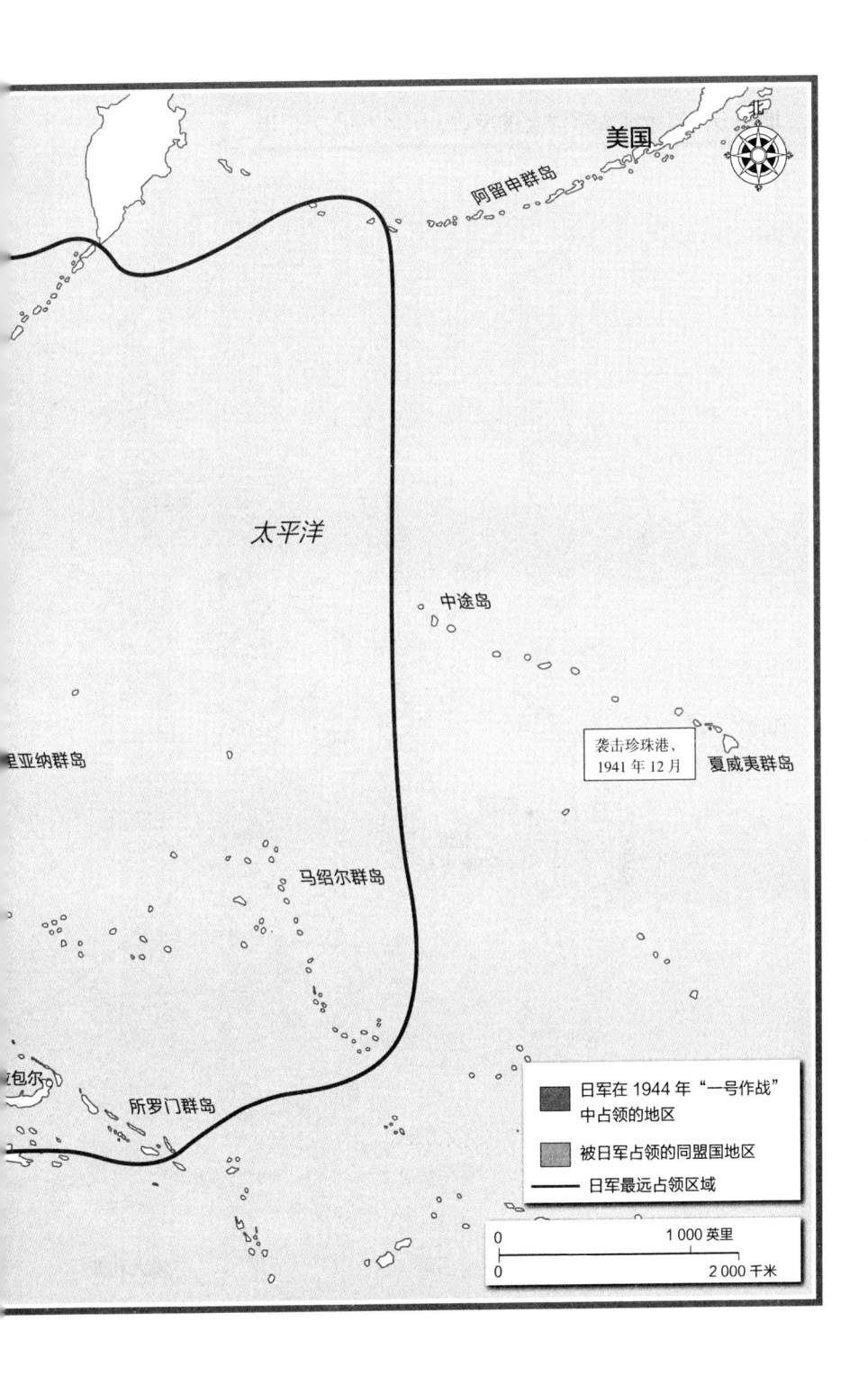

阿留申群岛

太平洋

中途岛

袭击珍珠港,
1941 年 12 月

夏威夷群岛

里亚纳群岛

马绍尔群岛

包尔

所罗门群岛

	日军在 1944 年"一号作战"中占领的地区
	被日军占领的同盟国地区
——	日军最远占领区域

0　　　　　1 000 英里
0　　　　　2 000 千米

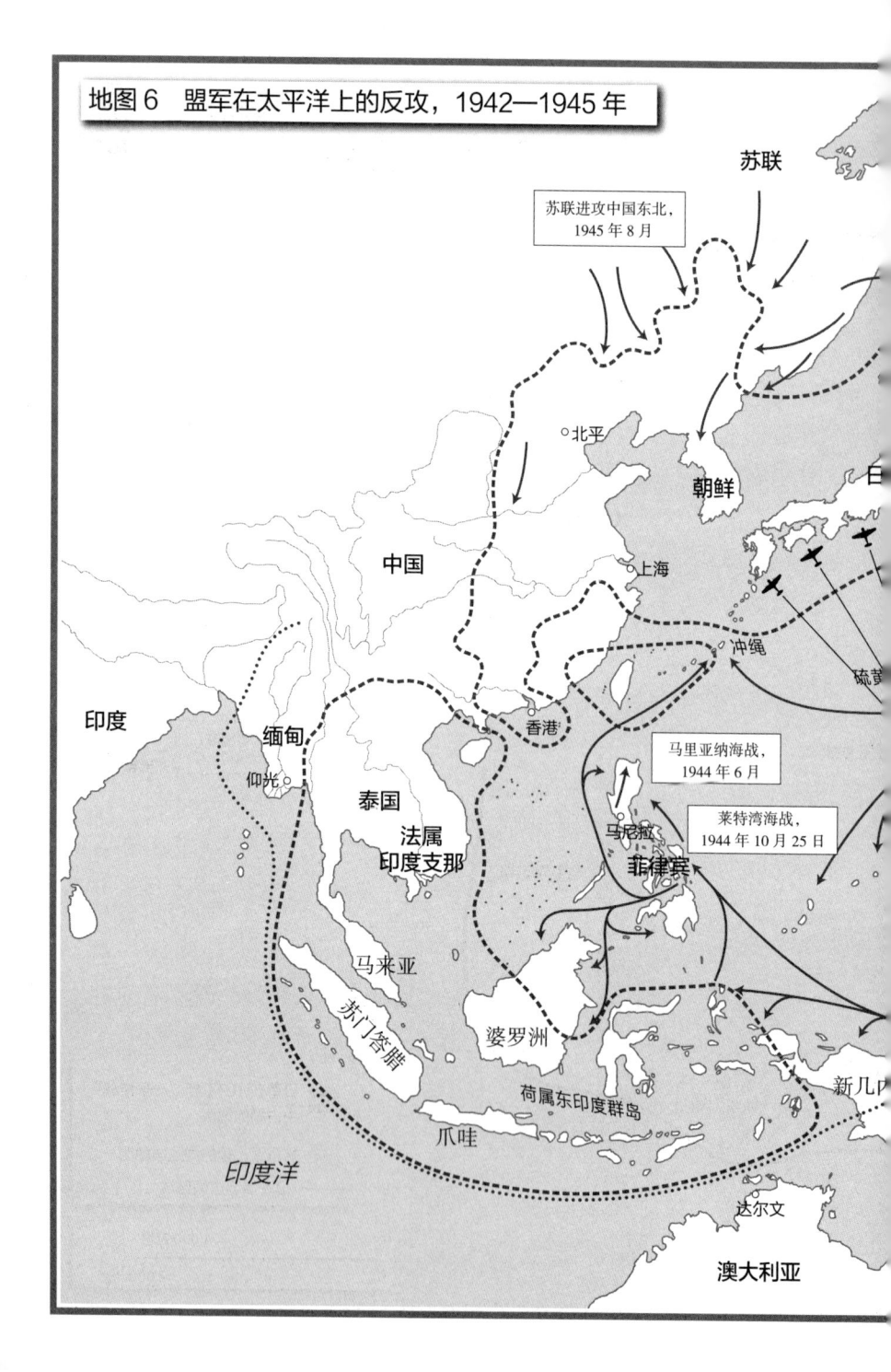

地图 6　盟军在太平洋上的反攻，1942—1945 年

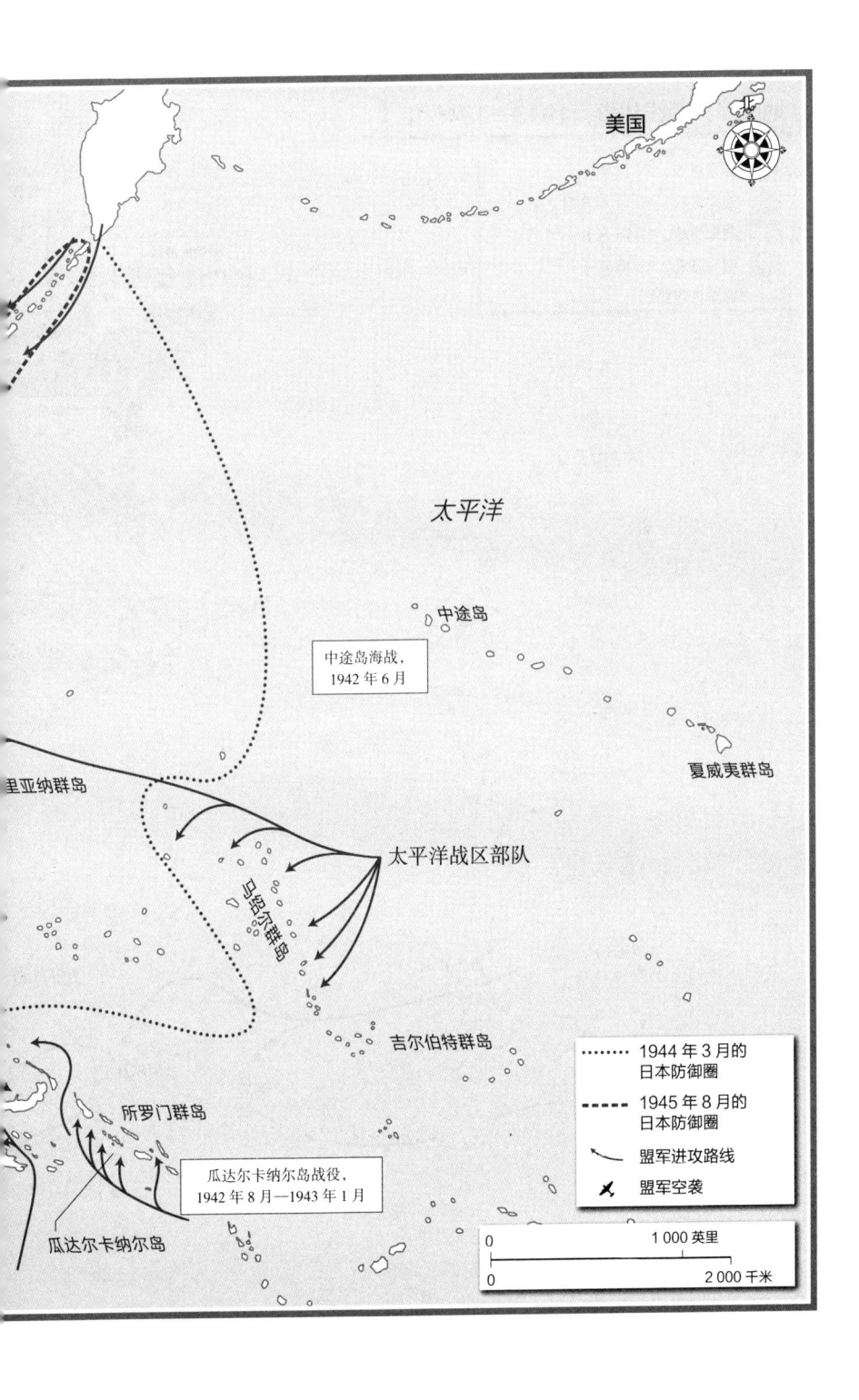

地图

- 美国
- 太平洋
- 中途岛
- 中途岛海战，1942年6月
- 夏威夷群岛
- 马里亚纳群岛
- 马绍尔群岛
- 太平洋战区部队
- 吉尔伯特群岛
- 所罗门群岛
- 瓜达尔卡纳尔岛战役，1942年8月—1943年1月
- 瓜达尔卡纳尔岛

图例：
- ······ 1944年3月的日本防御圈
- ---- 1945年8月的日本防御圈
- → 盟军进攻路线
- ✈ 盟军空袭

比例尺：1000英里 / 2000千米

地图 7　西线战事，1943—1945 年

- 盟军进攻，1943 年
- 盟军进攻，1944 年 8 月之前
- 盟军进攻，1944 年 8—11 月
- 盟军胜利，1945 年
- → 盟军进攻路线

英国
伦敦

诺曼底战役，1944 年 6—7 月
卡昂

巴黎解放，1944 年 8 月

南特

大西洋

法国

"龙骑兵

"火炬行动"，1942 年 11 月

直布罗陀

地中海

卡萨布兰卡　　奥兰　　阿尔及尔

0　　50 英里
0　　100 千米

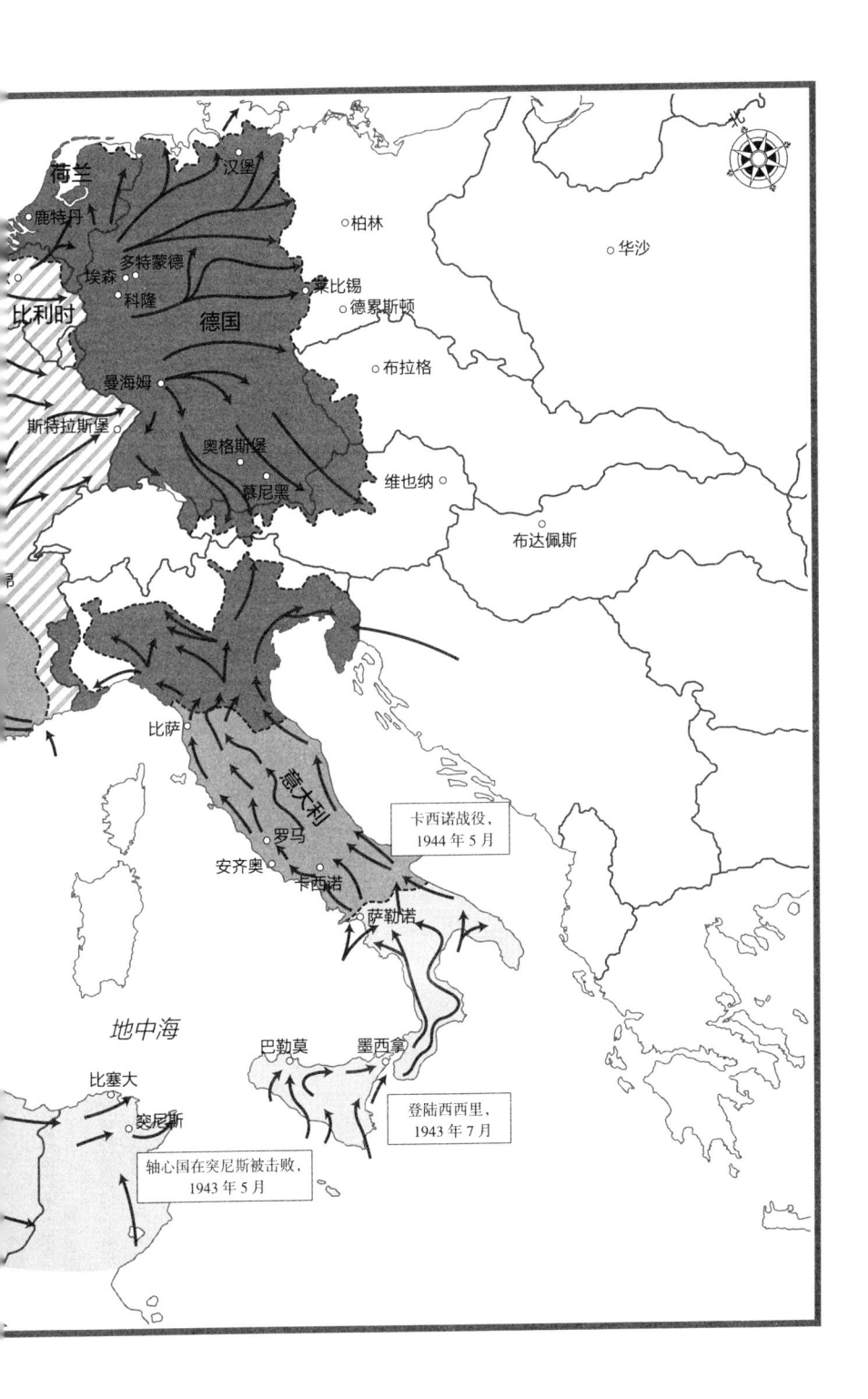

荷兰	
鹿特丹	
汉堡	
比利时	柏林
埃森 多特蒙德	华沙
科隆	莱比锡
德国	德累斯顿
斯特拉斯堡	
曼海姆	布拉格
奥格斯堡	维也纳
慕尼黑	布达佩斯
比萨	
意大利	卡西诺战役，1944年5月
罗马	
安齐奥 卡西诺	
萨勒诺	
地中海	
巴勒莫 墨西拿	
比塞大 突尼斯	登陆西西里，1943年7月
轴心国在突尼斯被击败，1943年5月	

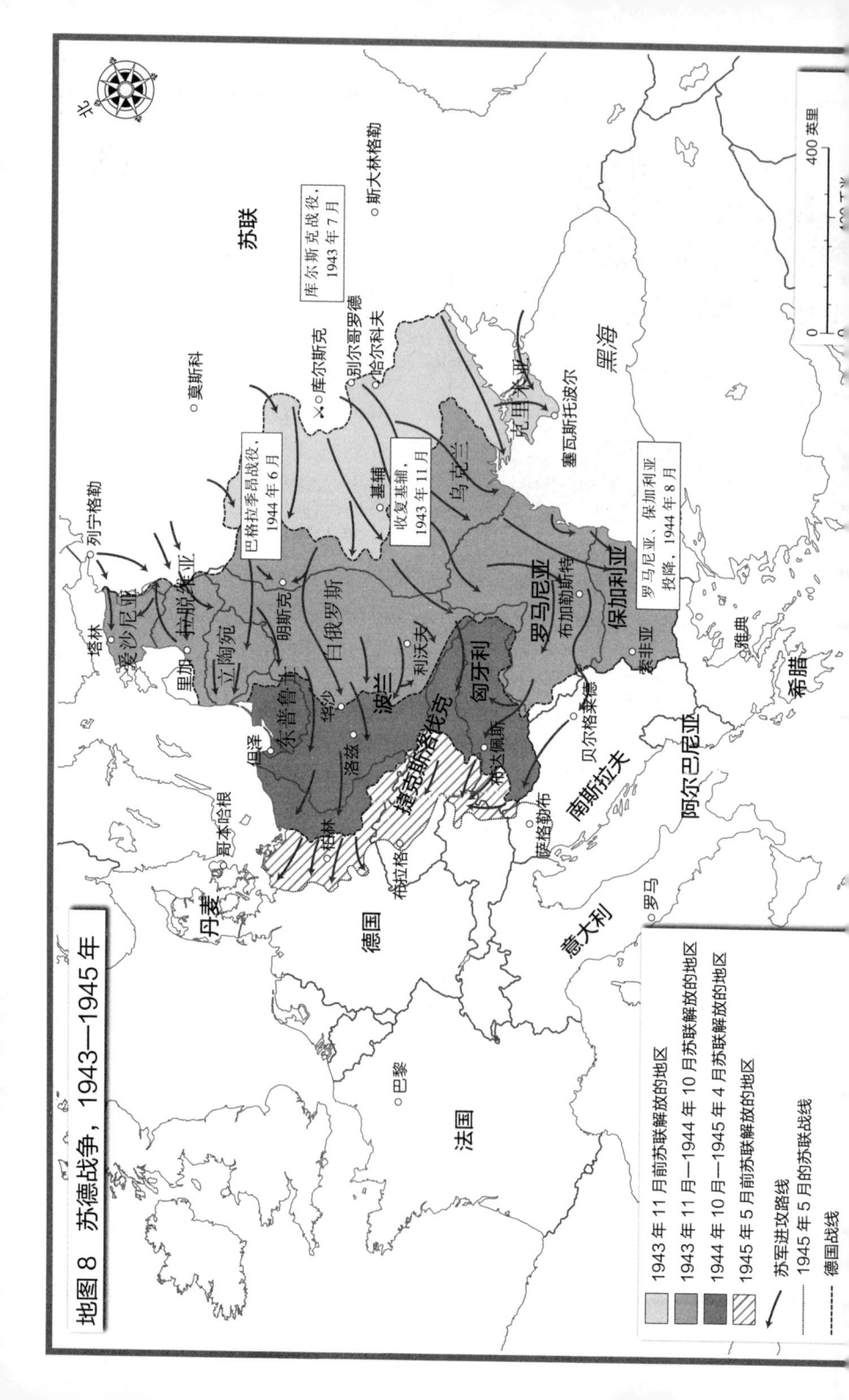

地图 8　苏德战争，1943—1945 年